Ein herzliches
Glückauf !

Eva Pasche

Hoyerswerda, d. 8. 6. 2002

Eva-M. Pasche

FRITZ KOELLE
(1895 bis 1953)
– der Gestalter des Arbeiters –

Leben und Werk

Verlag Glückauf GmbH Essen

2001

Allen Bergleuten, die in meinem Leben eine Bedeutung hatten, sei diese Arbeit gewidmet – ganz besonders aber „meinem Bergmann" Eckart Pasche

Glückauf!

Die Verfasserin dankt allen Museen, Archiven und Bibliotheken, die ihre Arbeit unterstützten, besonders aber all den Personen, die mit ihrer Hilfsbereitschaft ein Mosaiksteinchen zum Zustandekommen dieser umfangreichen Ausarbeitung beigetragen haben.

Der größte Dank aber gilt Herrn Professor Hermann Sturm, der mit viel Geduld und in einem ungemeinen Akt der Selbstlosigkeit dieses Projekt begleitete, sowie dem Sohn des Künstlers, Fritz Koelle jun., der weder Zeit noch Mühen scheute, der Verfasserin jegliche Hilfe zukommen ließ und das vorliegende Werk in seiner Form erst ermöglichte.

Eva-M. Pasche

© Copyright 2001 Verlag Glückauf GmbH, Essen

Dieses Werk ist urheberrechtlich geschützt. Jede Verwendung außerhalb der Grenzen des Urheberrechts ist ohne schriftliche Genehmigung des Verlags Glückauf unzulässig. Dies gilt auch für herkömmliche Vervielfältigungen (darunter Fotokopien, Nachdruck), Übersetzungen, Aufnahme in Mikrofilmarchive, elektronische Datenbanken und Mailboxes sowie für Vervielfältigungen auf CD-ROM oder anderen digitalen Datenträgern.

Gedruckt mit freundlicher Unterstützung von Fritz Koelle jun.

Umschlaggestaltung:	Kurt Klein unter Verwendung von Fotos des „Hockenden Bergmanns" von Fritz Koelle (WVZ 96)
Verlag:	Verlag Glückauf GmbH, Essen
Gesamtherstellung:	Druck Thiebes GmbH, Hagen

ISBN 3-7739-1284-6

Inhalt

Vorwort		3
Einleitung		4
I.	**Koelles Lehr-, Wander- und Kriegsjahre – 1895 bis 1922**	
	Die Suche nach dem Ideal	
	Kindheit und Jugend	9
	Der junge Künstler und der König	11
	Der Erste Weltkrieg	11
	Die Akademiezeit bei Hermann Hahn in München	13
II.	**Die goldenen zwanziger Jahre**	
	Das große Glück – Die Malerin Elisabeth Karmann	15
	Das „schwarze Gold" – Das Saarland mit seinen Berg- und Hüttenleuten	18
	Der große Erfolg – Berlin und der „Bergarbeiter vor der Einfahrt"	37
III.	**Koelles Schaffen im Nationalsozialismus – 1933 bis 1945**	
	Die Arbeiterplastik – Von der Entartung zur Anerkennung	
	Der Kulturbolschewist (1933)	77
	Der völkische Gestalter der Saararbeiter (1935)	108
	Der Bildhauer des deutschen Arbeiterheroen (1937)	130
	Auch Tanz ist Arbeit –	
	Koelles Tänzerinnen im Vergleich	
	zu ihrer zeitgenössischen Tanz- und Kunstszene	157
	Versuch eines Rückschritts – Die Spitzentänzerin (1941)	158
	Die Tanzschritte der zwanziger Jahre – Die Nackttänzerin (1923)	162
	Eine neue Schrittfolge (1933)	168
	Endlich freigetanzt – Die Tänzerin Nika (1943)	169
	Die Enthüllung der Turmspringerin (1943)	170
IV.	**Die Nachkriegszeit in München – 1945 bis 1949**	
	Eine Person – Zwei Vergangenheiten	172
	Die Zukunft – Der Kommunismus	182
V.	**Die Zeit in der SBZ/DDR – 1949 bis 1953**	
	Versuch eines Neuanfangs – Vom Gestalter zum Lehrer	
	Lehrzeit in Dresden – 1949 bis 1950	195
	Lehrzeit in Berlin-Weißensee – 1950 bis 1953	223
VI.	**Nachruf auf den Menschen, Künstler und Lehrer Fritz Koelle**	280
Schlußwort		294

Anmerkungen

Vorwort		295
Einleitung		295
I.	Koelles Lehr-, Wander- und Kriegsjahre – 1895 bis 1922	296
II.	Die goldenen zwanziger Jahre	300
III.	Koelles Schaffen im Nationalsozialismus – 1933 bis 1945	338
IV.	Die Nachkriegszeit in München – 1945 bis 1949	375
V.	Die Zeit in der SBZ/DDR – 1949 bis 1953	380
VI.	Nachruf auf den Menschen, Künstler und Lehrer Fritz Koelle	413

Literaturverzeichnis
Bücher und Zeitschriften   416
Ausstellungs- und Bestandskataloge   428
Lexika und Nachschlagewerke   431
Archiv- und Quellenmaterial   432

Ausstellungsverzeichnis   434

Textabbildungen   442
Abbildungsnachweis   481

Werkverzeichnis   482
Verzeichnis der plastischen Werke   482
Werkabbildungen   526
Abbildungsnachweis   602

Vorwort

Begonnen hat alles mit dem Erwerb einer Bergarbeiterplastik von Constantin Meunier in Ostende, dem anschließenden Besuch des Meunier-Museums in Brüssel und dem sich daraus entwickelnden Wunsch, Meuniers Werk monographisch zu erarbeiten und der Öffentlichkeit zugänglich zu machen, da im Museum außer einer kleinen Broschüre von Pierre Baudson „Les trois vies de Constantin Meunier" keine weiteren Veröffentlichungen erhältlich waren. Es stellte sich aber heraus, daß Constantin Meunier (1831 bis 1905) schon ausreichend erfaßt war, (1) und so bot sich nur ein Vergleich mit einem Künstler des 20. Jahrhunderts an.

Das Gastgeschenk einer befreundeten Antiquarin für meinen Bergmann – der Katalog zur Ausstellung „Fritz Koelle – Arbeiter in Hütten und Gruben" des Museums der Stadt Homburg von 1957 über den „deutschen Meunier", wie er in der Presse genannt wurde – gab die Initialzündung.

Zuerst nur als Vergleichsobjekt vorgesehen, nahm die Figur Fritz Koelle immer mehr Konturen an, aber nicht jene, die seine Plastiken harmonisch fließend umschließen, sondern solche, die Risse, Brüche und Verwerfungen in seiner Person aufweisen und die sich in der Entwicklung seines Werks widerspiegeln. Die unterschiedlichen Rezeptionsweisen des Künstlers – in München wurde er ignoriert, in Augsburg war er ungeliebt und sein Nachlaß eine Last, im Saarland geachtet, und in Berlin und Ostdeutschland galt er als anerkannt – ließen das Interesse an diesem Bildhauer und seinem Œuvre wachsen.

Aber erst die Kontakte mit Zeitzeugen – die langen, vertraulichen Gespräche mit dem Sohn, Fritz Koelle junior, und die aufschlußreichen Schilderungen seiner ehemaligen Studenten – das Sichten Koelles Werks in ganz Deutschland, dem Auffinden unzähliger Dokumente über den Künstler und die Tatsache, daß außer einer einseitig ideologisch ausgerichteten Künstlermonographie aus dem Dritten Reich von Ernst Kammerer (1939), dem vorliegenden Ausstellungskatalog von 1957 und einem dünnen Inventarverzeichnis des Schaezlerhauses in Augsburg (ohne Jahr), versehen mit einem Text von Albert E. Reltsche, der als Plagiat der Ausführungen Kammerers bezeichnet werden kann, keine hinreichende Erfassung des Künstlers vorlag, ließen den Bildhauer Constantin Meunier in den Hintergrund treten und nur gelegentlich zu einzelnen Objektanalysen als Vergleichsmodell erscheinen, und Fritz Koelle wurde der Stellenwert einer eigenständigen Aufarbeitung und Publikation zugestanden.

Einleitung

„Er suchte die Heimat und fand sie erst im Tode". Diese Inschrift auf Koelles Grabstein ist für ihn in zweifacher Hinsicht programmatisch: Für sein Leben und sein Werk. (Abb. 1)

Lebenslang suchte Koelle nach „seiner" Heimat, die hier als inneres, harmonisches Lebensgefühl verstanden werden muß. Denn alle Versuche, „seine Heimatstadt München" und „sein über alles geliebtes Zuhause" – sein großräumiges Atelierhaus von 1937 auf seinem weitreichenden Grundstück in Geiselgasteig – zugunsten eines anderen Ortes wie London, das Saargebiet, Berlin oder Augsburg zu verlassen, um sich dort eine „neue Heimat" aufzubauen, waren nur halbherzig, und wenn eine konkrete Entscheidung seinerseits dafür erwartet wurde, wie in Berlin, brach er die Aktivitäten ab. Was Koelle wirklich suchte, war eine Heimat für sich und seine Kunst – eine Akzeptanz seiner Plastiken und seiner Person als Bildhauer – in seiner „Heimatstadt München" zu finden. Im letzten Lebensjahr weitete er dieses Begehren auch auf seine Geburtsstadt Augsburg aus.

Ein viel größeres, aber unbewußtes Sehnen nach einer „künstlerischen Heimat" durchdrang den Bildhauer. Schon als Jugendlicher brachte er eine wechselvolle Schul- und Ausbildungszeit hinter sich, bis er sein Ziel der Bildhauerei fand.

Die historischen und politischen Bedingtheiten verfügten, daß Koelle in drei beziehungsweise vier aufeinanderfolgenden unterschiedlichen Regierungssystemen mit ihm anfangs gleich erscheinenden (sich dann aber intentional anders darstellenden) Kunstideologien als Künstler lebte und arbeitete. Koelle gehörte der Generation junger Künstler an, die geprägt durch den Ersten Weltkrieg, entwurzelt, ihrer Ideale und Ideen einer Erneuerung der Welt beraubt, nach Möglichkeiten des Fußfassens und eines Neuanfangs suchten. (1) Er zählte nicht zu den Bildhauern, die die Kriegserlebnisse künstlerisch verarbeiteten, sondern er suchte nach dem Anknüpfungspunkt an die klassizistische (Münchner) Bildhauertradition und fand sie an der Münchner Akademie der bildenden Künste bei seinem Lehrer Hermann Hahn. Diesem verdankte er die Fähigkeit der genauen Naturbeobachtung, das handwerkliche Rüstzeug, die Fertigkeit eines guten Ton-Modelleurs und das Wissen um den formalen Aufbau einer Skulptur/Plastik auf der theoretischen Grundlage Adolf von Hildebrands sowie deren plastische Umsetzung.

Auch wenn sein Lehrer ihm bereits zum Ende der Ausbildungszeit „eigene künstlerische Wege" bescheinigte, hatte Fritz Koelle den für ihn entscheidenden noch nicht gefunden. Er offenbarte sich ihm erst durch persönliche Kontakte zum Saargebiet und der dortigen Industriewelt der Hütten- und Bergleute. Und mit diesen als Gestaltungsobjekte wurde für den jungen Bildhauer seine Kunst erst wieder sinngebend. Nachdem durch die Kriegsniederlage militärische Themen und das Soldatentum nicht mehr als Identifikationsmodell dienen konnten, fand Koelle im „Arbeiter" seine neue Identifikationsfigur. Nicht ohne Einfluß auf den Künstler blieb die frühe Prägung durch die Arbeitswelt im Elternhaus. Koelle strebte eine künstlerische Symbiose aus grundlegender klassizistischer Formgestaltung mit zeitgenössischen Inhalten an. So begründete er einmal seine Entscheidung für die von ihm bevorzugte plastische Darstellung der Arbeitswelt: „Was für die Griechen die Schönheit der Athleten war, ist für mich die Schönheit im Körper des Arbeiters."

Und für diese Kunst, mit der Koelle dem „Arbeiter ein Denkmal" setzen wollte und von der er absolut überzeugt war, suchte er ein Leben lang Interessenten und Auftraggeber. Zuerst fand er sie vor allem in Berlin im sozialkritischen Publikum der Weimarer Zeit, in einer wohlwollenden Presse und in Kunstfachkreisen (unter anderem Max Liebermann und Ludwig Justi). Der Künstler hatte sich durch die Entbehrungen der Nachkriegszeit gekämpft, begann Ende der zwanziger Jahre künstlerisch Fuß zu fassen, bekannt zu werden, und erste finanzielle Erfolge stellten sich ein, da brachen für Deutschland die unheilvolle Zeit des Nationalsozialismus an und für Fritz Koelle vorerst alle Illusionen eines Arbeiterbildhauers wie ein Kartenhaus zusammen.

Seine Kunst galt als „bolschewistisch" und „entartet". Nach zermürbendem Kampf gegen das „Fehlurteil" paßte er seine Kunst der herrschenden Ideologie weitgehend an, was ihm nach dem Zweiten Weltkrieg die Einstufung als nationalsozialistischer Künstler einbrachte und ihm die Möglichkeit einer Professur an der Akademie der bildenden Künste in München verbaute.

Da er im Westen Deutschlands keine Schaffensmöglichkeit für seine Kunst vorfand, begannen für ihn erneut im Alter von mehr als 50 Jahren Lehr- und Wanderjahre. Lehrjahre als Lehrender an den Kunsthochschulen in Dresden und Berlin-Weißensee, aber auch als Lernender in einem sich neu entwickelnden sozialistischen Staat. Vier Jahre wanderte er zwischen zwei politischen Welten: Begeistert von den Errungenschaften des Sozialismus und der dortigen „Aufbaustimmung", ernüchtert von der Nachkriegssituation in München und der Verwaltung der Amerikaner. Hin- und hergerissen zwischen seinen Gefühlen, der „Heimatliebe" und seiner Sehnsucht nach München sowie der Pflichterfüllung und Existenzsicherung in Berlin.

Aber die Hoffnungen, die Fritz Koelle mit dem Angebot seiner künstlerischen Dienste als Arbeiterbildhauer an den „Arbeiter- und Bauernstaat" verband, erfüllten sich nicht, denn seine Kunst genügte den Forderungen der Kulturpolitiker der DDR nach „Sozialistischem Realismus" nicht, und Kunst und Künstler fielen der militant geführten „Formalismus"-Debatte zum Opfer.

Die Absicht dieser Arbeit ist es, Elemente einer Künstlerbiographie und Werkmonographie zu vereinen und aufzuzeigen, daß bestimmte Persönlichkeitsmerkmale Fritz Koelles ein konkretes Verhalten bedingten und beides zusammen wiederum Niederschlag auf seinen künstlerischen Entscheidungs- und Gestaltungsprozeß und letztlich auf sein Werk fanden und vor allem verantwortlich dafür waren, daß Fritz Koelle sein Leben lang ein (nach Anerkennung) „Suchender" blieb.

In der chronologischen Abhandlung werden der Künstler und sein Werk jeweils in den kulturhistorischen Kontext integriert, so daß damit gleichzeitig ein aufschlußreiches Zeitdokument der jeweiligen herrschenden machtpolitischen Verhältnisse erreicht wird.

In der Zeit bis 1949 wird Fritz Koelle schwerpunktartig in seiner Eigenschaft als Bildhauer dargestellt, die Entwicklung seiner Plastiken verfolgt, ihre Ausstellungspräsenz und ihre Rezeption durch Öffentlichkeit und Presse aufgezeigt.

In den anschließenden Jahren bis 1953 wird der Akzent auf Koelles pädagogische Tätigkeit als Lehrer an der Kunsthochschule gesetzt, in der nur noch einzelne Bronzeplastiken entstanden. Auch wenn es sich bei diesem Zeitraum „nur" um vier Jahre handelte, wird ihm dasselbe Maß an Beachtung zuteil wie im vorherigen Lebensabschnitt, da sich in ihm ein wichtiger Wesenszug aus Fritz Koelles Persönlichkeit offenbarte, der soziale Kontakt zu seinen Studenten, Kollegen und Vorgesetzten transparent wurde und sein Verhältnis zu seiner Familie sich verdeutlichte.

Koelles Leben ist vielfältig dokumentiert, und es galt, diese Dokumente so zusammenzuführen, daß sich ein schlüssiges Gesamtbild vom Leben und Werk des Bildhauers Fritz Koelle ergab. Es existieren allein mehr als 600 persönliche Briefe an seine Frau und den Sohn, wovon circa 20% den Zeitraum 1924 bis 1943 abdecken und der größte Teil in der Zeit zwischen Juni 1949 und Juni 1953 in Dresden und Berlin entstand.

Koelle betrieb das Briefeschreiben exzessiv. Täglich einen, manchmal zwei und drei Briefe pro Tag aus Berlin. Erhielt er mal keinen Brief von seiner Frau, so gingen Klagen und Vorwürfe an ihre Adresse.

In seinen Briefen arbeitete Koelle seine Tageserlebnisse wie in einem Tagebuch auf. Dieser Prozeß des Schreibens hatte für ihn therapeutischen Charakter. Er verringerte damit die Distanz zu seinem geliebten Zuhause und seiner Familie und fühlte sich ihnen mit Hilfe seiner Vorstellungskraft auch physisch nahe. Außerdem reduzierte er mit seinem geschriebenen Wort seine Schuldgefühle wegen seiner ständigen Abwesenheit, indem er die steuernde Funktion des Ehemanns und Vaters per Brief übernahm und somit einen wesentlichen Teil an Alltags- und Lebensbewältigung in Form von schriftlicher Korrespondenz zu leisten versuchte – wenngleich nicht immer erfolgreich. Nicht selten übernahm das Briefeschreiben für Koelle die Funktion einer Psychohygiene.

Der Nachwelt gibt die Brieffülle die Möglichkeit, den Menschen Fritz Koelle als Ehemann, Vater, als Künstler, Lehrer und Kollegen mit allen seinen Eigenarten, seinen positiven Fähigkeiten, aber auch seinen Unsicherheiten und Ängsten zu erleben und kennenzulernen sowie Verständnis für die Bedingungen von Leben und künstlerischem Werk zu entwickeln, was die mit dieser Arbeit verbundene Intention ist. Darum wurde einer vielfältigen Wiedergabe des „O-Tons" in Zitaten dieses temperamentvollen Bayerns besonderer Wert beigemessen.

Von Bedeutung sind Koelles Briefe auch wegen ihres zeitgeschichtlichen Dokumentationscharakters unter anderem in bezug auf die kunstgeschichtliche Entwicklung der jungen DDR, aber auch im Hinblick auf die zerrissene deutsch-deutsche Situation nach dem Zweiten Weltkrieg.

Neben der persönlichen Korrespondenz, die mit vielen anderen Dokumenten 1974 vom Sohn des Künstlers, Fritz Koelle junior, dem Archiv für Bildende Kunst am Germanischen Nationalmuseum in Nürnberg übergeben wurde, (2) existiert eine beachtliche Anzahl an offiziellen Schriftvorgängen Koelles mit Behörden, Verwaltungen und Regierungsvertretern: So der „Blockwalzervorgang" ab 1933 mit dem NSDAP-Stadtrat Münchens und alle weiteren Vorgänge auf kommunaler Ebene im Stadtarchiv in München, Briefe mit den Machthabern des Dritten Reichs im Zentralarchiv der Alten Nationalgalerie in Berlin und mit Politfunktionären der DDR in der Stiftung Archiv der Parteien und Massenorganisationen der DDR im Bundesarchiv, Koblenz.

In diversen Museen, denen Fritz Koelle seine Plastiken anbot, findet sich Schriftverkehr, wie in der Alten Nationalgalerie in Berlin, im Lindenau Museum in Altenburg und im Deutschen Bergbau-Museum in Bochum. Dokumente über Fritz Koelle sind in den Archiven der Hochschule für bildende Künste Dresden, der Humboldt-Universität Berlin, der KZ-Gedenkstätte Dachau, im Stadtarchiv in St. Ingbert und in den Städtischen Kunstsammlungen in Augsburg, die seit 1957 auch über den künstlerischen Nachlaß von Fritz Koelle verfügen, aufbewahrt. Neben diesem größten Besitz von Koelle-Plastiken und Zeichnungen nennt das Saarlandmuseum in Saarbrücken eine Auswahl an Kleinplastiken und Portraits sowie eine große Anzahl an Bildhauerzeichnungen sein eigen. Der größte Teil dieser Exponate stammt aus der Privatsammlung Kohl-Weigand in St. Ingbert.

Eine kleine Koelle-Sammlung besitzen das Heimatmuseum in St. Ingbert und das Münchner Stadtmuseum. Ansonsten sind einzelne Koelle-Plastiken in Museen über ganz Deutschland verteilt. Andere Kunstwerke wiederum, deren Ankäufe dokumentiert sind, konnten nicht mehr aufgefunden werden, ebenso Werke, die anhand der Ausstellungskataloge ausgemacht werden konnten. Viele Kleinplastiken und Kleintierplastiken, deren Auflage nicht bekannt ist, und Bronzeportraits, die an Privatkunden verkauft wurden, sind heute nicht mehr nachweisbar. Hin und wieder tritt ein Exemplar im Kunsthandel zutage, oder es tauchen Figuren von Fritz Koelle auf, die bis dahin nirgends dokumentiert waren.

Bedingt durch diese Umstände ist es nur möglich, ein vorläufiges Werkverzeichnis über Koelles Plastiken dieser Arbeit beizufügen. Obwohl ich das Gros der Kunstwerke fotografisch erfassen oder aus dem großen Bilderfundus des Sohnes auswählen konnte, ist bei manchen Arbeiten Koelles aus den oben geschilderten Gründen eine Abbildung nicht möglich.

Die Abbildungen wurden in zwei Rubriken aufgeteilt: Die fotografische Darstellung der Werke folgt dem chronologischen Werkverzeichnis, das im Text mit (WVZ) versehen ist; diesem vorangestellt sind die privaten Fotodokumente, im Text unter (Abb.) genannt.

Über die Bildhauerzeichnungen, die sich zum größten Teil in den Städtischen Kunstsammlungen in Augsburg und im Saarlandmuseum in Saarbrücken, aber auch in Privathand befinden, existieren keine gesicherten Angaben über ihre Anzahl. Nachweisbar ist, daß der Bildhauer von jedem geplanten Modell mehrere Ansichten mit dem Bleistift festhielt. Sie wurden nicht mit ins Werkverzeichnis aufgenommen, da sich dieses auf Koelles Plastiken beschränkt und die Studienzeichnungen nur den Modellierprozeß vorbereitende Funktion besaßen, aber in ihrer zeichnerischen Vollkommenheit – keinesfalls skizzenhaft – durchaus einen eigenständigen Wert und Reiz ausmachen. In diesem Sinn hatte sie der Bildhauer auch bei Ausstellungen eingesetzt. Ein Verzeichnis, in dem die Zeichnungen das plastische Werk begleiten, wäre für eine eigenständige Veröffentlichung vorstellbar. In der vorliegenden Arbeit werden nur einzelne Bildhauerzeichnungen in Verbindung mit der adäquaten Plastik abgebildet, um Koelles Blick für die geschlossenen Konturen seines Modells bereits bei der Studienzeichnung zu verdeutlichen.

Die vorliegende Abhandlung konzentriert sich hauptsächlich auf Koelles Arbeiterplastik, da diese sein plastisches Werk und sein Leben bestimmte und der Bildhauer sich selbst immer als den „Arbeiterdarsteller" verstand.

Portrait- und Tierplastik wird nur am Rande erwähnt. Die Portraitplastik, besonders auch Koelles Selbstbildnisse im vergleichenden Kontext, würde den Inhalt zu einer eigenen Betrachtung begründen. Der Kleintierplastik wurde nur eine untergeordnete Bedeutung als dekoratives Element beigemessen, als die sie der Bildhauer selbst begriff, abgesehen von seiner „Friedenstaube" von 1952. Dennoch sind diese Tierbronzen aus einer persönlichen Affinität des Künstlers zu Natur und Tierwelt entstanden, wie viele fast kindlich-liebevolle Tierbeobachtungen in seiner Korrespondenz mit seiner Frau verraten.

Ein eigener Abschnitt in dieser Arbeit ist den Tänzerinnen und Aktfiguren Koelles eingeräumt, begründen sie doch seine bildhauerischen Anfänge; von Koelle seit seiner Heirat mit Elisabeth Karmann zugunsten seiner Arbeiterbronzen ausgesetzt, fanden sie fast zum Ende seiner Schaffenszeit noch einmal Eingang in sein Figurenrepertoire und üben in ihrer motivischen Ausnahmesituation einen interpretationswürdigen Reiz aus. Mit ihnen wird auf dem Hintergrund eines Vergleichs mit der zeitgenössischen Kunstentwicklung zum Thema Tanz und der damals aktuellen Tanzszene eine exemplarische bildhauerische Standortbestimmung Koelles in den beiden Schaffensperioden der zwanziger Jahre und zum Ende des Dritten Reichs vorgenommen und aufgezeigt, daß Koelle fern jeder künstlerischen Avantgardebewegungen der zwanziger Jahre an der klassizistischen Münchner Bildhauertradition des 19. Jahrhunderts festhielt und sie in ihrer Motivgestaltung in den vierziger Jahren wieder aufleben ließ, um sich dem nationalsozialistischen Formdiktat zu entziehen, so wie es dem Bildhauer 1934 mit seinem „Betenden Bergmann" schon einmal erfolgreich gelungen war. In diesem Sinne bedeuteten künstlerische Rückgriffe und -schritte für Koelle „erfolgversprechende Fortschritte".

Trotz seiner immerwährenden Suche nach einer bildhauerischen Anlehnung und seinen unterschiedlichen Versuchen einer adressaten- und auftraggeberbezogenen Ausrichtung seiner Plastik blieb sich Koelle in der Ablehnung der „Moderne" in der Rückbesinnung auf seine bildhauerischen Wurzeln und in seiner bevorzugten Arbeiterthematik treu.

I. Koelles Lehr-, Wander- und Kriegsjahre – 1895 bis 1922

Die Suche nach dem Ideal

Kindheit und Jugend

Das Licht der Welt erblickte Friedrich Josef David Koelle am 10. März 1895 in der Oblatterwallstraße 24 in Augsburg. Sein Vater Adolf Friedrich (*1845 in Ulm, †1921 in Augsburg) besaß eine Eisenkonstruktionswerkstätte für Gewächshausbau und Warmwasser-Heizanlagen, die er 1879 in Augsburg gründete, nachdem er zuvor bei der MAN gearbeitet und sich anschließend in Paris fortgebildet hatte. (Abb. 2) Die Mutter Walburga (*1858 in München, †1921 in Augsburg), eine geborene Graf, war die Tochter eines renommierten Hof- und Stadtgärtners. Fritz, wie der Junge nur genannt wurde, war das zweitjüngste Kind der Familie, zu der noch die älteren Schwestern Frieda, Gina, Elisabeth und der ältere Bruder Adolf zählten; Hermann wurde nach Fritz geboren. (Abb. 3)

Zu der weiteren Entwicklung des Jungen konnte die Malerin und spätere Frau Fritz Koelles, Elisabeth Koelle-Karmann, eine lebendige Erzählung wiedergeben:

„Im Alter von 4 Jahren kam der kleine Fritz in den Kindergarten in der Jakober Volksschule am Jakobertor in Augsburg, zu Tante Berta. Fritz gefiel es sehr gut im Kindergarten. Dem meist sehr munteren Treiben der lebhaften Schar ließ Tante Berta dann und wann eine Zeichenstunde folgen ... Fritz fing sogleich an und zeichnete marschierende Arbeiter mit aufgeschulterter Schaufel. Tante Berta gefiel die Zeichnung und sie bewahrte sie im Archiv auf.

Ich selbst sah die Zeichnung nach vielen Jahren. Fritz besuchte eigens der Zeichnung wegen mit mir Tante Berta ... eine seltsame Zeichnung, eine nette, ja – weswegen sie aufbewahrt wurde. Aber sie war weit mehr, sie war die Eröffnung, der frühe Beginn, die höhere Bestimmung zeigte sich damit an, sein Lebensweg, der im Kinde schon vorgeschrieben, vorhanden, im unbewußten Drange die Bestimmung kündigend, zum Schöpfer und Gestalter des Arbeiters, des arbeitenden Menschen zu werden. Der Strich war von reiner Naive durchzogen, ein Hauch, der dem Drange voraus, spürbar!

... ‚Ich will Dir noch mehr zeigen heute', sagte Fritz zu mir: ‚Die Kirche, wo ich getauft, und die Kirche, wo ich mit den älteren Geschwistern den Kinder-Gottesdienst besuchte und ich jedesmal während der Predigt mit meinen Opferpfennigen in den Händen schepperte, solange bis die älteren Schwestern >bscht< machten und mein großer Bruder >rot< wurde, und sich schämte mit mir!'

Nach dem Besuch der 4. Klasse der Volksschule kam Fritz Koelle [1906] in die Oberrealschule in der Hallstraße" mit „ihren Studiensäle[n], [dem] berühmte[n] Kämmerchen, worin Strafen und Strafarbeiten abgesessen und geschrieben wurden, und worin auch er öfter zu Gast war!"

„... Der väterliche Betrieb, eine Eisenkonstruktions-Werkstätte, interessierte Fritz sehr. Mit den Arbeitern verstand er sich ... jede Minute verbrachte er bei ihnen, trotz Verbot des Vaters. Immer mehr zog es den Kleinen in die Werkstätte. Die Leute ... zeigten ihm alles, was er sehen und wissen wollte, halfen ihm, wenn er mit ihnen arbeitete. Er hämmerte und feilte und verzog ihnen auch manches Werkzeug, um sich selbst eine kleine Werkstatt einzurichten. Unermüdlich machte er Feilen, kleine und größere, hämmerte F. K. hinein und schuf sich unbewußt in diesen Kinderjahren das Werkzeug, mit dem er sein ganzes Lebenswerk bearbeitete.

In großer Sorge waren jedoch die Eltern. Fritz vernachlässigte das Lernen, machte mangelhafte Schulaufgaben, die Noten sanken herab. Der Vater war entsetzt! Es wurde beschlossen, den Buben fort zu tun in das Schülerpensionat nach Nördlingen. Fritz gefiel es jedoch nicht in Nördlingen. Er mußte lernen, stundenlang lernen, und der Aufsichts-Professor stand meist, gerade hinter ihm.

Das Semester war zu Ende, in einer Feierstunde wurde[n] den Schülern die Zeugnisse überreicht, die auch sofort besichtigt wurden. Fritz Koelle war plötzlich verstimmt: ‚Diese Noten, nei, die zeig i net her'! da sagt der Vater: >Siehcscht Wally, – der ko wonn er mog,< und i muß glei wieder her; na des mog i net'! Fritz sitzt mit den Kameraden im Zuge zusammen im Abteil, es geht heim, draußen fließt die Wörnitz vorbei, er nimmt sein Zeugnis und wirft es hinein! ... Fritz hat sich mit dieser Tat großes Ansehen bei den Kameraden erworben, aber nicht im Elternhaus.

Er dachte nicht an das starke Interesse des gestrengen Herrn Vaters an dem Zeugnis, und nicht an die peinliche Nachfrage bei der Ankunft.

Als erster erschien der Vater am Gartentor: ‚Gewachse bischt net, Bu, – wo hoscht dei Zeugnis? – komm, loß seha".

Der kleine Fritz mit dem großen Kopf stotterte: „Jo, Vater des liegt i..i..in der Wöörnitz!'" (1)

Koelles weitere Zeugnisse allerdings sind erhalten geblieben und belegen mit ihren Bemerkungen die Frische, den Fleiß und die Zielstrebigkeit, mit der sich der Junge und Jugendliche auszeichnete.

1909 verließ Fritz die Staatliche Realschule, auf die er nach seinem Intermezzo in Nördlingen zurückgekehrt war, und absolvierte bis zum 15.1.1912 eine Lehre als Spengler an der Spengler-Abteilung der Städtischen Handwerksschule in Augsburg. Bereits im Wintersemester 1911/12 und im Sommersemester 1912 besuchte er die Königliche Fachschule für Edelmetall-Industrie in Schwäbisch-Gmünd, wo er sich in den Techniken Gravieren und Ziselieren fortbildete. Koelle nutzte seine Sommerferien 1911, um in der Königlichen Hof- und Kupferschmiede Weber & Rucker in München sein Gelerntes in die Praxis umzusetzen. Im Sommer 1912 verbrachte er seine Ferien mit demselben Ziel in den Kunstgewerbe-Werkstätten Steinicken & Lohr in München. Von September 1912 bis März 1913 arbeitete er beim Münchner Goldschmied J. B. Haag, der ihm bescheinigte, daß er „mit seinen Leistungen in Silber-Treibarbeiten wie Modellieren sehr zufrieden" war. (2)

Mit dem Sommersemester 1913 begann Fritz Koelle sein Studium an der Königlichen Kunstgewerbeschule in München, an der Heinrich Wanderé für das Bildhauerfach zuständig war und wo ihm im Frequenzzeugnis 1914 bestätigt wurde: „Fleißig und strebsam, kann für ein Stipendium empfohlen werden." (3)

Der junge Künstler und der König

Während seiner Ausbildung an der Kunstgewerbeschule entstand 1914 Koelles erste Kleintierplastik des „Löwen", (WVZ 10) die 1916 seinen ersten bildhauerischen Erfolg begründete: Ein Löwe, auf drei goldenen Kugeln balancierend, wobei die rechte Vorder- und Hintertatze jeweils eine und die beiden linken Pfoten zusammen eine Kugel belegen. Die spannungsgeladene gestraffte Körperhaltung des Löwen in seiner Formreduktion vereinigt sich mit einer ruhigen Konturlinie, die durch den weit ausladenden, geschwungenen und auf die hintere Kugel vor die Pfote „drapierten" Schwanz die Kontur abrundet und schließt. Unterstützt wird dieser ruhige Umriß durch die polierte Bronze des glatt modellierten Tierkörpers. Als spannungsreicher Kontrast zur Oberfläche erscheint die detailverliebte, stilisiert-dekorative Lokkenpracht der Mähne, die das vordere Drittel des Oberkörpers überzieht.

Die differenzierte Ausgestaltung des Gesichts wird sich in Koelles späteren Kleintierplastiken zugunsten einer Verdichtung der Formen verlieren (zum Beispiel bei der abstrahierten Gestalt seines „Tigers" von 1931, (WVZ 105) die sich den abstrahierten, formreduzierten Tierdarstellungen eines Ewald Mataré [1887 bis 1965] annäherte.). Noch zeigt sich in der Verbindung verschiedener Stilelemente die Suche nach einer eigenen Formsprache. Die naturalischmalerische eines August Gaul (1869 bis 1921), dessen große stehende Löwin von 1901 als Stil eines „feinen, naturerfüllten Klassizismus" beurteilt wurde, (4) hatte Fritz Koelle bereits hinter sich gelassen.

1916 stellte der junge Koelle seinen Löwen in der Kunstausstellung der Münchener Secession im Glaspalast aus, (5) wo ihn König Ludwig III. (6) sah und erwarb. Ein derartiger Erfolg war für den jungen Kunstschüler als wichtige Bestätigung von großer Bedeutung.

Der Erste Weltkrieg

Erst einmal aber bereitete der Erste Weltkrieg (7) dem schöpferischen Schaffen des jungen Künstlers ein vorläufiges Ende. „Als im Sommer 1914 der Krieg ausbrach, wogten in den Straßen der meisten europäischen Hauptstätte für kurze Zeit begeisterte Massen von chauvinistischen kleinen Angestellten und Beamten." (8) (Abb. 4)

Fritz Koelle ließ sich, wie viele seiner Künstlerkollegen, von dieser Kriegseuphorie mitreißen und meldete sich am 18. August 1914 als Kriegsfreiwilliger. Er wurde als Kanonier an der Westfront eingesetzt, wo er an maßgeblichen Schlachten in Frankreich und Belgien beteiligt war. Aber auch an der Front zeichnete und modellierte er im Rahmen der Möglichkeiten weiter, um im Training zu bleiben. Portraitzeichnungen und in Ton modellierte Bildnisse der Kommandeure brachten ihm zusätzliche Heimaturlaube ein. Diese erlaubten ihm die Teilnahme an den während des Krieges stattfindenden Münchener Kunstausstellungen und ein zeitlich begrenztes Arbeiten an verschiedenen Bronzeplastiken.

Bereits vor Kriegsbeginn hatte Fritz Koelle auf der am 1. Juni 1914 begonnenen Münchener Jahres-Ausstellung im Glaspalast innerhalb der Münchner Künstler-Genossenschaft die Bronzestatuette „Frühlingserwachen" (9) (WVZ 8) aus einer Reihe von weiblichen Akten vorgestellt, der im Juni 1915 der Bronzeakt „Venus" (WVZ 9) und das Gipsmodell „Tänzerin" (10) folgten. Bei den Plastiken „Frühlingserwachen" und „Venus" handelt es sich um zwei aufrecht stehende Figuren im neoklassizistischen Stil, anklingend an die Hildebrandsche Reliefauffassung mit klaren Konturen und der bevorzugten Einansichtigkeit, verbunden mit dem sich Anfang des 20. Jahrhunderts auch auf die deutsche Bildhauerschaft übertragenen weiblichen Figurenideals Maillols.

Mit der Thematik des Frühlings mit seinem erwachenden neuen Leben, der von der Malerei, Grafik und Plastik über die Literatur bis zur Musik alle künstlerischen Zweige ergriff, war auch das Erwachen eines neuen Lebensgefühls verbunden, ausgelöst durch die enormen Veränderungen der Lebensbedingungen und des Lebensraums durch die Industrialisierung. (11)

Auch in Koelles „Frühlingserwachen" wird dieser erweckte neue Lebenstrieb durch einen natürlichen, jugendlich-schön erblühenden Mädchenkörper, symbolisch mit einer Rosenknospe in jeder Hand und dem erwartungsvollen Blick dieser anmutigen Gestalt auf eine dieser erblühenden Blume, versinnbildlicht. Der symmetrische Figurenaufbau geht einher mit der Harmonie der Natur, und die glattpolierte dunkle Bronze unterstreicht mit ihrer Licht-und-Schattenwirkung die Anmut dieser „knospenden" Schönheit mit ihrem zu einem üppigen Knoten hochgesteckten Haar.

Bei der Statuette der „Venus" fehlen die bedeutungsvollen Attribute. Hier spricht der weibliche Akt für sich. Der Blick des Betrachters fällt auf den offen dargebotenen, mit hinter den Kopf gelegten angewinkelten Armen aufgerichteten nackten wohlgeformten Körper einer jungen Frau. Während die Figur „Frühlingserwachen" ihre Beine „keusch" geschlossen hält, (12) steht die Gestalt der „Venus" in Schrittstellung mit klassischem Kontrapost auf einer runden Plinthe und einem runden gestuften Marmorsockel. Sie schaut den Betrachter nicht an, sondern wendet ihren Blick nach links über ihren Körper versonnen in die Ferne. Diese Statuette befindet sich heute im Besitz des Westfälischen Landesmuseums für Kunst und Kulturgeschichte in Münster. (13)

Auch in den Kriegsjahren 1917 und 1918 stellte der Bildhauer in der Münchener Neuen Secession einen Mädchenkopf, eine weibliche Portraitbüste und eine weibliche Figur, alle als Gipsmodelle, aus. Auffallend, aber verständlich erscheint Koelles motivischer Schwerpunkt, sich in der Kriegszeit mit einem diametralen Inhalt plastisch auseinanderzusetzen. Erst im letzten Kriegsjahr 1918 entstand aus seiner Hand ein „Artilleriebeobachter", (14) der aber bis 1934 eine Ausnahme in seinem Schaffen blieb.

Nach dem Krieg zeigte sich, in welch einer Krise sich die traumatisierten zurückgekehrten Künstler befanden. Und in der großen Vielgestaltigkeit der künstlerischen Ausdrucksformen zur Verarbeitung ihrer Erlebnisse spiegelte sich die vielschichtige seelische, aber auch körperliche Bewußtseinslage wider.

Da gab es Versuche einer konkreten Aufarbeitung wie im „zynischen Verismus" eines Otto Dix oder George Grosz oder die auf höhnische Verneinung ausgelegte Kunst des Dadaismus; die desillusionierte Kunst der „Neuen Sachlichkeit", in der die menschliche Figur zur „Sache" degradiert wurde. Noch weiter vom Menschenbild entfernt beziehungsweise in seiner Kunst nicht mehr existent erscheint es im Konstruktivismus.

Eine Form, das Unfaßbare der „Menschen-Material-Schlacht" im irrationalen Raum zu belassen, waren die Versuche der surrealistischen und abstrakten Kunst.

Von der Malerei konnte eine breitgefächerte und stärkere bildliche Aussagekraft ausgehen als es die Plastik vermochte. Dennoch sind mit Figuren wie „Der Gestürzte" (1915/16) und „Der Trauernde" (1917) von Lehmbruck, der am Krieg zerbrach, dem „brennenden Mensch" (1922) von Anton Hanak, den „Trauernden Eltern" (1914 bis 1932) von Käthe Kollwitz und den Figuren eines Ernst Barlach, seinem Holzrelief „Die gemarterte Menschheit" (1919), expressive, aufrüttelnde Beispiele der Aufarbeitung der Kriegserlebnisse und des Pazifismus geschaffen worden. Besonders zu nennen wäre auch das Ehrenmal für die Gefallenen im Magdeburger Dom (1929), das hier die Funktion eines Mahnmals einnimmt in der Flut der Ehren- und Denkmäler für die gefallenen Helden, die nun mit einiger Verspätung und der Hoffnung einer veränderten Rezeption des Kriegsgeschehens durch die Bevölkerung den Bildhauern von der öffentlichen Hand oder privaten Auftraggebern beschert wurden.

Bei der Verarbeitung der Körper und Seele erschütternden Kriegserlebnisse gab es Realisten und Idealisten, aber es gab auch Künstler „des Verdrängens", und das waren wohl die meisten. In ihren Werken fand das furchtbare Geschehen keinen künstlerischen Niederschlag. Diese Künstler zogen sich zurück in eine vermeintlich konfliktfreie Welt, in die Abgeschiedenheit der Natur (und malten wie Emil Nolde im Zweiten Weltkrieg seine „ungemalten Bilder") oder in den Schoß der Familie, soweit noch vorhanden, und machten diese zu ihrem Gestaltungsinhalt. Manche besannen sich zurück auf ihr humanistisches Erbe, soweit sie den Glauben daran nicht ganz verloren hatten, und suchten ihren künstlerischen Ausdruck in der klassizistischen Tradition.

Für diesen Weg entschied sich Fritz Koelle, der diesen Beschluß bereits mit seiner Ausbildung an der Kunstgewerbeschule getroffen hatte und während der Kriegszeit kontinuierlich mit den oben beschriebenen idealisierten Figuren in Bronze umsetzte. (Abb. 5)

Die Akademiezeit bei Hermann Hahn in München

Zielstrebig ließ sich Fritz Koelle nach dem Krieg bis 1924 an der Akademie der Künste in München bei Hermann Hahn (1868 bis 1942) ausbilden, einem Schüler Wilhelm von Rümanns (1850 bis 1906), der in seinem Werk eine Symbiose aus neobarocken und neoklassizistischen Tendenzen mit zeitgenössischen Naturalismusbestrebungen schuf und dem Kreis der Adolf-von-Hildebrandanhänger zugehörig und dessen für die Plastik des 20. Jahrhunderts noch bedeutsamen „Primat der Form" in seiner theoretischen Abhandlung „Das Problem der Form in der bildenden Kunst" von 1893 und dessen plastische Umsetzung in sein Werk vertretend. Dazu zählten sowohl die neoklassizistische Idealisierung als auch seine Reliefauffassung, bei der sich eine Skulptur oder Plastik aus der Fernsicht zu einem Relief, räumlich klar strukturiert und mit reinen Konturen, schließen soll. Darin intendiert war eine vorherrschende Einansichtigkeit der Gestaltungen. Außerdem plädierte von Hildebrand für eine architekturgebundene Plastik, die Hahn in seinen Bauplastiken umsetzte und an seine Studenten ebenso weitergab wie sein Grundprinzip der Form.

Die Ausbildung der Akademiestudenten umfaßte zuerst die „Zeichenklasse", danach die Malbeziehungsweise Bildhauerklasse, diese wiederum war aufgeteilt in die „Naturklasse", in der Akte und Portraits modelliert wurden, auf die die „Komponierklasse" beziehungsweise die „Meisterschülerzeit" folgte. (15) Fritz Koelle wurde 1924 aus der Komponierklasse entlassen.

„Hahn [der 1912 die Professur an der Akademie erhielt] war ein strenger, aber toleranter Lehrer. Er wußte auf die Eigenheit jedes Schülers leicht einzugehen und sie entsprechend zu fördern. Seine Menschlichkeit und die sich streng nach dem Modell ausrichtende Lehrtätigkeit sicherten ihm die Achtung der Schüler. Hahn korrigierte meist zweimal in der Woche, im allgemeinen Dienstagmorgens ‚Akt', Freitagmorgens ‚Kopf'. Er legte besonderen Wert auf das Naturstudium vor dem Aktmodell und korrigierte streng, aber sachlich. Es wurde vorwiegend in Ton modelliert", eine Fähigkeit, die Fritz Koelle später von seinen Schülern bestätigt bekam. „Neben [von] Hildebrand und der Antike sahen die Schüler Tuaillon, Gaul, Lederer, Albiker für sich als vorbildlich an – also Bildhauer, die entweder die Tradition Hildebrand-Marée fortsetzten oder in der Nachfolge Rodins [standen]. Maillol wurde weniger beachtet, wohl deshalb, weil die Hahn-Schüler in Hildebrands Werk bereits einfache Form und tektonische Gestaltungsweise vorweggenommen sahen." (16) Koelle orientierte sich in seinen anfänglichen Steinskulpturen allerdings stark an Maillol. „Rom blieb, wie schon für die vorhergehende Münchner Bildhauergeneration, das traditionelle Reiseziel." (17)

Auch Koelle besuchte nach seinem Studium Rom, fand dort aber ebensowenig wie in Dänemark die entscheidenden bildnerischen Impulse, die ihm das Ruhrgebiet und später das Saargebiet boten.

Die Bildhauerklasse Hermann Hahns wurde schnell bekannt bei den angehenden Studenten. Viele Aufnahmeanträge mußten negativ beschieden werden. Etwa dreißig Studenten zählten Anfang der zwanziger Jahre zu Hahns Klasse, dazu gehörten unter anderem zu Koelles Zeit Fritz Wrampe (1893 bis 1934), Ludwig Kasper (1893 bis 1945), Toni Stadler (1888 bis 1982), Anton Hiller (1893 bis 1985), Hans Stangl (1888 bis 1963), Josef Henselmann (1898 bis 1937) und Artur Sansoni (*1886), der ebenso wie Fritz Koelle von 1918 bis 1924 bei Hermann Hahn studierte und später einmal über den „Studienfreund" schrieb: „Als wir uns gemeinsam bei Professor Hermann Hahn ... zum Studium einfanden, war er nicht gerade ein Naturbursche – denn er war besessen von seiner bildhauerischen Berufung –, aber er war gesund, kraftstrotzend, ein Blondkopf mit blauen Augen, immer heiter und bereit zu Scherz und Lachen. Mit seiner Arbeit war das innere Erleben so sehr verbunden, daß es ihn dann auch ernster machte und reifer ... Bei einem der internen Wettbewerbe glaubte Koelle, mit einem metergroßen Gipskopf einen Preis zu erhaschen. Als das nicht der Fall war ... verkaufte er ihn an eine Filmgesellschaft, die für eines ihrer Filmprojekte etwas Ähnliches für einen vorgetäuschten Unglücksfall – zur Zertrümmerung brauchte." (18) (Abb. 6)

Mit seinen Ausführungen skizzierte der Studienkamerad Artur Sansoni Charaktereigenschaften und Verhaltensweisen wie beruflichen Ehrgeiz, das Ergriffensein von Naturerlebnis und Nutzung für seine bildnerische Gestaltung sowie die pekuniäre Ausrichtung, die auch in Koelles weiterem Werdegang von Bedeutung waren.

Bereits während der Ausbildungszeit bei Hermann Hahn wurde Koelle der akademische Rahmen an Gestaltungsaufgaben von Portraits, Akten und Tierplastiken zu eng, und er unternahm Studienreisen nach Dänemark, von wo er kleine Keramikreliefgestaltungen (19) mitbrachte, (WVZ 19 und 20) und ins Ruhrgebiet, wo er zum ersten Mal Kontakt zur Welt der Schwerindustrie fand. Den zündenden Impuls für seine plastischen Darstellungen, und damit seine Lebensaufgabe, sollte er erst nach dem Studium finden.

II. Die goldenen zwanziger Jahre

Das große Glück – Die Malerin Elisabeth Karmann

An der Akademie in München lernte Koelle 1923 die fünf Jahre ältere Elisabeth Karmann (geb. am 1. Mai 1890) kennen, die dort bei Professor Karl Caspar (1879 bis 1956) Malerei studierte. Sie verlobten sich im Mai 1924. Bis zur Heirat 1925 mußte Koelle sich allerdings noch etwas gedulden, denn seine Lisl, wie er sie nannte, hatte eine starke Bindung an ihr Elternhaus in St. Ingbert, (1) zu ihrer Mutter und ihren vier Geschwistern. Der Vater, ein Bergmann, war bereits gestorben. Sie wohnte zwar während ihrer Studienzeit in einer Pension für sogenannte höhere Töchter bei Frau von Knutson in der Zentnerstraße, verbrachte aber jede freie Zeit zu Hause im Saargebiet. In dieser Pension lernte sie auch Suse Schwarz während einer Faschingssaison kennen, die sich dort aus Thüringen kommend einmietete, wenn sie München einen Besuch abstattete. Und damit begann eine lebenslange Beziehung zwischen Suse Schwarz und Elisabeth Karmann, die sich auch auf die beiden Ehemänner Rudolf Schwarz und Fritz Koelle übertrug und sich zu einem fortwährenden Mäzenatentum des Künstlerpaares Koelle-Karmann durch das Ehepaar Schwarz entfaltete. Koelle mußte seine Lisl häufiger zur Eheschließung und zu einem Zusammenleben drängen: „wie denkst Du übers Heiraten, ich würde am liebsten jetzt schon heiraten, ich habe genug von dem Brautstand, entweder oder, so lange verlobt sind nur so Ladenmädchen... wenn es auch jetzt noch sehr einfach bei uns zugeht, aber lieber klein anfangen und groß aufhören, als umgekehrt." (2)

Am liebsten hätte er sie zu sich in den III. Stock in die Karlstraße Nr. 36 geholt, um dort gemeinsam mit ihr zu leben, bis sie eine adäquate Wohnung gefunden hätten. Um seinem Vorhaben Nachdruck zu verleihen, zog er Herrn Rudolf Schwarz und Frau Suse heran, die es auch lieber gesehen hätten, wenn er Elisabeth Karmann geheiratet hätte, denn Koelle vermutete, daß sie inzwischen an seiner Bereitschaft zweifelten. Dabei war es Lisl Karmann, die mit 34 Jahren ihren einerseits unabhängigen und andererseits aber familiär behüteten Status nicht so schnell aufgeben mochte. Lisl Karmann wurde finanziell von der Familie Schwarz und ihren Geschwistern unterstützt, und Koelle als Pragmatiker in Geldangelegenheiten war sehr darauf bedacht, daß diese Finanzhilfen nicht verloren gingen.

Aber auch er hatte schon einiges zur Gemeinsamkeit beizutragen: „Für die Köpfe von Zarges bekam ich 800 M, ich verdiene daran 670 M. (WVZ 35 und 36) Für die Brückenfigur bekomme ich 3750 M, da bleiben mir noch 1500 M, das ist ja nicht so arg viel." (3) So empfand Koelle, der zu der Zeit noch Student war. Für die Reichenbachbrücke wurde ein Wettbewerb für vier Figuren ausgeschrieben, die bis zur Eröffnung des Deutschen Museums am 6. Mai 1925 aufgestellt sein sollten. Koelle war unter den Gewinnern und gestaltete den überlebensgroßen liegenden Frauenakt „Spiel der Wellen" aus Muschelkalk (Sandstein), (WVZ 28) der zuerst die Brücke zierte, aber dann aufgrund der Brückenerweiterung etwas zurückgesetzt in einer Parkanlage an der Ostseite der Brücke zu finden war, seit 2000 aber wieder auf der Reichenbachbrücke thront. Die Anlehnung an Maillols „Méditerranée" (1900 bis 1905) ist unübersehbar. (Abb. 7)

Aus gleicher Zeit stammt eine ebenfalls aus Muschelkalk gearbeitete sitzende Aktfigur mit gekreuzten angezogenen Beinen, gebeugtem Rücken und gesenktem von üppiger Haarpracht umgebenem Kopf, der sich auf die an die Brust gepreßten Hände legt. Diese Figur sitzt auf einem großen sarkophagähnlichen Steinsockel mit eingemeißelter Inschrift und verleiht mit ihrer kauernden Haltung ihrer Bestimmung als „Trauernde" des Grabmals für Koelles Eltern, die 1921 starben, auf dem protestantischen Friedhof in Augsburg Ausdruck. (WVZ 42) Sie erinnert in ihrer Formvereinfachung, ihrer kompositorischen Ausgewogenheit, ihrer Ruhe und Harmonie ausstrahlenden Modellierung ebenfalls an den Formenkanon Maillols bei seinen sitzenden Aktfiguren „Die Nacht", „Kauernde" (1905) oder „Sitzende Frau, sich den Fuß haltend" (1920/21).

Koelle wartete nicht, bis man ihm Aufträge erteilte, sondern er wurde selbst aktiv oder schaltete seine Verlobte als „Agentin" ein: „Was macht das kleine Köpferl (Robert), (4) kannst Du's verkaufen? Wenn Du's nicht verkaufen kannst, so schenke ich's Deinem lieben Bruder, wenn's ihm Freude macht..." (5)

Seine Aktivitäten richteten sich auch auf Kontaktaufnahmen zu Münchener Honoratioren, um sie zu Portraitieren. Häufig hatten diese nicht die Zeit oder die Ambition zu Modellsitzungen und schickten ihre Frauen und Kinder vor. Bei Konsul Zarges war es die Frau, deren Portrait in Gips auf der Kunstausstellung der Münchener Neuen Secession 1924 ausgestellt war. Auch der Kunsthistoriker Hugo Kehrer (6) hatte keine Zeit, denn er war mit einem neuen Buch beschäftigt, und so wurde seine Frau Portraitiert; diese Terrakottaversion wurde ebenfalls auf der oben genannten Ausstellung gezeigt.

Die am häufigsten Portraitierte Frau aber war seine Verlobte und spätere Gattin Elisabeth Karmann, der er bereits 1923 eine Terrakotta- und 1924 eine Bronzebüste (WVZ 41) widmete und beide in der München Neuen Secession präsentierte. Koelle besuchte diese Ausstellung am Nachmittag des 26. September und mokierte sich in einem Brief an Elisabeth Karmann über die Preisgestaltung der Kunstwerke, z.B. daß die Mitglieder billiger seien als die jungen Nichtmitglieder, daß er die Preise der Maler allgemein „lächerlich [niedrig]" fand, und die Bildhauer fand er „durchschnittlich hoch" im Preis. Er legte diesem Brief eine kurze Aufstellung einzelner Künstler mit Werk- und Preisangabe bei. (7) Nicht die künstlerische Auseinandersetzung mit den Werken der Kollegen wurde hier vorgenommen, sondern welche Preisforderungen sie dafür stellten. Bereits hier deutete sich an, daß Geld für Koelle ein zentrales und ihn beherrschendes Thema war und bis zu seinem Lebensende bleiben sollte.

Als die Stadt München 50 000 Mark zur Unterstützung „notleidender" Künstler ausschrieb, stellte Koelle für sich und seine Verlobte sofort einen Antrag auf Aufkäufe ihrer Werke. Aber auch bei seinen Interessenten und eventuellen Auftraggebern sorgte Koelle dafür, daß die Bilder von Elisabeth Karmann entsprechend berücksichtigt, gewürdigt und hoffentlich gekauft wurden. So zeigte er Oswald Spengler (8) bei einem Besuch in seinem Atelier in der Ainmillerstraße Karmanns Arbeiten, die dieser, abgesehen von den Akten, die ihm recht „kraftmeiernd" auftraten, mit lobenden Worten bedachte, die Koelle umgehend seiner Verlobten brieflich mitteilte.

Koelle hatte Spengler ein schriftliches Portraitgesuch mit einigen Arbeitsfotografien geschickt, woraufhin dieser persönlich besuchte, um sich ein Bild von Koelles Plastiken zu machen und sich kritisch mit ihnen auseinander zu setzen: „... warum machen Sie keine Hinterköpfe, sehen sie diese sitzende Figur, gefällt mir gut und erscheint mir sehr persönlich, aber der Kopf, der ist unbewußt von Lehmbruck, nicht der Kopf im Ausdruck, nur das [F]ehlen des Hinterkopfes..." (9) Die Portraits befand er als sehr persönlich, nur die Augen erschienen ihm schematisch. Aber im Vergleich zu Koelles SelbstPortrait von 1924 glaubte Spengler, daß Koelle „diese Manier" (10) hinter sich gelassen hätte, denn dieser Kopf würde sich von den anderen positiv absetzen. (WVZ 53)

Dieses Selbstbildnis von Koelle schien Spengler überzeugt zu haben, denn er versprach für Mitte November einen Sitzungstermin mit Koelle. Koelle fand das Gespräch mit Spengler recht interessant, nur sein Kunstverständnis hielt er für veraltet, da ihm Lehmbruck nicht imponierte und er dem Expressionismus das baldige Ende voraussagte, Cézanne und van Gogh aber gelten ließ, da sich ihre Kunst aus dem Bedürfnis heraus entwickelte.

Nimmt man diese Äußerungen Koelles über Spenglers überholtes Kunsturteil als Grundlage für seinen eigenen künstlerischen Standpunkt, muß man wirklich annehmen, Koelle sei der Moderne und dem Expressionismus zugetan gewesen, was sicherlich zu diesem Zeitpunkt noch der Fall war. Ein Beispiel dafür ist zweifellos seine „Klagende", die er 1924 in der Münchener Neuen Secession ausstellte und die so unterschiedliche Reaktionen hervorrief, wie „so gern man Koelles tüchtige Arbeit gelten läßt, außer dem Irrtum, dessen er sich mit der für mein Gefühl scheußlichen ‚Klagenden' schuldig gemacht hat", (11) und „die ‚Klagende' mit ihren zusammengefaßten Körperpartien verrät einen neuen rhythmisch bewegten Stil." (12) (WVZ 52)

Einen „neuen Weg" bescheinigte ihm auch sein Lehrer Hermann Hahn am 25.12.1924, als Koelle sein Studium an der Akademie der Bildenden Künste abschloß: „Herr Koelle geht zu meiner Freude eigene Wege, die aus einem stark künstlerischen Gefühl entspringen; er wird durch seinen Fleiß sowie seine Rührigkeit sein hoch gestecktes Ziel sicher erreichen!" (13)

Sechs Jahre konnte Hahn seinen Schüler begleiten und dabei charakteristische Wesensmerkmale Koelles kennenlernen. Koelle war ein sehr emotional geprägter Mensch. Viele Beurteilungen und Entscheidungen wurden mehr durch seine Emotionalität als durch Rationalität getroffen, was ihm den Kommunikationsprozeß mit manchen Menschen nicht unbedingt erleichterte; andere aber waren begeistert von seiner „bayerischen Herzlichkeit", so seine späteren Studenten. Auch Koelles Zugang zur Kunst wurde durch seine Gefühlswelt bestimmt. Fleiß und Strebsamkeit waren Eigenschaften, die nicht nur für ihn selbst galten, sondern die er auch von seiner Frau und später von seinem Sohn und seinen Studenten nachhaltig einforderte. So fragte er in seinen Briefen häufig nach, ob seine Frau auch „fleißig" an ihren Bildern arbeite.

In seinem Atelier in der Ainmillerstraße mußte Fritz Koelle mit einigen Einschränkungen leben: Er konnte nur bei Tageslicht arbeiten, denn dort gab es kein elektrisches Licht, und in den kälteren Jahreszeiten mußte er seinen Ofen schüren, und da das Heizen mit finanziellen Kosten verbunden war, konnte er sich in dieser Zeit keine Modelle leisten. So entstanden in diesem Zeitabschnitt kleine Tierplastiken wie ein „Junges Pferd" (WVZ 47), „Junges Bökkerl" (WVZ 44), ein „Esel" (WVZ 48) und ein „Elefant" (WVZ 46), alle in Bronze gegossen und in diesem Jahr auf der Secessions-Ausstellung zu sehen. Im Herbst arbeitete er an unterschiedlichen Eselversionen. „Ich habe eben ein kleines Eserl wieder gemacht, auch den Hund von Frau Schmidt machte ich fertig, ich will jetzt noch ein Eserl machen, ich habe noch so verschiedenes aus dem Zirkus Krone in Erinnerung." (14)

Die Kleintierplastik läßt sich durchgängig in Koelles Œuvre beobachten. Er hatte eine fast kindlich(-emotionale) Beziehung zu Tieren, und wenn er sie nicht in freier Natur beobachten konnte (Eichkatzerl, Tauben), so besuchte er sie im Zirkus oder Tiergarten und machte dort seine Studien.

Auch im Jahr 1925 bestückte er die Ausstellung der Münchener Neuen Secession mit diversen Tierbronzen. Aber es befand sich auch eine Bronze-Plastik mit dem Titel „Meine Frau" darunter. (WVZ 62) Koelle hatte es also endlich geschafft, Elisabeth Karmann von einer Eheschließung zu überzeugen. Auch wenn er nach seinem Wunsch eine rein standesamtliche Trauung vorgezogen, allenfalls eine protestantische gebilligt hätte, wurden sie am 16.2.1925 im katholischen Stadtpfarramt St. Bonifaz in München getraut. (15) Sie erhielten auch den Segen ihrer Gönner und Förderer, dem Ehepaar Schwarz, das Elisabeth vorher noch um seinen Rat gebeten hatte, „ob sie an seiner [Koelles] Seite den gemeinsamen Weg durchs Leben gehen sollte. Diese ihre Frage konnten wir schon nach kurzer Bekanntschaft mit einem überzeugten und freudigen ‚Ja' beantworten. Denn vom ersten Augenblick an fanden wir, ebenso wie für Fräulein Karmann, auch für den nachmaligen großen Künstler Fritz Koelle, eine solch große Zuneigung und gewannen rasch die Überzeugung, ja den Glauben, daß diese beiden treuen, schlichten und prächtigen Menschen in jeder Hinsicht so ideal zueinander paßten, daß nicht nur eine harmonische Ehe, sondern auch eine seltene künstlerische Gemeinsamkeit gewährleistet schien." (16)

Das „schwarze Gold" – Das Saarland mit seinen Berg- und Hüttenleuten

Es sollte sich im Laufe der Jahre bestätigen. Fritz Koelle lernte durch seine Frau, die die Tochter eines Saarbergmanns aus St. Ingbert war, ein Umfeld mit völlig neuen wirtschaftlichen und sozialen Strukturen kennen, das sich von seinem Münchener Künstlerleben deutlich unterschied. Nicht, daß er die Arbeitswelt nicht aus der eigenen Kindheit und Jugend kannte, bzw. auch durch seine beruflichen Kontakte zu Gießereien, aber die Industriewelt des Saarlandes fesselte ihn und prägte seinen weiteren Lebens- und Schaffensweg. Denn durch seine emotionale Bindung zu den Menschen aus dieser Region und diesem Milieu gelang ihm ein ganz persönlicher und menschlicher Zugang zu den Arbeitern der Berg- und Hüttenwerke, und er zeigte ein einfühlsames Verständnis ihrer Arbeits-, Lebens- und Empfindungswelt, aus dem heraus seine Achtung für die Person des Industriearbeiters erwuchs.

Auch Elisabeth Koelle-Karmann widmete sich in ihrer Grafik und Malerei dem Lebensumfeld ihrer saarländischen Heimat. Bereits kurz nach ihrer Heirat eröffnete sie am 5. April 1925 in St. Ingbert ihre Ausstellung, auf der ihre „Stadttypen" „der Zeitungsträger", „der alte Bergmann", „der Laternenanzünder" usw. Aufmerksamkeit auf sich zogen und von Bürgermeister Dr. Nikolaus Kempf und von Landrat Otto Maurer für den Kauf avisiert wurden. Die „Putzfrau mit Putzkübel und Besen" in Sepia ging für 100 Franken direkt an einen Tierarzt. (17) Bevorzugtes Motiv in ihren Milieuschilderungen waren jedoch die Kinder. (18) Und auch Fritz Koelle fand über ein Bergarbeiterkind seinen Weg in diese plastische Gestaltungswelt. So wurde für Koelle das Saarland durch viele Aufenthalte dort ebenfalls zu seinem Hauptstudienort.

Sicherlich mögen sich ihm als Künstler auf seiner ersten gemeinsamen Reise mit seiner Frau 1925 durch Italien, von Florenz nach Rom, Neapel und Palermo reizvolle ästhetische Eindrücke geboten haben, aber einen künstlerisch nachweisbaren Einfluß auf sein Werk hinterließen sie nicht.

Für eine weitere gemeinschaftliche Reise nach Paris im Herbst desselben Jahres erhielt Koelle von seinem Künstlerkollegen Julius Schülein (19) aus der Münchener Neuen Secession, dessen Frau Suzanne aus Paris stammte, die Adresse seines Hotels, in dem er wohnte: „Zimmer mit zwei Betten 14 Franc, das wäre nicht viel, es sei sehr sauber dort und laufendes Wasser vorhanden." (20) Dieser Aufenthalt in Paris, den Koelles ihren Förderern Schwarz als Studienreise mit Stipendium in Höhe von 2000 Franc für Elisabeth Koelle-Karmann „verkaufen" mußten, wurde wohl kaum zu künstlerischen Studienzwecken genutzt, denn die gegenseitige briefliche Einstimmung auf diese Reise kreiste nur um detaillierte finanzielle Aufgaben und Abwägungen von Fahrt-, Zimmer-, Speisen- und Restaurantpreisen. Besonders Elisabeth Koelle-Karmann war dabei auf Sparsamkeit bedacht. „Unsere Reise nach Paris kostet hin und zurück 96 Franken. Kaufe Dir kein Reiseheft, das kommt in Mark zu teuer – tu das ja nicht, ferner bekommt [man] schon um 15 Fr. ein sehr anständiges Zimmer – auch ein Mittagessen gut so wie in der Osteria essen um 5 Fr." (21) Und so vermochte dieser Parisaufenthalt ebenfalls keine künstlerische Prägung zu bewirken.

Sprang auch auf diesen Reisen der gestalterische Funke nicht über, so löste die Anwesenheit im Saarland die Initialzündung bei Koelle aus: Er schuf seine erste Plastik aus der Arbeitswelt: „Hanna – das Bergarbeiterkind", (WVZ 66) ein Modell, das seine Frau ihm vermittelt hatte. Vor uns steht ein lebensgroßes (1,43 m), hochgeschossenes, mageres, knochiges, fast rachitisch wirkendes Mädchen mit viel zu langen nackten, am Körper herunter hängenden Armen; nur mit einem „Hängerchen" bekleidet, das weit oberhalb der Knie endet und die nackten dürr-knochigen Beine in Schrittstellung und die viel zu großen Füße freigibt. Das Trägerkleid hängt gerade vom Körper herab wie ein Sack. Die „ausgefranste" Modellierung an seinen Rändern und die aufgerauhte Flächenbehandlung suggerieren Lumpen und Armut. Der strenge statisch-tektonische Aufbau und der ruhige geschlossene Umriß erfahren durch das dünne röhrenförmige Kleid noch eine Überhöhung. Von dem Mädchen geht keinerlei Bewegung aus, kein innerer Motor, der es antreibt, ein verlorener Blick aus großen leeren Augenhöhlen. Passiv-melancholisch, fast schicksalsergeben erscheint selbst seine Mimik. Hanna ist eine herbe, aber empfindsame Mädchenfigur, die von ihrem Leben im Bergarbeitermilieu nicht verwöhnt wurde und es in Zukunft auch nicht wird und die ihr Schicksal still im Inneren erträgt. Es ist eine Gestalt, die bei ihrem Betrachter Mitleid evoziert, wenn auch nicht mit der anklagenden Wucht einer Käthe Kollwitz und ihrer notleidenden ausgemergelten Gestalten, es ist eher die melancholisch-gefühlsbetonte Sicht eines Georges Minne mit seiner empfindenden Haltung den inneren Leiden des Menschen gegenüber, die Koelle mit der realistisch expressiven Gestaltung seines Bergarbeiterkinds gelingt.

In der zeitgenössischen Rezeption wird Koelles „auf die Natur als unbestechliches Vorbild gerichteter Kunstwille" (22) hervorgehoben und als „neuer Realismus" gewürdigt. Für den Kunstkritiker Gustav Stolze hat „das ‚Bergarbeiterkind', dessen blutarmes, rachitisches Körperchen mit den knochigen Extremitäten Elend an sich ausdrückt,.... in der spürbaren Zärtlichkeit, mit der Koelle den bescheidenen Konturen Fülle gab, noch irgendeine Regung mitbekommen," (23) und es verrät bereits „den Durchbruch des [Koelles] eigenen Schaffenswillens." (24) Lassen sich bei dieser Plastik noch Anleihen bei anderen Künstlern erahnen, so hat er doch mit ihr seinen eigenen bildhauerischen Weg beschritten und die ihm eigene Ausdrucksstärke gefunden.

Als „Bergarbeiterkind" wird die Figur einzig und allein durch ihren Titel charakterisiert. Ohne diese Bezeichnung könnte es lediglich als irgendein schmächtiges heranwachsendes Mädchen aus einem sozial deprivierten Milieu zu erkennen sein. Diese Ausstrahlung war es auch, die dazu führte, daß die Figur in der Zeit des Nationalsozialismus weder aus- noch aufgestellt werden durfte. Die realistische Darstellungsweise erschien dem Regime zu pessimistisch und „unschön". Bemerkenswert ist auch, daß dieses „Bergarbeiterkind", ebenso wie weitere recht realistische und dem politischen System nicht konforme Plastiken, die zum Zeitpunkt ihrer Schaffung aber von der Fachpresse sehr geschätzt wurden („Bildnis eines verunglückten Hüttenarbeiters" 1927, „Hüttenarbeiter" („Blockwalzer") 1927 und der „Blockwalzer" von 1929), in der einzigen und ausgewählten Monographie von Erich Kammerer über Fritz Koelle aus dem Jahre 1939 keine Erwähnung und Abbildung fanden. Zu ihrer Entstehungszeit jedoch lieferte Koelle „Hanna" in mehrere Ausstellungen ein: 1925 in die Münchener Neue Secession, 1927 zur Herbstausstellung der Preußischen Akademie der Künste in Berlin und nach Darmstadt, und sie wurde stets im oben erwähnten Tenor von der Kunstpresse wahrgenommen und beurteilt.

In diesem Jahr entstanden neben einigen Kleintierbronzen wie „Junges Kamel" (WVZ 63), „Junger Bär" (WVZ 64) und „Junger Löwe" (WVZ 65) diverse Portraits: das seiner Frau Elisabeth (WVZ 62), ein Selbstbildnis und eine Büste des Jazzmusikers Alex Hyde. Auch die Familie Schwarz mußte Modell sitzen: Rudolf Schwarz, Suse Schwarz und ihr Bruder Fritz Hahner (WVZ 57), alle drei Portraits wurden im Kunstverein vom 1. bis 27.2.1925 ausgestellt. Mit Fritz Hahner (25) verband Koelle seit dieser Zeit eine lebenslange freundschaftliche Beziehung. Sie trafen sich später gegenseitig in Berlin. Für März 1926 war ein solcher Besuch Koelles in Berlin geplant.

Vorher aber stand noch ein Besuch seiner Frau in München an, die sich in ihrer studienfreien Zeit im Saargebiet in ihrem Elternhaus aufhielt. Bei solchen Gelegenheiten transportierte Elisabeth Koelle-Karmann ihre fertigen Zeichnungen und Gemälde nach München, um sie ihrem Mann zu zeigen und über ihn eventuelle Verkäufe abwickeln zu lassen. Aber auch umgekehrt wurde gehandelt, nicht nur Fotos von Koelles Plastiken wanderten ins Saargebiet, hin und wieder schleppte seine Frau auch schon mal eine kleinere Bronze mit über die Grenze, (26) was aber nicht immer ohne Komplikationen ablief, so wie bei ihrer Rückkehr im März 1926. Am Zoll waren die Franzosen „diesmal sehr streng, ich mußte Zeichnungen, Bild..., ebenso Dein[en] Kopf alles aufmachen, für Deinen Kopf sollte ich einen hohen Zoll bezahlen, wie die das Metall gesehen haben, glaubten sie einen guten Fang gemacht zu haben." (27) Elisabeth Koelle-Karmann versuchte es mit diversen Argumentationen von Studienkopf über Geschenk für die Mutter bis hin zu eigener Arbeit und daß Kunst doch zollfrei sei. Erst nachdem die Zöllner ihr alles Gepäck nebst Wäsche (vor einer Französin!) durchsucht hatten, konnte sie auch das BronzePortrait ihres Mannes zollfrei mit ins Saargebiet nach St. Ingbert einführen und bereitete ihrer Familie mit diesem Kopf eine große Freude. „Mutter, Käthe, alle waren sprachlos über dieses wunderbare Geschenk von Dir, u[nd] alle sagten, Du bist es ganz genau... das ist doch ganz der Mund u[nd] die Nase... Johann ist ganz weg damit, der bekam ganz feuchte Augen..." (28) (29) Aber auch seinen Neffen Heiner, den Sohn Johanns, beglückte er mit einem mitgeschickten kleinen jungen Bronzelöwen (30): „Der Heiner hat soviel Freud mit dem Löwen, er gibt alles her nur den Löwen nicht..." (31)

Für Fritz Koelle war es immer wichtig, daß auch der einfache, künstlerisch nicht vorgebildete Mensch einen Zugang zu seiner Kunst fand und sie verstand. Er fand seine Motive im schlichten Milieu des Arbeiters und gestaltete sie so realistisch, daß sich das Modell/der Arbeiter jederzeit darin wiedererkennen und damit identifizieren konnte. Bei den Titeln einiger Bronzen existieren sogar ganz persönliche Namensgebungen: „Hanna"/Bergarbeiterkind 1925, „Weltmeier"/Bildnis eines Arbeiters 1926 und „Wagner Schorsch"/Walzarbeiter 1926. Koelle gestaltete „aus dem Volk für das Volk", das war seine ehrliche und innerste Überzeugung, auch zu dem Zeitpunkt noch, als die Kunstgeschichte bereits weitergeschrieben worden war und die Kunst völlig neue Wege beschritten hatte. Verstehen und auch gut finden konnte der Arbeiter Koelles Kunst, aber leisten konnte er sie sich nicht. Dafür wurden potente Geldgeber von Elisabeth Koelle-Karmann in St. Ingbert (32) wie Direktor Roschée (33) oder Kohl-Weigand gesucht (34).

Darum empfanden auch Elisabeths Angehörige – aus einer Bergarbeiterfamilie stammend – es als besonderes Privileg, im Besitz eines solchen Wertes zu sein, den sie ganz ehrfürchtig behüteten und jeden Tag anschauen wollten. Für Fritz Koelle bedeutete diese Ehre nicht nur eine künstlerische Bestätigung, sondern einen weiteren Beweis seiner vollen Integration in diese Familie, die ihn ohnehin bereits mit offenen Armen und Zuneigung aufgenommen hatte. Eine solche Geborgenheit war für ihn sehr bedeutsam, denn er hatte beide Elternteile bereits 1921 verloren; und in St. Ingbert fand Fritz Koelle für lange Zeit sein familiäres Zuhause und künstlerische Anerkennung, die allein ihm aber nicht ausreichte.

Obwohl Fritz Koelle jetzt schon über ein Jahr verheiratet war, führte er, weil sich seine Frau größtenteils im Saargebiet aufhielt, meist den Status eines Junggesellen, der ihm einerseits gar nicht behagte, den er aber andererseits aus Frustration über seine Situation, aber auch, weil es seinem Naturell entgegenkam, exzessiv auslebte. Wenn er allein in seinem Bett lag, wartete er vergeblich auf einen Gute-Nacht- oder Guten-Morgen-Gruß, streckte seine Hand in den anderen Teil des Bettes aus, erfolglos auf eine Berührung wartend. Körperliche Zärtlichkeiten fanden nicht statt und konnten nur in verbaler Form per Brief ausgetauscht werden, und dann auch nur in gemäßigten Andeutungen. Sein „Saubua" und „Saupuppele" gingen ihm schon sehr ab.

Er beklagte sich sehr darüber, wie „öde" und kalt es in der Karlstraße ohne seine Frau war und daß ihm jeglicher Antrieb fehlte. Deshalb mied er auch die Aufenthalte in der Wohnung und suchte das Leben in Gasthäusern, Biergärten und Cafés. „Gestern war's zünftig .... war von ½ 3 h mittags bis abends am Salvatorkeller und hab auf Dein Wohl 4 volle Maß Salvatorbier getrunken, o da hats mi ober schwor g'habt, bsuffa wor i, o pfui Teiffi dös Bier. Abends 10 h bin ich im Raum der Sanitäter auf einer Pritsche liegend erwacht. Ausgeschaut hob i wia der lebende Leichnam. Aber jetzt bin ich wieder mobil. Das wär mir nicht passiert, wenn Du bei mir gewesen wärst, oder vielleicht wär mir alle zwei b'suffa g'wesn." (35)

Am nächsten Tag zog es ihn wieder in dieses Lokal, aber nur in Beobachtersposition, wie er seiner Frau versicherte, was wie eine Rechtfertigung oder gar Entschuldigung ihr gegenüber für sein Verhalten vom Vortage wirkte: „Dann wollte ich nach Großhesselohe. Fuhr mit der Straßenbahn bis Ostfriedhof am Salvatorkeller vorbei und sah diese Unmenge Leute, hab ich mir gedacht, da schau ich jetzt mal hinüber und ging auch hinein, der Saal war gepfropft voll und wurde gesperrt, aber im Garten gab's überall Platz, Tische alles besetzt, die Leute lagen am blanken Boden auf dem Kies und tranken, soffen Bier, um 4 h gings noch anständig zu. Aber als es 6 h wurde, (zwei Musikkapellen spielten ununterbrochen) da erreichte es den Höhepunkt, da war alles total besoffen mit wenigen seltenen Ausnahmen, die Leute lagen bewußtlos am Boden (so ungefähr 12 Stück die ich selbst sah) die Sanitäter waren ständig in Tätigkeit. Mit einem Wort alles war besoffen, alte Frauen sogar, die jungen natürlich (so Mädel's) erst recht, die Männer ganz selbstverständlich. Man sah aber auch so ganz originell Besoffene, die machten geradezu geistvolle Witze noch, besonders ein Mann tat sich so hervor, da mußte man lachen, der hat den ganzen Keller unterhalten, einer ging herum der hatte den Mantel verkehrt an (am Rücken zugeknöpft) andere oder viele hatten keinen Hut mehr oder einen kaputten nur ... Ich war bis 7 h dort und ging dann nach Hause ohne mir einen Schluck Bier getrunken zu haben, ich war nur stiller Beobachter, hab keinen Pfennig ausgegeben, nur 20 Pf. Eintritt... es war so viel schöner. Am Abend ging ich dann in's Kaffee Luitpold hab dort gegessen und hab dort 4/10 Liter Salvatorbier getrunken..." (36)

Nicht daß es immer so „zünftig" zugegangen wäre wie in dieser anschaulich geschilderten Szene, aber Lokalaufenthalte u.a. mit genauer Speisen- und Getränkeaufzählung nahmen ihren festen Platz in Koelles Leben und seinen Briefen ein. Die „Osteria" (37) in der Schellingstraße wurde für die regelmäßigen Mahlzeiten von ihm besonders bevorzugt. Und so saß er am

Abend nach dem „Gelage" in der „Osteria" „beim Wein, hab 1½ Schoppen getrunken, hatte so Durst, gell das ist nicht zu viel, das darf ich schon. Einen Pfannkuchen hab [ich] gegessen, war ganz gut." (38) Essen und Trinken erhielten für ihn eine besondere Bedeutung, denn sie waren mit menschlichen Kontakten verbunden und bewahrten ihn vor der schwer erträglichen Einsamkeit eines jungen Ehemanns.

Zu Koelles Tagesablauf zählten neben der eigenen praktischen Arbeit und der Sorge um sein leibliches Wohl auch Besichtigungen von Kunstausstellungen seiner Kollegen oder Museumsbesuche, über die er sich meist nur sehr kurz und emotional äußerte. Eine fachliche Auseinandersetzung fand in seinen Briefen nie statt, obwohl er in seiner Frau sicherlich eine fachkompetente und gute Analytikerin hatte. Aber Koelle war kein Theoretiker, was nicht nur an seinen schriftlichen Äußerungen ablesbar ist, sondern auch später von seinen Schülern bestätigt wurde: Er war ein guter Handwerker.

Trotzdem kann man seinen knappen Bemerkungen zu Künstlern und Kunstwerken ausreichende Informationen über seine Einstellung zu den jeweiligen künstlerischen Zeitströmungen und sein Verständnis von moderner Kunst und Avantgarde entnehmen und seine Vorlieben und Abneigungen deutlich fühlen. „In der Ausstellung von Prof. Schinnerer (39) war ich auch, 40 Bilder u. Graphik. Letztere fand ich besser, sogar sehr gut, die Bilder sind wie seine sonstigen Sachen. Diese Urkraft, wie bei Corinth ist da halt nicht da." (40)

Diese „Urkraft" des kurz zuvor mit 67 Jahren verstorbenen Corinth, die Koelles eigenem Temperament sehr entgegenkam, strömten besonders die Bilder seiner letzten bildnerischen Entwicklungsphase, in der Corinth seinen künstlerischen Höhepunkt erreichte, aus. Es waren seine SelbstPortraits und Walchenseelandschaften in ihrer expressiven Ausdruckskraft, seine religiösen Themen mit ihrem nichts beschönigendem Realismus (z.B. Ecce Homo von 1925), (41) die Koelle bewunderte.

Und auch an den frühexpressionistischen Weisgerber (42) reichte Schinnerer nach Koelles Meinung qualitativ nicht heran. Diese Feststellung machte er anläßlich eines Besuches der Staatsgalerie, die mit einigen neuen Bildern aus Frankreich und Umhängungen aufwartete: „Im letzten Saal, wo Caspar, (43) Schinnerer, Wei[s]gerber will ich aber absolut nicht damit zu beide Ersteren zählen, in Bezug auf Qualität, Püttner, (44) Caspar-Filser (45) usw. hängen, da hängen jetzt einige gute schöne Franzosen, ganz neue Bilder wie Toulouse-Lautrec ein Portrait in Öl und noch zwei von weniger uns bekannten Franzosen, aber gut. Da sieht man den Unterschied von Malerei Caspar usw. und der Malerei dieser Franzosen, die bescheidensten Dinge haben die gemalen, aber gut, keinen solchen Krampf wie Euer Caspar usw. das ist ja jetzt gleich gar nichts mehr neben diesen Franzosen, ein ganz billiger schlechter Kitsch, Pluff, Kunstgewerbe. Mich freuts diese Franzosen in diesem Raum, das hat Dörnhöffer gut gemacht. Ein Caspar ist aus diesem Raum ganz verschwunden (die Auferstehung mit diesen drei Krampffiguren)". (46)

Aus diesen kraftvollen Äußerungen spricht die Emotion, nicht die intellektuelle Betrachtung, die eine fachliche Auseinandersetzung ermöglicht und ein Herausstellen dieser markanten Unterschiede zwischen Caspars Malerei und der der französischen Künstler zuläßt. Allein die Tatsache, daß Koelle die Namen der beiden (uns!) „weniger bekannten Franzosen" nicht nannte, zeigt, daß er sie schlichtweg nicht wußte, denn er hatte sie sich gar nicht erst gemerkt, sondern sein Augenmerk nur auf ihre Bilder gerichtet. Sein Eindruck war positiv, sie gefielen ihm, und das reichte ihm zur Beurteilung ihrer Kunst aus, nicht einmal über die Bildinhalte gab er Auskunft.

Koelle nahm auch keine Trennung zwischen der Bewertung eines Kunstwerkes und der Künstlerperson vor, was bei Karl Caspar, dem Lehrer seiner Frau Elisabeth, sehr deutlich wurde. Während er die künstlerische Arbeit (z.b. eines Kollegen) nicht billigte, lehnte er auch gleichzeitig diesen Menschen ab. Caspars Malerei, dessen Bildinhalte meist dem biblischen und religiösen Themenkreis entstammten – mit besonderer Vorliebe für die Leidensgeschichte Christi – und der bildnerischen Gestaltung von Gotteshäusern diente, u.a. ein mächtiges Apsis-Fresko von 1927/28 mit Christus als thronendem Weltenrichter zwischen den Heiligen Petrus und Georg mit Evangelistensymbolen versehen im östlichen Hochchor, dem sogenannten Georgenchor, im Dom von Bamberg, wurde von Koelle abgelehnt und mit derben Schimpfworten wie „Krampf", „Kitsch" und „[B]luff" und „Krampffiguren" für die Auferstehungsgruppe belegt.

Koelle hatte zur Religion, besonders zur Institution Kirche, ein eher distanziertes Verhältnis, wie bereits sein Wunsch zur Vermeidung der kirchlichen Trauung nahelegte. In seinem gesamten Œuvre findet sich nicht ein religiöses Motiv, sieht man von dem „Betenden Bergmann" von 1934 ab, bei dem jedoch die Figur des Arbeiters und nicht die Religion thematisiert wird. Außerdem lag es Koelle fern, körperliches und seelisches Leiden und Elend bis hin zur persönlichen Aufopferung bildnerisch darzustellen. All seinen Figuren, selbst bei stärkster Belastung, wohnt immer noch menschliche Würde inne.

Weisgerber aber schätzte er, ihn selbst und auch seine Malerei, stammte er doch ebenso aus St. Ingbert wie seine Frau Elisabeth. Die beiden kannten einander, und Elisabeth Koelle fertigte ein Portraitgemälde von Albert Weisgerber an, das heute in Besitz der Stadt St. Ingbert ist.

Welches der primäre Auslöser für Koelles Wertschätzung war, ob der Mensch oder sein künstlerisches Werk, ist nicht immer auszumachen. Tatsache ist, daß er sich sehr stark von persönlichen Gefühlen leiten ließ. Und so erschien die expressionistisch ausgerichtete Malerei eines Corinth und Weisgerber in diesem Zeitabschnitt noch in einer positiven Sichtweise Koelles. Auffällig ist, daß Koelle so gut wie keine persönlichen Kontakte mit Künstlerkollegen verbanden, wie sie häufig in Künstlerkreisen anzutreffen sind. In seinem Œuvre erscheinen lediglich zwei frühe Portraits, das des Bildhauers Toni Stadler (47) von 1922, mit dem er zum damaligen Zeitpunkt noch befreundet war, und ein Bildnis des Malers E. Goppelsroeder (48) von 1923, beides Terrakottabüsten, die im jeweiligen Jahr in den Ausstellungen der Münchener Neuen Secession zu sehen waren.

Hin und wieder besuchte Koelle einen Künstler in seinem Atelier, so am 23.3.1926 den Maler Anton Lamprecht, (49) der ihn um diesen Besuch gebeten hatte. Gegenbesuche in seinem Bildhaueratelier wußte Koelle zu vermeiden, denn er vermutete in jeder Besichtigung einen „Ideendiebstahl" durch die „Kollegen-Konkurrenz". Auf Kooperationen ließ er sich nicht ein, denn seine Eigenständigkeit in seiner Arbeit wollte er für allezeit wahren, was besonders in späteren Jahren in Dresden und Berlin auf Unverständnis seiner Kollegen stieß.

Für wohlwollende Kunstkritiker und Kaufinteressenten jedoch hatte Koelle stets ein „offenes Atelier". Werbewirksam ließ er alle Arbeiten fotografieren, um diese Werkfotos verkaufsfördernd einzusetzen, denn der finanzielle Erfolg stand für ihn vor der künstlerischen Wertschätzung, oder zumindest war er für ihn gleichgestellt nach der Devise: Wenn ich gut verdiene, bin ich ein guter Künstler. Und so regiere der Wunsch nach „finanzieller Bestätigung" den größten Teil seines Künstlerlebens.

So wie Koelle versuchte, die Arbeiten seiner Frau zu vermarkten, so wurde auch sie immer wieder beauftragt, Interessenten für seine Bronzeplastiken zu finden und etwaige Verkaufsverhandlungen zu führen. „Hast schon einen Eisenwalzer verkauft? Warst schon bei den Herrn, hoffentlich hast es gleich besorgt, denn wir brauchen Geld. Sollte sich jemand interessieren, so warte mit der Preisangabe bis ich komme, sagst halt einige Tausend Mark, aber so ganz unverbindlich. Der Bronzegießer kommt zu mir und macht mir eine[n] Kostenanschlag über die Figur und Köpfe." (50) Zwei Tage später kam der Bronzegießer und nannte ihm die Preise: „Eisenwalzarbeiter 1150 Mark, Dein Kopf 120 Mark, mein Kopf 130 Mark, Weltmeier 100, ich finde viel und auch wieder nicht viel Geld, die Tiere so 25 Mark... Die große Figur finde ich billig, für 2000 Mark würde ich's hergeben, wie denkst Du, (fürs Saargebiet) wir brauchen halt Geld. Wenn wir mehr bekommen ist es besser." (51)

Dieser Eisenwalzarbeiter ist Koelles erste große Arbeiterplastik, die genannt wird, und ob sie wirklich ins Saarland geliefert wurde, kann heute nicht mehr nachvollzogen werden. Jedenfalls stellte Koelle ihn erst 1927 in der Neuen Secession als Gipsfigur (52) und als Bronze in Berlin auf der Herbstausstellung 1927 der Preußischen Akademie der Künste (53) aus. (WVZ 74) Dafür konnte er aber sein Arbeiterbildnis (Weltmeier genannt) an die gerade errichtete städtische Galerie in München (54) verkaufen, die es 1926 direkt aus der Kunstausstellung im Glaspalast erwarb. (55) (WVZ 67)

Seinen Aufenthalt bei Fritz Hahner in Berlin im März 1926 nutzte Koelle gleichzeitig als „Werbeveranstaltung" in eigener Sache, zu der ihn seine Frau ermutigt hatte und von der er ihr mitteilen konnte, daß er sich gebessert habe und überall hingehe. Der Vorteil für ihn lag zum einen darin, daß ihn die Unterkunft nichts kostete, denn er wohnte bei Fritz. „Brauche fast kein Geld, fast nicht mehr wie in München," (56) „es kommt mich so billig hier. Gestern brauchte ich nur 10 Pfennig, Fritz und der Vater von Fritz bezahlen mir immer alles". (57) Und zum anderen spürte Koelle das pulsierende Kunst- und Kulturleben im Berlin der zwanziger Jahre und die größeren Möglichkeiten zur persönlichen künstlerischen Entfaltung in dieser Stadt. Er begab sich also an die Akademie der Künste, um seine Arbeiten für eine Ausstellung anzubieten, und als man sein Ersuchen nach einer verantwortlichen Person mit diversen Ausflüchten beantwortete – „Na was tat ich? Ich ging direkt zu Prof. Liebermann (58) in die Wohnung, ich meldete mich an (er war eben mit einem Portrait beschäftigt und die Sitzung beendigt) und Prof. Liebermann empfing mich so nett in seinen Wohnräumen, (59) nahm ganz neben mir im Klubsessel Platz und war so nett, war eine halbe Stunde bei ihm, ich konnte so gut mit ihm sprechen, nicht dieser Abstand wie bei Caspar, der blöde, dumme Hund, der Stümper. Habe also Aussicht eingeladen zu werden, am 1. Mai beginnt die Ausstellung, bis 15. April müssen die Arbeiten hier sein. Meinen Arbeiter darf ich schicken, der fiel überall auf und weckte Interesse." (60)

Wie sehr Liebermann jemanden in seinen Bann ziehen konnte, bestätigte Thomas Mann ein Jahr später, 1927, anläßlich Liebermanns 80. Geburtstag in der Zeitschrift „Kunst und Künstler": „In Liebermann bewundere ich Berlin – das man von München aus viel besser bewundert, als wenn man dort lebte. Ich finde es königlich, daß er den geweckt schnoddrigen Berliner Jargon spricht, frank und frei und unverfälscht, und wenn ich bei ihm bin, in seinem Haus am Pariser Platz, fühle ich mich im Brenn- und Sammelpunkt erheiternder und mächtiger Charakterkräfte, an repräsentativ-symbolischem Ort, in der Residenz des genius loci: Eine Empfindung, zu der das Fluidum von Freiheit, Kühnheit, Größe, Souveränität nicht wenig beiträgt, das die rassig-feine und ritterliche, im strengsten Sinne liebenswürdige Person des Hausherrn umwittert." (61)

Und so mußte es auch dem jungen Koelle aus München in der Gegenwart des fast 80jährigen Meisters ergangen sein. Er war begeistert von der offenen und geradlinigen Art, in der dieser ihm begegnete, und besonders von seiner volksnahen Berliner Sprache, denn auch Koelle liebte es, sich im Idiom seiner Heimatstadt München auszudrücken, wie es später seine Studenten in Berlin berichteten. Besonders imponiert aber hatte ihm, daß dieses Genie sich die Zeit für ihn, den jungen unbekannten Bildhauer, nahm und sich für seine Arbeiten interessierte. Koelle spürte die völlig andere, menschliche Atmosphäre, die Liebermann, der Berliner Akademiepräsident, ausstrahlte und die ihm an der Münchener Akademie fehlte, wie sein verbaler Gefühlsausbruch über Karl Caspar verrät. Koelle fühlte sich von seinem Gegenüber voll akzeptiert, denn Liebermann verstand es hervorragend, ihn in seiner Arbeit und besonders in seiner Thematik zu bestätigen und zu motivieren, offenbarte sich hier doch eine gewisse Geistesverwandtschaft. Denn auch für Liebermann war besonders in seiner Anfangszeit als Maler der arbeitende Mensch das bevorzugte Motiv, auch wenn diese Gemälde den gängigen Kunstvorstellungen und dem herrschenden Kunstgeschmack nicht entsprachen und er lange Zeit mit vernichtender Kritik, der „Maler des Häßlichen" zu sein (ebenso wie Jean François Millet), leben mußte – und zwar nur, „weil er das Volk bei seiner Arbeit aufsuchte! Weil er es ohne jede Beschönigung, ohne zu verzierlichen darstellte. Daß er seine Bilder um so mehr mit innerem Leben, mit der Kraft der Wirklichkeit erfüllte, ward seinen Widersachern nicht klar." (62)

Es „wurde ihm vorgeworfen, er verherrliche das Häßliche. ‚Die Schusterwerkstatt', ‚Die Flachsscheuer', ‚Der Weber', ‚Rübenernte', ‚Netzflickerinnen', ‚Beim Kartoffelklauben' – das waren allerdings keine eleganten Bildvorwürfe. Und sie waren auch nicht geziert und nicht versüßlicht – ‚idealisiert', wie es das Publikum und die Kritik jener Zeit verlangten. Es waren nur malerische Wiedergaben der Motive mit ehrlichstem und bedeutendstem Können." (63) Inzwischen aber hatten diese Werke ihre Anerkennung und den Eingang in viele maßgebende Museen gefunden, und ein überzeugenderes Argument, an seiner künstlerischen Absicht, den arbeitenden Menschen zu gestalten, festzuhalten, konnte Liebermann Koelle kaum liefern.

Unter Liebermanns zwölfjähriger Präsidentschaft (64) avancierten die Ausstellungen der Preußischen Akademie der Künste zu den bedeutendsten Kulturereignissen Berlins. Und für Koelle mußte es eine große Ehre gewesen sein, vom Präsidenten der Akademie persönlich zu einer solch bedeutsamen Ausstellung eingeladen zu werden, obwohl er noch ein unbekannter Bildhauer war, dessen Namen man allenfalls in München gehört hatte. Aber Liebermann hatte aufgrund der erlebten Ablehnung seiner eigenen impressionistischen Malerei in jungen Jahren und der Verunglimpfung als „Elendsmaler" eine tiefgreifende Sensibilität gegenüber den Werken junger – z.B. expressionistischer – Künstler entwickelt und hütete „sich ängstlich ... gegen eine Bewegung, die er nicht oder noch nicht versteht, das Verdammungsurteil zu sprechen, besonders als Leiter der Akademie, die wiewohl ihrem Wesen nach konservativ, erstarren würde, wenn sie sich der Jugend gegenüber rein negativ verhalten wollte." (65) Und einem Kritiker gegenüber erläuterte er einmal seine Einstellung zur jungen Künstlerschaft folgendermaßen: „Sie wundern sich, ... daß die Neuesten der Neuen in der Ausstellung der Akademie Eingang gefunden haben, und sogar im Hauptsaal. Das will ich Ihnen erklären. Alles, worin ich Talent und die Möglichkeit der Fortentwicklung sehe, lasse ich zu Worte kommen. Es brauchen ja keine Meisterwerke zu sein, die wir von den jungen Künstlern ausstellen, es muß ihnen aber Gelegenheit gegeben werden, herauszukommen, und das ist meine Aufgabe. Ein Urteil über ihre Leistungen, etwa gar ein begeistertes, braucht das nicht zu bedeuten. Die Akademie ist nicht die Nationalgalerie, der die Werke einverleibt werden als Höchstleistungen fertiger Meister für alle Zeiten. Durchgangsstationen auf dem Wege der Entwicklung, so sehe ich diese Ausstellungen an, sofern sie werdende Künstler berücksichtigen." (66)

Und genau diese Aufgabe nahm Liebermann wahr, als er Fritz Koelle die Chance zu einer Ausstellungsbeteiligung an der Akademie in Berlin ermöglichte. Er schickte ihn mit seiner Empfehlung nach Grunewald zu August Kraus, (67) der Mitglied der Akademie und erster Vorsitzender der Vereinigung Berliner Bildhauer war, um die Voraussetzungen für Koelles Ausstellungsbeteiligung zu schaffen, und zum Ständigen Sekretär der Akademie, Prof. Alexander Amersdorffer.

Beflügelt durch diese Aussicht, seine Werke nach Berlin schicken zu können, setzte Koelle seine Werbetour bei allen Berliner Galerien fort. Zuerst besuchte er die Galerie Flechtheim (68), dann die Kunsthandlung Paul Cassirer (69), die er am nächsten Tag noch einmal konsultieren sollte, und im Anschluß daran stattete er dem Verlag Kunst und Künstler von Bruno Cassirer (70) einen Besuch ab. Dort wurde er gebeten, seine Arbeiten im Hause zu belassen, bis Karl Scheffler (71) sie begutachtet hätte. Am nächsten Tag setzte er seine Visiten fort bei Gurlitt (72) und in der Galerie J. Caspar, die sich bereit erklärte, Zeichnungen von Elisabeth Koelle-Karmann und Werke von ihm auszustellen. Ansonsten schien ihm wenig Erfolg bei dem Werbezug für seine Arbeiten und die Bilder seiner Frau bei den Berliner Galerien beschieden gewesen zu sein. Koelle nutzte den Aufenthalt in Berlin aber auch, um sich über die aktuelle Kunstszene zu informieren. In einer Daumier-Ausstellung sah er „ganz ausgezeichnete" und „ergreifend schöne Bilder". (73)

In die Ausstellung der Berliner Secession schaute er hinein, und die Gedächtnisausstellung für Lovis Corinth (74) beeindruckte ihn sehr. Auch das Kaiser-Friedrich-Museum und das Alte Museum wurden von ihm noch aufgesucht. Koelle war begeistert von der Vielfalt des Kunst- und Kulturangebots in Berlin, das er in dieser Ausprägung aus München nicht kannte. Und zu diesem Zeitpunkt wurde Koelles Sehnsucht nach Berlin geweckt: „Es gefällt mir ja so gut hier, möchte gerne nach hier für immer, es ist zu interessant und schön, da rührt sich etwas." (75) „Atelieraussichten haben wir vielleicht auch, bei einem geplanten Atelierneubau, ich hab mich mal vorgemerkt." (76)

Koelle mußte aber noch viele Versuche unternehmen, bis sein Wunsch, in Berlin zu leben, 1950 realisiert werden konnte und Berlin zu seinem Schicksal wurde. Seine Bemühungen, sich schon 1926 an der Ausstellung der Preußischen Akademie in Berlin zu beteiligen, hatten Erfolg, er erhielt für die Frühjahrs- und für die Herbstausstellung Einladungen und leistete ihnen Folge.

Er bestückte auch die I. Allgemeine Kunstausstellung München im Glaspalast vom 1. Juni bis Anfang Oktober 1926, bei der zum ersten Mal die Münchener Neue Secession e.V. teilnehmen durfte, in der Koelle seine Plastiken zeigte: Ein BronzePortrait seiner Frau, sein Selbstbildnis, das den Betrachter von der Rückseite des Amtlichen Katalogs mit großen leeren Augen anschaut, (WVZ 72) das bereits erwähnte Arbeiterbildnis „Weltmeier", eine Gipsausführung des Bergarbeiters, der bereits in Berlin Interesse hervorgerufen hatte, (WVZ 68) und zwei kleine Tierplastiken – einen Stier (WVZ 71) und einen Moschusochsen (WVZ 69).

Im September desselben Jahres unternahm er seine erste Studienreise ins Ruhrgebiet. Er fuhr am 24. September in Herne in Schacht IX der Zeche Shamrock (77) auf 860 Meter Teufe ein und stellte fest, daß der Unterschied zu St. Ingbert lediglich in der Größe des Betriebes lag, im Ruhrgebiet also größer war, die Leute aber gleich waren. Für den nächsten Tag war eine Grubenfahrt auf einem Schacht in Wanne vorgesehen. Für die Zeit seines Aufenthaltes im Ruhrgebiet wohnte Koelle in Dortmund zwei Minuten vom Hauptbahnhof entfernt im großen „Union-Hotel-Restaurant" des Franz Kuckelmann in der Sedanstraße 22 – 24.

Er holte sich bei der Verwaltung der Union-Hütte (78), einer großen Eisenhütte mit 20 000 Arbeitern, eine Besuchserlaubnis. Ein Oberst Schuch wurde ihm zur Betreuung an die Seite gestellt. Diesem unterbreitete er auch die Fotos seiner Bronzearbeiten mit der Bitte, sich für einen Kauf beim Generaldirektor einzusetzen, da dieser als „großer Kunstsammler" galt. Den Generaldirektor selbst bekam Koelle nicht zu Gesicht, da er zu sehr beschäftigt war. Er ließ ihm aber ausrichten, daß er sich die Tierplastiken gern im Original anschauen würde. Entweder sollte Koelle einige Arbeiten schicken, oder er würde ihn bei einem Münchenaufenthalt einmal in seinem Atelier besuchen. Trotz dieses unverbindlichen Angebots machte Koelle sich Hoffnungen auf ein lukratives Geschäft. „Dem Direktor hätten meine Sachen sehr gut ... gefallen und [der Oberst riet] mir, öfters nach hier zu kommen, er [Direktor] würde mich dann sicher in sein Haus einladen und so könnte ich mit ihm bekannt werden ... Ja das wäre schon das Richtige, so einen Herrn kennen zu lernen, der könnte schon kaufen." (79) Die Tiere könnte „ich hier alle für 250 Mark das Stück verkaufen." (80) Im Verhältnis zu den 25 Mark, die er dem Bronzegießer zu zahlen hatte, wäre das ein enormer Gewinn gewesen.

Aus dem Handel mit dem Generaldirektor ist wohl niemals etwas geworden. Dafür erhielt Koelle aber von ihm die Erlaubnis, das Werk jederzeit auch ohne Führung aufsuchen zu dürfen, um seine Studien zu machen, die er am nächsten Tag nutzte und von nachmittags 15 Uhr bis nachts 24 Uhr auf der Hütte verbrachte. Am darauffolgenden Tag, einem Sonntag, versuchte er in seinem Hotelzimmer, seine Studien in Zeichnungen umzusetzen, aber es fehlte ihm die schöpferische Ruhe dazu. Seinen Studienaufenthalt im Ruhrgebiet schloß Koelle mit einem Besuch einer Zeche des „Harpener Bergbaus" (81) in Dortmund ab.

Seine nächste Reise führte ihn im Oktober in seine Heimatstadt Augsburg, wo er mit Bürgermeister Ackermann (82) diverse Verhandlungen zu einem Familiengrab auf dem Augsburger Friedhof führte. Für dieses Grabmal wählte Koelle seine Figur der „Klagenden", (WVZ 52) die auch Schwiegermutter, Schwägerin und Schwager von Ackermann gefiel, die den Aufstellungstermin forcieren wollten. Auch der Generaldirektor der Bayerischen Staatsgemäldesammlungen, Dr. Friedrich Dörnhöffer, (83) äußerte sich anläßlich eines Atelierbesuchs bei Koelle positiv zu dieser Grabfigur, die ihm besonders im Profil recht gut gefiel. Da Bürgermeister Ackermann sich bei dem Erwerb nicht sehr entscheidungsfreudig zeigte, besonders was die Preisverhandlungen betraf, erbot sich Dörnhöffer, der Ackermann kannte und in naher Zukunft ein Treffen mit ihm hätte, sich bei Ackermann für den Kauf der Grabfigur einzusetzen. „Das ist doch sehr nett von Dörnhöffer... Er tat es aber ganz aus freien Stücken, ohne daß ich ihn ersuchte". (84) Am 24. Oktober, nachdem Koelle den ganzen Nachmittag mit Ackermann auf dem Friedhof und anschließend bei ihm zu Hause verbracht hatte, einigten sie sich. Für 3000 Mark erhielt Koelle den Auftrag. Den ersten Teil von 1500 Mark sagte ihm Ackermann für den 1. November zu und den zweiten Teilbetrag nach Aufstellung des Grabmals am 16. November. Koelle konnte Ackermann sogar von dem von ihm gewählten günstigeren Aufstellungsort überzeugen.

Koelle war nun mit den Vorbereitungen für das Ackermannsche Familiengrab in Augsburg beschäftigt, arbeitete aber gleichzeitig auch an seiner neuen Figur, dem Walzarbeiter/Wagner Schorsch, (WVZ 88) den Dörnhöffer bei seinem Besuch in Koelles Atelier mit der positiven Kritik versah: „Das gibt einen echten Koelle..., wie ursprünglich und natürlich der da steht, der wird noch viel besser als die anderen Arbeiter... Ein unverfälschter Arbeiter." (85)

Die bereits erwähnte Grabfigur und auch das Bergarbeiterkind/Johanna sagten Dörnhöffer sehr zu, wiesen sie doch im Aufbau gewisse Ähnlichkeiten auf. Als Koelle Dörnhöffer auf den eventuellen Erwerb des Arbeiterkopfs/Weltmeier ansprach, wies ihn dieser auf die Problematik hin, daß die Städtische Galerie bereits denselben Kopf besäße, doch sei er von diesem ArbeiterPortrait sehr angetan: „Ja, Sie haben mir einen Floh ins Ohr gesetzt, mit Ihrem neuen Arbeiter, den möchte ich gerne kaufen." (86) Da der Ankaufsetat für das laufende Jahr wohl bereits ausgeschöpft war, wurde erwogen, den Kopf jetzt zu erwerben und mit dem nächsten Ankauf zu verrechnen. Koelle war begeistert von diesem Entgegenkommen und meinte bei Dörnhöffer ein wirkliches Interesse für seine Arbeiten zu verspüren, und er wußte, daß er dieses Interesse wach halten mußte, da es „allerlei wert" sei, und zwar nicht nur für seine Arbeiten, sondern auch für diejenigen seiner Frau, für deren Präsentation und Vermarktung in München ausschließlich er zuständig war. Von Wolfer (87) holte er ihre Zeichnungen zurück, da dieser keine verkaufen konnte. In die Ausstellungen der Kunstgewerbeschule und der Akademie lieferte er ihre Bilder ein. Er übernahm selbst ihren Part, ihre in St. Ingbert geschaffenen Werke ihrem Lehrer Prof. Karl Caspar zu präsentieren.

Dabei offenbarte sich zum ersten Mal eine Verhaltensweise Koelles, die in dieser Ausprägung und Deutlichkeit noch nicht zu Tage getreten war. In dem Maße, in dem er seiner Frau Vertrauen entgegenbrachte, mißtraute er anderen Menschen, besonders seinen Künstlerkollegen. Woher dieses Mißtrauen, das sich in späteren Jahren noch verstärkte, ursprünglich resultierte, ist nicht nachvollziehbar. Caspar hatten Elisabeth Koelle-Karmanns Bilder gut gefallen, besonders das „Atelierfenster". Nach eingehender Betrachtung bat er darum, daß seine Schülerin ihn über die Malweise informieren sollte. „Sagst es Caspar nicht, wie Du es machst." (88) Auch Maria Caspar-Filser, seine Frau und seit 1925 als erste deutsche Künstlerin mit einer Professur betraut, äußerte sich positiv über dieses Bild, verbunden mit Grüßen an Elisabeth Koelle-Karmann. Auf dem Weg zur Akademie begegnete Koelle auch dem Kollegen seiner Frau Anton Lamprecht. „hatte gerade Deine eingelegte Arbeit unterm Arm ... zeigte sie ihm aber nicht!!! Er hät sie gerne gesehen, dachte mir aber: Halt der könnte bis morgen noch was machen." (89)

Koelle legte auch großen Wert darauf, daß die Bilder fertig gerahmt waren, bevor er sie in die Kunstgewerbeschule und die Akademie einlieferte. „Weiß Gott in welchem Zustand die sonst ankommen ... Ich hab Angst, daß sie im Sekretariat aus dem Rahmen genommen werden." (90)

In der Tat kann man über einen gewissen Konkurrenzdruck unter Künstlern nicht hinwegsehen, besonders wenn sie sich in die Wettbewerbssituation einer Gruppenausstellung begeben. Ob diese aber solch ein massives Mißtrauen begründet, was eindeutig zu Lasten der künstlerisch-kollegialen, menschlichen Komponente geht, läßt sich bezweifeln. Bedenklich erscheint auch, daß Koelle in seinem Argwohn versuchte, Einfluß auf das Verhalten seiner Frau zu nehmen. Obwohl Koelle durchweg positive Resonanz auf die Bilder seiner Frau erfuhr, wurden die Werke der Kollegen von ihm mit abfälliger Kritik bedacht: „Heut sah ich auch verschiedene, eingelieferte Arbeiten, ist aber lauter Mist, auch von Frl. Mayer ist was dabei, aber Mist." Ebenso urteilte er über Karl Caspars Kunstwerke: „O sind die leer und arm." (91) Ganz anders aber fiel seine Kritik an dem bereits erwähnten Bild seiner Frau aus: „Das ist ja großartig, ich war ganz überrascht, so schön stellte ich's mir nicht vor, mit so viel Liebe gemacht, man sieht es, das ist aber auch eine echte Karmann, das hat mit Caspar-Schule absolut nichts zu tun, das ist beobachtet die Tapete wunderschön das Fensterbrett mal erst die schönen Töpfe, man kennt die Töpfe, dann erst das drollige Bild in der Ecke also wunderschön! Also jetzt mach so weiter, immer nur die Natur beobachten so kommst nie auf einen toten Punkt, den[n] die Natur ist unerschöpflich! Aber Farben mit Geschmack hinzusetzen davon hat man bald genug, Du weißt ja wie Kaspar, Dein Moaster. Also nochmals die Tapete fühlt man u.s.w. Nur an der Perspektive da sind kleine Böckerl drin, aber es macht nichts, stören nicht weiter, denn es ist ja sonst so gut." (92)

Koelle war stets bemüht, seine Frau mit Äußerungen zu Zeichnungen und Gemälden positiv zu verstärken. Ein kritisch-konstruktiver Ansatz, wie der vorsichtige Hinweis auf Unzulänglichkeiten in der perspektivischen Darstellung war die Ausnahme. Aber auch die detaillierte Auseinandersetzung mit diesem Bild, mit der naturalistischen Malweise und der Plastizität des Tapetenmusters war selten für Fritz Koelle, der kein Mann vieler und kluger Worte war. Koelle urteilte intuitiv. Während seine Negativurteile über Kollegenwerke meist nicht mehr als ein Wort wie „Mist" oder „Krampf" beinhalteten, lobte er Elisabeth Koelle-Karmanns Arbeiten stets überschwenglich und motivierte sie, in dieser Weise weiterzumachen und jetzt nur noch „fleißig zu arbeiten, denn Du bist ja mein ganz lieb's Lisele." (93)

Einerseits genoß Elisabeth Koelle-Karmann die Würdigung ihrer Arbeit durch ihren Mann, andererseits kokettierte sie damit, soviel Lob für eine solch schlichte Szene zu erhalten. „Also meine letzte Arbeit gefällt Dir so gut, daß Du [sie] gestern Nachmittag betrachtet hast, den ganzen Nachmittag – das stimmt mich fast feierlich – wo ich doch eigentlich so bescheiden davor stand vor diesem Fenster, Blumen, Wand, – u. nur den einen Wunsch hatte <u>ganz innen</u>, nur etwas von diesem netten Winkel festhalten zu können, od. nur so einen Abglanz zu erreichen, ich wußte nicht, ob es gut ist – nur das Hochzeitspaar kam mir, als ich fertig war mit dem Bilde, selbst drollig vor – aber weißt lieber Fritzl, es hing ja dort." (94)

Dieses Bild und auch Elisabeth Koelle-Karmanns fast zärtlichen Ausführungen dazu machen deutlich, welch innigen Bezug sie zu ihrem Atelier in St. Ingbert hatte und wie gern sie dort verweilte. Von ihrem Atelier in München am Josefsplatz liegen derart begeisterte künstlerische Äußerungen nicht vor.

Auf die farbliche Gestaltung ihre Bilder nahm ihr Mann keinen Einfluß. Aber was ihre Kleidung betraf, maßte er sich ein patriarchalisch anmutendes Mitspracherecht an. Elisabeth Koelle-Karmann bat darum, sich ein Paar Handschuhe kaufen zu dürfen, und ihr Mann erteilte ihr genaueste farbliche Anweisungen: „Kauf Dir aber keine roten Handschuhe oder grüne, sondern dunkle, vielleicht schwarz mit etwas weiß, kauf Dir nur keinen rechten Mist, bring mir ja keine <u>knallige</u> Farb daher und auch kein Gelump. Also kauf ordentlich ein." (95) Aber nicht nur die Farbe schrieb er seiner Frau vor, sondern auch die Kleidung, mit der die Handschuhe kombiniert werden mußten: „Lisl wenn Du Dir Handschuhe kaufst, dann sollen sie aber zur Pelzjacke passen, denn zum Cape brauchst Du's ja gar nicht mehr hier". (96)

Elisabeth Koelle-Karmann reagierte sehr sensibel auf die barschen Worte ihres Mannes, aber nur äußerst zaghaft klang eine Entgegnung an: „Vorgestern hast Du mir so lieb geschrieben;" damit bezog sie sich auf seine Begeisterung für ihr Gemälde, „heute schon nicht mehr so lieb," und doch ordnete sie sich ganz den Forderungen ihres Mannes unter. „Ich danke mein liebes, gutes Fritzele, daß Du mir erlaubst, Handschuhe zu kaufen, ich werde tun, wie es Dein Wunsch ist u. kein G'lump kaufen. Darf ich Dich bitten, liebes Fritzele, mir noch 5 Mark zu schicken?" (97) Und er sandte ihr einen Zehnmarkschein.

Bereits hier, zu Beginn einer langjährigen Ehe, deutete sich schon an, was auch der Sohn später bestätigte, daß Elisabeth Koelle-Karmann widerspruchslos alle Anweisungen ihres Mannes in die Tat umsetzte, sich trotzdem aber ihren eigenen Entscheidungs- und Handlungsfreiraum schuf, besonders in den Jahren seiner Abwesenheit aus München. In ihrer Studienzeit aber verließ sie sich ganz auf das Pflicht- und Verantwortungsbewußtsein ihres Mannes, der sich um die Einlieferung ihrer Bilder zu den Ausstellungen kümmerte, der den Kontakt zu ihrem Lehrer Caspar hielt und ihr Atelier und die dortigen Blumen betraute, ebenso die gemeinsame Wohnung in der Karlstraße. Aber über ihre Nachlässigkeit bei Terminangelegenheiten war er sehr ungehalten. Seine Frau hatte sich mal wieder nicht rechtzeitig nach den Semesterferien an der Akademie zurückgemeldet, und das, obwohl sie die Vergünstigung genoß, vom Semestergeld befreit zu sein und nur die Gebühren von 16,20 Mark zahlen zu müssen. Mit Nachdruck forderte er sie mehrfach auf: „fülle die Papiere sofort aus und sende sie sofort an mich zurück," (98) was ihr aber nicht gelang.

Doch in allen anderen Angelegenheiten verhielt sich Fritz Koelle sehr fürsorglich seiner Frau gegenüber. Da sie die erforderlichen Malutensilien in dem kleinen Ort St. Ingbert nicht beschaffen konnte, gab sie regelmäßig Aufträge nach München, und Fritz Koelle besorgte ihr alle gewünschten Materialien, z.B. den Karton bei Nowak, und schickte die Sachen ins Saargebiet, denn Elisabeth Koelle-Karmann hatte ihm erklärt, daß in St. Ingbert ihre Motive und Modelle vorhanden wären und sie nur dort die erforderliche Ruhe und Muße fände, um produktiv arbeiten zu können. Das traf sicherlich in einer Hinsicht zu, denn die Affinität zu ihren Kindermodellen war bedeutsam, ebenso die kreative Arbeitsatmosphäre. Aber es war auch noch ein anderer Beweggrund zutreffend. Die familiäre Zugehörigkeit zu St. Ingbert bedeutete für Elisabeth Koelle-Karmann Sicherheit und ein geordnetes und sie umsorgendes Umfeld, in dem ihre Tätigkeit als Künstlerin sehr hoch geschätzt wurde und sie einen gewissen Freiheitsgrad genoß, der sie jeglicher partnerschaftlicher und hausfraulicher Verpflichtungen entband, was sie in München anders vorgefunden hätte. Dort erwartete sie die Doppelbelastung von Beruf, Ehe- und Hausfrauenpflichten, und diesen Zustand wollte sie möglichst lange hinauszögern.

Da das Schaffen und der Fleiß bei Fritz Koelle sehr stark gewichtet wurden und Arbeit bei ihm vor Vergnügen rangierte, gestand er seiner Frau jedoch die Zeit für ihre Malerei in St. Ingbert zu, und viele seiner Briefe enthielten die Aufforderungen: „Arbeite recht fleißig" und „schaff nur fest".

Als jedoch das neue Semester längst begonnen hatte und seine Frau ihre Ankunft in München immer weiter verschob, verlor Fritz Koelle die Geduld. Sei es, daß er ihre Taktik erahnte oder daß er als junger Ehemann die partnerschaftliche und sexuelle Enthaltsamkeit nicht mehr hinnehmen wollte; denn viele seiner Briefe aus dieser Periode quellen über von liebevollen sexuellen Andeutungen und Angeboten an seine Frau. Immer wieder war seine Freude riesig, wenn Elisabeth Koelle-Karmann sich mit einem Termin anmeldete, und genauso groß war jedesmal seine Enttäuschung bei ihrer Absage. „Wie ein Kind freue ich mich und jetzt getrau ich mich gar nicht mehr auf Donnerstag zu freuen ... jetzt hast mir so viel von meiner Freude genommen, und so machst Du's immer,... immer mußt Du etwas verschieben oder hinauszuziehen. Sicher kommt ein Brief, daß Du nicht kommst aus irgendeinem Grund, Käthe ist mit einem Kleid nicht fertig oder irgend sonst so ein Krampf." (99) „Du schiebst Dein Kommen von einem Tag zum anderen, man könnte glauben und daraus leicht schließen, daß Du lieber zu Hause oder fort bist, und Deine Sehnsucht gar nicht so groß ist als Du so schreibst, denn schreiben tust so sehnsüchtig und überschwenglich, viel mehr wie ich, aber ich zeige es wirklich und schreib nicht nur meine Sehnsucht auf's Papier. Eine sonderbare Sehnsucht hast Du, bleibst immer länger fort." (100)

Fritz Koelle war ein recht emotional bestimmter Mensch, der Freude genauso intensiv erlebte wie Enttäuschungen und Ärger, und er war verletzbar, was diese Situation deutlich machte. So verlieh er nicht nur seiner grenzenlosen Enttäuschung und seelischen Verletzung auf die ihm eigene gefühlsbetonte Weise Ausdruck, sondern verordnete seiner Frau in barschem Ton Verhaltensmaßregeln wie einem ungehorsamen Kind. (101)

Aber noch am selben Abend entschuldigte er sich in einem zweiten Brief für seine Worte vom Morgen: „Weißt da war wieder a Muck an der Wand", (102) und erklärte sein Verhalten mit seiner Liebe zu ihr und seiner Sehnsucht nach ihr. Und der „Haussegen" war für Elisabeths Ankunft in München wieder hergestellt. Brachen Fritz Koelles Ermahnungen häufig verbal aus, so war für ihn die Angelegenheit damit erledigt, er war niemals nachtragend.

Die Frühjahrsausstellungen im Jahre 1927 brachten noch einmal Bewegung in die vermeintlich untergegangene Kunststadt München. Mit einem Vortrag des Gründers des Bauhauses (103), Walter Gropius, und einer umfangreichen Werkausstellung des in Dessau lebenden und am dortigen Bauhaus lehrenden 60jährigen Wassily Kandinsky in der Galerie Goltz lösten die Repräsentanten des Bauhauses kontroverse Diskussionen aus und erhitzten die künstlerischen Gemüter. Während die einen den Primat der freien, absoluten Malerei verfochten, beschworen die anderen als Folge den Tod der Malerei überhaupt.

Im Kunstverein und in der Galerie Paulus war die jüngste Münchener Malergeneration vertreten. Während im Kunstverein die mehr tradierte und konservativ geprägte Kunst vorherrschte, präsentierte sich bei Paulus eine neue Gruppe „Generation" mit moderner, mutig experimentierender Malerei. Koelle besuchte alle Ausstellungen, aber sein Hauptinteresse galt der Galerie Caspari, denn dort stellte Elisabeth Koelle-Karmann „treffliche, lebenssprühende und brillant beobachtete Zeichnungen von kleinen Kindern aus. Diese junge, in der Pfalz beheimatete Künstlerin, die in der Nürnberger Faberkonkurrenz (104) den zweiten Preis gewann, besitzt eine besondere Begabung für die ehrliche, nicht verschönigende Charakteristik kleiner, noch nicht schulpflichtiger Mädchen aus den Kreisen der Ärmsten unseres Volkes. Unter Beschränkung auf die wesentlichen Ausdrucksmittel wird sie jedem einzelnen Sonderfall erstaunlich gerecht, bringt in Kopf und Augen erschütternd und ergreifend persönliches Leben." (105) Sämtliche Zeitungsverlage suchte Koelle am 19.4.1927 auf, um Kritiken über diese Ausstellung ausfindig zu machen. Viel Erfolg hatte er dabei nicht, lediglich zwei Besprechungen fand er.

Die zuvor zitierte Würdigung der Koelle-Karmannschen Zeichnungen nahm Professor Nasse in der „Saarbrücker Zeitung" vor und schickte Koelle ein Exemplar davon zu, worauf Fritz Koelle seine Frau mit Nachdruck darauf hinwies, sich sofort bei Nasse dafür zu bedanken. Zusätzlich versorgte er sie mit Ratschlägen, fleißig zu schaffen und vor allem gewissenhaft und ehrlich nur das zu machen, was sie sehe, und wenn sie gute Arbeiten nach München mitbrächte, dürfte sie sich einige gute Tage im Juni gönnen, die er sich aber gleichfalls zubilligte.

Dieses pädagogische Rollenspiel zwischen Mann und Frau, in dem sie die stets hilfsbedürftige „Schülerin" verkörperte, obwohl sie fünf Jahre älter war als ihr Mann, und er den Part des allumfassend vermittelnden und erziehenden „Lehrers" innehatte, hielten beide bis zum Ende ihre Ehe aufrecht. Die zuweilen durchschimmernde Scheinliberalität, mit der er ihr nach zuvor erteilten Verhaltensanweisungen eine eigene Entscheidungsfreiheit zugestand, änderte an der persönlichen Funktionsaufteilung nichts.

Obwohl Elisabeth Koelle-Karmann alle ihre Verkaufsverhandlungen im Saargebiet unter anderem mit dem Bürgermeister von St. Ingbert und dem Landrat eigenständig durchführte und teilweise auch die Vermarktung der Plastiken ihres Mannes vornahm, war sie sich in der Bewertung ihrer eigenen Arbeiten sehr unsicher und bat ihren Mann, der dieser Bitte nur allzu gern nachkam, um genaue Preisvorgaben für ihre Zeichnungen, Pastelle und Ölbilder. Für das ÖlPortrait des Landrats empfahl er ihr „wenn's gut [ist], ja nicht zu billig, ich denke 200 – 250, wenn es schlecht ist, dann weg mit. Für's Selbstbildnis würde ich 150 Mark verlangen, sollte er weniger geben, gib's her, sonst geht's Dir so wie mit meinen Selbstbildnissen," ... niemand war daran interessiert, und er mußte selbst mit ihnen vorliebnehmen. Doch „bei den Zeichnungen würde ich nicht unter 50 Mark gehen, bei den besten. Für die besten würde ich halt mal 70 – 75 Mark verlangen, dann für die farbigen 100 – 120 Mark (ich meine Pastell und Faber). Ich möchte es aber ganz Dir überlassen, wie Du denkst." (106) Daß Elisabeth Koelle-Karmann sich an die Anweisungen ihres Mannes hielt und keinen eigenen Beschluß faßte, ist im Rahmen der gemeinsamen Rollenverteilung verständlich.

Um seinen Preisforderungen Gewicht zu verleihen, schrieb Koelle seiner Frau von einem Besuch der Galerie Goltz, bei dem er einen Ausstellungskatalog von Max Pechstein von 1913 studierte und dabei Preisangaben von 50 Mark für Zeichnungen und 100 bis 1200 für Ölgemälde festmachen konnte. Er ließ aber nicht unerwähnt, daß Pechstein zu diesem Zeitpunkt schon einen Namen hatte. Ebenso wie der 1915 gefallene Albert Weisgerber, der in seiner Heimatstadt St. Ingbert sehr geschätzt und mit Ankäufen geehrt wurde, so daß der Jahresetat der Stadt für größere Kunsterwerbungen bereits ausgeschöpft war, und Elisabeth Koelle-Karmann lediglich ihre Zeichnung „Mädchen mit Puppe und Jäckchen" verkaufen konnte. Man sicherte ihr einen weiteren Ankauf für das nächste Jahr zu und versprach ihr, diese Arbeiten gemeinsam mit Weisgerbers in den Sitzungssaal der Stadt zu hängen. Außerdem war von dem Budget auch schon die Anschaffung eines Gemäldes ihres Studienkollegen Fritz Zolnhofer (107) bestritten worden.

Zolnhofer hatte wie Fritz Koelle bereits in den frühen zwanziger Jahren das Industriegebiet an der Saar und seine Arbeiterschaft für sich als Gestaltungsmotiv entdeckt. Während Koelle seine Berg- und Hüttenarbeiter in Bronze verewigte, hielt Zolnhofer sie und ihr Umfeld in expressionistischer, aber dunkeltoniger, kräftiger Malweise fest. Die beiden Künstler kannten einander, Koelle jedoch – beeinflußt durch seine Frau – ließ keinen näheren Kontakt zu. Elisabeth Koelle-Karmann empfand Zolnhofers Besuch bei sich nach ihrer positiven Ausstellungskritik in der Presse nicht als kollegiale Bestätigung, sondern unterstellte ihm „Spionierenwollen" und „Neid" und beschuldigte ihn, sie beim Bürgermeister in St. Ingbert mit der Behauptung, nur protegierte Künstler könnten in der Münchener Neuen Secession ausstellen, zu diffamieren. Sie gab ihm aber trotzdem Fritz' Atelieradresse und kündigte seinen Besuch bei ihrem Mann so an: „ Wenn Du ihm nicht aufmachen willst, dann laß halt zu, mach wie Du denkst." (108) Auch wenn Koelle seiner Frau versprach, ihm die Tür nicht zu öffnen, empfing er ihn und schaute sich seine mitgebrachten Bilder an: „sind aber nicht gut, mir gefielen sie gar nicht, der ‚Dix' spinnt in seinem Kopf herum." (109)

Obwohl Zolnhofers Gestalten frei sind von jeglichem Mitleid oder sozialer Anklage und er eine ähnliche Intention verfolgte wie Koelle, ein einfühlsames Abbild des Saarbergmanns zu schaffen, fand die künstlerische Umsetzung Zolnhofers keinen Bestand in Koelles Augen.

Aber auch seine eigenen Arbeiten unterzog Koelle einem kritischen Blick. Die Arbeiterfigur, mit deren Aufbau er sich seit Tagen befaßte, machte ihm zu schaffen, besonders das Modellieren des Kopfs. Zwei Tage arbeitete er daran, dann schaute er ihn „mal kritisch an" und „fand, daß er noch weit besser werden" müsse und „riß ihn zusammen". In den meisten Fällen fertigte Koelle vorher Zeichnungen von seinen Arbeiten an, bei dieser Figur arbeitete er nach Fotovorlage, und er kam dabei zu der Erkenntnis, daß ein solches Vorgehen Vor- und Nachteile haben konnte. Was die Zeichnung zu wenig hergab, war bei der Fotografie jetzt zuviel an visueller Information. Der „Kopf, den" er „heut zusammenriß, war entschieden viel besser als all die Köpfe" seiner „Arbeiterfiguren, aber" er „sah, daß er noch besser werden" mußte, er „sah ein, daß der Presser doch in Wirklichkeit viel schöner" war. „Das war gesund heute, nicht gleich mit allem Dreck zufrieden sein, das kannst Du Dir auch merken, so eine Kur ist sehr zu empfehlen." (110) Nach dieser kritischen Auseinandersetzung mit seiner eigenen Arbeit bezog er diejenige seiner Frau gleich mit ein.

Elisabeth Koelle-Karmann, die in den letzten Wochen an einem Portrait ihrer Mutter malte, hatte einige Rollen Tapete gekauft, da sie sich mit der vorhandenen Wand lang genug „herum gequält" hatte und mit einer Tapete nun einen akzeptablen Hintergrund für den Kopf ihrer Mutter finden wollte. Koelle fand diese Lösung überflüssig: „Schade, daß Du den Hintergrund nicht maltest wie er ist, papst wieder Farbe hintern Kopf, na ja wird schon gut sein, da mußt Dich halt so lange plagen, bis er gut ist." (111) Und sie quälte sich innerlich ab mit dieser Arbeit, „ich sehe halt wie schön der Kopf ist von der Mutter und wie schön im Ausdruck, und das möchte ich sagen. Wohl macht mir auch das dunkle, spärliche Licht im Atelier viel Schwierigkeiten." (112)

So waren beide Ehepartner zeitgleich mit der Lösung des gleichen Problems – der „Schönheit eines menschlichen Gesichtsausdrucks" befaßt, aber ein jeder für sich allein, ohne die Unterstützung des anderen, sieht man von der oben erwähnten konstruktiven Kritik zur Hintergrundgestaltung ab. Aber auf die Unterstützung seiner Frau bei der Vermarktung seiner fertiggestellten Bronzen konnte Fritz Koelle sich verlassen. Sie hatte an die 1924 gegründete Staatliche Schule für Kunst und Kunstgewerbe in Saarbrücken (113) ein Gesuch zur Übernahme einiger Kunstwerke gerichtet. Als der ihr telefonisch übermittelte Kontaktpartner an zwei Terminen nicht anwesend war, ließ sie sich die Adresse von Fritz Grewenig, (114) einem der leitenden Dozenten, geben und marschierte bei strömendem Regen zu ihm nach Hause, um dort ihre Verkaufsverhandlungen wahrzunehmen. Grewenig teilte ihr sogleich mit, daß der Etat für Kunstankäufe drastisch gekürzt worden sei, machte ihr aber trotzdem ein wenig Hoffnung. Koelles Arbeiten, die er sich auf Fotos ansah, wie den Arbeiter, das Selbst- und das Arbeiterbildnis, alle aus dem Jahre 1926, gefielen ihm nicht. Lediglich das Bergarbeiterkind „Hanna" „sei fein und groß gesehen", und das wollte er kaufen. Koelle gab dazu nachträglich noch eine Preisforderung von 1500 Mark ab. (115)

Bei Elisabeth Koelle-Karmanns Arbeiten konnte er sich anhand der Fotografien für kein Gemälde entscheiden, und ihre Zeichnungen fand er „so unplastisch", versprach ihr aber trotzdem, ein paar davon abzukaufen, da sie „saarländische Künstlerin" sei und die regionale Kunst bevorzugtes Sammelgebiet sei. Sie bot sie für 75 Mark pro Exemplar an, nachdem sie erfahren hatte, daß Hermann Geibel (116) Tuschzeichnungen für 80 Mark aus München geschickt hatte. Ein Weisgerber war auch bereits angekauft worden, dessen Preis sie allerdings nicht in Erfahrung bringen konnte. In dem Büro, in dem das Gespräch stattfand, entdeckte sie einen „männlichen Kopf" von Fritz Claus, (117) „der vor zwei Jahren in der Ausstellung war". (118) Elisabeth Koelle-Karmann erstattete ihrem Mann einen detaillierten Bericht über diese Verhandlungen mit Grewenig und fügte noch einige Abbildungen von Kolbe-Plastiken, unter anderem seine neueste Slevogt-Büste, aus der Zeitschrift „Woche" bei.

Während seine Frau ihre Verkaufsbemühungen auf Verwaltungen und Industrielle ausrichtete, sah sich Fritz Koelle in seinem unmittelbaren Lebensumfeld um: „Unsere Käsefrau geht zu Caspari und besucht Dich dann im Atelier, wenn Du hier bist, sie will eine Zeichnung, ich sagte, daß eine 50 Mark kostet, da war sie erstaunt, daß man für so wenig Geld etwas von uns bekommt, wir können dann so lange umsonst Käse u.s.w. holen, bis der Betrag erreicht ist." (119) Auch der Besitzer der Osteria, des Stammlokals von Fritz Koelle, Deutelmoser, schaute sich bei Caspari die Ausstellung an.

Im Juli 1927 war Koelle abermals im Ruhrgebiet, um seine Verkaufsverhandlungen vom Vorjahr wieder aufzunehmen. Wieder wohnte er im Union-Hotel in Dortmund. Beim Harpener Bergbau ließ ihm der Direktor mitteilen, daß er keinen Bedarf an Kunst habe. Bei Hoesch wurde er sehr unfreundlich empfangen: „heute nachmittag gehe ich wieder zu Hoesch und lasse mich anschnautzen, die Leute sind so unverfroren, hundsfotzenkalt, wenn sie einen nicht kennen". (120) Am nächsten Morgen erhielt er die Möglichkeit einer Werksbesichtigung. Das versprochene Gespräch mit dem Direktor fand jedoch nicht statt. Ein Assessor „speiste ihn mit den üblichen Phrasen ab". Dennoch machte er sich auf den Weg zur Zeche Gneisenau (121) in Dortmund-Derne, um dort einzufahren. Aber auch da wurde er nicht mit offenen Armen empfangen. Der Direktor war nicht erreichbar, vom Obersteiger wurde er „kalt abgefertigt" und „fast vom Portier hinausgeworfen", weil er sich im Bereich der Zeche unterstellte, da es regnete, um von dort aus den Schichtwechsel zu beobachten. Koelles Gefühle waren derart gedemütigt, daß er die Beherrschung verlor und er dem Portier die Meinung sagte und dabei „so heftig wurde wie damals an der Akademie". (122) Außerdem berichtete er dem Direktor, bei dem er für den nächsten Morgen um 9:30 Uhr bestellt war, von dem Vorfall.

Auf der Unionshütte in Dortmund wurde Koelle wieder der ihm bereits bekannte Oberst Schuch als Kontaktperson zur Seite gestellt. Koelle hatte sich seinen Empfang bei den einzelnen Industrieanlagen erfolgversprechender vorgestellt, denn eigens für diesen Zweck hatte er beim Kultusministerium im München um ein Empfehlungsschreiben gebeten, das der Unionshütte zugesandt werden sollte. Aber dieses Schreiben ließ auf sich warten, und erst eine telefonische Nachfrage Schuchs unter Koelles Namen beim Ministerium sorgte dafür, daß die Empfehlung die Unionshütte zum Wochenende erreichte. Schuch zeigte sie Koelle beim gemeinsamen Abendessen, zu dem er ihn zu sich nach Hause geladen hatte, und bemerkte, daß er ganz überrascht war über den positiven Tenor dieser Empfehlung: „...Fritz Koelle [ist] ein aufstrebender Künstler, dessen plastische Werke zur Zeit im Münchener Glaspalast (Neue Sezession) ausgestellt sind und bei Sachverständigen und Kunstfreunden hohe Anerkennung gefunden haben. Koelle, der sich die Darstellung des Bergarbeiters zur Aufgabe gemacht hat, begab sich vor einigen Tagen wieder nach Dortmund um sein Studium des Bergarbeiterlebens fortzusetzen und für sein Schaffen neue Anregung zu schöpfen. Da er, wie heute die meisten Künstler, in einer wirtschaftlich ungünstigen Lage ist, wäre ihm mit einer Förderung seiner Arbeit im Industriegebiet sehr gedient." (123) Koelle las das Schreiben flüchtig und befand es für „sehr gut, ganz gut". Es konnte ihm aber nicht weiter von großem Nutzen sein, da sich sein Aufenthalt im Ruhrgebiet dem Ende zuneigte. Es erleichterte ihm lediglich noch einen Besuch der Grube „Minister Stein" in Dortmund. (124)

Das persönliche Treffen mit dem Generaldirektor der Vereinigten Stahlwerke Dortmund, Dr.-Ing. E.h. Dr. phil. h.c. Albert Vögler, in das Fritz Koelle so viel Hoffnung gesetzt hatte, konnte nicht stattfinden, da Dr. Vögler sich am Abend vor dem Eintreffen des Empfehlungsschreibens des Kultusministeriums kurzfristig einer Blinddarmoperation unterziehen mußte. Den Vorschlag Schuchs, noch 10 bis 14 weitere Studientage in Dortmund anzuschließen, wollte Koelle aus finanziellen Gründen nicht annehmen. Außerdem war er davon überzeugt, daß St. Ingbert sich wesentlich besser für seine Arbeiten eignete. Darum schrieb er einen Brief an Dr. Vögler, berief sich darin auf die Empfehlung Hendschels vom Ministerium und fügte seine Werkfotos bei.

Schuch gab ihm den persönlichen Rat, sich durch forscheres Auftreten besser zu verkaufen so wie der Maler Graf, von dem eine ganze Mappe an Bildern zum Ankauf in der Firma vorlag. Koelles Zustimmung fand er damit nicht: „Ich bin aber der festen Anschauung, daß es keinen Wert hat, die Leute vergeben sich, die es tun, ich meine solche Künstler". (125) Die stolze und lobenswerte Haltung mußte Koelle in späteren Jahren notgedrungen aufgeben, denn er mußte sich und seine Familie ernähren. Koelle hatte Franz Graf, (126) „der sich auch so hereindrängte", und auch seine Bilder gesehen, hielt sie aber für „Kitsch". (127) Völlig deprimiert und frustriert über seine erfolglose zweite Mission im Ruhrgebiet kehrte er Dortmund den Rücken und machte sich auf die Reise nach St. Ingbert, wo sich seine Frau in ihrer Familie aufhielt. Dort hoffte er, seine Arbeitslust und Schaffenskraft wiederzufinden.

Erst Mitte September kehrte Koelle aus dem Saargebiet wieder zurück nach München. Seine Frau blieb in St. Ingbert. Er hatte den Aufenthalt in ihrer Familie genossen, aber auch gewinnbringend für sein Schaffen genutzt. Er fand es rührend, wie ihn seine Schwiegermutter und seine Schwägerin Käthe bei der Gipsarbeit unterstützten. Seiner Schwiegermutter gab er beim Weggang genaue Anweisungen, wie sie während seiner Abwesenheit den Ton mit Tüchern feucht zu halten hatte, bat aber brieflich seine Frau, es der Mutter nochmals zu zeigen: „Die Tücher nur naß machen, kein Wasser dazuschütten, der Ton ist weich genug, dann nach 2 Monaten, wenn die Tücher trocken werden, wiederholen, ganz trocken dürfen die Tücher nicht werden, sonst ist's zu spät, dann ist der Ton schon hart." (128)

Bei seiner Ankunft in der Karlstraße hat er „alles gut angetroffen", denn seine Frau hatte während seiner Abwesenheit im Ruhrgebiet „alles schön aufgeräumt", hatte „es ganz zu meiner Zufriedenheit gemacht, nichts war daran auszusetzen... Staub war fast keiner da." (129) Bereits hier deutete sich an, von welch großer Bedeutung ein ordnungsgemäß gestaltetes Heim für Koelle war. Aber während er am Anfang seiner Ehe seine Frau für diese unaufgefordert erledigte Hausarbeit noch „lobte": „Sehr gut hast es gemacht, freute mich sehr", (130) gab er später aus Berlin genaue Instruktionen, wie er sein Zuhause bei seinem Besuch vorzufinden wünschte. Diese äußere Ordnung gab ihm Sicherheit und war für seine innere Festigung und sein Wohlbefinden in seinem Heim (lebens)notwendig.

Bei seiner Ankunft in München fand Fritz Koelle Post aus Darmstadt vor, die ihm den Verkauf eines Kunstwerks seiner Frau bestätigte, worüber er sich sehr freute, denn sie hatten bereits vor seiner Studienreise ins Ruhrgebiet die Ausstellung „Neue Kunst" (Berlin, Darmstadt, München), die von der Neuen Hessischen Arbeitsgemeinschaft für Bildende Kunst auf der Mathildenhöhe in Darmstadt veranstaltet wurde, beschickt. Die Ausstellung, zu deren Ausschuß unter anderem auch Prof. Karl Casper aus München zählte, dauerte vom 4. Juni bis zum 1. Oktober 1927. Koelle war mit sechs Plastiken vertreten: Mit seinem Arbeiterkind (Hanna), dem Bildnis eines Arbeiters, einem Bildnis seiner Frau, einem SelbstPortrait sowie mit zwei Kleintierplastiken, Stier und Moschusochse, (131) die er bereits im Jahr zuvor im Glaspalast in München gezeigt hatte.

Elisabeth Koelle-Karmann war in Darmstadt mit einem Ölgemälde, „Azalee", und fünf Kohlezeichnungen von Arbeiterkindern der Saar vertreten. Während Fritz Koelle keinen Verkauf verbuchen konnte, verkaufte seine Frau am 2.9.1927 „Hanna mit Reigen" für 77 Mark an einen Frankfurter Interessenten, (132) wofür ihr Koelle schriftlich gratulierte. Bei „Hanna" handelte es sich um dasselbe Mädchen, das Fritz Koelle als Modell für sein ausgestelltes „Bergarbeiterkind" diente. Als er den Verkaufserlös am 15.9.1927 noch nicht vorfand, beauftragte er seine Frau, der Ausstellungsleitung zu schreiben, das Geld auf sein Konto bei der Deutschen Bank zu überweisen.

Dafür zahlte ihm aber Dörnhöffer die noch ausstehenden 1500 Mark für das Arbeiterbildnis (Weltmeier) aus, das er bereits 1926 erworben hatte. (133) Außerdem stellte man ihm beim Finanzministerium, das er mehrfach konsultierte, den Kauf seines Hüttenarbeiters (1. Vorwalzer), den er mit sechs weiteren Plastiken auf der XIII. Ausstellung der Münchener Neuen Secession 1927 im Glaspalast gezeigt hatte, in Aussicht. Ministerialrat Sterner (den Koelle zwei Jahre später Portraitierte) verwendete sich für ihn. Die Entscheidung jedoch sollte vom Präsidenten der Staatlichen Grubenverwaltung getroffen werden. Koelle rechnete fest mit dem Verkauf, der ihm 6000 Mark bringen sollte: „Aber dann, wenn wir den Verkauf auch noch haben, halten wir das Geld zusammen ... Wir kaufen nichts unnötiges, aber öfters in[s] Theater gehen wir." (134)

Der Vertrag kam zustande. Angekauft wurde allerdings der „Bergmann vor der Einfahrt", ebenfalls in der Münchener Schau ausgestellt, der in der Ludwigsstraße vor dem Verwaltungsgebäude der Bayerischen Berg-, Hütten- und Salzwerke A.G. in München aufgestellt wurde. (135)

Koelle hatte neben den beiden großen Gipsplastiken „Bergarbeiter vor der Einfahrt" und „Hüttenarbeiter, I. Vorwalzer" noch die Bronzebildnisse eines Hüttenarbeiters (WVZ 75) und einer Bergmannsfrau ausgestellt, dazu wählte er das Portrait seiner Schwägerin Maria Karmann (WVZ 76), ebenso sein Selbstbildnis von 1927 (WVZ 77) und die beiden Kleintierplastiken Fohlen (WVZ 70) und Stierkalb (WVZ 71). Der Verkaufserfolg, den Koelle mit seinen Arbeiterfiguren errang, spiegelte sich auch in der Rezeption durch die Presse wider: „Koelles ‚Hüttenarbeiter' haben Zeitgehalt und Zeitstil" (136) und „Koelle mit einer größeren Kollektion ist am deutlichsten in dem Arbeiterbildnis, das der natürlichen Erscheinung ihren guten Eindruckswert abgewinnt, in diesem Sinne der stofflichen Wirkung und Übersetzung sind auch seine großen Arbeitergestalten entstanden." (137)

Gleichzeitig stellte Koelle gemeinsam mit seiner Frau in einer Kollektivausstellung in der Galerie Thannhauser in München aus. Während er nach einem Besuch seine ausgestellten Portraits nur nebenbei erwähnte, setzte er sich mit dem Bild seiner Frau ausführlich auseinander, jedoch nicht mit der Bildaussage, sondern mit der Hängung: „Dein Bild hängt aber jetzt schön, am schönsten. Lamprecht und Diederle sind ganz im Eck (Du weißt im unteren Saal, da am Lift) und Du hängst an der langen Wand, so ziemlich in der Mitte, links davon hängt das Bild vom Hess (138) und rechts Otto Dix, dann kommen Hofer, Caspar, Püttner usw., aber kein Akademiker mehr, ganz allein hängst Du unter den Größen, sieht aber gut aus, brauchst Dich wirklich nicht zu schämen. Auch meine Köpfe nehmen sich gut aus in dem Saal, es hängen dann noch weiter Liebermann, Corinth, Slevogt, Nolde usw. Die Ausstellung ist sehr schön, wirklich interessant. Dein Bild freut mich, nimmt sich gut aus." (139) Koelle war stolz auf seine Frau, allerdings nicht auf ihre künstlerische Leistung, sondern darauf, daß ihr Gemälde neben bereits anerkannten Größen der deutschen Malerei hing, ihr auf diese Weise eigene Größe suggerierte.

Für Koelle war es wichtig, sich im „Dunstkreis" bekannter Persönlichkeiten aufzuhalten, denn er barg eine gewisse Obrigkeitsgläubigkeit in sich, die ihn annehmen ließ, von deren Aura ginge automatisch etwas auf ihn über, das ihm in besonderen Rechtfertigungssituationen von Nutzen wäre. (140) Zum jetzigen Zeitpunkt hätte Koelle es gar nicht (mehr) gebraucht, denn er war im Begriff, sich durch eigene Leistung als Bildhauer einen Namen zu machen.

Zum Gelingen seiner Bronzen trug auch die Erzgießerei Brandstetter in der Schleißheimerstraße in München bei, besonders der Besitzer Adalbert Brandstetter, dem Koelle sich wegen seiner Zuverlässigkeit und seiner sorgfältigen Ausarbeitung völlig anvertrauen konnte. Er hatte sogar sonntags für Koelle gearbeitet, so daß dieser seine Arbeiterköpfe „Best" und „Miller" als „Wettersteiger" (WVZ 78) und „Verunglückter Hüttenarbeiter" (WVZ 79) noch rechtzeitig vollenden konnte, damit das Kunst-Transportunternehmen Wetsch sie nach Berlin befördern konnte. Koelle hatte die Einladung Liebermanns zur Herbstausstellung der Preußischen Akademie der Künste angenommen, (141) und da ihn Prof. Amersdorffer im Auftrag der Ausstellungskommission gebeten hatte, sein Werkrepertoire so zusammenzustellen, daß es auch Arbeiten enthalte, die in Berlin noch nicht gezeigt worden seien, (142) bemühte sich Koelle, möglichst viele neue Plastiken auf die Reise nach Berlin zu schicken.

Der große Erfolg – Berlin und der „Bergarbeiter vor der Einfahrt"

Nach dieser arbeitsintensiven Phase fuhr Koelle gemeinsam mit seiner Frau zu Suse und Dr.-Ing. Rudolf Schwarz nach Greiz/Dölau in Thüringen, (Abb. 8 bis 10) wo dieser eine chemische Fabrik betrieb, bevor er im November in Berlin eintraf. Direkt nach seiner Ankunft und dem Bezug seines Zimmers im Hospiz ging er in die Akademie zu Prof. Amersdorffer, der ihn bei Max Liebermann anmeldete, der sich eine volle Stunde Zeit für ihn nahm. Liebermann „war rührend nett", zeigte Fritz Koelle seine ganze Wohnung, sein Atelier und seine Arbeiten, unter anderem „ein Bildnis von einem Kind mit Dackel, und der Dackel gefiel ihm noch nicht, da sprach er mit mir, wie er ihn machen will und nahm die Palette und fing an zu malen, das war interessant." (143) Seine praktische Demonstration ergänzte Liebermann durch sein grundlegendes, auf der Phantasie beruhendes Naturverständnis, (144) was Koelle aber nicht in Liebermanns Sinn, die Natur (malerisch) künstlerisch neu zu erfassen und zu erschaffen deutete, (145) sondern eher in der naturgetreuen Nachahmung derselben sah. (146) „Von den Jungen sprach er auch, daß sie sich's so leicht machen, ‚drum iss och alles Scheiße' sagte er, ‚so manche wenn ich seh, denn hab ich genug, datt iss doch Scheißdreck'. Ich mußte wirklich lachen und dachte mir, er spricht ja wie ich. Er sagte immer, ‚dat wat sie mir sagen, sagte ich schon vor 50 Jahren, so iss es und war schon immer so, wir müssen uns an die Natur halten, die ist ja unendlich reich. Leichter ist es natürlich anders, so wie es Scharff (147) macht, wissen sie dett is Kunstgewerbe, (148) sehen sie mal den Cézanne (149) an, den Degas (er zeigte mir da seine Bilder von Cézanne u. Degas) datt iss ken Kunstgewerbe'." (150)

Koelles Arbeiten gefielen Liebermann, und er deutete an, daß er ihn gern in Berlin hätte, allerdings nicht als Bildhauer mit Atelier, sondern als Lehrer an der Akademie. Auf Koelles Einwurf, daß er dazu wohl noch zu jung sei, erwiderte Liebermann: „Ach watt un wenn sie noch in die Windel schißen, datt is hier egal, de Hauptsache, datt ihre Arbeiten jut sind." (151) Koelle gab zu verstehen, daß es mit seiner Anstellung ja nicht pressierte und er ruhig ein Jahr warten könnte, worauf Liebermann meinte: „Ach watt, bis in einem Jahr bin ich ja tot." Koelle hielt ihm entgegen, daß Tizian mit 93 Jahren auch noch malte, „da lachte er und sagte voller Freud: ‚Ja globen sie, daß ich an sterben denke, so lang mich meine Arbeit so freut, denk ich ja gar nicht daran' und nahm den Pinsel und malte am Dackel weiter." (152) Sie sprachen auch über Karl Caspar und dessen Deckengemälde im Bamberger Dom, (153) „da hat er's Gesicht dreckig verzogen und gelacht". (154)

Als Koelle danach in die Ausstellung ging, um seine Bronzen zu arrangieren und abzustauben, stellte er fest: „Meine Arbeiten sind wirklich gut gestellt, haben den besten Platz." (155) Nachdem er aber das Kaiser-Friedrich-Museum und das Kronprinzenpalais besucht hatte und dort Dürer, Holbein, Tizian und Donatello angeschaut hatte, mußte er festgestellt haben, daß es nicht ausreiche, in einer Ausstellung die beste Plazierung erreicht zu haben, sondern „jetzt weiß ich wieder, daß mein Sach noch viel besser werden muß, daß es so noch lange nichts ist, bin ganz klein wieder." (156) Am liebsten hätte er seiner Frau telegrafiert, nach Berlin zu kommen, um ihr Dürer, Holbein etc. zu zeigen: „Das ist ja unglaublich, da sind wir wirklich klein und ganz unbedeutend." Auch seine Frau sollte sehen, „wie weit [sie es] noch haben." (157)

Nach dem Ausflug in die Renaissance und Frührenaissance sowie dem Vergleich der eigenen Arbeiten und diesen Werken, entschied sich Koelle für die Rückkehr zur zeitgenössischen Kunst und besuchte den Reichstag, um die Büsten von Scharff und Bernhard Bleeker (158) anzusehen. Am Abend ging er in die kurz zuvor eröffnete „Piscatorbühne am Nollendorfplatz" und schaute sich „Hoppla wir leben!" von Ernst Toller an. (159)

Über seine Aussichten zu einer Anstellung in Berlin sprach Koelle auch mit Amersdorffer, von dem er erfuhr, daß die Sache noch gar nicht spruchreif sei, trotz Liebermanns Optimismus, da es noch Schwierigkeiten zu überwinden gäbe. Das Ministerium preferiere einen Berliner Künstler für „den abgebauten Manzel" (160), und auch Hugo Lederer (161) forderte einen Berliner Bildhauer und hatte bereits einen personellen Vorschlag unterbreitet. Trotzdem besichtigte Koelle Manzels Atelier und schwärmte in unbescheidener Weise: „Das wär schon fein, auch mit Empfangsraum. Das wär schon schön, das würde mir gefallen", (162) nachdem er am Tage zuvor seiner Verwunderung über Liebermanns „ganz windige[s] kleine[s] Atelier unterm Dach" mit riesigen Vorhängen „ganz schwarz wie bei einem armen Künstler" (163) Ausdruck verliehen hatte.

Für den Fall des Scheiterns einer Berufung an die Akademie zeigte Amersdorffer Koelle alternative Möglichkeiten auf, zum Beispiel wäre da noch die Stelle an der Schule in Charlottenburg – auch unter Liebermanns Präsidentschaft –, die dieser gemeinsam mit dem Ministerium besetzen könnte, und auch auf seine eigenen Einflußmöglichkeiten verwies Amersdorffer und versicherte Koelle, alles in seiner Macht Stehende für ihn zu tun. Gleichzeitig aber dämpfte er Koelles Erwartungen in eine Berufung nach Berlin. Für Koelle war es nämlich keine Überraschung, daß Liebermann ihn darauf ansprach, denn er hatte bereits vorher mit August Kraus über einen Ortswechsel nach Berlin korrespondiert, und dieser hatte ihm im Oktober 1927 geschrieben: „da Sie mir wiederholt Ihren Wunsch nach hier überzusiedeln mitteilten und ich bisher Sie dazu nicht ermutigen konnte, glaubte ich Ihnen jetzt mitteilen zu müssen, daß der Zeitpunkt, den Versuch zu machen, jetzt vielleicht am günstigsten sei... Ihre Arbeiten gefallen nach wie vor sehr gut, hoffen wir, daß Sie auch eine gute Presse finden." (164)

Und auch Kraus suchte Koelle in Berlin auf. Aber dieser konnte ihm momentan keine anderen Informationen geben als Amersdorffer, lediglich, daß die Berliner tolerant wären und es keine Auswirkung auf ihre Entscheidung hätte, daß er Münchener sei. So geriet Koelle bereits bei seinem ersten Versuch um eine Anstellung in die (üblichen) Hochschulintrigen.

Am Samstag, dem 5.11.1927 um 12:00 wurde am Pariser Platz die traditionelle, alljährliche Herbstausstellung der Akademie der Künste durch ihren Präsidenten Max Liebermann eröffnet. Die Ausstellungsräume waren neu gestaltet, hatten eine Wandbespannung, bessere Lichtverhältnisse und eine günstigere Raumaufteilung erhalten, so daß für die mehr als 700 Exponate, bei denen es sich um Aquarelle, Pastelle, Zeichnungen, Grafik und Plastik handelte, aufgeteilt in zwölf Sälen, beste Voraussetzungen für eine vorteilhafte Präsentation gegeben waren. In ihrem Mittelpunkt stand die große Sonderausstellung mit dem zeichnerischen und grafischen Werk von Käthe Kollwitz, das eine Schaffensperiode von fast vier Jahrzehnten und circa 100 Arbeiten umfaßte, mit der die Akademie ihr erstes weibliches und eines ihrer bedeutendsten Mitglieder zum sechzigsten Geburtstag (*8. Juli 1867) würdigte. Ihr wurden die beiden repräsentativen Mittelsäle eingeräumt, und sie wurde im Kollektiv flankiert von Alfred Kubin, (165) der in diesem Jahr seinen fünfzigsten Geburtstag feierte, und Fritz Koelle, dem der Hauptsaal für seine Plastiken zugestanden wurde. Käthe Kollwitz war bei der Eröffnung der Ausstellung nicht anwesend, da sie zu diesem Zeitpunkt anläßlich des zehnten Jahrestages der Oktoberrevolution in Moskau weilte. (166) Sie konnte sich aber nachträglich über die Presseberichte informieren, die in zahlreicher Form ihre Verdienste würdigten.

In erster Linie aber wurde die zunehmende „Inflation" der Akademieausstellung beklagt, das „Zuviel" von 700 Exponaten. „Das weitherzige: ‚Kommt her zu mir, alle!' schädigt mit ihren Ausstellungen mittelbar auch die Künstler, die sie beschicken." (167) Die Anhebung des künstlerischen Niveaus wurde gefordert und dabei in der Begrenzung und Beschränkung auf das Qualitative das wesentliche Ziel der Ausstellungsjury gesehen. Liebermann bekräftigte in seiner Eröffnungsrede (168) zwar die Absicht, nur das Beste ausgewählt zu haben, gestand aber zugleich das Unmögliche eines objektiven Urteils ein und rechtfertigte damit die Aufgabe der Akademie, „allen Talenten" die Chance zu ihrer vollen Entfaltung zu bieten. Auch Käthe Kollwitz gehörte neben Philipp Frank, August Kraus, Fritz Klimsch und Ulrich Hübner der Auswahlkommission an. Liebermann würdigte ihr Werk und ihre Person mit den Worten, sie überzeugt als ein „leuchtendes Vorbild der Einheitlichkeit von Talent und Charakter". (169) Bei ihren Kritikern aber schieden sich die Geister. Zwar bewunderten alle das künstlerische Genie, ihr technisches Können, ihre Meisterschaft in der Linien- und Raumbeherrschung, ihre hohe Künstlerschaft, die meisten, weil diese aus fraulicher und mütterlicher Liebe und Mitleid genährt wurden, wenige wegen ihrer schonungslosen und offenen sozialkritischen Anklage. Das Gros der Kunstkritiker allerdings gestand ihr eine politische Aussage nicht zu, sondern lehnte sie vehement ab. (170)

Anders als bei Käthe Kollwitz, bei der die Konfrontation mit der realen Wirklichkeit der Arbeiterklasse – die sie als Ehefrau eines Arztes in den Arbeitervierteln in Berlins Norden kennenlernte – auf ihre soziale Sensibilität traf, ihr Mitgefühl herausforderte und sie dazu drängte, diese erschütternde Realität gesellschaftskritisch darzustellen, sie anzuprangern und ihre Kunst agitativ zu nutzen, leiteten Fritz Koelle lebenslang rein ästhetische Intentionen zur Gestaltung der Arbeiterfigur und die Wertschätzung der Leistung der Berg- und Hüttenleute, die er an ihren Arbeitsplätzen aufsuchte. In „diesen Heroen der Arbeit sah ich so viel Schönheit, an Linie und Form, die mich zu einer plastischen Lösung zwangen." (171)

Anfänglich deckten sich noch die Impulse, die beim Anblick von Arbeitern von beiden Künstlern ausgelöst wurden. Auch Käthe Kollwitz' künstlerischer Ursprung war durch die „Schönheit" geprägt: „Das eigentliche Motiv aber warum ich von jetzt an (172) zur Darstellung fast nur das Arbeiterleben wählte, war, weil die aus dieser Sphäre gewählten Motive mir einfach und bedingungslos das gaben, was ich als schön empfand. Schön war für mich der Königsberger Lastträger (173), schön waren die polnischen Jimkies auf ihren Witinnen (174), schön war die Großzügigkeit der Bewegungen im Volke." ... „Nur das will ich noch einmal betonen, daß anfänglich in sehr geringem Maße Mitleid, Mitempfinden mich zur Darstellung des proletarischen Lebens zog, sondern daß ich es einfach als schön empfand." (175)

Koelles Betrachtungsweise war eine ähnliche, und sie blieb es auch bis zum Ende seines Schaffensprozesses: „Nicht soziales Mitleid bewegte mich dazu, sondern Achtung, Liebe und Hochschätzung dieser Menschen bewegten mich außer der künstlerischen Inspiration dazu." (176) Auch „Anklage", wie Schirmbeck es formuliert, war niemals Koelles Motivation. (177) Während Koelles Schönheitsbild durch seine positive, fast verklärende Wertschätzung des Arbeiters gesteigert wurde (mit nur wenigen Ausnahmen), sah Käthe Kollwitz der harten Wirklichkeit der Arbeiterklasse „ins Gesicht". „Erst viel später, als ich, besonders durch meinen Mann, die Schwere und Tragik der proletarischen Lebenstiefe kennen lernte, ... erfaßte mich mit ganzer Stärke das Schicksal des Proletariats und all seiner Nebenerscheinungen. Ungelöste Probleme wie Prostitution, Arbeitslosigkeit, quälten und beunruhigten mich und wirkten mit als Ursache dieser meiner Gebundenheit an die Darstellung des niederen Volkes, und ihre immer wiederholte Darstellung öffnete mir ein Ventil oder eine Möglichkeit, das Leben zu ertragen." (178)

Von Seiten der Kunstpresse zur Herbstausstellung in Berlin 1927 gestand man den beiden Künstlern zwar eine Wesensverwandtschaft zu, Max Osborn sprach sogar vom „Kollwitz-Koelle-Klang", [der] „für den Besucher sofort eine bedeutungsvolle Melodie" [anschlägt]. „Sie hebt das Bild der ganzen Ausstellung." (179) Doch wurde das Werk von Käthe Kollwitz als politisch tendenziös beurteilt, während die Kritiker Koelles Arbeiten einheitlich als Ergebnisse, die aus „reiner Lust am plastischen Gestalten" geschaffen wurden, rezipierten und als „reine Kunst" würdigten, weil sie sich „freihalten von aller Politisiererei" und „losgelöst von allem Sozialismus" waren. Willy Pastor bezeichnete sie sogar als gutes Gegengewicht zur Kollwitz-Sammlung.

Trotz der massenhaften Exponate nahm die Berliner Presse Koelles Werk wahr und durchweg positiv auf und würdigte es in einem Umfang, der außer Käthe Kollwitz keinem anderen Künstler zugebilligt wurde. Koelle war mit 13 Plastiken, davon drei lebensgroßen, fünf Bildnissen und fünf Kleintierplastiken sowie einigen Zeichnungen vertreten (180). Die künstlerische Aussage, die von Koelles Arbeiterfiguren ausging, wurde von ihr folgerichtig erfaßt: Sie war frei von jeglicher politischen Intention und Indoktrination, jedoch von realistischer Ausdruckskraft und geprägt von seinem sozial-ethischen Menschenbild.

Es blieb nicht aus, daß Koelle mit dem belgischen Künstler Constantin Meunier (181) verglichen wurde, nicht nur wegen des gleich gewählten Themenkreises der Bergleute, sondern auch aufgrund seiner denkmalwürdigen Gestaltungsweise, besonders des „Bergarbeiters vor der Einfahrt", (WVZ 73) der mit seine Höhe von 1,95 m bereits monumenthafte Maße annimmt. Alle Vergleiche aber führten zu der Erkenntnis, daß Fritz Koelle seine eigenständige Position als Bildhauer neben diesem Künstler eingenommen hatte. Fritz Koelle gestaltete seine Arbeiter zu diesem Zeitpunkt weder romantisch verklärt, noch als stolze Heroen der Arbeit in klassischer Prägung, sondern als realistisch derb und von der Schwere ihrer Tätigkeit gezeichnet, aber mit würdevollem Habitus.

Das kann auch an dem „Bergarbeiter vor der Einfahrt" festgemacht werden: Er steht vor uns in aufrechter, aber lässiger Haltung. Auch wenn durch den Kontrapost eine gestalterische Spannung entsteht, so geht von ihm durch seine entspannt hängenden Schultern und die in die Taschen vergrabenen Hände eine große Ruhe aus. Unterstützend wirkt dabei auch die derbe, weit und locker fallende Berufskleidung von Hemd, Hose, den ausgetretenen, zu groß scheinenden Arbeitsschuhen und die besonders lässig „drapierten", nach unten fallenden Enden seines Halstuchs. Auch die Grubenlampe, als ikonographisches Erkennungsmal des Bergmanns, hängt an einem lose geschnürten Ledergürtel. Der Bergmann befindet sich <u>vor</u> der Einfahrt, deshalb seine Ausgeruhtheit. Nach dem Motto „Harren der Dinge, die da kommen", könnte die Bereitschaft, sie zu meistern, im „Bewegungsspiel" seiner Beine gedeutet werden. <u>Nach</u> der Einfahrt hätte Koelle bei diesem Bergmann sicherlich eine sichtbare physische Belastung zur Darstellung gebracht, so wie er es bei nachfolgend gestalteten Arbeitern, zum Beispiel beim Blockwalzer (1929) (WVZ 95), beim Bergmann (1930) (WVZ 102) oder beim Hammermeister (1932) (WVZ 117) verifizierte.

Auch die herb-maskulinen Gesichtszüge mit den tief liegenden Augen, den hervorstehenden Wangenknochen, der breiten, aber geraden Nase, den großen Ohren und der voll und eben modellierten Lippenpartie vermitteln einen ernsten, aber trotzdem ausgeglichenen Gesichtsausdruck. Koelle muß seine Freude gehabt haben bei der Modellierung dieser herben Schönheit mit den kraftvollen, gleichmäßigen Gesichtszügen eines noch nicht gealterten Arbeiters, bei dem die schwere Arbeit und die Zeit noch keine Spuren der Ausgezehrtheit oder gar Deformation hinterlassen haben, ebenso wie er sich später mit gleicher Begeisterung an die Gestaltung von physischen und psychischen Merkmalen durch die Lebensumstände seiner Arbeiterfiguren begeben wird.

Fritz Koelle überwand das Typenhafte Meuniers und gab oder ließ seinen Figuren die Individualität. Darum finden sich in Koelles Aufzeichnungen auch oft die Namen der jeweiligen Personen, die ihm als Modell dienten, und nicht die Titel seiner Plastiken wieder. Besonders stark wurden die Persönlichkeitsmerkmale bei seinen Bronze-Bildnissen zum Ausdruck gebracht, mit denen er weit „über den Bildhauer Meunier hinausgeht" (Pastor). Und doch wird an einzelnen späteren Figuren der Einfluß Meuniers und der formale Rückgriff auf seine Gestaltung nachgewiesen werden können. Zu Beginn seines Schaffens nahm Fritz Koelle die Bezeichnung „deutscher Meunier" noch als positive Bestätigung seiner Kunst, später jedoch, als Lehrer, wollte er von seinen Schülern diesen Namen Meunier im Zusammenhang mit seinem Werk nicht genannt wissen, betonte sein ehemaliger Schüler Jürgen von Woyski. Der Kritiker Stahl verstieg sich sogar zu einem Vergleich mit „dem frühen Rodin", erinnernd an seine „Hand" .... „gewaltig zupackend". Vielleicht sah er einen Zusammenhang zwischen dem Bildnis „Verunglückter Hüttenarbeiter" mit seiner gebrochenen Nase und dem Frühwerk Rodins „L'Homme au nez cassé" von 1860. (182)

Durch geschickte Plazierung des „Bergarbeiterkindes" von 1925 vis à vis des „Bergarbeiters vor der Einfahrt", konnte Fritz Koelle seine derzeitige plastische Bandbreite dokumentieren und auch sein Suchen nach seiner Form offenbaren. Folglich treffen so unterschiedliche Bewertungscharakteristika wie „herb", „derb", „kraftvoll" und „hart" für den Bergmann und „zart", „lyrisch", „ergreifend schön" und „leidenschaftliche Zärtlichkeit" für das Mädchen aufeinander. Es ist nicht nur das Sujet, das die beiden voneinander unterscheidet, es ist der Kontrast in der Formensprache, die Entwicklung des Körpervolumens aus dem Zylinder heraus, der der „Jugendlichkeit" des Mädchens entgegenkommt. Es ist die Modellierweise (die – vorbereitet durch Rodins Kunst – erprobt wurde in den zwanziger Jahren unter anderem von de Fiori, Haller, Kolbe, Marcks), die Sensibilität im Umgang mit dem Material, die vorsichtige Auflockerung der Oberflächen, hier besonders der Haut- und Stoffstruktur, in fast malerischer Weise, die der Figur einen zarten, empfindsam-verletzlichen Ausdruck verleiht. Aber nicht nur die sensible Handhabung des Materials – die taktile Fähigkeit – auch das eigene Einfühlungsvermögen in die innere und äußere Emotionswelt dieses Mädchens haben zu diesem

Ergebnis geführt, von dem Gehring sagt, daß sich Koelle damit „bereits einer Stilgröße nähert".

Während dem „Bergarbeiter vor der Einfahrt" noch der Hauch einer gewissen „Genrehaftigkeit" des 19. Jahrhunderts anhaftet, hat Koelle mit dem „Bergmannskind" (neben der „Klagenden" von 1924) die für ihn wohl modernste Plastik seiner Karriere geschaffen.

Koelles Kleintierplastiken, die sich in einer Vitrine im Saal 8 befanden, riefen ein unterschiedliches Echo hervor. Während die einen sie für Form gewordene Vorstellungskraft und Koelle für den „geborenen Beherrscher der plastischen Konzentration" hielten und ihn sogar in Konkurrenz zu Renée Sintenis mit ihren Tierfiguren sahen, empfanden andere die Stilisierung seiner Tierfiguren als nicht gelungen, den Beigeschmack von „Altertümelei" verbreitend.

Koelle war so überwältigt von der positiven Aufnahme seiner Person durch Kunstfachwelt und -presse, daß er später in seinen Erklärungen diese Ausstellungsbeteiligung an der Preußischen Akademie der Künste im Jahr 1927 als seine erfolgreichste Zeit bewertete. (183) Seine Rückfahrt von Berlin führte Koelle über Chemnitz zu seinem Freund Fritz Hahner, mit dem er seinen Erfolg ausgiebig feiern mußte, und dann gemeinsam in Hahners Auto nach München.

Noch während die Ausstellung lief, wandte sich Ludwig Justi, (184) der Direktor der Nationalgalerie, an Ministerialrat Dr. Gall beim Preußischen Ministerium für Wissenschaft, Kunst und Volksbildung „mit einer Liste von Werken, die zur Zeit in der Akademie der Künste ausgestellt sind und deren Ankauf für den Staat ich empfehlen möchte." (185) Darunter befand sich auch die Nr. 668, die Plastik „Bergarbeiter vor der Einfahrt" von Fritz Koelle.

Noch am letzten Tag des Jahres 1927 erhielt Liebermann als Präsident der Akademie ein Schreiben vom oben erwähnten Ministerium mit der Aufforderung, die Figur „nach Fertigstellung des Bronzegusses an die hiesige Nationalgalerie abliefern zu lassen. Der Direktor ist entsprechend verständigt." (186) Und das war ein Grund, warum Koelle zu Beginn des Jahres 1928 der Weg wieder nach Berlin führte. Er wollte den reibungslosen Ablauf von der Gießerei zum Museum gewährleisten. Ein anderer war die noch ungeklärte Frage seiner Anstellung an der Akademie der Künste.

Am Sonntag, dem 26. Februar 1928, traf er in Berlin ein und nahm Quartier im Hotel Askanischer Hof, das in der Königgrätzer Straße 21 zwischen dem Potsdamer und dem Anhalter Bahnhof lag. Jeden Morgen stand er um 6:00 Uhr auf, um gegen 7:30 Uhr in der Gießerei Noack einzutreffen, wo er bis abends um 18:30 Uhr beim Guß seiner Bronzefiguren assistierte, und danach „hundsmüde" von „diesem Gehämmer und Lärm in der Werkstätte" ins Bett fiel, wie er seiner Frau nach München schrieb. Sie hatte sich inzwischen darauf besonnen, daß ihre neue Heimat dort war. Schließlich warteten in München ihr Atelier und ihr Mann in der Karlstraße auf sie.

Die Nationalgalerie in Berlin hatte sich für den Kauf der 1,95 m großen Bronzeplastik „Bergarbeiter vor der Einfahrt" entschlossen. (Abb. 11) Ebenso hatte Ministerialrat Konrad Sterner in München für die Bayerische Berg-, Hütten- und Salzwerke AG ein Exemplar davon erworben. (187) Die Abgüsse ließ Koelle bei Noack durchführen, er begleitete sie und führte die abschließenden Arbeiten des Glättens und Ziselierens durch. „Heute werden die Figuren fertig patiniert, dann geht's an die Portraits, morgen, Freitag früh werden's gegossen." „Für die drei Köpfe muß ich 550 Mark bezahlen, das ist nicht viel. Das Selbstbildnis kostet 165 Mark, das ist ganz anständig." Davon ließ Koelle zwei Abgüsse machen. „Der Hüttenarbeiter (Lebsche)

(WVZ 75) kostet ein Kopf nichts, der zweite 220 Mark." (188) Und so ließ er davon auch zwei Portraits gießen.

Über die Zusammenarbeit mit der Gießerei Noack äußerte sich Koelle positiv: „Mit Noa[c]k ist ganz gut zu arbeiten, auch mit den Arbeitern, ordentliche Leute. Am ersten Tag hab ich bei Noa[c]k gegessen und gestern Kaffee getrunken." (189) „Gestern abend hab ich bei Noa[c]k gegessen, am Abend fuhren wir mit [dem] Auto durch die Stadt und gingen dann in so ein Kabarett, seine Frau war auch mit, sind ganz nette Leute, besonders er." (190) In Koelles Bewertungsskala für Menschen rangierten Art seiner Aufnahme und Bewirtung durch sie ganz oben. Und stets nahm er die Gastfreundschaft – unter Schonung seines Geldbeutels – bereitwillig an.

Bei der Auslieferung der Bronzeplastik war Koelle anwesend. „Eben komme ich vom Kronprinzenpalais und hab die Figur abgeliefert, aber nicht in den Keller. Sondern wurde im I. Stock im Saal von Liebermann aufgestellt, die haben sich sehr gefreut und ich durfte den Platz auswählen, steht sehr schön, aber wirklich schön." (191) (192) Liebermann hatte ihm die Aufstellung zugesichert, denn nur unter dieser Voraussetzung hätten sie die Bronzestatue erworben. Eine „gute 1 ½ Stunde" hielt sich Koelle mit Liebermann in dessen Atelier auf. Er saß ihm für drei Minuten Modell: „er zeichnete mit mir an einem Selbstbildnis und da machte er Studien, er zeigte es mir. Liebermann malt mit lauter ‚Berendt' Farben." (193)

Bei ihrer Unterhaltung kamen sie auch auf Kollegen zu sprechen, so auf Fritz Erler. (194) „Sajen sie mal macht der Erler immer noch so ‚Scheißdreck'", (195) urteilte Liebermann „der Künstler" in einer arroganten und drastischen Form über Erler „den Kunsthandwerker"; eine Form, die Koelle auf bayerisch ebenso beherrschte. Und auch Edwin Scharff, von dem eine treffende ausdruckskräftige Portraitbüste von Liebermann existiert, kam in Liebermanns menschlichem Urteil nicht gut weg: „Ich globe Scharff iss ein Schweinehund, meinen sie och?" (196)

Und so wurde Koelle in diverse Animositäten, die an der Akademie herrschten, bereits eingeweiht. Auf Koelles brennendste Frage, die bisher niemand angesprochen hatte, mußte ihm Liebermann eine ablehnende Antwort bescheiden: „Mit der Lehrstelle ist es nichts, sie wird nicht besetzt." „Aber er gab mir den Rat, schaffen sie nur immer so weiter wie bisher und bleiben sie man ruhig in München und sehen Sie zu, daß sie nicht stehen bleiben, nur kein Stillstand." (197) Liebermann riet ihm von einer Übersiedelung nach Berlin ab, da er sich nicht sicher über Koelles Verkaufserfolg in Berlin war. „Er glaubt ja schon, aber bestimmt kann ‚ick ihnen dat nisch sagen'. Bleiben sie man ruhig in München, det macht jar nichts, wir werden uns genau so für Sie interessieren, schicken Sie uns nur immer ihre Arbeiten." (198)

Nach dieser Mitteilung konnte Koelle seine Hoffnung auf eine (baldige) Anstellung an der Akademie und einen Wohnungswechsel von München in die pulsierende Stadt Berlin begraben. „Gell da machst jetzt genau so dumme Augen wie ich." (199) Mit dieser Enttäuschung mußte Koelle jetzt erst einmal umgehen. Eine Verarbeitungsform war die, daß er Berlin zunächst die Vorteile absprach: „Mir ist's momentan gleich, ob hier oder in München, der Betrieb gefällt mir nicht so sehr mehr, furchtbar unruhig, man wird ganz verrückt." (200) Eine andere bestand in der latenten Hoffnung, daß sich doch noch eine Möglichkeit der Beschäftigung in Berlin ergeben könnte, und so fuhr er am letzten Tag seines Aufenthaltes noch nach Zehlendorf, um sich nach einem Atelier und einer Wohnung umzuschauen, fand dort aber nichts. Also teilte er seiner Frau mit: „Ich freue mich wieder so sehr auf München, weil ich doch dort sein muß. Hab von Berlin jetzt genug, man müßte sich halt einleben und Atelier und

Wohnung hier haben." (201) Damit war die Episode Berlin erst einmal abgeschlossen. Die Ausstellungen dort bestückte Koelle jedoch weiterhin. Ein solcher Erfolg wie 1927 war ihm aber nicht mehr beschieden.

Jetzt konzentrierte er sich mit seinem ganzen Ehrgeiz voll auf seine Arbeit in München, was er von seiner Frau ebenfalls erwartete: Ich „freue mich, daß ... Du arbeitest, mach Du nur weiter und bleib Deiner Arbeit mit viel Ernst treu und opfere Dich." (202)

Im Sommer führten ihn wieder längere Aufenthalte ins Saargebiet, wo er Studien für seine neuen Figuren machte und sie in Bleistiftskizzen festhielt. Geheimrat Röchling von den Röchling Stahlwerken (203) in Völklingen an der Saar stellte Fritz Koelle ein Atelier auf seinem Werksgelände zur Verfügung, wo er jeden Arbeiter, der ihn interessierte, als Studienmodell zeichnen oder modellieren konnte. Und Koelle arbeitete unentwegt an neuen Figuren für aktuelle Ausstellungen. Für die XIV. Ausstellung der Münchener Neuen Secession im Glaspalast schuf er die etwas überlebensgroße Plastik „Hüttenarbeiter" („erster Wärmer") (204), die er in Bronze ausstellte, (WVZ 82) ebenso sein neues Selbstbildnis von 1928. (WVZ 81) Seine Frau begleitete ihn mit zwei Stilleben in Öl. Sein „Hüttenarbeiter" erhielt anläßlich einer Publikumsumfrage während dieser Sommerausstellung im Glaspalast unter allen dort ausgestellten Werken der bildenden Kunst sämtlicher Künstlergruppierungen die meisten Stimmen. (205)

Diese überlebensgroße Hüttenarbeiter-Plastik stellte Koelle auch in der internationalen Kunstausstellung in Venedig aus. „Am Tage der Eröffnung führte Herr Geheimrat Dörnhöffer, Generaldirektor der Bayerischen Staatsgemäldesammlung, den König von Italien und den Ministerpräsidenten Mussolini durch die Ausstellung, worüber sich der König und Mussolini gerade über die große Arbeiterfigur von mir in anerkennender Weise aussprachen." (206)

Es kam sehr selten vor, daß Fritz Koelle ein in Gips ausgeführtes Werk zur Ausstellung gab, entweder fehlte ihm die Zeit oder das Geld für eine Bronzeausführung, die ihm für den Transport seiner überlebensgroßen Arbeiterfiguren ungefährlicher erschien. Koelle fertigte von allen seinen Werken jeweils zwei Bronzeabgüsse an, einen für die Ausstellung, der dort direkt erworben werden konnte, und einen für die eigene Sammlung. Die Tatsache, daß Koelle die Ausstellungen mit fertigen Bronzen bestückte, rief bei manch einem weniger finanzstarken Bildhauer Unmut hervor, der Koelle aber nicht beirren konnte, denn zum einen gehörte zu seiner Arbeitsauffassung ein gewisser „sichtbarer Perfektionismus", und Koelle wußte genau um die verkaufsfördernde optische Wirkung einer fertig ziselierten und patinierten Bronze im Gegensatz zu einer Gipsfassung, und zum anderen standen ihm die finanziellen Mittel dank seines Mäzens Schwarz meist auch zur Verfügung. Trotzdem sah er sich hin und wieder veranlaßt – gemäß dem Klischee des „armen Künstlers" – Bittbriefe an bestimmte Persönlichkeiten aus Politik und Wirtschaft zu richten, von denen er sich einen Auftrag erhoffte und denen er seine Kunst andiente, denn seinen Aussagen nach mangelte es ihm ständig an Geld.

Im Sommer 1928 hatte das Künstlerehepaar eine größere Wohnung gefunden und war von der Karlstraße 36 an den Josef-Platz 2 gezogen, wo ihnen eine Etage zur Verfügung stand. Die neuen Lebensumstände erforderten zwangsläufig einen höheren Kostenaufwand, und da nach Koelles Meinung dieses Jahr auch nicht die Verkaufserfolge brachte wie das Vorjahr, wandte er sich an den Münchener Bürgermeister mit einem Schreiben, dem er ein Exemplar der Zeitschrift „Kunst für alle" mit einem Artikel von Gustav Stolze (207) über seine Kunst beifügte. Darin lobte Stolze Koelle als einen für die zeitgenössische Kunst bedeutenden und für die Zukunft richtungsweisenden Bildhauer, der frei von jeder literarischen Absicht und losgelöst von jeglicher proletarischen Tendenz einzig nach der Natur als das für ihn gültige Vorbild gestaltet. Von den Naturalisten aber unterscheidet er sich durch seinen Individualismus, denn er gestaltet das, was er sieht und wie er es sieht, und das ist „bildgewordener Ausdruck einer harten Lebensform." Die von ihrer schweren Arbeit in ihrer Physiognomie und Körperhaltung geprägten Menschen rufen Koelles Begeisterung für das im Mittelpunkt stehende plastische Problem hervor.

Koelle verfügt nach Stolze neben der handwerklich-technischen Fertigkeit auch über eine enorme Fähigkeit der plastischen Konzentration, und „so gelangt er zu Ergebnissen seines bildhauerischen Vermögens, die allein durch ihre plastische Fülle und formale Spannung wirken und deren heutiger Realismus ästhetisch überzeugend ist." Für Stolze verkörpern Koelles Arbeiterfiguren den „neuen Realismus". Er ordnet Koelles Werk zwischen dem explodierenden Formwillen eines Rodin und der stilisierenden Art eines Maillol als eigenen Stil ein, der mit Meunier lediglich den Gestaltungsinhalt gemeinsam habe, denn Meunier „kommt nicht ohne Sentiment aus", und Fritz Koelle bleibt Stolzes Ansicht nach bei „seiner objektiven Abschilderung der Form". Daß Koelle über „das Formale hinaus dem Wesen des Dargestellten oft mit dem ersten bildnerischen Griff nahe kommt", mag nicht nur für die Tierplastik Gültigkeit haben, besonders für seine Arbeiterportraits, denen, wie Stolze selber feststellt, über das Formale hinaus auch ein psychologischer Inhalt innewohnt – wie beim Bildnis des verunglückten Hüttenarbeiters mit seinem deformierten Gesicht – können in dieser Ausprägung nur entstanden sein auf der Basis der eigenen sensitiven Fähigkeiten des Künstlers für die Psyche seines Modells, unterstützt von seiner inneren Haltung dem Arbeiter gegenüber und seiner Bewunderung für diese Menschen, gepaart mit einer differenzierten Beobachtungsgabe und überragendem bildnerischem Formempfinden, plastischer Umsetzungsfähigkeit und bemerkenswertem technischen Können.

Koelle ist doch nicht so frei von Emotionen wie Stolze ihn im Vergleich zu Meunier sieht. Über die Thematik hinaus verbindet beide ein Ansatz, in dem die Gefühlswelt durchaus Einfluß nimmt auf die Gestaltung der Arbeiterplastiken. Meuniers erster Kontakt mit dem „pays noir" der Borinage (208) rief bei ihm folgendes Empfinden hervor: „Je suis frappé par cette beauté tragique et farouche." „Une immense pité me prend." (209) Koelles Eindruck beim Besuch von Ruhr- und Saargebiet war „erschütternd". Aber „nicht soziales Mitleid" bewegte ihn zu seiner künstlerischen Gestaltung, sondern die „Achtung, Liebe und Hochschätzung dieser Menschen". Er sah in ihnen „so viel Schönheit an Linie und Form". (210)

Erschüttert waren beide Künstler beim Anblick der Arbeiterwelt, Meunier ergriff Mitleid mit und Koelle die Achtung vor diesen Arbeitern. Beide aber nahmen sie die ästhetische (im engeren Sinne) Wirkung wahr, die von ihnen ausging und die sie zur künstlerischen Gestaltung herausforderte, Koelle zu plastischen Lösungen und Meunier erst zu malerischen, später zu bildhauerischen Umsetzungen.

Von einigen herausragenden Ergebnissen aus Koelles Schaffensperiode der zwanziger Jahre (unter anderem „Hüttenarbeiter", 1928, und „Bildnis eines Hüttenarbeiters", 1928) (WVZ 83), die Gustav Stolzes Ausführungen begleiteten und einigen von Koelle dem Brief an den Münchener Bürgermeister beigelegten Fotos seiner aktuellen Plastiken, wie der „Hockende Bergmann" (WVZ 96), konnte sich dieser ein Bild machen. Zu einem Ankauf für die Stadt München konnten sie ihn aber ebenso wenig animieren wie die Klagen Koelles, daß er in diesem Jahr noch keine einzige Plastik verkauft hätte und es ihm „kaum mehr möglich [sei], auf diesem Gebiet weiter zu arbeiten. Will diesen Winter verschiedene Arbeiterfiguren machen" „und weiß heute noch nicht, wie ich den Gipsguß hierfür bezahlen soll." (211)

Koelle mußte aber jemanden gefunden haben, der ihm nicht nur seinen Gipsguß, sondern auch den Bronzeguß für neun Plastiken ermöglichte, die er auf der XV. Sommerausstellung 1929 der Münchener Neuen Secession im Glaspalast zeigte. (212)

Zuvor aber begeisterte er im Frühjahr 1929 die Fachpresse mit seiner Einzelausstellung in der Galerie Caspari. Nachdem die Galerie Thannhauser ihren Standort in München aufgegeben hatte, blieb Koelle Caspari als einzige moderne Galerie in der Stadt, in der er im April und Mai sein in den letzten drei Jahren entstandenes Werk mit Arbeiterplastiken und -portraits, Selbstbildnissen, Kleintierplastiken und Zeichnungen präsentierte. Die Schau fand eine so große Beachtung, daß sie manch einem Kritiker ganzspaltige und sogar ganzseitige Würdigungen wert war. Darin wurden übereinstimmend seine unbefangene Beobachtungsgabe, seine treffsichere und realistisch-aufrichtige Wiedergabe der Natur sowie deren plastische Formwerdung positiv anerkannt: „So findet er, schnell und mit der unbeirrten Sicherheit ... den Weg zur Natur" „Koelle wächst über die Natur in das Sinn- und Beziehungsvolle ihrer Erscheinungen hinein, seine Einfachheit wird zur Wesentlichkeit und damit zu Kunst", urteilte Gustav Stolze. (213)

„Ohne Pose, ohne Effekthascherei steht das Erlebnis eines Hüttenarbeiters." „Der Realismus ist bis in alle Einzelheiten der Kleidung, der Werkzeuge ... mit beinahe grausamer Aufrichtigkeit durchgeführt", befand Professor Nasse in einer Augsburger Zeitung. (214) Auffallend erscheinen die allgemein geäußerten Bedenken der Kritiker, Koelles Kunst könnte eine politisch-sozialkritische Dimension erreichen. In seinem Hüttenarbeiter (Blockwalzer), dem das Portrait des „Verunglückten Hüttenarbeiters" zugrunde liegt, wertete Nasse: „In dieser Arbeit wird vielleicht schon die Grenze gestreift, die von der noch großen künstlerischen Form an einen Illusionismus heranführt, der zur Gefahr werden könnte. Gefährlich auch deshalb, weil aus Mißverständnissen heraus Tendenz herausgelesen werden könnte." (215) Da für Hermann Esswein das „Naturhafte überwiegt, vernichtet [es] die umstrittene Zeitlichkeit der sozialen Kategorie." (216) Und ein Augsburger Kritiker ging noch weiter und nannte die „Tendenz" beim Namen: „Koelle, der sich von der Moderichtung der Neuen Sachlichkeit mit Ernst und Einsicht freigehalten hat, gilt in der ‚Jungen Kunst' als einer der Verkünder des neuen Formwirkens, der seinen Ausdruck in der seelischen Redlichkeit der Natur gegenüber sucht und sich vom Gestus der bloß ‚schönen Linie' ebenso weit entfernt halten will, wie von dem peinlichen Nachmachen der Natur." (217)

Viel Zeit blieb Koelle nicht, um etwa die Hälfte seiner bei Caspari ausgestellten Plastiken in den Westflügel des Glaspalastes transportieren zu lassen, wo am 15.7.1929 die XV. Sommerausstellung der Münchener Neuen Secession in Anwesenheit des Oberbürgermeisters Karl Scharnagl eröffnet wurde. Ein Kritiker der Münchener Neuen Secession wandte sich bei der Eröffnung mit einer Bitte direkt an die Neue Secession: „Wäre es der Neuen Secession nicht möglich, einmal eine plastische Sonderausstellung zu zeigen? Das geringe Verhältnis eines größeren Publikums zur Plastik rührt zum großen Teil daher, daß Bildhauerarbeiten bei Ausstellungen sich zumeist verschämt in Winkel drücken lassen müssen und dort oft den Eindruck von lästigen Requisiten erwecken." (218)

Eine solche Sonderausstellung wäre ganz im Sinne Koelles gewesen, denn er war stets darauf bedacht, alle seine Arbeiten gut sichtbar zu plazieren und auch mit möglichst vielen präsent zu sein. Dabei klang nicht selten in den Ausstellungsberichten der leise Vorwurf an, daß der Bildhauer Fritz Koelle wieder den größten Raum einnahm. Auch in dieser Sommerschau waren seine Plastiken reichlich vertreten. Ministerialrat Konrad Sterner, der Fritz Koelle und seine Kunst sehr schätzte und bereits den Ankauf des „Bergarbeiters vor der Einfahrt" für die Bayerische Berg-, Hütten- und Salzwerke A.G. vermittelte, machte Karl Scharnagl auf Koelles Werk aufmerksam.

Außer seinem Selbstbildnis stammten alle anderen Arbeiten aus dem Berg- und Hüttenwesen, darunter die beiden Reliefs „Bergarbeiter vor Ort" (WVZ 85) und „Bergarbeiter übers Geding verhandelnd" (auch „das Bergamt" genannt) (WVZ 91). Diese beiden 1928 entstandenen Arbeiten bilden eine gestalterisch und auch thematische Einheit, während das Relief „die Stollenfahrt" von 1929 aus dem Rahmen seines bis dahin üblichen Gestaltungsrepertoires fällt.

Auf dem 53 cm x 139,5 cm großen Relief „Bergarbeiter vor Ort" arbeitet ein Bergmann liegend in seinem Knapp. Bei flacher Lagerung ist er aufgrund der geringen Flözmächtigkeit zwischen Liegendem und Hangendem eingezwängt. Am Kohlenstoß stellt er mit seinem Drucklufthammer einen Schram her, um die Kohlenfront zu entspannen. (219) Um die volle Kraftwirkung einzuleiten, hat er sein linkes Bein ausgestreckt und stemmt sich mit diesem am Holzstempel ab. Sein rechtes Bein hält er angewinkelt. Er liegt auf seinem rechten Arm. Mit der rechten Hand hält er den Drucklufthammer in der Horizontalen, die linke Hand am Drucklufteinfüllstutzen, stemmt er ihn mit linkem Arm und linker Hand in den Kohlenstoß.

Den Kraftaufwand macht Koelle in der Muskelanspannung des nackten linken Unterarms sichtbar, ebenso in der linksseitigen Halsmuskulatur. Der von einer runden, eng anliegenden Lederkappe bedeckte Kopf mit dem markant-kantig herausgearbeiteten Gesicht im Seitenprofil ist unmittelbar an den Kohlenstoß gelegt. Der linke Teil des Reliefs ist differenzierter gestaltet als der rechte. Dieser tendiert mehr ins Malerische. Die Hände des Bergmanns, besonders die linke Hand und der linke Arm, sind plastisch herausgearbeitet, um mit Nachdruck auf die von ihnen ausgehende Kraftanspannung zu verweisen.

Die Bildbegrenzung nehmen in der Horizontalen das Hangende und das Liegende ein, in der Vertikalen rechts der Holzstempel mit Holzkappe und links der Kohlenstoß. Mit diesen bildnerischen Grenzen verdeutlicht Koelle das Eingeschlossensein des Bergmanns in der Enge des Gewinnungsorts, und doch ist seine Figur so dynamisch angeordnet, als könne sie das „Bild sprengen". Die Keilhaue am unteren rechten Rand findet in diesem Geschehen keinen funktionalen Einsatz, sie ist lediglich als Gewichtsausgleich des Bildes herausmodelliert.

Während sich Koelle hier einen vorgegebenen Raum bildnerisch mit einer liegenden Einzelperson erschließt und ihn ausfüllt, nimmt er bei dem 58 cm x 124,5 cm großen Relief „Drei Bergleute verhandeln über das Geding" bei gleichen Raumverhältnissen eine Flächenausnutzung durch drei im Streb sitzende und hockende Personen vor. Auch sie sind eingeschlossen in einen Grubenraum in flacher Lagerung mit geringer Mächtigkeit. Sie allerdings halten sich im durch Holzausbau gesicherten Bereich zwischen zwei Stempeln im Vordergrund auf. Durch den Gebirgsdruck ist der rechte von ihnen bereits gesplittert. Die beiden rechten Bergleute haben ihre Sicherheitslampen hinter sich an den Ausbau gehängt, der linke hält sein auf dem Boden vor sich stehendes Geleucht mit der linken Hand fest.

Bei der Verhandlung der drei Bergleute über das Gedinge nimmt die rechte Figur den Wortführer ein, denn die Blicke der beiden anderen sind auf ihn gerichtet. Während der Bergmann in der Mitte mit verschränkten Armen, seinem eingezogenen Kopf und seiner teilnahmslosen Mimik völlig eingekapselt dahockt, was Koelle bildnerisch durch die völlig geschlossene gerundete Form erreicht, ist der linke Bergmann mit dem Schutz eines Stempels im Rücken, der geöffneten Gestik und dem direkten Blickkontakt zum Redner ein aufmerksamer Zuhörer. Bei dem Redner handelt es sich offensichtlich um den Steiger, denn nur mit ihm wird das Gedinge vereinbart. (220) Äußerlich hat Koelle ihn durch sein langärmeliges Hemd von den beiden anderen Arbeitern abgehoben, außerdem nimmt er durch seine raumgreifende Haltung und Gebärde für sich den größten Freiraum in Anspruch.

In der linken Figur treffen wir auf den Bergmann aus dem erstgenannten Relief mit seinem kantig modellierten Gesicht und seiner erstarrten Physiognomie, die wir in gleicher Ausprägung von Constantin Meuniers Arbeiten her kennen, besonders die fliehende Stirn und das sichtbar hervortretende Jochbein. (221) Das gleiche Modell begegnet uns im „Bildnis eines Hauers" (WVZ 90) auf der Ausstellung wieder. (222) Einen vergleichbar starren, maskenähnlichen Gesichtsausdruck zeigt auch der Steiger.

Auch in diesem Relief spielen die Hände bildnerisch eine besondere Rolle. Der Hauer aus dem ersten Werk, dessen kraftvolle linke Hand den Drucklufthammer führt, umfaßt während des Gesprächs mit gleicher herausmodellierter Hand seine Grubenlampe. Der Steiger und Verhandlungsführer verleiht seinen Ausführungen mit beiden Händen Nachdruck: Die rechte fast geschlossene Hand pocht auf den Boden und die linke, mit der fordernden Geste des gebogenen, auf das Liegende tippenden Zeigefingers unterstützt das Gesagte. Koelle hat auch in diesem Relief die Hände besonders plastisch herausgehoben.

Die kompositorische Anordnung in diesem Relief ist offensichtlich. In fast malerischer Ausführung, ähnlich seinen Bleistiftstudien mit den hervortretenden und den zurückliegenden Linien und Rundungen (zum Beispiel beim „Kauernden Bergarbeiter" von 1929) (WVZ 96) reiht Koelle die drei Figuren ohne Überschneidungen nebeneinander. Im Mittelpunkt befindet sich die runde, geschlossene Form, an den Seiten die sich jeweils zur Bildmitte hin öffnenden Figuren. Die beiden äußeren Personen tragen gleichgeformte halbrunde Lederkappen, den mittleren Bergmann schützt eine Schirmmütze. Die zwei an den Ausbau gehängten Benzinlampen und der zurückliegende Stempel vermitteln Tiefenwirkung und Gleichgewichtung des Hintergrunds. Die Bildrahmung erfolgt in ähnlicher Weise wie beim Relief „Bergmann vor Ort". Eine sachgerechte Funktion der Kette am linken Bildrand ist nicht ersichtlich; als dekoratives Element ist sie überflüssig und verflacht die Bildaussage.

Auch in seinem dritten Relief, der 48,5 cm x 133 cm großen „Stollenfahrt" von 1929, (WVZ 92) (223) nimmt Koelle eine „flächendeckende" Gestaltung des zwischen zwei Stempeln vorhandenen Grubenraums vor. Diesmal hat er dafür eine Strecke gewählt, in der Bergleute in Förderwagen befördert werden. Drei vollständig ausgestaltete Wagen mit jeweils sechs Personen und zwei angeschnittene mit jeweils drei Bergleuten gleiten über das auf der Sohle verlegte Gestänge. Eine Fahrtrichtung kann nicht ausgemacht werden. Da die in den Förderwagen stehenden Personen – bis auf eine Ausnahme – recht wach wirken und sich teilweise unterhalten, kann von einer Anfahrt ausgegangen werden. Über den mit Lederhelmen geschützten Köpfen sind an der Firste die Druckluftversorgungsleitungen aufgehängt. Während die Förderwagen realistisch detailliert mit Speichenrädern mit Spurkranz und geringem Achsabstand, Griffmulden an den Stirnflächen und Kupplungen wiedergegeben werden, erfahren die Bergleute eine Stilisierung und Schematisierung, die ins Naive führt.

Der einzige Gestaltungsanlaß für dieses Relief scheint das „Spielen mit bildnerischen Mitteln" zur Ausgestaltung eines begrenzten Bildraumes zu sein, mit Horizontalen und Vertikalen, mit größeren und kleineren geometrischen Formen und Flächen mit mehr oder minder plastischer Wirkung. So erscheinen die Förderwagen als Flächen mit aufgerauhter, realistisch verbeulter Oberflächenstruktur. Die größte Plastizität geht von den Bahnschwellen auf der Sohle aus.

Koelle bedient sich einer Mischform des strengen klassischen Reliefs mit Ordnungsprinzipien der Reihung und der Isokephalie. Er hält sich konsequent an die Reihung, läßt jedoch leichte Überschneidungen zu, so auch um die Zwischenräume der rückwärtig modellierten Bergleute mit angeschnittenen Frontal- und Profilansichten auszufüllen und eine Rhythmisierung der Gestalten vorzunehmen. Eine Dynamik geht von diesem Halbrelief „Stollenfahrt" allerdings nicht aus. Das einzige Bewegung suggerierende Element findet sich in den rechts und links angeschnittenen Förderwagen. Der erste verschwindet bereits im Dunkel der Strecke, während der letzte es verläßt und in den vom Künstler und Betrachter ausgeleuchteten Abschnitt rollt. Da keine Richtungsangaben gemacht werden, könnte es sich ebenso gut um einen stehenden Zug handeln, dem aber der Titel „Stollenfahrt" widerspricht. Jedenfalls gibt dieser Reliefausschnitt keine Dramatik des Berges wieder – eine derart gestaltete „Fahrt" könnte überall stattfinden.

Das Relief „Stollenfahrt" hebt sich von den beiden zuerst erwähnten nicht nur durch den trivialen Bildinhalt ab, sondern auch durch die einem Anfänger zugestandene experimentierende Modellierung von schablonenhaft reduzierten Figuren in spannungsloser, monotoner Komposition. Dieser Versuch von „Modernität" durch Stilisierung mußte mißlingen, zum einen, weil er von Koelle falsch interpretiert wurde, und zum anderen, weil er völlig konträr zu Koelles bisherigen und auch nachfolgenden realistischen Gestaltungsabsicht und -weise stand. Das Relief „Stollenfahrt" hinterläßt lediglich eine unbedarft-dekorative Wirkung, was Koelle sicherlich nicht verborgen blieb. Alle drei Reliefs waren weder architektur- noch auftragsgebunden, was die These des künstlerischen Experiments stützt. Der Künstler ließ es bei diesen drei Ausführungen bewenden, er griff die Gestaltungsform des Reliefs (mit Ausnahme von zwei klassizistischen Portraitreliefs in den vierziger Jahren) nicht mehr auf. Auch das deutet darauf hin, daß es nur ein experimentelles Intermezzo in seiner Schaffenszeit war und Koelle selbst erkannte, daß der Reliefstil weder seiner künstlerischen Neigung, noch seinen plastischen Fertigkeiten und Gestaltungsintentionen entsprach. Und darin begründet liegt die vorliegende ausführliche Auseinandersetzung mit Koelles Reliefdarstellungen, mit der die permanente Suche des Künstlers nach seinem eigenen Stil anschaulich belegt werden soll.

Heute befindet sich eine Version der drei Reliefs in St. Ingebert im Albert-Weisgerber- und Stadtmuseum als Geschenk von Frau Koelle-Karmann, und die andere kam im Rahmen des Nachlasses ins Schaetzler-Palais nach Augsburg. Von dort aus gingen die „Stollenfahrt" und „Drei Bergleute verhandeln über das Geding" als Dauerleihgabe nach Freudenstadt, und der „Bergarbeiter vor Ort" befindet sich als Leihgabe in Peiting.

Die Reliefdarstellungen fanden erwartungsgemäß keine Resonanz auf den verschiedenen Ausstellungen, die Koelle 1929 bestückte. Nach Berlin zur Herbstausstellung der Akademie schickte er sie gar nicht erst hin. Und auch die übrigen Werkstücke Koelles auf dieser Sommerausstellung wurden nicht mehr so einheitlich positiv von der Presse rezipiert. Während der Rezensent der SPD-Zeitung „Münchener Post" noch die Auswahl der dargestellten Inhalte durch Koelle mit den Worten anerkannte: „Der heute, fast tendenziöse Ernst Fritz Koelles wird verständlich in dem, was ihn von Meunier [und] Rodin trennt. Man würdigt die Aufnahme veristischer Schlacken ins Kunstwerk heute wieder viel vorurteilsloser als innerhalb der krampfigen Gegenbewegung gegen den nicht mehr verstandenen Naturalismus", (224) lobte die „Neue Zeitung" Koelles „Ehrlichkeit", „wenn er seinen Arbeiterplastiken ein zerschlagenes Nasenbein, zerfurchte Hände gibt, wenn er in ausgemergelten eine unsagbare Traurigkeit festhält." (225) Und Professor Nasse wünschte sich in der Augsburger Abendzeitung bei allem überzeugenden „aufrichtige[n] und unerbittlich scharf anpackende[n], treffsichere[n] ... Idealismus" bei Koelles zukünftigen Arbeiten wieder „mehr vergeistigender[e] Verfeinerung". (226) Diese Erwartung Nasses, der Koelles Œuvre bisher stets wohlwollend würdigte, ist beim Anblick der Reliefs gut nachvollziehbar.

Wilhelm Hausenstein von der Telegramm-Zeitung, der im Wechsel Edwin Scharffs nach Berlin einen herben Verlust für die Münchener Neue Secession sah und meinte, „daß diese Vereinigung ihre Not hat, das Plastische wieder nachzufüllen", (227) konnte zu Koelles Plastiken keine persönliche Beziehung herstellen: „Ich bedaure, eingestehen zu müssen, daß ich mich mit der Bildhauerei des Mannes, der innerhalb dieser Ausstellung den breitesten Raum einnimmt und die eindringlichste bildnerische Natur für sich in Anspruch zu nehmen scheint, am schwersten verständigen kann; ich meine die Bildnerei Kölles. Mich verstimmt vor allem die Absichtlichkeit dieses Temperamentes, das an sich selbst natürlich so unleugbar vorhanden ist wie das Talent und das ungemeine Können. Ich will damit nicht ‚objektiv geurteilt' haben. Ich spreche nur die geringe Dringlichkeit meines Verhältnisses zu diesen Arbeiten aus. Es ist mir angenehmer, z. B. mit den Bildnisköpfen Gerstels zu verkehren (wenn ich dies Wort gebrauchen darf), Gerstels, der als Berliner Gast sich beteiligt." (228)

Konrad Sterner hatte während der Ausstellungseröffnung nicht nur die Gelegenheit wahrgenommen, dem Oberbürgermeister Koelles Werkstücke zu zeigen, sondern auch in der Absicht, dem Künstler finanziell unter die Arme zu greifen, das Angebot gemacht, Scharnagl weitere Informationen über dessen Arbeiten zukommen zu lassen, was er am 31. Juli 1929 in die Tat umsetzte. (229) Er sandte Scharnagl einen Brief mit der Bitte, Koelle von Seiten der Stadt München mit einem größeren Auftrag zu bedenken, und fügte die Zeitschrift „Die Kunst" und fünf Lichtbilder mit weiteren Figuren bei, ebenso wie Koelle es selbst im Jahr zuvor beim Bürgermeister Hans Küfner ergebnislos versucht hatte. Scharnagl reagierte unverzüglich. (230) Er bekräftigte nochmals den starken Eindruck, den die Werke Koelles sowohl in der Ausstellung als auch auf den fotografischen Abbildungen auf ihn ausgeübt hätten, und es würde ihn freuen, wenn eine solche Plastik in München aufgestellt würde. Scharnagl beurteilte die Chance dafür günstig, da das Hochbauamt für einen bereits ausgewählten Standort ein geeignetes Kunstwerk suchte und auch schon die Offerte eines Stifters dafür hatte. Aus diesem Grund leitete er Sterners Gesuch an das Hochbauamt zum Direktorium B und an den Kunstbeirat der Städtischen Sammlungen weiter. (231)

Nachdem Eberhard Hanfstaengl, (232) der Direktor der Städtischen Kunstsammlungen, die Unterlagen begutachtet hatte, sandte er die Bilder am 28.8.1929 an Konrad Sterner zurück, (233) der sich nach seinem Urlaub für das Entgegenkommen Karl Scharnagls mit den Worten bedankte, „es wäre für mich eine große Genugtuung, wenn ein Standbild von Koelle hier in München, wo er arbeitet, aufgestellt werden würde." (234) Es nahm noch einige Zeit in Anspruch, ehe sich alle Parteien darauf einigten, Koelles 1929 entstandene überlebensgroße Figur eines Blockwalzers (WVZ 95) am Melusinenplatz in der Siedlung Neu-Ramersdorf aufzustellen. Im Einvernehmen mit dem Direktorium der Städtischen Kunstsammlungen übernahm die Gemeinnützige Wohnungsfürsorge A.G., München, das Sponsoring.

Dafür erwarb Eberhard Hanfstaengl für die Städtischen Sammlungen 1929 noch die beiden Kleintierplastiken „Junger Bär" (WVZ 64) und „Junger Löwe" (WVZ 65), die Koelle 1925 schuf. Eine dritte Tierbronze, „Fohlen", von 1926 (WVZ 70) hatte er bereits 1927 erworben. Dieses „Fohlen" schien sich allgemeiner Beliebtheit zu erfreuen, denn auch Ministerialrat Dr. Gall vom Preußischen Ministerium für Wissenschaft, Kunst und Volksbildung in Berlin hatte diese Figur für ein Dienstzimmer des Ministers erworben, für seine eigene Dienstwohnung kaufte er die Bronzefigur „Stierkalb" von 1926 an. (WVZ 71) Für beide Tierbronzen zusammen überwies er Fritz Koelle 400 RM, (235) die er bei der Preußischen Bau- und Finanzdirektion für das Rechnungsjahr 1929 registrieren ließ. (236) Auch eine ordnungsgemäße Inventarisierung durch den Direktor der Nationalgalerie, Ludwig Justi (vgl. Anm. 184), ließ er vornehmen. (237)

Die Städtischen Kunstsammlungen Nürnberg erwarben noch am 23.12.1929 Koelles „Hüttenarbeiter (Wagner mit der Zange)" von 1928 (WVZ 88) für 10.000 Mark. (238) Dadurch konnte Fritz Koelle für sich persönlich durchaus eine positive Bilanz für das Jahr 1929 verbuchen, was für große Teile der Bevölkerung durch Ausbruch der Weltwirtschaftskrise nach dem New Yorker Börsenkrach am 24.10.1929 nicht der Fall war. Die ohnehin kritische ökonomische Lage in Deutschland, mitbedingt durch die Finanzierung des Ersten Weltkrieges und die hohen Reparationsverpflichtungen des Deutschen Reichs danach bis hin zur Ruhrbesetzung mit ihrem passiven Widerstand, spitzte sich dramatisch zu und brachte die Wirtschaft fast völlig zum Erliegen. Die Weltwirtschaft stand vor ihrer weitgehenden Auflösung; es entwickelten sich einzelne Nationalwirtschaften. Diese nationalen Autarkiebestrebungen, gekoppelt mit den sozialen Folgen der Krise, der sinkenden Reallöhne, der Kurzarbeit (Feierschichten der Bergleute), der Massenentlassungen, der Millionen von Arbeitslosen und der unzureichenden und ständig sinkenden Arbeitslosenunterstützung und damit deren Abhängigkeit von karitativen Verbänden, boten einen fruchtbaren Nährboden für den Anstieg rechtsradikaler Massenbewegungen. Die destabilisierende Wirkung auf die Wirtschaft übertrug sich auch auf die Politik der parlamentarischen Demokratie der Weimarer Republik und war mitbeteiligt an dem sensationellen Stimmenzuwachs der NSDAP bei der Reichstagswahl im September 1930, bei der sie reichsweit 18,3% und in Bayern 17,3% erzielte und damit zur zweitstärksten Partei im Reichstag avancierte. (239)

Im Vergleich mit vielen Münchenern ging es Koelle gut. Er fand Käufer für seine Großplastiken, er erhielt weiterhin die monatlichen Zuwendungen von 400 Mark – je zur Hälfte für ihn und für seine Frau – von seinem Mäzen, dem Industriellen Schwarz, der ihm auch die meisten seiner Bronzen und viele Bilder seiner Frau abkaufte, und er war sogar in den Genuß eines kostenlosen Staatsateliers gekommen, was bei ihm die Hoffnung nährte, eine Anstellung an der Akademie der Künste in München zu erhalten, nachdem sich die Aussichten in Berlin weitgehend zerschlagen hatten. Koelle konnte sein Atelier in der Karlstraße verlassen und die großzügigen Räume in der Kaulbachstraße 9 beziehen. (Abb. 13 und 14) Dieses Atelier lag unmittelbar hinter der Staatsbibliothek und verfügte über ein großes Hofgelände, auf dem Koelle seine Materialien und sein Brennholz lagern konnte. Die Innenräume gestaltete er wohnlich mit Schreibtisch, Bücherregalen und einem Lehnstuhl, so daß er sich gern dort zum Planen und Arbeiten aufhielt. (Abb. 15 bis 18) Manch ein Brief an seine häufig in St. Ingbert weilende Frau wurde hier verfaßt. Koelle behielt dieses Atelier bis nach dem Zweiten Weltkrieg, in dem es stark zerstört wurde. (Abb. 19 und 20) Dort entstanden alle seine überlebensgroßen Plastiken, die er in den lokalen, aber auch internationalen Ausstellungen zeigte.

Auch das Jahr 1930 war von großer Ausstellungsaktivität geprägt. Ein schöneres Geschenk zum fünften Hochzeitstag als die Eröffnung der Kollektivausstellung Fritz und Elisabeth Koelle-Karmann in Koelles Geburtsstadt konnten sich die beiden kaum wünschen. Am Sonntag, den 16. Februar 1930, öffneten sich die Tore des Augsburger Kunstvereins, um mehr als 25 Plastiken und eine größere Anzahl von Studienzeichnungen Koelles zu repräsentieren.

Elisabeth Koelle-Karmann war mit einer Reihe neuerer Gemälde und einer Auswahl ihrer Zeichnungen vertreten, die Gustav Stolze positiv, aber recht pathetisch beurteilte: „Es berührt wohltuend, ... jemand an der Staffelei zu sehen, der zu seinen eigenen Wegen Mut hat. ... Ihren Zeichnungen – besonders den eigenwilligen Arbeiterkindern – wohnt etwas von dem unkünstlich Künstlerischen des Volkskindes inne, es sind kleine, von der Liebe zu dem völlig verstandenen Milieu gesungene Balladen. Der feste, liebevolle und musikalische Strich, der das Graphische immer stärker aus sich selbst entwickelte und auf alles Dekorative verzichtete, hat sich in den Kindern des Industriegebietes Objekte gewählt, die das Zeitnahe der sozialen Kunsttendenzen mit dem Immergültigen der Kunst, dem geistigen Bild, zu verbinden ermöglicht. Verdiente Anerkennung enthält hier berechtigte Hoffnung auf das Künftige." (vgl. Anmerkung 310)

Ein anderer namentlich nicht genannter Kritiker gestand ihr durchaus Talent in Komposition und Verlebendigung der Farbe zu, bemerkte aber gleichzeitig, daß sie noch einen weiten Weg bis zur Meisterschaft zurückzulegen hätte. Derselbe Ausstellungsrezensent hob besonders Fritz Koelles handwerkliche Vollkommenheit, die Formklarheit seiner Plastiken, die Ästhetik der knapp erschlossenen Oberflächen und die charakteristische Prägnanz seiner Arbeiterportraits, die nur in intimer Kenntnis seiner Modelle in dieser Form möglich war, hervor. Er würdigte aber auch Koelles „zartere Handschrift" bei dem Bildnis seiner Frau von 1930.

Gustav Stolze, der eher dem Lager der konservativen Kunstkritiker zuzurechnen war, sah in Koelle einen Künstler, der in seiner Anfangsphase zu sehr den modernen Tendenzen huldigte, worunter er sicherlich Koelles „Klagende" verstand, aber über den Weg der Natur zu seinem eigenen künstlerischen Ausdruck mit den körperlich-plastischen Details und zu seinem Themenkreis der Arbeiterplastik gefunden hätte. Gern hätte Gustav Stolze einmal einen Akt, von Koelles Hand geformt, bewundert. Doch diesem Wunsch kam Koelle erst auf politischen Druck in den vierziger Jahren nach, wie sein Sohn berichtet. Besonders angetan war Stolze vom „Hockenden Bergarbeiter", (WVZ 96) mit dem Koelle seiner Ansicht nach von der reinen, naturalistischen Abbildung den Schritt zur allgemeinen Versinnbildlichung geschafft hätte. (Zum „Hockenden Bergarbeiter" beziehungsweise „Hockenden Bergmann" siehe nachfolgende Ausführungen zum Jahre 1931 und Anmerkung 310)

In Berlin war Koelle gleich zweimal vertreten: zum einen bei der Frühjahrsausstellung der Preußischen Akademie der Künste und zum anderen im Herbst in der Deutschen Kunstgemeinschaft, die am 5. Oktober im Schloß Berlin ihre Ausstellung „Neue Deutsche Kunst 1930" mit sechzig Künstlern eröffnete. Neben Koelle und seiner Frau waren aus München noch der kunstgewerblich orientierte Holzbildhauer Otto Geigenberger (1881 bis 1946), der Zeichner, Karikaturist und Mitbegründer der Zeitschrift „Simplicissimus", Thomas Theodor Heine (1867 bis 1948), der Maler und Mitbegründer der Münchener Neuen Secession, H. Reinold Lichtenberger (1876 bis 1957), der Maler und Grafiker Oswald Poetzelberger (*1893) und ein weiteres Mitglied der Münchener Neuen Secession, der Maler und Grafiker Max Unold (1885 bis 1964), mit ihren Werken repräsentiert.

Die Eröffnungsfeier am Sonntag, den 5. Oktober, mittags um 12:00 Uhr, wurde vom Deutschlandsender übertragen. (240) Koelles Plastik wurde vereinbarungsgemäß von der Deutschen Kunstgemeinschaft „würdig im Hauptraum angeordnet", auch stellte sie eine Wochenschau der Ufa in Aussicht, wobei auf jeden Fall der Saal mit seinen Werken wiedergegeben werden sollte. Koelles Bitte, die erscheinenden Presseberichte für ihn zu sammeln, lehnte die Deutsche Kunstgemeinschaft aufgrund des damit überlasteten kleinen Verwaltungsapparates ab und empfahl ihm, sich mit einem Zeitungsausschnittbüro in Verbindung zu setzen, (241) was Koelle aber offensichtlich nicht befolgte, denn es finden sich keine Presseäußerungen über diese Ausstellung in seinem Nachlaß.

Auf der Deutschen Kunstausstellung im Münchener Glaspalast von Mai bis August 1930, auf der Käthe Kollwitz der gesamte Saal Nr. 42 für ihre mehr als 50 Zeichnungen und Lithographien eingeräumt wurde, zeigte Koelle zwei überlebensgroße Figuren, den bereits 1929 entstandenen „Hüttenarbeiter (Blockwalzer)" (WVZ 95), der später in Neuramersdorf aufgestellt wurde, und den „Bergarbeiter (Hauer)" (WVZ 102), den er schon 1929 vorgestellt hatte, das zuvor beschriebene Relief „Stollenfahrt" sowie vier Portraitbüsten, darunter das Selbstbildnis von 1930 (WVZ 100), das der Verein Berliner Kunstfreunde erwarb, und das Portrait seines Förderers, Ministerialrat Konrad Sterner (WVZ 93). Zwei Bildnisse, „Hauer I" (WVZ 90) und „Hauer II", waren noch einmal dem Bergmannsstand gewidmet. (242) Das Bildnis „Hauer II" ist nicht mehr nachweisbar.

Wie bereits beim Relief „Bergmann vor Ort" angedeutet, wurde mit dieser Figur des Hauers, die uns im Bildnis „Hauer I" und in der Statue „Bergarbeiter (Hauer)" wiederbegegnet, die Adaption der Meunierschen Formsprache deutlich. Beschränkte sich diese Anlehnung bei den beiden erstgenannten Werken auf die für Meunier typische Physiognomie der fliehenden Stirn, der gebogenen Nase, der ausdrucksstarken bewegten Modellierung der Backenknochen und des Kinns sowie der Ausformung der vollen Lippen, so dehnte sie sich bei der Großplastik des „Hauers" und besonders bei dem 1931 entstandenen „Hüttenarbeiter" (WVZ 112) – bei Ernst Kammerer als „Blockwalzer" bezeichnet – auf die Körperhaltung und auf Einzelheiten bei den Körperteilen und Gliedmaßen aus. Diese beiden Figuren weisen eine große Ähnlichkeit auf. Bekleidet sind sie nur mit einer groben, weiten, lässig fallenden Arbeitshose, die auf den Hüftknochen aufliegt und von einem Ledergürtel gehalten wird. Die Hosenbeine laufen nach unten hin eng zu und fallen auf derbes Schuhwerk, das bei Koelles Figuren immer den Eindruck erweckt, als wäre es entschieden zu groß, da der vordere Teil der Schuhsohle stets vom Boden abgehoben ist. Die Köpfe beider Arbeiter sind von einer runden Lederkappe geschützt.

Es sind die ersten Arbeiterfiguren, die Koelle mit unbekleidetem Oberkörper gestaltet hat. Was bisher unter dem Arbeitshemd verborgen blieb, wird durch die Nacktheit schonungslos wiedergegeben: Eine bewegte Körperoberfläche mit knochigen Höhlungen und Wölbungen, besonders beim „Bergmann", der durch sein am Gürtel hängendes offenes Geleucht identifiziert wird, treten Muskeln und Knochen stark hervor und machen die Ausgezehrtheit des Körpers deutlich. Auch wenn er Hals und Kopf aufrecht hält, können die schlaff hängenden Schultern, der Rundrücken und die gesamte S-förmige Körperachse seine körperliche Belastung nicht verbergen. Beim „Hüttenarbeiter" steigert Koelle diese Merkmale der Erschöpfung noch durch die stärker gebogene Körperachse und durch die kontrapostisch angedeutete, aber instabile Standposition. Die Schlüsselbeine sind kantig herausmodelliert. Während der „Bergmann" in einem standfesten Kontrapost mit nach hinten durchgebogenem Standbein – eine von Meunier übernommene und bis zum Ende seiner Schaffenszeit durchgehaltene kompositorische Eigenheit – beide Hände in seiner Arbeitshose verbirgt – ähnlich dem „Bergarbeiter vor der Einfahrt" oder dem Bergmann auf der „Saarmedaille" (WVZ 128) –, hält der „Hüttenarbeiter" nur seine rechte Hand in der Hosentasche, und mit seinem linken Arm bildet er einen rechten Winkel, seine Hand hat er locker auf die Hüfte gelegt.

Betrachtet man Meuniers „Lastträger", (243) (Abb. 21) werden die gestalterischen Anleihen Koelles bei seinem Vorbild Meunier deutlich. Der Kontrapost mit dem durchgestreckten Bein ist ebenso identisch wie die locker-lässige Arbeitshose in ihrem Faltenwurf. Die lediglich im Seitenwechsel vorgenommene Armstellung beim Bergmann – beim Hüttenarbeiter ist sie identisch – und die Gesamtkontur weisen unübersehbare Ähnlichkeiten auf. Einen Beweis für die künstlerische Orientierung liefert die Künstlermonographie Georg Treus über Constantin Meunier, die zu Koelles Handliteratur in seinem Atelier zählte und die genau auf der Seite mit der Abbildung X, „Lastträger (Débardeur)", Tonreste aufweist. Weitere Tonspuren finden sich bei der Abbildung VIII, „Hammermeister (Marteleur)". (244) In der physischen Ausdrucksweise aber unterscheiden sich die Koelle-Plastiken von Meuniers Figur erheblich. Während Meunier den Körper seines „Lastträgers" mit Kleidung verhüllt – was Koelle bei seinen Arbeitern der dreißiger und vierziger Jahre auch wieder übernehmen wird –, bezeugen die beiden nackten Oberkörper des Berg- und des Hüttenarbeiters die Last und Härte, unter der sie zu arbeiten haben, ganz im Gegensatz zu der erhaben-stolzen Haltung, die von Meuniers Figur ausgeht.

Koelles veristische Wiedergabe seiner Schwerstarbeiter erstreckt sich auch auf deren Mimik. Das Gesicht des „Bergmanns" ist genauso ausgezehrt wie sein Körper, die Augen liegen in tiefen Höhlen, ein leerer Blick geht in die Ferne. Noch hält der „Bergmann" seinen Kopf aufrecht, beim „Hüttenarbeiter" neigt er sich bereits und unterstreicht die erschöpfte Gesamthaltung ebenso wie der geöffnete Mund mit dem hängenden Unterkiefer. Alle Muskeln scheinen erschlafft, selbst die der tiefliegenden Augen, die nur einen verlorenen Blick zulassen. Lediglich die an Meunier angelehnte Handstellung des „Hüttenarbeiters" wirkt posenhaft, ansonsten sind Körper- und Gesichtsausdruck schlüssig in ihrer Aussage des von harter Arbeit geprägten Menschen.

Daß Koelle mit der ungeschönten, realistischen Darstellung seiner Arbeiter genau das Empfinden sozialkritischer Zeitgenossen traf, beweisen unter anderem die häufigen Abbildungen dieser Figuren in den unterschiedlichen Presseorganen, so auch am 28. März in der linksgerichteten „Münchener Post". Unter dem Foto des „Bergarbeiters vor der Einfahrt" findet sich der Text: „Ein prächtiges Werk des Münchener Bildhauers Fritz Koelle, ‚Der Bergmann' wurde vor der Berliner Nationalgalerie aufgestellt. Warum in Berlin und nicht in München oder Penzberg?" (245) Vielleicht mag es für den Autor dieses Fotos und Textes eine Befriedigung gewesen sein, daß noch im darauffolgenden Jahr in München die Figur des „Blockwalzers" von 1929 plaziert wurde. Initiiert wurde diese Aufstellung durch Konrad Sterner mit seiner Anfrage bei Oberbürgermeister Scharnagl, der eine solche befürwortete. Unterstützt in der Auswahl einer Arbeiterplastik wurde Sterner durch die fachliche Beratung des Direktors der Städtischen Kunstsammlungen, Eberhard Hanfstaengl, und die finanzielle Übernahme und Aufstellung erfolgte durch die Gemeinnützige Wohnungsfürsorge A.G., München.

Der „Blockwalzer", der 1933 in die „nationalsozialistische Kunstdebatte" geraten und für Fritz Koelle eine drastische Wende in seinem Leben und Kunstschaffen einnehmen wird, erhielt seinen Aufstellungsort in der im Entstehen begriffenen Großsiedlung Neu-Ramersdorf, in der bis Mitte 1931 mit 1800 Wohnungen einschließlich der 208 Wohneinheiten für kinderreiche Familien erst die Hälfte des Gesamtprojekts errichtet war. (Abb. 22) Das Postamt und die neue Apotheke hatten bereits eröffnet. Der „Kirchenbau (St. Pius), der den Eckardinger Grünstreifen nach Westen dominierend abschließen wird, der 80 Meter breite und 700 Meter lange Grünstreifen selbst und der Melusinenplatz an der Rosenheimer Straße bilden die städtebaulichen Betonungen." „Am fertigsten präsentiert sich ... das Bild am Melusinenplatz". „So sind denn auch die bisher der Siedlung zugedachten Kunstzierden in diesem Teil angebracht: das wuchtige Arbeiter-Denkmal in Bronze von Fritz Koelle auf dem Melusinenplatz, unweit davon zwischen zwei Hofeinfahrten der rotmarmorne Wandbrunnen von Karl Kroher ‚Zwerg mit wasserspeiendem Fisch unter dem Arm', ein Werk so recht dazu angetan, ein plastisches Wahrzeichen zu werden." (246)

Es ist nicht schwer, aus diesen Äußerungen die Kunstauffassung des namentlich nicht genannten Kritikers abzulesen. Auch der Aufstellungsort von Koelles Plastik läßt durchaus

Rückschlüsse auf die Wertschätzung von Koelles Arbeiterfiguren durch die Verantwortlichen zu. Nicht wie in Berlin – durch Liebermann und Justi initiiert – wo Koelles „Bergarbeiter vor der Einfahrt" ein musealer Platz vor der Nationalgalerie zugestanden wurde, sondern in einer Großsiedlung, die zum überwiegenden Teil von Arbeitern bewohnt wurde, erhielt ihresgleichen – der „Blockwalzer" – seine Aufstellung und erfüllte damit die praktische Umsetzung von Professor Nasses Worten der „Volkskunst": „Weil [Koelle] aber seine Modelle so gut kennt und versteht, darum findet auch seine Kunst deren vollen Beifall und ist darum im wahren, besten Sinne Volkskunst." (247)

Diese Anschauung vertrat auch Alexander Heilmeyer mit seinem Artikel „Stellt die Kunst ins Leben", in dem er es als nachahmenswerte Leistung erachtet, die Siedlungsanlagen mit guter Plastik zu versehen. Dabei bezieht er sich auf das „besonders glückliche Beispiel" des „Blockwalzers" von Fritz Koelle am Melusinenplatz: „Dieser Veteran der Arbeit, die seinen Körper gemodelt und all die Jahre hindurch an ihm gezehrt und ihn eisenhart gemacht hat, ist dargestellt, wie er auf sein Werkzeug gestützt einen Augenblick lang ruht. Das alternde, aber immer noch energische Gesicht, das seine Lebensgeschichte erzählt, schaut in die Ferne ... So fragen und schauen nach ihm die in der Frühe in die Stadt an die Arbeit Gehenden und so grüßen sie ihn als Denkmal des verkörperten Tagewerkes bei der Heimkehr am Feierabend. Ein Denkmal des arbeitenden Volkes inmitten seiner Ruhe- und Werkstätten ... Warum stellen wir denn unsere Plastiken, die Stein- und Bronzefiguren in Museen, wo sie beziehungslos in Einzelhaft wie Sträflinge in Zellengefängnissen verkümmern, statt sie heraus zu holen in Licht und Luft, in die Nähe der Menschen, die sie durch stumme Form zum Reden bringen." (248)

Ein unter den Kürzeln R. B. angegebener Autor der Münchener Zeitung vertrat den gleichen Standpunkt wie Heilmeyer, deutete aber bereits die gegensetzliche Rezeptionsweise des „Blockwalzers" an: „Die Figur des nur mit dem Lederschurz bekleideten, auf eine Zange sich stützenden Arbeiters ist von äußerstem Realismus. Die Erschöpfung von schwerster Arbeit in Glut und Staub prägt sich in allen Teilen des Körpers und Gesichtes aus. Es ist ein erschütternder Anblick, eine Tragödie in Bronze. Und man könnte sich kaum ein eindrucksvolleres Denkmal der Arbeit denken. Über den Kunstwert der Figur ist man längst einig. Gilt doch Koelle nicht erst seit heute und gestern als ein berufener Gestalter des Arbeiters, dem er schon manches Denkmal gesetzt hat. Schwer verständlich ist übrigens wie dieses Bildwerk, was tatsächlich geschehen ist, als eine Herabwürdigung des Arbeiters aufgefaßt werden kann. Ist es doch für jeden, der es ohne Vorurteil ansieht, gerade das Gegenteil." (249)

Von den dunklen Wolken, die sich im Laufe der Zeit über dem „Blockwalzer" zusammenbrauten, ahnte Fritz Koelle noch nichts. Er arbeitete „fleißig" an seinen neuen Figuren für die nächsten Ausstellungen, am „Irmchen", einem saarländischen Bergarbeiterkind mit Kohlen in seiner Schürze, (WVZ 109) und am stehenden Weber, während seine Frau ihm schriftlich von den Vorbereitungen zu ihrer Ausstellung und der Eröffnung am 14.2.1931 durch den Bürgermeister im Sitzungssaal der Stadt St. Ingbert berichtete. Sie suchte alle drei St. Inberter Zeitungen auf und bat sie, einen Vorbericht zu ihrer Ausstellung zu veröffentlichen. Mit ihrem Bruder Johann verfaßte sie den Text, den er bis zum Morgen vor der Ausstellungseröffnung mit drei Durchschlägen auf der Schreibmaschine zu Papier brachte und sie dann der Presse zukommen ließ. Damit war sie dann sehr zufrieden.

Elisabeth Koelle-Karmanns Bedürfnis zur Selbstinszenierung wurde bei dieser Ausstellung sehr deutlich, entwickelte sich mit zunehmendem Alter immer stärker und hielt nach Angaben ihres Sohnes bis zum Ende ihres langen Lebens an. Fritz Koelle war auch bei der Ausrichtung und Eröffnung dieser Ausstellung nicht dabei, so wie bei allen anderen Ausstellungen seiner

Frau in St. Ingbert. Aber in Gedanken war er ständig bei ihr und gab ihr schriftlich die unterschiedlichsten Anweisungen, besonders finanzieller Art: „Gell schau auch zu, daß Du das Geld für den Transport erhältst. Hast Du denn, wie es scheint, von den Zeitungen nichts zu verlangen gewagt, der Schener Peter sagte doch, er bezahlt's? Mach's halt, wie Du denkst. Wenn Du nur wenigstens 20 Mark bekommen würdest für den Artikel, was ich Stolze dafür gab. ... Schau auch, daß Du verkaufst, erledige Deine Sachen." (250)

Koelle traf sich währenddessen in Augsburg mit Bürgermeister Ackermann und ging in München in den Zoo und in den Zirkus Krone, um dort seine Studien für seine Tierplastiken zu machen, besonders für seinen indischen Elefanten, an dem er zur Zeit arbeitete, und ließ es sich abends in der „Osteria" gut gehen, obwohl das einstige traditionelle Schwabinger Bohèmelokal, das in Künstlerkreisen einen ähnlich guten Ruf wie das „Simplicissimus" hatte, zunehmend von diesen gemieden wurde, weil sie sich von Hitler und seiner Gefolgschaft gestört fühlten. Mit der Zeit blieben die Stammgäste der Osteria fern. (251) Nicht so Fritz Koelle, er trank dort sein Bier mit dem Dentisten Weigand am Stammtisch, während seine Frau mit einem anderen Teil der Familie in St. Ingbert Geschäfte machte: „Und staunen wirst Du, wenn ich gleich von einem finanziellen Erfolg berichte, verkauft ist das Pastell ‚Blumen am Fenster', von Herrn Weigand, (252) der mit seiner Frau in der Eröffnung war." (253) Außerdem verkaufte sie die „Zeitungsfrau" an den Vorstand des „Anzeigers". Mit dem Artikel Gustav Stolzes über ihre Ausstellung, für den ihr Mann 20 Mark gezahlt hatte, war sie sehr zufrieden: „Heute erschien die Besprechung von Stolze – aber was meinst Du, die hat Eindruck gemacht. ... Die Zeitungen haben die Besprechung von Stolze doch sehr schön gesetzt – nicht wahr – sie ist außer [in] der Westpfälzischen und [im] Anzeiger auch im Tag erschienen. – Ich glaube, daß der Artikel allgemein guten Eindruck macht." (254)

Koelle drängte seine Frau, Stolzes Besprechung auch in irgendeiner Saarbrücker Zeitung zu veröffentlichen, um ein breiteres Publikum zu erreichen. Diese Vorgehensweise des selbst verfaßten Vorberichts und der erkauften Ausstellungsbeschreibung machen deutlich, wie wichtig es beiden war, sich und ihre Kunst in der Presse durch eigene Einflußnahme ins rechte Licht zu setzen, und wie wenig sie darauf vertrauten, daß ihre Kunstwerke durch sich selbst aussagestark genug wären. Zuversichtlich, mit Hilfe der Presse eine Marktsteigerung erreicht zu haben, ermunterte Koelle seine Frau: „so fest hast Du laufen müssen um Kreuzerle zu bekommen, das ist schon lieb, bring nur recht viel Kreuzerle mit". (255) Aber nicht nur, daß sie die Finanzen steigern sollte, sondern auch wie und welche potentiellen Käufer sie einzuladen hätte, gab ihr Mann ihr vor. Ebenso bedachte er schon das Ende der Ausstellung und erteilte genauste Anweisungen zu ihrem Vorgehen: „gell mach alles mündlich ab, betreffs Hillebrand (Spediteur), daß ein Mann die Bilder nach Schluß der Ausstellung sofort verpackt, nicht daß Du hier dann alles schriftlich erledigen mußt." (256)

Trotz aller Bevormundung durch ihren Mann, ließ sich Elisabeth Koelle-Karmann ein gewisses Maß an Eigenständigkeit nicht nehmen, besonders was ihr Verhältnis zu ihrer Heimatstadt St. Ingbert und ihre dortigen Kunstpräsentationen betraf. Diese richtete sie allein mit ihrem Bruder Johann aus. Auch wenn Koelle es etwas argwöhnisch betrachtete, mußte er eingestehen, daß seine Frau auch ohne seine tatkräftige Unterstützung zurecht kam: „aber ich sag nichts mehr über St. Ingbert, ich sag ja schon so nichts mehr, denn mit Deiner Ausstellung, das haben's gut gemacht, wenn's jetzt nur noch recht viel kaufen, die Stadt, Wagners, Weigand, usw. Roger." (257)

Sie hatte nicht nur ihre eigene Kunstausstellung gemeistert, sie wurde sogar von ihrem Mann beauftragt, seine „Konkurrenz ‚Kriegerdenkmal' nicht [zu] vergessen einzuliefern, oder macht es Johann, zeig es ihm halt, ich danke im voraus für seine Mühe. Am liebsten ist es mir, es wird am 27. Februar eingeliefert, gell die Zeichnungen und Photos schön aufhängen, zeig es halt Johann." (258) Und „daß nicht bekannt wird, daß die Figur für's Kriegerdenkmal der Weber sein soll, oder nach dem Weber die Studien sind." (259)

Während der Abwesenheit seiner Frau in St. Ingbert beendete Koelle seine Arbeit an dem „Bergarbeiterkind von der Saar mit Kohlen in der Schürze", liebevoll „Irmchen" bei seinem Namen genannt, und gab es zum Gießen. Vier fertig gegossene Tierbronzen, darunter ein „Junger Bär" (WVZ 107), ein „Tiger" (WVZ 105) und ein „Junges Reh" (WVZ 106), erhielt er zurück zum Ziselieren, und seinen „Kleinen jungen indischen Elefanten" (WVZ 104) konnte er ebenfalls in die Gießerei geben.

Nach der Rückkehr seiner Frau richteten sie gemeinsam die bei Caspari in München in der Brienner Straße 52 stattfindende Kollektivausstellung aus. Zwei Ausstellungsräume standen ihnen zur Verfügung, in denen Fritz Koelle neben bereits bekannten Figuren seine neuesten Plastiken und die dazugehörigen zeichnerischen Studien zeigte. Seine Frau war mit Kinderzeichnungen aus dem Arbeitermilieu und einigen Ölgemälden vertreten. Von der Presse positiv hervorgehoben wurden sein „Bergmann (mit der Lampe)" von 1930 (WVZ 102), vor allem aber seine neuen Figuren, das „Bergarbeiterkind von der Saar" (WVZ 109) und der „Urahn" (WVZ 101), besonders in ihrer symbolträchtigen Gegenüberstellung von knospender Jugend und welkendem Alter. „So stehen sich das so anmutige, magere, ... frühlingshaft-lebhaft eben sich erschließende ‚Bergarbeiterkind' und der ‚Urahn' in diesem Raume als zeitlose Sinnbilder von Jugend und Alter im glücklichen Gegensatz gegenüber. Hier findet sich eine Beseeltheit, die dieser rührenden Jugend Anmut und dem Alter eine seherische Verklärtheit verlieh." (260)

Nasses Urteil bezieht sich wohl eher auf das in seiner Art unübliche Gestaltungsmotiv, das bei seinem Betrachter bestimmte Emotionen evoziert, als auf eine künstlerisch gelungene Formgestalt. Mit diesem „Bergarbeiterkind (Irmchen)" reicht Koelle bei weitem nicht an die Aussagekraft seines ersten „Bergarbeitermädchens (Hanna)" heran, das unter anderem durch seine fragmentarisch wirkende Gesamtmodellierung seine Zerbrechlichkeit verkörpert. Irmchen, mit seinem hochgeschossenen, schmalen Körper, den stangendürren Armen und Beinen in Schrittstellung, hält den zu erwachsen geratenen Kopf (was in der Studienzeichnung noch nicht der Fall ist) ernst geneigt und in Gedanken versunken, erfüllt die Aufgabe eines statisch stehenden Modells. Hierbei bevorzugte Koelle die natur- und detailgetreue Wiedergabe einer liebevoll gelegten Frisur und stark herausmodellierter Knochen beim Schlüsselbein und den Halswirbeln. Das Kleid, die Schürze und die Hautpartien erhielten eine glatt polierte Oberfläche, der Koelle sich zunehmend verschrieb und damit eine formale Licht- und Schattenwirkung seiner Plastiken bevorzugte, mehr als eine körperlich-seelische Aussage seiner Figuren, die bei der expressiven „Hanna" noch der Fall war. Die Kohlen in Irmchens Schürze sollten sie als Kind aus dem Arbeitermilieu charakterisieren, gerieten dabei aber eher zum erzählerischen Beiwerk.

Der gegenüberstehende, mit seiner Größe von 1,30 m unterlebensgroße Urahn, (WVZ 101) der 4 cm kleiner ist als das Bergarbeiterkind, wirkt im Vergleich zu diesem absolut erbarmungswürdig. Es ist ein bemitleidenswertes und hilfebedürftiges greises Geschöpf, das mehr als nur der Stütze seines Stocks bedarf. Der ausgemergelte, schmächtige, viel zu klein geratene knochige Körper, der auch durch das locker fallende Hemd nicht verdeckt werden kann, mit vornüber hängenden Schultern und gebeugtem Haupt wird abgefangen durch den breitbeinigen, labilen barfüßigen Stand, der nur mit Hilfe eines gebogenen Stocks ermöglicht wird, umfaßt von besonders großen Händen – zweifelsohne denen eines Arbeiters.

Motivisch erinnert der Urahn an den ermatteten, sich auf seine Hacke stützenden Landarbeiter „Homme à la Houe" (1863) (261) von Jean François Millet (1814 bis 1875), in seiner Versunkenheit und fast irdischen Abwesenheit an Millets in Frömmigkeit verharrenden Bauern im „L'Angelus" (1859/60). Beides findet sich in verstärkter Ausprägung in Koelles „Betendem Bergmann" von 1934 wieder. „Ruhe ... drückt oft mehr aus als Handlung. Der auf seine Hacke gestützte Mann spricht mehr von Arbeit, als der grabende, er hat gearbeitet und ist ermüdet, er ruht, aber er wird weiter arbeiten." (262) Diese Worte Millets treffen auf alle Arbeiterplastiken Koelles zu, die mit Ausnahme des Reliefs „Bergmann vor Ort" und einiger Hüttenleute außerhalb ihrer berufsbedingten Aktivitäten in (aus-)ruhender Position dargestellt sind, anders als bei Meunier, der besonders in seinen Reliefs (und Bildern) die arbeitenden Personen in dynamischer Bewegung bannte. Einige Figuren Koelles nutzen auch ihr Arbeitsgerät als Stütze, wie die Hochofen- und Hüttenarbeiter, der Blockwalzer von 1929 und besonders der oben erwähnte „Betende Bergmann".

Millet, der wie anfänglich auch Liebermann als „Maler des Häßlichen" (263) bezeichnet wurde, hinterließ einen großen Eindruck auf Fritz Koelle, und so lassen sich noch weitere Gemeinsamkeiten aufzeigen: Ebenso wie Millet für sich reklamierte: „Mein Programm ist Arbeit. Das ist die natürliche Bestimmung der Menschheit", (264) verschrieb sich Koelle in seiner Bildhauerei dem arbeitenden Menschen, den er (bis in die dreißiger Jahre hinein) realistisch ungeschönt und von seiner Arbeit gezeichnet wiedergab. Und genauso „vermied [Millet] alle Retuschen, die der zünftige Idealismus bietet, ließ seinen Bauern alle Narben, all die Verunstaltungen und Schwielen, die lebenslange Arbeit dem Körper aufgeprägt, malte ihre gebeugten Rücken, ihre krummen Knie, die breiten ungeschlachten Füße, die plumpen, sonnenverbrannten Hände." (265)

Während Millet die von der Härte ihrer Tätigkeit geprägten „Landarbeiter" in Öl- und Aquarellbildern verewigte, formte Koelle seine „Industriearbeiter" in Ton und machte die Spuren extremer Beanspruchung ihrer Körper und Gesichter in Bronze sichtbar. Beiden Künstlern ging dabei jedoch der Blick für die Würde des Menschen nicht verloren. So war Millet der „Homme à la Houe" „nur die Verkörperung seines Hauptgedankens. In dieser einsamen Gestalt hat er die beiden Seiten des Arbeiterdaseins – die Beschwerde täglichen Frondienstes und die Würde der Arbeit – zum Ausdruck gebracht. Der ‚Mann mit der Hacke' ist weder ein erniedrigtes Lasttier, noch ist er der dekorative Bauer aus des Dichters Arkadien. Er trägt die blauen Hosen und derben Holzschuhe eines französischen Bauern, Hut und Bluse liegen auf der Erde. Nach langer, schwerer Arbeit ruht die kräftige Gestalt mit beiden Armen schwer auf der Hacke zu einer kurzen Ruhepause ... Der alte Text, ‚du sollst dein Brot im Schweisse deines Angesichts essen', erfüllte den Künstler." (266)

Und auch Koelle bediente sich eines Bibelspruchs bei seinem – nicht nur für eine kurze Ruhephase – auf den Stock gestützten Urahn. Denn dieser hatte sowohl sein Tage- als auch sein Lebenswerk erfüllt. Der Sockel dieser Figur trägt die Worte: „Unser Leben währet siebzig Jahre, und wenn's hoch kommt, so sind's achtzig Jahre, und wenn's köstlich gewesen ist, so ist es Mühe und Arbeit gewesen". (267)

Auch wenn sich diese Mühsal in die Gesichter der Arbeiter eingegraben und ihre Wirbelsäule gebeugt hat, sahen beide Künstler, ebenso wie Constantin Meunier und die frühe Käthe Kollwitz, die Schönheit in diesen Menschen. „Aber die Schönheit liegt nicht nur im Gesicht. Sie liegt in der allgemeinen Wirkung der Form und in der Harmonie des Menschen mit seiner Thätigkeit ... La beauté c'est l'expression," antwortete Millet seinem Freund und Händler Alfred Sensier, der ihn hin und wieder überreden wollte, seine Bauern etwas gefälliger zu malen. (268)

Als Koelle in die Welt des Arbeiters trat und ihn zu seinem Gestaltungsobjekt wählte, war er überzeugt: „Kunst ist die Gestaltung des Erlebten ins Erhabene und Schöne." (269) Diese künstlerisch-ästhetisch motivierte Intention ließ weder bei Koelle noch bei Millet eine politische, sozialkritisch ambitionierte Funktion ihrer Kunst wie bei Käthe Kollwitz oder den Bergarbeitern von Conrad Felixmüller (270) zu. Dennoch wurden beide ebenso wie Constantin Meunier von gesellschaftlich links orientierten Kreisen in Presse und Kunstkritik in ihrem politischen Sinn interpretiert, rezipiert und vereinnamt. (271) Koelle kam diese Inanspruchnahme, egal aus welchem politischen Lager, nicht ungelegen. Für ihn war es wichtig, daß seine Arbeiten wahrgenommen wurden und ein positives Echo erhielten, was bei den beiden beschriebenen Plastiken der Fall war. Aber auch seine die Figuren flankierenden Studienzeichnungen, bei denen die Silhouette zeichnerisch stark betont ist, erfuhren eine günstige Rezeption:

„Das Formhafte in Koelles Plastik läßt auch schon auf einen guten Zeichner schließen. Als solcher erweist er sich auch in den Umrißzeichnungen zu eben diesen Gestalten. Dadurch daß diese Dinge hier nebeneinander stehen, gewinnt das Werk und das Schaffen Koelles umfassendere künstlerische Bedeutung." (272) Auch Nasse zeigte sich angetan von den „ganz zarten, hauchartig feinen Zeichnungen ... Sie sind von einer überraschenden Klarheit und klangvoller, linearer Schönheit sowie zugleich suggestiver Kraft." (273)

Neben den Plastiken ist die Zeichnung Koelles weiteres künstlerisches Ausdrucksmittel. Mit diesen fertigt er von seinem Modell zahlreiche Studien an, und zwar aus den unterschiedlichen Blickwinkeln und in mehreren Ansichten, aus denen heraus sich das Exemplar entwickelt, das Koelle zur Umsetzung seines künstlerischen Impulses in Ton und dann in die Bronzefassung verwendet. Als Skizzen können diese Zeichnungen nicht benannt werden, denn sie sind über das Skizzenhafte hinaus zu einer eigenen Gestaltung erwachsen, ganz im Gegensatz zu Kammerers Urteil: „Sie wollen nicht für sich angeschaut werden", (274) der sie auf die Studienskizze reduziert wissen will. Koelles Zeichnungen verraten in ihren verstärkten Umrißlinien bereits die Silhouette der späteren Bronzeplastik, verfügen aber über eine detaillierte Binnendifferenzierung, die den Modellen ihre individuelle Ausstrahlung belassen hat.

Das wird besonders deutlich an der zeichnerischen Wiedergabe des Urahns, dessen differenziert herausgearbeiteter Gesichtsausdruck psychologischer Prägung den von Nasse empfundenen „seherisch verklärten" Blick offenbart, dessen Prägnanz sich allerdings in der Bronzefigur des Urahns nicht wiederfindet. Und genau diese Reduktion vom Besonderen zum Allgemeingültigen, vom Individuellen zum Typischen – als Funktion der Kunst schlechthin – wurde jetzt als Koelles besondere künstlerische Fähigkeit gepriesen und von ihm im Dritten Reich bis hin zur „Entseelung" seiner Arbeiterfiguren gesteigert, womit er der Kunstideologie der Nationalsozialisten entgegenkam.

Noch aber erfuhren Koelles Zeichnungen die Würdigung ihrer individuellen Aussagekraft, aber die Anerkennung ihrer Eigenständigkeit blieb ihnen verwehrt, obwohl Fritz Koelle das gern gesehen hätte, denn er betrieb einigen Aufwand für ihre Entstehung, nahm jede Gelegenheit ihrer Ausstellung und eventuellen Veräußerungen wahr, versah sie mit Titel, Datum und Signatur und bewahrte sie sorgsam auf. Aber im Vergleich zu den Zeichnungen seiner Frau verkörperten sie nur Vorarbeit zu seinem plastischen Werk, wie es ein Kritiker im Rahmen der Kollektivausstellung bei Caspari deutete: „... wie sorgsam und eindringlich dann der Meister rein zeichnerisch seine plastischen Figuren vorbereitet, kann an einer Serie von Blättern deutlich werden: welche Sparsamkeit des Striches, aber dabei welche Sicherheit des Umrisses und der Kraft im Festhalten des Physiognomischen." Daneben Elisabeth Koelle-Karmanns Zeichnungen, in denen „wir darstellerisch ziemlich gleichen Motiven begegnen, in der Hauptsache Kinder[n] der Grubenarbeiter; ihre zeichnerischen Mittel sind ebenfalls auf Oekonomie der Form berechnet, aber hier kommt doch ein zarter malerischer Einschlag der Strichführung, an dem man eben auch das Selbstwertige und nicht das Vorbereitende des Bildhauers erkennen kann." (276)

Im Anschluß an den Aufenthalt bei Caspari wanderten Koelles neueste Plastiken und einige Ölbilder von Elisabeth Koelle-Karmann zur Münchener Neuen Secession in den Westflügel des Glaspalastes, wo am 1. Juni 1931 die Große Münchener Kunstausstellung eröffnet wurde. In der Presse herrschte eine auffällige Einigkeit darüber, daß damit eine der schönsten Ausstellungen der letzten Jahre in München arrangiert worden war. Das betraf nicht nur die aktuellen Arbeiten der jeweiligen konservativen oder modernen Künstlervereinigungen, die gemäß den Kritikern ihr Bestes gaben, das bezog sich vor allem auf den Höhepunkt, auf die Romantiker-Ausstellung. Generaldirektor Walter Zimmermann und Dr. Georg Jacob Wolf hatten Reisen zu Museen und Galerien Deutschlands unternommen und unter anderem in Hamburg, Berlin, Darmstadt, Heidelberg und Dresden die Leihgaben für ihre 110 Werke umfassende Schau deutscher Romantiker von Caspar David Friedrich bis Moritz von Schwind erhalten.

Diese Präsentation galt als der Anziehungspunkt für die diesjährige Glaspalastausstellung, jedoch nur für sechs Tage, denn am Morgen des 6. Juni erscholl der Hilferuf: „Der Glaspalast brennt!" Aber für die Kunst kam jede Hilfe zu spät. Von den 110 Romantikern konnte nicht ein Werk gerettet werden, genauso wie aus den anderen Abteilungen. Graphik, Malerei, Architektur und Kunstgewerbe wurden ein Raub der Flammen, selbst die Bronzen schmolzen unter der Glut dahin. Mehr als 3000 Kunstwerke wurden unwiederbringlich zerstört. So manch ein Künstler kam zur Unglücksstelle gelaufen, in der Hoffnung, sein Werk möge vom Feuer verschont oder nur leicht beschädigt worden sein. Aber angesichts des unüberblickbaren Trümmerfeldes schwand diese Hoffnung.

Auch Fritz Koelle mußte sich mit dem Verlust seiner Bronzeplastiken abfinden, ihm wurde das Glück eines Georg Müller (1880 bis 1952) nicht zuteil, dessen überlebensgroße Bronzebüste des Komponisten Max Reger gerettet werden konnte und durch das Feuer lediglich eine reizvolle Patina erhalten hatte. Ebenso haben einige wenige Bronzen von Rodin, Hahn und Oskar Zeh (1902 bis 1935) den Brand unbeschadet oder leicht beschädigt überstanden. Auch wenn die Vernichtung seiner Plastiken eine große finanzielle Einbuße für Koelle bedeutete, traf ihn das Schicksal längst nicht so hart, wie den Schweizer Maler Cuno Amiet (1868 bis 1961), der bei seiner Kollektivausstellung im Glaspalast fünfzig Gemälde überwiegend aus seiner frühen, impressionistischen Phase unwiederbringlich verlor. Da Koelle all seine Werke zweifach in Bronze abgoß und die erste Ausführung stets für sich behielt, war es ihm möglich, die nächste Ausstellung mit der gleichen „Garnitur" zu bestücken.

Durch die Vernichtung des Glaspalastes (277) wurde eine allgemeine Diskussion in Gang gesetzt, die über den Verlust des gläsernen Kunstbaus hinaus auch den Verlust der Heimstätte der Kunst bewußt machte. Auch wenn dabei manch ein Beteiligter der Meinung war, daß es um den „alten Kasten" nicht schade sei, so hatte dieser aber jahrzehntelang – aus Geldmangel für Kultur in den politisch ungefestigten Zeiten – als provisorische Heimat für die Kunst und ihre Künstler fungiert. „Traditionsverwurzelte Alte verteidigten hier ihre Weltanschauung gegen neue Geschlechter, die alte Begriffe stürzten und neue Formeln suchten, bis auch sie in

Jahrzehnten von Neuerern das Gesetz der Zeitgebundenheit aller Formen erfahren mußten". Hier wurde „der Kampf um Ideale ausgetragen". (278)

Auch wenn mit der Zerstörung des Glaspalastes deutsche Kunst- und Kulturgeschichte, sogar ein Teil Weltgeschichte ausgelöscht wurde, Kämpfer für eine neue Heimat der Kunst gab es aber noch viele. Nur sechs Wochen nach der großen Brandkatastrophe waren nicht nur Hilfsaktionen für die geschädigten Künstler ins Leben gerufen worden, sondern es wurde auch gemeinsam mit der Münchener Künstler-Genossenschaft, der Secession und der Münchener Neuen Secession eine Ersatzausstellung „Kunstausstellung München 1931" im zweiten und dritten Stock des Bibliotheksgebäudes im gerade „mauertrockenen" Deutschen Museum auf der Isarinsel ausgerichtet. Der Katalog zu dieser Schau wartete auf dem Titelbild mit einem Foto des brennenden Glaspalastes auf und machte so noch einmal den Verlust der Kunst schmerzlich bewußt, deutete aber andererseits mit den für diese Ausstellung zusammengestellten circa 2500 Kunstwerken – ungefähr 370 Nummern weniger als im Glaspalast – auf das große Engagement der Künstler hin, ihr Metier am Leben zu erhalten.

Die Kritiker schlugen angesichts der Notlage vieler Künstler moderate Töne in ihrem Urteil an, verschwiegen aber ihren Eindruck der minderen Qualität dieser Werkschau nicht, denn gerade das hohe qualitative Niveau der Arbeiten im Glaspalast hatten sie so hervorgehoben. Woher aber konnten hochkarätige Kunstwerke erwartet werden, wenn die Künstler laut Presseberichten seit langem ihr Bestes für die Sommerausstellung in den Glaspalast gegeben hatten, wo es ein Opfer der Flammen wurde? In der kurzen Zeit konnte kaum Neues geschaffen werden, und so mußte auf Altes, bereits Bekanntes zurückgegriffen werden. Einige an die Brandkatastrophe gemahnende Bronzen wurden ins Deutsche Museum gebracht und dort gezeigt, so Rodins zum Torso geschmolzener „Adam" (1881) und der beschädigte Kopf des „L'Homme au nez cassé" (1863/64).

Fritz Koelle konnte dank seines Zweitgusses die gleichen Bronzeplastiken in gleicher bildhauerischer Qualität im Bibliotheksbau präsentieren, wo diesmal die Räume der „Neuen Secession" direkt an die der „Secession" grenzten, aber manche Plastik durchaus durchgängig in beiden Räumen hätte gezeigt werden können. Die Räume 51 und 52 wurden von Fritz Koelle beherrscht, der drei stehende Großplastiken, den „Bergarbeiter (mit Lampe)", den „Urahn" und das „Bergarbeiterkind (von der Saar mit Kohlen in der Schürze/Irmchen)", den „Hockenden Bergarbeiter" (WVZ 96), zwei Arbeiterbildnisse, darunter das im Katalog abgebildete „Bildnis eines Hochofenarbeiters" (WVZ 98), das „Selbstbildnis" von 1931 (WVZ 113) und zwei Kleintierbronzen zur Aufstellung brachte. Seine Frau zeigte im Raum 52 ihre beiden Ölgemälde „Stilleben mit Büchern und Äpfeln" und „Masken". (279)

Da Koelles neuesten Plastiken bereits im Mai des Jahres 1931 in der Galerie Caspari zu sehen gewesen und dort von der Presse detailliert („Der Urahn", „Das Bergarbeiterkind") gewürdigt worden waren, erfolgten in dieser Schau nur kurze Erwähnungen seiner Person oder sein Werk allgemein betreffende Beurteilungen, wie: „vor allem aber Fritz Koelle, der es meisterhaft versteht, naturnahe Typen der Arbeit zu gestalten." (280) Auch Nasse verwies auf Koelles geradlinige Naturwiedergabe und seine Monumentalisierung des Arbeitertyps: „Die Mehrzahl jener Meisterwerke [von] Fritz Koelle ... spricht auch hier wieder in gleicher unverminderter Stärke an. Dieser ganz ungewöhnliche Bildhauer von Format fesselt immer wieder durch die grundehrliche Naturanschauung, deren zwingendes Erlebnis mit allen formalen Mitteln gesteigert, vertieft und beseelt erscheint. Seit langem hat Koelle den Typ des Schwerstarbeiters unserer Tage zu unvergeßlicher, ja unvergleichlicher Monumentalität erhoben." (281) Georg Jacob Wolf überzeugte ebenfalls die gelungene Typisierung des Arbeiters, in der seiner Ansicht nach Koelle sich über Meunier hinaus entfaltete: „Fritz Koelles Büsten sind über das Portrait hinaus ins Typische gesteigert: dies ist nicht ein beliebiger Bergarbeiter, ist nicht ein Individuum, sondern in diesem Gesicht, in dieser Gestaltung ist der Ausdruck der harten Arbeit überhaupt: die Bergarbeit, die Glut des Hochofens hat hier menschliche Erscheinung angenommen. Koelle ist mit diesen Leistungen über Meunier hinausgewachsen, er ist einer der besten, überzeugendsten, ergreifendsten Darsteller der Arbeit." (282)

Koelle war sicherlich einer der eindringlichsten und hervorragendsten Arbeiterbildhauer seiner Zeit, und er hatte sich über sein Vorbild Meunier hinaus entwickelt, aber nicht in der Rezeptionsweise eines Georg Jacob Wolf. Constantin Meunier hatte mit seinen Berg- und Hüttenleuten im letzten Drittel des 19. Jahrhunderts den Typus des Schwerstarbeiters geschaffen und ihn teilweise ins Erhaben-Monumentale gesteigert. Koelle aber legte bis zum Anfang der dreißiger Jahre jeder Arbeiterfigur und -büste ein Individuum zugrunde. Er wählte alle Altersstufen und beide Geschlechter. Jede Figur ist ein namentlich genanntes Individuum, dessen Körperhaltung und besonders dessen Gesichtszüge von den Lebens- und Arbeitsbedingungen individuell gezeichnet worden waren. Koelle äußerte sogar Bedenken, daß sich einzelne Arbeiter in einem Denkmal wiedererkennen könnten, so realistisch hatte er sie nachgeformt, (283) und er wählte sie fast ausschließlich in ruhenden Positionen, weil es ihm nicht um die Darstellung des harten und dynamischen Arbeitsablaufs ging, sondern um das Gezeichnetsein eines jeden Einzelnen, und darin zeigte sich die Stärke des Portraitisten, der Koelle in der Hauptsache war, und darin setzte er sich von Meunier deutlich ab, auch wenn sich Adaptionen aus dessen Formenrepertoire nachweisen lassen, die sich zumeist auf kompositorische Problemlösungen der Figur beschränken.

Kurz nach dem Brand des Glaspalastes machte sich Koelle nach Berlin auf, um noch einmal seine Chancen einer Anstellung an der Akademie mit maßgeblichen Leuten abzuklären. Diesmal erlaubte er sich einen Aufenthalt im Hotel Excelsior, dem größten Hotel des Kontinents. (284) Am Abend des 21. Juni 1931 dort eingetroffen, nahm er sogleich eine Einladung zum Abendessen bei Gustav Stolze wahr. Dieser „hatte noch so einen Maler eingeladen, so einen richtigen Spinner, ... gesprochen wurde natürlich nichts von Bedeutung." (285) Die Tatsache, daß Koelle den Namen des Malers nicht nannte, unterstrich dessen Unwichtigkeit für ihn zusätzlich. Am nächsten Morgen besuchte er Hugo Lederer in dessen Atelier, wo ihm dieser seine Arbeiten zeigte.

Im Anschluß daran stieg er hinauf ins Atelier von Käthe Kollwitz, die ihn bereits erwartete. Sie „zeigte mir zwei große Plastiken und wollte verschiedenes wissen, wegen der Ausführung der beiden Figuren (286) ... Kurz und gut, sie war sehr nett, und hörte halt auch viel lieber über ihre Arbeit sprechen." (287) Koelle ging in seinem Brief nicht näher auf diese beiden großen Plastiken ein. Eine Beschreibung oder Beurteilung schien ihm offensichtlich nicht erwähnenswert, obwohl es sich bei diesen beiden Figuren um Käthe Kollwitz' „Lebenswerk" handelte, an dem „ihr Herz hing" und an dessen plastischer Umsetzung sie seit 1924 arbeitete, dem Mahnmal „Trauerndes Elternpaar". Der Tod ihres achtzehnjährigen Sohnes Peter (1896 bis 1914) zu Beginn des Ersten Weltkriegs in Flandern hatte die Idee dazu ausgelöst, die in einer jahrelangen Traueraufarbeitung in diesem Mahnmal, stellvertretend für alle Gefallenen, ihren Ausdruck fand.

Koelles Kritik an Kollwitz' Eingenommenheit für ihr eigenes Werk traf so auf Käthe Kollwitz nicht zu. Sie war ein Leben lang eine Zweifelnde, besonders was ihre plastischen Fähigkeiten betraf, die ihr im Vergleich zum Meister und Freund Ernst Barlach unbedeutend erschienen. Koelles Aussagen über Kollwitz' Fragen zur „Ausführung der beiden Figuren" an ihn als jungen Bildhauer zeigten ihre Unsicherheit im Umgang mit der eigenen Leistung und die Maßgeblichkeit eines Kollegenurteils ebenso wie ihre eigenen Tagebuchaufzeichnungen: „Ein Herz gefaßt und die beiden Plastiken für die Frühjahrs-Akademie angemeldet." (288)

„Heut am 22. April 1931 ist die Akademieausstellung eröffnet, in der ich die beiden plastischen Figuren – Vater und Mutter – zeige. Das ist ein großer Abschnitt, ein ganz bedeutsamer Punkt. Seit Jahren in gänzlicher Stille an ihnen gearbeitet, keinen, kaum Karl [Ehemann] und Hans [Sohn] dazu gelassen, mach ich jetzt die Türen weit auf, daß möglichst viel Menschen sie sehn. Ein großer Schritt, der mir Aufregung und Sorge gemacht hat, der mich aber auch beglückt hat durch die geschlossene Anerkennung der Kollegen. Vor allem denk ich an die Bildhauer." (289)

Das Bedürfnis wohl jeden Künstlers, sein eigenes Werk, das ihm als äußerst persönliche Entäußerung gilt, ins rechte Licht zu setzen und eine Bestätigung dafür zu erhalten, das Koelle bei Kollwitz und Lederer kritisierte, nahm er aber für sich selbst in Anspruch, wenn auch zu diesem Zeitpunkt noch etwas unsicher-zurückhaltend im Umgang mit ihm dominierend erscheinenden Künstlerkollegen. „Zum Schluß, ganz zum Schluß zeigte ich dann unsere Arbeiten, Deine Zeichnungen gefielen ihr sehr gut, aber weiteres wußte sie über unsere Arbeiten nichts zu sagen ..." (290)

Bereits Oberst Schuch von der Union Hütte in Dortmund hatte Koelle schon 1926 geraten, sich und seine Werke besser zu vermarkten. Aber diese Vorgehensweise, sich in direkter Konkurrenz mit Kollegen zu behaupten, lag ihm nicht. Es führte sogar dazu, daß sich Fritz Koelle zunehmend den Kollegenkontakten und -beurteilungen entzog und damit auch der persönlichen Verletzbarkeit durch kritische Äußerungen der Künstlerkollegen seinen Bildhauerarbeiten gegenüber, was er mit folgendem Argument für sich legitimieren konnte: „ich glaub wirklich, daß auch etwas Neid dahinter steckt, man macht es uns schon schwer, und wenn die Leute wie Lederer u. auch Kollwitz nur in erster Linie sich kennen, so darf man schon auch etwas darüber nachdenken u. auch mehr für sich denken und für sich bleiben, so lange man noch Arbeiten auf die Beine stellen kann, die man nicht so gerne sieht." (291)

Koelle hatte Käthe Kollwitz auch aufgesucht, um herauszufinden, welche Unterstützung ihrerseits er für seine Anstellung an der Akademie erwarten konnte. Seine Hoffnungen wurden aber enttäuscht. „Kollwitz wußte auch durch Liebermann, daß ich an die Akademie berufen werden sollte und da seien die Bildhauer, wie es ihr schien, sehr dagegen gewesen, besonders Kolbe, das war das Einzige, was sie mir erzählte, sonst hielt sie sich sehr zurück und äußerte sich nicht über von mir angeschnittene Fragen betreffs Krau[s] ... Kollwitz glaubt ja jetzt selbst, daß ich zur Zeit kaum auf Anstellung rechnen könnte." (292) Sie empfahl ihm nochmals ein Gespräch mit Amersdorffer, das auch keine günstigere Perspektive für Fritz Koelle aufzeigen konnte. Ein weiterer Versuch, Max Liebermann in seiner Villa am Wannsee aufzusuchen, schlug fehl, da dieser mit dem Auto unterwegs war.

Da Fritz Koelle momentan keine Chancen auf eine Berufung an die Akademie sah, beschloß er, wie Liebermann ihm schon vor geraumer Zeit geraten hatte, wenigstens durch seine Ausstellungsaktivitäten in Berlin im Gespräch zu bleiben. Er konsultierte nochmals die verschiedenen Galerien, um sie für eine Präsentation seiner Werke zu gewinnen. Bei Cassirer erfuhr er, daß dort keine Ausstellungen mehr stattfanden. Bei Thannhauser traf er den zuständigen Herrn Römer nicht an. Im Künstlerhaus, mit seinen „schönen Räumen", zeigte Geheimrat Brodersen Interesse an einer Darbietung von Koelles Bronzen. In der Galerie Hertberg, die Käthe Kollwitz ihm genannt hatte, war man einer gemeinsamen Ausstellung von Koelles

Werken und denen seiner Frau nicht abgeneigt und erklärte sich sogar bereit, die entstehenden Kosten zu übernehmen. Bei Nierendorf gab man sich indifferent Fritz Koelle gegenüber, er aber befand die Räumlichkeiten als unzulänglich für seine Plastiken. Mit Amersdorffer vereinbarte er die Einlieferung seines „Urahns" zur Herbstausstellung der Akademie.

Danach reiste er zurück nach München, wo er die freudige Mitteilung erhielt, daß sein „Hokkender Bergarbeiter" in der Kunstausstellung im Deutschen Museum einen Käufer gefunden hatte. Am 22. Juni 1931 erhielt Oberbürgermeister Scharnagl die Ankündigung einer Spende über 25000 RM durch den Münchner Verlag Knorr & Hirth, (293) die in Kunstwerken angelegt werden sollte, die „zum Schmuck von solchen städtischen Räumen verwendet werden soll[t]en, die dem starken Besuch der Öffentlichkeit dien[t]en." (294) Scharnagl gab diese großzügige Spende in der Sitzung des Stadtrates am 27. Juni bekannt. Gemeinsam mit dem zuständigen Kunstreferat der Stadt München suchten die Verantwortlichen des Verlags 57 Kunstwerke aus der Ersatz-Ausstellung im Deutschen Museum und vier Arbeiten aus der Ausstellung der „Unabhängigen" aus. Unter der Gesamtzahl von 61 befanden sich sechs Bronzen: Ein „Seelöwe" von Luise Scherf für 300 RM, ein „Springender Hirsch" von Eduard Voith für 220 RM, ein „Junger Affe" von Christian Metzger für 110 RM, eine „Lachmöwe" von Wilhelm Krieger für 300 RM, ein Portrait des Jos. Magnus Wehner von Leopold Hahn für 800 RM und Koelles „Hockender Bergarbeiter" für 800 RM. 800 RM war der höchste Preis, der aus der Spende für ein Einzelkunstwerk gezahlt wurde.

Am 27. Oktober übersandte Eberhard Hanfstaengl, der Direktor der Städtischen Kunstsammlungen, dem Stadtratsdirektorium B ein zweiseitiges Verzeichnis aller angekauften und inventarisierten Kunstwerke. (295) Danach erhielt Koelles „Hockender Bergarbeiter" die Inventar-Nr. 2531, unter der er heute noch in der Städtischen Galerie im Lenbachhaus in München geführt wird. Dabei handelt es sich um eine Bronze in einer Gesamthöhe von 29,5 cm, einschließlich eines 5,5 cm hohen Marmorsockels. (296) (WVZ 97)

Diese „hockende" Figur, die in Wirklichkeit sitzt, war ein unübliches Modell für Fritz Koelle, sieht man von dem Relief „Das Bergamt" ab, in dem sich die gleiche Körperhaltung mit Bein- und Armstellung in der rechten Arbeiterfigur wiederholt. Einen wirklich hockenden, in die Ferne blickenden Bergarbeiter mit auf den Knien abgestützten und zum Gewichtsausgleich ausgestreckten Armen, hat Fritz Koelle ungefähr 1928 in ähnlich genrehafter Ausführung wie den „Bergmann vor der Einfahrt" geschaffen, in detailgerechter Kleidung und einer technisch exakt ausgearbeiteten Grubenlampe, die er vor sich auf die Sohle gestellt hat. Der Verbleib dieser Figur ist nicht mehr nachvollziehbar. Es existiert lediglich eine unzureichende Abbildung des Gipsmodells mit der Bildunterschrift „Bergarbeiter. Bildwerk von Fritz Koelle = Berlin", (297) was darauf hindeutet, daß Koelle diese Gipsplastik auf einer Berliner Ausstellung gezeigt haben muß. Auch im Katalog der Allgemeinen Kunstausstellung München 1926 im Glaspalast findet sich ein „Bergarbeiter" in Gipsausführung , (298) der mit dem oben genannten identisch sein könnte. Außerdem erwähnte Koelle 1926 in einem Brief, daß er „noch so gerne einen so hockenden Bergmann gezeichnet" hätte, (299) was darauf verweist, daß er an einem solchen Thema bereits gearbeitet hatte.

Der „Hockende Berarbeiter" von 1929/1930, der lediglich durch sein Geleucht als Bergmann ausgewiesen wird, findet sitzend seinen Halt auf der als Kohle- oder Gesteinsbrocken ausgearbeiteten runden Plinthe. Bekleidet ist er nur mit einer Arbeitshose, den Arbeitsschuhen und einer gerundeten Lederkappe. Sein nackter Oberkörper und sein Kopf sind nach vorn gebeugt, mit ernsthafter Miene auf die Lampe gerichtet, die zwischen den gespreizten Beinen liegt und deren Flamme der Bergmann offensichtlich mit der rechten Hand reguliert, während der untere Teil der Lampe in der linken Hand ruht und von ihr zur besseren Handhabung etwas angehoben wird. Den rechten Arm hat er außen um den Oberschenkel gelegt, um mehr Bewegungsfreiheit zur Regulierung des Geleuchts zu haben.

Bereits bei seinen Studienzeichnungen kann man Koelles Faszination spüren, die ihn beim Anblick dieser runden Körpersilhouette und -einheit ergriff. Gleichzeitig wird seine Vorliebe für die Modellierung der Anatomie und der Details des nackten Oberkörpers, die Fritz Koelle seit 1929 praktizierte, aber nur bei einigen wenigen Arbeiterfiguren umsetzte, deutlich. Die gerundete Wirbelsäule mit genauer Ausgestaltung einzelner Wirbel und Rippen, die Schulterblätter, der Brustkorb mit Jochbein, sogar drei querlaufende Bauchfalten und die auf den Armen und Händen stark hervortretenden Adern sind naturgetreu herausgearbeitet.

Alles aber ordnet sich der formalen Problemlösung einer runden geschlossenen Gestalt unter. Während der Rücken die nach außen gerundete Form bildet, öffnet sich die Vorderseite und gibt den Blick frei auf das dynamische Zusammenspiel der Linien. Der linke Arm verläuft in fast senkrechter Richtung, alle anderen Linien im Inneren „unterbrechend", jedoch parallel zur Lampe und den Linienverlauf ihrer Stäbe unterstützend. Auch die geneigte Kopfhaltung führt auf den Mittelpunkt der Lampe hin, von der nur die Vorderansicht modelliert ist, ansonsten ist sie mit dem Gestein und dem Stoff der Arbeitshose „verschmolzen". Die Falten der Hose sind so herausgearbeitet, daß sie die gerundete Kontur der Beinstellung wiederholen. Zusätzlich verstärkt diesen Umriß der rechte, von außen um den Oberschenkel gelegte Arm, dessen Hand am Boden über die im Zentrum liegende Lampe auf die linke Hand trifft und damit die geöffnete Vorderansicht wieder zu einer geschlossenen abgerundeten Einheit zusammenwachsen läßt. Die Rundung wird im Kleineren nochmals durch die schalenförmige Kopfbedeckung auf dem nach vorn geneigten Kopf aufgenommen.

Mit diesem sitzenden Bergmann ist Fritz Koelle eine ausgewogene, formvollendete Gestaltung in gerundeter Gesamtsilhouette in meisterhafter Komposition gelungen, in der alles auf den Mittelpunkt des tiefliegenden Geleuchts ausgerichtet ist und es umschließt. Die Einbeziehung des Raumes ermöglicht Koelles Figur eine stärkere Dreidimensionalität und eine große plastische Wirkung. Obwohl von dieser formschönen Plastik eine Spannung zwischen Außen und Innen, zwischen Wölbung und Höhlung ausgeht, strahlt sie durch das Zusammenwirken der in sich versunkenen, verinnerlichten Figur in ihrer formalen Geschlossenheit, in der der Bergmann, sein Geleucht und der Berg eine Einheit bilden und der Ernsthaftigkeit des Motivs eine unendliche Ruhe aus. Die glatte Modellierung der Bronze und ihre polierte Oberfläche tragen ebenso dazu bei. Lediglich die grobe Struktur des Steins, auf dem der Arbeiter sitzt, weist einen lebendigen Kontrast dazu auf. Das Gestein, in seiner Rauheit und Bewegtheit, ist für den Bergmann in der Dunkelheit unter Tage primär mit Gefahr gleichbedeutend. Diese Gefahr erscheint ihm durch das Licht gemindert. Das Licht unter Tage ist lebensnotwendig, darum muß es sorgsam behandelt, gehütet und beschützt werden. Und genau diese Situation, mit dem Geleucht im Zentrum, im Schoß des Bergmanns, von diesem geschützt und ihm gleichzeitig Sicherheit und Ruhe vermittelnd, hat Koelle mit seinem „Hockenden Bergmann" bildnerisch eindrucksvoll eingefangen.

Koelle muß die Plastik „Mutter mit Zwillingen" von Käthe Kollwitz gekannt haben, die sie 1927 begann. Denn in ihr findet die Klärung des Formproblems eine Entsprechung beziehungsweise noch eine Steigerung in ihrer Geschlossenheit und zur Einheit mit ihren Kindern verschmolzenen Mutter, wenn auch in größerer Abstraktion. (300)

Wie viele seiner Plastiken gestaltete Koelle auch diesen Bergarbeiter in zwei Ausführungen: 1929 entstand ein Exemplar von 95 cm Höhe und 1930 die auf 29,5 cm verkleinerte Form, die im Besitz der Städtischen Galerie im Münchener Lenbachhaus ist. Mit der kleineren Version erhoffte er sich bessere Verkaufschancen. Wirkungsvoller erscheint die größere Ausgabe, die die formale Ausgewogenheit und das Spiel von Licht und Schatten auf den großen Körperflächen noch stärker zum Ausdruck bringt. Jeweils eine Ausfertigung von ihr findet sich vor dem Haus des Deutschen Gewerkschaftsbundes (DGB) in der Schwanthaler Straße in München und in einer Parkanlage der Gemeinde Ottmarshausen (Augsburg), hier in Korrespondenz mit dem „Bergmannskind von der Saar (Kohlen in der Schürze tragend)", beides Leihgaben aus dem Koelle-Nachlaß in Augsburg.

Constantin Meunier hatte sich des Motivs einer sitzenden Einzelperson mehrfach angenommen. So unter anderem in seinem „Puddleur au repos/Sitzender Puddler" (1890), in „Le tailleur de pierre/Der Steinmetz" (1898) und in seinen Bergleuten „Mineur à la veine/Bergmann vor Ort" (1892), „Mineur accroupi/Kauernder Bergmann" (1896), (301) in seinem „Grand mineur/Großer Bergmann" (1900) (302) und in seinem „Mineur à la hache/Bergmann mit der Hacke" (1901). (303) Egal ob es sich um eine arbeitende Person, wie beim Steinmetz und dem Bergmann vor Ort, oder um einen ausruhenden Menschen handelt, wie bei den übrigen genannten Werken, auch Meunier muß von den Rundungen des nackten Oberkörpers fasziniert gewesen sein, von der gebogenen Wirbelsäule mit all ihren anatomischen und plastisch ausgebildeten Linien, Höhen und Tiefen. Ebenso müssen ihn die bei den verschiedenen Sitzpositionen entstehenden Linien der Beine und Arme und ihre Überlagerungen als plastisches Gestaltungsproblem herausgefordert haben.

Auch Koelle war bei seinem „Hockenden Bergarbeiter" begeistert von der Körperlichkeit, aber nicht von der formalen dynamischen Vielfalt, die vom Wechselspiel der Glieder und Linien ausgeht, wie sie sich in Meuniers Figuren widerspiegelt, sondern von der Konzentration des Körpers auf einen Kernpunkt und dessen harmonisch-plastischer Geschlossenheit. Unter diesem Gesichtspunkt käme ihm dabei Meuniers „Kauernder Bergmann" entgegen, der wie bei Wilhelm Lehmbrucks (1881 bis 1919) Relief des „Sitzenden Bergmanns" in Körperhaltung und der in sich vergeistigten Versunkenheit an Rodins „Denker" erinnert. Lehmbruck, als Sohn eines Bergmanns schon früh mit der Arbeit und dem Bergbau konfrontiert, widmete sich in seinen künstlerischen Anfängen dieser Thematik, die zu dem Zeitpunkt sowohl formal als auch ikonografisch noch stark von Meuniers Naturalismus beeinflußt war. (304) Das in fast impressionistisch-malerischer Weise geschaffene Bronzerelief des „Sitzenden Bergmanns", das noch zu seiner Studienzeit (1901 bis 1906) an der Düsseldorfer Akademie im Jahre 1905 entstand, stellt den Vater des Künstlers dar. (305)

Mit Koelles „Hockendem Bergmann" gemeinsam hat Lehmbrucks Figur die Attribute der Arbeitskleidung und des Geleuchts, den Gesteinsbrocken, auf dem er sitzt, sowie die von diesem Werk ausgehende ruhige, besinnliche Atmosphäre, die ansatzweise bereits durch die gewählte Position des Sitzens impliziert ist.

Das Motiv eines hockenden Bergmanns findet sich auch bei Paul Berger (1889 bis 1949) (306), einem Zeitgenossen Koelles, den dieser gekannt haben muß, denn er bevorzugte wie Koelle den Themenkreis der Arbeiterplastik, speziell der Bergleute, und er lebte bis zu seinem Tode 1949 in Dresden, wo Koelle zu der Zeit tätig war. Paul Berger, auch nicht unbeeinflußt von Meunier in Motivwahl und Formgestalt, modellierte 1936 einen überlebensgroßen Bergmann mit nacktem Oberkörper, der genau wie bei Meuniers „Kauerndem Bergmann" in interessanter Mischposition das rechte Knie gebeugt hat, auf dem er sein Gewicht abstützt, und sein linkes Bein angewinkelt hält, auf dem der linke Arm ruht. Lediglich die Armhaltungen divergieren. Das Rückgrat ist gebogen, mit leicht gesenktem Kopf und nach links gewandtem Blick. Die Knochen des Schlüsselbeins sind deutlich sichtbar, ebenso eine dicke Bauchfalte und die muskulösen Oberarme, die den Bezug zur schweren Arbeit aufzeigen. Auffallend sind die schmalen, feingliedrigen Hände mit ihren dünnen, langen Fingern, die weniger einem „Bergmann vom Leder" als einem „Bergmann von der Feder" zu eigen sind, was Marianne Bergers Aussage, „und es war für ihn eine besondere Freude, wenn bei Gelegenheit Arbeiter ins Atelier kamen. Sie betraten den Raum mit einer gewissen Ehrfurcht und mit Respekt", untermauern würde, daß Berger – ganz im Gegensatz zu Fritz Koelle, der seine Arbeiter an ihren Wirkungsstätten aufsuchte – seine Modelle im Atelier posieren ließ, was sicherlich durch Bergers Gehbehinderung mitbedingt war.

So wirken viele seiner Arbeiter etwas posenhaft. Auch sein hockender „Bergmann", bei dem zusätzlich die Detailgenauigkeit der Kleidung, unter anderem dünne Straßenschuhe mit einzelnen Schlaufen der Schnürriemen, oder der vor sich stehenden Grubenlampe mit exakt herausgearbeiteten Stäben und dem Haken in den Blick fällt, eine Gestaltungsvorliebe, die Koelle anfänglich auch bei einigen Arbeiterfiguren pflegte und die zum Schluß noch einmal bei seiner Spitzentänzerin anklang. Dagegen war Meuniers Modellierung viel großzügiger, die Hervorhebung detaillierter Einzelheiten fiel bei ihm fort.

Wie bei Koelle, geht auch von Bergers „Bergmann" eine große Ruhe aus, aber aus einer körperlichen Erschöpfung heraus, die der Körperhaltung einerseits, ihrem Abstützen auf der Keilhaue und dem müden Gesichtsausdruck andererseits, mit seinen leicht geöffneten aufgeworfenen Lippen mit fast negroiden Zügen deutlich zu entnehmen ist.

Bereits 1934 hatte Paul Berger die gleiche Figur in einer Höhe von 45 cm für die Porzellanmanufaktur Meißen (in deren Besitz sie heute noch ist) modelliert. Diese Version versah er mit einem Hügel oder Bergehaufen, auf dem der Arbeiter den größten Teil seines Gewichts abstützt, so wie bei Meuniers „Bergmann mit der Hacke". Bei Berger geschah dies sicherlich aus Gründen der Stabilitätssicherung der Porzellanfigur.

Auch wenn das 1943 von Meißen herausgegebene weiße Porzellanexemplar im Vergleich zur überlebensgroßen Plastik leicht prätentiös wirkt, unter anderem auch aufgrund des „edlen" Materials, kann es nicht „als charakteristisches Beispiel für ein ideologisch geprägtes Porzellan" aus den vierziger Jahren angesehen werden, das „appelliert an die vom nationalsozialistischen Regime geforderte ‚Durchhaltebereitschaft' der Bevölkerung", (308) so wie ein Autor des Buches „Ein fein bergmannig Porcelan" diese Figur interpretiert. Dagegen sprechen der Gesamtaufbau dieser Arbeiterfigur und auch das Herstellungsdatum von 1934. Bei welchem Teil der „Bevölkerung" sollte ein nicht gerade preiswerter Meißner Porzellan-Bergmann eine solche Intention erfüllen? Meißen ließ diesen Bergmann auch in rotem Böttgersteinzeug (309) ausführen.

Koelles „Hockender Bergarbeiter" wurde durchgängig positiv bei den Kunstkritiken bewertet. Für Gustav Stolze hat er mit dieser Figur den Weg zu seiner bildhauerischen Meisterleistung eingeschlagen: „Der ... ausruhende Arbeiter zeigt die bisher zuweilen problematische Treue gegenüber der Natur bereits geweitet, zeigt sie in ein Geistiges einbezogen. Seit dem hockenden Bergarbeiter hat diese Öffnung der Form ... eingesetzt und die Erhöhung des Ab-Bildes zum Sinn-Bild hat begonnen." (310) Ein anderer Kritiker sieht in dem Werk bereits eine vollendete künstlerische Leistung: „die Gestalt des hockenden Bergmanns ..., eine große Tat von künstlerischer Vollendung. Man mag die Figur ansehen von welcher Seite man will, immer wieder staunt man über die natürliche Plastik dieser Linien. ... Sein ganzer Oberkörper freiliegend in wunderschöner Muskulatur! Alles zusammengefaßt: das Bild einer einmaligen Sammlung verhaltener Kraft!" (311)

Während in München Koelles „Hockender Bergarbeiter" die Aufmerksamkeit auf sich zog, wurde in Berlin sein „Urahn" lobend erwähnt. Die alljährliche Herbstausstellung der Akademie konnte die Kritiker diesmal nicht begeistern. Schon allein die Titel ihrer Artikel verrieten die Tendenz der rund 500 ausgestellten Werke, darunter siebzig Plastiken: „Beruhigte Akademie" sowie „Alt wird modern"; genauso gedämpft und lustlos war auch ihre Berichterstattung von der Schau am Pariser Platz: „– zumal alles Revolutionäre, Aufreizende, Gewagte auch der Künstlerjugend fernzuliegen scheint. Einige abgeklärte Umstürzler von vorgestern, wie Schmidt-Rotluff – ein paar prachtvolle Landschaften – sind immer noch radikaler als die Jungen: das Alte wird wieder modern, eine Menge Sachen, die vor Jahrzehnten, als wir noch ganz jung waren, reichlich antiquiert schienen, haben eine fröhliche Urständ gefeiert." (312)

Von den siebzig Plastiken fanden Rudolf Bellings versilberte „Bronzemaske von Troelstra", Ludwig Kaspers „Ursula" und Ernst Hinckeldeys religiöse Figuren Erwähnungen. Fritz Klimsch und Joachim Karsch wurden namentlich so nebenbei genannt. Milly Stegers „Kind mit Ball" empfand man als sehr reizvoll und leicht auf wohlgeformten Füßen stehend. Alfred Thiele war mit anmutigen Frauen als Einzel- und Gruppenplastik vertreten, ebenso der „eigenwillige und bedeutende Fritz Koelle ..., dessen ‚Urahn' sehr eindrucksvoll ist" (313) und einen Saal beherrscht.

So bedauerlich der Glaspalastbrand im Juni 1931 war, so zeigte er im Nachhinein auch seine positiven Auswirkungen, denn durch ihn ergab sich die Wiederbelebung einer alten Tradition zwischen Berlin und München. Vor dem Ersten Weltkrieg hatte ein regelmäßiger Austausch mit auswärtigen Künstlergruppen in Berlin stattgefunden. Doch durch Kriegswirren und lähmende Nachkriegszeit wurden die Kontakte arg vernachlässigt. Besonders seitdem der Mittelpunkt des Berliner Ausstellungsbetriebs, die „Glasscheune" am Lehrter Bahnhof, baufällig geworden war und geschlossen werden mußte, fehlte den Berlinern diese künstlerische Austauschmöglichkeit. Die Deutsche Kunstgemeinschaft schien als erste diesen Verlust empfunden zu haben, und sie richtete es so ein, daß man regelmäßig Werke von Künstlern anderer deutscher Städte in ihren Ausstellungsräumen im Berliner Schloß antraf, so auch von Fritz Koelle und seiner Frau (siehe 1930). Bis zum letzten Sommer hatten die Berliner wenigstens die Gelegenheit, sich auf den Deutschen Kunstausstellungen im Glaspalast in München zu präsentieren, zum Meinungsaustausch zu treffen und die Kontakte zu den anderen deutschen Künstlergruppierungen zu pflegen.

Der „offizielle" Austauschverkehr wurde erst jetzt wieder aufgenommen durch die Initiative des Vereins Berliner Künstler, der beherzt nach der Brandkatastrophe in München eingriff und in kollegialer Geste eine spontane Einladung von der Spree an die Isar aussprach, die die Münchner Künstlerschaft gern annahm und aus der Künstlergenossenschaft, der Secession und der Neuen Secession 195 Gemälde von 120 Malern und 65 plastische Arbeiten von 33 Bildhauern nach Berlin schickte. Die Auswahl der Kunstwerke hatte eine Jury, zusammengesetzt aus den Münchner Akademieprofessoren Ludwig Bolgiano (1866 bis 1948), Adolf Schinnerer und Josef Wackerle (1880 bis 1959), getroffen. Da diese große Anzahl von Kunstwerken nicht auf einmal in den Räumen des Vereins Berliner Künstler gezeigt werden konnte, wurden zwei aufeinander folgende, jeweils dreiwöchige Ausstellungszeiträume vereinbart. Der erste Teil der Ausstellung wurde am 6.1.1932 im alten Haus des Vereins Berliner

Künstler in der Bellevuestraße 3 mit einer Ansprache von Professor Carl Langhammer (314) eröffnet.

Zeitgleich fand eine Präsentation von circa 130 Gemälden und circa 40 Plastiken des Vereins Berliner Künstler im Münchener Kunstverein statt. Georg Jacob Wolf zog ein kurzes Fazit der Berliner Gesamtschau mit den Worten: „Die mittlere Linie, der gemäßigte Fortschritt regiert. ... Man erkennt mit Staunen und Befriedigung, daß man auch in Berlin heute zurückkehrt zur Besonnenheit im Kunstschaffen, daß die wilde Schmiererei dort nicht mehr an der Herrschaft ist, sondern positives Können und vornehme Kunstgesinnung wieder das Zepter in Händen halten." (315)

Wolfs Ausführungen machen einerseits seine Einstellung zur Moderne deutlich, seine Bestrebungen, die Berliner Kunst seinem traditionell geprägten Kunstverständnis anzugleichen, belegen andererseits aber auch eine allgemeine Beruhigung der Ausdruckskräfte in der gesamtdeutschen Kunstszene zu Beginn der dreißiger Jahre. Auch wenn die Berliner Kritiker übereinstimmend feststellen, daß die Art zu malen und zu modellieren zum damaligen Zeitpunkt in Deutschland gleich verbreitet war, daß das Ausstellungsniveau überall ähnlich war und es keinen ausgesprochenen Regionalismus gab, legte doch jeder von ihnen Wert darauf – an alten Vorurteilen festhaltend –, das Gegensätzliche zwischen der Berliner und der Münchener Künstlerschaft herauszustellen. Und diese Unterschiede klangen bei allen recht sinnverwandt: Berlin als „junger" Stadt steht München als Jahrhunderte alte Kunststadt mit Traditionsgebundenheit gegenüber. „Im Gegensatz zu Berlin geht die bayerische Malerei, ohne Sehnsucht nach künstlerischen Experimenten und unbeirrbar durch Sensationslust ihren durch Tradition vorgezeichneten Weg weiter." (316)

Die Vergangenheit wird in der Gegenwart fortgeschrieben, wenn auch längst nicht mehr so akademisch wie einst, aber handwerklich immer noch redlich untermauert. Die Reaktionsweise auf gesellschaftliche Veränderungen ist in München wesentlich vorsichtiger als in Berlin: Man stellte fest, „daß die Erregungen, geistigen und soziale[n] Spannungen der Zeit in München nicht so heftigen Niederschlag gefunden haben wie bei uns. Dafür herrscht dort, man verfolgt das aufmerksam, eine im Durchschnitt strengere, recht solide Zucht der Formgebung", behauptete Max Osborn. (317)

Einige Kritiker verstiegen sich sogar zu dem Vergleich zwischen intellektuell (Berlin) und instinktiv (München) motivierter Kunst. „Vielleicht ist man im allgemeinen in München etwas naiver und sorgloser bei der Arbeit, mehr dem Instinkt hingegeben; während in Berlin das schärfer entwickelte Weltstadtleben auch die Künstler fühlbarer durchrüttelt und in manchen Zügen pointierter macht." (318) „Im allgemeinen kann man feststellen, daß die Münchener wie die Berliner Kunst heute nach Vereinfachung und Klarheit strebt. Aber in Berlin wurzelt dieses Streben mehr im Intellekt, weshalb die Formen oft allzu naturfern werden, in München behält der Sinn für alles Organische die Vorherrschaft", (319) wofür Koelles Kunst ein gutes Beispiel ist.

Immer häufiger wurden auch in Berlin Stimmen laut, die in einer sozialkritischen Funktion der Kunst ein Verhängnis für diese sahen und die ein derartiges Gedankengut möglichst aus der Kunst zu eliminieren versuchten. Dabei konnte man sich ganz auf die Tradition der Kunst berufen – die den Münchenern ja zu eigen war. Den Münchenern „fehlt ... glücklicherweise das propagandistisch-aktivistische Element, das im Norden die größte Gefahr einer gesunden künstlerischen Entwicklung ist." (320) Das Fazit der zweiteiligen Ausstellung Münchener

Künstler in Berlin lautete: „Tüchtiger, gepflegter Durchschnitt, ohne stärkeres Hervortreten künstlerischer Persönlichkeiten." (321)

Und doch war Fritz Koelle einer der wenigen, die unter den mehr als 150 Künstlern in beiden Ausstellungsteilen immer wieder positiv hervorgehoben wurden. Das bedeutete für ihn eine vergleichbare Anerkennung seiner Kunst wie 1927 in der Ausstellung der Akademie der Künste in Berlin. Diesmal hatte Koelle den Ratschlag befolgt und gleich mehrere Büros für Zeitungsausschnitte beauftragt, die Artikel über den Kunstaustausch München – Berlin für ihn zu sammeln. Dadurch ergab sich ein breites Spektrum an Aussagen über Koelles ausgestellte Werke, das aber zu einer einheitlichen Wertschätzung seiner gezeigten Plastiken gelangte: „Bildhauer, wie der Gestalter von Bergarbeitertypen, Fritz Koelle, ... beweisen, daß auch die Plastik durch eine Reihe beachtlicher Kräfte vertreten ist." (322)

Fritz Koelle war in beiden Schauen präsent, und zwar unter anderem mit so gegensätzlichen Figuren wie dem „Bergarbeiter" (mit Lampe) von 1930 und dem „Bergarbeiterkind von der Saar" aus dem Jahr 1931, die beide von der Presse begeistert aufgenommen wurden: „... so ist das Wesentliche festgehalten, ohne daß ein besonderer Eindruck hinterbleibt. Mit einer Ausnahme, nämlich einer neuen, wuchtig-gelassen darstehenden Bergarbeiter-Figur Fritz Koelles – ein Künstler, der einer besonderen Hervorhebung im Rahmen einer solchen Ausstellung nicht mehr bedarf ...". (323) In Friedrich Märkers Urteil wird ausschließlich „Fritz Koelles lässig kraftvoller ‚Bergarbeiter', [der] am meisten Aufmerksamkeit erregt," genannt. (324)

Für Adolph Donath ist die „Bergarbeiterfolge von Fritz Koelle kräftig eingesetztes, naturalistisches Bildwerk", (325) während für Willy Gansk „Koelles ‚Bergarbeiterkind' voll schlichter Empfindung" ist. (326) Und Ludwig von Brockhusen erfreute sich gleich an allen drei Plastiken von Fritz Koelle: „Die Münchener Bildhauer übernehmen mit einigen hervorragenden Begabungen die Führerschaft der Februarschau. Mit Freuden begrüßt man ein zweites Mal das große bronzene Standbild des Bergarbeiters von Fritz Koelle und die seelisch und körperlich blanken Strukturen seiner neu hinzugekommenen Plastiken des Bergarbeiterkindes und Hochofenarbeiters." (327)

Es muß für Fritz Koelle eine besondere Ehre gewesen sein, eine Plastik direkt neben der seines in München hochgeschätzten Lehrers Hermann Hahn wiederzufinden. Aber es war eine noch größere Freude und künstlerische Bestätigung, daß der Schüler seinem Lehrer nicht nur ebenbürtig war, sondern ihn künstlerisch sogar übertroffen hatte, auch mit seinem motivähnlichen, realistischen „Bergarbeiterkind mit Kohlen in der Schürze". Max Osborn war überzeugt: „Von den beiden Statuen, die im Hauptsaal Wacht halten, muß die von Hermann Hahn zurückstehen gegen die breitflächig behandelte Gestalt des Bergarbeiters von Fritz Koelle, den wir von unserer Akademie her kennen." (328) Auch Willy Gansk teilte die Meinung Osborns: „Zwei große Bronzen ragen im Eingangssaal empor. Der gereiste ‚Bergarbeiter' von Fritz Koelle, selbstbewußt die Hände in den Taschen in gelöster Gelassenheit stehend. Weniger glücklich eine ‚Fortuna' von Hermann Hahn, die im aufgerafften dünnen Gewand ein Fruchtkörbchen hält." (329) Franz Servaes Urteil fiel noch deutlicher aus: „Unter den Plastiken ragt vor allem der uns wohlbekannte Fritz Koelle mit der charaktervoll durchgearbeiteten Figur eines Bergarbeiters hervor; während Hermann Hahn mit seiner nichtssagenden Fortuna dagegen abfällt." (330 und 331)

Hatte sich Fritz Koelle 1924 nach Verlassen der Akademie in München in Motivwahl, Gestaltungsform und Materialbehandlung von seinem Lehrer gelöst, hatte er bereits 1925 mit dem „Bergarbeiterkind" (Hanna) seinen eigenen bildhauerischen Weg gefunden und konsequent weiter beschritten und war ihm 1927 mit dem „Bergarbeiter vor der Einfahrt" der Durchbruch gelungen und die künstlerische Anerkennung zuteil geworden, so war er 1932, zum Zeitpunkt der Berliner Ausstellung, über seinen Lehrer Hermann Hahn hinausgewachsen und auf dem Höhepunkt seiner Künstlerkarriere angelangt, wie auch die Rezeption seines Werkes durch die Kunstkritiker bestätigte und wie die weitere Entwicklung belegen wird.

Unter Koelles Bildhauer-Kollegen gab es einige, die ebenfalls von der Presse positiv wahrgenommen wurden, darunter Bernhard Bleeker (1881 bis 1968) mit seiner Slevogt-Büste, Eugen Henke (1888 bis 1948) mit seinem Matrosenkopf, Richard Knecht (1887 bis 1966), Oskar Zeh (1902 bis 1935), Josef Wackerles (1880 bis 1959) „Epitaph", Ruth Schaumann (1899 bis 1975), der die Berliner Porzellanmanufaktur ein gelungenes Service verdankte, mit ihren überschlanken Bronzefigürchen, Hermann Geibel (1889 bis 1972), Fritz Wrampe (1893 bis 1934, ein Studienkollege Koelles) und Willy Zügel (1876 bis 1950) mit ihren Tierplastiken sowie Hans Schwegerle (1882 bis 1950) mit seinen Medaillen. Als bemerkenswerte Neuerscheinung galt die Bronzefigur eines „Bittenden" von Walter von Ruckteschell (1882 bis 1941).

Dieser gegenseitige Kunstaustausch zwischen Berlin und München fand allgemein eine positive Resonanz, so daß die Forderung laut wurde, diese Einrichtung für die Zukunft beizubehalten, was aber aufgrund der politischen Entwicklung im darauffolgenden Jahr schon nicht mehr möglich war.

Während Koelle im Verein Berliner Künstler einige seiner Werke zeigte, erschienen zeitgleich zwei jeweils ganzseitige, den Künstler und sein Œuvre würdigende Artikel:

W. Steger zeichnete in der Saarbrücker Landeszeitung Koelles künstlerischen Werdegang vom zunächst durch naturalistische und impressionistische schulische Einflüsse geprägten Stil hin zum eigenen sachlich-unpathetischen Ausdrucksvermögen, das „in der vornehm-geläuterten Formgebung dem Klassizismus nahesteht." (332) Diese „Klassifizierung" schien eher dem Wunsch des Autors zu entsprechen, denn damit erfaßte er lediglich Koelles künstlerische Wurzeln, nicht aber sein aktuelles bildhauerisches Spektrum. Auf der Suche nach gestaltungswürdigen Inhalten fand Koelle das Arbeitermilieu und somit den Weg zum künstlerisch praktizierten Realismus mit Bildnissen und Figuren, in denen er das ihnen eigene Charakteristikum, ohne Idealisierung und Pathos, in schlichter Sachlichkeit in plastischer Form zum Ausdruck brachte. Mit seiner Arbeiterplastik ordnete sich Koelle keiner gängigen Moderichtung unter; auch wenn einzelne Anleihen bei unterschiedlichen Künstlern, vornehmlich des 19. Jahrhunderts – wie Dalou, Rodin, Maillol, Minne und Meunier – nachweisbar sind, erhielten Koelles Gestalten bis 1934 letztlich seine eigene künstlerische Prägung. Diese Ansicht vertrat auch Steger in seinem Artikel. Er sah Koelles künstlerischen Höhepunkt noch nicht erreicht und sagte ihm „nach menschlichem Ermessen noch fruchtbare Jahre" voraus. (333) Dieses Ermessen sollte aber weder in der Hand des Künstlers noch derjenigen des Autors liegen.

Im zweiten Artikel nahm Alexander Heilmeyer in den Münchner Neuesten Nachrichten Bezug auf Fritz Koelles Ausstellungserfolge in München und in Berlin sowie deren positive Resonanz bei den Berliner Kunstkritikern Fritz Stahl und Max Osborn. Ebenso verwies er auf Max Liebermanns Wertschätzung der Koelleschen Plastik. Für Heilmeyer war Koelles Kunst aus dem modernen, sozialen Zeitgeist erwachsen und offenbarte sich bereits in seinen Gestaltungsinhalten aus der Arbeitswelt. Koelles Stärke lag für Heilmeyer in der individuellen, charakteristischen, physiognomischen Aussagekraft jedes einzelnen Arbeiters, der er durch das

Material Bronze ihre volle Entfaltung verlieh. Befähigt dazu wurde er durch seine Empathie den Arbeitern gegenüber: „Koelle steht diesen Menschen nahe, sie sind ihm sympathisch, er lebt sich in ihr Körpergefühl ein, er weiß ihre körperliche Geste zu deuten." (334)

Fritz Koelle identifizierte sich nahezu mit „seinen" Arbeitern, denn er verstand sich selbst sein Leben lang auf einer Seite als Arbeiter, was zum einen in seiner Biographie begründet lag und zum anderen in seiner Tätigkeit als Bronzeplastiker mit regelmäßigen Kontakten zur Arbeitswelt und Kooperation mit den Bronzegießereien. Koelle duldete keinerlei Diskriminierung von Arbeitern, wie sich sein späterer Schüler Jürgen von Woyski erinnert.

In Heilmeyers Ausführungen wird indirekte Kritik am Umgang Münchens mit derartigen künstlerischen Begabungen wie Fritz Koelle deutlich, was auf dem Hintergrund der Abwanderung vieler guter Künstler nach Berlin zu sehen war. Koelles Absicht diesbezüglich war kein Geheimnis in München, weshalb man ihm – allerdings nur halbherzig – ein Staatsatelier zur Verfügung gestellt hatte.

Im Zusammenhang mit Koelles Würdigung ließ sich Alexander Heilmeyer auch anerkennend über die Kunst von Elisabeth Koelle-Karmann aus. Er hob ihre geistige und künstlerisch-motivische Gemeinsamkeit hervor. Wie ihrem Mann gelangen auch Elisabeth Koelle-Karmann ganz charakteristische, individuelle Zeichnungen und Ölbilder der Berg- und Hüttenarbeiterkinder aus dem Saargebiet, und ebenso wie bei den Figuren ihres Mannes, bei denen die Silhouette eine besondere Bedeutung hat, brachte Elisabeth Koelle-Karmann mit einfachen Konturen die ganze Lebendigkeit dieser Kinder in verdichteter Form zum Ausdruck. Anders als Fritz Koelle konnte seine Frau ihren Emotionen in „reinen blühenden Farben" freien Lauf lassen, besonders bei ihren Stilleben und Blumengemälden. Für Heilmeyer war „etwas überzeugend Ehrliches und Echtes in diesen Bildern, wie überhaupt in der Malerei dieser Frau." (335)

Während Elisabeth Koelle-Karmann es in ihrer Heimat vorzog, ihre Arbeiten allein in Einzelausstellungen zu präsentieren (St. Ingbert, Staatliches Museum Saarbrücken, 1931), lag ihr in Berlin oder München daran, gemeinsam mit ihrem Mann aufzutreten, unter anderem seit 1925 in der Münchener Neuen Secession, deren Mitglied Fritz Koelle seit 1923 war. Und auch in diesem Jahr stellte sie in der Münchener (Sommer-) Kunstausstellung, die wieder im Bibliotheksbau des Deutschen Museums stattfand, zwei Blumenstilleben in Öl aus. Ihr Mann war mit einer neuen, überlebensgroßen Bronze eines Hüttenarbeiters (1931) vertreten, (336) den Alexander Heilmeyer als ein „hervorragendes Bronzewerk" (337) bezeichnete. Georg Jacob Wolf bemühte wieder den Vergleich mit Meunier: „Fritz Koelle entpuppt sich immer mehr als der deutsche Meunier; in den Gestalten der Hüttenarbeiter und Bergleute findet er für seine Kunst, was er braucht; seine Formensprache ist absolut persönlich, er ist eine ausgeprägte künstlerische Individualität voll Ernst und Verhaltenheit." (338) Bereits das Attribut der „ausgeprägten Künstlerindividualität" läßt die Gleichsetzung mit Constantin Meunier in Frage stellen, außerdem hatte Wolf bereits in früheren Ausführungen konstatiert, daß Fritz Koelle sich über Meunier hinaus entwickelt hatte (Vgl. Anmerkung 282).

Ein namentlich nicht genannter Autor beklagte in seiner Ausstellungsrezension, daß bei den rund 2500 präsentierten Werken keine Weiterentwicklung zu verzeichnen und von einem neuen Zeitgeist nichts zu spüren sei. Das träfe sowohl auf die Malerei als auch auf die Werke der auf dieser Schau vertretenen 50 Bildhauer zu. „Mit einer einzigen Ausnahme, der überlebensgroßen Bronzefigur von Fritz Koelle, ‚Der Hüttenarbeiter', konnten wir in der ganzen Ausstellung keinen Hauch dieses seherischen Geistes verspüren. Was Koelle bescheiden den

‚Hüttenarbeiter' nennt, das ist der deutsche Mensch der Zukunft, von Kraft und Geist durchdrungen in der ganzen Körperhaltung, das Gesicht zerfurcht von Arbeit und Sorgen, aber ein inneres Leuchten ausstrahlend, das in eine bessere Zukunft zu weisen scheint. Man möchte dieses herrliche Werk auf einem öffentlichen Platz täglich vor Augen haben!" (339)

Was die Rezeption dieser Figur betrifft, scheint das Wunschdenken des Autors nach einem „neuen deutschen Menschen" dessen Wahrnehmung überlagert zu haben. Allein dieser Terminus weist bereits die politische Richtung aus, der dieses Denken entnommen ist. Koelles Arbeiterplastik gab von Anfang an Anlaß zu kontroverser Wahrnehmung und Interpretation, je nachdem welchem politischen Lager die Rezipienten entstammten. Würdigte ihn die links ausgerichtete Presse wegen seiner (angeblich!) sozialkritischen Ambitionen, wurde er von der konservativen Seite ängstlich beäugt. Die größte Akzeptanz genossen seine Arbeiterfiguren und -bildnisse bei einer Sichtweise, in der bildhauerische Fähig- und Fertigkeiten mit ethischer Prägung vereint werden konnten, womit man Koelles Intentionen wirklich gerecht wurde.

National-konservative Kreise hatten ihre Forderungen nach „völkischer" Bildung und Kunst schon früher kundgetan, erinnert sei nur an die Frühjahrsausstellung der Münchener Neuen Secession 1915 im Kunstverein, die wahre Proteststürme hervorrief und als „Skandal, Dreck, Unverschämtheit, Undeutsch und Beleidigung" beurteilt wurde und mit einer vorzeitigen Auflösung endete. (340) Schwankungen in der Rezeption von Koelles Werk gab es, aber eine derartig einseitige Vereinnahmung dieser Tendenz und eindeutige Aufforderung, unter welcher Zielsetzung Koelles Arbeiten gesehen (und geschaffen) werden sollten, trat in dieser Deutlichkeit zum ersten Mal auf, und es stellt sich die Frage, welchen Anlaß das Aussehen dieses „Hüttenarbeiters" dazu gab.

Vergleicht man die eingehende Betrachtung zu dieser Figur im Jahre 1930, (341) bleiben wenig künstlerisch ableitbare Argumente, die eine Klassifizierung dieser rücksichtslos realistischen Darstellung des „Hüttenarbeiters" als „deutschen Menschen der Zukunft, der ein inneres Leuchten ausstrahlt", rechtfertigen. Damit wird der Zwiespalt zwischen vorgefundener Realität und ersehnter Wirklichkeit deutlich. Oder sollte sich die Vorstellung des Autors vom „deutschen Menschen der Zukunft" tatsächlich mit dieser realistisch-ungeschönten Wiedergabe des von der Härte der Arbeit gezeichneten Mannes decken, so wie auch Fritz Koelle von seinem Verständnis der Arbeitswelt und seinem Bild des Arbeiters überzeugt war und ihn (noch!) nicht im bereits kursierenden Sinne der nachfolgenden Machthaber interpretierte? Für diese Annahme spräche der Wunsch des Verfassers, die Bronzeplastik des „Hüttenarbeiters" öffentlich aufgestellt zu sehen. Doch die Kunstpolitik des Dritten Reiches ließ in ihrer vernichtenden Pressepolemik keinen Zweifel daran, daß dieser „Hüttenarbeiter" und auch andere Arbeiterplastiken ihren Vorstellungen vom „neuen deutschen Menschen" entschieden widersprachen.

Die Hetzkampagnen der Presse gegen seine Arbeiterplastik konnte Fritz Koelle (wie viele Künstler mit ihm) nicht vorhersehen, besonders nicht nach der positiven Resonanz auf seinen „Hüttenarbeiter" im Jahre 1932. Auch ein Reisestipendium in Höhe von 400 RM rückwirkend für das Jahr 1931, das Koelle auf der Sitzung des Beirates für die städtischen Sammlungen am 15.4.1932 zuerkannt wurde, sprach für die Anerkennung seiner Bildhauerkunst in städtischen Kunstfachkreisen. Der Kunstbeirat hatte von der zur Verfügung stehenden Gesamtsumme von 4800 RM die Höhe des Einzelbetrages auf 400 festgesetzt, damit anstelle der sonst üblichen zehn, jetzt zwölf Künstler in den Genuß einer Förderung kamen. Mit Fritz Koelle erhielten drei weitere Bildhauer – Hanns Goebl, Anton Woger und Oskar Zeh – dieses Reisestipendium, (342) das Koelle wieder für einen Aufenthalt im Saargebiet nutzte.

Ebenso sprach die Aufnahme in die Reihe „ Von Münchener Künstlern und ihrem Schaffen", von Peter Breuer, (343) die regelmäßig in „Bayerischer Staatszeitung und Bayerischer Staatsanzeiger" fortgesetzt wurde, für eine volle Bestätigung seiner Arbeiterplastik. Breuer stellte in seinem Artikel Fritz Koelle und seine Frau Elisabeth Koelle-Karmann in ihrer Individualität als Künstler vor und zeigte dann von der „Grundverschiedenheit das Gemeinsame" beider auf. Fritz Koelle als der „Robuste und Krafterfüllte, auch seiner Statur nach ein Mensch mit breitem Brustkorb" ging von Anfang an bei seinen Bronzeplastiken aufs Monumentale aus. Sie, körperlich eher schmal, feingliedrig und bläßlich-zart, begab sich in das Reich der „winzigen Leute", der Kinder. Beide aber fanden ihre Motivwelt im Saargebiet. Sie, als Tochter eines Bergmanns aus St. Ingbert, bevorzugte für ihre Zeichnungen, Pastelle und auch Ölbilder die Arbeiterkinder ihrer Heimat, und er entdeckte in ihrer (und seiner zweiten) Heimat den Berg- und Hüttenmann als Gestaltungsmotiv für seine Bronzeplastik. „Ungeschminkt und unverstellt versteht er den Arbeiter zu bilden, ohne in Tendenzkunst zu verfallen, ohne sozial anklagend zu wirken. ... Während ein Meunier nach ‚Schönheit' in der Arbeiterplastik trachtete, geht Koelle gänzlich aufs Charakteristische, Naturwahre und in Verbindung damit auf den plastischen Wert." (344) Und mit diesem aufs engste verbunden war für Koelle auch der Blick nach „Schönheit", und das verkannte Breuer bei dem Bildhauer.

Die Arbeiterkinder, ob fröhlich spielend, tief versonnen oder traurig dasitzend, fing Elisabeth Koelle-Karmann „in feinster zeichnerischer Psychologie ein. Man spürt die empfindliche, mitfühlende Seele heraus, und wenig Haarstriche mit hartem Blei genügen ihr, um wirklich Kinderseelen zu schildern." (345) Fritz Koelle war für Breuer der wohl „beste derzeitige Werkmannsplastiker in Deutschland", und seine Frau hatte sich vielleicht „in der Farbe noch nicht ganz aufgeschlossen und ausgesprochen, und hier geht der Weg wohl noch weiter." (346)

Breuer mußte vor dem Artikel das Künstlerpaar interviewt haben, denn er war über ihr zentrales Gesprächsthema – Geld und Geldsorgen – genau informiert, und es mutet schon etwas befremdlich an, wenn Breuer seinen letzten Abschnitt mit „das liebe Geld" betitelte und einen Appell an die deutsche Industrie richtete, die sich bisher äußerst zurückhaltend beim Erwerb von Koelle-Plastiken zeigte, „angesichts zumal der einzig dastehenden Monumentalplastik Fritz Koelles, möchte man unsere Industriekapitäne und Konzernmagnaten hier einmal auf ein ungeschriebenes, aber um so nobleres Offizium verweisen." (347)

In der zweiten Hälfte des Jahres 1932 konzipierte die Münchener Neue Secession eine Ausstellung, die den elementaren Aufbau eines Kunstwerks in all seinen einzelnen Entstehungsphasen offenbaren sollte. In der Ausstellung, die den Titel „Aus der Werkstatt des Künstlers" trug, wurde den zeitgenössischen Künstlern und Kunstwerken die Werkstatt des Künstlers vom 16. bis 19. Jahrhundert gegenübergestellt, die von Professor Ernst Wilhelm Bredt von der Staatlichen Graphischen Sammlung München zusammengetragen worden war. Gezeigt wurde diese didaktisch aufgearbeitete Kompaktschau in den Räumen der „Neuen Sammlung" des Bayerischen Nationalmuseums in der Prinzregentenstraße 3. Unter den 33 Künstlern der Münchener Neuen Secession befand sich auch Fritz Koelle, der die Entwicklung seines „Hokkenden Bergarbeiters" von der Studienzeichnung über den Gipsentwurf bis hin zur Bronzeplastik darstellte, ebenso wie das „Bildnis eines Bergarbeiters". (348)

Die Ausstellung erzielte ein geteiltes Echo. Während sie von der fortschrittlichen Presse begrüßt wurde, bezeichneten die konservativ ausgerichteten Kritiker, die die Münchener Neue Secession wegen ihres linken Flügels, den sie mit den Juryfreien gleichsetzten, argwöhnisch beobachtete, diese Präsentation als „Koketterie", da diese Künstler sicherlich nicht, geläutert durch den Vergleich mit den Alten Meistern, zu „besserer Qualität" zurückkehren würden. Einige Werke nahmen sie von ihrer Kritik aus: „Besonders die hervorragenden Naturstudien von Walter Püttner, wie auch die starke Plastik von Fritz Koelle." (349) Das wiederum belegt, daß Fritz Koelle in konservativen Kreisen (noch!) als gemäßigter Künstler der Münchener Neuen Secession anerkannt war.

Das Jahr 1932 schloß für Fritz Koelle mit einem großen Presseerfolg für die Präsentation seiner Gesamtkollektion der vorangegangenen fünf Schaffensjahre, in der er mehr als fünfzig Bronzen, ergänzt durch zahlreiche Bleistiftzeichnungen, zeigte. Seine Frau begleitete ihn mit Zeichnungen und Ölbildern. Die Schau wurde Mitte Oktober im Münchener Kunstverein eröffnet. Begeistert stellten die Kritiker fest: „... die gegenwärtige Veranstaltung gehört mit zu den besten der ganzen letzten Jahre. Das Aussehen der beiden westlichen Ausstellungssäle hat sich gänzlich verändert:" (350) Den Mittelpunkt nahm der „Hockende Bergmann" ein, um den sich kreisförmig der „Urahn", das „Bergarbeiterkind von der Saar", der „Bergmann" (mit Lampe) und sein „Blockwalzer", aufgelockert durch Stelen mit seinen Bildnissen, anordneten. (Abb. 23 bis 28) Im zweiten Raum beherrschte der „Bergmann vor der Einfahrt", eingerahmt von den Reliefs, das Bild. An den Wänden waren Koelles zeichnerische Studien verteilt, begleitet von den Bildnissen seiner Frau (Abb. 29 bis 34). „Selten hat eine Ausstellung moderner Plastik an dieser Stelle so eindringlich und künstlerisch vornehm gewirkt. Das köstliche Material dunkelpatinierter Bronze tut das Seine dazu, um die ernste Stimmung in diesen beiden Räumen beinahe ins Übersinnliche zu steigern und das, trotzdem Koelle mit seiner starken und klaren Kunst sehr fühlbar auf dem Boden der Wirklichkeit steht." (351)

Wie in den Abbildungen deutlich wird, nutzte Fritz Koelle die großzügigen Raumverhältnisse und die Gelegenheit der eigenverantwortlichen, für ihn stets bedeutsamen formal-ästhetischen Anordnung seiner Exponate, durch Rhythmisierung in Form, Größe und Motiv. Außerdem konnte er seine Plastiken „ins rechte Licht rücken" und die Chance der ästhetischen Wirkung des Materials Bronze voll ausschöpfen. Diese Ansicht vertrat auch Alexander Heilmeyer: „Auch die Art der Aufstellung im Saal mit Bronzeplastiken von Fritz Koelle ist ungewöhnlich eindrucksvoll. Es spricht hier natürlich auch die Einheit des Materials, der schönen patinierten Bronzegüsse, vornehmlich mit." (352) Wenn die gelungene Anordnung den ersten Eindruck prägte, so überzeugte als nächstes Koelles plastisches Vermögen in seiner ganzen Vielfalt und in seiner Symbiose von Inhalt und Form, was durch die Geschlossenheit der Kollektion noch betont wurde. Nasse attestierte Koelle eine plastische Begabung größten Formats, die ein Spektrum von erschütterndem Realismus bei seinen Arbeiterfiguren und -bildnissen über vergeistigte Existenz bei seinem „Bergarbeiter vor der Einfahrt" oder seinen Selbstportraits bis hin zu rührender Zärtlichkeit und Sensibilität bei seinen Bergarbeiterkindern abdeckte. In seiner Wahrheitsliebe sei er sich bei allen Werken unbeirrbar treu geblieben. (353)

Die nie versiegenden (aber unzureichenden) Vergleiche mit Constantin Meunier oder Bezeichnungen als „deutscher Meunier" durchzogen manches Urteil. Ein Kritiker war sogar überzeugt davon, daß man „Fritz Koelle nicht gerecht werden [kann], wenn man ihn nicht in der großen Linie sieht, die von Rodin über dessen besten Schüler Constantin Meunier führt, den ehrlich erschütternden Gestalter des Borinage, jenes Hüttengebiets in Belgien, das anläßlich des heroischen Streiks in den letzten Monaten auch ins Gedächtnis der deutschen Arbeiter zurückgerufen wurde." (354 und 355) Abgesehen davon, daß Constantin Meunier niemals

Rodins Schüler war, hatte sich Fritz Koelle bis zu diesem Zeitpunkt von beiden Künstlern inspirieren lassen, in stärkerem Maße von Meunier. Aber ohne Rodins Kunst wäre weder Meuniers noch Koelles Plastik in ihrer Ausprägung möglich gewesen. (356) Und Herbert Wilm begrüßte mit Koelles Werken „dankbar einen der Höhepunkte der neueren Münchner Plastik" und wünschte sich, „daß diese Sammelausstellung, so wie sie ist, auf einer weiten Reise den Ruhm Münchens in alle Welt hinaustragen möge." (357) Doch trotz der positiven Rezeption seiner Gesamtkollektion und seines wohl größten Presseerfolgs in München, tauchten hier bereits verschiedenartige Argumente auf, teils verhalten, teils unverblümt oder plastisch-formal verbrämt, die die in Zukunft relevante Kunstanschauung ankündigten.

Nasse, der Koelles Œuvre schätzte, sah im „Hüttenarbeiter" von 1931 die „Gefahr allzu großer naturalistischer Illusion". Hermann Eßwein argumentierte vordergründig mit Bewegungsgesetzmäßigkeiten: „Da Koelle sich nicht immer bei der statuarischen Ruhe bescheidet, ... sondern auch drastische, zuweilen grotesk ausgreifende Bewegungsmotive sucht," sollte man „gerade die stark bewegten Werke mit vereinfachtem Muskelspiel wie etwa den Blockwalzer von 1929 oder den Hüttenarbeiter von 1931 mit der überbetonten Hüftbewegung" gedanklich aus der Ausstellung eleminieren. Dabei bestünde die „Gefahr des Bewegungsexzesses". (358)

Bemerkenswert ist, daß diese beiden genannten Figuren das kritisierte Bewegungsmoment in der genannten Weise so nicht aufweisen und daß gerade sie es sind, die wegen ihres expressiven Realismus (ihrer „kulturbolschewistischen Auffassung") die heftigsten Attacken im Dritten Reich auf sich ziehen werden.

In den nachfolgenden Äußerungen wurde Eßweins wirkliche Absicht seiner Kritik deutlich: Koelle ist seiner Meinung nach nur aussagekräftig, „wenn er sich nicht rhetorisch übersteigert", was aber beim „Hineinspielen zufälliger organischer Mißbildungen" und „sittenbildlichem Naturalismus" in einigen Werken der Fall sei. (359) Wesentlich drastischer formulierte es der Kritiker der Münchener Zeitung: Koelle hätte bei einigen Plastiken nicht vermeiden können, daß die Überbetonung des Charakteristischen nicht ins Typische gesteigert wurde, sondern in die Karikatur abgeglitten sei. So „muß uns aber ‚der verunglückte Bergarbeiter' bei Koelle nochmals verunglückt erscheinen. Der Ausdruck ausgemergelter Schwerarbeiter weist weniger auf die Möglichkeit einer demnächst in Abwehr und Kampfesenergien umschlagenden Klassenbewußtheit hin, als vielmehr ins fortgeschrittene Stadium der Überlastung, das des Zerfalls, des Lumpenproletarischen. So erscheint uns der ‚Hüttenarbeiter 1931' nah an der Grenze einer Kaschemmenerscheinung." (360) Der Autor erwartete einen „Bergarbeiter von Fritz Koelle, der uns nicht nur von der schweren Last seines Berufes, seiner Unterdrückung im Kapitalismus erzählt, sondern vom erwachten Bewußtsein seiner Kraft und seines wahrhaft proletarischen Adels, der ihm seiner Stellung im Produktionsprozesse nach zukommt." (361)

Es ist erschreckend, wie genau Fritz Koelle die Forderungen des vorgenannten Kritikers vom neuen Kunstverständnis in Zukunft erfüllen wird. Zu sehen ist der Grund dafür in der tiefgreifenden Staats- und Gesellschaftskrise, der Machtergreifung der NSDAP, Koelles eigener wirtschaftlich ungeklärter Lage und seiner enttäuschten Hoffnung auf Akzeptanz seiner Arbeiterplastik durch das neue System. Zuerst aber wehrt er sich noch mit den ihm zur Verfügung stehenden Mitteln gegen jegliche Anfeindungen seiner Kunst, denn Koelle ist fest überzeugt von seinem Rollenverständnis des deutschen Arbeiters und seiner realistischen bildhauerischen Wiedergabe.

III. Koelles Schaffen im Nationalsozialismus – 1933 bis 1945

Die Arbeiterplastik – von der Entartung zur Anerkennung

Der Kulturbolschewist (1933)

Während sich in Deutschland gravierende politische Veränderungen vollzogen – am 30. Januar 1933 ernannte Reichspräsident Paul von Hindenburg Adolf Hitler zum neuen Reichskanzler – mußte Fritz Koelle sich bereits Anfang Januar wegen physischer und psychischer Erschöpfung zu einem Erholungsaufenthalt nach Mösern bei Seefeld in Tirol begeben. Nach jahrelanger uneingeschränkter Produktivität befand er sich auf einem Tiefpunkt. Im Jahr zuvor war er schon einmal mit seiner Frau hier gewesen. Sie konnte ihn aber diesmal nicht begleiten, da sie hoch schwanger war. So erhielt sie per Brief regelmäßig Anweisungen von ihrem Mann, wie sie sich in welcher Situation zu verhalten habe. Das oberste Gebot war das Leugnen seines wirklichen Aufenthaltsgrundes in Tirol und statt dessen die Verbreitung der Nachricht an alle Kontaktpersonen, gleich ob aus der Familie oder der Berufswelt, er halte sich bei Verwandten auf beziehungsweise er sei in Berlin.

Dem Generaldirektor der Bayerischen Staatsgemäldesammlungen, Friedrich Dörnhöffer, sollte sie auf seine Anfrage hin so ungefähr zwölf ihrer Arbeiten zur Auswahl bringen und gleichzeitig Zeichnungen von ihrem Mann anbieten, die dieser nach seiner Rückkehr persönlich zeigen werde. In seinem Atelier sollte sie in der Zwischenzeit nach dem Rechten sehen: „gell grüß mir meine Leute alle, den Weber, Bastian usw. und sperr wieder gut zu." (1)

Da es Unstimmigkeiten mit der Bezahlung der Erzgießerei Adalbert Brandstetter gab, forderte Koelle seine Frau auf, keine Anzahlung für die zum Guß eingelieferte Figur (dabei handelte es sich um den „Hammermeister", den Koelle 1932 gestaltet hatte) zu leisten. „Brauchst ihm ja nichts zu sagen, als daß er an der Figur bleiben soll und sauber ausführen. Laß Dir nichts anmerken, daß er kein Geld bekommt. Mach ihm nur die Nase lang, von Berlin, aber nichts Näheres sagen." (2)

Elisabeth Koelle-Karmann wurde von ihrem Mann auch angewiesen, einen in ihrer Verwandtschaft versprochenen Portraitauftrag terminlich zu verschieben und dieses mit ihrer Person zu begründen: „wenn ich jetzt heimkomme, mag ich glaube ich wirklich nicht Onkel Hugo anfangen" und „es muß absolut so aussehen, als ob es Dein alleiniger Wunsch ist, verstehst." (3) Denn ihr würde man die vorläufige Absage eher glauben, ohne verprellt zu sein, und der Auftrag, auf den sie wegen des Geldes angewiesen waren, wäre nicht gefährdet. Fritz Koelle schob nicht nur seine Verantwortung auf seine Frau und veranlaßte sie zu seiner Wahrheitssicht, sondern suggerierte sie ihr auch als ihre eigene Sichtweise: „Schreib halt recht nett und ich glaube, es ist Dir doch auch lieber." (4) Damit aber nicht genug. Elisabeth Koelle-Karmann wurde genau instruiert, was und wie sie zu schreiben hatte.

Diese nicht unproblematischen Gedankengänge – an dieser Stelle exemplarisch wiedergegeben – deuten bereits Koelles zunehmende opportunistische Sicht- und Handlungsweise unter Vereinnahmung seiner Mitmenschen an.

Koelles Erholungsprozeß zog sich länger hin als geplant, obwohl ihm „die Luft täglich besser" bekam, er „dieses unsichere Gefühl" nicht mehr verspürte, auch nicht den Schwindel des letzten Sommers. Und „an den Baldriantee" hatte er noch gar nicht gedacht, „viel weniger getrunken". (5) Aber dennoch war er drei Tage nach seinem eigenen Geburtstag am 13.3.1933 bei der Geburt seines Sohnes Fritz junior (in der weiteren Korrespondenz „Fritzl" genannt) in München nicht anwesend. Er gratulierte seiner Frau mit einem großen Strauß Tulpen zur Geburt ihres Kindes. (Abb. 35 und 36)

In München überstürzten sich indes die Ereignisse: Ein Tag vor Koelles Geburtstag am Abend des 9. März 1933, des Tages der Machtergreifung in Bayern – als letztem aller deutschen Länder – besetzte die SA das Rathaus in München. Unter Führung des ehemaligen Stallknechts, Pferdehändlers und NSDAP-Stadtrats Christian Weber (6) wurde eine Hakenkreuzfahne vom Turm des besetzten Rathauses entrollt, unter der der nationalsozialistische Stadtrat Max Amann (7) den auf dem Marienplatz zusammenströmenden Menschen die Machtübernahme und die Ernennung General Ritter von Epps (8) zum Reichskommissar verkündete.

Am 12. März reiste Hitler nach München. Vor der Feldherrnhalle würdigte er die am 9. November 1923 gefallenen NS-Putschisten mit der Niederlegung eines Kranzes, auf dem die Worte standen: „Und ihr habt doch gesiegt!"

Im Völkischen Beobachter, dem Zentralorgan der NSDAP, (9) wurden die Forderungen nach Rücktritt des Münchener Oberbürgermeisters Karl Scharnagl immer deutlicher. Der kommissarische bayerische Innenminister, Gauleiter Adolf Wagner, (10) ließ ihm durch seinen Stellvertreter, Bürgermeister Dr. Hans Küfner, eine Rücktrittsaufforderung überreichen. Karl Scharnagl trat am 20. März von seinem Amt zurück, aber nur unter dem präzise formulierten Vermerk, daß er „unter Vorbehalt aller seiner Rechte nur der Gewalt weiche". (11) Noch am selben Tag wurde Karl Fiehler, Veteran des Novemberputsches und amtierender Stadtrat der NSDAP, (12) zum kommissarischen Ersten Bürgermeister ernannt. Das Amt des Oberbürgermeisters erhielt er im Mai und bekleidete es bis Kriegsende.

Auch zu Ostern war die junge Familie Koelle noch nicht vereint, denn es war keine leichte Erstgeburt für die 43jährige Elisabeth Koelle-Karmann, deren Sohn mit Kaiserschnitt geholt werden mußte. Sie verbrachte zwölf Wochen im Krankenhaus und war danach sehr geschwächt, so daß sie die anschließende Rekonvaleszenzzeit in St. Ingbert verbrachte, wohin ihr Mann ihr später folgte. Koelle, inzwischen nach München zurückgekehrt, schrieb seiner Frau ins Krankenhaus des Roten Kreuzes, Zimmer 29: „Ich will Dir, Du allerliebste, gute Lisl recht frohe Ostern wünschen, bleib fernerhin so tapfer, dann wird alles bald gut sein und wir können dann mitsammen für unser liebes und gutes Kind arbeiten ... ich komme bald zu Dir und unserem allerliebsten kleinen Osterhäsle. Sag unserem lieben Osterhäsle einen lieben Gruß vom Vater." (13) (Abb. 37 und 38)

Da es Koelle aufgrund seiner künstlerischen Schaffenskrise, einhergehend mit körperlicher Erschöpfung, nicht vergönnt war, bildhauerisch zu arbeiten, er aber für die gewachsene Familie, bei der die Frau in ihrer Mutterfunktion auch nicht mehr in gewohntem Umfang zum Unterhalt beitragen konnte, Geld benötigte, ergriff er jeden Strohhalm. Er bewarb sich um Unterstützung als notleidender Künstler und erhielt in der Künstlerhilfsaktion 1933 für seine Kleintierbronze „Junges Reh" von 1931 (WVZ 106) einen Betrag von 175 RM. In der Kategorie „Plastik" mußten sich 25 Bildhauer einen Betrag von 4675 RM teilen. (14) Auch auf der bereits unter nationalsozialistischer Aufsicht stehenden „Staatlichen Kunstausstellung München 1933" beteiligte Fritz Koelle sich lediglich mit seinem Selbstbildnis (WVZ 119) vom Vorjahr. (15)

Weitere Ausstellungsbeteiligungen nahm Fritz Koelle im Jahr 1933 nicht wahr, denn er hatte keine neue Plastik geschaffen, mit der er sich hätte vorstellen können. (16) Dafür versuchte

Koelle aber auf wenig rühmliche Art und Weise, für seine bereits geschaffenen Werke Interesse bei den neuen Machthabern zu wecken. Nach den politisch und ökonomisch unruhigen und unberechenbaren Zeiten der Weimarer Republik erhoffte er sich – wie viele mit ihm – von der neuen eindimensional ausgerichteten Reichsregierung eine Entspannung der innenpolitischen Lage und eine Basis für den Neuaufbau eines einheitlichen deutschen Staatssystems mit sicheren Lebens- und Arbeitsbedingungen. Koelle wünschte sich diese sicheren Verhältnisse um so mehr, da er inzwischen die Verantwortung für eine Familie mit Kind übernommen hatte. Fanden seine Arbeits- und Verkaufsangebote bisher nur auf kommunaler Ebene statt, hatte er die Zeichen der Zeit erkannt und wandte sich auf Anraten seines Mäzens Rudolf Schwarz direkt an die höchste Machtebene, indem er an Reichsminister Josef Goebbels schrieb. (17)

Koelle setzte sich gleich zu Anfang als großer Volksbildhauer der erdverbundenen Art ins rechte Licht und machte für seine notleidende Situation, die in dieser Ausprägung nachweislich nicht stimmte, andere Kräfte verantwortlich. Er stellte sich als Opfer dar (was er noch mehrmals in Anspruch nehmen wird); gleichzeitig aber entsprach er mit Nennung der „Schuldigen" gezielt den Feindbildern der Nationalsozialisten: Von den sozialdemokratischen Regierungen sei er in seinem Schaffen ständig zurückgesetzt worden, und der jüdische Kunsthandel hätte ihn von Anfang an boykottiert. Mit dieser Form des Andienens an die neuen Regimeinhaber vermittelte Fritz Koelle den Eindruck, als ob er den Ratschlag Oberst Schuchs aus Dortmund, „sich besser zu verkaufen", endlich umsetzen und mit den gewählten feindbildhaften Klischees „kundenorientiertes Marketing" bei Goebbels betreiben wollte, um seine Chancen auf Verkaufserfolg zu verbessern. Koelle beschränkte sich bei seinen Anschuldigungen auf Pauschalangaben, konkrete Sachverhalte trug er nicht vor. Dafür hatte er aber genaue Vorstellung, wie die Unterstützung Goebbels' auszusehen hätte: „Würden Sie mir behilflich sein, meine sämtlichen Arbeiten an geeigneter Stelle in Berlin der Öffentlichkeit zu zeigen, vielleicht zur Feier des Tages der Arbeit am 1. Mai 1934?" (18)

Der anbiedernde Tenor des Briefes und die untertänige Wortwahl lösen Befremden aus, aber sie sind Zeichen einer zeitabhängigen Erziehungsintention, und sie zeigen auch, daß Fritz Koelle von seinem Kunstauftrag als „Schilderer der Arbeit" und von seinen geschaffenen Figuren überzeugt ist und daß er sie mit allen ihm opportun erscheinenden Mitteln in dieser Ausformung und Aussage (und noch in keiner veränderten Weise!) den Rezipienten nahebringen will.

Das Gesuch an Goebbels wurde an den Reichsminister für Wissenschaft, Kunst und Volksbildung, Bernhard Rust, weitergeleitet; ob dieser jemals auf Koelles Schreiben reagiert hat, ist anhand der Aktenlage nicht erkennbar. Aber es ist eher davon auszugehen, daß Fritz Koelle keine Antwort erhalten hat, sich jedoch auf jeden Fall mit seinem Brief und den Fotos seiner Bronzeplastiken bei der jetzigen Regierung in Erinnerung gerufen hatte und er die Hoffnung auf einen Ankauf zu geeigneter Zeit nähren konnte. Das allein aber reichte ihm nicht aus. Er versuchte, seine Bittschreiben an die Regierung durch seine Kontakte zur Museumsszene noch zu untermauern, indem er sich auf Anraten Hofrat Pixis vom Münchener Kunstverein an den noch amtierenden Kustos der Nationalgalerie in Berlin, Professor Ludwig Thormaelen, (19) wandte, ihm eine Kopie seines Gesuchs an Goebbels zukommen ließ und ihn bat, sein Gesuch bei Goebbels befürwortend zu unterstützen. (20) Thormaelen leitete das Schreiben an seinen Nachfolger, Professor Alois Schardt, weiter und unterrichtete Koelle davon, daß sein Gesuch nach Eignung überprüft würde. (21) Nachdem es Professor Schardt vorgelegen hatte, beschloß dieser am 14.11.1933, es zu den Akten zu legen, (22) ohne daß für Koelle eine Präsentation seiner Werke in Aussicht gestellt wurde. Allerdings wußte Koelle sich an entsprechender Stelle vorgemerkt.

Um so härter mußte Koelle der Antrag des inzwischen rein nationalsozialistischen Stadtrats (23) vom 31.8.1933, der am selben Tag in der Stadtkanzlei abgegeben wurde, getroffen haben, seinen Blockwalzer aus dem Jahre 1929 vom Melusinenplatz zu entfernen und ihn als Beispiel bolschewistischer Kunst zu brandmarken. Gezeichnet war der Antrag von den beiden ehrenamtlichen Stadtratsmitgliedern [Franz Xaver] Schwarz und [Christian] Weber. (24)

Dieser Antrag wurde schon vor der beschlußfassenden Stadtratssitzung vom 12. September 1933 am 4. September im Völkischen Beobachter mit der Überschrift „Ein abschreckendes Beispiel bolschewistischer Kunstauffassung – Der Stadtrat entfernt das Denkmal auf dem Melusinenplatz" veröffentlicht, wodurch die bereits stattgefundene Entfernung suggeriert wurde. Der Antrag wurde im vollen Wortlaut wiedergegeben: „Die Stadtratsfraktion der N.S.D.A.P. hat folgenden Antrag eingebracht:
Wir beantragen:
Der Stadtrat beschließt:
1. Das Denkmal auf dem Melusinenplatz in der Siedlung Neuramersdorf wird unverzüglich von diesem Platz entfernt; ein geeigneter Ersatz für die Figur kann aus dem Fonds Künstlerhilfe nach einem dem Stadtrat vorzulegenden Entwurf beschafft werden.
2. Die Figur ist im Hofe des Stadtmuseums aufzustellen mit einer ausdrücklichen Beschriftung, aus der zu erkennen ist, daß es sich hier um ein abschreckendes Beispiel bolschewistischer Kunstauffassung handelt, die die neue Stadtverwaltung auf das entschiedenste ablehnt.
Begründung:
Das Denkmal stellt in seiner Auffassung eine Verhöhnung deutschen Arbeitertums dar. Die Gestalt auf dem Sockel scheint betrunken zu sein und trägt ein geradezu idiotisches Antlitz. Der Hersteller ist ein Bildhauer F. Kölle; die Figur stammt aus dem Jahre 1926.
Am 31. August 1933.
Stadtrat – Fraktion der N.S.D.A.P."

Die erste Reaktion auf den Antrag erfolgte von Eberhard Hanfstaengl, dem noch amtierenden Direktor der Städtischen Kunstsammlungen, der ihn auch schon am 31.8.1933 vor sich liegen hatte. Hanfstaengl selbst war es, der 1929 die Gemeinnützige Wohnungsfürsorge A.G. München fachlich bei der Auswahl einer für den Melusinenplatz geeigneten Figur beraten und dabei für Koelles Blockwalzer votiert hatte. Er machte deutlich, daß an Koelles Integrität als Arbeiterbildhauer keine Zweifel bestünden, zog sich aber bei der künstlerischen Bewertung des Blockwalzers aus der Verantwortung: „Man wird [Koelle] also zubilligen müssen, dass er sich ernsthaft und aus tiefem Mitempfinden diese künstlerische Aufgabe gestellt hat, allerdings in einer stark realistischen Formensprache. Über diese künstlerische Form und auch darüber, ob gerade diese Figur eine besonders gute Leistung ist – zudem wird sie durch die Aufstellung auf dem großen Platz beeinträchtigt – kann man durchaus geteilter Meinung sein, aber den aufrichtigen und ernsten künstlerischen Willen Koelles darf man nicht in Zweifel ziehen." (26) Und von einer Aufstellung des Blockwalzers im Hof des Stadtmuseums bat er Abstand zu nehmen, da die Plastik dem Charakter des Hauses, in dessen Innenhof zukünftig historische Baudenkmäler Platz finden sollten, widerspreche.

Zwei Tage später, mit Erscheinen des diffamierenden Artikels im Völkischen Beobachter, wandte sich Ministerialrat Konrad Sterner, der seinerzeit Oberbürgermeister Scharnagl Koelles Arbeiten für eine Aufstellung im öffentlichen Raum empfohlen und die Plazierung des Blockwalzers mit initiiert hatte, an den neuen Oberbürgermeister Karl Fiehler und setzte sich ohne Wissen Koelles für diesen und sein Œuvre ein und bezeichnete es als Fehlurteil „Koelle eine bolschewistische Kunstauffassung vorzuwerfen", (27) auch wenn über Koelles Arbeiten kontrovers diskutiert werden könnte. Aber Sterner kannte „keinen Künstler, der den Berg- und Hüttenarbeiter lebenswahrer und tiefer schildert[e] als Koelle." (28) Zur Untermauerung seines Standpunktes nannte Sterner die diversen Museen, die in Besitz von Koelle-Plastiken waren, sowie die Bayerischen Berg-, Hütten- und Salzwerke A.G. in München, für die er den „Bergarbeiter vor der Einfahrt" angekauft hatte, und verwies auf das Interesse der Industrie an Koelles Kunst durch Geheimrat Böhringer vom Bayerischen Industriellen-Verband, Generaldirektor Albert Vögler von den Vereinigten Stahlwerken und den Leiter des Deutschen Instituts für nationalsozialistische technische Arbeitsschulung, die sich allerdings nie zu einem Kauf entschieden. Sterner formulierte seine Bitte dahingehend, daß der Antrag des Stadtrats erst einer genauen fachlichen Überprüfung unter anderem durch die Direktion der Städtischen Kunstsammlungen bedürfe.

Koelle erreichte die Nachricht von der beabsichtigten Entfernung seines Blockwalzers in St. Ingbert, wo er sich zu Studienzwecken aufhielt. Umgehend verfaßte er ein umfangreiches Schreiben an Oberbürgermeister Karl Fiehler, in dem er sich fast um Kopf und Kragen redete, sich in Anschuldigungen erging und in Widersprüchen verfing und sich im Rahmen seiner selektiven Wahrnehmung seine eigene Realität zurechtlegte: Um den Vorwurf der bolschewistischen Kunstauffassung zu widerlegen, behauptete er pauschal, daß es gerade die Kommunisten und Sozialisten waren, die seine Werke ablehnten und seine Arbeiten in den Berliner Ausstellungen nie vom „Vorwärts" oder der „Roten Fahne" Erwähnung gefunden hätten, „weil es eben keine Kunst in ihrem Sinn war", (29) was definitiv nicht stimmte. Gerade die „Rote Fahne" hatte ihn gelobt als „Könner, der Herz und Faust am rechten Fleck hat." (30) Koelles Arbeiterplastiken waren in den zwanziger Jahren von beiden politischen Richtungen für sich reklamiert worden; er wußte es, denn er sammelte akribisch alle Presseveröffentlichungen über sich, und er genoß es, beachtet zu werden.

Alles, was in den Ruch kam, der neuen nationalsozialistischen Regierung nicht genehm zu sein und Koelle jetzt Nachteile einzubringen, mußte negiert werden. Die linke Presse hatte nie über ihn berichtet, die „Kollegen, die damals [der] Südseekunst (bolschew. Kunst) geradezu huldigten, als diese Art bei einigen Kunsthändlern Mode war", (31) lehnten ihn ab und er ihre Kunstauffassung natürlich auch. In der neuen Situation bemühte er für seine Zwecke die NSDAP und ihre Repräsentanten. Koelle wies ausdrücklich darauf hin, daß er bereits im Oktober 1932 anläßlich seiner Kollektivausstellung im Münchener Kunstverein die NSDAP persönlich einlud und daß Professor Ferdinand Liebermann (32) als „jahrelanges Mitglied der NSDAP" (33) und Mitveranstalter der Ausstellung sich lobend über den jetzt diffamierten Blockwalzer ausgesprochen habe und Professor Hans Ebner, der Vorsitzende der Kulturabteilung der NSDAP sämtliche Arbeiten von ihm auf der Ausstellung betrachtet und befunden habe: „Das ist ja gerade die Kunst, die wir wollen." (34) Auch der Bildhauer Professor Richard Knecht (35) wurde von Fritz Koelle für sein Renommee beansprucht und fälschlicherweise auch als NSDAP-Mitglied bezeichnet.

Dem Ratschlag, selbst der NSDAP beizutreten, leistete Koelle standhaft keine Folge. Er entzog sich stets politischen Aktivitäten, denn er verabscheute die Teilnahme an (partei-) politischen Veranstaltungen. Nach außen hin rechtfertigte er seinen Nichteintritt mit seiner wirtschaftlichen Notlage, da er seit 1930 kein Einkommen mehr habe, was nachweislich nicht der Wahrheit entsprach: Koelle erhielt seine monatlichen Zuwendungen von Rudolf Schwarz, er verkaufte 1931 den „Hockenden Bergarbeiter" für 800 RM an die Städtische Galerie in München (über die Spende der Firma Knorr & Hirth), erhielt ein Reisestipendium von 400 RM für 1931, und auch den Blockwalzer – um den es in diesem Fall ging – verkaufte er 1931 an die Gemeinnützige Wohnungsbau A.G.

Koelle bezeichnete sich pauschal als Opfer von Kollegenneid. Seine ökonomische Notsituation brachte er in Verbindung mit der „gemeine[n] Hetze" nie von ihm namentlich benannter „Kollegen gegen [sein] Schaffen, da [er] einer der erfolgreichsten Bildhauer war", dessen Plastiken „allen Volksschichten verständlich" waren, da „es sich bei [seinen] Arbeiten um Volkskunst im wahrsten Sinne handelt[e]." (36) Diese Aussage deckte sich mit seinem Schreiben an Goebbels vom 13. Juli: „Ich machte deutsche Volkskunst und so bekam ich Feinde." (37) „Die Bekämpfung meiner Arbeiten ist ja nicht erst seit der Regierung des Hr. Reichskanzlers Hitler, sondern reicht schon mehrere Jahre zurück, sie ist nicht nur in München sondern auch in Berlin, weil ich überall mit meinen Arbeiten den größten Erfolg hatte." (38)

Den Widerspruch in seiner Briefaussage, sich einerseits als einen der erfolgreichsten Bildhauer darzustellen, andererseits aber auf seinen ersten und zugleich letzten Erfolg 1927 in Berlin zu verweisen, schien Koelle nicht zu erkennen. Seinen Erfolg als Arbeiterbildhauer konnte er von der kontinuierlich positiven Rezeption durch Fachpresse und -publikum ableiten, seine ökonomische Erfolglosigkeit aber schrieb er pauschal seinen Kollegen zu: „Der Kampf hier in München gegen meine Arbeit hat solche Formen angenommen, daß ich machtlos gegenüberstehe". (39) Dieser Brief macht in überzeugender Weise Koelles Position als Opfer deutlich, als das er sich ständig sieht. Eine Gruppe nie genannter feindlicher Kollegen führt einen gleichfalls nie definierten Kampf gegen ihn und sein Werk. Koelles symptomatische Opferrolle und sein Mißtrauen müssen ebenso in seiner Genese begründet liegen wie sein Obrigkeitsverhalten, das ihn – offensichtlich Erfolg verheißend – dazu bewegt, sich an höchste (politische) Stellen zu wenden, ob mit Beschwerden, Bitten oder mit Anpreisung seiner Person und seiner künstlerischen Arbeit. Dabei nimmt er wiederum Personen mit Rang und Namen zu seiner Reputation als Bildhauer in Anspruch und umgibt sich auch mit Persönlichkeiten wie dem König von Italien oder Mussolini.

Die reale politische Situation verkennend, wendet sich Koelle direkt an die neuen Machthaber und sieht in ihnen die neuen Hoffnungsträger. Doch in seiner politischen Naivität übersieht er, daß aus dieser Richtung, von tumben Machtmenschen (wie Christian Weber) das vernichtende Urteil über seine Kunst ausgeht und nicht von seinen Kollegen. Statt sich gestärkt durch eine kollegiale Gemeinsamkeit gegen die unsachliche Kritik des Regimes an ihrer Kunst zur Wehr zu setzen, wählt Koelle ebenfalls den Weg der Diffamierung von Kollegen, linker Presse, avantgardistischer Galerien und von jüdischem Kunsthandel. Mit seinem Selbstzeugnis der „allen Schichten verständlichen Volkskunst" und der „erdverbundenen Art seines Schaffens" setzt sich Koelle deutlich von jeglicher modernen Kunstrichtung ab, diskreditiert sie sogar mit seinem Urteil, die „Südseekunst" einiger Kollegen sei „bolschewistische Kunst", einem Urteil, dem sein Blockwalzer selbst zum Opfer fällt.

Auch die Bayerische Staatszeitung, in der im Jahr zuvor in der Reihe „Von Münchener Künstlern und ihrem Schaffen" in der 84. Folge ein umfangreiches wohlwollendes Portrait von Fritz Koelle und seiner Frau durch Peter Breuer gezeichnet worden war, (40) wußte bereits am 6.9.1933 zu berichten, daß die Figur des Blockwalzers Gegenstand eines von den Stadträten Weber und Schwarz im Stadtrat eingebrachten Antrags war und unverzüglich entfernt und durch ein neues Denkmal ersetzt werden sollte. Der namentlich nicht genannte Autor beschrieb zuvor die Figur und nannte zwei plumpe Schuhfragmente und ein betont häßliches Gesicht, ließ sich selbst aber weiter zu keinen vernichtenden Aussagen hinreißen wie im Völkischen Beobachter, schloß sich jedoch dessen Charakterisierung und Kritik einer verschrobenen realistischen Kunst an und wunderte sich, warum dieses „unfreundliche Denkmal überhaupt aufgestellt wurde." (41) Der Verfasser dieser Zeilen zählte zweifelsohne zu den Rezipienten, die bereits bei der Aufstellung der Plastik im Jahre 1931 in ihr eine Erniedrigung des Arbeiters empfunden hatten, so wie schon zu dem Zeitpunkt ein die Figur befürwortender Rezensent angedeutet hatte (Vgl. Kap. II 1931).

Selbst in der Nürnberger Presse wurde der Blockwalzer unter dem Titel „Die ‚neue' Kunst des alten Systems" abgebildet und mit folgenden Worten in den Schmutz gezogen: „Dieses sonderbare ‚Denkmal' der Arbeit auf dem Melusinenplatz in München, das durch den Gesichtsausdruck des dargestellten Arbeiters eine grobe Verunglimpfung der deutschen Arbeiterschaft ist und schon viel Ärgernis erregte, wird beseitigt und als Zeuge marxistischer Kunstverirrungen in einem Museum aufbewahrt." (42)

Welche ikonographische Aussage ging von dieser Arbeiterplastik (WVZ 95) aus, die die Gemüter einiger derart erhitzte und sie zu solch vernichtenden Urteilen trieb?

Ein nicht mehr ganz junger lebensgroßer Arbeiter mit nacktem Oberkörper und einer bodenlangen, um den Körper geschwungenen Lederschürze, die vorn ein wenig gewölbt auf großen Lederschuhen aufliegt, steht mit gekreuzten Beinen und stützt sich dabei mit beiden Händen auf sein Arbeitsgerät – die Gabel. Sein Kopf ist leicht erhoben und nach rechts gewendet, über den Betrachter hinaus schauend. Die Attribute Lederschürze und Eisengabel weisen ihn als Hüttenarbeiter beziehungsweise Blockwalzer aus.

Der muskulöse Oberkörper gibt einen plastisch detailgetreu mit Behaarung und Brustwarzen herausgearbeiteten Brustkorb frei, mit stark hervortretenden Schlüsselbeinen und Schulterrundungen. Der Rücken ist minimal gerundet, die tieferliegende Wirbelsäule wird flankiert von herausstehenden Schulterblättern und Muskelwölbungen. Auch die Ober- und Unterarme sind von kräftiger Muskulatur geprägt. Dieser Arbeiter unterscheidet sich körperlich deutlich von Koelles ausgemergeltem Hüttenarbeiter/Blockwalzer „Wagner mit Zange" (WVZ 88) von 1928 oder von seinem Urahn (WVZ 101), ebenso von seinen eher mageren Figuren des Bergmanns (mit Lampe) von 1930 (WVZ 102) und des Hüttenarbeiters von 1931 (WVZ 112). Er kann als wohlgenährt und Kraft ausstrahlend bezeichnet werden, ohne dabei kraft- oder muskelprotzig zu wirken, sondern er birgt eine durch die Schwere seiner Arbeit erworbene Körperkraft in sich, die er in 45jähriger Tätigkeit in den Röchling-Werken in Völklingen erworben hatte.

Die den Unterkörper verhüllende Lederschürze ist vorn auf dem Bauch, waagerechte Falten werfend, gebunden und springt rückseitig bei der Überlappung mit einer Falte auf und unterstreicht so die Achse des Körpers. Durch die leicht aufgeraute Struktur auf der Vorderseite des Lederschurzes hindurch werden die Oberschenkel der gekreuzten Beine angedeutet. Das rechte Bein übernimmt den Part des Standbeins, während das linke nur auf den Außenrist des Fußes abgestützt ist. Die dadurch hervorgerufene labile Haltung wird durch das Aufstützen auf die mannshohe Eisengabel wieder aufgefangen. Mit einem kräftigen gegenläufigen Griff beider Hände, der jeden einzelnen Fingerknochen hervortreten läßt, hält der Blockwalzer die Gabel und stützt sich mit seinem gesamten Körpergewicht darauf ab, was durch das Muskelspiel des Oberkörpers verdeutlicht wird. Die Gabel ist diagonal zum Körper geführt, dadurch ergibt sich sowohl in der Front- als auch in der Rückansicht ein kompositorisches Dreieck. (43) Diese Figur will „umrundet" werden. (Abb. 39 bis 41) Aus jeder Perspektive bietet sie eine spannungsreiche Ansicht, bekräftigt durch die unregelmäßig eckig und gerundete Plinthe, in deren beiden äußeren Punkten der Hüttenarbeiter seinen Stand und die Gabel mit beiden Zinken ihren Einstich findet und in der Mitte einen Freiraum bietet.

Diese lebendige Haltung, die einen interessanten kompositorischen Kontrast zu Koelles meist aufrecht stehenden Arbeiterfiguren in klassischer Ponderation bildet, brachte dem Blockwalzer die Charakterisierung der „Betrunkenheit" durch die NSDAP-Stadträte ein. Der von ihnen als „idiotisches Antlitz" diffamierte, markant modellierte Kopf mit seinem spärlichen Haarkranz, großen knorpeligen Ohren, einer kräftigen gebogenen Nase mit breiten Nasenflügeln, weit auseinander stehenden Backenknochen, über denen sich die Haut spannt, einem buschigen Oberlippenbart und tief liegenden Augen, die von kräftigen zusammengezogenen Augenbrauen und ausgeprägten Tränensäcken eingerahmt werden, verrät einen erwartungsvoll angespannten Gesichtsausdruck, der zusätzlich durch die beiden senkrechten Stirnfalten und die an beiden Schläfen angeschwollen hervortretenden Adern gesteigert wird. Auch wenn dieser Arbeiter seine Augen nicht weit geöffnet hat, behält er dennoch das Geschehen aus den Augenwinkeln im Blick. (Abb. 42)

Koelle hat bei seiner Gestaltung genau den Augenblick zwischen Verharren in kurzer Rast und „auf dem Sprung sein" gewählt. Die labile Körperhaltung, das Aufstützen auf und die Griffstellung der Hände um den Gabelstiel offenbaren eine kurze Zwischenruhe, die sofort zugunsten der nächsten Aktivität aufgegeben werden kann. Die gesamtkörperliche Muskelanspannung und der Gesichtsausdruck verraten die Erwartungshaltung auf den kurz bevorstehenden nächsten Arbeitsschritt, die Bereitschaft zuzupacken, wenn der Block kommt.

Der Körper ist zwar von seiner harten körperlichen Arbeit geprägt, weist aber nicht die geringsten Erschöpfungsanzeichen auf. Dargestellt ist ein erfahrener, Souveränität und Individualität ausstrahlender Arbeiter im Vollbesitz seiner körperlichen und geistigen Kräfte. Trotz der selbstbewußten, positiv gestimmten Darstellung des Blockwalzers, der in keiner Form auch nur ansatzweise eine „Verhöhnung des deutschen Arbeitertums" andeutet, war den NS-Kritikern die schonungslos realistische Wiedergabe eines Schwerstarbeiters nicht genehm. Weil dieser Hüttenarbeiter die von ihnen geforderte „geistige Überhöhung" und „Heroisierung" nicht aufwies, wurde er „auf das entschiedenste" abgelehnt.

Da der „Blockwalzer" neben dem „Bergmann vor der Einfahrt" zu diesem Zeitpunkt die einzig öffentlich aufgestellte Arbeiterplastik Koelles war, entlud sich die vernichtende Kritik und Diffamierung nur gegen diese Figur, ansonsten wären auch all seine von der Kunst-Fachwelt gewürdigten, sozial-emanzipierten naturnahen Arbeitergestalten der Weimarer Republik dieser kunstkritischen Willkür anheim gefallen.

Am 12. September 1933 begann um 9 Uhr die 12. (öffentliche und geheime) Sitzung des Stadtrates der Landeshauptstadt München unter dem Vorsitz von Oberbürgermeister Karl Fiehler im Beisein von Bürgermeister Dr. Küfner. Neben drei berufsmäßig rechtskundigen und technischen Stadtratsmitgliedern nahmen 37 ehrenamtliche Mitglieder teil, darunter die Antragsteller, Schwarz und Weber. Der Beginn der öffentlichen Sitzung wurde auf 9:36 Uhr festgelegt und ihr Schluß auf 9:45 Uhr. Als letzter Antrag der Sitzung unter der Nr. 17 der NSDAP wurde die Entfernung des „Blockwalzers" vom Melusinenplatz gefordert. (44) Nachdem keiner der anwesenden NSDAP-Stadträte eine weitere Stellungnahme abgab, bat Christian Weber mit dem nachdrücklichen Verweis, daß die Arbeiterplastik „seinerzeit von der Wofag, also nicht von der Stadt und nicht vom Kunstbeirat aufgestellt worden" war, um Zustimmung zu diesem Antrag, die daraufhin erfolgte. (45) In der Bayerischen Staatszeitung, die bereits am 6.9.1933 mit ihrem Artikel „Weg mit bolschewistischer Kunst!" über den ausstehenden Antrag der NSDAP-Stadträte berichtet hatte, erfolgte die Mitteilung, daß auch im Hauptausschuß des Stadtrates „Bürgermeister Dr. Küfner die Beseitigung des Denkmals und seine Magazinierung" gefordert hätte mit dem Vermerk, daß das „Denkmal von der Wohnungsfürsorge AG aufgestellt wurde und damit weder der Stadtrat noch der Kunstbeirat etwas zu tun hätten." (46)

Im geheimen Teil der Stadtratssitzung vom 12. September 1933 brachte Bürgermeister Dr. Küfner unmittelbar vor dem Antrag zur Entfernung des Blockwalzers einen weiteren Punkt als Nachtrag für die öffentliche Sitzung ein, der in aller Deutlichkeit auf die zukünftige, brutale Form der politischen Propaganda verwies und die politische Marschroute angab, auf der sich auch die Münchener Künstler zu bewegen hatten. Küfner erinnerte daran: „Anfang Mai 1934 werden 15 Jahre vergangen sein, seit unsere Landeshauptstadt von jüdisch-bolschewistischer Räteherrschaft befreit wurde. Freikorps aus allen deutschen Gauen haben damals durch ihr opferbereites Eingreifen die Stadt München vor weiterer Verwüstung und weiterem Menschenmorden bewahrt. Dem jüdisch-bolschewistischen Sadismus waren bereits zahlreiche Münchener Bürger zum Opfer gefallen. Bei dem Kampf um die Befreiung Münchens mußten Hunderte von Freikorpskämpfern und Münchener Bürgern ihr Leben lassen. Es ist eine Ehrenpflicht der Stadt München und ihrer Bürger, zum ewigen Gedenken an die Befreiung von entmenschten Horden denen, die bei diesem Befreiungswerk Blut und Leben gegeben haben, ein würdiges Denkmal zu setzen. ... Es entspricht sowohl der Größe und der geschichtlichen Bedeutung der Befreiungstat als auch der Bedeutung Münchens als Kunststadt, wenn aus diesem Anlasse ein Monumentalwerk von Künstlerhand geschaffen wird." (47)

Vorgesehen war ein Wettbewerb unter den Münchener Bildhauern, zu dem Küfner einen Grundstock von 10 000 RM aus dem „Fonds zur Anschaffung von Werken der bildenden Kunst" beantragte. Weil dieser Betrag die Herstellungskosten bei weitem nicht decken würde, sollte die Bevölkerung in entsprechenden Aufrufen zur Unterstützung aufgerufen werden, „da sicher alle den Wunsch haben, bei der Schaffung eines solchen Denkmals mitbeteiligt zu sein", (48) wie Küfner mutmaßte. Da niemand der Anwesenden das Wort zu diesem Antrag wünschte, wurde er genehmigt.

Das Delikate an dieser Angelegenheit war, daß auch Fritz Koelle, dessen Blockwalzer als Beispiel bolschewistischer Kunstauffassung im nachfolgenden Antrag genau dieser Sitzung beseitigt werden sollte, sich an der Wettbewerbsausschreibung für das Befreiungsdenkmal beteiligen wird, fest entschlossen, endgültig den Vorwurf gegen ihn, er habe eine bolschewistische Kunstgesinnung, zu widerlegen und seine verbalen und schriftlichen Rechtfertigungsbemühungen bildlich zu untermauern, da all diese Versuche bisher erfolglos verlaufen waren. Doch der Stadtrat hatte seinen Kurs festgelegt, den er bürokratisch Schritt für Schritt verfolgte. Und um ihm das notwendige Gewicht zu verleihen, war die geplante Entfernung des Blockwalzers nicht nur propagandistisch in der Presse aufbereitet worden, sondern wurde auch durch den Rundfunk verbreitet.

Nachdem die Eigentumsverhältnisse mit der Gemeinnützigen Wohnungsfürsorge AG geklärt worden waren, die Kostendeckung von 200 RM für den Abbau der Figur gesichert war (der Betrag wurde vom Rest des Betriebsrückhaltes für 1933 beantragt, für dessen Verrechnung eigens eine neue Kostenstelle unter „TVZ 72 Bildende Kunst und Kunstgewerbe" geschaffen werden mußte) und alle Stadtratsdirektorien – auch die Direktion der Städtischen Kunstsammlungen unter Eberhard Hanfstaengl – ihr Einverständnis gegeben hatten, passierte der Beschluß den Hauptsenat in geheimer Sitzung, (49) und bereits am 17.10.1933 konnte dem Stadtratsdirektorium B die Entfernung der Plastik samt Sockel und ihre Magazinierung im städtischen Bauhof in der Plinganserstraße 90 mitgeteilt werden. (50 und 51)

Ein Beweis dafür, daß das System der Bespitzelung und Diffamierung zum eigenen Nutzen auch unter der Münchener Künstlerschaft schon hervorragend funktionierte, ist das peinliche Schreiben des Bildhauers Hermann Leipold (52) an Bürgermeister Hans Küfner: „Laut Beschluß des Hauptausschusses v. 15. ds. soll die am Melusinenplatz in Neuramersdorf aufgestellte Bronzefigur entfernt werden. Ich möchte hierdurch zur Ersatzbeschaffung den ergebenen Antrag stellen: Der Herr Bürgermeister möge veranlassen, daß zur Erlangung von Entwürfen, bezw. Auftragerteilung, etliche, in München lebende Bildhauer, zu einem kleinen Wettbewerb eingeladen werden und zwar aus den Reihen derer, die Frontsoldaten waren (Kriegsverletzte) und solche, die einer nationalen Kampforganisation angehören. Mit der größten Hochachtung Herm. Leipold Bildhauer Stiglmaierplatz No. 1" (53) Da die Stadt für Koelles Blockwalzer aber vorerst keinen Ersatz beabsichtigte, wie handschriftlich auf dem Brief vermerkt wurde, kam Leipold mit seiner Anbiederung nicht zum Zuge.

Zu Koelles Rehabilitierung verfaßte sein Mäzen, der Chemiefabrikant Dr.-Ing. Rudolf Schwarz ein neunseitiges langatmiges, Koelles Werdegang widerspiegelndes Schreiben, das er über die neu gegründete Reichskulturkammer (54) direkt an das Reichsministerium für Volksaufklärung und Propaganda in Berlin sandte, mit der Bitte, „wenn irgend möglich, diese Angelegenheit auch dem Herrn Reichsminister vorzutragen." (55) Zur Begründung seines Einsatzes für Koelle galt Schwarz seine persönliche Beziehung zu dem Künstler, die ihm eine eingehende Kenntnis dieses Menschen ermöglichte, „weil ich einer der wenigen, vielleicht der einzige, zu sein glaube, der nicht nur Koelles freies Schaffen von Anfang an gründlich kennt, sondern vor allem auch in sein Wesen und seine Gesinnung Einblicke tun konnte, die anderen versagt blieben." Schwarz kannte Koelle seit 1923, als er noch an der Akademie bei Hermann Hahn studierte. „Koelle und seine Frau, die Malerin ist, sind stille, in sich gekehrte, bescheidene Menschen, die sich kaum jemandem mitteilen. Ich lernte sie kennen, als sich beide buchstäblich durch's Leben hungerten und unterstütze sie seitdem bis heutigentags ... So kam es, daß sie sich mir offener anvertrauten und ich in ihr Inneres und die Art ihres Schaffens Einblicke tun konnte." (Abb. 43)

Da Schwarz „Einblicke in Koelles Inneres tun konnte, die anderen versagt blieben", wußte er um Koelles konservative Disposition und auch um die Möglichkeiten der Einflußnahme auf ihn. Eine finanzielle Mitverantwortung für den Künstler hatte Rudolf Schwarz bereits übernommen, so sah er es als freundschaftliche Geste und als Chance, Koelle im neuen System – Schwarz war überzeugter Nationalsozialist – zu der Erfolgsposition als erdverbundener, volksnaher und wahrhaft deutscher Bildhauer nach der Vorstellung des Führers zu verhelfen, von der Schwarz überzeugt war, daß sie Fritz Koelle zustand.

Der Tenor dieses Schreibens entspricht in weiten Teilen dem der beiden Briefe Koelles an Oberbürgermeister Fiehler (vom 10.9.1933) und Joseph Goebbels (vom 13.7.1933). Das Thema des Kollegenneids nimmt einen breiten Raum ein. So behauptete Schwarz, daß die „geflissentliche öffentliche Verbreitung" des Stadtrat-Antrags „nicht ohne Zutun niedrigsten Kollegenneids erfolgt sein kann" und daß „dieser bedauerliche Antrag von seiten mißgünstiger, konkurrenzneidischer Berufskollegen zum Schaden Koelles und zur Vernichtung seines guten Rufes ausgenützt werden kann." Schwarz beobachtete seit Jahren, daß bei anwachsender Popularität des Koelleschen Werks „auch der Kollegenneid anschwoll". In Berlin war es nach Schwarz' Aussagen der „inzwischen abgebaute Professor Edwin Scharff" (über den sich Max Liebermann 1928 im Gespräch mit Koelle bereits recht despektierlich geäußert hatte), „der gegen Koelle intrigierte". Und für München bezogen sich seine Andeutungen auf Bernhard Bleeker, der bei der Düsseldorfer Münchener Kunstausstellung in Düsseldorf im Jahre 1932 mit anderen mit der Aufstellung der Münchener Werke betraut war und eigenmächtig, ohne Rücksprache mit Fritz Koelle, dessen aktuelle, noch nie gezeigte Plastiken mit dem Argument des Platzmangels nach München zurückgesandt, seine eigenen sieben Arbeiten aber aufgestellt hatte. (56)

In der Abqualifizierung und Diffamierung der avantgardistischen Kunst waren sich Koelle und Schwarz einig: „Wo bolschewistische, sog. ‚moderne' Machwerke und ‚moderner'

Kitsch, ‚Südseekunst' und ‚Edelkommunismus' bei Kollegen, Kunstverbänden und zahlungskräftigem Publikum hoch im Kurse stehen ... und während andere, geschäftstüchtige Künstler, die heute auf einmal wieder ihren nationalen Kunstsinn entdeckt haben und anpreisen, auch damals recht gut lebten und nur selten auf Festbanketten fehlten ... ist Koelle stets ein aufrechter, anständiger, heimattreuer und vollkommen unpolitischer Mensch gewesen und geblieben, auch nie seinem künstlerischen Wesen untreu geworden. ... Lieber hungerte er, als daß er seinem Wesen fremde Plastiken nur der Konjunktur und materiellem Gewinn zuliebe geformt hätte, ganz zu schweigen von jeder Tendenz, die ihm vollkommen fremd ist. ... Er will nicht Symbolisches bewußt hineinlegen, keine Gedanken, geistige Anschauungen ... formen, sondern nichts anderes als die Natur und den Menschen, wie er sie sieht."

Mit dieser Charakterisierung wurde Schwarz Koelles bis dahin erlebter Wesensart als Mensch und Künstler allseitig gerecht, und man merkt ihr deutlich die Begeisterung und Hochachtung für Koelles Person an. Auch wenn Rudolf Schwarz urteilte, Koelle „ist kein ‚gebildeter, intellektueller' Mensch, sondern er hat sich die seiner Herkunft und seinem Werden eigene primitive, gesunde Art rein erhalten," traf er mit dieser Aussage Koelles Veranlagungen. Koelle, nicht aus dem Bildungsbürgertum, sondern aus einer Handwerkerfamilie stammend, war nicht von intellektueller, theoretischer Kompetenz dominiert, sondern ein pragmatischer, stark emotional geprägter Mensch, der sein „Herz auf der Zunge" trug, was ihm nicht nur Freunde, sondern auch Gegner, besonders aus der „gebildeten Kollegenschaft" einbrachte.

Um seine These vom reinen, „unverbildeten" Menschen zu erklären, verstieg sich Schwarz zu so absurden Behauptungen wie, Fritz Koelle habe sich keine kulturellen Veranstaltungen leisten und aus Geldmangel keine Bücher und Zeitungen kaufen können, „so daß sein Wesen durch derlei äußere geistige Nahrung in keiner Weise beeinflußt werden konnte." Behauptungen, die eher dem Wunschdenken von Schwarz entsprachen, denn Koelle nahm durchaus am kulturellen Leben der Stadt München teil, was sowohl Theaterveranstaltungen als auch seine regelmäßigen Ausstellungs-, Museums- und Galeriebesuche betraf. Und auch während seiner Reiseaufenthalte, zum Beispiel in Berlin, ließ er sich diese und auch zeitgenössische Theateraufführungen nicht entgehen. Ebenso verfolgte er akribisch alle Ausstellungsrezensionen in der Presse, über die er mit seiner Frau korrespondierte oder sie ihr zusandte. Auch über Bücher verfügte Koelle, verständlicherweise schwerpunktmäßig über Kunstfachliteratur. Mit aktuellen Schriftwerken versorgte sich Koelle bei Schwarz. So hatte er unter anderem auch 1924 Oswald Spenglers populäres zweibändiges kulturphilosophisches Werk (von 1918/1922) „Der Untergang des Abendlandes" gelesen. (Vgl. Anmerkung II-8 und -9).

Auch wenn ihm der theoretische Hintergrund und die Diskussionskompetenz für derartige Texte, wie Schwarz sie voraussetzte, fehlten, konnte man Koelle nicht das Interesse und die Bereitschaft an persönlicher Weiterbildung absprechen. Aber offensichtlich paßte es zu Schwarz' Programmatik seiner Rehabilitierungsbestrebungen für Fritz Koelle und sein Werk, ihn als möglichst unverdorben und jemanden, der sich seine „gesunde Art rein erhalten hat", darzustellen und als einen, der „geradezu berufen erscheint zu einem wahrhaften Vertreter deutscher Bildhauerkunst, wie er lauterer und volksverbundener gar nicht gedacht werden kann."

Und in ein solches Bild paßte die Bronzeplastik des Blockwalzers vielleicht doch nicht so ganz, mußte sich Schwarz eingestanden haben. Darum verteidigte er ihre Ausführung auch nicht, sondern gestand ein, „daß die Arbeiterfigur vom Melusinenplatz nicht nach jedermanns Geschmack sein mag." Außerdem gab er zu bedenken, „daß die inredestehende Figur ein Werk aus der frühen Entwicklungszeit Koelles (1926) ist und daß Koelle mit seinen neueren Figuren, wie jeder wirkliche Künstler, weit darüber hinausgewachsen ist. Man hätte daher die

Figur, wenn sie nicht gefiel, durch eine andere ersetzen können." In dieser vermeintlich diplomatischen Vorgehensweise ist eine faktische „Abqualifizierung" dieser Figur als Frühwerk des Künstlers von 1926 zu erkennen. Abgesehen von der falschen Datierung, die Schwarz wohl dem Stadtratsantrag entnommen hatte – der Blockwalzer entstand 1929 –, hätte er, der Koelle und sein Werk so gut kannte, wissen müssen, welch innere Beziehung Koelle zu seinen vollendeten Arbeiterfiguren hatte und gerade zu seinem Bastian, wie er den Blockwalzer – fast liebevoll – nach seinem lebenden Modell nannte, und Schwarz hätte erkennen müssen, daß es sich hierbei um eine der künstlerisch aussagekräftigsten lebensgroßen Arbeiterfiguren handelte.

Schwarz wußte es sicherlich. Aber bei dem vorprogrammierten Konflikt galt es, Schadensbegrenzung zu betreiben und sich konzessionsbereit auf höchster Ebene zu zeigen, um andererseits Forderungen stellen zu können. Dazu mußten Koelles Verdienste, von denen Schwarz wirklich überzeugt war, auch an entsprechender Stelle genannt werden: „Keinem anderen Bildhauer von Ruf ist es in den letzten Jahren eingefallen, unter Hintansetzung persönlicher Bequemlichkeit und Sicherheit wochenlang fast täglich eine ganze Schicht hindurch unter Tage zu hocken oder in den glühendheißen Walzenstraßen im Funkenregen zu verbringen und dort die Menschen bei ihrer heroischen Arbeit zu begleiten. Keiner hat solche Bildnisse zustandegebracht wie Koelle, dessen Schaffen das deutsche Volk den Besitz von Werken der Plastik verdankt, die nach Jahrhunderten noch lebenswahre Kunde geben werden vom Antlitz des handarbeitenden Menschen unserer Zeit."

Aus diesem Grunde war der Antrag des nationalsozialistischen Stadtrats in Schwarz' Augen „eine unverständliche Verirrung und für die Auffassung des neuen Deutschland undenkbar." Er verurteilte diesen Beschluß und die mediale Vorgehensweise zur Entfernung des Blockwalzers als eklatante Fehleinschätzung, die im krassen Widerspruch zu der Wertschätzung stand, die führende Persönlichkeiten der NSDAP Koelles Kunstschaffen entgegenbachten. Schwarz ließ keine Gelegenheit aus, die hierarchischen Strukturen der NSDAP bis hin zum Führer und deren Anerkennung Koelles als indirekte Drohung an den nationalsozialistischen Stadtrat in München zu nutzen: „Ich glaube, daß die führenden Männer der nationalsozialistischen Bewegung, die Koelle anders einschätzen als die Münchener Stadtratsfraktion, tief bedauern werden, daß Koelles Schaffen so verkannt und ihm Bitteres angetan wurde" und eine Rehabilitierung dringend notwendig sei, denn „es geht dabei um die Rettung der Ehre, Existenz und Zukunft eines deutschen Künstlers, der dem Führer selbst nicht unbekannt sein dürfte und dessen Arbeiten bei führenden Männern der NSDAP hohen Anklang gefunden haben; eines Künstlers, wie er nicht besser dem vom Führer in Nürnberg gezeichneten Bild eines wahrhaften deutschen Künstlers entsprechen kann."

Zur Bekräftigung einer Wahrnehmung Koelles durch Hitler nannte Schwarz die Aufenthalte Koelles in der Osteria: „Sicherlich erinnert sich der Führer seiner aus der Zeit, wo Koelle beim Mittagsmahl in der ‚Osteria' zu München oft in seiner Nähe saß, viel zu bescheiden, als daß er – wie ihm wiederholt geraten war – den Führer einmal um eine Sitzung gebeten hätte." Der Ratschlag, Hitler zu portraitieren, kam von Schwarz selbst, und Koelle wird ihn irgendwann aufgreifen, genau wie sein Lehrer Hermann Hahn, dessen Bronzebüste des Führers 1937 auf der „Großen Deutschen Kunstausstellung" im Haus der Deutschen Kunst in München gezeigt werden wird, wohingegen Koelles nicht angenommen wird.

Schwarz war von Hitlers Kunstverständnis auch dem Werk Koelles gegenüber voll überzeugt: „Wenn nach dem Willen des Führers jedem Künstler, gleichgültig was er bisher war, die Hand gereicht werden soll, der das Zeug in sich hat, an der Schaffung der wahren Kunst des neuen Deutschland mitzuwirken, so wird man auch von diesem Gesichtspunkt aus zu der Ansicht gelangen müssen, daß Koelle bitter Unrecht geschehen und auch dem ‚Kampfbund für Deutsche Kultur', (57) dessen Mitglied Koelle ist, kein guter Dient erwiesen worden ist." Die Aufnahme Koelles in diesen „Kampfbund" war mit Schwierigkeiten verbunden, da es Personen gab, die diesen wegen seiner angeblichen antinationalen Gesinnung verhindern wollten. Daraufhin wandte sich Fritz Koelle mit einer Beschwerde gegen Machenschaften Unbekannter an den bayerischen Kultusminister Hans Schemm, (58) von dem er eine Unbedenklichkeitsbestätigung seiner nationalen Haltung empfing.

Für Fritz Koelle, der seine Erdverbundenheit, Heimatliebe und sein nationales Bewußtsein als deutscher Volkskünstler offen kund tat, bedeuteten diese Denunzierungen eine gewichtige Kränkung seiner Ehre, ebenso wie die Mißachtung seiner Person bei den Feierlichkeiten zur Grundsteinlegung zum „Haus der Deutschen Kunst" am 15.10.1933, (59) zu der er keine Einladung erhielt. Diese Tatsache führte Schwarz auch in seiner Rehabilitierungsschrift an. Die Ehrverletzung „muß unbedingt unterbunden werden, soll nicht dem zu größten Hoffnungen berechtigenden künstlerischen Schaffen Koelles mit einem Schlage ein Ende bereitet werden." Seine Forderungen waren die Revision des Stadtratsbeschlusses oder eine öffentliche Rehabilitierung Koelles, die er mit Nachdruck der Reichskulturkammer gegenüber vertrat: „Deshalb bitte ich darum, die Angelegenheit prüfen zu lassen mit dem Ziele, das Koelle widerfahrene Unrecht wieder gut zu machen und diesem hart um seine Kunst ringenden Künstler wieder die Möglichkeit zu fruchtbarem Schaffen im Dienste der wahren Kunst des neuen Deutschlands zu geben."

Wohl um seinem Schreiben noch mehr Gewicht oder Glaubwürdigkeit zu verleihen, führte Schwarz zum Schluß eine Liste meist der NSDAP nahestehender Persönlichkeiten aus Kultur, wie Hans Schemm, Hans Ebner, Richard Knecht und Ferdinand Liebermann, und Industrie, wie Hermann Röchling und Albert Vögler, als Kunstsachverständige für Koelles Werk an, die sich größtenteils mit den von Koelle genannten Personen in seinem Schreiben an Oberbürgermeister Fiehler deckten. Bereits daran wird ersichtlich, daß Fritz Koelle die Ratschläge seines Mäzens und Freundes beherzigte und umsetzte.

Mit seinem Rehabilitierungsversuch Koelles erzielte Rudolf Schwarz einen Teilerfolg. Sein Schriftstück an das Ministerium für Volksaufklärung und Propaganda in Berlin wurde mit entsprechenden Anweisungen zuständigkeitshalber an das Bayerische Staatsministerium für Unterricht und Kultus in München weitergeleitet. In seiner Entschließung vom 29.11.1933 teilte Kultusminister Hans Schemm der Regierung von Oberbayern – Kammer des Innern – mit, da der „Bildhauer Koelle ein ernsthafter Künstler ist, dessen vaterländische Haltung und Gesinnung wohl nicht in Zweifel gezogen werden kann, wird dringend empfohlen, dieses Vorhaben nicht durchzuführen, da dadurch die Existenz des Künstlers gefährdet würde. Der Stadtrat wolle verständigt werden." (60)

Das „Vorhaben" bezog sich lediglich auf die Aufstellung des Blockwalzers im Hof des Stadtmuseums mit der Beschriftung als abschreckendes Beispiel bolschewistischer Kunstauffassung. Die bereits erfolgte Entfernung der Plastik vom Melusinenplatz war nicht Inhalt dieser Entschließung. Die Kammer des Innern leitete Schemms ministerielle Entschließung am 7.12.1933 dem Stadtrat Münchens mit dem Vermerk zu: „Die Anregung im Schlußsatz der Min. Entschließung wird der Beachtung des Stadtrates dringend empfohlen." (61)

Offensichtlich gab es Probleme auf dem Weg der dienstlichen Weiterleitung, denn Kultusminister Schemm wiederholte seine Entschließung am 19.12.1933 und versah sie mit folgendem Nachsatz: „Da sich Koelle mit anderen Werken einen guten Namen erworben hat, erscheint es angezeigt, die durch die erwähnte Veröffentlichung bewirkte Schädigung seines künstlerischen Wirkens in geeigneter Form wiedergutzumachen. Das Staatsministerium würde es begrüßen, wenn der Stadtrat München hierzu geeignete Mittel und Wege ergreifen würde." (62)

Auch in diesem Fall leitete die Kammer des Innern das Schreiben des Kultusministers an den Stadtrat der Landeshauptstadt München zur weiteren Veranlassung. Ebenfalls am 19.12.1933 erhielt Rudolf Schwarz ein Schreiben des Kultusministers Schemm, in dem er ihm den Stand der Dinge mitteilte und seine ministerielle Entschließung vom 29.11.1933 beifügte. Der Stadtrat Münchens hatte bereits am 15.12.1933 eine Bestätigung, daß das Denkmal vom Melusinenplatz entfernt und auf einem städtischen Bauhof abgestellt worden war und daß man von der Aufstellung im Hof des Stadtmuseums mit vorgesehener Beschriftung Abstand genommen hatte, an die Kammer des Innern bei der Regierung von Oberbayern weitergeleitet.

Koelle hatte inzwischen den Vorschlag von Rudolf Schwarz umgesetzt und einige ihm gewogene Persönlichkeiten aus dem Kunstbetrieb um ihre fachliche Stellungnahme zu seiner Arbeit als Bronzeplastiker vor dem Hintergrund der „Blockwalzeraffäre" gebeten. Professor Dr. Wilhelm Pinder, Ordinarius an der Universität München, (64) war „nie auf den Gedanken gekommen, daß die Kunst [Koelles] auch nur an irgendeiner einzigen Stelle sich mit bolschewistischer Gesinnung berühren könnte." Seiner Meinung nach war sie „von einem starken Gefühl für den deutschen Arbeiter inspiriert", und „eine nationalsozialistische Arbeiterpartei [könnte] in der mitfühlenden Darstellung selbst des leidenden Arbeiters, so jedenfalls, wie sie bei Koelle auftritt, höchstens die positive Seite dieses Mitgefühls bewerten. ... Eine Verwerfung der Koelle'schen Kunst als bolschewistisch [konnte er] nicht verstehen" und auch „nicht anerkennen". (65)

Dem neuen Generaldirektor der Bayerischen Staatsgemäldesammlungen in München und Nachfoger Friedrich Dörnhöffers, Ernst Buchner, war „der Vorwurf, daß [Koelles] ernste und charaktervolle Kunst kommunistische Tendenzen verrate oder daß sein krasser Naturalismus den deutschen Arbeiter verhöhne, ... schlechterdings unverständlich." Buchner erkannte, daß „neben dem eindringlichen Naturstudium, das [Koelles] Arbeiterskulpturen zeigen, ... doch der Wille und die Kraft zu einer großen, menschlich echten und monumentalen Gestaltung deutlich erkennbar" war. Buchner war überzeugt davon, daß Koelle „durch die öffentliche Brandmarkung seiner ... Plastik auf dem Melusinenplatz mit dem Stigma kommunistischen Geistes ein bitteres Unrecht geschehen" war. (66)

Auch Professor Dr. Carl Weickert von der Universität München und Hauptkonservator des Museums für Abgüsse klassischer Bildwerke wies die Vorwürfe gegen Koelle als bolschewistischen Künstler entschieden zurück. Für ihn zeugten Koelles Werke „von tiefem Ernst der Auffassung und von selten hohem plastischen Können." Dabei idealisiere Koelle seine Arbeiterfiguren keineswegs, sondern stelle sie realistisch von ihrer harten Arbeit geprägt dar, ohne dabei „eine naturalistische Abschrift der Natur" zu betreiben, „vielmehr treten seine Menschen durch sein starkes künstlerisches Temperament gestaltet wie Symbole der Arbeit mit ins Ungeheure gesteigerter Wirkungskraft vor unser Auge, und doch bleiben sie einfach und selbstverständlich wie Geschöpfe der Natur." Weickert fragte sich, ob es „eine Herabwürdigung der Arbeit oder des Arbeiters" sei, diesen von der Härte seiner Arbeit an Körper und Geist geprägten Menschen darzustellen. Er beurteilte Koelles Werk „als deutsche Kunst im besten Sinne des Wortes. Es zu unterdrücken heißt, die deutsche Kunst [zu] schädigen." Weickert wies darauf hin, daß sein Blick als Archäologe, geschult an der Antike, jede „tendenziös verfälschte Kunst, sei es nun Bolschewismus, der im Grunde antikünstlerisch ist, oder ... verlogener Idealismus", erkennen könnte und Koelles Kunst nichts davon aufwies. Dafür sah Weickert Fritz Koelle aber im Gefolge seines klassischen Erbes durch Adolf von Hildebrand „in der vordersten Reihe unserer deutschen Bildhauer" stehen. „Gute Maler haben wir Deutsche viele, gute Bildhauer wenige. Es gilt sie zu erkennen und ihr Werk zu fördern." (67)

Der Direktor der Staatsschule für angewandte Kunst in München, Professor Fritz Schmidt, der Koelle von seiner Ausbildungszeit her in den Jahren 1913 und 1914 an dieser Schule kannte, bescheinigte ihm eine Entwicklung hin zu einem „hervorragenden Bildhauer", der „sehr ernste Köpfe und ... Plastiken geschaffen" habe und der über jeden Verdacht kommunistischer Kunsttendenzen erhaben sei. Koelles Werke seien „rein künstlerischer Natur". Die bevorzugte plastische Thematik der Berg- und Hüttenleute resultiere aus seiner Biographie, und auf diesem Gebiet gestand Schmidt ihm „hohe künstlerische Leistungen [zu], die als deutsche Arbeiten bezeichnet werden müssen." (68)

Koelle hatte sich auch direkt an die Reichskammer der Bildenden Künste in Berlin mit der Bitte um eine gutachterliche Stellungnahme zu seiner vom Melusinenplatz entfernten Bronzeplastik gewandt. Der Präsident, Eugen Hönig, leitete Koelles Gesuch zuständigkeitshalber an den Vizepräsidenten der Reichskammer der Bildenden Künste und Akademiedirektor, Professor August Kraus, weiter und bat ihn um ein sachverständiges Urteil. Kraus' Gutachten sandte Hönig mit einem persönlichen Anschreiben dem Oberbürgermeister der Stadt München.

Der Vorsitzende des Bundes deutscher Bildhauer, August Kraus, der Koelle und auch seine Bemühungen, in Berlin Fuß zu fassen, seit langem kannte, zeigte sich bestürzt, daß Koelles Blockwalzer vom Melusinenplatz unter bolschewistischer Stigmatisierung entfernt worden war. Da er die Zuschreibung einer derartigen Kunstauffassung auf Koelles Person absurd fand, wandte er sich an den Münchener Oberbürgermeister Karl Fiehler mit den Worten: „Diese Ansicht über ein Werk des in ganz Deutschland rühmlichst bekannten, hervorragenden Bildhauers ist ein so krasses Fehlurteil, daß ich mir gestatten möchte, Sie in geziemender Weise auf das Fehlurteil Ihres Dezernenten aufmerksam zu machen, das in der ganzen deutschen Kunstwelt Aufsehen erregt hat." Kraus wies darauf hin, daß man Koelle durch eine derartige Maßnahme vollkommen ruiniere und daß es mit der neuen politischen Sichtweise nicht in Einklang zu bringen sei, einen Künstler, selbst dem Arbeitermilieu entstammend und um seine Existenz kämpfend, in dieser Weise zu schädigen. Und auch Kraus machte, wie bereits Rudolf Schwarz, den diplomatisch gemeinten Vorschlag, nach einem Gespräch mit Fritz Koelle den umstrittenen Blockwalzer durch eine andere seiner Arbeiterplastiken auszutauschen. (69)

In einem persönlichen Brief an Koelle, der ihm zuvor einige Fotos der Blockwalzer-Plastik zugeschickt hatte, bedankte er sich für die aufklärenden Beilagen, „aus denen man sich ein genaues Bild dieser unglaublichen, traurigen Angelegenheit machen konnte. Sie sind durchaus nicht ein Einzelfall, sondern aus dem ganzen Reiche liegen solche Fälle vor." (70)

Auch der Generaldirektor der Staatlichen Archive Bayerns, Riedner, bestätigte, daß Fritz Koelle ein „durchaus verlässiger nationaler Mann von treudeutscher Gesinnung" sei, dessen „soziale Einstellung ... der sich selbst emporarbeitete, außer jedem Zweifel" stände. (71)

In German Bestelmeyer (72) hatte Fritz Koelle sich getäuscht. Der Präsident der Akademie der bildenden Künste in München und „Kampfbund-Genosse" Koelles ließ durch den Syndikus der Akademie mitteilen, daß ein Einschalten in die Blockwalzer-Angelegenheit im Widerspruch zu den Kompetenzen der Akademie stünde und selbst sein persönlicher Einsatz für Koelle wenig erfolgreich wäre „nach den neulich entwickelten Gedankengängen in der Kulturrede des Führers". (73) Er ließ sein Bedauern aussprechen, besonders da er Koelle als Künstler sehr schätze. Bestelmeyers Verhalten war ein guter Beweis für den Wandel der Zeit.

Er war lediglich auf seinen eigenen Ruf bedacht, denn eine Verwendung für Koelle in einer solch prekären Situation konnte seiner derzeitigen Position und seiner angestrebten Karriere im neuen System schaden.

Der Bildhauer Professor Ferdinand Liebermann, (vgl. Anmerkung 32) der zu einem der Lieblingskünstler Hitlers anvancierte, wurde schon wesentlich deutlicher. Er war von Stadtrat Hans Flüggen, einem entschiedenen Gegner Koelles, über Rudolf Schwarz' Schreiben an die Reichskulturkammer, in dem er namentlich als Fürsprecher Koelles genannt wurde, informiert worden. Liebermann betonte in seiner „Klarstellung": „Herr Koelle dürfte auch langsam selbst zu der Überzeugung kommen, daß die Beodung dieser Plastik nicht unserem neuen Befreiungsgeist entspricht. Die Bevölkerung Münchens, welche die Entfernung tätigte, stellt sich in einem Arbeiter des neuen Geistes ein volksverbundenes ethisch höher stehendes Wesen vor, und daher die innere Ablehnung. Dies dürfte wohl im Sinne aller wahren Nationalsozialisten sein und hat mit der Formensprache Koellescher Plastik an sich nichts zu tun!" (74) Damit erteilte Liebermann Fritz Koelle eine deutliche Absage einer etwaigen Verwendung für seine Kunst und gleichzeitig eine „Lehre" dafür, wie Koelle seine zukünftigen Arbeiterplastiken zu gestalten habe.

Auf die Bitte Koelles an den Malerkollegen und Karikaturisten Olaf Gulbransson (75) um Unterstützung, sandte dieser ihm eine Zeichnung mit einem an einem Strick Erhängten und den Worten: „Lieber und verehrter Herr Koelle – Leider kann der eine Gehängte so schwer dem anderen helfen – Olaf. (76) (Abb. 44) Damit bezog sich Gulbransson auf seine, noch von Eberhard Hanfstaengl in der Städtischen Galerie ausgerichtete Ausstellung, die kurz darauf, im Sommer 1933, auf Antrag der NSDAP-Stadtratsfraktion geschlossen wurde. Man warf ihm aufgrund seiner Beiträge im „Simplicissimus" Verhöhnung der SA vor. Mitausschlaggebend war auch seine Karikatur „Aufstieg der Begabten" von 1930 in dadaistischer Gestaltungsform mit Hitler als Ober-Dadaist im Zentrum des Blattes. (74) Auch die Tatsache, daß Gulbransson wie viele andere Münchener Künstler dem „Protest der Richard-Wagner-Stadt München" vom 16./17. April 1933 gegen Thomas Mann (78) unterzeichnete (wovon er sich später wieder distanzierte) und damit seine konservative Haltung deutlich machte, konnte seine Ausstellung nicht vor der Schließung bewahren. Gulbransson, wie Fritz Koelle Mitglied der „Münchener Neuen Secession", erlebte am 21.12.1933 die Auflösung dieser 1913 gegründeten Künstlervereinigung gemäß § 1 der Verordnung des Reichspräsidenten zum Schutz von Volk und Staat vom 28.2.1933. Gulbransson paßte sich im Dritten Reich zeitweise an, seine Zeichnungen verloren ihren Biß, und die Malerei trat in den Vordergrund.

Während die erste Hürde in der Blockwalzeraffäre genommen schien, braute sich schon der nächste Problemkomplex zusammen, so daß sich Fritz Koelle an mehreren Fronten gleichzeitig zur Wehr setzen mußte: Johann Fischer, ein Hilfsarbeiter der Erzgießerei Brandstetter in München, in der der Künstler seine Plastiken gießen ließ, machte eine Eingabe an die Sektion München Nord der Ortsgruppe 7 der NSDAP und bezichtigte Koelle darin als Kommunisten, der „in Berlin und im Ruhrgebiet in den roten Kreisen bekannt" gewesen sei und auf einen Wahlsieg der Kommunisten und somit auf entsprechende Kunstaufträge gehofft hätte, da er sich ausschließlich dem „Proletariertyp" verpflichtet fühle und nicht verstünde, „daß ein Arbeiter Nationalsozialist sein könne", sondern Haß gegen den Nationalsozialismus hege. Koelle hätte durch ihn ausspionieren wollen, wer in der Gießerei Nationalsozialist sei, damit er mit diesen Arbeitern nicht kooperieren müsse. Nach dem Sieg der NSDAP im März 1933 hätte Fritz Koelle einen Nervenzusammenbruch erlitten. Und für seine Kündigung bei Brandstetter machte Fischer Koelle verantwortlich, weil man „keine Anhänger des Nationalsozialismus im Betrieb haben wollte". (79)

Diese Angelegenheit nahm der Maler und Stadtrat Hans Flüggen (80) zum Anlaß, auf breiter Ebene eine Hetzkampagne gegen Fritz Koelle einzuleiten, indem er Fischers Bericht an die Sektion Nord allen Behörden, die sich für den Künstler einsetzten, zugehen ließ. Dabei verwies Flüggen in einer begleitenden Stellungnahme darauf, daß nicht Kollegenneid, wie Koelle annehme, sondern die nationalsozialistische Arbeiterschaft und SA in den Bezirken Haidhausen, Au und Giesing den Wunsch der Entfernung des Blockwalzers an den Stadtrat herangetragen hätten, da er ihr Empfinden als Arbeiter verletze. Laut Flüggen sei es beim Beschluß des Stadtrats, der einstimmig nach Begutachtung von Fotomaterial (nicht des Originals!) gefaßt worden war, nicht darum gegangen, Koelle als Künstler zu disqualifizieren, denn er habe an anderen Orten durchaus gute Arbeiten aufgestellt. Dieses hätten die Stadträte Hans Zöberlein, (81) Zankl und er selbst, die zum Kunstbeirat der Stadt zählten, sowohl den Stadtratsmitgliedern als auch Koelle gegenüber zum Ausdruck gebracht. Flüggen mißbilligte Koelles Vorgehensweise, sich bei einigen Stadträten Rückendeckung zu holen: „Trotz dieses Versprechens glaubt es nun Koelle für richtiger zu halten, den Stadtrat München quasi unter Anklagezustand zu setzen und für angeblich angetanes Unrecht verantwortlich machen zu können." Flüggen betonte nochmals, bei der Entfernung des Blockwalzers „hat in der Hauptsache die politische Gesinnung, welche aus der Auffassung der Arbeiterfigur spricht, eine ausschlaggebende Rolle gespielt." Und um Koelles „kommunistische Gesinnung" beweiskräftig zu belegen, fügte er Fischers Bericht bei, der mehr aussage „als die Denkschrift der Dr.-Ing. Schwarz, dessen eigene politische Gesinnung erst einmal einer genauen Betrachtung gewürdigt werden müßte". (82)

Diese Verleumdungskampagne gegen Fritz Koelle zog im Januar 1934 eine wahre Flut von Korrespondenzen nach sich. In drei Briefen (83) an das Mitglied des Stadtrates, den „Kunstmaler" Hans Flüggen, widerlegte Fritz Koelle die Behauptungen des Hilfsarbeiters Johann Fischer. Zur Erhärtung seines Standpunktes fügte Koelle entsprechende Erklärungen des Inhabers der Erzgießerei, Adalbert Brandstetter, (84) bei, der bestätigte, daß Fischers Verleumdungen seiner Person und derjenigen Koelles nicht der Wahrheit entsprachen, die gesamte Belegschaft pflichtete in einer eigenen Erklärung Brandstetters Angaben bei. (85) Ebenso bestätigte ein Kunstformer, der sich als national eingestellt bezeichnete, daß ihn Herr Brandstetter auf Koelles ausdrücklichen Wunsch sämtliche Arbeiten ausführen ließ. (86) In einem Schreiben Adalbert Brandstetters an Flüggen gab er ein detailliertes Bild über den ehemals linksradikalen Arbeiter Fischer aus der Zeit der Räterepublik ab, auf das dieser wiederum mit Beschuldigungen gegen Brandstetter reagierte. (87)

Neben der Denunzierung Koelles zeichnete sich eine zusätzliche weitverzweigte, andere Personen betreffende Schmutzkampagne ab, wie sie im Dritten Reich leider zum Alltagsgeschehen zählte. Auch Adalbert Brandstetter, inzwischen um seinen guten Ruf besorgt, wies in einem weiteren Schreiben an Flüggen nachdrücklich darauf hin, daß seine bisherigen Ausführungen nicht im Interesse Koelles gemacht worden seien: „Ich habe mit der Angelegenheit Koelle nichts zu tun, sondern meine Erklärungen waren nur zu dem Zwecke erfolgt, mich von dem Vorwurf zu reinigen, daß ich jemals einen Arbeiter wegen seiner nationalsozialistischen Gesinnung entlassen hätte." (88)

Koelle hatte zu seiner Rechtfertigung aber nicht nur die gesamte Erzgießerei Brandstetter bemüht, sondern auch den Direktor der „I. Medizinischen Abteilung des Krankenhauses links der Isar", Professor Langer, der in seinem Gutachten Koelles schlechtes körperliches Allgemeinbefinden auf die eitrige Wurzelhautentzündung mehrerer Zähne und eitrige Gaumenmandeln zurückführte, die dort stationär vom 23. Januar bis 16. Februar 1933 behandelt wurden. „Von irgendwelchen nervösen Störungen [war] weder nach der ausführlich vorliegenden Krankengeschichte noch nach persönlicher Erinnerung die Rede gewesen." (89)

Um seine Glaubwürdigkeit juristisch zu untermauern und diejenige des Johann Fischer zu erschüttern, hatte Fritz Koelle eine Anwaltskanzlei beauftragt. Sie teilte Oberbürgermeister Fiehler am 19. Januar 1934 mit, daß Fischer seine schriftlichen Behauptungen vom 23.11.1933 widerrufen hätte, und fügte dessen dreiseitige, neun Punkte umfassende Erklärung hinzu. Bezeichnend für die Person Fischers und seine Gesamtaussage erscheint Punkt 6: „Bezüglich meiner Behauptung, sein Standpunkt sei der gewesen, daß er [Koelle] von Nationalsozialisten nicht hätte arbeiten lassen, weiß ich überhaupt nicht, wie sie in meinen Bericht hineingekommen ist. Ich habe dafür keinerlei Unterlagen oder Anhaltspunkte gehabt." Fischer nahm also seine „Behauptungen über Herrn Koelle, soweit sie diesem den Vorwurf machen, er sei kommunistisch eingestellt und ein Gegner des Nationalsozialismus, als unrichtig mit Bedauern zurück". (90)

Für Fritz Koelle war die Widerrufung der unwahren Behauptungen gegen ihn als Erfolg zu verbuchen, und sie brachte ihm eine neue Verhandlungsbasis mit dem Stadtrat über die bereits vom Bayerischen Staatsminister für Unterricht und Kultus, Hans Schemm, vorgeschlagene Wiedergutmachung der Schädigung seines künstlerischen Wirkens und seines Rufes. So sah es auch Rudolf Schwarz in seinem Brief an Fritz Koelle: „Die Fischer'sche Erklärung und Zurücknahme seiner früheren Verdächtigungen ist für Sie ein großer Trumpf und für den Stadtrat, der auf Fischer hereingefallen ist, eine arge Blamage oder mehr. ... Ich glaube ... jetzt können Sie vielleicht bald zum Gegenangriff übergehen. ... Ihre Sache und Verhalten sind gerecht und ohne Tadel. ... Vielleicht kann ich den Gegenstoß gegen Ihre Verleumder eröffnen, wenn es sich überhaupt nötig machen sollte." (91) Anliegend übersandte Schwarz ihm einen Scheck über 1200 RM im voraus für die Monate Januar bis April 1934, um die wirtschaftlich erbarmungswürdige Lage Koelles etwas zu lindern, da er im Jahr 1933 weder etwas verkaufen noch etwas Neues schaffen konnte, weil seine Kräfte durch Krankheit und den Kampf um seine Rehabilitierung restlos erschöpft waren.

Bereits ein paar Tage zuvor hatte Schwarz sich an den Bayerischen Staatsminister für Unterricht und Kultus gewandt mit der Klage über die persönliche Verunglimpfung Koelles, „und zwar in einer Art, die, von Kunst weit entfernt, sich in der Niederung erbärmlicher Gesinnungsschnüffelei bewegt", mit dem trostlosen Zustandsbericht über Koelles ökonomische und psychische Situation und der Beschwerde über den Umgang des Münchener Stadtrats mit ministeriellen Weisungen: „Muß einem nicht bange werden um den Ruf dieser Kunststadt, wenn man hört, daß einer der ... Stadträte erklärt hat ..., was Kunst ist, wissen wir selber, das lassen wir uns nicht vorsagen. ... Die Berliner können machen, was sie wollen, wir machen es so'." (92)

Dieser Beschwerdebrief Schwarz' an das Bayerische Staatsministerium macht deutlich, daß Schwarz noch an ein System mit Gesetz und Ordnung und allgemein gültigen Wertvorstellungen glaubte, die aber von der NSDAP längst außer Kraft gesetzt worden waren. Er war überzeugt, so wie Fritz Koelle auch, mit Hierarchiedenken (Beschwerdeführung an höchster Stelle) seine Ziele zu erreichen. Aber beide verkannten sie die Entwicklung dieses Regimes und unterschätzten die Resistenz und Machtbesessenheit einiger Münchener NSDAP-Stadtratsmitglieder, wie Flüggen, Zöberlein und Weber.

Bürgermeister Dr. Hans Küfner regte am 18.1.1934 an, die Angelegenheit Koelle nochmals in der Fraktionssitzung aufzugreifen. In einer unübersehbaren „Scheinheiligkeit" wandte sich Oberbürgermeister Fiehler an die Stadträte Weber und Flüggen und fragte sie, ob entsprechend der oben genannten Anregung die Sache Koelle „in der Fraktion wieder aufgegriffen werden oder ob sie bis auf weiteres beruhen soll." Stadtrat Weber schlug vor, sie in der Fraktionssitzung am 22.1.1934 zur endgültigen Verabschiedung zu bringen. Am 23.1.1934 teilte die NSDAP-Fraktion unter Webers Federführung mit: „Die Fraktion wünscht in dieser Angelegenheit keine weitere Behandlung mehr, die Angelegenheit soll als erledigt betrachtet werden. Die Anregungen der Staatsregierung wurden zur Kenntnis genommen." (93)

Die Anregung des Bayerischen Staatsministeriums für Unterricht und Kultus und der Kammer des Innern, Koelle zu rehabilitieren und die Schädigung seines künstlerischen Wirkens in geeigneter Form wiedergutzumachen, wurde lediglich „zur Kenntnis genommen", aber nicht umgesetzt. Und darum war für Fritz Koelle die Angelegenheit noch lange nicht erledigt, und er verfaßte am 22.1.1934 einen weiteren Brief an Hans Flüggen, in dem er nochmals detailliert die Vergehen des Stadtrates formulierte und selbstbewußt eine vollständige Wiedergutmachung forderte, und zwar in Form der „Wiederherstellung meiner Ehre ... etwa durch Aufstellung einer anderen Figur, die der Stadtrat von mir erwirbt" und in Form einer „wirtschaftlichen Sicherstellung ... durch die Berufung auf eine Lehrstelle ... oder ... durch ... Aussetzung eines angemessenen und ausreichend gesicherten Ehrensoldes". Koelles Hoffnungen, mit den selbstsicher vorgetragenen Forderungen jetzt endlich sein Ziel zu erreichen, wurden bitter enttäuscht.

Wie intrigant Flüggen vorging, beweisen seine beiden Briefe; der eine an das Staatsministerium des Innern, in dem er nochmals unter Umkehrung der Tatsachen Koelle und dessen Œuvre in übelster Weise verleumdete, und sein Schriftstück an Fritz Koelle. Diesmal war es laut Flüggen der Stadtrat Gimminger, (95) der den Wunsch „der nationalsozialistischen Bevölkerung und der SA" zur Entfernung des Blockwalzers wegen der „Verletzung des nationalsozialistischen Empfindens" dem NSDAP-Stadtrat übermittelte. Nachdem dieser „das Denkmal in gutem Photomaterial" besichtigen konnte (von einem Ortstermin war keine Rede mehr!), war sich „der gesamte nationalsozialistische Stadtrat ... einig, daß die Auffassung der Arbeiterfigur typisch bolschewistische Kennzeichen habe, der Arbeiterkopf und die Haltung jeden Adels der Arbeit entbehren, im Gegenteil einer Herausforderung gleichkommen, der Aufpeitschung zum Klassenhaß".

Diese verheerende, polemische Terminologie verrät Flüggens ureigensten Ehrgeiz, den von ihm definierten Kulturbolschewismus und dessen Künstler zu vernichten, auch wenn er behauptete, daß „man nicht beabsichtige, wegen einer einmaligen Entgleisung eine Künstlerexistenz zu ruinieren". Gleichzeitig gab er zu verstehen, so lange Koelles politische Gesinnung nicht abgeklärt sei, sehe er sich nicht in der Lage, für Koelle irgend etwas zu unternehmen, auch auf die Gefahr hin, daß er sich damit gegen die übrigen Stadtratsmitglieder stellen müßte. Denn er konnte es nicht verwinden, daß er über die Falschmeldung des Hilfsarbeiters Fischer gestolpert war, und darum stellte er die Behauptung auf, laut Fischer wäre seine Widerrufung nur durch Druck erpreßt worden. Und damit stellte Flüggen gleichzeitig Koelles politische Glaubwürdigkeit weiter in Frage.

Heuchlerisch bedauerte er die Verurteilung Koelles durch den Rundfunk, die von der Fraktion nicht gewollt gewesen sei: „es müßte festgestellt werden, wer den Rundfunk zur Verbreitung berechtigte". Ebenso doppelzüngig war die Aussage, daß Koelle „in einer privaten Besprechung" sowohl von ihm (Flüggen) als auch von den Stadträten Zöberlein und Zankl „eine langsame Rehabilitierung in Form eines Ankaufs oder Auftrags in Aussicht gestellt" worden war, denn Flüggen erwartete von dem Bildhauer eine kostenlose neue Figur, wozu Koelle verständlicherweise nicht bereit war. Flüggen reagierte erbost auf Koelles rechtmäßige Zurwehrsetzung und Forderung nach Wiedergutmachung. Anstatt „sich ruhig zu verhalten und die versprochene Rehabilitierung abzuwarten ... begann Koelle zur Märtyrerrolle zu greifen, alle Welt gegen die nationalsozialistische Stadtratsfraktion zu ereifern und schließlich mit

Forderungen an den Stadtrat heranzutreten, welche angesichts der gegebenen Tatsachen nicht berechtigt sind ... Koelle hat sich entschieden im Ton gegenüber der Stadtratsfraktion sehr vergriffen".

So wie Flüggen Koelles Rechtfertigungsverhalten ablehnte und dessen politische Gesinnung in Frage stellte, so zweifelte er auch an Koelles künstlerischen Fähigkeiten. Nicht nur, daß er für seine Auffassung, daß Koelles Denkmal bildhauerisch als verunglückt anzusehen sei, den Maler Ernst Liebermann und Josef Wackerle (96) als kompetente Unterstützung nannte, sondern er zog auch die von Koelle beigebrachten Urteile über dessen Œuvre in Zweifel: „Zu den Begutachtungen der Koelleschen Künstlerpersönlichkeit möchte ich noch erwähnt haben, daß dieselbe nur zum Teil eine richtige ist, daß Koelle zwar eine ursprüngliche Volksbegabung ist, aber ja nicht überschätzt werden darf." Und die Koelle zugebilligte Rehabilitierungsmöglichkeit hatte nur eine Pro-forma-Funktion: „Es ist richtig, daß Koelle Gelegenheit gegeben werden muß, sich in unseren Reihen wieder aufrichten zu können, aber dies darf unter keinen Umständen auf Kosten des Stadtrats München geschehen, wie es durchsichtig von Koelle und Mithelfern ausgedacht wurde."

Die Tatsache, daß Stadtrat Weber bereits am 23. Januar 1934 keine weitere Beschäftigung mit der Angelegenheit Koelle mehr wünschte und am 29. Januar „strikt jede weitere Behandlung des Themas ablehnte" und die Sache „als endgültig erledigt betrachtete", (97) spricht dafür, daß die Stadträte Weber, Flüggen und auch Zöberlein niemals die Absicht hatten, die Angelegenheit „Denkmal Melusinenplatz" in Koelles Sinne zu entscheiden, und im Grunde ging es ihnen auch nicht mehr um die Ablehnung einer unliebsamen Kunstrichtung, sondern um rücksichtslose Machtausübung gegenüber einer „unangepaßten" Person, und Koelle lieferte ihnen dazu das streitbare Opfer.

In Flüggens Brief an Fritz Koelle vom 8.2.1934, in dem er darstellte, daß das Denkmal nun wieder „auf Drängen der nationalsozialistischen Arbeiterschaft" entfernt worden sei, schrieb er Koelle selbst die Schuld für das Mißlingen der Rehabilitierung zu: „Der Herr Vorsitzende entschied am 29. Januar 1934, daß die Angelegenheit mit dem seinerzeitigen Fraktionsbeschluß endgültig erledigt sei. Bei dieser Gelegenheit möchte ich mein Bedauern ausdrücken, daß Sie meinem Rat nicht folgten, abwarten zu wollen, bis die Zeit reif sei, in der man an eine Rehabilitierung herangehen kann. Sie wissen so gut, wie alle Welt, daß ich Sie als Künstler schätze ... Sie zogen es aber vor, gegen den Fraktionsbeschluß Alarm zu schlagen, was ich in Ihrem Interesse bedauerlich finde. Sie haben mir dadurch sehr erschwert, die beabsichtigte Rehabilitierung durchzuführen." Den einzigen Vorschlag, den Flüggen Koelle noch machen konnte, war: „Stiften Sie für den Melusinenplatz ein anderes Arbeiterdenkmal, das allerdings vorher vom Kunstbeirat begutachtet werden müßte. Das abgebaute Denkmal würde Ihnen dann zur Verfügung gestellt werden können, wozu aber auch die Genehmigung der Fraktion eingeholt werden müßte." (98)

Dieser Hohn mußte den Künstler wie ein Schlag ins Gesicht getroffen haben. Aber Koelle gab nicht auf, auch wenn er an diesem Tag die traurige Mitteilung erhielt, daß sein größter Fürsprecher in Berlin, August Kraus, plötzlich gestorben war. Koelle wandte sich unmittelbar darauf an den Staatsminister für Unterricht und Kultus, Hans Schemm, und „schüttete ihm sein Herz reichlich aus", in der Hoffnung, auch weiter auf dessen wohlwollende Unterstützung hoffen zu dürfen. Aus diesem Schreiben geht deutlich hervor, wie tief getroffen Fritz Koelle sich fühlte, aber nicht bereit war, den Kampf aufzugeben.

„Für den Stadtrat ist mein Fall ‚endgültig erledigt'. Es soll dabei bleiben, daß er ohne jeden Grund meine Schande mit Hilfe der Presse und des Rundfunks in alle Welt hinausposaunt hat." Koelle war aus einem ehrlichen Gefühl heraus von der Rechtmäßigkeit seines Verhaltens überzeugt und konnte die Verurteilung seines Widerstands nicht verstehen: „Wenn ich mich nicht einfach totschlagen lasse, sondern, wie ich glaube, in einer sehr anständigen Form um mein Recht kämpfe, muß ich mir sagen lassen, ich hätte ‚gegen den Fraktionsbeschluß Alarm geschlagen'." Koelle tat sein Unverständnis kund, wie man von ihm, der eine Familie zu versorgen hatte, verlangen konnte, stillzuhalten ‚bis die Zeit reif' sei. „Bis wann wird das Kunstverständnis und der Mut des Stadtrates, einen Fehler einzusehen und wiedergutzumachen, gereift sein?" Koelle konstatierte: „Wenn es der Stadtrat fertiggebracht hat, mich ohne oder mit Begutachtung seines Kunstbeirates in aller Öffentlichkeit zu diffamieren, hätte er es als eine Körperschaft deutscher Männer wohl auch fertigbringen müssen, mir in geeigneter Weise Genugtuung zu leisten." Koelles Worte über sein Ehrverständnis konnten in den Ohren des Stadtrates nur als Angriff geklungen haben, wie dessen weiterer Umgang mit dem Künstler verriet.

Die Behauptung des Stadtrates Koelle gegenüber (sie variierte je nach Adressat), die Entfernung der Bronzeplastik am Melusinenplatz sei von der nationalsozialistischen Arbeiterschaft gefordert worden, zog dieser mit Recht in Zweifel. Er vermutete die Initiatoren dieser Diffamierungskampagne immer noch unter mißgünstigen Kollegen, übersah aber dabei die enge Verflechtung mit dem Münchener NSDAP-Stadtrat.

Die Forderung des Stadtratsmitglieds Hans Flüggen, der Stadt München kostenlos eine andere Arbeiterplastik zur Verfügung zu stellen, lehnte der Künstler vehement ab. Zum einen standen ihm die 2800 RM für einen Guß nicht zur Verfügung, und zum anderen fand er dieses Ansinnen völlig absurd. „Man hat mich in der schwersten Weise beleidigt und jetzt soll ich der Stadt ein anderes Denkmal stiften. Man hat meine Existenz zerschlagen und erwartet jetzt von mir ein Geschenk. Ich empfinde den Vorschlag wie einen Hohn. Ein Bildwerk, das auf einem öffentlichen Platz aufgestellt ist, ist doch kein Artikel, den man alle paar Jahre umtauscht." Anhand dieser Äußerung läßt sich nicht nur ein Eindruck gewinnen von der emotionalen Bindung des Plastikers an die von ihm geschaffene menschliche Figur und die tiefe Verletzung, die er empfand bei einer derartigen Hetzkampagne und Verbannung der Arbeiterplastik auf einen Bauhof, sondern sie gibt auch Auskunft über Koelles Anspruch auf Wertigkeit und Rezeptionsweise eines öffentlich aufgestellten Denkmals.

Koelle schien schnell von der Propagandawirkung Hitlers angetan gewesen zu sein, denn er bediente sich, wohl auch aus Überzeugung heraus und wie seit dem Machtantritt Hitlers bei seinen Anhängern allgemein üblich, des Führers als Argumentationshilfe in Kunstthemen: „Unser Führer, Reichskanzler Adolf Hitler, hat am 15. Oktober 1933 bei der Grundsteinlegung zum ‚Haus der Deutschen Kunst' an das Ziel erinnert, das sich der große König Ludwig I. für die Stadt München gesetzt hatte, und hat ihr von Neuem die Pflege und Förderung dieses Erbes anvertraut. Ich muß gestehen, daß der Stadtrat München die hohe Aufgabe, die ihm damit vom Führer in feierlicher Weise übertragen worden ist, noch nicht erfaßt zu haben scheint." Auch wenn Koelle diese Rede Hitlers nicht selbst vernommen hatte, da er zu diesen Feierlichkeiten keine Einladung erhalten hatte, sondern nur der Presse oder dem Rundfunk entnommen haben konnte, mußte sie eine nachhaltige Wirkung auf ihn ausgeübt haben. Koelle ging sogar noch einen Schritt weiter und benutzte Hitler als indirekte Drohung: „Ich kann nicht glauben, daß es im Sinne unseres Führers liegt, wenn der Stadtrat in solcher Weise mit einem deutschen Künstler verfährt, der immer ehrlich gearbeitet und zum Ruhm der ‚Kunststadt' München seinen Teil beigetragen hat." (100) Diese deutlichen Worte beweisen, daß Koelle sich seiner Bedeutung als Münchener Bildhauer durchaus bewußt war, daß er diese aber erst im Zusammenhang mit seiner Rechtfertigung als „deutscher Künstler" so ausdrucksvoll formulierte.

Kultusminister Schemm ermöglichte Fritz Koelle am 15. März eine persönliche Aussparche. Dabei kam nicht nur die bereits geschilderte Konfliktsituation mit dem Münchener Stadtrat zur Sprache, sondern auch neu hinzugekommene Probleme mit den Stadträten Flüggen und Zöberlein.

Koelle erfuhr im voraus, daß am 2. März 1934 auf Veranlassung des Münchener Stadtrates ein gegen ihn gerichteter Artikel im Völkischen Beobachter erscheinen sollte. Da der Schriftleiter dieser Zeitung, Eisen, um die Querelen Koelles mit dem Stadtrat wußte und der Inhalt nicht den Tatsachen entsprach, lehnte er nach Rücksprache mit dem Autor, dem Kunstberichterstatter des Völkischen Beobachters und Konservator der Städtischen Galerie, Franz Hofmann, eine Veröffentlichung ab. Hofmann, inzwischen von Generaldirektor Zimmermann über die wahre Sachlage informiert, legte seinerseits auch keinen Wert mehr auf die Drucklegung seiner Ausführungen. Während eines Besuchs Koelles bei Hofmann versprach dieser ihm, einen objektiven Bericht über ihn zu verfassen.

Dabei ließ Koelle es aber nicht bewenden. Am 7. März machte er Hans Flüggen, der seiner Meinung nach als Kunstbeirat die Verantwortung für die negativ gefärbte Abhandlung trug, „Vorhalte", wobei er erfuhr, daß Flüggen (angeblich) selbst diese Druckvorlage zurückgezogen hätte und dieser seinerseits Franz Hofmann zu einer positiven Abfassung über Fritz Koelle animieren wollte, so daß sie am 10. März erscheinen könnte. Aber bereits zwei Tage vorher erhielt Koelle wieder von der Schriftleitung des Völkischen Beobachters, zu der er offensichtlich gute Verbindungen hatte, Kenntnis darüber, daß dieser neu avisierte Artikel über ihn nicht gedruckt werden dürfte, da Stadtrat Zöberlein Einspruch erhoben hätte. Auf diese Information hin rief Fritz Koelle sofort Stadtrat Flüggen an, um auch von diesem die Bestätigung zu erhalten, daß Zöberlein Einspruch mit der Begründung eingelegt hätte, „weil das Erscheinen eines günstigen Artikels über [Fritz Koelle] den Interessen des Stadtrats widerspreche". (101)

Außerdem hätte Zöberlein seinen Einspruch mit einem Diebstahl eines Briefes durch Koelle erhärtet. Diese unberechtigte und absurde Beschuldigung, daß Koelle seinen eigenen Brief an Oberbürgermeister Fiehler vom 10.9.1933 gestohlen hätte, hatte der Bildhauer bereits in einem Schreiben vom 19.12.1933 an den Oberbürgermeister widerlegt. Auf diese erneute unhaltbare Anschuldigung hin beabsichtigte der Künstler, eine Klage gegen Zöberlein anzustreben. Flüggen riet ihm dringend davon ab mit der Argumentation: „Zöberlein sei eine sehr mächtige Persönlichkeit, die übrigens bei Behörden und beim Führer selbst Einfluß hätte, gegen den komme niemand [an]. Ich solle nichts machen. Zöberlein werde auf jeden Fall Recht bekommen." (102)

Was die Machtbesessenheit Zöberleins betraf, hatte Flüggen diesen zutreffend charakterisiert, was aber Zöberleins zukünftige Perspektive und auch Flüggens eigene in bezug auf „Hitlers Einfluß" anging, fehlte ihm die realistische Einschätzung.

Koelle beherzigte Hans Flüggens Rat, machte aber am 12. März Zöberlein bei einem Treffen diesbezüglich „Vorhalte", auf die dieser nicht reagierte, denn er lehnte zunächst jegliche Kommunikation mit Fritz Koelle ab, hielt diese Weigerung aber nicht durch. Auf den Artikel im Völkischen Beobachter angesprochen, bestritt er, dessen Existenz zu kennen, aber er sei neugierig, ihn zu lesen. Weder erschien dieser Artikel im Völkischen Beobachter, noch erhielt Koelle weitere Informationen über ihn. Statt dessen händigte Max Köglmaier, der Adjutant des Staatsministers des Innern Adolf Wagner, Koelle einige gegen ihn gerichtete Schriftstücke aus, darunter auch Flüggens vernichtenden Brief an das Staatsministerium vom

31.1.1934. Die Intention, die hinter dieser Herausgabe lag, war schwer zu durchschauen, erregte aber beim Stadtrat großes Ärgernis und verhärtete die Fronten zwischen Koelle und ihm noch mehr, besonders bei Hans Zöberlein.

Auf Bitten des Kultusministers faßte Fritz Koelle all diese bei ihrem Treffen am 15. März diskutierten Inhalte nochmals schriftlich zusammen und kommentierte sie folgendermaßen: „Ich kann nicht finden, daß dieses Kapitel der ‚Kunstpflege' der Stadt München ein sehr rühmliches sei. Wo man ein lebendiges Verhältnis zum schaffenden Künstler und einen weiten Blick für die Aufgabe der ‚Kunststadt' München erwarten und erwünschen möchte, ist nichts als ein Durcheinander von kleinlichen und häßlichen Quertreibereien, und was der eine behauptet, bezeichnet der andere als unwahr." (103)

Koelle hatte die Situation zutreffend geschildert, sie hatte sich im Laufe der Zeit zu einem Prozeß lächerlicher Haarspalterei, Rechthaberei, beleidigter Eitelkeiten und intriganter Verstrickungen entwickelt; daß er aber selbst ein aktives Glied in dieser Kette peinlicher Machenschaften war, welches das Rad in Bewegung hielt, vermochte er nicht einzusehen. Auch wenn sein ausdauernder Kampf gegen das ihm zugefügte Unrecht verständlich war, geriet er durch sein pedantischen Beharren auf Rechtmäßigkeit und sein Mitmischen(wollen) in dieser hinterlistigen aber realistischen Maschinerie in ein solches Licht, durch das er die noch verbliebenen Sympathien und Befürworter verlor, was ihn aber nicht daran hinderte, sich noch öfter in solche Sackgassen zu manövrieren. Koelle verlangte „keine Sühne von meinen Feinden". „Meine Feinde richten sich von selbst, und das um so eher, je eher ich wieder mit neuen Arbeiten sprechen kann", schrieb er an Kultusminister Schemm. (104) Und Koelle ließ nach der zwangsweisen Gestaltungs- und Ausstellungsabstinenz im Vorjahr seine Arbeiten 1934 wieder „sprechen", und zwar mit diametraler Resonanz.

Wie bereits erwähnt, beschloß der Stadtrat München am 12.9.1933 unter der Führung Oberbürgermeisters Fiehler die Bildung eines Ausschusses zur Errichtung eines Ehrenmals für die „Befreier Münchens von der Räteherrschaft" 1919. Fiehler beauftragte zur Realisierung der Geschäfte und zu Beschaffung der Finanzen den Hilfsbund der Münchener Einwohnerschaft unter Leitung des Kommerzienrats Baumgärtner, der 1919 auch die Ehrung der und Sammlung für die sogenannten Befreier durchgeführt hatte. Den Vorsitz des am 27.10.1933 gegründeten Kuratoriums und des Arbeitsausschusses übernahm Karl Fiehler. Als Finanzbeauftragte wurden Geheimrat Remshard von der Bayerischen Hypotheken- und Wechselbank und Kommerzienrat Geyer von der Industrie- und Handelskammer benannt. Am 15. April 1934 wurde das erste Preisausschreiben für das Denkmal in der Presse bekanntgegeben.

„Für die Entwürfe war lediglich eine ernste, würdige Gestaltung der Erinnerungsstätte Bedingung, die Lösung der Aufgabe nach der bildhauerischen, architektonischen oder gärtnerischen Seite hin jedoch freigestellt." (105) Außerdem durfte dieses Denkmal die Kosten von 10.000 RM nicht überschreiten und auch nicht die Ausmaße des benachbarten Ramersdorfer Kirchturms. Hitler selbst hatte die Plazierung dieser Erinnerungsstätte an der Ecke Rosenheimer-/Chiemgaustraße am südlichen Ende der in Entstehung begriffenen „Mustersiedlung Ramersdorf 1934" angeordnet. Der Platz war rechteckig und an zwei Seiten mit Fichten abgeschlossen. Darauf sollte ein Denkmal erstellt werden, das für Nah- und Fernsicht gleichermaßen eindrucksvoll war.

Preisgelder von insgesamt 5000 RM wurden ausgelobt. Die Preisjury setzte sich zusammen aus: Oberbürgermeister Fiehler, Staatsrat Dr. Poepple, Oberregierungsrat Fritz Gablonsky, Oberbaudirektor Fritz Bablo, Bildhauer Professor Joseph Wackerle, Professor German Bestelmeyer, Kunstmaler Hans Flüggen, Stadtrat Hans Zöberlein, Kommerzienrat August

Baumgärtner und Architekt Professor Heinrich Bergthold. Die Sitzung des Preisgerichts fand am 23. April 1934 statt. Die Beteiligung der „in München geborenen oder derzeit ansässigen Künstler ... deutscher, arischer Abstammung" (106) war groß. Auch Fritz Koelles Modell war unter den 160 Entwürfen. Preisgekrönt mit je 1000 RM wurden die drei Arbeiten von Konstantin Frick, Hans Vogl und Lothar Dietz. Zu je 360 RM angekauft wurden die fünf Entwürfe der Architekten Friedrich Haindl und Dipl.-Ing. Hirner und der Bildhauer Hans Parzinger, Lothar Dietz und Elmar Dietz. Der Entwurf des Architekten Johann-August Simbeck und Fritz Koelles Modell wurden mit je 100 RM und einer lobenden Erwähnung bedacht. (107) (WVZ 120)

Die Entwürfe wurden für eine Woche im Bibliotheksgebäude des Deutschen Museums ausgestellt und konnten bei freiem Eintritt von jedermann besichtigt werden: „Der Entwurf von Konstantin Frick, die Plastik eines Löwen, ist den räumlichen Verhältnissen gut angepaßt. Der von Hans Vogl, ein Stein mit Reliefschmuck und darauf ruhendem Schwert, befriedigt in Hinsicht auf die Reliefdarstellungen, doch erscheint ein Schwerpunkt gerade auf diesem Gebiete bei der Größe des Platzes nicht das Naheliegende und Natürliche. Das gilt auch von dem Entwurf von Lothar Dietz, der nach derselben Richtung besonders wertvoll erscheint. Das Denkmal hat die Gestalt eines Schwertes, dessen Knauf den Sockel bildet. Die plastische Wirkung reicht jedoch für den Platz nicht aus und versagt besonders in der Seitenansicht." (108)

Im Gegensatz zu dem mehr geometrisch angeordneten Entwurf Vogls mit narrativer Reliefkomponente und dem stark stilisierten Schwert Lothar Dietz' verlegte sich Koelle auf die für ihn typische Gestaltungsart der rein figürlichen Lösung. Er schuf einen großen Soldatenblock von sechs hintereinander marschierenden Viererreihen. Ein einzeln vorweg schreitender Soldat gibt die Führerposition ab. Alle Soldaten sind gleich gekleidet: Ein langer, schwerer Mantel, dessen linke vordere Seite vom „Marschwind" nach links abgeklappt ist, in der Mitte durch einen Koppel gehalten, das Oberteil mit vier Knöpfen geschlossen und einem Kragen versehen. Auf dem Rücken ihren Ranzen tragend, den Stahlhelm tief in ein ausdrucksloses, gleichgültiges Gesicht gedrückt und das Gewehr rechts geschultert. Der linke frei hängende Arm endet in einer geballten, Bereitschaft signalisierenden Faust. Die in derben Lederstiefeln steckenden Füße befinden sich in Marschbewegung. Während der rechte Fuß mit groß ausladendem Schritt fest auf den Boden vorgestellt ist, wird der linke, leicht angebeugt, gleich aufsetzen.

Dieses „Befreiungsdenkmal" wirkt in mehrfacher Hinsicht wie „aus einem Guß". Allen einzelnen Soldatenfiguren, in ihrer eintönigen Uniformiertheit, im Gleichschritt ausgerichtet und in kongruenter Haltung liegt ein einziges Gipsmodell zugrunde. Eine Modellvervielfältigung ist als bildhauerisches Ordnungs- und Gestaltungsprinzip durchaus üblich, birgt aber im Rahmen des historischen Kontextes, der Schaffung eines „neuen Menschen" im Nationalsozialismus und auch vor dem Hintergrund der aktuellen Gentechnologiediskussion eine ungeheure Brisanz. Koelles „Befreiungskämpfer" erfüllen sowohl in formaler als auch inhaltlicher Hinsicht alle Forderungen nationalsozialistischer Kunstideologie.

Die äußere geschlossene Form der Einzelfigur setzt sich fort in der Reihe und kulminiert in der blockhaften Gesamtgruppe. Dieser Blockcharakter wird auch durch den doppelstufigen, massiven abschließenden Sockel, auf dem die Gruppe marschiert, „untermauert". Die sichere, stabile Haltung des Einzelnen und der Gesamtheit, die glatte, abweisende Oberflächenstruktur, die Verhärtung und Reduktion sowie die Monumentalisierung der Formen – die Figuren sollten eine Höhe von circa 2,50 m und der Sockel von circa 1,25 m aufweisen – befriedigten voll die Erwartungen einer von den nationalsozialistischen Machthabern akzeptierten Plastik.

In Anlehnung an die von Joachim Petsch genannten Hauptinhalte der NS-Kunst „Volksgemeinschaft", „Führungsprinzip", „Rassentheorie" und „Militarismus" (109) wurden von Koelles „Befreiungskämpfern" alle inhaltlichen Kategorien bedient: Mit der „organisierten Volksgemeinschaft" aus der Retorte, nach rassenideologischen Vorgaben „geklont", gleichgeschaltet und im Gleichschritt der „Führerfigur" folgend, antizipierte Koelle in erschreckender Weise mit seinen Kämpfern die von der nationalsozialistischen Kunstpolitik geforderte Ikonografie und Propagandafunktion zur Kriegsmobilmachung:

Das Militär, das nach dem Prinzip Befehlsgewalt eines Führers und Gehorsamspflicht der Gemeinschaft funktionierte, garantierte auf der einen Seite Sicherheit und Ordnung und auf der anderen Härte, Kampfwillen, -bereitschaft und -freude sowie Heldentum und Opferbereitschaft. Der Soldat galt im Nationalsozialismus als Idealtypus des deutschen Mannes, die Hingabe seines Lebens im Kampf für das deutsche Vaterland als oberste Tugend.

Koelles „Befreiungskämpfer" verkörpern in ihrer bewegten (wenn auch verhalten bewegt im Vergleich zu Brekers oder Thoraks Kämpfern) Marschrichtung eine aggressive Kampfbereitschaft; die Soldaten zum Denkmal erhoben, in ihrer „Masse" und mehr als 3 m Höhe drohen wie eine „Übermacht". Die „Befreiungskämpfer" markieren Koelles bildhauerischen Wendepunkt. Noch schneller und krasser konnte der formale und inhaltliche Bruch einer bildnerischen Aussage gar nicht vollzogen werden, wie zwischen dem „Blockwalzer" in Neu-Ramersdorf und dem für Ramersdorf vorgesehenen „Befreiungsdenkmal". Hiermit offenbarte Koelle seine zukünftige „Menschengestalt(ung)". Und diese fand die volle Zustimmung des Regimes und der Kunstberichterstatter (110) des NSDAP-Parteiorgans: „Aus der Masse der kaum zu überschauenden Entwürfe" (160 an der Zahl) „sticht dieser ... durch die ebenso große Einfachheit wie Kühnheit des Gedankens hervor: Eine Gruppe Befreiungskämpfer, Frontsoldaten im Marsch. Wenn man sich vor Augen hält, daß die Figuren, 2 Meter 50 groß, in Bronze ausgeführt werden sollen, bekommt man einen ungefähren Begriff von der überwältigenden Wirkung, die dieses einzigartige Denkmal ausüben müßte." (111) Die Verantwortlichen des Völkischen Beobachters waren so angetan von Koelles Modell, daß sie ihm, der lediglich zu den „lobend Erwähnten" bei dem Wettbewerb für das Befreiungs-Denkmal zählte, ein Viertel Textanteil zubilligten und von den drei abgebildeten Entwürfen Koelles „Befreiungskämpfer" den meisten Platz in Anspruch nahmen.

Koelle wurde als Einzigem die Möglichkeit gegeben, in der Presse seine bildhauerischen Intentionen im Zusammenhang mit der Gestaltung der Befreiungskämpfer kundzutun. Nach einem Gespräch mit dem Bildhauer fügte dieser seinem Modell eine Beschreibung mit folgendem Wortlaut bei: „,Den Befreiern und Gefallenen zur Ehr, der Jugend zum Vorbild' soll der Sinn des Bildwerkes sein. Es soll in seiner Gestaltung einmal die heldische Einfachheit des deutschen Soldaten und Befreiungskämpfers, zum anderen die geballte Wucht eines geschlossenen soldatischen Willens darstellen; der ganze Ernst, die ganze Kraft, die ganze Größe soldatischen Empfindens und Handelns soll durch die Ausdrucksgestaltung in Antlitz und Haltung bildhaft werden, der Marschrhythmus den unzerstörbaren Glauben an den Sieg versinnbildlichen. Meine Absicht als Schöpfer dieses Ehrenmals ist, den Beschauer von dem todesbereiten Opfertum des deutschen Soldaten so zu erschüttern, daß sein Herz von unauslöschlicher Dankbarkeit und Ehrfurcht erfüllt wird, daß er innerlich bereit wird, sich für den deutschen Soldaten in demselben Maße einzusetzen, wie dieser sich für ihn eingesetzt hat." (112)

Der Berichterstatter war überzeugt, daß Koelle mit diesem Entwurf die Umsetzung seiner Zielrichtung voll gelang. „Hier ist ein Denkmal des schlichten deutschen Soldaten, das zum

Volke seine lebendige Sprache reden wird." (113) Koelle selbst prophezeite in seinem Schreiben vom 12.2.1934 an Kultusminister Schemm, daß er seine Verleumder beschämen würde, wenn er neue Arbeiten sprechen lassen könnte. Koelle formte nicht nur neue Gestalten, er sprach auch eine neue Sprache, die jedem nationalsozialistischen Propagandisten zum Ruhme gereicht hätte.

Dieser Wandel erscheint dem heutigen Betrachter einer „Gehirnwäsche" gleichzukommen. Aber damit würde man die Person Koelles verkennen. Er selbst war Kriegsfreiwilliger im Ersten Weltkrieg, kämpfte an diversen Fronten und erhielt das „Militär-Verdienstkreuz 3. Klasse mit Schwertern", was er mit Stolz in jedem Lebenslauf erwähnte. Wie viele junge Männer zog er 19jährig mit Begeisterung als einer „der ersten Freiwilligen" in diesen Krieg. Neun Millionen Menschen verloren ihr Leben. 21 Millionen Verwundete und „Krüppel" schleppten sich durchs Land.

Koelle aber schien nicht gebrochen und geläutert aus diesem Krieg zurückgekehrt zu sein, wie viele seiner Künstlerkollegen, die anschließend versuchten, sich bildnerisch mit den Erlebnissen des Krieges auseinanderzusetzen, deren Übermacht zu entfliehen und sie zu verarbeiten, wie unter anderem Otto Dix oder George Grosz und viele Malerkollegen der „Neuen Sachlichkeit", deren Entstehung mit dieser schreckensreichen Kriegssituation einherging. (114) Oder wie Wilhelm Lehmbruck mit seinem „Trauernden" (1917) und seinem „Gestürzten" (1915/1916), durch die er seiner eigenen Erschütterung mit einer einzigen verzweifelten Gestik Ausdruck verlieh, und eine Käthe Kollwitz, die ihre Trauer um ihren gefallenen Sohn in Granit gehauen hat für das „Trauernde Elternpaar" als Mahnmal gegen den Krieg. Aber nicht nur Mahnmale mit eindeutiger Botschaft gegen Gewalt und Krieg und einer Ikonografie der Trauer fanden ihren Niederschlag, es gab weitaus mehr Ausführungen, die das Kriegsgemetzel als heroisch und tugendhaft und den Opfertod als patriotisch ehrenvoll in Kriegerehrenmalen verklärten.

Koelle zählte zu der Kategorie, die das Soldatentum als Heldentum glorifizierte und die Körper- und Willensstärke und das todesbereite Opfertum der Soldaten bewunderte, das bewies er nicht nur mit seiner Plastik der „Befreiungskämpfer", sondern mehr noch mit seiner erschreckend aggressiven Verbalisierung seiner Empfindungen. Ob sich Fritz Koelle in irgendeiner Form an der Befreiung von der Räterepublik 1919 beteiligte, ist heute nicht nachweisbar, dafür aber seine „tapferen" Aktivitäten im Ersten Weltkrieg.

Da es in Anbetracht des verlorenen Krieges mit Millionen Menschenopfern einem Anachronismus gleichgekommen wäre, ein derart kriegstreibendes, dem Heroismus fröhnendes Bild des Mannes wiederzugeben wie in Koelles Kämpfern, besonders in der Erfahrung, daß das traditionelle Rollenbild des Mannes nach dem Ersten Weltkrieg (nur Verwundete, Körperbehinderte, psychisch Erschütterte, Hilfsbedürftige und Abhängige) verloren gegangen oder arg ins Wanken geraten war, besann man sich anstelle des soldatischen Heldentums als Kompensation auf die „Helden der Arbeit", die bereits mit der Industrialisierung ihren Platz in der Malerei und Bildhauerei eingenommen hatten.

Auch Fritz Koelle hatte im deutschen Arbeiter seinen Heros wiedergefunden, ihn in seiner ersten künstlerischen Gestaltungsdekade aber als einen solchen nicht umgesetzt, sondern die Arbeiter in menschlich-persönlichem Kontakt ehrlich und realistisch geformt, und Koelles Wertschätzung war ihnen gewiß. Alle diese Arbeiterfiguren erfuhren eine positive Rezeption und Bestätigung durch die Kunstfachvertreter. In dem Augenblick aber, da in einer neuen Kunstideologie diese schonungslose Offenheit nicht mehr erwünscht war und sanktioniert wurde, die Rechtfertigung seines Kunstverständnisses erfolglos blieb und soldatische Qualitäten wieder dogmatisiert wurden, gehörte Fritz Koelle zu den ersten, die diesen künstlerischen Transfer mit seinen „Befreiungskämpfern" erfolgreich leisteten.

Vergeblich forderte der Bildhauer mit Vehemenz von den NSDAP-Machthabern die Rücknahme ihres Vorwurfs gegen ihn als „bolschewistischen Künstler". Mit seinen „Befreiungskämpfern" führte er seinen eigenen „Befreiungsschlag" vom „Makel des Kulturbolschewisten" aus. Das würde auch das umfangreiche Platzkontingent erklären, das ihm im Völkischen Beobachter dafür zugestanden wurde, und die Tatsache, daß der Kunstberichterstatter in seinem Schlußplädoyer den Eindruck erweckte, als ob dieses Denkmal aufgestellt würde, „um zum Volke seine lebendige Sprache zu sprechen".

Jedoch kam keines der Modell zur Aufstellung, da alle eingereichten Entwürfe der Leitung des Kulturamtes nicht zufriedenstellend erschienen. Winfried Nerdinger urteilte im nachhinein: „Koelles lebensgroß geplanter Soldatenblock wäre ein lächerliches Panoptikum geworden." (115) Es wurde mit Einverständnis des Kuratoriums ein zweiter Wettbewerb veranstaltet, zu dem allerdings nur die sechs prominenten Bildhauer Julius Seidler, Bernhard Bleeker, Ferdinand Liebermann, Kurt Schmid-Ehmen, Richard Knecht und Hans Schwegerle zugelassen wurden. Jeder Künstler erhielt ein Honorar von 1000 RM. Den Leiter des Kulturamtes, Hans Zöberlein, überzeugte der Entwurf Schmid-Ehmens, der einer der ideologietreuesten nationalsozialistischen Künstler war. Seiner Meinung nach hatte Schmid-Ehmen die Aufgabe bildhauerisch und räumlich am besten gelöst. Dennoch wurde dieser von Zöberlein mehrfach mit Abänderungen des ursprünglichen Modells beauftragt, die er wunschgemäß ausführte. Mit Stadtratsbeschluß vom 13.11.1934 wurde der Ankauf des Denkmalplatzes genehmigt. Die Aufstellung eines Befreiungs-Denkmals an dieser Stelle erfolgte nie. (116)

Die Belobigung und das Preisgeld von 100 RM für sein Befreiungskämpfer-Modell sah Fritz Koelle keineswegs als Wiedergutmachung des Stadtrats in seiner Blockwalzer-Angelegenheit an. Und da er mit den Mitgliedern des Münchener Stadtrats keine Verhandlungsbasis mehr fand, wandte er sich an den Stellvertreter des Führers, Rudolf Heß, (117) unter Darlegung der Verhältnisse und mit der Bitte, für ihn beim Stadtrat zu intervenieren. Mit Schreiben vom 15. Mai 1934 forderte der Stellvertreter des Führers den Münchener Stadtrat auf, Koelle die unrechtmäßig zugefügten Schäden „in künstlerischer wie in wirtschaftlicher Hinsicht ... vor aller Welt wiedergutzumachen." (118) Dieser Inhalt wurde Fritz Koelle auch mitgeteilt, der eine Abschrift des Originals erbat, diese aber aus „grundsätzlichen Erwägungen" nicht erhalten konnte. Das Vorgehen Koelles und die Antwort Heß' forderte den Stadtrat und Leiter des Kulturamtes, Hans Zöberlein, zu der nachfolgenden haßerfüllten Stellungnahme heraus, deren einzige Intention es war, Koelle als Künstler zu vernichten:

„Das Urteil der in dem Schreiben des Stellvertreters des Führers genannten maßgebenden Persönlichkeiten ändert nichts an meiner Auffassung, daß das entfernte Arbeiterdenkmal von K o e l l e in seinem Kunstausdruck bolschewistisch ist. Einer ‚Wiedergutmachung' zuzustimmen, wäre eine Selbstbelügung für mich, weil ich nach wie vor der Überzeugung bin, richtig nationalsozialistisch gehandelt zu haben. Auch dann, wenn der Betroffene zufällig äusserlich das Abzeichen der Partei trägt.

Inzwischen ist ja bereits dem Bildhauer Koelle eine unbeabsichtigte Rechtfertigung zuteil geworden durch die Belobigung beim Wettbewerb zum Denkmal für die Befreier Münchens. Dieser Wettbewerb wurde von der Stadt München veranstaltet und somit ist also eine dabei erhaltene Belobigung zugleich eine Anerkennung der Stadt München. Man sieht daraus, daß Herr Koelle auch anders kann, wenn er will.

Der Standpunkt, den Herr Koelle vertritt, es müsse ihm als Entschädigung für die aus dem damaligen Beschluß des Stadtrates entstandenen Widerwärtigkeiten ein offizieller Auftrag erteilt werden, ist eine Anmaßung. Mit dem gleichen Recht könnten die andern tausend Bildhauer, die in München wohnen, von der Stadt verlangen, ihr Können unter Beweis stellen zu dürfen.

Wie treffend richtig aber das Urteil des Stadtrates gewesen ist, beweist folgender Zeitungsausschnitt aus einer Kritik des V. B. über die Plastik in der diesjährigen Kunstausstellung:

‚Der Hammermeister von Fritz Koelle im Saal 7 kann als das Schmerzenskind der Plastiken der Ausstellung bezeichnet werden. (WVZ 117) Sehen wir uns doch diese Figur einmal näher an. Entspricht eine solche Arbeiterdarstellung dem Geiste des Arbeiters im Dritten Reiche, der für seinen Führer durchs Feuer geht, wenn es darauf ankommt? Nein! Und nochmals: Nein! Die Figur gibt vor, recht naturalistisch zu sein, und ihre Verteidiger werden sie mit dem Einwande: Naturalismus zu verteidigen suchen. Sie fallen einem Irrtum zum Opfer. Was hier vorgesetzt wird, ist kein Naturalismus mehr, sondern eine weit über Natürliches hinausgehende Pathetik des Häßlichen, eine haßvolle Häßlichkeit, die raffiniert vorgetragene Idealismus-Feindschaft bedeutet. Ist solche Feindschaft gegen das Ideale deutsch?'

Wenn man das hier oben kritisierte Bildwerk des Herrn Koelle mit dem entfernten Bildwerk im Vergleich sieht, so kann man ruhig sagen, daß das in der Ausstellung stehende Bildwerk bedeutend mildere Ausdrücke der Häßlichkeit zeigt, als das Entfernte. Wie müßte darnach also erst die Kritik über das entfernte Bildwerk ausgefallen sein?

Wesentlich für meine damalige Stellungnahme war nicht das technische Können, das dem Bildwerk gewiß nicht abgesprochen werden kann, sondern die offensichtliche Verhöhnung des deutschen Arbeiters als etwas augenfällig Minderwertiges.

Solch ein Standbild kann vielleicht in Haiti oder in Kapstadt aufgestellt werden, ohne besonderes Aufsehen zu erregen, aber nicht in Deutschland, noch dazu in unserem Staat, dessen Grundlage die rassische Erkenntnis unseres Volkes ist. Und noch dazu in der Hauptstadt der Bewegung!

Bolschewismus äussert sich nicht nur in der Zerstörung der Form allein, sondern zu allererst im geistigen Motiv. Und das Motiv des entfernten Bildwerkes ist nicht aus unserer Geisteswelt geholt, wenn es auch noch so raffiniert in der Technik dargestellt ist.

Herrn Koelle wurde mehrmals anheim gestellt, anstelle des entfernten Bildwerkes ein besseres aufzustellen, was gewiß ein ganz weitgehendes Entgegenkommen beweist. Herr Koelle hat das abgelehnt, wenn er nicht vom Staat einen horrenden Betrag hierfür erhält, was einem neuen Auftrag gleichkäme, wozu aber keine begründete Veranlassung besteht.

Ich habe persönlich den Eindruck gewonnen, daß Herr Koelle ganz hartnäckig kunstpolitische Tendenzen mit seinem Vorgehen bezwecken will und daß er der Schrittmacher für eine Geistesrichtung im Kunstleben sein wollte, die allen Grund hat, sich in der heutigen Zeit mit offiziellen Mäntelchen der Rechtfertigungen ihres zweifelhaften Schaffens zu tarnen.

Für meine Einstellung zu den Erscheinungen in der Kunst ist das Urteil der sogenannten maßgebenden Männer deswegen nicht bestimmend, weil diese maßgebenden Männer unter dem vergangenen System ebenso geurteilt haben wie heute. Letzten Endes sind diese Männer, wenn sie schon maßgebend genannt werden, auch maßgebend für den Zerfall unserer deutschen Kunst gewesen, den ich auf das erbitterste zu bekämpfen mir vorgenommen habe.

Mein Kunstideal ist nicht das Idiotische und Minderwertige, wie es Herr Koelle hartnäckig darzustellen beliebt.

Leiter des Städt. Kulturamtes:" (119)

Aufgrund dieser Stellungnahme, die vom Stadtrat und Korrefenten für Kunstfragen, Hans Flüggen, mitgetragen wurde, lehnte es Oberbürgermeister Fiehler ab, in der Sache „Denkmal am Melusinenplatz" Zugeständnisse zu machen, und teilte dies dem Stellvertreter des Führers, Heß, mit. Damit war auch für diesen die Angelegenheit erledigt, was er dem Bildhauer mit Schreiben vom 13.7.1934 weitergab. (120) Koelle gab nicht auf, er erbat „höflichst" die Stellungnahme der beiden Stadträte Zöberlein und Flüggen bei Oberbürgermeister Fiehler. (121) Zöberleins Reaktion auf Koelles Ersuchen war an Deutlichkeit nicht zu überbieten und zeigte, wie verhärtet die Fronten waren und wie wenig es um die eigentliche Sache ging: „Die Stellungnahme, die ich und Stadtrat Flüggen im Falle Koelle abgegeben haben, geht Herrn Koelle nichts an. Es ist eine Unverschämtheit, die erneut bestätigt, wie richtig das Urteil über Herrn Koelle ist, Dinge zu fordern, die unter das Amtsgeheimnis fallen. Es wäre genauso wie, wenn ein Verurteilter verlangen würde, daß ihm die Beratungen des Gerichtes zur Kenntnis gebracht werden müßten. Ich erinnere nur an den Mißbrauch der Aktenstücke, die Herrn Koelle auf mir rätselhafte Weise in die Hände gelangten." (122)

Die Tatsache, Koelle mit einem Verurteilten gleichzusetzen, und die bereits mehrfach widerlegte Unterstellung des „Aktenmißbrauchs" machen den Versuch Zöberleins deutlich, Fritz Koelle zu kriminalisieren.

Da eine Kommunikation mit Flüggen und Zöberlein unmöglich geworden war, suchte Fritz Koelle einen neuen Ansatz beim Stadtrat und wandte sich an Christian Weber, offensichtlich nicht informiert darüber, daß gerade Weber einer der maßgeblichen Initiatoren des Antrags zur Entfernung des Blockwalzers war. Aber Christian Weber war inzwischen zum Präsidenten des Kreistages von Oberbayern und zum Ratsherren ernannt worden und somit für Koelle hierarchisch gesehen ein höhergestellter Ansprechpartner.

Christian Weber riet Koelle während eines persönlichen Gesprächs am 8.8.1934 – in einer weiteren Hinhaltetaktik –, seine Vorstellungen einer Wiedergutmachung dem Stadtrat schriftlich darzulegen. Zum wiederholten Male forderte der Künstler die „Wiederherstellung seiner Ehre", die „Besetzung einer frei werdenden Lehrstelle" und einen „angemessenen Ehrensold". Die Bereitstellung einer größeren Wohnung für seine Familie hatte sich inzwischen erübrigt, da ihm „auf Veranlassung des Herrn Ministerpräsidenten eine Wohnung in einem staatseigenen Hause an der Kaulbachstraße zugewiesen wurde". (123) Mit dem Einfließenlassen seiner vermeintlichen oder tatsächlichen Beziehungen erhoffte Koelle, angemessenen Eindruck bei seinen Gesprächspartnern zu hinterlassen und deren Entscheidungen unter einen gewissen Zugzwang zu seinen Gunsten zu setzen, womit er aber häufig das Gegenteil erreichte.

In seinen Ausführungen für den Stadtrat wies Koelle auf den für ihn „unlösbaren Widerspruch" in der Rezeption seiner beiden Plastiken „Hammermeister" von 1932 und „Befreiungskämpfer" von 1934 und deren Beurteilung im Völkischen Beobachter hin. Hans Zöberlein hatte bereits in seiner Haßtirade vom 29.6.1934 den von Edgar Schindler zur „Großen Münchener Kunstausstellung 1934" verfaßten und Koelles „Hammermeister" betreffenden Text ausgeschnitten und aufgeklebt. Darum erscheint vor dem Hintergrund dieses negativen

Presseechos Koelles nachfolgende Forderung eines Ankaufs dieser Figur völlig unrealistisch: „Ich würde es als das beste Mittel zur Wiederherstellung meiner Ehre betrachten, wenn der Stadtrat gerade den jetzt ausgestellten ‚Hammermeister' übernehmen würde, zumal das Motiv aus einem Hüttenwerk im Saargebiet stammt, an dessen Schicksal wir gerade jetzt besonders Anteil nehmen." (124) Die Stadtratsfraktion der NSDAP unter Leitung von Christian Weber erteilte den Vorstellungen Koelles als Ganzes erwartungsgemäß eine Absage, (125) mit der der Künstler allerdings nicht gerechnet hatte.

Mit dem „Hammermeister", der bereits 1932 (WVZ 117) entstand, hatte Fritz Koelle zum ersten Mal einen jungen muskulösen Arbeiter in einem Arbeitsprozeß lebensgroß dargestellt – in aufrechter, kontrapostischer Haltung, mit der linken Hand einen fast parallel zum Körper laufenden Eisenstab umfassend und sich leicht darauf abstützend. Den rechten Arm hält er in einer erhobenen Stellung, um das Heben und Senken des Dampfhammers anzudeuten; diese Stellung wurde von Ignoranten absichtlich falsch und in ihrem Sinn gedeutet (ebenso wie beim „Bergmann sich die Hemdsärmel aufstülpend" von 1936). Diese Gestik der erhobenen Hand ist erforderlich, weil die ohrenbetäubende Lautstärke im Hüttenwerk eine verbale Verständigung unmöglich macht.

Eine in Koelles Besitz befindliche Fotoreihe aus den Röchlingwerken zeigt exakt diesen Arbeitsablauf, aus dem der Bildhauer die Figur des „Hammermeisters" plastisch geformt hatte. Wiederzuerkennen ist auch die entsprechende Berufskleidung, die bereits beim „Blockwalzer" (1929) dargestellt worden war. Im Gegensatz zum Blockwalzer hat der Künstler in diesem Fall dem jugendlichen Oberkörper ein ärmelloses Hemd locker übergeworfen, das die kraftvolle Brust nur unwesentlich verhüllt. Weiter sichtbar bleiben die tiefen Einbuchtungen der Schlüsselbeine. Einen Schutz für die Füße bilden die sich dreifach überlagernden Lederschichten. Eine typische dachartige Lederkappe schützt den Kopf des Hüttenarbeiters vor Funkenflug. Der sich senkende rechte Arm erhält seine Entsprechung im geöffneten Mund mit den Worten „Ab-Senken". Das derbe Gesicht des Hammermeisters mit dominant breiter Nase und wulstig aufgeworfenen Lippen begegnete uns bereits im „Bildnis eines Hochofenarbeiters" von 1930, (WVZ 98) dessen physiognomische Ähnlichkeit mit dem „Tête du puddleur" (1894/95) oder dem „Puddleur au repos" (1884/87) von Constantin Meunier nicht geleugnet werden kann. (Abb. 45)

Da der „Hammermeister" im Jahr 1932, also bereits vor der Blockwalzeraffäre von 1933 geschaffen wurde, gehört er zu den Gestalten, die Koelle realistisch ungeschönt, in derber Arbeitskleidung, mit asymmetrisch verlaufender und durch Gebrauchsspuren mit amorpher Oberflächenstruktur versehener Lederschürze in uneben-welligem Abschluß geformt hat. Dieser Mann ist in einen Arbeitsprozeß involviert, der seinem gesamten Körper täglich äußerste Anspannung und Kraftanstrengung abverlangt und der seine Spuren in Gesicht und Körper gezeichnet hat. Auch wenn der „Hammermeister" nicht die formal-kompositorische Spannung des „Blockwalzers" aufweist, so bezieht er seine Dramatik aus der Physiognomie des Arbeiters und der Beanspruchung „jeder einzelnen Muskelfaser" im spontanen Arbeitsgeschehen.

Im folgenden Jahr 1935 wird der Bildhauer das gleiche Motiv mit dem „Hochofenarbeiter" wieder aufgreifen, allerdings in einer „lächerlich antikisierenden" Form und Gewandung in Anlehung an den „Wagenlenker von Delphi". (WVZ 126)

Die Zeilen Edgar Schindlers im Völkischen Beobachter zum „Hammermeister" in der Großen Münchener Kunstausstellung 1934, dem Koelle auch noch zwei Entwurfszeichnungen dieser Figur beifügte, (126) können weder als Kunstbericht noch -kritik bezeichnet werden, sie sind lediglich ein Erguß substanzloser, polemischer Worthülsen, wie sie nur der ideologischen

Propagandamaschinerie der Nationalsozialisten entspringen konnten. Noch gab der „Hammermeister" Anlaß zu unterschiedlicher Rezeptionsweise und galt wie der „Hüttenarbeiter" (1931) und der „Blockwalzer" (1929) als Beispiel für Kunstwerke, die in die Mühlen der unterschiedlichen Kunstideologen geraten waren, deren Streitigkeiten ab 1933 voll entbrannt waren (vgl. Anmerkung 57, A. Rosenberg contra J. Goebbels), erst 1934 beendet und ab 1937 vollends in das ideologische nationalsozialistische Fahrwasser geleitet wurden.

In einem durchweg positiv gehaltenen Artikel über Koelles „Gestalten der Arbeit" in der München-Augsburger Abendzeitung vom 26.9.1934 wurden der „Bergarbeiter vor der Einfahrt" vor der Nationalgalerie in Berlin und der „Hammermeister" (dieser sogar in größerem Bildmaß) nebeneinander abgebildet als gleichwertige Merkmale einer bildhauerischen „Meisterschaft", die „die ganze Kraft und Herbigkeit des Arbeiterlebens ‚unter' und ‚über der Erde' ... zu schildern vermag" und „ohne zu übertreiben ... das Beste von Rodin und Meunier vereinen". Der Autor war überzeugt: „Man muß in den Kreisen der Arbeiterschaft selbst bekannt sein, um zu sehen, mit welcher instinktiven Sicherheit [Koelle] das Typische und Charakteristische herausholt und künstlerisch nachempfindet." Und ein nicht verkennbarer Hieb des Autors ging in die gegnerische Kunstrichtung: „Seine Figuren halten sich gleich weit entfernt von einem leeren Nacktkult, wie von einem Muskelprotzentum. Er zeigt uns die Männer, die im Kampfe mit schlagenden Wettern und funkensprühender Glut der Eisenmassen ihre tägliche Pflicht erfüllen, aus der der Stolz ihrer eigenen Gestalt wächst." (127) Obwohl der im Dritten Reich gängige pathetische Sprachtenor nicht zu überhören ist, überzeugt der Autor mit seinem kunstfachlichen Standpunkt.

Auch im nächsten Artikel „Fritz Koelle und der Bergmann an der Saar" sollen unter anderem die Abbildungen des „Hammermeisters" und des entsprechenden „Bildnisses des Hochofenarbeiters" eine Kunstposition bekräftigen, und zwar exakt die von den nationalsozialistischen Kunstdogmatikern geforderte: Der Arbeiter als Heros, der durch die Arbeit geadelt wird und bereit ist, sich für das deutsche Volk zu opfern. „Fritz Koelles [Arbeiter] haben nichts gemein mit jenen bedrückten, unter der menschenmordenden Last der Arbeit aufstöhnenden Elendsgestalten [eines Constantin Meunier], die die naturalistische Kunstepoche mit Vorliebe darstellte. Koelle schildert den selbstbewußten deutschen Arbeiter, der sein Schaffen, Kämpfen und Leiden als Opferdienst am Volke betrachtet und diesen Dienst geadelt sieht durch den gemeinsamen Glauben an Deutschlands Zukunft." (128) In seiner politisch vereinnahmenden Interpretaion sah der Autor Gert Buchheit im „Erzbild des Hammermeisters" gar den „Feldherrn der Arbeit, der mit überlegener Kraft seine Befehle erteilt". Aber die abgebildeten Plastiken des „Hammermeisters", des „Hochofenarbeiters" und auch die neueste Figur eines „Betenden Bergmanns" widersetzten sich in ihrer bildlichen Aussage einer Indienstnahme durch eine nationalsozialistische Kunstideologie.

Auch Peter Breuer deutete den „Hammermeister" im Völkischen Beobachter, in dem Edgar Schindler ihn zuvor vernichtend beurteilt hatte, entsprechend des geforderten nationalsozialistischen Ideals zu einem deutschen Heroen der Arbeit um: „Man betrachte ... einmal den ‚Hammermeister', den taterfüllten Mann, der sich seiner verantwortlichen Führerstellung voll bewußt ist und nun mit einer gewissen Herrschergebärde seine Gefolgschaft leitet ... Koelle sucht echt plastischen Ausdruck und hält sich von realistischer Drastik ... entfernt." (129)

Dieser ideologischen Vereinnahmung setzte Fritz Koelle, stets um Anerkennung seiner Plastik bemüht, nichts entgegen. Es spricht sogar eher für eine aktive Beteiligung seinersets durch Auftragserteilung für diesen Artikel mit aktuellem „Saarbezug" von Gert Buchheit. Die bildlich wiedergegebenen Bronzeplastiken standen im Widerspruch zum Kunstverständnis der Nationalsozialisten, selbst der verfehmte „Blockwalzer" wurde in den den Arbeiter verherrlichenden Text genannt. Dabei handelte es sich ausschließlich um Arbeiterfiguren, die Fritz Koelle in voller Überzeugung so realistisch gestaltete, die für ihn eine affektive Bedeutung erlangten und die er aber vehement als „unbolschewistisch" verteidigte. Alle Fotos im Text stammten von Fritz Koelle. Weiter würde die These von Koelles Auftraggeberschaft dadurch erhärtet, daß der Artikel Insiderinformationen über Koelles Biographie und persönliche Zitate neueren Datums und aktueller Diktion enthielten: „Er bewundere [am ‚Saar-Kumpel'] in besonderem Maße Heimatverbundenheit und Rassestolz, Kameradschaftlichkeit und Zugehörigkeit zur großen deutschen Sache." (130) An diesen Worten konnte – weit verbreitet – Koelles deutsche Gesinnung abgelesen werden, auch von seinen kunstideologischen Widersachern.

Der völkische Gestalter der Saararbeiter (1935)

Und er konnte diese sogleich anhand einer eigenen Arbeit unter Beweis und sich und seine bildhauerischen Fähigkeiten offiziell in den Dienst der NSDAP-Politik stellen, indem er sich aus Anlaß der Abstimmung im Saargebiet am 15.1.1935 (zur Geschichte des Saargebiets vgl. Anmerkung II-26) am Wettbewerb zur Schaffung der Saargedenkmedaille (131) (WVZ 128) beteiligte und vom Saarbevollmächtigten Josef Bürckel (132) den Auftrag zur Ausführung erhielt.

Sehr werbewirksam für die politische Sache des Saargebietes wurde von der Presse auch der „Betende Bergmann" als „Betender Saarbergmann" und Symbol des „Kämpfers und Dulders durch 15 harte Jahre" eingesetzt. „Nicht nur in den Tiefen der Gruben hatten [die 50.000 ‚Saarkumpels'] um Brot und Leben zu kämpfen; das ist schon ein schweres Los. Auch über Tage hatten sie manchen Kummer und manche Bitternis zu ertragen um ihres Deutschtums willen. Dieses Bergmannslos hat Fritz Koelle, der seit Jahren auf Grube St. Ingbert ... seine Studien machte, in die ergreifenden Züge seines ‚Betenden Saarbergmannes' hineingemeißelt. Ein ‚Dulder fürs Vaterland 1918 – 1935' könnte man darunter schreiben unter dieses, eines der edelsten Denkmäler, die dem treuen Saarbergmann geschaffen wurden. ... Im Saargebiet ... steht noch kein einziges seiner Werke. Wäre es nicht eine Ehrenpflicht, dem Saarbergmann auf seinem Heimatboden ein Denk- und Dankmal zu errichten?" (133)

Die positiv gefärbten Artikel über Fritz Koelle, alle mit mehr oder weniger pathetisch formuliertem Saarbezug, reihten sich aneinander: 20., 22. und 23. Dezember 1934.

Fritz Koelle wirkte am Prozeß seiner Rehabilitierung aktiv mit, indem er eine Forderung Hitlers erfüllte: „Natürlich genügt es ... nicht, den Künstlern nur mit ‚Anregungen' zu helfen oder sie durch Verbote bzw. Anordnungen zu reglementieren! Nein: Man muß ihnen vor allem die notwendigen Arbeitsmöglichkeiten sichern, das heißt also die der Zeit dienenden Aufträge vergeben." (134) Und mit der Ausführung seiner Saarmedaille konnte Koelle im gesamten Vaterland seine nationale Gesinnung auch künstlerisch bezeugen.

Daß ausgerechnet ein mehr oder weniger religiöses Motiv wie der „Betende Bergmann" (WVZ 121) für nationalsozialistische Propaganda umgedeutet wurde, verwundert auf den ersten Blick. Aber mit dieser Figur verhielt es sich wie mit dem „Hammermeister": Sie waren der verbalen Ideologisierung schon anheim gefallen; daß ihr bildnerischer Transfer nicht geleistet war, wurde entweder nicht erkannt oder bewußt ignoriert, was auf die offiziell noch nicht einheitlich formulierten kulturpolitischen Forderungen der Kunstinhalte auf „Aufrüstung" hin schließen läßt. (135) Andererseits verkörpert der „Betende Bergmann" in seiner romantisierten Ausdrucksform – ähnlich den Bergmannszeichnungen von Eduard Heuchler – (136) mit seinem in Demut und Frömmigkeit gesenkten Haupt einen in seiner schicksalsergebenen Abhängigkeit verharrenden Menschen in einer ihm eigenen Religiosität, der in seinem romantisch anmutenden bildnerischen Formenkanon im nationalsozialistischen Kunstverständnis Akzeptanz erfuhr und bei Hitler Begeisterung hervorrief.

„Der Charakter der bergmännischen Werktätigkeit mit ihren Faktoren des Risikos bei der Erschließung und Gewinnung der Bodenschätze in dem unmittelbaren Gegenüber der Naturmächte und ihrer Unberechenbarkeit ... hat spezifische Formen des religiösen Ethos und des Verhaltens entstehen lassen. ... Grundsätzlich ist zu sagen, daß in der Religiosität der Bergleute ... zwei Wesenszüge ineinandergreifen: zum einen das Wissen, in besonderer Weise den elementaren Kräften der Tiefe ausgeliefert und damit auf Gottes Gnade und Schutz angewiesen zu sein, zum anderen die mitmenschliche Bindung im Betrieb, die Notwendigkeit, bei der Schwere der Arbeit zusammenzustehen bis zu jener Solidarität, die keine Gefahr und Mühe scheut, wenn es gilt, einen Kameraden zu retten." (137)

Und so waren Momente des Gebets oder Andachten der Zechenbelegschaft vor der Einfahrt als Bitte um ein gutes Gelingen der Schicht und als Dank dafür auch teilweise nach der Ausfahrt in vielen Bergbaurevieren fester Bestandteil des bergmännischen Brauchtums, „manchmal bis an die Schwelle der Gegenwart," (138) wie Fritz Koelle aus St. Ingbert berichtete. Auf vielen Zechen wurden dafür eigene „Bethäuser" oder „Betstuben" errichtet und bisweilen sogar mit einer kleinen Orgel ausgestattet. (139) Fritz Koelle hatte solchen Andachten beigewohnt und sich dort die Gestaltungsideen für seinen „Betenden Bergmann" geholt: „Diesen Sommer machte ich Studien für einen betenden Bergarbeiter, denn seit dem Unglück auf der Grube Maybach wird vor der Einfahrt wieder gebetet im Saargebiet; das ist sehr ergreifend, wenn so 1000 Mann vor der Einfahrt im Zechensaal gemeinsam ohne Unterschied der Gesinnung beten für eine glückliche Schicht." (140)

Koelle war es hervorragend gelungen, diese emotionale Atmosphäre der eigenen Ergriffenheit über die tiefempfundene Gläubigkeit der Bergleute in seiner harmonischen Gestaltungs- und Ausdrucksform des „Betenden Bergmanns", der eins ist mit sich, seinem Glauben und seiner Arbeit, zu bannen. In sich versunken, mit geneigtem Kopf umfaßt der Bergmann fest die parallel zum rechten Bein stehende Keilhaue, die die diagonale Körperlinie von den Schultern bis zum Boden, auf dem beide ihren Halt finden, verstärkt. Nur der Titel dieser Bronzeplastik verweist auf die Tatsache des Betens, ansonsten ist ihre Aussage mehrdeutig: von tief empfundener Trauer bis hin zu demütiger Erdverbundenheit etwa eines Bauern beim „Gebetsläuten" (L'Angélus), 1858/59, (141) von Jean François Millet traf diese Figur in ihrer genrehaft-romantischen Motivgestaltung besonders den konservativ-völkischen Kunstgeschmack, was auch den Tatbestand erklären würde, daß Hitler mit seiner Vorliebe für die Kunst des 19. Jahrhunderts (142) im Besitz des „Betenden Bergmanns" war.

Koelle kehrte mit seinem „Betenden Bergmann" zu seinen Anfängen, zum „Bergarbeiter vor der Einfahrt" von 1927 zurück, wohl auch in der Hoffnung, seinen Erfolg von damals zu wiederholen, was sich in der Akzeptanz dieser Figur auch bestätigte.

Sein „Bergarbeiter vor der Einfahrt" erfreute sich weiterhin großer Beliebtheit, was die vielfältigen Abbildungen dieser Figur bewiesen, unter anderem erbat ein Oberlehrer aus Stuttgart von der Nationalgalerie Berlin die Genehmigung, das Foto dieses Bergarbeiters im Abreißkalender „Natur und Kunst" für 1935 verwenden zu dürfen. Da das Copyright bei Fritz Koelle lag, verwies man den Lehrer an den Bildhauer, für den dieser Vorgang ein weiterer Beweis der „Volksverbundenheit" seiner Kunst war, (143) ebenso wie die Tatsache, daß der „Bergarbeiter vor der Einfahrt" immer wieder als Leihgabe für Ausstellungen erbeten wurde.

Die NSDAP-Gauleitung von Groß-Berlin wandte sich am 21.12.1934 an den Direktor der Nationalgalerie, Eberhard Hanfstaengl, mit der Bitte, diese Figur dem Museum für Länderkunde in Leipzig für eine Ausstellung in der Krolloper vom 6. bis 30. Januar 1935 zur Verfügung zu stellen. (144) Diese Bitte wurde der NSDAP gewährt, und die Bronzeplastik konnte am 4.1.1935 abgeholt werden. Die Ausstellungseröffnung in Leipzig fand in Anwesenheit der Reichsregierung statt. Die Eröffnungsrede hielt Reichsminister Joseph Goebbels. Am 5.2.1935 erfolgte die Rückgabe des Bergmanns an die Nationalgalerie.

Da in derselben Zeit in der Wandelhalle des Reichstages in Berlin die „Saarausstellung" stattfand, in der Koelles „Bergarbeiter vor der Einfahrt" präsentiert wurde, muß ein weiteres Exemplar dafür verwandt worden sein. Dabei handelte es sich offensichtlich um die Plastik aus dem Besitz Rudolf Schwarz', der viele der lebensgroßen Plastiken Koelles erwarb. (145) Denn der zweite Abguß im Eigentum des Bildhauers befand sich zeitgleich in der Sonderausstellung „Münchener Kunst" in der Neuen Pinakothek in München.

Koelle war hier mit fünf Bronzeplastiken vertreten. Mit dem „Bergarbeiter vor der Einfahrt" von 1927, dem Bildnis „Der Walzmeister" von 1928 und dem „Hockenden Bergmann" wurden drei Werke präsentiert, die von Museen angekauft worden waren. Außerdem zeigte Koelle den „Urahn" von 1930 und das Bildnis des „Bergarbeiters" von 1931. (WVZ 108) Die Auswahl der Exponate scheint mit der Intention vorgenommen worden zu sein, bis dahin allgemein und fachlich akzeptierte Plastiken mit einer unverfänglichen Form- und Ausdrucksaussage, die bei den Machthabern kein „Ärgernis erregte", zu zeigen. Das beweist zum einen der Griff nach drei Arbeiten aus öffentlichem Museumsbesitz und zum anderen die Entscheidung für den in der Presse mit positiven Urteilen bedachten „Urahn" und einen Bergarbeiterkopf. (145)

Koelle verband mit einer geplanten Bremen-London-Reise auch einen Abstecher nach Berlin. Dort besichtigte er im Reichstag seinen ausgestellten „Bergarbeiter vor der Einfahrt" und in der Reichskanzlei seinen „Betenden Bergmann". Von Berlin schrieb er seiner Frau: „Ich will Dir gleich mitteilen ..., daß die Sache mit der Figur nicht schlecht stehen kann!! Die Figur stand bis jetzt, bis zum Besuch der englischen Minister, im Wohnraum des Führers, und jetzt steht sie im Gang der Reichskanzlei, ich hab's selbst gesehen, sieht gut aus." (147) „Heute morgen war ich wieder in der Reichskanzlei ..., dem Führer hat die Figur gut gefallen, sie stand im Bismarckzimmer, in seinem Arbeitszimmer, wo jetzt auch der Führer arbeitet." (148)

Koelles Aussagen über die Figur des „Betenden Bergmanns" erhärten die These, daß er es war, der Hitler diese Plastik zum Kauf andiente. Diesbezüglich war noch ein Gespräch mit Oberstleutnant Brückner (149) geplant, und zwar ohne Protektion von Rudolf Schwarz. Denn als Koelle ihm von diesem bevorstehenden Treffen telefonisch berichtete, „da hat er aber gespitzt". (150) Dennoch war es Schwarz, der letztlich Hitler den „Betenden Bergmann" verehrte. Auch laut Ernst Kammerers Angaben von 1939 befand er sich im Besitz des Führers. Ebenso gab es Hinweise in mehreren Pressemitteilungen:

„Schon seit Jahren fördert Dr.-Ing. Rudolf Schwarz (Greiz-Dölau) das bildhauerische Schaffen unseres saarländischen Künstlers Fritz Koelle. Zum 1. Mai, dem Feiertag der nationalen Arbeit und zugleich zum Gedenken an die siegreiche Saarabstimmung vom 13. Januar, machte auf Anregung von Dr. Schwarz die Gefolgschaft der Firma Zschimmer und Schwarz dem Führer die neueste Plastik Koelles, seinen Saarbergmann, zum Geschenk. In einem handschriftlich gezeichneten Schreiben Adolf Hitlers vom 6. Mai an Dr. Rudolf Schwarz heißt es: ‚Sie haben mir mit der wertvollen Bronzeplastik >Betender Bergmann<, die Sie mir im Namen der Betriebsgemeinschaft übersandten, eine besondere Freude bereitet. Ich darf Sie bitten, allen Beteiligten meinen aufrichtigsten Dank zu übermitteln.' Das Schreiben des Führers wurde im Betriebe der Firma Zschimmer und Schwarz ausgehängt und hat unter der Gefolgschaft große Freude ausgelöst. Diese edle Plastik, in die alles Leid, alle Sorgen und Kämpfe des treuen Saarbergmanns und seiner fünfzehn langen Fronjahre hineingemeißelt sind, ehrt den Künstler und den Förderer seines Schaffens gleichermaßen. Daß das Werk in der Reichshauptstadt stehen darf, ist für die Saarländer eine besondere Freude." (151)

In Berlin traf Koelle sich mit dem Kunstkritiker Gustav Stolze und dem Direktor der Nationalgalerie, Eberhard Hanfstaengl, den er aus dessen Münchener Zeit kannte und der Koelles Freude auf und Erwartungen an London noch steigerte, indem er ihm „die Museen großartig schilderte". (152) Unmittelbar danach fuhr Fritz Koelle von Berlin nach Bremen, um von dort mit dem Passagierdampfer „Europa" bis Southhampton und weiter mit dem Zug nach London zu gelangen. Mit dieser Reise nach London erfüllte sich der Künstler einen lange gehegten Wunsch. Da er die Schiffspassage aber nicht finanzieren konnte, ermöglichte sie ihm der Geschäftsführer der Münchener Niederlassung des Norddeutschen Lloyds, Bisle, im Tauschverfahren gegen eine Kleintierplastik – einen Bronzeelefanten – des Bildhauers. Unterkunft und Verpflegung in London mußte Fritz Koelle selber tragen, wobei sein Geld schnell zur Neige ging, wie er seiner Frau mitteilte.

Koelle traf am Samstag, den 30. März 1935, gegen 15:00 Uhr im Strand Palace Hotel in London ein, ausgestattet mit einem Empfehlungsschreiben an den Geschäftsleiter der Londoner Agentur des Norddeutschen Lloyds, ihm in London alle Unterstützung zukommen zu lassen, besonders da Koelle sich nicht auf Englisch verständigen konnte. Bereits eine Stunde nach seiner Ankunft war der Künstler schon in der National Galery und schrieb seiner Frau begeistert: „Lisl es überläuft einen, was es da zu sehen gibt, Raffael, Leonardo da Vinci, Tizian, Tintoretto, Velázquez, Greco, Holbein wunderbar. Jeder Raum bringt ungeahnte Überraschungen. Die Bilder sind in schönen großen Räumen wunderbar gehängt. Es sind <u>durchwegs</u> hochwertige Stücke. Ich hab jedes Bild betrachtet, was ich gar nicht vor hatte. Ich hab mir viel erwartet von den hiesigen Sammlungen, aber daß sie solchen Reichtum bergen, nein, es ist unglaublich. Wenn es mir nur auch im Britischen Museum bei der Plastik ... so geht. Bis jetzt sah ich ja nur Bilder." (153)

Den Sonntagvormittag verbrachte Koelle im Hyde Park, aber die National Galery hatte ihn so gefesselt, daß er sie am Nachmittag abermals aufsuchte. Den Abend schloß er mit einem nochmaligen Aufenthalt im Hyde Park ab. Seinen Eindruck von der Stadt schilderte er folgendermaßen: Sie „ist ja am Sonntag wie ausgestorben, man sieht kaum einen Menschen. Der Verkehr ist ja nicht zu beschreiben am Werktag, Paris ist dagegen harmlos. Aber Paris ist gemütlicher." (154) Und trotzdem war Koelle von London so angetan, daß er gleich zweimal erwähnte, daß England ihm so gut gefiel, daß er gern dort bleiben und leben würde, und zwar sofort. Imponiert hatte dem Bayern auch die Verhaltens- und Lebensweise der Engländer: „Die Engländer haben schon ein sehr vornehmes Benehmen, das macht mir einen großen Eindruck, die Vornehmheit, aber überall ... man muß [sie] bewundern hier, es ist alles so großzügig aufgemacht. In keinem Museum kostet es Eintritt." (155)

Den Montag über verbrachte er im Britischen Museum, von dem er mehr erwartet hatte, aber dennoch mit dem ganzen Parthenon-Fries, (156) schönen chinesischen Malereien des 16. Jahrhunderts und viel antiker Kleinkunst „reichlich belohnt wurde". Aber seine gesamte Vorstellungskraft überstiegen die Holbeinzeichnungen: „im Studienraum bekam ich Zutritt und ich durfte sämtliche Original-Handzeichnungen, Blatt für Blatt durchsehen, denk Dir die ungerahmten Zeichnungen in Mappen in meinen Händen gehabt." (157)

Für Koelle muß dieser Augenblick ein ungeahntes Glücksgefühl bedeutet haben, das am nächsten Tag seine Fortführung erlebte. Der Künstler erhielt die Möglichkeit, die in Schloß Windsor befindlichen Holbeinzeichnungen ebenfalls zu studieren. Diese Ehre hatte er offensichtlich einer Empfehlung Prinzessin Pilars von Bayern zu verdanken, mit der Koelles Frau eine Freundschaft verband. „Heute war ich im Schloß Windsor. Ich durfte alle Zeichnungen von Holbein, welche in Mappen sind, durchsehen, 74 Stück ... man ist sprachlos. Sie sind ja viel besser als die Reproduktionen, kein Vergleich. Ich wollte einige Reproduktionen kaufen, brachte es aber nicht fertig, denn sie sind lange nicht wie die Originale." (158)

Am Dienstagnachmittag setzte der Künstler seine Museumsbesuche mit dem Victoria & Albert-Museum fort, das er mit dem Münchener Nationalmuseum verglich, dessen Werte ihn aber überwältigten: „Die Kartons von Raffael für die Teppiche in der Sixtinischen Kapelle, wunderbar. Dann freute ich mich über die Arbeiten der Augsburger Goldschmiede, die sind ganz besonders aufbewahrt, sind aber auch am schönsten." Und dann konnte er die Plastiken von dem von ihm so geschätzten Donatello bewundern und „Skizzen in Wachs mit dem Gerüst von Michelangelo ... Teppiche, so was sah ich noch nicht, so herrliche Stücke, alle unter Glas. Die Sachen sind ja wunderbar schön aufgestellt." (159)

Einen Towerbesuch zum Abschluß seines Aufenthalts ließ sich Koelle nicht entgehen. Er genoß das museale Angebot in seiner ganzen Vielfalt und Großzügigkeit, nutzte jede Gelegenheit während seines kurzen Aufenthalts in London mit einem Museumsbesuch aus und sammelte Kunsteindrücke und -empfindungen, von denen er in den nächsten Jahren zehren konnte. Was er in Londons Museen nicht fand, waren Arbeiterplastiken, realistische Arbeitergestaltungen so wie er sie schuf, woraus er folgerichtig schloß, daß derartige „proletarische Themen" in England keine künstlerische Konjunktur hatten.

Koelles nach dem Zweiten Weltkrieg vertretene These, daß er sich mit dem Gedanken getragen hätte, nach England zu emigrieren, die deutsche Industrie ihn aber zurückgerufen hätte, kann lediglich im oben genannten Sinne der fehlenden sozialen Akzeptanz der Arbeiterschicht und dem damit verbundenen Wegfall bildnerischer Gestaltungsintentionen verstanden werden. Eine Emigrationsabsicht Koelles kann anhand seiner schriftlichen Berichte nicht bestätigt werden. Der Künstler hatte in den wenigen Aufenthaltstagen kaum eine Möglichkeit, sich in Kreisen des englischen Bergbaus zu informieren. Außerdem findet sich in den Briefen an seine Frau, die Koelle, wie es seine Art war, umfangreich und differenziert abfaßte, nicht ein einziger Hinweis auf ein solches Vorhaben beziehungsweise eine derartige Kontaktaufnahme.

Statt dessen schilderte er mit großer Begeisterung all seine zuvor zitierten kulturellen Aktivitäten, auf die ihm seine Frau nach London antwortete. Fritz Koelle hatte ihr einen Katalog über Paula Modersohn-Becker geschickt und ihr eine große Freude damit bereitet: „ich interessiere mich so, bin heute viel damit beschäftigt ... das Kind auf dem rot und weiß karierten Kissen mit der Blume in der Hand muß auch sehr schön sein, hast Du Dir die Farben gut angeschaut?" (160) Aus dieser Tatsache läßt sich ableiten, daß beide Künstler der frühexpressionistischen Malerei einer Paula Modersohn-Becker befürwortend gegenüberstanden.

Während in London Arbeiterplastik keine künstlerische Beachtung fand, bemühte man sich im Ruhrgebiet auf Museumsebene darum. Elisabeth Koelle-Karmann teilte ihrem Mann mit: „Das interessanteste an Post kam heute aus Bochum von Dr. Winkelmann Bergbau Museum. (161) Er wünscht sich für sein Museum ein Bild von dem Standbild des Bergmanns vor der Nationalgalerie in Berlin, fragt was eine solche Figur kostet, da er beabsichtige später eine solche Plastik im Museumshof auszustellen. Wieder ein großer Apfel, der vielleicht nicht reif wird." (162) Und es auch nie wurde.

Auch aus Berlin war während seiner Abwesenheit Post eingetroffen. Koelle hatte, bevor er nach London fuhr, für Professor Amersdorffer ein Exemplar der Saarmedaille als Geschenk hinterlassen. „Ich danke Ihnen für die gütige Absicht, muß Ihnen aber leider sagen, daß ich die Medaille nicht entgegennehmen kann, weil ich als Staatsbeamter grundsätzlich keine Geschenke annehmen kann. Wenn Sie wieder nach Berlin kommen, würde es mich sehr freuen, Sie bei mir zu sehen." (163) Auf diesen Besuch brauchte Amersdorffer nicht lange zu warten, denn am Donnerstag, den 4. April, verließ Fritz Koelle London, fuhr mit der Europa zurück nach Bremen und von dort weiter nach Berlin, wo er noch den Termin mit Oberstleutnant Brückner wahrnehmen wollte, um über den Verkauf des „Betenden Bergmanns", der Hitler so gefallen hatte, zu verhandeln.

Auch wenn die Akzeptanz und positive Rezeption einiger seiner Werke durch die Nationalsozialisten Koelle erfreut haben mögen, veränderte sich dadurch seine wirtschaftliche Situation nicht merklich. Und da Koelle die Hoffnung auf eine Wiedergutmachung durch die Stadt München nach zwei Jahren immer noch nicht aufgegeben hatte, verfolgte er beharrlich seinen Rehabilitierungsprozeß auf der Korrespondenzebene mit wechselnden Adressaten. Der Mißerfolg mit dem Stadtrat und mit Christian Weber brachte ihn auf den Plan, sich wieder an höhere Instanzen zu wenden. So zum wiederholten Mal an den Präsidenten der Reichskammer der bildenden Künste, Eugen Hönig. Dieser erinnerte Oberbürgermeister Fiehler an sein Schreiben vom Vorjahr mit dem Gutachten des inzwischen verstorbenen Vorsitzenden des Bundes Deutscher Bildhauer, August Kraus, welches er auch diesem Brief als Anlage beifügte. Hönig wies auf die Fürsprache des Stellvertreters des Führers, Rudolf Heß, für Koelle hin und bat Fiehler „nochmals recht eindringlich..., in geeigneter Form, welche für das damit betraute Amt tragbar ist, dem Künstler ebenso öffentlich eine Genugtuung zu geben, wie ihm seinerzeit Schaden zugefügt worden ist. Der Bildhauer Koelle ist zweifellos ein sehr tüchtiger Künstler, und der von mir verantwortlich betreute Berufsstand kann ihm die erbetene Unterstützung nicht vorenthalten. Ich bin der Meinung, ein, wenn auch bescheidener Auftrag der Stadt München würde diesem Zwecke genügen, ohne dass es notwendig wäre, nun einmal geschehene Dinge einer Revision zu unterziehen. Mit deutschem Gruss Heil Hitler!" (164)

Aufgrund dieses halbherzigen Schreibens Hönigs, das nicht die geringste persönliche Überzeugung von Koelles bildnerischen Fähigkeiten und kein fürsprechendes Engagement für den Künstler erkennen läßt, verwundert es nicht, daß sich Oberbürgermeister Fiehler nicht zu einer Aktivität im Sinne Koelles veranlaßt sah. Er reichte diese Unterlagen lediglich an das Kulturamt weiter und legte sie am 25.3.1935 mit den Worten, „Die Angelegenheit wurde durch Herrn Stadtrat Flüggen durch persönliche Besprechung erledigt", zu den Akten. (165) Damit bezog sich Fiehler auf Flüggens Absage einer Wiedergutmachung an Koelle vom 8.2.1934 (vgl. Anmerkung 98).

Da Koelle von dieser Seite keine Unterstützung erwarten konnte, wandte er sich in bereits bekanntem Tenor (vgl. Anmerkung 17) nach seinem Berlinaufenthalt und seinen dortigen Kontakten am 30.4.1935 nochmals an Joseph Goebbels und am 6.5.1935 an den neu ernannten Adjutanten des Führers, Hauptmann a. D. Fritz Wiedemann, in Berlin. (166) In diesem Brief beklagte Koelle die Abweisung seines „Betenden Bergmanns" zur „Ausstellung Münchener Künstler", die von der Preußischen Akademie der Künste in Gemeinschaft mit der Ausstellungsleitung München veranstaltet wurde. (167) Die Begründung der Ablehnung dieser Figur lautete: Sie „sei ‚zu proletarisch', [sie] sei ‚mit marxistischen Augen gesehen'".

Koelle war entsetzt und betonte: „Ich muß eine solche ‚Kunstbetrachtung' mit Nachdruck als unwahrhaftig und unwürdig zurückweisen". (168) Er unterstrich die Bedeutung der Bergarbeiterplastik während der Saarabstimmungskampagne und fügte alle entsprechenden Pressemitteilungen bei; denn: „Ich kann es nicht auf mir sitzen lassen, dass man mich fortgesetzt als ‚marxistischen' Künstler beschimpft und auf diese Weise mein Fortkommen untergräbt, wenn man doch gerade meine Arbeit in den Dienst des Saarabstimmungskampfes stellte und sie als Vorbild deutscher Kunst bezeichnete. Ich bin der Überzeugung, dass es nicht im Sinne des Führers ist, dass man einen Künstler, der seit dem Jahre 1921 für das Deutschtum an der Saar arbeitete, .. in dieser Weise schädigt. Meine Frau war auch zur Abstimmung im Saargebiet". (169)

Koelle bat Wiedemann, dem Führer seine Problematik nahe zu bringen oder ihm gar einen persönlichen Kontakt zu Hitler zu vermitteln, und zum ersten Mal schloß Koelle einen Brief in der inzwischen bei den Nationalsozialisten offiziellen Grußform ab: „Mit deutschem Gruß! Heil Hitler!" Koelle wurde die Möglichkeit gewährt, sich schriftlich direkt an Hitler zu wenden.

Bereits dieser Brief an Wiedemann verdeutlicht, wie schnell Fritz Koelle die nationalsozialistischen Gepflogenheiten assimilierte, indem er die von der Presse konstatierte Bestimmung des „Betenden Bergmanns" und die Indienstnahme seiner Person und seines Werks für die Saargebietskampagne und als Beispiel deutschen Künstlertums internalisierte und seine Frau gleich mit in diesen Prozeß einbezog. Außerdem übernahm er mühelos das sprachlich ideologisierte Regelsystem der Nationalsozialisten, das in seinem Brief an Adolf Hitler die Grenzen der Peinlichkeit erreichte. „Mein Führer!" So begann er sein Schreiben und behielt diese Anrede konstant bei. Koelle schilderte Hitler seinen Werdegang und erläuterte seine künstlerische Intention, wonach er sich dazu hingezogen fühlte, „hauptsächlich Berg- und Hüttenarbeiter des Saargebietes darzustellen, in denen ich das ausgeprägteste Beispiel des deutschen <u>bodenständigen</u> Industriearbeiters sehe". (170)

Anders als in seinem Brief an Joseph Goebbels, in dem er behauptet hatte, noch nie einen Auftrag erhalten zu haben (vgl. Anmerkung 17), strich er bei Hitler genau das Gegenteil heraus: „Ich durfte mich immer wieder eines öffentlichen Auftrags erfreuen", und er zählte sämtliche Verkäufe an die Nationalgalerie Berlin, die Städtischen Galerien Nürnberg und Augsburg, die je eine Hüttenarbeiterfigur erworben hatten, die Münchener Städtische und die Staatsgalerie sowie das Bergamt in München, vor dem der „Bergarbeiter vor der Einfahrt" stand, den die Bayerische Berg-, Hütten- und Salzwerke AG ankaufte.

Koelle verwies auch auf die ungerechtfertigte Diffamierungskampagne von 1933, die er wieder „missgünstigen Berufsgenossen" zuschrieb, und betonte wiederholt seine deutsche Gesinnung, von der sich „hervorragende Persönlichkeiten" überzeugen konnten und durch ihre Zeugnisse bestätigten, unter anderem auch Reichsminister Heß. Zur Bekräftigung nannte Koelle auch seine Aktivitäten während der Saarabstimmung.

Zum Schluß des Briefs gelangte er zur eigentlichen Absicht seiner Ausführungen, „der Wiedergutmachung des [ihm] zugefügten Schadens". Koelle hatte auf Anraten Kultusministers Schemm seine Bewerbung auf eine Stelle an der Akademie der bildenden Künste in München eingereicht. Aufgrund des frühen Tods von Hans Schemm konnte diese Angelegenheit im Kultusministerium nicht weiter verfolgt werden, denn mit Schemm verlor Koelle seinen wichtigsten offiziellen Fürsprecher in München. Hitler gegenüber tat er das Ansinnen einer Akademieberufung wieder kund: „Ich glaube aber nicht unbescheiden zu sein, wenn ich es, hochverehrter Führer, auch Ihnen gegenüber ausspreche, dass ich eine Berufung an eine Lehrstelle als ein geeignetes Mittel betrachten würde, die schwere Kränkung, die ich erfahren musste – die schwerste, die man sich heute vorstellen kann – wiedergutzumachen und mir die

Möglichkeit zu geben, wieder mit frischen Kräften zu arbeiten und so auch meinen Beitrag zu leisten zu dem herrlichen Ziel, das Sie sich, hochgeehrter Führer, gesetzt haben." (171)

Ein Schreiben mit fast identischem Text wie an Hitler, der Koelle nie antwortete, sandte Koelle auch an den neu ernannten Leiter des Kulturamtes, Max Reinhard, der diese Funktion Hans Zöberleins nach dessen Ausscheiden aus dem Amt übernahm. (172) Durch diese Ablösung Zöberleins, mit dem Koelle jegliche Kommunikationsbasis fehlte, und durch den neuen Ansprechpartner Reinhard schöpfte Koelle wieder Hoffnung, seine Angelegenheit mit der Stadt München doch zu einem befriedigenden Ende führen zu können. Auch Reinhard trug er seine Bitte auf Anstellung vor: „Wenn es nicht möglich sein sollte, dass ich an einer hiesigen Schule untergebracht werde, dann bitte ich Sie um Ihre grosse Verwendung bei unserem Führer, mit dem Sie doch öfters Unterredungen haben, dass ich an eine Akademie komme." (173) Zuvor hatte Koelle zum wiederholten Male in den letzten zwei Jahren einen Versuch der Kontaktaufnahme mit Oberbürgermeister Fiehler unternommen und ihn um eine persönliche Aussprache gebeten, wozu dieser ihm aber keine Gelegenheit bot. (174)

Während Fritz Koelle die Rehabilitierung seiner Person von seiten des Münchener Stadtrats verwehrt blieb, fand er in seiner Heimatstadt Augsburg die volle Anerkennung seines Œuvres. In einem 16seitigen Aufsatz im „Schwabenland" der „Zeitschrift für schwäbische Kultur und Heimatpflege" befaßte sich der Kunstschriftsteller Oskar Wolfer in der Reihe „Schwäbische Köpfe" – bereits auf der Titelseite mit der ganzseitigen Abbildung „Bildnis eines Bergarbeiters" von 1929 (WVZ 90) angekündigt – mit dem Werdegang des Bildhauers und seiner Arbeit. Allerdings muß davon ausgegangen werden, daß Fritz Koelle diesen Artikel angeregt hatte, denn er kannte Wolfer aus Augsburg gut. Zum einen hatte Wolfer Zeichnungen von Elisabeth Koelle-Karmann in Kommission, (175) und zum anderen war die Rede eines Portraitauftrags von Wolfer an Fritz Koelle. (176) Außerdem hatte der Künstler laut Impressum das gesamte Bildmaterial zur Verfügung gestellt, so wie bereits bei den Ausführungen von Gert Buchheit.

Der Kunstschriftsteller handelte in einer pathetischen Ausarbeitung die gesamte historische Entwicklung der Plastik von der Antike bis zur Gegenwart ab, in der die deutsche zeitgenössische Plastik „in ihrer Sachlichkeit und ihrer Naturverbundenheit eine achtungsgebietende Höhe erreicht" und der Bildhauer Fritz Koelle seinen Beitrag dazu geleistet hatte. (177) Koelles Arbeiterplastiken, genannt wurde auch der „Blockwalzer", „bedeuten starke und charaktervolle Schöpfungen. Koelle modelliert nichts oberflächlich. Herb und ernst ist der Eindruck seiner Gestalten." (178) „Sie zeigen einen Realismus, der der empfundenen Aufgabe entspricht." (179) „Der Künstler hat hier Plastiken geschaffen, die sicher in der Form, also geschlossen und abgerundet sind. Er vergißt in seinen Arbeiten niemals den atmenden Kern des Lebens." (180)

Auch wenn der Schriftsteller die nationalsozialistische Kunstideologie nicht explizit ausspricht, schwingt dieses erwartete Kunstverständnis in seinen Ausführungen mit: „Seine Schöpfungen zeigen den Künstler im Vollbesitz seiner auf ein klar erkanntes Ziel gerichteten Kräfte. Er will in seinen Plastiken den Einzelerscheinungen seiner Bergleute etwas Überpersönliches verleihen." (181) Genau diese Intention hatte Koelle bis zum Beginn der nationalsozialistischen Kunstdoktrin nie verfolgt. All seinen Arbeiterfiguren wohnte die ihnen eigene Persönlichkeit inne, es waren Individuen und keine „entseelten Übermenschen", und es war Koelles menschliche und bildhauerische Stärke, diese Individualität (mit portraithaftem Wiedererkennungscharakter bei der Arbeiterschaft) zum Ausdruck zu bringen.

Und in diesem Sinne wäre Wolfers abschließendes Urteil über den Künstler einzuordnen: „Fritz Koelle entfaltet sich geradlinig zu einer schönen Reife." (182) Inzwischen aber hatte der Bildhauer mit seinen „Befreiungskämpfern" diesen Grad verlassen, ebenso wie mit seinem im Jahre 1935 geschaffenen 2 m hohen „Hochofenarbeiter", der in Wolfers Abhandlung keine Erwähnung und Abbildung fand.

Der „Hochofenarbeiter", (WVZ 126) der im gleichen Arbeitsprozeß wie der „Hammermeister" von 1932 (WVZ 117) dargestellt ist, hat mit diesem jedoch nur die Steuerungsfunktion gemein. Ansonsten begann mit ihm der Prozeß der Entindividualisierung Koellescher Arbeiterplastiken. Der „Hochofenarbeiter" ist eine 2 m große, unbewegte, klassizistisch erscheinende statuarische Figur, in ruhiger gleichmäßiger Standposition, bekleidet mit einem kurzen Hemd in straffem, stilisiertem Faltenwurf in Anlehnung an die Bronzestatue des Wagenlenkers von Delphi. (183) (Koelle hatte eine besondere Affinität zu textilem Faltenwurf.) Ebenso stilisiert ist die den Arbeitsablauf steuernde Armhaltung und die faltenlos gerade am Körper hinabfließende Lederschürze (die auch aus Seide bestehen könnte).

Alles weist eine kühle Glätte auf, die zum einen durch die Symmetrie im Figuraufbau und zum anderen durch die ebenmäßig gestaltete und polierte Oberfläche der Bronze an Körper, Gesicht und Kleidung unterstrichen wird. Die „Entseelung" dieses Hochofenarbeiters spiegelt sich besonders in der regungslosen Mimik, dem distanziert konzentrierten Blick, den zwar kantigen, aber dennoch geglätteten Gesichtszügen eines jungen – dem neuen Schönheitsideal verpflichteten Mannes. Eine Querfalte durchzieht seine Stirn (aber auch diese wird bei den nachfolgend gestalteten Arbeiterplastiken weichen).

Ganz im Gegensatz zum „Hammermeister" lassen sich beim „Hochofenarbeiter" nicht die geringsten Spuren körperlicher Belastung nachweisen. Er lenkt souverän die ihm gestellte Aufgabe in einer alles beherrschenden Pose. Mit dieser Figur erfüllte Koelle die bereits beim „Hammermeister" von Gert Buchheit konstatierte Gestaltungsweise des „Feldherrn der Arbeit", der mit überlegener Kraft seine Befehle erteilt, (vgl. Anmerkung 128) und ansatzweise die von Hitler gefühlsmäßig favorisierte, wenig reflektierte Übernahme der Antike.

Gleich zu Beginn des Jahres 1936 erfuhr der Bildhauer Koelle durch Ernst Kammerer eine mehrseitige Würdigung in der Januarausgabe der Zeitschrift „Die Kunst für Alle". In dem Artikel „Kunst der Bronze" beklagte dieser im üblichen nationalsozialistisch-pathetischen Stil die Inflation und Verdorbenheit der Bronzebildhauerei durch die Flut der nichtssagenden Bronzedenkmäler in der zweiten Hälfte des 19. Jahrhunderts. Als Verkünder einer neu erwachten Bildhauerkunst betrachtete er Rodin, Maillol, Meunier, Hildebrand und Kolbe und setzte Fritz Koelle in die Fortsetzung dieser Reihe.

Entsprechend des Titels definierte Kammerer den Bildhauer über das Material Bronze. Auch für diesen Artikel wurde die Rückgewinnung der Saar zur Legitimation des Koelleschen Œuvres bemüht. Gleich dem Kampf zur Vereinigung des Saargebietes mit dem deutschen Reich setzte Fritz Koelle seine Kraft und Kunst zur Vereinigung von Material (Bronze) und Inhalt (Arbeit) ein. „Im Kampf um die Saar wurden die Figuren Koelles berufen, den deutschen Charakter der Saararbeiter darzutun und zur Erinnerung an den Sieg der deutschen Sache an der Saar ist der ‚Betende Bergmann' in der Reichskanzlei vor dem Arbeitszimmer des Führers aufgestellt." (184) Koelle, „durch Neigung und Verdienst dem Saarland als einer zweiten Heimat zugehörig", errichtete diesen Menschen ein „Denkmal der Arbeit". (185) Zu Bestandteilen dieses Denkmals zählte Kammerer den „Hockenden Bergmann" (1929), den „Urahn" (1930), das „Bergarbeiterkind" (1931), auch den umstrittenen „Hammermeister" (1932) – nicht aber den diffamierten „Blockwalzer" (1929) vom Melusinenplatz in München, der auch in Kammerers Werkmonographie über Fritz Koelle von 1939 fehlen wird. „Der „Hammermeister" wurde unter anderem ganzseitig abgebildet. Weiter gehörten dazu der „Betende Bergmann" (1934) ebenso wie „die leicht überlebensgroßen Figuren der Schachtarbeiter mit der entspannten Haltung und dem gewichtigen und gespreizten Auswiegen von Standbein und Spielbein". (186) Zur Bekräftigung wurde diese Figur des „Bergmanns mit Lampe" (1930) auf einer Zweidrittelseite wiedergegeben.

Mit dieser Abhandlung zeichnete Kammerer ein bis dahin noch einheitliches Gestaltungsbild Koellescher Arbeiterplastiken, die alle nach der „Wahrheit" beziehungsweise realistisch gesehen und geformt waren. Den Realismus bei Koelle definierte er folgendermaßen: „Der Realismus kennt nicht die Phrase, nicht die schmeichelnde Fälschung, nicht das schale Denkmal. Er wagt die glühende Wirklichkeit, scheut vor dem Ausgemergelten, vor dem Einfachen und vor der menschlichen Aufopferung nicht zurück, weil das Ausgemergelte, das Einfache und die menschliche Aufopferung ihre Erhabenheit und ihre Verklärung in sich selbst haben". Koelles Realismus ist „als ein ernsthafter Realismus anzuschauen ..., dem das Ergreifende innewohnt". (187) Darin bezog Kammerer auch Koelles Selbstbildnisse ein, die wie „ein stummes Tagebuch der Arbeit, das Dichtung und Wahrheit des eigenen Lebens sammelt", alle Züge in Koelles Gesicht widerspiegelten. (188)

Die Zeichnungen, die neben der Plastik Koelles einzige weitere künstlerische Ausdrucksform waren, stellte Kammerer in den Dienst der plastischen Gestaltung. Sie galten ihm lediglich als Vorbereitung – wenn auch mit Achtung betrachtet – der schrittweisen Entwicklung hin zur endgültigen formalen Umsetzung. Das dazu verwandte Material der Bronze verlieh dem Gestaltungsinhalt der Arbeit die ihm innewohnende „Würde". „Es ist wirklich kein Wunder, daß ein Bildhauer sein Leben daran setzt, diesem Vereinigungsdrang von Gehalt und Gestalt zu genügen und daß ein Werk daraus hervorgeht, groß, reich und von hallender Wirkung wie das des Bildhauers Koelle." (189)

Ernst Kammerers Artikel wurde nicht nur in der Zeitschrift „Die Kunst für Alle" veröffentlicht, er fand auch Multiplikatoren in Tageszeitungen. So wurde er auszugsweise in der Schleswig-Holsteinischen Tageszeitung Itzehoe vom 16. Januar 1936 wiedergegeben, mit einer abschließenden Werbung für die im Bruckmann Verlag München erscheinende oben genannte Zeitschrift, die „zu jedem der gehaltvollen Beiträge ... zahlreiche Bildwiedergaben in prächtigem Kunstdruck" liefere. „Dieses Heft [Schleswig-Holsteinische Tageszeitung] empfiehlt wiederum bestens die gute Kunstzeitschrift." (190)

Nachdem Fritz Koelle mehr als zwei Jahre seine Kraft in den Kampf gegen die Verleumdung als „bolschewistischer Künstler", was er als schlimmste Kränkung seiner Person empfand, und in seine Rehabilitierung als „volksverbundener deutscher Bildhauer" investiert hatte, konnte er, sicherlich auch motiviert durch die positive Resonanz einiger Presseorgane und seinen Erfolg mit der Saarmedaille, seine schöpferische Arbeit wieder aufnehmen.

Im Februar 1936 flog Koelle nach Berlin, um sich dort mit Baurat Werner, den er aus dessen Augsburger Zeit her kannte, zu treffen und über Auftragserteilungen zu verhandeln, denn Koelle war mit Georg Kolbe für öffentliche größere, aber nicht näher bezeichnete Aufträge in Berlin vorgeschlagen worden. Er schrieb seiner Frau aus Berlin: „Also für die großen Figuren soll nur Kolbe oder nur ich in Frage kommen, wir beide müssen Entwürfe machen. Also nicht ganz sicher, aber [Werner] möchte den Auftrag mir zubringen. Dann aber noch eine schöne Aufgabe, Du darfst aber nichts sagen, keinem Menschen auch nicht in St. Ingbert. Für das neue Postministerium an der Leipziger Str. in nächster Nähe der Reichskanzlei, soll ein ‚Rossebändiger' hin, das Pferd soll größer noch werden als von Bleeker und Hahn an der

Technischen Hochschule in München." (191) Koelle unterbreitete dem Baurat bereits einige Vorschläge, die dessen Gefallen fanden. Seiner Frau teilte er seine Begeisterung weiter mit: „Das wäre eine wunderbare Aufgabe, ein Platz wird das wunderbar und mitten in Berlin. Wenn ich da was hinbringe, ich meine fertig bringe, was meinst, was der Bleeker usw. sich ärgern würden." (192)

Koelle, der sich stets über die (vermeintlichen) mißgünstigen Künstlerkollegen und ihren Neid beschwerte, lieferte mit dieser Äußerung ein beweiskräftiges Beispiel dafür, daß gerade ihm diese Charakterzüge innewohnten, und es drängt sich der Verdacht auf, daß Koelle in diesem Fall seine wenig rühmlichen Eigenschaften in seinen Beschuldigungen auf seine Berufskollegen übertrug.

Dann fuhr er in seinem Brief weiter fort: „auf einmal sagt der Baurat Werner, möchtens einen Adler machen? Das lehnte ich aber ab, na dachte ich mir, nein. Er legte mir nahe, mir den Bau anzusehen, am Anhalter Bahnhof, ein riesiger Bau." (193) Koelle sah sich das Gebäude an und war sich sofort klar darüber, daß er diesen Auftrag ausführen würde. Er ging zurück ins Amt zu Baurat Werner und setzte seine Idee sofort in Plastilin um und befestigte sie am vorhandenen Modell. Dieser Entwurf traf bei Werner und seinen Kollegen auf allgemeine Zustimmung: „Der Adler wird 6 - 7 m groß und ich muß morgen wiederkommen. Ich war aber auch mächtig stolz, auf den Gedanken und besonders auch die Schlagfertigkeit. Der Auftrag ist so viel wie sicher." (194) Seiner Frau legte er nochmals äußerstes Stillschweigen darüber auf.

Der Adler (WVZ 130) für das Reichspostministerium war der einzige dieser oben genannten erhofften Aufträge, den Koelle erhielt und den er bildhauerisch realisierte. Wie bereits in der Planung festgelegt, wurde es ein gewaltiger Vogel, der mit seinen ausgebreiteten Schwingen 8 m maß. Das Gefieder hatte Koelle dekorativ-schwungvoll stilisiert. In seinen beiden Klauen hielt der Adler einen Lorbeerkranz, in dessen Mitte ein Hakenkreuz prangte. 1937 erhielt dieses gigantische Tier seinen Platz über dem Portal der Großbriefabfertigung am Anhalter Bahnhof in Berlin. (195 und 196) (Abb. 46) Mit diesem Hoheitszeichen als Symbol für Macht und allgegenwärtige Präsenz von Staat und Partei stellte sich Koelle ein weiteres Mal in den Dienst der Nationalsozialisten. Ein Kleinformat dieses Adlers schuf Koelle für seinen regimetreuen Mäzen Rudolf Schwarz, das dieser in vielfacher Ausfertigung seinen Panzergrenadieren verlieh.

Der nächste Auftrag der öffentlichen Hand wartete schon auf Koelle. In Fortsetzung und Steigerung seines ausdrucksarmen „Hochofenarbeiters" gestaltete der Bildhauer einen 2,30 m hohen entseelten „Bergarbeiter sich die Hemdsärmel aufstülpend" (WVZ 131) in fast identischem formalem Aufbau. Die Gesichtszüge sind aufs schablonenhaft Markante reduziert, und man findet diese Funktion der Typisierung auch in der Wiederverwendung des Kopfes für den „Saarbergmann" von 1937. (WVZ 137) Nichts weist diese Figur in schematisierter Arbeitskleidung als Bergmann aus, weder ein Ausschnitt seines Arbeitsprozesses – der in der plastischen Darstellung des Dritten Reiches ohnehin ausgeschlossen ist – noch ein charakteristisches Attribut. Das Aufstülpen des Ärmels, der andere ist bereits aufgerollt, kann als aktive Bereitschaft für die deutsche Volksgemeinschaft interpretiert werden und war offensichtlich ein Zugeständnis an die Auftraggeberin, die „Deutsche Arbeitsfront". (197)

Was bereits beim „Hochofenarbeiter" anklang (wenn auch in antikisierendem Versuch), setzte sich im oben beschriebenen Bergmann fort und wird ein Gestaltungsprinzip Koelles während des Dritten Reichs bleiben. Indem der Künstler vornehmlich bekleidete Arbeiter modellierte, umging er den durch Thorak und Breker vorgegebenen und in der nationalsozialistischen

Kunstpolitik als allgemeingültig deklarierten plastischen Idealtypus des aggressiv-überlegenen, muskelprotzenden, Brustkorb-aufblähenden (Arbeiter-)Heroen. Bei seinen nachfolgenden Hochofenarbeitergestaltungen und auch bei seinem Isarflößer entzog Koelle den Körper – eingehüllt wie in einen Schutzpanzer – gänzlich den Blicken des Betrachters. Selbst bei seinen beiden Schachthauerfiguren von 1939 und dem „Walzwerksmeister" von 1942 als Halbakte vermied er diese körperlichen Übertreibungen und heroisierende Darstellungsform eines Josef Thorak, zum Beispiel bei dessen Modell des „Denkmals der Arbeit", (198) oder eines Hans Breker (Bruder des Arno Breker) mit dessen „Bergmann" von 1941. (199) Koelles Arbeiterfiguren weisen in Anlehnung an einige seiner früheren Arbeitergestalten („Bergmann", 1930, und „Hüttenarbeiter, 1931) eher eine „asketische Schlankheit" auf. Nur die Formate der Bronzestatuen wuchsen auf schwindelnde Höhen an. Überschritt Koelle normalerweise das Zweimetermaß nicht, erreichte der „Saarbergmann" bereits 3 m, der „Isarflößer" 3,60 m und der „Hochofenarbeiter" für das MAN-Ehrenmal eine Monumentalhöhe von 4,20 m.

Die durch das Ärmelaufkrempeln symbolisch signalisierte „Bereitschaft" des Bergmanns, die ihm zugedachte Aufgabe „anzupacken", hat nichts mit Brekers gleichnamiger Figur „Bereitschaft" gemein.

Breker modellierte eine überlebensgroße Aktplastik in dynamisch-aggressiver Körpersprache und Mimik. Eine muskulöse Athletenfigur nach erfolgreichem Bodybuilding mit schmalen Hüften, überdimensioniertem Oberkörper und im Verhältnis dazu einem zu klein geratenen Kopf. Denn auf „Geist" wurde – programmatisch im Nationalsozialismus – bei diesem „Kämpfer der Faust" kein Wert gelegt. Am gesamten Körper erscheinen übertrieben herausmodellierte Muskel- und Sehnenpartien, auch beim im angedeuteten Kontrapost leicht angewinkelten, auf einem kleinen Hügel abgestützten Spielbein, einer von Breker bevorzugten Pose.

Mit der rechten Hand zieht diese Figur aus einer mit der linken Hand gehaltenen Scheide ein Schwert, das im Nationalsozialismus als das Attribut für Kampf schlechthin galt. Die „Bereitschaft zum Erstschlag" geht nicht nur vom Körper, sondern auch vom typisiert überlegenaggressiven Gesichtsausdruck mit zusammengepreßten Lippen, zusammengezogenen Augenbrauen und übermäßig eingegrabenen Stirnfalten aus. Im Widerspruch dazu erscheint die barock stilisierte Lockenpracht. Diese Mimik verrät nichts Individuenhaftes. Die durch den formalen Aufbau mit Linienführung und bewegten Konturen erzeugte Dynamik und die vom gesamten Körper ausgehende Anspannung sind zur Pose erstarrt. (200)

Anhand dieser Kurzanalyse von Brekers Figur aus dem Jahr 1939 mit vergleichbarer Thematik der „Bereitschaft" wie bei Koelles Arbeiter, aber ikonographisch unterschiedlicher Aussage und Ausformung wurde zum einen die durch den Bildhauer Breker in verbindliche Gestaltungsformen umgesetzte nationalsozialistische Kunstideologie dargelegt und zum andern im Vergleich zur zuvor analysierten Bergarbeiterplastik exemplarisch der Unterschied in der visuellen Wahrnehmung und gestalterischen Umsetzung zwischen beiden Künstlern herausgestellt und nachgewiesen, daß Fritz Koelle diese vorgegebenen stilistischen Normen für seine Bildhauerei nicht akzeptierte, da sich derart entmenschlichte Gestalten mit seinem naturalistischen Menschenbild (ebenso wie für ihn bei der sogenannten avantgardistischen Kunst) und seinem Verständnis und Empfinden vom Arbeiter nicht vereinbaren ließen.

Auch Arno Breker (1900 bis 1991) gehörte zu den Künstlern, die nach dem Ersten Weltkrieg auf der Suche nach ihrem wahren Gestaltungssinn waren. Koelle fand ihn im Arbeitermilieu, Breker seinen Aussagen nach in der „Schönheit". Er machte vielversprechende Anfänge, zum Beispiel mit seinen impressionistisch inspirierten Gestaltungen aus seiner Pariser Zeit oder seinen hervorragenden Portraits (Otto Dix 1926, Giacometti und Max Liebermann 1934 und viele andere). (201) Selbst sein „Bildnis eines Oberschlesischen Bergmanns" von 1943 ließe sich dort einreihen. (202) Aber auch Breker stellte sich in den kunstideologischen und praktischen Dienst der nationalsozialistischen Machthaber und gab mit seinen Plastiken und Reliefs nach Thorak ab 1938 sogar den verbindlichen Ton an. (203)

Das gleiche Motiv eines ärmelaufkrempelnden Arbeiters wählte Richard Scheibe (1879 bis 1969) im Jahr 1938, allerdings in naturalistischer und wesentlich energiegeladener Form als Fritz Koelle. Diesem Arbeiter nimmt man zum einen durch seine dynamische Durchgestaltung und zum andern durch seine lebendige Mimik (ganz im Gegenteil zu Koelles körperlich und mimisch unbewegten statuarischem Bergmann) die Bereitschaft, seine Aufgabe aktiv in Angriff nehmen zu wollen, wirklich ab. (204) Trotzdem fanden beide überlebensgroßen Figuren des Koelleschen Bergmanns ihre Abnehmer. Da sein Mäzen Rudolf Schwarz Koelle alle großen Plastiken abkaufte, stand auch diese Figur in Greiz-Dölau auf dem Fabrikgelände des Chemiewerks von Schwarz. (Abb. 47) Jeweils ein 60 cm großes Bronzemodell davon befindet sich heute in den Städtischen Kunstsammlungen in Augsburg und im Deutschen Bergbau-Museum in Bochum.

Weitere Werke schuf Koelle in diesem Jahr nicht, dafür beteiligte er sich rege an diversen Ausstellungen: In München war er in der Neuen Pinakothek mit einem Selbstbildnis, „eine[r] blank gebuckelte[n] Bronze, metallisch schimmernd in nobler Patina", bei der Schau „50 Jahre Münchener Landschaftsmalerei und Bildnisplastik" vertreten. Bei der Großen Münchener Kunstausstellung im Juni zeigte er seinen „Hochofenarbeiter" von 1935, zu dem ein Berichterstatter meinte: „Neben einem Trachten nach ornamentaler Wirkung ist hier eine mutige Wahrheit am Werk, die das Sein des Industriearbeiters nicht beschönigt." (206) Die dekorative und antikisierende Form dieses „Hochofenarbeiters" wurde von der Presse durchaus kritisch angemerkt, die diesem Werk innewohnende „Wahrheit", die seinen Arbeitern bis dahin zugeschrieben werden konnte, ist nicht nachvollziehbar.

Die in der Korrespondenz (207) zwischen Elisabeth Koelle-Karmann und ihrem in London befindlichen Mann erwähnte Planung einer gemeinsamen Ausstellung in Augsburg kam Anfang des Jahres 1936 trotz der Bedenken der hohen Transportkosten zustande. Sie wurde in der Neuen Augsburger Zeitung folgendermaßen wahrgenommen: „Er sieht die Menschen sachlich, gestaltet aus der Psyche des einzelnen und seines augenblicklichen Interesses. Leicht typisierend drängt er zufällige Züge doch nicht so sehr zurück, daß das Individuelle ausgelöscht wird. Es sind trotz allem Gemeinsamen gesonderte Individuen, die aus Koelles Meisterhand hervorgehen." (208) Und diese Ansicht belegte der Autor mit dem „Blockwalzer" und dem „Hammermeister", Koelles umstrittensten Werken, sowie dem „Betenden" und dem „Hockenden Bergmann". An Portraitplastik hob er das Selbstbildnis Koelles von 1935 und das im gleichen Jahr entstandene Bildnis des Münchener Rechtsanwalts Franz Haus mit „realistische[n] und monumentale[n] Züge[n]" hervor. (WVZ 129)

Wie eine zusätzliche Unterstützung in Koelles Rehabilitierungsprozeß nehmen sich folgende, vom Autor sicherlich wohlgemeinte, aber die Tatsachen verkennende Zuschreibungen aus: „Sein Schaffen bewegt sich um das Leben des Bergarbeiters an der Saar, jenes Menschenschlages, der schweigsam und pflichtbewußt seine schwere Arbeit unter Tag verrichtet, aber nicht als Enterbter des Glücks, wie marxistische Tendenz es wollte, sondern in dem Gefühl, dem Heimatboden zum Wohle der Volksgesamtheit die schwarzen Schätze zu entreißen. ... Nicht tendenziös gesehene Vertreter eines internationalen Proletariats sehen uns an, sondern deutsche Arbeiter, vollwertige, selbstbewußte Mitglieder der Volksgemeinschaft mit freiem Blick und erhobenem Haupt." (209) Koelle mußte endgültig reingewaschen werden vom Makel des bolschewistischen Künstlers und zum „deutschen Bildhauer" geformt werden. Fritz Koelle akzeptierte diese „Verformung".

Augenfällig ist auch, daß Koelles Arbeiterfiguren, die bis 1933 den Prototypen des Berg- und Hüttenmanns schlechthin verkörperten, seit der Rückgewinnung der Saar in der Presse als Sinnbilder des saarländischen Arbeiters gehandelt wurden. Viele Titel seiner Arbeiterbronzen wurden mit dem Zusatz „Saar" versehen oder dahingehend abgeändert. So wurde zum Beispiel aus dem „Bergarbeiter vor der Einfahrt" der „Saar-Bergmann". Offensichtlich lieferte Koelle durch die Gestaltung der offiziellen Saarmedaille der Presse die vermeintliche Rechtfertigung, sein Werk und seine Person als „saarländisch" zu vereinnahmen, dem Koelle wiederum nichts entgegensetzte.

Wie bereits an früherer Stelle erwähnt, wurde der als Schwabe (Augsburg) geborene und in Bayern (München) lebende Koelle bei Presseveröffentlichungen als saarländischer Bildhauer bezeichnet. Koelle selbst hatte sich bis dahin immer als Bayer ausgegeben, besonders im Kontrast zu Berlin. Jetzt aber, wo es politisch und par renommée opportun war, mutierte er zum Saarländer, was ihm gefühlsmäßig sicherlich entgegenkam. Denn im Saarland hatte er durch seine Frau ein Zuhause und sein primäres künstlerisches Wirkungsfeld gefunden. Und diese Einheit von Familie und Beruf sowie das Gefühl des menschlich und künstlerisch Angenommenseins bei der Karmannschen Familie und den Arbeitern, mit denen er zeitweise Arbeitsplatz und -leben teilte, (Abb. 48) förderten eine innere Zufriedenheit und Ausgeglichenheit, die die Basis für seine fruchtbarste Schaffensperiode (bis 1933) bildeten.

Seine Affinität zum Saarland wird noch bis zum Ende des Zweiten Weltkriegs bestehen bleiben, besonders wegen der individuellen Kontakte zu seinen Arbeitermodellen, die er bis dahin nicht aufgeben wird. Aber ins Saarland überzusiedeln, stand für ihn nicht zur Debatte. Er brauchte seine „Kunststadt München", in der er auf eine Anstellung an der Akademie hoffte und in der er sich im Folgejahr „häuslich" niederlassen wird.

Im Zusammenhang mit der zuvor beschriebenen gemeinsamen Ausstellung des Künstlerehepaars in Augsburg sollte nicht unerwähnt bleiben, daß der Rezensent der Neuen Augsburger Elisabeth Koelle-Karmann auch mit einigen Sätzen bedachte. Sie „bringt einige ‚Stilleben' in lebendigen Farben und eine ganze Reihe Studien Saarländer Bergmannskinder, die hervorragend gesehen und technisch gut ausgeführt sind. In diesen Köpfen kommt das noch ‚Unwissende' der Kinderseele sehr hübsch zum Ausdruck." Elisabeth Koelle-Karmann konnte nicht mehr so häufig Ausstellungen mit neuen Bildern bestücken, da ihr die Zeit zur kreativen Gestaltung durch die Erziehung ihres inzwischen dreijährigen Sohnes fehlte.

Die Vervielfältigungsmöglichkeiten seiner Arbeiten – zwei Abgüsse jeder Plastik hatte Koelle zur Verfügung und dazu noch das Gipsmodell – gestatteten es ihm, an mehreren Ausstellungsorten gleichzeitig präsent zu sein.

Im Februar war er in der Schau „Deutsche Meister der Gegenwart – Maler und Bildhauer aus dem Reich" im Kunstverein zu Rostock mit einer umfangreichen Kollektion neben Karl Albiker (210) vertreten und im Vergleich zu diesem in folgender Sichtweise wahrgenommen: „Es handelt sich um ausgesprochene Charaktere, in sich so verschieden... Das Antikisch-Klassische – im Unterton – steht dem kräftigen Wirklichkeitssinn des anderen gegenüber." Koelles Naturalismus sowie sein Formgefühl standen im Mittelpunkt der Betrachtung. (211) „Seine großen Bergarbeiterfiguren und -köpfe ... sind überragend in Aufbau und Technik; trotz der starken Naturnähe haben sie den inneren plastischen Halt und die auf guter Schulung fußende ‚Form-Ordnung'." (212) Auch in Rostock entging sein Werk dem kunstideologischen Pathos nicht: „Wucht und Ernst zeichnet [Koelles] Plastik durchweg aus, ergreifend und volksnah ist sie ein hohes Lied auf die Arbeit." (213) Und zur Bekräftigung wurde hervorgehoben, daß der „Bergarbeiter vor der Einfahrt", der in diesem Artikel auch „Saar-Bergarbeiter" betitelt wurde, noch kurz vor Ausstellungsbeginn vom Propagandaministerium geschickt worden sei.

Diese große Arbeiterplastik von 1927 erfreute sich in ihrer positiven Rezeptionsweise nicht nur häufiger bildlicher Wiedergaben mit anerkennenden Beurteilungen: „Die beste Gestalt ist wohl ‚Der Kumpel' des Bildhauers Fritz Koelle, aufgestellt ... in Berlin, im Ruhrrevier wäre hierfür der richtige Platz", (214) sondern auch aktiver Reisetätigkeit. So richtete die Amtsleitung der N.S. Kulturgemeinde e.V. Berlin im November 1936 die Bitte an den Direktor der Nationalgalerie, Hanfstaengl, diesen Bergarbeiter für die Wanderausstellung „Lob der Arbeit" in Berlin, Bautzen, Stettin und Düsseldorf zur Verfügung zu stellen. Die Nationalgalerie stimmte zu. Im Juni 1937 erreichte Hanfstaengl ein Schreiben mit der dringlichen Bitte, ihnen den Bergarbeiter von Koelle auch für die weiteren Stationen Köln, Homburg, Koblenz, München, Wilhelmshaven und Osnabrück bis Januar 1938 im „Hinblick auf die anerkannt volks- und kunsterzieherische Aufgabe dieser Ausstellung" zu belassen. (215)

Auch auf internationaler Ebene sollte Fritz Koelle mit seinem „Bergarbeiter vor der Einfahrt" gebührende Ehre zuteil werden, denn er „wurde vom Reich mit einer seiner bekannten überlebensgroßen Bergarbeiterfiguren für eine Wanderausstellung nach Konstantinopel, Athen und Jugoslawien eingeladen. Die Ausstellung wird etwa 20 [30] Bildwerke deutscher Künstler umfassen." (216) Selbst Anfragen nach Abgüssen dieser Bergarbeiterplastik und deren Preis wurden an die Nationalgalerie gerichtet, die diese aber abschlägig beschied. (217)

Zu zweifelhaften Ehren gelangte auch Koelles Modell der „Befreiungskämpfer" von 1934. In einer groß angelegten Retrospektive der letzten fünf Schaffensjahre in der Saarbrücker Landeszeitung verstieg sich W. Steger, der 1932 an gleicher Stelle eine wohlwollende Einführung in Koelles Werk verfaßt hatte, zu folgender „Lobeshymne": „Der im neuen Deutschland stark gewordene Gedanke der Freiheit und Wehrhaftigkeit beherrscht den Entwurf zu einem Befreiungsdenkmal in München-Ramersdorf: ‚Befreiungskämpfer 1934'. In der straffen Geschlossenheit dieser in soldatischer Haltung und Gebärde einheitlichen Kämpfertruppe, in ihrer kriegerischen Ausrüstung, gewann der einmütige kämpferische Wille der in unwiderstehlicher Entschlossenheit für die Befreiung marschierenden Truppe stärksten, ins Symbolhafte gesteigerten Ausdruck. Die plastische Durchführung wirkt hier gerade darum so stark, weil der Künstler auf die Ausarbeitung nebensächlicher Einzelheiten verzichtete, die Wesensmerkmale der Kämpfer nur in großen Konturen andeutete, den Einzelnen nur als Glied der geschlossenen Gruppe in gleichem Schritt und gleichem Kampfwillen erscheinen läßt." (218)

Bereits die gewaltimmanente Diktion des Autors deutete das ab 1936 forcierte und mit Kampf- und Gewaltpotential durchsetzte Gedankengut an. Es entwickelte sich unter anderem parallel zu den Olympischen Spielen und der Eröffnung des „Reichssportfeldes" in architektonischer Anlehnung an das antike Olympia 1936 in Berlin, (219) wo hemmungslos die Instrumentalisierung des Sport- und Wettkampfgedankens zur Militarisierung betrieben wurde. Diese militärische Propaganda gipfelte unter anderem in der eingeforderten und von den Bildhauern realisierten eklektizistischen Aufpolierung antiker Athleten zu heroischen NS-Kämpfern.

Koelle benötigte für seine „Befreiungskämpfer" keine athletischen Ideologieträger. Er brachte in dieser Plastik künstlerischen Impuls mit Inhalts- und Formaussage in Einklang, entsprechend der Gleichsetzung von politischer und künstlerischer Überzeugung, so wie Hitler sie in seiner politisierten Ästhetik oder ästhetisierten Politik forderte.

Während der Olympischen Sommerspiele, die am 1. August in Berlin eröffnet wurden, befand sich Koelle wieder im Saarland, um Anregungen für neue Gestaltungsaufgaben zu finden. Waren es bis dahin vornehmlich die Gruben in St. Ingbert und die Röchlingschen Eisenhütten in Völklingen, machte er seine jetzigen Studien im Eisenwerk in Neunkirchen/Saar. Der Künstler war voller Schaffensdrang, denn er fühlte sich aufgrund der konsequent positiven Rezeption seines Werks durch die Presse in seiner Arbeit voll bestätigt und durch die Akzeptanz seiner Plastiken durch die Reichsregierung motiviert, in ihrem Sinne seine Gestaltungen fortzuführen.

Und so modellierte er die von Staatsminister Adolf Wagner in Auftrag gegebene Bronzebüste Horst Wessels. (220) (WVZ 134) „Dieses Bildwerk, das eine meisterhafte Arbeit darstellt, hat Gauleiter Wagner anläßlich des siebenten Todestages des großen Freiheitskämpfers dem Führer zum Geschenk gemacht." (221) Der zuvor erteilte Auftrag, die Schaffung eines Hitlerbildnisses, wurde von Wagner bei Besichtigung des Gipsmodells nicht so begeistert aufgenommen. (222) Ob dieses Portrait Hitler zusagte, ist nicht bekannt.

Da Fritz Koelle sehr daran gelegen war, Plastiken zu gestalten, die das Gefallen des Führers fanden, soll an dieser Stelle ein kurzer Exkurs über Hitlers Kunstverständnis und die sich daraus entwickelnden Kunstideologien des Nationalsozialismus erfolgen und Fritz Koelles Schaffen im Dritten Reich daraufhin überprüft werden, inwieweit er diese kunstideologischen Forderungen erfüllte:

Hitlers Kunst- und Kulturverständnis war geprägt von einem Konglomerat aus unreflektiertem hellenistisch-antikem Schönheitsempfinden und einer Verherrlichung germanisch-mythischen Heldentums, den Glauben an die Volksverbundenheit der Kunst, sowie der Wahnvorstellung der arisch-rassischen Abstammung der „Kulturschöpfer". Die anderen Rassen wurden lediglich als „Kulturträger" oder diffamiert als „Kulturzerstörer" eingestuft, wozu – Hitlers Feindbild gemäß – alle Juden, die gesamte Avantgarde und politisch Andersdenkende zählten. Dieses polemische Gedankengut, das erfolgreich in Hitlers kulturpolitische Propagandamaschinerie einfloß, findet sich auch in seinem Buch „Mein Kampf" wieder: „Was das griechische Schönheitsideal unsterblich sein läßt, ist die wundervolle Verbindung herrlichster körperlicher Schönheit mit strahlendem Geist und edelster Seele." (223)

Dem trugen die Bildenden Künste im Nationalsozialismus nicht nur in der geforderten Form, sondern auch in ihren Themen aus Mythologie und Allegorie Rechnung.

Die von Hitler geforderte Schöpfung eines „Neuen höheren Menschentums" im Gegensatz zum „niederen Menschen" und „Unmenschen" setzte eine Absage an die Realität und eine Hinwendung zur Idealisierung des Körperlichen voraus. Das bedeutete auch eine Entindividualisierung, Typisierung und ein Menschenbild vom „Übermenschen", dem Allgemeingültigkeit und Ewigkeitscharakter innewohnten, und dazu wurde das „Schönheitsideal" der Antike bemüht, die laut Kunsttheorie das Ewige und Unvergängliche verkörpern sollte. „Denn auch der Ehrgeiz und, sagen wir es ruhig, die Eitelkeit muß herangezogen werden ... die Eitelkeit auf einen schönen, wohlgeformten Körper, den jeder mithelfen kann, zu bilden ... Würde nicht die körperliche Schönheit heute vollkommen in den Hintergrund gedrängt durch unser lässiges Modewesen, wäre die Verführung von Hunderttausenden von Mädchen durch krummbeinige, widerwärtige ... ja nicht möglich. Auch dies ist im Interesse der Nation, daß sich die schönsten Körper finden und so mithelfen, dem Volkstum neue Schönheit zu schenken." (224)

Aus dieser einseitig angelegten menschenverachtenden Sichtweise wird deutlich, daß die Rolle von Frau und Mann hier auf eine einzige Funktion degradiert wird. Während der „körperlich bereits tadellos vorgebildete" Junge „in den Soldaten verwandelt" werden soll, (225) ist bei der Erziehung des Mädchens „das Hauptgewicht vor allem auf die körperliche Ausbildung zu legen, erst dann auf die Förderung der seelischen und zuletzt geistigen Werte. Das Ziel der weiblichen Erziehung hat unverrückbar die kommende Mutter zu sein." (226)

Bei diesen Worten fühlt man sich unweigerlich um fast 200 Jahre zurückversetzt, als Jean Jacques Rousseau 1762 seinen Erziehungsroman „Emile oder über die Erziehung" veröffentlichte, demzufolge hat sich „die ganze Erziehung der Frauen im Hinblick auf die Männer [zu] vollziehen." (227) In einem entsprechenden Tugendkatalog erfährt diese Forderung ihre Konkretisierung: Es sollen gehorsame, gefügige, sanftmütige und fromme Frauen mit einer „Liebenswerte[n] Unwissenheit" erzogen werden. (228) In der Obhut des Ehemanns und der totalen Abhängigkeit von ihm hat sie sich in ihre „naturgegebene" Rolle als Gebärende und Mutter und somit als Retterin der Nation zu ergeben: „Wenn ... die Mütter sich dazu verstehen, ihre Kinder selbst aufzuziehen, dann werden sich die Sitten von selbst erneuern und in allen Herzen wieder die natürlichen Empfindungen erwachen und der Staat wird sich wieder bevölkern", denn für die „Bande des Blutes" ist die Zuneigung und Liebe der Mutter unabdingbar. (229)

Und so liegen denn Gemälde mit „glückserfüllten" schwangeren, stillenden und liebkosenden Müttern und ihrem Nachwuchs voll im künstlerischen Trend der Zeit. Die durch Rousseau deklarierte naturbedingte Gegensätzlichkeit weiblicher und männlicher Wesensmerkmale und deren erziehungsmäßige Fortschreibung beherrschte nicht nur das Bürgertum des 19. Jahrhunderts, sondern machte ihren Einfluß auch noch im bürgerlich-konservativen Lager des 20. Jahrhunderts geltend, so daß der Nationalsozialismus mit seinen Geschlechtsrollenstereotypen, die die Frau als ergebenes Fortpflanzungswesen ohne Intellekt und den Mann als starken und stets mutigen Kämpfer fixieren, „fruchtbaren Boden" betreten konnte.

Ebenso lag die vom Nationalsozialismus propagierte Rassenideologie bereits im 19. Jahrhundert in Vererbungslehre und Rassenkunde beheimatet. Ein haarsträubendes Beispiel dafür lieferten unter anderem die üblen pseudowissenschaftlichen Machwerke „Kunst und Rasse" (1925) und „Nordische Schönheit" (1937) von Paul Schultze-Naumburg (ab 1930 Direktor der Weimarer Kunsthochschule), in denen er versuchte, die Kunstgeschichte in seinem Sinne neu zu definieren, und zwar rassenideologisch. Die Beeinflussung durch seinen Freund und Rassenidelogen Hans F. K. Günther ist unverkennbar.

„Es gibt niedrige Menschenrassen auf dieser Erde, die nicht fähig sind, ein hohes Schönheitsideal durch Auslese zu verwirklichen ... Je höher eine Rasse entwickelt ist, je edler ihre Artung ist, um so ausgesprochener muß sich auch das allgemein geltende Schönheitswunschbild nach dem Maßstab dieser edlen Eigenschaften formen." (230)

Schönheit ist nach Schultze-Naumburg also rassegebunden, und nur der „nordischen Rasse" wohnt die propagierte „Nordische Schönheit" inne, die durch das richtige „Zuchtverhalten" ihren hehren Fortbestand sichern kann. Und danach besaßen die Griechen „schöne Leiber, weil sie ein aus ihrer Rasse hervorgegangenes Schönheitsbild besaßen, dem sie nachstrebten." (231)

„Eines ist unverkennbar: daß der nordische Mensch reiner Prägung im Laufe der Jahrhunderte nur noch einen immer kleiner werdenden Bruchteil des Volksganzen bedeutet, daß aber trotzdem, von gewissen Schwankungen abgesehen, das nordische Schönheitsbild als das stillschweigend anerkannte Vorbild und Zielbild weiter besteht, ... dem diente ... auch die von Winckelmann begründete Kunstwissenschaft des Altertums." (232) Paul Schultze-Naumburg hatte nicht die geringste Hemmung, Kunsttheorien einer nationalsozialistischen Ideologie unterzuordnen, wie diese Ausführungen belegen.

„In dem sogenannten Klassizismus sowohl als in der nicht durchaus einheitlichen ‚Romantik' bleibt das nordische Schönheitsbild das noch völlig selbstverständliche und eigentlich auch nirgends angezweifelte Hochziel. Sogar im Verlaufe des ganzen neunzehnten Jahrhunderts, das doch ideenmäßig das nordische Inbild schon stark zu unterwühlen und auszuhöhlen begann, bleibt zumindest noch in der Schauseite das nordische Gesicht durchaus gewahrt." (233)

Und so ist es das oberste Ziel des deutschen Künstlers, in der Rückbesinnung auf ein von Paul Schultze-Naumburg konstatiertes „Rassegefühl" dem nordischen Schönheitsideal zu frönen, denn „lebt in dem Künstler ... eine hohe Vorstellung von den besten Eigenschaften seiner [nordischen] Rasse, dann werden jene Meisterwerke entstehen, wie wir sie aus der griechischen Antike, dem späteren deutschen Mittelalter und der italienischen Frührenaissance kennen." (234) Und erst das „artfremde Christentum [hat] das nordische Schönheitsbild mit zerstört ... was deutlich aus der Kunstgeschichte abzuleiten ist." (235)

Den Untergang des Germanischen bedingte das Christentum, welches als Synonym für das „Romanische" gesehen wird. Die Gotik erst tritt als Befreier der Germanen von der Romanik auf und wird von den Nationalsozialisten entsprechend idealisiert. (236) Diese Verklärung und Germanisierung der Geschichte verleitete Paul Schultze-Naumburg, sich zu derart absurden Vermutungen zu versteigen, daß gerade bei „den nordischen Germanen ... der Trieb nach Einheit von Leib und Seele so stark entwickelt [war], daß es durchaus erklärlich erscheint, daß das Volk eine heldische Schönheit sozusagen auf seiner Stirne trug." (237)

Solche Äußerungen konnten Hitlers unreflektiertem Hang zum Germanenkult nur unterstützende Nahrung bieten, denn er hatte sein großes Vorbild und seinen Lehrmeister bereits in jungen Jahren in Richard Wagner gefunden, „dessen ideologische Affekte er weitgehend übernommen hat", denn die „um die Jahrhundertwende weitverbreiteten politischen Schriften Wagners gehörten zu Hitlers Lieblingslektüre". (238) Sie waren gekennzeichnet von einem ausgesprochenen Antisemitismus, einer vehementen Ablehnung der avantgardistischen Kunst bis hin zur Kampfansage an alles „Moderne". Wagners Verständnis einer richtungsweisenden Kunst – eines „Gesamtkunstwerks", das er in seinem „Kunstwerk der Zukunft" darlegte – forderte eine Rückbesinnung auf die hellenistische Antike.

Beeinflußt durch dieses Gedankengut und gefangengenommen von der mittelalterlichen Mythenwelt Wagners sowie seiner drogenartig konsumierten Musik entwickelte Hitler aus diesen einzelnen Versatzstücken sein Kunstverständnis, das ihm als „schöpferischer Brunnen" für seine partei- und kulturpolitischen Propagandareden diente.

Es waren nicht nur die mythischen Inhalte seiner Opern, mit denen Wagner nach Hitlers Aussage das heroische Volkstum und echte Deutschtum verkörperte, sondern auch deren theatralische Dramaturgie, die Hitler und die Nationalsozialisten für ihr Weltbild gierig aufsogen und die ihnen vielfältige Imitations- und Identifikationsmöglichkeiten boten, die sie bei den Inszenierungen ihrer Reichsparteitage und den Festumzügen, zum Beispiel zum „Tag der Deutschen Kunst" bereits 1933 in München umsetzten, zusätzlich flankiert von der effektvollen Wirkung der beiden 1924 von Fritz Lang herausgebrachten Nibelungen-Filme.

„Die Überhöhung von Heldentum und Leidensfähigkeit, unverbrüchliche Treue zum Führer und rassische Überlegenheit, diese NS-Grundwerte konnten durch den Film anschaulich transportiert werden." (239)

Aber nicht erst die Nationalsozialisten bedienten sich des Nationalepos' als Vermittlungsmedium nationaler Erziehungsziele wie Treue und Heldentum, sondern bereits in der Kaiserzeit des letzten Jahrhunderts berief man sich pädagogisch auf diese „Werthaltungen". Dazu eignete sich besonders gut die literarische Aufarbeitung der Nibelungen-Thematik in den Schulbüchern der Zeit in Wort und suggestiv vorgenommener Bildgestaltung, über die bereits die Jugend auf die erziehungspolitischen Indoktrinationen – wie Heldentum und Leidensfähigkeit – eingeschworen werden sollte. (240)

Der Mythos des Nibelungenlieds wurde in beiden Weltkriegen zur Kampfmotivation in Form von Schlagworten wie der „Nibelungen-Treue" und „Nibelungen-Ehre" nutzbar gemacht. Darum verwundert es nicht, daß dieses als Identifikationsmodell mißbrauchte Nationalepos von der bildenden Kunst als begehrtes Thema aufgegriffen wurde und seinen Niederschlag besonders in Kunst- und Architekturwerken im öffentlichen Raum fand.

Und über diese Thematik und ihre praktische Umsetzung in publikumswirksamen Festumzügen (241) konnten auch die Volksmassen erreicht, ihr Interesse an Kunst und Kultur neu geweckt und die von Hitler proklamierte Volksverbundenheit der Kunst demonstriert werden. Ebenso erhoffte er, mit der „gesäuberten deutschen Kunst" – besonders in den Ausstellungen im Haus der Deutschen Kunst in München ab 1937 – das Volk zu gewinnen. „Denn eine Kunst, die nicht auf die freudigste Zustimmung der gesunden breiten Masse des Volkes rechnen kann, ... ist unerträglich." Der Kunst wies Hitler die Aufgabe zu, „das gesunde, instinktreiche Gefühl eines Volkes ... freudig zu unterstützen." (242) Damit waren zwangsläufig der Intellekt und jegliche Diskussion über Kunst ausgeschaltet. Die Künstler forderte er auf, an dieser Aufgabe mitzuwirken, denn sie „können sich nicht abseits von ihrem Volke halten", (243) da der Künstler nicht für den Künstler, sondern wie alle anderen auch nur für das Volk schaffe. Und dem Volk übertrug Hitler die Richterfunktion über diese Kunst: „Es soll aber vor allem wieder werten die anständige Arbeit und den redlichen Fleiß sowie das Bemühen, aus tiefstem deutschen Herzensgrund unserem Volk und seinem Gemüt entgegenzukommen und ihm zu dienen." (244)

Mit der Volksverbundenheit der Kunst ergibt sich die erste Verbindungslinie zu Koelles Schaffen. Seine Plastik war lange vor der nationalsozialistischen Forderung nach volksnaher und völkischer Kunst aus einer ehrlichen, ethisch begründeten Volksverbundenheit heraus erwachsen. Aufgrund seiner Biographie bestand stets eine Affinität zum einfachen arbeitenden Volke. Koelle fühlte sich ihm zugehörig, und er machte gemeinsam mit ihm in seinem Arbeitsumfeld und mit Hilfe des arbeitenden Volkes Kunst, die diesem Arbeitervolk gewidmet war und von ihm verstanden und gewürdigt wurde. Dieses Prinzip der volksnahen Arbeit behielt Koelle bis zu seinem Schaffensende bei, und es bezog sich nicht nur auf das Anfertigen seiner Studien in den Berg- und Hüttenwerken, sondern auch auf seine aktive Mitarbeit in den Bronzegießereien, in denen er seine Plastiken fertigen ließ. Letztendlich liegt in dieser volksnahen, figurativen und allgemeinverständlichen Plastik auch die durchgängige Akzeptanz seines Schaffens durch drei verschiedene Regime begründet.

Da das „völkische" Attribut im Dritten Reich opportun war und Koelle von der Presse stets suggeriert wurde, leistete er seinen Dienst als Bildhauer am „deutschen" oder am „saarländischen Volke". Konsequenterweise empfand Fritz Koelle aus einer so verstandenen künstlerischen Volksverbundenheit heraus die Zuschreibung des „bolschewistischen Künstlers" als größte persönliche Kränkung, gegen die er sich vehement zur Wehr setzte. Da „Kulturbolschewismus" (245) und „Avantgarde" beziehungsweise „Moderne" als Synonyme im nationalsozialistischen Vokabular galten, lehnte Koelle beide auch als „Südseekunst" ab. Aber unabhängig von dem ideologischen Ansatz der „Säuberung" der Kunst von der „Moderne" sprach sich Koelle bereits zu Beginn seines Künstlerdaseins gegen einzelne moderne Künstler und ihre Werke unreflektiert-emotional, rein geschmacksorientiert aus. Anderseits wurden aber auch Beispiele positiver Resonanz Koelles auf Künstler und ihre „modernen" Werke aufgezeigt, die im Dritten Reich als „entartet" diffamiert wurden. Koelle, der bis zu ihrer Auflösung am 21.12.1933 Mitglied der als „modern" geltenden Münchener Neuen Secession war und in seinem anfänglichen plastischen Gestalten expressionistische Züge anklingen ließ, (vgl. „Klagende", 1924, und „Hanna", 1925) verfügte in jüngeren Jahren über weitreichendere künstlerische Toleranz.

Rassenideologische Tendenzen hat es bei Koelle nachweislich nicht gegeben, auch wenn er sich in seiner Korrespondenz an die Machthaber des Dritten Reichs über die Boykottierung durch den „jüdischen Kunsthandel" beschwerte.

Thematisch fand der von Hitler betriebene Germanenkult keinen Niederschlag auf Koelles künstlerisches Schaffen, lediglich einige Eigenschaften des männlichen Identifikationsmodells, das Heldentum (des Arbeiters) und die Pflichterfüllung und Treue für die Volksgemeinschaft ließen sich aus Koelles Gedankengut entnehmen und ansatzweise in seinen Werkaussagen nachvollziehen.

Der etwas zu wörtlich genommene Bezug zur Antike in Koelles „Hochofenarbeiter" von 1935 blieb sein einziger. Ansonsten blieb er seinem einmal getroffenen Sujet der Arbeiterplastik treu, machte allerdings Konzessionen an sein bis dahin vertretenes und dargestelltes individualistisches und veristisches Arbeiterbild zugunsten des vom Nationalsozialismus propagandierten „Neuen Menschen", der durch Entindividualisierung, Idealisierung und Typisierung gemäß des Ewigkeitsanspruchs zum Übermenschen mutierte. Koelles Weigerung der vollen Anpassung an diese Menschengestaltung wurde bereits im Vergleich zu Brekers „Bereitschaft" dargelegt. Allerdings erreichte Koelle seinen Höhepunkt der Entseelung und heroischen Typisierung einer Arbeiterfigur mit seinem „Isarflößer" von 1938, (WVZ 145) auf die noch an gegebener Stelle eingegangen wird.

Koelle ließ sich bei der Gestaltung seiner Arbeiterplastiken nur teilweise von den kunstideologischen Vorstellungen Hitlers und der Nationalsozialisten vereinnahmen. Bis zu den beiden Portraitplastiken Hitlers und Wessels blieb er bei seiner Grundidee, mit seinen Figuren den Arbeitern ein Denkmal zu setzen, treu. Allerdings fehlte es ihm an fachlichem Selbstvertrauen in seine eigenen bildnerischen Ergebnisse und am nötigen Rückgrat, das er seinen Arbeiterfiguren im Dritten Reich „verpaßte", seinen einmal eingeschlagenen künstlerischen Weg konsequent zu verfolgen. Aus dem nach allseitiger Anerkennung – besonders auf höchster Machtebene – und finanziellem Erfolg Strebenden wurde ein immerwährend Suchender nach einer ihm eigenen Gestaltungsform, und doch blieb er stets ein Angepaßter an die jeweilige politische Situation und das damit verbundene Kunstverständnis, auch wenn der Bildhauer im ersten Schritt stets versuchte, die Betrachter von seiner gestalterischen Form zu überzeugen.

Das Saarland begegnete dem Koelleschen plastischen Werk in wesentlich wohlwollender Rezeption als es in München der Fall war, was zweifelsohne in der ihm von Koelle entgegengebrachten Wertschätzung seiner Arbeiterschaft und damit auch in einer erstaunlich persönlich-emotionalen Affinität begründet lag.

Mit der Verleihung des Westmarkpreises 1937, der 1935 als Literaturpreis gestiftet, aber im Folgejahr schon auf die Fachbereiche Musik und bildende Kunst ausgeweitet worden war, empfing Koelle eine weitere staatliche Ehrung, die ihn selbst zum Helden des saarländischen Volkes erhob. Am 1. März fand zur Erinnerung an die Saarrückgliederung vor zwei Jahren – um die sich Koelle sehr verdient gemacht hatte – im Stadttheater Saarbrücken die feierliche Vergabe des Westmarkpreises in der Gesamthöhe von 6000 RM statt, der zukünftig alljährlich am gleichen Tag überreicht werden sollte. Der Preis wurde „nur solchen Künstlern, die mit ihrem Werk hervorragend in dem verantwortungsvollen Dienst gestanden haben, der dieser deutschen Grenzmark im Westen aufgetragen ist", (246) verliehen.

Und diese Voraussetzungen erfüllten 1937 der Schriftsteller Roland Betsch als Träger des „Kurt-Faber-Preises", Professor Ernst Boehe, der Leiter des Landessinfonieorchesters Saarpfalz, der den Johann-Stamitz-Preis erhielt, und Fritz Koelle, der für seine Bildwerke, die „den deutschen Arbeiter an der Saar zur überzeitlichen Gleichnisgestalt heroischen Arbeitertums erhob[en]", (247) mit dem Albert-Weisgerber-Preis geehrt wurde. Koelle nahm seinen Preis aus den Händen des Gaukulturwarts Koelsch entgegen. Die Gestaltung des festlichen Rahmens oblag den Preisträgern des Vorjahres. So kam Koelle in den Genuß, dem „Musikalischen Opfer" Johann Sebastian Bachs und den Variationen für Streicherquartett über das Lied „Volk ans Gewehr" lauschen zu können und das gleichnishafte Theaterstück „Wir bauen ein neues Haus" vom Hunsrückdichter Albert Bauer, das vom Niedergang und neuem Aufbruch Deutschlands handelte, anschauen zu dürfen. Die Festrede hielt Reichsminister Claus Selzner im üblichen nationalsozialistischen Feindbild-Tenor, in kämpferischer Pose und im Glauben an eine neu entstehende deutsche Kultur.

Diese Preisverleihung an Fritz Koelle nahmen viele Presseorgane zum Anlaß, ihm ganzseitige Ehrungen zukommen zu lassen, und zwar reichsweit. Fast allen erschien es wichtig zu vermelden, daß der Bildhauer Fritz Koelle „aus tiefster Kenntnis des saarländischen Menschen und seiner Arbeit heraus Werke geschaffen [hat], die längst im ganzen Reich zum Inbegriff saarländischer Kunst und Plastik geworden sind ... und sowohl die saarpfälzische Künstlerschaft ... sieht genau wie das saarpfälzische Volk in Fritz Koelle einen der ihren." Viele fanden es erwähnenswert, daß der „Betende Bergmann" das besondere Gefallen des Führers gefunden habe und in dessen Besitz sei.

Rudolf Bornschein fand es bemerkenswert, daß Koelle mit seinen Arbeiterfiguren „ohne Umschweife [zeigen will] wie jeder einzelne seinen Arbeitsauftrag meistert ... aber nicht das Turbulente, sondern das Geschlossene, das Ruhende in der Arbeit. So verharren seine Plastiken in einem ruhigen und geschlossenen Sein." (248)

Der Berichterstatter der Saardeutschen Illustrierten, der Koelles Werk mit seinen Abbildungen mehr als zwei Seiten widmete, war überzeugt, daß es des Bildhauers „Einfühlungs- und Gestaltungsvermögen, und nicht zuletzt sein soziales und künstlerisches Gewissen [ist, das] ihn zu den Leistungen befähigt, die heute etwa als ‚Betender Bergmann', ‚Hockender Bergmann', ‚Bergmann vor der Einfahrt', ‚Der Hammermeister', ‚Das Bergmannskind' usw. vor uns stehen ... Sie sind in erster Linie wahr und lebensecht, aber dessen ungeachtet nicht weniger schön und notwendig." (249) Der ungenannte Autor dieses Artikels verzichtete auf das übliche nationalsozialistische Pathos bei der Beurteilung des Bildhauers, statt dessen ließ er wertende Töne anklingen, die Koelles Werke in den zwanziger Jahren begleiteten, und nannte zur Bestätigung das „Bergarbeiterkind Hanna" sowie den umstrittenen „Hammermeister", wovon abgeleitet werden kann, daß im Dritten Reich durchaus verantwortungsbewußte fachliche Beurteilungen publiziert werden konnten.

Koelle wartete zur Preisverleihung mit einer zuvor geschaffenen Portraitbüste des Musikpreisträgers, Professor Ernst Boehe, (WVZ 135) auf, die in allen Veröffentlichungen ihre Abbildung fand.

Für Fritz Koelle bedeutete es eine große Ehre, den nach Albert Weißgerber benannten Westmarkpreis für bildende Kunst zu erhalten, denn er schätzte diesen viel zu früh gestorbenen Maler aus St. Ingbert sehr, (vgl. Anmerkung II-42) wohingegen er Fritz Zolnhofer als Vorgänger in dieser Reihe (sicherlich auch als Konkurrenten) ablehnte. (vgl. Anmerkung II-107) Im Folgejahr war Fritz Koelle Mitglied der Jury, die den Westmarkpreisträger ermittelte, denn 1937 beschloß die Verwaltung des Westmarkpreises, fortan alle bisherigen Preisträger mit Sitz und Stimme ins Preisgremium zu berufen. Auch dies war eine zusätzliche kunstfachliche Aufwertung Koelles.

Im Rahmen der Westmarkpreisverleihung mußte Koelle auch einige Interviews geben, die in der Presse veröffentlicht wurden. Dr. Hans Laber suchte Fritz Koelle unmittelbar vor der festlichen Vergabe in seinem Atelier in der Kaulbachstraße an der „Künstlerhochburg" Schwabing auf. Empfangen von der Familie Koelle in deren Wohnung in der Kaulbachstraße 11a III wanderten sie gemeinsam durch einen Ziergarten zu einem versteckten eingeschossigen kleinen Haus, einem Nebengebäude der staatlichen Archive Bayerns hinter der Staatsbibliothek, in dem Koelles Atelier untergebracht war. Es war ein idyllischer Winkel fern des Großstadtlärms, aber dennoch zentral genug, um am Leben dieser Stadt teilzunehmen. Koelle, der dort mit „seinen Kumpels" lebte, hatte es sich recht wohnlich eingerichtet: „Das sind meine Saararbeiter ... Die sind mir ganz besonders ans Herz gewachsen. Ihnen gilt meine Lebensarbeit, und wenn ich gerade Zeit dazu habe, dann fahre ich immer wieder in das Saargebiet und steige mit diesen Leuten ins Bergwerk hinab, um sie bei der Arbeit zu sehen. Wissen Sie, man kann nur schaffen, was man zuvor gesehen hat." (250) Vor dem Interviewer bauten sich „ernste, hagere Arbeitsmenschen [auf], deren Miene und Geste, Kleidung und Werkgerät der Künstler so vollendet nachgestaltet hat, daß man meinen könnte, man stehe Menschen aus Fleisch und Blut gegenüber." (251)

Es war immer wieder der Eindruck der realistischen Gestaltung seiner Arbeiterfiguren, den Koelles Rezensenten begeistert hervorhoben und den sie als seine wesentliche Schaffensgabe bezeichneten, ein Beweis dafür, daß der neue Typus „Muskel-Mensch" noch nicht jedes Bewußtsein ergriffen hatte.

An einem Tisch vorbei, überfüllt mit unzähligen Skizzenblättern und Studienzeichnungen, gelangte Laber mit seinem Gastgeber durch einen Rundbogen in den angrenzenden Arbeitsraum, in dem Koelles Bildnisplastik aufgestellt war: „Diese Portraits machen mir sogar besondere Freude. Das Gesicht ist eben doch immer der Spiegel der Seele." (252) Neben vielen aussagestarken Arbeiterportraits stand die Büste des Führers, daneben diejenige Horst Wessels und dann die des Münchener Rechtsanwalts Dr. Haus. Am Portrait von Professor Ernst Boehe waren letzte Feinarbeiten vorzunehmen. Zum Abschluß der Atelierbesichtigung zeigte der Bildhauer das in Bearbeitung befindliche Gipsmodell seines Riesenadlers für das Reichspostministerium in Berlin. Während dieses Atelierrundgangs hatte Koelle die Presse nicht nur über seine ihm am Herzen liegenden Arbeiterplastiken, sondern auch über die Staatsaufträge informiert.

Der Bildhauer des deutschen Arbeiterheroen (1937)

In einem weiteren Gespräch über seine Arbeit wird anhand Koelles Sprachgebrauch deutlich, daß diese Botschaft an bestimmte Adressaten gerichtet war. „Im Industriearbeiter sah ich den Typ des deutschen Arbeiters ... Erst an der Saar, wohin ich 1921 kam, ... fand ich den echten, deutschen und bodenständigen Industriearbeiter. Dort fand ich auch das persönliche Verhältnis zu diesen Heroen der Arbeit. Ihre politische Bedrängnis vermochte mich nur noch enger an sie zu knüpfen. ... Seit dieser Zeit forme und gestalte ich ausschließlich den Arbeiter an der Saar, ... aus diesem mir zur Wahlheimat gewordenen Land, und habe es mir zur Aufgabe gestellt, in meinem Werk, der Arbeit und dem Arbeiter an der Saar ein Denkmal zu errichten." (253)

Das Saarland dankte Koelle dafür mit dem Westmarkpreis. Max Reinhard, der Leiter des Münchener Kulturamtes, nahm die Preisverleihung zum Anlaß, in einer freundlichen Geste Koelle persönlich und im Namen des städtischen Kulturamtes zu gratulieren, (254) was diesen wiederum auf den Plan brachte, nachzufragen, ob es nicht jetzt endlich an der Zeit wäre, daß die Stadt München eine seiner Plastiken erwerbe, wie es ihm Oberbürgermeister Fiehler anläßlich der Eröffnung der Ausstellung „Die Straßen Adolf Hitlers in der Kunst" versprochen hatte. (255) Telefonisch erklärte das Kulturamt seine Bereitschaft zum Kauf einer Koelle-Plastik für den öffentlichen Raum. Daraufhin sandte der Bildhauer eine Anzahl von Fotos seiner neuesten Bronzewerke mit den Preisangaben auf der Rückseite an das Kulturamt und erlaubte sich, vorzuschlagen: „Ich würde mich sehr freuen, wenn die Stadt München diese Plastik ‚Hockender Bergmann' erwerben würde." (256) Allerdings gehörte diese Arbeit nicht zu seinen aktuellen, sondern stammte aus dem Jahre 1929. Koelle mußte aber daran gelegen gewesen sein, gerade dieses Exponat in München aufgestellt zu sehen. Der Kulturamtsleiter reichte diesen Vorschlag an die Städtischen Galerien für die nächste Sitzung der Kunstbeiräte weiter. Diese beschlossen am 24. März unter der Leitung von Oberbürgermeister Fiehler, daß „der Künstler auf sein Risiko einen Entwurf zu einer Arbeiterplastik herstellen soll, im Einvernehmen mit Ratsherrn Reinhard". (257)

Am 16.4.1937 wurde der Bildhauer zu einer längeren Unterredung mit Max Reinhard ins Kulturamt eingeladen, in der ihm der Leiter die Entscheidung des Kunstbeirats, mitteilte, daß die bereits „fertig vorliegende Plastik ‚Hockender Bergmann' (Preis 9000 RM) für einen städtischen Ankauf keinesfalls in Frage komme". (258) Alternativ wurde ihm vorgeschlagen, die Gestalt eines Flößers in Ton zu modellieren und dem Kulturamt zu präsentieren. „Koelle erklärte sich schließlich damit einverstanden und anerkannte ausdrücklich, daß die Stadt mit diesem Vorschlag keine irgendwie bindende Verpflichtung eingehe." (258) Damit Koelle gemäß seiner Arbeitspraxis die Möglichkeit des persönlichen Kontakts zu den Modellen seiner späteren Arbeiterfiguren geboten wurde, erhielt er mit Absprache des Tiefbauamtes, Abteilung Zentrallände die Erlaubnis einer unentgeltlichen Floßfahrt. (Abb. 49)

Mit dieser gezielt unverbindlichen Haltung der Stadt München und dem vollen Risiko beim Künstler bahnte sich bereits der nächste mehrjährige Konflikt mit der Stadtverwaltung an, was Koelle zu diesem Zeitpunkt entweder leichtgläubig übersah oder hartnäckig nicht wahrnehmen wollte, um somit endlich seine noch nicht erfolgte Rehabilitierung in der „Sache Blockwalzer" zu erlangen.

In der Sitzung des Kunstbeirats am 26.4.1937 in der Städtischen Galerie wurde unter dem Punkt „Kaufangebote – Genehmigte Ankäufe" das Angebot seiner Horst-Wessel-Bronzebüste angenommen und beschlossen, diese durch Max Reinhard zum Kaufpreis von 1200 RM bis höchstens 2000 RM von Koelle zu erwerben. Dieses Bronzeportrait war für ein Hitlerjugendheim vorgesehen. (259) Der Ankauf wurde durchgeführt; diese Büste befindet sich heute im Besitz der Bundesrepublik Deutschland und gehört noch zum Fundus der „Kunstgegenstände aus ehemaligem Reichsbesitz" in der Oberfinanzdirektion München, der bald nach Berlin ins Deutsche Historische Museum übersiedelt.

Am 7.7.1937 besichtigte Max Reinhard das Modell des „Isarflößers" in Koelles Atelier. Der Bildhauer hatte es in halber Lebensgröße ausgefertigt. (WVZ 139) Reinhards Zustimmung fand es auf Anhieb. Da er aber nicht die alleinige Verantwortung für eine derartige Auftragsvergabe übernehmen wollte, schlug er eine nochmalige Besichtigung dieses Entwurfs gemeinsam mit dem Verwaltungsrat für Denkmäler und Direktor der Akademie für angewandte Kunst, Professor Richard Klein, vor. „Auf Grund dieser Besichtigung wäre dann der Auftrag nach Abschluß eines Vertrages, den das Hochbauamt vornehmen soll, und nach Genehmigung des Herrn Oberbürgermeisters zu erteilen. In diesem Vertrag müßte zur Beschaffung des Materials ein größerer Vorschuß vorgesehen werden." (260)

Bereits zwei Tage später fand die gemeinsame Besichtigung in Koelles Atelier statt. Richard Klein gab seine Zustimmung zur Ausführung dieser Figur. Er war auch mit dem von Reinhard vorgeschlagenen Aufstellungsort an der Isarbrücke nach Hellabrunn einverstanden. Einen Preis konnte Koelle noch nicht nennen, da noch keine Einigkeit über die Größenausführung dieser Bronzeplastik erzielt worden war. Die Entscheidung darüber sollte nach einer Ortsbesichtigung erfolgen, „die tunlichst diese Woche noch stattfinden soll", notierte Reinhard. Daran läßt sich erkennen, daß Max Reinhard wirklich daran gelegen war, Fritz Koelle diesen Auftrag möglichst schnell zukommen zu lassen. Nach dem Ausscheiden von Flüggen und Zöberlein aus dem Kulturamt hatte Koelle in Max Reinhard endlich einen Fürsprecher seiner Kunst gefunden.

Koelle zählte auch zu den circa 580 Künstlern, von denen rund 900 Werke im neu eröffneten Haus der Deutschen Kunst ausgestellt wurden. Ursprünglich waren 15000 Exponate eingesandt worden, die von einer mehrköpfigen Jury (261) und letztlich von Hitler selbst auf etwa 900 reduziert wurden. Bei seinem ersten Besichtigungstermin mit Joseph Goebbels am 5.6.1937 bekam Hitler aufgrund der Auswahl einen Wutanfall und warf achtzig der zur Ausstellung gewählten Arbeiten mit der Erklärung, daß er keine unfertigen Bilder dulde, hinaus. Ihnen folgten die meisten Jurymitglieder. Daraufhin beauftragte er seinen Reichsberichterstatter und Cheffotografen, Heinrich Hoffmann, die Ausstellung neu zu strukturieren. Gleichzeitig übertrug er ihm diese Verantwortung auch für alle folgenden Großen Deutschen Kunstausstellungen, die bis 1944 im Haus der Deutschen Kunst in München stattfanden. Hoffmann benötigte nur wenige Stunden, um die gesamte Auswahl in „Angenommen" beziehungsweise „Abgewiesen" aufzuteilen. (262)

Hitlers zweite Besichtigung am 13. Juli stellte seinen Kunstgeschmack zufrieden. Koelles Bronzeplastiken „Der Bergarbeiter" („Bergarbeiter sich die Hemdsärmel aufstülpend", 2,30 m Höhe, von 1936), „Der Hochofenarbeiter" und das „Bildnis Professor Boehe" waren angenommen (263) und wurden am 18. Juli 1937 in der ersten „Großen Deutschen Kunstausstellung" im zuvor feierlich eröffneten neuen „Haus der Deutschen Kunst" in München präsentiert. Hitler hielt die Eröffnungsrede (264) zum neuen „Kunsttempel", über dem die Worte „Kunst ist eine erhabene und zum Fanatismus verpflichtende Mission" prangten, die Hitler bereits beim Parteitag 1933 in Nürnberg hatte verlauten lassen. Die Rede war eine einzige langatmige Hetztirade gegen die „moderne" Kunst und bereits gezielt auf die am nächsten Tag von Adolf Ziegler in den Räumen der Gipssammlung des Antikenmuseums in der Galeriestraße 4 unter den Hofgartenarkaden eröffneten Ausstellung „Entartete Kunst" gerichtet.

Adolf Ziegler war von Joseph Goebbels am 30.6.1937 zur Organisation dieser Ausstellung in München beauftragt worden; weiter wirkten an ihrer Realisierung mit Kommissionsmitglieder wie der von den Nationalsozialisten eingesetzte Direktor des Essener Folkwang-Museums, Klaus Graf Baudissin, Hans Schweitzer (Mjölnir) und als Hauptagitator Wolfgang Willrich, der mit seiner Schmähschrift „Säuberung des Kunsttempels" Anfang des Jahres 1937 den Nationalsozialisten und besonders Goebbels (265) Schützenhilfe für diese Gegenausstellung zur Präsentation im Haus der Deutschen Kunst lieferte. Ungefähr 600 Exponate von rund 110 Künstlern wurden in dieser mit haßerfüllten Kommentierungen versehenen Schau diffamiert, begleitet von einem in gleicher Handschrift gefertigten Ausstellungsführer. Keine Arbeit Fritz Koelles zählte zu diesen circa 600 verfehmten, auch wenn sein „Blockwalzer" 1933 aus der Öffentlichkeit wegen angeblicher bolschewistischer Kunstauffassung seines Schöpfers entfernt worden war.

Koelle wurde nach der Kunstbeiratssitzung vom 5.8.1937 gebeten, sein Modell des „Isarflößers" bis zum 1. September in die Städtische Galerie zu bringen, damit alle Beiräte die Gelegenheit einer Begutachtung hätten. Koelle zog es vor, die fertige Gipsversion in der „Münchener Jahresausstellung" in der Neuen Pinakothek zu präsentieren, in der sie dann fälschlicherweise als „Bergmann mit Beil" ausgezeichnet wurde. Diese Falschbenennung wurde auch in den offiziellen Katalog übertragen. (266) In dieser Ausstellung, die von August bis November lief, hatten alle Kunstbeiräte die Gelegenheit, die Plastik des „Isarflößers" anzuschauen.

Nach dieser Begutachtung durch den Kunstbeirat gab es Einwände gegen diese Figur, die offensichtlich von Oberbürgermeister Karl Fiehler forciert wurden. Denn in einem Schreiben Fritz Koelles an ihn versucht der Bildhauer diese in seiner ihm üblichen Art unter Hinweis auf die Anrufung höherer Instanzen, hier wieder die des Führers, die Einwände gegen seine Plastik zu entkräften: „Herr Direktor Richard Klein befürchtet, daß der Führer nicht einverstanden sein könnte? Aus meinem Briefwechsel mit der Kanzlei des Führers trifft das Gegenteil zu. Der Führer, wie noch andere höchste Stellen in Berlin und München, würden es nur begrüßen, wenn ich mit dieser Aufgabe vom Stadtrat München betraut würde. Diese Bedenken sind unbegründet." (267)

Bei den Bedenken handelte es sich offenbar um die Bekleidung dieses Flößers, die Koelle zu begründen versuchte: „Ich machte Studien zu dieser Plastik ‚Isarflößer' in Lenggries, ich glaube, ich habe den Typ des oberbayerischen Holzknechtes in dieser Plastik wirklich zum Ausdruck gebracht. Und ohne diesen Umhang gibt es keinen Isarflößer, so wenig wie einen Bergmann ohne Grubenlampe." (268) Danach versuchte Koelle den Irrtum der Bezeichnung als „Bergmann mit Beil" mit der übereilten Einlieferung auf ausdrücklichen Wunsch des Kunstbeirats Professor Paul Rosner in die Neue Pinakothek ohne Einlieferungsschein zu begründen: Die „Angestellten nannten sie eben dann Bergmann, weil ich immer Bergmänner gestalte". (269)

Koelle bat Fiehler darum, ihm diesen Auftrag möglichst bald zukommen zu lassen, da er das Geld für seinen begonnenen Hausbau unbedingt benötige und er sich in großer Not befände, was ihm viele Sorgen bereite. „Denn ich habe diesen Bau nur begonnen, weil ich mit diesem Auftrag rechnete. Wenn ich gewußt hätte, daß es mir so ergeht, wäre ich nach Saarbrücken übergesiedelt und hätte dort ein Haus gebaut. Mit dem Ausdruck größter Hochschätzung. Heil Hitler. ergebenst Fritz Koelle." (270) Am Ton dieses Briefes und der „Drohung", mit der Koelle glaubt, den Stadtrat unter Druck setzen zu können, merkt man deutlich seine Verärgerung über die Taktik des Stadtrats und besonders Bürgermeister Fiehlers, die sich aber bereits bei den Verhandlungen im Kulturamt am 16. April abzeichneten, als der Stadtrat beschloß, keinerlei Verpflichtungen Koelle gegenüber einzugehen, und ihm das alleinige Risiko bei der Schaffung seines Entwurfs überließ. Dennoch bestand Koelle hartnäckig auf einer Auftragserteilung.

Die Behauptung, den Hausbau nur in Erwartung dieses Auftrags begonnen zu haben, warf nicht nur ein Licht auf Koelles „Blauäugigkeit", sie entsprach in dieser Form auch nicht der Wahrheit. Koelle wollte auf jeden Fall in München bleiben, und die Finanzierung seines aufwendigen Atelierhauses in Geiselgasteig, einer Gegend, die zu dieser Zeit schon zu den bevorzugten zählte, hatte zum größten Teil sein Mäzen Rudolf Schwarz ermöglicht.

Bereits im April 1937 bestätigte ihm der Generaldirektor der staatlichen Archive Bayerns seine Abtretung seines ihm vom Staat zur Verfügung gestellten Ateliers in der Kaulbachstraße. „Wenn sich daher die Möglichkeit bietet, dass der Künstler sich durch einen Wohnungsbau selbst ein eigenes und grösseres Atelier schafft, so begrüsst die bayerische Archivverwaltung aufs wärmste jeden Schritt, der ihm die Möglichkeit zur Verwirklichung seines Planes bietet. Auf diese Weise würden die Räume für dienstliche Zwecke der bayerischen Archivverwaltung freigemacht werden." Schon im Mai des Jahres 1937 konnte Fritz Koelle mit seiner Familie sein neues großes Atelierhaus mit ausgedehntem Anwesen in der Graf-Seyssel-Straße 2 in München-Geiselgasteig beziehen. Den Eingangsbereich zierte das Bildnis eines Hochofenarbeiters, darunter der Bergmannsgruß „Glück Auf". Und im Garten fanden sich viele seiner lebensgroßen Arbeiter wieder. (Abb. 50 bis 52)

Aufgrund Koelles Klagen über die Geldnot wegen seines Hausbaus hatte sich der Kulturamtsleiter Reinhard auch für dessen finanzielle Belange eingesetzt und ihm eine Hypothek über 19000 RM durch die Stadt München vermittelt. Selbst als der Künstler in einem weiteren Brief beklagt, die fälligen Zinsen nicht entrichten zu können, da es „durch die sehr bedauerlichen nachträglichen Einwendungen des Herrn Kollegen Ratsherrn R. Klein bis heute noch nicht zu einer Auftragserteilung [für den Isarflößer] gekommen" (271) sei und er deshalb auch noch keine Anzahlung erhalten habe, bemühte sich Max Reinhard bei der Sparkasse um Stundung. Trotz mehrerer Ausstellungsbeteiligungen (272) in diesem Jahr habe er kein einziges Werk verkaufen können. Seinen Wehklagen folgte die bereits früher schon ausgesprochene Drohung, München den Rücken zu kehren, das Haus zu verkaufen und nach Saarbrücken überzusiedeln. „Denn diese Schwierigkeiten wo man mir hier immer wieder bereitet, von der Seite meiner Kollegen, habe ich keine Lust sie noch länger zu ertragen." (273)

Von dem Glauben, daß es lediglich seine Kollegen waren, die ihm mit Mißgunst begegneten, war Koelle nicht abzubringen. Aber das eigene Verhalten einmal zu überdenken, daß er mit seiner kleinlichen Rechthaberei, seiner Starrsinnigkeit und seiner Art, sein Gegenüber mit seinen vermeintlich politisch maßgebenden Kontakten unter Druck zu setzen, sowohl ein Auslöser sein als auch eine Forcierung der Reaktionen der Gegenseite bedingen könnte, kam Koelle nicht in den Sinn. Selbst bei Personen, die auf seine Förderung bedacht waren, wie Max Reinhard, mußte der Bildhauer sich und seine Kunst ins „rechte" Licht rücken: „Denn im ganzen übrigen Reich werden meine Plastiken mit ganz anderen Augen betrachtet und werden für politische Propaganda verwendet." (274)

Hätte Koelle die logische Konsequenz daraus gezogen und die notwendige Charakterstärke aufgebracht, hätte er München wirklich verlassen und wäre ins Saarland übergesiedelt, in dem seine Person und sein Œuvre eine durchgängig positive Akzeptanz genossen. Das bestätigte sich auch wieder bei seiner umfangreichen Einzelausstellung, die als Sonderausstellung im Rahmen der Gaukulturwoche am 11. Oktober im Saarland-Museum Saarbrücken in Anwesenheit führender Vertreter des Staates, der Wehrmacht und der Partei eröffnet wurde. Sie war für drei Wochen vorgesehen, fand aber einen solch großen Anklang, daß sie auf vielfachen Wunsch hin verlängert wurde.

„Seine Arbeiten sind bekannt und die Kraft ihres Ausdrucks ist stärker als alle Worte, die man darüber schreiben könnte." (275) In der Tat, die Presseaussagen über sein Werk ähnelten sich sehr, wiederholten bereits frühere positive Beurteilungen. Sie würdigten seinen „Realismus", der im Dritten Reich allerdings nicht mehr so genannt wurde, seine Einfühlungskraft, die ihn dazu befähigte, Figuren zu gestalten, die „eindrucksstark vor uns stehen, eigenwillige Gestalten, herb, bis ins Letzte ausgeführt, lebensecht, manchmal fast zu wahr." (276)

„Mit einer Art künstlerischer Besessenheit vertiefte sich Koelle Jahre und Jahrzehnte lang in die Betrachtung des Menschen in Hütte und Grube; keine glücklichen Visionen einer Lebensform, sondern das innigste Eindringen in die Arbeit, ihre Lebensumstände, Empfindungen in den Gedanken des Arbeiters". (277) Immer aber spürt der Betrachter, „welche Größe und Würde in der Natur des Arbeiters ruht." (278) Der Autor merkte an, daß schon eine unvorstellbare Hartnäckigkeit des Bildhauers dazu gehöre, seine gesamte bildnerische Arbeit auf ein Thema und eine Intention hin auszurichten, auf die würdevolle Gestaltung des werktätigen Menschen.

Da drängt sich die bereits oben ankündigende Frage auf, warum sich die Presseberichte über Koelles Werk inzwischen einander so gleichen. An der Gleichschaltung der Presse und dem Verbot der Kunstkritik allein kann es nicht liegen. Vielleicht an der Hartnäckigkeit, seine bildnerischen Inhalte nicht zu wechseln, die ihm als künstlerische Immobilität ausgelegt werden kann, aber auch als Konsequenz, einen Themenbereich mit all seinen Facetten und in seiner ganzen Tiefe zu durchdringen. Fest steht, daß Koelle bei seinen Einzelausstellungen immer wieder auf bereits bewährte Bronzeplastiken zurückgreift, so auf „Das Bergarbeiterkind", den „Betenden" und den „Hockenden Bergmann" sowie den „Hammermeister", über die wirklich schon alle Loblieder geschrieben waren. Koelle fügt auch neue Arbeiten hinzu, zum Beispiel seinen antikisierenden „Hochofenarbeiter" oder im Bildnisbereich zwei aktuelle Portraitbüsten von Adolf Hitler (279) und Horst Wessel. Aber das sind keine Koelleschen Highlights. Der Künstler hat einen Punkt (vielleicht seinen Höhepunkt) erreicht, an dem er bildnerisch alles zum Ausdruck gebracht hat, was er zur Zeit zum Thema Arbeiterplastik aussagen kann. Koelle hat ein Gleis beschritten, das unweigerlich in einer Sackgasse endet.

Mißt man den Künstler an seinen eigenen Worten, wonach „das Gesicht der Spiegel der Seele ist", (280) und schaut daraufhin seine neueste Plastik des „Isarflößers" an, muß man feststellen, daß dieser Mann restlos entseelt ist. Er ist nur noch ein massiger, derber Holzklotz, wie mit der Axt bearbeitet, die er in „Drohgebärde" auf seiner Schulter trägt. Diese Figur hat nichts gemein mit den für Koelle so typischen, realistisch-ehrlichen und im persönlichen Einklang mit den Arbeitern stehenden und den von ihnen gestalteten Bronzeplastiken.

Bei Koelles Menschengestalten war nicht nur das Gesicht der Seelenspiegel des Dargestellten, sondern Koelles Plastiken gaben bisher auch immer einen Einblick in dessen eigene jeweilige Befindlichkeit. Viele aktuelle Faktoren in seinem Leben – und wenn es nur die momentane Affäre mit der Stadt München um diesen „Isarflößer" gewesen wäre – könnten (mit allem Wohlwollen für den Bildhauer!) diese „Verhärtung" bei Kunst und Künstler begründet haben.

Die Kunstberichterstatter fanden zu Koelles Gesamtschau in Saarbrücken auch keine neuen Worte, sondern beschränkten sich in ihren Beschreibungen gemeinsam auf die allgemein be- und anerkannten Gestaltungen Koelles, so wie der „Saarländer ... dem sich Koelle durch seinen jeder Oberflächlichkeit abholden künstlerischen Ernst und sein tiefes Verständnis als verwandt erwiesen hat, gilt er als saarländischer Bildner des werkmännischen Lebens." (281)

In München ging derweil das Gerangele um den „Isarflößer" weiter. Auf der Kunstbeiratssitzung am 18. November war man weiterhin von der Idee angetan, „der bald aussterbenden Isarflößerei und insbesondere den kernigen Flößern, die so charakteristisch für die Isarstadt München sind, ein Denkmal zu setzen." (282) Nur Koelles Entwurf befriedigte einige Beiräte nicht, außerdem konnte man keine Einigung über die Plazierung dieser Figur erzielen. Zuerst war die Floßlände außerhalb der Stadt im Gespräch, jetzt folgte der neue Vorschlag, sie im Stadtinneren an der Erhardtbrücke aufzustellen, und dazu sollten weitere Entwürfe gefertigt werden. Aus diesem Grund schlug der Kunstbeirat einen beschränkten Wettbewerb Münchener Bildhauer vor. Koelle wurde von Max Reinhard gebeten, sich auch daran zu beteiligen. Koelle lehnte in einem Antwortschreiben an Reinhard eine Beteiligung ganz entschieden ab und schlußfolgerte aus dieser Taktik, daß die Stadtverwaltung ihm diesen Auftrag gar nicht erteilen wollte. Er erklärte seine Bereitschaft, bei endgültiger Festlegung des Standortes für seine Plastik einen neuen Entwurf in enger Zusammenarbeit mit dem Hochbauamt zu erstellen. „Wenn die Stadt München den Isarflößern ein Denkmal setzen will, so kommt doch kaum ein Anderer in Frage als ich." (283) Wovon Koelle diese selbstherrliche Folgerung ableitete, wurde nicht deutlich.

Der äußere Vorwand für die Ablehnung des Koelleschen Entwurfs entzündete sich an der Gewandung des Flößers. Ein solch derber Heros hatte dem nationalsozialistischen Kunstverständnis nach die Muskeln seines nackten Oberkörpers spielen zu lassen. Dagegen wehrte sich Koelle erfolgreich: „Den Mantel benötigt jeder Flößer, Sommer wie Winter beim Passieren der Schleusen, um sich vor Nässe zu schützen, da das Wasser in den Schleusen über das Floß schlägt." (284) Und die Bedenken seiner Kollegen, dies vor dem Führer nicht rechtfertigen zu können, entkräftete Koelle in bereits bekannter Art: „Der Führer, der stellvertretende Führer Reichsminister Hess und noch andere führende Männer des Reiches, sowie das bayr. Kultusministerium würden sich aufrichtig freuen, wenn die Stadt München mich mit diesem Auftrag betrauen würde." (285)

Für die bisher erbrachte Leistung stellte er der Stadt 3000 RM in Rechnung und wandte sich unverzüglich in einem Beschwerdebrief an den Adjutanten des Führers, Fritz Wiedemann, in dem er diesem die Sachlage mit dem „Isarflößer" aus seiner Sicht schilderte und seine Kollegen Professor Richard Klein und Professor Ferdinand Liebermann, „den mein Schaffen auch hindert", beschuldigte, ihm sein Schaffen durch ihre Anfeindungen unmöglich zu machen. „Ich habe den Eindruck, daß dies die Auswirkungen sind, daß meine Plastiken im Haus der Deutschen Kunst durch unseren Führer so bevorzugt aufgestellt wurden. Das war meinen Kollegen zu viel." (286) Koelle bat Wiedemann, Hitler über diesen Vorgang zu informieren und ihn die Entscheidung über seine Figur, von der er Fotografien beifügte, treffen zu lassen. Ebenso wies er nochmals darauf hin, daß seine „Blockwalzeraffäre" nun fünf Jahre andauere, und auch in diesem Fall bat er um das Machtwort des Führers. „Dieses Vorgehen ist doch nicht im Sinne unseres Führers." (287)

Koelle nahm nicht wahr, wie er mit seinen penetranten kleinlichen Beschwerden auf höchster Ebene und seinen unrealistischen, von Wunschvorstellungen geprägten Einschätzungen (daß Hitler seine Plastiken bevorzugt aufgestellt hätte) an dieser Stelle seine Akzeptanz verlor. Bei seinen ständigen Kollegen-Beschuldigungen übersah er deren Wertschätzung durch Hitler und die Nationalsozialisten, so zum Beispiel bei Ferdinand Liebermann, den Hitler (nicht nur wegen des Portraits seiner Nichte Geli Raubal und seiner eigenen Bildnisbüste) überaus würdigte, oder bei Richard Klein, der zu Hitlers besonders bevorzugten Künstlern zählte und ein vielbeschäftigter Mann der angewandten NS-Propagandakunst war.

Wiedemann antwortete nicht auf Koelles Brief, sondern sandte ihn mit der Bitte um Kenntnisnahme und weitere Veranlassung an den Münchener Oberbürgermeister Karl Fiehler, (288) und dieser gab den Vorgang an den Kulturamtsleiter Max Reinhard weiter, und so landete er letztlich wieder an seinem Ausgangspunkt. Nur waren inzwischen alle Beteiligten und Beschuldigten informiert über Koelles intrigantes Vorgehen, das er versuchte, genauso zu beherrschen und zu praktizieren wie sie.

Max Reinhard, der bis zu diesem Zeitpunkt noch Koelles Position unterstützt hatte, wechselte die Seiten. Schriftlich informierte er Oberbürgermeister Fiehler über Koelles Kostenforderung von 3000 RM, bat ihn aber, Koelle höchstens einen Betrag von 500 RM für seine bisher geleistete Arbeit anzubieten. Außerdem verwies er nochmals auf den Aktenvermerk vom 16.4.1937, nach dem Koelle eine Flößergestalt auf eigenes Risiko in Ton modellieren wollte und „daß die Stadt mit diesem Vorschlag keine irgendwie bindende Verpflichtung eingehe." (289) Außerdem teilte Reinhard Oberbürgermeister Fiehler die konsequente Haltung des Kulturamtes mit, Koelle gegenüber nicht vom Beschluß des Kunstbeirates vom 18.11.1937, einen beschränkten Wettbewerb auszuschreiben, abzurücken. Bei Koelles Weigerung würde man auf dessen weitere Mitarbeit verzichten. Koelle habe ohnehin einen Entwurf in halber Lebensgröße angefertigte, der bei den Kunstbeiräten wenig Anklang gefunden habe.

In Koelles Fehleinschätzung gewisser Gegebenheiten – teils waren es eigene Über-, teils Unterschätzungen der Gegenseite – schien auch eine Diskrepanz zwischen der Eigen- und der Fremdeinschätzung seiner Person, besonders aber seines Schaffens vorzuliegen. Seinen Äußerungen nach waren die Kunstbeiräte durchaus angetan von seinem Entwurf des Isarflößers.

Im Rahmen einer „Verwaltungsdiplomatie" oder eines gezielt abweisenden Verhaltens dem Kontrahenten Koelle gegenüber, gab Max Reinhard alle zuvor von ihm getroffenen Entscheidungen als solche des Oberbürgermeisters und des Kunstbeirats aus. (290) Fritz Koelle gab nach und erklärte sich noch vor Weihnachten in einer Antwort an Max Reinhard zur weiteren Mitarbeit bereit, akzeptierte den Betrag von 500 RM und bat um Überweisung auf sein Konto.

Gleich zu Beginn des neuen Jahres wandte sich Koelle wieder mit einem Bittschreiben unter Beifügung einiger Fotos seiner neuesten Arbeiten an Oberbürgermeister Fiehler und ersuchte ihn, doch gemeinsam mit dem Leiter des Kulturamts, Reinhard, seinem Atelier einen Besuch abzustatten, um an Ort und Stelle einige seiner fertige Arbeiten anzuschauen, die die Stadt München ihm abkaufen könne. In gleicher Sache wandte sich der Bildhauer auch an Max Reinhard. Koelle gab nicht auf; er wollte die „Blockwalzeraffäre" von 1933 erst durch einen adäquaten städtischen Ankauf als beendet betrachten.

Inzwischen hatte sich der Kunstbeirat unter Leitung des Oberbürgermeisters darauf verständigt, den beschränkten Wettbewerb für ein Isarflößerdenkmal durchzuführen. Da sich außer Fritz Koelle nur noch Professor C. Adolf Bermann gemeldet hatte, schlug das Kulturamt der Leitung der städtischen Galerien als weitere Bildhauer G. Günther, Adolf Rothenburger, Otto Dörfel, Rudolf Braun und Kurt Schmidt-Dietfurt vor. In der Kunstbeiratssitzung vom 16.2.1938 wurde beschlossen, lediglich von Professor Bermann und inzwischen auch von Professor Richard Klein (in dem Koelle einen seiner größten Gegner vermutete), Adolf Rothenburger und Fritz Koelle Entwürfe ausarbeiten zu lassen. (291) Das Kulturamt bot sich an, diesen Wettbewerb auszurichten, mahnte aber nochmals eine Entscheidung in der Bestimmung des Aufstellungsortes an.

Koelle war in der Zwischenzeit selbst aktiv geworden, um für seinen „Isarflößer" Befürworter zu finden. Er zeigte ihn in der Ausstellung „Deutsche Bildhauer der Gegenwart" im April in Warschau, die vom polnischen Staatspräsidenten Ignacy Moscicki eröffnet wurde. Der Völkische Beobachter berichtete darüber in großer Aufmachung. Auf einem halbseitigen Foto bildete er den polnischen Staatspräsidenten, den deutschen Botschafter von Moltke, den polnischen Außenminister, Oberst Betz, und den Reichskommissar dieser Ausstellung, Professor Arno Breker, in aufmerksamer Betrachtung der Hitlerbüste von Arno Breker, der Pilsudskibüste (292) von Joseph Thorak und des „Hockenden Bergmanns" von Koelle ab, der zwischen den beiden Bildnissen plaziert war. Und am Abschluß dieser Reihe stand die Bronzeplastik des „Betenden Bergmanns". (293)

Diese Ausstellung war die erste repräsentative Plastikausstellung in derartigem Umfang – 117 Exponate von 37 Bildhauern –, die das Deutsche Reich im Ausland präsentierte. Für Koelle bedeutete diese Präsentation seiner Werke einen weiteren großen Erfolg besonders im Hinblick auf die ablehnende Haltung seiner Wahlheimat München seiner Kunst gegenüber, und sie war ein weiterer Beweis der nationalsozialistischen Akzeptanz seines Œuvres. In diesem Fall genoß er offensichtlich die Anerkennung durch Arno Breker, der für diese Ausstellung verantwortlich zeichnete. Werner Rittlich beschrieb die Ausstellung in der Aprilausgabe der Zeitschrift „Die Kunst im Dritten Reich", (294) von Koelle war aus der Schau „Der Bergarbeiter" (sich die Hemdsärmel aufstülpend) abgebildet. (295)

Anfang Juni sandte Max Reinhard den städtischen Galerien ein Exemplar der Zeitschrift „Die Kunst im Dritten Reich", 2. Jahrgang, Folge 5 vom Mai 1938 als Material für die nächste Kunstbeiratssitzung zu. Darin waren einige Arbeiterplastiken Koelles abgebildet, unter anderem auch der „Isarflößer", von Edgar Schindler mit entsprechenden Würdigungen „als Sinnbilder der Arbeiter und der Arbeiterschaft" versehen. (296) In der Sitzung vom 21. Juni debattierte der Kunstbeirat über die Ehrung, die Koelle durch dieses offizielle Kunstpresseorgan zuteil wurde; und als das Hochbauamt gleichlautende Informationen übermittelte und zusätzlich Koelles Erfolg der Warschauer Ausstellung mit der zitierten Intention „mit den heute in Deutschland schaffenden Kräften bekannt zu machen und einen Einblick zu geben in den Geist und in die Haltung, die das heutige Deutschland beseelen", belegte sowie auch noch die Ausstellung der NS-Gemeinschaft „Kraft durch Freude" in der Hamburger Kunsthalle 1938, die unter dem Motto stand, „unter den Kulturgütern sorgsam die auszuwählen und auszustellen, die geeignet sind, den seelischen Lebensstandard des Volkes zu steigern", erwähnte, zu der Koelles „Isarflößer" ebenfalls ausgesucht worden war, befand sich der Kunstbeirat in Zugzwang. Denn das Hochbauamt war „der Meinung, dass sich die nochmalige Durchführung eines Wettbewerbes hier erübrigt, um passende Entwürfe für den ‚Isarflößer' zu erhalten und dem Bildhauer Fr. Koelle der Auftrag zur Aufstellung seiner Plastik erteilt werden soll." (297)

Nach weiteren Sitzungen der Kunstbeiräte fand am 18. Oktober 1938 eine Aussprache zwischen Max Reinhard, Baudirektor Meitinger und Fritz Koelle statt. Koelles Forderungen von 35.000 RM für Material, Aufstellung und Honorar wurden abgelehnt und auf maximal 17.000 RM reduziert, circa 7000 RM für Koelles Auslagen und 10.000 RM als Honorar. „Nach längerem Sträuben erklärte sich Koelle mit diesem Vorschlag einverstanden." (298)

Oberbürgermeister Karl Fiehler versuchte, mit einer weiteren Kunstbeiratssitzung die Auftragserteilung zu verzögern, aber in der Sitzung vom 7.12.1938 entschied er unter dem zuvor beschriebenen Druck, daß Koelles „Isarflößer" in doppelter Lebensgröße (3,60 m) (WVZ 145) auf der kleinen Landzunge im Floßkanal hinter der Lände bei Hinterbrühl aufgestellt werden sollte. Die Gesamtkosten dieses Denkmals betrugen 21.5000 RM, wovon Koelle die vereinbarten 17.000 RM erhielt, (299) die das Kulturamt trug. Damit war die Angelegenheit aber noch lange nicht abgeschlossen, sondern beschäftigte Koelle und die beteiligten Institutionen noch im Folgejahr, in dem sie nur noch zusammenfassend erwähnt wird.

Beide Verhandlungen um Kostenerstattungen für Koelle – von geforderten 3000 RM 500 RM erhalten und von verlangten 35 000 RM dann aber 17 000 RM akzeptiert – lassen den Schluß zu, daß der Künstler die Deckung der ihm entstandenen Kosten um ein Vielfaches überhöhte und er mit den ausgezahlten Beträgen immer noch gut bedient war und er andererseits die von ihm oft ins Feld geführte Not gar nicht litt.

Außerdem stand schon der nächste große Auftrag ins Haus. Denn Koelle hatte außer für den beharrlichen Konflikt um den „Isarflößer" und die Gestaltung desselben noch genügend Kraft zur Verfügung, die zuvor genannten Ausstellungen zu bestücken, für die er allerdings auf bestehende Plastiken aus früheren Jahren zurückgriff, so in der Januar-Ausstellung des Vereins Berliner Künstler und auch bei der Münchener Kunstausstellung im Maximilianeum, bei der er drei Kleintierplastiken aus dem Jahre 1932 präsentierte. (300) Dafür handelte es sich bei der einzigen gezeigten Plastik Koelles in der Großen Deutschen Kunstausstellung im Haus der Deutschen Kunst ab dem 10.7.1938 (Abb. 53) um eine neue, 1937 begonnene und jetzt fertiggestellte Bronzeplastik eines 3 m hohen „Saarbergmanns". Zeitgleich wurde das zweite Exemplar am 10. Juli feierlich vor der Grube Reden (301) im gleichnamigen saarländischen Ort enthüllt.

Als nach der Rückgliederung des Saargebiets der preußische Ministerpräsident Hermann Göring (in seiner Funktion als Beauftragter für den Vierjahresplan mit totaler Kontrolle über die Industrie) am 2. November 1935 die Grube Reden befuhr sowie die Tagesanlagen besichtigte und dabei ihren beklagenswerten Zustand – besonders der Waschkaue – gewahrte, gab er der Saargruben AG den Ratschlag, sich möglichst bald für eine Neugestaltung zu entscheiden, um die größte Grube des Saarreviers zu einer mustergültigen Großschachtanlage (gemäß den nationalsozialistischen Aufrüstungsbestrebungen) auszubauen.

Die Umsetzung dieses ministeriellen Vorschlags konnte am 10. Juli 1938 bei der feierlichen Eröffnung eines gänzlich neuen Zechenhauses durch den Generaldirektor der Saargruben AG, Dr. Waechter, bestaunt werden. Die Festveranstaltung stand unter dem Motto: „Gesunderhaltung unserer Gefolgschaft und Schönheit der Arbeit". Dr. Waechter erläuterte das Wiederaufbauprogramm der Tagesanlagen und den Plan, in diesem Zusammenhang ein „Ehrenmal für unsere toten Kameraden der Saargruben" zu errichten, „das in der französischen Besatzungszeit nicht zur Ausführung gekommen ist ... Einen geeigneteren Platz als auf unserer größten Grube, unmittelbar an einem Gebäude, in das täglich mehrere tausend Mann unserer Gefolgschaft zur Arbeit gehen, konnte man meines Erachtens nicht finden. Auf der anderen Seite trägt es hervorragend zum Schmuck des Baues selbst und seines weiten Vorplatzes bei. Ich hoffe, Sie alle werden Gebäude und Denkmal aus einem Guß empfinden. Unsere Vorschläge fanden Billigung des Aufsichtsrats; die Ausführung wurde dem Bildhauer Koelle übertragen, der lange Jahre hier im Saarland in St. Ingbert geschafft hat und sich mit dem Saarbergmann aufs engste verbunden fühlt: Er ist einer unserer besten anerkannten deutschen Plastiker, sein Saarbergmann steht heute in der Nationalgalerie, sein betender Bergmann in den Räumen des Führers in der Reichskanzlei. Wir haben Bildhauer Koelle keinerlei Bindungen auferlegt, sondern ihn vollkommen frei schaffen lassen, und ich glaube, die Figur dieses Bergmanns der Saar ist sein schönstes und reifstes Werk, das er bisher geschaffen hat. Wir alle sind ihm dafür herzlich dankbar. Und nun laßt die Hülle fallen!" (302) (Abb. 54)

„Höhepunkt der Feier war, als die Hülle von dem durch Bildhauer Koelle geschaffenen Ehrenmal fiel und der überlebensgroße Bergmann mit der Grubenlampe vor uns stand, wie er in verhaltener Wucht, gesammelte Kraft in Blick und Haltung, an die Meisterung seines Schicksals herangeht. Diese Bronzefigur, die auf einem Sockel aus Muschelkalk steht, ist sicher, wie der Generaldirektor der Saargruben-AG., Dr. Waechter, bei der Enthüllung sagte, eines der besten und reifsten Werke des Künstlers; es [ist] übrigens auch in der Großen Deutschen Kunstausstellung in München ausgestellt." (303)

Nachdem die Fahnen gesenkt worden waren, erfolgte die Ehrung der toten Saarbergleute in folgender vielsagender Hierarchisierung: Zuerst wurde der 3500 Bergleute, die im Ersten Weltkrieg mit „Opfermut" ihr Leben für das Vaterland gegeben hatten, gedacht. Dann wurden die „Toten der Bewegung, die von demselben Ideal wie unsere Frontsoldaten beseelt waren und die im Kampf für den Nationalsozialismus und seine Weltanschauung ihr Leben geopfert haben", geehrt. Erst zum Schluß wurden die Opfer von Grubenunglücken betrauert, „die ihre Berufstreue mit dem Tod besiegelt" hatten. (304)

Dieses „Ehrenmal für die toten Kameraden der Saargruben" übernahm mehrere Funktionen gleichzeitig: Zum ersten war es geplant als Gedenkstätte für die getöteten Saarbergleute. Und wie in der Totenehrung deutlich wurde, bediente man sich der in der Zeit nach dem Ersten Weltkrieg häufig praktizierten Gleichsetzung von „Grubenunglücken" mit „Kriegskatastrophen", die in unentrinnbarer Schicksalshaftigkeit hereinbrechen und ihre „Opfer der Arbeit" beziehungsweise „Opfer des Krieges" einfordern. Folglich wurde der Bergmann mit dem Soldaten auf eine Stufe gestellt und als „Soldat der Arbeit" gewürdigt. Beide wurden gleichermaßen zu Heroen hochstilisiert. (305)

Aber schon in der Totenehrung durch Dr. Waechter, in der der verunglückte Saarbergmann dem Soldaten und dem Befreiungskämpfer nachgeordnet wurde, zeichnete sich eine weitere mit den Aufrüstungsbestrebungen der Nationalsozialisten eng verbundene Intention ab: diejenige der indoktrinierten Identifizierung des Bergmanns mit dem Soldaten und seiner Opfer- und Hingabebereitschaft für das deutsche Vaterland. Mit der Errichtung solcher Ehrenmale für die Bergleute in Verbindung mit der nationalsozialistisch-pathetischen Propagandaveranstaltung sollte die erforderliche Motivierung und Loyalität der Grubenbelegschaft, die bei diesen Feierlichkeiten programmatisch „Gefolgschaft" genannt wurde, erreicht werden. Diese Form des Gefallenenkults ließ sich auch auf andere Berufszweige übertragen.

Koelle entschied sich bei der ihm von der Werksleitung zugestandenen Gestaltungsfreiheit nicht für eine Figur, die Schmerz und Trauer um den Verlust der „toten Kameraden der Saargruben" versinnbildlichte, zum Beispiel in der verinnerlichenden Weise seines „Betenden Bergmanns". Koelles „Saarbergmann" für das Ehrenmal der Grube Reden unterstützte in seiner ikonografischen Aussage die von den Nationalsozialisten erwartete Entschlossenheit und Kampfbereitschaft, wenn auch in einer nicht stringent durchgehaltenen Körpergestaltung.

Der „Saarbergmann" (WVZ 137) in Arbeitskleidung, mit Grubenlampe am Ledergürtel steht aufgerichtet in breitbeiniger Schrittstellung in der für Koelle üblichen Gestaltungsweise der nach hinten durchgedrückten Waden. Die groben (wieder zu groß wirkenden) Arbeitsschuhe und die ausgebeulte Arbeitshose, die eher Koelles realistisch dargestellten Arbeitern entsprechen, stehen im Widerspruch zum aufstrebenden Oberkörper mit gestrecktem Hals und Nakken und gehobenem Kopf. Die Arme hängen etwas hilflos am Körper herab, aber die Hände sind zwar nicht zur Faust geschlossen (obwohl aus Fernsicht suggerierend), aber doch so gerundet, als wenn sie jeden Augenblick energisch zupacken wollten.

Der Kopf ist der gleiche wie beim „Bergarbeiter sich die Hemdsärmel aufstülpend" mit derselben kantigen, maskenhaft distanzierten Mimik und dem in die Ferne gerichteten Blick. Gegenüber jenem ist der Kopf des „Saarbergmanns" leicht nach rechts gedreht und bildet zusammen mit der Haltung des rechten Arms und der vorangestellten Schrittstellung eine „rechtsgerichtete Linie".

Dieser energiegeladene Bergmann vor der Einfahrt schaut in die Richtung der dem Zechengebäude zuströmenden Kameraden, aber dennoch über sie hinweg aus seiner Höhe von drei Metern mit dem zusätzlichen zweistufigen Muschelkalksockel. Er ist nicht mehr einer der Ihren, der mit ihnen auf gleicher Ebene steht, im Gegensatz zu Koelles übrigen in Lebensgröße ausgeformten Arbeitern (oder beispielsweise den „Bürgern von Calais" von Auguste Rodin, der – revolutionär – ganz auf einen Sockel verzichtete). Dieser „Saarbergmann" hat das Stadium der geistigen und körperlichen Überhöhung erreicht, idealisiert gestaltet, typisierend entseelt und bar jeglicher Individualität. Um ihn für sich erreichbar zu machen, nannte ihn die Redener Belegschaft „Hannes". Ob dieser Name in Anlehnung an das Modell entstand, so wie es auch bei anderen seiner Plastiken von Koelle selbst praktiziert wurde, ist nicht mehr nachvollziehbar. (Abb. 55)

Der „Saarbergmann", zwar als Einzelfigur aufgestellt, ist aber im architektonischen Kontext mit dem neu errichteten Zechengebäude, besonders aber mit der monumentalen Bauweise des Portals zu sehen und sicherlich auch so konzipiert, denn auf ein Zusammenwirken von Architektur und Plastik legte Fritz Koelle bei seinen Monumentalplastiken großen Wert, was besonders bei seinem nachfolgenden Ehrenmal in Augsburg deutlich wurde.

Das Portal des Zechengebäudes in Reden wird durch zwei riesige Pfeiler unterteilt und läßt den Blick durch eine Vorhalle auf den eigentlichen Eingang zu, dessen Türsturz mit einem aus der Antike adaptierten Mäanderfries verziert ist. Außerhalb dieses Portals steht Koelles Monumentalplastik, die einerseits durch ihre Figuration kontrastierend zur sachlichen Bauweise der Gebäudefassade und des Portals wirkt, andererseits aber korrespondierend mit den aufstrebenden Pfeilern des Portals. Koelles „Saarbergmann" ist auf Fernwirkung und in diesem Fall auch auf Mehransichtigkeit hin konzipiert. Portal und Monumentalplastik sind als architektonische und ideologische Einheit einer Baukultur des Dritten Reichs zu verstehen, wie es Generaldirektor Waechter bei der Einweihung dieses Ensembles konstatierte: „Ich hoffe, Sie alle werden Gebäude und Denkmal aus einem Guß empfinden", so wie es die fotografisch effektvoll ausgeführte Titelseite der Werkszeitschrift „Der Saarbergmann" (306) bestätigte. (307)

Während Fritz Koelle im Saarland ein renommierter und viel geehrter Künstler war, versuchte er auch im Rheinland sein Œuvre bekannt zu machen. In der Galerie Abels in Köln, die neuzeitliche und zeitgenössische Maler und Bildhauer präsentierte, hatte Koelle die Gelegenheit, gemeinsam mit seinem großen Vorbild Constantin Meunier ausgestellt zu werden: Der Rezensent Lorenz Honold fand die Reihe Koellescher Arbeiten hervorragend. „Man sieht den ‚Bergmann', den ‚Hochofenarbeiter', den ‚Flößer', schließlich den ‚Betenden Bergmann', der vom Führer in Berlin erworben wurde." (308) Beim direkten Vergleich kam Honold zu dem Ergebnis: „Ist in Meuniers Arbeiterfiguren ein trotziges, leidenschaftliches, dramatisch erregendes Moment, das seiner Zeit erschreckt und beunruhigt hatte, so sind auch Koelles Schöpfungen, freilich in einem anderen Sinne, Denkmäler der Arbeit. Es sind Bekenntnisse zur Arbeit aus einem gläubigen Optimismus heraus. Die Haltung ist selbstsicher und schlicht. Der Arbeitswille ist geadelt und hat innere Größe, lebt in einer ständigen Bereitschaft, sich den Glauben an die Arbeit und an das Werk immer neu zu erkämpfen." (309)

Die Worte Honolds machen Koelles bildhauerischen Entwicklungsstand nur zu deutlich. War es einst Koelle, der über Meuniers Typisierung des Arbeiters hinausgewachsen war und mit der seinen einzelnen Arbeiterfiguren eigenen Individualität Aufsehen erregt und durchaus sozialkritische Interpretationen evoziert hatte, war er im Dritten Reich weit hinter Meunier abgefallen und gestaltete nur noch Arbeiter in widersprüchlicher Weise des systemangelehnten (naiven!) Arbeitsglaubens und -willens und vermeintlichen Realismus'.

Dr. Hans Laber von der Neuen Augsburger Zeitung muß eine besondere Affinität zum Bildhauer Fritz Koelle gehabt haben. So wie er diesen kurz vor der Verleihung des Westmarkpreises aufgesucht hatte, stattete er ihm in seinem neuen Domizil in Geiselgasteig einen Besuch ab und berichtete ganzseitig darüber: „Viele verschwiegene Häuser träumen hinter den Hekken der Gartenstadt Grünwald, des schönen südlichen Isartalvorortes von München. Im verschwiegensten hat Koelle, der Bildhauer, sein Tuskulum aufgeschlagen. ... Gerne zeigt uns der Künstler sein neues Heim. ... Vorne am Eingang und hinten auf der Gartenseite des lichten stilschönen Gebäudes, das Architekt Thomas Wechs aus künstlerisch kongenialen Gedanken entwarf, grüßen einen die harten und doch so lebenerfüllten Gestalten der Saarberggleute." (310) (Abb. 50) Auf der dem Garten zugewandten Rückseite hatte Koelle sein Exemplar des diffamierten Blockwalzers aufgestellt. (Abb. 52)

Nicht nur die Außenanlagen, auch das Hausinnere war geprägt von Koelles Kunst: „Entwürfe und kleine sorgfältig ausgewählte Plastiken des Künstlers begegnen einem in Treppenflur und im Studierzimmer." In der Werkstatt konnte der Autor Koelles aktuelle Arbeitsergebnisse wie die fertige Großplastik des „Isarflößers", die noch in Gips befindliche Portraitbüste des Augsburger Architekten Thomas Wechs, (WVZ 142) mit dem gemeinsam Koelle sein Atelierhaus gestaltet hatte, und auch die Vorarbeit für ihr folgendes gemeinsames Projekt, das Gefallenenmahnmal der MAN (WVZ 143) in Augsburg, begutachten, wobei er zu dem nationalsozialistisch-beseelten Schluß kam, daß solche Kunst weder dem Gestern noch dem Heute dienen wolle, sondern für die Ewigkeit geschaffen worden sei, weil es eine „volksnahe Kunst" sei.

Am 19.11.1938, dem Vorabend vor Totensonntag, wurde das Gefallenenmahnmal im großen Werkshof der MAN feierlich enthüllt, eingebettet in einen militärisch-mystischen Rahmen. Geladen waren Vertreter von Partei, Wehrmacht, Behörden und Industrie, die männliche Werksbelegschaft (auch in diesem Fall Gefolgschaftsmitglieder genannt) und Angehörige der 200 Gefallenen der MAN, um der Einweihung des „bedeutendsten Denkmalbau[s] ... Augsburg[s] seit dem Kriege" (311) beizuwohnen. Hakenkreuzfahnen „zierten die Wände des Werksgebäudes". „Zwei Reichskriegsflaggen früherer Ausführung gaben der soldatischen Feier augenfälligen Nachdruck." (312) Sie flankierten das Denkmal, zu dessen beiden Seiten jeweils eine Flammenschale loderte. „Die Lehrlinge des Werkes standen mit brennenden Fackeln aufgereiht, vor Beginn der Feier nahmen Werkscharmänner, ebenfalls mit Fackeln, zu Seiten des Denkmals Aufstellung. ... Mit dem Einmarsch des Musikkorps' und eines Infanteriezuges ... nahm die Feier ihren Auftakt" (313) auf dem hell erleuchteten Aufmarschplatz. (Abb. 57 und 58)

Nach dieser okkultisch anmutenden Lichtinszenierung wurde dem Gefallenenkult entsprechend verbal gehuldigt. Während bei der Einweihungsfeier der Grube Reden die Aufrüstungsintention des Staates lediglich mitgeschwungen hatte, wurden bei der MAN die Mobilmachung und die erwartete Opferbereitschaft durch das NS-Regime unverhohlen durch Werksdirektor Meyer ausgesprochen: „An den Wegen der Geschichte ... stehen die Grabsteine der im Kampf Gefallenen. Sie mahnen uns daran, daß alles Leben mit dem vollen Einsatz dieses Lebens erkämpft werden muß. ... Aus dem Zusammenbruch Deutschlands aber wuchs unter dem Befehl des unbekannten Gefreiten des Weltkrieges, unseres Führers, ein neues, ein größeres Deutsches Reich. So ist keiner von den zwei Millionen umsonst gefallen! Ja, wir haben aus ihrem Kampf und Opfer das unvergängliche Erbe mitbekommen, zu wissen, daß Kampf- und Opferbereitschaft das Leben eines Volkes allein meistern. ... Aus dem Geiste aller, die im Kriege und nach dem Kriege draußen und drinnen ihr Leben gaben, wuchs, was wir so stolz besitzen: das große, das arbeitsame, das wehrmächtige Deutschland. ... Jedes Geschlecht kann vor die Frage gestellt werden, ob es bereit ist, nicht nur zu kämpfen, sondern zu fallen, wie diese 200 gefallen sind. ... Niemand von uns gehe künftig an diesem Denkmal vorüber, ohne daran zu denken, daß ein Volk nichts ist ohne die Macht der Waffe, daß aber die Macht der Waffe nichts ist ohne die Kraft des Herzens." (314)

Fritz Koelle, der den Feierlichkeiten beiwohnte, erhielt einen Abdruck dieser Weiherede, (Abb. 59 und 60) gesetzt in der im Dritten Reich üblichen Frakturschrift, eine Fotografie der Originalurkunde (Abb. 61) und einige eindrucksvolle Bilder des Denkmals und seiner feierlichen Enthüllung in einer ledergebundenen Mappe. (315) Für ihn muß diese feierliche Veranstaltung eine Würdigung in doppelter Hinsicht bedeutet haben: Zum einen als Frontsoldat des Ersten Weltkriegs, der stets betonte – besonders zur Zeit des Dritten Reichs –, daß er einer der ersten Freiwilligen gewesen war, an fast allen Fronten gekämpft hatte und stolz die ihm erteilten Ehrungen aufzählte, und zum anderen als Künstler, dessen Schöpfung bei Glockengeläut feierlich enthüllt wurde. „Als das fallende Tuch die Schönheit des Bildwerks freigab, war bei allen in dem weiten Festraum tiefe Ergriffenheit." (316)

Auf dem mit Steinplatten belegten Platz erhob sich ein massiger, 10,50 m hoher Obelisk aus Veroneser Marmor, „der in seiner anspruchslosen Schlichtheit und geballten Wucht eine sinnfällige Wirkung hat" (317) und vor dem sich Koelles 4,20 m hohe Bronzefigur eines Hammermeisters aus dem MAN-Werk erhob. (Abb. 62) „Es ist der ernste, pflichtbewußte und harte deutsche Arbeiter, der aus dieser Plastik spricht. Der Alltag mit seinen Mühen und Lasten hat ihn geprägt. Allen Widerwärtigkeiten zum Trotz schmiedet er Tag für Tag das glühende Eisen zur gewollten Form." (318) „Ein Querbau faßt die bewegten Umrisse des vielgestaltigen Werkhofes zusammen, schafft die Ruhe, aus der dann dieser schlanke Marmorpfeiler", mit der Gestalt des Hochofenarbeiters im Vordergrund, sich emporheben und alle Blicke auf sich ziehen kann. „Die Uebermaße der Arbeitstracht schienen leicht an dieser Mannesgestalt, die ruhig und sicher ihr werdendes Werk beschaut. Er steht wie ein tapferer Soldat vor der Schlacht – dieser Arbeitsmann, im Hof der MAN." (319) Dieser Vergleich entsprach zwar der regimeüblichen Instrumentalisierung des Arbeiters, ließ sich in diesem Fall aber nicht auf Koelles Arbeiterplastik übertragen. Im Gegenteil, dem Gestus dieser Figur liegt eher eine verinnerlichte Rückbesinnung und Zurückhaltung zugrunde.

Dieser Hochofenarbeiter stellt eine monumantal aufstrebende, 4,20 m hohe, aufrecht in ruhigem gleichmäßigem Stand befindliche, statisch wirkende Figur in Frontansicht dar. Bekleidet ist er mit einem langärmeligen Oberteil, einer bis fast auf die Lederschuhe reichenden und wieder in aufgerauhter Oberflächenstruktur modellierten Lederschürze und einer breitkrempigen Lederkappe, die sein Gesicht beschattet. Beide Hände hat der Arbeiter gegenläufig übereinander gelegt und auf seinen Eisenstab aufgestützt. Der Gesichtsausdruck ist wie bei Koelles „Bergarbeiter" (sich die Hemdsärmel aufstülpend) und entsprechend seiner 1936 aufgenommenen Formensprache maskenhaft typisiert mit kantig herausmodellierten Gesichtsknochen, distanziert, den Kontakt zum Arbeiter unter sich verloren habend. Die Lippen sind zusammengepreßt, aber nicht aus Entschlossenheit, sondern eher korrespondierend mit dem ins Unendliche gerichteten skeptisch zweifelnden Blick.

Von dieser Arbeiterfigur gehen keinerlei Aktivität und Dynamik oder etwa Kampfesbereitschaft aus, wie sie in der Festrede beschworen und mit der militanten Weiheinszenierung evoziert wurden. Auch wenn der Hüttenarbeiter eine monumentale Ausrichtung erfährt und durch seine geschlossene Gestaltung standhaft und uneinnehmbar wirkt, zeigt sich hier bereits der Widerspruch in der gewählten Handstellung, in der die Geschlossenheit eine Geste des Sich-Verschließens ist, die durch die eher skeptische Mimik ihre Verstärkung findet. Legte man der Haltung der Hände eine religiöse Ikonografie zugrunde, hätte sich Koelle die Intention eines Gefallenenehrenmals mit verhaltener Trauerwirkung zu eigen gemacht. Zweifelsohne maß Koelle den übereinander liegenden Händen dieser Plastik besondere Bedeutung bei, was allein schon der zentralperspektivischen Anordnung zu entnehmen ist. Die Modellierung von Händen nahm bei Koelle einen besonderen Stellenwert ein, besonders bei seinen frühen detailliert-realistischen Plastiken, wie bereits im Text an einigen Beispielen dargelegt wurde. (320)

Kampfbereitschaft signalisiert diese Hochofenarbeiterplastik für die MAN nicht, obwohl Koelles Auftraggeber seine Position in der kriegsbedingten Rüstungsindustrie innehatte, worauf unter anderem die zahlreiche Präsenz der Wehrmachts- und SS-Funktionäre unter den Gästen hindeutete, vor denen Koelles Bronzeplastik enthüllt wurde. Auch wenn Koelle stolz seine Verdienste im Ersten Weltkrieg hervorhob, war ihm nicht daran gelegen, einen weiteren aktiv zu unterstützen, denn die heroische Kriegsbegeisterung des NS-Regimes teilte er nicht, was aus dieser und auch allen weiteren Arbeiten aus seiner Hand hervorging. Es hinderte ihn aber in ambivalenter Verhaltensweise nicht daran, Aufträge für das Regime auszuführen und sich gleichzeitig der totalen kunstideologischen Vereinnahmung durch die Nationalsozialisten zu entziehen, indem er formale und inhaltliche Widersprüche in Kauf nahm und als „künstlerische Freiheit" für sich beanspruchte. Wenn dieser Gestalt eines Hochofenarbeiters überhaupt eine „Bereitschaft" zugeschrieben werden könnte, dann nur eine „Opferbereitschaft" in schicksalshafter Ergebenheit.

Nach Abschluß der Weihefeierlichkeiten für das Gefallenen-Ehrenmal in Augsburg dankte in einem Beisammensein der Ehrengäste der Aufsichtsratsvorsitzende der MAN, Geheimrat Ritter von Petri, den beiden Augsburger Künstlern, Architekt Thomas Wechs und Fritz Koelle, für das gemeinsam geschaffene meisterliche Werk, den Vertretern der Wehrmacht für ihre Teilnahme an den Feierlichkeiten und Direktor Meyer, dessen Engagement für die Errichtung eines Ehrenmals für die MAN in Nürnberg zwei Jahre zuvor er besonders betonte.

Am Totensonntag des Jahres 1938 wurde das Gefallenenmal der Öffentlichkeit Augsburgs zugänglich gemacht. (Abb. 63)

Zum Ende des Jahres 1938 stellten verschiedene Presseorgane überregional die neuen Plastiken im Münchener Stadtbild vor, allen voran Fritz Koelles Isarflößer, mit dem der Bildhauer „die romantische Isarflößerei der Mit- und Nachwelt als Sinnbild bäuerlicher Kraft vor Augen führen" will. (321) „Mit dieser Plastik hat Fritz Koelle nunmehr zum erstenmal ein Motiv aus dem Themenkreis der bayerischen Landschaft gestaltet und in dem Gesicht des Flößers Zügen des bayerischen Menschen Ausdruck verliehen." (322) Bei der groben, maskenhaft-aggressiv modellierten Physiognomie des Isarflößers war dieses Urteil bestimmt kein Kompliment für den bayerischen Menschen. (WVZ 145) Übrigens läßt sich eine formale und kompositorische Adaption des „Fischers von Ostende" (1890) von Constantin Meunier nicht leugnen. (323)

Endlich im Juli des Jahres 1939 wurde der „Isarflößer" in Thalkirchen an der Isarlände aufgestellt, (Abb. 64) wo ihn Max Reinhard am 18. Juli besichtigte: „Die Plastik macht dort einen vorzüglichen Eindruck. Sehr unschön wirkt allerdings der Starkstrom-Gittermast, der in der

Nähe des Denkmals steht. Sowohl beim Blick von der südlich gelegenen Brücke als auch von den Isarufern aus ist das Bild durch ihn außerordentlich gestört." (324) Darum bat er das Stadtbauamt um Versetzung dieses Mastes. Der Bildhauer hatte jetzt sein Ziel, den Erwerb einer seiner Plastiken durch die Stadt München, erreicht. Allerdings blieb diese ihm 4500 RM schuldig, die aufgrund einer Fehlkalkulation der Entstehungskosten bei einer Größe von 3,60 m zusätzlich entstanden waren.

Wie bereits zum Ende des Jahres 1938 erschienen auch aus diesem Anlaß diverse Pressemitteilungen mit entsprechenden Abbildungen des „Isarflößers", so auch in der Rheinisch-Westfälischen Zeitung in Essen: „Den alten Flößern zu Ehren, die auch heute noch mit schwerem Floß von Lenggries und Bad Tölz nach München die Isar hinunterfahren, um hier die Langhölzer aus dem Hochgebirge abzuladen, wird die Hauptstadt der Bewegung ein Denkmal errichten. Das Bronzebildwerk, zu dem der Münchener Künstler Fritz Koelle den Entwurf schuf, stellt in Ueberlebensgröße einen Flößer mit geschulterter Axt dar. Wetterhart sind seine Züge, kühn leuchten die Augen. Es ist ein Flößer von jenem guten Schlag, der auch heute noch nicht ausgestorben ist, denn etliche Flöße treffen noch immer Jahr für Jahr in der sogenannten Floßlände am Rande der Stadt ein. Ein besonderes Vergnügen bildet zudem für die Münchener und zahlreiche Freunde auch noch immer eine Isarfahrt auf dem geschmückten, aus mächtigen Stämmen zusammengesetzten Fahrzeug." (325) Diese Attraktion gibt es heute noch auf der Isar, und sie führt stets an der riesigen Figur des „Isarflößers" vorbei, die eine der wenigen Plastiken ist, die sich noch an ihrem originalen, von Koelle mitgeplanten Aufstellungsort befinden.

Die letzten konfliktreichen aber auch arbeitsintensiven Jahre waren nicht spurlos an Fritz Koelles Gesundheit vorbeigegangen. Er litt an Bluthochdruck mit allen entsprechenden Begleiterscheinungen, was duch sein gleichbleibendes Übergewicht noch unterstützt wurde. Auf ärztlichen Rat begab er sich im März nach Karlsbad, dem Weltbad gegen Verdauungs- und Stoffwechselkrankheiten, wie es auf dem Poststempel hieß, zur Fastenkur mit Moorbädern, Heilquellen etc. Koelles Kommentar dazu in einem Brief an seine Frau nach St. Ingbert: „Wenn eine Frau ihren Mann lieb hat, schickt sie ihn nicht nach Karlsbad." (326) Koelle telegrafierte seiner Frau die Adresse, da er befürchtete, daß sie seine schriftlichen Nachrichten nicht erreichen könnten, „da wegen der Truppentransporte fast keine Post kam, auch bis gestern keine einzige Zeitung." (327) Mit dem Einmarsch der Nationalsozialisten in Prag im März 1939 trat für Deutschland die entscheidende Hinwendung zum Krieg ein. (328)

Koelles allgemeine Grundstimmung während seines Kuraufenthalts in Karlsbad war überwiegend negativ geprägt, besonders zu Beginn, was sich aber änderte, je näher der Termin der Heimkehr nach München heranrückte.

Koelle beklagte sich über sein Zimmer im Zentralhotel, über die Kurgäste, die nur auf gepflegten Wegen gehen, „möglichst in der Stadt wo sie gesehen werden, ein widerliches Pack, besonders diese Weiber. Es ist nicht überhoben, wenn ich sage liebste Lisl, wir Maler oder Bildhauer sind doch andere Menschen, überhaupt die Künstler." (329) An der Stadt Karlsbad ließ er kein gutes Haar: „Diese Häuser hier zum Kotzen, wenn man eine Stadt so verbaut, es ist ganz schlimm, dann der Aufwand alles so kitschig, da ist ja in München jede größte Mietskaserne hochkünstlerisch." (330) Dieser Gefühlsausbruch über die Architektur Karlsbads wird verständlich, wenn man sein eigenes kürzlich errichtetes sachlich-funktionales Atelierhaus damit vergleicht.

Die Hungerkuren – bei einem Mann, bei dem das Essen ein Teil seiner Lebensqualität war – (Abb. 65) bezeichnete er als „Sauschinderei", besonders da sich bei ihm kaum Gewichtsverlust trotz der „Roßkur" einstellte. Er konnte sein Gewicht in der dreiwöchigen Kur nur um 350 g und seinen Bauchumfang lediglich um 1 cm von 116 cm auf 115 cm reduzieren. Das ließ ihn am Sinn und Zweck dieser Kur zweifeln. Allerdings hatte er seinen Blutdruck wieder in Griff bekommen und verspürte von seiner „Wetterfühligkeit" auch nichts mehr.

Das Thema Geld nahm natürlich einen wichtigen Teil seiner Klagen ein: Es „kostet der Aufenthalt viel Geld, jedes Bad 7 Mark, Massage 5 Mark, Zimmer 5 Mark, das Essen jede Mahlzeit billigst 2 Mark, hier im Hause 4 Mark, ich versuchte es in billigen Lokalen auch schon, aber das taugt nichts. Der Tag kommt halt mit Kurtaxe auf 30 Mark" (331) (allerdings nur in der Vorsaison). Darum sparte er, wo es nur ging, und gönnte sich nichts.

Wie bei seinem letzten Genesungsaufenthalt durfte wieder niemand wissen, wie es ihm gesundheitlich ging und wo er sich aufhielt: „Schreib an Schwarzens, ich sei in Berlin, Du wüßtest gar nicht genau wo und hättest keine Nachricht." (332) Außerdem befürchtete er, daß Familie Schwarz in Karlsbad erscheinen könnte: „Immer hab ich Angst Schwarzens sehen mich, die Sachsen sind ja zu 99% vertreten, besonders am Sonntag." (333) Bei Rudolf Schwarz ging es Koelle weniger um das Wissen um seinen Gesundheitszustand, als um die Tatsache, daß er immer noch finanziell von ihm unterstützt wurde und Koelle das Geld für eine Kur (die in seinen Augen überflüssiger Luxus war, er sie aber dennoch durchführte) „verschwendete".

Auch auf Fritzl sollte seine Frau Einfluß nehmen, daß der Sohn ja nichts von seinem Aufenthalt in Karlsbad „patschelt". Und wie bei früheren Trennungen der Ehepartner gab der Mann seiner Frau wieder genaue Verhaltensinstruktionen. Waren es in vergangenen Zeiten überwiegend organisatorische Anweisungen, wurden diese seit der Existenz des Sohnes durch pädagogische Maßregeln verdrängt.

„... und bring alles wieder in Schwung, daß alles wieder recht lieb und sauber aussieht. ... Wenn Du mein Atelier richtest, laß mir bitte das Ciselierwerkzeug auf der Werkbank so liegen, ebenso das Metallwerkzeug, Spachteln u. Raspeln auf der Heizung wo's in den Tonraum geht, Fritzl weiß es." (334)

„Sorg halt, ... daß Fritzl in Form bleibt, brav ist, folgsam ist, hört was seine Mutter sagt, schön bitte und danke immer sagt, immer freundlich ist und lieb. Das wäre mir die größte Freude, wenn ich Fritzl recht lieb und brav wiedersehe." (335)

„Sorg, daß ich ihn als recht wohlerzogenen Buben wiedersehe, o dann freue ich mich." (336)

„Schläft Fritzl gut in meinem Bettle? Gell bereite ihn aber vor, daß wenn ich komme, er wieder in sein Bettle muß, nicht daß er dann heult u. [es] schon gleich am ersten Tag wieder losgeht. Folgt er auch schön? Und isst er schön? Gell sei streng mit ihm, daß ich eine rechte Freude habe, wenn er recht lieb und folgsam ist, bis ich komme." (337)

„Für Dich lieb's Schatzele hab ich eine Kleinigkeit, [die] bekommst Du aber nur, wenn Fritzl in bester Form ist, er muß lieb sprechen, muß folgen, muß sein kleines Geschäft von selbst machen unaufgefordert, darf nicht trippeln, immer bitte und danke sagen, höflich sein. Und wenn er so lieb gezogen ist, dann kriegst Du was ganz liebes, worauf Du schon längst spannst." (338)

Diese „geballten" brieflichen Erziehungsanweisungen an seine Frau für ihren gemeinsamen Sohn, die Koelle ihr während seiner dreiwöchigen Abwesenheit gab, werfen ein deutliches

Licht auf seinen gebieterischen Anspruch an die Haltung der Menschen, die mit ihm verbunden oder von ihm abhängig waren, und machen eine bestimmte Sichtweise seines Menschenbildes transparent.

Trotz aller pädagogischen Veränderungen und Verschiebungen der intentionalen Schwerpunkte in der Kindererziehung in den letzten Jahrzehnten hätte sich Fritz Koelle auch 1939 schon die Frage gefallen lassen müssen, welche individuellen Entwicklungsmöglichkeiten – von -freiheiten kann gar keine Rede sein – er seinem damals sechsjährigen Sohn bei einem solch rigiden, auf Anpassung ausgerichteten Verhaltenskanon überhaupt belassen hat. Außerdem zeigte Koelle, daß er seiner Frau wenig Handlungskompetenz, speziell auf pädagogischem Sektor, zubilligte. Das Verhalten seiner Frau und das Lernen seines Sohnes konnten sich nicht aus intrinsischer Motivation heraus entwickeln, sondern waren immer an die Zielvorgabe gekoppelt, Koelle eine Freude machen zu müssen, um in den Genuß einer Belohnung zu gelangen, welche sich hervorragend als Disziplinierungsmaßnahme eignete: Aber nur, „wenn er so lieb gezogen ist, dann kriegst Du was ganz liebes". (vgl. Anmerkung 338)

Da seine Frau nicht nur erziehende Mutter, sondern auch noch Malerin war, hatte er ebenfalls einen kunstpädagogischen Ratschlag: „Vor allem liebste Lisl mach Dein Bild recht schön fertig, Fritzl wird Dir sicher helfen. Mach die Wiese recht schön, daß sie Tiefe bekommt und mach das Gesichterle noch recht lieb, ich meine vor allem das Auge. Unsere Wiese im Garten kann Dir sicher Anregung geben." (339)

Auch Koelle selber fand neue Anregungen und Motive. Während seines Kuraufenthaltes in Karlsbad besuchte er auch St. Joachimsthal. (340) „Das sind recht arme Bergleute, denke Dir, die sterben alle mit 40 – 45 Jahren an Lungenkrebs, durch die Ausstrahlung des Radiums und anderen Leuten dient es zur Heilung des Krebses, das ist doch tragisch. Ich war beim Bergrat, beim Ober-Steiger und bei einem Bergmann, die beiden Letzteren sagten mir, daß sie fertig seien." (341) Koelle besuchte die Bergleute häufiger zum Schichtwechsel, um mit ihnen zu reden und Studienzeichnungen anzufertigen. Wenn sein „Urahn" nicht schon 1930 gestaltet worden wäre, er hätte hier entstehen können.

Koelle schuf in diesem Jahr 1939 die Plastik eines Hüttenarbeiters mit dem Titel „Der erste Mann am Hochofen". (WVZ 136) Laut Ernst Kammerer (342) handelte es sich dabei um eine Figur von 2,35 m Höhe, welche auf eine Auftragsarbeit hinweist, deren Verbleib aber nicht mehr rekonstruierbar ist. Ein postumer Abguß dieser Bronze „Der erste Mann am Hochofen" wurde am 19.7.1962 vor der Staatlichen Ingenieurschule in Saarbrücken an der Saaruferstarße aufgestellt. (343) Von dieser Arbeiterfigur gestaltete Koelle auch ein unterlebensgroßes Exemplar von 1,35 m Höhe. (WVZ 140) Diese Figur befindet sich heute als Leihgabe der Städtischen Kunstsammlungen Augsburg im Lenbachhaus in München. Ebenfalls in Unterlebensgröße von 1,36 m gestaltete er einen Bergmann mit dem Titel „Der Hauer". (WVZ 148)

In den beiden einzigen Ausstellungen, die Koelle in diesem Jahr bestückte, waren diese Plastiken nicht zu sehen. Da beschränkte sich Koelle auf bereits bekannte Arbeiten. In der Münchener Kunstausstellung im Maximilianeum, das jetzt ganz die Funktion des Glaspalastes als Ausstellungsstätte für die Münchener Künstlerschaft übernommen hatte, zeigte er drei große Arbeiterplastiken. (344) Und bei der Großen Deutschen Kunstausstellung war er mit der Portraitbüste des Architekten Thomas Wechs (1938) und der Arbeiterplastik „Der erste Mann vom Hochofen" von 1937, (345) der sich in einer Ausführung von 45 cm im Saarlandmuseum in Saarbrücken befindet, (WVZ 133) vertreten.

Koelle berichtete seiner Frau, die sich in St. Ingbert befand, im Juli, daß es recht betrüblich sei, daß von seinen Arbeiten im Haus der Deutschen Kunst nichts verkauft worden sei. Seine Frau ermunterte er, die Hans-Thoma-Ausstellung in Karlsruhe, die er auch sehr gern gesehen hätte, zu besuchen: „Schau Dir's nur genau an, dann hast doch auch etwas schönes gesehen, was Dir Anregungen gibt, ich freue mich für Dich." (346)

Außerdem erwähnte er: „Die Hamburger haben nett geschrieben, sie wollen mehrere Plastiken, sie legen ganz besonderen Wert auf meine Arbeiten." (347) Gemeint war damit Koelles Einlieferung von Arbeiten für die „Ausstellung deutscher Bildhauer der Gegenwart" in der Hamburger Kunsthalle im Folgejahr, an der Koelle teilnahm.

Koelle ließ seine Frau wissen, daß er es sehr nett von ihrem Bruder Johann gefunden habe, „daß er die Bücher vertreibt, wenn er's bei mir bestellt, dann verdienen wir. Mir ist's aber auch recht, wenn Johann den Auftrag einem Buchhändler in St. Ingbert gibt." (348) Bei dem genannten Buch handelte es sich um die soeben im Rembrandt-Verlag, Berlin, in der Reihe der „Kunstbücher des Volkes – Kleine Reihe", die vorwiegend das Werk schaffender Künstler der Gegenwart behandeln sollte, erschienene Künstlermonographie „Fritz Koelle". Entsprechende vorbereitete Werbetexte („Waschzettel") waren vom Verlag bereits an die Presse verteilt worden. (349) Kammerers Monographie ist bis heute das einzige Buch, das Koelles Œuvre bis 1939 möglichst umfassend – wenn auch im Sinne des nationalsozialistisch gefärbten Kunstverständnisses – wiedergibt, das bedeutet auch, daß die Plastiken „Hanna" von 1925, das Portrait eines „Verunglückten Hüttenarbeiters" von 1927 und der „Blockwalzer" von 1929 in dieser Dokumentation fehlen, der umstrittene „Hammermeister" von 1932 aber aufgenommen wurde.

Ende Juli, Anfang August unternahm Fritz Koelle eine Studienreise über Bern, Lausanne und Genf nach Mailand. Dabei mußte es sich um eine organisierte Gruppenreise gehandelt haben, denn in Genf, wo Station gemacht und eine von Koelle nicht benannte Ausstellung besucht wurde, teilte er im Hôtel De Russie Genève das Zimmer „mit einem Maler Mühlbrecht ... ein alter Herr von 60 Jahren." (350) Die wichtigste Information dieses Aufenthaltes war der Vorwurf an seine Frau, daß er kein Nachthemd in seinem Gepäck vorgefunden habe und daß er am Tag seiner Rückkehr „Kaiserschmarren mit Kompott" erwarte. Danach folgten noch drei Kunst-Postkarten aus Mailand, wo er die Pinacoteca Ambrosiana besuchte, Leonardo da Vincis „Abendmahl" und Velasquez' „Esope" sah. Seinem sechsjährigen Sohn schickte er eine Karte mit dem Motiv Goyas „La Maja vêtue". (351)

Die Eindrücke dieser Italienreise muß der Bildhauer seiner Familie persönlich vermittelt haben, denn außer der mageren Postkartenausbeute existiert keine weitere Korrespondenz des sonst so schreibfreudigen Künstlers.

Kurz nachdem Koelle aus Mailand zurückgekehrt war, brach am 1. September mit dem Einmarsch in Polen der Zweite Weltkrieg aus.

Hatte Fritz Koelle bisher seine Kontakte zu Hitler über dessen Stellvertreter Rudolf Heß oder den Adjutanten Fritz Wiedemann gesucht, wandte er sich nach dessen Entlassung (Anfang Januar 1939) im Januar 1940 an den neuen Adjutanten des Führers und NSKK-Brigadeführer, Albert Bormann, mit der Bitte um Unterstützung. Auf Bormanns Veranlassung ließ der Reichsminister und Chef der Reichskanzlei, Dr. Hans Heinrich Lammers, 20.000 RM auf Koelles Konto überweisen. (352) Der Bildhauer bedankte sich mit nachfolgendem unterwürfigen Schreiben und seiner soeben erschienenen Werkmonographie von Ernst Kammerer bei Hitler: (353)

„Mein hochverehrter Führer.

Durch Ihre hohe Ermächtigung erhielt ich durch den Herrn Reichsminister und Chef der Reichskanzlei den Betrag von 20 000 Mark zur Verfügung, als Vorschuß für zu entwerfende Plastiken.

Mein hochverehrter Führer, für diese große Hilfe in größter Not, möchte ich Ihnen meinen herzlichsten Dank sagen. Ich freue mich, daß mein weiteres Schaffen gesichert ist und ich würde mich ganz besonders freuen, wenn meine neuen Plastiken auch Ihr hohes Interesse finden würden, denn es wäre mir die höchste Befriedigung, wenn auch ich einen kleinen bescheidenen Beitrag leisten dürfte, zu dem herrlichen Ziel, das Sie sich mein hochverehrter Führer für uns gesetzt haben.

Als Zeichen meiner Dankbarkeit darf ich Ihnen mein hochverehrter Führer das beiliegende Buch ergebenst verehren, das einen Teil meiner Plastiken zeigt, die alle ohne Auftrag in freiem Schaffen entstanden sind.

Schenken Sie mein hochverehrter Führer meinem Schaffen ferner Ihr hohes Interesse und ich sehe mit großer Freude Ihres hohen Auftrages entgegen.

Mit einem herzlichen Glückauf, bin ich mit deutschem Gruß Ihr Ihnen sehr ergebener und dankbarer Fritz Koelle"

Der Reichsorganisationsleiter, Dr. Robert Ley, besichtigte nach der Überweisung des Geldes Koelles Plastiken in dessen Münchener Atelier, fand aber keinen Zugang zu Koelles Arbeiterfiguren, so daß er Bormann durch seinen Stabsleiter Simon mitteilen ließ, daß ihm „die vorhandenen Arbeiten des Bildhauers Koelle nicht gefallen [haben], so daß er von der Erteilung eines Auftrags ... Abstand genommen hat." (354) Simon teilte auch Fritz Koelle diese Entscheidung Leys mit, und er wünsche, „trotzdem nochmals diejenigen Arbeiten, die, wie Sie damals sagten, sich im Augenblick in Ausstellungen befinden, zu sehen." (355)

Zu diesem Zeitpunkt befanden sich neben fünf Zeichnungen und drei Kleintierplastiken die drei Arbeiter „Der erste Mann vom Hochofen" (1937), der „Hockende Bergmann" (1929) und ein neu geschaffener „Stehender Bergmann mit Grubenlampe" (1939) (WVZ 148) im Kunstverein in der Hamburger Kunsthalle in der Ausstellung „Deutsche Bildhauer der Gegenwart". (356) Diese Ausstellung war durch die Förderung der Freien und Hansestadt Hamburg und der Reichskammer der bildenden Künste zustande gekommen.

Koelle konnte diese Ausstellung nicht besuchen, denn er befand sich im Februar und März wieder in Karlsbad zur Kur. Obwohl es auch diesmal um eine „verordnete Fastenzeit" ging, beklagte er sich, daß es keine Lebensmittel zu kaufen gab: „Mit den Lebensmitteln sieht es genauso aus wie bei uns. Es gibt auch nichts mehr. Nicht mal Oblaten bekommt man, auch keinen Prager Schinken, nicht mal auf Marken." (357) Er bat seine Frau, ihm die Buttermarken zu schicken. Französischen Rotwein hatte er noch entdeckt, den er bei seiner Rückkehr mitbringen wollte. Über die „Saarlandseife", die Elisabeth Koelle-Karmann von ihrem Bruder erhalten und ihrem Mann ins Gepäck gelegt hatte, beschwerte er sich wortgewaltig: „Mit Deiner Saarlandseife kannst daheim bleiben, dachtest Dir halt, ‚für meinen Alten ist die noch zu gut', ja ja so denk ich nicht, für Dich ist mir nichts zu gut. Die Seife liegt noch unberührt da, ich bring sie ganz wieder mit. ... Ich kann sie ruhig liegen lassen, selbst das Zimmermädchen mag sie nicht. Die Kriegsseife verwende ich lieber, die ist aber wirklich besser. Mit dem 4711 muß ich recht sparen, ich nehms so gerne wenn ich mittags geschlafen habe." (358)

Eitelkeit ist eine Charaktereigenschaft, die bisher an Fritz Koelle noch nicht aufgefallen war. Aber vielleicht war der Künstler nicht nur ein Ästhet in visueller Hinsicht, sondern auch was seine olfaktorischen Sinne betraf, er genoß die angenehmen Düfte. Die Bedeutung seines Geschmackssinnes wurde bereits erwähnt. Speisen war Fritz Koelle eine Form von Lebensqualität, eine Erinnerung an eine „schmackhafte" Kindheit in Augsburg und ein Synonym für Heimat und Geborgenheit: „Ich freue mich dann auf unsere Küche umso mehr, denn was aus Deiner lieben Hand kommt, ist ja auch wirklich besser. Wer machts besser als Du?" (359) Und gleich gab der lobende Lehrmeister seine Antwort darauf: „Wenn ich nur an unseren guten Sonntagskuchen denke (ich würde aber noch weniger Hefe verwenden, wirst sehen, er wird noch besser)". (360) Später – während seiner Zeit in Dresden und Berlin – übernahm das Essen für ihn die Funktion einer Ersatzbefriedigung für die Entbehrung des heimatlichen Umfeldes und die Liebe seiner Frau. Und in der jetzigen Kriegszeit, in der die Lebensmittel rationiert wurden, und in der absolvierten Fastenkur, erhielt alles Geschmackvolle eine Überbewertung: „die Äpfel ..., ich hab gleich 3 auf einmal gegessen, aber gut waren's. ... Weißt mit dem wenigen Essen ist man zu keiner Arbeit gestimmt." (361)

Auch wenn Fritz Koelle während dieses Kuraufenthalts in Karlsbad keine Motivation zu künstlerischer Tätigkeit fand, absolvierte er die Führerscheinprüfung fürs Auto. „Heute bin ich ganz nett allein gefahren, mein Fahrlehrer hat mich recht gelobt, er hat gesagt, ich hätte ein Gefühl für eine Maschine, das muß ich selbst auch sagen. Ich bin überrascht, wie ruhig ich am Steuer bin, das sagte er auch, andere wären ganz nervös, besonders die Männer. Das hörst gerne, gell ja. Aber ein's sag ich Dir liebes Liselein, wenn wir einen Wagen haben, lernst Du's auch. Das Fahren lernst sicher auch, aber das Theoretische sollst auch lernen, zum Kotzen sag ich Dir. Wenn ich nicht angefangen hätte, würd ich's nicht mehr machen, diese Lernerei, Dinge wo einen gar nicht interessieren. Im Unterricht muß das alles geschrieben werden, ein ganzes Heft hab ich schon bald voll. Das lernst Du auch, das mußt Du lernen, so trockenes Zeug pfui Teufel. Da haben wir doch einen schönen Beruf." (362)

Die Forderung ihres Mannes, auch einen Autoführerschein zu erwerben, erfüllte Elisabeth Koelle-Karmann nie. Sie war mit ihrer Rolle als Hausfrau, Mutter und Malerin voll ausgelastet, auch wenn sie inzwischen über eine Haushaltshilfe verfügte.

Fritz Koelle beendete seinen Fahrkursus, der ihn 125 Mark kostete, und schloß ihn mit einer bestandenen Führerscheinprüfung einen Tag nach seinem 45. Geburtstag am 11.3.1940 ab, obwohl er mit den theoretischen Bedingungen seine Schwierigkeiten hatte: „Mit den Vorfahrtsrechten, dieser neuen Verkehrsvorschrift, komme ich gar nicht zurecht ... ich bin halt mit meinem Rad immer so gefahren wie ... Platz war. ... Es ist zum Kotzen sag ich Dir und solches Zeug liegt mir auch gar nicht." (363)

Nachdem Koelle aus Karlsbad nach München zurückgekehrt war, bedankte er sich bei Bormann für die Weitergabe seines Briefes und Buches an Hitler. Koelle schrieb nichts von seinem Kuraufenthalt und seinem absolvierten Führerschein, sondern erklärte, er käme soeben aus Thüringen, wo er Studien für einen „Zellwollspinner" (WVZ 154 und 155) gemacht habe.

Aus der Tatsache, daß Hitler seinen Dank entgegengenommen hatte, leitete Koelle die Folgerung ab: „Darf ich doch daraus entnehmen, daß meinen Führer meine Plastiken interessieren. Das gibt mir Freude und Kraft zu weiterem Schaffen." (364)

Koelle bezog sich in seinem Schreiben auch auf die ablehnende Haltung Robert Leys seinen Werken gegenüber, die ihm durch Simon mitgeteilt worden war, er hoffte aber auf Leys nochmaligen Besuch seines Ateliers und informierte Bormann über seine beiden in Produktion befindlichen Großplastiken „Der Walzmeister" (WVZ 149) und „Der Zellwollspinner" (Abb. 66), deren Fertigstellung ihm zur Großen Deutschen Kunstausstellung 1940 leider nicht mehr gelinge. Ferner bat er Bormann in der bereits bekannten devoten Weise um dessen weitere Unterstützung:

„Hochverehrter Herr Adjutant schenken Sie meinem Schaffen ferner Ihr großes Interesse, unterstützen Sie mich ferner in der mir gestellten Aufgabe, den deutschen Arbeiter so ehrlich und wahr zu gestalten, wie ich ihn sehe und erlebe, als einen Heroen der Arbeit.
Darf ich Sie ergebenst bitten meinem hochverehrten Führer herzlichste Grüße und aufrichtigen Dank für das große Interesse an meinem Schaffen zu übermitteln.
Mit dem Ausdruck meiner größten Hochschätzung bin ich mit
Heil Hitler.
und einem herzlichen Glückauf Ihr Ihnen sehr ergebener u. dankbarer
Fritz Koelle" (365)

Drei Tage später fühlte Fritz Koelle sich veranlaßt, Bormann mitzuteilen, daß ihn Professor Hoffmann, (366) der Organisator der Großen Deutschen Kunstausstellung in München, in seinem Atelier in Geiselgasteig besucht hatte und ihm seine Plastiken recht gut gefallen hatten: „Herr Professor Hoffmann beauftragte mich Ihnen zu schreiben, daß ihn die Arbeiten recht erfreut hätten." Auch seine „Saarbergarbeiter aus den Jahren 1919 – 1935, als die Saararbeiter noch unter französischer Herrschaft arbeiteten und für ihr Deutschtum einen schweren Kampf führten. Diese Arbeiten wurden auch in der Ausstellung ‚Raubstaat England' (367) gezeigt, die hier in München diesen Winter in der Staatsgalerie veranstaltet war." (368)

Auch wenn Koelle befürchtete, seine beiden in Gestaltung befindlichen Plastiken nicht mehr rechtzeitig zur Großen Deutschen Kunstausstellung zu vollenden, scheint ihm das bei der Figur eines Walzmeisters (1939) doch gelungen zu sein, denn die fertige Bronzestatue wurde mit einem neuen „Schachthauer" (1939), dem Gips „Der erste Mann vom Blockwalzwerk" (heute in St. Ingbert), dem „Isarflößer" (1938) und einigen Bildnisbüsten, darunter das Portrait des „Walzmeisters" von 1930 (369) und der Sohn des Künstlers (1938) (WVZ 141) sowie die Horst-Wessel-Büste, die eventuell auf dieser Ausstellung angekauft wurde (vgl. Anmerkung 259) präsentiert. Koelle war in dieser Ausstellung mit insgesamt acht Werken vertreten. (370)

Zum Jahresübergang 1940/41 schickte Koelle seine Plastik „Der erste Mann vom Hochofen" mit einem Verkaufspreis von 25 000 Mark zur Großen Berliner Kunstausstellung ins Haus der Kunst.

Auch das Jahr 1941 begann der Künstler mit einem Kuraufenthalt in Karlsbad, welcher zur festen jährlichen Einrichtung werden sollte. Trotz der verordneten Fastenkur beklagte sich Koelle über die kriegsbedingte Lebensmittelknappheit: „Es gibt ja gar nichts hier, kein Obst, keinen franz. Wein, nicht einmal einen ordentlichen Kuchen. Da ist es in München noch golden, besonders in Geiselgasteig bei Koelles," (371) die sich laut Bittbriefen des Künstlers an höchste politische Ebenen stets in größter Notlage befanden, in der Erinnerung des Sohnes aber immer ihr Auskommen hatten, und der die unbegründete, übertriebene Sparsamkeit seines Vaters dessen schwäbischer Erziehung und Veranlagung zuschrieb. Koelle bat seine Frau um diverse Lebensmittelkarten, unter anderem die kleinen Fettmarken, da er ja jeden Morgen 20 g Butter brauche. Die Eierkarten schickte er ihr zurück, da sie ohne Bestellschein wertlos waren.

Mit seinem Hotel war er recht zufrieden: „ich hab ein ganz gutes Zimmer. Man ist halt recht verwöhnt auch, zu Hause hab ich's halt schöner und bequemer, das ist ja auch schön, wenn man das sagen kann. Wenn's einem nicht mal mehr bei Schwarzens in Greiz gefällt." (372) Nach außen hin mußte das Klischee des armen notleidenden Künstlers vermittelt werden, aber sich selbst gegenüber und seiner Frau gestand Fritz Koelle ein gewisses Anspruchsdenken ein und auch, daß es ihnen trotz mancher Kriegsentbehrungen recht gut ging.

In Karlsbad absolvierte er noch einige Fahrstunden, um im Training zu bleiben, solange er kein eigenes Auto besaß. Er nahm seine Anwendungen, machte ausgedehnte Spaziergänge im verschneiten Wald und amüsierte sich köstlich während der Theateraufführung „Aufruhr im Damenstift" von einem jungen Wiener Ensemble, verstand aber auch die propagandistisch intendierte Botschaft: „Die Stärke des Muttergefühls ist selbst in der allerverknöchertsten alten Jungfrau vorhanden." (373) Auch von Lehars Operette „Land des Lächelns" ließ er sich verzaubern. Koelle wollte auch nach Leipzig auf die Messe fahren, denn ihn interessierte die Märklin-Schau im Hinblick auf die Modelleisenbahn seines Sohnes, besonders die Neuigkeiten an Lokomotiven etc. Aber da diese Fahrt nicht an einem Tag zu bewerkstelligen war, nahm er Abstand davon.

Koelle sprach nie über seine Erlebnisse im Ersten Weltkrieg, und er versuchte auch nicht – wie einige seiner Künstlerkollegen – diese grauenhaften Erfahrungen in seinen Werken aufzuarbeiten, aber dennoch wurde auch er diese Erinnerungen nie los, wie seine Worte aus einem Brief aus Karlsbad belegen. Seine Frau sandte ihm einige Zeitungsausschnitte zu, und er fand auch einen Artikel in einer Berliner Zeitung, in dem die Nationalsozialisten in kriegspropagandistischer Aufmachung die Soldaten und ihre Heldentaten im Ersten Weltkrieg glorifizierten, um gleichzeitig die Kampf- und Opferbereitschaft der derzeitigen Kriegsteilnehmer für ihren Führer und ihr Vaterland zu schüren. „Fritzl soll mal wissen, wo sein Vater im Krieg war. Ich denke ja jedes Jahr daran, wenn ich auch nichts sage. Eine Schilderung wie's wirklich war, hab ich noch nicht gelesen oder im Film gesehen. Das ist ja auch kaum zu schildern. Den Namen ‚eisernes Bataillon' erhielten wir ja auch nicht umsonst, das preuß.[ische] Garde Fußartillerie-Reg[iment], das uns zur Hilfe kommen sollte, ist ja nach allen Richtungen auseinander gestoben und wir feuerten weiter. Das war auch gute Führung, sonst nichts. Und unsere wirklich mutigen Batterieführer haben uns mitgerissen. So etwas lese ich immer gerne, besonders jetzt. Denn es war immer noch die größte noch nicht überbotene Kampfhandlung. ... Hast es dem Fritzl vorgelesen, den interessiert es jetzt doch schon." (374)

Vor dem Hintergrund dieser Worte erhalten Koelles „Befreiungskämpfer" genau die aggressive Aussage- und Schlagkraft, die der Bildhauer ihnen zugedacht hatte.

Koelles Kriegsempfindungen schwankten zwischen unbeschreiblich schrecklichen Erlebnissen und heldenhaftem Stolz, wobei dieser letztlich überwog und er ihn auch auf das momentane Kriegsgeschehen des Zweiten Weltkriegs übertrug und ihn sogar seinem gerade mal achtjährigen Sohn vermitteln wollte. Die Kriegspropagandamaschinerie der Nationalsozialisten war erfolgreich. Dennoch gelang es Fritz Koelle, sich nicht an aktiven Kriegshandlungen des Zweiten Weltkriegs beteiligen zu müssen. Seinen Beitrag zu diesem Regime leistete er mit der bildhauerischen Gestaltung seiner „Arbeiterheroen", die er weiterhin in den Großen Deutschen Kunstausstellungen in München im Haus der Deutschen Kunst präsentierte. (Abb. 67) Außerdem war er in der Kunstausstellung „Hilfswerk für deutsche Bildende Kunst in der NS-Wohlfahrt" in der Preußischen Akademie der Bildenden Künste in Berlin (375) und im April 1941 in der Ausstellung „Kunstschaffen der Westmark" im Frankfurter Kunstverein mit einer Gipsfigur eines Saarbergmanns vertreten. Seine Frau präsentierte dort sechs Kinderzeichnungen. (376)

Aber auch sein „Bergarbeiter vor der Einfahrt" von 1927 war weiterhin ein beliebtes Leihobjekt für repräsentative Ausstellungen. Im Auftrag der NSDAP-Reichsleitung Berlin wandte sich Dr. Werner Rittlich, Mitarbeiter der Zeitschrift „Die Kunst im Deutschen Reich", an die Nationalgalerie in Berlin:

„Wir führen im Februar 1942 im Auftrag des Auswärtigen Amtes und in Zusammenarbeit mit dem Reichsministerium für Volksaufklärung und Propaganda eine offizielle deutsche Plastik-Ausstellung in dem früheren Zagreb, jetzt Agram, durch. Die offiziellen Stellen des Reiches legen besonderen Wert darauf, daß diese erste deutsche Ausstellung in der Hauptstadt des neuen kroatischen Staates einen repräsentativen Charakter erhält.
Da es durch die Kriegsverhältnisse sehr schwierig ist, von den Künstlern selbst dafür Arbeiten zur Verfügung gestellt zu erhalten, müssen wir uns in der Hauptsache auf Leihgaben aus öffentlichen und privaten Sammlungen stützen. Wir bitten Sie, uns zu diesem Zweck die in Ihrem Besitz befindlichen Werke
Georg Kolbe – ‚Tänzerin'
Philipp Harth – ‚Jaguar'
Fritz Koelle – ‚Bergmann vor der Einfahrt' zur Verfügung zu stellen." (377)

Die Nationalgalerie hatte keine Bedenken gegen die Ausleihe der genannten Werke, nur mußten sie von unterschiedlichen Stellen angefordert werden. Die Tänzerin von Kolbe war luftschutzmäßig geborgen, jedoch greifbar. Sie konnte vom Flakturm am Bahnhof Zoo in Berlin abgeholt werden. Der Jaguar von Harth mußte vom Reichserziehungsministerium und Koelles Bergmann aus einer Parkanlage in Brandenburg/Havel erbeten werden. Paul Ortwin Rave von der Nationalgalerie teilte der NSDAP mit, daß der Versicherungswert für Kolbes Tänzerin 21.000 RM und für Koelles Bergmann 8000 RM betrage. Daran kann deutlich die unterschiedliche Wertschätzung dieser beiden Künstler und ihres Œuvres in Kunstfachkreisen abgelesen werden. Dennoch war die Nationalgalerie nicht bereit, Koelles Bergmann für die kriegsbedingte Metallabgabe zu opfern, wie folgender Schriftwechsel zwischen dem Reichsministerium für Wissenschaft, Erziehung und Volksbildung und der Nationalgalerie belegt:

„Sofort!
Betr. Ablieferung von Bronzedenkmälern!

Im Zuge der vorgeschriebenen Meldung von Denkmälern auf öffentlichen Straßen und Plätzen hat der Oberbürgermeister in Brandenburg a.H. zwei Leihgaben der N.G. gemeldet, die Figur eines Bergmanns von Kölle und einer Steinklopferin von Jantzen. Ich habe den Oberbürgermeister angewiesen, bis zu meiner Entscheidung über diese Plastiken nicht zu verfügen und ersuche um möglichst schleunige Äußerung, ob auf die <u>dauernde Erhaltung</u> der beiden Werke Wert gelegt wird. Es könnte auch in Betracht kommen (vielleicht für die Steinklopferin), die Ablieferung lediglich <u>zurückzustellen</u>, was bedeuten würde, daß die Ablieferung im Falle späteren unabweisbaren Bedarfs an Metall vorbehalten bleibt." (378)

Die Antwort der Nationalgalerie läßt es an Deutlichkeit, auch die Wertigkeit der Koelleschen Plastik zu betonen, nicht fehlen:

„Auf die dauernde Erhaltung der beiden Werke von Janssen ‚Steinklopferin' und Koelle ‚Bergmann' wird allerdings Wert gelegt.

Beide Künstler sind nur mit diesem einen Bildhauer-Werk in der National-Galerie vertreten.

In beiden Fällen, bei der ‚Steinklopferin' und bei dem ‚Bergarbeiter', handelt es sich um die – bis vor kurzem – in Deutschland nicht häufige Darstellung des werktätigen Menschen als Bildwerk.

Beide Werke sind seit ihrer Erwerbung in den Katalogen der Nationalgalerie bis 1934 (der letzten Ausgabe, die erschienen ist) stets aufgeführt, was ihre Wertschätzung beweist. Denn die unwesentlichen Dinge werden weder ausgestellt noch in die gedruckten Kataloge aufgenommen.

Dass beide Werke nach Brandenburg ausgeliehen worden sind, heißt nicht, dass die National-Galerie sie für leicht entbehrlich hält, sondern ist aus dem Gesichtspunkt heraus geschehen, dass von der National-Galerie aus auch die kleineren Städte mit guter Kunst zu versorgen seien.

A. Paul Pescatore" (379)

Bereits im September desselben Jahres wurde der „Bergarbeiter vor der Einfahrt" erneut für eine Ausstellung außerhalb Deutschlands benötigt, diesmal in der slowakischen Universität Bratislava (Preßburg) für die Präsentation „Deutsche Plastik der Gegenwart", die „insgesamt 120 Werke von 50 Künstlern ... zu einer Schau vereinigt, die die Essenz des heutigen plastischen Schaffens in Deutschland vermittelt", wie Werner Rittlich, der auch für diese Ausstellung verantwortlich zeichnete, im Völkischen Beobachter vermeldete. (380) Auf dieser breiter gefächerten Ausstellung waren nicht nur nationalsozialistisch ideologisierte Künstler wie Breker, Thorak, Knecht, Schmid-Ehmen vertreten, sondern auch Bildhauer wie Karl Albiker, Bernhard Bleeker, Hermann Hahn, Philipp Harth, Fritz Klimsch, Georg Kolbe, Richard Scheibe, Milly Steger, Hans Wimmer, deren Werke in ihrer figurativen Form- und Inhaltsaussage – zum Beispiel bei verhaltenen Aktplastiken oder Tiergestalten – unproblematisch waren, dem Kunstgeschmack der Nationalsozialisten entsprachen (wie bei Fritz Klimsch) und von ihnen vereinnahmt wurden oder die sich mit einzelnen Arbeiten eine „politische Anerkennung" erworben hatten, wie Bernhard Bleeker und Hermann Hahn mit ihren Hitlerportraits, Richard Scheibe mit seiner „Saarbefreiung" oder Hans Wimmer mit seiner Mussolini-Statuette und -büste.

Werner Rittlich konstatierte im begleitenden Ausstellungskatalog, daß auch die Plastik „ein einheitliches Gesicht erhalten [hat], das in der Gesamtheit und im Einzelwerk unverkennbar die innere Haltung des durch die neuen politischen Ideen bedingten Deutschen der Gegenwart verkörpert." (381) Da es sich aber bei vielen der ausstellenden Künstler nicht um Bildhauer mit der propagierten einheitlich verschmolzenen politischen und künstlerischen Überzeugung (wie bei Breker) handelte, eignete sich ihre Plastik entgegen der Versuche des Katalogs, dies nachzuweisen, auch nicht als nationalsozialistischer Ideologieträger. Ebensowenig ist anhand der Exponate nachvollziehbar, daß „die Baukunst der Plastik die Einsatzmöglichkeit und den Bildhauern damit die Schaffensmöglichkeit ... im Sinne ... ‚die Architektur ist die Mutter der Künste'" gebe. (382) Selbst die beiden ausgestellten Bergarbeiterplastiken Fritz Koelles erfüllten diese Forderung nach Architekturgebundenheit nicht. (383)

Wie in den Jahren zuvor hielt sich Koelle auch 1942 in Karlsbad auf. Außer daß er während der diesjährigen Fastenkur erfolgreicher war als in den Jahren zuvor („nahm diese Woche 7 – 8 Pfd. ab, so daß ich jetzt 152 Pfd. wiege"), (384) gab es von seiner Seite nichts Berichtenswertes, dafür aber ausreichend Erziehungsanweisungen für den Sohn: „daß alles recht schön in Ordnung ist, bis ich komme, besonders auch der Garten und das Atelier." (385)

Im Sommer verbrachten Elisabeth Koelle-Karmann und ihr Sohn einige Wochen in St. Ingbert. Koelle erkundigte sich nach seinen lebenden Modellen: „Was machen meine Leute aus München? Was macht Presser Jakob, der Weber Heinrich, der Kohlen-Nickel, das interessiert mich, grüße sie recht herzlich, wenn Du einen siehst", (386) trug er seiner Frau auf.

Koelle arbeitete im Moment an keiner Arbeiterplastik, sondern modellierte das Portrait des Kampffliegers Major Baumbach, (WVZ 159) Träger des Ritterkreuzes mit Eichenlaub und Schwertern, der sich nach dem Besuch der Großen Deutschen Kunstausstellung bei dem Bildhauer mit dem Portraitauftrag gemeldet hatte. Zwischendurch ließ sich der Künstler zu den Mahlzeiten vom Hausmädchen Jette mit allerlei Schmackhaftem verwöhnen, das er stets in allen Einzelheiten aufzählte. Ansonsten genoß er das ausgiebige Sonnenbaden auf der Terrasse, das Schwimmen im Pool und das nochmalige Sonnen vor der Speisezimmertür. Bewacht wurde er dabei vom Boxerrüden Karlo.

Wie bereits erwähnt, nahm das Essen bei Koelle eine zentrale Position ein, und die Fastenkuren in Karlsbad machten ihm sehr zu schaffen. Daheim vergaß er alle gesundheitlichen Vorsätze: „Heute nachmittag nahm ich die 1½ l Milch von Winklers (Nachbarshof) und hab den ganzen Rahm herunter gegessen, alles was auf der Milch war. Schmeckte fein, aber wirklich. Erst fing ich vorsichtig an, aber dann nahm ich gleich so ein ganzes Stück aufs Brot, es schmeckt herrlich. Den Rand kratzte ich ab, alles." (387) Diese blumige Schilderung – einerseits die verordnete und auch praktizierte Abstinenz und andererseits daheim allein die pure Völlerei – ist ein weiteres Beispiel für Koelles labile Verhaltensweise auch der eigenen Person und Gesundheit gegenüber.

Während der Abwesenheit seiner Familie modellierte Koelle sein Selbstbildnis (WVZ 156) – „mein Kopf ist recht gut, er ist auch recht ähnlich" – (388) und beendete die beiden Portraitreliefs „Heinrich Ritter von Buz" (1833 bis 1913) (WVZ 157) und „Karl August Reichenbach" (1801 bis 1883) (WVZ 158), die für das Deutsche Museum in München bestimmt waren. Koelle modellierte sie in genauer Anlehnung an die Bildnisreliefs eines Adolf von Hildebrand und seines Lehrers Hermann Hahn. Außerdem fertigte er seine beiden, für einige Jahre letzten Arbeiterfiguren an, den „Bauarbeiter", der auch als „Steinheber" (WVZ 162) bezeichnet wird und heute als Leihgabe aus Augsburg in Grünwald steht, und den „Büchsenmachermeister" (WVZ 161) im Auftrag einer Waffenfabrik in Suhl, Thüringen.

Da Koelle seine Bergleute bis auf seine Reliefs und mit Einschränkung beim „Betenden" und „Hockenden Bergmann" sowie beim „Hammermeister", beim „Hochofenarbeiter" und beim „Walzmeister" nicht in einen Arbeitsprozeß und somit in keine Bewegungsdynamik integrierte, schienen seine Stilmittel ab 1936 ausgereizt. Beim „Bergmann, sich die Ärmel aufstülpend" sind Arme und Hände noch zweckgebunden eingesetzt, bei allen weiteren Bergleuten, beim „Saarbergmann" (1937), beim „Hauer/Schachthauer" (1939), beim „Hauer mit Hut und Lampe" (1939) sind sie funktionslos und wirken wie überflüssiges Beiwerk an den geglätteten, aufrechten Statuen.

Ein realistischer Ausdruck körperlicher Belastung war vom Regime nicht erwünscht, vor Muskelkraft berstende gebärdenreiche Arbeiterheroen wurden vom Bildhauer nicht akzeptiert, und so ließ er sich auf eine Kompromißgestaltung ein. Der souveräne, sein Gebiet beherrschende Arbeitertypus war zwar vom Künstler intendiert, konnte aber weder mit dem oben beschriebenen Gestus noch mit der maskenhaften Mimik und dem starr in die Ferne gerichteten, schicksalsergebenen Blick umgesetzt werden. Der statuarische Aufbau der Figur und Monumentalität allein konnten die Absicht der Souveränität nicht einlösen. Der zwangsläufige Bruch in der Ausdrucksstimmigkeit seiner Arbeiterfiguren kann Koelle nicht verborgen geblieben sein.

Ähnliche Tendenzen der Stilermüdung zeigen sich auch bei seinen Hüttenleuten. Dort sind zwar noch beim „Hochofenarbeiter" (1935) und beim „Walzmeister" (1939) die den Absenkprozeß steuernden Gesten des rechten Armes thematisiert, aber bereits beim „Ersten Mann am Hochofen" (1937), beim „Ersten Mann vom Hochofen" (1937) und beim „Hochofenarbeiter" (1938) sind die Körperhaltung – ausruhend auf einen Eisenstab gestützt – und die sie umhüllende Leder-Arbeitskleidung bei den Hüttenarbeitern identisch und macht sie gegeneinander austauschbar. Die die Arbeiter schützende und auf den Betrachter abweisend wirkende Kleidung wird beim „Isarflößer" (1938) mit seinem Kittel, beim „Zellwollspinner" (1941) und beim „Büchsenmachermeister" (1942) mit der fast bodenlangen Schürze fortgesetzt und durch zusätzliche Glättung noch verstärkt. Auch beim „Zellwollspinner", der sich durch kein Attribut als solcher ausweist, finden Arme und Hände keinen Einsatz. Alle drei Arbeiter stecken in groben Stiefeln, was lediglich beim Isarflößer berufsbedingt überzeugt. Widersprüche in der Ausdrucksaussage (die teilweise bei den Einzelanalysen aufgezeigt wurden) spiegeln sich auch bei den Hüttenleuten wider.

Möglicherweise im Bewußtsein seines schöpferischen Ideenkonflikts legte Koelle eine Pause bei der Gestaltung von Arbeitern ein und konzentrierte sich auf die Bildnis- und Tierplastik sowie auf Tanzfiguren. Zwischen 1941 und 1943 entstanden drei Ballettänzerinnen und die Aktplastik „Turmspringerin", die auch auf den noch folgenden Großen Deutschen Kunstausstellungen in München präsentiert wurden.

Kriegsbedingt nahmen die künstlerischen und die Ausstellungsaktivitäten besonders im Ausland ab. Neben der Schau im Haus der Deutschen Kunst in München, bei der Koelle unter anderem seine beiden vorerst letzten Arbeiterfiguren „Büchsenmachermeister" (1942) und „Bauarbeiter" (1942), der in Werner Rittlichs Ausstellungsbeschreibung in der „Kunst im Deutschen Reich" (Juni 1943) eine 3/4seitige Abbildung erhielt, zeigte, war Fritz Koelle nur noch 1943 in Wien vertreten bei der Ausstellung „Junge Kunst im Deutschen Reich", einer der seltsamsten Kunstpräsentationen, die Wien jemals sah und mit der der Statthalter Wiens, Baldur von Schirach, die Bedeutung der Stadt als wichtiges Kulturzentrum sowie seine eigene Position besonders gegenüber seinem Kunstkontrahenten Joseph Goebbels zu stärken versuchte.

Diese Ausstellung der „Jungen Kunst" in Wien wurde auch als Kontrast zu der „Alten Kunst" bei den Ausstellungen im Haus der Deutschen Kunst in München gewertet. Denn junge Künstler waren es nicht, die hier ausstellten, so zum Beispiel der 65jährige Karl Albiker. „Obwohl einige zu den hochgeschätzten und harte NS-Kunst produzierenden Künstlern zählten – Ernst v. Dombrowski, [Ludwig] Hermann Eisenmenger, Fritz Koelle oder Paul Mathias Padua, waren die meisten entweder wenig bekannt oder gar unbekannt oder bereits gefallen." (389) Der absolut nicht mit dem nationalsozialistischen Kunstverständnis konformgehende Münchener Kunstkritiker Wilhelm Rüdiger war von Baldur von Schirach mit der Organisation dieser Ausstellung beauftragt worden. Zustande kam eine gemischte Sammlung aus Werken oben genannter Künstler, von Künstlern, die sich in die innere Emigration zurückgezogen hatten, und sogar von Gegnern des Nationalsozialismus. Wie zu erwarten, kam diese Ausstellung in kontroverse Diskussion und rief das Mißfallen der NS-Machthaber hervor, so daß Hitler befahl, sie vorzeitig zu schließen.

In München spürte man die Kriegsatmosphäre recht deutlich: Seiner Familie, die sich wieder in St. Ingbert befand, teilte Koelle mit: „Als ich auf der Terrasse war, ertönte die Sirene, richtiger Alarm, dauerte über eine Stunde. Heute Nacht waren die ganze Nacht die Flugzeuge über uns, unsere Nachtjäger." (390)

Koelle modellierte während der Abwesenheit seiner Familie das Bildnis des Elias Holl: (391) (WVZ 163) „Von Augsburg erhielt ich einen Originalstich von Elias Holl ... wo[von] ich ein Lichtbild habe ... der Kopf macht schon Arbeit, viel zu wenig Geld, was ich dafür bekomme." (392) Außerdem gestaltete er in diesem Sommer seine Ballett-Tänzerin und seine Tänzerin mit dem durchscheinenden Gewand. Koelle war bereits von den politischen Machthabern ermuntert worden, auch mal seine bildhauerischen Fähigkeiten hinsichtlich der Aktplastik unter Beweis zu stellen. Jetzt hielt der Künstler den Augenblick für gekommen, denn in einer Zeit, in der die Kriegszerstörung der Welt in aller Härte um sich griff, konnte Fritz Koelle keine „Heroen der Arbeit" mehr gestalten, und jetzt noch weniger denn je in der gewünschten brutalen Ausdrucksform. Und da kam ihm die Ermunterung, einmal Frauenfiguren zu modellieren, gerade recht. Er verdrängte diese destruktive Situation, indem er mit seinen Tänzerinnen junges unschuldiges Leben schuf und ästhetische Figuren gestaltete, die Auge und Hand erfreuten, auch wenn sie nicht seinem ursprünglichen Ausdrucksbedürfnis entsprachen. Das war Koelles Form der späten Kunstverweigerung im NS-Regime.

Da das Thema Tänzerinnen und ansatzweise auch Aktplastik im bildhauerischen Werdegang des „Arbeiterbildhauers" Koelle einst zu Beginn seines Schaffens in den zwanziger Jahren aufgetreten war und dann fast zum Ende seiner Karriere nochmals eine kompensatorische Rolle spielte, wird es nachfolgend ab 1945 in einem eigenen Kapitel beleuchtet.

Kurz bevor Elisabeth Koelle-Karmann nach St. Ingbert reiste, bekam das Ehepaar Koelle Besuch aus Augsburg vom dortigen Museumsdirekor Norbert Lieb mit seiner Frau, die einen Aufsatz über diesen Atelierbesuch bei Koelles verfaßte. Der Tenor dieses Artikels ist ähnlich dem Hans Labers von der „Neuen Augsburger" vom 3.9.1938 positiv gestimmt und den Forderungen des Regimes an einen Kunstbericht angepaßt, und er diente hauptsächlich der Würdigung von Person und Werk. Allerdings erfährt man daraus auch, welche Plastiken Koelle in Bearbeitung hatte: „Die schweren Leiber der ‚Arbeitsmänner', die wir auf Ausstellungen einzeln schon gesehen hatten, stehen hier Schulter an Schulter. ... Aufsteigend in blendendem Weiß, dehnen sich dazwischen die gestrafften Glieder der ‚Turmspringerin'." (WVZ 166) Und den Gipsstatus wird diese Figur auch nie zugunsten einer Bronze aufgeben. Es ist eine der wenigen Gestaltungen Koelles, die nie gegossen wurden, auch nicht postum.

„Dann beschäftigt uns das neueste Selbstbildnis des Meisters (WVZ 156) und vergleichend geht unser Blick hin und her zwischen dessen lebendig-bewegtem kläräugigem Gesicht und der Bronze, die der Künstler in Stunden der Selbstbetrachtung schuf", und von der der Bildhauer selbst überzeugt war, daß sie ihm gelungen und recht ähnlich sei (vgl. Anmerkung 388). Der geschickten Fotokombination von lebendigem Original und dem bronzenen Portrait in diesem Artikel ist die Kongruenz von kritisch in Falten gelegter Stirn und ernst fragendem Blick mit Leichtigkeit zu entnehmen.

„Rundherum umschreiten wir auf seinem Podest ein kleines prallfleischiges Tier, eine Bulldogge (das Original bellt vor der Türe), an der Fritz Koelle nebenbei gerade arbeitet." Dabei handelt es sich um den Hüter des Hauses, den Boxerrüden Karlo, der in zweifacher Form auf der letzten Großen Deutschen Kunstausstellung 1944 präsentiert wurde. (WVZ 151 und 152)

„Der Zeichentisch Fritz Koelles steht im Vorraum des Ateliers. ... An den Wänden hängen Lichtbilder der Arbeiter, die Koelle in seinen Skulpturen denkmalshaft verewigte." (393) So wie Koelle darauf bedacht war, seine Plastiken als fertigen Bronzeguß in den jeweiligen Ausstellungen zu präsentieren, so perfektionistisch war er auch in der fotografischen Erfassung seiner Bronzefiguren, deren Fotos er häufig zu Werbezwecken verwandte. Koelle war stets darauf bedacht, einen optisch erstklassigen Eindruck zu hinterlassen, und beauftragte deshalb Fotoateliers mit den Aufnahmen.

Trotz der Bombardierung der Stadt München mußte die achte und letzte Große Deutsche Kunstausstellung stattfinden. Sie wurde am 28. Juli 1944 eröffnet. Koelle zeigte seine bereits erwähnten Arbeiten „Bildnis Elias Holl", Portrait „Major Baumbach", „Deutscher Boxer I und II" sowie seine „Spitzentänzerin I". (WVZ 153) Alle Plastiken waren diesmal in Zinkguß ausgeführt. (394) Bei Durchsicht des Ausstellungskatalogs dieses Jahres wird deutlich, daß es sich dabei aufgrund des kriegsbedingten Metalleinzugs um die einzige den Bildhauern noch mögliche Form des Metallgusses handelte.

Eine kroatische Kunstjournalistin, die die Ausstellung angeschaut hatte, stattete im Anschluß daran dem Künstlerehepaar Koelle-Karmann einen Atelierbesuch ab, über den sie in der in Zagreb erscheinenden Zeitung „Neues Kroatien" berichtete: „An der Tür werde ich von einem dicken, kleinen Mann in den fünfziger Jahren empfangen. ... neben ihm steht, wie ein ängstliches Reh, seine Frau ... schon etwas schwächlich und mit grauen Haaren macht sie einen kränklichen Eindruck." Elisabeth Koelle-Karmann wurde genau in der Rolle beschrieben, die sie seit Beginn ihrer Beziehung neben ihrem Mann einnahm. Da gab es nicht nur den Unterschied in der körperlichen Erscheinung zwischen der zierlichen, zerbrechlichen Frau und dem kräftigen untersetzten Mann, sondern auch in der Rollenverteilung der unsicheren, hilfsbedürftigen, schwachen Ehefrau und dem starken, achtungsgebietenden, tonangebenden Ehemann.

Beim Rundgang durch Koelles Atelier fiel der Autorin auf, daß Koelle nur Arbeiterplastiken gestaltete. „Keine Frauenakte. Zwar gibt es eine schwimmende und eine tanzende weibliche Skulptur von ihm, die sind aber wesentlich schwächer in Hinsicht auf Intensität seiner Kunst als die anderen Werke."

Auch das Atelier Elisabeth Koelle-Karmanns besichtigte die Journalistin und gelangte zu dem Eindruck, daß die Bilder der Malerin klar erkennen ließen, „daß sie eine koloristisch-futuristische Richtung des Expressionismus betreibt ... alles in Pastellfarben. Besonderes Interesse findet sie in äußeren Konturen, die dann mit Farbe ausgefüllt werden. Die Farben sind meist im Dreiklang", (395) womit die Kunstkritikerin andeutete, daß Elisabeth Koelle-Karmanns Stärke im Zeichnerischen lag.

Auch Tanz ist Arbeit –
Koelles Tänzerinnen im Vergleich
zu ihrer zeitgenössischen Tanz- und Kunstszene

Am 9. Februar 1945 erhielt Koelle zu seinem fälschlicherweise um einen Monat vordatierten 50. Geburtstag (geboren am 10.3.1895) ein Glückwunschschreiben des Münchener Oberbürgermeisters Karl Fiehler, in dem dieser ihm im Namen der „Hauptstadt der Bewegung", der „Stadt der Deutschen Kunst" und auch „perönliche herzliche Glückwünsche" übermittelte.

Fiehler, der bisher einer der entschiedensten Gegner Koelles war und in den Stadtratssitzungen Bemühungen anderer Stadtratsmitglieder für Koelle zu behindern oder zu boykottieren wußte, schlug auf einmal einen perönlich-moderaten Ton Koelle gegenüber an. Zum einen resultiert dies daraus, daß inzwischen auch Münchens Kommunalpolitiker die Wertschätzung, die Koelle in maßgeblichen NSDAP-Kreisen entgegengebracht wurde, anerkannten, zum anderen könnte Fiehler die bevorstehende Wende erahnt haben und um seine eigene Position und Person bangend (er wurde im Mai 1945 verhaftet und interniert) versuchte er, noch Pluspunkte für sich zu sammeln; der persönliche Tenor dieses Glückwunschschreibens ließe eine solche Deutung zu: „In Würdigung Ihres hervorragenden, typengestaltenden Kunstschaffens wünsche ich Ihnen, daß Sie in guter Gesundheit noch eine Reihe von Jahrzehnten erleben, noch lange erfolgreich wirken und sich Ihrer künstlerischen Begabung widmen können." (396)

Versuch eines Rückschritts – Die Spitzentänzerin (1941)

Am gleichen Tag erschien im „Völkischen Beobachter" unter dem Kürzel W. P. S. eine Mitteilung über seinen 50. Geburtstag. Darin wird Koelle als „Exponent der kraftvoll und höchst eigengearteten Jugendlichen" gelobt, hervorgegangen aus der Münchener Bildhauerschule, „die ihm zum eingeborenen, großen realistischen Talent das handwerklich äußerst solide Kön[n]en mitgab," welches er durch viele Studien im Saarland anhand der „Darstellung des Industriearbeiters als eines der großen Sinnbilder deutschen Wesens [zu] seine[r] besondere[n] Note plastischer Gestaltung entwickelte".

Auch seine stets parallel laufende Tätigkeit als Portraitbildhauer, die für Fritz Koelle als Geldquelle, aber auch als Kontaktschmiede zu eventuellen potenten Honorationen unabdingbar war und in seinen letzten Schaffensjahren sein ausschließliches Betätigungsfeld wurde, bezeichnete der Autor „als ein Gebiet lebensnaher Individualisierungskunst". (397)

In einer für den Bildhauer eher ungewöhnlichen, jedoch bereits in den frühen zwanziger Jahren – noch dem Jugendstil verhaftet – bildhauerisch umgesetzten Thematik des Frauenaktes, der er sich jetzt wieder zuwandte, bewies Fritz Koelle laut W. P. S. „sein Können durch die ruhige Bestimmtheit der plastischen Gestaltung". (398)

Bezug genommen wird hier auf die Spitzen- und Ballettänzerinnen, die Koelle seit 1942 in den „Großen Deutschen Kunstausstellungen" im „Haus der Deutschen Kunst zu München" gemeinsam mit anderen Plastiken ausstellte. Sie als Aktfiguren zu bezeichnen, ist allerdings irreführend, denn beide Tänzerinnen sind von Ballettkostümen umhüllt, allerdings so, daß sie eher den Blick auf die weiblichen Formen ihres Oberkörpers zulassen als verdecken und so Nacktheit suggerieren sollen. Dieses Prinzip der gleichsamen Ver- und Enthüllung steigerte Fritz Koelle noch bei seiner „Tänzerin", bei der sich ein kurzes, hauchdünnes, fast naß wirkendes Hemd um die Körperrundungen wickelt und diese wie eine zweite Haut umspielt.

Erst bei seiner „Turmspringerin" (1943) hat Fritz Koelle sich entschlossen, endlich alle Hüllen fallen zu lassen. Dieser Zuwendung zur weiblichen Figur ging laut Angaben des Sohnes eine Episode voraus, in der Hitler beim Besuch der „Deutschen Kunstausstellung" 1941 in München anregte, daß Fritz Koelle nicht nur Arbeiter, sondern auch einmal nackte Frauen modellieren sollte.

So entstanden die „Spitzentänzerin", die 1942 in der „Großen Deutschen Kunstausstellung" zu sehen war, und die „Ballettänzerin". Damit war Koelle aber der Forderung nach Nacktheit nicht nachgekommen, und sie wurde erneut mit Nachdruck wiederholt. Danach soll Fritz Koelle die „Tänzerin" im durchscheinenden Hemd modelliert haben, die den ästhetischen

Ansprüchen des Regimes aber nicht genügte, und so folgte die nackte „Turmspringerin". Da Koelle für diese beiden letztgenannten Figuren einen osteuropäischen Frauentypus aus Kiew als Modell gewählt hatte, der in keiner Weise den Schönheitsvorstellungen der NS-Machthaber entsprach, wurden diese Werke abgelehnt, und Fritz Koelle wurde nicht weiter mit Forderungen nach Aktplastiken behelligt.

Inwieweit sich diese Gegebenheit tatsächlich so zugetragen hat, ist heute nicht mehr nachvollziehbar. Auffällig jedoch ist, daß Fritz Koelle sich fast zwei Jahrzehnte lang nicht mehr dem Thema Aktplastik widmete. Die wenigen Ausführungen weiblicher Figuren galten seinen Arbeiterinnen, wobei deutlich wird, daß es seine Identifikation mit der Arbeitswelt war, sein Impetus, der ihm eine Modellierung lebendiger Gestalten ermöglichte, und daß diese seinen plastischen Fähigkeiten eher entsprachen als weibliche Aktfiguren, obwohl er sich durchaus für die Ästhetik des weiblichen Körpers begeistern konnte, wie seine Äußerungen nach Ballettbesuchen bekunden.

Auch die Vorbereitungsarbeiten zu seinen Tänzerinnen schienen nicht so unangenehm gewesen zu sein, wie die wiederholten kontrollierenden Besuche der Gestapo in seinem Atelier.

Die lebenslange künstlerische Auseinandersetzung mit dem Körper des Arbeiters hatte ihm den Blick für die grazilen Figuren des Balletts nicht versperrt, und so mehrten sich nach Aussagen des Sohnes in der Zeit zwischen 1940 und 1944 die begeisterten Besuche des Vaters im Prinzregententheater in München, bei denen er ihn begleiten durfte. Grund dafür waren vier Tänzerinnen des Staatsopernballetts, die unter der Leitung des jugoslawischen Ballettmeisters Pino Mlakar (399) unter anderem in „Diana" tanzten und die Koelle in zahlreichen Bewegungsskizzen festhielt.

Der Primaballerina Else Högenauer und der russischen Ballerina Nika Nilanowa-Sanftleben setzte Koelle mit zwei Einzelplastiken ein Denkmal.

Die Ballettstudien allein reichten Fritz Koelle als Gestaltungsvorlagen nicht aus, darum erbat er sich Modellsitzungen mit Else Högenauer, zu der das junge Mädchen stets in Begleitung seiner Mutter erschien, die „Anstand und Sitte" gewahrt wissen wollte.

Die beiden Gipsmodelle zweier Tänzerinnen wurden auf den „Großen Deutschen Kunstausstellungen" gezeigt: Else Högenauer 1942 als „Spitzentänzerin" und ebenfalls eine Russin 1944 als „Spitzentänzerin I". (400) Gegossen wurden sie zu Koelles Lebzeiten nicht mehr. 1953, nach seinem Tod erhielt der MAN-Direktor Otto Meyer in Augsburg den ersten Bronzeabguß der „Spitzentänzerin" für seinen Garten. Seit 1975 sind zwei Plastiken vor dem Bavaria-Filmstudio in München-Grünwald zu besichtigen: die „Spitzentänzerin" von 1941 und Koelles „Ballettänzerin" von 1943.

Koelles Sohn hat die „Ballettänzerin" in einem Nachguß der Vereinigung der Freunde Grünwalds e. V. gestiftet, und die Kunstsammlung in Augsburg hat die „Spitzentänzerin" der Gemeinde Grünwald als ständige Leihgabe überlassen. Die Bronzeplastik der „Tänzerin" Nika Nilanowa-Sanftleben steht heute in Straßlach als Stiftung Fritz Koelles jun. an die Gemeinde Grünwald.

Nimmt man einen Vergleich zwischen der Abbildung auf dem Foto (Abb. 68) und der Plastik der „Spitzentänzerin" vor, was durchaus legitim bei der naturalistischen und detailgetreuen Arbeitsweise Koelles erscheint, so fällt auf, daß die Leichtigkeit und grazile Beweglichkeit des sehr weiblichen Körpers, die anmutige Gestik, der strahlende Gesichtsausdruck und der schwungvolle Hauch des Ballettrocks einer tanzenden Else Högenauer in der Plastik nicht wiederzufinden sind. Vor uns steht ein statuarisches Modell einer Tänzerin, den Kopf erhoben und leicht nach links gewandt, über den Betrachter hinwegschauend. Ihr Blick, ihre Haltung von Armen, Beinen und Körper, ihr anliegendes Haar und selbst das Kostüm sind zur reinen Dekoration erstarrt.

Die „Spitzentänzerin" stellt ein sehr junges Mädchen mit Anfängen zur Fraulichkeit dar, bekleidet mit einem körperanliegenden Ballettkostüm, das die erwachenden Körperformen (Brüste) durchscheinen läßt und somit Nacktheit suggeriert. Im Oberteil finden sich einige Querfalten, die darauf hindeuten, daß dieses Kostüm noch etwas zu groß ist für den jungen Körper. Die Schultern sind nur ansatzweise entblößt, den übrigen Teil umschließen kurze anliegende Ärmel. Der fast geometrisch gestaltete Ausschnitt wird von einer bis in die kleinste Einzelheit ausgearbeiteten Bordüre abgeschlossen. Der Ballettrock ist in akribisch gelegte Falten angeordnet, und bei den Ballettschuhen ist jedes einzelne Band genau nachgezeichnet. Diese detailgenaue Wiedergabe findet sich auch auf der Rückseite der Figur bei der Schnürung des Kostüms und der zu einem Zopf arrangierten und mit einem Band gehaltenen Frisur.

Die formale Anordnung wird von klaren Horizontalen und Vertikalen bestimmt bzw. von aufeinander aufbauenden Dreiecken. Der vertikale Aufbau des Körpers erfolgt vom Kopf ausgehend, der lediglich eine ganz leichte Linksausrichtung erfährt, bis hin zu den auf Spitzen stehenden Füßen; die Überschneidung der Beine, das rechte vor das linke gestellt und somit fast eine durchgängige Linie bildend bzw. ein auf der Spitze stehendes Dreieck, welches sich im Oberteil des Ballettkostüms wiederholt und sich mit dem des Rocks an den Spitzen trifft.

Die Ausbalancierung der Figur geschieht durch die Horizontale der ausgebreiteten Arme, zusätzlich unterstützt durch den waagerechten Kostümausschnitt. Auf der Rückseite der Plastik wiederholt sich dieser Formalaufbau. Die Vertikale erhält eine Verstärkung durch die senkrechte Schnürung des Kostüms.

Die „Spitzentänzerin" vermittelt in der Front- und in der Rückansicht eine deckungsgleiche Silhouette. Reduziert man sie auf diese Silhouette, wird man unweigerlich an einige von Oskar Schlemmers Figurinen („Tänzerin in Weiß" von 1926 oder „Goldkugel" von 1924 aus dem Triadischen Ballett oder aus dem Figurenplan zu diesem Ballett) erinnert. (401)

Koelles formal völlig durchkomponierte Tänzerinnen-Plastik ist nicht nur auf eine Ansicht hin konzipiert, was die exakte Ausgestaltung jeder einzelnen Kleinigkeit des Gesamtwerks beweist, sondern fordert zum Umschreiten dieses Mädchens auf, was allerdings bei dem derzeitigen Ort der Aufstellung in Grünwald nicht möglich ist. (Abb. 69 und 70) Fraglich ist, ob die Figur überhaupt wahrgenommen wird. Denn schon bei der Kreation dieser Tänzerin traf Koelle den Zeitgeist nicht, was u. a. daran abzulesen ist, daß sie ebenso wie ihre Nachfolgerin, die „Ballettänzerin", in der damaligen Presse keine Erwähnungen fand.

Die Figur der „Spitzentänzerin" wirkt wie ein Relikt aus dem letzten Jahrhundert. Das bezieht sich sowohl auf die idealisierend-naturalistische Modellierung der „Spitzentänzerin" als junges, keusch kostümiertes Mädchen, nur einen Hauch von Sexualität andeutend, mit unschuldig verklärtem Blick in die Ferne, in geziert tänzerischer Pose. Die Gestaltung des Kostüms mit seinen steifen „akribisch gebügelten Falten" und den „liebevollen Stoffverzierungen" offenbart die barocke Detailverliebtheit des Künstlers, der den „Kostümstreit" des letzten Jahrhunderts zu seinen Gunsten genutzt hat, was die Vermutung nahelegt, daß nicht die Tänzerin als solche, sondern ihr Ballettkostüm das favourisierte Formproblem war. Damit schuf er eine

Statue in teilweise glattpolierter Oberflächenstruktur mit reiner Dekorationsfunktion und dem Ausdruck kindlicher Unschuld.

Es war genau das Gegenteil von dem, was Edgar Degas bereits 60 Jahre früher, 1881 auf der „Sechsten Pariser Impressionistenausstellung", mit seiner „Petite danseuse quatorze ans" der Kunstwelt darbot – eine Wachsfigur (die erst postum gegossen wurde) eines halbwüchsigen Mädchens mit lässiger Körperhaltung, in klassischem Kontrapost, aber nicht als Pose, sondern als Bewegungsmotiv gedacht, mit einem auf den Betrachter gerichteten Blick und einer ihn herausfordernden Mimik. Bekleidet hat Degas seine danseuse mit einem Tutu – einem Ballettrock aus Tüll, Ballettschuhen aus Satin sowie mit Echthaar versehen, das von einer Seidenschleife gehalten wird.

Motiv, Modelliertechnik und Handhabung des für einen Bildhauer unüblichen Materials waren für das Publikum eine Herausforderung. Die Rezeption dieser „kleinen vierzehnjährigen Tänzerin" war konträr. Während die einen in ihrer veristischen Ausführung eine „Idealisierung des Häßlichen" sahen und bereits „in der Halbwüchsigen ein frühes Laster" witterten, erkannten andere in ihr eine „Revolution der Skulptur". (402)

Karl-Joris Huysmans frappierte die „fürchterliche Wirklichkeitstreue", und er sah in ihr den „einzigen wirklich modernen Versuch, dem [er] bisher in der Skulptur begegnet" war. (403) Huysmans hatte das Gefühl, daß „die unter dem Blick lebendig gewordene Tänzerin bereit erscheint, ihren Sockel zu verlassen". (404)

Auch wenn man von dieser „Modernität" bei Koelles „Spitzentänzerin" nichts verspürt, so kommt Degas' junge Tänzerun seiner Figur noch am ehesten entgegen – allerdings liegen sechzig Jahre und ein neues Jahrhundert dazwischen. Es kann vermutet werden, daß Degas Koelle gewisse Gestaltungsansätze zu seiner heranwachsenden jungen Tänzerin geliefert haben könnte, so z.B. die stoffliche Ausstattung der „danseuse" für die Modellierung des Ballettkostüms, der Ballettschuhe, bis hin zum Haarband zu übernehmen. Jedoch erreichte Koelle Degas' Realismus bei weitem nicht, denn Degas' Werk wirkt wie eine Momentaufnahme, die sich in Sekundenschnelle ändern kann, geht doch von der Körperhaltung und besonders von der lebendigen Mimik des jungen Mädchens eine derartige Gespanntheit aus. Auch die Tatsache der Kostümierung als solche spräche für eine Ideenübernahme durch Koelle, denn diese Art der Bekleidung galt in der Plastik des zwanzigsten Jahrhunderts als überwunden, besonders bei tänzerischen Motiven, wie u.a. Kolbe mit seinen Tanzfiguren veranschaulichte.

Besonders hervorzuheben wäre hier Kolbes „Tänzerin" von 1912, die eine ganze Kunstgeneration in ihren Bann zog und auch von den Nationalsozialisten ein bevorzugtes Objekt zu Repräsentationszwecken „Deutscher Plastik" bildete (vgl. Anmerkung 377). Bei einer vergleichenden Betrachtung mit Koelles „Spitzentänzerin" wird augenscheinlich, daß sie die Virtuosität und leicht beschwingte „Musikalität" dieser Tänzerin nicht erreichen kann, auch fehlen ihr die natürliche Anmut und die ästhetische Anziehungskraft ihres Körpers. Faszinierend ist die fast tranceartige Hingabe in ihren Tanz, wodurch eine harmonische Einheit von Körper und Geist erreicht wird, die Kolbes Tänzerinnen auszeichnen. Lediglich die raumgreifende Haltung der Arme von Kolbes Tänzerin könnte an Koelles Figur erinnern, ohne aber auch nur im Entferntesten ihre grazile Bewegtheit zu streifen.

Auch die „animalische Lebendigkeit fernab verbrauchter Posen" (405) der Tänzerinnen Degas', deren Wachsmodelle erst 1917 nach seinem Tode gefunden und in Bronze gegossen wurden, kann mit dem statischen Körper der „Spitzentänzerin" Koelles nicht in Verbindung gebracht werden. Degas hat aus diesen nackten „Modellen Visionen erdhaft-dämonischer

Körper, ein Geschlecht dionysischer Mänaden gezogen, die keine künstlerischen Paradiese mehr, sondern eher eine Unterwelt und Hölle bevölkern". (406) Seine Tänzerinnen „verschleifen unter seinen Händen zu Energie- und Bewegungsbündeln". (407)

Für Ernesto de Fiori präsentierte sich Degas mit diesen Plastiken als einer „der größten Erotiker der Kunstgeschichte", die er in „wildeste[m], schonungsloseste[m] Naturalismus" formte und damit bewies, daß nicht Theorie, sondern „nur die große Leidenschaft" (408) den ganz großen Künstler ausmacht.

Koelles Tänzerinnen strahlen weder ein Gefühl künstlerischer Leidenschaft aus, noch springt von ihnen ein erotischer Funke über. Selbst eine lebendige, bewegte Form der Körper lag Fritz Koelle bei der Modellierung seiner Figuren fern. Auch seine „Ballettänzerin", (WVZ 164) bei der er durch Ponderierung eine tänzerische Schrittfolge evoziert, wirkt noch „erdverbundener" als seine „Spitzentänzerin", und man gewinnt den Eindruck, daß sie sich niemals tanzend „vom Boden heben" kann. Völlig emotions- und bewegungslos, und das, obwohl gerade Bewegungsmomente das Gestaltungsthema „Tanz" und auch die Künstler seit Beginn des 20. Jahrhunderts bis hin zu den dreißiger Jahren „bewegten". (409)

Die Tanzschritte der zwanziger Jahre – Die Nacktänzerin (1923)

Um 1900 begann die Revolutionierung des Tanzes, und es offenbarten sich deutliche Parallelen in der Entwicklung der modernen Tanzkunst und der Bildhauerkunst. Ein großes Anliegen beider, des „Ausdruckstanzes" und der „Ausdrucksplastik", war die Darstellung der psychischen Gestimmtheiten und Gefühlslagen des Menschen durch seinen Körper, seine Haltung, Gestik und Mimik. Ihre Inspirationen fanden sie u.a. im Rückgriff auf die antike Vergangenheit oder in außereuropäischen und exotischen Kulturen. (410) Individualität galt als zentraler Ausgangspunkt.

Auch Fritz Koelle mußte von dieser Welle erfaßt worden sein, wie seine nackte, ägyptisch anmutende Ausdruckstänzerin (wahrscheinlich „Eva Boy") in Art-Deko-Stil aus den zwanziger Jahren zeigt. (WVZ 38) Entweder bediente er sich bei dieser Aktdarstellung der Legitimierung durch den Bezug zur Antike, so wie es in der bildenden Kunst des neunzehnten Jahrhunderts üblich war – und im Dritten Reich u.a. wieder wurde – oder er schloß sich der Idee der Reform- und Freikörperkulturbewegung an (411), wonach der Ausdruckstanz häufig im Freien und unbekleidet, befreit von jeglicher körperlicher und seelischer Einengung, als reine Wirkung des bewegten Körpers durchgeführt wurde. (412)

Viele Fotozeugnisse aus dieser Zeit belegen den freien Umgang mit dem nackten Körper. Eine solche Fotografie könnte auch die formale Anregung für Koelles „Nacktänzerin" gegeben haben. Annäherungen zeigen sich bei einer fotografischen Abbildung der Tänzerin Claire Bauroff bei einer Tanzstudie um 1927 in einer ähnlichen Körperhaltung, bei der lediglich ein Seitenaustausch bei der Haltung bzw. Stellung der Extremitäten vorgenommen wurde. Koelles Figur hat das linke Standbein zurückgestellt und leicht angewinkelt, das rechte Bein vorgezogen und in einem stärkeren Winkel. Beide Füße befinden sich in gehobener Spitzenstellung auf einem ovalen, leicht gestuften Bronzesockel. Ausgebreitete, leicht angewinkelte Arme mit gezierter Hand- bzw. überdehnter Fingerstellung, besonders bei der rechten Hand, erinnern an die Bewegung einer Schlange. Mit leicht nach rechts gewandter und erhobener Kopfhaltung nähert sie sich wieder der fotografischen Tanzstudie. Während Claire Bauroff das kinnlange Haar natürlich locker ohne jeglichen Schmuck trägt, umschließt eine strenge, kinnlange, gescheitelte Frisur, in der jede Haarsträhne einzeln modelliert ist und von einem

Metallreifen gehalten wird, Koelles Tänzerin. Die Haare unterhalb des Reifens im Nacken und auf der Stirn sind zu stilisierten Locken akribisch angeordnet, die Koelles dekorative Detailverliebtheit anklingen läßt. Der Kopfschmuck und die übergroßen, mandelförmigen leeren Augen verdeutlichen Koelles antiken Rückbezug auf ägyptische Vorbilder, und daß auch er sich von der zu der Zeit kursierenden „Ägyptomanie" mittragen ließ, die viele Tanz- und bildende Künstler erfaßte. Noch wahrscheinlicher ist die Adaption des Metallreifens und der geformten Locken von der Figur des bereits erwähnten und von Koelle geschätzten „Wagenlenkers von Delphi", dessen Bildvorlage Koelle in reicher Auswahl zur Verfügung stand (vgl. Anmerkung 183).

Insofern vereinte Fritz Koelle in seiner „Nackttänzerin" zwei Stilelemente: Den Rückgriff auf die Antike und den Reformgeist des modernen nackten Ausdruckstanzes.

Ein entscheidender Unterschied der beiden nackten Körper offenbart sich allerdings in den jeweiligen Körpervorlieben. Während Claire Bauroff genau den schlanken, fast sehnigen, sportlichen Frauentypus der zwanziger Jahre verkörpert und sich mit einer Leichtigkeit und Grazie auf dem Tanzboden bewegt, ja fast dahinschwebt, ebenso wie bei der wohl nach dieser Fotovorlage aus Elfenbein geschnitzten „Nackte[n]" Tänzerin von Ludwig Walther, (413) läßt Koelles gefällige, klar konturierte, abgerundete Modellierung der Körperformen, leichte Muskelerhöhungen andeutend, keine Gelenkausbildung zu. Selbst die Brustwarzen sind nicht plastisch herausgearbeitet, sondern erscheinen als eingelegte Plättchen. Durch die glattpolierte dunkle Bronze, die eine ästhetische Spannung aus dem Gegensatz zwischen glatter, dunkel glänzender Oberfläche und der bewegten Komposition und den starken Licht- und Schattenreflexen erzeugt, wird der optische Reiz dieser Figur unterstützt. Während Claire Bauroff in einer realistischen Momentaufnahme körperliche Angespanntheit verrät, gerät Koelles Tanzdarstellung eher zur manierierten Pose.

Vergleichbares schuf der fast gleichaltrige Münchener Bildhauer Hans Panzer (414), ebenfalls aus der Hahn-Schule kommend, mit seinen beiden Statuetten von Nackttänzerinnen aus den Jahren 1919 und 1922. „Dabei ist für H. Panzer bezeichnend, daß er größere Beweglichkeit und komplizierte Körperdrehungen bevorzugt. Glatte Flächen, scharf ziselierte Details, knapp akzentuierte Körperlichkeit und ausgeprägt dekorativer Reiz zeichnen seine Figuren aus. Dabei nimmt er sowohl Anregungen aus dem exotischen Bereich ... als auch ägyptisierende Tendenzen auf", (415) was bei der 1919 modellierten Tanzfigur deutlich wird. Hierbei ließ er sich von Sent M'Ahesa inspirieren, von ihren verhaltenen Tanzposen, mit ihren manieristisch anmutenden Handformen und ihrer ägyptisch-atmosphärischen Ausstrahlung. (416)

Ob Koelles sportlich durchtrainierte Ausdruckstänzerin nach einem Modell oder einer fotografischen Vorlage erarbeitet wurde, ist heute nicht mehr nachvollziehbar, da Koelles Nachlaß leider von seiner Frau selektiert wurde. Auch aus seinen Ausstellungsaktivitäten geht keine eindeutige Information hervor. In den offiziellen Ausstellungskatalogen der Münchener Neuen Secession von 1918 und 1922 war er mit jeweils einer „Weiblichen Figur (Gips)" vertreten, die aber nicht weiter definiert sind, und 1923 erscheint unter der Nummer 63 die „Tänzerin Eva Boy (Gips)", deren Identität bisher nicht genau ermittelt werden konnte. Auch sein Lehrer Hermann Hahn gestaltete 1901 eine im üblichen Zeitgeschmack, allerdings gewandete Tänzerin.

Jedenfalls gab es im ersten Viertel des 20. Jahrhunderts eine Vielzahl außergewöhnlicher Frauen mit ebenso extravaganten Tanzauftritten, die sich in die Ateliers der Künstler tanzten und von ihnen verewigt wurden. (417) Eine Vertreterin der exotischen Tanzformen war Ruth

St. Denis (418), die mit ihrem Tanzpartner und Ehemann Ted Shawn (419) narrative, erotische und religiöse Motive in ihr Programm aufnahm.

Vom französischen Publikum und besonders von der künstlerischen Avantgarde begeistert aufgenommen wurde die farbige Tänzerin Josephine Baker (420) als junge amerikanische Wilde, die mit ihrer schlangenartigen Artistik, ihrem kreisenden Becken und ihrem äußerst aktiven hinteren Körperteil die „animalische schwarze Venus" verkörperte und gemeinsam mit ihrer Tanztruppe „Black Birds" in Paris eine „kollektive Negromanie" auslöste. Sie traf genau den Nerv des „Exotischen und Primitiven", das zu Beginn des Jahrhunderts Einzug in die Musik und die bildende Kunst der Avantgarde hielt. Eine werbewirksame Begleitung fand Baker in dieser Zeit in Paul Colin (421), der die Plakate für ihre „Revue Nègre" entwarf, ihre Autobiographie zeichnerisch gestaltete und ihren Körper in vielen Lithographien verewigte. Am bekanntesten ist wohl Bakers berühmt-berüchtigter Tanz im Bananenrock, der sich auch in Colins Lithographie-Mappe „Le tumulte noir" von 1927 befindet. Die 1928 unternommene Europa-Tournee bescherte Baker nicht nur Erfolge. Während sie in Berlin mit ihren Auftritten Furore machte, wurden diese in Wien als pornographisch verschrien, und in München wurde ihre Revue auf Veranlassung des Stadtrates durch die Polizeidirektion mit der Begründung verboten, daß „durch das Auftreten eine Verletzung des öffentlichen Anstandes und damit der öffentlichen Ordnung zu erwarten gewesen wäre." (422) Bereits daran wurde die unterschiedliche Kunstakzeptanz zwischen Berlin und München deutlich.

Diese kulturelle Fehlentscheidung Münchens, die nur eine von vielen war, heizte die Diskussion um die Zukunft der „Kunststadt" in der Münchener Künstlerschaft weiter an. Auch Fritz Koelle mußte diese Entwicklung im kulturellen Bereich seiner Stadt bemerkt haben, selbst wenn er sich zu diesem Zeitpunkt schon von seinen Frauenakten weg und den Bergleuten zugewandt hatte und sich damit eher auf die Seite des konservativ-bodenständigen Münchener Künstlertums begab.

Aber nicht nur Josephine Baker bereicherte das Tanzmilieu und die bildende Kunst, auch Tänzerinnen wie Isadora Duncan (423) und Loïe Fuller (424) leisteten ihren Beitrag dazu. Während bei Isadora Duncan, inspiriert durch die griechische Antike, allein ihr „spartanisch" bekleideter Körper die Bewegungsfunktion übernahm, stand bei Loïe Fuller das Gewand im Vordergrund des Bewegungsausdrucks, so z.B. bei ihrem Serpentinentanz, in dem sie in genau berechneten Drehungen voluminöse Stoffbahnen im Kreise um ihren Körper schwingen ließ und sich so zu einem bevorzugten Modell in der darstellenden Kunst um die Jahrhundertwende empor und in die Ateliers vieler Künstler tanzte. Durch Zufall entdeckte die damals junge Schauspielerin die hypnotisierende Wirkung des schwingenden und schwebenden Seidenstoffes. „Goldene Reflexe spielten in den Falten der schimmernden Seide, und in diesem Licht zeigte sich mein Körper vage in schattigen Umrissen. Das war ein Moment heftiger Emotion. Unbewußt erkannte ich, daß ich an dieser großen Entdeckung teilhatte." (425)

Hypnotisieren von ihren Schlangen-, Flammen- und Blumentänzen und den eindrucksvollen Lichteffekten in den Folies-Bergère und auf ihren Europatourneen ließen sich u.a. Künstler wie Rodin, Toulouse-Lautrec, Franz von Stuck (426) Jules Chèret (427), Raoul Larche (428) und Carabin (429), die mit ihren Werken den „getanzten Jugendstil" der Loïe Fuller verewigten. (430)

Bernhard Hoetger feierte reine „Bewegungsorgien" mit den beiden in Jugendstil modellierten Plastiken „Loïe Fuller" und „La Tempête" (Der Sturm), beide um 1901 entstanden und derselben Tanzkünstlerin gewidmet, mit denen ihm eine materielle Verschmelzung von bewegtem Körper und schwingendem Gewand gelang und in denen er das Wesensmerkmal des Tanzkonzeptes einer Loïe Fuller bildhauerisch festschrieb. (431)

Auch Auguste Rodin ließ sich vom Tanz und Körper einer Loïe Fuller, Ruth St. Denise und Isadora Duncan verzaubern und künstlerisch inspirieren: „C'est une femme de genie" (432), sagte er von Loïe Fuller; er besuchte ihre Proben, um sich mit ihrer Tanzkunst vertraut zu machen, und ließ sie in seinem Garten des Hôtel Biron um 1913 auftreten. (433) Ruth St. Denise tanzte 1906 bei ihrem ersten Besuch in Rodins Atelier auf seinen Wunsch nur für ihn, während er sie skizzierte und sich für ihre schönen Beine begeisterte: „Diese schönen Beine – diese außergewöhnlichen Beine, noch einmal, noch einmal!" (434) Und auch Isadora Duncan tanzte für ihn allein in ihrem Studio „eine Idylle des Theocritus" (435) und 1903 bei einer Festgesellschaft. „Isadora trug ein langes weißes Liberty's-Kleid ... Sie sagte, sie könne nicht tanzen, das Kleid sei zu lang. Jemand rief: ‚Zieh's aus', da schrie alles: ‚Zieh's aus'. Und sie zog es aus, auch die Schuhe, und fing an zu tanzen, barfuß, nichts als einen kleinen weißen Unterrock am Leibe, wiegte sich, wirbelte herum wie ein Blatt im Sturm und sank endlich in einer unvergeßlichen Pose kindlicher Hingabe zu Rodins Füßen nieder." (436)

Für Rodin, dessen gesamtes Werk unter dem Kennzeichen der Bewegung steht, war der Tanz ein sinnlich-erotisches Bewegungserlebnis, von dem er sich nur mitreißen lassen konnte, wie viele Skizzen, Aquarelle und Plastiken bezeugen. „Ich habe mit einem unendlichen Vergnügen die kleinen Tänzerinnen aus Kambodscha gezeichnet ... Die feinen Bewegungen ihrer schlanken Glieder übten einen seltsamen und wunderbaren Reiz auf mich aus." (437) Um 1910 modellierte er ähnlich wie Degas, allerdings in ihrer Körperlichkeit bei weitem nicht so naturalistisch ausdifferenziert, eine Werkgruppe von zehn Tanzfiguren mit dem Namen „Mouvements de danse", die sich als Gipsmodelle später in seinem Nachlaß befanden. Das Musée Rodin in Paris ließ sie erst in den fünfziger und sechziger Jahren in limitierter Auflage gießen. Diese als Akte ausgeführten, raumgreifenden und -füllenden Figuren springen, wirbeln und fliegen in bizarren Bewegungen durch den Raum, biegen und verrenken sich dabei in akrobatischen Haltungen. Nicht die klassische Ballettpose hatte hier Form angenommen, sondern die Faszination der Dynamik, die der moderne Tanz auf Rodin ausübte. (438)

Auch wenn Fritz Koelle sich in jungen Jahren für den modernen Ausdruckstanz und die körperliche Nacktheit begeistern konnte, wie seine ägyptische Tänzerin belegt, so schlug sein Herz in späterer Zeit doch stärker für das klassische Ballett. Einem seiner Schüler an der Kunsthochschule in Berlin-Weißensee, Jürgen von Woyski, vertraute er nach einem Besuch des Bolschoi-Theaters in Moskau und der Ballettaufführung Schwanensee von Tschaikowsky an, wie fasziniert er von der Primaballerina war: „Ich hab' geweint wie ein Schloßhund vor dieser Schönheit." (439) Wobei diese Schönheit sicherlich auch durch die dekorative Atmosphäre definiert war. Und so erscheint es verständlich, wenn Koelle entsprechend seiner überholten konservativen Kunstauffassung seine Balletttänzerinnen naturalistisch und detailgetreu „kostümierte".

Wie Rodin begeisterten sich auch Maillol, de Fiori und Kolbe für den Tanz und zogen ihre bildhauerischen Einfälle und Modelle u.a. aus der Beobachtung der von Serge Diaghilew (440) gegründeten „Ballets Russes", die ihr Publikum mit opulenten Bühnendekorationen von Leon Bakst und den virtuosen Fähigkeiten ihrer Tänzerinnen Tamara Karsawina, Anna Pawlowa und vor allem ihres Tänzers Waslaw Nijinski (441) verzauberten. „Mit ihrer unverhohlenen Sinnlichkeit erschütterten die Choreographien der russischen Truppe zwar die süße Belanglosigkeit des klassischen Balletts, wie es an den Hofopernbühnen von Berlin, München oder Wien in den ausgefahrenen Spuren des 19. Jahrhunderts getanzt wurde, aber der Funke sprang nicht über. Das klassische Ballett in Deutschland erwies sich als starr und noch wenig wandlungsfähig" (442) und sollte auch im Dritten Reich keine neuen Impulse erhalten, sondern erlebte eher einen „Rückschritt" durch Antikenklischee und Germanenkult. Zu ihrer Zeit gaben die Ballets Russes ein beliebtes Gestaltungsobjekt ab. Den meisten Künstlern gemeinsam ist das bildnerische Andenken an die legendäre männliche Tanzfigur des Waslaw Nijinski, die jeder in der ihm eigenen Gestaltungsweise vornahm.

Maillol schwärmte in seiner Begeisterung während einer Aufführung: „Er ist die Verkörperung des Eros." (443) Er fertigte jedoch keine Plastik, sondern nur einige Aktzeichnungen von dem kleinen muskulösen Tänzer an. Rodin, der Nijinski 1912 als Faun in dem skandalträchtigen, von ihm selbst choreographierten „l'Après-midi d'un faune" zur Musik von Claude Debussy sah, gelang mit seiner Statuette „Danseur, dit Nijinsky" die Schöpfung eines animalischen, energiegeladenen Wesens mit geballter Sprungkraft und in ekstatischer Bewegung, die durch die zerrissene, fast skizzenhaft wirkende Oberflächengestaltung optisch noch forciert wird. (444)

Es stimmt schon nachdenklich, daß Fritz Koelle sich von Rodin, dessen bildhauerisches Können er nachweislich bewunderte, so wenig inspirieren ließ.

Im Vergleich zu Rodins verdreht auf einem Bein stehenden und zum Sprung ansetzenden Irrwisch Nijinsky wirkt Georg Kolbes Gestalt in ihrer 1919 überarbeiteten und geglätteten Form wie in Trance dahingleitend und harmonisch ausgeruht. In idealisierender Weise gibt sie die grazile Gestik und das geschmeidig-elegante Bewegungsrepertoire des Tänzers in seiner ganzen Androgynität wieder.

Ernesto de Fiori gelang mit dem geometrisch angelegten weichen Körperbau und der stärker stilisierten Formsprache seines 1914 modellierten Jünglings mit weiblich-puppenhafter Ausstrahlung noch eine Steigerung der körperlichen und besonders der geistigen Ausdruckskraft des Tänzers. (445) Alle genannten Künstler gaben den Tänzer Waslaw Nijinsky in einer völligen Nacktheit wieder.

In Koelles Œuvre hat es keine männliche Tanzfigur gegeben, und bei der Gestaltung männlicher Nacktheit beschränkte er sich auf die nackten Oberkörper seiner Arbeiter. Ebenso sucht man vergeblich nach körperlicher Bewegtheit in seinen menschlichen Gestalten, besonders bei seinen Tänzerinnen.

Auch Hoetger interessierte bei seinen späteren Tanzmotiven der Bewegungsaspekt als Formproblem nicht mehr, z.B. beim ägyptisch inspirierten Tanz von Elsa von Carlberg, mit Künstlernamen Sent M'Ahesa. (446) Dafür gelang ihm aber mit dieser Figur von 1922 eine andere Möglichkeit der Verschmelzung von Körper und Material als bei Loïe Fuller, und zwar in einer Blockhaftigkeit, aus der sich Arme und Beine kaum herauslösen, entsprechend der absichtsvollen Begrenztheit ihrer Bewegungen und minimalen Gesten. Ihr gelängter Hals mit dem erhobenen Gesicht scheint die von Sent M'Ahesa zum Prinzip erhobene Beherrschung ihres Körpers zu thematisieren. Hoetger griff zur Vereinfachung der Formen und Beschränkung auf einfache Volumina und wählte eine glatte Oberflächengestaltung. Der geschlossene Umriß der Bronzefigur – einem spitzen Dreieck gleich – betont die ruhige monumentale Form und trifft voll das Wesen Sent M'Ahesas verhaltener Tanzkunst und ihrer exotischen Ausstrahlung.

Weder diese expressionistisch ausgeführte Modellierung von Hoetgers „Tänzerin" von 1922 noch Kolbes dekorativ-expressionistische „Javanische Tänzerin" von 1920 in tordierendem Gewand vermochten einen künstlerisch motivierenden Eindruck bei Koelle zu hinterlassen, obwohl er mit diesem in vielen gemeinsamen Ausstellungen präsent war und dessen Werk nachweislich schätzte. Auch eine Milly Steger nicht, die mit der am Ausdruckstanz orientierten Gebärdensprache und der kubistisch-abstrahierend geformten Körperelemente ihrer „Tanzenden" von 1918 und ihrer „Tänzerin" von 1921/22, die das „Gliederpuppenartige" eines Ernesto de Fiori und damit die expressionistische Aussage noch zu verstärken wußte (447) und deren Werk Fritz Koelle kennen mußte, denn er stellte gemeinsam mit ihr in der Preußischen Akademie der Künste zu Berlin in der Herbstausstellung im November/Dezember 1927 aus. (448) Ebenso mußte er ihren Arbeiten 1930 im Schloß Bellvue in Berlin bei der Herbstausstellung zur „Neuen Deutschen Kunst" begegnet sein. (449) Und 1937 waren sie gemeinsam in der I. Großen Deutschen Kunstausstellung im Haus der Deutschen Kunst in München vertreten. (450) Auch die 1916 entstandene „Tänzerin" von Rudolf Belling in ekstatisch bewegter Verzückung, ein abstrahiertes geometrisch-eckiges Körpergebilde, das mehr noch als Milly Stegers Figuren von natürlichen Körperformen und -proportionen abweicht, eine fast schon abstrakte rhythmische Komposition, die durch die kubistisch-treppenartig und gegenläufig drapierte Schärpe der ansonsten nackten Tänzerin eine bewegte Spannung, aber auch ihre Standfestigkeit erfährt (451) und bereits die Abstrahierung zu seinem „Dreiklang" von 1919 erahnen läßt, konnte Fritz Koelle keine Anregungen für seine Bronzefiguren vermitteln und rief eher Unverständnis bei ihm hervor.

Emil Nolde, genauso begeistert wie seine Zeitgenossen vom Tanz der Isadora Duncan, der Loïe Fuller, der australischen Tänzerin Saharet (452), einer Mary Wigman (453) und ihrer Schülerin Gret Palucca (454) räumte dem Thema Tanz in seinem gesamten Œuvre einen besonderen Platz ein. Dabei ging es ihm immer um „die äußerste Entfesselung, die bis zur letzten Erschöpfung gehende rauschhafte Hingabe an das körperliche Ausdruckspathos, weil ihm in dieser uranfänglichen Seite des Tanzes der Mensch selbst als urtümliches Wesen sich wieder zeigte." (455) Diese wildbegeisterte, rauschhafte Freude findet sich nicht nur in seiner Malerei, sondern auch in seiner kleinen exotisch-schwungvollen Holzskulptur der „Birma-Tänzerin", die ebenso wie die in sich ruhende „Java-Tänzerin" auf Noldes Südseereise 1913/14 entstand und von ihm so beschrieben wurden: Diese Figuren sind „nicht monumentale ‚Statuen' – nur ein wenig Schönheit suchte ich aus dem ‚Brennholz' herauszuholen." (456)

Ähnlich Nolde vermochte auch Ernst Barlach sich von der urtümlichen Tanzfreude einer alten, auf dem Dorffest herumsspringenden Bäuerin mitreißen zu lassen und modellierte nach ihr die expressive „Tanzende Alte" von 1920. (457) Ebenso fern aller grazilen Bewegungen modernen Ausdruckstanzes präsentiert sich auch sein Holzrelief „Der Tänzer" von 1923, das die bäuerlich-derbe Sprungkraft der „Alten" wieder aufnimmt. (458)

Koelle kannte das Werk Barlachs. Im Rahmen seiner Ausbildungstätigkeit führte er seine Studenten durch eine Barlach-Ausstellung. „Er schätzte ihn, aber diese Kunst war nicht seine Richtung, darum ließ er sich auch nicht groß über ihn aus, sondern lenkte unsere Aufmerksamkeit auf die gotischen Figuren im Güstrower Dom. Fritz Koelle war von der Gotik begeistert", so die Aussagen seiner Studenten. (459) Und so vermochten auch Nolde und Barlach in ihrer expressionistischen Aussagekraft keinen nachvollziehbaren Einfluß auf Koelle auszuüben.

Die hier zu Vergleichszwecken herangezogenen Plastiken mit einem Tanzmotiv von 1881 (Degas) bis 1923 (Barlach) wurden unter dem Aspekt des Zeitgenössischen und des Bekanntheitsgrades ausgewählt. Koelle ist den meisten Künstlern bzw. deren Werken aufgrund seiner regelmäßigen Ausstellungspräsenz u.a. ab 1914 in der 1913 gegründeten Münchener Neuen Secession begegnet, so zum Beispiel Georg Kolbe, oder er hat sie bei seinen Teilnahmen an

Berliner Ausstellungen kennengelernt bzw. anhand seiner aufmerksamen Rezeption des aktuellen Ausstellungs- und Kunsthandels in Deutschland. Degas und besonders seine kleine „Danseuse" bilden eine Ausnahme, aber ihre Auswahl begründet sich in dem Nachweis von Koelles Rückgriff auf die Formsprache des neunzehnten Jahrhunderts und seine formalen Annäherungen an Degas' Tänzerin. Die Werke Degas' und Rodins waren ihm durch Bildreproduktionen und einen Parisaufenthalt bekannt.

Die vergleichende Betrachtung macht deutlich, daß die unterschiedlichen bildhauerischen Formfindungen für das Motiv Tanz/Tänzer(in) allesamt eine zeitgemäßere, modernere Interpretation des Inhaltes aufweisen und spannendere und experimentierfreudigere formale Problemlösungen und Materialhandhabungen hervorbrachten, als Fritz Koelle mit seinen Tänzerinnen aus den zwanziger und vierziger Jahren. Am ehesten noch trifft er mit seiner Ausdruckstänzerin, ähnlich den Tanzstatuetten Hans Panzers, den Zeitgeist und -geschmack der Münchener Plastik der zwanziger Jahre.

Bei seiner „Ballett"- und „Spitzentänzerin" aus den vierziger Jahren des 20. Jahrhunderts, die ihren „Stand" jedoch im neunzehnten Jahrhundert gefunden haben, vermittelt Koelle den Eindruck, als hätte er fast ein halbes Jahrhundert ohne bildhauerische Weiterentwicklung und frei jedes künstlerischen Zeiteinflusses gearbeitet. Er bleibt seiner Sichtweise des „Naturalismus" treu, was durchaus auch als positives Merkmal für ihn als Künstler und Mensch in dieser kunstpolitischen Situation der Anpassung gewertet werden kann.

Eine neue Schrittfolge (1933)

Die Freiheit der Individualität und die Persönlichkeitsvielfalt waren die Grundlage für die künstlerische Entfaltungskraft des Ausdruckstanzes. Aber schon 1930 beim Tänzerkongreß in München wurden Ermüdungserscheinungen in der ausdruckstänzerischen Entwicklung deutlich, und so fiel es den Kulturverantwortlichen des Dritten Reichs nicht schwer, den Tanz in ihren ideologischen Dienst der „Volksgemeinschaft" zu stellen, was die Abschaffung des individuellen Ausdruckstanzes bedeutete und die Propagierung der weltanschaulichen Gleichschaltung im „Chorischen Tanz" und im „Bühnentanz" mit vorgegebener Ausbildung und festgelegtem Fächerkanon von „deutscher Tanzform", „klassischer Tanzform", „Volkstanzformen", „musikrhythmischer Erziehung", „Körperkunde" – Erb- und Rassenlehre beinhaltend – und „Tanz- und Stilkunde". (460) Und selbst Fischer-Klamt, einst Vertreter des Ausdruckstanzes, begrüßte emphatisch die Vereinnahmung des Tanzes durch die Staatsideologie: „So wurde nun auch die Tanzkunst von der nationalsozialistischen Revolution mit dieser größten ihrer gestellten Aufgaben bedacht: den deutschen Menschen im Tanz zu formen! Ja, diese Tanzkunst bekam durch diese Anwartschaft noch mehr anvertraut, sie konnte von diesem neuen Menschen künden! Formung und Gestaltung des deutschen Menschen und voran als Priester, als Hüter der formenden und gestaltenden Kräfte – der Tänzer." (461) Und der weibliche „Neue Mensch" hatte die Forderung nach Vollkommenheit zu erfüllen. Das Bild der Frau war geprägt von Schönheit, Gesundheit, Sportlichkeit, gepaart mit Anmut und absoluter Ergebenheit. Und der von Werner Rittlich propagierte „Wille zur Steigerung, zur geistigen Überhöhung des Naturbildes ... ist die unmittelbare Auswirkung unserer idealistisch bestimmten Haltung." (462) Der sogenannte „naturalistische" Blick wurde jedoch durch diese idealisierende Übersteigerung und Entledigung jeglicher Individualität ad absurdum geführt; und so findet sich in der Plastik ein idealisierter Frauentypus, zum Beispiel als Akt in meist frontalansichtig stehenden, sitzenden oder hockenden Grundpositionen mit „Antikenorientierung" und mythologischer, allegorischer oder symbolhafter Thematik, u.a. in Werken von Fritz Klimsch, Josef Thorak und Arno Breker.

Auch Koelles Frauenbild hatte sich gewandelt. Klingt in seiner „Nackttänzerin" von 1923 noch die „femme fatale" an, ist es in den vierziger Jahren die vom Regime verordnete reine und „tugendhafte" Frauenrolle, die hier plastisch festgeschrieben wird. Jedoch steigerte Koelle ihre Idealisierung nicht hin bis zur Typisierung, wie es bei seinen angepaßten Arbeiterfiguren dieser Zeit und auch der „Turmspringerin" der Fall ist, sondern er beließ ihr ihre Individualität.

Auch wenn München als „Hauptstadt der Kunst" für das gesamte kulturelle Leben Deutschlands maßgebend war und das Deutsche Theater in München in den Kriegsjahren eine der führenden Revue- und Varietébühnen in Deutschland war – allerdings ohne die „sittliche Haltlosigkeit" der „Verfallszeit" der zwanziger Jahre – so hatte das Thema Tanz in der bildenden Kunst an Bedeutung verloren und war in der Plastik dieser Zeit gar nicht mehr anzutreffen. So mag es zunächst verwundern, daß Koelle bei seinen Tänzerinnen mit Blick in die künstlerische Vergangenheit auf alt bewährtes Inhalts- und Formrepertoire zurückgriff. Aber für ihn war es eine Möglichkeit, sich endlich der Vereinnahmung durch die Kunstpolitik des Dritten Reichs zu widersetzen, denn er teilte ihr Kunstverständnis nicht uneingeschränkt, wie an seinen Arbeiterplastiken bereits nachgewiesen wurde.

In dem bereits erwähnten Interview, das Koelle der Autorin Nada Kestercanek anläßlich ihres Atelierbesuchs 1944 bei ihm in München gab, (vgl. Anmerkung 395) erwähnte er, daß der Führer auch gewünscht habe, daß er sich zu seinem Verhältnis zu Frauen künstlerisch äußern solle. „Und so kam es, daß der Künstler bei einer Ballettvorstellung die Inspiration bekam, eine Tänzerin zu verewigen. Er sagte mir auch gleich, daß die Darstellung der Frauen in seinem Œuvre nicht seinem inneren Bedürfnis entspräche." (463) Und damit meinte er nicht die Frauen im allgemeinen, sondern den von den politischen Machthabern geforderten Frauentypus. Darum versuchte Koelle sich diesem Diktat mit seiner künstlerischen Rückbesinnung auf tradierte Formen zu entziehen, denn er war in seinem Innersten davon überzeugt, mit dieser kindlich-anmutigen, detailgetreuen Spitzentänzerin, die seinem Ideal- und Schönheitsbild entsprach, wie er nach Ballettbesuchen selbst bekundete, Hitler, der auch in Besitz seines demütigen „Betenden Bergmanns" von 1934 war, seine künstlerische Position vermitteln zu können und das Gefallen des Führers an der Tänzerin zu wecken. Es gelang ihm jedoch nicht, wie die weitere Entwicklung seiner Frauenplastiken bis hin zur nackten „Turmspringerin" beweist.

Endlich freigetanzt – Die Tänzerin Nika (1943)

Bei der Modellierung seiner dritten „Tänzerin" (WVZ 165) aus dieser Serie, der Russin Nika Nilanowa-Sanftleben, gelang dem Bildhauer eine Figur in lebendiger Plastizität. Die zweifellos an Maillols „Flora" (1911/12) (Abb. 71) angelehnte Gestaltung des durchscheinenden Gewandes, das bei Koelles Tänzerin dort endet, wo es Maillols Flora anhebt, wirkt wie ein nasses Hemd, das die voluminösen Rundungen des Körpers umspielt und seine Nacktheit preisgibt. Koelles Modell ist ein ähnlich kräftiger Körpertypus wie bei Maillol, wurde von ihm aber realistischer durchgestaltet und nicht so idealisiert wie von Maillol, besonders was die Brustpartie betrifft, die bei Maillol in ihrer „aufgesetzten Steifheit" wie ein „Fremdkörper" wirkt.

Das Bewegungsmotiv des Tanzschrittes bei Koelles Figur wird durch den fließenden, die Bewegungslinie des Körpers fortführenden Faltenwurf des Hemdes unterstützt, auf der Rückseite des Körpers übernimmt diese Funktion das locker herunterfallende üppige lange Haar.

Koelle verzichtete gänzlich auf Detailgestaltungen wie bei seiner „Spitzentänzerin". Zusätzliche Dynamik erfährt die Figur durch die Horizontale der Armstellung. Beide Hände befinden sich an den Trägern des ansonsten ärmellosen Hemdes, so als sollten diese zurechtgerückt werden. Anders als bei der Arm- und Handstellung der von Arno Breker 1944 gestalteten „Demut" (464), die eine sinnlos wirkende Geste und gezierte Pose zum Ausdruck bringt, überzeugt Koelles gestalterische Lösung.

Koelles „Tänzerin" gibt lediglich durch die Ballettschuhe einen Hinweis auf ihre Funktion; sie könnte durchaus eine andere sportliche Disziplin ausüben, zum Beispiel die einer Schwimmerin, was sowohl das naß wirkende kurze Hemd als auch der kraftvolle Körperbau vermuten ließe. Koelle ging es trotz des Titels nicht um die Verkörperung einer Tänzerin, sondern um den Reiz eines verhüllten Aktes, wobei er sich möglichst an der Realität orientierte, wie die Abbildung des Originals zeigt. (Abb. 72) Fritz Koelle ließ sich offensichtlich von der Ausdruckskraft und dem Temperament seines Modells leiten, das die heute 81jährige noch versprüht. In Koelles Plastik „Tänzerin" offenbart sich dieses in der ungezwungenen Körperhaltung, vor allem aber in der Ausstrahlung des Gesichts in seiner lebendigen Offenheit und seinem Lächeln.

Die Enthüllung der Turmspringerin (1943)

Ganz anders verlief es bei seiner „Turmspringerin", (WVZ 166) die in das Kapitel „Tanz" integriert wird, weil sie den „enthüllenden" Abschluß in Koelles Gestaltungsreihe weiblicher Körper darstellt. Die „Turmspringerin", die statuarisch auf einem dreistufigen Sockel aufgebaut ist, überzeugt mit ihrem nackten mächtigen Körper, die Füße nebeneinandergesetzt, die Waden und Kniekehlen nach hinten durchgebogen, beide Arme waagerecht nach vorn ausgestreckt und den Augenblick des Sich-Fallenlassens abpassend in ihrer statisch unbestimmten Lösung der Gestaltung nicht.

Der voluminöse Körper (vom Typ eine „Pomona" (1908/10) von Maillol) mit kräftigen Beinen und Oberschenkeln, bei dem die gerundeten Umrisse besonders herausmodelliert sind, weist eine völlig geglättete Oberfläche auf, ohne Muskel- oder Sehnenanspannung, kein Knochenansatz und nicht eine Hautunebenheit sind zu finden. Die ins Maskenhafte gesteigerte distanzierte Mimik geht einher mit einem leeren in die Ferne gerichteten Blick. Mit dieser Plastik der „Turmspringerin" näherte sich Koelle dem hohlen NS-Pathos von Kraft, Gesundheit und Ebenmaß, traf aber mit seinem slawischen Modelltyp das nationalsozialistische Schönheitsideal nicht.

Während Koelle seine Arbeiterplastiken aus den vierziger Jahren in Bronze und 1944 in Zink gießen ließ, behielten alle vier Frauengestalten ihres Gipsstatus, was die These erhärten würde, daß Koelle sie als Kompensation für seine nicht realisierbaren Arbeiterdarstellungen gestaltete und gleichzeitig seine eigene Aussage bestätigte, daß er sie nicht aus innerem Bedürfnis heraus modelliert habe.

Bei Koelles Gestaltung der weiblichen Tanz- und Aktplastiken aus den vierziger Jahren ist der gleiche Entwicklungsverlauf zu verfolgen wie bei seinen Arbeiterfiguren: Vom naturalistischen, in der Tradition des 19. Jahrhunderts verhafteten „Bergarbeiter vor der Einfahrt" über den realistisch ausdrucksstarken „Hammermeister" bis hin zum entmenschlichten Typus des unnahbaren Heroen der Arbeit, dem „Isarflößer", zieht sich bei den Frauenfiguren die Linie von der genrehaften „Spitzentänzerin" über die individualistisch-expressive „Tänzerin"

(Nika) hin zur völlig entseelten heroenhaften Hülle der „Turmspringerin". Auch hierbei eine Gratwanderung zwischen Eigenständigkeit und Anpassung.

Wie bei seinen Arbeiterplastiken wirkt auch dieses Intermezzo mit seinen Tänzerinnen (und Turmspringerin) wie eine hartnäckig an Münchener Bildhauertradition angelehnte Standortbestimmung, die Koelle aber aufgrund seiner eigenen Unentschlossenheit und künstlerischen Perspektivlosigkeit zum Scheitern bringt. Koelles indifferente Haltung, auch als Künstler, ist ein wesentliches Symptom seiner persönlichen Instabilität. Einerseits will er seinen künstlerischen Standpunkt vertreten, der eindeutig im neunzehnten Jahrhundert fußt, andererseits sich aber erfolgsheischend seinen Auftraggebern (und jeweiligen politischen Machthabern) geschmäcklerisch andienen, was sich eindeutig zu Lasten der bildhauerischen Qualität auswirkte, wie seine „Turmspringerin" und alle regimeorientierten Arbeiterplastiken im Dritten Reich deutlich machen.

Das Dritte Reich und der Zweite Weltkrieg gingen für München am 1. Mai 1945 zu Ende, und am 8. Mai kapitulierte die deutsche Wehrmacht vor den Alliierten. Damit begann für Fritz Koelle ein neues Suchen nach Inhalt und Form seiner Kunst und Definition seiner Person.

IV. Die Nachkriegszeit in München – 1945 bis 1949

Eine Person – Zwei Vergangenheiten

Die amerikanischen Truppen befreiten auf ihrem Vormarsch gegen die „Alpenfestung" am Morgen des 29.4.1945 das Konzentrationslager Dachau, das mit 32 000 Gefangenen hoffnungslos überfüllt war. Noch am Abend des 26. April hatten nach einem gescheiterten Aufstand der Häftlinge auf Anordnung Himmlers circa 7000 Gefangene aus Dachau einen Fußmarsch in die Alpen antreten müssen, wo sie als Geiseln festgehalten werden sollten. Ihr Weg führte auch durch Grünwald, vorbei an den Einheimischen, wo Fritz Koelle sie sah. Heute befindet sich an dieser Straße und in fünfzehn weiteren Gemeinden zwischen München und den Alpen, durch die die Häftlinge ziehen mußten, ein und dieselbe Bronzegruppe ausgemergelter, sich dahinschleppender Menschen als Mahnmal und zum Gedenken der Opfer dieses sogenannten Todesmarsches. Geschaffen wurde dieses Bronzestandbild von Bildhauer Professor Hubertus von Pilgrim aus Pullach im Isartal. (Abb. 72)

Den Amerikanern bot sich 1945 ein unbeschreibliches Grauen, besonders als sie die verschlossenen Waggons eines Güterzuges, der aus Buchenwald nach 21tägiger Fahrt in Dachau am Tag zuvor eingetroffen und sich selbst überlassen worden war, öffneten und sie circa 2000 zum Teil schon verwesende Leichen bergen mußten.

Um den Münchenern diese Greueltaten vor Augen zu führen, wurden Teile der Bevölkerung von den amerikanischen Soldaten zum Anblick des Lagers verpflichtet. Fritz Koelle war mit seinem zwölfjährigen Sohn im Lager, und diesen Eindruck versuchte er im Jahr darauf künstlerisch aufzuarbeiten.

Nach der Befreiung des Lagers Dachau nahmen die amerikanischen Truppen am 30. April München ein. Kommunalpolitiker wie Gauleiter Paul Giesler und Oberbürgermeister Karl Fiehler hatten sich bereits abgesetzt. Während Giesler sich einige Tage darauf erschoß, stellte sich Fiehler später den Amerikanern. Bereits am 1. Mai 1945 übernahm ein Detachement des Military Government die Verwaltung Münchens. Zu ihm zählte auch General Frederick, den Koelle schon kurz nach dem Krieg portraitieren konnte. (WVZ 173) Den Auftrag dazu verschaffte ihm eine junge Frau aus der Nachbarschaft in Grünwald: Inge Söhnker, die spätere Frau des Schauspielers Hans Söhnker; und von ihr fertigte der Bildhauer ebenfalls ein Bronzeportrait an. (WVZ 172) Für beide Bildnisse wurde Koelle mit Lebensmitteln bezahlt. Nicht anders verhielt es sich mit der Entlohnung für das Bildnis des „Torbräuwirts", (WVZ 174) der seine Gaststätte hinter dem Isartor hatte. Auch der Zweite Bürgermeister von Grünwald, Justizrat Dr. Ströhmer, ließ ein Bronzebildnis von sich anfertigen. (WVZ 171)

Die Portraitbildhauerei war in der unmittelbaren Nachkriegszeit Koelles einzige Einnahmequelle. Sein Atelier in der Kaulbachstraße, das er noch nicht aufgegeben hatte, war völlig zerstört. (Vgl. Abb. 19 und 20) Bereits im Januar 1945 hatte Fritz Koelle eine Aufstellung des ihm entstandenen Sachschadens angefertigt. Danach sind ihm die Gipsmodelle von neunzehn Arbeiterfiguren, dreißig Arbeiterbildnissen, sechs Vorentwürfen und zwölf Bronzekleintierplastiken sowie 365 Handzeichnungen sowie Material und Werkzeug in einem Gesamtwert von 210 000 Mark verlorengegangen. (1)

Da sich in der Situation nach dem Kriege außer den wenigen Portraitbildnissen wenig Aussichten auf größere Aufträge aus der Industrie für Koelle ergaben, reaktivierte er seine bisher vergeblichen Bemühungen um eine Akademieanstellung in München. Er wandte sich an den wiedereingesetzten ehemaligen Oberbürgermeister Karl Scharnagl (am 20.3.1933 als Oberbürgermeister von Karl Fiehler abgelöst) mit der Bitte, ihn bei seiner Bewerbung um eine Stelle an der Akademie der bildenden Künste befürwortend zu unterstützen. Scharnagl ersuchte Staatsminister Hipp vom Ministerium für Unterricht und Kultus unter Vorlage zahlreicher Zeugnisse und Abbildungen, Koelle für eine Position an der Akademie vorzuschlagen:

„Der Bildhauer Fritz Koelle war vor der Machtübernahme ausersehen für eine Professur an der Akademie. Koelle hat einen bedeutenden Namen als einer der angesehensten Plastiker, vor allem als ein unerreichter Darsteller des deutschen Arbeiters. Koelle wurde in der Zeit der Naziregierung außerordentlich stark verfolgt, so daß es gerechtfertigt erscheint, seine Rehabilitierung in besonderer Weise durchzuführen. Die Berufung an die Akademie oder ein ähnlicher Auftrag würde sicher in der Kunstwelt Zustimmung finden.
Beiliegende Unterlagen sollen ein Bild geben über die Leistungen Koelles und über seine Zurücksetzung in der vergangenen Zeit." (2)

Außerdem bat Scharnagl darum, Koelle persönlich zu empfangen, damit er sein Anliegen entsprechend vorbringen könne. Da es aber Widerstände von Seiten der Akademie gegen Koelle gab, zog sich dieses Verfahren noch einige Zeit hin.

Als das Wohnungsamt Grünwald beabsichtigte, von dem großzügigen Atelierhaus Koelles Räume für die Unterbringung von Flüchtlingen zu nutzen, wandte sich der Bildhauer zuerst einmal wortgewaltig an das städtische Kulturamt in München. Er wehrte sich gegen „die Beschlagnahmung eines unentbehrlichen Arbeitsraumes, den [ich mir] einrichtete an Stelle meiner durch Bombenangriff total vernichteten Ateliers, die ich 1929 vom bayr. Kultusministerium ... erhielt, um mich hier in München zu halten. Ich hatte damals eine Berufung an die Preuß. Akademie der Künste in Berlin. Die Lehrstelle von Prof. Hahn an der hiesigen Akademie sollte ich bei Erreichung seiner Altersgrenze erhalten, wurde aber <u>1933 durch Thorak besetzt</u>." (3)

Koelle hatte, wie die Vorfälle Ende der zwanziger Jahre in Berlin belegen, nachweislich keine Berufung an die Preußische Akademie der Künste erhalten, und eine solche Behauptung lediglich auf der Fürsprache Max Liebermanns fußend aufzustellen, zeugt von einem gestörten Wahrnehmungsverhältnis zur Realität und einer Selektion der Wahrnehmung nur zu seinen Gunsten. Auch entsprach es nicht den Tatsachen, daß Joseph Thorak die Stelle von Hermann Hahn, die angeblich für Koelle vorgesehen gewesen war, besetzte. Thorak wurde am 17. Juli 1937 unter Berufung in das Beamtenverhältnis zum ordentlichen Professor an die Münchener Akademie verpflichtet. (4)

Koelles Aussage, daß er, nachdem der Stadtratsbeschluß von 1933 seine Existenz zerstört habe, bis 1939 ohne Einkommen war, stimmte nicht mit der realen Situation überein, wie die Darstellung dieses Zeitabschnitts belegt. Er gestand zwar ein, daß man eine Wiedergutmachung von verschiedenen Seiten unternahm, „aber erbärmliche Kreaturen verhinderten dies immer." Koelle schlüpfte wieder in die Opferrolle im Kampf gegen nicht genannte Kontrahenten.

Inwieweit die folgende Äußerung: „Am 9. März 1934 beantragte der damalige Präsident Christian Weber Konzentrationslager Dachau usw.", korrekt war, ist heute nicht mehr nachvollziehbar. Weber lebte zum Zeitpunkt der Aussage nicht mehr, außerdem differieren die Jahresangaben bei Koelle, und über einen solchen Vorgang existiert im Besitz des Sohnes lediglich eine beglaubigte Abschrift des Bayerischen Roten Kreuzes, München, vom 4.4.1946, die ans Kultusministerium gerichtet war und bestätigte, daß Koelle als ehemals politisch Verfolgter registriert und neun Tage im Wittelsbacher Palais inhaftiert war. Genauere Angaben wurden nicht gemacht. Da Koelle eine solche Beschuldigung gegen Weber aber niemals in seiner Korrespondenz mit den Regimeinhabern hatte anklingen lassen, muß diese Behauptung sicherlich relativiert werden. Ebenso war die nachfolgende Sichtweise eine sehr subjektive: „1940 beauftragte mich Generalbaurat Giesler (5) mit der Ausführung 14 – 18 acht bis zwölf Meter großen Plastiken verschiedener Arbeiter für das Forum der DAF. Man versicherte mir freies Gestalten, woran man sich natürlich schon bei Abnahme der ersten Plastik nicht mehr erinnerte, und aus diesem Grunde legte ich die Arbeit im Jahre 1942 nieder." (6) Tatsächlich mußte Koelle seine Arbeit aufgrund der kriegsbedingten Verschiebung und Einstellung vieler Bauprojekte in München beenden und erhielt lediglich 12 000 statt seiner Kostenforderung von 17 040 Mark.

„Ich kann wohl sagen, 12 Jahre war ich in meiner Arbeit behindert und den häßlichsten Angriffen ausgesetzt." Und zwei Sätze weiter betonte Koelle: „Meine Arbeiten fanden nicht nur in Deutschland, sondern auch im Ausland Beachtung." (7) Die subjektiv-verzerrte Auslegung bestimmter Tatsachen wurde bereits an einigen Beispielen belegt, daß er sich aber in eklatanten Widersprüchen verfing, legt den Verdacht nahe, daß sich Koelle der Tragweite seiner Behauptungen gar nicht bewußt war. In den zwölf Jahren des („Tausendjährigen") Dritten Reichs hatte der Bildhauer seine meisten Aufträge mit Hilfe des Regimes, für das Regime und durch Unterstützung systemkonformer Industrieller erhalten und danach seinen nationalen und internationalen Bekanntheitsgrad erlangt. Der Künstler ließ sich und sein Werk instrumentalisieren und für Propagandazwecke der NSDAP einspannen, um Geld – und nicht nur zum „Überleben" – und künstlerische Anerkennung zu erzielen. Die ihm zuteil gewordene „Beachtung" im In- und Ausland gründete sich nur auf die durch die NSDAP organisierten „mustergültigen" Ausstellungen.

In seinem Verlangen nach Bestätigung seiner Kunst hatte Koelle seine persönliche Identität für Aufträge aufgegeben, und er war im Begriff, es wieder zu tun, wobei er in bereits bekannter Strategie renommierte Persönlichkeiten als Garanten für seine Kunst in Anspruch nahm, um andere in Zugzwang zu setzen: „Herr Oberbürgermeister Dr. Scharnagl hat sich in jüngster Zeit auch wieder tatkräftig für mein Schaffen verwendet, sowie für meine Frau, die Malerin ist." (8)

Zum Schluß seines mehr als vier Seiten langen Briefs an das Kulturamt, in dem er seine Opferrolle detailliert darlegte und seine Beschuldigungen anbringen konnte: „Ich hoffte jetzt frei und ungestört arbeiten zu dürfen, statt dessen bereitet man mir neue Schwierigkeiten mit der Begründung, die Kunst müsse ‚jetzt zurückstehen'. Ich glaube die Kunst war nie so wichtig wie heute", kam er zum eigentlichen Anliegen seines Schreibens: „Darf ich Sie ergebenst bitten um einige Zeilen, die besagen, daß ich in meiner Tätigkeit nicht mehr behindert werden darf. ... Mit dem Ausdruck größter Hochschätzung, Ihr sehr ergebener Fritz Koelle" (9)

Ob der kämpferische Beginn oder der unterwürfige Tenor zum Ende des Briefs der Auslöser war, die schriftliche Bestätigung des Kulturamts zur Vorlage bei der Gemeinde Grünwald erfolgte umgehend und war in ihrem Wortlaut genau die Bestätigung, die Fritz Koelle benötigte: „Wir bestätigen hiermit, dass Herr Fritz Koelle, Bildhauer, ein im ganzen Reich und darüber hinaus rühmlichst bekannter Künstler ist, dem 1933 durch ein künstlerisches Fehlurteil nationalsozialistischer Amtsstellen grosses Unrecht zugefügt worden ist, das auch eine schwere wirtschaftliche

Schädigung Koelles zur Folge hatte. Später ist von den gleichen Stellen versucht worden, dieses Unrecht wieder gut zu machen. Wir ersuchen Herrn Koelle in seiner Arbeit zu fördern und ihn hinsichtlich seiner Wohn- und Arbeitsräume nicht zu beeinträchtigen." (10)

Da Fritz Koelle davon überzeugt war, daß durch die Stadt München immer noch die Rehabilitierungsmaßnahme für die „Blockwalzeraffäre" von 1933 ausstünde, und er unter den geänderten Vorzeichen die Möglichkeit einer Akademieanstellung als die günstigste erwog, nahm er seine Forderungen danach wieder auf. Bei Oberbürgermeister Scharnagl forcierte er seine Bewerbungsbemühungen unter dem Aspekt seiner Opferrolle im Dritten Reich und der ihm zustehenden Wiedergutmachung. Dazu reichte er ihm Originalunterlagen ein, die beweisen sollten, daß das bayerische Kulturministerium ihn 1929 festhielt (zwecks Professur), (11) daß bei der Gestapo ein Sonderakt gegen ihn vorlag (12) und er nach Ermittlungen des C.I.C. der amerikanischen Militärregierung „ein politisch Verfolgter war und somit zu bevorzugter Behandlung berechtigt ist." (13)

Nach diesen eingereichten „Unbedenklichkeitsbescheinigungen" ergab sich für Fritz Koelle die Konsequenz: „Aus diesen Gründen darf ich doch annehmen, daß es sich bei mir auch um einen ‚Wiedergutmachungsfall' handelt. Und die bestehenden Widerstände durch die Akademie der bild. Künste zu überwinden sein werden." (14) Er bat den Oberbürgermeister weiter um dessen hohe Verwendung für ihn und erwähnte, daß auch Herr Ministerpräsident Dr. Hoegner ihm seine Verwendung zugesichert habe. Als Anlage sandte er ihm einige Aufnahmen seiner neuesten Plastik des „Konzentrationslagergefangenen", (WVZ 175) für die sich Scharnagl bedankte und urteilte: „Die Bilder habe ich mit großem Interesse gesehen. Sie haben die Schwere des Schicksals, das ein KZ.'ler zu tragen hatte, sehr eindrucksvoll zum Ausdruck gebracht." (15) Weitere Neuigkeiten über eine Akademieberufung, außer der Tatsache, daß ein reges Interesse an dieser Stelle bestehe, konnte er Koelle nicht mitteilen.

Darum wandte sich Koelle umgehend an den Staatsminister für Sonderaufgaben, Schmitt, sich beim Kultusminister Dr. Fendt für ihn und seine Berufung an die Akademie der bildenden Künste in München zu verwenden. Schmitt brachte dieselben Argumente vor, die Koelle bereits bei Scharnagl benutzt hatte, und kam zu dem Schluß: „Herr Koelle gilt als politisch verfolgt und Herr Ministerpräsident Dr. Högner und ich sind der Meinung, dass im Zuge der Wiedergutmachung Herrn Koelle geholfen werden muß." (16)

Koelle bemühte auch wieder diverse Personen, mit eidesstattlichen Erklärungen seine Argumentation und seinen Leumund zu unterstützen. Dr. Solleder vom bayerischen Staatsarchiv bestätigte die Tatsache eines Staatsateliers in der Kaulbachstraße und die Aussage „Kölle liess sich zum Verbleiben in München auch durch die Hoffnung bewegen, die ihm damals auf eine Professur an der Akademie der bildenden Künste gemacht wurde." (17) Mit der „Hoffnung", die Fritz Koelle gemacht worden war, traf Solleder die Sachlage genau. Denn Fritz Koelle hatte in seiner subjektiven Wahrnehmung bereits eine bevorstehende Berufung daraus gemacht ebenso wie in Berlin eine bereits erfolgte an die Preußische Akademie der Künste. Mit der nachfolgenden Erklärung begab sich Solleder allerdings ins Reich der Phantasie: „Wegen scharfer Äußerungen wider die Partei und wenn ich mich recht erinnere, über den Führer, wurde er furchtbar verfolgt." (18)

Auch die eidesstattliche Erklärung des Prokuristen der Lloydreisebüro G.m.b.H. in München, Hans Bisle, müssen relativiert betrachtet werden: Koelle sah „für ein freies künstlerisches Schaffen im Dritten Reich keine Zukunft mehr, aus welchem Grunde er seine schon lange gefaßte Absicht, auszuwandern, aufrecht erhalte." (19) Wie konkret der Bildhauer seine Auswanderungsabsichten und diesbezüglichen Aktivitäten in London verfolgt hatte, wurde im Jahrgang 1935 beschrieben.

Da Koelle gegen seine Berufung mit massiven Widerständen von seiten der Münchener Künstlerschaft an der Akademie der bildenden Künste konfrontiert wurde, legte er seinen künstlerischen Werdegang in einer mehrseitigen eidesstattlichen Erklärung nieder. Weil diese persönliche Schilderung der Vorgänge durch Koelle aufschlußreiche Erkenntnisse über seine Persönlichkeit, seine selektiv-verzerrte Art der Wahrnehmung und deren subjektive, realitätsferne Interpretation vermittelt, wird hier der volle Wortlaut wiedergegeben:

"Eidesstattliche Erklärung am 28. Mai 1946

Ich bin am 10. März 1895 in Augsburg geboren. Mein Vater hatte eine Eisenkonstruktions-Werkstätte. Ich besuchte die dortige Volks- und Realschule, sowie die Kunstschule. Von 1918 bis 1924 die Akademie in München und jährliche Reisen in das Ruhrgebiet, dort erlebte ich den Arbeiter. Es folgten weitere Reisen nach Paris, Italien und vor allem in das Saargebiet.

Das Jahr 1927 war das Jahr meines grössten Erfolges. Prof. Max Liebermann wurde auf mich aufmerksam, ich wurde von ihm eingeladen, mit Käthe Kollwitz eine Kollektivausstellung zu machen. Mein gesamtes Werk, Plastiken und Zeichnungen wurden gezeigt. Die Preuss. Nationalgalerie erwarb die überlebensgrosse Bronzeplastik ‚Der Bergarbeiter'. Der Preuss. Kultusminister und Prof. Max Liebermann versicherten mir die Berufung an die Berliner Akademie. Die gesamte deutsche Presse berichtete, Kunsthändler interessierten sich, es folgten Ausstellungen im In- und Ausland. Das Bayer. Kultusministerium hörte von dem grossen Erfolg in Berlin. Man verspricht mir eine Professur an der Münchener Akademie, ich erhalte eine Wohnung, ich bekomme ein Staatsatelier, neu errichtet, das ich ohne Berechnung einer Miete frei überlassen bekam. Man hielt mich in München fest. Es kam aber anders, 1933 bekam die Professur Thorak und nicht ich, und heute erinnert sich kein Mensch mehr im Kultusministerium, man sagt, es ist aktenmäßig nicht mehr zu belegen.

Im Jahre 1933 wurde ich dann mittels aller deutschen Zeitungen und wiederholt über den Deutschen Rundfunk als bolschewistischer Künstler bezeichnet und um meine Existenz gebracht. Ich wurde als Kommunist wegen Aufpeitschung zum Klassenhass als proletarischer Künstler verfolgt. Weil ich mich zur Wehr setzte und weil ich mich im Ton gegenüber der Stadtratsfraktion sehr vergriffen habe, beantragte am 10. März 1934 der damalige Präsident Christian Weber, Konzentrationslager Dachau. Da ich nicht gleich geholt wurde, meldete ich mich selbst am anderen Tage bei Christian Weber im Rathaus für nach Dachau. Ich wurde dann von der Gestapo verhört und kurz in Haft genommen. Bei der ‚ehemaligen Geheimen Staatspolizei' lag ein Sonderakt gegen mich vor. Haussuchungen durch die Gestapo folgten, zum letzten Male im April 1945 – Aus all diesen Gründen wurden wir von den Leuten in gemeinster Weise behandelt und beschimpft. In unserem Hause am Josephsplatz triumphierte man mit der Zeitung in der Hand, Anzeigen wurden gemacht und noch mehr.

Da ich in Deutschland keine Existenzmöglichkeit mehr hatte, versuchte ich es im Jahre 1936 in London. Ich war dort sehr freundlich aufgenommen worden. Ich bekam Zutritt in die Privatbibliothek des Königs von England im Windsor Castle durch das British Museum, man zeigte mir sämtliche Zeichnungen von Hans Holbein. Eine Verdienstmöglichkeit fand ich jedoch nicht in London und so kehrte ich wieder zurück, da mir die heimatliche Industrie Unterstützung und Aufträge versprach.

Es kam das Jahr 1938, das Jahr der Wiedergutmachungen. Ich sollte vom Winterhilfswerk unterstützt werden, das lehnte ich ab. Ich sollte der Stadt eine Figur stiften, um rehabilitiert zu werden. Das machte ich auch nicht. Ich wurde von der Stadt aufgefordert und eingeladen zu einem Wettbewerb. Dafür dankte ich auch. Der Oberbürgermeister Fiehler sandte mir eine Vorladung. Er sagte zu mir: ‚Man kann Ihnen ja nicht helfen, machen Sie es uns doch nicht unmöglich, geben Sie doch wenigstens zu, dass diese eine Plastik am Melusinenplatz ‚entartete Kunst' ist. ‚Nein', sagte ich, keine meiner Plastiken ist entartete Kunst. So zerschlug sich auch dieser Versuch. Ich wurde nun zum Gauleiter vorgeladen, Kögelmeyer und Enzinger waren zugegen. Er sagte, dass er mir das Arbeiten verbiete, wenn ich den Arbeiter nicht im neuen Zeitgeist gestalte und er sperre mich ein. Solche Arbeiter wie ich mache, habe er in der kriminellen Abteilung in Dachau. Er forderte mich wiederholt auf, mit ihm nach Dachau zu fahren, was ich aber ebenso wiederholt und entschieden ablehnte. Ich machte ihm dagegen den Vorschlag, mit mir in die Grube nach Peissenberg zu fahren, da zeige ich ihm den deutschen Arbeiter. Das tat er nicht. Er verlangte nun von mir ein Bildnis mit edlen Zügen. Ich musste Hitler machen. Ich dachte mir, ich mache Dir schon ein Bildnis vom Hitler mit seinen edlen Zügen. Aber als Wagner das fertige Bild sah, schrie er, ich sperre Sie ein, das ist ja unerhört, das ist ja ein Stromer, aber nicht unser Führer – Jetzt machen Sie Horst Wessel, aber wehe, wenn Sie in diesen Kopf nicht alles Edle und Schöne zum Ausdruck bringen. Das Bildnis von Hitler wurde dann von der Reichsleitung verboten, ich durfte es niemandem zeigen, vielweniger ausstellen noch verkaufen, und für das Horst-Wessel-Bildnis bekam ich 800 Mark, wo ich 4000 Mark forderte.

1940 kam Giesler im Auftrag von Hitler, er versprach mir einen riesigen Auftrag, aber erst muss ich ein ‚nacktes Mädchen' machen, dann dürfte ich wieder Arbeiter gestalten, wie ich will. Ich machte eine Spitzentänzerin, ich dachte mir, dem muss auch eine bekleidete Tänzerin gefallen, aber nein, ich musste auch noch eine Aktfigur machen. So machte ich auch noch eine Schwimmerin. [Die Schwimmerin, von Koelle als ‚Turmspringerin' bezeichnet, wurde allerdings erst 1943 und nicht – wie behauptet – 1940 gestaltet.] Nun bekam ich den Auftrag für grosse Arbeiterplastiken. Ich aber stellte die Forderung, dass die als bolschewistisch bezeichneten Plastiken auch verwendet werden müssen und bei den neu zu gestaltenden Plastiken ich volle Gestaltungsfreiheit habe. Das versprach man mir und ich nahm den Auftrag an. Es dauerte aber nicht lange und so kamen die üblichen Einwendungen. Man verlangte Arbeiter, mit Brustkästen, die vor Heroismus platzten. 1942 legte ich die Arbeit nieder, ich machte nichts mehr, auf jede Gefahr hin, die mir drohte. 1943 wurde ich dann mit RM 12000.- abgefertigt und RM 17040.- hatte ich nachweisbare Unkosten. So wurde ich ‚honoriert' und dies erst nach 3 Jahren. Zuvor bekam ich keinen Pfennig Geld, sämtliche Unkosten musste ich selbst bestreiten. Seit dieser Zeit war ich wieder freischaffender Künstler, aber die Gestapo kam öfters als je. Meine Frau ist von Aufregungen erschöpft zusammengebrochen und zur Ruine geworden. Sie hat 1933 unter den schlimmsten Aufregungen ein Kind geboren, sie wurde als proletarische Künstlerin auch auf keiner Ausstellung in diesen 12 Jahren zugelassen, wo sie sonst auf allen Ausstellungen vertreten war. Wer von der Münchener Künstlerschaft hat unter diesem Terror mehr gelitten? Wer hat noch aktiveren Widerstand geleistet? Wer hat noch einen Millionen-Auftrag abgelehnt nur aus antifaschistischer Gesinnung und künstlerischem Gewissen? Dass man vor einem solchen Gegner in 12jährigem Kampf auch mal einen Rückzug machen muss, das ist doch verständlich. Aber heute erinnert sich kein Kollege mehr an dieses krasse Fehlurteil, das in der ganzen deutschen Kunstwelt Aufsehen erregte! So wenig wie an die politischen Verfolgungen.

Ich glaube noch sagen zu dürfen, dass mein gesamtes bisheriges Lebenswerk über meine scharfe antifaschistische Einstellung mehr aussagt, als ich imstande bin, hier niederzuschreiben.
Fritz Koelle" (20)

Auf den ersten Blick erscheint es schwer nachvollziehbar, wie Koelle, der sich allen Nazigrößen wie Rudolf Heß, Fritz Wiedemann, Albert Bormann, Joseph Goebbels und letztlich Adolf Hitler selbst noch 1940 mit den Worten, „denn es wäre mir die höchste Befriedigung, wenn auch ich einen kleinen Beitrag leisten dürfte zu dem herrlichen Ziel, das Sie mein hochverehrter Führer für uns gesetzt haben", angedient hatte, nun die diametrale Position einnahm und behauptete, aktiven Widerstand geleistet zu haben aus antifaschistischer Gesinnung und künstlerischem Gewissen und dafür sein gesamtes Œuvre als Beweis angab, welches in der Tat in seiner plastischen Entwicklung als Indikator für seine jeweils momentane Kunstauffassung und ihre bildhauerische Umsetzung genutzt werden kann.

Tatsache ist, daß Koelle mit seinem „Blockwalzer" 1933 die Ablehnung eines seiner Kunstwerke durch die Nationalsozialisten erleben mußte, diese aber nur auf der kleinbürgerlichen Münchener „Stadtratsbühne" und nicht durch die politischen Machthaber des Reiches oder ihre industriellen Gesinnungsgenossen. Koelle hat sich ihrem Diktat der „Brustkorb-Heroen" bei seinen Arbeiterplastiken nicht unterworfen und versucht, sich ihm mit seinen weiblichen Tanzfiguren zu entziehen. Ansonsten aber hat er inhaltliche und formale Vorgaben des Arbeiterheroen erfüllt und sogar die entsprechende nationalsozialistische Diktion auf diesem Gebiet adaptiert. Daraus aber einen zwölfjährigen Kampf gegen den Faschismus abzuleiten, ist nur mit veränderter Wahrnehmung der Realität und deren Mißdeutung möglich. Bei der Absolutheit seiner Behauptungen muß davon ausgegangen werden, daß Koelle wirklich von seiner jeweiligen Haltung überzeugt war. Und in diesem Fall kann sie nicht mehr als opportunistische Verhaltensweise gewertet, sondern muß mit Ansätzen einer Persönlichkeitsspaltung verglichen werden. Ohne diese innere Überzeugung der Richtigkeit seines Verhaltens hätte ihn sein Bewußtsein um Gegenbeweise vorhandener Zeitzeugen von solchen Behauptungen abgehalten.

Da nach dem Krieg einige Stellen an der Akademie der bildenden Künste in München neu zu besetzen waren und das Interesse bei der Münchener Künstlerschaft groß war, veranstaltete das Bayerische Kultusministerium in seinen Räumlichkeiten eine interne Ausstellung der Bildhauer-Bewerber um eine Berufung an die Akademie. Hans Eckstein (21) von der Süddeutschen Zeitung hatte die Gelegenheit, diese Präsentation im ersten Stock im Vorraum des Kultusministers anzuschauen, und verfaßte den Bericht „Lehrer der Bildenden Künste?", bei dem er „angemessene" zwei Drittel des Textes nutze, um mit Koelles Werk abzurechnen, dem er bereits ein paar Tage zuvor in den Hessischen Nachrichten einen Seitenhieb verpaßt hatte. (22)

Koelle bestritt in der ihm üblichen Art in raumgreifender Weise mit seiner „Bronzemasse" den größten Teil des kleinen Ausstellungsraums. Damit ist nicht nur die Massigkeit seiner Arbeiterfiguren, sondern auch die Anzahl seiner Exponate gemeint. Und so merkte Eckstein kritisch an, daß Koelle bei seiner Überrepräsentanz wohl ganz übersehen habe, daß es sich nicht um eine Kollektivausstellung mit dem Zweck, sein gesamtes Schaffen der Öffentlichkeit zu zeigen, handele, sondern „um einen Teil einer nicht öffentlichen Ausstellung von Arbeiten jener Künstler, die sich um eine Lehrstelle an der Akademie der Bildenden Künste bewerben." (23) Zu Koelles Arbeiterplastiken und seinem postum idealisierten Horst-Wessel-Potrait konstatierte Hans Eckstein, daß die „schwärzlich-grün schillernden Bronzen ... sozusagen zum eisernen Bestand der

Massenaufmärsche der Nazikunst im Troostschen Kunsttempel [gehörten] ... Sie repräsentierten ... die durch jene Ausstellung propagierte Kunstanschauung recht gut, indem sie sowohl dem von Hitler geforderten Naturalismus als auch der Tendenz genüge taten".

Zur Unterstützung seines Urteils zog Eckstein ein Zitat Benkards aus der „Gegenwart" heran, das sich eindeutig auf Koelles „Hochofenarbeiter" von 1935 bezog: „Die Statue eines Eisenhüttenmannes trat in einer Pose und mit einer Drapierung auf, mit der eine hellenistische Herrschergestalt Ehre eingelegt hätte." (24) Eckstein brachte dieses Zitat aber fälschlicherweise mit der Figur „Der erste Mann vom Hochofen" in Beziehung, die auch im Kulturministerium ausgestellt war. Ecksteins Gesamturteil über Koelles Œuvre war vernichtend, auch wenn er das Frühwerk angemessen wertete: „In seinen Arbeiterskulpturen ist Koelle ein Epigone Meuniers, nur weit entfernt von dessen kraftvollem Realismus. Man mag in Koelle ein ursprünglich starkes Talent sehen, das seinem Jugendideal untreu wurde, indem es immer mehr zu einer salonhaft glatten naturalistischen Manier abglitt." (25) Dieses Urteil übertrug Eckstein auf alle Gattungen seiner Plastik. „Auch das neueste Werk, ein KZ-Mann, läßt leider nicht erkennen, daß der Bildhauer inzwischen zu künstlerisch überzeugenderen Gestaltungen durchgedrungen ist." (26)

Für erwähnenswert hielt Eckstein noch die ausgestellten Plastiken von Alexander Fischer (1903 bis 1981), Lothar Otto (*1893), Hans Stangl (1888 bis 1963), Hans Wimmer (1907 bis 1992), Heinrich Kirchner (1902 bis 1984) und Tono Zölch (1897 bis 1955). „Als die eigentlichen Meister unter den Bildhauern ragen auch hier Toni Stadler (27) und der ihm verwandte Anton Hiller (28) hervor. Stadlers Skulptur lebt stark aus Anregungen der reif-archaischen antiken Plastik, seine starke Sinnlichkeit bewahrt ihn aber vor jeder Formelhaftigkeit. Hillers neue Arbeiten haben an Strafftheit der Form und Kraft der Empfindung noch außerordentlich gewonnen." (29)

Beide, Toni Stadler und Anton Hiller, erhielten 1946 eine Professur an der Akademie der bildenden Künste in München. Koelle war mit all seinen vielfältigen Bemühungen um eine Akademieberufung gescheitert. Die Kritik Ecksteins an Koelles Werk, vornehmlich ab 1935, war keine Einzelmeinung, und sie gab den Diskussionstenor der Münchener Akademie treffend wieder, in der es sicherlich auch Konkurrenzreibereien gab, in die Koelle hineingeraten war.

Jedenfalls nahm Koelle diesen Artikel zum Anlaß, in einer ausführlichen Erklärung in fünf Punkten die Behauptungen aus seiner Sicht zu widerlegen: Aufgrund seiner Arbeiterfreundlichkeit sei er nie in die NSDAP eingetreten, der er wiederum seinerzeit Geldnot als Argument seines Nichteintritts genannt hatte. Koelle nannte lediglich seine Zugehörigkeit zur Reichskammer der bildenden Künste, seine Mitgliedschaft im „Kampfbund für deutsche Kultur" (vgl. Anmerkung III-57) verschwieg er. Weiter behauptete Koelle: „Ich habe auf Grund ständiger Bedrohungen durch den Gauleiter [Adolf Wagner, der 1944 gestorben war] und der Gestapo ‚Plastiken mit edlen Zügen' zu gestalten nicht nur ein Horst-Wessel-Bildnis, sondern auch ein Hitler-Bildnis geschaffen, [das] durch den Gauleiter und der Reichsleitung wegen ‚entarteter Kunst' verboten wurde, weil ich all das schon damals zum Ausdruck brachte, was Hitler war!" (30) Die Hitlerbüste mochte Wagner nicht gefallen haben, und somit hatte er sie nicht für die Große Deutsche Kunstausstellung nominiert, aber als „entartete Kunst" verboten war sie nicht, sonst hätte Koelle sie nicht im Oktober 1937 in Saarbrücken im Rahmen der Gaukulturwoche zeigen können (vgl. Anmerkung III-276 und 279); schließlich war Fritz Koelle bis 1940 sehr auf Hitlers Wertschätzung seiner Kunst und Person bedacht, wie sein Brief an Hitler vom 16.1.1940 belegt.

Koelle behauptete weiter, er sei von Gauleiter Wagner gezwungen worden, jährlich im Haus der Deutschen Kunst auszustellen, „aber ich habe keinen Titel, viel weniger eine Professur an eine[r] Kunsthochschule erhalten, wie andere Kollegen, die sich heute wieder um diese Lehraufträge bemühen und in dem Artikel nicht nur an erster Stelle gewürdigt sind, sondern sogar schon vorgeschlagen sind. Meines Wissens wurden nur Nazi-Günstlinge an solche Stellen damals berufen." (31) Diese Beschuldigungen waren eindeutig gegen Toni Stadler, Koelles ehemaligen Studienfreund, gerichtet, der von 1942 bis 1945 Lehrer an der Städel-Schule in Frankfurt am Main war, aber nicht weil er „Nazi-Günstling" war, denn Stadlers kurz zuvor entstandene „Große Stehende", (32) die sich an archaische Plastik anlehnte, entsprach keineswegs der nationalsozialistischen Kunstideologie bezogen auf Rasse- und Schönheitsideal. Inzwischen trennte die beiden Hahn-Schüler eine erbitterte Feindschaft, die sich nicht allein aus Konkurrenzneid nähren konnte.

Diesen und noch andere Kollegen machte Koelle wiederholt für die „Blockwalzeraffäre" 1933 verantwortlich, „und das alles nur ... wegen einer Berufung an die Berliner und Münchener Akademie! Wegen eines großen Ankaufs der Preuß. National-Galerie! Weil die führenden Männer der Berliner Kunstkreise, voran der große Maler Prof. Max Liebermann, Prof. Fritz Stahl vom Berliner Tagblatt, der Preuss. Kultusminister Dr. Fritz Becker, die berühmte Käthe Kollwitz und noch andere Persönlichkeiten sich für mein Schaffen interessierten, hieß es bei der Gestapo, ‚ich sei in den roten Kreisen Berlins bekannt', ich sei ‚seit dem Jahre 1921 Mitglied der KPD'." (33) Gegen diese ihm zugeschriebene kommunistische Gesinnung hatte Koelle sich im Dritten Reich mehrmals vehement verwehrt.

Gemäß seiner Aussagen in dieser Erklärung war Koelle nicht nur politisch, sondern vor allem künstlerisch verfolgt worden: „Meine Plastiken wurden nicht nur auch auf Ausstellungen abgelehnt, sondern überhaupt von höchsten Stellen verboten, sie in der Öffentlichkeit zu zeigen!" (34) Dieses Verbot galt für einige seiner Plastiken aus den zwanziger Jahren, die den Nationalsozialisten nicht zusagten und die auch in der Künstlermonographie von Ernst Kammerer von 1939 fehlen. Dafür bemühte sich Koelle aber, Plastiken zu schaffen, die das Wohlwollen der nationalsozialistischen Machthaber fanden, sich von diesen für ihre Propagandazwecke instrumentalisieren ließen und auf allen Großen Deutschen Kunstausstellungen von 1937 bis 1944 vertreten waren. Außerdem hatte Koelle 1927 den Prototypen des deutschen Arbeiters mit seinem „Bergarbeiter vor der Einfahrt" geschaffen – nach Koelles lebenslangen Aussagen sein größter Erfolg –, dessen pädagogische Wirkung nicht nur auf nationalem, sondern auch internationalem Parkett von den Nationalsozialisten in ihrer gesamten Ära vorgeführt werden mußte.

Interessant erscheint Koelles künstlerische Standortbestimmung nach dem Zusammenbruch des Dritten Reichs:

„Man mag über die Kunst urteilen wie man will, man darf sich aber auf keinen Fall von politischen Erwägungen bestimmen lassen. Es geht um Lehrstühle an der Akademie! Ich sage, Kunst ist die Gestaltung des Erlebten ins Erhabene und Schöne! Kunst ist eine schöpferische Auseinandersetzung des Menschen mit der Welt, in die er gestellt ist, es ist eine Kulturfunktion, in der nicht nur der Wille, sondern ganz besonders das Können zur Gestaltung sich in Reinheit bekundet. Und so gestalte ich als Mensch des 20. Jahrhunderts den deutschen Arbeiter.
Ich als Freund der Arbeiter sehe im deutschen Arbeiter nicht nur die Schwere seines Berufes, seine Leiden, sondern auch alles Edle, Schöne und Erhabene und ganz besonders auch alle Zukunft und so setzte ich dem deutschen Arbeiter ein Denkmal ohne eine öffentliche Auftragserteilung!

Ich verschloss mich doch nicht der Wirklichkeit! Ich gestalte ja nur die Tatsächlichkeit des Lebens und weil ich vom Leben nichts wegschwindelte, das war ja gerade der Grund dieser unglaublichen künstlerischen und politischen Verfolgung, der ich im dritten Reich ausgesetzt war, die in der ganzen deutschen Kunstwelt Aufsehen erregte." (35)

Koelle bezeichnete sich stets als einen unpolitischen Menschen, war aber bei jedem neuen System einer der ersten, der diesem seine Kunst andiente. Und er wird es auch in Zukunft nicht anders handhaben. Diesen Widerspruch nahm der Künstler nicht wahr, er lebte in seiner jeweiligen eigenen Welt und war fest von ihr und seinem Reden und Handeln überzeugt.

Ob die theoretische Funktionsbeschreibung der Kunst von Koelle selbst stammt, erscheint fraglich, sie klingt eher nach einer pathetisch-leeren Zitatübernahme und entspricht auch nicht seinem Vokabular. Augenfällig wirkt in all seinen Erklärungen die perseverierende Beteuerung und deren Generalisierung:

– der Kollektivausstellung 1927 in Berlin mit der „berühmten Käthe Kollwitz" (die er gar nicht sah) als den größten Erfolg seines Lebens
– und der „Blockwalzeraffäre" von 1933 als Synonym für die unglaubliche politische und künstlerische zwölfjährige Verfolgung im Dritten Reich durch die Nationalsozialisten.

Gegen das Epigonenhafte, das Hans Eckstein Koelle in seinem Artikel zuschrieb, verwahrte sich dieser: „Als Epigonen Meuniers wollten mich die massgebenden Berliner Behörden, voran das Preuss. Kultusministerium, sicher nicht nach Berlin berufen im Jahre 1929." (36) Seinem Jugendideal sei er nie untreu geworden, bekräftigte der Bildhauer, und das sei der Grund für seine zwölfjährige Verfolgung, und er beteuerte nochmals seine antifaschistische Einstellung „selbst auf die unabwendbar erscheinende Gefahr hin, die mir drohte." (37) Diese Gefahr wurde von Koelle nicht konkretisiert und von anderer Seite nie realisiert.

Zum Abschluß der Erklärung charakterisierte Koelle die von ihm geschaffenen Arbeiterplastiken wie folgt: „MeineArbeiter sind keine hellenistischen Herrscher mit imperatorischer Haltung, das sind aber auch keine Kaschemmenfiguren, wie andere [sie] gern darstellen, sondern das sind Arbeiter, mit erwachtem Klassenbewußtsein ihrer Kraft! Das ist wahrhaft proletarischer Adel! Das ist Adel der Arbeit!" (38) In seinem Schlußplädoyer nutzte Koelle das Vokabular zwei verschiedener ideologie-politischer Systeme, noch fußte es gedanklich in dem einen, aber es zeichnete sich bereits seine baldige Wende zum nächsten ab. Wer der Adressat dieser Erklärung Koelles auf Hans Ecksteins Artikel „Lehrer der Bildenden Künste?" war, konnte nicht ermittelt werden, da es sich nicht um Archivmaterial, sondern um Privatbesitz handelt.

Die Kritik eines Hans Eckstein von der Süddeutschen Zeitung in München teilten die Gewerkschaften nicht, die zu ihren 1.-Mai-Presseveröffentlichungen verschiedene Arbeiterplastiken Koelles auch aus der Entstehungszeit des Nationalsozialismus abbildeten (39) und sogar ihren Tagungssaal zum zweiten ordentlichen Bundestag des Bayerischen Gewerkschafts-Bundes 1948 in München mit vier Arbeiterplastiken von Fritz Koelle schmückten. (40) Fritz Koelle war inzwischen dieser Gewerkschaft beigetreten.

Ein nicht genannter Autor aus Augsburg versuchte Fritz Koelles „Zurücksetzung während der letzten zwölf Jahre [als] eine bedauerliche Tatsache" darzustellen, besonders die nochmals aufgerollte „Blockwalzeraffäre" von 1933, und führte als Unterstützung zu Koelles Rehabilitierung dessen Erfolg bei der Kollektivausstellung mit Käthe Kollwitz von 1927 an. (41) Von Interesse wären der Name des Autors und derjenige seines Auftraggebers.

Die Zukunft – Der Kommunismus

Im Sommer 1945 vollzog Fritz Koelle seinen politischen Wandel zum Kommunisten. Er trat in die KPD (42) ein und wandte sich im Anschluß daran sofort an den Zentralvorstand der Sozialistischen Einheitspartei Deutschlands (SED) mit der Bitte, als „Bildhauer und Gestalter des deutschen Berg- und Hüttenarbeiters" die russische Regierung für seine Bronzeplastiken, deren Fotos er beifügte, zu interessieren und die Voraussetzungen für Ausstellungen seiner Werke in Rußland zu schaffen. Als Renommee mußte wieder die „berühmte Frau Prof. Käthe Kollwitz" herhalten. (43) Ein Begleitschreiben des KPD-Landesbezirks Bayern bestätigte Koelles Mitgliedschaft in ihrer Partei und befürwortete sein Anliegen an den Zentralvorstand. (44)

In ihrem Antwortschreiben bekundete die Abteilung Kultur und Erziehung der SED ihr Unverständnis über die Aufnahme Koelles in die Partei und die Verwendung des KPD-Landesverbandes für diesen Künstler, da nach den Erkenntnissen des Zentralvorstands „Koelle in den Jahren 1940 und 1941 auf der Großen Deutschen Kunstausstellung in München Plastiken von SA-Männern sowie Horst Wessel ausgestellt hat." (45) Die SED bat die KPD Bayerns, die Angelegenheit nochmals zu recherchieren und ihr das Resultat mitzuteilen.

Koelle nahm die Zweifel der SED an seiner Person zum Anlaß, erneut eine eidesstattliche Erklärung abzugeben, die diesmal an die KPD Bayerns gerichtet war. Danach habe er nur auf „Druck und Drohung mit Konzentrationslager" durch Gauleiter Wagner die Horst-Wessel-Büste gestaltet und im Haus der Deutschen Kunst ausgestellt. Ebenso sei er von Wagner zur Teilnahme an den jährlichen Großen Deutschen Kunstausstellungen gezwungen worden: „Er drohte mir bei jeder Gelegenheit mit K. Z. Man wollte mich künstlerisch im nationalsozialistischen Sinne erziehen. Ich aber machte meine Arbeiter nach wie vor ... Im Jahre 1940 machte man es mir besonders schmackhaft, man versprach mir einen Millionenauftrag, und den lehnte ich ab, weil man mich zwang die 8 m großen Arbeiterplastiken (12 Stück an der Zahl) heroisch zu gestalten ... ich kam in Haft, weil ich seit 1921 Mitglied der KPD sei und in den roten Kreisen Berlins bekannt sei."

Koelle nannte dann seine Kontaktpersonen aus den „roten Kreisen": Max Liebermann, Käthe Kollwitz, Professor Fritz Stahl und den ehemaligen Kultusminister Dr. Becker. Koelle betonte mit Nachdruck: „Ich glaube, in diesen 12 Jahren aktiven Widerstand geleistet zu haben. ... Ich glaube, daß mein gesamtes Lebenswerk alles aussagt." Zur Bestätigung seiner antifaschistischen Gesinnung nennt er seine Befreiung vom Verdacht des Nationalsozialismus' durch die Spruchkammer München Land gemäß Gesetz vom 5.3.1946. Außerdem sei er niemals Nutznießer des politischen Systems gewesen, denn er habe vor 1933 mehr Geld verdient als von 1933 bis 1945. Koelle klagte: „Ich erhielt auch keinen Titel, viel weniger eine Professur, wie andere Kollegen, die sich heute als die großen Antifaschisten gebärden und die in der Nazi-Zeit lämmerten im Haus der Deutschen Kunst ausstellen zu dürfen." Koelle beendete seine eidesstattliche Erklärung mit den Worten: „Ich finde meine Haltung in der Nazi-Zeit als gar nichts besonderes, es war für mich so selbstverständlich, als wie meine antifaschistische Gesinnung und Haltung, die aus meinem Lebenswerk spricht. Mit kommunistischem Gruß. Fritz Koelle (46)

Koelle fügte wie üblich diverse Dokumente in Form von Presseberichten und Fotos bei, die seine Person diffamierten, aber auch alle neuen, ihn vom Faschismus befreienden Rehabilitierungsschreiben. Diese Unterlagen mit seiner eidesstattlicher Erklärung und einer eigenwilligen Interpretation von Koelles Aussagen ihrerseits sandte die KPD Bayern an die Abteilung Kultur und Erziehung der SED in Berlin. Die KPD stellte die Behauptung auf: „Koelle ist seit dem Jahr 1921 der Kommunistischen Partei nahegestanden und hat in Bezug auf sein Schaffen den Ruf eines proletarischen Künstlers weit über die Grenzen seiner Vaterstadt hinaus genossen. Koelle hat in jenen Jahren dem Kreis um Käthe Kollwitz angehört und wurde in vollem Umfang anerkannt." (47) Käthe Kollwitz konnte diese infamen Behauptungen nicht mehr widerlegen, sie war bereits kurz vor Kriegsende am 22.4.1945 gestorben. Koelle nahm diese Vereinnahmung der Künstlerin in Kauf und wie so oft auch seine eigene, wenn es darum ging, seiner Person und seinem Werk die ihm gebührende Anerkennung zukommen zu lassen.

Koelles Aufnahme in die KPD begründete die Partei mit seiner politischen Haltung in der Vergangenheit, insbesondere während des Dritten Reiches. Aber auch sein Œuvre wurde zugrunde gelegt: „Koelle ist nach dem Zusammenbruch erneut mit einer Plastik anlässlich des Tages der Opfer des Faschismus am 11. März bei einer diesbezüglichen Ausstellung in den Räumen der Betreuungsstelle für die Opfer des Faschismus ... eines KZlers hervorgetreten." (48)

Auf die derzeitigen Angriffe gegen Koelle wegen seiner faschistischen Vergangenheit und die darin begründete Ablehnung einer Akademieberufung reagierte die KPD mit der eigenwilligen Deutung: „Die teilweise heute sich abzeichnende Ablehnung Koelles ist ein Bestandteil der allgemeinen reaktionären Entwicklung in Bayern und wird insbesondere von jenen Leuten betrieben, die in Koelle einen proletarischen Künstler sehen, der ihnen bereits vor der Nazizeit unangenehm war." (49) Für die KPD war Koelle ein antifaschistischer Künstler, dessen Aufnahme als Kommunist in ihre Partei nichts entgegenstand.

Nach Prüfung der umfangreichen Unterlagen über den Bildhauer Fritz Koelle gelangte auch das ZK der SED zu der Überzeugung, daß Koelles Verhalten im Nationalsozialismus „einwandfrei" gewesen war. Es erklärte sich bereit, Koelle in der von der KPD angeregten Weise zu unterstützen, erbat aber trotzdem noch weitere Informationen über den Künstler: „Um eine gute Arbeit für uns zu ermöglichen, ist es notwendig, daß wir über alle auf dem Gebiete der Kultur tätigen Persönlichkeiten weitgehend informiert sind." (50) Der KPD-Landesbezirk Bayern versprach die gewünschten zusätzlichen Informationen. (51) Die Bespitzelung der NS-Zeit ging nahtlos ins neue System über.

Um sich einen Überblick über Koelles Œuvre zu verschaffen, besuchten Otto Grotewohl und Wilhelm Pieck am 6. April Koelles Atelier in München. Sie waren von den dort vorgefundenen Plastiken durchaus angetan und kauften die kleine Figur des KZ'lers (21 cm) für 1200 Mark (WVZ 176) und einen 60 bis 70 cm hohen „breitbeinig stehenden Walzwerkarbeiter" für 6000 Mark. Dabei könnte es sich um das kleinere Format des 1931 entstandenen „Hüttenarbeiters" (WVZ 112) gehandelt haben (der laut E. Kammerer noch „Blockwalzer" genannt wurde). Pieck und Grotewohl avisierten Koelle auch den Erwerb des überlebensgroßen Exemplars des Hüttenarbeiters für den Ehrenfriedhof sozialistischer Kämpfer (wie Karl Liebknecht und Rosa Luxemburg) in Berlin-Friedrichsfelde.

Unmittelbar nach dem Kontakt mit den Sozialisten bedankte sich Koelle schriftlich: „Sehr verehrte liebe Genossen Pieck und Grotewohl ... Eine ganz besondere Ehrung war mir aber der Erwerb meiner großen Bronzeplastik ‚Hüttenarbeiter' für das Grab von Rosa Luxemburg und Karl Liebknecht. Für die Gestaltung des Sockels stehe ich jederzeit gerne bereit." (52) Als Anlage fügte er Fotos weiterer Arbeiten mit der Bitte bei, sie der russischen Militärregierung für eventuelle Ankäufe zu empfehlen. Koelle schloß „mit kommunistischem Gruß".

Laut Protokoll wurde in der Sitzung des Zentralsekretariats vom 11.4.1947 der Ankauf von Koelle-Plastiken beschlossen:
„a) Dem Ankauf der vorgeschlagenen Plastik für den Sitzungssaal wird zugestimmt.
b) Über den Ankauf einer Monumentalplastik für den Ehrenfriedhof in Lichtenberg sollen die aufgenommenen Verhandlungen zum Abschluß gebracht werden.
c) Grotewohl wird beauftragt, mit Wandel Verhandlungen aufzunehmen zwecks Berufung von Koelle an die Universität Berlin." (53)

Grotewohl bestätigte Koelle die beschlossenen Ankäufe und teilte ihm mit, daß er sich mit dem Präsidenten der Zentralverwaltung für Volksbildung, Paul Wandel, wegen einer Professur unterhalten habe: „Wir bieten Ihnen an, eine Professur in Weimar zu übernehmen. Dort wird die Tradition des Bauhauses Weimar und Dessau fortgesetzt. Alle Einzelheiten werden Sie mit dem Genossen Paul Wandel verhandeln müssen." (54) Einen Durchschlag dieses Schreibens sandte Grotewohl an Wandel.

Koelle kämpfte an zwei Fronten gleichzeitig. Trotz der inzwischen erfolgten Berufung Toni Stadlers und Anton Hillers an die Akademie der bildenden Künste in München gab Fritz Koelle nicht auf. In einem Beschwerdebrief an den Staatssekretär im Kultusministerium, Dr. Sattler, wiederholte er alle bereits mehrfach angesprochenen und subjektiv ausgelegten Erklärungen zu seinem Werdegang und zu seinem Verhalten im Dritten Reich: „Ich mußte ein Hitler-Bildnis machen, das entstellte ich so, dass Christian Weber ... Verhaftung und Einlieferung ins KZ Dachau ... beantragte." Es ist auffällig, wie häufig in seinen Aussagen nach dem Kriege Drohungen mit Dachau gegen ihn ausgesprochen worden sein sollen, denn die Gesellschaft war jetzt sensibilisiert für diese grausame Tatsache und er sich der Wirkung seiner Aussage offensichtlich bewußt. Zum Schluß seines Schreibens erging er sich wieder in negativen Ausführungen über die an die Akademie berufenen Professoren: „‚– Da stimmt was nicht! –" (55)

Auch Koelles langjähriger Freund Rechtsanwalt Dr. Franz Haus wandte sich in einem umfangreichen Schreiben an Dr. Sattler vom Kultusministerium, in dem er versuchte, seine Ansicht der Trennung von Kunst und Politik, speziell Parteipolitik, zu vertreten. Von Koelle behauptete er, „Daß er eine durchaus unpolitische Natur ist ... In Wahrheit war Herr Koelle so wenig ‚Nationalsozialist' wie er früher ‚Bolschewist' war ... so wenig ein Landschaftsmaler für Bodenreform oder der Darsteller weiblicher Bildnisse für Frauenstimmrecht wirbt, so wenig hat Koelle mit seinen Arbeiterfiguren Kommunismus oder Nationalsozialismus im Auge ... Deshalb darf auch Koelle wie jeder andere Künstler beanspruchen, daß sein Werk ausschließlich nach sachlichen Gesichtspunkten beurteilt und bewertet wird." (56)

Hätte Franz Haus in seiner zwanzigjährigen Freundschaft zu Koelle wirklich erfahren, daß es der Bildhauer selbst war, der den jeweiligen politischen Machthabern seine Kunst andiente und im gleichen Augenblick seines Schreibens an Sattler wieder im Begriff war, es umzusetzen und somit seine Kunst durch das momentane Regime der SBZ instrumentalisierbar machte, hätte sich sein Brief an das Kultusministerium sicherlich erübrigt, ebenso wie seine freundschaftliche Unterstützung Koelles.

In der Unterredung, die Staatssekretär Sattler einen Tag nach Erhalt des oben genannten Schreibens von Haus Fritz Koelle gewährte, unterzog er diesen kritischen Fragen bezüglich seines aktiven Widerstands gegen den Faschismus und kam zu dem Resultat, daß er glaube, daß Fritz Koelle politisch nicht aktiv sei, sich aber jeweils dorthin hielt, wo er seine Aufträge bekam. (57) Koelle, der dieses Gespräch noch einmal schriftlich zusammenfaßte und seine Meinung wiederholt kundtat, stellte fest, daß das Mißverständnis darin bestand, daß „wenn ich mit Politikern verhandelt habe, so geschah es nicht, um ihnen Komplimente zu machen, sondern weil sie für die Vergebung von Aufträgen oder in anderen Angelegenheiten meines Berufs jeweils zuständig waren. Daran, daß diese Politiker im Laufe meines Lebens verschiedenen Richtungen angehörten, bin ich gewiss unschuldig." Daß der Künstler die Form und Personen der „Verhandlungen" selbst bestimmte, erwähnte er nicht.

Sattlers Antwort auf Koelles Schreiben war deutlich und endgültig: „Bezüglich einer Lehrstelle an der Hochschule für bildende Künste möchte ich Ihnen nochmals mitteilen, daß es in erster Linie die Sache des Lehrerkollegiums dieser Hochschule ist, Sie für eine derartige Professur vorzuschlagen und ich es ablehnen muß, vom Ministerium aus einen Druck in dieser Richtung auf die Hochschule ... auszuüben." Koelle, der weiterhin auf die autoritär-hierarchischen Gesellschaftsstrukturen des Nationalsozialismus setzte, hatte sich in der Person Sattlers getäuscht und übersehen, daß sich bereits erste demokratische Ansätze in der Staatsverwaltung entwickelten.

Sattler hatte seine Entscheidung längst getroffen, denn zum einen hielt er Koelle nicht für einen sogenannten Wiedergutmachungsfall, dem vertraglich eine Professur vor dem Dritten Reich zugesichert worden war, wie Koelle behauptete. Es war lediglich ein Vermerk vorhanden, wonach Koelle 1929 ein Atelier gegen Mietzins überlassen wurde, um einen Weggang nach Berlin zu verhindern. Und zum anderen gestand er ihm: „Auf Ihr Schreiben vom 4.6.1947 möchte ich Ihnen mitteilen, daß ich Sie nach meiner persönlichen Meinung nicht für einen wirklichen Gegner des 3. Reiches und aktiven Antifaschisten halten kann, soweit mir Ihre Person und Ihr Wirken bekannt ist." (58) Sattler, der Koelle ein Jahr zuvor noch mit Ministerpräsident Hoegner als politisch verfolgt und wiedergutmachungsbedürftig eingestuft hatte, hatte sich in der Zwischenzeit ein anderes Bild über den Künstler verschafft.

Unterdessen hatte Koelle die Bestätigung seiner Ankäufe und den Vorschlag für eine Professur in Weimar von Otto Grotewohl erhalten. Besonders freute ihn der Beschluß, die große Arbeiterplastik zu erwerben, deren Preis er mit 18.000 Mark versah „nach der kommenden neuen Währung, wie wir im Atelier besprochen haben. Vorausgesetzt, daß sie ungefähr im Verhältnis der alten Währung vor 1933 entspricht." (59) Er dankte „für das ehrende Angebot einer Professur nach Weimar", erstickte es aber bereits in seiner Selbstüberschätzung im Keime. „Um ... meine Plastiken so ausführen zu können wie bisher, eigenständig auszuarbeiten und den Guß zu überwachen, ist es unbedingt erforderlich, daß am Platze eine leistungsfähige Erzgießerei ist, und das ist in Deutschland nur in Berlin und in München. Ich bin aus diesem Grunde an München und Berlin gebunden. Ich fühle mich aber auch an Berlin dankbar verbunden", (60) und Koelle breitete wieder seine großen Erfolge mit der „berühmten Käthe Kollwitz" aus.

In Berlin erwartete er mehr Entfaltungsmöglichkeiten, neue Anregungen und neue Schaffensgebiete, und so bedrängte er Grotewohl, Wandel davon zu überzeugen, daß er nach Berlin berufen würde. In seinem Folgebrief am nächsten Tag bot er bereits seine Dienste aus Dankbarkeit für eine Berufung nach Berlin an. Das politische System hatte zwar gewechselt, nicht aber das Obrigkeitsdenken, wie die Akzeptanz Koelles hierarchischen Denkens und seiner Methoden, sich ihm anzudienen, beweist: „Wenn es denn Ihre Zeit gestattet, wäre es mir eine ganz besondere Freude, Sie lieber Genosse Grotewohl aus Dankbarkeit zu portraitieren in Berlin, sowie den Genossen Wilhelm Pieck und den Genossen Wandel ... und ich freue mich sehr, daß der zweite entscheidende Erfolg meines Lebens wieder von Berlin kommt. Mit sozialistischem Gruß, in Dankbarkeit, Ihr getreuer Fritz Koelle." (61)

In Koelles Vorstellungen war sein Leben in Berlin bereits realisiert, ebenso wie die parteipolitische Diktion, zum Beispiel der sozialistische Gruß an die Genossen, schon verinnerlicht war. Was Koelle nicht ahnte, war, daß hinter den parteiinternen Kulissen inzwischen ein anderer Kurs gegen ihn eingeschlagen worden war. Nachdem Otto Grotewohl der Katalog der Großen Deutschen Kunstausstellung 1940 im Haus der Deutschen Kunst zu Gesicht gekommen war, in dem Koelles Horst-Wessel-Büste verzeichnet ist, beschloß das Zentralsekretariat auf Grotewohls Antrag hin, von einer Berufung Koelles an eine Kunsthochschule Abstand zu nehmen. Diese vertrauliche Information gab er an Paul Wandel weiter. (62)

In seinem Schreiben an Ludwig Ficker, dem zweiten Vorsitzenden der bayerischen Landesleitung der KPD, informierte er diesen über den Sachverhalt und über die für Koelle daraus erwachsenden Konsequenzen: „Das Zentralsekretariat ... hat sich auf meinen Antrag hin genötigt gesehen, folgende Beschlüsse zu fassen:
a) Von einer Berufung von Fritz Koelle als Professor an eine Kunstschule ist abzusehen.
b) Der vorgesehene Ankauf der großen Plastik wird zurückgestellt bis zur Aufklärung seitens des Landesvorstandes des KPD Bayern über die Haltung des Künstlers bei Ausstellungen in der Hitlerzeit (Plastik von Horst Wessel).
c) Der in München erfolgte Ankauf einer Kleinplastik wird bestätigt." (63)

Grotewohl bat Ficker, diese Beschlüsse vertraulich zu behandeln. Sie seien lediglich als Hintergrundinformation für ihn selbst bei seinen klärenden Gesprächen mit Koelle gedacht. Ficker nahm Grotewohls Zeilen mit Unverständnis auf, hatte die KPD-Landesleitung doch am 10.1.1947 einen ausführlichen Bericht und einen Akt Koelle mit zwanzig Schriftstücken zur Entlastung seiner Person an das Zentralsekretariat der SED geschickt und am 31.1.1947 die Bestätigung erhalten, daß Koelles Verhaltensweise korrekt gewesen sei. Der Sinneswandel der SED erstaunte Ficker, und er bat Grotewohl, sich den Akt Koelle bei der Abteilung Kultur und Erziehung noch einmal auszuleihen, denn die jetzigen Beschlüsse des Zentralsekretariats könnte er sich nur aufgrund der Unkenntnis der Sachlage und dieser Akten erklären. (64)

Grotewohl bestätigte Fickers Vermutung, und das Zentralsekretariat befaßte sich ein erneutes Mal unter Verwendung aller vorhandenen Akten mit dem Fall Koelle. Dabei wurde beschlossen, daß die Klärung des Ankaufs der großen Plastik wieder aufgenommen werde und in Abhängigkeit davon auch eine Entscheidung über Koelles Berufung gefällt werden solle. Grotewohl bat Ficker wegen seines bevorstehenden Urlaubs um etwas Geduld bei der Angelegenheit, „da ich die weitere Behandlung dieses Falles wegen seines eigenartigen Verlaufs persönlich in der Hand behalten möchte." (65)

Kurz darauf sandte Ficker Otto Grotewohl einen „Hilferuf", „die Einladung Koelles jetzt vorzunehmen, damit der Fall erledigt werden kann. Koelle rückt mir hier stark auf den Pelz. Gen. Wandel hat mir versprochen, dass er so schnell wie möglich über die zuständige Stelle zu einer Aussprache nach Berlin einladen wird." (66) Ludwig Ficker von der KPD teilte Koelle seine bevorstehende Einladung durch Wandel mit, worauf sich der Künstler an Grotewohl wandte und ihn um eine schriftliche Bestätigung dieses Besuchs in Berlin bat, um von der Münchener Polizei einen Paß dafür ausgestellt zu bekommen. Außerdem bedankte er sich für die 7200 Mark, die ihm Ficker überbracht hatte. Er erkundigte sich nach dem Entscheidungsstand über seine Plastik für den „Ehrenfriedhof sozialistischer Kämpfer", über die er gern mit Grotewohl persönlich in Berlin sprechen wollte. (67)

In einer Mitteilung, die als Kopie an den Präsidenten Paul Wandel und Fritz Sperling von der Landesleitung der KPD in München ging, hielt Otto Grotewohl fest, daß nach einer Aussprache mit Wandel beide zu der Überzeugung gelangt seien, von einer Professur Koelles in der Ostzone abzusehen, und daß über einen Ankauf der Plastik für der Ehrenfriedhof sachverständige Genossen ihr Urteil anhand des kleineren Modells treffen sollten. Genosse Fritz Sperling wurde beauftragt, Koelle diese Mitteilung zu überbringen, so daß sich eine Reise Koelles nach Berlin erübrigte. (68)

Da Koelle bis zum 26. August weder von der SED noch von der KPD konkrete Informationen über den Sachstand und auch keine Reaktion auf den benötigten Paß erhalten hatte, wandte er sich wieder an Otto Grotewohl. Er bekundete sein bestehendes Interesse an einer Professur und nannte neben Berlin auch wieder Weimar, erkundigte sich nach dem Abschluß der Verhandlungen für seine große Plastik und berichtete über zwei neue Arbeiterplastiken, die er geschaffen hatte: die Einzelfigur „Schreitender Arbeiter mit Mütze", (WVZ 179) die er 1951 bei der Ausstellung „Künstler schaffen für den Frieden" als „Friedenskämpfer" ausstellen wird, und eine Zweiergruppe „Concordia", (WVZ 183) deren Sockel er versah „mit dem sinnreichen Ausspruch des römischen Plastikers und Schriftstellers ‚Sallust' aus dem Jahre 86 v. Chr. ‚Concordia parvae res crescunt, discordia maximae dila[b]untur'. Durch Eintracht (Einheit) wächst das Kleine, durch Zwietracht zerfällt das Größte. Sallust war ja wegen seiner Bekämpfung des Kapitalismusses im Jahre 50 aus dem römischen Senat ausgestoßen worden. Er war der Lieblingsschriftsteller von Friedrich Schiller." (69) Diese Lektion über Sallust, die Koelle Otto Grotewohl erteilte, hatte er soeben im Lateinbuch seines Sohnes entdeckt, der ihm bei der Übersetzung behilflich war, da Fritz Koelle kein Latein beherrschte.

Die „Concordia"-Gruppe besteht aus zwei Arbeitern, Schulter an Schulter gelehnt, gemeinsam mit je einer Hand eine zusammengerollte Fahne umfassend, die vor ihnen, leicht geneigt zwischen ihnen auf dem Boden aufgestellt ist. Ihre sich berührenden Beine sind stark nach hinten durchgebeugt und deckungsgleich in weit ausholendem Schritt nach vorn gestellt, den Fahnenmast flankierend. Die beiden anderen Beine der Arbeiter sind kompositorisch um 90° abgewinkelt, ebenso der jeweilige freie Arm, der weit nach hinten ausholend in einer geballten Faust endet. Alle Elemente sind auf Gleichklang hin komponiert, sogar der dekorativ stilisierte Faltenwurf der Kleidung. Ein Arbeiter ist an seinen dreifach übereinanderlappenden Lederschuhen und der Lederschürze noch als Hüttenmann identifizierbar, der andere Arbeiter ist nur mit derben Arbeitsschuhen, Arbeitshose und Hemd bekleidet. Während der Hüttenmann eine breitkrempige, den ganzen Kopf umspielende Kopfbedeckung trägt, liegt bei dem anderen Arbeiter eine runde Kappe mit hochgeklapptem schmalem Schirm auf dem Kopf und gibt die Ohren frei. Beide Figuren sind mit einem unnatürlich weit aufspringendem Hemd bekleidet, dessen Öffnung in Form eines Dreiecks die nackte, kraftvolle Brust eines jeden freigibt. Den Wülsten der aufgerollten Hemdsärmel entsprechen die gerollten Ränder der aufgeklappten Hemden.

Die typisierende Physiognomie erinnert an Koelles letzte entseelte „Hüttenarbeiter" oder seinen „Isarflößer", eine knochig-kantige Modellierung mit besonders hervorstehenden Backenknochen, zusammengepreßten Lippen, energischen, markanten Stirnfalten und einem zielgerichteten Blick auch auf die Fahne. In dieser Physiognomie liegt der Ausdruck von Entschlossenheit, Aggressivität und Heroismus entsprechend der kämpferischen Körperhaltung. Gestik, Mimik, selbst die Anordnung der Kleidung, der schwungvolle Faltenwurf, die freiliegende, männliche Kraft symbolisierende Brust, alles ist auf einen Kampf im Gleichklang ausgerichtet. Formale und inhaltlich-politische Aussage nebst Titel der „Concordia"-Gruppe bilden eine Einheit und nehmen Bezug auf die kurz zuvor erfolgte (21.4.1946) Vereinigung der beiden Parteien der KPD und SPD zur SED. Lediglich die zusammengerollte Fahne vermag die der Gruppe innewohnende Dynamik nicht mitzutragen. Möglicherweise waren Koelles bildhauerische Kompetenzen mit dieser Zweiergruppe bereits ausgereizt, denn er hatte bisher – von wenigen Ausnahmen abgesehen – nur Einzelfiguren gestaltet.

Mit ihrer politisch-heroischen Aussagekraft der „Concordia" führte Koelle den „Faust-Arbeiter" des Nationalsozialismus' fort, dessen Diktat er sich mit seinen statisch wirkenden Figuren entzogen hatte, mit dem er aber den bildnerischen Ansprüchen an die Funktion des kämpferischen, mit neuem Klassenbewußtsein beseelten Arbeiters der SBZ entgegenkam.

Auffallend erscheint die nachlässig wirkende glatte Modellierung, die Formreduktion, die eine Ausbildung von Gelenken und Gliedern nicht mehr zuläßt und diese wie eine dehnbare Masse anmuten läßt. Die schwungvoll lässige Modellierung, die Koelles späterer Schüler Jürgen von Woyski als „Koelles Daumenschwung" bezeichnete, leitete beim Bildhauer eine neue formale Phase ein, die er mit „Modernität" und seinem eigenen Schwung eines Neubeginns verband. Allerdings ist diese „schwungvolle" Modellierung bei keiner weiteren Figur so sinnmachend wie bei der „Concordia", bei anderen überflüssig, wie beim „Hl. Christopherus", (WVZ 193) zur Pose erstarrt wie beim „Schreitenden Arbeiter mit Mütze" oder sogar völlig unangebracht wie beim „KZ-Häftling". Beim „Sämann" (WVZ 196) beschränkte sich Koelle in seiner Formreduktion nur noch auf die Konturen, eine Binnendifferenzierung wurde kaum mehr vorgenommen. Die „Biegsamkeit" dieser Figur ist reine Pose.

Inzwischen hatte Fritz Sperling von der KPD in München Koelle die Beschlüsse des Zentralsekretariats der SED in Berlin übermittelt, die all seine Zukunftshoffnungen zunichte machten. Er erkannte, „daß eine Berufung nach Berlin vorerst ein ‚Status quo' verbleiben soll und wahrscheinlich somit auch die beabsichtigten Aufträge. Durch diesen Zustand wird meine wirtschaftliche Lage und mein künstlerisches Schaffen in Frage gestellt". (70) Und sofort fand Koelle einen neuen Schuldigen, den er in seiner üblichen Opferfunktion für seine bildhauerische und ökonomische Situation in seiner ihm eigenen selektiven Wahrnehmung verantwortlich machte: „denn Sie wissen wie ich wegen meiner politischen Einstellung hier in München zu leiden habe. Ich bin hier in München aus diesem Grunde gänzlich kalt gestellt." (71)

Unter Umkehrung der Wirklichkeit prostituierte Koelle sich bei der SED genauso wie bei der NSDAP. Er stellte sich als völlig mittellos dar, seit er die Unterstützung des „einzigen arbeiterfreundlichen Industriellen" aus der russischen Zone, Rudolf Schwarz, nicht mehr habe. Dieser war es, der Koelle den Bau seines Atelierhauses bezahlte, weil Gauleiter Wagner laut Koelle ihm sein Staatsatelier in der Kaulbachstraße gekündigt hatte (was nicht stimmte, Koelle selbst hatte 1937 angeboten, es zu räumen, nachdem sein Atelierhaus in Geiselgasteig bezugsfertig war, hatte es aber dennoch bis zur Zerstörung am Kriegsende genutzt). Nach Koelles Angaben unterstützte

Schwarz ihn erst recht, als er „künstlerisch und politisch verfolgt wurde, selbst auf die Gefahr, die ihm durch diese Schritte gedroht hat." (72) Welche Gefahr diesem regimekonformen Industriellen, durch den Koelle seine Kontakte zur NSDAP vermittelt bekam, drohte, ist nicht nachvollziehbar.

Die Zeit arbeitete für Koelle, viele seiner Versionen konnten durch die Beteiligten nicht mehr widerlegt werden. Aber es gab noch Situationen, die nicht „totgeschwiegen" werden konnten. So seine Teilnahme an den Großen Deutschen Kunstausstellungen und die Büste Horst Wessels als Stein des Anstoßes bei der SED. Aber auch dafür hatte der Bildhauer seine eigenen Auslegungen: „Es ist tief bedauerlich, daß man in Berlin gegen mich Stellung nimmt und mir einen kleinen Entwurf, für den ich 100 Mark erhielt, vorwirft." (73)

Dieser „kleine Entwurf" war eine Bronzebüste in Lebensgröße, die nach Koelles Angebot an die Stadt München und seiner Forderung von 4000 Mark zum Kaufpreis von 1200 bis maximal 2000 Mark von den Kunstbeiräten am 26.4.1937 genehmigt und von Max Reinhard für ein Hitlerjugendheim erworben wurde. Das zweite Exemplar wurde wahrscheinlich von Gauleiter Wagner unmittelbar aus der Großen Deutschen Kunstausstellung im Jahre 1940 angekauft. Außerdem fertigte Koelle diese Büste nicht „notgedrungen nach seiner Haft" an (Christian Weber hatte nach Koelles Angaben am 9. März 1934 Haft für ihn beantragt). Da Koelles Aussagen in dieser Angelegenheit aber mehrfach differierten, was Zeitpunkt, Umfang (Stunden, Tage) und Grund betraf und er keine schriftlichen Belege darüber beibringen konnte außer der beglaubigten Abschrift der Bestätigung des Roten Kreuzes von 1946, ist es heute schwierig, diesen Abschnitt Koelles Leben korrekt zuzuordnen.

Außerdem stellte Koelle den „Entwurf" der Horst-Wessel-Büste ebenso wie die Saarmedaille als einen gelungenen Schlag gegen seinen größten Gegner, Stadtrat Zöberlein, dar. Koelle verlangte Verständnis von den Berlinern für diese Handlung, da sie „doch wissen, wie man gegen mich vorging, so müßten sie diesen Entwurf als harmlosen ‚antifaschistischen Schönheitsfehler' von mir hinnehmen." (74) Diesen „Schönheitsfehler" rechtfertigte Koelle mit seinem weiteren jahrelangen Schaffen für die „Arbeiterbewegung". „Wäre es besser gewesen, ich wäre ins KZ gekommen ...? Gerade in diesen Jahren sind die entscheidensten Arbeiten entstanden, für die Deutsche Arbeiterbewegung ... Seit 1918 arbeite ich für die Deutsche Arbeiterbewegung, ohne ihre Hilfe, was mich aber nie schwankend machte. Ich ging trotz vieler Not unbeirrbar immer meinen geraden Weg." (75)

Koelle arbeitete für die NSDAP und die DAF, stritt im Dritten Reich jedwede kommunistische (bolschewistische) Kunstauffassung ab und ging „immer seinen geraden Weg", der Arbeiterbewegung dienend. Auch an diesem Punkt muß man Koelles Bekenntnis als „seine Wirklichkeit" abnehmen. Koelle war überzeugt von seiner Aussage, die im Hier und Jetzt in „seiner Realität" verhaftet war: „Es war mir jetzt die größte Ehrung meines Schaffens in meinem Leben, als Sie, die ersten Vertreter der Deutschen Arbeiterbewegung, mich ... in meinem Atelier besuchten und mir eine wirtschaftliche Sicherheit in Aussicht stellten." (76) Und wieder vermutete er eine Kampagne seiner Kollegen hinter dem Rückzug der SED. „Mir wäre es lieber gewesen, man hätte den Kampf gegen meine Gegner aufgenommen. Wenn Sie es aber für besser halten, es zur Zeit auf einen Kampf nicht ankommen zu lassen, so füge ich mich." (77)

In einem letzten „Verteidigungsversuch" stellte er nochmals seine „künstlerische Verfolgung" in den internationalen Mittelpunkt: „Als ich 1936 nach England emigrierte, wußte man dort von meiner ... Verfolgung im British Museum ... Als die Amerikaner in München einzogen, wußte auch General Frederick von meiner Verfolgung ... ich stand unter seinem Schutz. Die französische Besatzung, der General König spricht unter meinem ‚Arbeiterdenkmal' zum Saarvolk ... nur in Deutschland weiß man anders. Da stimmt was nicht." (78)

Nicht einmal seine „Gegner (Kollegen)" hatten auf Koelles „Artikel" „Die Antwort eines Künstlers" reagiert, der sich lediglich aus aneinandergereihten Presseauszügen und Abschnitten aus be- und entlastenden Erklärungen aus den Jahren 1933 und 1946 zusammensetzte und die „Diffamierungskampagnen" gegen ihn als „bolschewistischen" beziehungsweise „faschistischen" Künstler aufzeigen sollte. Zur Bekräftigung bildete er seine Bronzeplastik „Der Konzentrationslagergefangene" ab. (79) Koelle erhielt nicht eine einzige Reaktion auf diese Veröffentlichung in der „Nation". Sie wurde einfach ignoriert, was Koelle „nachdenklich stimmte", aber aus der Situation heraus durchaus verständlich erscheint. Vielen mag die Wandlungsfähigkeit Koelles, demonstriert in einer sozialistischen Zeitschrift, unverständlich oder sogar peinlich erschienen sein. Möglicherweise entdeckte der eine oder andere Künstler oder Politiker Parallelen in seiner eigenen Person und schwieg.

Grotewohl antwortete nicht auf Koelles Schreiben, sondern ließ ihm durch das Büro des Zentralsekretariats der SED mitteilen, daß Genosse Sperling mit Koelle ein Gespräch führen sollte und man hoffe, daß diese Unterredung inzwischen stattgefunden habe. (80) Danach gab es für einige Monate keinen Kontakt zwischen Koelle und der SED. Koelle war in dieser Zeit zwar in Berlin, suchte die persönliche Begegnung aber nicht, sondern entschuldigte sich schriftlich aus Berlin mit der fehlenden Gelegenheit bei Otto Grotewohl, dem er einige Fotos seiner neuesten Plastiken zusandte. Der Künstler erkundigte sich nochmals nach dem Stand der Dinge bezüglich seiner Anstellung, der großen Plastik für den Ehrenfriedhof und offensichtlich weiteren von den Politikern avisierten Plastik-Aufträgen für das SED-Haus und Plötzensee. (81)

In seiner Antwort bedauerte Grotewohl es sehr, „dass Sie Ihre Anwesenheit in Berlin nicht benutzt haben, mit uns persönlich in Verbindung zu treten. Es hätte sich dann auch sehr leicht eine Besprechung mit dem Genossen Wandel ermöglichen lassen." Grotewohl bemerkte durchaus, daß Koelle eine persönliche Aussprache vermied. Koelles Fragen nach weiteren Ankäufen seiner Plastiken beschied er abschlägig mit der Argumentation der derzeitigen ungeklärten Währungssituation. Bei der Plastik für den Ehrenfriedhof kämen Einwände von der „nicht freundlich gesinnten Mehrheit des Berliner Magistrats" diesem Projekt gegenüber. (82) Koelle nahm erst ein halbes Jahr später Stellung zu Grotewohls Antwortschreiben: „Gerne hätte ich Sie und Genosse Pieck ... gesprochen. Ich hatte aber den Eindruck, daß ich Sie bei Ihrer Arbeitsüberlastung gestört hätte." (83)

In der Zwischenzeit hatte Koelle den Vorschlag Grotewohls, sich wegen einer Professur an der Hochschule für Baukunst und bildende Künste in Weimar mit deren Rektor, Professor Hermann Heselmann, in Verbindung zu setzen, ausgeführt und erwartete dessen Nachricht, obwohl Koelle sicherlich keine Ambitionen entwickelte, „die Tradition des Bauhauses Weimar und Dessau" (vgl. Anmerkung 54) fortzusetzen. Aber da er in München aufgrund seiner künstlerischen Vergangenheit und seiner neuerlichen sozialistischen Orientierung keine Zukunftschancen als Bildhauer sah, hatte er gemerkt, daß er ein solches Angebot nicht ausschlagen konnte.

Werbewirksam informierte Koelle Otto Grotewohl darüber: „Zur Zeit arbeite ich im Auftrag des Staatskommissariats für rassisch, religiös und politisch Verfolgte (bei dem ich auch als politisch

Verfolgter geführt werde) an einem Entwurf für ein Totendenkmal der Dachauer Konzentrationäre. Die Ausführung wird aber durch die CSU verhindert." Dann erfolgte der gezielte Hinweis in der Hoffnung auf eine eventuelle Kaufabsicht der SED: „Ich will nun soweit es mir ... möglich ist, den figürlichen Schmuck, zwei Konzentrationäre ohne Auftragserteilung lebensgroß ausführen." (84) Zum Schluß bat der Künstler Otto Grotewohl nochmals darum, „in der Ostzone Verwendung für ihn zu finden."

Bereits eine gute Woche später empfahl Grotewohl dem Bildhauer, mit Hermann Henselmann in Kontakt zu bleiben, denn „es ist mir klar, dass Ihnen eine ernsthafte Entfaltungsmöglichkeit in München nicht mehr gegeben sein wird." (85) Für seine Dachauer Konzentrationäre, gemeint war die Gruppe „Inferno", (WVZ 177) und das Totenmal wünschte er Koelle eine gute Stunde und sich eine Skizze oder ein Foto davon. Weiteres Interesse an dieser Figurengruppe wurde von der SED nicht signalisiert.

Der Öffentlichkeit wurde das geplante Denkmal am 10. September 1949 in der Presse vorgestellt. Der Initiator dieses Denkmals, der von der bayerischen Landesregierung eingesetzte „Generalanwalt für Wiedergutmachung" Dr. Philipp Auerbach, (86) informierte die Leser darüber, daß er den Bildhauer Fritz Koelle mit der Gestaltung eines „Mahnmal[s] zum Gedenken der Toten als Mahnung für die Überlebenden" (87) beauftragt habe, und verband damit seinen Spendenaufruf: „Auch für die, die wirklich nur Mitläufer waren, dürfte das kleine Geldopfer, welches sie heute bringen, ein ehrliches und wahrhaftes Zeichen moralischer Wiedergutmachung bedeuten." (88) In dem Aufruf war Koelles 1,80 m große Figurengruppe „Inferno" als Gipsmodell von 1946 abgebildet und mit folgendem Bildtext versehen: „Diesen Entwurf für ein Ehrenmal im ehemaligen Konzentrationslager Dachau hat Prof. Fritz Koelle (89) im Auftrag von Generalanwalt Dr. Auerbach fertiggestellt. Das Denkmal soll in Bronze ausgeführt und auf einen mächtigen Kubus aus Muschelkalkstein aufgesetzt werden. Als Leitmotiv für sein Werk wählte der Künstler: ‚Inferno'." (90)

Gemäß der Intention eines Mahnmals zum Gedenken der Toten und als Mahnung für die Überlebenden wählte Koelle eine Figurengruppe, in der der überlebende Häftling auf den leblos in seinem Arm hängenden nackten und zum Skelett abgemagerten, toten Kameraden weist. Bekleidet ist der Lebende nur mit einem zerrissenen Hemd, sein Brustbereich ist plakativ freigelegt, (91) um auch bei ihm die Ausgezehrtheit und die bloßen Rippen zu demonstrieren. Bei diesem überlebenden Häftling sind keinerlei Emotionen wie Schmerz oder Trauer um den Toten auszumachen. Der einzige Bezug zu dem Toten ist der „pädagogische Zeigefinger", der aber genau wie sein Blick an ein Publikum gerichtet ist, dem er lehrmeisterhaft diese Botschaft übermitteln will.

Ein knochiges, ausgemergeltes Gesicht mit tiefen Augenhöhlen ist durchaus der tragischen Situation angepaßt, aber die finstere Mimik mit den zusammengepreßten Lippen und den maskenhaft verhärteten Gesichtszügen erinnert eher an Koelles statisch-hölzerne Arbeitergesichter aus dem Dritten Reich, ebenso wie die aufrechte Standposition, auch wenn das linke Bein etwas angewinkelt vorgestellt ist, um darauf den Körper der Leiche abzustützen. Die stilisiert-platte, plakative Figuration der beiden KZ-Häftlinge macht deutlich, daß Koelle sich eines Themas angenommen hatte, dem er bildhauerisch nicht gewachsen war und das in seiner Unfaßbarkeit nur schwer figurativ-realistisch plastisch darstellbar war und ist, wie die heute, mehr als fünfzig Jahre danach kontrovers geführten Diskussionen um das Holocaust-Mahnmal in Berlin beweisen.

Vergleichbare, aber bildnerisch überzeugendere körperlich drastische Darstellungensweisen eines Toten finden sich bei Berhard Hoetger. Die Plastik „Sterbende Mutter mit Kind" (1921), (92) bei der die Mutter ihren bereits toten nackten, ebenfalls bis aufs Skelett abgemagerten Jungen verzweifelt der Welt entgegenstreckt, während sie selbst bereits auf Knien zu Boden gesunken ist, versteht sich als aufrüttelnde soziale Anklage. Auch bei Hoetgers „Revolutionsdenkmal" („Mutter und Sohn") von 1922, einer ehemals auf dem Waller Friedhof in Bremen aufgestellten und 1933 von den Nationalsozialisten zerstörten Porphyrskulptur, (93) weist eine Mutter sitzend das Skelett ihres Sohnes, dem sie unter beide Arme greift, (in doppelter Hinsicht) wie ein Opfer vor.

Bernhard Hoetger bediente sich bei beiden Plastiken starker expressionistischer Ausdrucksaussagen in Gestik, Mimik und Komposition von Schmerz, Verzweiflung und Trauer der Überlebenden als Gegensatz zum leblos hängenden Körper des Kindes. Bei Hoetgers Figurengruppen, besonders bei dem „Revolutionsdenkmal" könnte der nachfolgende theoretische Ansatz Detlef Hoffmanns zutreffen. Hoffmanns These, (94) Koelles „Inferno" in den Zusammenhang mit dem christlichen Bildtypus des Gnadenstuhls (95) zu stellen, trifft für diesen Bildhauer nur teilweise zu. Der christliche Bezug, den Tod Christi als Erlösung der Menschheit zu definieren, hatte für Koelle keine Bedeutung, jedoch der Transfer des Opfertods auf die Konzentrationslager-Häftlinge. Die Wertigkeit des Selbstopfers hatte Koelle durch die Verklärung der Kriegsopfer in den Denkmälern nach dem Ersten Weltkrieg erfahren, besonders aber durch die Verherrlichung der Opferbereitschaft und des Selbstopfertums in der Ideologie und den Ehrenmalen im Dritten Reich mit der Gleichsetzung von Soldaten- und Arbeiteropfern, an der er aktiv mitgewirkt hatte.

Entsprechend seiner wehrhaften Arbeiterfiguren (vgl. „Saarbergmann" vor der Grube Reden, „Der Hochofenarbeiter" der MAN in Augsburg und „Zellwollspinner" für die Thüringische Zellwoll-AG in Schwarza) der Ehrenmale für die gefallenen Arbeiter zeigt auch der überlebende KZ-Häftling für das Mahnmal in Dachau keinen Schmerz und keine Trauer über das ungeheuerliche Geschehen, sondern Standfestigkeit und Entschlossenheit. Koelle hatte zwar 1946 das Motiv zeitgemäß gewandelt, die bildnerische Aussage seiner Arbeiter aus der Zeit des Nationalsozialismus aber beibehalten.

Hans Eckstein von der Süddeutschen Zeitung setzte sich kritisch mit Koelles Entwurf „Inferno" auseinander und kam zu dem Schluß: „Wir können Herrn Auerbach versichern, daß alle, die für künstlerische Werte Augen und Sinn haben, angesichts des abgebildeten Modells schlechthin entsetzt waren. Zu dem Dutzend guter Denkmäler unseres Jahrhunderts würde es nicht gehören."

Eckstein hielt die Motivwahl in seiner realistischen Ausführung für mißglückt und war der Meinung, daß diese „infernalische Realität" in einer Denkmalsplastik nicht umzusetzen sei. „Im übrigen hätte ein Denkmal am Ort der Qualen doch noch eine andere Bestimmung. Es sollte zur Besinnung auf die Menschenwürde aufrufen." Und die Fähigkeit, diese Funktion bildnerisch zu gestalten, ja sogar das Recht dazu, sprach Eckstein dem Künstler ab: „Das aber vermag ein so armseliger, mit ein wenig hohlem Pathos vorgetragener platter Naturalismus wie der dieses Entwurfs nie und nimmer. Ja, wir sind sehr im Zweifel, ob man gut beraten war, einen Bildhauer, der sich im Schatten des größeren Meunier so einseitig zu einem Spezialisten der heroisierten Arbeiterplastik (sie ist gewiß vielen noch von den Ausstellungen im ‚Haus der Deutschen Kunst' her in Erinnerung) ausgebildet hat, vor eine so schwierige, seinem Talent so wenig liegende Aufgabe zu stellen. Der Entwurf, der keineswegs nur im Motiv als unwürdig empfunden wird, läßt vor allem eine hohe künstlerische Qualität vermissen, in der doch gewiß die größte und schönste Ehrung läge, die wir den Toten von Dachau erweisen können. Bei aller erschütternden Entsetzlichkeit des

Dargestellten erhebt sich Koelles zerrissene und im plastischen Ausdruck phantasielose Komposition in nichts über Genrehaft-Naturalistisches hinaus." (96)

Und wieder hatte Hans Eckstein, als stärkster Kritiker Koelles in der Presse, dessen bildhauerische Tätigkeit im Dritten Reich in die Diskussion gebracht. Auch die „Bayernpartei" setzte Philipp Auerbach unter Druck, die Vorwürfe gegen Koelle als bevorzugten Aussteller im Haus der Deutschen Kunst und Gestalter eines Horst-Wessel-Portraits, weswegen das Kultusministerium Abstand von einer Berufung Koelles an die Akademie für bildende Künste genommen hätte, abzuklären. (97) Die Vorwürfe entsprachen den Tatsachen, trotzdem führte Koelle den Auftrag eines Denkmals für das ehemalige Konzentrationslager Dachau aus, allerdings nicht mit der Gruppe „Inferno" – wofür er ein Ausfallshonorar von 10 000 Mark erhielt – (98), sondern mit seiner zuvor gestalteten Einzelfigur des KZ-Häftlings von 1946, von Koelle stets als KZ-ler bezeichnet.

Auf einem circa 1 m hohen Quader aus Muschelkalk mit der Aufschrift „DEN TOTEN ZUR EHR DEN LEBENDEN ZUR MAHNUNG" steht die 1,45 m hohe unterlebensgroße Bronzefigur in ihrer viel zu groß geratenen Kleidung, dem langen, weiten Mantel, der zu langen, üppigen, in legerem Faltenwurf auf derben, viel zu großen Schuhen aufliegenden Hose mit den für Koelle typischen durchgebogenen Beinen in ausgewogenem Kontrapost. Die Gestalt hat ihre Hände tief in die Taschen des Mantels geschoben. Vom Körper wahrzunehmen sind lediglich der sehnige lange Hals und das kahl geschorene Haupt mit seinem kantigen Gesicht, den eingefallenen Wangen, der vorgeschobenen Kinnpartie und der vorgewölbten Unterlippe, den stark herausmodellierten Wangenknochen, den großen knorpeligen Ohren und den leeren, in tiefen Höhlen liegenden Augen. Zwei Querfalten liegen auf der Stirn.

Der KZ-Häftling gilt als Zitat aller Arbeiterfiguren aus Koelles bisherigen Schaffensperioden, und auch die nachfolgenden werden sich daran orientieren: Der entspannte Kontrapost mit dem vorgestellten rechten Bein und die in den Taschen vergrabenen Hände finden sich wieder im „Bergarbeiter vor der Einfahrt" und im „Bergmann" (mit Lampe) von 1930. Würde man diesem hageren Bergmann den weiten Mantel des KZ-Häftlings überziehen, könnte er seine funktionale Aussage übernehmen. Auch sein Körper ist gezeichnet von den Beschwernissen seines Lebens, und sein knochig-eingefallenes Gesicht mit den vortretenden Backenknochen ist geprägt von vielen Entbehrungen. Allen zueigen aber ist die Entschlossenheit signalisierende Haltung mit dem vorgesetzten rechten Bein und dem entsprechend gerichteten angehobenen Kopf und energischen Blick. Mit seiner aufrechten und zielgerichteten Körperhaltung übernimmt der KZ-Häftling Stil- und Aussageelemente von Koelles Arbeiterfiguren aus dem Nationalsozialismus, wie dem „Saarbergmann" vor der Grube Reden oder dem „Isarflößer". Und die schwungvolle Faltenmodellierung der Kleidung wird sich bei den nachfolgende Arbeiterfiguren, wie „Concordia" und „Schreitender Arbeiter mit Mütze", in noch stärkerer Ausformung niederschlagen.

Somit schuf Koelle mit seinem „Denkmal des Unbekannten Häftlings" eigentlich ein „Denkmal des unbekannten Arbeiters" und bediente sich dabei der Verschmelzung seiner Stilelemente aus der Weimarer Republik, dem Dritten Reich und der Nachkriegszeit.

Das Denkmal wurde in einem Staatsakt am 29. April 1950, dem fünften Jahrestag der Befreiung des Konzentrationslagers, „in Anwesenheit zahlreicher Gäste aus dem In- und Ausland, darunter des bayerischen Ministerpräsidenten, des US-Landeskommissars und geistlicher Würdenträger aller Konfessionen", (99) durch den Präsidenten des Bayerischen Landesentschädigungsamtes,

Philipp Auerbach, feierlich eingeweiht und vor dem Krematorium aufgestellt „als Symbol für die 238 000 Opfer, die in Dachau ums Leben kamen". (100) Nachdem das Denkmal im Laufe der Zeit mehrfach den Standort wechselte, steht es heute wieder in unmittelbarer Nähe des Krematoriums, allerdings wurde der Steinsockel um zwei Stufen erhöht. (Abb. 74)

Der „Unbekannte Häftling" begegnet uns nicht nur als Bronzeplastik, sondern in vielfacher Abbildung auf Broschüren, Postkarten, in Katalogen, in pädagogischem Unterrichtsmaterial, gewebt auf gestreiften, die Lagerkleidung symbolisierenden Stoffstücken mit Anstecknadel und als Gedenkmedaille. (101) Koelles KZ-Häftling ist seine einzige Plastik, die eine solche multiplikatorische Verbreitung erfuhr, was allerdings weniger mit ihrer bildhauerischen Qualität zu begründen ist, als mit dem historischen Kontext, in den diese Figur eingebettet ist, und dem zunehmenden „Holocaust-Tourismus".

V. Die Zeit in der SBZ/DDR – 1949 bis 1953

Versuch eines Neuanfangs – Vom Gestalter zum Lehrer

Lehrzeit in Dresden 1949 bis 1950

Wie Otto Grotewohl im Oktober 1948 richtig erkannt hatte, blieben Koelle in München alle künstlerischen Entfaltungsmöglichkeiten verwehrt, besonders nach der neuerlichen Pressekampagne Hans Ecksteins in Verbindung mit dem Dachauer Mahnmal gegen den Bildhauer und die wiederholte Bewußtmachung seiner Gestaltungsaktivitäten im Dritten Reich. Koelle bekam die Abwehrhaltung deutlich zu spüren. Bildhauerische Aufträge blieben aus. Für jede Portraitplastik mußte er sich „prostituieren". Am schmerzlichsten aber traf ihn die Ablehnung einer Berufung an die Akademie der bildenden Künste in München. Aus diesem Grund hatte er sich frühzeitig nach alternativen Möglichkeiten umgeschaut, sich in der SBZ und auch in Augsburg beworben.

Die Verhandlungen zwischen dem Stadtschulrat in Augsburg, Dr. Nübling, und Koelle zur Errichtung einer Bildhauerklasse an der Städtischen Kunstschule wurden negativ beschieden, da Koelle in seiner anspruchsvollen Art finanzielle und mediale Forderungen stellte, die der Stadt Augsburg nicht realisierbar erschienen. Darauf antwortete Koelle dem Stadtschulrat: „Ich bedauere es sehr, daß es meiner Heimat nicht möglich ist ... meine Wirkungsstätte nach Augsburg zu verlegen. Ich habe wohl auch andere Möglichkeiten. Mich locken aber weder Titel, noch Ehrungen, noch Geld, sondern nur der heimatliche Boden, die baulich schönste Stadt Deutschlands, mit seinen schaffenden Menschen, die mir schon so viel Anregungen gaben. Mir wäre der Rahmen in meiner Vaterstadt niemals zu gering gewesen. Die nackte Berufung in meine Heimat wäre mir die höchste Ehrung gewesen." (1)

Als Koelle diesen Brief schrieb, war bereits der Ruf auf eine Professur an die Staatliche Hochschule für Werkkunst in Dresden ergangen. Mart Stam, (2) der Rektor dieser Hochschule, wußte um die Bemühungen des Künstlers, in der SBZ eine Anstellung an einer Hochschule zu erhalten, und da er für seine „Hochschulkonzeption" (3) geeignete Lehrer suchte, wandte er sich diesbezüglich auch an Fritz Koelle. Er lud ihn nach Dresden ein, damit er sich vor Ort über die Arbeitsmöglichkeiten und auch die außerschulischen Voraussetzungen informieren konnte. (4) Koelle nahm diese Einladung an und kam am 27.3.1949 gemeinsam mit seiner Frau nach Dresden. (5)

Helmut Holtzhauer, (6) der sächsische Minister für Volksbildung, unterstützte eine Berufung Koelles nach Dresden und berief ihn am 10.5.1949 rückwirkend zum 1.5. „als Professor und Abteilungsleiter für Plastik mit vollem Lehramt an die Staatliche Kunsthochschule Dresden." (7) Koelles jährliches Gehalt betrug einschließlich Wohngeld 13 216 Mark. (8)

Da sich Koelles Dienstantritt wegen der fehlenden Aufenthaltsgenehmigung in der SBZ verzögerte, verfaßten Mart Stam und einige Kollegen ein die Angelegenheit unterstützendes Schreiben an das Ministerium für Volksbildung: „Hiermit möchten wir gerne unserer Hoffnung Ausdruck verleihen, daß es dem Minister gelingen möge, die Berufung des Plastikers Fritz Koelle, zur Zeit in München, baldigst zu realisieren." (9) Stam war sehr daran interessiert, die Stelle, die Karl

Albiker von 1919 bis 1945 innehatte, mit Fritz Koelle zu besetzen, da er Albikers Schüler, den Dresdner Bildhauer Eugen Hoffmann (1892 bis 1955), damit auszuspielen gedachte.

Koelle hatte seine Ankunft für den 18.6.1949 avisiert, so daß Stam ihm für diesen Tag die Reservierung eines Zimmers im Gästehaus per Telegramm mitteilte. (10) Am 20.6. wurde Koelle vom Rektor der Hochschule in sein Amt eingeführt, worüber er seiner Frau, die er jetzt in der Briefanschrift mit „Frau Professor Elisabeth Koelle, Kunstmalerin" betitelte, berichtete: „Die Einführung war sehr nett, sie war vor der Sitzung, Stam wies darauf hin, was es für einen Gewinn sei für die Hochschule und zum Ansehen beitragen würde, daß ich dem Ruf folgte, dann standen alle Professoren auf und drückten mir die Hand und kurz hernach remple ich schon mit dem Rektor, mit Stam zusammen. Das war nicht schön von mir, aber am Platze. Sagt es niemand. Ich konnte mich einfach nicht mehr halten." (11)

Nachdem ihn seine Kollegen willkommen geheißen hatten, führte sich Koelle auf seine ihm eigene Verhaltensweise ein: „Alles erinnerte mich an Goethes Faust, sowie an Wedekinds Frühlingserwachen, wo die Schulmeister am Tisch über die Jugend verhandelt[en]. Die Maler und Bildhauer müssen ein Stück ‚Baumrinde' zeichnen und als mündliche Prüfung wird unter anderen Fragen, die Frage gestellt, ‚warum eine Kugel auf der schiefen Ebene abrollt', so eine Frage muß in 2 – 3 Minuten beantwortet sein. Da konnte ich mich nicht mehr halten und sagte: ‚Meine Herrn, da würde ich glatt durchfallen.' Alles lachte. Da nahm ich die Baumrinde und sagte, ich möchte diesen jungen Menschen kennen, den ein solches Stück ‚Baumrinde' interessiert zu zeichnen und warf sie auf den Tisch hin und wie kann man von einem jungen Künstler verlangen so eine Frage zu beantworten, darauf erwiderte Stam, warum, das ist doch wohl nicht schwer und erklärte die <u>Frage durch eine Zeichnung</u>. Ich erwiderte ‚aber von den Schülern verlangen sie, daß sie's in 2 Min. beantworten.' Ich schlug dann vor, doch viel mehr Wert auf die mitgebrachten Zeichnungen zu legen, da sieht man was jeden einzelnen Prüfling bewegt und interessiert. Es ging dann noch weiter und ein großer Teil gab mir recht. Nur die Speichellecker von Stam nicht und Stam war über meine Haltung nicht erbaut. Da mache ich nicht mit, nein." (12)

Auch wenn die Form seines Debüts unangebracht war, besonders bei seinem Amtsantritt, so war sein pädagogischer Ansatz eines schüler- und bedürfnisorientierten Unterrichts durchaus begrüßenswert.

Koelle wohnte im Gästehaus der Stadt natürlich im „schönsten Zimmer". Der Minister [Holtzhauer] verlangt, daß ich im Gästehaus bleiben kann, das wäre schön, da wäre ich versorgt und ein nobles Bad, mit ständig heißem Wasser. Auch die Wäsche würde gemacht u. sogar sehr schön." (13) Diese Rundumversorgung mit allen besonderen Vorzügen und Vergünstigungen, so daß es ihm an nichts fehlte, die laut Koelle dem Willen des Ministers entsprach, war ganz nach seinem Anspruchsdenken. Die Frage nach der Zurverfügungstellung eines Autos stellte er noch etwas zurück.

Der Minister hätte ihm zugestanden, daß es nicht nötig sei, in die SED einzutreten, er bekäme auch so alle Wünsche erfüllt. Koelle erhielt neben seinen Lebensmittelmarken (14) zusätzlich das Stalinpaket (ein Pendant zum Carepaket im Westen) in Lebensmittelmarken. Es ging ihm „sehr gut", wie er schrieb. „Der O.d.F. (Opfer des Faschismus) und VVN mußte ich beitreten, das kann man ja, von der O.d.F. soll ich einen Radio bekommen, die sind ja alle so nett die Leute." (15) Eine Mitgliedschaft in diesen Vereinigungen erschien Koelle opportun, bestätigten sie doch seine Opferrolle im Dritten Reich. Aber einen parteipolitischen Beitritt in die SED vermied er genauso wie in die NSDAP, obwohl er in beiden politischen Systemen die Parteiobersten für seine Belange in Anspruch nahm.

Von der Sozialversicherung im Osten war Koelle ganz angetan, da er dergleichen aus dem Westen nicht kannte: „Hier hat man eine Sozialversicherung, kostet monatlich 60 Mark, ich kann vollkommen kostenlos von jedem Arzt behandelt werden. Auch freie Zahnbehandlung und Medikamente. Kostenloser Aufenthalt im Krankenhaus, auch Erholungsaufenthalt. Und zwar für jeden Arbeiter, Angestellten, Beamten bis zum Minister. Ich muß den höchsten Satz bei meiner Gehaltsklasse bezahlen und hab damit Anspruch auf bessere, auf beste Klasse im Krankenhaus oder Erholung." (16) „Nur schade, daß ich in die höchste Gehaltsklasse falle und somit den höchsten Beitrag bezahlen muß. Wenn mir also etwas passiert, seid Ihr versorgt und könnt leben, aber nur in der Ostzone. Zu dieser Rente kommt dann noch eine Rente für besondere Leistungen, dann habt Ihr das volle Gehalt. Dann sind alle Familienangehörige[n] versichert und wenn es 12 Kinder sind." (17) Daß Koelle dieses Gesundheitssystem besonders vor dem Hintergrund seiner regelmäßigen kostspieligen Kuraufenthalte zusagte, ist verständlich. Ebenso wichtig war ihm aber auch die Tatsache, seine Familie versorgt zu wissen, denn Koelle schien sich seiner angegriffenen Gesundheit durchaus bewußt gewesen zu sein.

Daß eine Pensionsberechtigung nur für die Ostzone Gültigkeit hatte, bedauerte er sehr, denn er hegte zu diesem Zeitpunkt nicht die geringste Absicht, sich in der SBZ niederzulassen. Für ihn war Dresden nur eine Interimslösung. Ganz deutlich wurde sein Kalkül, als er seiner Frau auftrug: „Gell liebe Lisl von mir gibst Du keine meiner Arbeiten mit zu der Ausstellung nach Dresden, auch Du nicht, wir sind sonst so gebunden." (18)

Die Hoffnung, doch noch in München eine Anstellung zu finden, gab der Künstler nie auf. Er teilte seiner Frau auch direkt zu Anfang seines Briefes die Ferientermine der Hochschule vom 24. Juli bis zum 2. Oktober mit, und daß er bei seiner Rückkehr nach München sofort mit seinen Portraitaufträgen für Dr. Alois Hundhammer, dem bayerischen Kultusminister, Kommerzienrat Arnold Maser vom Vorstand der Deutschen Bank und Julius Graf vom Aufsichtsrat der Dierig-Werke beginnen wolle.

Unmittelbar nach seinem Amtsantritt wandte sich Koelle unter Hinweis auf seine Abmachungen mit Helmut Holtzhauer am 6.4.1949 schriftlich an die Direktion der Hochschule mit Fragen zum Vertrag. Darin ging es um die Gehaltszahlungen an seine Frau in der Westzone, um Pensionsansprüche und die Zusicherung, für Auftragsarbeiten jederzeit unter Bezug der fortlaufenden Gehaltszahlung freigestellt zu werden, und darum, daß keinerlei gegenseitige Bindungen vereinbart worden waren und der Vertrag jederzeit von beiden Seiten aufhebbar sei. (19)

Koelles erste Amtshandlung war die Teilnahme an der Beurteilung der Prüfungsarbeiten: „sie verlief sehr gut, ich muß sagen, sie hörten auf mich. Es bestätigte sich, was ich sagte, und man sah es ein. Es war die erste Prüfung, die Rektor Stam hier machte. Er dachte halt, jetzt machen wir's mal anders. Am schlimmsten sind ja die jungen Dozenten mit der Jugend, verstehe ich nicht, ... da bin ich jünger, obwohl ich zu den Älteren zähle." (20)

Wenn Koelle sich wirklich gleich zu Anfang versuchte, so zu profilieren, wie er schrieb, machte er sich damit nicht nur Freunde. Dabei war er von seinen Kollegen sehr angetan, die „sind ja alle so achtungsvoll mit mir, daß es mir fast zuviel ist, das wußte ich ja gar nicht, daß die Leute mich hier so kennen." (21)

Auch von Seiten der Dresdner Künstler, deren Sitzung er besuchte, wurde er offen aufgenommen: „da standen sie alle auf und der Vorsitzende [dessen Namen Koelle nicht nannte] hat mich begrüßt und willkommen geheißen in der Stadt Dresden. Das mag ich ja gar nicht. Mir war es sehr sehr unangenehm, aber die haben sich wirklich aufrichtig gefreut, diese Kollegen. ... Und dieser Neid und Haß in München. Sämtliche Professoren sind so nett in der Akademie, nicht den leisesten Eindruck von Neid oder Haß, im Gegenteil, das tut mir auch gut. Das ist ja alles so schön, das könnte ja alles in der Heimat auch so sein." (22)

Diese Euphorie des Künstlers über seine Aufnahme in Dresden macht deutlich, daß es ihm keineswegs „sehr unangenehm" war, sondern daß er von dieser Akzeptanz so ergriffen war, daß er sie in seine eigene Gefühlswelt nicht einordnen konnte, denn von dort her, wo er sie sich am meisten wünschte, von seiner „Heimat" in München, kannte er sie nicht, sondern empfand nur „Neid und Haß". Koelles euphorische Stimmungslage zeigte aber ebenso wie seine sich bereits offenbarte negative, lautstarke, alles vernichtende Gefühlslage (zum Beispiel bei den Beurteilungen seiner Mitmenschen und Kollegen), daß er die leisen Zwischentöne menschlicher Interaktion weder beherrschte, noch wahrnahm. Seine Emotionen waren stets energiegeladen.

„Aber noch etwas, was mich ergriff hier in der Ostzone und zwar tiefst. Das Mitgefühl und die rührende Teilnahme der Künstlerschaft der Ostzone an dem unsagbaren Elend und der Armut der Kollegen in der Westzone. Den Künstlern hier geht es gut, und es werden Sammlungen veranstaltet für die Kollegen in der Westzone. Das ist natürlich Propaganda wider die Westzone. Die Leute haben aber hier nur ein mitleidiges Lächeln über [für] diese Hetze." Die Künstler, auf die Koelle sich bezog, die sich gut standen, waren in den Wiederaufbau und in den Neuaufbau des Staates integriert. Die Oper war schon wiederhergestellt, der Zwinger war in der Restaurierung begriffen, und daran arbeiteten viele Bildhauer, wie Koelle berichtete.

Sein erster Auftrag von Minister Holtzhauer sollte ein Portrait des „Verdienten Bergmanns" und Aktivisten Adolf Hennecke (23) werden. „Wenn nur der Hennecke auch recht gut wird, daß ich nicht enttäusche." (24) In München durfte aber niemand davon erfahren, denn er hatte die Hoffnung nicht aufgegeben, möglichst bald dorthin zurückzukehren. „Wenn ich jetzt nach München oder Augsburg komme, ich schlage Purzelbäume vor lauter Freude. Es ist doch tief bedauerlich, daß ich in der Heimat keine Verwendung fand. Einen Bruchteil nur, wenn mir die Heimat geboten hätte, von dem was ich hier habe. Ich hätte mich begnügt, ich wollte ja gar keinen Titel, kein hohes Gehalt, nur eine geringe wirtschaftliche Sicherheit. Und ich wäre glücklich gewesen in meiner Heimat, in Süddeutschland bleiben zu dürfen. Einen großen Vorwurf muß ich meiner Heimat machen, daß sich die Arbeiterbewegungen für mich nicht <u>mehr</u> einsetzen." (25)

Dafür setzte man sich in der SBZ um so mehr für Koelle ein, was er einerseits in einer überheblichen Art für sich in Anspruch nahm: „Ich war bei Minister Holtzhauer ... anschließend bei Ministerpräsident Seydewitz, bei jedem der Herrn wurde ich sofort vorgelassen, da mußten selbst die Beamten des Hauses warten, die anderen Leute sowieso. Ich darf jederzeit zum Minister ... Nächste Woche soll ich beim Ministerpräsident mit Minister Holtzhauer Gast sein ... Mit Stam meinem Rektor habe ich kaum zu verhandeln, das ... hat Mißstimmung schon ergeben." Andererseits aber plagten ihn Bedenken, daß er die an ihn gerichteten Erwartungen und Ansprüche der Regierung künstlerisch nicht erfüllen könnte. „Ich habe ja so viel Angst, ich könnte hier nicht arbeiten ... Wenn ich mich nur bewähre. Ich meine immer, die erwarten sich zuviel ... Es wäre mir viel lieber, man würde nicht so viel um mich hermachen." (26)

Die ängstliche Aussage über sein eventuelles künstlerisches Versagen entsprach sicherlich seiner momentanen Gefühlslage, aber daß er sich weniger Beachtung seiner Person wünschte, war eine Floskel. Denn Koelle genoß in vollen Zügen diese Sonderbehandlung, das luxuriöse Leben im hotelähnlichen Gästehaus, im Vergleich zur sozialen Situation der übrigen Bevölkerung. „Ich habe bis heute noch nicht eine einzige Marke gebraucht, ich bekomme ja alles ohne Marken. Also macht Euch keine Sorgen, ich bekomme mehr als ich essen kann. Ich habe auch noch kein Geld ausgegeben, denn ich bekomme ja alles im Gästehaus umsonst und kann essen und trinken was ich will." (27) Das Gefühl, ein Bevorzugter zu sein, entsprach sowohl seinem Anspruchsdenken, war aber gleichzeitig für sein schwankendes Selbstwertgefühl von großer Bedeutung, die besonders aus den detaillierten Schilderungen solcher Situationen an seine Frau ablesbar ist.

Seine autoritätshörige und gleichfalls autoritäre Verhaltensweise, sich jeweils die höchsten Funktionsträger des Staates dienstbar zu machen, hatte Koelle nahtlos vom Dritten Reich in die SBZ übernommen. Dabei übersah er sogar oder nahm es in Kauf, daß er die Menschen, die ihm positiv gesinnt waren und ihn unterstützten, wie Mart Stam, der sich bis zum Schluß Koelle gegenüber loyal verhielt, vor den Kopf stieß, nur um einen Vorteil für sich zu erreichen.

Aus den Gesprächen mit Holtzhauer und Max Seydewitz und der Tatsache, daß er immer noch im „vornehmen Gästehaus" untergebracht war, leitete Koelle ab: „Ich habe fast den Eindruck, daß ich an die Hochschule nach Berlin komme ... Ich wäre aber lieber in Dresden. So herrliche Arbeitsräume bekomme ich in Berlin nicht." (28)

Noch sprach er sich für Dresden aus, was sich aber ändern sollte. München jedoch war immer präsent. Als er einen Brief von Josef Henselmann (29) aus München erhielt, freute er sich sehr: „Ich hab' fast geglaubt, es steht was anderes drinnen, ich hätte mich nicht lang besonnen." (30) Aber Henselmann konnte Koelle keine Angebote bezüglich einer Akademieanstellung in München machen, so daß er seinen mit gemischten Gefühlen erwarteten ersten Tag als Pädagoge antreten mußte. Stam stellte ihn der Klasse vor und verließ sie danach. „Ich war mir selbst überlassen und fing an zu reden ... Es war nur gut, daß ich mir zuvor schon ihre Arbeiten anschaute und ich wußte, wo sie alle kranken, und da hab ich's gepackt und das sahen sie ein und zollten mir Beifall ... so hätte noch nie ein Lehrer mit ihnen gesprochen. Ich verwies sie natürlich auf die Natur und das, was sie gestalten, müßten sie erlebt haben." (31) Koelle hatte bereits am ersten Tag in seiner Klasse, die „nicht weniger als 16 Schüler, darunter vielleicht 6 Schülerinnen" aufwies, „zwei Widerspenstige", „einen jungen Mann und ein junges Mädchen", ausgemacht. Um diese beiden kümmerte er sich später besonders, ließ sich ihre Arbeiten zeigen, die natürlich „nichts" in seinen Augen waren. Ihre Ablehnung ihm gegenüber bezog Koelle auf ihre „Anhänglichkeit an ihren früheren Lehrer ... Sie hatten nichts wie Hemmungen ... und beide hatte ich bis am Nachmittag schon gewonnen ... Ich staunte über meine Pädagogik." (32)

Die Arbeiten einer Studentin hatten Bestand vor seinen Augen, die anderen machten „Mist ... es wurde nichts wie komponiert, langweiliges Zeug gemacht, alles unverstanden ... Leute mit 4 Jahren Akademie haben noch nie einen Akt modelliert oder einen Kopf ... Diesen Leuten hat man vollkommen ihre Eigenart genommen." (33)

Bei Koelle, der diese Erfahrung an der eigenen Person und seinen Arbeiten im Dritten Reich gemacht hatte, auch wenn er bewußt seine künstlerische Individualität in dieser Zeit zugunsten bildnerischer Anpassung aufgegeben hatte, hatte der Kampf um die Plastiken des „Blockwalzers" und „Hammermeisters" Spuren in seinem (Selbst-) Bewußtsein hinterlassen. Auch wenn sich der Bildhauer vordergründig gegen den Vorwurf des „bolschewistischen Künstlers" gewehrt hatte und nicht gegen den Raub seiner bildnerischen Persönlichkeit, mußte ihn dieser Verlust seiner bildnerischen Eigenständigkeit 1933 tief in seiner Psyche getroffen haben, so daß er ein Gespür für derartige Situationen entwickelt hatte, das ihm jetzt bereits den Zustand seiner Kunststudenten signalisierte, seine eigene künstlerische Lage im Rahmen der „Formalismusdebatte" aber erst viel zu spät erkennen ließ.

Da der Künstler keinerlei pädagogische Ausbildung genossen hatte, mußte er seine erzieherischen Fähigkeiten intuitiv entwickeln. Die Grundvoraussetzung für eine erfolgversprechende Pädagogik erfüllte er mit seinem adressatenbezogenen Ansatz. Bereits am Antrittstag hatte Koelle den Kollegen seine studentenorientierte pädagogische Auffassung unterbreitet. Und der sich einstellende Erfolg bei seinen Schülern bestätigte seine Vorgehensweise. In einem Kurs sollte Koelle vier fortgeschrittene Studenten im Alter von 30 bis 37 Jahren unterrichten. „Komme ich in die Klasse, ist sie gerammelt voll und still, keiner sprach oder machte Viecherei, es herrschte Ernst." (37) Als er im Anschluß daran zu Mart Stam kam, empfing ihn dieser mit den Worten: „Koelle, Du kannst machen, was Du willst, mir ist alles recht, wie Du's machst, Deine Leute sind begeistert. Ich rede Dir nichts mehr drein." (35)

Dennoch schwankten die Gefühle des Professors Koelle von selbstsicherer Überzeugung: „Hast eine Ahnung, was ich noch für ein guter Schulmeister werde ... Ich bin stolz, was ich für ein Pädagoge bin", bis zu tiefen Zweifeln an seiner pädagogischen Kompetenz und Ablehnung dieser Aufgabe: „Daß ich so eine Bande in Zaum halt, hätte ich kaum gedacht, hoffentlich hält's an ... jeden Tag krampft es [mich] in die Klasse zu gehen, es kostet [mich] eine förmliche Überwindung, ich gehe aber jedesmal recht befriedigt heraus, das muß ich offen sagen ... Käme nur Hennecke, ich schaute in die Klasse nicht mehr. Ich möchte selbst was machen, als den Mist besprechen." (36)

Koelles Labilität führte dazu, daß er in manchen Unterrichtssituationen eigene Unsicherheiten mit autoritären Führungsmethoden kompensierte: „Vorerst glaube ich, haben sie noch keine schwache Stelle gefunden an mir. Und so will ich's weiter halten." Darum reagierte Professor Koelle auch so übersteigert bei der vermeintlichen körperlichen Annäherung einer Studentin: „Beim Bilderanschauen hat sich eine gar so sehr genähert, die hab ich aber dann heute nachmittag richtig klein gemacht bei der Korrektur." Auch wenn Koelle im Nachhinein sein Verhalten kurzzeitig in Frage stellte: „die eine Dame duschte ich vielleicht etwas zu hart ab", war er der Überzeugung, „aber das hat gezogen." (37)

Eine andere Form, Fehlverhalten in Koelles Augen zu sanktionieren, war das Ignorieren des „Verstoßes" und seiner Person. „Eine fiel gestern vor mir in die Tonkiste, daß man den Speck sah ... Die fiel sicher absichtlich hinein ... Ich ging dann von der Gruppe weg und beachtete sie weiter nicht." (38) Ebenso verhielt sich der Lehrer bei einem Studenten: „Zweimal versuchte ein junger Mann mit mir Zoten leichter Natur einer Schülerin gegenüber zu machen, dachte, ich müßte lachen oder täte mit. Ich wandte mich aber ab und wandte mich an eine andere Schülerin, und mit dem Schüler sprach ich kaum mehr ... ich dulde keine Zoten." (39)

Die geschilderten Situationen zeigen Koelles anfängliche Unsicherheiten in der Interaktion mit seinen Studenten. Aber mit zunehmender gegenseitiger Empathie wuchs auch Koelles Sicherheit im Umgang mit seinen Schülern, und die zuvor genannten ängstlichen Prüderien verloren sich.

Denn laut seiner beiden Schüler Gerhard Thieme und Jürgen von Woyski hatte Koelle keinerlei Probleme bei der „Handhabung" des Themas Sexualität, zum Beispiel beim Modellieren weiblicher oder männlicher Akte in Anwesenheit von Studentinnen.

Bereits in seiner ersten Woche als Pädagoge setzte Koelle sein didaktisches Konzept der Vermittlung außerschulischer Lerninhalte um und besuchte eine „Sowjet-Architekturausstellung, sehr interessant, wie die jungen Leute sich für diese Bauten interessieren. Die Moskauer Untergrundbahn großartig. Die Regierungsbauten alle, meistens in klassischer Art, etwas modern, aber sehr gut. Aber die bauen auf, da entstehen Baulichkeiten von kolossalem Ausmaß." (40) Die aus diesen Worten sprechende Begeisterung Koelles über die sowjetische Architektur sprang sicherlich auch auf die Studenten über. Koelles Begeisterungsfähigkeit für Inhalte und Kunstwerke, die er schätzte, wurden von seinen Studenten vielfach bestätigt.

In diesem Fall war Koelle, der die Aufbaupläne und Großstadtvisionen Hitlers und Hermann Gieslers für die „Hauptstadt der Bewegung" kannte und selbst zur Verwirklichung des DAF-Projekts hatte beitragen sollen, dann aber den jähen Zusammenbruch erlebte und München in Schutt und Asche lag, besonders von der Monumentalität der sowjetischen Bauten angetan, wenn auch mit der kleinen Einschränkung, daß der klassische Stil eklektizistisch mit etwas Modernität versehen wurde.

Die Begeisterung, die Koelle am Anfang für seine Kollegen hegte, schwand langsam und verwandelte sich in Mißtrauen ihnen gegenüber, so wie in München. Stam hatte Koelle gebeten, bei seinen Studenten auch die Arbeiten zu kontrollieren, die sie bei seinen Kollegen anfertigten. Außerdem meldeten sich immer wieder neue Studenten bei ihm an, die „einem anderen Lehrer jetzt noch weglaufen", und Koelle war stolz darauf, daß sie in seinen Unterricht wollten, merkte aber nicht, daß damit die Konflikte mit seinen Kollegen vorprogrammiert waren: „diese Professoren, kein Haar anders als in München. Sie tun alle als ob und können nichts, es ist ein Jammer, mit welchen Mitteln sie sich zu halten suchen. Als ich neu kam, am ersten Tag, habens mich von oben so angeschaut, jetzt machens alle Bücklinge, geben mir die Hand, diese Speichellecker. Weil sie wissen, daß ich den Minister und noch mehr hinter mir habe und die jungen Leute. Die jungen Dozenten sind ja die übelsten, die verstehen die Jugend ja gar nicht." (41)

Koelles undifferenziertes Wahrnehmungs- und Urteilsvermögen vom positiven zum negativen Extrem hatte in beiden Fällen den gleichen intentionalen Hintergrund. Das übertriebene Lob über die Haltung der Kollegen ihm gegenüber diente Koelle dazu, seine Position ins rechte Licht zu rücken, und deren Herabwürdigung durch ihn zur eigenen Erhöhung, beides Verhaltensweisen seines gestörten Selbstbewußtseins. Seine übersteigerte Selbsteinschätzung (und sein unbewußter Wunsch), „der Beste" zu sein, präsentierte Koelle in der Attitüde des Genies. Da er aber erkennen mußte, daß dieses Anspruchsniveau nicht permanent zu halten war, baute er bereits seine Feindbilder auf, denen er dann später zum Opfer fallen mußte. Koelle handelte nach derselben Verhaltensmatrix wie in München. Er arbeitete bereits unbewußt daran, seinem Feindbild Konturen zu verleihen: „Heute morgen wurde ich zum Minister gerufen, mit seinem Wagen ... einer großen Horch-Limousine abgeholt und wieder zurückgebracht. Weil ich in den wenigen Tagen mit der schlechtesten Abteilung solche Erfolge erzielte ... überweist er mir monatlich auf mein Konto 2000 M (42) ... so nobel wurde ich noch nie behandelt." (43)

Koelles undifferenzierte Wahrnehmungsfähigkeit spiegelte sich auch in seiner (naiven) Obrigkeitsgläubigkeit. Obwohl an der Hochschule bereits mehrere SED-Versammlungen stattfanden, besuchte Koelle keine von ihnen. „Ich brauche nicht hin, ich brauche auch nicht Mitglied zu werden, das hat alles der Minister veranlaßt, daß es mir ja gefällt. Ich glaube es. Wie hier die Behörden anständig arbeiten ... Ferner erteilte er mir den Portraitauftrag. Fragte mich aber erst, ob ich ‚Hennecke' machen will. Er wird mir nie einen Auftrag geben, den ich nicht gerne mache ... ich soll nur machen, was ich will." (44) Und als Koelle erfuhr, daß die Kunsthochschule ein Fest zu Henneckes Ankunft veranstalten wollte, war er entschieden dagegen: „Wie gefühllos für mich, da wird so ein Kopf doch nichts. Ich werde ihnen ihre Feier schon abblasen, ‚Hennecke' soll bei mir oder mit mir im Gästehaus wohnen ... So lerne ich ihn kennen, er muß ein guter Mensch sein. Ein guter echter Bergmann." (45) Dieser „eifersüchtige" Alleinanspruch wird sich zukünftig auch in bezug auf seine Klasse und seine Familie zeigen.

Bei seinen Schülern hatte der Bildhauer weiterhin Erfolg mit seinen Vermittlungsmethoden: „Mächtigen Eindruck machte ich auch, als ich den Schülern in ihre Arbeit langte und ihnen ein Auge machte, mit wenig Mühe und nicht nur ihre Arbeit zerstörte." (46)

Mart Stam hatte verfügt, daß in den einzelnen Klassen Anwesenheitslisten eingeführt wurden, um mit diesem Kontrollsystem weniger engagierte Studenten zu selektieren. Auch in Koelles Klasse lag täglich eine solche Liste, „und die war die ganze Woche voll, es fehlte keiner, ich schaute auch gar nicht hin, und das gefiel auch. Das mach' ich auch nicht, um die Liste kümmere ich mich nicht. Ich kümmere mich nur um die Schüler, daß sie Material erhalten, in den Ferien im Atelier arbeiten dürfen usw., und das erreiche ich auch." (47)

Koelles künstlerisches Prinzip, sich das Motiv im lebendigen Erleben des Modells in der Natur und „vor Ort" zu erschließen, übertrug er auch auf sein didaktisches Konzept. Lange vor der Einführung des programmatischen „Bitterfelder Wegs", (48) der die Künstler in die volkseigenen Betriebe bringen sollte, um sie am sozialistischen Aufbau zu beteiligen und wo sie den Arbeitern den aktiven Zugang zu allen Kunstbereichen ermöglichen sollten, realisierte Koelle diesen sozialistischen Ideologieansatz und überzeugte damit die für ihn zuständigen Machthaber. Koelle fuhr mit seinen Studenten ins Eisenwerk Riesa, 50 km von Dresden entfernt. Dafür wurde ihm jedesmal ein Wagen mit Fahrer zur Verfügung gestellt, wie Koelle betonte, womit allerdings die sozialistische Idee der Aufhebung der Trennung von Arbeiter und Künstler konterkariert wurde.

Koelles pädagogische Fähigkeiten fanden auch in der Presse ihren Widerhall. Werner Dopp informierte die Dresdner Öffentlichkeit: „Der zur Nazizeit Verfolgte und in seiner Kunst Bedrängte mußte feststellen, daß er auch jetzt wieder in der amerikanischen Zone zu den Verfolgten und Bedrängten gehört. Dieser vitale Könner, der sein Leben und seine Kunst dem Arbeiter widmete, entwickelt bei seiner ersten großen Lehraufgabe an der Dresdner Kunsthochschule neue und starke pädagogische Kräfte." (49) In der Zeitschrift „bildende kunst" ergänzte Dopp: „Und ebenso spürbar ist bereits, daß der Nachwuchs, den Koelle heranbildet, neben der kämpferischen und jugendlichen Aufgeschlossenheit seines Lehrers auch dessen imponierende Lebensfülle und Daseinsbereitschaft begierig ergreift." (50) Aus derselben Feder und in ähnlichem Tenor war der Artikel „Ein Bildhauer kam aus München" in der „Täglichen Rundschau". (51)

Auffallend sind in allen drei Artikeln die Ignoranz der aktiven bildhauerischen Betätigung Koelles im Nationalsozialismus und die pointierte Darstellung seines ehrlichen geraden Weges als Künstler im Sinne einer Käthe Kollwitz und seiner Opferrolle im Dritten Reich, die er „wenn auch all die Jahre hindurch still für sich" ertrug und die er jetzt wieder erleiden mußte: „Es ist tief bedauerlich und beschämend zugleich, daß der von nazistischen Kunstbanausen- und -barbarentum Verfolgte und in seinem künstlerischen Wirken Bedrängte nach 1945 im westzonalen München wiederum zu den Verfolgten ... gehörte. Weniger allerdings seiner Kunst als vielmehr seines Könnertums und seiner Gesinnung wegen." (52)

Koelle mochten diese Worte gefallen haben, denn sie vermittelten – unter Umkehrung der Realität – genau das Bild, das er von sich im Osten präsentierte und längst verinnerlicht hatte. „Es ist daher kaum verwunderlich, wenn sich ein konsequenter Mensch und Künstler wie Koelle von Heimat, Haus und Atelier trennt und in der freien, fortschrittlichen künstlerischen Luft der Ostzone ein neues Leben aufbaut." (53) „Ein Leben, das ihn frei macht von dem immerwährenden Druck einer an Verfolgung grenzenden Gesinnungsschnüffelei der gegenwärtigen westlichen politischen und künstlerischen Situation." (54)

So schlimm konnte die „Gesinnungsschnüffelei" in München nicht gewesen sein, wenn Koelle in jedem seiner Briefe seine Sehnsucht dorthin gefühlsbetont bekundete, ebenso seine Freude, in den Ferien an den westlichen Portraitaufträgen zu arbeiten. In seiner ihm eigenen Art, andere gegeneinander auszuspielen, um seinen eigenen Nutzen daraus zu ziehen, trug er seiner Frau auf: „Daß mich so heimzieht, mußt Du nicht sagen zu Dr. Högner. (55) Dann sagt sich Dr. Hundhammer, der kommt ja von selbst, dann bin ich so weit wie vorher." (56)

Das von Werner Dopp gezeichnete Portrait Koelles ließ die anfänglichen Zweifel der Partei an seiner sozialistischen Integrität wegen seiner Ausstellungsaktivitäten im Haus der Deutschen Kunst im Dritten Reich verblassen, und Dopps eigenwillige Interpretation Koellescher Arbeiterplastiken als „Arbeitsmänner und Kumpels [,die] die reale, um nicht zu sagen realistische Monumentalität der Arbeit [haben]. Sie tragen diese Arbeit als beherrschendes Charakteristikum in Gesicht und Haltung. Phrasen- und posenlos, ohne die geringsten heroischen oder heroisierenden Akzente sind sie da wie vom Werk und vom Werktag selber geprägt ... Aufrüttelnde Momente, die neben ihrer künstlerischen Unmittelbarkeit auch eine sehr bestimmte ... politische Aussage enthalten," (57) zeigt, daß sich Koelles (entseelte) selbstbewußt wirkenden, den Arbeitsprozeß lenkenden und den neuen Zeitgeist des Dritten Reichs widerspiegelnden Figuren mit den künstlerischen Erwartungen des kämpferischen Profils an das Bild des „Neuen Arbeiters" in der SBZ und frühen DDR sehr entgegenkommen. Die Gruppe „Concordia" (1948), die in ihrer aggressivkämpferischen Aussagekraft im Nationalsozialismus dem Künstler zu aller Ehre gereicht hätte, wurde von Dopp gerade wegen ihrer bestimmenden politischen Aussage besonders hervorgehoben und in der „bildenden kunst" abgebildet. Das Arbeiterbild des alten war dem des neuen Systems durchaus verwandt.

Als Dopp, aus Berlin angereist, Koelle besuchte, hegte dieser arge Bedenken dem Reporter gegenüber. Er wollte ihm gar nichts sagen, da er nicht wußte, was dieser schreiben würde. Koelle hatte Angst, daß er Informationen wiedergeben würde, die ihm zum Nachteil in der Ost- und in der Westzone gereichen könnten. Aber als der Artikel erschien, war er davon so angetan, daß er die drei verschiedenen Ausgaben der „Dresdner Zeitung", die deutsch-russische Ausgabe aus Ostberlin und die „Neue Zeitung" der Westzone dem Brief an seine Frau beifügte. Koelle war sogar der Meinung, daß Dopps Artikel so gut sei, daß er sich in der Westzone sehen lassen könne.

Während man Koelle von seiten seiner Vorgesetzten und der Hochschule noch ehrlich gemeintes Wohlwollen entgegenbrachte, hatte Koelle bei seinen Kollegen bereits seine für ihn typische Mißtrauensposition bezogen: „Meine Kollegen behandeln mich jetzt anbetungsvollst und sind sehr freundlich, ich auch. Ich genieße ihre Freundlichkeit, aber mit allergrößter Vorsicht. Ich bin auf der Hut, glaub mir's." (58)

In Bezug auf seine Anwesenheit in Dresden und seine sehnsüchtigen Ambitionen für München schwankte Koelles Gefühlsskala in einem einzigen Brief von einem Extrem zum anderen: „Wie schön wäre das in München, wenn ich dort an der Akademie wäre, oder Du hier wärst ... mir sind meine Münchner Kollegen doch lieber, wenn's mich auch mit Dreck bewerfen, dahinter steckt doch Ehrlichkeit und eine echte aufrichtige Art. Aber hier, weißt diese Freundlichkeit, da steckt viel Falschheit dahinter, paß mal auf, aber mir ist alles gleich. Ich bin auf alles gefaßt. Weißt den Professoren stinkt ja, daß ich den Zulauf habe ... sie sind alle wie die Suse [gemeint ist Suse Schwarz, die Sächsin und in Kolles Augen „falsch" ist] ... es ist halt doch schön, in einer Umgebung zu sein, wo man verstanden wird. Und wenn man mich in München nicht verstehen will, dann hab ich dort auch nichts zu suchen. Die Münchner müßten für uns wirklich was tun, ich verlange eine wirtschaftliche Sicherheit, und das geben sie mir nicht." Und in Dresden ging man „anständig" mit ihm um. (58)

Ebenso wie zu seinen Kollegen war sein Verhältnis zu seiner Lehrtätigkeit an der Hochschule. Trotz der positiven Verstärkung, die er durch den Rektor Mart Stam und seine Studenten für seine Arbeit erhielt, zog er diesen Aufgabenbereich für sich in Zweifel: „Heute hatte ich einen guten Tag und die Leute horchten, was ich sagte ... für dauernd mag ich das nicht, das ist mir zuviel Arbeit, wie ich's mache." (60) Wenn Koelle bereits zu Beginn seiner pädagogischen Verpflichtung zu der Einsicht gelangte, daß diese zu arbeitsaufwendig war, erscheint fraglich, wie er als Professor seine Lehrveranstaltungen in München an der Akademie realisiert hätte, an die er bis zum Schluß noch hoffte, zu gelangen.

Trotz der Erkenntnis der arbeitsintensiven Aufgabe erfüllte er sie weiterhin für die Studenten engagiert und „fanatisch gerecht", wie er selbst betonte: „ein Gelähmter ... der aus der Schule verwiesen werden soll", (61) „auch weil er so katholisch ist und reaktionär", (62) „der machte diese Woche einen Kopf, sehr schön, diesen Mann nahm ich zu mir ins Atelier und sprach mit ihm, er heulte vor Freude. 3 Jahre wurde in den hineingepaukt ‚du kannst nichts, du mußt von der Schule, du bist unbegabt', und ich sage, er ist begabter [als] alle andern. Er hat diese Woche die beste Arbeit gemacht." (63) Bei diesem Studenten und in diversen anderen Situationen kommt ein besonderer Zug Koelles, seine soziale Gerechtigkeit, eine Haltung, die er im Umgang mit seinen Arbeitern bereits gezeigt hatte, voll zum Tragen.

Und der fehlende Kontakt zur Arbeitswelt in Dresden machte ihm sehr zu schaffen, darum war er völlig fixiert auf die Person Adolf Henneckes: „Ich freue mich so sehr auf Hennecke ... wenn ich [ihn] mache, dann gehe ich nicht in die Klasse, brauche ich auch nicht ... Ich bekomme 6000 Mark ... Ostmark, das ist aber hier für mich wie Westmark ... Wenn ich hier mal gearbeitet habe und dieser Kopf gelingt mir, dann ist alles überwunden." (64)

Am 7. Juli teilte Mart Stam Hennecke in einem Telegramm mit, daß Koelle von der Landesregierung den Auftrag erhalten hatte, ihn zu portraitieren, und bat Hennecke um einen viertägigen Aufenthalt in Dresden. Am 11. Juli sagte Hennecke aufgrund „besonders wichtiger Aufgaben" den Termin ab, (65) was Koelle aber erst zum Ende des Semesters erfuhr, und so war ihm die Möglichkeit genommen, sich mit diesem ersten Portraitauftrag zu profilieren, also blieb ihm vorerst nur sein pädagogischer Auftrag, der von Stam und den Studenten honoriert wurde. 22 von ihnen betreute Koelle. Sie sollten in drei Klassen aufgeteilt werden, aber niemand von ihnen war bereit, zu einem anderen Kollegen zu wechseln. „Es war doch anfangs eine Saubande, daß die an mir keine Schwäche fanden, war eine höhere Gewalt. Wie wäre es nur ausgegangen. Daß es so gut geht, hätte ich niemals gedacht, und da bin ich froh." (66)

Koelles regelmäßig geäußerten Zweifel an seinen pädagogischen Fähigkeiten, seine euphorischen Schilderungen, wenn die Beherrschung einer Situation gelungen war, seine deutlich formulierten Ängste vor seinen Schülern und seine immerwährenden Äußerungen, daß ihm die Schule und das Unterrichten keinen Spaß bereite und er jeden Morgen mit ungutem Gefühl die Klasse betrete, offenbaren eigene nicht verarbeitete Konflikte aus der Kindheit, die ihn an seiner freien Entfaltung hinderten und ihn im Unterbewußtsein in seiner Situation als Lehrer aufs Neue belasteten. Die Angst, nicht akzeptiert zu werden, prägte den Menschen Koelle als Pädagogen und als Künstler. Sie veranlaßte den Bildhauer, sich den gesellschaftlichen Entscheidungsträgern mit seinen Werken anzudienen und sich zu prostituieren, und um sie zu überspielen, verleitete sie ihn zu solch übersteigerten affektiven Selbstbewußtseinspräsentationen wie das Herabwürdigen von Künstler- und Lehrerkollegen sowie deren Arbeiten. Auch Koelles Anspruchsdenken und seine kultivierte Egozentrik deuten auf diesen Ursprung. Ebenso war er stets darum bemüht, Situationen, die er als persönliches Handicap empfand, zu negieren, seiner Umwelt zu verschweigen oder sie ins Gegenteil zu verkehren, nur um sich ins „rechte" Licht zu rücken. Und dabei bediente er sich auch seiner Mitmenschen.

Die Schule „macht mir nach wie vor keine Freude ... sagt es aber niemand." (67) Frau und Sohn durften nur das von ihm selbst genehmigte Bild über ihn verbreiten.

Am 9. Juli überraschte er seine Frau mit neuem positionsangemessenem Briefpapier: „FRITZ KOELLE PROFESSOR DER STAATLICHEN HOCHSCHULE UND DEKAN DER FAKULTÄT FÜR PLASTIK DRESDEN A 16, DÜRERSTRASSE 21, STAATLICHE KUNSTHOCHSCHULE" und erklärte ihr: „das war Zwang, man sagte es mir an der Regierung sehr schonend. Das ist ja nicht schlimm. Und es sieht ganz gut aus." (68) Die Aussage des „Zwangs" wird hinterfragt werden müssen, aber die Tatsache, daß Koelle das Briefpapier als adäquates Repräsentationsmittel genoß, wohl kaum.

Ebenso ließ er es sich im Gästehaus wohl ergehen. „Frau Augustus, die Verwalterin ist recht besorgt, daß ich alles hab und [es] mir schmeckt. Mittags immer Fleisch ... täglich 250 g Fleisch ... und fast täglich einen ganzen Kopf Karfiol, Kartoffel[n], Salat, alles frisch, eine kleine Mehlspeise dazu, meistens ein gefülltes kleines Omelett oder eine Schale frisches Obst mit Zucker und hinterher zwei Tassen Bohnenkaffee. Abends Aufschnitt, Salate, Käse und 3 Flaschen 1½ Liter Bier ... Das Bier ist teuer, ein halber Liter 3,52 M, 12%iges helles Bier ... Morgens auch Bohnenkaffee, Weißbrot, Marmelade ... täglich 100 g Butter vielleicht ist es sogar mehr, das Pfund kostet 1,60 M ... und manchmal ein Ei." (69)

Koelle war Gast der Regierung und erhielt alles kostenlos. Und wenn er es nicht mehr ist, „hört sich's wahrscheinlich auf und solange ich's habe nehm ich's ... Wenn ich vom Gästehaus wegkomme, muß ich mich selbst verpflegen, mit den Marken komme ich aber gut aus. Obwohl die anderen Leute alle recht klagen." (70) Sie hatten auch Anlaß dazu. Es war alles rationiert, und die Abschnitte der Lebensmittelkarten gaben nicht soviel her, wie Koelle täglich verkostete. Einem Bergmann, der die Lebensmittelkarte der Kategorie Schwerstarbeiter erhielt, standen täglich 375 g Brot, 40 g Fleisch, 20 g Fett, 35 g Zucker, ein Klecks Marmelade und eine Handvoll Haferflocken oder Graupen zu. (71)

Nicht nur, was die Verpflegung anging, wurde Koelle bevorzugt behandelt, sondern auch, was die Unterkunft betraf. Jetzt logierte er im Gästehaus mit Blick auf die Elbe, und die Regierung bemühte sich bereits um ein Haus für ihn: „heute wurde von der Regierung angerufen, für wieviele Personen ich ein Haus brauche und ob mit Hausgehilfen. Ich sagte, so eilt es nicht". (72) Eine solche Entscheidung wollte Koelle weder zu diesem noch zu einem späteren Zeitpunkt herbeiführen, schwankte er doch zwischen München, Dresden und Berlin.

Anstelle der arbeitsintensiven Lehrtätigkeit wünschte er sich: „Ich möchte viel lieber, so schön ruhig meine Aufträge machen in München, in meinem Atelier." Er war sich allerdings der aussichtslosen Situation in München bewußt und meinte zu seiner Stellung in Dresden: „Aber es muß sein. Auf diese Stellung hin kommt noch mehr, das wirkt sich aus ... Zu mehr Erfolg und Verdienst kommen wir hier, auch zu ganz anderem Ansehen, besonders wenn der frische Zug auch noch in der Schule bleibt. Das würde selbst mich freuen." (73) Nach Berlin „ginge ich gerne hin, dort wäre es mir lieber, aber hier bekomme ich's noch schöner, die Ateliers wären schön an der Brühlschen Terrasse." (74)

Für den frischen Wind, der wehte, war Koelle aber nicht bereit, seinen persönlichen Beitrag zu leisten. Er entzog sich jeglicher politischen Betätigung mit der Aussage, daß der Minister das absolute Wohlbefinden des Künstlers erreichen wolle und ihn von jeglicher politischen Verpflichtung entbinde. Daß Koelle den politischen Versammlungen fern blieb, fiel seinen Studenten natürlich auf. Den meisten war es recht so, denn er verschonte sie auch im Unterricht mit politischen Themen. Aber den einen oder anderen gab es doch, der Koelles politischen Standpunkt testen wollte. „Heute kam einer, der wollte sich anwanzen, politisch. Ich sagte, das interessiert mich nicht, ich habe hier Plastik zu lehren und nicht Politik, hier wird nicht Politik getrieben, diese Formulierung war sogar auch Stam recht." (75) Koelle verwies mit Nachdruck auf seine unpolitische Haltung an der Hochschule, und zu politischen Pflichtveranstaltungen bräuchte er nicht, da er politisch gebildet sei durch seine Arbeiten.

Die Arbeiten, die er in seinen Semesterferien gestaltete, waren ganz anderer Natur. Am 7. August bestellte er den bayerischen Kultusminister, Dr. Alois Hundhammer, zum ersten Sitzungstermin. (WVZ 191) Auch vom SPD-Politiker Dr. Wilhelm Hoegner (WVZ 189) und dessen Frau (WVZ 190) modellierte der Bildhauer jeweils eine Portraitbüste.

Durch seine freie Schaffensperiode in München waren Koelles Gedanken an seine Hochschultätigkeit in den Hintergrund gedrängt worden bis zu dem Augenblick, als er von seinen Studenten Gerhard Thieme, Renate von Duisberg und Werner Rosenthal einen Brief erhielt: „Wir denken oft an Sie, wohl auch manchmal mit der Sorge, ob Sie wiederkommen werden." (76) Bereits zu Semesterende war er von seinen Studenten mit der bangen Frage konfrontiert worden, ob er überhaupt nach den Ferien nach Dresden zurückkehren werde. „Ich sagte, natürlich, daß ich jetzt schon die Absicht habe hier zu bleiben, wenn mit solchem Ernst weiter gearbeitet wird." (77)

Koelles Rückkehr verspätete sich aufgrund des fehlenden Interzonenpasses. Aber Mitte Oktober traf er in der neu gegründeten DDR (78) ein, und zwar mit seinem eigenen Mercedes 170V. Alles schaut mit meinem Wagen, besonders meine Kollegen in der Schule. Man hat mir angetragen, den Wagen in der geheizten Garage der Schule einzustellen, das lehnte ich ab. [Ich] kann den Wagen in den Garagen der Regierung unterstellen. Die Hallen sind geheizt und strengstens bewacht. Er wird dort auch gereinigt." (79)

Koelle wurde sehr freundlich von seinen Studenten, Mart Stam und „einzelnen Lehrern" empfangen, denn alle und sogar das Ministerium hatten an seiner Rückkehr nach Dresden gezweifelt, besonders nachdem der RIAS (Radio Information Amerikanischer Sektor) hatte verlauten lassen, „daß Koelle eine großen Auftrag vom Staatskommissariat hat und Koelle nicht mehr in die Ostzone geht." (80)

Auch bei der Landesregierung meldete er sich zurück, wo man ihm ein anderes Zimmer und Benzin für seinen Wagen zusicherte. Dabei erfuhr Koelle von dem Beamten Lindner, daß Mart Stam „wackelt ... auch wegen mir, weil er mich im Sommer nicht zeitiger heimfahren ließ. Sie hätten erst heute wieder eine heftige Auseinandersetzung gehabt. Aber ich habe eine Nummer bei der Regierung, das merkte ich. Daß ich wiederkam, rechnen sie mir hoch an." (81) Koelles Interpretation, daß Mart Stams Konflikt mit der Landesregierung auch mit seiner Person zusammenhinge, zeigt einmal mehr, wie Koelle sich in den Vordergrund spielte, und anderseits, daß er selbst die Leute, die sich ihm gegenüber loyal verhielten, diskreditierte.

In den Semesterferien hatte man für Koelle ein Zimmer in Dresden besorgt. Als er es am ersten Tag nach seiner Rückkehr besichtigte, urteilte er, daß es eine herrliche Aussicht, aber weder Heizung noch Bedienung habe, und er fuhr zum Gästehaus zurück.

In Dresden lief noch die am 10. September eröffnete 2. Deutsche Kunstausstellung, Fritz Koelle schaute sie an und berichtete seiner Frau, daß sie einen guten Überblick biete über das derzeitige deutsche Kunstschaffen und sie ihm viel sage. Besonders aufgefallen war ihm Otto Dix: „Dix ist schlecht, er malte unter anderem einen Stierkopf mit Bauernkopf. Die Locken des Stieres auf der Stirn, sowie den Bart des Bauern drehte er nicht mit einem Pinsel, sondern mit einem Kamm hin, also furchtbar, ein Krampf ... Der Bildhauer Seitz (82) ist gut, Lingner (83) gefällt mir weniger." (84) Dafür schwärmte er aber von einer anderen Ausstellung über den Münchener Maler Otto Geigenberger: (85) „so schöne Malerei/Tempera, ergreifend schön." (86)

Daß Koelle und seine Frau nicht zur Beteiligung an der 2. Deutschen Kunstausstellung in Dresden eingeladen worden waren, empörte Mart Stam, und er riet Koelle, sich schriftlich bei Otto Grotewohl zu beschweren. „Ich gab ihm aber zu verstehen, daß dies mir ganz gleichgültig sei und ich nichts schreibe." (87) Der Bildhauer verriet Stam aber nicht, daß er sich keinesfalls an Ausstellungen im Osten und auch nicht im Westen beteiligen wollte und er seiner Frau sogar verboten hatte, irgendwelche Exponate einzuliefern.

Nach den Ferien übernahm Koelle kommissarisch die Geschäfte des Dekans (auf seinem Briefpapier führte er bereits die Bezeichnung Dekan), (88) und er merkte an, daß er eine ganze Anzahl Professoren und Dozenten unter sich und zu leiten hätte. Nach Koelles Aussagen hätte die Regierung diesen Vorschlag gemacht, „ich könnte dann gut mal weg und meine Aufträge in München erledigen. Ich hätte ja meine Dozenten, die meine Klassen weiterführen in meinem Sinne." (89)

Mit seinem neuen Statussymbol schien Koelle einen Teil der Bestätigung zu erhalten, die er benötigte: „Die Leute schauen alle mit unserem Wagen. Mitgefahren ist noch keiner, ich denke auch nicht daran." (90) Dann bat er seine Familie um zwei kleine blaue bayerische Flaggen von Daimler Benz, da seine sich gleich auf der Autobahn hinter München losgerissen hätte, und außerdem würden sie leicht schmutzig.

Koelle lebte in der von ihm gestalteten Scheinwelt. Selbst Freunde durften an seinem wahren Leben nicht teilhaben. Von seiner Frau erwartete er, wie schon häufiger, daß sie die Verantwortung für seine Entscheidungen zu tragen habe: „Wenn Du mit Dr. Haus sprichst, ja nicht so, als ob es mir hier nicht gefällt. Sondern, daß Du's haben willst, daß ich in Dresden bin. (91)

Wie bereits in Kapitel IV beschrieben (vgl. Anmerkung IV-97), liefen zu dieser Zeit im Zusammenhang mit Koelles KZ-Mahnmal die Presseanschuldigungen gegen seine Kunstaktivitäten im Dritten Reich. Am 14. Oktober erschien in der Süddeutschen Zeitung der Bericht über die „Untersuchung gegen Fritz Koelle": „Generalanwalt Dr. Auerbach will gegen den Bildhauer Fritz Kölle, der mit der Errichtung eines Mahnmals zum Gedenken an die Opfer des KZ Dachau beauftragt wurde, eine Untersuchung einleiten, um die von der ‚Bayerischen Landeszeitung', dem Organ der Bayernpartei, gegen ihn erhobenen Vorwürfe zu klären. Diese hat behauptet, daß Kölle nach Auffassung politisch Verfolgter nicht nur zu den bevorzugten Ausstellern im ‚Haus der Deutschen Kunst' zählte, sondern auch mit seiner Horst-Wessel-Büste materielle Erfolge im Dritten Reich erzielte. Das Kultusministerium habe daher Abstand genommen, Kölle einen Lehrauftrag für die Münchner Akademie zu erteilen." (92)

Auf diese Veröffentlichung reagierte Koelle und schrieb Dr. Auerbach aus Dresden. Er nannte ihm „den Hauptschuldigen, Toni Stadler", (93) für die vermeintlichen Verleumdungen seiner Person. „Die sollen im Westen nur recht hetzen." Seiner Familie gab er genaue Anweisungen, wie sie sich zu verhalten habe: „Lasse Dich nicht kleinkriegen, Du hast keinen Grund zu lämmern, bei keinem Menschen ... zeige Haltung, Du kommst viel weiter ... Nochmals zeigt Haltung Du und Fritzel auch vor den Nachbarn. Teilt mir aber alles mit und ganz besonders das Nachteilige." (94) Für seinen 16jährigen Sohn hatte er stets die gleichen pädagogischen Ratschläge, „brav" und „fleißig" zu sein.

Da Koelles Bronzefiguren „Inferno" für das Mahnmal in Dachau in der Presse eine derart negative Kritik erhielten, entschied sich Dr. Auerbach, von dieser Plastik Abstand zu nehmen. Und Fritz Koelle sah im Wettbewerb für ein „Mahnmal Opfer des Faschismus" in Gera eine Möglichkeit, für diese Plastik doch noch einen Käufer zu finden. Aus Gera teilte man dem Bildhauer mit, daß sich der Nationalpreisträger Professor Seitz auch an dem Wettbewerb beteilige und er bereits in Gera eine Ortsbesichtigung gemacht habe. Da der 31. Dezember als Einsendeschluß für die Entwürfe festgesetzt war, „zeichnete ich eine etwas abgeänderte Architektur für das Mahnmal Gera und zeichnete die Schrift." (95)

Der Jury gehörte unter anderem Hermann Henselmann, der Rektor der Hochschule für Baukunst und bildende Kunst in Weimar, an. Gustav Seitz schlug vor, diesen durch einen Leipziger Bildhauer zu ersetzen, einen Freund Gustav Seitz', wie Koelle behauptete, seinen Namen aber nannte er nicht. „Da war ich aber entschieden dagegen. Nun wird der Leipziger nicht dabei sein. Sondern es bleibt, wie es war. Henselmann sollte ausgebootet werden. Es ist hier genau wie in München." (96) Ob es sich in Wirklichkeit so zugetragen hat, mag dahingestellt bleiben. In diesem Fall hätte jeder der beiden Bildhauer, Koelle wie Seitz, in dem jeweils anderen Jurymitglied einen Fürsprecher für seine eigene Arbeit gesehen. Auch Koelle fuhr nach Gera und schaute sich die örtlichen Gegebenheiten für das Mahnmal auf dem Platz vor dem Arbeitsamt an und nahm an seinem Entwurf noch einige kleine Änderungen vor. Am 4. Dezember konnte er die Arbeiten abschließen und das Modell einreichen.

Die Arbeit in seiner Klasse reduzierte sich gewaltig. Von den bisher 22 Schülern blieben Koelle nur noch zehn. Die anderen zwölf Holzbildhauer kamen in eine eigene Abteilung zu einem Dozenten, dessen Namen Koelle nicht nannte. Seine Schüler arbeiteten zur Zeit an der Plastik eines zwölfjährigen Kindes und an gegenseitigen Portraits. Inzwischen hatte sich der Bildhauer auch die Ferienarbeiten seiner Schüler angesehen: „Eine meiner Damen brachte den ‚Rattenfänger von Hameln', ... furchtbar. Mir hat es die Stimme verschlagen ... und ich ging aus der Klasse. Sie hat aber die größte Klappe u. noch andere gesellschaftliche Vorzüge. Ist mir aber gleich." (97) Der Künstler betrat die gesamte Woche die Klasse nicht mehr, erst am Wochenende, als niemand dort war, um sich die Ergebnisse der anderen Schüler anzuschauen. „Der Rosenthal brachte Tiere, darunter einen Tiger, sehr schön zum Teil, ich freute mich, der begreift mich und versteht mich. Er war kaum zu bewegen, daß er die Arbeiten brachte, man merkt nur meine Formensprache so etwas entfernt, wie ich's früher machte (Figur Weber und Bastian), das macht nichts, vielleicht bilde ich's mir auch nur ein."

Koelle ging mit seinen Schülern auch noch einmal in die 2. Deutsche Kunstausstellung, die ihm bei seinem ersten Besuch „so viel gab". Jetzt wurde „viel gemeckert, es ist ja auch nicht viel. Jedenfalls stellte ich fest, daß das Thema Arbeiter in den meisten Fällen nicht aus Überzeugung gestaltet wird in der Ostzone, so wenig wie in der Westzone die christliche Kunst. Stam sagte ganz richtig, Künstler sind politisch unzuverlässig, sie richten sich jeweils nach der Richtung, wo das Geldsäckel hängt. Das taten wir nie liebe Lisl, das muß ich schon sagen." (98) Das mochte für seine Frau ja zutreffen, aber was ihn selbst anging, hatte Stam Koelle genau charakterisiert, was dieser aber so nicht wahrnahm.

Unterdessen arbeitete der Künstler mit Werner Dopp an seinem politischen Image in der DDR weiter. Dopp machte mit Koelle ein Interview im Rundfunk. Von Dopp erfuhr der Bildhauer, daß er den Dresdnern aufgrund seiner „Vitalität" unbequem sei und sie, die gern so „gemütlich" an der Hochschule weitergearbeitet hätten, sich nunmehr anstrengen müßten.

Anfang November bat Koelle Stam um vier Wochen Sonderurlaub für bildhauerische Auftragsarbeiten. Dem Antrag an den Hochschulreferenten im Ministerium für Volksbildung fügte Stam eine eigene Stellungnahme bei: „Wir bitten Sie diese Frage eingehend zu besprechen um zu einer grundsätzlichen Lösung – für ein nächstes Mal zu kommen. Für dieses Mal stimmen wir zu, da es untaktisch wäre zu verweigern. Es scheint uns jedoch, daß hinsichtlich der Arbeitsmöglichkeiten sowie der Unterbringung eine mehr entgegenkommende und fördernde Haltung seitens der Regierung sehr nötig ist. Für Prof. Koelle bedeutet die Arbeit hier ein nicht geringes Opfer, da seine Familie nicht hier ist; eigentlich weilt Prof. Koelle also jedes Mal als Gast hier. Bei dieser Form wäre es also nötig, daß einerseits entgegenkommen wird in bezug auf seine Wohnkosten (Hotelzimmer) während ihm andererseits Aufträge zugeführt werden müßten; es ist kein Zustand, daß seine künstlerische Arbeit in der Westzone liegt und er sich hier nur pädagogisch betätigt. Wenn man diesen bedeutenden, realistischen Plastiker an der Arbeit der Ostzone interessieren will, wird man behilflich sein müssen, daß er Aufträge bekommt – es wäre dies sehr im Interesse der guten Sache. Hochachtend. Mart Stam." (99)

Der Urlaub wurde Koelle gewährt. Danach kehrte er noch einmal für eine Woche nach Dresden zurück, um anschließend in die Weihnachtsferien nach München zu reisen, für die er seiner Frau bereits genaueste Anweisungen gab: „Sorgt aber auch für guten Rotwein ... den von Dütsch's, aber nur diese Sorte ... und eine Weihnachtsgans und einige Meter Weisswürst." (100) Dann berichtete er, daß in der DDR eine Flasche Rotwein 25 Mark koste und daß er neulich eine Flasche

Elbwein aus der Dresdener Gegend getrunken habe und dies ein sehr guter leichter Wein gewesen sei. Zum Wein hatte ihn der Kammersänger Hirzel eingeladen, mit dem er sich in Dresden hin und wieder traf. Damit war sein privater Kontakt dort auch schon erschöpft.

Kontaktangebote von Kollegen schlug er grundsätzlich aus einer mißtrauischen Haltung heraus ab. „Neulich sagte der Kollege Professor Rade/Kunstmaler, so 64 Jahre alt, der mir untersteht, ‚ach Herr Kollege, ein Glück, daß wir sie haben, solche Leute brauchen wir', könnt Ihr Euch denken, wie ich darauf hereinfiel, Speichellecker. Das ist der Kollege, der immer zu mir sagte, ‚wir müssen mal zusammen reden'. Auf so etwas lasse ich mich gar nicht ein, das gibt es nicht. Aber ich glaube, die Kollegen sind mit mir wirklich zufrieden. So, wie ich's mache, kann keiner was dagegen einwenden. Ich bin auch ordentlich und ohne Dünkel, ganz sachlich, wie es sich eben gehört, menschlich anständig. Vielleicht meinen es meine Kollegen ernst und schätzen es, ich weiß es nicht, ich frage auch nicht danach, es ist mir gleichgültig ... [bin] zu sehr abgebrüht." (101)

Koelles Eigenwahrnehmung und Selbsteinschätzung korrespondierten nicht mit der Fremdwahrnehmung seiner Person. Nach außen hin gab er den distanzierten, „sachlich" argumentierenden, souveränen Lehrer und Kollegen wieder, der keines Urteils seiner Mitmenschen bedurfte. Auch seiner Frau gegenüber zeichnete er dieses Bild von sich, die ihn aber anders kannte: Als den empfindsamen, emotional agierenden, von Selbstunsicherheit geplagten, ängstlichen, von jeder Bewertung betroffenen Menschen, der Kritik an seiner Person nicht verarbeiten konnte, von positiven Beurteilungen seiner Persönlichkeit und seiner Arbeit abhängig war und nach ihnen fieberte.

Einige Wochen zuvor hatte er seine Ängste vor dem Unterrichten und den Schülern und die Bedenken, die Hennecke-Büste zufriedenstellend zu gestalten und die Regierung nicht zu enttäuschen, noch schriftlich formuliert, aber nur für seine Frau. Oder doch auch für sich selbst? Koelles exzessive Schreibflut, jeden Tag einen mehrseitigen Brief, teilweise auch zwei, fast 600 an der Zahl in den vier Jahren seiner Abwesenheit von München, hatten nicht nur eine dokumentarische Aufgabe der Schilderung der Tagesereignisse für seine Familie, sondern vor allen Dingen für ihn selbst den Charakter eines Tagebuchs und eine Funktion der Psychohygiene.

Nach den Weihnachtsferien traf Koelle erst am 16. Januar 1950 nach einer Operation wieder an der Hochschule in Dresden ein, wo er herzlich von seinen Schülern und Mart Stam, der sich eigens um Koelles Operation in Berlin-Karlshorst bemüht hatte, empfangen wurde. Die Schüler mußten Koelle sofort ihre Arbeiten präsentieren. „Ich war überrascht, sie waren recht fleißig und ich freute mich innerlich." (102) Thieme, Rosenthal und „ein Schüler der SED" arbeiteten aus einem Baumstamm heraus „ein sehr schönes Bildnis einer alten Frau", außerdem fertigten Thieme und Rosenthal eine Reihe Arbeiterstudienzeichnungen aus einem Eisenwerk in Dresden an, und Thieme modellierte kleine Arbeiterplastiken, „sehr nett auch". „Zwei Stunden sprach ich mit ihnen, und ich glaube mit Erfolg ... Meine Damen machten nicht viel, sie machten aber dumme und lange Gesichter, als ich so erfreut war über die Arbeiten dieser drei Schüler." (103)

Mart Stam hatte während Koelles Abwesenheit die Betreuung von dessen Klasse übernommen und berichtete Koelle, daß er erfreut war über die Arbeitshaltung, Motivation und das Interesse an der Arbeiterdarstellung, besonders darüber, daß der „reaktionäre Rosenthal" auch Arbeiter gestaltete. Koelle tat die freundliche Atmosphäre gut, die bei seiner Ankunft herrschte. Stam „war arg nett, als er mich heute sah und empfing mich so herzlich. Ich ging noch nie so zufrieden aus der Schule." Doch Koelle war nicht in der Lage, diese Situation zu genießen und das Positive zu erkennen und zu schätzen: „Aber was habe ich davon. Ich verausgabe mich für das bißchen Gehalt und meine Schüler haben den Nutzen." (104)

Koelle hatte sich das Limit gesetzt, bis Weihnachten eine Lösung mit München gefunden zu haben. Da er dies nicht erreichte und er weiterhin nach Dresden mußte, nahmen ab jetzt seine Klagen, Bitten und Forderungen an seine Frau, Initiativen zu ergreifen, zu: „Erlöse mich doch, sprich doch mit Wilhelms [Wilhelm Hoegner und Frau] oder weiß der Teufel mit wem." (105) „Was meinen Hoegners, habe ich Aussicht? Lasse nichts unversucht. Aber ja nicht klagen, sondern nur aus Heimatliebe. Wir können uns doch nur halten, durch die Ostzone, weil ich hier verdiene. Verstehst Du mich? Wenn Du z.B. bei Dr. Haus oder Graf (106) so sprichst, kann ich die Preise nicht mehr halten. Also gib Acht." (107) Vielleicht hätte Koelle mit der ehrlichen Version seiner Lage mehr Chancen einer Anstellung in München gefunden, aber dazu hätte er sein Blendwerk aufgeben müssen, und zu diesem Schritt war er nicht bereit.

In dem Maße, in dem Koelles Erwartungen an seine Frau bezüglich ihrer Vermittlungen für seine Anstellung in München in seinen Briefen zunahmen, wuchsen auch seine Ansprüche an das Essen; kaum ein Brief, in dem er nicht seine kulinarischen Entbehrungen und Wünsche nennt: „Was würde ich um Kaiserschmarren geben, um Reisauflauf, um Fisch, so etwas bekomme ich halt gar nicht. Wenn ich komme, möchte ich Reisauflauf, recht schön braun." (108) Nicht nur, daß sich der Künstler Lebensmittel von seinen Aufenthalten in München mitbrachte, er erbat sich auch Pakete von seiner Frau: „Gerne hätte ich noch zwei Tafeln solcher Schokolade ... etwas Käse ..., gerne hätte ich auch einige Äpfel, einige Anisplätzchen, wären mir lieber als Kuchen." (109) Und als das lang erwartete Paket endlich bei der Post eintraf, wo er es abholte und damit an die Hochschule kam, „hat natürlich alles geschaut, und es sprach sich herum, daß ich ein Paket aus der Westzone erhielt. Zuerst kam einer vom Sekretariat, dann die Putzfrau, dann der Heizer, alle hatten sie zu fragen und bei mir zu tun. Aber ich tat nicht[s] dergleichen, ich gab nichts her. Denkst Du ... ich geb' ein Plätzchen her, wo Du so lieb gemacht hast ... Ich hab' gleich welche gegessen und einen Apfel dazu." (110)

Daß sich der Künstler auf diese Art und Weise Beachtung und Bestätigung verschaffte, mutet schon recht befremdlich an, und dieses unsoziale Verhalten entsprang einer immer deutlicher werdenden egozentrischen Einstellung, die er auch seiner Familie suggerierte. „Spare halt recht schön, daß wir möglichst lange reichen und wir uns was leisten können und nicht hungern müssen. Halt das Geld zusammen, für andere arbeit ich nicht. Ganz gleich wer es ist." (111) Der Bildhauer gab seiner Frau auch gleich konkrete Anweisungen, dies umzusetzen. Bei dem Verkauf von Kunstwerken sollte sie „alle Unkosten immer versuchen, auf den Kunden ab[zu]wälzen." (112) Und wenn Fritz Koelle etwas verschenkte, war damit die Absicht einer Gegenleistung verbunden. „Meine Wirtsleute im Gästehaus sagen zu mir jetzt wieder Professor, weil ich ihnen eine Schachtel Käse schenkte. Sie sind jetzt ganz aufmerksam." (113)

Auf derartige Äußerlichkeiten, wie im Fall des Professorentitels, legte Koelle verstärkt Wert. Zu seinem dienstlichen Briefpapier ließ sich der Künstler auch noch privates drucken:
FRITZ KOELLE BILDHAUER
PROFESSOR DER STAATLICHEN KUNSTHOCHSCHULE UND
DEKAN DER FAKULTÄT FÜR MALEREI UND PLASTIK
DRESDEN – BAD WEISSER HIRSCH
BERGBAHNSTRASSE 12
GÄSTEHAUS DES RATES DER STADT

Am Fuß des Briefbogens befanden sich noch die Telefonnummer, die Telegrammadresse und das Bankkonto (114) in offener Erwartung von bildnerischen Aufträgen.

Da Philipp Auerbach, der Generalanwalt für Wiedergutmachung, auf äußeren Druck hin die Bronzegruppe „Inferno" für das Mahnmal in Dachau nicht von Koelle abnehmen wollte, ließ dieser ein Ausfallhonorar von 10 000 Mark durch seinen Anwalt Dr. Haus einfordern. Koelle erwartete jeden Tag die Eingangsbestätigung dieses Geldes, das ihm aber erst im August 1951 überwiesen wurde (vgl. Anmerkung 98). Die Idee, seine Plastik „Inferno" für das Mahnmal „Opfer des Faschismus" in Gera anbringen zu können, zerschlug sich auch. Von dort erhielt er die Mitteilung: „die Kommission hat Ihre Arbeit als hervorragende Leistung herausgestellt, aber dem Rat der Stadt Gera den Entwurf [von] Prof. Seitz, als für den Platz geeigneter zur Ausführung empfohlen. Die kleine eingesandte Bronze hat auf jeden Besucher, der sich in das Werk vertiefte, einen erschütternden Eindruck hinterlassen." (115)

Anhand dieser Plastik „Inferno" läßt sich deutlich die unterschiedliche Rezeption ein und derselben Figur Koelles zwischen München (vgl. unter Anmerkung IV-96) und Gera, zwischen West- und Ostdeutschland ablesen. Während sie in Gera als hervorragende Leistung und ausgezeichnete Plastik mit erschütternder Aussage beurteilt wurde, sah man in München auch die „erschütternde Entsetzlichkeit des Dargestellten", empfand die Gruppe aber als eine plastisch unschöpferische Komposition in banalem genrehaften Naturalismus mit leeren Pathosformeln. Hans Eckstein schlug eine nonfigurative Gestaltung als angemessene formale und inhaltliche Lösung für das Mahnmal in Dachau vor, in der DDR wäre eine solche Version als „Formalismus" abgelehnt worden.

Die beschriebene Rezeptionsweise dieser „Inferno"-Gruppe wurde im Osten noch in den neunziger Jahren vertreten. Das bewies ihre Präsenz in der Ausstellung „Kunst und Macht im Europa der Diktatoren 1930 – 1945", in der neben der Kunst des Nationalsozialismus, in der auch Koelles Plastik „Saarbergmann" von 1937 (Grube Reden) in Kleinformat direkt neben einem Plakat mit Hitlers Konterfei „Ein Volk, ein Reich, ein Führer" postiert war, auch ein Kabinett mit „Entarteter Kunst" und Widerstandskunst untergebracht war. An dessen Ende schloß sich Koelles „Inferno" von 1946 an, direkt neben Kolbes „Befreitem" von 1945.

Beim Preisgericht in Gera herrschte Einstimmigkeit darüber, „daß die Entwürfe [von] Prof. Koelle und Prof. Seitz in ihren künstlerischen Gedanken, im Ausdruck und in der Darstellung als gleichwertig zu betrachten seien", auch wenn „ein Teil der Anwesenden ... der Ansicht [war], daß das Kämpferische der VVN mehr zum Ausdruck gebracht werden müßte" bei Seitz' Motiv „Bau der Friedenstaube". Das Gros der Preisjury war der Meinung, daß für den vorgeschriebenen Platz die Arbeit Seitz' vorzuziehen sei, denn Koelle hatte bei seinem Entwurf die Platzgestaltung, die Inhalt des Wettbewerbs war, nicht berücksichtigt. Auch wenn das Preisgericht zuvor die Gleichwertigkeit beider Entwürfe von Seitz und Koelle konstatiert hatte, stellte sich zum Ende der Verhandlung heraus: „Alle Anwesenden sind sich in der Auffassung einig, daß die ausgezeichnete Plastik Prof. Koelles den Vorrang verdiente, wenn sie auf einem anderen Platz, der zur Erzielung eines besseren Maßstabes natürliche Platzwände, also dichten Baumbestand, als Hintergrund hätte, aufgestellt würde."

Das Beurteilungsgremium empfahl dem Rat der Stadt Gera Professor Gustav Seitz' Entwurf eines Mahnmals zur Ausführung und Aufstellung, „wenn nicht vorgezogen wird, für den gleichwertig anzusehenden Entwurf Prof. Koelles einen anderen geeigneteren Platz zu bestimmen. Nahegelegt wird dem Rat der Stadt, die von Prof. Koelle eingesandte Kleinbronze ... anzukaufen." (116)

Neben Koelle und Seitz beteiligte sich noch das Architekten- und Bildhauerpaar Krönert und Frau Jenatschke, dessen Entwurf aber als ungeeignet in plastischer Komposition und architektonischer Gestaltung abgelehnt wurde.

Die Preisjury setzte sich aus sieben Personen zusammen, denen mit dem „Kunstmaler Rudolf" der einzige Künstler angehörte. Professor Hermann Henselmann fehlte entschuldigt, hatte aber dem Bildhauer Hans van Breek (ehemals Hans Breker, der Bruder Arno Brekers) aus Weimar als Vertreter vorgeschlagen, der aber so kurzfristig nicht erreicht werden konnte. Dazu äußerte Koelle: „Henselmann war natürlich nicht da, ich hatte keinen Fürsprecher wie Seitz, das war nicht nett." (117) Welcher Fürsprecher für Seitz das gewesen sein kann, nachdem Koelle den von Seitz vorgeschlagenen, namentlich nicht genannten Leipziger Bildhauer abgelehnt hatte, ist nicht klar.

Noch bevor Koelle die Entscheidung aus Gera erhalten hatte, bereitete er sich schon auf einen neuen Wettbewerb für ein Thälmann-Denkmal in Berlin vor. Mart Stam schlug in einer Sitzung vor, „die Schule soll mit einer Kollektiv-Arbeit sich beteiligen, also ich mit noch anderen. Ich mache meine Sache allein. Meine anderen Kollegen sind froh, wenn ich's allein mache, dann brauchen sie nichts zu machen. Es war auch noch kein einziger bei mir. Meine Herrn Professoren denken sich natürlich, der Herr Dekan wird schon kommen, wenn er uns will ... Ich will sie ja auch gar nicht, ich mach's allein, wenn ich jetzt zu Hause bin." (118) Die Preise dieses Wettbewerbs waren mit jeweils 20 000, 10 000 und 5 000 Mark ausgeschrieben, und der Einsendeschluß war auf den 15.4.1950 festgelegt, so daß Koelle München rechtzeitig verlassen mußte.

Gesundheitlich fühlte sich der Künstler jetzt wieder besser nach seiner Operation, die in keinem Brief spezifiziert wurde. Aber nach Annahmen des Sohnes handelte es sich dabei um einen leichten Gehirnschlag seines Vaters. Dafür sprächen auch dessen Informationen an seine Frau. Bei einer Nachuntersuchung im Krankenhaus brachte Koelle seinem Arzt, Professor Schwendi, einen kleinen Bronzeelefanten als Dank für seine medizinische Betreuung. Das Untersuchungsergebnis erbrachte einen konstitutionsgemäßen Blutdruck; der Schwindel, der bei Veränderung der Kopflage auftauchte, manchmal auch im Bett, war eine Folge der Operation. „Die Blutgefäße, die abgebunden waren, veranlassen das. Es wäre eine ziemlich schwierige Operation gewesen", (119) sagte ihm der Arzt.

Koelle war körperlich wieder soweit hergestellt, daß er jetzt schon Aufenthalte in den Industriebetrieben verkraften konnte. Er besuchte seine Studenten im Stahlwerk Riesa. „Sie sind ganz begeistert von den Arbeitern und wollen auch Nachtschicht machen." (120) „Ich habe meine Schüler nicht auf die Industrien befohlen, sie gingen aber wirklich frei aus sich, aus Überzeugung dort hin." (121)

Während Koelle seine männlichen Studenten bevorzugt behandelte und sich ihnen intensiv widmete, vernachlässigte er seine weiblichen, die sicherlich nicht in dem Maße Interessen für die Industrie zeigten wie ihre männlichen Kollegen. Dem Lehrer fiel diese Diskrepanz in seiner methodischen Vorgehensweise selber auf: „Ich muß ja offen gestehen, meine Damen behandle ich nicht sehr nett. Meine Herren hebe ich halt immer merklich heraus. Sie haben mir auch viel Freude gemacht, die haben während meiner Krankheit gut gearbeitet. Dadurch erbrachte ich den

Beweis, daß es einige Zeit auch ohne mich geht. Man bot mir doch einen Dozenten an für die Zeit, wenn ich unterm Semester in München bin, das lehnte ich ab." (122) Selbst bei seinen Studenten legte Koelle sein egoistisch-eifersüchtiges Verhalten an den Tag. Aus persönlicher Unsicherheit heraus wies er jegliche Arbeitsteilung oder Kooperation mit seinen Kollegen zurück.

„Vorgestern machte ich eine gute Korrektur, ich merkte es selbst ... Meine Herren waren begeistert ... Aber meine Damen waren von der Korrektur so deprimiert, daß sie alle ihren Akt zusammenrissen. Sie haben heute wohl wieder angefangen. Wir machen zur Zeit einen schönen jungen Mann, ein wirklich schönes Modell." (123) Seine männlichen Studenten modellierten alle stehende Arbeiter in unterschiedlichster Gestik. „Nur der Rosenthal macht eine bewegte kauernde Stellung. Der Thieme, mein Bauernsohn ist ein tüchtiger Kerl, der packt zu, der schafft und verfügt über Kräfte und hat Art und Höflichkeit. Ein netter Mensch mit 22 Jahre[n]." (124)

Koelle legte großen Wert auf derart äußere Formen. „In meiner Schule ist zur Zeit gute Ordnung und guter Ton und sogar Höflichkeit. Der letzte Zusammenstoß mit ... Fräulein Sommer hatte gute Auswirkung, sie ist jetzt handsam und höflich, sie bedankt sich sogar für die Korrektur. So kommt halt doch immer wieder was vor, aber das berührt mich ja gar nicht." (125) Daß es Koelle sehr wohl berührte, bewies allein schon die Tatsache, daß er sich schriftlich so ausführlich mit ihr auseinandersetzte. Genauso emotional involviert wie er bei positiven Verhaltensweisen seiner Schüler war, so persönlich angegriffen und verletzt fühlte er sich bei deren vermeintlichem Fehlverhalten, sonst hätte sich nämlich der „Zusammenstoß mit Fräulein Sommer" erübrigt.

Trotz derartiger Vorkommnisse war Koelle mit seinen pädagogischen Fähigkeiten zufrieden: „Ich werde bald stolz auf meine Kunsterziehung, ich freue mich auch. Aber, daß ich zu keiner Arbeit komme, merke ich auch, und das macht mich nachdenklich und wieder unzufrieden. Ich glaube und hoffe, daß mein sehnlichster Wunsch ... doch erfüllt wird." (126) Für die Erfüllung seines Wunsches, doch noch eine Anstellung in München zu erhalten, war wieder seine Frau zuständig, die die Kontakte zu Hoegners durch Einladungen und zu Alois Hundhammer (127) mit einem Besuch bei ihm aufrecht erhalten sollte. „Ich bin bei Dir, wenn Du zum Hundhammer gehst. Mach es gut, so wie Du's früher auch gemacht hast, und mach es so, wie ich Dir sagte." (128)

Koelle merkte, daß seine Abwesenheit aus München nicht nur seinen bildhauerischen Schaffensprozeß hemmte, sondern daß ihm auch die Erziehung seines Sohnes völlig aus den Händen glitt, während er sich bei seinen Studenten auf pädagogischem Erfolgskurs befand. Die einzigen erzieherischen Maßnahmen, die ihm blieben, waren seine schriftlichen Ermahnungen, Anweisungen und seine Beispielfunktion. „Fritzl, Du wirst an Deinen Vater noch denken ... Du bist jetzt 17 Jahre, Du bist ein junger Mann, von Dir ... verlangt man mit vollem Recht ein anderes Benehmen ... Ich war auch ein Lausbub, aber in Deinem Alter war ich ein ganz gesetzter junger Mann und hab mich ganz meinen Zukunftsplänen gewidmet. Ich wollte mal was Tüchtiges werden und habe mich für alles interessiert, ganz besonders für soziale und politische Dinge, aber nicht für solche Dinge, das gab mir nichts mehr ab, schon damals erkannte ich, wie falsch und neidisch meine Freunde waren. Lerne, nimm in Dich auf und strebe nur Deinem Dir so hoch gesteckten Ziele zu, das Du aber nur mit unerbittlichem Fleiß erreichen wirst, denn ‚Genie ist Fleiß', merke es Dir." (129)

Koelle, der selbst eine sehr wechselreiche Schul- und Ausbildungszeit hinter sich gebracht und der sich stets als unpolitisch bezeichnet hatte, stellte sich nun vor seinem Sohn als positives Nachahmungsmodell dar. Fleiß war eine Verhaltensweise, die der Künstler sich selbst, seiner

Frau und seinen Schülern abverlangte. Was für ihn galt, hatte seiner Meinung nach auch für die anderen Gültigkeit. So versuchte er auch, das ihm innewohnende Mißtrauen seinen Mitmenschen gegenüber auf seinen Sohn zu projizieren.

Koelles Selbstherrlichkeit machte auch vor seinen Kollegen nicht halt und bescherte ihm sicherlich nicht nur Freunde unter ihnen. „Heute war Lehrerratssitzung, da wurde von Stam der Zeichenunterricht bemängelt, aber mein Unterricht im Zeichnen nach bewegtem Modell auf den Hütten als Vorbild hingestellt. Da hat es meinen Kollegen geraucht, die haben Köpfe aufgekriegt, besonders ein Kollege Richter, (130) dessen Methode ich schon öfters angriff." (131) Kritik an seiner Person oder Arbeit konnte der Künstler nicht vertragen, dann fühlte er sich stets ungerecht behandelt.

Koelle konnte aber auch Menschen, die ihm gut gesonnen waren und deren Arbeit, solange sie keine Konkurrenz für ihn bedeuteten, neben sich gelten lassen. So beurteilte er Stams Modell für das Thälmann-Denkmal recht positiv: „Heute schaute [Stam] meine Entwürfe an, sie haben ihm gut gefallen, besonders die Plastik, die er [Thälmann] ähnlich fand, er zeigte mir dann seinen Entwurf, eine sehr gute Platzgestaltung, hat mir sehr gut gefallen." (132) So ganz nebenbei erwähnte er, daß Stam am 1. Mai gehe. Als Koelle sein Modell zum Gipsgießer brachte, traf er einen (namentlich nicht genannten) Kollegen, dessen Entwurf für das Thälmann-Denkmal ebenfalls dort stand, und kam zu dem Schluß: „Da kann ich mein Modell mit gutem Gewissen einschicken. Der Grundriß ist gut, aber mit dem allein ist es auch nicht getan. Ich halte diesen Entwurf für unmöglich, das heißt viel, wenn ich sowas sage. Er war auch etwas bedeppert, als er meine Modelle sah ... Ich zeig [sie] nun nicht mehr her." (133)

Als Koelles Entwurf fertig gegossen war, transportierte er ihn in seinem Wagen nach Berlin. „In Berlin war man sehr nett, meine Arbeiten werden dem Minister Wandel vorgelegt. Die Absicht bestand schon längst, mich nach Berlin zu holen, nur Stam war dagegen, man will nun Ernst machen, ich muß nach Pfingsten wieder nach Berlin ... In der Wilhelmstraße wird eine neue Akademie gebaut, die im Herbst bezogen wird." (134) Grotewohl traf Koelle nicht an, um ihn um seine Unterstützung beim Wechsel nach Berlin bitten zu können.

Inzwischen unternahm der Künstler in seiner Freizeit einige Fahrten, um die Umgebung zu erkunden. Er war im Erzgebirge, das ihm gut gefiel, aber kein Vergleich zu Oberbayern war. Er besuchte Meißen und wollte für seine Frau Porzellan mitbringen, um das Service daheim zu erweitern, mußte aber erfahren, daß nichts mehr in den Inlandsverkauf, sondern alles gegen Devisen in den Export nach Amerika ging. Abends schaute er den Film „Die blauen Schwerter" an, ein Dokumentationsfilm über die Entstehung des Porzellans in der Porzellanmanufaktur Meissen.

Koelle fuhr nach Pillnitz, um im dortigen Schloß die Gemäldesammlung des Zwingers anzuschauen. Er war begeistert: „Viele Liebermanns, Slevogts, auch Caspar Dein Lehrer, ein Selbstbildnis von Weißgerber, auch Plastiken von Kolbe und Klinger ... Von Holbein d.Ä. ist ein großes Bild da, sowie von Cranach ... und noch viele andere Werke." (135) Beschämend fand Koelle, daß nur ganz wenige Besucher im Museum anzutreffen waren, weder Studenten noch Künstlerkollegen, wohl aber russische Soldaten, und das bei einem, wie Koelle empfand, fast freien Eintritt von 20 Ostpfennigen, und Studierende konnten das Museum kostenlos besuchen. Er erinnerte seine Frau an ihre gemeinsame Münchener Studienzeit, in der sie jede Stunde ausnutzten, um in den Galerien und Sammlungen zu lernen. „Wenn ich also keinem Kollegen und keinem Schüler begegnen will, brauche ich nur in die Pillnitzer Galerie zu gehen." (136) Und er beschloß, sie ihres vielfältigen Angebots wegen noch häufiger zu besuchen. Was Koelle bei seiner Kritik an der fehlenden Präsenz seiner Studenten vergaß war, daß sie Teile ihrer Freizeit in den Industrieanlagen verbrachten oder sich seine Schülerinnen im Zoo oder Zirkus aufhielten, um dort ihre Studien zu machen, die für sie intentional im Vordergrund standen.

Als Koelle endlich die Einladung von Dr. Auerbach zur Einweihung des KZ-Mahnmals für Dachau erhielt, die zu besorgen er bei seiner Frau mehrfach angemahnt hatte, fuhr er am 26.4.1950 um 4:30 Uhr in der Frühe in Dresden los und traf um 3:00 Uhr am Nachmittag in Grünwald ein. Koelles Plastik wurde am 29.4.1950 feierlich in Dachau enthüllt (vgl. IV Schluß).

Nach seiner Rückkehr aus München wurde der Bildhauer vom neuen Rektor der Hochschule, Fritz Dähn, (137) empfangen. Mart Stam hatte die Hochschule Dresden zum 1.5.1950 verlassen und war zur 1946 gegründeten Kunsthochschule Berlin-Weißensee gewechselt. (138) Koelle kommentierte diesen Wechsel: „Prof. Stam ist schon in Berlin, das ist schade." (139) Von Dähn ließ sich Koelle gleich die Zusicherung geben, daß er jederzeit wie bisher nach München fahren könne, um dortige Aufträge zu erledigen.

Als Koelle erfuhr, daß Mart Stam noch in Dresden weilte, besuchte er ihn in seiner Wohnung, die ganz in der Nähe des Gästehauses lag. „Stam war sehr nett, aber die hinterfotzigen Sachsen, sie tun einem so freundlich ins Gesicht, aber hinten herum; der Stadler Toni ist dagegen ein grundehrlicher offener Kerl. Ich hab bald genug, ich sagte es auch Stam und er gab mir Recht. Hätte ich nur etwas mehr wirtschaftliche Sicherheit." (140) Bei einem weiteren Besuch bei Stam nahm er Zeichnungen seiner Frau mit, um sie ihm zu zeigen.

Einladungen anderer Kollegen oder auch Studenten nahm Koelle nicht an, auch die seines Malerkollegen Heinz Lohmar nicht, der kurze Zeit nach Koelle an die Kunsthochschule Dresden berufen worden war und mit seiner Familie ebenfalls im Gästehaus wohnte. Nach seinem ersten Kontakt mit ihm hatte Koelle bereits sein Urteil gefällt: „Er spricht immer, ich brauche nichts zu reden. Ist mir so ein Mensch zuwider." (141) „Hans Lohmar von Ludwigshafen ... hat mich eingeladen für morgen, aber ich mag nicht, auch eine Schülerin hat mich eingeladen zu ihren Eltern und ihrem Bräutigam, sie heiratet. Ich sagte auch nicht zu, und jetzt höre ich, daß es die Tochter von der ‚Reichhardt Schokolade Fabrik' ist, sie haben ein schönes Haus hier in Loschwitz ... solche Einladungen ... ach das kommt mir so komisch vor, ich will nicht so geehrt werden, sie wollen ja doch nur irgendetwas erreichen, ein gutes Zeugnis ... weil sie nichts kann ... Wenn es eine gute Schülerin wäre, ging ich hin." (142)

Koelle war nicht in der Lage, vorurteilsfrei soziale Kontaktangebote wahrzunehmen, jede Initiative seiner Mitmenschen wurde von ihm negativ gedeutet. Er konnte sich keine anderen Intentionen vorstellen als die, die er selbst mit seinen nutznießenden Kontaktaufnahmen verband. Er war es nämlich, der die Lehrer seines Sohnes einlud beziehungsweise während seiner Abwesenheit einladen ließ, der seiner Frau vorschrieb, welche Kontaktbesuche und -einladungen im Hinblick auf seine Zukunft in München sie zu tätigen hatte, und der Mart Stam mit der Absicht besuchte, die Bilder seiner Frau zu verkaufen. Und er gab seiner Familie genaue Anweisungen, welche Kontakte sie meiden sollte, da er diese für schädlich hielt: Zu Suse Schwarz sollten sie nicht gehen, da sie „ein böses Weib" sei, „ich geh aus diesem Grund auch nicht zu Fritz Hahner", (143) Suse Schwarz' Bruder. Den Briefkontakt sollte sie aber mit Frau Schwarz halten, „sie war ja auch schon so gut zu uns ... gehe auch nicht so viel zu Pilartz nach Nymphenburg." Gemeint war damit Pilar Prinzessin von Bayern, (144) von der Elisabeth Koelle-Karmann Portraitbilder malte und mit der sie eine lebenslange Freundschaft verband. Fritz Koelle verlangte von seiner Familie: „Seid halt vorsichtig im ganzen Bekanntenkreis, auch Du lieber Fritzl ... Ihr könnt ja wohl erzählen, wie gut es mir hier geht, aber dann ist wieder Neid und Mißgunst." (145)

Der Befreiungstag am 8. Mai wurde mit vielen Feierlichkeiten begangen. Koelle war von Grotewohls Rede, die er im Radio verfolgte, beeindruckt. Zwei Tage später war großer Empfang Grotewohls im Dresdner Theater, an dem Koelle auch teilnahm. „Es war sehr schön, Kinder sangen auf der Bühne ... Nach der Feier wurde der Zwinger besichtigt, der macht mächtige Fortschritte. Grotewohl wurde mächtig gefeiert, Fanfaren ertönten und die Jugend jubelte, es war ergreifend schön ... ein ganz anderer Geist in der Jugend als im Westen. Schon der Ausspruch ‚lernen, lernen und nochmals lernen', der überall groß zu lesen ist." (146) In seiner undifferenzierten und hauptsächlich vom Gefühl gesteuerten Wahrnehmung übersah Koelle, das es im Westen noch gar nicht so lange her war, daß die Jugend mit großer Begeisterung einem Führer zugejubelt hatte und durch ähnliche Parolen wie „Schönheit" und „Freude der Arbeit" ideologisch gedrillt worden war. Koelles Urteilsfindung basierte wieder nur auf einem äußeren Erscheinungsbild und seiner Gefühlsseligkeit.

Da der Künstler auch bei dieser Veranstaltung keine Gelegenheit fand, Grotewohl auf seine Versetzung nach Berlin anzusprechen, teilte er ihm sein Anliegen schriftlich mit:

„Hochverehrter Herr Ministerpräsident!
Ich hatte mich sehr gefreut, als ich Sie vor einigen Wochen, bei Ihrem Besuch in Dresden, in der Oper von der Ferne, in alter Frische sah und ganz besonders freute ich mich, da ich glaubte, Sie hätten mich im Parkett erkannt.
Ich bin nun über ein Jahr hier in Dresden und kann hier unmöglich länger bleiben, aus Gründen, die von Genossen Dr. Strauss und Dr. Scholz vom Volksbildungsministerium, voll anerkannt werden. Es besteht bei den Herrn der Wunsch, mich in Berlin zu verwenden. Meine Arbeiten werden im Ministerium mit großer Freude zur Kenntnis genommen, schrieb mir Dr. Strauss.
Darf ich Sie hochverehrter Herr Ministerpräsident höflichst bitten um Ihre Unterstützung, in Berlin eine meinem Schaffen entsprechende Verwendung zu finden. Ich bin hier noch zu keiner Arbeit gekommen. Die beiden Entwürfe für Thälmann, die zur Zeit in der Akademie in Berlin ausgestellt sind, entstanden in München. Für Ihre große Bemühung danke ich Ihnen und grüße Sie herzlichst, sowie unseren hochverehrten Staatspräsidenten Wilhelm Pieck,
Ihr getreuer Koelle" (147)

Ein Antwortschreiben Grotewohls ist nicht überliefert. Aber Koelle blieb nur noch bis zum Beginn der Sommerferien in Dresden und wechselte dann nach Berlin über, und einen Erfolg beim Wettbewerb des Ernst-Thälmann-Denkmals konnte er auch verzeichnen.

Noch aber hatte Koelle circa zwei Monate in Dresden an der Hochschule unter dem neuen Rektor Dähn zu arbeiten. „Aber nach wie vor, viel Freude macht mir die Schule nicht. Der neue Direktor stellt alles auf den Kopf, jetzt zieht alles um ... Ich sollte auch verlegt werden, aber ich ließ mich nicht dazu bewegen. Auch ein neuer Lehrplan und Stundenplan und viel sprechen und reden und selbst ..." (148) Fritz Koelle bestand darauf, seine Sonderposition zu behalten. „Am 3. Juni beginnen hier die Prüfungen für alle Schüler. Neue Einführung. Ich halte mich aber an diese Einführung nicht, und der neue Besen ist auch einverstanden, ich kümmere mich darum nicht." (149)

Daß Koelles Kollegen ob dieser Sonderbehandlung nicht erbaut waren und es Koelle zu verstehen gaben, ist verständlich, aber er interpretierte ihr Verhalten in einer ihm genehmen und selbstbestätigenden Art und Weise: „Meine Kollegen an der Schule sind wirklich unfreundlich, weil ich so oft fort bin und teils auch aus Neid, weil ich einen Wagen habe, und jetzt fahre ich öfters in die Schule und parke im Hof." (150) In einer Situation, in der sensibles Vorgehen und Fingerspitzengefühl von Nöten waren, war bei dem Bildhauer prahlerische Selbstinszenierung angesagt, die durch die Projektion eines Neidgefühls in seine Mitmenschen noch forciert wurde und ihm die gewünschte Bestätigung verschaffte.

Die Studenten waren nicht erfreut über die Unruhe, die Dähns Neugestaltungen und Verordnungen mit sich brachten. Sie waren „ungehalten über die immer wieder neuen Kunsterziehungsversuche von Leuten, die kaum selbst zum Künstler berufen sind. Von Leuten, von denen ich noch nie was sah. Aber sie können reden und nichts bilden. Der Ausspruch Goethes war noch nie so angebracht wie heute. Bilde Künstler, rede nicht, nur ein Hauch sei Dein Gedicht." (151) Koelle, der ein guter Handwerker war, das Theoretische aber nicht so gut beherrschte, wie seine Schüler Rosenthal, Thieme und von Woyski in ihren Interviews bestätigten, beurteilte seine Kollegen auch nicht objektiv nach ihren Fähigkeiten, sondern rein subjektiv nach seinen eigenen Vorlieben und Kompetenzen. „Wenn ich nur wüßte, was dieser neue Mann ... selbst macht ... Aber Hauptsache, gescheit reden können und tun als ob und Lohmar ist genau so ... [Dähn] will die gesamte künstlerische Leitung an sich reißen ... Mit Stam arbeitete ich gerne." (152)

Und Mart Stam ebnete Koelle den Weg nach Berlin. So wie er ihn an seine Hochschule in Dresden geholt hatte, ihn dort behalten wollte, trug er jetzt zu seinem Wechsel bei. Er bestellte Koelle zu sich nach Hause und übergab ihm den Auftrag, Studenten seiner Hochschule durch das Stahlwerk Riesa zu führen. „Auf Wunsch des Ministeriums in Berlin", wie Koelle schrieb, „auch ein Erfolg, wir müssen halt bescheiden sein. Aber ich sehe schon etwas mehr dahinter, sie merken doch, wie ich meine arbeiterfreundliche Gesinnung auf die Jugend übertragen kann." Koelle merkte es auch an den Reaktionen seiner Studenten: „Die hab ich wieder tüchtig aufgerüttelt und mitgerissen, die strahlten nur so." (153) Auch der Direktor des Stahlwerks, Proetschner, bestätigte Koelle seine pädagogischen Fähigkeiten. „Er hätte schon sehr viel von mir gehört, wohl nicht über mein Werk, aber als politischer Mensch, ich sei ein guter bewährter Vermittler zwischen Ost- und Westzone und ganz besonders deswegen, weil meine Vermittlung nicht politischer Art wäre, sondern [auf] eine zwanglose künstlerische Art erfolge und viel wichtiger sei." (154) Trotz der vielseitigen positiven Bestätigungen seiner Begeisterungsfähigkeit der Schüler für die Arbeitswelt gefiel ihm diese Aufgabe genauso wenig wie die Korrekturstunden an der Hochschule, und indirekt machte er dafür seine Familie verantwortlich. „Es war auch ein schwerer Tag für mich, bei der Bruthitze im Stahlwerk ... So muß ich arbeiten um Haus und Hof halten zu können, ob es mir gefällt oder nicht, ich hätte es schon ... lieber leichter, lieber Fritzl. Ich muß es halt tun." (155)

Früher, in jüngeren Jahren war genau der unmittelbare Kontakt zum Berg- und Hüttenmann vor Ort sowie das eigene Erlebnis der Schwere seiner Arbeit der Fundus, aus dem er seine schöpferischen Impulse bezog. Aber in Anbetracht seines Alters und seiner gesundheitlich nicht stabilen Lage war seine Bereitschaft, diese strapaziösen Industrieaufenthalte mit seinen Schülern durchzustehen, schätzenswert. Als er mit Stams Schülern nach Riesa sollte, gab er seiner Frau aber auch seine Ängste zu verstehen, den richtigen Zugang zu ihnen zu finden: „Denkt an mich, es wird wieder heiß sein, hoffentlich bekomme ich Kontakt, so auf Kommando komme ich halt auch nicht in ... Schwung." (156)

Aber auch bei seinen Studenten kostete ihn der Gang in die Klasse immer wieder Überwindung. „Meine Schüler freuen sich wirklich sehr, [mich] graut es nach wie vor, wenn ich hinein muß." (157) Und jedesmal danach verließ er ganz zufrieden den Klassenraum. Eigentlich hätte ihm das zunehmende Selbstsicherheit verschaffen müssen, denn seine Schüler schätzten ihn sehr. „Fräulein Sommer, die's Abitur hat, ist doch so höflich jetzt, und das färbt ab auch auf Thieme, jetzt bedankt er sich auch für die Korrektur. Aber heute drückte er mir einen Kopf hin, weil ich ihn zuletzt dran nahm und Fräulein Sommer lobte, es war auch angebracht. Auch den Rosenthal lobte ich sehr, der wird gut, er macht lauter Entwürfe für Arbeiter, interessante Kompositionen, also mich erfreuen sie sehr." (158) Aber auch von Thiemes Arbeitshaltung und Gestaltungen war Koelle angetan und voll des Lobes, als er ihn an einem Samstag in der Hochschule bei der Arbeit vermutete und auch dort antraf. Er „portraitierte einen Buben, den er auf der Straße aufgabelte, und sehr gut. Auch einen Arbeiter legte er an, auch gut. Dieser Mann macht mir viel Freude, er arbeitet von morgens bis abends, dem ist der Tag zu kurz ... Der hat es begriffen, was ich sage, aus dem wird was, der macht seinen Weg. Im Zirkus war er und brachte einen ganzen Pack Zeichnungen mit, was ich für den schon allein an Zeit aufwende, da fällt jedes Wort auf fruchtbaren Boden." (159) Koelle gab zu, daß ihm seine Männer mehr bedeuteten, daß sich seine Damen aber jetzt bemühten, sowohl Fräulein Sommer als auch Fräulein Wiener.

Seinem Sohn Fritz meinte der Vater noch einen besonderen erzieherischen Anreiz zu angepaßtem Verhalten geben zu müssen. „Habt Ihr die Berliner Illustrierte mit der großen Abbildung von ‚Marianne Koch' auf dem Titelblatt? Ich überschätze es nicht, aber es ist ein Erfolg ihres ungebrochenen Fleißes, sie zog nicht mit Buben herum, sondern sie nutzte ihre Zeit aus, sie studierte doch Medizin, um ein weiteres Eisen im Feuer zu haben ... Sie verplemperte ihre Zeit nicht. Ich war ja etwas verärgert, ich gönnte es ihr nicht ... Fritzl mach es auch so." (160) Marianne Koch war einige Klassen über Koelles Sohn und immer schon, auch von den Lehrern, als nachahmenswertes Beispiel dargestellt worden.

Fritz Dähns offizielle Einführung als Rektor der Kunsthochschule fand am 7. Juni 1950 statt. Koelle verspürte kein großes Bedürfnis, dieser Feierlichkeit beizuwohnen, aber in Anbetracht der Tatsache, daß Minister Holtzhauer erwartet und anschließend ein Essen gereicht wurde, nahm der Bildhauer doch daran teil. Besonders das recht gute Essen im Carola-Schlößchen genoß er und den „ausgezeichneten Apfelwein, ich trank ihn [als] franz. Weißwein, andere [als] Bordeaux-Wein, einstweilen Apfelwein ... so lieblich süß und bekömmlich, man kann aber einen schweren Zacken bekommen, ich meine einen Affen. Da muß man vorsichtig sein, ich trank drei Gläser." (161) Der kulinarische Teil der Einführung Dähns war Koelle einen Bericht wert. Über den übrigen Teil der Veranstaltung informierte er nicht.

Fast jeder Brief enthielt irgendwelche Hinweise auf seine lukullischen Wünsche, besonders seinen Heißhunger auf gebackenen Reis-Kirsch-Auflauf, für den er auch die 550 Kilometer nach München in Kauf nähme, wenn die Strecke nicht so eintönig wäre.

Dafür unternahm er aber eine Reise nach Thüringen. Dort suchte er in Greiz/Dölau die ehemaligen Fabrikanlagen seines Mäzens Rudolf Schwarz auf, um sich nach dem Verbleib seiner Kunstwerke zu erkundigen. Schwarz war nach dem Krieg enteignet worden und befand sich jetzt im Westen. „Nach Elsterberg vor der Fabrik mit Sicht auf das Wohnhaus trank ich Kaffee ... und dann entschloß ich mich, reinzufahren. Der Pförtner machte die Schranke auf und ich parkte im Hof noch wie einst. (162) ... Die Ölbilder bekommen wir nicht ohne weiteres ... die stehen unter Sequester ... höchstens aufgrund, daß ich Opfer des Faschismus bin, VVN Mitglied. Wahrscheinlich bekommen wir sie gar nicht." Gemeint waren die vielen Bilder, die Elisabeth Koelle-Karmann gemalt hatte. „Die Dölaumühle u. das Stilleben hängen in der Wohnung des jetzigen Direktors." (163)

Bei einer Bekannten von Suse Schwarz, die bereits durch diese informiert worden war, konnte der Bildhauer zwei Bronzen abholen. „Die Bronzen brachte ich gleich in mein Atelier." (164) Die eine war der „Hockende Bergmann", und bei der anderen Plastik muß es sich um eine Figur gehandelt haben, die aufgrund ihres Gewichts nicht so einfach zu transportieren war, wie Koelles Kleintierbronzen. Koelle hatte sich zwar im Auftrag Schwarzens um die Kunstwerke bemüht, aber die Beziehung zum Ehepaar Schwarz schien gestört zu sein, besonders zu Frau Schwarz, denn Koelle wiederholte in vielen Briefen, wann immer die Rede auf sie kam, seine Aussage: „Eine echte Sächsin ist die Suse, ein böses Weib. Sie muß halt lügen u. schimpfen wie alle Sachsen." (165) „Was hat es für Wert, solche Freundschaft zu pflegen?" (166) Rudolf Schwarz wurde in Koelles Korrespondenzen nie mehr genannt.

Wie angekündigt suchte der Künstler an einem Sonntag ein weitres Mal die Galerien im Schloß Pillnitz auf, wo er von Slevogt noch mehr angetan war als bei seiner ersten Besichtigung. Auf dem Rückweg begegnete er dem Bruder seiner Wirtsfrau, Augustus, der im Uranerzbergbau arbeitete. Er bestätigte Koelle seinen Verdienst von monatlich 3 000 Mark. „An gefährlichen Stellen unter einem See, 350 Mark pro Schicht. An solchen Stellen gruben sie früher auch und bekamen nicht mehr, [als] ein anderer Bergmann, einen Hungerlohn. Dazu bekommen sie noch Lebensmittel. Früher war er im Büro, da er dort so wenig verdiente, ging er in den Bergbau. Dieser Mann war besser angezogen [als] ich, er hat auf keinen Fall so einen verwachsenen Anzug angehabt, und das Aussehen war sehr gut, eben gut genährt." (167) Das Geld, die zusätzlichen Lebensmittel und das äußere Erscheinungsbild des noch jungen Mannes beeindruckten Koelle sehr. Daß ihn 1939 der Gesundheitszustand der Bergleute in Joachimsthal (vgl. Kapitel III 1939) erschüttert hatte, hatte angesichts des Wohlstands dieses Mannes keine Bedeutung mehr. Daß dieser aber unter vergleichbarem Risiko arbeitete und ihm deshalb ein entsprechendes Schicksal bevorstand, denn die Arbeitsbedingungen im Uranerzbergbau der SDAG Wismut in der DDR hatten sich nicht geändert, verdrängte Koelle offensichtlich.

Aus Berlin hatte Koelle noch keine Benachrichtigung über eine Entscheidung beim Thälmann-Denkmal. Mart Stam führte bereits einen Teil seines Entwurfs in einer Größe von 3 m aus, „wahrscheinlich um zu zeigen, wie es groß wirkt. Es handelt sich um das Mosaik, das nicht schlecht ist. Er muß wissen, daß er zum Zug kommt. Die Architektur halte ich für unmöglich, wohl das Mosaik, das von einem Maler ist." (168) Die Entwurfseinlieferung zum „Thälmann-Denkmal" wurde offiziell am 10. Mai 1950 beendet. Es gingen 193 Entwürfe ein. Die in den Wettbewerbsbedingungen vorgesehene Ausstellung dieser Werke wurde am 24. Mai in den Räumen der Deutschen Akademie der Künste im Beisein circa hundert ausgewählter Gäste eröffnet.

Da die künstlerische „Qualität" der eingereichten Entwürfe starke Unterschiede aufwies und außerdem nur begrenzte Räumlichkeiten zur Verfügung standen, traf die zehnköpfige Jury, der unter anderem Ministerpräsident Otto Grotewohl, dessen Stellvertreter Walter Ulbricht und Professor Dr. H. Kastner, der Maler Professor Max Linger, der Bildhauer Gustav Seitz und der Architekt Professor Hans Scharoun angehörten, bereits eine Vorauswahl von circa 50% bis 70% aus dem Gesamteingang. (169) Während der Ausstellung konnte jeder Besucher im Rahmen einer Publikumsabstimmung sein Votum für die beste Arbeit abgeben. Koelles Studenten fuhren nach

Berlin in die Ausstellung. „Meine Schüler stimmten für meinen Entwurf. Sie versicherten mir, daß mein Entwurf mit Thälmann am besten war und erzählten mir, daß auch die anderen Leute für meinen Entwurf waren. Herr Schönherr, ein Schüler von mir, sprang mir entgegen übern Hof, um mir das zu berichten, voller Freude. Wenn's nur so wäre. Schwamm und Leder benötige ich nicht mehr." (170)

Koelles Ausspruch bedeutete eine sehr kurzsichtige Sichtweise seiner Zukunft, zugunsten eines einzigen Erfolgs seine Position an der Hochschule aufs Spiel zu setzen, um wieder als freischaffender Künstler nach München zu gehen, besonders da ihm sein Vermögen in Ostmark im Westen nichts nutzte. Trotzdem versteifte sich der Bildhauer darauf, in seinen Sommerferien die Weichen für München stellen zu können. „Ich will in den Ferien unter allen Umständen Dr. Hundhammer machen, ich tue, was ich kann und lasse nichts unversucht, wenn ich genügend Arbeit habe, kehre ich nicht zurück im Herbst. Ich will selber was gestalten, das vertrage ich nicht, nur Schullehrer zu sein." (171)

Vorher jedoch fuhr Koelle nach Berlin, um sich selbst über die Ausstellung der Thälmann-Entwürfe zu informieren. „Der Wettbewerb ist noch nicht entschieden. Stam steht in der Mitte, das ist entschieden. Mein Thälmann steht auch schön, der Kubus steht abseits. Es sind auch gute Sachen darunter, aber nur sehr spärlich, weniger gute als originelle Sachen." (172)

Die Arbeit einer veränderten und auf acht Mitglieder festgesetzten Jury, unter anderem mit Otto Grotewohl, anstelle Paul Wandels der Minister für Aufbau, Dr. Lothar Boltz, dem Maler Professor Otto Nagel (1894 bis 1967) als Ersatz für Max Lingner, Koelles „Fürsprecher" Professor Hermann Henselmann anstelle Hans Scharouns und dem Bildhauer Professor Gustav Seitz, benötigte fünf Tage für ihre Arbeit. Von den 193 eingesandten Arbeiten schieden elf wegen Formfehlern aus. Es wurden vier Rundgänge durchgeführt, an deren Ende noch 22 Entwürfe übrigblieben, von denen nochmals 14 ausgesondert wurden. Von den verbliebenen acht Modellen wurden die ersten drei als gleichwertig beurteilt und jeweils mit 7 000 Mark dotiert. Dazu zählten der Bildhauer Fritz Cremer (1906 bis 1993) mit seinem Architekten Wilhelm Schütte, der Bildhauer Richard Horn (*21.1.1898) aus Halle und ein Kollektiv um die Bildhauerin Ruthild Hahne (*19.12.1910).

Die fünf weiteren Arbeiten, die jeweils mit einer Prämie von 2 700 Mark bedacht wurden, waren von den Künstlern Fritz Koelle, von dessen ehemaligem Rektor, Mart Stam, seinem derzeitigen Rektor, Fritz Dähn, sowie von den Bildhauern Waldemar Grzimek (1918 bis 1984) und René Graetz (1908 bis 1974). Koelles Thälmann-Entwurf (WVZ 192) wurde folgendermaßen charakterisiert: „Das Bildwerk des Entwurfs Nr. 10395 [Koelles Geburtsdatum] ist durch seinen plastischen Ausdruck bemerkenswert, im Gesamteindruck wird es jedoch dem Wesen Thälmanns, als des Vorkämpfers der Arbeiterklasse nicht genügend gerecht, weil es sich nur auf eine Episode seines Lebens, die Haftzeit, bezieht. Eine städtebaulich befriedigende Lösung enthält der Entwurf nicht." (173) Koelles zweiter Entwurf, die rein architektonische Lösung eines „Kubus", wurde nicht prämiert.

Koelle gestaltete für das Denkmal eine statuarisch stehende Figur Ernst Thälmanns in angedeuteter Schrittstellung, wie beim KZ-Häftling mit langem Mantel mit aufgestelltem steifem Kragen. Auch bei dieser Gestalt ist die Hose viel zu lang und liegt auf den Schuhen auf. Zu groß geratene und wenig ausdifferenzierte Hände, beide zur Faust geballt, mit erhobener Rechten und angewinkeltem linkem Arm, die Faust in Herzhöhe haltend. Eine portraithaft vereinfachte Gesichtsmodellierung gibt den charakteristischen runden und kahlen Kopf Thälmanns mit zwei senkrechten Stirnfalten, tiefliegenden Augen und vorstehenden Augenbrauen wieder. Die schmalen Lippen sind energisch zusammengepreßt. Von den Kampfbereitschaft symbolisierenden Fäusten geht nicht die geringste Dynamik aus, ebensowenig von der Gesamtfigur. Die Kampfbereitschaft dieses Arbeiterführers bleibt in einer Pose erstarrt. Die geglättete Modellierung dieser Figur, besonders des Mantels bewirkt das „Abgleiten des Blickes, der nirgendwo verweilen kann", wie Jo Jastram Koelles Figuren charakterisierte. (174) Sie zieht die erhobene Rechte mit in die Tiefe. Eine Schlüssigkeit der intendierten kämpferischen Aussage mit dem statuarischen Figuraufbau und der glatten Polierung des Materials konnte Koelle nicht erreichen, ein bildnerischer Mangel, der schon mehrfach aufgezeigt wurde. Diese 72 cm hohe Plastik (im Wettbewerb war ein Maßstab von 1 : 50 gefordert) (175) muß einen Käufer gefunden haben, denn sie befindet sich heute im Lindenau-Museum in Altenburg. (176)

Koelle, der zwei Wochen in München verbrachte, fand bei seiner Rückkehr am 6.7.1950 folgendes Telegramm vor: „Ihre[r] Arbeit Nr. 10395 für den Thälmann-Wettbewerb wurde eine Prämie zuerkannt. Ich beglückwünsche Sie zu diesem Erfolg, Minister Wandel." (177) „Nun ja, wenigstens etwas", war Koelles einziger Kommentar zu diesem Preis. Er fügte dem Brief an seine Frau einen Zeitungsartikel bei, in dem die Prämierung der Entwürfe abgedruckt war und der mit dem Vorschlag des Ministers schloß, „die ausgezeichneten Künstler einzuladen, um mit ihnen gemeinsam zu beraten, wie die im Wettbewerb gestellte Aufgabe endgültig gelöst werden kann." (178) Koelle gab aber bereits zu verstehen, daß er sich vorerst an keinem Wettbewerb mehr beteiligen würde.

Die Prüfungsphase in der Hochschule war bereits abgeschlossen, nur die Studenten aus Koelles Klasse warteten noch auf ihre Benotung, da sich der Lehrer nicht an die offiziellen Prüfungstermine hielt und mit dem Rektor eine Sonderregelung vereinbart hatte. Nachdem der Bildhauer wieder in Dresden eingetroffen war, kamen Fritz Dähn und Heinz Lohmar zur Benotung der Schülerwerke in die Klasse. „Dähn war sehr nett und hörte auf mich, auf meine Vorschläge. Rosenthal kam am besten weg, er machte ein recht gutes Portrait eines jungen Mannes, das aus dem Rahmen fiel, und einen sehr guten Glasbläser (Figur), ich war überrascht. Er hatte sich damit geschämt, und ich hab sie aus einer Ecke herausgezogen." (179)

Wegen der gleichen Bewertung der Arbeiten von Rosenthal und Thieme gab es Mißstimmung in der Klasse. Thieme fühlte sich nachteilig beurteilt und ließ sich mit den Kommilitonen negativ über Rosenthals Arbeiten aus. Koelle bezeichnete es als typisch „sächsische Art" und löste den Konflikt auf seine Art: „ich hab den anderen eins drauf gegeben und dem Rosenthal vor den anderen Schülern Mut gemacht" (180) und die Kompositionen seiner Glasbläser – „heute hat er schon wieder einen neuen ebenso guten ... gemacht" – (181) vor der gesamten Klasse gelobt.

Koelles soziales Engagement war ehrlich. Hatte er sich im Zweiten Weltkrieg bei Gauleiter Wagner für eine gerechte Verteilung der Lebensmittelmarken für Schwerstarbeiter eingesetzt, nahm er eine Fußgängerin, die keinen Paß hatte, in seinem Auto von München mit bis zur Grenze, besuchte er seine Putzfrau und seine Sekretärin im Krankenhaus und brachte ihnen Lebensmittel mit, weil sie „so arm" waren, so setzte er sich engagiert für diesen Schüler ein. Allerdings nahm Koelle nicht wahr, daß er mitbeteiligt war an der momentanen konfliktgeladenen Atmosphäre, die er so beschrieb: „Sie sind zur Zeit wie Hund und Katz aufeinander, nur wegen [der] Noten und wegen Rosenthal, weil ich den so lobte.

Notengebung in einem Gruppenverband erwachsener Schüler in einer leistungsorientierten Gesellschaft – wie sie die DDR war – bedeutete zwangsläufig ein psychologisch angespanntes Klima mit Konkurrenzcharakter, das einen sensiblen Umgang mir den Gefühlen der Betroffenen erforderte, den Fritz Koelle aber nicht leisten konnte.

Sehr belastet haben konnte Koelle diese Konfliktsituation innerhalb seiner Klasse aber nicht, denn „in 14 Tagen, denke ich, ist alles vorbei." (183) „Stam ... sagte mir, daß ich nach Berlin komme, an seine Schule. Es ist mir recht und ich freue mich, wenn es wird, einen Vertrag habe ich noch nicht, den bekomme [ich] in den Ferien." (184) Außerdem soll „ich alles von Dresden mitnehmen und im Herbst dann gleich nach Berlin kommen ... Zwei Tage die Woche hätte ich Schule in Berlin, die anderen Tage könnte ich dann Aufträge erledigen." (185) Koelle informierte niemanden über seinen bevorstehenden Wechsel, auch seine Studenten nicht.

Koelle war enttäuscht darüber, daß ihm noch kein Dresdner zu seinem Wettbewerbserfolg gratuliert hatte, außer Dähn, Professor Erich Nicola aus Berlin und einem Bayern namens Fraas. „So sind die Dresdner." (186) Und dann war er erfreut, daß als erster Dresdner ein Schlosser der Hochschule und dann die Mutter seiner Wirtsfrau ihn zu seiner Prämie beglückwünschten. „Könnt Ihr das verstehen, kein Mensch freut sich mit mir, kein Mensch sagt etwas zu mir ... Die Sachsen, ein Saupack." (187) Jedenfalls zeigte sich Koelle zufrieden mit dem Wettbewerbsergebnis. Dähn und Stam hätten mit einem Architekten und Maler gemeinsam gearbeitet, „und ich hab es allein gemacht und brauch wenigstens vor den anderen gewiss nicht zurückstehen." (188) Die Antwort auf seine Frage der fehlenden Resonanz auf seinen Wettbewerbserfolg hatte Koelle sich mit dem oben zitierten Satz bereits selbst gegeben. Jemand wie er, der jegliche Kooperation mit Kollegen ablehnte, der jeden Sozialkontakt, ausgenommen politischer und gesellschaftlicher Entscheidungsträger, mied, ein Einzelgänger mit krankhaftem Mißtrauen, wunderte sich über die adäquate Reaktion seiner Mitmenschen auf sein Verhalten, die seine Sucht nach Bestätigung nicht befriedigten.

Bei Ministerpräsident Otto Grotewohl bedankte sich Koelle schriftlich „für diese Auszeichnung und ich würde mich sehr freuen, wenn mir dieser Erfolg den Weg nach Berlin ebnen würde." (189) Die Entscheidung für Berlin war längst getroffen, und Koelle kehrte nicht mehr nach Dresden zurück.

Lehrzeit in Berlin-Weißensee – 1950 bis 1953

Am 9. Oktober 1950 traf Koelle in Berlin ein. Er bekam vom Volksbildungsministerium im Gästehaus der Regierung am Thälmann-Platz ein „sehr schönes Zimmer, mit sehr schönen Möbeln, so modern, aus den vereinigten Werkstätten" (190) und voller Verpflegung zugewiesen. „Ich kann auch ... für billiges Geld, fast noch besser [als] hier im Hause im sowjetischen Kulturbund essen, als Gast, da essen all die Prominenten". (191) Sein neues Auto, ein Mercedes C 170, (192) mit dem er alle Besorgungen erledigte, „machte mächtigen Eindruck" und war in der zu dem Zeitpunkt schon geheizten Garage der Charité gut untergebracht.

Bei seinem Antrittsbesuch im Volksbildungsministerium lehnte er sofort einen Großauftrag ab, denn viel mehr als Portraits gedachte der Bildhauer in Berlin nicht zu gestalten. „Ich soll dann die führenden Männer der Regierung machen. Daß ich für den großen Auftrag (Arbeitergruppe) gar kein Interesse zeigte, nahm mir kein Mensch übel, sondern sie zeigten rührendes Verständnis, das freute mich ungemein." (193) Es erscheint eher fraglich, daß ihm die Regierung, die sich für seine Versetzung von Dresden nach Berlin eingesetzt hatte, „rührendes Verständnis" aufbrachte für die Ablehnung eines Staatsauftrags als Dankeschön Koelles für ihr Bemühen.

Bei seinem ersten Kontakt mit seinen neuen Kollegen an der Hochschule für angewandte Kunst in Berlin-Weißensee (194) stellte Koelle fest: „Die Berliner Kollegen waren bis jetzt recht nett, sie kennen mich alle, das freute mich. Ich muß mich aber sehr zurückziehen, die sitzen gerne zusammen und lange." (195) Somit stellte der Künstler bereits am ersten Tag die Weichen für sein Einzelgängertum und die Ablehnung jeglicher Sozialkontakte, die er meinte, nicht nötig zu haben.

Mart Stam stellte den Bildhauer seiner neuen Klasse vor, die aus drei Studentinnen und zwei Studenten bestand. „Sie waren recht nett ... ich möchte sagen, sie sind netter [als] in Dresden, in ihrem Benehmen. Sie zeigten alle recht viel Achtung." (196) Diese für ihn so wichtige Form der Bestätigung seiner Person hatten ihm seiner Meinung nach seine Dresdner Schüler nicht entgegengebracht. „Der Brief von meinen Schülern in Dresden zeugt von wenig Achtung ... als sie den Brief schrieben, dachten sie sich noch ‚er wird schon kommen der Koelle oder der Alte' ... Rosenthal hätte ja allen Grund gehabt, eine Anrede zu setzen und mich ‚dankbar' zu grüßen, auch Frl. Sommer, ich bin doch nicht ihr verehrter lieber Professor. Aber so sind die Sachsen ... Die Berliner sind ja alle viel, viel netter, ob in der Schule, im Hotel oder auf der Straße. Ich hab sie gerne." (197)

In seiner undifferenzierten Wahrnehmung und pauschalen Beurteilung seiner Mitmenschen übersah Koelle, daß seine Dresdner Studenten ihm mehr als hohle Phrasen und äußere Förmlichkeiten entgegenbrachten. Sie empfanden Sympathie für ihn und schätzten ihn, was besonders der von Koelle kritisierte Werner Rosenthal, Charlotte Sommer und Gerd Thieme unter Beweis stellten. Koelle antwortete seinen Schülern nicht. Er richtete lediglich am 13. Oktober zwei Telegramme an die Kunsthochschule Dresden mit den Worten: „Ich folgte einem Ruf nach Berlin. Wenn Dresden einverstanden, übernehme ich die Klasse noch dazu ... bis für mich Ersatz geschaffen". (198) Die knappe Antwort des Rekors Fritz Dähn noch am selben Tag läßt ahnen, wie er Koelles Verhalten einordnete: „Danke für Angebot, Stelle wird anderweit besetzt Dähn." (199)

Koelle hatte nie die Absicht, nach Dresden zurückzukehren, und da er die Ablehnung seines Angebots schon im Vorfeld kannte, konnte er es auch so großzügig unterbreiten. Bereits 1947 hatte er Grotewohl zu verstehen gegeben, daß für ihn im Osten nur eine Anstellung in Berlin akzeptabel sei, und der Künstler hatte vom ersten Tag an darauf hingearbeitet, eine Professur in Berlin zu erlangen, allerdings in der Hoffnung, als Professor jederzeit nach München zurückkehren zu können, um dort an die Akademie berufen zu werden. Diese Vorgehensweise zeigt einmal mehr, wie Koelle andere für seine eigenen Interessen benutzte.

Obwohl der Künstler noch keinen Anstellungsvertrag mit der Hochschule hatte, den er auch erst im September 1951 erhalten wird, ließ er sich bereits neues Briefpapier für private Zwecke anfertigen:

BILDHAUER FRITZ KOELLE
PROFESSOR DER STAATLICHEN KUNSTHOCHSCHULE
BERLIN W8 – THÄLMANN-PLATZ 6
GÄSTEHAUS DER REGIERUNG

Auch dieses Briefpapier war mit Fernruf und Bankverbindung versehen.

Die Zuteilung eines Ateliers war noch nicht endgültig geklärt. Koelle hatte gehofft, an der Deutschen Akademie ein solches zu erhalten, aber die Akademie verfügte über keine Atelierräume. Darum bot man dem Bildhauer einen Raum im Zeughaus „Unter den Linden" bei der Universität an, den Koelle mit Mart Stam besichtigte. „Das Haus ist schwer beschädigt, aber wie [durch] ein Wunder [sind] die unzähligen ‚Schlüterschen' Köpfe, (200) wie das Medusenhaupt ... unbeschädigt ... es ist kaum fassbar." (201) „Es hat mich überlaufen, als ich die 16 Köpfe von Schlüter unversehrt an der zertrümmerten Fassade sah," (202) „obwohl die Gesimse, das ganze Mauerwerk schwerstens beschädigt ist, es stehen nur mehr die Außenmauern, das Dach, die Gewölbe, alles zertrümmert". (203) Das Zeughaus sollte wieder errichtet werden.

Für Koelle war im unbeschädigten Teil des Hauses ein kleiner Raum vorgesehen, zur Modellierung von Portraits gerade ausreichend, und mehr wollte er auch nicht gestalten. Zuerst lehnte Koelle diesen Vorschlag ab. Aber dann besann er sich und willigte ein. „Die Lage und der historische Bau gefällt mir, ergriff mich. Ich werde es mir schon herrichten." (204) Neben seinem Raum befanden sich ein Büro und der Eingang zu seinem Atelierraum, die im Dunkeln lagen. Das Atelier war zur Südseite hin ausgerichtet, nicht ideal, wie der Bildhauer befand. Wasseranschluß gab es nur in einem anderen Raum. Aber Koelle war dennoch gefangen genommen von der „herrlichen Lage" und dem für ihn immer noch vornehmen Bau von außen, von der Fassade, besonders von seinem „schönen Atelierfenster mit altem Eisengitter und darüber ein Helm von Schlüter". (205)

Der Blick aus dem Fenster führte zur Straße „Unter den Linden", unter anderem auf den Schinkel-Bau, die Alte Wache, die Oper und die Universität. Koelle begeisterte die Aussicht auf diese historischen Gebäude. Aber stärker noch war seine emotionale Begeisterungsfähigkeit für die Werke des Barockmeisters. Der Weg zum „Klosett" führte über den Hof, aber jedesmal vorbei an „den sechzehn Köpfen von Schlüter, da standen mir die Haare zu Berge, ich war ergriffen von der Pracht der Köpfe." (206) „Wenn ich den Raum im Zeughaus erhalte, erfüllt es mich mit Stolz." (207) Koelles Atelierraum „war das Zimmer vom früheren Direktor, einem Admiral, dann wird es für mich auch recht sein." (208)

Inzwischen waren die Maler eingetroffen, und die Einrichtung wurde in Angriff genommen. „Mein Thälmann in Bronze ist schon dort, es ist ein sehr schmeichelndes Licht, also schon ein gutes Licht, in so schönem Licht sah ich die Figur noch nicht, so daß sie mir sogar gefallen hat", (209) denn Koelle hatte sich bei der Gestaltung dieser Plastik, einem ungeliebten Thema, laut Aussagen seines Sohnes nicht viel Mühe gegeben. Deshalb erwartete der Bildhauer auch keine große Resonanz darauf und war um so überraschter, als er von seiner Prämierung erfuhr, spielte die Tatsache aber erst mit den Worten „besser als gar nichts" herunter.

Der Bauführer des Zeughauses versprach Koelle, ihm die Räumlichkeiten schön wohnlich zu gestalten. Die Wände wurden geweißt, Fenster und Türen mit weißer Ölfarbe gestrichen. Der Raum maß circa 4 bis 5 m Breite und 8 bis 10 m Tiefe und hatte eine Holzdecke. Der Steinboden wurde mit Holz belegt. Ein Ofen stand bereits auf dem Gang. Am Fenster war ein kleiner Wintergarten zu ebener Erde, von dem aus der Künstler das Geschehen auf der Straße beobachten konnte. Da er aber nicht gesehen werden wollte, beschloß er, dort einen Vorhang aufzuhängen. „Ein Telefon bekomme ich, ist schon fertig, da bin ich gerade nicht begeistert, hätte ich nicht benötigt." (210) Koelle befürchtete, dadurch in seinem Einzelgängertum gestört zu werden, denn er hatte sich bereits zufrieden darüber geäußert, daß die zentrale Lage des Ateliers ihm ermöglichte, alles zu Fuß zu erreichen, aber die Schule glücklicherweise weit entfernt liege. Neben Koelles Atelier führte eine große Tür ins Haus. „Der Schlüssel ist 60 cm lang, und ich weiß nicht wie schwer, aber ein gutes Schloß." (211) Aber er benötigte den Schlüssel nicht, er brauchte nur zu klingeln, da 24 Stunden um die Uhr ein Wächter präsent war. Der Künstler erhielt auch „eine recht nette alte Frau ... zur Bedienung, [zum] Feuermachen usw." (212) Koelle freute sich auf sein Atelier, und seine aktive Hilfe bei der Einrichtung macht deutlich, wie wichtig ihm eine wohnliche Atmosphäre in diesem Atelier, so wie bei all seinen vorherigen Atelierräumen auch, war.

In seiner Klasse an der Hochschule stand seine erste große Korrektur an. „Ich kam gut in Fahrt, und es ist auf fruchtbaren Boden gefallen." (213) „Heute zeigte und korrigierte ich jedem in seine Arbeit, mit ein paar Drucker, und da mußten zwei so herzlich lachen, weil diese Drucker die ganze Arbeit im Ausdruck so wesentlich veränderte ... jeder bedankte sich für die Korrektur aber von Herzen und aus Überzeugung ... Die Schüler hier in Berlin wissen mehr wie eine gute Plastik aussehen muß, sind aber durch die erlernte Manier festgefahren." (214) Eine Schülerin war bei Ludwig Kasper, (215) „dann weißt ja, was sie macht, und die andere ist auch so in dieser Art festgefahren. Aber sie sehen's ein. Heute morgen gab ich's zu verstehen", (216) schrieb Koelle seiner Frau.

Von einem Schüler war der Künstler ganz angetan. „Einen jungen Mann hab' ich, der ist recht gut und recht anständig und gefällig, ... er hat eine recht gewinnende Art ... er ist Berliner, ein recht gebildeter Mensch ... er ist aus einem guten Hause, glaube ich. Er ist in einer so netten Art dankbar (... Lemke heißt er) für jedes Wort [,das] ich ihm sage ... an seinen Augen merk ich die Dankbarkeit ... ich habe ihn so gern." (217) Auch von Walter Howards Fähigkeiten war Koelle überzeugt. „Mit denen kann man was anfangen, die können auch was, und da tue ich mich leichter ... meine Herrn [sprechen mich] immer mit Herr Prof. Koelle an. Das [ist] halt eine nette Art. Von meinen Damen bin ich weniger entzückt, sie sind ganz nett." (218)

Mit diesen Worten umriß Koelle nach circa drei Wochen Lehrtätigkeit in seiner neuen Klasse die Verhaltensweisen und Fähigkeiten seiner Schüler, und es wird deutlich, daß „Dankbarkeit" und „Höflichkeit" Verhaltenseigenschaften mit höchster Priorität für den Lehrer waren. Aber soziale Kompetenzen wie Kommunikations- und Kooperationsbereitschaft wurden aufgrund der eigenen Unsicherheit und Unfähigkeit von ihm im Keim erstickt, wie diese beiden Episoden bei seinen Schülern und seinen Kollegen beweisen. „Als wir in Hennigsdorf waren, boten mir alle von ihren ‚Stullen' an, ich nahm aber nichts ... als ich ... in der Klasse war, und ich diese Kameradschaft zwischen den beiden Klassen merkte, machte ich gleich eine Trennung, das geht doch nicht. Ich mit meiner Klasse und der Kollege Troge mit seiner Klasse." (219)

In seinem Absolutheitsanspruch lehnte er auch das Ansinnen zweier Kollegen, bei seinen Korrekturen zu hospitieren, ab: „Ich sagte ihnen glatt, daß ich das nicht will, ich gäbe hier keine Vorstellung. Mein Kollege Troge wollte in meiner Klasse sogar arbeiten, das lehnte ich auch ab, er verzog sich dann sofort in seine Abteilung mit seiner Arbeit. Das mag ich nicht." (220) Koelles anfänglichen Ängste und Unsicherheiten vor seinen Schülern wichen zusehends, aber nicht die vor seinen Kollegen, besonders denen, die ihm, dem Praktiker, in Theorie und Rhetorik überlegen waren. Koelles Reaktionen steigerten sich in Mißtrauen und Überheblichkeit. „Meine Kollegen die halten Vorträge und verkleiden ihre Unfähigkeit in komplizierte Sätze, die man nicht versteht und mit denen die jungen Leute gar nichts anfangen können und sich langweilen." (221) Koelle benötigte zu seiner geistigen Befriedigung seine praktische Arbeit, und zwar auf der Basis eines guten Handwerkers, was er auch seinen Schülern vermitteln konnte.

Koelles Mißtrauen beschränkte sich aber nicht nur auf seine Kollegen. Im privaten Bereich nahm es abstruse Formen an. Als Elisabeth Koelle-Karmann während der Abwesenheit ihres Mannes für einige Tage den Besuch ihres Bruders und ihrer Schwägerin erhielt, wollte Koelle wissen: „Wann fahren's wieder heim? Ich bin unruhig, wie ein Hund, der weiß das ein anderer in seiner Hütte ist." (222) Außerdem wollte er unbedingt wissen, wer in seinem Bett geschlafen hatte, und „hast auch alles so gemacht, wie ich's will, und Du mir es versprochen hast?" (223) „Mach alles recht lieb wieder und schön, daß man vom Besuch nichts mehr merkt." (224) Denn Koelle wollte Anfang November 1950 für zwei Wochen nach Hause kommen, und da erwartete er in seiner Ichbezogenheit, daß sich seine Familie nur auf ihn zu konzentrieren habe. „Wenn Du aber Besuch hast, dann bleibe ich hier, denn das geht ja nicht. Ich möchte dann schon mit Euch alleine sein ... aber kein Besuch." (225)

Vorerst aber erhielt der Professor Besuch in Berlin von seinen Schülern aus Dresden, Werner Rosenthal und Gerd Thieme und ein paar Tage später von Charlotte Sommer. Rosenthal und Thieme kamen als Abordnung der gesamten Dresdner Klasse mit dem Auftrag, ihn nach Dresden zurückzuholen. Sie waren bereits in der Hochschule bei Mart Stam und beim Ministerium für Volksbildung gewesen, wo sie ihre Forderungen vorgebracht hatten. Koelle machte seinen Schülern keine Versprechungen, nach Dresden zurückzukehren, denn dazu konnte ihn niemand mehr bewegen. Darauf erwogen die beiden Studenten als Alternative ihren eigenen Wechsel nach Berlin. Koelle wurde am nächsten Tag ins Ministerium gebeten, um die Sachlage zu klären. Von ministerieller Seite gab es keine Einwände gegen eine Mitbetreuung der Dresdner Studenten unter der Voraussetzung des Einverständnisses der Dresdner Verwaltung und Rektor Dähns. Fräulein Sommer teilte einige Tage später mit, daß Dähn Koelles Rückkehr rigoros ablehnte, worauf dieser nur meinte: „Diese armseligen Stümper", und als Dähn und einige Kollegen aus Dresden Koelles Lehrinhalte und -methoden bei den Studenten angeblich abwerteten, befand der Professor: „Aber bisher erreichten diese armseligen Kreaturen nur das Gegenteil." (226)

Mart Stam betrachtete die Aktion der Dresdner Schüler auch als Renommee für seine Berliner Hochschule und bestätigte seinem Lehrer: „‚Koelle, Du wirkst ja wie ein Komet' ... jetzt bilde ich mir bald was ein, die Anhänglichkeit ist echt ... Stam rechnet diesen Zulauf viel höher als ich, das hätte ich nie gedacht. Ich freue mich, daß er mit mir zufrieden ist". (227) Mart Stam bestätigte Koelle seine feste „Anstellung als Professor mit vollem Lehramt" und einem höheren Gehalt als in Dresden. Das Dekanat stellte er bei geeigneter Gelegenheit in Aussicht.

Da in Dresden inzwischen bekannt war, daß Professor Koelle nicht dorthin zurückkehren würde, hatte sich Charlotte Sommer entschlossen, zur Hochschule nach Berlin-Weißensee überzuwechseln und den entsprechenden „Dienstweg" eingeschlagen, denn „Thieme und Rosenthal wurden von der Schule entlassen, weil sie [Koelle] und das hiesige Ministerium besuchten, ohne Dähn zu fragen", (228) wie die Studentin zu berichten wußte. (229) Eine Woche später kündigte Charlotte Sommer „mit Tinte" und „auf schönem Papier" ihr Kommen und das von Rosenthal und Thieme an. Außerdem avisierte sie zwei weitere Studentinnen aus Dresden. „Frl. v. Duisberg nehme ich nicht, auch nicht Frl. Wiener. Stam will auch nicht haben, daß mehr kommen, nur die besten." (230) Die drei Studenten kamen.

Koelle fühlte sich immer wohler in Berlin, das vermittelte er bisher in fast jedem seiner Briefe: „ich bin jeden Tag lieber hier, es gefällt mir. Die Leute sind so nett, gestern war ich am Alexander-Platz, die Leute sind, wie sie der Zille gezeichnet hat, ich hab sie gerne. Diese Woche kam ich durch Tegel, wo er seine Freibad-Zeichnungen machte, da sieht es wirklich so aus". (231) „Überall wo ich gehe, begegne ich den Zillekindern und Zilletypen, die Männer und die Frauen, die sind ja so ähnlich und das Wesentliche so richtig erfaßt." (232) „Gestern trieb ich mich am Wedding herum, die Kinder sind so eine lustige Gesellschaft. Geht es in den Höfen zu." (233)

Koelle war von Heinrich Zilles (1858 bis 1929) Bildern so begeistert, weil er sie mit denen seiner Frau verglich, in denen sich allerdings keine sozialkritischen Züge zeigten und die auch nicht mit satirisch-beißenden Titeln versehen waren wie bei Zille, sondern in genrehaft-lieblichen Szenen (eher angelehnt an Hans Thoma) das Milieu der saarländischen Arbeiterkinder widerspiegelten, wie unter anderem bei ihrem farbenfreudigen Kinderreigen, den sie zu diesem Zeitpunkt malte und nach dessen Entwicklung Koelle sich regelmäßig erkundigte.

Der Künstler war auch bei einer Ausstellungseröffnung seines Bildhauerkollegen Gustav Seitz zugegen. Außer daß er ihn „nett begrüßte", gab Koelle keinen weiteren Kommentar dazu ab. Aber den Besuch eines Pferderennens in Karlshorst schilderte er detailliert, besonders die edlen Körper der Pferde, die Koelle mit den Augen des Bildhauers betrachtete. Obwohl er selbst nie ein Pferd modelliert hatte, im Gegensatz zu seinem Lehrer Hermann Hahn, (234) faszinierten Koelle Reiterstandbilder. An erster Stelle stand dabei, laut Aussagen seines Sohnes, das Bronzestandbild „Il Gattamelata" (235) von Donatello (um 1386 bis 1466) in Padua, dessen grazilen Balanceakt des Pferdes er bewunderte und für eine seiner ersten Plastiken, den Bronzelöwen auf der Goldkugel von 1916, adaptierte (vgl. Kapitel I und WVZ 10). Auch bei Andreas Schlüters Reiterdenkmal des Großen Kurfürsten Friedrich Wilhelm in Berlin brach der Bildhauer während einer Führung seiner Studenten in wahre Begeisterungsstürme aus, die hauptsächlich auf die barocke Ausführung des Denkmals zurückzuführen waren.

Nachdem Koelle drei Wochen an seiner neuen Arbeitsstätte in Berlin zugebracht hatte, ließ er sich von Mart Stam drei Wochen Urlaub für München genehmigen, von dem er am 24.11.1950 zurückkehrte und sofort zum Volksbildungsministerium ging. Dort teilte man dem Bildhauer mit, daß es der Wunsch Grotewohls, Ulbrichts und Ackermanns sei, daß er sich an der Weiterentwicklung des Ernst-Thälmann-Denkmals beteiligen (236) und sich aus diesem Grund mit der Bildhauerin Ruthild Hahne, die einen der drei ersten Preise beim Wettbewerb erzielt hatte, in Verbindung setzen sollte. Man machte ihn aber gleich darauf aufmerksam, „Daß, wenn Frl. Hahne angibt, mich irgendwie schlecht behandelt, ich sofort kommen soll ... man legt Wert auf meine Mitarbeit ... Man sagte mir ausdrücklich, daß es der Wunsch von Grotewohl ist. Ich soll aber die Aufgabe mit denen gemeinsam lösen. Das gefällt mir wenig. Ich sagte nicht zu, aber ich will mir's mal ansehen." (237)

Im Anschluß an dieses Gespräch suchte er das Kulturamt der Stadt Berlin auf, wo ihm Hans Baltschun (238) den Kauf der kleinen Figur des KZ-Häftlings und einer weiteren Kleinbronze zusicherte.

Koelle überdachte das Angebot des Ministeriums zur Beteiligung am Thälmann-Denkmal noch einmal und kam zu dem Schluß: „Ich freue mich sehr, daß man mich zur Mitarbeit heranzieht, ich sagte zu. Ich ersehe doch daraus, daß Grotewohl mir gut gesonnen ist und mit der Arbeit von dem Architekten und der Bildhauerin nicht einverstanden ist." (239) Das bestätigte ihm auch Mart

Stam. „Ich lehnte es aber ab, nur [deren] Entwürfe auszuführen." Koelle beschloß, Ruthild Hahne in den nächsten Tagen aufzusuchen. „Ich kann mir aber nicht vorstellen, daß die sich über meinen Besuch freut, nun ja, dann hab ich ja schon sehr viel erreicht, dann gehe ich wieder." (240)

Derweil begab sich der Bildhauer in sein wohnlich eingerichtetes, gut geheiztes und mit einem von seiner Frau angefertigten Vorhang versehenes Atelier und gestaltete seinen zweiten Thälmann-Entwurf, den „Kubus", neu, denn er trug sich bereits mit der Absicht, sein eigenes Modell in der Künstlergruppe zu vertreten. „Den Würfel will ich anders stellen und noch einfacher halten, ohne die große Platte. Ich rechne aber auf keinen Erfolg, dafür ist mein Entwurf viel zu einfach." (241) „Ich möchte das Denkmal mit dem Würfel vorschlagen, es ist noch einfacher geworden und steht nicht in der Mitte, die große Platte mit Treppen ließ ich weg. Es sieht so besser aus. Aber es wird nicht interessieren. Aber mich interessiert es, und ich werde es vertreten." (242)

Aus diesem Grund fand Koelles Besuch in Ruthild Hahnes Atelier auch nur der Form halber statt. Er besichtigte den Reliefentwurf mit circa 70 Figuren, die in einer Größe von 6 m geschaffen werden sollten. Das Modell hatte den Maßstab 1:100 oder sogar 1:200 schätzte der Bildhauer. Das große Relief sollte frei aufgestellt werden. „Unmöglich" befand er „den Parthenonfries frei aufgestellt. Ohne Architektur, ohne den Tempel. Dann nach Norden aufgestellt, das ist so, als [ob] ich ein Relief vor einem Fenster mit dem Blick in den Raum aufstelle, so daß die Rückseite beleuchtet wird." Ruthild Hahne erwartete, daß Koelle einen Teil der plastischen Ausführung übernahm. Aber Fritz Koelle war sich darüber im Klaren: „Niemals ... Es ist und wird halt immer schwieriger, aber das kann mir kein Mensch zumuten." (243) „Frl. Hahne soll ihren Mist selbst machen auch der Herr Graetz, (244) oder wie er heißt." (245)

Mehrere Faktoren trafen hier aufeinander, die eine erfolgreiche Zusammenarbeit unmöglich machten. Zum einen und wohl gewichtigsten Teil lag es an Koelles fehlender Kooperationsfähigkeit und -bereitschaft, zum anderen an der unlösbaren bildhauerischen Umsetzung der Idee des Thälmann-Denkmals und an der schwierigen Kooperationspartnerin Ruthild Hahne, wie Koelles Studenten und ihre späteren Kollegen urteilten. (246) Im Anschluß an seinen Besuch in ihrem Atelier und dadurch angeregt fuhr Koelle nach Treptow, um dort das russische Ehrenmal (247) anzusehen. „Es hat etwas Ähnlichkeit [mit Hahnes Entwurf] sowie mit dem Fries von Prof. Lingner zum 1. Mai." (248)

Als Koelle die erste Wintererkältung ereilte, besorgte er sich „die richtige Medizin, ich kaufte mir im HO eine Flasche Branntwein ... In der Leipziger Straße nahm ich gleich einen richtigen Schluck und jetzt bin ich gesund, die Leute lachten, als ich aus der Flasche soff." (249) Offensichtlich blieb es nicht bei dem einen Schluck, denn der Tenor diese Briefes an seine Frau verrät eine sehr gelöste Zunge, in dem er sich als „armen Schulmeister" und „zünftigen Schnapspreuß" sah und seine liebe Lisl sich zur „Alten" wandelte. Auch blieb seinen Kollegen Koelles alkoholisierter Zustand nicht verborgen.

Am Folgetag nahm er eine Akademieeinladung zur Eröffnung einer Ausstellung Otto Nagels (1894 bis 1967) an, bei der er Grotewohl, Stam und viele seiner Kollegen traf. Er wurde Max Lingner und dessen Frau vorgestellt, die Koelle zu sich an den Tisch luden, an dem auch Heinrich Ehmsen (250) und Arno Mohr (251) Platz fanden, „also bestens plaziert", wie der Künstler befand, und er unterhielt sich angeregt und recht lange mit seinen Kollegen. „Später sprach auch der Maler Mohr mit mir ... er will mich mal besuchen und mit mir Cognac trinken am Morgen, denn er hörte, daß ich schon am Morgen besoffen wäre und betrunken in die Klasse käme. Das ist

229

doch unerhört. Das ist doch eine Gemeinheit." (252) Von Koelles Trinkfestigkeit überzeugt, suchten ihn einige Kollegen vergebens im Gästehaus auf, um ihn persönlich zu einer Silvesterfeier einzuladen. Die „Alkoholfahne", die Koelle umwehte, konnte sich schnell verflüchtigen, denn er fuhr für drei Wochen zu seiner Familie und kehrte erst im neuen Jahr 1951 wieder nach Weißensee zurück.

Als Koelle Anfang Januar 1951 in Berlin eintraf, fand er Post von Paul Wandel und vom Volksbildungsministerium vor, das ihn um eine Unterredung zur Sache Thälmann-Denkmal bat. Im gemeinsamen Gespräch ermutigte man den Bildhauer, sich an der Kollektivarbeit zu beteiligen, da das Ministerium großen Wert auf seine Mitarbeit legte. „Ich lehnte es aber ab und begründete es gut ... Ich kam gut in Fahrt, und ich glaube, daß es abgeblasen wird ... Ich schlug nach wie vor meine architektonische Lösung vor, weil ich davon überzeugt bin, und ich fand Gehör ... Ich freute mich, daß man meine Ausführungen zwei Stunden anhörte. Denn ich hab Recht, was geplant ist, ist Unsinn." (253) Zu weiteren, neuen Entwürfen bekundete Koelle seine Bereitschaft im Ministerium.

Die Ablehnung einer Zusammenarbeit mit Ruthild Hahne sprach sich bei den Kollegen herum. Vom Präsidenten der Deutschen Akademie für Kunst, (254) Arnold Zweig, hörte er „das ist Haltung" ... „Aber was hab ich davon, von meiner Haltung. Bis zum heutigen Tag hab ich noch keine Anerkennung gefunden." (255) Er beklagte sich, daß man sich in Berlin noch weniger um ihn als Arbeiterbildhauer kümmere als in München. In seiner fast zweijährigen Anwesenheit sei ihm kein einziger derartiger Auftrag erteilt worden, und er litt sehr unter dieser bildhauerischen Abstinenz.

Seine Schüler hingegen nahmen jede Gelegenheit wahr, die sich ihnen bot. Im Hüttenwerk Hennigsdorf erhielt Koelle zwei Arbeitsräume für seine Studenten. Thieme und Rosenthal formten dort ihre Arbeiterfiguren in Ton aus.

Koelles Bemühungen, in Berlin an Portraitaufträge zu gelangen, scheiterten. Mart Stam wollte ihm nicht sitzen, und auch die Versuche, Paul Wandel oder Otto Grotewohl dafür zu gewinnen, schlugen fehl. Also blieb ihm nur die Weiterarbeit an seinem Thälmann-Kubus. Nach dem zweistündigen „Vortrag" im Ministerium legte der Bildhauer Otto Grotewohl die Begründung seiner Ablehnung auch schriftlich auf seinem neusten Briefpapier mit Atelieradresse: BERLIN C, UNTER DEN LINDEN 2 (ZEUGHAUS), Fernruf und Bankverbindung, vor:

„Hochverehrter Herr Ministerpräsident!
Vom Volksbildungsministerium wurde ich beauftragt, mich an der Ausführung des Entwurfes, der Bildhauerin Ruthilde Hahne für ein Thälmann-Denkmal zu beteiligen. Ich muß offen gestehen, daß ich diesen Entwurf schon künstlerisch nicht verantworten kann und schon aus diesem Grunde von einer Mitarbeit absehen muß. Ferner hat ein Relief doch nur Berechtigung in Verbindung mit Architektur, Parthenon-Fries.
Der Platz ist völlig ungeeignet, da das Relief mit seiner Hauptansicht, fast nach Norden ausgerichtet ist, anstatt nach Süden, er hat das Licht, die Sonne im Rücken, eine Unmöglichkeit. Die Schöpfer, die Bildhauer unserer herrlichsten Denkmäler aller Zeiten, haben diesen Punkt nie übersehen. Das Denkmal in Treptow ist nach Süden ausgerichtet.
Das ist der Anlaß, warum ich eine rein architektonische Lösung vorschlug. Ich habe meinen Entwurf, [den] Kubus ohne Plastik, der nicht prämiert wurde, noch weiter vereinfacht und auf die

fast südliche Ecke des Thälmann-Platzes gestellt. Es hat doch seine wohl berechtigten Gründe, warum ich als Bildhauer, von allem Anfang an, eine rein architektonische Lösung anstrebte.
‚Einfachheit ist Schönheit
und darum ist das Schöne auch einfach.'
Mit sozialistischem Gruß
Ihr Koelle
Verehrter Herr Ministerpräsident darf ich Sie zur Besichtigung meines Entwurfes einladen". (256)

Otto Grotewohl bestätigte zwei Tage später den Eingang dieses Schreibens und teilte Koelle in knapper Form mit, „daß für die Besichtigung Ihres Entwurfs keine Veranlassung mehr vorliegt, weil die Entscheidung der Kommission über das Thälmann-Denkmal bereits grundsätzlich erfolgt ist. Ich bedaure es, daß Sie die Mitarbeit bei der weiteren Gestaltung des Denkmals abgelehnt haben. Hochachtungsvoll gez. Grotewohl." (257) Für Koelle war damit das Thema Thälmann-Denkmal beendet, nicht aber für Ruthild Hahne und die Politiker. (258) Eine Realisierung erfolgte aber erst im Jahre 1986.

Koelle berichtete immer wieder mit Begeisterung von den vielen verschiedenen Demonstrationen „für den Frieden". Viele der internationalen Teilnehmer oder Politiker wohnten dann ebenfalls im Gästehaus der Regierung. „Es kann keinen Krieg geben, wenn man sieht, wie hier für den Frieden gekämpft wird, was da getan wird ... Heute kommen Studenten aus allen Staaten, alles für den Frieden." (259)

Nicht nur politisch, auch kulturell hatte Berlin Koelle mehr Aktivitäten zu bieten. Innerhalb von zwei Wochen besuchte der Künstler Schillers Trauerspiel „Maria Stuart" in den Kammerspielen, Bertolt Brechts (1898 bis 1956) „Mutter Courage" in der erfolgreichen Neuinszenierung mit Erich Engel im Deutschen Theater, den „Rosenkavalier" und die Oper „Arabella" von Richard Strauß.

An einem Sonntag plante der Bildhauer einen ähnlich besinnlichen, geruhsamen Aufenthalt wie auf Schloß Pillnitz für das Georg-Kolbe-Museum an der Heerstraße in Berlin-Charlottenburg. Nachdem er sich ins Gästebuch eingetragen hatte, betrat er den großen Atelierraum, der mit jungen Leuten besetzt war: „war mir schon unangenehm". Kurz darauf begrüßte ihn Professor Wilhelm Tank (260) von der Hochschule für bildende Künste in Westberlin und stellte Koelle seine Studenten vor, denen er laut Koelle kurz zuvor erklärt hatte: „es gibt in Deutschland nur noch einen Bildhauer, der in so gefestigter und lebendiger Form arbeitet wie Kolbe, und das ist Koelle. Die Leute waren ja alle so nett, sie schauten und betrachteten mich mit soviel Achtung." (261)

Von Tank erfuhr Koelle, daß dieser ab der kommenden Woche in seiner Klasse in Weißensee Anatomievorlesungen halten würde. Diese Information erstaunte Koelle, da er Stam bereits mehrfach darauf angesprochen hatte, „daß die Leute auch die Möglichkeit haben müßten Anatomie zu studieren. Mir gegenüber tat man immer so gleichgültig, um mich billig zu haben. Aber nicht uninteressant." (262) Außerdem erfuhr er von Tank, „daß sich die Künstler im Osten so aufregten, als ich nach Berlin kommen sollte. Ich merkte noch nichts. Sie trauen sich nicht, kannst sehen, wie feige diese Stümper auch wieder sind." (263)

Tank stellte Koelle Margrit Schwartzkopff, Kolbes Tochter, wie der Bildhauer fälschlicherweise annahm, vor. Sie war aber nach dem Tod von Georg Kolbes Frau (1927) dessen Fotografin, Sekretärin, Nachlaßverwalterin und die erste Leiterin des 1950 eröffneten Kolbe-Museums im 1929 gebauten Wohnatelier.

Nach der Führung durch das Museum informierte Margrit Schwartzkopff Koelle darüber, daß die 1949 gegründete Kolbestiftung (Kolbe starb 1947) beabsichtige, den diesjährigen mit 1000 Westmark dotierten Georg-Kolbe-Preis an einen jungen Künstler aus der Ostzone zu vergeben. Der Lehrer dachte an seine beiden Schüler Rosenthal und Thieme und schlug vor, den Preis aufzuteilen. Zuvor aber mußte er mit Mart Stam die Genehmigung zur Annahme des Preises klären. Danach nahm er sich vor, nochmals zum Museum hinauszufahren, „aber per Wagen fahre ich vor ... das lasse ich nicht aus, für Thieme und Rosenthal, sie sind ja so fleißig ... das tue ich für die beiden". (264)

Koelle nahm den Termin im Kolbe-Museum wahr, obwohl ihm inzwischen im Ministerium signalisiert worden war, daß man es nicht so gern sah, „wenn ich so Verbindungen mit dem Westsektor habe." (265) So langsam bemerkte auch Koelle die Auswirkungen des Kalten Krieges zwischen Ost und West im kulturellen Bereich. Nachvollziehen konnte er sie nicht, denn „andere Kollegen Professoren von unserer Schule wohnen dort [im Westen] ja auch und Tank lehrt an beiden Kunsthochschulen." (266) Aber spätestens nach der nächsten Hochschulsitzung bekam er einen Eindruck des politisch verordneten Weges zum sozialistischen Realismus.

Am 20./21. Januar 1951 erschien in der „Täglichen Rundschau", dem Presseorgan der SMAD beziehungsweise der Sowjetischen Kontroll-Kommission (SKK), vom „politischen Berater" dieser Organisation, Wladimir Semjonow, unter dem Pseudonym „N. Orlow" der Artikel „Wege und Irrwege der modernen Kunst". (267) Darin wurde dem „Formalismus" und den „Feinden der deutschen Kunst" der „Kampf" angesagt. Mit dem Artikel, der als programmatische Grundlage für die fünfte Tagung des Zentralkomitees der SED im März 1951 diente, wurde eine weitere Runde in der Formalismus-Debatte eingeleitet. (268) In scharfem Tenor griff Semjonow alias Orlow vermeintliche individualistische, moderne und formalistische Strömungen der bildenden Kunst an und urteilte in inquisitorischer Manier DDR-Künstler wie Carl Crodel, Horst Strempel und Arno Mohr ab, da sie angeblich die durch die Partei verordneten Kriterien der parteilichen Haltung, der sozialistischen Ideologie, einer positiven Einstellung zum Aufbau eines sozialistischen Staates und der „Volksverbundenheit" vermissen ließen, die mit dieser öffentlichen Diffamierung von den Künstlern eingefordert werden sollten.

Aufhorchen läßt dabei die Übertragung der künstlerischen Urteilskompetenz auf das Volk. Bereits Dymschitz hatte 1948 konstatiert, daß das „Volk gesunde Ansichten über Kunst" habe, und Orlow war davon überzeugt, daß es diese Ansichten auch kämpferisch durchsetzen würde: „Leider werden ... in manchen Gemälden nicht nur in Westdeutschland, sondern auch in der DDR die Menschen als abscheuliche Ungeheuer, schmutzig, ungepflegt und mißgestaltet dargestellt ... Eine Kunst aber, die sich Entartung und Zersetzung zum Vorbild nimmt, ist pathologisch und antiästhetisch. ... Entartung und Zersetzung sind charakteristisch für eine ins Grab steigende Gesellschaft. Für eine aufsteigende Klasse, die vertrauensvoll in die Zukunft blickt, sind Optimismus und das Streben charakteristisch, die inneren Kräfte, den Adel und die Schönheit einer neu entstehenden Gesellschaftsordnung, die neuen Beziehungen zwischen den Menschen und den neuen Menschen selbst darzustellen. ... Man darf sich nicht darauf verlassen, daß die Arbeiter und Bauern ‚alles schlucken', daß für sie ‚alles gut genug' ist, zumal doch die entartete ‚Kunst' von den ‚Autoritäten' der zerfallenden bürgerlichen Gesellschaft sanktioniert ist. Weit wichtiger ist die Annahme, daß die Arbeiterklasse und die Werktätigen der DDR vor keinen ‚Autoritäten' haltmachen und in sich selbst Kraft genug finden werden, um eine derartige volksfeindliche ‚Kunst' aus dem Wege zu räumen." (269)

Diese Sichtweise kam den Kulturfunktionären sehr entgegen, hatte das werktätige Volk doch kaum Zugang zur modernen Kunst gefunden, wie die Befragungen von Ausstellungen und Museen ergaben, und war der „gesunde Volksgeschmack" immer noch am biederen Realismus des 19. Jahrhunderts orientiert, so konnte die Partei unter dem Deckmäntelchen der Volksverbundenheit ihre eigene Kunstdoktrin des sozialistischen Realismus installieren. Nicht nur die Vorgehensweise selbst, auch die Diktion wies richtungsgleiche Parallelen zu Hitlers proklamierter Volksverbundenheit, dem gesunden instinktreichen Volksgeschmack und der ihm übertragenen Richterfunktion über die Kunst auf. (vgl. Kapitel III, Anm. 242 – 244)

Die härtere Gangart der Partei, ihr Ziel einer normierten Ästhetik nach sowjetischem Vorbild zu erreichen, bedeutete auch den Einbezug der Lehranstalten in die Formalismus-Debatte. Mart Stam hatte bisher mit Erfolg eine derartige Diskussion in Weißensee verhindern können, da für ihn der Primat der Ausbildung galt, auch wenn er sich gelegentlich dem Ministerium gegenüber kompromißbereit zeigte und dabei auf Kritik mancher Kollegen traf. Aber der Forderung der Parteigruppe der Hochschule, der Mart Stam auch angehörte, nach einer Formalismus-Debatte, deren Begrifflichkeit ihm nichts sagte, war er nicht nachgekommen, obwohl er die Konsequenzen einer solchen Weigerung aus der Behandlung seines Vorgängers, Bontjes van Beek, sowie seiner Kollegen Hirche, Heiliger, Hölter, Schwimmer und Stolterfoth, die die Hochschule als „reaktionäre", „formalistisch" oder „kosmopolitisch" deklarierte Lehrer hatten verlassen müssen, kannte.

Fünf Tage nach Erscheinen von Orlows Artikel am 26.1.1951 erschien in Weißensee eine mehrköpfige Abordnung des Volksbildungsministeriums und des SED-Landesverbandes, um sich in einer gemeinsamen Sitzung mit dem Lehrerkollegium über das Thema „Formalismus" auseinanderzusetzen. (270) Koelle nutze die Gelegenheit, um seine persönlichen Belange zur Sprache zu bringen: „Eine Schülerin von mir stand auf und sagte, ‚daß ich der einzige sei, der Arbeiter nicht programmgemäß gestaltet, sondern schon seit Jahrzehnten aus innerster Überzeugung, und dieser Mann wird so übergangen'. Keiner der Anwesenden sagte was. Zum Schluß donnerte aber ich los und griff das Ministerium an, wegen des Thälmann-Denkmals und [des] Arbeiter-Denkmal[s] für die Ausstellung." (271) Als Frau Stam, die als Sekretärin und Dolmetscherin ihres Mannes an der Hochschule arbeitete, Koelle beruhigen und die Aussprache wegen der Anwesenheit der Studenten in einen anderen Raum verlegen wollte, lehnte Koelle dies ab.

Drei Tage später fand eine weitere vierstündige Sitzung mit Vertretern des Ministeriums statt. „Ich war wieder in voller Fahrt, Stam war recht zufrieden mit mir und unterstützte mich, auch meine Kollegen. Weil ich die Herrn vom M[inisterium] wieder angriff." (272) Welchem Themenkreis diese „Angriffe" zuzuordnen waren, erwähnte Koelle nicht. Aber es ist davon auszugehen, daß er sich als Bildhauer vernachlässigt fühlte, zu keiner plastischen Arbeit mehr käme und nur als Lehrmeister benötigt würde, denn am nächsten Tag teilte er seiner Frau mit, „ich hatte mich richtig ausgesprochen in der Sitzung, und Stam hatte sich recht gefreut, und der Erfolg, der Staatssekretär versprach mir einen Portraitauftrag." (273) Zum Thälmann-Denkmal und zur Arbeitergruppe (gemeint war die „Concordia") gab der Sekretär keinen Kommentar ab.

Koelle sah diese Formalismus-Diskussionen nur aus seinem persönlichen Blickwinkel und war sich der zunehmend aggressiv geführten Ideologisierung an der Hochschule und ihrer administrativen Kontrolle durch die Partei nicht bewußt. „Die Muse löste mir die Zunge, und es war nicht umsonst, auch die SED versprach mir Aufträge. Die Professoren und die in der Presse angegriffenen Kollegen [Horst Strempel und Arno Mohr] brachten Arbeiten und legten sie auf, auch ich wurde aufgefordert. Die Kollegen brachten so einzelne Blätter, mehr haben's ja auch nicht, auch Photos, und ich legte einen Tisch voll mit meinen Photos. Da kommt ein Kollege und sagt, ich könnte ja den anderen Tisch auch noch voll legen (ironisch). Ich sagte, ja das könnte ich machen und legte den anderen Tisch auch noch voll meiner Arbeiten. Es fielen dann noch andere Bemerkungen. Der muß Geld haben, der könnte leicht 'ne Bulle bezahlen. Die Arbeiten wurden sehr beachtet. Dann kam die Aussprache." (274)

Aber welchen Inhalt diese Aussprache hatte, verschwieg Koelle wieder, ebenso wie von dem dreistündigen Gespräch am 1.2.1951, zu dem er ins Ministerium gebeten wurde. Lediglich einen Anhaltspunkt bietet der Satz: „Mit allem hatte ich ausgepackt, von wegen der Kunstausrichtung." Koelle verstand sich als „realistischen Arbeiterdarsteller", und diesen Standpunkt hatte er ihnen offensichtlich erläutert. Koelle schien von der angespannten Situation nicht ganz unberührt geblieben zu sein, denn er schrieb seiner Frau, „Jetzt wird es aber immer schwerer", und drängte sie, in München bei Wilhelm Hoegner zu intervenieren. Aber bereits Gespräche beim Mittagstisch im Gästehaus mit dem Staatssekretär von Minister Wandel und Maria Rentmeister als „Vertreterin der Regierung", bei denen Koelle Aufträge versprochen und ihm der Umtausch eines Teils seines Gehalts in Westmark avisiert wurden, ließ ihn den Entschluß fassen: „Ich komme von Berlin nicht mehr weg, das sehe ich schon. Mir gefällt es jetzt auch recht gut." (276) Dieser Sinneswandel innerhalb weniger Tage macht einmal mehr Koelles kurzsichtige, emotional beeinflußbare Sichtweise der Realität deutlich.

In Verkennung der wirklichen Absichten und parteipolitischen Hintergründe der in kurzen Abständen erfolgenden Funktionärsbesuche an der Hochschule Weißensee deutete Koelle die Visite des Ministeriums in Dresden, „den Freitag geht das Ministerium an die Dresdner Kunstschule zum Dähn. Frau Rentmeister machte ich scharf auf Dähn, ich erzählte ihr, wie er es mir machte. Ich hetzte sie richtig auf ... die hören jetzt auf mich. Die lassen mich nicht mehr aus, hab ich den Eindruck." (277)

Dieser subjektive Eindruck täuschte, denn Koelle übersah in seinem intriganten vermeintlichen Einfluß auf das Ministerium, daß Fritz Dähn, seit 1948 Mitglied der SED und als Spitzenfunktionär geschult, zu den vertrauenswürdigen Parteifunktionären gehörte, deren kunstfachliches Urteil beim Ministerium zählte und der eine angeforderte Beurteilung seines Vorgängers in Dresden verfaßt hatte, in der er Mart Stam die fachlichen Fähigkeiten und die intellektuelle Bereitschaft zur Mitwirkung am Neuaufbau des sozialistischen Staates absprach und urteilte, daß er „gelenkt durch sein fachliches Besserwissen, das allerdings aus seiner bürgerlichen Herkunft stammt, die heute neu beschrittenen Wege [des Sozialistischen Realismus] als fachlich unzulänglich betrachtet und es eigentlich als Mission ansieht, nach seiner Perspektive kulturerhaltend zu wirken, ein Kurzschluß, der wiederum seine ideologischen Unklarheiten offensichtlich macht ... Die spezielle fachliche Seite ... war bei ihm so spezifisch reformistisch bauhausartig, daß sie ... von uns heute nicht mehr als tragbar angesehen werden kann." (278) Daß für Mart Stam und viele seiner Kollegen der Sozialistische Realismus eine bedeutungslose Worthülse war, ist auf dem Hintergrund dessen, daß Rudolf Böhm ihnen auf einer Sitzung folgenden Erklärungsversuch vorlegte, verständlich: „Sozialistischer Realismus heißt, eine künstlerische Wiedergabe des Sozialismus, und den haben wir hier noch nicht, aber was wir ausdrücken wollen, ist der Weg zum Sozialismus." (279)

Die kritische Haltung Mart Stams und seiner Kollegen in den Sitzungen zur Formalismus-Debatte hatte Folgen. Hatte Stam noch auf Bereitschaft zum Dialog zwischen den beteiligten Parteien gesetzt, ging es den Kulturfunktionären um ideologische Konfrontation und Machtdemonstration. Kunstwerke der Mißliebigen wurden diffamiert oder entfernt. Ihre während der Hochschulsitzungen mitprotokollierten Kommentare dienten der fünften Tagung des Zentralkomitees der SED vom 15. bis 17.3.1951 als Diskussionsgrundlage, um entsprechende Maßregelungen und Verweise der Betroffenen zu legitimieren.

Die Tagung endete mit der Entschließung „Kampf gegen Formalismus in Kunst und Literatur. Für eine fortschrittliche Kultur". Die Hauptaufgabe des Kampfes „ist die Beseitigung der Herrschaft des Formalismus (280) und die Entwicklung einer realistischen Kunst, indem wir an das klassische Erbe anknüpfen und Themen bearbeiten, die dem deutschen Volke helfen, seine Aufgaben zu lösen. Es hat sich aber gezeigt, daß das Aneignen des klassischen kulturellen Erbes eine Anleitung von zentraler Seite aus erfordert." (281) Mit der Einrichtung der Staatlichen Kommission für Kunstangelegenheiten (StaKuKo) am 31.8.1951 schuf sich die SED das erforderliche Instrumentarium dazu, um die Kunst endgültig auf die Parteilinie auszurichten und sie der Politik unterzuordnen, wie Otto Grotewohl es erwartete.

Als Leiter der StaKuKo wurde im Range eines Staatssekretärs der ehemalige Volksbildungsminister Sachsens, Helmut Holtzhauer, eingesetzt, der dieses Amt bis Dezember 1953 innehatte. Nach Holtzhauers Devise hatte sie „einen konsequenten Kampf" zu führen „gegen volksfeindliche, reaktionäre Tendenzen" in der Kunst. Dabei sollte sie sich die Sowjetunion als Vorbild nehmen. (282) Aber auch die Erteilung von Aufträgen an die Künstler sollte verstärkt werden, um das Zurückbleiben von Kunst und Literatur, den Formalismus, zu überwinden. Der StaKuKo wurde auch der Kulturfonds (283) unmittelbar unterstellt, und einige seiner Funktionen gingen an die Kommission über. Sie „überprüft und bestätigt Denkmalsentwürfe, Entwürfe von Bauplastiken und Skulpturen sowie Wandmalereien an öffentlichen Gebäuden, die hervorragenden Persönlichkeiten oder großen historischen Ereignissen gewidmet sind." (284) Und so bewegte sich die DDR-Kunst zwischen Zensur und Auftragsgenehmigung.

Die unmittelbaren Folgen der Formalismus-Kampagne, die Folgen der administrativen Kontrolle der bildenden Kunst und die neuerliche permanente Präsenz der Kulturfunktionäre an der Hochschule Weißensee hatte Koelle in Berlin nicht mehr mitbekommen, da er von Anfang Februar bis zum 1. September in München weilte. Der Hauptgrund hierfür lag in der Verweigerung eines Interzonenpasses durch die Westmächte.

Seine Studenten machten sich derweil Gedanken und Sorgen um seine Rückkehr. Gerhard Thieme gratulierte seinem Professor zum Geburtstag und äußerte den Wunsch, „möchte es mir einmal vergönnt sein, so in aller Stille Ihre Arbeiten einmal anzuschauen, und ... über die Formen streichen ... damit man es noch mehr und besser versteht, was Sie uns auf unseren Weg mitgeben." (285) Gemeinsam mit Werner Rosenthal gab Thieme seiner Besorgnis um Koelles Wiederkehr nach Berlin Ausdruck: „Ihre, ach so lange Abwesenheit macht uns nicht geringen Kummer ... Es ist ja eigentlich traurig, daß wir aus der Sorge um Ihr Erscheinen kaum herauskommen ... Sie sehen, Sie müssen recht bald wiederkommen." (286)

Aber Koelles Ankunft in Berlin ließ noch auf sich warten, und er scheint den Genehmigungsvorgang eines Interzonenpasses auch nicht forciert zu haben, denn erst im August 1951 bat er maßgebliche Persönlichkeiten, wie den stellvertretenden Minsterpräsidenten Wilhelm Hoegner und

Max Wönner, Abgeordneter des Deutschen Bundestages, um befürwortende Stellungnahmen für die Ausfertigung eines solchen Passes. Hoegner formulierte unter anderem: „Fritz Koelle ist mir und Herrn Landtagspräsidenten Dr. Hundhammer persönlich sehr wohl bekannt. Zu unserem Leidwesen war es ... nicht möglich, ihm einen Lehrauftrag an der Akademie ... in München zu vermitteln. Herr Koelle hat deshalb eine Professur in Berlin angenommen und betätigt sich meines Wissens in keiner Weise politisch ... Bei dieser Sachlage besteht nach meiner Auffassung kein Grund, Herrn Koelle die Einreise in die Ostzone zu verweigern, da er in Bayern keine künstlerische Existenz findet." (287)

Max Wönner wandte sich an den Resident Officer Chester S. Wright, da ihm mitgeteilt worden war, „daß die wesentlichste Schwierigkeit darin liege, daß das Resident Office nicht bereit [sei], die hierfür erforderliche Erlaubnis zu erteilen. Ich, der ich die künstlerische Tätigkeit von Herrn Koelle schätzen gelernt habe, habe keinerlei irgendwie geartete politische Bedenken ... weil ich es einfach für unmöglich halte, einen künstlerisch leistungsfähigen Menschen wirtschaftlich dadurch zu ruinieren, daß ihm in der Westzone Aufträge nicht erteilt werden können, ihm aber auch die Möglichkeit versperrt wird, sich anderweitig zu betätigen." (288)

Beide Briefe machen deutlich, daß es dem Bildhauer trotz intensiver Bemühungen seiner Frau und auch seinerseits nicht gelungen war, an der Akademie in München eine Anstellung zu finden. Auch Aufträge blieben ihm verwehrt. Seine Befürworter Alois Hundhammer sowie Wilhelm Hoegner und Frau hatte er bereits in Erwartung ihrer Protektion portraitiert. Aber der Zugang zur Münchener Akademie blieb dem Künstler versagt. In seiner Anwesenheit in München konnte er lediglich einen Portraitauftrag für Josef Selmayr, (WVZ 195) den Besitzer des Münchner Adressbuchverlages, ausführen sowie offensichtlich eine „Notoperation" an dem Bronzeakt eines jungen Mädchens, den der Bildhauer 1922 für den Augsburger Künstlerhof geschaffen hatte und der in den Kriegswirren nach Hamburg gelangt war, um dort eingeschmolzen zu werden. Dort blieb er auf einem Schrottplatz liegen und wurde von der Stadt Augsburg mit den damals gleichzeitig abgelieferten Brunnenfiguren zurückgeholt. Da der Künstlerhof im Krieg zerstört worden war, suchte man nach einer neuen geeigneten Aufstellungsmöglichkeit für die Aktfigur und per Zeitungsartikel (289) nach dem Schöpfer des Mädchens, das inzwischen beide Arme verloren hatte, die aus juristischen Gründen nur der Gestalter dieser Bronze wieder herstellen konnte. Koelle reagierte auf den Artikel und bot seine Hilfe an, die Figur wieder zu vervollständigen, die heute in Augsburg in den Roten-Tor-Wall-Anlagen steht, (290) allerdings wieder nur als Torso.

Am 1. September 1951 kehrte Koelle nach Berlin zurück. Er erhielt ein Zimmer im dritten Stock des Hotels Johannishof in der Johannisstraße 20. Als er sich beim Ministerium für Volksbildung zurückmeldete, gab man ihm zu verstehen, daß er in der DDR gebraucht würde, und man avisierte ihm nach einem Jahr endlich seinen „Einzelvertrag" durch die Staatliche Kommission für Kunstangelegenheiten, der von Holtzhauer genehmigt werden mußte. Feierlich überreicht bekam er ihn aber erst am 30.10.1951.

In diesem Vertrag waren in neun Paragraphen unter anderem seine künstlerische Lehrverpflichtung, sein Gehalt nebst Sondervergütungen, Alters- und Krankheitsversorgung geregelt sowie verschiedene individuelle Zusicherungen vertraglich vereinbart. Darin wurde Koelle als Professor für das Fach Plastik zur künstlerischen Lehrtätigkeit in bis zu 15 Wochenstunden verpflichtet. Er hatte „an der Weiterentwicklung der Methoden des künstlerischen Unterrichts zu arbeiten und die künstlerischen Aspiranten, die Assistenten und Studierenden anzuleiten und zu betreuen. Im Bewußtsein seiner Verantwortung gegenüber der Deutschen Demokratischen Republik und den gesellschaftlichen Aufgaben der Hochschule wird Herr Professor Koelle für die Erfüllung der ihm übertragenen Aufgaben seine volle Arbeitskraft und alle seine Kenntnisse und Erfahrungen zur Verfügung stellen." (291)

Dennoch gewährte man dem Künstler die Möglichkeit, auch während der Vorlesungszeit Kongresse oder auch seine Familie in München zu besuchen. Die Erfüllung der Studienpläne mußte aber gewährleistet sein. Koelles Gehalt als Professor belief sich auf 2040 Mark monatlich, wovon 480 in Westmark ausgezahlt wurden. Außerdem wurden ihm für erfolgreiche innovative Arbeit Sonderzahlungen, Prämien und ehrende Anerkennung in Aussicht gestellt. Für jede Sondervorlesung sollte er 45 und für eine Gastvorlesung 75 Mark vergütet bekommen.

Zusätzlich zu der individuellen Regelung der Heimfahrten machte man Koelle Zusicherungen, die auf eine Übersiedelung nach Berlin ausgerichtet waren. Demnach sollte die Staatliche Kommission für Kunstangelegenheiten dem Bildhauer ein Eigenheim mit Atelier zur Verfügung stellen und dafür Sorge tragen, „daß dem Sohn ... bei Eignung die gewünschte Ausbildung als Regisseur an den einschlägigen Ausbildungsinstitutionen bevorzugt gewährt wird." (292) Außerdem erhielt Koelle „bevorzugt die Vergünstigungen nach §7 der Verordnung ... zur Entwicklung einer fortschrittlichen Kultur des deutschen Volkes und zur weiteren Verbesserung der Arbeits- und Lebensbedingungen der Intelligenz." (293) Eine weitere Vergünstigung in Form einer „Speisekarte zum Sondernormpreis – nur für Herrn Prof. Koelle" (294) bekam er vom Hotel Johannishof, in dem er logierte.

Als Koelle in die Hochschule kam, nahm Stam ihn „bei beiden Armen und sagte ‚Koelle bleib da'." Zu seiner Klasse erhielt er auch noch die vom Kollegen Heinrich Drake. „Drake wurde entlassen ... mit der Absicht, daß ich beide Klassen übernehme. Es gab Auseinandersetzungen in meiner Abwesenheit, die aber für mich ... günstig ausgegangen sind." (295)

Koelles kulturellen Bedürfnisse schienen in München nicht befriedigt worden zu sein, denn er besuchte unmittelbar nach Ankunft in Berlin in den Kammerspielen „Golden Boy" und am nächsten Tag Shakespeares „Was ihr wollt". Sein neues Domizil in der Johannisstraße lag in nächster Nähe der verschiedenen Kulturinstitutionen, der Staatsoper, der Kammerspiele, des Deutschen Theaters, des Theaters am Schiffbauerdamm und der Komischen Oper. Das führte dazu, daß der Künstler mehrmals in der Woche Kulturveranstaltungen besuchte, unter anderem George Bernard Shaws „Frau Warrens Gewerbe" und die Oper „Der Barbier von Bagdad" von Peter Cornelius, die ihm aber nicht gefiel.

Den Sonntag verbrachte er in den Kunstmuseen. Im Kaiser-Friedrich-Museum besuchte er die Ausstellung „Deutsche Kunst von Lukas Cranach bis Max Liebermann". „Sehr schön", war sein einziger Kommentar dazu. (296) Auch in der Abteilung Plastik hielt er sich auf und in der Nationalgalerie. „Sämtliche Ausstellungen [sind] von Justi gemacht, sehr schön, da liest man nichts davon in München, alles im Sinne der neuen Kunstausrichtung von Grotewohl. Das ist erhebend und man kann mit Zuversicht der Zukunft entgegensehen. Im Westen wird ‚Max Beckmann' gezeigt und anderer moderner abstrakter Dreck." (297)

Daß Ludwig Justi seine soeben errichtete Expressionisten-Abteilung in der Nationalgalerie wieder schließen mußte, weil sie nicht der neuen Kunstauffassung entsprach, erwähnte Koelle nicht, denn in der Ablehnung der Moderne deckte sich sein Kunstverständnis mit der Kunstausrichtung im neuen Geiste der Kulturfunktionäre, wie seine unbedarfte, die kulturpolitische Entwicklung nicht erkennende Bewunderung der Idee Grotewohls deutlichmacht. „Wie richtig die Kunstausrichtung im Osten ist, beweist der Zustrom der Besucher aus dem Westsektor. Ein Buch liegt auf, mit halbe[n] Seiten lang geschriebenen Worten der Bewunderung und Dankbarkeit an Justi von Leuten aus dem Westsektor. Auch vom Ostsektor." (298)

Mit seinen beiden Klassen besuchte Koelle diese Ausstellungen ebenfalls. „Vor einer Plastik eines Augsburger Meisters sprach ich eine ganze Stunde". Inzwischen hatten sich andere Besucher und Aufseher dazugesellt, aber „ich hatte keine Hemmungen mehr ... ich konnte aber wirklich was sagen. Dabei lerne ich übrigens auch." (299) Seine Schüler bestätigten ihm, daß er mit diesem Vormittag das halbe Jahr seiner Abwesenheit wieder wettgemacht hätte. „Ich hätte ihnen so viel gesagt, was sie von Drake nie hörten." (300)

Die Arbeiten seiner Schüler hatte der Lehrer inzwischen auch angesehen. Rosenthal hatte einen hockenden Arbeiter gestaltet, der ihm gut gefiel. Auch Thiemes Arbeiterfiguren befand er für gut, „aber Rosenthal [ist] viel sensibler." (301)

Seiner Frau kündigte er den Besuch eines Kollegen in München an, der ihre Bilder ansehen wollte. „Mach aber keinen Kaffee, heb ihn für mich auf. Ich bekomme [hier] auch morgens Kaffee." (302)

Nachdem er sich über die Kunst der Museen im Osten informiert hatte, begab er sich im Westsektor ins Dahlemer Museum, in dem er sehr schöne Kohlezeichnungen Dürers (ehemals im Kaiser-Friedrich-Museum) vorfand. Im Anschluß daran besuchte er eine Präsentation von Werken Henry Moores: „Das war mir sehr interessant, dort sah ich, wo es unsere Münchner Bildhauer, Stadler, Priska [Stadlers Frau], [Heinrich] Kirchner, Stangl ... herhaben, ich mußte lachen, die Priska ganz wie Moore, das ‚Ofenrohr' von Stangl, (303) das heuer in ... München gezeigt wurde, steht in der Ausstellung in Berlin. Sind das so armselige Kreaturen", (304) war das einzige herablassende Urteil über die Münchner Kollegen, dessen er fähig war. Über „den englischen Bildhauer" verlor er gar kein Wort.

Auch aus der gesamtdeutschen Ausstellung des Künstlerbundes kamen nur negative Kritiken: „Es war furchtbar, lauter ganz verrücktes Zeug. Caspar u. seine Frau, auch Purrmann, Hofer u. Pechstein hingen als Reaktionäre so ganz abseits und schlecht. Der Einfluß der Besatzungsmächte unverkennbar, die Maler von Frankreich beeinflußt, die Bildhauer von England, von Henry Morre ... es waren nur 3 Besucher in der ganzen Ausstellung. Der Unhold war in einer Ecke, daß man ihn kaum sah ... zu Deiner Freude kein Lamprecht, kein Meisenbach, kein Balwé ... das ist längst überholt, die müssen sich umstellen. Aber der Hiller (305) mit zwei Plastiken furchtbar. Also so kann's nicht weitergehen." (306) In welche Richtung sich seiner Meinung nach die Kunst entwickeln sollte, davon hatte Koelle keine Vorstellung: Die moderneren Tendenzen waren für ihn reaktionär, die Münchner Maler obsolet, und ein sich zur Abstraktion hin bewegender Bildhauer wie Anton Hiller wurde rundweg als „furchtbar" abgelehnt. Die Bildhauerei des Barock stand bei Koelle aber durchgängig hoch im Kurs.

Bei einem Besuch Konrad Lemmers, dem Herausgeber der „Kunstbücher des Volkes – Kleine Reihe" im Rembrandt-Verlag, der auch 1939 unter Band 2 die Monographie Koelles von Ernst Kammerer herausgegeben hatte, ließ er sich kulinarisch verwöhnen und ein Buch über Andreas Schlüter schenken. Den Grund, warum er und seine Frau nicht zu westlichen Ausstellungen aufgefordert wurden, sah Koelle „allein [in der] momentane[n] Kunstrichtung, unsere Arbeiten passen doch nicht zu diesem erbärmlichen Scheißdreck ... diese Macherei ist nicht von Dauer ... das sagt auch Lemmer." (307)

In Berlin traf Koelle auch Werner Dopp (308) wieder, der ihn einlud, ihn einmal in seinem neuen Arbeitsumfeld, der Zeitung Nachtexpress, zu besuchen.

Seiner Frau kündigte Koelle den Besuch der Bildhauerin Ruthild Hahne und Max Schwimmers (309) – „auch ein verrückter Maler aus Leipzig" – in München an, die eine Auswahl für die Ausstellung „Künstler schaffen für den Frieden" in Ost-Berlin treffen sollten. „Zeig Haltung, und wenn sie alles ablehnen, auch meine Plastiken. Sag, daß Minister Holtzhauer die Arbeiten kennt und sie als richtungsweisend bezeichnet hat, also Deine Arbeiten. Von meinen Arbeiten sagst gar nichts. Zeig Haltung ... laß Dich nicht einschüchtern, das haben wir nicht nötig, aber sei nett und ordentlich." Für den Fall, daß Ruthild Hahne das Haus anschauen wollte, erteilte er seiner Frau die Genehmigung dazu, da Hahne einen ähnlich repräsentativen Bau hatte, „das baute Stam und Stam hat's von uns. Ich glaube, es ist so." (310) Koelle wies seine Frau an, von seinen Plastiken nur den „Schreitenden Arbeiter" von 1947 (WVZ 179) und den „Sämann" (1951), (WVZ 196) den er während seines Aufenthaltes in München geschaffen hatte, mitzugeben. „Sollten sie je mehr wollen, dann will ich gefragt sein." (311) Auch hinsichtlich der Bilder seiner Frau und den aufwendigen „Goldrahmen", die sie zur Ausstellung geben sollte, gab er Anweisungen, und vor allem „lasse Dich nicht ausfragen von der R. Hahne, sie ist von der Zunft, eine Kollegin." (312)

In der Hochschule hatte Mart Stam entsprechend den Vorstellungen des Ministeriums die Kollegen gebeten, „Friedenstauben" zu gestalten. Während seine Schüler sich größtenteils gegen diese Themenvorgabe wehrten, bekundete Professor Koelle sein besonderes Interesse an der Modellierung einer solchen Taube. In seinem in der Zwischenzeit gewechselten Atelier in einer zugigen Ruine des Meereskundemuseums in der Georgenstraße modellierte er sie und brachte sie zum Gipsgießer nach Wilmersdorf, weil dieser sie nicht im Atelier gießen wollte. „Ich stellte mich dazu, bis es eingeformt und auseinandergenommen war und trug dann den Ton, das Brett und Gips heim ins Atelier." (313) Man merkte dem Bildhauer die Zufriedenheit an, wieder einmal praktisch arbeiten zu können: „Mein Täubchen, nur eine Hand voll, wird morgen gegossen, es hat mir viel Freude gemacht ... Es ist, glaube ich, ganz lieb geworden, aber ein faules, recht beschauliches Täubchen, es schaut recht freundlich." (314) „Wenn nur das Täubchen hinhauen würde, aber es sitzt so behäbig da und faul." (315)

Koelle hatte die Taube in ihrem Ausdruck genau wiedergegeben, und da sie der gewünschten Aussage als Friedenstaube nicht entsprach, nannte er sie später „Ruhende Taube". (WVZ 199) Trotzdem lieferte er sie für die Ausstellung „Künstler schaffen für den Frieden" ein. „Ich brachte nach langem Zögern das Täubchen eingewickelt ... Als ich [es] ablieferte, sah es eine Putzfrau und die sagte ‚dett iss aber schön', ich freute mich, die Putzfrau versteht sicher mehr als die Juroren". (316) Über dieses Urteil war der Bildhauer erfreut und fühlte sich in der Volksverbundenheit seiner „realistischen" Kunst bestätigt, denn die eingelieferten Werke der Bildhauer für diese Ausstellung hatten in seinen Augen keinen Bestand. Lediglich den Plastiken von Seitz und Cremer gestand er zu, die „werden schon gut sein." (317)

Die Bestätigung seiner Kunstrichtung erhielt Koelle auch vom Ministerium durch den persönlichen Referenten des Ministers für Volksbildung, Rudolf Böhm, (318), der mit ihm im Oktober einen Gang durch die Ausstellungen machen wollte: „Sie legen großen Wert auf mein Urteil. Mir soll's recht sein, wenn der Wind anders ginge", denn Böhm war davon überzeugt, „Koelles Kollegen würden nur von realistischer Kunst sprechen, liebäugeln aber immer noch mit der abstrakten Kunst." (319) Aus diesem Grund würde das Ministerium Koelles „Naturstudium" unterstützen, da von Stam selbst wenig Wert darauf gelegt werde. „Ich glaube, es ändert sich was." (320) Laut Werner Rosenthal hatte Koelle den Studenten die „Fähigkeit zur genauesten Naturbeobachtung als wichtigste Grundlage individueller künstlerischer Kreativität" vermitteln können. (321)

Offensichtlich bemerkte Koelle den Konflikt zwischen Stam und dem Ministerium, hoffte aber, ihn für seine Person nutzen zu können, ohne dabei die Loyalität seines Rektors ihm gegenüber zu berücksichtigen. Böhme teilte ihm auch mit, daß Professor Drake (322) wieder nach Weißensee zurückkehren und seine Klasse wieder übernehmen werde. „Da handelte Stam zu voreilig, ich las den Brief vom Ministerium." (323) Als Drake kurz darauf wieder an der Hochschule erschien, war Stam „wenig erfreut. Ich schon." (324) Koelle hatte zu Drakes Schülern nicht dieses Verhältnis entwickeln können, das er zu den Schülern seiner eigenen Klasse hatte, obwohl sie ihm „alle sagten, daß ihnen Drake so nie etwas sagen konnte ... auf was ich sie aufmerksam machte. Drake gibt seinen Schülern immer zu verstehen, daß sie nichts können." (325)

Koelle war im Herbst für drei Wochen in München. Bei seiner Rückkehr stellte der Professor erfreut fest, daß er mit seiner Beispielfunktion, eine Taube zu modellieren, seine Studenten hatte motivieren können. Obwohl sie sein Exemplar nicht gesehen hatten, hatten sie „recht nette Täubchen" gestaltet, auch Thieme, „Stam gefiel es auch." (326) Da der Bildhauer seine Plastiken in München oder, wie bei seiner Taube, im von der Hochschule entfernt liegenden Atelier gestaltete, konnten ihn seine Studenten nie in eigener praktischer Arbeit erleben, sondern immer nur seine fertigen Ergebnisse zu Gesicht bekommen, was sie laut Gerhard Thieme sehr bedauerten. (327) Die Ausnahmen waren seine Korrekturen der Studentenarbeiten, bei denen er „völlig aus sich herausging. Er war gut in der Modelliertechnik, ein ausgesprochener Modelleur, er bearbeitete in Schnelle eine Platte Ton wie ein Klavierspiel", erinnert sich sein Schüler Rosenthal. (328) Bestätigt wurde dieses Urteil auch von seinem Kollegen Waldemar Grzimek auf der gemeinsamen Moskaureise im Folgejahr: „Fritz Koelle ist ein guter Modelleur." (329)

Nach seinen Herbstferien erfuhr Koelle, daß seine Klasse Zuwachs erhalten sollte. Zwei Studenten aus Weimar, die bei Hans van Breek (dem Bruder Arno Brekers) waren, sollten ihr Studium bei Koelle fortsetzen. Dabei handelte es sich um einen Herrn Schneider und ein Fräulein Schulz. Rudolf Böhm bat Koelle darum, diese Studenten zu sich zu nehmen, da sie zum „künstlerischen Nachwuchs" zählten, und versprach ihm, dieses gesondert zu honorieren. Das war ein Grund für Koelles Zustimmung, aber er befand auch: „Die ist sogar gut. Und die möchte zu mir, tut mir auch gut." (330) Fräulein Schulz sprach russisch und arbeitete die halbe Woche im Volksbildungsministerium bei Böhm. Daraus zog Koelle den Schluß: „Die Schülerin wird Berichterstatterin sein von Böhm, da muß ich mich schon bemühen." (331)

Aber auch ohne dieses „studentische Kontrollorgan" nahm Koelle seinen Unterricht sehr ernst, wie sein Schüler Jürgen von Woyski befand, (332) und was sich in Koelles Vorbereitungen seiner Führungen bestätigte. Seine Studenten äußerten den Wunsch einer Führung durch die Staatsgemäldesammlung Dahlem im Westen der Stadt. Koelle entsprach diesem Wunsch, indem er am Sonntag nochmals die Sammlung besuchte: „Ich will mich für die Führung vorbereiten." (333)

Auch bei einer Besichtigung des „Schlüterhofs" im Zeughaus mit Rosenthal und Thieme gab Koelle, was in seinen kunstpädagogischen Kräften stand. „Die Kerle saugen mich aus, bis zum letzten Tropfen. Aber es machte mir Freude." (334) Jürgen von Woyski bezeichnete seinen Lehrer als „unheimlich gutmütig, und diese Gutmütigkeit haben wir ausgenutzt. Es war der richtige Mann im richtigen Moment für uns Studenten." (335) Und bei entsprechend positiver Arbeitshaltung seiner Schüler war Koelle bereit, jedem Wunsch bezüglich Kunstführungen oder Industriebesuchen entgegenzukommen. „Koelle wollte uns die Augen öffnen, Begeisterung in uns wecken", (336) und dank seines Temperaments besaß er diese Begeisterungsfähigkeit.

Aber auch seine Wertschätzung der Arbeiter und ihres Werks vermittelte den Studenten einen positiven Zugang zur Arbeitswelt. „Koelle hatte uns aus eigenem Antrieb in die Industrieanlagen geführt, nicht weil es kulturpolitisch gefordert wurde", erinnert sich Gerhard Thieme, und „er hatte uns so motiviert, daß wir 36 Stunden auf der Ofenbühne waren und alle drei Schichten erleben wollten und genauso erschöpft waren wie die Arbeiter." (337) „Koelle wollte seine Arbeiter mit schwitzendem Körper", (338) wußte Werner Rosenthal zu berichten, darum wollten die Studenten diesen Zustand am eigenen Körper erleben. Auch seine beiden neuen Studenten, Schneider und Fräulein Schulz aus Weimar, konnte er schon für eine Sonderschicht in Hennigsdorf begeistern.

Seine Schülerin Emma-Maria Lange-Altendorf verließ die Klasse, weil sie schwanger war, und zog zu ihrem Mann nach Stuttgart. An ihrer Stelle kam Frau Frank (339) wieder zurück als Nachwuchsschülerin, für die Koelle ebenfalls eine Sonderhonorierung erhielt. Auch Thieme erreichte den Status des Nachwuchsschülers, er sollte zum Lehrer ausgebildet werden, wofür er monatlich 600 und Koelle zusätzlich 500 Mark erhielt. Rosenthal wollte freischaffender Künstler werden, aber wie Thieme erst nach Beendigung der Diplomprüfung. Werner Rosenthal gestand Koelle das freie Künstlerdasein zu, denn „er hat das Zeug dazu und den Fleiß und einen Sinn für Komposition. Den hab ich gerne, auch Stam, und er nimmt sich nett um ihn an, er freut sich mit mir über diese Begabung durch mich." (340) Die künstlerische Disposition brachte der Student zum Studium mit, aber Koelle erkannte sie und ließ ihm eine individuelle Förderung zukommen, und auf das gemeinsame Ergebnis war er zu Recht stolz. Aber „es wird auch was verlangt von uns Schulmeister[n], man muß alle zwei Monate vorlegen, was gemacht wurde, und da muß ein Fortschritt festzustellen sein. Das ist nicht so wie in unserer Zeit", (341) als die Lehrer es nach Koelles Meinung viel leichter hatten.

Neben seiner Lehrtätigkeit war Koelle auch ein kleiner Portraitauftrag vergönnt. Nach einem Gespräch mit Rudolf Böhm traf er im Vorzimmer auf dessen Kinder im Alter von vier oder fünf Jahren: „So schaltete ich die kurze Leitung ein und sagte, daß ich den Buben mache. [Böhm] war einverstanden ... Hab ja schon lange kein Kind mehr gemacht, hoffentlich gelingt er ... dann wird der Wagen schnell dasein." (342) Koelle rekurierte seit seiner Rückkehr auf einen Dienstwagen und hatte dafür bereits alle Hebel in Bewegung gesetzt, zweifelte aber an deren Erfolg, nachdem er erfahren hatte, daß Mart Stam zwei Jahre auf seinen Wagen hatte warten müssen.

Auch wenn Böhms Sohn bei den Portraitsitzungen immer das Gegenteil von dem tat, was der Bildhauer erbat und er ein „unruhiges ... verzogenes Kind, ein Hundskrippel" (343) war, hatte Koelle „das Köpfchen (WVZ 194) ... mit aller Liebe fertig gemacht. Es müßte gut sein." (344) Böhm befand es für gut, konnte es aber nicht bezahlen, da er seiner Frau einen Pelzmantel gekauft hatte. Außerdem erbat er noch ein Exemplar von Koelles Bronzetaube für sein Büro, um Besucher auf den Bildhauer Koelle und dessen Werk aufmerksam zu machen.

Wenig Zustimmung hingegen fanden Koelles Plastiken und die Bilder seiner Frau für die Ausstellung „Künstler schaffen für den Frieden", die vom Verband Bildender Künstler im Kulturbund zur demokratischen Erneuerung Deutschlands durchgeführt wurde. Die Jury unter dem Vorsitz Otto Nagels lehnte die Arbeiten ab. Koelle hatte sich bereits im Vorfeld über die circa 2000 eingelieferten Werke aus ganz Deutschland informiert und kam zu dem Schluß: „Der Dähn hat so einen Schwarten in der Ausstellung, es ist hier nur das andere Extrem ... Du machst Dir keinen Begriff, was es da für einen Scheißdreck zu sehen gibt. Es ist hier so schlecht wie drüben. Weil sie alle zum großen Teil noch mit den Abstrakten liebäugeln." (345)

Koelle nahm die Ausjurierung seiner Arbeiten und derjenigen seiner Frau nicht widerspruchslos hin und schrieb an Rudolf Böhm:

„Sehr geehrter Herr Böhm
    Ich habe Ihnen doch erzählt, unter welch schwierigen Umständen ich meine Plastiken und die Bilder meiner Frau nach Berlin bekam. Die Westzone hat die Sendung zurück gehalten und erst nach vielem Bemühen frei gegeben.
    Ich, sowie meine Frau, wurden aufgefordert diese Arbeiten zu schicken, mit der Zusicherung daß sie angenommen sind und sämtliche Unkosten übernommen werden. Die Arbeiten wurden wie ich ahnte alle abgelehnt.
    Ich entnehme daraus, daß sich meine Kollegen, die realistische Kunstausrichtung der DDR noch möglichst lange fern halten wollen. Ich beobachte auch, daß die Ansätze zum Realismus nicht aus Überzeugung kommen. Ferner stelle ich fest, daß man immer noch mit dem Formalismus, mit der abstrakten Kunst liebäugelt und nur seine Fahne recht geschickt nach dem Winde richtet.
    Was gedenkt man zu tun, daß man Künstler mit einem lebenslangen Verhältnis zur Arbeiterbewegung, die ihr ganzes Schaffen schon seit dem Jahre 1916 in den Dienst der fortschrittlichen Arbeiterbewegung stellten, heute so aus dem öffentlichen Kunstleben ausschaltet.
    Die Regierungsstellen der DDR erwarteten schon in Dresden, im Jahre 1949 eine Ausstellung unserer Arbeiten, die aber schon damals geschickt verhindert wurde und heute ist es in Berlin wieder so.
    Unter solchen Umständen macht man es mir und meiner Frau schon sehr schwer, nach Berlin zu übersiedeln.
    Sehr geehrter Herr Böhm darf ich Sie bitten Herrn Staatsminister Holtzhauer, dem meine Arbeiten u. die Arbeiten meiner Frau nicht unbekannt sind, davon in Kenntnis zu setzen.
    Mit herzlichem Gruß Ihr
        Koelle" (346)

Einen ähnlichen Brief schickte der Bildhauer dem Chef der StaKuKo, Helmut Holtzhauer, in dem er sich beklagte, daß sein Werk 35 Jahre unter dem Stigma des „Realismus" hatte leiden müssen und sich nun in der DDR den Vorwurf des „Formalismus" von Leuten gefallen lassen müsse, „die vor noch nicht langer Zeit wegen Formalismus in der Presse angegriffen wurden. Ich staune nur über die Gewandtheit dieser Herrn, wie die ihre Kunstauffassung so schnell in den vorgeschriebenen, gewünschten Wind brachten." (347)

Dieser Hieb ging eindeutig in die Richtung des Vorsitzenden des Verbands Bildender Künstler, Karl Hofer, der durch Semjonow alias Orlow in die Formalismus-Debatte geraten war. Mit dieser Vorgehensweise, Kollegen als Intriganten für seine Mißerfolge verantwortlich zu machen, knüpfte er an seine Münchener Praxis an. Dahinter aber Holtzhauer als Auslöser zu vermuten, wie es dessen Presseäußerungen belegen, kam Koelle bei seinem Obrigkeitsdenken nicht in den Sinn, und so beschwerte er sich in gleichem Tenor auch bei Otto Grotewohl: „Durch die Staatliche Kunstkommission wurde am 29.10. mein Schaffen und meine Lehrtätigkeit durch Überreichung eines Einzelvertrages geehrt, und am anderen Tag, am 30.10. wurden unsere Arbeiten in so geschmackloser Weise behandelt." (348) Koelle wies auf den von ihm empfundenen Widerspruch hin, daß große Plastiken seiner Schüler angenommen wurden. Damit bezog er sich auf eine Arbeiterplastik seines Schülers Walter Howard. Statt diese Entscheidung als Erfolg zu verbuchen, sah er seinen Schüler nur als Konkurrenten. Seinen Brief schloß er, wie schon im Dritten Reich bei Adolf Hitler, mit guten Wünschen für die Umsetzung seiner politischen Ziele: „Sehr verehrter Herr Ministerpräsident, ich wünsche Ihnen zu Ihrem großen Werke für Friede, Einheit und Freiheit von Herzen vollen Erfolg, vor allem Gesundheit. Mit herzlichem Gruß Ihr sehr ergebener Fritz Koelle." (349)

Koelles Wünsche waren ehrlich gemeint. Er glaubte an die Verwirklichung der von der Regierung gesteckten Ziele und wie viele Künstler an die in die Kunst gesetzten Erwartungen einer erfolgreichen Mitwirkung bei der Errichtung eines neuen freiheitlichen Staates und deren Erfüllung durch den eigenen künstlerischen Einsatz. Wie die meisten Menschen im Osten war auch Koelle erfüllt von der Hoffnung eines dauerhaften Friedens und begeisterte sich für die mit großer Propaganda reklamierte Friedensarbeit. „Heute waren große Feierlichkeiten ‚34 Jahre sozialistische Oktoberrevolution', so etwas solltet Ihr auch mal sehen", schrieb er seiner Familie. „Wie hier für den Frieden gearbeitet wird. Es wird sicher besser und erleichtert mit der Zonengrenze. Es gibt keinen Krieg, wenn für den Frieden vom Osten aus gearbeitet wird. Das werden die sich im Westen überlegen, die Amerikaner." (350) Und im Tenor der einseitig geschalteten Presse des Ostens schimpfte er auf die Amerikaner: „das ist das Werk der Amerikaner, die ganze Jugend verderben [sie] mit ihre[n] Saufilm[en]; die sollen [sie] doch in Amerika laufen lassen, sie sollen heimgehen, diese Kulturträger. Die sollen ihre Kultur für sich behalten." (351)

Eine Verbesserung der Beziehungen zwischen Ost und West wurde aber nur durch Koelles Hoffnungen genährt, denn als er um die Fahrt eines Regierungswagens in den Westen für seinen Gipstransport nach Wilmersdorf zum Gipsgießer bat, mußte er erfahren, daß weder Regierungs- noch Schulfahrzeuge in den Westsektor fahren durften. Seinen beiden Studenten Rosenthal und Thieme wurde von der DDR-Regierung die Annahme des Preises der Kolbe-Stiftung verwehrt, und einen Ersatz in Ostmark erhielten sie auch nie. Im „Sonntag", der Wochenzeitung für Kultur, Politik und Unterhaltung war auf der Titelseite ein polemischer Artikel über Alois Hundhammer und sein „reaktionäres Dunkelmännertum" erschienen, (352) und beim Ministerium für Volkserziehung machte man Koelle klar, daß man eine künstlerische Gestaltung dieser Person durch den Bildhauer nicht akzeptiere.

Und als Koelle die Brechtaufführung „Die Verurteilung des Lukullus" ansah, wußte er nicht, daß Brecht seine Oper mit der Musik von Paul Dessau „Verhör des Lukullus" hatte umschreiben und mit dem neuen Titel versehen müssen, und zwar unter Verleugnung seines radikalen Pazifismus, für den er sein Leben lang plädierte. Bereits nach Brechts erfolgreicher Inszenierung seines „Hofmeisters" im April 1950 hatte die Partei Bedenken, daß er eine zu starke Position einnehmen könnte und stellte ihn fortan unter parteiliche Kontrolle.

Auch die eigene Kontrolle durch das Zentralkomitee machte Koelle nicht mißtrauisch. „Der Besuch de[s] ZK verlief ganz gut glaube ich, eine recht nette Dame war dabei, die sich interessierte, und sie waren ziemlich lange hier. In der anderen Klasse bei Drake, waren sie schnell fertig." (353) Selbst die Ablehnung seiner Plastiken und der Bilder seiner Frau für die Ausstellung „Künstler schaffen für den Frieden" mit der Begründung des „Formalismus" sah Koelle nicht im kulturpolitischen Kontext, sondern machte wieder einmal mißgünstige Kollegen dafür verantwortlich.

Im Verband Bildender Künstler machte er seinem Unmut Luft, „ich war nicht sehr zurückhaltend", (354) und Krewerth, der Vorsitzende, versicherte Koelle, daß das letzte Wort noch nicht gesprochen sei. Rudolf Böhm, persönlich auf die Ablehnung angesprochen, denn er hatte Koelle genauso wenig schriftlich geantwortet wie Holtzhauer und Grotewohl, erklärte dem Bildhauer, der „Friedenskämpfer" („Schreitender Arbeiter") „steht so keck da, das sei nicht richtig, er könnte schon sagen, wie ein Kunstwerk heute in der DDR aussehen müßte." (355) Und zu einem Aquarell von Elisabeth Koelle-Karmann, in dem eine Schülerin ihrem der Tafel zugewandten Lehrer einen Zettel auf den Rücken seines Gewandes heftet, vermerkte Böhm, daß diese Situation nicht mehr der Realität in der DDR entspreche. Böhm „war ja sehr vorsichtig mit seinen Äußerungen, als ob er Angst gehabt hätte, ich fress ihn ... sie verstehen halt nichts. Und das soll auf Künstler nicht lähmend wirken, das hält ja der stärkste Gaul nicht aus." (356)

Durch Böhms Meinungsäußerung erfuhr Koelle zum ersten Mal, daß die Regierung seine Kunst offensichtlich nicht für so richtungsweisend befand, wie er es behauptet hatte. Seine Konsequenz auf diese Erfahrung war, daß er seiner Frau empfahl: „Wir machen so weiter, wie bisher."

Durch wessen Intervention letztlich Koelles Plastiken „Friedenskämpfer" und „Sämann" doch noch ausgestellt werden konnten und Elisabeth Koelle-Karmanns Bilder für eine andere Ausstellung „Bild der Zeit" Unter den Linden (357) vorgesehen wurden, ist nicht klar, jedenfalls betrat Koelle ahnungslos die Ausstellung, und dort wurden ihm seine Plastiken gezeigt. Seine Negativreaktion war für seine Gegenüber unerwartet heftig: und als „ich alles gekotzt hatte, bin ich gegangen und schlug die Tür zu ... jetzt sollen's machen was [sie] mögen, die Sauhammel und die Rotznas, die Hahne." (358) Ruthild Hahne zählte ebenso wie Fritz Dähn zur 23köpfigen Jury, und in beiden vermutete Koelle seine Kontrahenten.

Nicht nur Koelles Plastiken fanden ihren Weg in die Ausstellung, er erhielt auch vom Verband Bildender Künstler den Auftrag, Entwurfsfiguren zur Bekränzung der Humboldt-Universität zu machen. „An und für sich wäre es eine schöne Aufgabe, aber viel Arbeit und nicht viel Brot, für jeden Entwurf 30 cm hoch, bekomme ich 2000 Mark. Das ginge." Andererseits aber „weiß [ich] nicht, was ich machen soll. Was ich jetzt dieser Tage erlebte, ist alles andere als ermutigend für eine Arbeit, das ist lähmend." (360)

Da sich der Bildhauer in einer unschöpferischen Phase befand, bat er seine Frau, ihm den Katalog von Ignaz Günther (361) und zwei Bücher über Ägyptische Plastik (362) zu schicken und für ihn Bücher zu studieren und Ideen bei den alten Meistern zu suchen, zum Beispiel die barocken Figuren der Würzburger Mainbrücke. (363) Die Originalfiguren auf der Universität sollten 3 m hoch werden und auf 1 m hohen Quadern stehen. Noch bevor ihn die Bücher aus München erreicht hatten, entschloß er sich: „ich fang schon mal an, dann werd[e] ich schon hineinkommen." Bereits am nächsten Tag entwickelte er die ersten Vorstellungen: „es können nur lauter stehende Figuren sein ... will ... einen Hüttenarbeiter machen und eine Schnitterin im Getreide, in die Mitte zwei Gelehrte, die Arbeiter müssen lauschen. Es ist doch eine Arbeiter- und Bauern-Universität." (364)

Die Grundlage für die erste Figur hatte er schon geschaffen. So, wie er es seinen Schülern vermittelte, praktizierte er es selbst auch: Das Gerüst war fertiggestellt. „Fritz Koelle war Handwerker durch und durch. Er hat uns gelehrt, wie ein anständiges Gerüst gebaut wird (Puppe), Galgen, Kopfeisen. Der Draht mußte genau in der Mitte sein", erinnert sich Werner Rosenthal. (365) „Im Gerüst mußte schon die große Linie sein, man mußte dort schon abstrahieren können", hat Jürgen von Woyski bei Koelle gelernt. (366) „Beim Aktstudium mußte zwei Tage lang das Gerüst gebogen werden ... Er vermittelte uns solide, künstlerisch-handwerkliche Ausbildung, die für einen Bildhauer wichtig ist", urteilte Rosenthal über seinen Lehrmeister Koelle. (367)

Koelles anfängliche Skepsis, dieser Aufgabe nicht gewachsen zu sein, wandelte sich nach kurzer Zeit in Vergnügen, „denn meine Arbeit macht mir viel Freude, ich war noch nie von einem Auftrag so erfüllt." (368) Allerdings übte er auch Selbstkritik an seiner Gestaltung: „Ich war heute recht unzufrieden, die Figuren haben zu wenig Beziehung zueinander bezüglich der Komposition." (369)

Den gleichen handwerklichen hohen Anspruch, den der Bildhauer an seine eigene Arbeit stellte, erwartete er auch von den beauftragten Werkstätten. Darum nahm er auch die Transportstrapazen zur Gipsgießerei nach Wilmersdorf auf sich. „Ich hab[e] einen guten Gipsgießer ... jetzt weiß ich was guter Gipsguß ist, kein Verschub, eine Naht so fein wie ein Haar, das ist eine Freude, aber im Westen." (370)

Bis zu den Weihnachtsferien Anfang Dezember hatte Koelle vier Figuren – einen Hüttenarbeiter (WVZ 200 g), eine Schnitterin (WVZ 200 b, ohne Abb.), einen Gelehrten (WVZ 200 d, ohne Abb.) und einen Bergmann (WVZ 200 e) – modelliert und gegossen, zwei weitere sollten im nächsten Jahr folgen. Mart Stam war sehr daran gelegen, daß Koelle mit dieser Arbeit erfolgreich würde, denn er hoffte, ihn auch weiterhin in Berlin-Weißensee halten zu können.

Am 1.12.1951 wurde auf der Museumsinsel im Kaiser-Friedrich-Museum (heute Bodemuseum) die gesamtdeutsche Ausstellung „Künstler schaffen für den Frieden" eröffnet. Obwohl zwei seiner Werke dort vertreten waren, ging Koelle nicht zur Eröffnungsfeier. Die Legitimation der Ausstellung hörte sich schon weniger friedfertig an. In der Rede des Bundessekretärs des Kulturbundes zur demokratischen Erneuerung Deutschlands, Alexander Abusch, „Im Kampf um den Realismus" (371) ging es darum, „die Zersetzung der Kunst im Zeitalter des Spätkapitalismus zu überwinden ... die formalistischen Irrwege in der Malerei zu verlassen und mit dem neuen Inhalt der Kunst auch die neue realistische Methode erkämpfen zu helfen." (372) Abusch konstatierte, daß es „die Wahrheit des Friedens und des menschlichen Lebens" gebe und daß diese nur durch eine „gegenständlich konkrete, künstlerisch vollendete, allen Menschen zugängliche" und an den „realistischen Errungenschaften" der sowjetischen Malerei orientierte Gestaltung erreicht werden könne. Damit verbunden war eine funktionale Überschätzung der Kunst aus der Illusion heraus, wenn im Glauben an das Leben dieses bildhaft durch die Kunst und mit der Kunst bewältigt werde, es auch in der Realität gemeistert werden könne.

Das Echo der Presse auf diese Ausstellung entsprach den pathetisch formulierten Forderungen der Eröffnungstexte „Volkstümlichkeit und allgemeine Verständlichkeit ist das Kennzeichen dieser Dokumente", (373) bei denen „allein gesellschaftlicher Inhalt und seine Bewältigung, keineswegs aber Stilfragen zur Diskussion" standen. (374) Was die Stilfrage betraf, hatten bereits Abuschs Forderung nach dem Realismus und die gesamte vorangegangene Formalismus-Debatte diese Behauptung widerlegt. „Der Formalismus als künstlerisches Programm ist bei uns ideologisch zerschlagen, allerdings im Arbeitsstil der Künstler noch nicht völlig überwunden." (375) Diese Erkenntnis mußte auch Abusch bei der Eröffnung eingestehen, da sowohl die Schau als auch die Diskussionen in der Jury gezeigt hätten, „daß viele Künstler noch mitten in ihrem Ringen um den Realismus und um die Überwindung der Überreste des Formalismus stehen." (376) Einen Grund dafür sah er in der Teilnahme von circa 40 westlichen Künstlern, mit denen die Frage des Realismus noch „freundschaftlich und aufrichtig" diskutiert werden müsse.

Fritz Koelles Friedenskämpfer wurde lediglich von Werner Dopp im „Nachtexpress" mit den Worten bedacht: „Bildwerke, wie die hier gezeigten ... von dem Münchner Fritz Koelle können zwar nur einen ganz kleinen Einblick in die große und in die gediegene Kontur des ausgestellten künstlerischen Schaffens geben. Sie sind aber symptomatisch für die Spiegelungen unserer Zeit und seiner Menschen." (377) In diesen Ausführungen Dopps war der Name Koelle austauschbar – so wie die meisten Werke dieser Ausstellung auch.

Am selben Tag, an dem die Ausstellung „Künstler schaffen für den Frieden" eröffnet wurde, wurden die Einladungen zur umfangreichen Barlach-Schau der im März 1950 gegründeten Deutschen Akademie der Künste (Berlin-Ost) versandt, so daß die beiden Präsentationen zeitgleich liefen und damit enormen kulturpolitischen Sprengstoff lieferten. Erwin Scholz, ein Mitarbeiter der Abteilung Bildende Kunst der Deutschen Akademie der Künste, zeigte Koelle im Vorfeld diese Ausstellung, die am 14. Dezember eröffnet werden sollte. „Sehr schön", war Koelles einziger Kommentar zu dieser Schau, der gleichzeitig seine künstlerische Einschätzung der Werke Barlachs kundtat. Dennoch entschloß sich der Bildhauer, mit seinen Studenten diese Ausstellung im neuen Jahr aufzusuchen.

Als Abschluß seines Berlinaufenthalts vor den Weihnachtsferien suchte Koelle nochmals die Ausstellung „Künstler schaffen für den Frieden" auf und berichtete seiner Frau: „im Gästebuch [,das] Pieck und Grotewohl eröffneten mit einigen schönen Zeilen, dann Ulbricht und dann die Chinesische Delegation, [die] schrieb in chinesischer Schrift ziemlich viel, und unter diese[r] Schrift kommt der Name Professor Koelle in deutsch geschrieben". (378) Diese Form der Genugtuung für die ursprüngliche Ablehnung seiner Plastiken gönnte sich Koelle und genoß sie. Danach fuhr er auf der „Arbeiterkarte", die seine Frau ihm hatte besorgen müssen und die ihm eine verbilligte Zugfahrt ermöglichte, nach München.

Mitte Januar 1952 traf Koelle wieder in Berlin ein: „Den Rieser-Bauernkittel hast schön gebügelt, die Fältchen vorne und hinten, so schön exakt. Sauber einfach. Heute zog ich ihn an. Ich war ganz stolz." „Ich ließ ich sogar an, als ich ins Museum ging in die Ausstellung zu Krewerth, denen hat er gut gefallen, ich machte ganz in Gedanken den Mantel auf. Sie mußten soviel lachen, daß man den Kittel wenden kann, wenn er auf einer Seite dreckig ist." (379) Falten übten auf den Bildhauer eine besondere „Anziehungskraft" aus, ob in Kunst (vgl. Kap. III: die „Spitzentänzerin" von 1941) oder im realen Leben bei der eigenen Kleidung (vgl. dazu Koelle im Rieserkittel bei der Arbeit, Abb. 75).

Von Krewerth erfuhr der Künstler, daß ihm in Berlin an der Hochschule die wichtige Aufgabe zugedacht sei, „als Realist gegen die Formalisten zu puffen", da in Weißensee der Formalismus blühe. Koelle wurde somit gemäß seiner Kunsteinstellung, die sich gegen alle modern ausgerichteten und abstrakten Gestaltungen wandte, von den Kulturverantwortlichen als Mittel zum Zweck eingesetzt, was ihn ehrte, er aber nicht bemerkte, daß er selbst zwischen die Fronten des Formalismus-Disputs geriet.

Während Koelles Abwesenheit war in Berlin um die Barlach-Ausstellung eine mit Vehemenz geführte Formalismus-Debatte entbrannt. Bereits am Tag der Eröffnung, am 14.12.1951, schrieb Helmut Holtzhauer an den Direktor der deutschen Akademie der Künste, Rudolf Engel: „Barlach gehört zweifellos zu den umstrittenen Künstlern in Deutschland. In seinem Mystizismus kann man keinen Beitrag zur Entwicklung einer fortschrittlichen Kunst sehen." (380) Nach der durchweg positiven Presseresonanz im Anschluß an die Ausstellungseröffnung am 15. 12., in der man Barlach und seinem Werk höchste Wertschätzung entgegenbrachte als großen Humanisten seiner Zeit, der in das deutsche Kulturerbe einzureihen sei, neben Käthe Kollwitz das Mitleid als soziales Bindeglied zwischen den Menschen auserkor und dessen Plastiken maßgeblich von der Gotik beeinflußt waren, wähnte man die drohende Gefahr des Abgleitens der Barlachschen Kunst auf die Formalismus-Schiene gebannt.

Um Barlachs Bezug zur Gotik sichtbar zu machen, hatte man die Idee des Landeskonservators vom Landesamt für Denkmalpflege Schwerin, Heinz Mansfeld, aufgegriffen und unter seiner Leitung der Barlach-Retrospektive eine Kabinett-Ausstellung spätgotischer Plastik aus Mecklenburg angegliedert.

Am 29.12.1951 ertönte wie ein Paukenschlag Kurt Magritz' (381) vernichtender Artikel über Barlach in der „Täglichen Rundschau" und strafte alle Befürworter dieses Künstlers Lügen. Barlachs Werk wurde nun mit dem Vorwurf des Nihilismus und Formalismus konfrontiert, von dem die deutschen Künstler für die Zukunft nichts lernen könnten. Magritz behauptete, „daß Barlach sowohl seinen Ideen als auch seinem Schaffen nach im wesentlichen zum Formalismus des 20. Jahrhunderts gehöre" und seine Kunst „ihrem Inhalte nach mystisch und ihrer Form nach antirealistisch ... stark beherrscht von antidemokratischen Tendenzen und ein Beispiel für die Krise des Häßlichen in der Kunst" sei. (382) Barlachs Werk wurde ein zweites Mal von einem Regime diffamiert. Wie Hohn mag es den Künstlern erschienen sein, daß Magritz die Präsenz dieser Ausstellung als Legitimation für die offene und demokratische Umgangsweise mit und Diskussionsbereitschaft zu Formalismus-Problemen bezeichnete.

Wilhelm Girnus, der Kulturredakteur des „Neuen Deutschland", offensichtlich animiert durch Magritz' vernichtende Kritik an Barlachs Werk, steigerte diese noch mit seinen Ausführungen: Demnach war Barlach „ein auf verlorenem Posten stehender, in seinem Grundzug rückwärts gewandter Künstler", der „keine Vorstellung [davon hatte], wie das menschliche Leid überwunden werden kann." Barlachs „Geschöpfe [sind] graue, passive, verzweifelte, in tierischer Dumpfheit dahinvegetierende Masse, in denen auch nicht der Funke eines starken, lebendigen Gefühls des Widerstandes zu spüren" sei. Girnus sprach Barlach die „progressive Kraft der Bauernklasse unter Führung der Arbeiterklasse" ab, auch habe er nicht den „Hauch der russischen Revolution" verspürt, sondern sich lediglich für die „Deklassierten, die Welt der ‚Barfüßler'" interessiert, so wie die „westliche Dekadenz". (383) Die Konzentrierung auf diese Unterschichten verzerre die Realität und verleugne die humanistischen Wurzeln der klassischen Kunst.

Die Diktion dieser Kunstkritik deckte sich mit der der Verfehmung Barlachs durch die Nationalsozialisten. Es ist nur zu verständlich, daß unter den Künstlern der DDR nach solchen Diffamierungskampagnen die Angst umging, weil sie spürten, daß diese Kampagne nicht nur gegen Barlach gerichtet, sondern kulturpolitisch für die gesamte Künstlerschaft richtungsweisend war. Darum formierte vor allem Gustav Seitz den Widerstand gegen die schonungslosen Attacken, indem er zum einen Barlachs Kunst rechtfertigte und zum anderen im „Namen der Kollegen die beabsichtigte Bevormundung eines Dilettanten gegenüber ernsthaften Bemühungen um die Fragen der bildenden Kunst strengstens" zurückwies. Max Lingner und Arnold Zweig unterstützen Seitz, ebenso Bertolt Brecht (wenn auch nur in einer halbherzigen Begründung), in der Verteidigung Barlachs, um ihn vor der Ächtung linientreuer Kunstkritiker zu retten.

Der Hauptgrund dieser massiven Ablehnung Barlachs durch die SED-Kulturpolitiker lag offenbar in der Unterschätzung der starken visuellen und verbalen Aussagekraft des Barlachschen Werks und der positiven Rezeptionsweise durch das Publikum, das darin künstlerische Virtuosität empfand im Gegensatz zur zeitgleich gezeigten Ausstelung „Künstler schaffen für den Frieden", die Kurt Magritz in der „Täglichen Rundschau" rezensierte als Fortschreiten der Künstler auf dem Wege des Realismus hin zum Bild des neuen Menschen (385) und die in Wirklichkeit die hohlen ideologischen Pathosformeln sowie die kulturpolitische Indoktrination des Volkes durch die Machthaber offenbarte.

Der Zustrom von 42 000 Besuchern zur Barlach-Ausstellung bestätigte diese Annahme. Auch Fritz Koelle stattete ihr mit seiner Klasse eine Visite ab: „Dort wies er die Studenten auf Details hin, zum Beispiel auf die Hände der ‚Frierenden Alten' (1937), (386) vom Kubus ausgearbeitet und dann reliefartig weiter modelliert." (387) „Aber Barlach war nicht Koelles Richtung, darum ließ er sich in der Ausstellung nicht groß über ihn aus, sondern lenkte die Aufmerksamkeit seiner Studenten auf die Figuren aus dem Güstrower Dom. Fritz Koelle war von der Gotik begeistert." (388) „Dann aber kam Fritz Koelle in Fahrt bei den spätgotischen Figuren ... Die Gewänder wehten und krachten." (389) Koelle wurde in seiner Begeisterung durch Gerhard Thiemes Feststellung „wurmstichig" etwas gebremst. Auch wenn sich der Bildhauer nicht konkret über das Werk Barlachs äußerte, läßt sein Umgang damit erkennen, daß es nicht zu dem von ihm künstlerisch geschätzten zählte, er es aber auch nicht in seinem üblichen emotionalen Urteil ablehnte.

Als Koelle in Berlin war, nahm er seine Arbeit an den Figuren für die Humboldt-Universität wieder auf. Er modellierte einen zweiten Gelehrten und änderte seinen ersten wieder ab. Er war überzeugt, daß er die einzelnen Figuren untereinander in Beziehung setzen konnte und in den funktionalen Kontext des Gebäudes als Arbeiter- und Bauernuniversität. Ursprünglich plante er nur sechs Figuren, dann aber entschloß er sich, es sei „noch besser mit sieben Figuren, der Gelehrte in der Mitte und links und rechts drei Arbeiter." (390)

Seinen Schülern zeigte er seine Entwürfe in der Hoffnung einer positiven Resonanz. „Meine Schüler sagten nicht viel, sie interessierten sich nur, äußerten sich aber nicht, kommt ihnen ja auch nicht zu, und fragen tu ich [sie] auch nicht." (391) Dafür bekam er aber seine Bestätigung von Mart Stam bei dessen Atelierbesuch. „Ich beobachtete ihn, er lachte in sich hinein, er freute sich, schaute jede Figur von hinten auch an, schaute sich's von der Ferne an und sagte ‚Koelle das macht Dir keiner nach, das ist schön' ... Ihm gefällt es aber ohne Gelehrten besser, mir auch ... Er ist stolz." Und das, obwohl Stam „doch noch dazu Anhänger der abstrakten Kunst [ist]." (392) Stam versprach Koelle, maßgebliche Personen zur Besichtigung zu schicken, und regte an, Fotos anzufertigen und sie den Besuchern auszuhändigen. Koelle war positiv berührt von Stams Herzlichkeit: „So nett war er noch nie ... Als er ins Auto stieg, wurde er gar nicht fertig mit Grüßen und winkte zum Fenster heraus, dann zum hinteren Fenster, bis der Wagen einbog in die Seitenstraße." (393)

Koelle nutzte diese freundliche Atmosphäre, um seine schulischen Belange vorzubringen, und Stam versprach ihm, seine Wünsche zu erfüllen. Rosenthal sagte er ein Atelier in der Georgenstraße zu. Koelle nahm die Angebote seines Rektors stets großzügig in Anspruch. Als aber wieder einmal ein Besuch des Ministeriums in der Schule stattfand, was Koelle überhaupt nicht mochte, stellte er lediglich nüchtern fest: „Es ging aber mehr den Stam an, weil, wie mir Böhm sagte, die Schule von den Lehren gesäubert wird, die selbst Formalisten sind." (394)

Auch Erwin Scholz von der deutschen Akademie der Künste schaute Koelles Entwürfe für die Universität in dessen Atelier an. Sie gefielen ihm. Aber noch größeres Interesse zeigte er offensichtlich an den Bildern von Elisabeth Koelle-Karmann, denn Koelle berichtete seiner Frau ausführlich über Scholz' Resonanz, der um die Ablehnung dieser Arbeiten bei der Kunstausstellung wußte. Scholz war der Meinung, „diese Ursprünglichkeit und Lebensfreude war denen vielleicht fremd ... er freute sich besonders mit der Schule ... und dem Standesamt." (395) Auch Koelles Schüler sahen die Bilder seiner Frau: „Dem Rosenthal gefielen sie so gut, der wurde gar nicht fertig damit, auch Thieme und dem neuen Schüler von Woyski, ein netter junger Mann." (396)

Koelle war ganz froh, daß er die Arbeiten seiner Frau, die immer noch in Transportkisten verpackt waren, da die „ständige Verkaufs- und Ausstellungseinrichtung ‚Bild der Zeit'" erst Mitte des Jahres eröffnet werden sollte, Unter den Linden abgeholt und in seinem Atelier verteilt hatte, denn dort konnten sie in der Zwischenzeit von einigen Leuten besichtigt werden. Aber noch bedeutender war für den Künstler, ein Stück Heimat um sich zu haben: „Ich freue mich so sehr ein Stück von Dir bei mir zu haben. Ich bin geradezu glücklich." (397) Koelle war den ganzen Tag damit beschäftigt, die Bilder mit seinen Plastiken in seinem Atelier wie in einer Ausstellung zu arrangieren. „Jetzt hängen sie schön, je über einer Säule als Bekrönung und auf der Säule kleine Tierchen, wie das Täubchen, den Heyko und das Bärchen mit dem Schäfchen. Ich freue mich so ... mit Deinen Bildern, ich schaue sie mir immer wieder an." (398)

Der Künstler gestaltete sein zugiges Atelier im Meereskundemuseum so wohnlich wie möglich, auch wenn es ihm nur als Interimslösung angeboten worden war, bis ein geeignetes für ihn gefunden wurde. Das Volksbildungsministerium und Rudolf Böhm bemühten sich darum, ein Atelierhaus zu finden, um den Bildhauer zu motivieren, mit seiner Familie nach Berlin überzusiedeln. Aus diesem Grund schlug man ihm ein Haus in Bad Saarow, circa 60 km von Berlin entfernt, vor, womit Koelle sofort seine Forderung nach einem Auto verband. „Ich bekäme den neuen BMW mit 100 PS, ich müßte ihn aber zahlen zum Fabrikpreis." (399)

Koelle fuhr nach Bad Saarow, schaute sich die Gegend und auch das Haus an. Er war begeistert von der schönen märkischen Landschaft, dem Scharmützelsee, der vornehmen Wohngegend: „Da wohnen nur die Prominentesten. Da könnte man sich schon ... erholen." (400) Das vorgesehene reetgedeckte Haus war ein Atelierhaus Josef Thoraks. Es war 1945 ausgeplündert und arg zugerichtet worden, ebenso wie das Nachbarhaus von Max Schmeling und der Schauspielerin Anni Ondra. Thoraks Haus lag in einem riesigen Grundstück mit Wald und Weiher, „da hätte ich mein Leben lang Arbeit zum Ausholzen", (401) denn die Gartenarbeit fehlte ihm sehr, und er beneidete seine Frau zu jeder Jahreszeit um diese Arbeit in Grünwald. Das Atelierhaus fand Koelle im Vergleich zu seinem in München viel zu klein und folgerte: „Also für mich allein wie geschaffen ... Mir würde es gefallen, so allein ... Wenn ich's bekomme und zwar hergerichtet, das nehme ich ohne Zögern". (402) Auch Mart Stam riet Koelle, sich dafür zu entscheiden, denn besonders ihm war daran gelegen, den Bildhauer mit Familie in Berlin zu haben: „Koelle das nimmst, das richten wir Euch her, da bauen wir noch an, das mache ich." (403) Für den Architekten Stam war dieses ein Freundschaftsdienst für seinen Kollegen. Koelle teilte Rudolf Böhm seine Entscheidung für das Atelier mit. Aber da er die Verwaltungszustände in der DDR inzwischen kannte, bemerkte er skeptisch: „Nun bin ich begierig, wo es hängen bleibt ... es gibt hier auch tiefe

Schubladen ... wenn da so ein Antrag tief hinunterfällt, kommt er nicht mehr, nie mehr nach oben, bis wieder ein neuer Antrag gestellt wird." (404)

Als erstes stellte sich heraus, daß das Atelierhaus noch Eigentum Thoraks und durch eine hohe Steuerschuld belastet war, die den Einheitswert aber nicht überstieg, so daß das Haus noch nicht veräußert werden konnte. Trotz seiner skeptischen Haltung in dieser Angelegenheit war die Enttäuschung groß für Koelle, da er den Zustand des Hotellebens leid war und sich sein neues Domizil seinen Ansprüchen gemäß gedanklich schon eingerichtet hatte. Auch der Tod Josef Thoraks am 26.2.1952 änderte nichts an der Unverkäuflichkeit des Hauses, da seine Frau noch lebte. Koelle mußte also weiterhin mit dem Johannishof und seinem Atelier in der Georgenstraße vorliebnehmen.

Dort besuchte ihn auch ein Redakteur des „Nachtexpresses" im Auftrag Werner Dopps, um über seine Figuren für die Humboldt-Universität (WVZ 200 a bis 200 g) einen Bericht zu schreiben. Koelle meldete Bedenken der Voreiligkeit an, da noch andere Kollegen mit dieser Entwurfsaufgabe betraut worden waren und er noch gar keine Auftragserteilung hatte. Der Redakteur zerstreute Koelles Bedenken und versicherte ihm, daß nur er und nicht die anderen für diesen Auftrag in Frage käme. Und Koelle stimmte dieser Publicity für sich zu. „Also mir soll's recht sein. Wenn's so geht." (405) Fünf Tage später erschien eine sachliche Pressenotiz über die geplanten Figuren „Arbeiter krönen die Universität" mit einer Abbildung des „Holzarbeiters", der deutlich an den Isarflößer angelehnt war. (406)

Wesentlich ausführlicher setzte sich Leopold Pridtkau von der „Neuen Zeit" wenig später mit den Figuren für die Humboldt-Universität und dem Bildhauer auseinander; der Beitrag weist allerdings die gleiche Handschrift in der Wertung der ehemaligen sechs allegorischen Rokokofiguren auf, „die in ihrer unverbindlichen Glätte keinerlei Beziehung zu unserer Zeit mehr haben". (407) Diese Rokokofiguren sollten durch sieben Gestalten ersetzt werden, die den „neuen Menschentyp in seiner Verschiedenartigkeit" repräsentieren. Die Studierenden dieser Universität, in der „auch die Arbeiter- und Bauernfakultät untergebracht ist, können in diesen steinernen Sinnbildern ihr neues Lebensgefühl wiedererkennen." Der Autor gab einen Überblick über Koelles Leben und sein bisheriges Œuvre und kam zu dem Fazit: „Seine Gestalten fesseln durch die Lebensfülle und Wirklichkeitstreue, die wir von der echten Kunst verlangen. Da ist nichts an Theatralik, Pose oder Äußerlichkeit. Eine vitale Schlichtheit vielmehr erfüllt alle seine Skulpturen." Es erfolgte kein Hinweis auf Koelles Schaffen im Nationalsozialismus, dafür aber die Hervorhebung des „erschütternden Denkmals von den Opfern des Faschismus" in Dachau. Offensichtlich ging der Autor noch von der Gruppe „Inferno" für Dachau aus. Die zuvor den Werken Koelles zugeschriebene „echte Schlichtheit" übertrug Pridtkau auch auf „die sieben herrlichen Großplastiken, die bald auf der Humboldtuniversität in den freien Himmel hineinragen werden ... und die ein schönes Bekenntnis ablegen für den Geist einer gemeinschaftsgebundenen Lebenshaltung." (408)

Beim Bauamt, das Koelle aufsuchte, war man nicht so sehr begeistert von den Arbeiterfiguren für die Universität. „Aber die sind ja nicht maßgebend", befand der Bildhauer. (409) Auch Wilhelm Pieck und Otto Grotewohl hatten ihre Bedenken angemeldet, daß diese Figuren zu modern für den Universitätsbau seien. (410)

Die kleine Kunstkommission, bestehend aus Krewerth vom Verband Bildender Künstler, dem Verwaltungsdirektor der Universität und einem Oberregierungsbaudirektor, bestätigte das zuvor in der „Neuen Zeit" veröffentlichte Urteil über Koelles Plastiken: „Da haben wir den richtigen

Mann ... für diese Aufgabe", „das ist ein würdiger Schmuck für unsere Humboldt-Universität."
(411) Die Entwürfe der beiden anderen Bildhauer, Drake und Grzimek, hätten ihnen nicht zugesagt. Der Verwaltungsdirektor schlug Koelle vor, seine Figuren in der Universität zur Besichtigung auszustellen.

Zuvor hatte bereits eine russische Delegation mit dem Präsidenten der Moskauer Akademie und einigen russischen Professoren Koelles Entwürfe in seinem Atelier besichtigt und mit Zustimmung reagiert: „Sie waren sehr nett, eingehüllt in guten Pelzmänteln und Mützen ... meine Arbeiten schauten sich's immer wieder an ... Aber mein ‚Friedenskämpfer' hat ihnen nicht gefallen, wohl aber die KZler, die Gruppe [‚Concordia'], damit wurden sie nicht fertig ... Deine Bilder haben sichtlich gefallen, sie lachten und freuten sich", schrieb er seiner Frau. Danach fuhren sie gemeinsam zur Schule, wo sie jede einzelne Klasse aufsuchten. „Aber bei mir verweilten sie am längsten, aber sie bemängelten die nur skizzenhafte Ausführung." (412) In der anschließenden Diskussion in der Schule vermittelten die Russen Koelle, daß seine Kunst die größte Affinität zu ihrer aufweise. Rudolf Böhm avisierte Koelle am nächsten Tag noch weitere Besuche russischer Kommissionen, den in Berlin für die Kontrollkommission zuständigen Herrn, „der war sehr achtungsvoll und nett ... Ich hatte ja mit den Russen sehr offen gesprochen ... Das konnte ich natürlich mir erlauben, weil ich merkte, wie ihnen meine Arbeiten" gefielen. (413)

Trotz der positiven Resonanz, die Koelle auf seine pädagogische und künstlerische Arbeit erfuhr, forderte der Bildhauer in jedem Brief aufs neue seine Frau auf, bei immer neu genannten Personen zu intervenieren und nichts unversucht zu lassen, was ihm zu einer Stelle in München verhelfen könnte. Inwieweit Elisabeth Koelle-Karmann diese Forderungen umsetzte, ist heute nicht mehr nachvollziehbar. Tatsache ist, daß die Malerin sich recht gut mit der partnerlosen Situation in München arrangieren konnte und keinerlei Ambitionen entwickelte, von dort nach Berlin umzusiedeln, was selbst Koelle in dieser ungewissen Lage zwischen Ost und West nicht anvisierte. „Es wird recht schwer, ich erhielt nun seit November keine Westmark mehr, und so [zu] wechseln, ist fast unmöglich, der Kurs ist so schlecht. Die Wechselstuben wechseln nur in Höhe bis zu einer Mark. Ost in West wird gar nicht gewechselt ... kein Mensch weiß, was los ist, eine Unmenge Leute steht an den Banken, riesige Schlangen von vielleicht 500 Leuten. Alle wollen sie wechseln so oder so." (414)

Dann berichtete Koelle von den inzwischen unterbundenen „Hamsterkäufen" der Westberliner im Ostteil der Stadt. Bisher wurden auf dem Markt im Osten genügend Waren angeboten, um die Bevölkerung beider Teile zu versorgen. Als der Anteil der Käufer aus dem Westen aber zu groß wurde, wurde eine Umtauschbeschränkung auf 95 Westmark in Ostmark erlassen, um die westlichen Einkäufe zu reduzieren, was dazu führte, daß sich die Westberliner mehrfach zum Geldwechsel anstellten. „Dann wird eingekauft, und wenn's im Westen erwischt werden, wird's ihnen abgenommen. Überall Kontrollen ... Es ist ein furchtbarer Zustand." (415) „In allen Geschäften [steht], daß keine Westmark zu Zahlung genommen wird im Ostsektor", schrieb Koelle bereits am nächsten Tag. „Somit hört ... jetzt der Handel bzw. das Einkaufen der Westberliner im Ostsektor auf. Kein Mensch weiß, was dahinter steckt." (416) Befürchtungen seiner Frau, daß es einen Krieg zwischen Ost und West geben könnte, zerstreute er: „Es gibt keinen Krieg, glaube es. Hier spricht kein Mensch vom Krieg nur vom Frieden. Hier werden die jungen Leute auch nicht eingezogen." (417) Und seinem Sohn riet Koelle, sich nicht bei der Bundeswehr zu melden, sondern erst auf ihren Befehl zu warten.

Trotz der finanziellen Ungewißheit war Koelle der Überzeugung, daß es ihm im Osten mit der Honorierung seiner Position besser ginge als den Kollegen im Westen, daß Karl Hofer als Direktor der Hochschule der Bildenden Künste in Berlin-Charlottenburg lediglich 900 DM und ein Professor wie Toni Stadler und Anton Hiller in München nur 500 DM erhielten. Koelle sah sich finanziell allerdings nicht in der Lage, seinem Sohn den Wunsch nach einem Motorrad zu erfüllen, und auf dessen Argument, daß ihm früher jede Bitte gewährt worden sei, antwortete der Vater: „Ja damals hatte ich ja auch viel mehr verdient, als jetzt in der lausigen Zeit nach einem verlorenen Krieg." (418) Mit dieser Aussage widerlegte der Künstler seine eigenen, stets öffentlichen Beteuerungen, im Dritten Reich am Rande des Existenzminimums gelebt zu haben. Und auch jetzt machte er es möglich, daß sein Sohn zum 19. Geburtstag ein DKW-125-Motorrad erhielt. Beide Geburtstage, den eigenen und den seines Sohnes, verbrachte er wieder in München.

Unmittelbar bevor Koelle Berlin verließ, erhielt er am 29.2.1952 in seinem Atelier den Besuch von Helmut Holtzhauer, der die Entwürfe des Künstlers für die Humboldt-Universität begutachten wollte, und er kam wie zuvor schon Grotewohl und Pieck zu der Erkenntnis, daß Koelles „moderne Figuren" nicht mit der barocken Architektur in Einklang zu bringen seien. Diese Anschauung Holtzhauers veranlaßte Koelle zu einer umfangreichen schriftlichen Befürwortung einer harmonischen Verträglichkeit verschiedener Baustile und Kunstepochen mit künstlerischen Elementen, die er exemplarisch am Augsburger Dom und auch am Bamberger Dom belegte.

Auffallend erscheint hier Koelles gewandelte Würdigung „des berühmten Professors Karl Caspar" und der gelungenen Interpretation seiner farbigen modernen Fresken über der Krypta im Bamberger Dom, die Koelle zur Entstehungszeit als „Krampf, Kitsch und Pluff" bezeichnet hatte (vgl. Kapitel II). Dezidiert legte Koelle seine formalen und inhaltlichen Intentionen der kompositionellen Einheit bei seinen Figuren dar und begründete seinen ästhetischen Standpunkt der bildnerisch-formalen Dominanz vor der inhaltlichen Aussage, wie sie von Holtzhauer gemäß des sozialistischen Realismus gefordert wurde. Zu eingeschränkten bildnerischen Korrekturen zeigte Koelle sich bereit. Eine Aufklärung und Belehrung Kurt Magritz' allerdings verbat er sich. (Das Schreiben an Holtzhauer, das eines der wenigen Dokumente Koelles ist, in denen er sich fachlich mit einer bildnerischen Problemlösung auseinandersetzt, wird aus diesem Grunde als ganzes in den Anmerkungen wiedergegeben.) (419)

Koelle wußte nicht, daß dieses Schreiben keinen Einfluß mehr auf den Entscheidungsvorgang für seine Entwürfe nehmen konnte, da bereits auf höchster Parteiebene der Beschluß für die Barockfiguren aus Dresden gefallen war, Holtzhauer sich aber bei Grotewohl für eine anderweitige Verwendung der Figuren Koelles einsetzte: „Ich habe mich eingehend mit den Arbeiten beschäftigt ... Die Arbeiten sind wirklich interessanter und wertvoller, als sie nach der Wiedergabe in der Zeitung erscheinen. Ich halte sie aus Gründen der künstlerischen und damit ideellen Einheit von Gebäude und Gebäudeschmuck nicht für die Humboldt-Universität geeignet ... Dennoch sollten die Figuren mit einigen von Koelle selbst angeregten Korrekturen ausgeführt und für ein modernes Gebäude verwendet werden. Die Wertschätzung dieser im ganzen wertvollen Arbeit" veranlaßte Holtzhauer dazu, Koelle als tröstenden Ersatz für die Teilnahme am geplanten begrenzten Wettbewerb für ein Marx-Engels-Denkmal vorzusehen. (420)

Bei seiner Rückkehr mußte Koelle in Berlin erfahren, daß während seiner Abwesenheit die „große Kommission" von ungefähr dreißig Personen, trotz der Bitte Mart Stams, Koelles Ankunft abzuwarten, dessen Atelier aufgesucht und die Entwürfe für die Humboldt-Universität begutachtet hatte. Koelle war über diese Vorgehensweise ungehalten: „Ich finde es nicht richtig, daß da dreißig Leute kommen und mich hört man nicht. Mich zieht man nicht hinzu." (421) Zu den Anwesenden zählten unter anderem Ulbricht, Ebert, Holtzhauer und viele Kollegen. Stam teilte dem Künstler mit, daß er den Auftrag für die Figuren erhielt und er nun ein Modell in Originalgröße in Holz machen solle, wobei er von der hochschuleigenen Schreinerei unterstützt werde. Von Stam erfuhr er auch, der „Kollege, Bildhauer Krämer [Fritz Cremer] (422) hat sich mit einer Leidenschaft für meinen Entwurf eingesetzt ... und einer setzte sich für den anderen Entwurf ein vom Schimeck [Waldemar Grzimek], (423) kommt aber gar nicht in Frage." (424) Der Großteil seiner Kollegen votierte für Koelles Lösung: „Das freute mich schon. Aber was blieb ihnen auch anderes über, wo jeder ... sah, daß es sich um eine Komposition handelt, um ein Stück." (425)

Koelles Überheblichkeit wurde kurz darauf gedämpft, als er erfuhr, daß das Amt für Denkmalpflege die erhaltenen Barockfiguren der zerstörten Dresdner Hofkirche auf die Humboldt-Universität setzen wollte, um baulich und künstlerisch einen einheitlichen Charakter bei der Restaurierung der Universität zu erreichen. Laut Koelles Protest paßten die Dresdner Skulpturen weder von der Größe noch von der Ikonografie auf die Universität. „Aber daraus ersehe ich, daß diese Herrn nichts verstehen, wenn sie glauben, irgendwelche Figuren dahin zu setzen, es sind noch dazu lauter Apostelfiguren." (426)

Mit Hilfe von Fotomontagen wurden beide Ausführungen simuliert, und das Amt für Denkmalpflege blieb bei seiner Entscheidung für die Dresdner Figuren. Koelle empfand es als „Geschmacklosigkeit, diese Plastiken nach Berlin zu verpflanzen. Wenn er nur für seine Dummheit gestraft würde, der Dr. Strauß, (427) aber so Kerle haben noch Glück, daß die 6 verschiedenen Figuren aus Dresden ... zusammen passen ... dieser Denkmalsschänder gehört gestraft". (428)

Auch wenn kein Entwurf Koelles je praktisch ausgeführt oder gar aufgestellt wurde, waren sein fachliches Urteil und seine Mitarbeit weiterhin bei den Regierenden gefragt. Kissling, der Referent für bildende Kunst beim Volksbildungsministerium gab Koelle ein Schreiben zur Kenntnis, in dem er, Cremer und drei weitere Kollegen zur Begutachtung der von Ruthild Hahne gestalteten Arbeit zum Thälmann-Denkmal aufgefordert wurden. Koelle wurde ausgewählt, weil er Grotewohl schon ein Jahr zuvor schriftlich seine Bedenken an dem Vorhaben und den räumlichen Gegebenheiten unterbreitet hatte. „Das ist gut, ich bin unter den aufgestellten Leuten als erster genannt, andere mögen [es] halt nicht machen. Aber ich nehme es an, ich gehe zur Hahne." (429)

Daß die anderen Bildhauer es möglicherweise aus kollegialer Solidarität nicht ausführen oder sich nicht als Erfüllungsgehilfen des Ministeriums degradieren lassen wollten, kam Koelle nicht in den Sinn. Ihm ging es darum, die in seinen Augen unakzeptable Arbeit einer mißliebigen Kollegin zunichte zu machen. „Daß gerade ich zur Beurteilung ... von Ruthild Hahne gewählt wurde, freut mich erst heute so richtig. Mein Brief vom 18.2.51 an Gr[otewohl] lag dem Akt bei. Ich werde es ganz objektiv bewerten. Ich freue mich, daß ich den Brief schrieb, und heute sieht man es ein, daß es unmöglich ist, und daß die beiden gar nicht fähig sind, es zu machen. Graetz sieht's ein, aber die Hahne nicht. Die bekamen monatlich hübsch Geld, fuhren mit BMW, und die Arbeit blieb liegen, aber bei allen Veranstaltungen waren sie vorne dran ... Man wußte dort am Ministerium auch, wie ich's halte, wenn ich eine solche Arbeit habe, daß ich Tag für Tag von morgens bis in die Nacht daran arbeite." (430) Daß unter den Voraussetzungen einer derartigen Vorverurteilung keine „objektive Bewertung" erfolgen konnte, machten bereits Koelles Worte im Vorfeld deutlich, ebenso wie er seine wirklich dahinter stehende Absicht damit kundtat.

Sich in der Gunst der Regierung wähnend, übernahm der Künstler weitere, ähnlich beschaffene Aufträge. Mit drei weiteren, nicht genannten Kollegen fuhr Koelle nach Dresden, wo Dähn in seiner Schule eine Ausstellung präsentierte, „und die sei sehr schlecht, und weil ich auf Dähn schlecht zu sprechen bin, darf ich mit, nehme ich an. Das sollte niemand merken. Da soll die Ausstellung heruntergerissen werden." (431)

Auch die Arbeit seines Bildhauerkollegen Gustav Seitz hatte in Koelles Augen keinen Bestand, als er sie in der Bronzegießerei Noack zu sehen bekam: „Der Nationalpreisträger ... Seitz ... machte eine überlebensgroße Figur, schlimmer als alles bisher Gebotene, schlimmer [als] Hiller, Stadler oder [Alexander] Fischer, aber ich sehe darin was anderes, wohin er will, der macht auf solche Art und verleugnet sich und niemand merkt es ... Ich muß sagen, diese Figur macht er für den Westen und für [den] Osten macht er sicher das Gegenteil ... Welch geraden ehrlichen Weg gingen wir ... Es ist zum Kotzen, die Welt, nein die Menschen." (432)

Einen völlig anderen Eindruck vermittelte ihm ein Atelierbesuch bei den Malern Adolf Hartmann, (433) Ernst Fritsch und Max Pechstein (434) von der Berliner Hochschule für Bildende Künste. Hartmann hatte Koelle eingeladen und machte ihn mit den anderen bekannt. „Pechstein ist 71 und sieht gut aus. Er zeigte mir seine Bilder." Darunter befand sich auf der Staffelei das Bildnis einer Schwarzen, von dem der Bildhauer annahm, das es aus den zwanziger Jahren stammte. Pechstein klärte ihn auf, daß es sein neuestes Bild von 1952 sei. „Ich hatte kein Wort mehr." Koelle befand, daß alle drei Maler „leicht zum Realismus" neigten. „Ich sagte ... daß ich keine weitere[n] Entwicklungsmöglichkeiten in der abstrakten Kunst mehr sehe, so wenig wie im Realismus, aber der Weg der Abstrakten war nicht umsonst um zu einem neuen Realismus zu kommen, so wenig wie der Weg der Realisten [umsonst war]. Aus beiden Extremen muß sich der neue Realismus entwickeln. Und das bemerkte ich in diesen Arbeiten, und das gaben sie zu. Hartmann sagte, von den Abstrakten will er nichts wissen, er ist kein Abstrakter." (435)

Koelle, der bisher größten Wert darauf gelegt hatte, als „realistischer Arbeiterdarsteller" anerkannt zu werden, distanzierte sich nun von dieser Position. „Ist es nicht bedenklich, dieser Schritt zurück zur Natur und zur realistischen Gestaltung?" Der Bildhauer hatte sich auf den Pfad des „neuen Realismus" begeben, ohne ein künstlerisches Konzept der bildnerischen Umsetzung entwickelt zu haben. Den Begriff des „sozialistischen Realismus" vermied er konsequent. Es ist anzunehmen, daß er weder mit der einen noch der anderen Formulierung eine konkrete Vorstellung verbinden konnte. Denn das Fazit seiner kunsttheoretischen Erläuterungen war: „Ich stelle ... fest, daß wir einen geraden Weg gingen und die anderen Kollegen paßten sich der jeweiligen Richtung an." Als logische Konsequenz darauf nahm der Bildhauer an, „werden wir ... aus der Versenkung geholt, feiern wir noch Auferstehung." (436) In diesem Sinn bestärkte er auch seine Frau, die zu dem Zeitpunkt eine Ausstellung ihrer Bilder in München im Pavillon des Alten Botanischen Gartens zeigte. Er freute sich, ihren Namen wie in alten Zeiten in den Kritiken zu lesen, und der Titel eines Artikels „Treue zur Person" gefiel ihm besonders. Bei Elisabeth Koelle-Karmann traf diese Beurteilung wirklich zu.

Koelle war das Glück einer eigenen Ausstellungstätigkeit nicht vergönnt, darum nahm er mit Besuchen der jeweiligen Präsentationen in Berlin vorlieb. Er sah die zweiteilige Leonardo-da-Vinci-Schau im Schloß Charlottenburg und in der Deutschen Kunst-Akademie an, und über die beiden großen Musiker-Ausstellungen über Bach und Beethoven im Kaiser-Friedrich-Museum geriet er förmlich ins Schwärmen. Folgender Gefühlsausbruch nach Besuch der Bach-Ausstellung belegt das Urteil seiner Schüler, die ihn als „lebensvollen, sinnesfrohen, barocken Menschen" (437) erlebten: „Ich war ergriffen und erschüttert. Man sah sein ganzes Lebenswerk in Noten und in Ton, man hörte einen Teil der Matthäus-Passion, und viele andere hervorragende Werke, erstklassig vorgetragen ... Eine Orgel war ausgestellt, die er selbst spielte. Das war nicht nur eine interessante ... sondern eine lebendige Ausstellung, nirgends ein toter Punkt. Diese Ausstellung kannte keine Sektorengrenze". (438) Koelle hielt sich fast sechs Stunden in der Bach-Ausstellung auf. Ähnlich erging es ihm in der Beethoven-Ausstellung, die nach einem ähnlichen didaktischen Konzept aufgebaut war: „Es wurden Auszüge aus seinem ganzen Schaffen vorgetragen, gespielt, mich überlief es." (439)

Die Leonardo-da-Vinci-Schau im Charlottenburger Schloß suchte er nochmals mit seinen Studenten auf. Den Höhepunkt der Führung aber bildete das Reiterstandbild des „Großen Kurfürsten" von Andreas Schlüter, „vor dem Schloß ... schön und herrlich aufgestellt, man kann rund herumgehen." (440) Genau das tat Koelle bei seiner Führung auch. „Er rannte immer wieder um das Standbild herum, temperamentvoll wie er war. Er selbst war begeistert von der Dynamik des Pferdes, der wehenden Mähne und dem fliehenden Schweif und den bewegten angeketteten Sklaven und konnte das rüberbringen und uns auch begeistern", erinnerte sich Jürgen von Woyski (441). Für Gerhard Thieme strahlte sein Lehrer „eine dynamische Ruhe aus. Bei Führungen, wie beim ‚Großen Kurfürsten', (Abb. 76) brach es explosiv aus ihm hervor." (442) Werner Rosenthal weiß, daß „Fritz Koelle stets Achtung vorm Detail hatte, zum Beispiel bei Faltenkompositionen". Davon wiesen die Gewänder der einzelnen Figuren dieses Denkmalensembles unzählige Beispiele auf, und ebenso viele Details fanden sich bei den vier Sklaven-Plastiken, dem Kurfürsten mit seinem reliefgeschmückten Brustpanzer auf seinem Pferd und den vielfältigen Relieftafeln, die den Standsockel des Reiters zieren. (443) „Für Koelle war die Plastik zwölfmal am Tag eine andere, durch Licht- und Schatteneinfall", wußte Rosenthal zu berichten. (444)

Die gleiche emotionale (aber völlig unkritische) Begeisterung brachte der Künstler für den siebenstündigen 1.-Mai-Aufmarsch 1952 auf, als ihn sein Kollege Heinrich Drake am Hotel abholte und sie im Abschnitt ihrer Schule mitmarschierten, „geschlossen in 18er Reihen zum Marx-Engels-Platz (Schloßplatz, Lustgarten), wo man vor Pieck und Grotewohl vorbeimarschierte. Ich muß sagen, diese Fahnen und Musik und Ausschmückung der Straßen, auch sehr malerisch. So etwas sah ich in meinem Leben noch nicht, es hinterließ mir einen tiefen Eindruck. Eine Demonstration für Friede und Einheit. Eine spontane Begeisterung als die Massen aus Westberlin marschierten, das waren Tausende, das war nicht so harmlos, wie es die SZ in München berichtet, das gibt zum Nachdenken Anlaß." (445)

Zwei Phänomene werden deutlich: das kollektive Verdrängen der unmittelbaren Vergangenheit aus dem Gedächtnis und die Beherrschung der Masse mit derartigen emotionsgeladenen Inszenierungen. (446) Koelle als gefühlsgesteuerter Mensch schwamm mit diesem Strom. Sein Glaube an Frieden und die deutsche Einheit entsprang einer ehrlichen Empfindung, so wie bei vielen seiner Kollegen: „Pechstein und Fritsch sagten auch, daß es zur Einheit kommt u. zwar dieses Jahr." (447)

Daß die zunehmende Einflußnahme der Russen auf das gesellschaftliche Leben der DDR aber dagegen sprechen könnte, kam Koelle in seiner Begeisterung für die Russen nicht in den Sinn. Darum nahm er auch nicht wahr, daß eine Einladung seiner Person nach Moskau seiner künstlerischen Orientierung am sozialistischen Realismus diente und er als einer der Multiplikatoren vorgesehen war und daß es keine Belohnung für das erfolgreiche Abschneiden seines Schülers war, wie Koelle annahm. „Thieme erhielt gestern als Erster von der Schule eine Auszeichnung für besondere Leistungen mit Urkunde überreicht, und ich erhielt als Erster und Einziger von der Schule vom Ministerium für Kunst der UdSSR eine Einladung nach Moskau, auf Vorschlag der Staatl. Kunstkommission." (448)

In einer der vorbereitenden Sitzungen zur Dritten Deutschen Kunstausstellung in Dresden in Anwesenheit des Leiters der StaKuKo, Helmut Holtzhauer, schlug Koelle vor, während dieser Ausstellung einen Saal mit „älteren Meistern" wie Menzel, Liebermann und Adolf von Hildebrandt einzurichten, „damit die Jugend vor allem sieht, was man in der DDR will." (449) Mit diesem Vorschlag stieß Koelle bei seinen Kollegen aber auf wenig Zustimmung, eine derartige Rückwärtsgewandtheit hatten sie von ihm nicht erwartet und wollten sie sich auch nicht vorschreiben lassen. „Da ging's los, der Krämer [Cremer] wehrte sich, es kam keine Einigung zustande, auch die Maler, das sind so Leute. Aber Holtzhauer freute sich und die Museumsleute. Dieser Punkt wird das nächste Mal nochmals besprochen." (450)

Bei einer Versammlung der gesamten Bildhauerschaft der DDR zur Planung des Großbauprojekts Stalinallee, in der Tausende von Wohneinheiten errichtet werden sollten, lehnte Koelle sowohl die Leitung als auch seine Mitarbeit ab, denn er wähnte sich immer noch in dem Glauben, die Figuren für die Universität ausführen zu können. Seine Modelle wollte er für die Dresdner Ausstellung 1953 in Bronze gießen lassen, denn für die Plastiken rechnete er sich bessere Chancen nach deren positiver Rezeption aus, als die Ablehnung seiner Figur „Der erste Mann vom Hochofen" für die westdeutsche Kunstausstellung „Eisen und Stahl" 1952 im Ehrenhof in Düsseldorf.

Bereits der Titel „Die ‚Kunst' des wiedererstehenden deutschen Imperialismus" von Alexander Abuschs Aufsatz im „Neuen Deutschland" läßt den Blickwinkel erkennen, unter dem diese Düsseldorfer Präsentation im Osten gesehen werden sollte. Die Ausstellung war in drei Sparten, A, B und C, aufgeteilt. Unter A fanden sich Portraitgemälde und -büsten der maßgeblichen Persönlichkeiten der Stahlindustrie, die Abusch als „Verherrlichung der Kriegsverbrecher" kennzeichnete. In der Abteilung B waren die 540 Werke, die die Jury, der unter anderem Erich Heckel und Gerhard Marcks angehörten, aus den 4000 Einsendungen ausgewählt hatten. Abusch konstatierte, daß in der Jury „offenbar die Anhänger der abstrakten und formalistischen Schule, die kosmopolitische Richtung vorherrschend [waren]. Sie traf ihre Auswahl ganz im Sinne der amerikanischen Zersetzung unserer Kunst, unter Ablehnung jeder realistischen Malerei, die in der großen nationalen Tradition unserer deutschen Kunst wurzelt."

In der Abteilung C, der juryfreien Ausstellung, die die Berufsverbände der Künstler nach der Beschränkung auf 540 zugelassene Kunstwerke erstritt, stieß man laut Abusch „auf die Endstufe der formalistischen Auflösung in der Kunst: Nachahmer von Klee und Feininger, Surrealisten, Konstruktivisten, ganz Abstrakte – bis schließlich verrostetes Eisengestänge als ‚Eisenplastik' dargeboten wird."

Abusch fand auf der anderen Seite aber auch „eine Reihe ernsthafter Versuche realistischer Menschengestaltung ... selbstbewußter Arbeiter", die von der Jury abgelehnt worden waren. „Diesem Schicksal erlag auch die Plastik ‚Der erste Mann vom Hochofen' von Professor Koelle, der den Besuchern der Berliner Ausstellung ‚Künstler schaffen für den Frieden' gut bekannt ist." (451) Abusch scheint sich mit Koelles Werk im Dritten Reich nicht auseinandergesetzt zu haben, sonst hätte er die 1937 geschaffene Plastik des Hochofenarbeiters sicherlich in seine Kategorie der „berüchtigten Vertreter der Nazikunst" eingeordnet. Stattdessen spricht es für die eher fortschrittliche Sichtweise der Preisrichter, daß sie Koelles Hochofenarbeiter ausjurierten und die kubistischkonstruktivistische Plastik „Stahlarbeiter" von Walter Englert (452) aufnahmen, die Alexander Abusch als „gesichtlosen gepanzerten Roboter" beurteilte.

Abusch konnte in der Ausstellung aber auch westdeutsche Künstler ausmachen, die sich mit ihren gesunden künstlerischen Kräften „für die Entwicklung des Realismus in der bildenden Kunst" einsetzten, sich „gegen die Entmenschlichung und Entseelung der Kunst durch den wiedererstehenden deutschen Imperialismus zur Wehr" setzten und sich auf die „große Tradition der Menschengestaltung eines Adolf Menzel, wie sie sich in seinem Gemälde ‚Eisenwalzwerk' ... offenbart", besannen.

In diesem Punkt deckten sich Abuschs (453) und Koelles Kunstverständnis von der Gestaltung des „neuen Menschen" und ihre Überzeugung von der Beispielfunktion der „alten Meister" auf die Künstler zur Verwirklichung dieser Intention. Und in missionarischem Eifer plädierte Abusch dafür, nur „wahrhaft gestaltete, national verwurzelte Kunstwerke" zu gestalten. „Die III. Deutsche Kunstausstellung in Dresden im Herbst wird zeigen, daß eine deutsche Kunst, die der Ausdruck der Wirklichkeit und Wahrheit sein will, in unserer Deutschen Demokratischen Republik für das ganze unteilbare Deutschland gepflegt und gefördert wird." (454) Einen Beweis für diese wahre Kunst wollte Koelle mit seinen Plastiken für die Humboldt-Universität auf dieser Ausstellung in Dresden erbringen, denn auf der II. Deutschen Kunstausstellung 1949 war er mit seinen Werken nicht vertreten.

Vom 7. bis 9. Juni 1952 fand der II. Kongreß des Verbandes der Bildenden Künstler im Plenarsaal der Deutschen Akademie der Künste statt. Der Verband, der bisher dem Kulturbund als Gliederorganisation angeschlossen war und am 1.4.1952 selbständig wurde, konstituierte sich auf diesem Kongreß zu einer eigenständigen Organisation mit Fritz Dähn als Präsident. Herbert Gute wurde Generalsekretär, und Arno Krewerth hatte die Funktion des geschäftsführenden Sekretärs inne. Weiterhin wurden die Satzung des Verbandes, die Arbeitsrichtlinien und der Name „Verband Bildender Künstler Deutschlands (VBKD)" festgelegt.

Koelle war zur Teilnahme verpflichtet worden und berichtete unter anderem vom Begleitprogramm dieses Kongresses: Man ging „gemeinsam zum Russendenkmal nach Treptow, eine riesige Anlage, es wurden zehn Kränze niedergelegt, ich legte den Kranz der SED nieder, der Partei. Von dort fuhr man zur Stalinallee und besichtigte die wichtigsten Bauabschnitte, ich war auch auf so einem Hochhaus mit 12 Stockwerken (Wohnhaus) und besichtigte auch eine der vielen Wohnungen, die schon alle bewohnt sind." (455) Als Gäste waren Vertreter ausländischer Künstlerorganisationen, Otto Grotewohl, Paul Wandel und Helmut Holtzhauer geladen. In seiner Ansprache bezeichnete Holtzhauer laut Koelle dessen Entwurf für die Figuren der Humboldt-Universität als vorbildlich, ebenso hob er Arbeiten von Max Lingner und Gustav Seitz positiv hervor.

Koelle traf auf dem Kongreß auch Alexander Abusch, der ihm zusicherte, in der Presse weiterhin positiv über den Bildhauer zu berichten. Er erzählte ihm auch, daß Walter Ulbricht der „Friedenskämpfer" gut gefallen habe, was Koelle erstaunte, denn er hatte die Anwesenheit Ulbrichts vor seiner Plastik am Eröffnungstag der Ausstellung anhand eines Fotos gegenteilig gedeutet.

Unmittelbar nach Beendigung des Kongresses des VBKD befaßte sich Koelle mit den Vorbereitungen für die Moskaureise. Von der Kunstkommission wurde er „beauftragt, kleine Geschenke zu kaufen, weil ich dafür Meißner Porzellan vorschlug". (456) Dafür erhielt der Künstler einen

Betrag von 500 Mark, von dem er „so kleine Drachenmuster-Vasen" und 20 Bücher über den Bamberger und den Naumburger Dom „mit sehr schönen Aufnahmen, wie wir haben", als Gastgeschenke kaufte.

Maria Rentmeister, die stellvertretende Vorsitzende der Staatlichen Kommission für Kunstangelegenheiten, die die Reise nach Moskau organisierte, machte Koelle darauf aufmerksam, daß der Künstler „für Empfänge einen dunklen Anzug, womöglich einen Frack oder Smoking mitnehmen" müßte, worauf er antwortete: „so etwas hab' ich noch nie gehabt, so wenig wie einen Zylinderhut auf dem Kopf." (458) Koelle hatte allerdings einen Anzug zur Anfertigung in Auftrag gegeben, den er aber erst 1953 erhalten sollte, da der Stoff nicht früher geliefert werden konnte. Er beklagte sich kurz vor seiner Reise über die wirtschaftliche und politische Situation: „Der Ost-West-Handel und umgekehrt an den Bahnhöfen hat aufgehört, man bekommt keine Westmark mehr." (459) „Die Lage hier spitzt sich zu, man kann nicht mehr nach dem Westsektor telefonieren, auch nicht mehr hinüber, bei Kontrollen im Westen werden den Ostberlinern die Pässe abgenommen." (460) Professor Heinrich Ehmsen hatte seinen Wohnsitz von Westberlin nach Pankow in Ostberlin verlegt, um den Transitschwierigkeiten zu entgehen. Dort waren Fritz Koelle und Adolf Hartmann zum Abendessen eingeladen.

Am Abend des 16. Juni 1952 traf sich die Bildhauerdelegation, bestehend aus Fritz Cremer, René Graetz, Waldemar Grzimek, Ruthild Hahne, Koelles Schüler Walter Howard, (461) Fritz Koelle und Gustav Seitz, vor ihrem Flug in die Sowjetunion mit Mitgliedern der Kunstkommission zu einem gemeinsamen Abendessen in einem Hotel am Flughafen, von dem aus am 17. Juni in der Frühe der Abflug nach Moskau erfolgte.

In Moskau und Leningrad erwartete die Bildhauer ein breit gefächertes Programm von Akademie-, Atelier- und Museumsbesuchen. Ihnen wurden alle bedeutenden Denkmäler in Moskau und Leningrad gezeigt: Sie besuchten das Surikow-Institut in Moskau, (462) das Repin-Institut in Leningrad, (463) die Tretjakow-Galerie, das Russische Museum in Leningrad und die Eremitage. Industriebetriebe wurden aufgesucht, um die Kooperation zwischen Kunststudenten und Arbeitern aufzuzeigen.

Die Studenten hatten Patenschaften übernommen und leiteten künstlerische Laienzirkel. Bei diesen Betriebsbesichtigungen fand Fritz Koelle auch die Bestätigung der Russen für seine Unterrichtsmethode, denn die Vermittlung des persönlichen Erlebnisses des Studenten vor Ort war sein wichtigstes didaktisch-methodisches Prinzip, das der Bildhauer in einer Rede am 28. Juni in der Moskauer Akademie wie folgt kundtat:

„Um zu einer neuen realistischen Kunst zu gelangen, zu einer überzeugenden Kunst, zu einer Kunst unserer Zeit, bemühe ich mich, meine Schüler immer auf Erlebnisse aufmerksam zu machen, die wir auf der Strasse, in den Betrieben, auf den Eisen- und Stahlwerken, in den Bergwerken, kurz unter den Werktätigen erleben! Wir suchen Betriebe auf, wo wir nach dem Leben, nach der Bewegung zeichnen, und plastische Studien machen. Ich mache meine Schüler aufmerksam, auf schöne Bewegungen, auf schöne Linien, ich bemühe mich, Begeisterung für die Arbeiter und für die eigene Arbeit zu erwecken, kurz gesagt, ich versuche einen lebendigen Kontakt herzustellen, zwischen Schülern und Arbeitern, so daß sie mit Freude und Begeisterung das Erlebte zeichnen und plastisch gestalten. Wir beobachten die Arbeiter nicht nur bei der Arbeit, wir führen Unterhaltungen mit ihnen, wir begleiten sie zur Arbeit, machen mit ihnen Schichtwechsel, wir essen mit ihnen in der Kantine zu Mittag und so beobachte ich, daß meine Schüler, das Erlebte a u s   Ü b e r z e u g u n g gestalten. Der gesellschaftliche Unterricht ist mir dabei sehr nützlich, in welchem die jungen Leute hören, wie der Arbeiter unter dem kapitalistischen System ausgenützt wurde.

Bei der Gestaltung eines wirklichen Erlebnisses, legen wir in erster Linie den größten Wert auf die Komposition, auf eine plastische Gestaltung, auf große überzeugende monumentale Linien und Formen, die wir in der weiteren Gestaltung durch Details beleben, wenn die Details zur weiteren Gestaltung der großen Form beitragen. Die Details müssen sich unterordnen, sie müssen sich organisch aus der großen Form entwickeln, sie müssen immer Verbindung haben mit der großen Form, ohne daß diese darunter leidet, es müssen eben gute Übergänge gefunden werden, von einer Form zur anderen Form.

Ich verweise auf die Architektur jüngst vergangener Zeiten, phantasiearme, leere, gerade Linien, ohne jegliches Gesims oder Profil, ohne plastischen Schmuck. Diese Architektur, dieser Verzicht verrät aber nur ein Nichtkönnen und heute sehen wir es, erleben wir es, an unseren Neubauten, wie schwer es ist, Profile und Gesimse an einer Architektur unterzubringen, ohne daß seine Monumentalität leidet.

Wie monumental wirkt zum Beispiel der Barockbau der Münchener Theatinerkirche mit seinen reichen Gesimsen, die seine Monumentalität keineswegs zertrümmert, sondern nur noch weiter steigert und bereichert. Ich kenne keinen modernen Bau, auch keine moderne Plastik, die durch Verzicht auf Details zu einer größeren Monumentalität gelangte. Ich mußte immer das Gegenteil feststellen. Wie sauber und erhebend steht dagegen das neu erbaute Rathaus in Moskau, in seiner monumentalen Erscheinung, durch seine vorbildliche, geistvolle Aufteilung und Gliederung da.

Es darf in der Plastik nicht soweit kommen, daß die Oberfläche durch eine Manier belebt werden muß oder durch eine künstlich erzeugte Rauhigkeit oder gar ein wild gewordenes Modellierholz, aber auch nicht durch einen Wust leerer Formen und Linien. Die Belebung der Oberfläche muß durch überzeugende Linien und Formen erfolgen, die sich organisch der großen Form unterordnen und nur so kann ein harmonischer Formenklang entstehen.

Den Hauptwert bei einem Kunstwerk lege ich auf das Erlebnis, daß das Erlebnis a u s t i e f s t e r   Ü b e r z e u g u n g gestaltet wird, dann auf seine Komposition, auf die plastische Gestaltung in seiner Gesamterscheinung, denn, wenn ich eine gute Plastik in Verbindung mit Architektur aus der Ferne sehe, interessiert mich zuerst Linie und Form in seiner Gesamterscheinung und wenn ich näher komme, seine weitere Gestaltung und dann erst der Inhalt das Thema. Der plastische Schmuck einer Architektur muß Verbindung haben in Linie und Form und e i n e B e k r ö n u n g der Architektur bilden. Das große Kunstwerk interessiert uns immer zuerst in seiner Gestaltung, wie zum Beispiel die ‚Alexanderschlacht' von Altdorfer, dieses Bild schätzen wir bestimmt nicht wegen der Darstellung dieser Schlacht sondern nur allein wegen seiner Gestaltung, die bis ins kleinste Detail malerisch durchgeführt ist.

Nehmen wir eine Portraitstudie, ein Denkmal auf einem großen Platz, erst interessiert uns das Denkmal in seiner Anordnung auf dem Platz, dann in seiner Gesamterscheinung, in seiner plastischen Gestaltung, und dann erst, wer der Dargestellte ist. Ich will damit beweisen, daß es gar nicht erforderlich ist, den Dargestellten zu kennen, aber ich finde es ganz selbstverständlich, daß ein Bildnis mehr als nur ähnlich ist. Die Gesamterscheinung in seiner plastischen Gestaltung, zieht den Beschauer an, niemals eine peinliche Naturnähe oder gar ein Wust l e e r e r L i n i e n u n d   F o r m e n, das ja auch nur Formalismus ist." (464)

Im Anschluß an diesen Vortrag schrieb Koelle seiner Frau aus Moskau mit Stolz: „nachmittags in der Akademie (Moskau) eingeladen und denkt Euch, da hab ich gesprochen. ... Der Präsident sagte ‚Ihre Arbeiten sind uns sehr bekannt, die kennen wir aus Büchern, Sie haben ja einen großen Namen' ... bis heute morgen saßen wir beisammen ... und da sagte Seitz, ‚Koelle, Dich, wenn wir nicht gehabt hätten, Du hast uns herausgerissen.'" (465)

An diesem Diskussionsabend in der Akademie der Künste in Moskau, zu dem der Präsident der Akademie, Alexander Gerassimow, geladen hatte und an dem auch die Bildhauerin Vera Muchina (466) und der Bildhauer Matvej Genrichovic Manizer, (467) der Kunstkritiker Nedoschiwin und der Kunsthistoriker Wladimir Kemenow, der kurz zuvor noch in Berlin gewesen war, teilnahmen, ging es vordergründig um die Position des Künstlers und seiner Arbeit im Prozeß des Friedenskampfes und um „die besten Methoden der Koordinierung des Kampfes um die Erhaltung des Friedens und die Einheit in Deutschland." (468) Im Gespräch um die Funktion der deutschen Kunsttradition hob Kemenow die große Bedeutung der Plastiken im Naumburger Dom hervor, die Fritz Koelle mit seinen trefflich ausgewählten Gastgeschenken anschaulich belegen konnte. Alexander Gerassimow vertrat die liberal klingende Auffassung, daß jeder Künstler, der sich aktiv für die Gestaltung des Friedens einsetze, selbst wenn er kein Vertreter der realistischen Kunst sei, als fortschrittlich zu bewerten und sein Werk zu schätzen sei.

Die Bildhauer aus Deutschland konnten ihre Arbeiten fotografisch dokumentieren, besonders Fritz Koelle, woraus sich ein lebhafter sachlicher Meinungsaustausch entwickelte und die sowjetischen Kollegen Gestaltungsvorschläge zur Umsetzung einer realistischen Kunst unterbreiteten.

Bei den Besichtigungen der Kunsthochschulen gewannen die Bildhauer den Eindruck eines hohen handwerklichen Niveaus der Kunststudenten, das aus dem Motto resultierte, „daß nur der Meister werde, nur der den künstlerischen Ausdruck gestalten kann, der das Werkzeug und die Materie beherrscht." (469) Und in diesem Zusammenhang gestand Waldemar Grzimek seinem Kollegen Koelle diese Fähigkeit zu: „Fritz Koelle ist ein guter Modelleur." (470) Die handwerklichen Fertigkeiten ihres Lehrers und dessen Gabe, sie den Schülern zu vermitteln, schätzten diese im Nachhinein neben dem Vermögen der Naturbeobachtung und dem Talent zur Erlebnisvermittlung als größten Gewinn für ihre bildhauerische Entwicklung ein.

Die Bildhauerdelegation erfuhr, daß in den Schulen für angewandte Kunst Lehre und Praxis in engem Kontext mit den Großbauten und dem Aufbau des Kommunismus standen, so wie es von seiten der Kulturfunktionäre für die Zukunft der DDR geplant war.

Wenn sich der Wunsch des Bildhauers René Graetz nach dieser Reise erfüllen sollte, daß sich in seinem Werk und dem seiner mitreisenden Kollegen bald das widerspiegeln sollte, was sie an Erlebnissen und Erfahrungen sammelten, wären die Intentionen der Staatlichen Kommission für Kunstangelegenheiten zur Unterweisung der Bildhauer im sozialistischen Realismus erreicht. Denn der Anlaß dieser am 13.5.1952 durch das Politbüro genehmigten Studienreise war die Hoffnung, die Bildhauer fänden in der sowjetischen Kunst Anregungen und Motivation zur künstlerischen Umsetzung, um den wieder einmal aus städtebaulichen Ungeklärtheiten ins Stokken geratenen Wettbewerb zum Marx-Engels-Denkmal wieder in Gang zu bringen, was aber nicht gelang. Auf ähnlich bürokratischen Irrwegen wie das Thälmann-Denkmal wurde das von

Ludwig Engelhardt geschaffene Marx-Engels-Denkmal am 4. April 1986 (zwölf Tage vor dem Thälmann-Denkmal) von Erich Honecker eingeweiht.

Zum Zeitpunkt der Studienreise in die Sowjetunion ahnte keiner der Bildhauer diesen Werdegang. Fritz Koelle wurde als einzigem umfassende Anerkennung von den Beobachtern zuteil: „K. machte von allen den besten Eindruck. Er beteiligte sich nicht an den negativen Diskussionen, bewunderte offen die russischen und sowjetischen Kunstwerke, sagte offen und ohne Ironie, was er nicht verstand und was ihm nicht gefiel. Insbesondere nahm er gegen die Auffassung Stellung, daß die Künstler das Volk von ihrer Kunst zuerst überzeugen müßten, und erklärte, daß es umgekehrt sein müßte, denn das Volk würde sehr gut die wahre Kunst verstehen." (471) Mit diesem populistischen Standpunkt, den Koelle schon während des Dritten Reichs im Einvernehmen mit der nationalsozialistischen Kunstideologie vertreten hatte, wußte er sich auch bei den Kulturfunktionären der DDR voll akzeptiert.

Im Widerspruch zu ihnen befand er sich allerdings mit seiner in seinem Moskauer Vortrag vertretenen Auffassung der Dominanz von Form und Linie eines Kunstwerks über die inhaltliche Komponente. Dieselbe Meinung hatte er bereits Helmut Holtzhauer gegenüber in seiner Rechtfertigung seiner Plastiken für die Humboldt-Universität verfochten. Auffallend in Koelles Akademievortrag ist die Vermeidung des Begriffs des „sozialistischen Realismus", (472) den er für sich als „neuen Realismus" definierte und der nur aus dem „Erlebnis aus tiefster Überzeugung" erwachsen und gestaltet werden konnte.

Daß Koelle mit der „Gestaltung eines wirklichen Erlebnisses" – der Betonung des subjektiven inneren Erlebnisses des Künstlers – keine Klärung einer realistischen Gestaltungsfunktion, sondern einen eher expressionistischen Definitionsansatz lieferte, entsprach seiner von „Kunsttheorien unbelasteten" emotionalen Disposition. „Fritz Koelle war ein temperamentvoller Mensch, der nur emotional, nie intellektuell gesehen werden konnte", bestätigte sein Schüler Rosenthal. (473) Und auch Jürgen von Woyski befand, daß Koelle kein Theoretiker, sondern von „reinen Emotionen" geleitet war. (474) Seine plastischen Gestaltungen weisen diese emotionale Schlüssigkeit allerdings nicht auf. Diese ist lediglich in einzelnen Plastiken auszumachen, wozu sein „Bergarbeiterkind" Hanna, sein „Urahn", sein „Betender Bergmann" sowie die Gruppe „Inferno" zählen, auch wenn er damit an seine bildhauerischen Grenzen der Umsetzung von emotionaler Erschütterthheit stieß, sowie in einigen Portraits, wozu das Bildnis seiner Frau von 1930 und auch seine noch im Anschluß an die Sowjetunionreise entstandene Karl-Marx-Büste zu rechnen sind.

Auch Koelles Vortrag in Moskau weist keine kunsttheoretische Konzeption auf, sondern ist von persönlichen Empfindungen und Erlebnissen geprägt und wurde seinem Auditorium sicherlich mit viel Temperament dargeboten.

Als „Formalismus" erschienen dem Bildhauer „peinliche Naturnähe" oder „ein Wust an leeren Linien und Formen" in einer plastischen Gestaltung. Die Ablehnung der „Naturnähe" verwundert, war Koelle bisher derjenige, der das Gestalten nach der Natur stets für sich reklamierte, diese Forderung allerdings seit den dreißiger Jahren nicht mehr einlöste.

Im Anschluß an seine Sowjetunionreise fuhr Koelle direkt für zwei Monate in die Sommerferien nach München, wo er am 18.8.1952 gemeinsam mit seinem Sohn zur Beerdigung Philipp Auerbachs, der seinem Leben wegen Betrugsvorwürfen und einer anstehenden Haftstrafe mit 46 Jahren ein Ende gesetzt hatte, auf den Israelischen Friedhof an der Garchinger Straße ging. (475)

Den einzigen bildhauerischen Auftrag, den der Künstler während seines Ferienaufenthalts erhielt, war ein Portrait der Rennfahrerin Heymann, (WVZ 198) die die Plastik bereits im voraus bezahlte, ansonsten erwartete ihn in München die gleiche unfreiwillige schöpfungslose Zeit wie in Berlin.

Dorthin am 10.9.1952 zurückgekehrt, fand der Lehrer drastische Veränderungen vor. Ein Teil seiner Schüler hatte nach dreijähriger Ausbildung während seiner Abwesenheit die Diplomprüfung abgelegt und verließ seine Klasse. Frau Stam begrüßte den Professor bei seiner Ankunft und beglückwünschte ihn wegen des guten Abschneidens seiner Schüler, „und ganz besonders Rosenthal[s], er soll als bester Schüler der ganzen Schule mit <u>Auszeichnung</u> bekommen." (476) Während Koelles Präsenz in der Schule besichtigte auch Holtzhauer die Prüfungsarbeiten der Schüler und bestätigte Koelle, daß „[s]eine Abteilung die stärkste Abteilung sei, das sei auch kein Wunder. Das freute mich", gab der Lehrer zu.

Werner Rosenthal wurde zum „künstlerischen Nachwuchs" auserkoren und zum Lehrer ausgebildet und blieb somit bei seinem Professor. Er erhielt monatlich 450 Mark und ein eigenes Atelier mit Modell. Gerhard Thieme ging zur Deutschen Kunstakademie zu Fritz Cremer. Schneider, der Schüler aus Weimar, der zuerst bei Hans von Breek studiert hatte, war durchgefallen: „Er tut mir leid. Hätte er gemacht, was ich ihm immer sagte, aber nein, er machte es ohne Naturstudium, er ging nicht nach Hennigsdorf, er machte einen Akt und zog ihn dann an. Fertig war die Landarbeiterin." (477) Schneider wiederholte ein Jahr bei Koelle, der über ihn befand: „Selbst die Kollegen mögen ihn nicht", was voraussetzt, daß auch er sich diesen ablehnenden Gefühlen seinem Schüler gegenüber nicht entziehen konnte.

Dafür berichtete Koelle von einem anderen Schüler, dem das gleiche Schicksal vor der Prüfungskommission bevorstand: „ Der Schüler von der Klasse Drake bestand auch mit Note 1, aber unter lustigen Umständen. Stam sagte in der Sitzung, daß Hänschen[s] (Hans Henning heißt er, aber jeder sagt zu ihm Hänschen, weil er so groß ist, ein echter Berliner) ... Figur schlechter ist [als] Schneider[s] ... Figur, also der fällt auch durch." (478) Als Stam die Figur zehn Tage vor der Prüfung sah, vermittelte er es dem Schüler. „Jetzt haben die Berliner zusammengehalten, auch Thieme, und machten mitsammen bei Nacht die Figur, es wurde Tag und Nacht gearbeitet, denn es ist eine 3 m große Figur, und sie schafften es, und sie war gut, aber nicht von ihm." Das erzählten seine Studenten Koelle, als sie ihn „recht zufrieden und glücklich" über die Ergebnisse in seinem Atelier besuchten. Stam dürfe davon aber nichts erfahren. Koelle argumentierte danach: „Das ist Kameradschaft, Hänschen ist ein ruhiger und beliebter Schüler, alles freute sich für [ihn]." Diese Kameradschaft, die er jetzt so bewunderte, weil er sie wohl selber nie erlebt hatte, hatte er am Anfang noch unterbinden wollen, als er die Freundschaften der beiden Klassen untereinander gewahrte.

Mit dem Weggang seiner diplomierten Schüler erhielt Koelle gleich neue „3 junge Leute und ein Mädchen, sie sind so 20 Jahre ..." (479) Auffallend in Koelles Berichten über seine Kontakte zu seinen Schülern ist, daß es sich immer um die gleichen ausgewählten Männer handelt, daß die Schülerinnen kaum Erwähnung finden und daß er sie auch für nicht sehr fähig hielt, wie er es bei ihrer Übernahme formulierte. (480) Dennoch wurde Koelles Erziehungserfolg bei seinen Schülern überall anerkannt, vom Rektor seiner Schule, vom Ministerium und vor allem von seinen Schülern selbst.

Dabei mußte Koelle die Diskrepanz in seiner eigenen pädagogischen Kompetenz erkennen. Sein Sohn Fritz war fest entschlossen, mit fast zwanzig Jahren die Schule ein Jahr vor dem Abitur zu verlassen, um selbständig zu werden. Die väterlichen Ratschläge und Erziehungsversuche blieben erfolglos. „Es tut mir so leid, daß ich Dir nicht helfen kann, und anderen, fremden jungen Leuten soll ich ein guter Meister sein. Ein guter Lehrer, und Dir lieber Fritzl möchte ich halt auch helfen." (481) Der Vater merkte sehr deutlich, daß der Sohn seinem Erziehungseinfluß, dem der Junior nach eigenen Angaben in einer wichtigen Zeit viel zu selten ausgesetzt war, entglitt und er seiner Alibifunktion für weitere eheliche Trennung zwischen München und Berlin verlustig ging. Denn der Sohn sollte bis zu diesem Zeitpunkt und darüber hinaus in Koelles Vorstellungen der Mutter immer „ein guter Kamerad und Beschützer sein", wobei sich der Sohn mit dieser Rollenfunktion in seinem Alter allerdings nicht identifizieren konnte.

Nach der Entscheidung des Sohnes, nach Augsburg zu gehen, merkt man Koelles Briefen seine Besorgnis und seine Empfindungen für seine Frau deutlich an. „Wie verlief die erste Nacht allein, ich war immer in Gedanken mit Dir. Hast doch das Licht brennen lassen. Es kann Dir ja nichts passieren, ich bin immer mit Dir. Hab nochmals herzlichen Dank für all Deine Liebe ... Deine Liebe nimmt kein Ende, ich bewundere Dich, wie lieb hast Du mir alles gemacht in unserem Haus ... den Reisauflauf." (482) Nach heutiger Einschätzung des Sohnes war Elisabeth Koelle-Karmann „eine für sein [Koelles] Lebensgefühl wichtige, unentbehrliche Frau in Geiselgasteig, die sich allerdings mit ihrem eigenen Leben sehr gut arrangiert hatte, seine Anweisungen aber alle umsetzte, die ihr Mann ihr gab." Sie trug auch die subjektive Interpretation ihres Mannes mit, daß dem Umfeld mitgeteilt wurde, „daß Fritzl entlassen wurde aus der Schule, wegen mir, wegen der Ostzone. Das ist ja nur eine Ehrung." (483)

Koelle fand nicht nur eine neue Klasse vor bei seiner Rückkehr, sondern er mußte sich auch auf einen neuen Rektor in Berlin-Weißensee einstellen. „Frau Engel (484) erzählte mir heute, daß Stam weg käme, ist mir nicht recht." (485) „Nun, das geht mich nichts an. Aber die Frau Engel hat mir das genau schon so gesagt ... daß der Laux an die Schule kommt. Was wird der alles bringen. Da wird man seine Stunden alle absitzen müssen." (486) Koelles größte Sorge war, daß er die großzügige Behandlung seiner Person und seinen freiheitlichen Weststatus, den er bei Stam genoß, verlor, nicht aber der Verlust eines ihn stets unterstützenden, wohlwollenden, liberal handelnden Menschen, der mit seiner positiven Verstärkung maßgeblich zur Entwicklung eines pädagogischen Selbstbewußtseins bei Koelle beigetragen hatte.

Für den Bildhauer standen die Schuldigen und der Grund für Mart Stams Entlassung fest: „Das ist natürlich das Werk von Holtzhauer und Dähn. Stam hörte mal auf den, dann auf den anderen, er liebäugelte natürlich auch mehr mit dem Formalismus." (487) Diese Tatsache erschien Koelle für eine Entlassung gerechtfertigt. „Ich mach halt meine Schule weiter, mit mir ist man zufrieden, aber es werden viele gehen müssen." (488) Als der Bildhauer dem neuen Rektor seinen Arbeitsplan vorlegte, „hat sich [dieser] etwas recht stark gemacht. Was Stam machte, war nichts, das ist ja klar, das wußte ich zuvor ... jetzt wird es halt eine große Reinigung geben." (489)

Koelle sollte recht behalten. Am 22. September erhielt Mart Stam Hausverbot, (490) und nach Stams Weggang verließen auch die Maler Edmund Kersting, Horst Strempel und Hans Tombrock die Schule. „Frau Prof. Tilk-Leuf, eine gute Freundin Stams, ist nach England geflogen und hat verschiedene Erfindungen der Textilindustrie mitgenommen. Es ist unerhört. Sie genoß überall größtes Vertrauen. Ich hatte dieser Person nie getraut, aber da hätte ich mal was sagen sollen." (491)

Noch genoß Koelle Werner Laux' (492) Anerkennung. In der Dozentenversammlung am 2. November berichtete er über die Hochschuldirektorenversammlung der DDR in Berlin, „da wurden drei hervorragende, vorbildliche Kunsterzieher erwähnt ... an erster Stelle ich, dann Prof. Lingner und noch ein Architekt. Von der ganzen DDR. Ja, das ist ganz nett, aber der Nationalpreis wäre mir lieber." (493) Koelle wurde auch für „würdig empfunden", am „Tag der Republik", einem großen Feiertag in der DDR (7. Oktober), einen Kranz niederzulegen. „Das hab ich, wie es scheint, gut gemacht." (494) Oder die anderen Kollegen waren nicht so angetan von derartigen politischen Kulthandlungen, denn Koelle zeigte sich sehr begeisterungsfähig für solche machtpolitischen Zeremonien.

Auch machte Laux dem Bildhauer wiederholt die Akademie schmackhaft, „ich müßte mehr zu meiner Arbeit kommen usw. ... Das wäre für mich zu viel Kleinarbeit hier an der Schule. Recht hat er, aber schaue dahinter. Mir ist es gleich." (495) Als Koelle erfuhr, daß die beiden Bildhauer Walter Arnold und Will Lammert Mitglieder der Deutschen Akademie der Künste wurden, fühlte er sich übergangen und tat diese Empfindung im Ministerium kund: „Es ist doch unerhört, ich sagte, ich mag nicht mehr, ich gehe ... Das wollten sie aber ernstlich nicht." (496)

Als dann noch ein Moskauer Kollege in Koelles Klasse die Schülerarbeiten kritisierte, weil sie nicht richtig ausgestaltet seien, „also nicht glatt sind", brach es aus ihm heraus: „Es ist zum Kotzen", (497) und er wies seine Frau in all seinen weiteren Briefen an, bei Hoegners und Hundhammers zu liebdienern, besonders nachdem wieder Versprechen zu einem Atelierhaus nicht eingelöst werden konnten. Rudolf Böhm nahm sich der Angelegenheit persönlich an und machte mit Koelle die Hausbesichtigungen. Die ersten Vorschläge lehnte Koelle ab, aber als sie nach Pankow kamen, „so ähnlich wie Harlaching [in München], wo Hess wohnte, sehr schön. Minister Wandel usw. wohnen dort", (498) und der Bildhauer die beiden in Frage kommenden Villen sah und erfuhr, daß Heinrich Ehmsen nur zwei Häuser weiter wohnte, war sein Interesse voll geweckt. Aber beide Häuser, die monatelang leergestanden hatten, waren jetzt seit 14 Tagen bezogen, was einmal mehr den desolaten Zustand der Verwaltungsbehörden in der DDR bewies. Auch beschwerte sich Koelle, daß man ihm seine Modelle nicht bezahlte, weder den Gipsguß, geschweige denn die Bronzegüsse, die er zum Beispiel für die Humbodt-Universität angefertigt hatte; eine Entscheidung über ihre dortige Aufstellung war immer noch nicht gefallen, nun wollte die Universität sie selbst treffen.

Selbst auf die Wiederaufstellung seines „Bergarbeiters vor der Einfahrt", der ehemals vor der Nationalgalerie gestanden hatte, wartete er vergeblich. Sein erster Besuch dort erbrachte nur den Verkauf einer Fotopostkarte dieser Plastik an der Kasse. Auch bei seinen weiteren Visiten traf er Ludwig Justi, der seit 1946 als Generaldirektor der Staatlichen Museen zu Berlin (Ost) wieder eingesetzt war, (vgl. Anmerkung II-184) nicht an. Er erfuhr aber, daß sein „Bergarbeiter" seit einem halben Jahr im „Schloß in Niederschönhausen ... bei Präsident W. Pieck im Park [steht] und der große Denker von Rodin, da stünde er ja in guter Gesellschaft. Er wäre mir ja in der Nationalgalerie lieber, und Justi gab ihn nicht gern her, er wollte ihn aufstellen." (499) Koelle befand sich in einem Zwiespalt, ob er ihn bei Pieck belassen oder eine Aufstellung in der Nationalgalerie anstreben sollte.

Weiter waren in Besitz der Nationalgalerie das „Kälbchen" und das „Fohlen" sowie ein „Bildnis eines Bergarbeiters ..., der Kopf von der Figur des Bergarbeiters von der Gewerkschaft in München. Wie der Kopf in schlechte[m] Abguß und mit meinem Namen versehen, dort hinkommt, ist mir noch unklar ... Er ist unter dem Namen ‚Koelle Georg Fritz' eingetragen." (500)

Während der Bildhauer dieser Angelegenheit auf den Grund gehen wollte, kam er dem nächsten Fall eines nicht lizensierten Abgusses einer seiner Plastiken auf die Spur. Im „Neuen Deutschland" las der Künstler, daß die VVN Bayern „dem großen deutschen Dichter Thomas Mann den Abguß einer Statue des Bildhauers Kölle, die einen KZ-Häftling darstellt", überreichte. Mit der Plastik war ein Brief an Mann verbunden, der „auf die ernste politische Entwicklung in Westdeutschland, auf die erneute Tätigkeit von faschistischen Fememord-Organisationen und auf den Kampf der fortschrittlichen demokratischen Kräfte für die Erhaltung des Friedens" hinwies. (501) Koelle wandte sich empört über diesen Fall von Plagiat an die Berliner VVN und beabsichtigte auch, sich in München bei Willi Cronauer beim Bayerischen Staatsministerium für Unterricht und Kultus zu beschweren.

Über den Verbleib zweier weiterer großer Arbeiterplastiken erhielt der Bildhauer vom Direktor des Staatlichen Lindenau-Museums in Altenberg in Thüringen, Hanns-Conon von der Gabelentz, Nachricht. Dabei handelte es sich um den „Blockwalzer" von 1931 und den „Betenden Bergmann" von 1934 aus dem Besitz Rudolf Schwarz', von dessen Grundstück in Greitz/Dölau sie dem Museum 1952 von der Landesverwaltung für Kunstangelegenheiten übergeben worden waren. (Vgl. Anmerkung 162) Die Bronzeplastiken „sollen am Parkeingang aufgestellt werden. (502) Für die Terrasse soll eine weitere Figur – die ‚den Arbeiter unserer Zeit verkörpert' – erworben werden." (503)

Koelle beabsichtigte, den Bergarbeiter für die Humboldt-Universität in einer Höhe von 1,50 m zu gestalten, worauf von der Gabelentz dem Künstler antwortete, daß sich an dem Ankauf der „hervorragend geeigneten Plastik", deren Preis der Bildhauer auf 30 000 Mark ansetzte, sowohl die Stadt Altenburg als auch der Kreis beteiligen sollten. (504) Der Kauf kam wegen der überzogenen Preisvorstellungen des Künstlers und der Kompetenzschwierigkeiten der Träger nie zustande.

Dafür ging Koelle mit Eifer an sein neues Projekt „Karl Marx". (WVZ 197) Mit einer Reise nach Jena, wo Karl Marx 1841 promoviert worden war, wollte man die beteiligten Bildhauer theoretisch und motivisch auf die Person Marx' einstimmen. Geplant waren eine Marx-Medaille für die Berliner Universität, an der Marx studiert hatte, und für die Jenaer Universität, die die Funktion eines Ordens erhalten sollten, sowie eine Karl-Marx-Büste. Irene Müller von der Abteilung Kultur und Erziehung des ZK der SED übermittelte den Künstlern den Auftrag. Um alle Vorbereitungen für die Gestaltung zu treffen, unter anderem die Werkzeuge zur Medaillenbearbeitung zu besorgen, fuhr Koelle für zwei Wochen nach München. Dort erhielt er von Hoegners ein Buch über Karl Marx, das ihm aber der Westzoll auf der Rückreise nach Berlin abnahm.

Koelles erster Modellierversuch eines Marx-Bildnisses schlug gänzlich fehl. Der Bildhauer hatte offensichtlich ein handwerkliches Prinzip, das er seinen Studenten an vorderster Stelle vermittelte, selbst mißachtet – er hatte kein ausreichend konstruiertes Gerüst gebaut. Die Ursache für das Mißgeschick schrieb er aber der mangelnden geistigen Anwesenheit seiner Frau während des Schaffensprozesses zu: „Lisl, Du warst am Freitag, als ich mit dem Kopf anfing, nicht bei mir. Denk Dir, was passierte. Ich fing an und hatte den Kopf in der ganzen Größe dort, fängt er an zu reißen, er bekam Sprünge, schmierte sie zu und stützte ihn und machte wieder weiter, ich hatte ihn ziemlich weit am Abend als ich am Morgen herein[kam] (am Samstag) lag der ganze Kopf am Boden ... ich machte nicht lange, machte mehr Gerüst und Draht hinein und fing gleich wieder an, und am Abend hatte ich ihn wieder soweit ... Ich glaube, daß ich ihn hinbekomme, es wäre ja arg, wenn der Marx nicht gelingen würde. Ich zweifle nur, ob er ähnlich ist. Es ist viel Arbeit, er hat doch so mächtig viel Haare und Bart." (505)

Aber in einer guten Woche hatte Koelle das Bildnis fertig modelliert. Der erste Gutachter, „so ein Artikelschreiber ... vom Holzhammer, von der Kunstkommission", befand, daß Marx eine Brust erhalten müßte, ansonsten habe er ihm gefallen, ebenso wie einem weiteren Mitglied der Kunstkommission, den der Bildhauer ebenfalls nicht namentlich nannte. Kurt Magritz und Ernst Hoffmann begutachteten den Marx-Kopf, und Hoffmann sagte: „‚Du bist unser bester Verbündeter', ihm gefiel der Kopf sehr gut. Erst wollten sie meckern, aber das duldete ich nicht. Sie sahen's aber ein und ließen sich was sagen. Sie woll[t]en immer was sagen, das lehnte ich aber ab." (506) Ob ihnen unter diesen geschilderten Umständen der Kopf wirklich „sehr gut gefiel", erscheint äußerst fraglich. Koelle jedenfalls ließ ihn in Gips gießen. Und als Magritz und Hoffmann dem Künstler erneut eine Visite abstatteten, brachten sie all ihre Kritikpunkte, die sie beim ersten Treffen nicht formulieren konnten, an: „die Büste muß hin und an der Stirn die Falten sollen weg, die Unebenheiten sollen weg, und jetzt verlor ich die Lust und hörte mit dem Orden [den er inzwischen begonnen hatte] auf. Ich mag nicht mehr, dieses saudumme Geschwätz. Ich sagte nicht viel, ich fand die Einwände so dumm, daß ich es nicht der Mühe wert fand, darauf viel zu antworten ... Wohl sagte Hoffmann, er sei sehr ähnlich, und er soll in die Dresdner Ausstellung ... Ich hab so genug. Es ist lähmend. Hatte ich eine Freude an dem Kopf." (507)

Die konstruktive Kritik an seinem Marx-Bildnis mußte Koelle doch beschäftigt haben, und er konnte ihr nicht alle Berechtigung abgesprochen haben, denn am nächsten Tag versuchte er den Vorschlag umzusetzen, das Bildnis durch eine Brust zu ergänzen, „es ist mir eine Befriedigung". Und in Zwiesprache mit seiner Frau gab er offen zu: „Lisl ... zu Dir ganz leise gesagt ... es sieht besser aus. Aber sag's keinem Menschen. Nicht zugeben. Die verstehen ja doch nichts. Der Marx sieht jetzt viel wuchtiger aus. Er sieht viel besser aus." (508) Und mit diesem Gefühl fuhr der Bildhauer in die Weihnachtsferien.

Diese Episode wirft einmal mehr ein Licht auf den Zwiespalt, in dem sich Koelle als Mensch und Künstler befand. Mangelndes Selbstwertgefühl hinderte ihn daran, seine Kunst selbstbewußt fachlich zu vertreten, jede Kritik, auch konstruktiv gemeinte Vorschläge wurden barsch und rigoros abgelehnt. Selbst wenn er eine bildnerische Unzulänglichkeit erkannte, durfte diese seinem Gegenüber nicht zugegeben werden. Er duldete keine Kritik an seiner Person. „Keine Schwächen zeigen" und „Haltung bewahren" waren seine Devisen für die Außenwelt. Eine offene, fachlich konstruktive Diskussion gehörte nicht zu Koelles Handlungskanon, denn sie war für ihn mit Unsicherheit und Ängsten besetzt – ein Zeichen dafür, wie sensibel der Bereich der Kunstkritik war, der nicht nur bei Koelle als Kritik an der eigenen Person empfunden wurde.

Eng verflochten mit dem Mangel an fachlichem Selbstbewußtsein waren der Wunsch nach uneingeschränkter Bestätigung und die Gefahr der künstlerischen Anpassung an die Vorgaben der Auftraggeber. Diesem Dilemma der Auftragskunst in der DDR erlag Koelle mit seiner Marx-Büste nur im „Brust-Ansatz".

Nachdem Koelle hatte erkennen müssen, daß es hoffnungslos war, in München auf eine Anstellung an der Akademie zu rekurieren, obwohl seine Frau alle nur erdenklichen Maßnahmen ergriffen hatte, sich bei diversen Persönlichkeiten aus Politik, Presse und Adel anzudienen, beschloß das Ehepaar, diese Versuche auf Augsburg auszudehnen. Mit Norbert Lieb, dem Direktor der Städtischen Galerien, verband Koelles ein positives Verhältnis. Das Ehepaar Lieb hielt die Verbindung Augsburgs zu ihrem Bürger Fritz Koelle aufrecht, indem es das Künstlerehepaar Koelle des öfteren in seinen Ateliers besuchte und darüber in der Augsburger Presse berichtete. Indem der Bildhauer und die Malerin am 11. Januar 1953 ihren gesamten künstlerischen Nachlaß der

Stadt Augsburg vermachten, (509) (Abb. 77) erhofften sie im Gegenzug die Vermittlung einer Anstellung des Künstlers in Augsburg. Ihren Sohn ließen sie im Unklaren über diese testamentarische Entscheidung, reagierten auf dessen Nachfragen nach Augsburg äußerst erstaunt und taten sie als gegenstandslose Gerüchte ab, die in Augsburg verbreitet würden, wo Fritz Koelle junior inzwischen eine Lehrstelle bei der MAN gefunden hatte.

Auch wenn Frau Koelle regelmäßig von ihrem Mann angewiesen wurde, ihre Bemühungen in München nicht aufzugeben, konzentrierte er sich nach der Testamentsvereinbarung auf Augsburg und Norbert Lieb. „Sogar Stam hatte ein zweites Eisen im Feuer, er ging nach Holland in seine Heimat. Könnte ich nach Augsburg, alles gebe ich dafür. Ganz klein mache ich mich mit Dir." (510) Die Hoffnung auf eine Beschäftigung als Lehrer an einer Schule in Augsburg erfüllte sich ebensowenig wie in München, trotz allen Taktierens und sogar Drohens, das Testament zu ändern und die Sammlung anderweitig, zum Beispiel in Berlin, unterzubringen.

Als Koelle Mitte Januar 1953 wieder nach Weißensee kam, erfuhr er, daß Mart Stam mit seiner Frau, die „so sehr geweint haben" soll, (511) „krank an Leib und Seele" (512) am Neujahrstag 1953 die DDR verlassen hatten. Stams Haus, um das sich Koelle sofort bei der Kunstkommission bemühte, war bereits nach 14 Tagen anderweitig vermietet. Ein weiteres Atelierangebot der Kunstkommission lehnte er ab, obwohl die Schule es bereits ausgebaut hatte, weil seine Nachbarin Ruthild Hahne gewesen wäre, „so nahe mag ich sie nun nicht haben. Sie rief schon an und tat ihre Freude kund." (513) Über Koelles Ablehnung schien die Kunstkommission nicht erfreut gewesen zu sein, denn jetzt bot sie ihm lediglich ein Atelier in Pankow an und versprach, sich weiter um ein Haus zu bemühen.

Koelles Anspruchsdenken auf der einen und die Hinhaltetaktik der Regierung auf der anderen Seite brachte den Wechsel in ein neues Wohn- und Arbeitsdomizil zum Erliegen und Koelle zu dem Schluß: „Ich hab' auch wirklich satt, kein Erfolg, nichts, gar nichts, man zieht mich nur an der Nase herum und [ich] opfere meine Gesundheit, und jeder Stümper wird mir vorgezogen. Ich sitze hier im Hotel, weil ich in dem Drecklock von Atelier nicht arbeiten kann." (514) Das Atelier wurde nicht geheizt, weil der Hausmeister nicht kam; in die Arbeitsräume regnete es hinein. Obwohl die Kunstkommission über diesen Zustand unterrichtet war, unternahm sie diesbezüglich nichts.

Die persönliche Unzufriedenheit mit dieser Ausgangslage lähmte nicht nur die schöpferischen Gestaltungskräfte des Bildhauers, sondern hatte auch negative Auswirkungen auf seine Arbeitsmotivation und -haltung als Lehrer. Aktionen, die ihm früher Freude bereitet hatten und mit denen er seine Schüler hatte begeistern können, wie die Präsenz in den Industriebetrieben oder die lebendigen Kunstführungen, wurden ihm zuwider. Der Gang in die Schule und auch in die Klasse wurde ein Gang nach Canossa, „und in die Schule muß ich auch noch, mir graust es." (515)

Thieme, zu dem Koelle im Laufe der Ausbildung ein ambivalentes Verhältnis entwickelt hatte, denn mit dessen sozial-menschlichem Habitus ging er nicht immer konform, doch dessen plastische Fähigkeiten er voll anerkannte und unterstützte, ignorierte er konsequent, nachdem dieser sich nach dem Diplom für eine Weiterbildung als Meisterschüler bei Fritz Cremer an der Deutschen Akademie der Künste entschieden hatte (für den Thieme unter anderem die Totenmaske Bertolt Brechts am 14.8.1956 abnahm). Koelle fühlte sich tief getroffen von Thiemes Entschluß und reagierte folgendermaßen darauf: „Noch etwas recht Erfreuliches ... in der Schule hörte ich, daß der Thieme nichts macht, und was er macht sei so schlecht, er hätte gar keinen Antrieb mehr.

Das ist doch ein nicht schlechter Beweis. Mich freut es ... der Thieme arbeitet in Hennigsdorf und erwartet mich, aber ich lasse ihn zappeln. Er ist jetzt Schüler von Cremer und war so undankbar." (516) Obwohl Koelle regelmäßig nach Hennigsdorf fuhr, um seinen Studenten Jürgen von Woyski zu betreuen, der dort seinen eigenen Arbeitsraum hatte, ließ er Thieme „zappeln", auch „schon wegen Cremer mach ich's nicht". (517)

Auch den Wunsch der Klasse Drakes, den sein Schüler Dieter Borchhardt ihm übermittelte, gemeinsam eine Führung durch Koelle zu erhalten, lehnte er ab. „Ich sagte schon gleich ‚nur meine Klasse'." (518) Koelle legte wieder diese unflexible und unsichere Haltung an den Tag wie zu Anfang seiner Lehrtätigkeit, obwohl er selbst die Kooperationsfähigkeit – von ihm als „Kameradschaft" definiert – der Klassen untereinander in der Prüfungssituation bewundert hatte.

Im Rahmen der zunehmend dirigistischen Hochschulpolitik hatte Koelle Anfang des Jahres 1953 seine Erziehungsmethoden darzulegen. In seinem fünfzehnminütigen Vortrag – dem ersten größeren an der Schule – erwähnte er von den oben beschriebenen Vorgehensweisen allerdings nichts, sondern legte seinen Schwerpunkt auf das Naturerlebnis vor Ort, auf die Vermittlung der Freude an der Arbeit und der Umsetzung des Erlebnisses in einer Gestaltung, die nur aus innerster Überzeugung erwachsen kann. (519) Auch die Funktion des Rektors Werner Laux unterschied sich von der Mart Stams erheblich: „Laux kündigte an, daß seine Aufgabe nur die sei, den ganzen Tag die Klassen zu besuchen ... Wenn es so weitergeht, halte ich das nicht aus. Mich kotzt es halt bald an". (520)

Regelmäßig mußte der Professor seine Lehrpläne abgeben, die ihm immer weniger didaktische Freiheiten ließen, denn seit 1952 gab es für die Hochschulen der DDR eine einheitliche Festlegung des Inhalts- und Intentionskanons, in dem das marxistisch-leninistische Grundlagenstudium gesetzlich verankert war und mehr als die Hälfte der verordneten Anzahl von 48 Wochenstunden beanspruchte. Stunden, die wegen ihrer theoretischen Kopflastigkeit, deren Inhalte oft nicht verstanden wurden, besonders da sie die Bedürfnisorientierung der Studenten vermissen ließen, wenig Zustimmung bei diesen fanden und die auch wegen der einseitigen, starren Vermittlungsform der reinen Repetierbarkeit und der mangelnden didaktisch-methodischen Kompetenz ihrer Lehrer abgelehnt wurden. Koelles Schüler wollten diese „ML-Vorlesungen ... schwänzen und statt dessen ihre Arbeiten in den Werken machen mit der Argumentation: ‚Wir haben Marx praktisch gelesen!' Professor Koelle aber ermahnte sie: ‚Tut's mir 'nen Gefallen, geht's hin, der Professor Obschatz [Urbschat] (521) ist so'n netter Mensch." (522)

Diese ideologische Schulung blieb nicht auf die Studenten beschränkt, auch die Professoren in ihrer Funktion als Multiplikatoren mußten sich regelmäßig und in immer größerem Zeitumfang diesen parteipolitischen Unterweisungen unterziehen. Diesem Diktat konnte Koelle nicht entgehen, so wie es ihm mit Mart Stams Unterstützung noch möglich gewesen war. Auf eine Frage seiner Frau antwortete er: „was ich tue, ‚Sitzungen absitzen'." (523) „Die ganze Woche Sitzungen bis abends 8 h. Einem jeden sein Geschmarr anhören" (524) oder sogar an einem Tag vom 8 bis 9 Uhr Korrekturen in der Klasse geben und dann bis 21:30 Uhr Sitzung. „Es war zum Kotzen und nichts zum Essen". (525) Das „Kommunistische Manifest" beurteilte der Künstler aber mit wohlwollenderen Formulierungen: „Die letzte Vorlesung war über das Manifest von Karl Marx, sehr interessant, ach ich höre es ja so gerne." (526)

Er selbst wurde auch aufgefordert, die Legitimation seines Unterrichts als Beitrag des kulturpolitisch geforderten Realismus zu erbringen. In einem siebenseitigen Aufsatz über das „Naturstudium" und die Entwicklung eines „neuen Ornaments", den er bei Nacht im Bett schrieb, am 29. Januar 1953 in der Schule und in gleicher Form einen Monat später nochmals an der Deutschen Akademie der Künste hielt, hieß es: „Um zu einer neuen realistischen Kunst zu gelangen, zu einer erlebten überzeugenden Kunst, zu einer Kunst, die Ausdruck unserer Zeit ist, ist in der Kunsterziehung dem Schüler mit einem riesigen vorbildlichen Programm gar nichts gedient, der Schüler legt auf so einen Fahrplan gar keinen Wert ... Der Schüler verlangt von seinen Lehrern weniger ein Programm, aber noch weniger leere schwülstige Reden und Worte, sondern eigene vorbildliche Werke seiner Hand, die ihm den Weg *zur neuen realistischen Kunst zeigen* und Vorbild sein können. Das ist das, was der Schüler *von uns verlangt* und das mit Recht, *Werke*, die aus tiefstem Erlebnis und tiefster Überzeugung gestaltet sind, malerisch und plastisch, die zum Beschauer sprechen und nicht erst einer Erklärung bedürfen." (527)

Das „intensive Naturstudium" bezog sich bei Koelle auf alle Motive, egal ob Akt, Portrait oder Tiergestaltungen. Das Hauptaugenmerk aber galt dem Arbeiter vor Ort. Nach seinem Vortrag an der Hochschule war Koelle mit seiner Leistung zufrieden, „ich hab' meine Sache gut gemacht gestern, den stärksten Beifall bekam ich ... der andere Bildhauer [ohne Namen] sprach so nichtssagend geistvoll." (528) Koelles Selbstzeugnis über seine Ausführungen vor der Akademie glich dem ersten: „Heute hielt ich meinen Vortrag in der Akademie, es soll der interessanteste Beitrag gewesen sein, sagte Laux, der den Vorsitz führte." (529) Die Kritik seiner Frau an den Inhalten seiner Vorträge, die sie als Manuskripte jeweils zugeschickt bekam, versuchte er zuerst zu widerlegen, zweifelte dann aber an seinem Urteil und hinterfragte seine Vortragspraxis: „Lisl, ich glaube, Du hast nicht recht, man hört mich ganz gerne. Von meiner Rede ließ ich noch manches weg. Was ich frei redete, war glaube ich noch besser, man sagte es ... wo Du jetzt aber sagst, es ist Quatsch, was ich rede, überlege ich mir's, nochmal zu reden." (530)

Wenn man die wenigen erhalten gebliebenen Briefe Elisabeth Koelle-Karmanns an ihren Mann liest, wird deutlich, daß sie eine gewähltere Ausdrucksweise beherrschte, Sachverhalte differenzierter aufnahm und durchaus intellektuell in der Lage war zu erkennen, daß die Referate ihres Mannes einer kunsttheoretischen Konzeption entbehrten und es sich dabei lediglich um das eine noch aus dem 19. Jahrhundert resultierende kunstdidaktische Vermittlungsprinzip des „Naturstudiums" handelte, ergänzt durch die Aufeinanderfolge von emotionalen, pathetischen Forderungen einer nicht definierten „neuen Kunstrichtung" und persönlichen Kunstgeschmackspositionen.

Koelle nahm aber trotz der Kritik seiner Frau noch mehrfach die Gelegenheit wahr, sein persönliches Kunstverständnis schriftlich kundzutun. Auf die Aufforderung der Kunstkommission hin, seine Erwartungen an die Dritte Deutsche Kunstausstellung für die Presse zu formulieren, schrieb Koelle: „Ich würde mich freuen in der 3. Deutschen Kunstausstellung in Dresden Werke der bildenden Künste zu erleben, die ein wahrer Ausdruck unserer heutigen Zeit sind, die zum Beschauer, zum schaffenden Volke sprechen und nicht erst durch Führungen erklärt werden müssen, also Werke, die aus tiefster Überzeugung erlebt und gestaltet sind, malerisch und plastisch". (531)

Mit dieser Auffassung führte Koelle einen maßgeblichen unterrichtsmethodischen und von seinen Studenten als erfolgreich beurteilten Schritt ad absurdum. Mit ihr sprach er allen Kunstwerken, vor denen er seine Führungen absolvierte, ihre „künstlerische Ausdruckskraft" und in seinen Augen die Berechtigung als Kunstwerk ab. Trotzdem bereitete er sich darauf vor, mit einem Kunsthistoriker gemeinsam die ganze Schule durch diese Ausstellung zu führen. Der Bildhauer hatte Laux gegenüber zwar seine Bedenken angemeldet, die sich aber auf das Datum der dreitägigen

Vorbereitungszeit vom 10. bis 13. März 1953 bezogen, in der Koelle seinen Geburtstag feierte, und er machte seinen Rektor darauf aufmerksam, daß er über die Ausstellung „nichts Unwahres sagen kann ... ich hab' ja schon in der Sitzung ... darauf hingewiesen, was uns dort erwartet, Werke, die nicht aus Überzeugung entstanden sind." (532)

Die Dritte Deutsche Kunstausstellung im Albertinum in Dresden wurde von der Staatlichen Kommission für Kunstangelegenheiten der DDR und dem Verband Bildender Künstler Deutschlands vom 1.3. bis 25.5.1953 veranstaltet. 425 Künstler beteiligten sich. Von 3825 eingesandten Arbeiten wurden 334 Gemälde, 176 Grafiken, 15 Illustrationen, 9 Karikaturen und 83 Plastiken ausgewählt. Die Ausstellung erreichte eine Besucherzahl von circa 200 000, was eine Vervierfachung zur Zweiten Deutschen Kunstausstellung 1949 bedeutete. (533) Der programmatisch in Riesenlettern gefaßte Ausspruch „KUNST GEHÖRT DEM VOLKE" (534) über dem Eingang des Albertinums wies den Weg, den die staatlich verordnete Kunst der DDR zum Sozialistischen Realismus bereits gegangen war.

Ministerpräsident Otto Grotewohl, der die Ausstellung am 1. März eröffnete, kam in seiner Rede zu dem Resümee, daß „die kritisch-schöpferische Aneignung des klassischen Erbes, die Bereicherung der Werke mit neuen Themen und Inhalten, die wachsende Überzeugungskraft der künstlerischen Arbeiten und die praktische Anwendung der Lehren der Sowjetmalerei" zeigen, „daß große Fortschritte auf dem Gebiete der bildenden Kunst seit der Ausstellung ‚Künstler schaffen für den Frieden' [1951] zu verzeichnen sind." (535)

Für Helmut Holtzhauer war im Vorwort des Ausstellungskatalogs der Kampf gegen den Formalismus in der Kunst noch nicht abgeschlossen, und er würde auch so lange weitergeführt, „bis die letzten bürgerlichen, der Kunst abträglichen Anschauungen und Gewohnheiten aus den Köpfen der Künstler verschwunden sind." Den Künstlern gestand er eine hehre Funktion zu: „Durch das Schöne, Wahrhafte und Optimistische ihrer Werke den Geist des Menschen anzuregen, seine edelsten Eigenschaften zu entfalten und seine Kräfte auf die Lösung großer humanistischer Aufgaben zu lenken. Mit diesem Ziel vor Augen und innerer Verbundenheit mit dem Volke im Herzen wird der Künstler zu den Führern seines Landes gehören, die heute bereits das Morgen im Bilde zu schauen und zu gestalten vermögen." (536)

Auch Holtzhauer konnte einen Fortschritt im Ringen um diese Intention in den Werken dieser Ausstellung im Vergleich zur Zweiten Deutschen Kunstausstellung feststellen.

Mit ähnlich leerem Pathos bewertete auch Herbert Gute diese Ausstellung: Die deutschen Künstler „haben die Unzerstörbarkeit der deutschen Kunst nachgewiesen und haben sich mit ihren Werken aktiv in den Kampf um die Einheit Deutschlands eingeschaltet. Sie haben das Bündnis mit der Arbeiterklasse und den Bauern gefestigt und werden mit ihnen den Sozialismus aufbauen und den Frieden sichern." (537)

In einem „neuen kritischen Bericht von der Dresdner Ausstellung" über die Plastik wurden die beiden Kunstwerke „Weg mit den Trümmern" von Fritz Cremer und „Traktoristin" von Walter Arnold als positive Beispiele für den „Menschen unserer Zeit" dargestellt, während Karl Schönherrs „Dienst für Deutschland" und Rudolf Löhners „Junger Traktorist" dieses Ziel plastisch nicht adäquat umsetzen konnten. (538)

Fritz Koelle hatte mehrere Arbeiten zu dieser Ausstellung eingereicht, die in den Presseberichten zur Ausstellung aber nicht berücksichtigt wurden. Koelle wurde lediglich einmal namentlich als westdeutscher Teilnehmer an dieser Präsentation genannt. (539) Allerdings hatte die Nationalgalerie in Berlin den „Kleinen Sämann" von 1951, (540) den der Bildhauer in verkleinerter Form für den Entwurf der Humboldt-Universitäts-Figuren verwendete, angekauft.

Wenn man Koelles Urteil über die Ausstellung in Dresden hört, ist es durchweg vernichtend: Die Sache „in Dresden, zum Verzweifeln ... ich sah heute den Katalog. Von mir ist alles angenommen. (541) Von Laux ein Mist, ein schlechtes Bild. Von einem Karlsruher, ein nettes Mädchen-Portrait, das ist sehr gut." (542) „Ein unglaublicher Mist, unbeschreiblich, kaum mehr zu überbieten ... Meine Sachen sind schlecht gestellt, überall verstreut im ganzen Haus. Ich weiß seit gestern, seit Dresden nicht mehr, was Kunst ist." (543) „Die Ausstellung ist ... zum Bedauern schlecht ... Einige Sachen sind gut, aber wenig[e]. Lauter Abbilder, Schnappschüsse mit dem Photo. Kein künstlerischer Gestaltungsdrang, kein Erlebnis, keine Überzeugung, leidenschaftslos, langweilig." (544)

Dann erfuhr Koelle, daß die Karl-Marx-Büste von Will Lammert, die auf der Dresdner Kunstausstellung gezeigt wurde, als beste Wiedergabe Marx' gewählt worden war und Lammert dafür den Nationalpreis erhielt, und Koelle befand: „Ich finde ihn schlecht, aber Lammert war 17 Jahre in Russland. Was willst da machen"? (545) Lammerts Bronze-Büste war für die Universität bestimmt, und Koelles Marx sollte als Gipsfassung in Weißensee aufgestellt werden, obwohl Koelle ihn bereits zweimal bei Noack hatte gießen lassen. Ein Bronzeexemplar wollte er in den Osterferien mit nach München nehmen, weil er begierig auf das Urteil seiner Frau war. Er verstand nicht, warum man Lammerts Portrait dem seinen vorgezogen hatte, „für den [er] zurückstehen mußte ... Ich glaube, daß mein Marx etwas besser ist, ich glaube es." Zu Lammerts Marx-Bildnis meinte er: „Er hat nur riesengroße Ausmaße, ungefähr 125 cm hoch." (546)

Laux wollte Koelles Marx-Büste, die eine Höhe von 60 cm aufwies, allerdings nicht in seiner Schule aufgestellt wissen. Er sähe aus „wie ein böser Mensch, sagte Laux", darum ließ er in der Lehrersitzung „abstimmen, wer noch dagegen [sei], und dann erhob ich als einziger die Hand und sagte, daß ich dagegen bin." (547) Trotzdem verteidigte Koelle in der Sitzung sein Portrait und ließ keine Kritik gelten. „Jeder stört sich an der Stirn." (548)

Außer Will Lammert hatten auch Fritz Cremer, (549) Heinrich Drake und Walter Howard einen Auftrag für eine Karl-Marx-Büste erhalten. Die Staatliche Kommission für Kunstangelegenheiten verfaßte im Februar 1953 über jedes einzelne Marx-Bildnis eine von Holtzhauer gezeichnete Beurteilung für die Kulturabteilung des Zentralkomitees der SED, in der Koelles Marx-Büste als den Ansprüchen nicht gerecht werdend abgelehnt wurde. „Die Büste ist nach einer subjektiven Auffassung Koelles gestaltet und entspricht in keiner Weise der Bedeutung und Größe von Marx als Begründer des wissenschaftlichen Sozialismus und des ersten Führers des Weltproletariats. Es fehlt sowohl die aus allen Überlieferungen bekannte Marx'sche Physiognomie als auch die in jedem realistischen Kunstwerk enthaltene Idealisierung, durch die das Typische im Wesen eines Menschen hervorgehoben wird ... Der Entwurf entspricht in keiner Weise den gestellten Anforderungen." (550)

Der Bildhauer fertigte daraufhin folgendes Rechtfertigungsschreiben für die Staatliche Kunstkommission an, in dem immer wieder die gleichen Gestaltungsintentionen seiner Bildhauerei zum Tragen kamen:

„Erklärung zum Karl Marx-Bildnis.

Karl Marx erlebte ich auf Grund seiner Werke, als Revolutionär, als Kämpfer für die Arbeiterschaft, als großen Denker und Wisser, als gütigen Menschen, der aber auch böse und zornig werden konnte. All das drückt sich aber im Gesicht aus, in den beobachtenden, scharfen Augen, auf seiner bewegten, durchfurchten Stirne, im ganzen Schädel und nicht auf einem anderen Körperteil. Er war kein gemütlicher, alter, sorgloser Narr, wie er immer dargestellt wird. Nein, er war ein Kämpfer und als solchen habe ich ihn dargestellt.

Für mich sagen die Lichtbilder gar nichts aus, in ihrer gekünstelten Retouche. Die Linie der Stirn kann niemals, so ausdruckslos gewesen sein, sie kann auch nicht so glatt gewesen sein, nachdem der Ansatz einer stark bewegten Stirn, an der Nasenwurzel deutlich erkennbar ist, ebenso bei den scharfen beobachtenden Augen.

Es steht für mich als Bildhauer nur zur Frage, ist Karl Marx ähnlich oder nicht, ist er künstlerisch nach erlebt, oder nicht. Die Mittel die ich zur Steigerung der Form, des Ausdrucks anwendete, müßte man dem Bildhauer überlassen, das ist eben meine Formensprache. Es handelt sich bei mir um kein Abbild, auch um keine Manier durch eine wild gewordene Spachtel, die zur Belebung der Oberfläche beitragen muß, sondern um überzeugende Formen, um sprechende Formen, die sich aus der großen Form entwickeln, die Verbindungen und Beziehungen zueinander haben und so einen plastischen Formenklang ergeben.

Ich gestaltete Karl Marx, als den großen Denker und Kämpfer der Arbeiterschaft und nicht als einen gemütlichen, sorglosen alten Herrn.

Es sind nie die schlechtesten Bildnisse, die nicht verblüffen. Ich behaupte es ist mein bestes Bildnis, das ich je geschaffen habe, schon deswegen, da es aus einem starken Erlebnis, aus tiefster Überzeugung entstanden ist und das ist aus dieser Plastik zu ersehen.

Aus diesem Grunde habe ich das Bildnis von Karl Marx nicht nur in Bronze, sondern im Wachsausschmelzverfahren in Bronze, für mich gießen lassen.

Fritz Koelle" (551)

Sein Schüler Jürgen von Woyski, inzwischen siebzigjährig und anerkannter Bildhauer der DDR, bezeichnete Koelles Karl-Marx-Büste recht despektierlich als „Wurzelzwerg aus Bayern mit seinen barocken Locken". (552) Zutreffender wäre dieses Urteil bei Fritz Cremers Büste gewesen, der sich detailverliebt jeder einzelnen Haar- und Bartsträhne hingab. Das Argument Koelles, „Marx nicht als einen gemütlichen, sorglosen alten Herrn" gestaltet zu haben, zielte auf Will Lammerts Büste, die in ihrer Stilisierung durchaus diesen Eindruck beim Betrachter hervorrief und in ihrer gutmütigen Ausstrahlung, besonders der Augenpartie, ihre Wirkung auf die Jury nicht verfehlte. (553) Bei Drakes Marx-Büste ließ sich Koelle Ernst Hoffmann gegenüber zu folgendem Urteil hinreißen: „Der schaut aus, wie ein echter Münchner Dreiquartel Privatier, nicht aber wie ein Kämpfer." (554)

Zu einem gänzlich anderen Urteil über Koelles Marx-Portrait gelangte Willi Cronauer vom Bayerischen Staatsministerium für Unterricht und Kultus in München: „Es ist mir keine Plastik bekannt, die mit solchem Mut und so kraftvoller, innerer Verbundenheit den Kopf dieses großen Denkers und Wissers gestaltete. Sein motorisches Wollen, hinter einer meerbreiten, bewegten freien Stirn, die beobachtenden, scharfen Augen, in einem Angesicht, das ein Gebirge ist! ... ich beglückwünsche Sie" ... es ist die beste Büste, die ich von Ihnen kenne, und ich habe den lebhaften Wunsch, mir d i e s e n Karl Marx in mein Arbeitszimmer stellen zu können." (555)

Ob Willi Cronauer je ein Bildnis von Karl Marx erworben hat, ist nicht nachweisbar. Dafür hatte Kohl-Weigand ein Exemplar der impressionistisch modellierten und lyrisch interpretierten Marx-

Büste Koelles für seine Sammlung angekauft, die 1980 das Saarland Museum in Saarbrücken erwarb. Das zweite Bronzeexemplar befindet sich im Koelle-Nachlaß in Augsburg.

Trotz des Mißerfolgs seiner Marx-Büste bei der Staatlichen Kunstkommission ließ sich der Bildhauer zu einem weiteren Portraitauftrag über Friedrich Engels überreden. „Ich bereite mich vor, eine Engels-Büste (WVZ 201) zu machen, hole überall Photos zusammen und bekomme fast nichts. Die Kunstkommission liefert mir und bezahlt das Material sogar." (556) Allerdings waren es nur mündliche Absprachen, die getroffen wurden. Mit der Gestaltung wollte Koelle nach seinem Osteraufenthalt in München beginnen. Seine Reisen dorthin mußte er inzwischen bei der Staatlichen Kunstkommission anmelden. Koelle vermutete, daß sie sich an der Häufigkeit seiner Abwesenheit störte und nun eine bessere Kontrolle über seine Fehlzeiten gewinnen wollte.

Die strengeren Maßnahmen bekam Koelle auch im Ost-West-Kontakt zu spüren. Weder von der Kunstkommission erhielt er die ihm zugesicherten Beträge in Westmark, noch bei der Notenbank waren sie erhältlich. Der Tauschverkehr war untersagt und stand unter hoher Strafe. Auch der Postverkehr seiner regelmäßigen Lebensmittelpakete war nicht gestattet. „Das Paket schicke ich vom Westen ab, es ist nicht ungefährlich, ich mache es nicht mehr gern." (557) Verbunden mit dieser Information waren Koelles wiederholte Anweisungen an seine Frau, den Inhalt allein zu essen und nur nichts zu verschenken.

Es war das letzte Paket, das er in den Westen schicken konnte: „Heute hatte ich Pech. Ich ging mit meinem Paket zum Bahnhof Friedrichstraße ... Durch die Sperre, in den Zug, ich freute mich, einen Sitzplatz bekommen zu haben und freute mich, es gewonnen zu haben. Kommen zwei Kriminalbeamte und holen mich und noch zwei aus dem Zug (S-Bahn). Mußte aufs Wachlokal, wurde dreimal geprüft, die Schule angerufen und dann mit aller Höflichkeit entlassen und zum Zug begleitet, um mein Paket sogar im Westen aufzugeben." Die Polizei erklärte dem Professor diesen Ausnahmefall und machte ihm die Unrechtmäßigkeit deutlich, so daß Koelle eingestehen mußte: „Das darf ich nicht mehr machen." (558) Er hätte es auch nicht mehr gekonnt, denn dadurch daß es „keine Intelligenzkarten mehr" gab, (559) entzog man ihm die finanzielle Grundlage dafür.

Ebenso problematisch wie der Paketversand in den Westen gestaltete sich sein Versuch, seine Bronze zur Gießerei Noack in den Westen zu transportieren, um sie nachpatinieren zu lassen. Es wurde ihm am Bahnhof Friedrichstraße nicht gestattet, Buntmetall Bronze in den Westen zu befördern. Doch Koelle fand einen Weg zu einer einmaligen Sondergenehmigung. Danach war ihm der Weg zu Noack abgeschnitten. „Es sieht nun so aus, als ob der Westen ganz getrennt wird, es gibt auf der S-Bahn keine Rückfahrkarten mehr." (560)

Auch die Hochschule befand sich in einer finanziellen Notlage. Eine geplante Studienreise mit allen Studenten für zwei Tage nach Dresden zur Dritten Deutschen Kunstausstellung drohte aus Finanzmangel gestrichen werden zu müssen, was einen herben Prestigeverlust für die Hochschule bedeutet hätte. Aus diesem Grund wandte sich der Rektor von Weißensee, Laux, mit Wissen der Kunstkommission an Professor Koelle, ihm 5000 Mark für dieses Projekt vorzustrecken, die er nach den Osterferien zurückerhalten sollte. Koelle war bereit dazu, verband damit aber Forderungen nach Urlaubsverlängerung, die Laux ihm gewährte. Das bedeutete aber für Koelle, daß er die Beurteilungen seiner Schüler vorher vorlegen mußte, wenn er am Prüfungstag nicht anwesend war. Koelles Schüler machten zu recht „ein langes Gesicht", als sie erfuhren, „daß ich wieder nicht da bin bei der Prüfung." (561)

Bei der Ansicht der Schülerarbeiten für seine Gutachten stellte der Professor fest, daß Rosenthal wieder „eine schöne Figur in der Komposition" gestaltet hatte, und „der Woyski macht schöne Relief[s] mit Arbeitern und ganze Figuren, der holt aus. Rosenthal sagte zu mir, mit Woyski hört die Tradition Koelle auf. Ich sagte ihm, niemals, der Nachwuchs, meine jungen Leute werden noch besser [als] Sie. Da schaute er ... die werden neidisch ... Die [neuen Schüler] sind bereits heute schon weiter [als] sie im Naturstudium." (562)

Beim Vergleich der Ost- und Westpresse nach seiner Rückkehr aus München, von wo Koelle einige Exemplare der Süddeutschen Zeitung mitgebracht hatte, stellte er den eklatanten Unterschied in der Berichterstattung fest: „Aber sonderbar, hier spricht man wenig von den Ereignissen in den letzten Wochen. Man spricht nur von den Amerikanern, daß sie eine andere Politik treiben." (563)

Von Fritz Hahner, der auf der Durchreise von Chemnitz den Künstler besuchte, erfuhr er, daß seine Anwesenheit im Osten der Grund für den Kontaktabbruch seines ehemaligen Mäzens Rudolf Schwarz zu ihm war, was Koelle bedauerte, denn das Geld hätte er im Westen schon brauchen können.

Dafür betätigte sich der Bildhauer an seiner Schule als Finanzier. Koelle beobachtete, wie Werner Laux Möbel im Schulhof aufladen ließ, der bemerkte: „500 Mark kostet der Tisch und die Betten, 2000 M, wenn ich [die] hätte, wäre mir geholfen". Koelle reagierte nicht darauf. Am nächsten Tag überreichte der Hausmeister der Schule dem Professor den nachfolgenden Brief, in dem ihm Laux mitteilte, daß er in den nächsten Tagen die der Schule leihweise überlassenen 5000 Mark zurückerstattet bekäme, wörtlich: „Lieber Kollege und Genosse Koelle ... Bitte überlege Dir doch einmal, ob Du in der Lage wärst, mir von diesem Betrag eine Summe von 2000 M für eine kurze Zeit leihweise zu überlassen. Ich könnte damit die mich sehr belastenden Möbelrechnungen ohne Zinsenschulden zu bekommen, erledigen. Zudem erwarte ich von der Staatlichen Kunstkommission auf Anregung von dort eine Auftragserteilung zu meinem Bild in Dresden. Am Donnerstag bin ich wieder im Hause, herzlichen Händedruck W. Laux". (564)

Im ersten Augenblick war Koelle befremdet über eine derartige Bitte und konnte sich nicht sofort zu diesem Schritt entschließen, aber dann sah er die Chancen, die damit für ihn verbunden waren: „Er wird sich wohl erkenntlich zeigen, betreffs Urlaub." (565) „Er ist halt doch ein ausgekochter Hund ein ganz gerissener ... Er wird es mir schon wiedergeben. Ich hätte ihn halt auch in der Hand. Es sind ... ungefähr 380 Mark in Westmark." (566) Koelle lieh seinem Rektor diesen Betrag, bekam ihn von ihm aber niemals zurück.

So sehr Werner Laux Koelles Geld benötigte, so sehr lag ihm daran, Koelle selbst an seiner Schule loszuwerden. Mehrfach versuchte er, Koelle zu motivieren, sich um eine Stelle an der Akademie der Künste zu bemühen. Er sagte laut Fritz Koelle zu ihm: „Holtzhauer ist so sehr für mich, ich soll mit ihm mal sprechen wegen der Akademie, er hätte zu ihm gesagt, daß ich an die Akademie gehöre, ich sei doch an der Schule in Weißensee nicht ausgenützt." (567) (Vgl. auch Anmerkung 495)

Auch Rudolf Engel von der DAK war der Ansicht, daß Koelle an der Akademie effektiver eingesetzt wäre und daß um seinen Beitritt schon „heftige Debatten" geführt worden seien. „Ich werde jetzt alle 14 Tage zu den Akademie-Sitzungen eingeladen, daß es besser Kontakt gibt, daß wir uns kennenlernen." In diesem Zusammenhang hielt Koelle auch bereits seinen ersten Vortrag an der Akademie über das „Naturstudium", (vgl. Anmerkung 529) und man hatte ihm versprochen: „In diesem Jahr werde ich dann Mitglied." (568) Fritz Koelle wurde nie Mitglied der Deutschen Akademie der Künste und bekam dort auch keine Professur.

Während seine Schüler eine 1,50 m große Friedenstaube für den 1. Mai 1953 modellierten, begann Bildhauer Koelle seine letzte Plastik, die Friedrich-Engels-Büste, die ihm allerdings einige Schwierigkeiten bereitete, da ihm das adäquate Bildmaterial fehlte, besonders die Augenpartie wollte ihm nicht gelingen. Aber dann entschied er eines Tages: „Mit meinem Engels bin ich soweit fertig ... Ich gab mein bestes und machte es so wie ich's empfinde. Die Stirn ist nicht so bewegt wie bei Marx, wenn's ihnen nicht paßt, sollen sie's stehenlassen. Ich kann nicht anders." (569)

Bereits Koelles kontinuierliche Erläuterungen seiner Arbeitsschritte an der Engels-Büste machen deutlich, daß der Bildhauer ein wesentliches von ihm propagiertes Prinzip, „das Gestalten aus Überzeugung", nicht eingehalten hat, nachdem er das des „Naturalismus" schon nicht hatte erfüllen können. Bei dem Engels-Portrait handelt es sich um eine aus reinem Pflichtgefühl heraus entstandene Auftragsarbeit, was auch der geringe dazu benötigte Zeitaufwand bestätigt, selbst wenn der Künstler später zu seiner Rechtfertigung das Gegenteil behauptete. Koelle fehlte der affinitive Bezug, der ihn bisher mit seinen Portraitpersonen verband, und das Idenfikationsmodell, das ihm manch ein Arbeiter für seine gelungenen Bildnisse lieferte.

Außerdem befand sich der Bildhauer nach dem Mißerfolg seiner Marx-Bronze, der ihn ähnlich hart getroffen hatte wie 1933 das Urteil über seinen „Blockwalzer" (1929), in einer Schaffenskrise, die deutlich machte, daß der Künstler seine Kräfte aufgezehrt hatte, und zwar nicht durch schöpferische Gestaltung, sondern im permanenten Kampf gegen die täglichen Widrigkeiten und unzulänglichen Lebensbedingungen in der DDR in sozial-wirtschaftlicher, politisch-ideologischer und damit auch künstlerischer Hinsicht. Koelle befand sich in einem ständigen Rechtfertigungszwang seiner Arbeit, seiner Kunstwerke und letztlich seiner Person.

„Es ist ja bald beschämend, diese Mißerfolge bei mir. Aber ein Trost, ich war mit Freude an der Arbeit, an Engels, und noch ein großer Trost und eine Beruhigung ist es mir, daß die Leute hier in Berlin nichts verstehen, was Kunst ist. Es ist ein Jammer, würden sie doch weniger reden. Aber im Westen ist es genauso", (570) denn Koelle glaubte erkannt zu haben: „Uns mag man ja künstlerisch nicht in München, allerdings in Berlin nicht viel mehr", (571) was für ihn bedeutete: „Es ist eben ein Zerfall." (572)

Den größten Erfolg in der DDR hatte Koelle auf dem Gebiet zu verzeichnen, vor dem es ihm in letzter Zeit am meisten „grauste" – in der Pädagogik bei seinen Schülern: „Der von Woyski erhielt eine Auszeichnung, der die Relief[s] machte", (573) „als einziger der ganzen Schule erhielt mein Schüler Borchardt den Karl-Marx-Preis. So lange er studiert, erhält er monatlich auch in den Ferien 450 Mark. Das ist doch schön." (574) Selbst bei Münchner Kunststudenten hatte sich Koelles Vermittlungsmethode herumgesprochen, aber: „Die Münchner Schüler, die nach Berlin zu mir wollen, werden nicht aufgenommen, erst nach der Einheit", (575) erklärte man dem Professor bei der Kunstkommission.

Für die übrigen Kunstaspiranten in Berlin-Weißensee fand Anfang Juni die Aufnahmeprüfung statt. Unter ihnen war auch Karl-Henning Seemann, (576) der Koelle bereits am 19. November 1952 einen schriftlichen Bewerbungsantrag zugeschickt und den Koelle auf die Aufnahmebedingungen und das zu absolvierende Grundsemester hingewiesen hatte. (577) Im Juni nun traf Seemann mit seiner Zeichenmappe unter dem Arm Koelle, der ihn zu einer bayrischen Maß einlud. Der Professor stimmte einer Aufnahme in seine Klasse zu, und man einigte sich auf den Eintrittstermin nach den Sommerferien. Seemann war eingenommen von der offenen und herzlichen Art des Bayern und gespannt auf seinen Studienbeginn. Der Student Karl-Henning Seemann sollte den Professor Fritz Koelle nie wieder treffen. (578)

Kurz vor Beginn der Prüfungsphase wurde dem Bildhauer vom Ministerium definitiv ein großzügiges, luxuriöses Haus in Biesdorf angeboten, „eine schöne Gegend, Pieck wohnt auch dort." (579) Einerseits freute sich Koelle auf das Haus, andererseits setzte er seine Frau nochmals unter Druck, nachdem er sie zuvor schon mehrfach bedrängt hatte, ihre Zeit nicht für den Frauenclub zu vergeuden, sondern in seinem Interesse etwas zustande zu bringen, in München eine positive Entscheidung herbeizuführen: „Jetzt s[ieh] halt zu. Viel Zeit haben wir nicht mehr." (580) „Ich kann's kaum noch abschlagen." (581) Koelle war fest entschlossen, das Haus in Biesdorf zu mieten, da ihm das einsame Leben in seinem Hotelzimmer zuwider geworden war. „Bringst auch nichts zuwege ... Ich muß es ja auch nehmen ... In München rührt sich ja ewig nichts, das ist eine Schande, auch die Augsburger stellten sich recht dumm. Sag, daß man die Bronzen hier in Berlin will und ich nach Berlin übersiedle. Vielleicht kommens dann drauf, was ich will." (582) Koelle hoffte, mit seiner testamentarischen Verfügung für Augsburg eventuelle Entscheidungsträger unter Druck setzen zu können, was eine dortige Anstellung betraf.

Am Tag vor der Prüfung der beiden Bildhauerklassen bemerkte man bereits Koelles Anspannung: „Mich kotzt die Sache bald an. Ich weiß gar nicht, was die Klasse Drake macht." (583) Daß er selbst es war, der jegliche Kooperation mit der Klasse Drake aus Unsicherheiten und Konkurrenzängsten ablehnte, schien Koelle in diesem Moment vergessen zu haben, allerdings nicht die Konkurrenzsituation, diese entlud sich am Prüfungstag: „... die Prüfung, der Kuhhandel, meine fleißigen Schüler, voran der Woyski, sollte untern Tisch hinunter, weil die Drake-Schüler besser abschneiden sollten ... Kein einziger von 7 Lehrern sprach für meine Leute, obwohl meine Schüler haushoch überlegen waren, besonders die Zeichnungen von Woyski und Assmann, man sah nur das Negative. Ich machte ihnen aber meine Meinung klar, meine Leute schnitten nun doch besser ab, als die von Drake." (584)

Nach derartigen Aussagen drängt sich die Frage auf, wer hier eigentlich examiniert wurde, die Schüler oder die Lehrer. Es ist sicherlich verdienstvoll, wenn sich ein Lehrer für seine Schüler einsetzt und gegebenenfalls ihre Leistung fachlich verteidigt. Wenn aber wie in diesem Fall eine persönliche Identifikation des Dozenten mit der Schülerleistung stattfindet und in einer Kampfsituation der Professoren untereinander gipfelt, hat sich die Prüfungssituation ad absurdum geführt. Auslöser dafür war Koelles mangelnde fachliche Souveränität, die ihn permanent in eine Verteidigungshaltung manövrierte, aus der heraus er seine Kollegen in wenig sachlicher, dafür gesteigerter emotionaler Form anging: „Drake sagte nicht mehr viel. So muß man sich mit diesen Großschnauzen herumraufen. Nichts können, aber eine freche Schnauze haben's. Einmal sagte ich zu Drake, halt's Maul, jetzt rede ich." (585)

Von seinen Schülern erhielt Koelle die Bestätigung, die ihm seine Kollegen verständlicherweise versagten, sie hatten hinter der Tür die Kampfatmosphäre verfolgen können. „Mir schüttelte ... der Assmann beide Hände vor Rührung, denn er darf in der Schule bleiben mit Stipendium. Drake wollte ihn hinauswerfen." (586) Jürgen von Woyski sagte Koelle: „Herr Prof., Sie sind der einzige vom ganzen Haus, vor dem man wirklich Achtung haben muß ... Ich hatte [die Schüler] auch verteidigt." (587) Nicht zu überhören ist in diesem Fall wiederum Koelles soziale Komponente, sich persönlich für Schwächere einzusetzen.

In seiner Impulsivität kam Koelle auch Laux zu nahe, der den Raum verließ und zur Prüfung nicht mehr zurückkehrte. „Ich lasse mich doch vom Laux nicht belehren. Die Drake-Klasse mußte oder sollte besser abschneiden, und doch schnitt meine Klasse besser ab, er will deswegen nochmals überprüfen. Ich komm ihm schon, er sagte mir ins Gesicht ‚aber ich hab den härteren Kopf, merk Dir's Koelle'. Ich hätte ihn wiederholt beleidigt, das kann schon sein, das geht bei mir nicht so genau, sagte ich ihm." (588) Aber dennoch hatte Koelle gemerkt: „Heute kam es mit dem Direktor zum Bruch, der glaubt, er kann [mich] den Realismus lehren, nein so etwas gibt es nun doch nicht, er glaubt, er kann mich politisch schulen, da ging ich nie hin ... Es ist mir nun zu dumm." (589) „Was Laux will, das ist und führt zu keiner überzeugenden Gestaltung, das wird wie in Dresden, ein Modell hingestellt mit Schlosseranzug und abmodelliert, kein Erlebnis. Also da macht es mir keine Freude mehr ... Mir ist es klar, unter solchen Umständen bleibe ich nicht hier". (590)

In seiner Erregung rief er sogar nach der Prüfungssitzung die Regierungskanzlei an und machte die Mietzusage für das Haus in Biesdorf rückgängig. An Minister Holtzhauer schrieb er und kündigte fristlos seinen Vertrag an der Hochschule. Er wollte sofort das nächste Flugzeug nach München besteigen und für immer dort bleiben, nahm von dieser Blitzaktion dann aber doch Abstand.

Gedanklich aktivierte er all seine Widerstandskräfte: „Ich habe satt von diesen Diskussionen. Ich will wieder ein frei schaffender Bildhauer sein ... ich halte es nicht mehr aus. Mag kommen was will. Aber mit diesen Stümpern zusammenarbeiten, nein und nochmals nein." (591) „Eine erlogene Kunst mach ich nicht, wenn ich nicht arbeiten darf, wie ich will, wie bisher, eine erlebte Kunst, eine überzeugende Kunst, dann nein. Niemals. Diesen Nichtskönnern beuge ich mich nicht ... Ich ertrage das Alleinsein, aber kein unkünstlerisches unwahres Gestalten, ich war zeitlebens ehrlich in meinem Schaffen und will auch als ehrlich schaffender Künstler sterben. Ich ging immer einen geraden Weg ... und von diesem Weg gehe ich nicht ab." (592)

Seine Frau beruhigte er, daß der „Trauerzug" (Umzug nach Berlin) nun doch nicht stattfinden werde. Aber gleichzeitig war er sich darüber im Klaren, da „man mich in München nicht brauchen kann, muß ich hier enden." (593) Auffallend in diesem Brief erscheinen das sepulkrale Gedankengut und die Endzeitstimmung.

So angespannt wie die Situation während der Prüfung an der Hochschule war, so entspannt zeigte sie sich für Koelle in Ost-Berlin. Er beobachtete Massen von West-Berlinern im Osten, wo wieder alles frei war. Die Restaurants und der Johannishof waren wieder gefüllt mit westlichen Gästen. Es gab wieder Zeitungen, die im Nu verkauft waren. „Die Republikflüchtigen dürfen wieder zurück ... Es ist doch wieder alles frei ... alle Leute haben nun Hoffnung". (594) In der Presse wurde gemeldet, daß der Interzonenverkehr erleichtert werde, da die Russen, „die sowjetischen Freunde", nicht mehr gegenzeichneten, „dann geht's um einige Stunden schneller, der Paß braucht nicht mehr nach Karlshorst." (595) Der Besuch der Ostzonenbewohner im Westen sei auch wieder erlaubt.

Helmut Holtzhauer besuchte Koelle, einige Tage nachdem er sein Kündigungsschreiben erhalten hatte, in seinem Atelier: „Er sagte ‚in allem Ernst, wenn Sie weggehen, bin ich Ihnen ernstlich böse, wir brauchen Sie doch'. Fing dann von der Arbeit an, aalglatt halt. Er wird auch mit Laux sprechen ... es ist mir lieber so. Ich hab ja nichts in München." (596) Und der Bildhauer rechnete sich aus, daß er noch bis Mai 1954 im Osten als Hochschullehrer zu arbeiten hätte, um eine Rente zu erhalten. „Wenn ich krank arbeitsunfähig geschrieben werde ... dann erhalte ich nur knapp 100 Mark, so 94 Mark in München, hier würde ich volles Gehalt bekommen." (597) Der Bildhauer trug seiner Frau auf, sich in München bei Max Wönner von der Gewerkschaft um eine Künstlerrente zu kümmern.

Während Holtzhauers Rundgang durch Koelles Atelier beanstandete er auch am Engels-Denkmal die Falten. Beide Bildnisse, sowohl Karl Marx als auch Friedrich Engels, gefielen ihm nicht. „Ich soll die Köpfe ohne Falten machen, ohne die Tränensäcke, ohne Stirnfalten", (598) „beide Köpfe will er nicht, und keinen Pfennig Bezahlung gibt er mir, da sind doch keine Sachen." (599) Wegen der finanziellen Vergütung hätte Koelle schon einen schriftlichen Vertrag machen müssen, argumentierte Holtzhauer, was durchaus einen Einblick in die Zahlungsmoral der DDR-Regierung als Auftraggeberin den Auftragskünstlern gegenüber gewährt. Andererseits wird bei dem Bildhauer in seiner ihm eigenen Obrigkeitsgläubigkeit seine Arglosigkeit deutlich, mit der er den Staatsvertretern entgegentrat, obwohl man von ihm ein kritischeres Geschäftsverhalten nach jahrzehntelangen Erfahrungen in diesem Metier mit der Auftragspraxis der öffentlichen Hand (vgl. „Isarflößer") hätte erwarten können.

„Das sind auch recht feine Herrn ... Wenn die wüßten, mit welcher Freude und Leidenschaft ich am Marx und Engels arbeitete." (600) Für die Marx-Büste traf Koelles Aussage zu, für Engels hatte er sie in seinen eigenen Briefausführungen bereits widerlegt.

Auch einige Mitglieder der Kunstkommission, unter anderem Hoffmann und Belz, besichtigten Koelles Engels-Portrait in seinem Atelier. Sie verglichen es mit Will Lammerts Gestaltung und gestanden Koelles Ausführung durchaus einen lebendigen Ausdruck zu, aber ein Mitglied argumentierte: „Der Arbeiter muß ihn verstehen und [er] weiß, wie er aussieht, ‚dann lassen's ihn von einem Arbeiter machen'", konterte Koelle. „Ich mach ihn, wie ich ihn erlebe, die anderen sind ja nur Speichellecker und Konjunkturritter." (601) Hoffmann „versuchte so zaghaft, meinen Engels zu bemängeln", mußte aber zugeben, „er ändert ja doch nichts", was Koelle ihm bestätigte, worauf ihn Hoffmann darauf hinwies: „Ich bin doch der Auftraggeber." Koelle gab ihm zu verstehen, daß er solche Einwendungen nicht gewohnt war, „was ich machte, war immer recht". (602)

Aber zu seinen Figuren für die Humboldt-Universität mußte sich Koelle noch massivere Kritik von Helmut Holtzhauer bieten lassen: „Ich soll ... den Sämann anders darstellen, nicht mehr mit der Hand säend, sondern daß er mit der Maschine sät, mit dem Traktor arbeitet, den Holzarbeiter nicht mehr mit der Axt, sondern mit der Motorsäge ... Den Bergmann auch so, daß er mit Maschinen sich bedient. Ach ist das furchtbar." (603) „Ich mach den Arbeiter nicht auf Befehl, sondern schon seit 35 Jahren." (604) Auch wenn Holtzhauer dem Künstler versicherte, daß er der Einzige sei, der dazu berufen sei, den Arbeiter so zu gestalten, lehnte sich Koelle innerlich dagegen auf: „Sie wollen meinen Widerstand brechen ... Sie vergewaltigen mich." (605)

Gerade diese vehemente Auflehnung des Künstlers macht sein Dilemma deutlich: Er fußt nicht nur bildhauerisch immer noch im 19. Jahrhundert, auch sein Arbeiterbild entspringt dieser Epoche. Er bedient sich zwar selbst der technischen Errungenschaften der zweiten Hälfte des 20. Jahrhunderts, fährt ein „modernes" Auto, begeistert sich für den Fernsehapparat, aber „Technik" darf keinen Platz einnehmen in seiner ästhetischen Gestaltungswelt. Nur das „Naturerlebnis" mit Mensch und Tier gehört in sein plastisches Repertoire. Dem Arbeiter wird als Attribut lediglich ein antiquiert, genrehaft anmutendes Werkzeug zugestanden. Koelle verschließt sich der Wirklichkeit – dem von ihm geforderten – aber nicht erfaßten – „neuen Realismus".

In welchem Ausmaß Koelle die ihn umgebende Realität am 17. Juni 1953 (606) ermessen konnte, geht aus seinen nachfolgenden Briefen nicht hervor. Politische oder sozialkritische Äußerungen seinerseits erfolgten nicht, lediglich die Auflistung der für ihn nachteiligen Konsequenzen des verhängten Ausnahmezustandes, daß er keine Post erhielt, die Zeitungen nicht erschienen, er keinen Telefonkontakt in den Westen herstellen konnte, daß die öffentlichen Verkehrsmittel nicht fuhren und daß der Westsektor vollkommen abgesperrt war, so daß Koelle dort keine Waren mehr einkaufen und nach München mitnehmen konnte.

In der Presse erschienen unter anderem propagandistisch aufbereitet die Stimmen einiger Dozenten der Hochschule in Weißensee zur „Bestrafung der Provokateure" des Aufstandes vom 17. Juni. Während das Gros eine solche forderte, schlug Professor Drake eine differenzierte Sichtweise der Ereignisse vor, (607) und Fritz Koelle verwandte den bereits auf seine Bronzegruppe „Concordia" gravierten Zweizeiler, nun in deutscher Übersetzung und mit seiner in diesem politischen Zusammenhang tiefsinnigen Aussage:

„Durch Einheit wächst das Kleine –
durch Zwietracht zerfällt das Größte." (608)

In der Hochschule hatten sich die Wogen inzwischen wieder geglättet: „Es ist nun alles wieder in Ordnung, der Minister muß es dem Laux schon deutlich gesagt haben." (609) Jedenfalls erhielt Koelle wieder eine Sonderbehandlung, was seine Anwesenheitspflicht für die Diplomprüfungen, die für alle Dozenten galt, anging. Er brauchte nicht an ihnen teilzunehmen: „Nun ja, fahr heim, aber beschäftige Deine Leute", (610) war der Ratschlag, den Rektor Laux mit Grüßen an Elisabeth Koelle-Karmann Professor Koelle mit auf den Weg gab.

Koelles Schüler hatten ihre künstlerischen Aufgaben in diversen Industriebetrieben. Jürgen von Woyski arbeitete in Hennigsdorf an einem großen Relief von stehenden Stahlarbeitern. Koelle hatte ihm angeboten, daß er ihn bei Gestaltungsproblemen in München anrufen könne. (611) Dieses Angebot nahm der Schüler an. Er telefonierte mit seinem Professor. Sie vereinbarten den 4. August 1953. Koelle nannte von Woyski die Ankunftszeit seines Zuges am Ostbahnhof, wo dieser seinen Professor abholen wollte. „Der Zug kam und kam nicht, er hatte mehrere Stunden Verspätung. Als er endlich eintraf, hieß es, Verspätung wegen Tod eines Reisenden. Dieser Reisende war Fritz Koelle." (612)

Koelle starb im Interzonenzug von München nach Berlin am Grenzübergang Probstzella in Thüringen an Herzversagen. Dort sollte ihn sein Sohn mit einem Münchner Beerdigungsunternehmen abholen. Fritz Koelle junior fand seinen Vater in der Dorfkirche unter einem Blumenmeer aufgebahrt vor. Wer dieses veranlaßt hatte, konnte nicht herausgefunden werden.

Das Absurde in der politischen Lage zwischen Ost und West offenbarte sich in der Tatsache, daß das Auto des Beerdigungsinstituts die Grenze nicht passieren durfte und der Verstorbene in einen Güterwagen gelegt werden mußte, welcher dann in den Westen gerollt wurde, wo man ihn in Empfang nehmen konnte.

Fritz Koelle wurde auf dem Westfriedhof seiner Heimatstadt Augsburg beigesetzt.

VI. Nachruf auf den Menschen, Künstler und Lehrer Fritz Koelle

Thomas Wechs, der zusammen mit Fritz Koelle das Ehrenmal für die MAN in Augsburg gestaltete und in Geiselgasteig das Haus für den Künstler entwarf, entschloß sich bei dem Grabmal für den Freund, seine Verbundenheit mit diesem nochmals durch ein gemeinsames Werk auszudrücken. Ein enormes Repertoire an Bronzen aller Größenverhältnisse stand ihm zur Verfügung. Aber seine schlichte Wahl einer Arbeiterhand machte in ihrer Kombination mit dem Entwurf des Architekten deutlich, wie gut er den Menschen und Künstler Fritz Koelle kannte.

Eine einfache Grabplatte aus Stein, in die die Daten des Verstorbenen gehauen und sein Namenszug mit Blei ausgegossen sind, trägt die Worte: „Er suchte die Heimat und fand sie erst im Tode". Korrespondierend dazu eine körpergroße Stele aus dem gleichen Stein und dem aufgesetzten rechten Arm des „Hammermeisters" von 1932. (1) Aus seinem inhaltlichen und gestalterischen Kontext herausgelöst, verliert der Arm seine, den Arbeitsprozeß steuernde Funktion. In die Ferne gerichtet und eine ins Leere greifende Handhaltung vergegenwärtigen das ewig Suchende in Fritz Koelle, das Thomas Wechs auch mit seinen Worten an die Witwe ausdrückte: „Ich ... bin noch zutiefst erschüttert – besonders wenn ich nur seine Liebe zu seiner Vaterstadt und sein sehnsüchtiges Verlangen nach ihr bedenke, das nun auf diese für uns tragische Weise Erfüllung fand. Wenn ich besser überwunden habe, werde ich an sein Grab gehen". (2) (Abb. 78)

Die tiefsinnige Grabgestaltung Wechs' berührt auch fünfzig Jahre später noch den Betrachter: Die Hand – „pars pro toto" für die Körperlichkeit des Künstlers, dessen irdische Hülle vergangen, geblieben ist aber eine Hand in Bronze, geschaffen aus der Hand des Künstlers – „pars pro toto" für sein gesamtes Œuvre.

Der Architekt versicherte Frau Koelle nach einem Gespräch mit Norbert Lieb, dem Leiter der Kunstsammlungen in Augsburg, daß dieser stets der Freund ihres Mannes war und bleiben werde, auch wenn er für Koelle nicht das Erwünschte in Augsburg hatte erreichen können. Liebs persönliche Betroffenheit über den plötzlichen Tod des Künstlers war groß, weil ihm Koelle vor nicht langer Zeit seinen sehnlichsten Wunsch, in Augsburg als Lehrer aufgenommen zu werden, anvertraut hatte und dafür bereit war, sein Lebenswerk der Stadt zu vermachen. Erst wenige Monate zuvor hatte er Lieb diesen Entschluß unterschrieben. „Worte sind leer, ich nehme aufrichtigen Herzens an dem Unglück teil", (3) bekundete dieser sein Mitgefühl.

Der Direktor der MAN, Otto Meyer, der den Sohn Fritz Koelle junior als Lehrherr in seiner Ausbildung betreute, sprach der Witwe sein aufrichtiges Beileid aus: „Professor Fritz Koelle hat immer gute Beziehungen zur M.A.N. unterhalten, und sein Name lebt durch das Gefallenendenkmal, das er bei uns errichtet hat, in der Geschichte der M.A.N. weiter. Mit ihm nimmt ein großer Künstler Abschied." (4)

Auch Koelles ehemaliger Mäzen Rudolf Schwarz, der nur ein Jahr jünger war als der Bildhauer, drückte seine Betroffenheit Elisabeth Koelle-Karmann gegenüber aus: „Ich bin bestürzt über die betrüblichen Umstände, unter denen ihn der Tod überraschte ... Es erscheint wie eine bittere, tragische Symbolik, daß Ihr lieber Mann, der große Künstler, genau in der Mitte zwischen München und Berlin, genau an der trostlosen Grenze, die unser Vaterland spaltet, vom Tode ereilt wurde. Wie oft mag er ruhelos zwischen München und Berlin hin und her gereist sein, an beiden Orten nicht glücklich in seinem künstlerischen Schaffen. Wieviele Versprechungen wurden ihm nicht gehalten, wieviele berufliche Erwartungen durchkreuzt, wieviele Hoffnungen enttäuscht. So hat sicherlich viel Kummer an seinem Herzen genagt, bis es zu schlagen aufhörte." (5)

Fritz Koelle hatte nicht nur in Augsburg in den letzten Monaten verzweifelt nach einer Anstellung gesucht. Seine Suche in München ging seit Kriegsende unvermindert weiter. Während seiner Abwesenheit in Dresden und Berlin war es Aufgabe seiner Frau, immer wieder neue erfolgversprechende Kontaktmöglichkeiten ausfindig zu machen. Sie besuchte auch Professor Eduard Brenner vom Bayerischen Staatsministerium für Unterricht und Kultus in München, den sie in ihrer Post als „weiteres Eisen im Feuer" bezeichnete, um ihrem Mann neue Hoffnungen vor seiner letzten Heimreise zu machen.

„Nach meiner Unterhaltung mit Ihnen ... habe ich verschiedene Fäden angeknüpft, um ... Ihrem Gatten wieder einen wirtschaftlichen Untergrund auf Münchner Boden zu geben. Es scheint mir besonders tragisch, daß gerade in dem Moment, wo wir versuchen wollten, Ihrem Gatten in München zu helfen, er von uns gegangen ist", (6) schrieb Brenner wenig überzeugend, denn die Rezeptionsweise Koellescher Werke und die Akzeptanz des Künstlers in München hatte sich seit Kriegsende und der Ablehnung seiner Berufung an die Münchner Akademie nicht zu seinen Gunsten gewandelt.

Im Gegenteil, sein Wechsel in die DDR machte seine Person bei führenden Vertretern der Stadt- und Kulturebene Münchens noch unglaubwürdiger, wie ein zweijähriges Tauziehen Elisabeth Koelle-Karmanns mit Oberbürgermeister Wimmer, Bürgermeister von Miller und dem Direktor der städtischen Kunstsammlungen, Arthur Rümann, um den Ankauf einer Großplastik ihres Mannes für den öffentlichen Raum zeigte. Der Erwerb wurde abgelehnt, zum einen wegen der hohen damit verbundenen Kosten von 8 000 bis 11 000 DM für einen Bronzeguß und den circa 10 000 bis 12 000 DM Künstlerhonorar, das die Witwe forderte. Zum anderen aber war das Urteil des Direktors der städtischen Kunstsammlungen über den Bildhauer Koelle für die abschlägige Antwort an Elisabeth Koelle-Karmann ausschlaggebend.

Nach einem Besuch im Atelier in Geiselgasteig gab er zu bedenken, „daß sich die Figuren thematisch wenig eignen für eine Stadt, die der Schwerindustrie bar ist (was Frau Kölle-Karmann nicht wahrhaben will)". Dann aber nannte Rümann den entscheidenden Grund für eine Ablehnung des Kaufs. „Ich bin überzeugt, daß bei einer Verwirklichung dieser Angelegenheit die übrige Künstlerschaft schwer protestieren würde, da Herr Kölle sich durch seine etwas unstete politische Situation im Leben sehr unbeliebt gemacht hat, war er ja doch im Anfang seiner Tätigkeit als Darsteller des Schwerarbeiters auf der linken Seite gestanden, ist dann aber, nachdem seine Arbeiterfigur auf dem Melusinenplatz als entartet vernichtet worden war, in das rechte Lager übergetreten (deutlich an seinem Werk zu sehen) und ist dann in die Ostzone gegangen, wo er auch nicht recht Fuß fassen konnte und wieder nach München zurückkehrte." (7)

Arthur Rümann bat darum, diese Aussagen „vertraulich" zu behandeln, da er sich mit Frau Koelle-Karmann so gut verstünde und der Malerin schon vor geraumer Zeit eine Ausstellung ihrer Bilder in Aussicht gestellt habe. Und so wurde der Witwe gegenüber nur mit dem für den Kauf einer Bronzeplastik ihres Mannes fehlenden Haushaltsetat argumentiert.

Zu einer anderen Beurteilung des Bildhauers kam Willi Cronauer vom Bayerischen Staatsministerium für Unterricht und Kultus in München. Für ihn war Koelle „ein ehrlicher, wirklicher Mensch – ein Freund und großer, aus der Fülle dieser herrlichsten Eigenschaften schöpfender Künstler". (8)

Im gleichen Tenor würdigte der Bildhauer Hannes König (*1908 in München) vom Schutzverband Bildender Künstler, der wie Koelle 1951 in der Ausstellung „Künstler schaffen für den Frieden" in Berlin und 1953 auf der „Dritten Deutschen Kunstausstellung" in Dresden vertreten war, seinen Bildhauer-Kollegen: „Er war die Bescheidenheit selbst, trotz seiner überragenden künstlerischen Bedeutung ... Wegen einer würdigen Gesamtschau seines Lebenswerks bemühe ich mich und bitte Sie nach einiger Zeit um eine Besprechung", (9) ließ König Elisabeth Koelle-Karmann wissen, und er hielt Wort.

Bereits am 1. November 1953 wurde die vierwöchige Gedächtnisausstellung für Fritz Koelle im Pavillon des Alten Botanischen Gartens beim Stachus in München feierlich eröffnet. Veranstalter war der Deutsche Gewerkschaftsbund, Landesbezirk Bayern des Kreisausschusses München. Auf der Einladung zur Eröffnung hieß es: „Fritz Koelle, der Schöpfer tiefempfundener Arbeiterplastiken, ist am 4. August 1953 einem Herzschlag erlegen. Seine künstlerischen Kräfte bezog Fritz Koelle zeit seines Lebens aus den arbeitenden Schichten des Volkes." (10)

Der Besuch der Ausstellung war kostenfrei. Repräsentiert war der Bildhauer in dieser Retrospektive mit Werken aus seinem Atelier: Mit 24 großen Bronzefiguren, seinen beiden Reliefs „Bergamt" und „Stollenfahrt", mit 30 Portrait-Köpfen, den sieben Figuren für die Humboldt-Universität und zwölf Zeichnungen. Im Begleittext zur Ausstellung wird Koelle als ein Bildhauer gewürdigt, der „abseits von allen modischen Strömungen ... angelehnt an die großen Meister des Impressionismus ... seine künstlerische Kraft ... dem arbeitenden Menschen" gewidmet habe, dessen Schwerstarbeit als Berg- oder Hüttenmann er stets mit „Ehrfurcht" betrachtet und gestaltet habe. „Seine große, ruhige Form atmet Lebenswahrheit und beinhaltet zukunftsweisende Symbolik." (11)

Woran der Autor die „zukunftsweisende Symbolik" festmachen konnte, ist schwer nachvollziehbar und setzt die Verkennung der aktuellen plastischen Formensprache voraus. Bei den Exponaten war keine Jahreszuschreibung vorgenommen worden, und bereits hier kam die Problematik des eng gefaßten Motivkreises von Berg- und Hüttenleuten und ihrer eingeschränkten Benennung zum Tragen. Gelang selbst Koelle die stringente Betitelung seiner Arbeiterplastiken und -bildnisse nicht immer, so zeigte sich nach seinem Tod, daß weder seine Frau noch Außenstehende eine richtige Zuschreibung vornehmen konnten. Dennoch ist auch anhand einiger Abbildungen zu erkennen, daß Werke aus der Zeit des Nationalsozialismus, wie der „Saarbergmann" (1937) der Grube Reden und der „Isarflößer" (1938), neben dem „Schreitenden Arbeiter" (Friedenskämpfer) (1947), dem „KZ-Häftling" (1946), dem „Inferno" (1946) und der Büste von „Karl Marx" (1952) aufgestellt waren. Auch der 1933 entfernte „Blockwalzer" (1929) gehörte zu den Exponaten.

Der Rundfunk nahm diese Ausstellung und die Anwesenheit des Landtagspräsidenten und Mitbegründers der CSU, Alois Hundhammer, zum Anlaß, ein Interview mit diesem zu führen und seine Präsenz auf einer vom DGB ausgerichteten Ausstellung zu rechtfertigen, denn die Interviewerin war „ein ganz klein wenig erstaunt, [ihn] unter den Ehrengästen zu sehen." (12) Hundhammer erteilte einer politischen Diskussion von vornherein eine Absage, denn „Kunst kann man nicht ... identifizieren mit der politischen Anschauung eines Künstlers, und man darf Kunst erst recht nicht binden wollen etwa an eine politische Richtung." (13)

Obwohl Hundhammer bekannt war, daß Koelle „Sozialdemokrat" war, maß er ihn an seiner Leistung: „Ich habe Koelle außerordentlich geschätzt ... Koelle gehörte zu den Künstlern unserer Zeit, von denen ich glaube, daß sie das Thema erfaßt haben, das ihnen auch heute die Möglichkeit gibt, die Kunst an einen breiten Kreis des Volkes heranzubringen ... er hat in einem Stil gearbeitet, der ... über die Gegenwart hinaus dauernd die Menschen ansprechen wird [,weil] ... seine Problembehandlung über diese etwas zerfahrene und phantastische Art vieler Künstler unserer Zeit weit hinausgehend, wieder zurückgeführt hat zum Konkreten." (14) Hundhammer wünschte dieser Koelle-Retrospektive eine große und breit gefächerte Besucherzahl, und als ehemaliger Kultusminister hegte er auch den Wunsch, daß die Schulen den Weg in diese Ausstellung finden würden.

In einer Wochenchronik des UKW-Rundfunks wurde Koelles Opferrolle im Nationalsozialismus, in der Nachkriegszeit, in der DDR, in der man „politisches Kapital aus einem Mann [schlug], der sich nie um die Parolen der Tagespolitik gekümmert hatte", (15) herausgestellt. Und bei seinem Versuch, wieder in München Fuß zu fassen, sei er erneut politisch geächtet, von der Presse ignoriert und von den Behörden abgewiesen worden. In dieser einseitigen und polemischen Wiedergabe der Biographie Koelles kam die Redaktion zu dem Schluß: „Seine Kunst wird den Widerstreit der Meinungen überdauern." (16)

An dieser Präsentation wird deutlich, daß die Gewerkschaft, wie bereits kurz nach dem Krieg, Koelles Œuvre nicht differenziert wahrnahm, so wie der Direktor der städtischen Kunstsammlungen, Rümann, sondern allein der Inhalt der Arbeiterdarstellung zu diesem Zeitpunkt noch eine einheitlich positive Rezeption rechtfertigte und wie die IG Metall ein Jahr später anläßlich einer Kunstausstellung zu ihrem dritten Gewerkschaftstag in Hannover, bei dem auch drei Koelle-Plastiken präsentiert wurden, formulierte, daß sie mühevoll Arbeiten von bestimmten Künstlern zusammengetragen habe, um zu zeigen, „wie sehr die Zeit – gestern wie heute – ... nach Vorkämpfern, Mitkämpfern und Mitgestaltern entscheidender Ideen verlangt." (17)

Unter den in der Hannoveraner Ausstellung vertretenen Künstlern waren unter anderem Baluschek, Dix, Hodler, Kollwitz, Kirchner, Kokoschka, Liebermann, Masereel, Mataré, Meunier, Pankok und Steinlen. Damit schloß sich für den Bildhauer Koelle der Kreis. Er war dort angekommen, wo sein Erfolg in Berlin in den zwanziger Jahren in den „roten Kreisen um Käthe Kollwitz" begonnen hatte und er seine Kunst von der linksgerichteten Presse hatte vereinnahmen lassen, so wie die Gewerkschaften Koelles Arbeiterplastiken jetzt wieder für ihre Zwecke als „Mitkämpfer" reklamierten. Damals fühlte sich Koelle durch diese Rezeption seiner Kunst in ihrer Wertigkeit bestätigt (obwohl er diese Tatsache im Dritten Reich leugnete).

Selbst wenn eine Aussage über Koelles heutige Reaktion auf die aktuelle Inanspruchnahme seiner Kunstwerke Spekulation bleiben muß, fiele diese leicht, denn der Bildhauer war süchtig nach Anerkennung seiner Kunst, auch wenn er die Gegenwart von Künstlern wie Dix, Kokoschka, Masereel und ihrer Kunst mißbilligend als „Formalismus" ablehnen würde.

Der DGB in München richtete nicht nur die Retrospektive im Pavillon des Alten Botanischen Gartens aus, um der Öffentlichkeit Koelles Arbeiterkunst zugänglich zu machen, sondern Ludwig Koch vom Vorstand bekundete das Interesse der Gewerkschaft an Koelle auch schriftlich Oberbürgermeister Wimmer gegenüber und ließ nicht unerwähnt, daß das „Münchener Gewerkschaftshaus ... eine Statue des Künstlers" schmücke (18) in der Absicht, die Stadt ebenfalls zu einem Kauf einer Bronze des Bildhauers zu animieren: „Wir sind der Meinung, dass es für die Stadt München eine gewisse Verpflichtung gibt, einem Künstler ihrer Stadt, der das Leben des arbeitenden Menschen als Grundmotiv sah, durch den Ankauf seiner Arbeiten eine Würdigung zuteil werden zu lassen." (19)

Weil die Entscheidung aber bereits gefallen war, vom Erwerb einer Koelle-Plastik abzusehen, wurde auch der Gewerkschaft gegenüber mit den fehlenden finanziellen Mitteln der Stadt argumentiert. Da die Kunstsammlungen nur über einen jährlichen Ankaufsetat von 35.000 DM verfügten, wäre eine Anschaffung einer großen Bronzefigur für einen Preis von circa 18.000 bis 23.000 DM nicht vertretbar.

Der Bildhauerkollege Karl Röhrig faßte mit seinen Worten zum Tod Koelles genau die oben genannte Verhaltensweise der Stadt München zusammen: „Ich trauere um den Verlust dieses außergewöhnlich[en] und hervorragenden Menschen und Bildhauers, wohl des besten in unserer Stadt München. Sein innigster Wunsch, wieder in seiner Heimat tätig sein zu können, kam leider auch durch die Engstirnigkeit der Ratgeber nicht mehr in Erfüllung." (20)

Daß der Lehrer Fritz Koelle bei seinen Studenten beliebt war, bewiesen unter anderem das Bestreben vieler Schüler, in seine Klasse aufgenommen zu werden, und die Tatsache, daß ihm Schüler unter abenteuerlichen Bedingungen nach Berlin gefolgt waren, sowie der Wunsch der Nachbarklassen nach Kooperation mit der Koelle-Klasse und viele, den Professor bestätigende Aussagen seiner Studenten. Werner Rosenthal, der nicht bei Koelles Beerdigung anwesend war, schrieb einen sehr emotionalen Brief an Koelles Witwe, in dem er alle Vorzüge seines Professors aufführte und die Bedeutsamkeit darstellte, die die Zusammenarbeit mit diesem für ihn hatte:

„Ich muß Ihnen sagen, wie sehr ich ihn als Mensch liebte, als Künstler schätzte und als Lehrer achtete ... Sie erinnern sich gewiß unter welchen Abenteuern wir ihm nach Berlin nachfuhren, um seine Schüler zu bleiben: es gab keinen, dem wir uns besser vertrauen konnten.
Er trat als letzter auf dieser Seite Deutschlands gegen die allgemeine Verflachung für eine natürliche, erlebte Kunst ein. Nun stehen wir mit dieser seiner und unserer Überzeugung hier allein ... Es ist mir wahrhaft ernst, als Schüler von Professor Koelle zu gelten.
Jene erste Zeit ist mir noch gern in Erinnerung, als uns seine frische, begeisterte Art noch etwas völlig Neues bei der Korrektur war ... so fiel im Gegensatz zum Akademisch-Trocknen eine Atmosphäre von Begeisterung auf, durch die sich Schaffensfreude und -drang erst recht entfalten konnten ... Professor Koelle war der einzige, der für Krisen und persönliche Nöte seiner Schüler Verständnis hatte und entsprechend handelte. Er sagte einmal: ‚Wer als Mensch nichts taugt, wird auch als Künstler nichts leisten'. Er war einer von jenen, die ihr Amt so ernst nehmen, daß ich ihn als meinen Vater in künstlerischen und geistigen Dingen bezeichnen möchte." (21)

Rosenthals Urteil über seinen Lehrer spiegelte die Meinung der meisten Klassenmitglieder wider und kann somit als allgemeingültige Bewertung der Studenten über ihren Professor gelten. Für die meisten von ihnen war Koelles Tod ein herber Verlust, der sich aber auch zum Gewinn entwickeln konnte, wie Jürgen von Woyski es empfand: „Fünf Jahre nur bei Fritz Koelle ausgebildet zu werden, hätten nicht ausgereicht für eine umfassende Bildhauerausbildung, dazu war Koelles Volumen nicht groß genug. Er hatte eine gewisse Einseitigkeit, z.B. aufgrund fehlender Künstler- bzw. Kollegenkontakte." (22)

Auch Rosenthal bestätigte: „Er war festgefahren in seiner Technik, er ging bei seinem Plastikaufbau nur von der Linie aus, ebenso seine ‚Faltentechnik' bei der mit dem Daumen eine Falte reingezogen wurde, dann war es immer eine geschwungene Falte." (23)

Jürgen von Woyski ging als einziger Schüler nach Koelles Tod zu Heinrich Drake, dem er auch eine Einseitigkeit bescheinigte, „aber er hatte die Dichte, die Koelle fehlte." (24)

Betrachtet man das Œuvre dieser drei, von Koelle am ausführlichsten in seinen Briefen vorgestellten Schüler, so hat Gerhard Thieme (*15.3.1928), der später Meisterschüler von Fritz Cremer war, das Erbe Koelles angetreten, was seine monumentalen Arbeiter belegen. (Abb. 79) Thieme bewegt sich ausschließlich im naturalistisch-figurativen Bereich, besonders was seine genrehaften Brunnen- und Figurenkompositionen im Nikolaiviertel in Berlin-Mitte betrifft. (Abb. 80)

Rosenthal hat seine „Lebensaufgabe in der Pädagogik, im Unterrichten von Laien" gefunden. Gestalterisch ist er als Medailleur tätig, denn die Bewältigung von großen Bronzeplastiken, wie er sie während seines Studiums trotz seiner körperlichen Behinderung leistete, gelang ihm später aus gesundheitlichen Gründen nicht mehr.

Jürgen von Woyski (*23.3.1929, †30.5.2000) hatte die größte Möglichkeit, sich als Bildhauer zu erproben, und er nutzte sie. Bereits zu Studienzeiten vermittelte Koelle ihm in Hennigsdorf die Gestaltung eines Reliefs mit Arbeiterthematik. (Abb. 81) Mit seiner Diplomarbeit 1955 gestaltete von Woyski für den Eingangsbereich der Hochschule in Berlin-Weißensee zwölf gleich große Reliefs aus Keramik, in denen der Studienalltag von Lehren und Schülern jeder Abteilung lebendig, mit Humor und genauester Beobachtungsgabe (durch seinen Lehrer angeregt) dargestellt ist. (Abb. 82)

Mit der Ansiedlung in der „künstlerischen Provinz" in Hoyerswerda erhielt von Woyski mit der bildhauerischen Ausgestaltung der im Aufbau befindlichen Stadt seine große Berufschance. Gemeinsam mit dem Chefarchitekten Ferdinand Rupp bereicherte er Hoyerswerda um viele zeichensetzende, jeweils harmonisch ins architektonische Umfeld integrierte Plastiken, Skulpturen, Brunnen und Mahnmale. Von Woyski war stets darum bemüht, sein eigenes Blickfeld zu erweitern. Ob es die Arbeit in den Keramischen Werkstätten bei Hedwig Bollhagen und der dortige Kontakt zu Waldemar Grzimek war oder seine ausgiebigen Auslandsreisen oder die Mitarbeit bei und die Leitung des 1. bis 9. Internationalen Bildhauersymposiums in Hoyerswerda, immer konnte der Künstler sein künstlerisches Repertoire um neue Gestaltungsideen und -formen erweitern. Er arbeitete mit unterschiedlichen Materialien, am liebsten mit Ton, aber auch mit Bronze und Stein. Sein bildhauerischer Gestaltungsradius reichte von zart anmutenden naturalistischen oder naturalistisch-stilisierenden Kleinplastiken, stilleben- und genrehaften Reliefs bis hin zu großen architekturgebundenen Denkmalanlagen in figurativer oder geometrisch-abstrakter Form oder gar im Zusammenhang beider unter Einbezug verschiedener Materialien. Dekorative Elemente (Ornamente) spielen bei von Woyski eine bedeutende Rolle. Die Harmoniebedürftigkeit des Künstlers spiegelt sich in all seinen Kompositionen wider. Mitte der neunziger Jahre konzentrierte sich der Künstler wieder stärker auf die Malerei, da die körperlichen Kräfte nachließen. Die wendebedingte Aufgabe seines Hauses und Ateliers in Hoyerswerda und den dadurch bedingte Umzug 1999 nach Dresden hat der Künstler nicht verkraftet, er starb am 30.5.2000.

Jürgen von Woyski war der Schüler, der sich am weitesten von seinem Lehrer Fritz Koelle entfernte, so wie Rosenthal während des Studiums einmal sagte: „Mit von Woyski hört die Ära Koelle auf." Die Arbeiterthematik war für von Woyski kein Gestaltungsbedürfnis mehr, er arbeitete in unterschiedlichen Materialien und wagte sich in die nonfigurative Domäne. Dennoch sind die Einflüsse des Lehrers nicht zu übersehen. Der Schüler war ebenso der klassischen Bildhauertradition verpflichtet, besonders in seinen Akten, (Abb. 83) stehenden figürlichen Darstellungen (Abb. 84) und seinen Reliefs. Wie bei Koelle wird der Blick nach der Linie deutlich, fallen die geschlossenen Formen auf, die Dominanz der Ein- und Frontansicht und eine damit verbundene Statik. Und auch Jürgen von Woyski nutzte die Masse des Volumens nicht aus. 1981 kehrte der Schüler an die Kunsthochschule Weißensee zurück, um dort bis 1986 eine Lehrtätigkeit als Leiter der Abteilung Baukeramik auszuüben. (25) (Abb. 85)

Während Fritz Koelles Tod in der westlichen Presse recht schnell bekanntgegeben wurde, versehen mit entsprechenden Nachrufen, tat man sich im Osten schwer damit. In unmittelbarer zeitlicher Umgebung waren keine Pressemitteilungen ausfindig zu machen. Die Berliner Zeitung schrieb am 18.9.1953: „Wie wir erst jetzt erfahren, ist der Bildhauer Prof. Fritz Koelle am 3. August 1953 ... verstorben." In der Würdigung durch den Autor dokumentieren Koelles „monumental konzipierten Bergarbeiterfiguren ... eine sehr ernste und qualitätvolle Bemühung um die typische Darstellung des werktätigen Menschen." Als Koelles größtes Verdienst und gleichzeitig als Rechtfertigung für seine Berufung an die Hochschule in Dresden nannte der Autor die Tatsache, daß sich der Künstler bereits zu dem Zeitpunkt um die realistische Arbeiterplastik bemühte, als „sich ein erheblicher Teil der deutschen Plastik mit der spekulativ-experimentellen Erörterung rein formaler, unverbindlicher Tatbestände beschäftigte". (26) Die Zeit des Nationalsozialismus wurde ausgespart.

Im Osten wurde kolportiert, daß die westlichen Behörden Koelle eine Einfuhrgenehmigung für seine Bronzeplastiken in den Osten verwehrt hätten und aus diesem Grund ein Überblick über sein künstlerisches Œuvre bisher nicht möglich war. Aus dem gleichen Grund sei dem Bildhauer auch eine Übersiedelung nach Berlin nicht möglich gewesen, seine Frau hätte nicht einmal eine Besuchsgenehmigung erhalten. Offensichtlich hatte Koelle diese Behauptungen selbst verbreitet, denn auch Fritz Cremer wußte solche Aussagen aus Koelles Munde zu berichten.

Werner Laux teilte Elisabeth Koelle-Karmann am 16.9.1953 mit, daß der VBK der DDR im Einvernehmen mit der Staatlichen Kunstkommission und der Deutschen Akademie der Künste eine mehrseitige bebilderte Veröffentlichung über ihren Mann vornehmen würde. „Ich hielt es für ausserordentlich notwendig und wichtig, Ihnen diese Mitteilung zugehen zu lassen", (27) begründete Laux.

Bei der Veröffentlichung handelte es sich um einen zweiseitigen, recht persönlichen Artikel von Fritz Cremer in der „Bildenden Kunst" über Koelle, in dem er die gemeinsame Reise in die Sowjetunion recht lebendig schilderte, das ähnlich gelagerte Kunstverständnis beider hervorhob, das in der Fortschreibung des Realismus des 19. Jahrhunderts und der Ablehnung der „Moderne" bestand und sich mit der Kunstauffassung vieler Künstler und Kulturfunktionäre in der DDR deckte. Koelles künstlerische Aktivitäten im Nationalsozialismus versuchte Cremer mit den Worten zu verharmlosen: „Es scheint so, daß die Demagogie des deutschen Faschismus ihn einige Zeit verwirrte. Von seiner körperlichen Vitalität und seiner natürlichen Klassenherkunft her aber war und blieb er der Arbeiterklasse verbunden." Den Tod Koelles betrachtete Cremer als einen großen Verlust für die „neue deutsche Kunst, gewachsen aus einem unkomplizierten richtigen Gefühl für die größtmögliche Einheit von Inhalt und Form", das auch an seinem Œuvre abzulesen sei, das „aus echten Traditionen kommend auch in die Zukunft wirken wird und dem Kampf um die Einheit unserer nationalen Kultur hilft." (28)

Sechs Jahre später wurde dem Osten bereits eine differenziertere Rezeption des Gesamtwerks Koelles in der „Bildenden Kunst" vermittelt. Ein unter dem Pseudonym Paul Pehri (29) schreibender Kunstkritiker zog nach dem Besuch der ständigen Ausstellung des Koelle-Nachlasses in Augsburg das Fazit, daß weder „archaisierende Moderne ... noch die formal orientierte bürgerliche Kunst" Koelle von „einer parteilichen Darstellung des arbeitenden Menschen" habe abhalten können, daß er aber kaum über „die Gestaltung des harten und selbstbewußten Lebens der Industriearbeiter ... hinausgegangen" sei. Der Autor sprach Koelle das klassenkämpferische Moment ab, das er Constantin Meunier im gleichen Atemzug zuschrieb. Er sah bei Koelle „die Gefahr einer naturalistischen Darstellung des Proletariats als Glied des Produktionsprozesses ... ohne daß der politische Anspruch der Arbeiterklasse sichtbar wird."

Koelles Arbeiten während des Nationalsozialismus wurden folgerichtig wahrgenommen: „Und während der Nazizeit, in der Koelle nach anfänglicher Verdammung doch wieder mit Aufträgen betraut wurde, verstärkte sich die naturalistische Abschwächung der Aussage durch Zugeständnisse an eine klein-bürgerlich-idealisierte Auffassung der Arbeit. Die Plastiken Koelles wuchsen ins Überlebensgroße, ohne an Lebenswahrheit zu gewinnen". Der Kritiker konstatierte aber auch, daß Koelle „dem weltanschaulichen Ungeist dieser Tage" niemals „gefolgt" sei.

Und erst durch seine Gegenwart in der DDR konnte Koelle, geläutert in Kunstauffassung und plastischer Arbeit, „in dieser veränderten und vom Geiste einer Klassenharmonie und Versöhnung gereinigten Umgebung ... 1952 in der Marxbüste ein würdiges Denkmal für den geistigen Führer jener Kräfte, um deren plastische Formgebung er als Künstler gerungen hat", schaffen. (30)

Dieses Urteil über das Marx-Bildnis unterschied sich deutlich von dem der kulturpolitischen Auftraggeber des Jahres 1952/53 und läßt durchblicken, daß eine impressionistisch orientierte Gestaltungsweise bei den Künstlern durchaus akzeptiert wurde, wie Beispiele der Vierten Deutschen Kunstausstellung 1958/59 (auf der zum ersten Mal westdeutsche Künstler ausgeschlossen waren) in Dresden bewiesen. „Die Dresdner Schule hatte sich in großer Breite durchgesetzt." Die sozialistische Aufbauthematik durchaus behandelnd lagen viele Bilder „im spätimpressionistischen Sonnenlicht." (31)

Bei aller Kritik, die der Autor Koelle entgegenbrachte, mußte auch eine Rechtfertigung für seine fast vierjährige Präsenz als Hochschullehrer und Künstler in der DDR vorgelegt werden, und dazu eignete sich seine Karl-Marx-Büste.

Die oben genannte Ansicht über die Kunst Fritz Koelles wurde auch noch Anfang der achtziger Jahre in der von Ullrich Kuhirt herausgegebenen „Kunst der DDR 1945 – 1959" vertreten, allerdings in moderater Weise: „Bedeutende Bildhauer wie Karl Albiker, Hermann Blumenthal, Wilhem Gerstel, Joachim Karsch, Ludwig Kaspar, Fritz Koelle, Georg Kolbe, Gerhard Marcks, Edwin Scharff, Richard Scheibe und andere hatten sich auch unter der Herrschaft des Faschismus in ihrem Schaffen ein allgemein-humanstisches künstlerisches Ideal bewahrt und es in ihren Arbeiten verkörpert." (32)

Die Tatsache, daß einige dieser Bildhauer wie „Albiker, Koelle, Kolbe, Scharff, Scheibe [und] Klimsch" sich den ideologischen Kunstforderungen der Nationalsozialisten mit ihren Werken anpaßten oder wie Koelle andienten, sah der Autor lediglich als Gefahr an, „gerade infolge des allgemeinen Charakters ihrer humanistischen Auffassung nicht davor gefeit [zu sein], den Faschisten für deren ideologische Zwecke dienstbar zu werden." (33) Andererseits aber eigneten sich diese humanistischen Grundhaltungen der Künstler auch dazu, sie in deckungsgleicher Art wie im Nationalsozialismus nach dem Krieg in der DDR für sich zu reklamieren und die Plastik dieser Künstler im Sinne des neuen sozialistischen Menschenbildes zu interpretieren und weiterzuentwickeln, so wie es von 1949 bis 1953 mit dem Werk Fritz Koelles versucht wurde. Diese kulturpolitische Vorgehensweise des herrschenden Regierungssystems verschwieg der Autor, er konstatierte nur, daß diese Künstler „Ansatzpunkte für das weitere bildnerische Schaffen" boten, (34) da die herausragenden Plastiken des sozialistischen Realismus der Russen in der DDR noch unbekannt waren.

Fritz Koelles nach dem Zweiten Weltkrieg entstandene Plastik sprach Kuhirt, wie schon 1959 der sich Paul Pehri nennende Kritiker, einen aktuellen sozial- und zeitgeschichtlichen Kontext, so wie er in der DDR von der Kulturpolitik erwartet wurde, ab: „Die Aussage blieb jedoch noch auf einer recht allgemeinen Ebene humanistischer Wertung, wie sie etwa Fritz Koelle mit seinen Darstellungen arbeitender Menschen in die Plastik der DDR gebracht hatte". (35) Als Beispiel dazu nannte Kuhirt den „Sämann" von 1951.

In der ein Jahr früher entstandenen Diplomarbeit von Christoph Tannert über den Bildhauer Fritz Koelle wurde sein Werk unter kritischer Reflexion seines Schaffens im Dritten Reich mit seiner nach 1945 entstandenen Plastik aus dem sozialistisch-ideologischen Blickwinkel vereinnahmt: „Stärkeres soziales Engagement und der Versuch, einen positiven Beitrag für die Entwicklung des neuen von der Arbeiterklasse getragenen Menschenbildes zu leisten, spricht besonders aus den nach 1945 entstandenen Arbeiten. In seinem ‚Schreitende[n] Arbeiter' ... als auch in der ‚Concordia'-Gruppe ... werden Einsichten Koelles deutlich, die nicht zuletzt Resultat einer bewußten Beschäftigung mit dem Marxismus sind. Was seine früheren Arbeiterdarstellungen vermissen ließen, nämlich die ästhetische Formulierung des Neuen, seit Bestehen der Sowjetunion nicht mehr Utopischen, im Antlitz des Proletariats, prägt sich nun keimhaft aus." (36)

Daß Fritz Koelle zu dem Zeitpunkt 1947, als beide genannten Plastiken entstanden, noch keine Berührung mit der Theorie des Marxismus hatte, sondern mit dieser erst mit Beginn der für die Hochschuldozenten verpflichtenden politischen Unterweisungen (Vgl. Anmerkung V-526) konfrontiert wurde – das war 1953 – und sich bis dahin erfolgreich gegen jede politische Schulung in der DDR verwahrt hatte, wird in Tannerts Arbeit nicht erwähnt.

Obwohl Koelle für Tannert weder „proletarisch-revolutionärer Künstler" noch ein Vertreter des sozialistischen Realismus war, da seine Kunst „im Bereich des Allgemein-Menschlichen angesiedelt" war, so wie es bereits die zuvor genannten Autoren der DDR beurteilten, kam er zu dem Fazit: „In unserem Bewußtsein wird Fritz Koelle der Bildhauer der Arbeiter- und Bergmannsgestalt bleiben. Mit großem Engagement hatte er versucht, seinen Zeitgenossen die Augen zu öffnen, sie hinzuweisen auf die soziale Situation dieser arbeitenden Menschen ... seine Arbeiten ... sind ... Marksteine auf dem Weg der Formulierung eines neuen Bildes vom arbeitenden Menschen." (37)

Tannerts Lehrer Harald Olbrich, der die (nicht chronologisch erschienene) Reihe „Geschichte der Deutschen Kunst" – in der Kuhirt auch die beiden Bände „Kunst der DDR" herausgab – (38) mit der Epoche „1918 bis 1945" im Jahr 1990 beendete, wartete mit einer für den Bildhauer Koelle unerfreulichen Anhäufung von Zitaten und ungeprüften Meinungen auf, ohne adäquate Nennung der Urheber. Im großen und ganzen übernahm er für den erarbeiteten Zeitraum die Kunstauffassung Peter Schirmbecks, daß sich Koelles Kunst „von der Anklage" in den zwanziger Jahren „zur Heroik" im Nationalsozialismus entwickelt habe. Dabei bediente Olbrich sich auch der bei Schirmbeck genannten Sekundärliteratur. (39)

Im Westen war die Rezeption der Werke Koelles nach seinem Tod geteilt. Während die eine Seite den Bildhauer und die künstlerische Aussage seines Werks für unglaubwürdig erachtete, wie Münchner Fachkreise (Arthur Rümann), erfuhr Koelles Œuvre andererseits große Anerkennung, so beispielsweise durch die einseitige Vereinnahmung durch den DGB, der den Künstler ohne Nennung seiner politischen und künstlerischen Widersprüche in seinen kämpferischen sozialpolitischen Dienst stellte. Koelles Affinität zum Saarland, sein menschlicher Kontakt zur dortigen Arbeitswelt wurden nicht vergessen und trugen dazu bei, daß Koelles Kunst dort ohne Bedenken durchgängig positiv und „volksnah" rezipiert wurde.

Die hohe Wertschätzung, die Koelle im Saarland erfuhr, wurde unter anderem durch die Eröffnung einer Ausstellung seiner Werke 1957 in Homburg durch die beiden Landesminister für Kultus und Arbeit dokumentiert, was ausgiebige Berücksichtigung in Presse und Rundfunk fand. Arbeitsminister Kurt Conrad begrüßte es in seinem Vorwort zum Ausstellungskatalog, daß man mit dieser Schau Koelles Arbeiten „auch denjenigen zugänglich macht, denen Fritz Koelle in seinen Bronzebildnissen ein Denkmal setzte." In seinen Augen waren es „Kunstwerke von zeitloser Gestalt". (40) Auch Wilhelm Weber, der Leiter des Museums der Stadt Homburg, hob die adressatenbezogene Intention dieser Ausstellung hervor: „Eine solche Ausstellung gehe auch die an, die weitab von der Kunst ihre tägliche Arbeit erfüllen. Das Wort ‚Kunst dem Volke' heißt ja nicht ‚Kitsch dem Volke'." (41)

In der programmatischen Schau „Arbeiter in Hütten und Gruben" wurden neben 18 Bronzeplastiken und -bildnissen 180 Bildhauerzeichnungen von Fritz Koelle gezeigt, begleitet von 28 thematisch unterstützenden Ölbildern des saarländischen Malers Fritz Zolnhofer (vgl. Anmerkung II-107), dessen Namen Elisabeth Koelle-Karmann aus sämtlichen Pressemitteilungen eliminierte, und flankiert von den beiden Bronzen „Sitzender Puddler" (1893) und dem Bildnis „Antwerpen – Antlitz eines Hafenarbeiters" (1899) von Constantin Meunier, mit denen anschaulich die Tradition, in der Koelle bildhauerisch fußte, belegt werden konnte, dessen Einfluß Koelle aber zeit Lebens leugnete, und laut Aussagen seiner Schüler durfte der Name Constantin Meunier in Verbindung mit Koelles Bildhauerei in dessen Anwesenheit nicht erwähnt werden.

Die Ausstellung in Homburg wurde von Franz-Josef Kohl-Weigand angeregt, der auch den plastischen und zeichnerischen Grundbestand dazu lieferte, vom bayerischen Ministerpräsidenten Wilhelm Hoegner vermittelt und in Zusammenarbeit mit der Volkshochschule Homburg und dem DGB-Saar organisiert. Zeitgleich zur Ausstellung lief im Homburger Lichtspielhaus ein sehr persönlicher Dokumentarfilm über Fritz Koelle, den Elisabeth Koelle-Karmann nach dessen Tod in Geiselgasteig drehen ließ und kommentierte. (42)

Mit klarem Fingerzeig nach München ging die Beurteilung des dort ansässigen Kritikers Hans Brandenburg zum Ausstellungskatalog: „Diese kleine, aber großartig ausgestattete und bebilderte Publikation könnte Neid und Beschämung in jeder größeren Stadt, vor allem einer Kunststadt, erregen, wo man einer derartigen Leistung selten begegnet. Sie geht über eine einmalige Gelegenheit weit hinaus und behält einen bleibenden Wert." (43)

Die Resonanz durch große Besucherzahlen bestätigte Fritz Koelles „volksnahe" Kunst; eine Verlängerung der Ausstellung wurde gewünscht, und folgende Kritik spiegelt den Zeitgeist einer künstlerisch verunsicherten Generation wider: „Ueberall in Fritz Koelles Werken objektiviert sich in höchstem Maße das Ursprüngliche, das Gesunde, das sich selbst in dem besonders schwierigen Gebiet der modernen Plastik durchzusetzen weiß und die große Kluft zu den derzeitigen problematischen Tendenzen sehr deutlich werden läßt. In ihnen reflektiert die starke Macht eines übernommenen Erbes." (44)

Die Kunst Koelles wurde im Saarland verstanden. Sie hatte einen konkreten Bezug zur Bevölkerung, zu den Rezipienten, und diese ihrerseits entwickelten ihre Beziehung zu seinem Werk, eine wechselseitige Wirkung und eine vom ersten Bleistiftstrich an auf Kommunikation hin ausgerichtete Kunst. Unter diesem Gesichtspunkt übereignete 1956 die Firma Moeller

& Neumann GmbH, Walzwerkbau, anläßlich ihres zehnjährigen Bestehens der Stadt Ingbert die 1939 entstandene 2,30 m große Bronzeplastik des „Walzwerkmeisters" (dessen Arm sich auf Koelles Grab erhebt), die vor der Berufsschule im Schmelzerwald aufgestellt wurde. (45) (Abb. 86)

Aus Anlaß seines 60. Geburtstags schenkte Franz-Josef Kohl-Weigand dieser Stadt die 2 m große Bronzefigur des „Saarbergmanns" von 1930, (46) die ihren Platz vor dem Stadtbad in St. Ingbert fand und in einer Feierstunde am 16.7.1961 enthüllt wurde. Verbunden damit war eine Ausstellung im Kulturhaus der Stadt mit Werken des Bildhauers, die aus der Sammlung des Stifters stammten. (47)

Ebenfalls feierlich eingeweiht und von Wilhelm Weber gewürdigt wurde am 19.7.1962 die postum gegossene Plastik „Der erste Mann am Hochofen" von 1939 und zum zehnjährigen Bestehen der Saarbrücker Ingenieurschule (heute Hochschule für Technik und Wissenschaft des Saarlandes) vor dieser aufgestellt. (48) Auch zu Koelles zehntem Todestag 1963 wurden viele ihn ehrende Erinnerungen in der Presse des Saarlandes veröffentlicht. Das Interesse vieler saarländischer, aber auch bayerischer Gemeinden an Koelle-Plastiken als Dauerleihgabe der städtischen Kunstsammlungen Augsburg für den öffentlichen Raum beweisen die postume Wertschätzung der Koelleschen Arbeiterplastik.

In Augsburg wurde die vom Bildhauer und seiner Frau im Januar 1953 testamentarisch getroffene Verfügung umgesetzt und am 4. Mai 1957 als Sammlung Fritz Koelle im Beisein von Ministerpräsident Wilhelm Hoegner und Staatsminister a.D. Alois Hundhammer, einer Delegation aus dem Saarland sowie zahlreicher Persönlichkeiten aus dem öffentlichen und kulturellen Leben der Stadt in einem festlichen Akt im Schaezlerhaus eröffnet. In drei lichten Räumen im Erdgeschoß des Patrizierhauses an der Maximilianstraße wurde das großzügige Geschenk, bestehend aus 25 großen Bronzefiguren, 10 kleineren Bronzen, 29 Statuetten, 44 Portraitbüsten und drei Reliefs untergebracht. Ministerialrat Konrad Sterner erweiterte die 111 Exponate um sein von Fritz Koelle gestaltetes Portrait. (49)

Der Oberbürgermeister von Augsburg, Dr. Müller, hob an der Sammlung hervor: „Wenn irgendwo die Möglichkeit gegeben ist, Kunst dem Volke nahezubringen, dann so". (50) Ein Rezensent der Ausstellung beurteilte Koelles Lebenswerk im städtischen Amtsblatt mit den Worten: „Von Sentimentalität wie von Ressentiment aber sind Koelles Gestalten immer frei. Der Bildhauer selbst hat gesagt: ‚Nicht soziales Mitleid hat mich zu meinen Arbeiten getrieben ... sondern Achtung.' Die Aufrichtigkeit dieser Gesinnung bestätigt sich darin, daß den besten Werken jede verkrampfte oder leere Pose fehlt. So wenig hier eine ‚Arme-Leute-Kunst' gemeint ist, ebenso fallen alle Phrasen vom ‚Adel und Heldentum' der Arbeit, die man einmal an diese Themen herangetragen hat, von Koelles Schöpfungen ab." (51)

Norbert Lieb, der die Eröffnungsrede zur Sammlung Fritz Koelle mit einer ausführlichen Biographie über den Künstler hielt, urteilte in gleicher Weise über Koelles Œuvre wie der zuvor genannte Rezensent: „Mit künstlerischem Bewußtsein und mit ethischem Willen hat Fritz Koelle den bloßen Naturalismus und heroisierendes Pathos mehr und mehr ausgeschaltet; hat er auch jene Tendenzen sozialer Sentimentalität oder sozialkritischer Schärfe vermieden, die einer echten Plastik widerstreben." Lieb konstatierte aber vorsichtig, daß „Schwierigkeiten ... aus entgegengesetzten Richtungen an dem Künstler gerissen haben". (52) Er gestand aber nicht, daß Koelle sich hatte mitreißen lassen.

Der Bereitschaft der städtischen Kunstsammlungen Augsburgs und dem unermüdlichen Engagement des Sohnes, Fritz Koelle junior, ist es zu verdanken, daß viele der großen Bronzeplastiken seines Vaters den Weg aus den beengten Räumen des Museums als Dauerleihgaben in den öffentlichen Raum und ihrer Größe und künstlerischen Aussage entsprechend einen neuen würdigen Aufstellungsort gefunden haben. (Abb. 87 bis 89) Zum einen kann mit dieser „volksnahen Kunst" die Tradition des Berg- und Hüttenwesens wachgehalten werden, und zum anderen entgeht das Werk Koelles, das von ihm (besonders in seiner Monumentalität) für den Freiraum geschaffen wurde, der musealen „Verstaubung". Als 1978 der 1933 von den Nationalsozialisten in Neu-Ramersdorf entfernte „Blockwalzer" (1929) wieder an seinem ursprünglichen Aufstellungsort, dem heutigen Karl-Preiss-Platz, installiert wurde, konnte das Kapitel „Wiedergutmachung der Stadt München" abgeschlossen werden. (Abb. 90)

Erst mit der zunehmenden kunsthistorischen Aufarbeitung der Zeit des Nationalsozialismus wurde Koelles Plastik nicht mehr nur „tendenzlos" oder einseitig „sozialkritisch und sozialkämpferisch" rezipiert, sondern seinen politischen Beeinflussungen in inhaltlicher und formaler Aussage entsprechend wahrgenommen und gewertet (vgl. unter anderem Peter Schirmbeck [1984], Armin Schmitt [1996], Christof Trepesch [1996] und Barbara Eschenburg [1997]). Allerdings fällt in diesem Zusammenhang auf der anderen Seite auch eine einseitige Ausnutzung des Koelleschen Werks zur Illustrierung nationalsozialistischer Heroik in der Plastik auf (vgl. unter anderem die Ausstellungen „Die Axt hat geblüht", Düsseldorf 1987, und „Kunst und Diktatur", Wien 1994, sowie Mortimer G. Davidson [1988] und Peter Adam [1992]). (53)

Genau diese partielle Indienstnahme bedeutete für Koelle ein Leben lang das Problem, das sein Suchen nach einer künstlerischen Heimat forcierte und ihn zu den unterschiedlichen formalen, aber auch inhaltlichen Konzessionen veranlaßte. Noch über seinen Tod hinaus wurde sein Werk nur selektiv wahrgenommen und dieser Ausschnitt den jeweiligen politischen Situationen gemäß interpretiert. Mehrere Faktoren waren verantwortlich dafür, daß Koelles Plastik in drei politischen Systemen von der Weimarer Republik über den Nationalsozialismus hin zur sozialistischen DDR-Regierung und sogar bei den Russen Akzeptanz fand und vom jeweiligen Regime für eigene politische Zwecke reklamiert wurde.

Der Hauptansatzpunkt lag in der Thematik der Arbeiterdarstellung. Von allen drei politischen Führungssystemen wurde der „Arbeiter" als Multiplikator der jeweiligen ideologischen Propaganda instrumentalisiert.

In der Weimarer Republik, im Klima eines revolutionären, erstarkenden Klassenbewußtseins boten sich Koelles Plastiken der „Bergarbeiterkinder", des „Urahns", der beiden „Blockwalzer", des „Bergmanns" (1930) und die bis 1930 entstandenen Arbeiterbildnisse zur sozialkritischen Verwendbarkeit an und wurden mit Käthe Kollwitz' Zeichnungen dem kritischen Realismus zugeordnet. Koelle, den weder soziales Mitleid noch sozialkämpferische Ambitionen zur Gestaltung der Arbeiter bewogen, sondern Bewunderung der Kraft und Körperausstrahlung sowie Achtung dieser Menschen aufgrund ihrer Leistung, ließ die sozialkritische Interpretation seiner Werke, besonders von der linksgerichteten Presse, geschehen. Denn sie bedeutete für ihn den entscheidenden künstlerischen Durchbruch in Berlin, die Bestätigung und die ersehnte Anerkennung seiner Plastiken.

Im Nationalsozialismus, in dem der Arbeiter die Funktion des Arbeiterheroen übernahm, paßte sich Koelle nach einem zermürbendem Kampf um die Akzeptanz seiner realistischen Gestaltung (Blockwalzer [1929] und Hammermeister [1932]) den kunstideologischen Vorgaben des Menschen im neuen Zeitgeist nach Idealisierung der Arbeiterfiguren an, die keinerlei Züge der körperlichen Belastung aufweisen, sondern kraftvoll, dynamisch, unter Ausschaltung der geistigen Fähigkeiten selbstlos dem Führer ergeben zur Erstarkung der Rüstungsindustrie und der Macht der deutschen Nation beitrugen. Mit seinen entindividualisierten, geglätteten, statuarisch und monumental „aufgebauten" Plastiken des „Saarbergmanns" (1937) vor der Grube Reden, seinem „Isarflößer" (1938) und allen nachfolgenden Hochofenarbeitern und Arbeiterplastiken bediente er die Machthaber und ließ sich nicht nur propagandistisch von ihnen vereinnahmen (Saarrückgliederung), sondern drängte sich ihnen auf zur Sicherung seiner wirtschaftlichen Lage, vor allem aber im Kampf um die Akzeptanz seiner plastischen Gestaltungen, denen er jedoch nicht die überstrapazierte, kämpferische Dynamik und Heroik eines Arno Breker oder Josef Thorak verlieh.

Koelles unbedarfter Idealismus, im „Arbeiter- und Bauernstaat" die ihm in der Bundesrepublik versagte Wertschätzung seiner Arbeiterdarstellungen zu erlangen, wurde anfänglich positiv verstärkt. Die Wurzeln seines Erfolgs fußten im Berlin der zwanziger Jahre. Die Kontrakte zu „linken Kreisen", besonders zu Käthe Kollwitz, öffneten ihm nach dem Zweiten Weltkrieg im Osten die Türen. Anknüpfend an die Zeit in Berlin ergab sich eine positive Rezeptionsweise aufgrund der sozialkritischen Verwendbarkeit seiner Arbeiterplastiken. Die in der Ära der Nationalsozialisten entstandenen Figuren und seine dortigen künstlerischen Aktivitäten wurden negiert beziehungsweise unter dem Aspekt einer Umerziehung zum Sozialismus in Kauf genommen. Außerdem war es für den sich im Aufbau befindlichen neuen Staat ein Renommee, einen bekannten westlichen Bildhauer der Arbeiterschaft für die sozialistische Ideologie und die Errichtung des Systems eines „neuen Menschen" mit kämpferischer Natur im Sinne des Sozialistischen Realismus zu gewinnen.

Hier kamen sich inhaltliche und formale Intentionen in der Kunstideologie der DDR und des Nationalsozialismus sehr nah. Beide betrieben eine militante Ablehnung der Moderne als „entartete Kunst" beziehungsweise „Formalismus" und „Kosmopolitismus". Sie verlegten sich auf eine Rückbesinnung auf die Kunst des 19. Jahrhunderts (in der DDR auf den Realismus eines Menzel, Liebermann und Repin) und eine konkret-gegenständliche, künstlerischvollendete, allen Menschen zugängliche als „volksnah" und „volksverbunden" gestaltete Kunst.

Fritz Koelle konnte alle drei Kategorien bedienen, außerdem bewies er seine Verbundenheit mit dem Arbeiter als Multiplikator und erzieherisches Propagandamedium durch seine arbeiterfreundliche und -achtende Gesinnung, die er in einer enormen Begeisterungsfähigkeit für die Arbeitswelt vor Ort auf die junge Künstlerschaft übertragen konnte.

Auch in der Sowjetunion stießen Koelles Plastiken auf eine positive Resonanz, selbst seine Arbeiterfiguren aus der nationalsozialistischen Zeit, denn zeitgleich entwickelte sich in der Sowjetunion der Sozialistische Realismus mit vergleichbarer „kämpferischer" Ausdrucksgestaltung: In der Sowjetunion fand der Kampf der Arbeiter gegen den Kapitalismus und für einen Arbeiterstaat und im nationalsozialistischen Deutschland der Kampf (auch der Arbeiter) gegen den feindlichen Bolschewismus und andere und für ein Deutsches Reich statt. In beiden Fällen wurde der Arbeiter zu politischen Propagandazwecken mißbraucht, und Koelle war „der Arbeiterdarsteller".

Ohne Koelles persönliches Dazutun wäre eine derartige Akzeptanz seines bildhauerischen Werks durch drei aufeinanderfolgende Regierungssysteme nicht erfolgt. Seine wenig gefestigte Persönlichkeit, sein Obrigkeitsglauben – möglicherweise in eigenen erzieherischen Erfahrungen begründet – sein gestörtes kunstfachliches Selbstbewußtsein und seine Begierde nach Anerkennung ließen ihn sich und seine Kunst bei den politischen Machthabern andienen, wobei mit der erreichten Akzeptanz seiner Werke auch die Vereinnahmung dieser und seiner Person durch die politische Führung verbunden war.

Koelle vertrat zwar verbal seinen bildhauerischen Standpunkt, setzte ihn aber nicht konsequent in die Gestaltung um, sondern machte die geforderten kunstideologischen Konzessionen an seine politischen Auftraggeber und gab seine künstlerische Eigenprägung damit auf. Sein emotionales Temperament anstelle einer intellektuellen Argumentationskompetenz verwehrte ihm zusätzlich eine kunsttheoretische Rechtfertigung seiner plastischen Gestaltung.

Bei allen übrigen Auftraggebern aus der Industrie und seinen Portrait-Kunden deckten sich deren Kunstauffassungen mit denen des Bildhauers in der „Volksverbundenheit" seiner Plastiken, der figurativen – weitgehend realistischen – und allgemein verständlichen (Arbeiter-) Darstellung. Koelles bildnerische Umsetzung in Bronze fand deren volle Anerkennung.

Für sein künstlerisches Scheitern in der DDR waren neben einigen oben beschriebenen Persönlichkeitsmerkmalen auch sein unbedarfter Idealismus in den „Arbeiter- und Bauernstaat" und sein Glaube an die Versprechungen des Sozialismus und die Ignorierung der zunehmend aggressiv geführten Formalismusdebatte verantwortlich, weil er die kunstidelogischen Forderungen des Sozialistischen Realismus an seine bildhauerische Tätigkeit nicht verstand. Er wähnte sich und sein die „Moderne" als „Formalismus" ablehnendes Kunstverständnis auf der richtigen, fortschrittlichen, von der DDR-Regierung geforderten Seite des Sozialistischen Realismus. Als er aber erfahren mußte, daß sich sein „neuer Realismus" nicht mit dem verordneten Realismus des „neuen Menschen" deckte und man ihm diese Diskrepanz konkret an seinen einzelnen in der DDR gestalteten Plastiken (Marx- und Engels-Portraits und den sieben Figuren, davon sechs Arbeiter, für die Humboldt-Universität) aufzeigte, bewies er zum ersten Mal nach der Blockwalzeraffäre von 1933 künstlerische Standhaftigkeit: Er wollte sich nicht „vergewaltigen" und seinen „Willen brechen" lassen.

Sein Tod mag wie eine Verweigerung der künstlerischen und politischen Gefolgschaft anmuten. Koelles Suchen hatte ein Ende.

Schlußwort

Fritz Koelle hat für die Plastik des 20. Jahrhunderts weder in inhaltlicher Hinsicht noch, was deren figurative, naturnahe Umsetzung in die plastische Form betrifft, wegweisende Impulse gegeben.

Die Thematik der „Arbeit" wurde bereits in der Mitte des 19. Jahrhunderts durch Gustave Courbets „Steinklopfer" (1851), spätestens aber seit Adolf Menzels „Eisenwalzwerk" (1875) für die Kunst entdeckt und in der Plastik eines Constantin Meunier „salonfähig" gemacht, dennoch verfolgte Koelle seit den zwanziger Jahren bis zu seinem Tod 1953 in seiner Plastik fast ausschließlich das Thema des Arbeiters.

Auch sein plastisches Formenrepertoire bezog der Bildhauer aus dem 19. Jahrhundert: Aus der neoklassizistischen Klarheit und Geschlossenheit der Form und der Statuarik eines Adolf von Hildebrand (1847 bis 1921), aus den Einflüssen seines Lehrers Hermann Hahn (1868 bis 1942) die besondere Betonung der Silhouette in ihrer fließenden Bewegung sowie das dekorative Element. Aber auch in der impressionistisch bewegten Modellierung der Oberflächenstruktur wirkte das 19. Jahrhundert nach. Rodin und Meunier waren Koelles Vorbilder.

Betrachtet man Koelles Œuvre, so fallen nach seiner Ausbildung drei Schaffensperioden auf, wobei sich in den beiden ersten der jeweilige kunstpolitische Zeitgeist – gerade durch die gewählte Thematik des Arbeiters – deutlich widerspiegelt. Im Zeitraum von 1925 bis 1933 gelangen dem Bildhauer überzeugend ausdrucksstarke, realistisch gestaltete Figuren mit starker (sozialer) Aussagekraft, die in ihrer bewegten Modellierung und lebendigen Oberflächenstruktur überzeugten.

Im Dritten Reich mußten sie weichen zugunsten einer Reduzierung der gestisch-mimischen Wirkungsformen auf eine kantig-starre Entseeltheit von Gesicht und Körper, in glatt polierter, statuarischer Monumentalität.

Nach dem Krieg versuchte der Künstler 1945 nicht, an seine 1933 aufgegebene Formensprache anzuknüpfen. Er übernahm die entindividualisierte Gesichtsprägung der Dritten Reichs und entwickelte eine weitere Vereinfachung der Form bis hin zur körperlichen Stilisierung in manirierter Überbetonung der „schwungvollen Linien". In dieser letzten Schaffensphase entstanden Werke, bei denen Koelle der Transfer des Naturvorbilds in eine plastisch überzeugende Form am wenigsten gelang (mit Ausnahme des Marx-Portraits), weil der Bildhauer in vermeintlicher „Modernität" dabei nicht nach seiner Devise der Naturbeobachtung handelte (handeln konnte!). Die Plastiken dieser Zeit sind für die Beurteilung Koelles als Gestalter des Arbeiters von untergeordneter Bedeutsamkeit, aber sie schließen sein bedeutungsvolles Œuvre ab.

Seinem „veristischen" Prinzip des wahrheitsgetreuen, an der Natur orientierten plastischen Gestalters entwuchsen in der ersten Schaffensperiode einige aussagestarke „ehrliche" Bronzefiguren, aber auch seine Portraitplastik profitierte davon. Sein eisernes Beharren jedoch auf dieser naturnahen Gestaltungsauffassung und -wiedergabe engte seinen Gestaltungsfreiraum zusehends ein, ebenso wie seine Fokussierung auf die Arbeiterthematik. Dieser Tatsache allerdings verdankt Fritz Koelle die Charkterisierung als „Arbeiterdarsteller", besonders der Berg- und Hüttenleute in der Plastik des 20. Jahrhunderts, die auch von diesen verstanden und angenommen werden und in Zeiten der Zechenstillegungen zusätzlich eine kultur- und sozialhistorische Dokumentations- und Idenfikationsfunktion übernehmen.

Anmerkungen

Vorwort

(1) Zu Constantin Meunier vgl. u.a.: Georg Treu 1898, Karl Scheffler 1903, Walter Gensel 1905, diverse französischsprachige Abhandlungen und Ausstellungskataloge der Neuen Gesellschaft für bildende Kunst e.V. in Berlin (ohne Jahr), des Deutschen Bergbau-Museums Bochum 1971 und des Ernst Barlach Hauses in Hamburg 1998. Im Zusammenhang mit dieser Ausstellung vgl.: Eva Pasche: „Die (Wieder-)Entdeckung Constantin Meuniers. Eine Ausstellung in Hamburg", in: Der Anschnitt, 50. Jg., 1998, H. 2-3, S. 135f.

Einleitung

(1) Zur Situation dieser Künstlergeneration vgl.: Rainer Zimmermann: Expressiver Realismus – Malerei der verschollenen Generation, München, 1994.
(2) Von Elisabeth Koelle-Karmann existiert nur eine kleine Zahl von Antwortschreiben. Sie hat nach Auskunft ihres Sohns, Fritz Koelle junior, all ihre Briefe an ihren Mann vernichtet.

I. Koelles Lehr-, Wander- und Kriegsjahre 1895 bis 1922

(1) Erzählung Elisabeth Koelle-Karmanns über ihren Mann anläßlich der Eröffnung der testamentarisch verfügten Sammlung des Koelle-Nachlasses im Schaezlerhaus in Augsburg am 4. Mai 1957. Text in: N.N.: „Übergabe des Fritz-Koelle-Nachlasses", in: Westpfälzische Rundschau Nr. 103 vom 4.5.1957, S. 5.
(2) Zeugnis des Goldschmieds J. B. Haag aus München von März 1913 über Fritz Koelle, in: Germanisches Nationalmuseum Nürnberg unter ABK Nachlaß Koelle, I B ohne weitere Signatur.
(3) Frequenz-Zeugnis der Königlichen Kunstgewerbeschule München durch Direktor Richard Riemerschmid vom 28.3.1914 über Fritz Koelle, in: Ebenda unter B 5.
(4) Karl Scheffler über Anton Gauls Tiergestaltung, zitiert in: Ursel Berger, 1994, S. 24. Auf S. 23 findet sich die Abbildung einer stehenden Löwin von 1899, die der von 1901 vorausgegangen war.
(5) Vgl. Ausstellungskatalog der Kunstausstellung der Münchener Secession 1916 im Glaspalast, S. 49 unter der laufenden Nr. 548 „Löwe".
Der Glaspalast, die Münchner Künstlerheimat: König Maximilian bekundete 1853 seine Absicht, im Alten Botanischen Garten an die Stelle des dort vierzig Jahre zuvor (1813) entstandenen und inzwischen baufälligen Gewächshauses ein Industrie-Ausstellungsgebäude in der Art des 1851 von Sir Joseph Paxton im Hyde Park in London errichteten Kristallpalastes bauen zu lassen. Kritik und Widerstände der botanischen Wissenschaftler gegen die Zerstörung des zu Weltruhm gelangten Botanischen Gartens fanden keine Berücksichtigung; 1854 nahm der zuständige Direktor Philipp von Martins seinen Abschied. Der Bau des Glaspalastes begann im Oktober 1853 und war im Juni 1854 vollendet, er nahm eine Fläche von 11 000 m² ein, 1,5 Mill. kg Gußeisen wurden verarbeitet an dem Gebäude von 240 m Länge, 48 m Breite und mit einem Mittelbau von 26 m Höhe.
Am Samstag, den 15.7.1854, erfolgte die festliche Übergabe mit der Eröffnung der „Allgemeinen Deutschen Industrie-Ausstellung". Von diesem Zeitpunkt an fanden dort wirtschaftliche, industrielle, militärische und kulturelle Veranstaltungen statt. Am 22. Juli 1858 öffneten sich die Tore zum ersten Mal für die Kunst mit der „Deutschen Allgemeinen und Historischen Kunstausstellung". Aus dem reichhaltigen Ertrag der Ausstellung gründete sich die „Deutsche Kunstgenossenschaft", die ihren Lokalverband mit der 1868 entstandenen „Münchner Künstlergenossenschaft" erhielt.
Vom 20.7. bis 31.10.1869 fand die 1. Internationale Kunstausstellung statt. Am 14.6.1876 wurde anläßlich des 25jährigen Bestehens des Kunstgewerbe-Vereins München eine „große Ausstellung historischen und neuzeitlichen Kunstgewerbes" eröffnet. Es folgten weitere „Internationale Kunstausstellungen". 1887 wurde im Glaspalast eine Sammlung „Japanischer Kunst" gezeigt. Am 1.7.1889 fand die Eröffnung der „1. Münchner Jahresausstellung" mit Kunstwerken aller Nationen statt.
Die Künstlerschaft hatte ab 1889 den Glaspalast für sich erobert. Von dieser Zeit an wurde er fast ausschließlich von der Kunst genutzt. Es fanden regelmäßige Jahresausstellungen und in einem dreijährigen Turnus die „Großen Internationalen Kunstausstellungen" statt. Bei der Eröffnung der „5. Münchner Jahresausstellung" am 1.7.1891, die eine große Adolf-Hildebrand-Kollektion zeigte, wurde unter anderem Max Liebermann eine goldene Medaille überreicht und Hermann Hahn für seinen „Schlangenwürger" mit einer silbernen Medaille ausgezeichnet.
Nach der „6. Internationalen Kunstausstellung" erfuhr die Münchner Künstlergenossenschaft eine Teilung, die sich 1893 mit der Gründung des Vereins bildender Künstler „Secession" (unter Fritz von Uhde) vollzog. Diese neue Gruppe veranstaltete eigene Ausstellungen, fand sich aber ab 1897 wieder mit der Künstlergenossenschaft und den inzwischen

neugeprägten weiteren Gruppierungen zu den „Großen Internationalen Kunstausstellungen" im Glaspalast zusammen. Die Kunstausstellungen im Glaspalast erwiesen sich stets als geeignete Bühne für das Debüt einer neuen Künstlervereinigung. 1897 gründete sich die „Luitpold-Gruppe", 1900 debütierte die „Scholle", 1908 wurde der „Künstlerbund Bayern" ins Leben gerufen.

1913 gab es wieder eine „Palastrevolution": junge Künstler traten aus der „Secession" mit den gleichen Argumenten des Konventionalismus und sinkenden Qualitätsniveaus der Glaspalastausstellungen aus, mit denen die „Secessionisten" 1893 die Münchner Künstlergenossenschaft verlassen hatten. Es kam am 27.11.1913 zur Gründung der „Münchener Neuen Secession" unter Albert Weisgerber, der einstimmig als Präsident gewählt wurde, Heinz Braune von den Staatsgemäldesammlungen und Wilhelm Hausenstein, die ab 1920 im völlig abgetrennten Westflügel des Glaspalastes ausstellte.

Fritz Koelle stellte bereits 1914 während seiner Studienzeit an der Kunstgewerbeschule im Glaspalast aus, da aber noch in der Münchener Künstlergenossenschaft, 1915 in der Münchener Secession und ab 1916 in der Münchener Neuen Secession, deren Mitglied er 1924 mit Beendigung seines Studiums an der Akademie wurde.

Im Jahr 1927 traten zum ersten Mal die abgespaltene „Neue Münchener Künstler-Genossenschaft" und die „Juryfreien" auf. Die Präsentation im Jahr 1930 sollte sich unter dem Titel „Deutsche Kunstausstellung" als Gesamtschau ausschließlich deutscher Kunst darstellen. Wirtschaftlich wurde sie ein Flop. Die „Münchener Kunstausstellung 1931" dauerte vom 1. bis zum 6. Juni. In der Nacht zum 6. Juni brannte der Glaspalast ab und mit ihm fast 3000 eingesandte Kunstwerke sowie eine hochkarätige aus vielen deutschen Museen zusammengestellte Romantikerkollektion.

Zur Geschichte des Glaspalastes vgl.: Fr. Hunold: „Geschichte des Münchener Glaspalastes – Das Leben eines Hauses", in: Das Bayernland, Nr. 17, 42. Jg., August 1931, S. 513-524.

(6) Ludwig III., *7.1.1845 in München, †18.10.1921 in Sárvár, Ungarn, war seit 1912 Regent und von 1913 bis 1918 letzter bayerischer König. Er nahm als Nachfolger seines Vaters, des Prinzregenten Luitpold, in der Regentschaft für Otto I. selbst den Königstitel an. Im Rahmen der Novemberrevolution 1918 durch Kurt Eisner wurde Ludwig III. als König für abgesetzt erklärt. Er verließ Deutschland, dankte aber offiziell nicht ab.

(7) Erster Weltkrieg: Als Auslöser galt die Ermordung des österreichischen Thronfolgers Erzherzog Franz Ferdinand und seiner Frau bei einer Fahrt durch Sarajewo am 28. Juni 1914 durch einen serbischen Nationalisten. Eigentliche Ursachen aber waren die imperialistischen Machtbestrebungen der europäischen Großmächte England, Frankreich, Deutschland und Rußland, die zu immer neuen Bündnissen untereinander und zu immer stärkerer Aufrüstung geführt hatten. Am 28.7.1914 erfolgte die österreichische Kriegserklärung an Serbien. Am 1. August folgte die deutsche gegen Rußland, das sich auf die Seite Serbiens stellte. Die deutsche Kriegserklärung an Frankreich wurde am 3. August ausgesprochen. Dem Kriegsblock der „Mittelmächte" Deutschland, Österreich-Ungarn, Türkei (November 1914) und Bulgarien (Oktober 1915) stand der Block der „Alliierten" Rußland, Frankreich, Großbritannien und ihrer Verbündeten Japan (August 1914), Italien (Mai 1915), Portugal (März 1916), Rumänien (August 1916), USA, Panama und Kuba (April 1917), weiter Siam, Liberia, China, Brasilien, Guatemala, Nicaragua, Costa Rica, Honduras und Haiti gegenüber. Fast 70 Millionen Menschen standen unter Waffen: 42,9 Millionen der „Alliierten" gegenüber 24,2 Millionen auf der Seite der „Mittelmächte". Fast acht Millionen Menschen ließen ihr Leben, darunter 1,8 Millionen Deutsche. Koelle kämpfte als Kriegsfreiwilliger im Ersten Bayerischen Reserve Fußartillerieregiment an der Westfront und nahm ab März 1915 als Kanonier an Kämpfen in der Champagne, Artois, Flandern, an der Sommeschlacht und der Schlacht um Verdun teil. Vom 5.11. bis 11.11.1918 war er an den Rückzugskämpfen in der Antwerpen-Maasstellung beteiligt.

Danach erfolgte bis zum 19.12.1918 die Räumung der besetzten Gebiete, der Rücktransport in die Heimat und am 22.12.1918 die Entlassung aus dem Militärdienst. Koelle erhielt Verwundungen und das Militärverdienstkreuz Dritter Klasse. Vgl. Militärpaß des Kanoniers Fritz Koelle, in: Germanisches Nationalmuseum Nürnberg unter ABK Nachlaß Koelle I, A 5.

(8) Vgl. „Der Weltkrieg und danach", in: Michael Burleigh: Die Zeit des Nationalsozialismus – Eine Gesamtdarstellung, Frankfurt a. M., 2000, S. 43ff.

(9) Vgl. Ausstellungskatalog der Münchener Jahresausstellung 1914 im Königlichen Glaspalast, S. 72 unter der laufenden Nr. 1235a „Frühlingserwachen". Koelle stellte hier in der Münchner Künstler-Genossenschaft (MKG) aus.

(10) Vgl. Ausstellungskatalog der Kunstausstellung der Münchener Secession vom 30.6. bis 31.10.1915, S. 61 unter den laufenden Nummern 526 „Liebesbotschaft" (Bronze) und 527 „Tänzerin" (Gips).

(11) Vgl. dazu: Ausstellungskatalog des Hessischen Landesmuseums Darmstadt: Frühlings Erwachen in der Kunst um 1900, Darmstadt, 1997.

(12) Ebenda, S. 99. Die gleiche eng zusammengehaltene Beinstellung findet sich bei Aristide Maillols Aktfigur „Le Printemps" (zwischen 1909 und 1911/12) und unterstützt die Aussage des Unberührtseins.

(13) Die in Münster befindliche Statuette firmiert unter dem Titel „Stehende Venus". Allerdings ist in Koelles Œuvre dieser Titel nirgends ausfindig zu machen. Sie muß aber wie das „Frühlingserwachen" in der Kunstgewerbeschule entstanden sein. Dafür sprechen würde auch der zeitliche Rahmen, in dem sich der junge Koelle an dieser Aktthematik „übte".

(14) Der „Artilleriebeobachter", der seiner Zeit auf dem protestantischen Friedhof in Augsburg Aufstellung fand, ist bildlich nicht erfaßt. Im Ausstellungsverzeichnis zur Koelle-Ausstellung 1978 in St. Ingbert findet sich unter Nr. 23 ein „Soldat" ohne nähere Angaben. Ob die Figur mit dem „Artilleriebeobachter" identisch ist, konnte bisher nicht ermittelt werden. Vgl. Ausstellungsverzeichnis „Fritz Koelle – Dokumente zu Leben und Werk", Ausstellung im Kulturhaus St. Ingbert vom 16. bis 30. September 1978, in: Stadtarchiv St. Ingbert, S. 2. Außerdem erwähnte Koelle im Brief vom 15.2.1931, „daß nicht bekannt wird, daß die Figur für's Kriegerdenkmal der Weber sein soll, oder nach dem Weber die Studien sind." Diesen Äußerungen nach mußte Koelle 1931 an einer eventuell soldatischen Figur gearbeitet haben. Vielleicht deckt sich auch diese mit Kohl-Weigands „Soldat".

(15) Nach der Satzung, die Teil der „königlichen Verordnung der Akademie" vom 8. Mai 1911 war, erwartete Koelle dort folgende Zielsetzung: „Die Akademie hat als Hochschule der Malerei, Bildhauerei und Graphik die Aufgabe, jungen Männern, welche die bildende Kunst als Lebensberuf gewählt haben, jene Kenntnisse und Fertigkeiten zu vermitteln, deren sie zur selbständigen erfolgreichen Ausübung des Künstlerberufes bedürfen ... Der Unterricht, dessen Grundlage das Studium nach der Natur bildet, ist ein praktischer und ein theoretischer ... Für den praktischen Unterricht sind bestimmt: a) die Naturklassen, b) die Komponierklassen. Die Naturklassen, in denen die Studierenden gemeinsam nach der Natur, insbesondere nach dem lebenden Modell arbeiten, haben die Aufgabe, den Studierenden vor allem ein gründliches Verständnis der Form zu vermitteln und sie zugleich durch praktische Übung in der Technik des Zeichnens, Malens, Modellierens und der graphischen Kunst auszubilden. Die Komponierklassen sollen die Studierenden zur selbständigen Ausübung der Kunst hinüberleiten. In diesen Klassen werden nur in ihrem Können vorgeschrittene Studierende aufgenommen, um unter Leitung des Professors sich im Entwerfen und Ausführen von Werken eigener Erfindung praktisch zu üben. Den Studierenden der Komponierklassen wird – soweit tunlich – ein eigener Arbeitsraum zugewiesen ... Der theoretische Unterricht, mit dem nach Bedarf praktische Übungen zu verbinden sind,

bildet die Ergänzung des Unterrichts in den Natur- und Komponierklassen. Er besteht in Vorträgen über folgende Hilfsfächer: 1. Allgemeine Geschichte mit besonderer Berücksichtigung der Kulturgeschichte, 2. Kulturgeschichte mit Berücksichtigung der die Kunstentwicklung bedingenden Kulturverhältnisse, 3. Anatomie des Menschen (Knochen- und Muskellehre, Zeichnen nach anatomischen Präparaten), 4. Anatomie der Tiere (Knochen- und Muskellehre), 5. Darstellende Geometrie, Perspektive und Schattenlehre, 6. Architektur (Bauformen und einfache Entwürfe), 7. Malmaterialkunde mit praktischen Übungen." Satzung für die Studierenden der königlich Bayerischen Akademie der bildenden Künste in München. (Allerhöchst genehmigt am 8.5.1911), zitiert in: Christoph Stölzl (Hrsg.), 1979, S. 146f.

(16) Vgl. Künstlermonographie von Alexander Heilmeyer: Adolf von Hildebrand, Bielefeld, 1902;
und vgl. Adolf von Hildebrands programmatische Schrift, in der er sich an den für die plastische Gestaltung notwendigen naturwissenschaftlichen Grundlagen orientiert und die Form die Grundfunktion für eine Skulptur/Plastik übernimmt, die auf eine formal-ästhetische Wirkung ausgerichtet ist: Adolf von Hildebrand: Das Problem der Form in der bildenden Kunst, Straßburg, 1893.

(17) Joachim Heusinger von Waldegg: Der Bildhauer und Zeichner Fritz Wrampe (1893 bis 1934), Inaugural-Dissertation, Wuppertal, 1971, S. 18f.

(18) Artur Sansoni: „In memoriam Professor Fritz Koelle, Bildhauer", in: der naturstein 8/1963, Ulm, den 10.8.1963, S. 259ff. Mit diesem Aufsatz wollte Sansoni seinem „Studienfreund, den er sehr schätzte", zum 10. Todestag „ein Denkmal setzen". Sansoni war nach seinem Studium 1925 Lehrer und Leiter der Granitbildhauer-Fachschule Wunsiedel geworden. Vgl. Vollmer, 1992, Bd. 4, S. 156.

(19) Diese kleinen, farbig glasierten Keramikreliefs befinden sich heute in die Wohnungsarchitektur des Hauses von Fritz Koelle junior integriert.

II. Die goldenen zwanziger Jahre

(1) Familie Elisabeth Karmanns
 Vater: Heinrich Karmann, *1855 und †1906 jeweils in St. Ingbert
 Mutter: Elisabeth, geb. Lösch, *1856 in Steinwenden und †1941 in St. Ingbert
 Vier Geschwister: Käthe, Johann, Luise, Maria.
(2) Brief von Fritz Koelle an Elisabeth Karmann o.O.u.D., evtl. September 1924.
(3) Ebenda.
(4) Bei dem kleinen Köpferl (Robert) handelt es sich aller Wahrscheinlichkeit nach um das 1922 auf der Münchener Neuen Secessionsausstellung unter der Nr. 74 gezeigte „Portrait eines Säuglings" in Terrakottaausführung. Elisabeth Karmann sollte bereits die Bronzebüste verkaufen.
(5) Brief von Fritz Koelle an Elisabeth Karmann vom 1.10.1924.
(6) Hugo Kehrer, *27.4.1876 in Gießen, †3.1.1967 in München. Kunstkritiker, war dort als Professor tätig und veröffentlichte Werke über die spanische Kunst, unter anderem „Spanische Kunst von Greco bis Goya" (1926), an dessen Ausfertigung er zu Koelles Portraitersuchen arbeitete. Vgl.: Meyers Enzyklopädisches Lexikon, 1975, Bd. 13, S. 571.
(7) Brief von Fritz Koelle an Elisabeth Karmann vom 26.9.1924 mit handgeschriebener Liste der Künstler und der Preisangaben, Werkbezeichnungen werden nur bei Ludwig Casper, Elisabeth Karmanns Lehrer, vorgenommen. Scharff und Bleeker forderten für eine Büste jeweils 6000 und 5000 Mark.
(8) Oswald Spengler, *29.5.1880 in Blankenburg/Harz, †8.5.1936 in München. Spengler wird als deutscher Geschichts- und Kulturphilosoph bezeichnet. Von 1906 bis 1911 war er als Mathematiklehrer an einem Hamburger Gymnasium tätig. Danach siedelte er nach München über, wo er als freier Schriftsteller und Privatgelehrter arbeitete. Er hatte bereits 1901 einen einjährigen Studienaufenthalt in München verbracht, der München recht positiv in seiner Erinnerung erscheinen ließ. Zehn Jahre später sah er die Stadt mit anderen Augen: Sie war „voll von ‚trottelhaften' Ornamenten der Jugendstilarchitektur und ‚verlogenen' expressionistischen Gemälden." „München ist in Deutschland die altmodische Stadt par excellence..., die ... von der letzten Künstlerromantik zehrt und deshalb unfruchtbar ist. Der Geist Münchens wird heute durch preußisch-berlinerischen Geist endgültig abgelöst. Von nun an ist ... Deutschland gleich Berlin." (Spengler zitiert in: D. C. Large, 1998, S. 94f.) Trotzdem blieb Spengler in München und schrieb sein zweibändiges Hauptwerk „Der Untergang des Abendlandes", in dem er die Kulturen als eigengesetzliche „Organismen" auffaßte, obwohl sie vom Menschen geschaffen wurden. Auf der Basis einer Zyklentheorie entwickelte Spengler eine vergleichende „Morphologie der Weltgeschichte", die er als „Physiognomatik" bezeichnete. Als „Organismen" haben alle Kulturen (acht analysierte er) den gleichen organischen Entwicklungszyklus von Blüte, Reife und Verfall zu durchlaufen, dem sie zwangsläufig unterworfen sind, ebenso wie den Herrschaftssystemen und der „Rasse". Im Rahmen dieser „Homologie" des Geschichtsablaufs der Kulturen ist deren Vergleichbarkeit in der zeitgleichen Entwicklungsphase gegeben. Die seinige zu Beginn des 20. Jahrhunderts, die er als Periode der „Zivilisation" – im Gegensatz zu „Kultur" – bezeichnete, sei dem Verfall preisgegeben und stünde vor dem Aussterben. Der „Untergang des Abendlandes", Bd. I erschien 1918, Bd. II 1922, fand schnelle Verbreitung und begeisterte Zustimmung sowohl bei der Allgemeinbevölkerung als auch bei Historikern und Philosophen, denn er traf in seinem pessimistischen Tenor genau die Emotionslage der Menschen nach dem verlorenen Ersten Weltkrieg. Auch Fritz Koelle studierte während eines längeren Aufenthalts bei Schwarz dieses Werk, aus dem er seiner Frau Spenglers Ausführungen zur Kunst vorlas, mit denen Koelle nicht immer konform ging und die er für antiquiert hielt. Ernst Cassirer führte den Erfolg des Buches weniger

auf seinen Gehalt als auf den apokalyptischen Titel zurück. Auch seinen folgenden kultur- und geschichtsphilosophischen Schriften liegt sein Pessimismus zugrunde: „Preußentum und Sozialismus" (1920), „Neubau des Deutschen Reichs" (1924), „Politische Pflichten der deutschen Jugend" (1924), „Der Mensch und die Technik" (1931) und „Jahre der Entstehung" (1933). Aufgrund seiner antidemokratischen Gesinnung wird in Oswald Spengler ein geistiger Vorreiter des Nationalsozialismus gesehen. Er selbst stand diesem nach 1933 kritisch gegenüber. Vgl. David Clay Large, 1998, S. 94ff.; Der große Herder, Bd. 11, Freiburg, 1935, S. 244f.; Meyers Enzyklopädisches Lexikon, Bd. 22, Mannheim, 1978, S. 268f.; Brockhaus Enzyklopädie, Bd. 20, Mannheim, 1993, S. 636f.

(9) Oswald Spengler zitiert in: Brief von Fritz Koelle an Elisabeth Karmann vom 9.10.1924.
(10) Ebenda.
(11) Hermann Eßwein: „Ausstellung der Münchener Neuen Secession", in: Münchner Post Nr. 158 vom 10.7.1924.
(12) Dr. K.: „Neue Secession II", in: Bayerischer Kurier Nr. 236 vom 27.8.1924.
(13) Zeugnis seines Akademielehrers Hermann Hahn über Fritz Koelle zum Abschluß seines Studiums vom 25.12.1924, in: Germanisches Nationalmuseum Nürnberg unter ABK, NL Koelle I, B 7.
(14) Brief von Fritz Koelle an Elisabeth Karmann vom 7. Oktober 1924.
(15) Trauschein, München, Katholisches Stadtpfarramt St. Bonifaz vom 16. Februar 1925, in: Germanisches Nationalmuseum Nürnberg unter ABK, NL Koelle I, A 8.
(16) Text von Susanne und Dr. Rudolf Schwarz im Gästebuch von Elisabeth Koelle-Karmann vom 9.6.1960, ebenda A 9.
(17) Brief von Elisabeth Koelle-Karmann an ihren Mann vom 5.4.1925, abends 8 Uhr.
(18) In einem Brief an ihren Mann gibt Elisabeth Koelle-Karmann eine lebendige Schilderung ihrer „Modellsuche": „Gestern holte ich aus der Spatzengasse meine Modelle – schöne Kinder – mit beim Sandhaufen – sie sind schmutzig und barfuß – mit einer Elektrischen die in die Endstation fährt – aber fein – ich nahm 5 Kinder mit – die Schmutzigsten davon aber – ausgerechnet 30 liefen mir nach. Die blieben alle vor dem Hause und schrien laut ‚wir wollen auch gezeichnet wärre Freilein'... Morgen früh um 8 Uhr beginnen schon die Sitzungen– ich habe 12 Kinder bestellt ... Montag – einen Buben – einen echten Bauernbuben – es ist ein junger Glasmacher – ein dicker mit einem ganz naiven Bengelgesicht – mit einen Kleineren von 2 Jahren, der schaut wie ein Dachdieb [Tagedieb] aus den kleinen blauen Augen – und ist so dick – zu schön in der Gesamtwirkung." Brief von Elisabeth Koelle-Karmann an ihren Mann vom 23.8.1925.
(19) Julius Wolfgang Schülein, *28.5.1881 in München, deutscher Maler und Grafiker. Er war Schüler von Hugo Freiherr von Habermann an der Münchner Akademie. Lebte für längere Zeit in Paris und heiratete die 1883 in Paris geborene Malerin Suzanne Carvallo. Er wanderte in die USA aus. Vgl. Vollmer 1992, Bd. 4, S. 224.
(20) Brief von Fritz Koelle an seine Frau vom 24.8.1925.
(21) Brief von Elisabeth Koelle-Karmann an ihren Mann vom 17.8.1925.
(22) Vgl. Gustav Stolze: „Fritz Koelle", in: Die Kunst für Alle, 1927/28, Heft 9, S. 272-278.
(23) Ebenda, S. 276.
(24) Ebenda, S. 273.
(25) „... gestern erhielt ich Post von Fritz, der glaubt, daß sein Vater den Kopf nehmen wird ..., ich glaube, daß Fritz doch gut von uns spricht ..." [bei Schwarz], in: Brief von Fritz Koelle an Elisabeth Koelle-Karmann vom 28.8.1925.
(26) Das Saargebiet, bestehend aus der preußischen Rheinprovinz und der bayerischen Rheinpfalz, wurde nach dem Ersten Weltkrieg gemäß Versailler Vertrag 1920 politisch vom Deutschen Reich abgetrennt und von Frankreich beansprucht. Dieser Annexionsversuch scheiterte aber am Widerstand Th. W. Wilsons und D. Lloyd Georges, und so wurde

das Saargebiet aufgrund des Saarstatuts für 15 Jahre der Verwaltung des Völkerbundes unterstellt. 1935 wurde das Saargebiet nach einer Volksabstimmung mit 90% für Deutschland dem Deutschen Reich wieder angegliedert, und zu diesem Anlaß gestaltete Fritz Koelle auch eine Saarmedaille. Nach dem Zweiten Weltkrieg zielte Frankreichs Politik unter anderem auf eine Abtrennung des Saargebiets von Deutschland an Frankreich ab. Die übrigen Siegermächte stimmten lediglich einer wirtschaftlichen Angliederung zu. Das Saargebiet erhielt autonomen Status und überließ Frankreich die außenpolitische Vertretung. Sowohl die Aktivitäten der Bundesrepublik Deutschland zur Selbstbestimmung des Saargebiets ab 1952 als auch der sich ab 1950 im Saargebiet selbst formierende Widerstand gegen die französische Vereinnahmung führten zur Entspannung. Das Saarstatut vom 23.10.1954, das eine sogenannte Europäisierung vorsah, wurde in einer Volksabstimmung am 23.10.1955 von 67% der Bevölkerung abgelehnt. Durch die deutsch-französischen Saarverträge vom 27.10.1956 wurde das Saarland am 1.1.1957 als zehntes Bundesland in die Bundesrepublik Deutschland eingegliedert. Die wirtschaftliche Rückgliederung erfolgte mit Rücksicht auf Frankreich erst zwei Jahre später.

(27) Brief von Elisabeth Koelle-Karmann aus St. Ingbert an ihren Mann vom 17.3.1926.
(28) Ebenda.
(29) Das erste dokumentierte Bronzeportrait von Fritz Koelle findet sich 1924 unter der Nr. 106 in der Ausstellung der Münchener Neuen Secession, 1925 folgte eines mit der Nummer 104. Um welches Selbstbildnis es sich handelt, in dessen Besitz die Familie gelangte, ist nicht mehr nachvollziehbar.
(30) Diese Kleintierplastik „Junger Löwe" wurde 1925 von Koelle auf der Ausstellung der Münchener Neuen Secession unter der Nr. 109 gezeigt.
(31) Brief von Elisabeth Koelle-Karmann an ihren Mann vom 17.3.1926.
(32) St. Ingbert, 1180 erstmals urkundlich erwähnt. Kohlengewinnung ab 1619. 1733 Gründung der „Eisenschmelz", eines Hammerwerks mit Eisenschmelze, durch Carl Caspar Graf von der Leyen, der die Erzvorräte und den großen Waldbestand nutzte. Zu Beginn des 19. Jahrhunderts entwickelte sich die Anlage zu einem bedeutenden Eisenwerk mit einem der ersten Puddelöfen und der ersten Dampfmaschine in der saarländischen Eisenindustrie zum Antrieb der Walzstraßen. In der zweiten Hälfte des Jahrhunderts vollzog sich ein weiterer Ausbau der Walzwerke, Drahtstraßen und Gießereianlagen. Es wurden Eisenbahnschienen, Eisenträger, Draht und Gußwaren gefertigt. 1905 fand eine Fusion des Eisenwerks zur „Rümelinger und St. Ingberter Hochofen und Stahlwerke AG" statt, die weitere Betriebsexpansionen vornahm. In der Wirtschaftskrise 1920 übernahm der Luxemburger Konzern H.A.D.I.R. (Société des Haut Fourneaux et Aciéries de Differdange – St. Ingbert-Rumelange) das Werk und strukturierte es zu einem Spezialbetrieb für Bandeisen und Drahtproduktion um. Das war die Zeit, in der Elisabeth Koelle-Karmann ihre Kindermodelle aus der „Schmelz" holte. Die „Schmelz" stellt nicht nur eine der ältesten saarländischen Industrieanlagen dar, sondern auch die älteste noch erhaltene Werkssiedlung, die in einem dichten Nebeneinander (in Barockarchitektur) Fabrikhallen, Verwaltungsgebäude, Direktorenvillen und Arbeitersiedlungen beherbergt. Eine Reminiszenz an den heute eingestellten, aber in den zwanziger Jahren noch betriebenen Kohlenbergbau ist die 1929 eingeweihte und vom Kirchenbau-Architekten Albert Boßlet (1880 bis 1957) entworfene Bergmannskirche St. Hildegard, in der er eine Symbiose aus traditionellen Formen des Kirchenbaus mit aktuellem technischem und konstruktivem Know-how des Industriezeitalters und industriebautenadäquaten Baumaterialien schuf. Sehr eindrucksvoll erscheint die geplante Interdependenz zwischen industriellem Umfeld, Industrie- und Kirchenarchitektur in der Innenkonstruktion der Kirche in Anlehnung an den „Türstockausbau" im Kohlenbergbau. Vgl. Armin Schmitt: Denkmäler saarländischer Industriekultur, Saarbrücken, 1989, S. 28ff.

(33) Direktor Roschée, in späterer Korrespondenz Rogér geschrieben, muß einer der Direktoren der „Eisenschmelz" des Luxemburger Konzerns (vgl. Anmerkung 32) gewesen sein, den Elisabeth Koelle-Karmann konsultierte, um ihn für ihre Bilder und die Plastiken ihres Mannes zu interessieren. Im Stadtarchiv St. Ingbert ist er nicht nachweisbar.
(34) Franz-Josef Kohl-Weigand, Senator, *26.12.1900 in Ludwigshafen, †18.3.1972, war nach dem Abitur zunächst in einer Saarbrücker Bank und anschließend in der Eisenindustrie tätig, bevor er durch Heirat mit Auguste Weigand, der ältesten Tochter eines Unternehmers, nach St. Ingbert kam. Dort übernahm er gemeinsam mit einem Schwager 1931 die Leitung der Firma Otto Weigand & Sohn, die er bis zu seinem Tod beibehielt. Das 1866 gegründete Handelshaus expandierte zu einem weitverzweigten Großunternehmen mit diversen Tochtergesellschaften. Neben seiner unternehmerischen Arbeit widmete sich Kohl-Weigand seiner Kunstleidenschaft, die schon in der Kindheit durch die Freundschaft des Vaters Heinrich Kohl mit Max Slevogt (1868 bis 1932) begründet lag, den er als 15jähriger zum ersten Mal besuchte und dann zum ständigen Gast wurde, der später Ausstellungen für Slevogt organisierte, Verhandlungen mit Galerien führte und Verkäufe arrangierte. In dieser Zeit begann der Aufbau der Sammlung Franz-Josef Kohl, der sich zum Ziel gesetzt hatte, neben Arbeiten Slevogts alle Dokumente aus dessen Leben und Werk zusammenzutragen und an dessen Lebensende eine Sammlung von fast 10 000 Werken stand, darunter 200 Gemälde und Skulpturen sowie 8000 Arbeiten auf Papier. Die Sammlung begleitete eine umfangreiche Kunstbibliothek und ein 30 000 Dokumente enthaltendes Archiv. 1980 gelangten die Kunstwerke, die Bibliothek und das Archiv in den Besitz des Saarland Museums Saarbrücken und bildeten den Grundstock der neu gegründeten Stiftung Saarländischer Kulturbesitz. Vgl. Ausstellungskatalog des Saarland Museums Saarbrücken: Die Sammlung Kohl-Weigand, Saarbrücken, 1998, S. 9ff.
(35) Brief von Fritz Koelle an seine Frau vom 20.3.1926.
(36) Ebenda.
(37) Die „Osteria Bavaria" war ein rustikales italienisches Restaurant in der Schellingstraße 62 in Schwabing. „Hitler frequentierte dieses Lokal schon seit seinen frühesten Münchner Jahren. Er liebte es üppige Portionen zu vertilgen.... Er fühlte sich in der ‚Osteria' so sehr zu Hause, daß er dorthin ohne Leibwächter ging..." David Clay Large: Hitlers München, München, 1998, S. 351; und Ausstellungskatalog des Münchner Stadtmuseums: München – „Hauptstadt der Bewegung", München, 1993, S. 128.
(38) Brief von Fritz Koelle an seine Frau vom 20.3.1926.
(39) Adolf Ferdinand Schinnerer, *25.9.1876 in Schwarzenbach a.d. Saale, †30.1.1949 auf seinem Landsitz in Ottersheim bei Haimhausen, war als Maler, Graphiker, Entwurfzeichner für Glasmalerei, Illustrator und Kunstschriftsteller tätig. Er studierte 1898/99 in München bei Riehl, Lipps, Fehr und Schmid-Reutte und an der Akademie Karlsruhe bis 1902 bei Conz und Trübner. Ab 1903 hielt Schinnerer sich wieder in München auf. 1909/10 erhielt er den Villa-Romana-Preis. Nach einem Jahr Militärzeit 1915/16 bekam er eine Professur. Zuerst lehrte er an der Staatlichen Kunstgewerbeschule und später an der Akademie in München. Er war Mitglied der Künstlervereinigung „Die Mappe" und der von ihm mitbegründeten Münchener Neuen Secession, deren Präsident er auch zeitweise war. Ab 1937 galt er als entartet und wurde 1946 vorzeitig aus dem Dienst entlassen, allerdings zwei Monate später wieder eingestellt und 1948 zum Mitglied der Bayerischen Akademie der Künste ernannt. Schinnerer war in seiner Malerei stark vom Impressionismus geprägt, wie viele Mitbegründer der Münchener Neuen Secession. Später änderte sich seine Farbpalette. Er reduzierte die Farbvielfalt zugunsten einer größeren Farbkraft. Vgl. Thieme-Becker, 1992, Bd. 29/30, S. 84; Vollmer, 1992, Bd. 4, S. 188; und Christoph Stölzl (Hrsg.), 1979, S. 763. In einer Ausstellungskritik anläßlich der Sommerausstellung der Neuen Secession im Jahre 1929 erntete er ebenso wie die Expressionisten wenig Lob: „In gutbürgerlichen Häusern ist man ja endlich so weit vorgebildet, daß man alles, was man

nicht versteht, einfach als ‚Expressionismus' bewundert. In diese Gruppe gehören ... [die] Ausdrucksversuche Schinnerers ...", in: Neue Zeitung Nr. 210 vom 11.9.1929, „Sommerausstellung der Neuen Secession 1929" unter dem Kürzel G. J.
(40)   Brief von Fritz Koelle an seine Frau vom 18.3.1926.
(41)   Lovis Corinth, als Franz Heinrich Louis *21.7.1858 in Tapiau/Ostpreußen, †17.7.1925 in Zandvoort/Niederlande. Umbenennung in „Lovis" erst 1887 nach seinem ersten großen künstlerischen Erfolg. Kontakte mit Max Slevogt und Max Liebermann als führenden Mitgliedern der Berliner Secession, zu deren Vorsitzenden er 1911 gewählt und 1915 zum Präsidenten als Liebermanns Nachfolger ernannt wird. Neben Liebermann und Slevogt entwickelt sich Corinth zu einem der Hauptvertreter des deutschen Impressionismus. Im Dezember 1911 erleidet er einen schweren Schlaganfall mit rechtsseitiger Lähmung. Nur sein eiserner Wille und sein Ehrgeiz geben ihm die Kraft zu seiner letzten und stärksten Schaffensperiode, in der unter anderem viele Selbstportraits, die seine körperliche und psychische Veränderung ungeschönt widerspiegeln, entstehen. In dieser Zeit entstehen auch seine Walchenseelandschaften in ihrer expressiven Farbigkeit und ihren deutlichen Anklängen zur Abstraktion. Seine am Anfang noch dunkel-tonige Malweise wandelt sich zugunsten einer hellen leuchtenden Farbpalette, sein schon vorher kraftvoller Pinselduktus entwickelt sich zu einem fast ekstatischen Ausdruck. Sein Werk schließt auch religiöse Themen, gesammelte Schriften und seine Selbstbiographie ein. Vgl. Thieme-Becker, 1992, Bd. 7/8, S. 413ff; Vollmer, 1992, Bd. 1, S. 475; und Lexikon der Kunst, München, 1996, Bd. 2, S. 28f. Vgl. auch: Peter-Klaus Schuster, Christoph Vitali und Barbara Butts (Hrsg.): Lovis Corinth, München, 1996, Ausstellungskatalog zur Ausstellung im Haus der Kunst, München, 1996. Zum Leben von Lovis Corinth vgl. auch die lebendig geschriebene „Selbstbiographie", die 1926 zum ersten Mal erschien, Leipzig, 1993.
(42)   Albert Weisgerber, *21.4.1878 in St. Ingbert, †gefallen 10.5.1915 bei Formelles, Ypern, Belgien. Deutscher Maler und Graphiker, dessen malerische Entwicklung durch den frühen Tod unvollendet bleiben mußte. Ausgebildet an der Kreisgewerbeschule Kaiserslautern, Abteilung Dekorationsmalerei, der Kunstgewerbeschule München und ab 1897 bei Gabriel von Hackel und Franz von Stuck (1863 bis 1928) an der Akademie für Bildende Künste, verdiente er seinen Lebensunterhalt anfänglich durch kunstgewerbliche Objekte und durch Plakatentwürfe im Jugendstil. Ab 1906 gestaltete er für die Münchner Zeitschrift „Jugend" regelmäßig Titelblätter und gesellschaftskritische Karikaturen. Seine erste Ausstellung gab er 1901 in der „Münchener Secession", wurde 1909 Mitglied der „Neuen Künstlervereinigung München" und gründete 1913 zusammen mit den Bildhauern Berhard Bleeker (1881 bis 1968) und Edwin Scharff (1887 bis 1955) die „Münchener Neue Secession", deren erster Präsident er wurde. Aufenthalte in Italien und 1905/06 in Paris, wo er sich mit den Werken von Matisse und besonders Cézanne auseinandersetzte, die seinen künstlerischen Werdegang prägten. Weisgerber, der zunächst dem Jugendstil verpflichtet war, kam über impressionistische Anfänge (unter anderem pastose Landschaftsmalerei) zu einem stark farbigen frühen Expressionismus mit schwerpunktartig mythologischer und religiöser Thematik. Besondere Fähigkeiten entwickelte Weisgerber bei der Portraitmalerei, unter der sich viele Selbstbildnisse befinden. Vgl. Thieme-Becker, 1992, Bd. 35/36, S. 315f.; Lexikon der Kunst, 1996, Bd. 7, S. 754f.; Fritz Nemitz: „22 Jahre Neue Secession", in: Süddeutsche Zeitung, Nr. 113 vom 12.5.1958; und Karl-Heinz Meißner: „Künstler der ‚Neuen Künstlervereinigung München' nach 1914 bei der ‚Neuen Münchener Secession'", in: Annegret Hoberg u.a. (Hrsg.), 1999, S. 329ff.
(43)   Karl Caspar, *13.3.1879 in Friedrichshafen am Bodensee, †21.9.1956 in Degerndorf am Inn. Deutscher Maler und Graphiker, studierte an der Stuttgarter Akademie bei Jakob Grünenwald (1822 bis 1896) und Ludwig Herterich (1856 bis 1932), dem er 1898 nach München an die dortige Akademie folgte. 1903 zurück an die Stuttgarter Akademie, wo er seine spätere Frau kennenlernte, wird gemeinsam mit ihr Mitglied der „Münchener Neuen

Secession", deren Vorsitz er lange Zeit innehatte. 1913 Villa-Romana-Preis. Unternimmt mehrere Italienreisen. Caspar wird 1922 als Professor an die Münchner Akademie berufen, verliert diese Stelle 1937 aufgrund seiner „entarteten Kunst", wird aber 1946 bis 1951 erneut berufen. Caspars Werk war anfänglich von der Beuroner Schule geprägt, einer in der Benediktinerabtei Beuron bei Sigmaringen 1868 von Peter Lenz (Pater Desiderius) gegründeten Kunstschule, deren Ziel es war, altchristliche, transzendentale, bereits überholte Stilformen wiederzubeleben. (Vgl. dazu: Beuroner Kunst, in: Lexikon der Kunst, 1996, Bd. 1, S. 521f.) Durch seine Italienaufenthalte kamen Einflüsse durch Fra Angelico und El Greco zum Tragen, die wiederum auf Eindrücke durch Cézanne und Hans von Marées in den Hintergrund traten. Die religiöse Thematik in vereinfachter, monumentaler Form herrschte vor bei seinen Gemälden und der Freskenmalerei. Er schuf aber auch Portraits, Akte und Genrethemen sowie ein umfangreiches graphisches Werk. Vgl. Thieme-Becker, 1992, Bd. 5/6, S. 120f.; Vollmer, 1992, Bd. 1, S. 401f.; und Gerhard Finckh, 1979, S. 748.

(44) Walther Püttner, *9.10.1872 in Leipzig, †1953 auf Schloß Maxbrain bei Bad Aibling, als Maler und Lithograph tätig. Ging als Sohn des Architekur- und Landschaftszeichners Richard Püttner (1842 bis 1913) bei seinem Vater in die Schule. Er war aber auch Schüler von Ludwig Herterich, Ludwig von Löfftz (1845 bis 1910) und Paul Hoecker (1854 bis 1910) in München, arbeitete an der Zeitschrift „Jugend" mit und war Mitglied der Künstlervereinigung „Scholle", die sich aus einer 1899 von Illustratoren der „Jugend" gegründeten Ausstellungs- und Interessengemeinschaft rekrutierte und deren Hauptaugenmerk dem Jugendstil galt. Püttner war auch Mitglied der „Münchener Neuen Secession". Er war mit der Malerin Pauline Eigner (*1872) verheiratet. Vgl. Thieme-Becker, 1992, Bd. 27/28, S. 449f.; und Vollmer, 1992, Bd. 3, S. 633.

(45) Maria Caspar-Filser, *7.8.1878 in Riedlingen, †12.2.1968 in Brannenburg am Inn. Deutsche Malerin besonders von Landschaften. Sie studierte von 1896 bis 1902 an den Akademien Stuttgart bei Friedrich Keller (*1840), der sich als einer der ersten deutschen Maler mit dem Arbeitermilieu beschäftigte, unter anderem entstand 1878 sein erstes Bild zum Thema „Steinbrecher" (Kunsthalle Hamburg), und Gustav Igler (*1852) sowie in München bei Ludwig Herterich (1856 bis 1932) und in Paris. 1905 heiratete sie den Maler Karl Caspar. 1914 wurde sie Mitglied der „Münchener Neuen Secession". Von 1922 bis 1935 hatte sie als erste deutsche Künstlerin die Professur für Malerei an der Münchener Akademie inne. Ebenso wie ihr Mann wurde auch sie als „entartet" diffamiert. Neben ihren Landschaftsbildern, besonders der Schwäbischen Alb, finden sich Stilleben und Blumenmotive, zu denen sich in späteren Jahren auch figurale Themen gesellten. Anfänglich noch vom Impressionismus beeinflußt, brachten ihre Italienreisen eine intensivere und vielfältigere Farbigkeit mit sich, die in ihrer Lebendigkeit den Bildern der Fauves nahestehen. Vgl. Thieme-Becker, 1992, Bd. 5/6, S. 121; Vollmer, 1992, Bd. 1, S. 402; und Gerhard Finckh, 1979, S. 748.

(46) Brief von Fritz Koelle an seine Frau vom 20.3.1926.

(47) Toni Stadler, *5.9.1888 in München als Sohn des Landschaftsmalers und Direktors der Akademie Anton von Stadler (1850 bis 1917), dort †5.4.1982. Begann sein Studium 1906 an der Kunstgewerbeschule München. Er wechselte nach Berlin über und arbeitete von 1909 bis 1911 im Bildhaueratelier von August Gaul (1869 bis 1921) als dessen Werkstattgehilfe. Zurück in München ging er zum Marmorbildhauer Theodor Georgi (1883 bis 1963), dem Schwiegersohn Adolf von Hildebrands (1847 bis 1921), der von Toni Stadler eine Bildnisplakette angefertigt hat, und arbeitete dort bis 1914. 1919 bis 1924 studierte er bei Hermann Hahn an der Münchner Akademie zu der gleichen Zeit wie Fritz Koelle. Von 1925 bis 1927 ging Stadler nach Paris zu Aristide Maillol. 1934 erhielt Stadler den Rom-Preis der Preußischen Akademie der Künste Berlin, 1935 den Villa-Massimo-Preis und 1938 den Villa-Romana-Preis. 1942 heiratete er seine Schülerin Priska von Martin

(*3.3.1912 in Freiburg). „Anläßlich der großen deutschen Kunstausstellung 1939 bekam er wegen der auf seinem Fachgebiet erworbenen Verdienste den Ehrentitel ‚Professor' verliehen." (Christian Tümpel [Hrsg.]: Deutsche Bildhauer 1900 – 1945 – Entartet, Zwolle, 1992, S. 242) Von 1942 bis 1945 hatte er eine Professur an der Städelschule in Frankfurt am Main inne und von 1946 bis 1958 an der Münchner Akademie. Dieses war die Position, um die Fritz Koelle sich nach dem Kriege vergeblich bemühte. Standen Stadlers Werke anfänglich noch in der neoklassizistischen Tradition von Hildebrands, vermittelt durch seinen Lehrer Hahn, wurden sie durch Impulse seines zweiten Lehrers Maillol und durch Renoir bereichert, aber auch im klaren tektonischen Aufbau und der Formenvereinfachung durch Einflüsse seines Freundes, des Bildhauers Ludwig Kasper (1893 bis 1945) geprägt, der seit 1912 in Stadlers Elternhaus lebte und mit ihm gemeinsam bei Hahn an der Akademie studierte. Dort traf Stadler auch mit dem Bildhauer Fritz Wrampe (1893 bis 1934) zusammen. Aber auch Anregungen aus den Werken Henry Moors und Marino Marinis sind erkennbar. Nach dem Zweiten Weltkrieg wies Stadlers Werk vom Aufbau her eine größere Strenge, klare Tektonik und stärkere Abstraktion bei „gefäßhafter Geschlossenheit" der Figur auf, blieb aber der klassischen Skulptur in gemäßigt-archaischer Weise verpflichtet. Weibliche Aktfiguren prägten sein thematisches Schaffen, aber auch das Fragmentarische in Form des Torsos erhielt seine Aufmerksamkeit. „Und der Torso läßt mich beweglicher bleiben als das abgeschlossene Werk, das es eigentlich bei mir nicht gibt." (Stadler zitiert in: Franz Roh: Deutsche Plastik der Gegenwart von 1900 bis heute, München, 1963, S. 118.) Zur Person Stadlers vgl.: Thieme-Bekker, 1992, Bd. 31/32, S. 438; Vollmer, 1992, Bd. 4, S. 337; Christian Tümpel (Hrsg.), 1992, S. 157 und S. 242; und Helmut Friedel (Hrsg.): Figürliche Plastik im Lenbachhaus 1830 – 1980, München, 1997, S. 82ff.
(48) Ernst Theodor Goppelsroeder, *26.4.1894 in Zürich. Schweizer Maler und Zeichner. Begann 1916/17 mit dem Zeichenstudium an der Akademie der bildenden Künste in München bei Walter Thor und Karl Marr. Hielt sich bis 1928 in München auf und mußte in dieser Zeit Kontakt zu Fritz Koelle gehabt haben. Danach ging er nach Basel. Goppelsroeder spezialisierte sich in seiner Ölmalerei, Pastell und Zeichnung auf das Portrait. In Koelles Korrespondenzen wurde Goppelsroeder nie erwähnt. Zur Person Goppelsroeders vgl.: Künstler Lexikon der Schweiz XX. Jahrhundert, Frauenfeld, 1958 bis 1961, Bd. I., S. 373.
(49) Anton Lamprecht, *12.8.1901 in Allershausen, deutscher Maler besonders von Landschaften, lebte in München und später am Chiemsee. Lamprecht studierte zusammen mit Elisabeth Koelle-Karmann an der Münchner Akademie bei Karl Caspar, den er bei der Ausmalung des Bamberger Georgenchors unterstützte. Er war Mitglied der „Neuen Gruppe". Vgl. Vollmer, 1992, Bd. 3, S. 162.
(50) Brief von Fritz Koelle an seine Frau vom 18.3.1926.
(51) Brief von Fritz Koelle an seine Frau vom 20.3.1926.
(52) Im Ausstellungskatalog der Neuen Secession von 1927 unter der Nr. 148 Hüttenarbeiter, I. Vorwalzer (Gips) benannt.
(53) Der „Hüttenarbeiter" wird auf S. 51 des Katalogs zur Herbstausstellung der Preußischen Akademie der Künste zu Berlin im November/Dezember 1927 unter der Nr. 669 genannt.
(54) Der Stadtrat hatte 1925 im Zusammenhang mit dem Erwerb des Lenbachhauses von der Witwe Franz von Lenbachs beschlossen, dort eine städtische Galerie aufzubauen, als deren Generaldirektor Eberhard Hanfstaengl am 1.11.1925 berufen wurde. Er leitete die städtische Galerie bis 1933, bevor er nach Berlin zur Nationalgalerie wechselte. Mit dieser Galerie hatte man die Zielvorstellung verbunden, die Kunst der Münchner Schule zu erwerben und deren Entwicklung zu dokumentieren, ohne dabei mit den Bayerischen Staatsgemäldesammlungen konkurrieren zu wollen.

(55) Das „Bildnis eines Arbeiters" (Bronze) findet sich im Ausstellungskatalog zur I. Allgemeinen Kunstausstellung München im Glaspalast 1926 in der Abteilung der Neuen Secession auf S. 79 unter der Lauf. Nr. 2165. Der Hinweis „Erworben 1926 in der Münchner Kunstausstellung im Glaspalast" wurde dem Bestandskatalog des Lenbachhauses entnommen. Vgl. dazu: Helmut Friedl (Hrsg.): Figürliche Plastik im Lenbachhaus 1830 – 1980, München, 1997, S. 61.
(56) Brief von Fritz Koelle an seine Frau vom 27.3.1926.
(57) Brief von Fritz Koelle an seine Frau vom 29.3.1926.
(58) Max Liebermann übernahm am 1.10.1920 das Amt des Präsidenten der Preußischen Akademie der Künste, das er bis 1932 innehatte und dann aus Krankheitsgründen aufgab. Darauf wurde er von der Akademie zum Ehrenpräsidenten ernannt. Dieses Amt legte er am 7.5.1933 nieder und erklärte seinen Austritt aus der Akademie, da er das politische Regime der Nationalsozialisten nicht akzeptieren wollte. Legendär ist sein Satz: „Ich kann gar nicht so viel fressen, wie ich kotzen möchte" vom 30.1.1933, als er von seinem Haus aus uniformierte Massen Hitlerbegeisterter in einem Fackelzug feiernd durchs Brandenburger Tor ziehen sah. Vgl. Katharina Erling: Max Liebermann-Biographie, in: „Nichts trägt weniger als der Schein – Max Liebermann, der deutsche Impressionist," Ausstellungskatalog der Kunsthalle Bremen, Bremen, 1995.
(59) Max Liebermann, *20.7.1847 in Berlin, †8.2.1935, wohnte in Berlin im Haus Pariser Platz 7, das von seinem Vater 1859 erworben worden war und das 1898 nach vielen baurechtlichen Querelen in der obersten Etage ein Atelier mit Glasdach erhielt. Es schmiegte sich unmittelbar rechts an das Brandenburger Tor an, dahinter erstreckte sich der Tiergarten, und die Vorderfront führte zu „Unter den Linden". Ab 1911 bewohnte Liebermann zusätzlich ein Landhaus am Großen Wannsee. Vgl. Stefan Pucks: „Hier wohnte und wirkte Max Liebermann", in: Bayerische Vereinsbank (Hrsg.): Eine Liebe zu Berlin – Künstlersalon und Gartenatelier von Max Liebermann, München, 1995, S. 12-45. Abbildungen des Hauses Pariser Platz 7 unter anderem auf den Seiten 18, 74 und 78.
(60) Brief von Fritz Koelle an seine Frau vom 26.3.1926.
(61) Thomas Mann: „Max Liebermann im Urteil Europas – Zum 80. Geburtstag des Künstlers", in: Kunst und Künstler, XXV/3, S. 372-374, Berlin, 1927.
(62) Hans Oswald: Das Liebermann-Buch, Berlin, 1930, S.9.
(63) Ebenda, S. 10.
(64) Vgl. Anmerkung 58.
(65) Max Liebermann, zitiert in: Katharina Erling, Berlin, 1995, S. 250. Diese Fürsprache für die jungen Künstler erfolgte anläßlich der Eröffnung der Herbstausstellung der Akademie 1927, an der auch Fritz Koelle teilnahm.
(66) Max Liebermann, zitiert in: Hans Oswald, Berlin, 1930, S. 219 und S. 221. Diese Stellungnahme gab Liebermann Fritz Wintzer 1923, die dieser in der „Kreuzzeitung" abdruckte.
(67) August Kraus, *9.7.1868 in Ruwort, †8.2.1934 in Berlin. Lebte als Bildhauer in Berlin. Er war der Bruder des 1874 geborenen, aber bereits im April 1918 gestorbenen Bildhauers Fritz Kraus. August Kraus studierte unter anderem an der Berliner Akademie als Meisterschüler von Reinold Begas, dessen Gehilfe er bei der Gestaltung der Denkmäler Bismarcks und Kaiser Wilhelms I. war. Seine Werke weisen einen deutlichen Antikenbezug und – geprägt durch einen Romaufenthalt – Anklänge an die italienische Renaissance auf. Kraus war erster Vorsitzender der Vereinigung Berliner Bildhauer und Mitglied der Preußischen Akademie der Künste zu Berlin, deren Präsident er 1933 war. Vgl. Thieme-Becker, 1992, Bd. 21/22, S. 444f., und Vollmer, 1992, Bd. 3, S. 113.
(68) Alfred Flechtheim wurde am 1.4.1878 in Münster geboren. Als Kunstsammler, Kunsthändler und -verleger machte er sich als Förderer der zeitgenössischen Kunst und Künstler, wie Picasso, Braque und Grosz, einen Namen, und Otto Dix schuf 1926 sein markan-

tes Portrait „Der Kunsthändler Alfred Flechtheim". 1913 eröffnete er seine erste Galerie in Düsseldorf, es folgte 1921 Berlin. Die Galerien in Frankfurt am Main und Köln wurden 1922 gegründet. Flechtheim emigrierte 1933 über Paris nach London, wo er vier Jahre später, am 9.3.1937, starb. Vgl. Brockhaus, Frankfurt am Main, 1988, Band 7, S. 368.

(69) Paul Cassirer, *21.2.1871 in Görlitz, †7.1.1926 in Berlin durch Freitod. Er machte sich als Kunsthändler, Verleger und Auktionator um die zeitgenössische Kunst verdient. Er studierte unter anderem Kunstgeschichte in München und wirkte in den Anfängen des Simplicissimus als dessen Redakteur mit. Nach Berlin übergesiedelt, gründete er am 1.10.1898 gemeinsam mit seinem Vetter Bruno (vgl. Anmerkung 70) die Kunst- und Verlagsanstalt und eröffnete den Kunstsalon Cassirer in der Victoriastraße 35, für dessen innenarchitektonische Gestaltung Henry van de Velde verantwortlich zeichnete. Es war sein erster Anfang in Berlin. Die erste Ausstellung vom 1. November bis 3. Dezember 1898 zeigte Werke von Max Liebermann – Edgar Degas – Constantin Meunier. Jeder Künstler war in einem eigenen Raum vertreten. Außerdem waren die Ausstellungen nach einem ganzheitlichen Konzept aufgebaut, das die inhaltlichen, historischen und psychologischen Interdependenzen der einzelnen Künstler oder Schulen verdeutlichte. Das machte zum einen den Erfolg dieser Galerie aus, und zum anderen war der eigene Verlag mit der gleichzeitigen Verbreitung relevanter Schriften und Bildbände von Nutzen. Die Gründung der Kunstgalerie fiel in eine fruchtbare Zeit des Aufbruchs in Berlin, während in München die Kunst (laut „Kunstwart") darnieder lag. Am 2. Mai 1898 gründete sich die Berliner Secession, deren Geschäftsführung Paul und Bruno Cassirer am 10.3.1899 übernahmen. Max Liebermann wurde zum Präsidenten der Secession gewählt. 1901 kündigten die beiden Cousins ihre Zusammenarbeit – unter anderem aufgrund ihrer unvereinbaren Temperamente – auf. Paul behielt die Galerie und den alleinigen Geschäftsführerposten bei der Secession, während Bruno das Verlagswesen übernahm. 1902 gründete dieser die Zeitschrift „Kunst und Künstler", anfänglich unter Emil Heilbuts und C. Flaischleins Redaktion, später unter Karl Schefflers Schriftleitung, die bald zu Deutschlands führender Kunstzeitschrift für die „moderne Kunst" avancieren sollte und den Ideen der Berliner Secession verpflichtet war. Paul Cassirer hob 1908 die „Kunst- und Verlagsanstalt Paul Cassirer" aus der Taufe, in der bis 1914 Schriften bildender Künstler verlegt wurden. Die Verflechtung von Kunst- und Künstlerinteressen und Kommerz war ein oft aufkommender Kritikpunkt, der im Dezember 1910 zur Niederlegung seiner Geschäftsführung bei den Secessionisten führte, diese aber nicht daran hinderte, ihn am 5.12.1912 zu ihrem Präsidenten zu wählen. Unter seiner Leitung fand die letzte Ausstellung der Secession statt, bevor sie auseinanderfiel. 1913 wurde Paul Cassirer zum Ehrenmitglied der sich neu konstituierten Freien Secession gewählt. Im Anschluß an seine freiwillige Teilnahme am Ersten Weltkrieg und bis zu seinem Tod 1926 entwickelte Paul Cassirer noch diverse verlegerische Tätigkeiten, arrangierte die jährlichen Galerieausstellungen und Kunstverkäufe und betätigte sich auch als Auktionator.

(70) Bruno Cassirer, *12.12.1872 in Breslau, †29.10.1941 in Oxford, wohin er 1938 emigriert war. Er studierte Kunstgeschichte in München und Berlin. Zur Person Bruno Cassirers vgl. auch Anmerkung 69. Nach der Trennung vom gemeinschaftlichen Unternehmen mit seinem Cousin Paul war er gelegentlich noch als Kunsthändler tätig, verlegte Graphiken und führte eine kleine Kunstgalerie, aber hauptsächlich widmete er sich seiner verlegerischen Tätigkeit, vornehmlich Kunstbücher, edierte grundlegende Schriften zur modernen Kunst und wurde zum Protagonisten der modernen Buchkunst, bei der Bild und Wort zu einer integrativen Einheit verschmolzen und von bedeutenden Künstlern illustriert wurden (unter anderem Ernst Barlach mit Goethe- und Schillerwerken, Max Slevogt mit Goethes Faust II und viele mehr). Nach 1933 gab Bruno Cassirer die Verlagsrechte an den Sperber-Verlag nach Zürich ab und emigrierte 1938 nach Großbritannien, wo er 1939 die Bruno Cassirer Publishers Ltd. London gründete, die seine Frau nach seinem Tod 1941

weiterführte. Zu Paul und Bruno Cassirer vgl.: Georg Brühl: Die Cassirers, Leipzig, 1991; Peter Paret: Die Berliner Secession, Frankfurt am Main, 1983, u.a. S. 103ff.; dtv-Lexikon der Kunst, 1996, Bd. 1, S. 780-782.

(71) Karl Scheffler, *27.2.1869 in Eppendorf, Hamburg, †25.10.1951 in Überlingen, Bodensee. War als Kunstschriftsteller und Kunstkritiker tätig. Nach dem Besuch der Kunstgewerbeschulen in Hamburg und Berlin arbeitete er als Entwurfzeichner für die Tapetenindustrie. Über diese praktische Grundausbildung kam er zur Kunstschriftstellerei, wobei ihn unter anderem Julius Meier-Graefe unterstützte. 1906 übernahm er von Emil Heilbut die Redaktion der 1902 von Bruno Cassirer gegründeten Kunstzeitschrift „Kunst und Künstler", die er bis zu ihrem Ende 1933 leitete. Unter seiner Führung entwickelte sich diese monatlich erscheinende Zeitschrift zu einer der führendsten in ihrem Metier, besonders was das aktuelle Kunstgeschehen betraf. Der Berliner Secession gegenüber war sie positiv-kritisch gesinnt. In den zwanziger Jahren verlor sie ihre Fürsprecherrolle für die moderne Kunst, denn weder Bruno Cassirer noch Scheffler konnten sich für die dem Impressionismus nachfolgenden Kunstrichtungen (Expressionismus, Neue Sachlichkeit u.a.) erwärmen. Die abstrakte Kunst lehnte Scheffler gänzlich ab. Er verfaßte neben seiner Redaktionsführung auch circa 50 kunsttheoretische und -historische Schriften sowie viele Künstlermonographien, unter anderem 1903 über Constantin Meunier, 1906 über Max Liebermann und 1913 über Henry van de Velde. Nach der Einstellung der Zeitschrift „Kunst und Künstler" im Juni 1933 arbeitete er an Alfred Flechtheims „Querschnitt" mit. Während des Dritten Reiches begab er sich in die innere Emigration. (Die Universität Zürich verlieh ihm 1944 die Ehrendoktorwürde.) Scheffler war einer der wenigen, die 1935 Max Liebermanns Trauerzug begleiteten. Vgl. Georg Brühl, 1931, u.a. S. 226-228 und 276-278; Peter Paret, 1983, u.a. S. 108ff. und S. 301ff.; und dtv-Lexikon der Kunst, 1996, Bd. 6, S. 459.

(72) Fritz Gurlitt bzw. Wolfgang Gurlitt: Wolfgang Gurlitt, *15.2.1888 in Berlin, †26.3.1965 in München. Übernahm 1907 die von seinem Vater Fritz Gurlitt in der Potsdamer Straße in Berlin gegründete Kunsthandlung, der er 1915 einen Graphikverlag zufügte. In diesem verlegte er Blätter der deutschen Expressionisten, handelte besonders mit den Künstlern der Brücke und vertrat Corinth, Gauguin und Matisse. Nach dem Zweiten Weltkrieg verließ er Berlin und siedelte seine Galerie in München an. Vgl. Meyers Enzyklopädisches Lexikon, 1974, Bd. 11, S. 119.

(73) Brief von Fritz Koelle aus Berlin an seine Frau vom 27.3.1926.

(74) Lovis Corinth (1858 bis 1925) war 1911 Vorsitzender der Berliner Secession und wurde 1918 ihr Präsident. Am 17. Juli 1925 kurz vor seinem 67. Geburtstag während eines Aufenthalts in Amsterdam ist er an einer Lungenentzündung gestorben. Aus diesem Grund fand ein Jahr später, 1926, eine Gedächtnisausstellung in der Nationalgalerie mit seinen Gemälden und Aquarellen und in der Akademie der Künste mit seinen Grafiken statt.

(75) Brief von Fritz Koelle aus Berlin an seine Frau vom 29.3.1926.

(76) Brief von Fritz Koelle aus Berlin an seine Frau vom 27.3.1926.

(77) Zeche Shamrock: 1854 kam der 1806 bei Dublin geborene Ire William Thomas Mulvany (1806 bis 1885) nach Gelsenkirchen. Der gelernte Wasserbautechniker war 1853 von der englischen Regierung aufgrund eines Regierungswechsels in den vorzeitigen Ruhestand versetzt worden, und damit wurde der Unternehmergeist des 47jährigen geweckt. Er erkundete im Ruhrgebiet für einen Freund in Brüssel die Gegend auf ihr ökonomisches Potential und erkannte sehr schnell die Entwicklungsmöglichkeiten aufgrund des Reichtums an Bodenschätzen: „Ich erkannte, welche gewaltigen, von der Natur gebotenen Hilfsmittel in Bewegung gesetzt werden konnten, um die Anfänge der Industrie in Rheinland-Westfalen in mächtigem Umfang zu entfalten ... Ich hatte nach meinem kurzen Besuch auf dem Oberbergamt die geognostische Karte nachgesehen und auf der Stelle er-

kannt, welche wunderbaren Reichtümer unter der Erde waren. Ich hatte gesehen, wie mangelhaft in jenen Tagen die dortigen Eisenbahnen, wie unvollständig die Kanäle und die Transportmittel belastet waren, und ich sagte auf der Stelle: Diese Leute verstehen nicht, was sie hier haben." (Mulvany zitiert in: Karl Bax: Schätze aus der Erde – Die Geschichte des Bergbaus, Düsseldorf, 1981, S. 250) Mit englischem Kapital und fortschrittlichen Techniken nahmen die von ihm gegründeten Kohlenzechen ihre Förderung auf. Als erste 1858 „Hibernia" (lateinischer Name für Irland) in Gelsenkirchen, danach „Shamrock" (gälisch „Séamróg", der Name für das dreiblättrige Kleeblatt, dem Symbol für Irland) in Herne (Wanne-Eickel) und als dritte 1870 die Zeche „Erin" (gälisch „Eirinn", der Name für Irland) in Castrop-Rauxel. 1855/56 wurden die Geviertfelder Markania, Markania I und II, Bochumia und Barbara verliehen. 1857 erfolgte die Konsolidierung der Felder zu Shamrock, und es wurde nahe des Bahnhofs von Herne mit dem Abteufen von Schacht I begonnen. 1860 wurde die Förderung aufgenommen. Shamrock war eine der ersten Zechen, auf der eine Seilfahrtseinrichtung installiert war. 1881 erhielt der Schacht I ein eisernes Fördergerüst, das das hölzerne ablöste. Alle drei von Mulvany geleiteten Zechen wurden zu Musteranlagen, in denen er anstelle des wasserdurchlässigen hölzernen Schachtausbaus sogenannte Tübbinge, aus gußeisernen Segmenten zusammengefügte Schachtringe, einsetzte, eine geraume Zeit zuvor in England entwickelte Konstruktion. Außerdem erhielten seine Schachtanlagen die ersten erfolgreich funktionierenden Tiefbau-Bewetterungsanlagen über dem sogenannten Wetterschacht. Mulvany hatte zu seiner Zeit auch das Präsidentenamt des Vereins für die bergbaulichen Interessen im Ober-Bergamtsbezirk Dortmund inne, s. Ehrentafel des Bergbauvereins. (Vgl. Jahrbuch für den Ober-Bergamtsbezirk Dortmund, Essen, 1913, S. 666) Mit der Köln-Mindener-Eisenbahngesellschaft verwirklichte Mulvany die wichtige logistische Entscheidung des Baus einer neuen Bahnstrecke, vorbei an all seinen Zechen bis hin nach Dortmund. Die Realisierung des Rhein-Herne-Kanals, die Mulvany initiierte, ermöglichte später die Verbindung seiner großen Zechen und eine schnellere Vermarktung der Kohle. Mulvany leitete sein Großunternehmen von Düsseldorf aus, wo er das Gut Pempelfort bewohnte. Dort starb er am 30.10.1885. Sein Grab befindet sich auf dem Düsseldorfer Nordfriedhof. Mulvanies Konzern ging später in der 1929 gegründeten Vereinigten Elektrizitäts- und Bergwerks AG (VEBA) auf. Fritz Koelle war offensichtlich auf Schacht Shamrock IX eingefahren, denn er nannte auf der Ansichtskarte vom 24.9.1926 eine Teufe von 860 m, in der er sich befunden hatte, und der Förderschacht IX erreichte 1925 die Teufe von 868 m, der Schacht des Bergwerks Shamrock mit der bis dahin größten Teufe. Dieser Schacht ist auch auf der oben genannten Karte abgebildet. 1959 erreichte der Zentralförderschacht 11 auf der siebten Sohle seine Endteufe von 975 m. Am 31.10.1967 wurde die Grube Shamrock stillgelegt. Vgl. Walter Buschmann: Zechen und Kokereien im rheinischen Steinkohlenbergbau, Berlin, 1998; Joachim Huske: Die Steinkohlenzechen im Ruhrrevier, Bochum, 1998; Wilhelm und Gertrude Hermann: Die alten Zechen an der Ruhr, Königstein im Taunus, 1981; Karl Bax: Schätze aus der Erde – Die Geschichte des Bergbaus, Düsseldorf, 1981, u.a. S. 250ff.; und zu William Thomas Mulvany siehe auch Stadtarchiv Düsseldorf.

(78) <u>Union Hütte</u>: Die Dortmunder Eisen- und Stahlwerke wurden 1855 gegründet. Am 8.9.1910 erfolgte die Verschmelzung der Union, AG für Bergbau-, Eisen- und Stahlindustrie zu Dortmund, mit der am 15.6.1901 errichteten Deutsch-Luxemburgischen Bergwerks- und Hütten AG mit Sitz in Bochum, Zweigniederlassungen in Dortmund, Differdingen (Luxemburg), Mülheim an der Ruhr und Emden. Zum siebenköpfigen Vorstand dieser Gesellschaft gehörte Albert Vögler in Dortmund. Ab 1.4.1926 gehörte die Deutsch-Luxemburgische Bergwerks- und Hütten AG, die auch die Dortmunder Union mit einbrachte, zu der am 14.1.1926 gegründeten Vereinigten Stahlwerke AG Düsseldorf. Nachdem Generaldirektor Dr.-Ing. E.h. Dr. phil h.c. Dr. mont. h.c. Albert Vögler zuerst den

Vorsitz des Aufsichtsrates innehatte, leitete er das Unternehmen ab 1927 als Vorstandsvorsitzender. Die Abteilung Dortmunder Union betrieb zu dem Zeitpunkt von Koelles dortigen Aufenthalten 1926 und 1927 eine Hochofenanlage mit fünf Hochöfen. Vgl. Dietrich Baedeker (Hrsg. ab 1913), Alfred Baedeker (Hrsg. ab 1923): Jahrbuch für den Oberbergamtsbezirk Dortmund, Jahrgänge 12 bis 27, Essen, 1913 bis 1929.

(79) Brief von Fritz Koelle aus Dortmund an seine Frau vom 26.9.1926. Mit „so eine[m] Herrn" war Generaldirektor Dr.-Ing. E.h. Dr. phil. h.c. Dr. mont. h.c. Albert Vögler gemeint, der unter anderem ab 1927 im Aufsichtsrat der Harpener Bergbau AG (s. Anmerkung 81) saß. Zur Person Albert Vöglers vgl. Hermann Weiß (Hrsg.): Biographisches Lexikon zum Dritten Reich, Frankfurt am Main, 1998, S. 468f.

(80) Vgl. Anmerkung 79, ders. Brief.

(81) <u>Harpener Bergbau-Aktien Gesellschaft</u> in Dortmund: Wurde am 4. Januar 1856 auf zwölf in der Nähe von Harpen, unweit Bochum, gemutete Kohlenfelder gegründet (Concession vom 16. Dezember 1856). Die erste Zeche, „Heinrich Gustav", nahm 1859 die Förderung auf, 1868 folgte „Prinz von Preußen". 1871 wurde die Zeche „Caroline" erworben. 1884 begann die Zeche „Amalie" mit der Förderung. 1889 kamen die Zechen „Vollmond" und „Neu-Iserlohn" dazu, und am 1.11.1889 wurden die vier Zechen der „Société Anonyme Belge des Charbonnages de Herne-Bochum in Brüssel" „Von der Heydt", „Julia" sowie „Recklinghausen I und II" aufgekauft. 1891 erfolgte der Erwerb der nordöstlich von Dortmund bei Lünen gelegenen Bergwerke „Gneisenau", „Scharnhorst" und „Preußen". 1895 kamen die Gruben „Hugo I, II und III" dazu, 1899 die Schachtanlage „Courl" (Kurl) sowie 1904 die Zeche „Vereinigte Sollerbeck" in Mülheim an der Ruhr, die aber bereits 1905 stillgelegt wurde, und die Grube „Roland" in Oberhausen. Die Zeche „Siebenplaneten" in Bochum-Langendreer trat 1905 hinzu. 1908 wurden in Lünen die Bergwerke „Viktoria" und „Kobold" erworben. 1912 wurde der Betrieb von „Viktoria" durch die Harpener Bergbau A.G. übernommen. Ferner übernahm die Harpener Bergbau A.G. auch Gesellschaften für Tauerei, Schleppschiffahrt, Reederei und Kohlenhandel. Zum Zeitpunkt von Koelles Aufenthalt besaß die Harpener Bergbau A.G. 19 Zechen. Auf welcher von ihnen Koelle anfuhr, geht aus seiner Korrespondenz nicht hervor. 1969 wurde das Bergbauvermögen der Harpener Bergbau A.G. in die neu gegründete Ruhrkohle AG eingebracht. Vgl. Alfred Baedeker: Jahrbuch für den Oberbergamtsbezirk Dortmund, Sechsundzwanzigster Jahrgang (1926 bis 1927), Essen, 1928, S. 88ff.

(82) Bürgermeister Ackermann: Friedrich Ackermann, *25.5.1876 in Edenkoben/Pfalz, †8.10.1949 in Leinsweiler/Pfalz. War Jurist und Kommunalpolitiker. Von November 1918 bis Juli 1919 war er Berater und Referent von Kultusminister beziehungsweise Ministerpräsident Johannes Hoffmann in München. Ab August 1919 bis zur Machtübernahme der Nationalsozialisten 1933 war Ackermann Zweiter Bürgermeister in Augsburg mit dem besonderen Zuständigkeitsbereich Kultur und Finanzen. Gleichzeitig von 1919 bis 1933 war er Mitglied des Bayerischen Landtags (SPD). 1933 kurzfristig von den Nationalsozialisten inhaftiert. Jegliche politischen Aktivitäten wurden ihm untersagt. Ackermann verließ Augsburg und zog nach Leinsweiler. Vgl. Augsburger Stadtlexikon, Augsburg, 1985, S. 221f.

Bei den Verhandlungen um die Grabgestaltung ging es um die Bronzestatue die „Klagende" für das Grab von Ackermanns Frau Carolina, geborene Grünert, *16.8.1882, †11.1.1926, die am 13.1.1926 auf dem Augsburger evangelischen Friedhof eingeäschert wurde. Laut freundlicher Information von Ulrike Knoefeld-Trost, Augsburg.

Die Bronzeplastik der „Klagenden", die Koelle 1924 als Gipsversion auf der Ausstellung der Münchener Neuen Secession ausstellte, gilt als verschollen. Es existiert lediglich eine kleine unzulängliche Fotografie davon.

(83) Friedrich Dörnhöffer: Als Nachfolger Hugo von Tschudis nach dessen kurzer Amtszeit als Direktor der Bayerischen Staatsgemäldesammlungen (1909 bis 1911) übernahm

Dr. Friedrich Dörnhöffer, früherer Direktor der Österreichischen Staatsgalerie in Wien, dessen Stelle als Generaldirektor der Bayerischen Staatsgemäldesammlungen von 1914 bis 1933. Dörnhöffer war der Moderne durchaus gewogen, aber in einer gemäßigten Haltung ihr gegenüber. Vgl. Peter-Klaus Schuster: Die „Kunststadt" München 1937, München, 1987.

(84) Brief von Fritz Koelle an seine Frau vom 19.10.1926.
(85) Brief von Fritz Koelle an seine Frau vom 20.10.1926.
(86) Ebenda.
(87) Oskar Wolfer war Kunstschriftsteller und verfaßte auch Artikel über Fritz Koelle und sein Œuvre.
(88) Brief von Fritz Koelle an seine Frau vom 21.10.1926.
(89) Ebenda.
(90) Ebenda.
(91) Ebenda.
(92) Brief von Fritz Koelle an seine Frau vom 14.10.1926 (zweiter Brief).
(93) Ebenda.
(94) Brief von Elisabeth Koelle-Karmann an ihren Mann vom 23.10.1926.
(95) Brief von Fritz Koelle an seine Frau vom 21.10.1926.
(96) Brief von Fritz Koelle an seine Frau vom 22.10.1926.
(97) Brief von Elisabeth Koelle-Karmann an ihren Mann vom 23.10.1926.
(98) Brief von Fritz Koelle an seine Frau vom 16.10.1926.
(99) Brief von Fritz Koelle an seine Frau vom 26.10.1926 (erster Brief).
(100) Brief von Fritz Koelle an seine Frau vom 25.10.1926.
(101) Die folgenden Anweisungen gab Fritz Koelle seiner Frau im Brief vom 26.10.1926: „Also gewöhn Dir diese Sprecherei ab, wenn Du etwas nicht ganz bestimmt weißt, dann sei ruhig, oder sag, ich weiß es noch nicht, dann ist auch kein Raum für Illusionen sich zu machen." ... „Also jetzt merk Dir's, was Du nicht bestimmt halten kannst, verspreche nicht, dann ärgere ich mich auch nie. Nichts Unangenehmeres als wenn jemand Sprüche macht und nicht hält oder nicht wa[h]r ist, dahinter kommt man doch immer." Die Unterstreichungen wurden von Koelle vorgenommen.
(102) Brief von Fritz Koelle an seine Frau vom 26.10.1926 (zweiter Brief).
(103) Bauhaus: 1919 erfolgt aus der Zusammenlegung der Kunstgewerbeschule (die Henry van de Velde bis 1915 leitete) und der Weimarer Hochschule für Bildende Kunst die Gründung des Bauhauses mit einer Architekturabteilung durch Walter Gropius, der hier seine Reformbestrebungen nach Integration von freier und angewandter Kunst unter Einbeziehung aller Kunstgattungen realisieren konnte, bei der die Rückbesinnung auf die handwerkliche Basis der bildenden Künste im Vordergrund stand. Eine (lebens-) qualitätsorientierte Symbiose von Kunst und Technik war die Intention. Das Bauhaus hatte ein bewegtes Dasein: Von seiner Gründung 1919 bis zum Jahre 1925 existierte es in Weimar. 1925 wurde es nach Dessau verlegt, wo es bis 1932 bestand. Im Oktober 1932 erfolgte die Übersiedelung nach Berlin, wo das Bauhaus aber bereits im April 1933 durch die nationalsozialistische Kulturpolitik ausgelöscht wurde. Walter Gropius war von 1919 bis 1928 Bauhausdirektor, ihm folgte bis 1930 Hannes Meyer, und Mies van der Rohe leitete es bis 1933. Zum Bauhaus vgl.: Bauhaus 1919 – 1933, Bauhaus-Archiv, Köln, 1990; und Thomas Föhl u.a.: Bauhaus-Museum, Kunstsammlungen zu Weimar, München, Berlin, 1996.
(104) Faberkonkurrenz: Ein Kunstpreis, den das Unternehmen Anton Wilhelm Faber-Castell, ansässig in Stein bei Nürnberg, auslobte. Begründet wurde das Unternehmen von Kaspar Faber, der 1761 mit der Produktion von Bleistiften begann. Heute produziert das Großunternehmen Blei-, Farb- und Patentstifte sowie Schreib- und Zeichengeräte. Elisabeth Koelle-Karmann benutzte für ihre Werke Faber-Stifte, die ihr Mann ihr in München besorgen mußte. Im Brief vom 20.10.1926 erinnerte Fritz Koelle sie daran, ihre Arbeiten

ja pünktlich für die „Faberkonkurrenz" einzureichen, und im Zusammenhang mit dieser Preisvergabe belegte Elisabeth Koelle-Karmann den zweiten Platz.

(105) Zitiert aus einem undatierten und unbenannten Zeitungsartikel mit dem Titel „Münchner Frühjahrsausstellung" und signiert mit den Kürzeln „Prof. Dr. N." (aus dem Nachlaß Koelle im Stadtarchiv St. Ingbert). Hierbei handelt es sich um den von Fritz Koelle in seinem Brief vom 19.4.1927 erwähnten Artikel aus der „Saarbrücker Zeitung" von Professor Nasse.

(106) Brief von Fritz Koelle an seine Frau vom 23.4.1927.

(107) Fritz Zolnhofer, *13.1.1896 in Wolfstein, Pfalz, †1965 in Saarbrücken, wo er ab 1931 ansässig war. Aufenthalte während der Kindheit in St. Ingbert. 1913 und 1914 Studium an der Akademie der Bildenden Künste in Stuttgart, von 1918 an der Akademie in München und gemeinsam mit Elisabeth Koelle-Karmann Meisterschüler von Karl Caspar. Er war Mitbegründer der „Pfälzischen Sezession". 1935 erhielt er den Westmarkpreis, der Fritz Koelle 1937 verliehen wurde. Außerdem bekam er den Albert-Weisgerber- und den Veit-Stoß-Preis. Mitbedingt durch seine Kindheitserfahrungen im saarländischen Industriegebiet stehen ab den zwanziger Jahren die Arbeitslandschaft und ihre Werktätigen im Vordergrund von Zolnhofers Graphik und Malerei, zum Beispiel die Ölgemälde „Wagenkipper" von 1922, „Bergleute" von 1926, „Blinder Grubengaul" von 1931 oder das Tryptychon „Grubenunglück Maybach" von 1931, die in erlebnis- und ausdrucksstarker expressionistischer Malweise – befreit von allem erzählenden Beiwerk – die Aufteilung der Farbflächen im Bildraum vornehmen, aber in düsterer, der Bergmannswelt angepaßter Farbpalette, ähnlich Conrad Felixmüller (1897 bis 1977), der für sein Schaffen das Ruhrgebiet bevorzugte. Auch Zolnhofers Graphik ist malerisch angelegt. Nicht die Linie beherrscht den Raum, sondern Zolnhofer jongliert mit Hell- und Dunkelflächen wie bei seiner Tuschfederzeichnung „Vorm Stoß" von 1926, in der die Bergleute als hell angestrahlte Schemen aus dem Gewinnungsort heraustreten. Wie viele andere Künstler (unter anderem Käthe Kollwitz, Radierung 1893, und Frans Masereel, Holzschnitt 1946/47) illustriert Zolnhofer den naturalistischen Bergarbeiterroman „Germinal" von Emile Zola aus dem Jahr 1885 (der inzwischen auch mit Gerard Départdieux in der Hauptrolle verfilmt wurde). Auch in späteren Jahren, als inzwischen Stilleben, Landschaften und Akte zu seinen Malthemen zählen, kehrt Zolnhofer gestalterisch immer wieder in die Bergarbeiterwelt zurück. In seinem Spätwerk wurde Zolnhofer farbenfreudiger. Zu Zolnhofer vgl. Vollmer, 1992, Bd.5, S. 213f.; Heinrich Winkelmann: Der Bergbau in der Kunst, Essen, 1971, S. 360-364, und Abbildungen auf S. 367 und S. 418; K. F. Ertel: Der Maler Fritz Zolnhofer, in: Der Anschnitt, Zeitschrift für Kunst und Kultur im Bergbau, Bochum, 1962, Heft 2, April 1962, S. 17-19; Ausstellungskatalog der Städtischen Kunsthalle Recklinghausen, 1980, „Aus Schacht und Hütte" – Ein Jahrhundert Industriearbeit im Bild 1830 – 1930, Kurzbiographie und Abbildung (Katalog ohne Seitenzahlen); Saarland-Museum, Saarbrücken: Bestandskatalog der Modernen Galerie Saarbrücken 1976, Bestände ohne Seitenangabe, Abbildungen auf S. 114 und 115; Ausstellungskatalog des Museums der Stadt Homburg, 1957 „Arbeiter in Hütten und Gruben" – Fritz Koelle und Fritz Zolnhofer im Zusammenhang mit dieser gemeinsamen Ausstellung im Jahre 1957 erscheint noch erwähnenswert, daß Elisabeth Koelle-Karmann in allen Presseberichten darüber den Namen Zolnhofer eliminierte.

(108) Brief von Elisabeth Koelle-Karmann an ihren Mann vom 24.4.1927.
(109) Brief von Fritz Koelle an seine Frau vom 30.4.1927.
(110) Ebenda.
(111) Ebenda.
(112) Brief von Elisabeth Koelle-Karmann an ihren Mann vom 25.4.1927.
(113) In Saarbrücken gab es bis zum Ende des Zweiten Weltkriegs lediglich den „Historischen Verein für die Saargegend", eine Art Heimatmuseum und eine Sammlung, die sich

auf regionale Volkskunde und -kunst konzentrierten, die von dem Maler und Heimatforscher Hermann Keuth geführt und neu strukturiert wurden. Mit der 1924 in Saarbrücken gegründeten Staatlichen Schule für Kunst und Kunstgewerbe und der Unterstützung ihrer Lehrer Fritz Grewenig, Fritz Claus und Christoph Voll wurde im sich entwickelnden Saarbrücker Museum eine erste kleine Sammlung an zeitgenössischer Kunst (Graphik und Skulpturen) aufgebaut. 1951 übernahm Rudolf Bornschein die Leitung des Saarbrücker Museums, und damit war der Grundstein gelegt für die „Moderne Galerie", die 1968 ihr neues Haus bezog. 1978 übernahm Georg W. Költzsch die Direktion des Museums und setzte den Aufbau der Klassischen Moderne und der zeitgenössischen Kunst fort.

(114) Fritz Grewenig, *28.2.1891 in Heusweiler bei Saarbrücken, †1974 in Trier. Deutscher Landschaftsmaler, war an der Staatlichen Schule für Kunst und Kunstgewerbe als Lehrer tätig. Von ihm hatte das „Saarbrücker Museum" bereits 1924 das Gemälde „Arbeitersonntag" von 1923 erworben.

(115) Zu einem Ankauf von Koelles Plastik „Hanna" durch das „Saarbrücker Museum" ist es niemals gekommen. Erst unter der Leitung von Bornschein kam es 1958 und 1960 zu zwei Bronzeankäufen („Hockender Bergmann", 1930, und „Betender Bergmann", 1934), die beiden Bronzen „Selbstbildnis mit Schal", 1928, und „Inferno", 1946, sowie 39 Bildhauerzeichnungen von Fritz Koelle schenkte seine Frau dem Museum 1958. Unter Költzsch erhielt das „Saarlandmuseum" durch die Zuteilung der Sammlung Franz-Josef Kohl-Weigand aus St. Ingbert 1980 im Rahmen der „Stiftung Saarländischer Kulturbesitz" weitere elf Plastiken, ein Bronzerelief und 57 Zeichnungen von Fritz Koelle, so daß Koelle aufgrund seiner persönlichen und thematischen Affinität zum „Industriegebiet Saarland" als Einzelkünstler ein eigener Sammlungskomplex zugedacht wurde. Vgl. Saarlandmuseum (Hrsg.): Moderne Galerie Saarbrücken, 1976; und Georg-W. Költzsch: Skulptur und Plastik, Saarlandmuseum, Saarbrücken, 1989.

(116) Hermann Geibl, *14.5.1889 in Freiburg/Br., studierte an der Akademie in Dessau. Ging 1910 nach München, wo er an der Kunstakademie bei Erwin Kurz in der Bildhauerklasse und bei H. von Zügel in der Malklasse studierte. 1913/14 lernte er in Paris bei Maillol und Despiau. Nach Verwundung im Ersten Weltkrieg Rückkehr nach München. Seine Ausstellungsaktivitäten konzentrierten sich in den zwanziger Jahren auf München bei Thannhauser (1923 und 1925), Caspari (1926) und Goltz (1929). Er war als Bildhauer, Holzschnitzer und Graphiker tätig. Gestaltete vorwiegend Akte, Tierplastiken und Portraitbüsten, anfänglich in naturalistischer und dann zunehmend in stilisierender Form. Vgl. Vollmer, 1992, Bd. 2, S. 216f.

(117) Fritz Claus, *29.6.1885 in Zweibrücken i.d. Pfalz und †14.7.1956 in Traunstein. Studierte an der Akademie in Karlsruhe bei Hermann Volz, in München bei Karl Killer und in Paris bei Albert Bartholomé. Arbeitete als Bildhauer. 1927 Titularprofessor, ab 1928 wurde er an die Staatliche Kunst- und Gewerbeschule Saarbrücken berufen, an der er bis zu ihrer Auflösung 1936 tätig war. Nach seiner Entlassung zog er wieder nach München. Dort wurde sein Atelier 1944 ausgebombt, und er zog nach Seeon an den Chiemsee. Künstlerische Einflüsse von A. Hildebrand und Maillol. In der Hauptsache schuf er Akte und Portraitbüsten. Vgl. Vollmer, 1992, Bd. 1, S. 448f; und Georg-W. Költzsch, 1989, S. 106f.

(118) Beim hier erwähnten Kopf handelt es sich aller Wahrscheinlichkeit nach um die Portraitbüste Professor Edens von 1924/1925 aus der „Saarländischen Staatsgalerie Saarbrücken" und heute im Besitz des Saarlandmuseums in Saarbrücken. Vgl. Georg-W. Költzsch, 1989, S. 107.

(119) Brief von Fritz Koelle an seine Frau vom 25.4.1927.

(120) Brief von Fritz Koelle aus Dortmund an seine Frau vom 21.7.1927.

(121) <u>Zeche Gneisenau</u> in Dortmund-Derne: 1873 als Gewerkschaft Union mit dem Abteufen des Schachtes I begonnen. 1875 Umbenennung in Zeche Gneisenau. Die Förderung

wurde 1886 aufgenommen. Aus dieser Zeit stammt auch das älteste Fördergerüst des Ruhrgebiets für den Schacht 2. 1930 erfolgte die Zusammenlegung mit der Zeche Scharnhorst, 1963/64 der Anschluß der Zeche Victoria in Lünen zum Verbundbergwerk Gneisenau. 1984 begannen die Anschlußarbeiten an das Bergwerk Haus Aden in Bergkamen-Oberaden. 1985 wurden die Förderung auf Gneisenau eingestellt und die Tagesanlagen stillgelegt. Haus Aden übernahm die Baufelder Victoria und Kurl. Vgl. Walter Buschmann, 1998, S. 91; Joachim Huske, 1998, S. 391ff.; Wilhelm und Gertrude Hermann, 1981, S. 80f.

(122) Brief von Fritz Koelle aus Dortmund an seine Frau vom 22.7.1927.

(123) Ursula Frenzel: Dokumente zu Leben und Werk des Bildhauers Fritz Koelle (1895 bis 1953), Katalog zur 4. Sonderausstellung des Archivs für Bildende Kunst der Reihe „Materialien – Dokumente zu Leben und Werk" im Germanischen Nationalmuseum Nürnberg, 15.4. bis 4.6.1978, hier Dokument B12, S. 38, Empfehlungsschreiben des Bayerischen Staatsministeriums für Unterricht und Kultus München vom 21.7.1927 an den Generaldirektor der Vereinigten Stahlwerke Dortmund.

(124) Minister Stein in Dortmund-Eving: 1871 begann die Gewerkschaft Minister Stein mit dem Abteufen von Schacht 1. Starke Wassereinbrüche verzögerten die Arbeit, da die Teufarbeit zeitweise unterbrochen werden mußte. 1874 erst erreichte Schacht 1 in einer Teufe von 176 m das Karbon. 1875 begann die Förderung. 1877 erhielt Minister Stein einen Eisenbahnanschluß. 1881 erfolgte Konsolidierung zur Vereinigten Stein & Hardenberg. 1882 wurde sie von der Gelsenkirchener Bergwerks AG erworben. In den 1920er Jahren bis circa 1930 entwickelte sich das Bergwerk zu einer Großanlage. 1927, zu dem Zeitpunkt, als Fritz Koelle auf „Minister Stein" anfuhr, verfügte sie über vier Schächte mit einer maximalen Teufe von 454 m. Koelle war die architektonische Bedeutung der gerade fertiggestellten Tagesanlagen mit dem Hammerkopfturm des Zentralförderschachts „Emil Kirdorf", der für Doppelförderung eingerichtet war, nicht entgangen. 1959 erfolgte die Zusammenlegung von Minister Stein und der Zeche Fürst Hardenberg (Dortmund-Lindenhorst). Das Verbundbergwerk verfügte über insgesamt neun Förder-, Material-, Seilfahrt- und Wetterschächte. 1987 wurde das Bergwerk stillgelegt. Der Hammerkopfturm vom Schacht „Emil Kirdorf" blieb erhalten und wurde 1989 unter Denkmalschutz gestellt. Vgl. Walter Buschmann, 1998, S. 126 und S. 134; Karin und Ferdinand G. B. Fischer: Kulturführer Ruhrgebiet, Heidelberg, 1999, S. 53; Joachim Huske, 1998, S. 675f.; Wilhelm und Gertrude Hermann, 1981, S. 82; Alfred Baedeker: Jahrbuch für den Oberbergamtsbezirk Dortmund, Sechsundzwanzigster Jahrgang (1926 – 1927), Essen, 1928, S. 290f.

(125) Brief von Fritz Koelle aus Dortmund an seine Frau vom 21.7.1927.

(126) Franz Graf, *10.12.1880 in Theresienstadt, Maler und Radierer, war unter anderem Schüler von Lovis Corinth. Lebte bis 1945 in Berlin und danach in Travemünde. Seine Werke beschäftigten sich hauptsächlich mit Industrielandschaften. Dabei entstanden ganze Mappen mit Radierungen: „Arbeit ist Leben" und „Aus den Vereinigten Stahlwerken" (Dortmund und Düsseldorf). Auf diese Mappe nahm Koelle in seinem Brief vom 21.7.1927 Bezug.

(127) Brief von Fritz Koelle aus Dortmund an seine Frau vom 21.7.1927.

(128) Brief von Fritz Koelle an seine Frau vom 17.9.1927.

(129) Brief von Fritz Koelle an seine Frau vom 15.9.1927.

(130) Ebenda.

(131) Ausstellungskatalog „Neue Kunst", Mathildenhöhe, Darmstadt, vom 4. Juni bis 1. Oktober 1927, S. 59, unter den laufenden Nummern von 640 bis 645 aufgeführt. Das Arbeiterkind und der Stier sind abgebildet.

(132) S. Anmerkung 131, Ausstellungskatalog, S. 48 und S. 55, und das „Verkaufsbuch" mit der Liste der auf der Ausstellung getätigten Verkäufe. Die Unterlagen zu Anmerkung 131

und 132 der Ausstellung „Neue Kunst. Berlin – Darmstadt – München" befinden sich im Stadtarchiv Darmstadt unter „Bestand ST 12 Ständiger Rat zur Pfelge der Kunst in Hessen Nr. 21".

(133) In dem Betrag von 1500 Mark von Dörnhöffer muß noch eine weitere Plastik enthalten sein, denn Koelles Bildnis eines Arbeiters für die Städtische Galerie wurde laut Direktion der Städtischen Kunstsammlungen München vom 20. Juli 1926 in bezug auf Ankäufe der Städtischen Galerie München aus der Allgemeinen Kunstausstellung München 1926 für 800 Mark erworben. Information aus: Stadtarchiv München unter „Akt des Stadtrats der Hauptstadt München: Städtische Kunstsammlungen – Erwerb von Kunstwerken/Kulturamt 831/2".

(134) Brief von Fritz Koelle an seine Frau vom 19.9.1927 (erster Brief).

(135) Die am 27. April 1927 gegründete Bayerische Berg-, Hütten- und Salzwerke A.G. (BHS) behielt den „Bergmann vor der Einfahrt" bis 1962 vor ihrem Verwaltungsgebäude in der Ludwigstraße in München, einem roten Backsteinbau neben der Ludwig-Maximilian-Universität. Nach dem Übergang des Gebäudes an die Universität wurde die Plastik vor dem Verwaltungsgebäude des Kohlenbergwerks Peißenberg im gleichnamigen Ort in Oberbayern aufgestellt. Die Grube Peißenberg wurde am 31.3.1971 stillgelegt. Ein Teil der Hauptverwaltung der BHS zog 1971 von München nach Peißenberg. Zu diesem Zeitpunkt erhielt der Steinsockel, auf dem Koelles Bergmann steht, auf der Vorderseite eine bronzene Schrifttafel, die mit den Worten „Kohlenbergbau Peissenberg 1837 – 1971" an die Vergangenheit erinnert. Die Figur befindet sich heute im Besitz des Nachfolgeunternehmens der BHS, der Süddeutschen Kali-Werke (SKW), einer Tochter der VIAG Aktiengesellschaft. Vgl. Sepp Heinlein: Vom Tiefstollen zum Cölestinschacht – Ein Wanderführer in die Bergbaugeschichte am Hohenpeißenberg, Hohenpeißenberg, 1980, Abb. S. 33; Max Biller, Ludwig Stippel: Bergbau und Bergbau-Museum am Hohen Peißenberg, Peißenberg, 1987; Die Informationen über den Weg von Koelles „Bergmann vor der Einfahrt" stammen von Dipl.-Ing. Ludwig Stippel vom Ring Deutscher Bergingenieure e.V., Bezirksverein Peißenberg, und vom Heimatverband Lech – Isar – Land e.V. von 1999, dessen Schatzmeister Stippel ist. Die gleiche Figur befindet sich durch Vermittlung von Fritz Koelles Sohn seit 1975 in Penzberg auf dem neuen Rathausplatz als Dauerleihgabe der Kunstsammlungen Augsburg, die über den künstlerischen Nachlaß Fritz Koelles verfügen. Koelle hatte von jeder geschaffenen Figur einen Bronzeabguß für sich gemacht. Und bei diesem „Bergmann vor der Einfahrt" handelt es sich um das persönliche Exemplar. Auch bei dieser Figur erinnert eine Inschrift auf dem Sockel „Kohlenbergbau Penzberg 1796 – 1966" an die Bergbauvergangenheit der Region. Vor der Nationalgalerie in Berlin wurde 1928 ebenfalls eine dritte Version dieses Bergmanns aufgestellt, s. 1928.

(136) h. m.: „Die neue Sezession", in: Bayerische Staatszeitung Nr. 219 vom 23.9.1927.

(137) Konrad Weiß: „Die beiden Reichspräsidenten – Plastik der Neuen Sezession 1927", in: Münchener Neueste Nachrichten Nr. 228 vom 23.8.1927.

(138) Aus der Korrespondenz geht nicht hervor, ob es sich bei „Hess" um den Maler Christian Hess, *1895 in Bozen und †1944 in Innsbruck, oder um den Maler Julius Heß, *1878 in Stuttgart und †1957 in Pöcking und von 1927 bis 1946 als Professor an der Akademie München tätig, handelt. Es ist aber wahrscheinlich, daß es dabei um letzteren Künstler geht.

(139) Brief von Fritz Koelle an seine Frau vom 17.9.1927.

(140) So wird unter anderem Käthe Kollwitz, mit der Koelle im Herbst 1927 eine Kollektivausstellung in Berlin bestückte, wo er sie aber nicht traf, später als Argumentationshilfe bemüht.

(141) Einladung zur Kollektivausstellung der Preußischen Akademie der Künste, Berlin, an Koelle durch deren Präsidenten Max Liebermann vom 3.8.1927, in: Germanisches Nationalmuseum Nürnberg unter: ABK, NL Koelle I, B 62.

(142) Schreiben der Preußischen Akademie der Künste, Berlin, den 27.8.1927, von Alexander Amersdorffer an Fritz Koelle, Nachlaß Fritz Koelle im Besitz des Sohnes Fritz Koelle jun.
(143) Brief von Fritz Koelle aus Berlin an seine Frau vom 2.11.1927, abends ½ 10 im Spatenbräu in der Friedrichstraße.
(144) Vgl. Günter Busch (Hrsg.): Max Liebermann – Die Phantasie in der Malerei, Frankfurt, 1978.
(145) Ebenda, S. 45: „Je naturalistischer eine Malerei ist, desto phantasievoller muß sie sein, denn die Phantasie des Malers liegt nicht" ... „in der Vorstellung von der Idee, sondern in der Vorstellung von der Wirklichkeit...", wird Liebermann zitiert.
(146) Und genau diese Nachahmung lehnte Liebermann ab, denn wer „über Kunstöffentlichkeit spricht ..., müßte doch wissen, daß mechanische Nachahmung nichts mit Kunst zu tun hat, ‚sonst würde', wie Lessing es so wundervoll ausdrückt, ‚Nachahmung der Natur überhaupt kein Grundsatz der Kunst sein oder, wenn sie es doch bliebe, würde durch ihn selbst die Kunst, Kunst zu sein, aufhören'." Max Liebermann zitiert aus seiner Eröffnungsrede zur Frühjahrsausstellung der Akademie der Künste 1927, in: Hans Oswald, 1930, S. 490; und „Die Naturwahrheit beruht nicht in der Nachahmung der Natur, sondern in ihrer Nachschöpfung." Max Liebermann, in: Die Pantasie der Malerei, S. 256.
(147) Edwin Scharff, *21.3.1887 in Neu-Ulm, †18.5.1955 in Hamburg. Studierte 1904 bis 1907 Malerei an der Münchner Akademie der bildenden Künste. Während eines Aufenthalts in Paris und der Bretagne wandte er sich der Bildhauerei zu. Scharff zählte 1913 zu den Mitbegründern der Münchener Neuen Secession. In seiner Bildhauerei verarbeitete er zuerst kubistische und expressionistische Einflüsse, wandte sich in den zwanziger Jahren stärker der klassischen Form zu. Scharff verstand es, traditionelle mit modernen Formelementen zu verbinden.
1919 beteiligte sich Edwin Scharff an der revolutionären Münchner Räterepublik, wobei er mit einigen Freunden versuchte, innerhalb eines Künstlerrats die Akademie der bildenden Künste zu reformieren: „Im Auftrag Landauers heben [am 8.4.1919] die Mitglieder des Künstlerrats August Mühlbauer-Liszt, Walter Püttner, Edwin Scharff und Hermann Urban die Lehrtätigkeit an der Akademie der bildenden Künste auf." Helmut Friedel (Hrsg.): Süddeutsche Freiheit – Kunst der Revolution in München, 1993, S. 14.
Obwohl Fritz Koelle in dieser politisch bewegten Zeit in München und an der Akademie war, daher kannte er Scharff auch, wurde die Räterepublik nur dergestalt von ihm „erwähnt", daß er sich 1934 mit seinen „Befreiungskämpfern" am Wettbewerb für ein Denkmal zur Befreiung Münchens von den revolutionären Kräften mit Hilfe der Reichswehr beteiligte. Wenn daraus eine politische Stellungnahme abzulesen ist, muß man davon ausgehen, daß Fritz Koelle die revolutionären Umwälzungen – auch in der Kunstakademie – nicht guthieß.
Obwohl Scharffs Kunst im Dritten Reich als „entartet" gebrandmarkt wurde, hinderte es ihn nicht daran, in die NSDAP einzutreten und Großaufträge anzunehmen, unter anderem die Gestaltung der Monumentalskulpturen „Rossebändiger" (1936 bis 1939) für den Eingangsbereich der „Großen Reichsausstellung Schaffendes Volk Düsseldorf Schlageterstadt" (1937) (die Skulpturen befinden sich heute am Eingang zum Nordpark, Kaiserswerther Straße). Vgl. Clemes von Looz-Corswarem, Rolf Purpar: Kunststadt Düsseldorf – Objekte und Denkmäler im Stadtbild, Düsseldorf, 1996, S. 202.
Zur Person Edwin Scharffs vgl. Christian Tümpel (Hrsg.), 1992, S. 235f.
(148) Mit der Frage „Kunst oder Kunstgewerbe, Kunst und Handwerk" hatte sich Liebermann zwei Jahre zuvor in seiner Eröffnungsrede zur Frühjahrsausstellung der Akademie der Künste 1925 auseinandergesetzt. Vgl. Hans Oswald, 1930, S. 477-482.

(149) Mit Cézanne verbindet Liebermann der geistesverwandte Ansatzpunkt, durch die Malerei die Eigenart der Natur zu erfassen und ihr nahezukommen, um seine eigene Naturschöpfung vorzunehmen.
(150) Liebermann zitiert im Brief von Fritz Koelle aus Berlin an seine Frau vom 2.11.1927 abends ½ 10.
(151) Liebermann zitiert im Brief von Fritz Koelle aus Berlin an seine Frau vom 2.11.1927 mittags ½ 3.
(152) Liebermann zitiert im Brief von Fritz Koelle aus Berlin an seine Frau vom 2.11.1927 abends ½ 10.
(153) Vgl. dazu Anmerkung 43.
(154) Brief von Fritz Koelle aus Berlin an seine Frau vom 2.11.1927 abends ½ 10.
(155) Brief von Fritz Koelle aus Berlin an seine Frau vom 2.11.1927 mittags ½ 3. Parallelen zur Thannhauser-Ausstellung zeigen sich, wo Elisabeth Koelle-Karmanns Bild „am schönsten" plaziert war. Vgl. dazu Anmerkung 139. Diese subjektiv aufgestellten Kriterien waren wichtig für Fritz Koelle.
(156) Brief von Fritz Koelle aus Berlin an seine Frau vom 4.11.1927 um 4 h im Pschorrbräu Potsdamer Platz.
(157) Ebenda.
(158) Bernhard Bleeker, *26.7.1881 in Münster und †11.3.1968 in München, deutscher Bildhauer, Medailleur und Maler, absolvierte eine Steinmetzlehre in Münster und München und studierte im Anschluß daran an der Münchner Akademie der Künste 1901/02 bei Wilhelm von Rümann. Einen Ruf an die Kunstakademie Düsseldorf 1908 lehnte er ab. Nach dem Ersten Weltkrieg erhielt er sowohl einen Ruf der Akademie nach Berlin als auch nach München; er entschied sich für München. 1930 wurde er Mitglied der Preußischen Akademie der Künste in Berlin. Eine mehrfach vervielfältigte Bronzebüste Adolf Hitlers aus der Zeit des Nationalsozialismus wirft einige Fragen auf. 1945 wurde Bleeker als Professor der Münchner Akademie entlassen, deren ordentliches Mitglied er 1951 wurde. 1956 erhielt er den Kunstpreis der Stadt München. Vgl. Vollmer, 1922, Bd. 1, S. 230; und Christoph Stölzl, 1979, S. 747.
(159) Erwin Piscator (1893 bis 1966), geprägt durch den Ersten Weltkrieg, räumte dem politischen und sozialen Engagement Priorität bei seiner Arbeit als Theaterregisseur ein. Seit 1920 kämpfte er für ein „Proletarisches Theater". Am 3. September 1927 eröffnete er seine eigene proletarische Agitationsbühne, die „Piscator-Bühne, im „Theater am Nollendorfplatz" mit dem Stück „Hoppla, wir leben!" von Ernst Toller. Die mit Traugott Müller entwickelte Bühnentechnik der mehretagigen Spielbühnen mit Simultanszenen und Film- und Fotoprojektionen wurde auch in Tollers Stück genutzt: Bei simultaner Bespielung der Etagenbühne wurde ein Film, der die politischen Geschehnisse seit den November-Aufständen wiedergab, eingeblendet. Vgl. Andrea Bärnreuther und Peter-Klaus Schuster (Hrsg.): Das XX Jahrhundert – Kunst, Kultur, Politik und Gesellschaft in Deutschland, Köln, 1999, ohne Seitenangabe – Jahr 1927; Brief von Fritz Koelle aus Berlin an seine Frau vom 3.11.1927.
(160) Ludwig Manzel, *3.6.1858 in Kagendorf/Pommern, †Dezember1936 in Berlin, deutscher Bildhauer, anfangs als Illustrator tätig. Seit 1896 Professor in Berlin. 1903 Nachfolger von Reinhold Begas (1831 bis 1911) als Leiter eines Meisterateliers. Von 1912 bis 1918 war er Präsident der Preußischen Akademie der Künste zu Berlin; dieses Amt übernahm Liebermann 1920. Vgl. Thieme-Becker, 1992, Bd. 23/24, S. 47.
(161) Hugo Lederer, *16.11.1871 in Znaim (heute Znojmo), †1.8.1940 in Berlin, österreichisch-deutscher Bildhauer, kam über die kunstgewerbliche Ausbildung in seiner Heimat über Erfurt und Dresden, wo er 1890 bis 1892 bei dem Bildhauer Johannes Schilling (1828 bis 1910) studierte, 1893 nach Berlin. Orientierte sich anfänglich am Neobarock der Begas-Schule, um sich dann dem Neoklassizismus Adolf von Hildebrands zuzuwenden.

Er wurde 1901 bekannt durch sein Bismarckdenkmal, das unter 219 Wettbewerbsteilnehmern den 1. Preis errang. Die Ausführung erfolgte 1902 bis 1906. Er wurde zu einem der gefragtesten Auftragskünstler seiner Zeit. 1909 wurde er Mitglied der Preußischen Akademie der Künste in Berlin. Von 1915 bis 1920 war er als Lehrer an der Hochschule für Bildende Künste in Berlin tätig und übernahm 1920 die Leitung eines Meisterateliers für Plastik, die er bis 1937 innehatte. Vgl. Thieme-Becker, 1992, Bd. 21/22, S. 532f.
(162) Brief von Fritz Koelle aus Berlin an seine Frau vom 3.11.1927.
(163) Brief von Fritz Koelle aus Berlin an seine Frau vom 2.11.1927 abends ½ 10.
(164) Prof. August Kraus von der Akademie in Berlin an Fritz Koelle, Berlin, vom 24.10.1927, in: Germanisches Nationalmuseum Nürnberg, ABK, NL Koelle I, B 14.
(165) Alfred Kubin, *10.4.1877 in Leitmeritz (Böhmen), †20.8.1959 in Zwickledt bei Wernstein am Inn in Österreich, österreichischer Federzeichner, Aquarellmaler, Buchillustrator und Schriftsteller. Er bevorzugte eine phantastisch gruselig-irreale Bildwelt und gilt als Vorreiter des Surrealismus. Eigentlich als Photograph ausgebildet, studierte er ab 1898 an der Münchner Akademie bei R. Schmid-Reutte. 1909 gehörte er neben Kandinsky und Jawlensky zu den Gründungsmitgliedern der Neuen Künstlervereinigung München, schloß sich 1911 aber dem Blauen Reiter an. Im Dritten Reich galt er als „entartet". Vgl. Thieme-Becker, 1992, Bd. 21/22, S. 34ff.; und Vollmer, 1992, Bd. 3, S. 130f.
(166) Vom 9. bis 12. November 1927 fand in Moskau der Weltkongreß der Freunde der Sowjetunion statt. Unter den 173 Teilnehmern – Arbeiterdelegierte und Abgesandte diverser linker Organisationen – waren Käthe Kollwitz und ihr Mann Karl als Vertreter der „Gesellschaft der Freunde des neues Rußland" eingeladen. Vgl. Jutta Bohnke-Kollwitz (Hrsg.): Käthe Kollwitz – Die Tagebücher, Berlin 1989, S. 898f. Ebendort notierte Käthe Kollwitz für November 1927 in ihr Tagebuch: „Dann Rußland – Moskau. Unterdes wird hier in der Akademie die Ausstellung eröffnet. In den beiden mittleren Räumen hängen meine Arbeiten. In Gruppen geteilt. Geradeaus im Hauptsaal die Holzschnitte. Rechts die wichtigsten Radierungen. Links Litho. An den Schmalwänden frühe Zeichnungen. In dem vorangehenden Saal nur Zeichnungen." Ebenda, S. 632. Die Kollektivausstellung mit Alfred Kubin und Fritz Koelle fand in ihren Tagebüchern keine Erwähnung. Über die Rußlandreise existiert außer eines Briefs vom 6. November 1927 aus Moskau an ihre Kinder kaum weitere Information. Dieser Brief wird zitiert in : Dies. wie oben, S. 899f.
(167) Fritz Stahl: „Die Ausstellung", in: Berliner Tageblatt vom 5.11.1927.
(168) Max Liebermann: „Herbstausstellung der Akademie. Die Eröffnungsrede", in: Berliner Tageblatt vom 5.11.1927.
(169) Ebenda.
(170) Und so kommt es zu unterschiedlichen Schwerpunkten in der Bewertung von Kollwitz' Kunst: Die Bewunderung ihres mütterlich-künstlerischen Impetus und die Ablehnung ihrer proletarischen Tendenz. „Und solche Kunst ist der Kollwitz nur Mittel immer wieder aufs neue das Leid der Armen und Unterdrückten in die Welt zu schreien. Sie ist die große Anklägerin; allen Jammer und alle Not der Menschen hat sie in sich aufgenommen und hört nicht auf, zu zeigen, was sie erfuhr, was ihre gütige Seele zerriß. Wer ihre Zeichnungen beschaut, ... der wird von dem großen gütigen Mitgefühl der herrlichen Frau, ..., so umschlossen und gepreßt, daß er irgendwie besser und reiner wird." (Karl Escher: „Die Herbstausstellung der Akademie. Zeichnungen und Plastiken," in: Berliner Morgenpost vom 6.11.1927.)
„Ihr Werk erschüttert immer, wenn man es sieht, und in die Bewunderung des Genies mischt sich Ergriffenheit ... [Es] beweist, wie ernsthaft sich die Künstlerin mit jedem Bildvorwurf auseinandersetzt, wie sie sich im Ringen um die Form bemüht, zur inneren und äußeren Wahrhaftigkeit ihrer Gestalten und Visionen zu kommen ... die Holzschnittfolge ‚Der Krieg'. Eine Mutter und Künstlerin hat hier die grandioseste Anklage gegen die Sinnlosigkeit des gatten- und söhnemordenden Krieges geschaffen ... Diese stummen,

schwarzweißen Blätter schreien ..." (Ernst Collin: „Herbstschau der Akademie – Sonderausstellungen: Kollwitz, Koelle, Kubin", in: Berliner Volkszeitung vom 8.11.1927.)

„Hier fließt eben alles zusammen, Thema und Ausdruck, die Empfindung, die unerbittliche Sachlichkeit realer Feststellung und ihre zeichnerische Hieroglyphe, weil alles der gleichen mütterlichen Inbrunst entspringt." (Max Osborn: „Herbst-Akademie", in: Vossische Zeitung vom 6.11.1927.)

„In dieser Kollwitz-Ausstellung kommt es einem mehr denn je zu Bewußtsein, daß diese Frau ihre große Kunst mit einem fast heiligen Fanatismus in den Dienst der proletarischen Tendenz gestellt hat. Hart und unerbittlich hat sie die Sonne des Daseins aus ihrem Schaffen ausgeschaltet, obgleich sie weiß, daß selbst in den finsteren Höfen des Berliner Nordens auch andere Menschen, andere Mütter und Kinder leben." (Hugo Kubsch: „Herbstausstellung der Akademie. Zur heutigen Eröffnung", in: Deutsche Tageszeitung, Nr. 523, Abendausgabe vom 5.11.1927.)

„Niemand, dem Kunst Ausdruck eines Seelischen ist, wird dieser Frau die Ehrfurcht versagen. Aus Mitleid ist ihr Können geboren, und gerade ihre stillsten Blätter sind es, die am tiefsten erschüttern. Aber das gerade Gegenteil erwirkt sie oft, wo ihre Liebe in blinden Haß umschlägt, einen Haß, der so weit geht, daß sie sich erniedert zu rein politischer Werbearbeit (‚Plakat gegen den Abtreibungsparagraphen', Plakat ‚Helft Rußland!'). Es ist bezeichnend, daß diese Blätter auch künstlerisch minder bedeutend sind." (Willy Pastor: „Herbstausstellung der Akademie. Griffelkunst – Plastik", in: Tägliche Rundschau vom 5.11.1927.)

„Unser Empfinden ist zwiespältig, wenn wir Käthe Kollwitz gegenübertreten. Nur ein Blinder könnte die hohe Künstlerschaft und die reine Menschlichkeit dieser Frau leugnen ... Wohl wird die soziale Anklage, die Käthe Kollwitz gegen die Gesellschaft schleudert, gemildert durch die Mütterlichkeit, mit der sie sich dem Proletariat verschenkt. Das kommunistische Weltbild ihrer Seele ist nicht das unsere." (von Brockhusen-Zitzewitz: „Herbstausstellung der Akademie", in: Neue Preußische Kreuz-Zeitung vom 5.11.1927.)

(171) Fritz Koelle in einem nicht datierten Lebenslauf. Nachlaß Fritz Koelle in Besitz des Sohnes, Fritz Koelle jun.

(172) „Von jetzt an" bezieht sich auf die Zeit um 1897. Am 26.2.1893 erlebt Käthe Kollwitz die Uraufführung von Gerhard Hauptmanns Drama „Die Weber" auf der Freien Bühne in Berlin, die sie so nachhaltig beeindruckte, daß sie die Folge zu Emil Zolas Bergarbeiterroman „Germinal" liegen ließ und die Folge „Ein Weberaufstand" mit sechs Blättern begann, die sie 1897 beendete und die ihr in der Ausstellung am Lehrter Bahnhof den ersten großen Erfolg einbrachte.

(173) Vgl. dazu auch die Lastträger und Schiffslöscher vom Antwerpener Hafen von Constantin Meunier.

(174) „Witinnen" ist laut Angaben des Deutschen Polen Instituts in Darmstadt vom 6.9.2000 „ein langes, flaches fluszboot, aus dem pol. Wicina entlehnt". Vgl. dazu Grimmsches Wörterbuch, Stuttgart, 1987, S. 830.

(175) Vgl. Jutta Bohnke-Kollwitz (Hrsg.): Käthe Kollwitz – Die Tagebücher, Berlin 1989, S. 741.

(176) Fritz Koelle in einem nicht datierten Lebenslauf.

(177) Peter Schirmbeck: „Von der Anklage zur Heroik – Das Beispiel Fritz Koelle", S. 51ff., in: ders: „Adel der Arbeit", Marburg, 1984.

(178) Käthe Kollwitz, in: Jutta Bohnke-Kollwitz, 1989, S. 741.

(179) Max Osborn: „Herbstakademie", in: Vossische Zeitung vom 6.11.1927.

(180) Bei der Kollektivausstellung wurde Koelle für seine Plastiken der Saal 2 zugeteilt. Seine Kleintierplastiken waren in der Vitrine in Saal 8 ausgestellt. Die Bildhauerzeichnungen waren im Saal 1 gehängt. Vertreten war er mit den lebensgroßen Arbeiterfiguren „Bergarbeiter vor der Einfahrt" von 1927 – noch in Gipsausführung (Nr. 668), dem „Hüt-

tenarbeiter" von 1927 in Bronze (Nr. 669) und dem „Bergarbeiterkind" von 1925 in Bronze (Nr. 672). Die Bildnisse führte das „Selbstbildnis" von 1927 (Nr. 670) an, gefolgt von der „Bergmannsfrau" (Nr. 671), dem „Wettersteiger" (Nr. 673), dem „verunglückten Hüttenarbeiter" (Nr. 674) und dem „Bildnis eines Arbeiters" (Nr. 675); alle Büsten waren in Bronze ausgeführt und stammten aus dem Jahre 1927, bis auf das „Bildnis eines Arbeiters" (Nr. 675), das 1926 geschaffen wurde. Koelles Kleintierplastiken stammten auch aus früheren Jahren: der „Stier" (Nr. 676), „Ein junger Löwe" (Nr. 678) und „Ein Junger Bär" (Nr. 680) aus dem Jahre 1925, das „Fohlen" (Nr. 677) und das „Stierkalb" (Nr. 679) von 1926. Alle Tiere waren in Bronze gefertigt. Vgl. Ausstellungskatalog der Preußischen Akademie der Künste zu Berlin – Herbstausstellung – November/Dezember 1927, S. 3, S. 51 und S. 52.

(181) Zu Constantin Meunier vgl. Anmerkung 1 des Vorworts.

(182) Zu Auguste Rodins Bildnis „L'Homme au nez cassé" (Der Mann mit der gebrochenen Nase) von 1860 vgl. Ludwig Goldscheider: Rodin-Skulpturen, Oxford, 1988, S. 15 Abbildung und S. 115.

(183) Da Koelle selbst die Ausstellung in der Preußischen Akademie der Künste in Berlin im November/Dezember 1927 immer wieder als seinen größten Erfolg in seiner gesamten Schaffenszeit bewertete, soll hier das vorhandene Presseecho über ihn wiedergegeben werden:

„Der Münchener Bildhauer Fritz Koelle erweist sich als ein Realist von starken Graden. Sein ‚Bergarbeiter vor der Einfahrt' ist von den Meunierschen himmelweit entfernt und eine ‚Individualität'. Seine Köpfe (Bergarbeiter, Selbstbildnis) sind von packender Wahrheitsliebe und auch plastisch überzeugend. Koelle ist in der jüngeren Bildhauergeneration einer der fähigsten Köpfe." (Hugo Kubsch: „Herbstausstellung der Akademie – zur heutigen Eröffnung", in: Deutsche Tageszeitung, Nr. 523, Abendausgabe vom 5.11.1927, 2. Seite.)

„Eine gute Wirkung machen die plastischen Arbeiten des Münchener Bildhauers Fritz Kölle. Er ist vor ein paar Jahren hier mit einzelnen Stücken aufgetreten und gleich von Künstlern und Kritikern erkannt worden. Es ist also doch wohl Urteil möglich. Kölle sucht seine Modelle unter den Bergarbeitern. Er sieht sie nicht mehr romantisch und schön wie Meunier. Er sieht sie stark und derb und sieht vor allem diese Köpfe, in die ein hartes Leben seine Zeichen geschrieben hat. Hier führt nicht soziales Mitleid die Hand, sondern Freude am Charakter. Und es ist eine Hand, die manchmal an den frühen Rodin denken läßt, gewaltig zupackend. In der Vitrine des letzten Saales sieht man kleine Bronzetiere, die auch bei allem Unterschied des Formates diese zupackende Hand zeigen. Fast möchte man sagen, daß sich hier der große Plastiker noch stärker und reiner offenbart. Das Modell spielt eine weniger wichtige Rolle, dies angeschaute Ganze ist gleich Form geworden." (Fritz Stahl: „Die Ausstellung", in: Berliner Tageblatt vom 5.11.1927.)

„Einen Mann aber lernen wir hier kennen, dessen Namen man sich merken muß: Den Münchener Fritz Koelle. Arbeitergestalten in ganzer Größe sind ja nichts Seltenes mehr. Seit Meunier aber wirkt keines dieser Werke so überzeugend wie Koelles ‚Bergarbeiter vor der Einfahrt'. Und was über den Bildhauer Meunier noch hinausgeht, das sind die sechs bronzenen Köpfe von Arbeitern und Arbeiterinnen. So hat das Schicksal der Arbeiter nur der Maler Meunier schildern können, und auch der nur selten so ins Persönliche gehend. Die stumme Anklage des ‚Bergarbeiterkindes' oder der ‚Bergmannsfrau', der ‚Verunglückte Hüttenarbeiter', der ‚Wettersteiger', das sind Werke, die man so leicht nicht vergißt, und die reine Kunst bleiben konnten, weil sie sich trotz allem freihalten von aller Politisiererei. Hier findet die Kollwitzsche Sammlung ein gutes Gegengewicht." (Willy Pastor: „Herbstausstellung der Akademie. Griffelkunst. – Plastik", in: Tägliche Rundschau vom 5.11.1927.)

„Eine zweite kleinere Sonderschau gilt Alfred Kubin, eine dritte dem Bildhauer Fritz Koelle, dessen Studien im Eintrittssaal mit Bronzewerken und Zeichnungen anderer guter Plastiker ... vereinigt sind. Die Plastiken von Koelle erheben sich nur selten über konventionelle Auffassung." (von Brockhusen-Zitzewitz: „Herbstausstellung der Akademie", in: Neue Preußische Kreuz-Zeitung vom 5.11.1927.)
„Eins nur noch: Diesesmal ist die Ausstellung von plastischen Werken größer und schöner betont als sonst. Der Münchener Fritz Koelle hat eine Auswahl prächtiger Bronzeköpfe von Bergarbeitern ausgestellt." (Karl Escher: „Die Herbstausstellung der Akademie. Zeichnungen und Plastiken", in: Berliner Morgenpost vom 6.11.1927.)
„Der Zufall – wenn es einen Zufall gibt – hat gefügt, daß die zweite größere Kollektion der Ausstellung zu diesem Hauptstück merkwürdig paßt: die Arbeiten des Münchener Bildhauers Fritz Koelle. Wir kennen ihn schon von früher her und wußten, wie Liebermann ihn schätzt. Nun stellt er in den ersten großen Saal, wie eine ernste Leibwache für die Kollwitz, eine Anzahl seiner Bronzebüsten von Bergarbeitern, die mit so breiter Kraft Form und Wesen dieser Proletarierköpfe aufdecken. Die denkmalartige Gestalt eines Steigers vor der Einfahrt erinnert an Meunier. Höher aber strebt die Bronze eines Bergarbeiterkindes. Wie hier die Erscheinung eines schmächtigen, rachitischen Körperchens erfaßt und, ganz anders als bei den detaillierenden Büsten, in großen Stil gehoben wird, ist außerordentlich. Dieser Kollwitz-Koelle-Klang schlägt für den Besucher sofort eine bedeutungsvolle Melodie an. Sie hebt das Bild der ganzen Ausstellung. Fast ist es, als hätte jeder Einsender das gewußt und mit besonderer Sorgfalt in seinen Mappen gewühlt. Programmatisches pflegt bei Aufsammlungen solcher Art nicht zu sprechen." (Max Osborn: „Herbst-Akademie", in: Vossische Zeitung vom 6.11.1927.)
„Aber da ist gleich im großen Hauptsaale einer, der durchaus nicht zu übersehen ist Fritz Koelle aus München. Er hat sich den Themenkreis Meuniers erkürt, beherrscht ihn aber in durchaus selbständiger Weise. Neben einer Reihe von Bronzebüsten von Berg- und Hüttenarbeitern, deren charaktervoll ausgemergelte Köpfe mit ebensoviel Sachlichkeit wie Ausdruck behandelt sind, tritt namentlich, nicht ohne Mächtigkeit, die ruhig und monumental gehaltene Gipsfigur eines ‚Bergarbeiters vor der Ausfahrt' (also in voller Ausrüstung) in die Erscheinung. Ueberdies befindet sich in der Vitrine eines der hinteren Säle eine Kollektion kleinerer Tierfiguren, mit denen Koelle in gewissem Sinne mit Renée Sintenis in Konkurrenz tritt." (N.N.: „Herbst-Ausstellung", in: Der Tag vom 6.11.1927.)
„Auch der Münchener Bildhauer Fritz Koelle stellt den arbeitenden Menschen dar. Seine Modelle sind die Grubenarbeiter, ihre Frauen und Kinder. Ohne Pathos, mit einer Sachlichkeit, die ein Ausdruck gereiften plastischen Könnens und sozialethischer Weltanschauung ist, stellt er die von harter Form zermürbten oder vom Unfall entstellten Gesichter der Bergarbeiter dar. Die ausgemergelte Gestalt eines Bergarbeiterkindes ist für sich selbst sprechende soziale Anklage durch das Mittel der Kunst. Die große Gestalt eines Bergarbeiters ist jedoch nicht frei von Pose und will zu den übrigen Arbeiten nicht so recht passen. Koelles Selbstbildnis zeigt ihn als Künstlermenschen von reinem, ernstem Wollen." (Ernst Collin: „Herbstschau der Akademie – Sonderausstellungen: Kollwitz, Koelle, Kubin", in: Berliner Volkszeitung vom 8.11.1927.)
„Am positivsten unter weniger Bekannten der Münchener Bildhauer Fritz Koelle. Derb und streng modellierte Bronzeportraits von Bergarbeitern (ganz besonders das eines ‚Verunglückten Hüttenarbeiters') machen uns mit einem Künstler, einem Könner bekannt, der Herz und Faust am rechten Fleck hat; sehr fein in ihrer leidenschaftlichen Zärtlichkeit die lebensgroße Bronzefigur eines blutarmen, skeletthaft-dünnen Bergarbeiterkindes." (Durnd: „Herbstausstellung der Akademie", in: Die Rote Fahne, Nr. 263, 10. Jg., vom 8.11.1927.)
„Den stärksten Raum aber hat man dem Münchener Fritz Koelle vergönnt, der sich, wie Meunier – doch selbständig neben ihm – den Bergmann zum Thema gemacht hat." (Franz

Servaes: „Die Herbstausstellung der Preußischen Akademie der Künste", in: Schlesische Zeitung, Breslau, vom 17.11.1927.)

„Der Mann ist der Münchener Fritz Koelle, der in äußerst charakteristischer Form überlebensgroße Arbeitergestalten und -köpfe in Bronze ausstellt, in denen nicht die Absicht, sondern das plastisch lebendige und mit Leidenschaft gestaltete Wesen der Motive fesselt. Auch Meunier schuf diese Erscheinungen, aber er erreichte nur selten die schwere Echtheit und zugleich bildhauerische Spannung und Fülle, wie sie Koelle gelingt. Gerade auch seine Tierbildnisse verraten den geborenen Beherrscher der plastischen Konzentration." (Dr. Robert Volz: „Herbstausstellung der Berliner Akademie", in: Süddeutsche Zeitung vom 12.11.1927.)

„Empfangen wird der Besucher von einem Saal der Bildhauer. Zeichnungen an den Wänden und bildnerische Werke ringsum, letztere auch in den übrigen Räumen dekorativ verteilt. Die große neue Entdeckung ist der Münchner Fritz Koelle. Seine Köpfe oder Gestalten von Berg- und Hüttenarbeitern zeigen den immerhin seltenen Fall eines Bildners heutiger Zeit, der nur aus eigentlicher Lust am plastischen Gestalten schafft, ohne daß er sein Handwerk wesentlich mit der Ausführung von Portrait-Aufträgen und nur neueinhergehenden freien Schöpfungen bestreitet. Ein ernster Realismus, der von fern an Meuniers Art erinnert, zeichnet seine Arbeiten aus, die das Starre und Ungefüge der Leute des schwer arbeitenden Volkes überzeugend trifft. Dazu kommt eine bildnerische Vereinfachung und Verdichtung der Einzelheiten, so daß eine lebensgroße Bronzefigur wie das arme Bergarbeiterkind wohl als neue Prägung eines Typus hingenommen werden kann. Weniger gelingt ihm die Vereinfachung bei kleinen Tierstatuetten, die zu leicht unter seiner Hand den Charakter von Altertümelei gewinnen." (NN: Die „Herbst-Ausstellung", in: Düsseldorfer Nachrichten vom 22.11.1927.)

„Ein Kennzeichen der diesjährigen Herbstausstellung der Akademie ist das starke Hervortreten Münchner Künstler. Von den drei Sammelausstellungen, die diesmal Unter den Linden vereinigt sind, zieht die Uebersicht des Münchner Bildhauers Fritz Koelle am stärksten die Augen auf sich. Auf einem anderen Wege als der Belgier Meunier gelangt dieser deutsche Künstler zu einer monumentalen Gestaltung des Bergmannslebens. Die harte Prägung, die der schwere und von Gefahr nicht freie Beruf in Gesicht und Gestalt hervorruft, wird von Koelle als plastisch dankbare Form hingenommen, nicht aber zum Vorwand menschenfreundlicher Temperamentsentladungen gewählt. Die einfache Uebermittlung der Formtatsachen des Lebens genügt, Mitgefühl und den Entschluß zu sozialer Fürsorge reifen zu lassen. In diesem Sinne wirkt Koelles Statue ‚Der Bergarbeiter vor der Einfahrt' in der freien, einfachen und verantwortungsbewußten Haltung ruhig und monumental. Die zartere Begleitnote singt die gegenüberstehende Bronze ‚Bergarbeiterkind': Die Magerkeit des Mädchens ist durchaus nicht übertrieben und die großen Blumenaugen schauen uns mahnend, aber auch vertrauend an." (Franz Dülberg: „Akademie und Einzelgänger – Eine Berliner Kunstschau", in: Münchner Neueste Nachrichten vom 28.11.1927.)

„Fritz Koelle, der Münchener Bildhauer ist unter den dreien der einzige, welcher das reale Ergebnis tendenzlos in freiem Schaffen bildet. Da ist auch ein elendes Bergarbeiterkind; aber es klagt nicht an, es ist einfach da und wirkt durch die Erhebung seines zufälligen Selbst über die kranke Erscheinung hinaus; der ‚Bergarbeiter', nicht etwa meunierhaft, ist, losgelöst von allem Sozialismus, die Verkörperung einer harten Lebensform – wobei nicht im Hintergrunde der stumme Vorwurf erhoben wird, daß es andern besser geht. Die Porträts sind überzeugend, von lebhafter Vitalität in der Vereinigung von Künstler und Modell." (NN: „Herbst-Ausstellung. Preußische Akademie der Künste"; Artikel ohne Verfasser- und Datumsangabe.)

(184) Ludwig Justi, *14.3.1876 in Marburg, †19.10.1957 in Potsdam, studierte Altphilologie, Archäologie und Kunstgeschichte in Bonn und Berlin und wurde 1898 promoviert.

1903 erhielt er eine Professur für Kunstgeschichte in Halle, und bereits 1904 leitete er das Städelsche Kunstinstitut in Frankfurt am Main als Direktor. Nachdem er von 1905 bis 1909 1. Ständiger Sekretär der Preußischen Akademie der Künstler war, wurde er 1909 Direktor der Nationalgalerie in Berlin. Dieses Amt behielt er bis 1933, als er aus „politischen Gründen" beurlaubt wurde und an die Bibliothek der Staatlichen Museen versetzt wurde. 1941 wurde er in den Ruhestand geschickt. 1946 – wieder rekrutiert – übernahm er die Generaldirektion der Staatlichen Museen zu Berlin (Ost), die er bis 1957 innehatte, und förderte in dieser Zeit entschieden den Wiederaufbau der Berliner Museen. Vgl. Günter Feist (Hrsg.) u.a., Köln, 1996, S. 871.
(185) Schreiben Ludwig Justis vom 6.12.1927 an Ministerialrat Dr. Gall beim Preußischen Minister für Wissenschaft, Kunst und Volksbildung, Berlin, W. 8, Unter den Linden 4, in: Zentrales Akademiearchiv (ZAA), Akte: Gen. 10, Bd. 13, 1926/1927 – zu 1944/27, 533 + 534.
(186) Schreiben des Preußischen Ministers für Wissenschaft, Kunst und Volksbildung vom 31.12.1927 an den Präsidenten der Preußischen Akademie der Künste, Professor Max Liebermann, in: Ebenda, Akte: Gen. 10, Bd. 14, 1928/1929 – zu 1944/27, 1.
(187) Vgl. Anmerkung 135.
(188) Brief von Fritz Koelle aus Berlin an seine Frau vom 1.3.1928.
(189) Ebenda. Noack: Die Bildgießerei Noack übernahm am Anfang des 20. Jahrhunderts die führende Rolle in Berlin. Künstler wie Gaul, Klimsch, Kolbe, Scheibe und Sintenis ließen ihre Plastiken bei Noack gießen. Dort entstanden Bronzen, die in Patinierung und Ziselierung eine große Vielseitigkeit aufwiesen. Mit der Zeit entwickelten Gießerei und Künstler – einem neuen Kunstempfinden entsprechend – eine neue Art der Nachbehandlung. Die glanzvolle Patina der Jahrhundertwende, wie sie auch bei Koelles „Nackttänzerin" aus den frühen zwanziger Jahren zu finden ist, war nicht mehr zeitgemäß und wurde zugunsten einer gleichmäßig matten Patinierung aufgegeben. Es wurde weniger, dafür aber großzügiger ziseliert. Vgl. Ursel Berger: Von Begas bis Barlach – Bildhauerei im wilhelminischen Berlin, Georg-Kolbe-Museum, Berlin, 1984; und Paul O. Schulz, Ulrich Baatz: Bronzegießerei Noack, Ravensburg, 1993. Dort wird Fritz Koelle auf S. 254 im Auszug aus der Künstlerliste genannt.
(190) Brief von Fritz Koelle aus Berlin an seine Frau vom 2.3.1928.
(191) Karte von Fritz Koelle aus Berlin an seine Frau vom 2.3.1928.
(192) Nachdem Nentwig vom Ministerium für Wissenschaft, Kunst und Volksbildung Direktor Justi ersucht hatte, nach dem Empfang der Plastik für deren Inventarisierung Sorge zu tragen, teilte dieser ihm am 5.3.1928 mit: „Das nach dem Erlaß UIV 13428 vom 31. Dezember 1927 auf der Herbst-Ausstellung der Akademie für den Staat angekaufte und der Nationalgalerie überwiesene Bronzebildwerk von Fritz Kölle ‚Bergarbeiter vor der Einfahrt' ist am 2. d. Mts. von der Bildgiesserei Noack in Berlin-Friedenau hier abgeliefert worden. Der Direktor i.A." Schreiben des Direktors der Nationalgalerie an den Preußischen Minister für Wissenschaft, Kunst und Volksbildung, Berlin, vom 5.3.1928, in: Zentrales Akademiearchiv (ZAA), Akte: Gen. 10, Bd. 14, 1928/1929 – 1944/27,2.
(193) Brief von Fritz Koelle aus Berlin an seine Frau vom 2.3.1928.
(194) Fritz Erler, *15.12.1868 in Frankenstein, Schlesien, †11.7.1940 in München. Maler, Graphiker, Entwurfzeichner für Kunstgewerbe und Bühnenbildner. Bruder des Malers Erich Erler-Samaden (16.12.1870 bis 19.6.1946). Erler war wie sein Bruder Schüler Albrecht Bräuners in Breslau. Von 1892 bis 1894 besuchte er die Académie Julian in Paris. Ab 1895 hielt er sich in München auf, wo er 1899 die „Scholle" mitbegründete. Das Titelblatt der 1896 gegründeten Zeitschrift „Jugend" zierte sein „Schlittschuhläufer mit Mistelzweig und Fackel". Fortan illustrierte er viele Exemplare dieses Periodikums. Seine in Paris begonnene Tätigkeit als Kunstgewerbler setzte er in München fort. Erler machte Entwürfe für Plakate, Vasen, Glasfenster, Textilien und Buchtitel. Seine dekorativen Mo-

tive entstammten der Märchen- und Sagenwelt. Seine wohl umfassendste Arbeit war die Ausgestaltung des Musiksaals des Geheimrats Neisser in Breslau. Auch als Bühnenbildner betätigte er sich und fertigte 1908 die Dekorationen und Figurinen für „Faust" und „Hamlet" für das Münchner Künstlertheater. Vgl. Thieme, Becker, 1992, Bd. 9/10, S. 607; und Vollmer, 1992, Bd. 2, S. 50.

(195) Brief von Fritz Koelle aus Berlin an seine Frau vom 2.3.1928.
(196) Ebenda.
(197) Ebenda.
(198) Ebenda.
(199) Ebenda.
(200) Brief von Fritz Koelle aus Berlin an seine Frau vom 1.3.1928.
(201) Brief von Fritz Koelle aus Berlin an seine Frau vom 4.3.1928.
(202) Brief von Fritz Koelle aus Berlin an seine Frau vom 2.3.1928.
(203) Hermann Röchling, *12.11.1872 in Völklingen, †24.8.1955 in Mannheim, Großindustrieller, der 1898 die Völklinger Eisenhütte von seinem Vater übernahm, deren französischen Anteile nach dem Ersten Weltkrieg an Frankreich fielen. Dort in Abwesenheit zu zehn Jahren Zuchthaus verurteilt, widmete er sich in Deutschland dem Wiederauf- und Ausbau des Unternehmens. Röchling engagierte sich für die Rückgliederung des Saargebietes an das Deutsche Reich. Expansion des Firmenimperiums auch in Mitteldeutschland, Röchling übernahm Aufsichtsratsmandate in diversen Unternehmen des Montanbereichs. Er war im Dritten Reich einer der wichtigsten Produzenten in der Rüstungsindustrie und Wehrwirtschaftsführer und erhielt hohe Auszeichnungen im Nationalsozialismus. Nach Kriegsende an Frankreich ausgeliefert und im Januar 1949 zu zehn Jahren Haft unter anderem wegen Vergehens gegen Kriegsgefangene und Zwangsarbeiter verurteilt, wurde er jedoch im August 1951 mit der Auflage, das Saargebiet nie mehr zu betreten, entlassen. Vgl. Hermann Weiß, 1998, S. 380f.

Mögen Koelles ursprüngliche Kontaktaufnahmen mit der Industrie reinen Studienabsichten entstammen und erst im zweiten Schritt pekuniäre Gründe mit eingeschlossen haben, so zeigt sich doch zusehends, in welch nationalistisch-geistiger Atmosphäre (Rudolf Schwarz, Albert Vögler, Hermann Röchling) sich der Bildhauer bewegte; und daß er von dieser nicht unbeeinflußt blieb, zeigen unter anderem Werke wie die „Saarmedaille" von 1934 und sein weiteres Schaffen im Dritten Reich.

(204) Laut Katalog der XIV. Sommerausstellung der Münchener Neuen Secession von 1928 war er mit den Nummern 126 bis 131 vertreten. Der erwähnte „Hüttenarbeiter (erster Wärmer)" mit der Nr. 127 wurde im Katalog abgebildet.
(205) Brief von Fritz Koelle aus St. Ingbert an den Oberbürgermeister von München, Karl Fiehler, vom 10.9.1933.
(206) Ebenda.
(207) Gustav Stolze: „Fritz Koelle", in: Die Kunst für Alle, 1927/1928, Heft 9, Juni, S. 272-278.
(208) Das Borinage, auch Pays noir genannt, ist der westliche Teil des Steinkohlen- und Industriereviers des Hennegaus im wallonischen Teil Belgiens und erstreckt sich von Mons bis zur französischen Grenze. Es besteht aus vielen mittelgroßen Bergbauorten. Als der Steinkohlenbergbau wegen ungünstiger Lagerstättenverhältnisse nicht mehr rentabel war, wurden ab 1950 subventionierte Schließungen der Bergwerke vorgenommen, womit auch der weitgehende Niedergang der Schwerindustrie verbunden war. Andere Industriezweige, wie Glas-, Keramik-, Papier- und Leichtmaschinenindustrie sowie Nahrungsmittelproduktionsstätten und Großbrauereien, traten an ihre Stelle. In den dreißiger Jahren des 20. Jahrhunderts aber war das Borinage ein soziales Pulverfaß. Besonders nach dem Bergarbeiterstreik von Juni/Juli 1932 herrschte bittere Armut unter den Bergleuten durch Arbeitslosigkeit, Verlust der Zechenwohnungen, Beschlagnahme des Mobiliars als einzi-

ges Hab und Gut. Sie lebten unter unmenschlichen Bedingungen. Um auf diese Lebensumstände der Bergmannsfamilien aufmerksam zu machen, entschlossen sich die niederländischen und belgischen Regisseure Joris Ivens (1899 bis 1989) und Henri Storck, einen Tatsachenfilm darüber zu drehen. „Bei manchem Filmthema muß man suchen und graben, um die Wahrheit über den Gegenstand herauszufinden, aber im Borinage war alles, was man sah und hörte, eine direkte Illustration der Wahrheit", befand Joris Ivens. Sein „erster Eindruck von diesem Gebiet war seine dunkle und farblose Einförmigkeit, nichts Helles, nichts Glückliches. Schwarz und staubig, nichts Weißes. Der hellste Farbton ist Grau. Sogar die Natur schien traurig zu sein über das Elend dieses Gebietes. Die Bäume und Blätter konnten durch die Schichten von Kohlenstaub nicht atmen." Joris Ivens: „Borinage – ein Dokumentarerlebnis", in: „Borinage 1934/1984", herausgegeben vom Kulturamt Köln in Verbindung mit dem Sekretariat für gemeinsame Kulturarbeit in NRW, ohne Jahr (wahrscheinlich aber 1984), S. 46. Der Film „Borinage" durfte in keinem Filmtheater gezeigt werden. Seine öffentliche Aufführung wurde sowohl von der belgischen als auch von der niederländischen Regierung untersagt. Es war lediglich möglich, ihn in privatem Rahmen zu präsentieren, und die Uraufführung im März 1934 bewies, das keiner der Kritiker eine Ahnung von den menschenunwürdigen Verhältnissen hatte.

Eine Wiederbelebung fand dieser Film fünfzig Jahre später, als er in seiner ursprünglich geplanten und technisch und historisch aktualisierten Form gezeigt wurde. Das Ruhrlandmuseum in Essen präsentierte ihn anläßlich der Eröffnung seiner Ausstellung „Borinage/Pays noir" am 4.12. (dem alljährlichen Barbaratag, der Schutzpatronin der Bergleute) 1986. Er wurde in seiner erschütternden Aussagekraft noch verstärkt durch die Fotos, die der Standfotograf Willi Kessels 1934 während der Dreharbeiten gemacht hatte, und erhielt noch eine Erweiterung durch die ebenso bedrückenden Fotos der Landschaft und von denselben Menschen, fünfzig Jahre danach, die Bettina Secker 1984 im Borinage aufnahm.

Während die Künstler des 20. Jahrhunderts sich der Medien Foto und Film bedienten, um die sozialen Mißstände im Borinage aufzuzeigen, wählten die Künstler der zweiten Hälfte des 19. Jahrhunderts die klassischen Techniken des Zeichnens und Malens. Vgl. dazu: Meike Hielscher: „Umweltbilder aus dem ‚Schwarzen Land'", in: „Arbeit und Alltag – soziale Wirklichkeit in der belgischen Kunst 1830 – 1914", Ausstellungskatalog der Neuen Gesellschaft für Bildende Kunst, Berlin 1979, S. 241 ff.; und dies. und ders. Text in: „Aus Schacht und Hütte – Ein Jahrhundert Industriegebiet im Bild 1830 – 1930", Ausstellungskatalog der Städtischen Kunsthalle Recklinghausen, 1980, ohne Seitenzahlen.

Constantin Meunier, der mit dem Schriftsteller und Kunstkritiker Camille Lemonnier im Borinage war, fertigte unzählige Kohlezeichnungen, Pastelle und Ölbilder von Leuten und Landschaft an, wobei die Wiedergabe der durch die Industrie zerstörten Natur ehrlicher ist als die Abbildungen der Arbeiter (z.B. das Ölgemälde „Pays noir" von 1889). Das körperliche Gezeichnetsein der Berg- und Hüttenleute durch die Last der Arbeit brachte er erst später in seinen Plastiken deutlich zum Ausdruck.

Auch Vincent van Goch war 1878/1879 im Borinage, allerdings nicht in seiner Funktion als Maler, sondern als Prediger. Trotzdem lieferte er in den Briefen an seinen Bruder Theo bildhafte Beschreibungen der Landschaft, der Bergarbeiter und von deren Lebensumständen: „... Le Borinage genannt, wo eine eigentümliche Bevölkerung von Arbeitern lebt, die in den zahlreichen Steinkohlenminen tätig sind." (Brief 123 vom 15.11.1878, S. 295). „Überall in der Runde sieht man hier die großen Schornsteine und die ungeheuren Berge von Steinkohlen am Eingang der Gruben" (Brief 124 vom 26.12.1878, S. 300). „So war es z.B. dieser Tage ein eigenartiger Anblick bei dem weißen Schnee, abends gegen die Dämmerstunde, die Arbeiter aus den Bergwerken kommen zu sehen. Die Leute sind

ganz schwarz, wenn sie aus den Minen wieder an das Tageslicht kommen, wie die Schornsteinfeger sehen sie aus. Ihre Behausungen, die längs dieser Hohlwege im Wald und an den Abhängen des Hügels verstreut liegen, sind meistens klein, ja eigentlich muß man sie Hütten nennen." (Brief 124, S. 299) Und auch van Gogh fuhr ins Bergwerk ein, um sich ein vollständiges Bild über die Lebens- und Arbeitsverhältnisse der Bergleute im Borinage machen zu können. Neben einer genauen Wiedergabe der Grubengebäude und dem Ablauf der einzelnen Arbeitsgänge formulierte er seine persönlichen recht kritisch gestimmten Beobachtungen und Empfindungen: „ich bin nämlich sechs Stunden lang in einem Bergwerk gewesen, und zwar in einer der ältesten und gefährlichsten Gruben der Gegend, Marcasse genannt. Sie steht in sehr schlechtem Ruf, weil so viele darin umkommen, sei es beim Ein- oder Ausfahren, sei es durch Stickluft und durch Gasexplosionen, durch Grundwasser oder das Einstürzen veralteter Stollen. Es ist ein düsterer Fleck, und auf den ersten Blick hat alles im Umkreis etwas Trauriges und Totes. Die Arbeiter dort sind meistens vom Fieber abgemagert, bleiche Leute, und sehen ermüdet und ausgemergelt aus, verwittert und frühzeitig gealtert, die Frauen im allgemeinen fahl und verblüht. Rings um die Grube armselige Bergmannswohnungen, mit ein paar abgestorbenen Bäumen, ganz schwarz verräuchert, und Dornhecken, Mist- und Aschenhaufen, Halden unbrauchbar gewordener Steinkohlen etc." (Brief 126 vom April 1879, S. 305)
Die zitierten Briefe finden sich in: Johanna Gesina van Gogh-Bongers (Hrsg.): Vincent van Goghs Briefe an seinen Bruder, Frankfurt am Main, 1988, Bd. I (1872 – 1882). Der Grund, warum van Gogh hauptsächlich Bleistift-, Kohle- (schwarze Kreide) und Tuschfederzeichnungen aus dem Borinage anfertigte, liegt sicherlich in der vorgefundenen Wirklichkeit, in einer Umgebung, die keine Farbe zuließ, höchstens neben all dem Schwarz und Grau ein gehöhtes Weiß, denn als der Schnee fiel, war er noch weiß.
Die Abbildungen und Erläuterungen aus dem Borinage finden sich in: Vincent van Gogh – Katalog von 278 Werken, gehörend zu der Sammlung des Rijksmuseum Kröller-Müller, Otterlo, Niederlande, 1983, S. 34/35, S. 47, S. 56, S. 99 und S. 100.
(209) Constantin Meunier, zitiert aus einem Brief, in: Georg Treu: Constantin Meunier, Dresden, 1898, S. 23.
(210) Koelle in einem undatierten Lebenslauf.
(211) Brief von Fritz Koelle an den Bürgermeister von München (ohne Namensnennung) vom 28.10.1928. Bürgermeister war bis 1934 Dr. Hans Küfner.
(212) Ausstellungskatalog: Münchener Neue Secession, XV. Sommerausstellung, 1929, S. 18 – Fritz Koelle unter den laufenden Nummern 146 – 154.
(213) Gustav Stolze über die Ausstellung Koelles in der Galerie Caspari im April/Mai 1929. Zeitungsausschnitt, ohne nähere Angaben, aus dem Nachlaß Fritz Koelles im Besitz des Sohnes, Fritz Koelle jun.
(214) „Der Arbeiter in der Kunst – Fritz-Koelle-Ausstellung in München" von Professor Nasse in einer nicht näher gekennzeichneten Augsburger Zeitung von April/Mai 1929, aus dem Nachlaß Fritz Koelles im Besitz des Sohnes, Fritz Koelle jun.
(215) Ebenda.
(216) Hermann Esswein: „Kunstausstellungen", in: Münchener Post Nr. 105 vom 7. Mai 1929.
(217) „In Augsburg geboren – auswärts wirkend – in der Welt bekannt", ganzseitiger Artikel mit Portraitfoto von Fritz Koelle in einer Augsburger Zeitung, ohne nähere Angaben, im Koelle-Nachlaß im Besitz des Sohnes, Fritz Koelle jun. Hierbei handelt es sich um eine Zeitung, die periodisch die „Münchener Kunstbriefe" herausgab.
(218) Münchener Neueste Nachrichten Nr. 190 vom 15.7.1929, „Im Zeichen der drei Männer – Zur Eröffnung der Sommerausstellung der Münchener Neuen Secession", versehen mit dem Kürzel Dr. E. H.

(219) Wollte er, wie Schirmbeck schreibt, „Kohle oder Gestein abbauen", wäre ein Lösen auf diese Weise gar nicht möglich, da er mit dem Gesicht unmittelbar vor dem Kohlenstoß liegt. Außerdem würde ein Bergmann sich nicht in den ungesicherten, weil unausgebauten Bereich begeben. Das Lösen erfolgt nur aus dem gesicherten Bereich heraus, denn das Hangende trägt nicht ohne unterstützenden Ausbau – wie in dem Relief dargestellt – über eine solche Länge. Normalerweise befänden sich dann noch zwei Stempel über die Länge des liegenden Körpers verteilt. Sollte Koelle wirklich einen Gewinnungsvorgang darstellen, hätte er sich in diesem Fall großer künstlerischer Freiheit bedient, die seiner bisherigen realistischen Gestaltungsform widerspräche, besonders der detailliert sachlichen Wiedergabe des technischen Vorgangs im linken Bildteil. Vor allem aber widerspräche es seinen eigenen Sicherheitserfahrungen unter Tage. Vgl. Peter Schirmbeck, Marburg, 1984, S. 52.

(220) Gedinge, altes deutsches Wort, das im germanischen Recht allgemein einen Vertrag bezeichnete. Im bergmännischen Sprachgebrauch bezeichnet Gedinge einen Vertrag, in dem der Bergmann sich und seine Arbeitsleistung für einen bestimmten Lohn verdingt. Das Gedinge wird für bergmännische Untertagearbeiten grundsätzlich vor Ort – wie Fritz Koelle es dargestellt hat – in freier Vereinbarung schriftlich zwischen den Bergleuten (Gedingebelegschaft) und einem Beauftragten der Unternehmensleitung, z.B. Steiger, festgelegt. Es gibt verschiedene Gedingearten: das Wagengedinge, das Meter-, Zentimeter-, Quadratmeter- und Kubikmetergedinge, ebenso das Gedinge für bergmännische Abrechnungseinheiten, wie Stempel, Kappen, Baue etc. Unter Gemischtgedinge versteht man eine Kombination aus den oben genannten Formen. Beim Zeitgedinge wird eine bestimmte Zeit zur Erledigung eines bestimmten Arbeitsauftrags vertraglich vereinbart. In der Gedingeform werden die besonderen Personenkonstellationen, mit denen ein Gedinge vereinbart wurde, erfaßt. Man unterscheidet Kameradschaftsgedinge, Gruppengedinge oder Einmanngedinge. Diese Gedinge unterliegen dem Tarifausschuß. Um welche Form des Gedinges es sich bei Koelle handelt, kann nur vermutet werden. Da drei Personen an diesem Gespräch beteiligt sind, kann es bei der dargestellten Verhandlung um ein Kameradschaftsgedinge gehen. Vgl. Das kleine Bergbaulexikon, Essen, 1998.

(221) Vgl. dazu das Relief „Retour de la Mine" (circa 1895) vom „Monument au Travail", in dem der dritte Bergmann von rechts eine deckungsgleiche Physiognomie aufweist, ebenso der „Bergmann mit der Hacke" (Abbildung in: Walter Gensel, Bielefeld, 1905, S. 12).

(222) Laut Ausstellungskatalog der Münchener Neuen Secession von der XV. Sommerausstellung 1929 mit der Nr. 147 „Bergarbeiter (Hauer)", Bronze eingeliefert.

(223) Ob zu diesem Zeitpunkt (1929) im Saarbergbau noch Stollenbau betrieben wurde, erscheint fraglich. Vom Künstler gemeint ist hier die Fahrt in einer Strecke des Grubengebäudes.

(224) Münchener Post Nr. 180 vom 6.8.1929: „Sommerausstellung der Neuen Secession" unter den Initialen H. E., die wahrscheinlich für Hermann Eßwein stehen.

(225) Neue Zeitung Nr. 210 vom 11.9.1929: „Sommer-Ausstellung der Neuen Sezession" unter den Initialen G. F.

(226) Münchener Augsburger Abendzeitung Nr. 197 vom 23.7.1929: „Sommerausstellung der Münchner Neuen Sezession" unter dem Kürzel „N", das für Professor Nasse steht.

(227) Dr. Wilhelm Hausenstein: „Münchner Neue Secession", in: Telegramm-Zeitung Nr. 133 vom 15.7.1929. Wilhelm Hausenstein (1882 bis 1957) war Kunstschriftsteller, Literat und später Botschafter in Paris.

(228) Ebenda.

(229) Schreiben von Konrad Sterner an Dr. h.c. Karl Scharnagl, Oberbürgermeister der Hauptstadt München, vom 31.7.1927, in: Stadtarchiv München unter BuR 1878.

(230) Antwortschreiben Scharnagls an Konrad Sterner vom 31.7.1927. Ebenda.

(231) Schreiben Scharnagls an das Direktorium B und an die Städtischen Kunstsammlungen vom 31.7.1929. Ebenda.
(232) Eberhard Hanfstaengl war vom 1.11.1925 bis Ende 1933 Direktor der Städtischen Kunstsammlungen in München. Am 1. Mai 1929 konnte er der Öffentlichkeit durch den Erwerb des Lenbach-Grundstücks von Lenbachs Witwe die erweiterte Städtische Galerie und die Lenbachgalerie zugänglich machen. Am 7.1.1926 kam auch das Historische Museum unter seine Befugnisse. Auch wenn Hanfstaengl persönlich der modernen Kunst des 20. Jahrhunderts offen gegenüberstand, konzentrierte er sich beim Sammlungskonzept für die Kunstmuseen auf den Erwerb lokaler Kunst der sogenannten Münchner Schule, wobei er die Vision eines Panoramas der Münchner Kunst entwickelte. Davon konnte auch Fritz Koelle profitieren, von dem die Städtische Sammlung insgesamt fünf Arbeiten erwarb: Ein Arbeiterbildnis, den „Hockenden Bergarbeiter" und drei Kleintierplastiken, laut Mitteilung des Lenbachhauses München vom 25.11.1999 an die Verfasserin. Eberhard Hanfstaengl wurde Ende 1933 nach Berlin berufen, um dort die Leitung der Nationalgalerie zu übernehmen. Im Sommer 1936 wurde Hanfstaengl in München nochmals zu Rate gezogen, um in gemeinsamen Gesprächen mit Adolf Wagner, dem Staatskommissar der „Anstalt des öffentlichen Rechts ‚Haus der Deutschen Kunst' (Neuer Glaspalast)" die Vorbereitungen zu treffen für die erste „Große Deutsche Kunstausstellung (GDK)", mit der das „Haus der Deutschen Kunst (HDK)" eröffnet werden sollte. Seine Vorstellungen deckten sich aber offensichtlich nicht mit denen Hitlers. Als Hanfstaengl unter anderem 1937 gegen die Beschlagnahme moderner Werke von Beckmann, Kirchner, Klee, Marc, Nolde und anderer Künstler für die Ausstellung „Entartete Kunst" protestierte, wurde er am 8. Juli 1937 wegen Widerstands gegen die Kulturpolitik der Nationalsozialisten von seinem Posten als Direktor der Nationalgalerie beurlaubt. Er ging zurück nach München, wo er als Lektor und nicht genannter Herausgeber im Bruckmannverlag tätig war. 1945 erfolgte seine Rehabilitierung, er wurde zum Generaldirektor der Bayerischen Staatsgemäldesammlungen ernannt. Vgl. Armin Zweite: „Franz Hofmann und die Städtische Galerie 1937", in: Peter-Klaus Schuster, 1987, S. 261 ff; und Johanna Müller-Meiningen: „Große Deutsche Kunstausstellung", in: „München – ‚Hauptstadt der Bewegung'", Ausstellungskatalog des Münchener Stadtmuseums, München, 1993, S. 324.
(233) Kenntnisnahme Hanfstaengls vom 28.8.1929, in: Stadtarchiv München unter BuR 1878.
(234) Antwortschreiben Konrad Sterners an Oberbürgermeister Scharnagl vom 16.8.1929, ebenda.
(235) Ausgabenanweisung des Preußischen Ministers für Wissenschaft, Kunst und Volksbildung in Berlin, U IV Nr. 101 52 B an Fritz Koelle vom 24.1.1930 über 400 RM, im: Zentralarchiv der Nationalgalerie Berlin, unter: Gen. 10, Bd. 15 1930/1932 – 150/21.
(236) Schreiben des oben genannten Ministeriums unter U IX Nr. 19373 an die Preußische Bau- und Finanzdirektion Berlin vom 13.2.1930, im Zentralarchiv der Nationalgalerie Berlin, unter: Gen. 10, Bd. 15 1930/1932 – 150/30 bzw. 248/30.
(237) Schreiben des Preußischen Ministers für Wissenschaft, Kunst und Volksbildung in Berlin an den Direktor der Nationalgalerie unter Bezug auf die oben genannte Ausgabenanweisung U IV Nr. 101 52 B mit der Bitte um Inventarisierung. Die beiden Inventar-Nummern erfolgten handschriftlich: [Stier-] „Kalb", Inventar-Nummer 508, auf Schreiben der Anmerkung 235 und „Fohlen", Inventar-Nummer 509, auf Schreiben der Anmerkung 236, ebenda.
(238) Kopie des Inventars der Städtischen Kunstsammlung Nürnberg, laut Ursula Frenzel, 1978, S. 10 und S. 55; und in: Germanisches Nationalmuseum Nürnberg (GNMN) unter ABK – NL Koelle I, B 84.

(239) Zum politischen Hintergrund vgl: Christoph Stölzl: Die Zwanziger Jahre in München, Katalog zur Ausstellung im Münchner Stadtmuseum, München, 1979; Münchner Stadtmuseum: München – „Hauptstadt der Bewegung", Katalog zur Ausstellung im Münchner Stadtmuseum, München, 1993.
(240) Einladung der deutschen Kunstgemeinschaft zur Eröffnung der Herbstausstellung „Neue Deutsche Kunst 1930" am 5. Oktober im Schloß. Koelle-Nachlaß im Besitz des Sohnes, Fritz Koelle jun.
(241) Schreiben der Deutschen Kunstgemeinschaft Berlin an Fritz Koelle vom 6.10.1930. Koelle-Nachlaß im Besitz des Sohnes, Fritz Koelle jun.
(242) Amtlicher Katalog der Deutschen Kunstausstellung München 1930 im Kunstpalast, S. 40: Fritz Koelle mit den laufenden Nummern 1277 bis 1283, und S. 89 mit der Abbildung des „Bergarbeiterbildnisses I (Hauer)".
(243) Die Abbildung des „Lastträgers" befindet sich unter anderem in der Künstlermonographie von Walter Gensel: Constantin Meunier, Bielefeld, 1905, S. 7, Abb. 4. Diese Monographie über Meunier bekam Fritz Koelle mit folgender Widmung geschenkt: „Herrn Fritz Koelle zur Erinnerung an unser erstes Zusammentreffen Dr. Arthur Rümann München 18. II.46". Das Buch befindet sich im Koelle-Nachlaß im Besitz des Sohnes, Fritz Koelle jun.
(244) Georg Treu: Constantin Meunier, Dresden, 1898. Koelle-Nachlaß ebenda.
(245) Münchener Post Nr. 72 vom 28.3.1930, darin die Abbildung des „Bergmanns vor der Einfahrt" und darunter der zitierte Text, ohne Namensangabe.
(246) Münchener Neueste Nachrichten vom 30.6.1931 unter dem Kürzel „ff". Koelle-Nachlaß im Besitz des Sohnes, Fritz Koelle jun.
(247) Nicht näher benannter Zeitungsartikel „Fritz Koelle und Elisabeth Koelle-Karmann – Galerie Caspari" von 1931 unter dem Kürzel „N" für Nasse. Ausschnitt im Stadtarchiv St. Ingbert.
(248) Alexander Heilmeyer: „Stellt die Kunst ins Leben", in: Münchener Neueste Nachrichten vom 18. Mai 1931. Koelle-Nachlaß im Besitz des Sohnes, Fritz Koelle jun.
(249) R. B.: „Zwei neue Schmuckplastiken", in: Münchener Zeitung, ohne Datumsangabe (circa Mai 1931).
(250) Brief von Fritz Koelle an seine Frau vom 13.2.1931.
(251) So schrieb der bayerische Schriftsteller Oskar Maria Graf, der sich mit einigen Redakteuren des Simplizissimus dort traf, in seinen Lebenserinnerungen: „Das Restaurant hatte einen kleinen ummauerten Garten mit Weinlaub und bunten Lampions, der im Sommer sehr kühl war. Im Winter saßen die besseren Gäste im offenstehenden Nebenzimmer, das man vom vorderen Raum gut überschauen konnte." Dort war Hitler Mittelpunkt seiner künftigen „Paladine": „Pflichtschuldigst, immer mit dem Blick auf ihn, lachten dann die anderen, und besonders eifrig lachte dabei stets ... Heinrich Hoffmann." Oskar Maria Graf zitiert aus: „Gelächter von außen. Aus meinem Leben 1918 – 1933", München, 1966, in: Wolfgang Schuster: Hitler in München – privat? In: Münchner Stadtmuseum 1993, S. 128. Hoffmann war ein Münchner Fotograf (1885 bis 1957), der zu Hitlers Privatfotograf, zum Reichsbildberichterstatter und zum Beauftragten der „Großen Deutschen Kunstausstellungen" aufstieg.
(252) Kohl-Weigand unterstützte Fritz Koelle und seine Frau mit zahlreichen Ankäufen, die später in die „Franz-Josef Kohl-Weigand-Sammlung" einflossen, die 1980 zum größten Teil vom Saarland Museum in Saarbrücken erworben wurde, vgl. Anmerkung 34.
(253) Brief von Elisabeth Koelle-Karmann an ihren Mann vom 14.2.1931.
(254) Ebenda.
(255) Brief von Fritz Koelle an seine Frau vom 23.2.1931.
(256) Brief von Fritz Koelle an seine Frau vom 15.2.1931.
(257) Ebenda.

(258) Brief von Fritz Koelle an seine Frau vom 13.2.1931.
(259) Brief von Fritz Koelle an seine Frau vom 15.2.1931.
(260) Siehe Anmerkung 247, ebenda.
(261) Eine Abbildung des „Homme à la Houe" befindet sich unter dem Titel „Der Mann mit der Hacke" in: Millet Mappe (12 Werke), herausgegeben vom Kunstwart, verlegt bei Georg D.W. Callwey im Kunstwart-Verlag zu München (ohne Jahresangabe); und in: Julia Cartwright: Jean François Millet – Sein Leben und seine Briefe, Leipzig, 1903, im Anschluß an Textseite 48, oberes Bild „Landarbeiter".
(262) Ebenda, S. 376.
(263) „und wenn ich meinen Kopf riskiere, ich kehre nicht um, ich stehe fest. Sie mögen mich den Maler der Häßlichkeit nennen, den Verleumder meines eigenen Standes, es soll nur niemand glauben, dass man mich zwingen kann, den Bauerntypus zu idealisieren." Ebenda. S. 191. Koelle hielt zwar am Motiv seiner Arbeiterfiguren trotz Interventionen der Kulturbevollmächtigten des Dritten Reichs fest, verteidigte aber seine künstlerische Interpretation des Arbeiterbildes nicht mit der Standfestigkeit eines Millet. Diesen massiven Widerstand setzte er erst den korrektiven Forderungen der Kulturmachthaber in Ost-Berlin entgegen, als er deren Idealisierung der Marx-Büste vehement ablehnte.
(264) Ebenda, S. 181.
(265) Richard Muther: Geschichte der Malerei, Bd. III, Leipzig, 1909, S. 191.
(266) Julia Cartwright, 1903, a.a.O., S. 259f.
(267) Dieser Text entstand in Anlehnung an das „Buch der Psalmen", Viertes Buch, Psalm 90, Zeile 10 – 13 „Unser Leben währt siebzig Jahre und wenn's hoch kommt, achtzig Jahre, und ihr Gepränge ist Mühsal und Nichtigkeit", in: E. Kautzsch: Die Heilige Schrift des Alten Testaments, Bd. II, Tübingen, 1910, S. 197.
(268) Julia Cartwright, 1903, a.a.O., S. 191.
(269) Undatierte handschriftliche Aufzeichnungen Fritz Koelles. Koelle-Nachlaß im Besitz des Sohnes, Fritz Koelle jun.
(270) Conrad Felixmüller: *21.5.1897 in Dresden, † 24.3.1977 in Berlin-Zehlendorf. (Bis 1915 Felix Müller) Maler und Graphiker, der den Holzschnitt und die Kaltnadelradierung für seine revolutionär agitativen Aussagen in den Zeitschriften „Sturm", „Aktion" und „Menschen" bevorzugte. In seinem politisch orientierten Expressionismus unterschied er sich von den Brücke-Künstlern. 1919 wurde er Vorsitzender der „Dresdener Sezession Gruppe 19", er war Mitglied der KPD (auch Koelle trat später, als es opportun war, in die KPD ein) und der „Novembergruppe". 1920 erhielt er den Sächsischen Staatspreis, den sogenannten Rom-Preis für sein Gemälde „Schwangere im Herbstwald", den er jedoch nicht für eine Italienreise, sondern für einen Arbeitsaufenthalt im Ruhrgebiet nutzte, das ihm lebenslang künstlerische Inspirationen zu bergbaulichen Themen lieferte, in denen stets der Mensch im Mittelpunkt seines Interesses stand. Seinen ersten Kontakt hatte Conrad Felixmüller bereits 1919 zum sächsischen Steinkohlenrevier, wo sein Bruder Hellmut Müller eine Ausbildung zum Bergingenieur absolvierte und ab 1923 im Ruhrgebiet diesen Beruf ausübte. Der Freitod seines Dichterfreundes Walter Rheiner 1925, dem er ein Gemälde widmete, bedeutete für Felixmüller den Abschied vom Expressionismus hin zu einem gegenständlich orientierten Realismus. Felixmüllers Werk galt im Nationalsozialismus als „entartet", und viele seiner Bilder wurden vernichtet. Sein Mäzen und Kunstsammler Hanns Conon von der Gabelentz aus Altenburg vermittelte ihm viele Aufträge und unterstützte ihn in kritischen Zeiten des Dritten Reichs und der Nachkriegssituation. Der russische Generaldirektor des Braunkohlenwerks Espenhain ermöglichte ihm ab 1947 die Arbeit in seinem Werk, so daß Felixmüller die Bergarbeiterthematik wieder aufnehmen konnte. 1949 wurde er als Zeichenlehrer an die pädagogische Fakultät der Martin-Luther-Universität Halle berufen und zum Pro-

fessor ernannt. Wie Fritz Koelle vertraute er „auf eine nicht bevormundete und demokratische Entwicklung in Ostdeutschland, er glaubte an eine Förderung der Künste und an die Pluralität künstlerischer Auffassungen ebenso wie an die Möglichkeit, am gesamtdeutschen Kunstleben trotz Zonengrenze teilnehmen zu können." Und ebenso wie Fritz Koelle geriet er in die Mühlen des staatlich verordneten sozialistischen Realismus: das Amt für Kunst in Erfurt gab 1951 drei im selben Jahr angekaufte Arbeiterbilder aus der Brikettfabrik Neukirchen unbezahlt wieder zurück mit der Argumentation: „die darin gezeigten Werktätigen schaffen nicht fröhlich genug." (Rathke, S. 52, s.u.) Und auch seine Lehrer- und Malerkollegen der Kunstschule auf dem Giebichenstein in Halle akzeptierten Felixmüllers Kunst nicht, sie war ihnen nicht „progressiv" genug. 1962 erfolgte Felixmüllers altersmäßige Emeritierung in Halle. 1967 siedelte er nach (West-)Berlin-Zehlendorf zu seinem Sohn über. Im Westen erhielt er in vielen Ausstellungen die Anerkennung, die ihm in den Jahren der DDR verwehrt worden war. 1977, kurz vor seinem 80. Geburtstag, starb er an Herzversagen. Sein schriftlicher Nachlaß befindet sich wie bei Fritz Koelle in Nürnberg im Germanischen Nationalmuseum. Zu Conrad Felixmüller vgl.: Dieter Gleisberg: Conrad Felixmüller, Dresden, 1982; und Christian Rathke: Conrad Felixmüller, Ausstellungskatalog, Schleswig Holsteinisches Landesmuseum, Schloß Gottorf, 1990.

(271) „Millet äußerte oft, dass er kein Verständnis für die sozialistischen Lehren habe und dass alle revolutionären Prinzipien ihm verhasst wären." In: Julia Cartwright, 1903, a.a.O., S. 181. Der Amerikaner Edward Wheelwright, der Millet aus Barbizon kannte und im September 1876 im „Atlantic Monthly" einen Artikel über ihn veröffentlichte, wies „auf die Thorheit der Kritiker hin, welche Millet durchaus unter die socialistischen Demagogen stellen wollten, er betont[e], dass Millet niemals politische Fragen berührt habe. Sein Interesse für das Leben und für das Leid der Armen ging aus seiner eigenen Lebenserfahrung hervor, aber nichts lag ihm ferner, als ein Protest gegen die ungleiche Verteilung der Güter." In: Ebenda, S. 182. Auch Koelle mußte die politische Indienstnahme seiner Kunst durch Presse und Kunstkritik in unterschiedlichen, sowohl rechts als auch links orientierten Regierungssystemen erfahren. Selbst nach seinem Tod wurden besonders seine frühen Arbeiterplastiken und seine nach 1945 entstandenen Figuren „K'Zler" und „Inferno" in der DDR sozialistisch ideologisiert. Doch Koelles Plastiken bargen weder in der Weimarer Republik, noch im Dritten Reich, noch in der späteren SBZ irgendein politisches Gedankengut in sich. Seine Arbeiterfiguren gingen nie über seine humanistisch geprägte künstlerische Aussage einer körperlich harten Lebensform – in selbstbewußter Würde ertragen – hinaus. Seine unpolitische, nicht faßbare Haltung, sein Mitläufertum und seine partielle Anpassung an das jeweilige Regime leisteten einer systemkonformen Rezeption seiner Kunst Vorschub und ließen sich sogar zu propagandistischen Zwecken nutzen („Saarmedaille", 1938, und „Ernst-Thälmann-Denkmal", 1952), was Koelle nicht nur geschehen ließ, sondern er bot sich den Machthabern sogar unbedarft als „Arbeiterbildhauer" an.

(272) Telegramm Zeitung vom 30. April 1931. Artikel unter dem Kürzel „A. H.", wahrscheinlich für Alexander Heilmeyer. Koelle-Nachlaß im Besitz des Sohnes, Fritz Koelle jun.

(273) S. Anmerkung 246, ebenda.

(274) Ernst Kammerer: Fritz Koelle, Berlin, 1939, vgl. S. 10 und S. 13.

(275) S. Anmerkung 246, ebenda.

(276) „Galerie Caspari": Ein nicht näher bezeichneter Zeitungsartikel versehen mit dem Kürzel „Ld.", Ausschnitt im Stadtarchiv St. Ingbert.

(277) Glaspalast: Zur Geschichte des Glaspalastes vgl. Anmerkung I-5.

(278) Andreas Königsbauer: „Auf den Trümmern des Glaspalastes", in: Das Bayernland, Nr. 17, 42. Jg., August 1931, S. 542.

(279) Ausstellungskatalog „Kunstausstellung München 1931, Deutsches Museum, Bibliotheksbau" S. 62 unter den laufenden Nummern 1985 bis 1993. Das „Bildnis eines Hochofenarbeiters" (Nr. 1989) ist auf S. 40 abgebildet. Der zu dieser Ausstellung offiziell herausgegebene Katalog enthielt alle neu ausgestellten 2489 Nummern mit zahlreichen Abbildungen und wurde mit dem „amtlichen Katalog" der Glaspalastausstellung zusammengebunden. Der Erlös dieses umfangreichen Katalogs kam der „Künstlerhilfe des Glaspalasthilfswerkes" zu gute, weshalb überall für dessen Erwerb geworben wurde.
(280) „Süddeutsche Kunst München 1931 – Die Glaspalast-Ersatzausstellung", ohne Verfasserangabe, in: Saarbrücker Landes-Zeitung Nr. 265 vom 28.9.1931, Koelle-Nachlaß im Besitz des Sohnes, Fritz Koelle jun.
(281) „Kunstausstellung München 1931 – Neue Sezession: Die Werke der Bildhauer" unter dem Kürzel „N" für Professor Nasse. Zeitungsartikel ohne weitere Angaben, Koelle-Nachlaß im Besitz des Sohnes, Fritz Koelle jun.
(282) Dr. Georg Jacob Wolf: „Münchener Kunstausstellung 1931 – Die Plastik", in: „Münchener Zeitung" Nr. 256 vom 12.9.1931. Stadtarchiv München unter KA 645.
(283) „daß nicht bekannt wird, daß die Figur für's Kriegerdenkmal der Weber sein soll, oder nach dem Weber die Studien sind." Brief von Fritz Koelle an seine Frau vom 15.2.1931.
(284) Für seine Korrespondenz von Berlin aus verwendete Fritz Koelle das hoteleigene Briefpapier mit folgenden Angaben: „Hotel Excelsior, Berlin, größtes Hotel des Kontinents, vom Anhalter Bahnhof durch Tunnel verbunden, größter Hoteltunnel der Welt". Koelle bewohnte dort das Zimmer 535.
(285) Brief von Fritz Koelle aus Berlin an seine Frau vom 22.6.1931.
(286) Gemessen an Käthe Kollwitz' umfangreichem zeichnerischen und druckgrafischen Œuvre, läßt sich ihr bildhauerisches Werk mit insgesamt 19 Plastiken leicht überblicken. Zum Zeitpunkt von Koelles Atelierbesuch befanden sich drei Arbeiten seit längerem im Stadium der Entwicklung: ihr Selbstbildnis von 1926, das sie 1932 fertigstellte, die „Mutter mit Zwillingen", an dem sie von 1927 bis 1937 arbeitete, und die beiden großen Einzelfiguren „Vater und Mutter – Trauerndes Elternpaar", das von der Idee 1917 über den Beginn der plastischen Umsetzung 1924 bis zur Ausführung in belgischem Granit und Aufstellung im Juli 1932 auf dem Friedhof Roggevelde-Eessen in Flandern 15 Jahre in Anspruch nahm. Heute befindet es sich nach Grabumstellungen auf dem Friedhof Vladslo-Praetbosch. Da Koelle von zwei großen Figuren schrieb und Käthe Kollwitz sie in ihrem zeitgleichen Tagebuchaufzeichnungen (s. Anmerkung 288 und 289) erwähnte, muß es sich um diese Werke gehandelt haben. Vgl. Gerhard Kolberg: Käthe Kollwitz – Die Bildhauerin, in: Kölner Museums-Bulletin, Sonderheft 1-2/1991, Käthe Kollwitz Museum Köln – Handzeichnungen – Druckgraphik – Skulpturen, S. 46-59.
(287) Brief von Fritz Koelle aus Berlin an seine Frau vom 22.6.1931.
(288) Käthe Kollwitz – Tagebuchaufzeichnungen vom 12. April 1931, in: Jutta Bohnke-Kollwitz, 1989, S. 654.
(289) Ebenda. Tagebuchaufzeichnungen vom 22. April 1931.
(290) Brief von Fritz Koelle aus Berlin an seine Frau vom 22.6.1931.
(291) Ebenda.
(292) Ebenda.
(293) Verlag Knorr & Hirth: Georg Hirth, der u.a. ab 1896 die Zeitschrift „Jugend" herausgab, zählte in den ersten Jahrzehnten des 20. Jahrhunderts zu den Vertretern der literarischen und künstlerischen Moderne. Im Dritten Reich wurde der Verlag zunehmend von nationalsozialistischem Geist geprägt. Es erschienen Werke wie Wilfried Bade: Die SA erobert Berlin (1933). Die Kataloge der Großen Deutschen Kunstausstellungen im Haus der Deutschen Kunst in München wurden vom Knorr & Hirth Verlag herausgegeben. Ab 1944 unterstand auch er, wie viele Münchener Verlage, der direkten Verwaltung des Eher-Verlages (Zentralverlag der NSDAP). Vgl. Justus H. Ulbricht: „Völkische Publizi-

stik in München. Verleger, Verlage und Zeitschriften im Vorfeld des Nationalsozialismus", in: Münchner Stadtmuseum, 1993, S. 137ff.

(294) Dankschreiben des Münchner Oberbürgermeisters Karl Scharnagl vom 2.7.1931 an die Direktion des Verlages Knorr & Hirth. Schreiben im Stadtarchiv München unter KA 645.

(295) Schreiben des Direktors der Städtischen Kunstsammlungen, Eberhard Hanfstaengl, vom 27.10.1931 an das Stadtratsdirektorium B mit dem Verzeichnis der aus der Stiftung von 25000 RM der Firma Knorr & Hirth GmbH angekauften und dem Stadtrat München zur Verfügung gestellten Kunstwerke (als Anlage). Alle drei Seiten im Stadtarchiv München unter KA 645.

(296) Schreiben des Lenbachhauses vom 25.11.1999 an die Verfasserin mit genauen Angaben über den Koelle-Besitz des Hauses.

(297) Dieser Abbildungsausschnitt ohne weitere Informationen entstammt entweder einer Zeitschrift oder einem Kalenderblatt. Sie befindet sich im Zentralarchiv der Alten Nationalgalerie Berlin unter „Künstlermappe Fritz Koelle".

(298) Ausstellungskatalog der I. Allgemeinen Kunstausstellung München Glaspalast 1926 in der Abteilung der Neuen Secession, S. 79 unter der laufenden Nr. 2166 „Bergarbeiter" (Gips).

(299) Brief von Fritz Koelle an seine Frau vom 21.10.1926.

(300) Zur Plastik „Mutter mit Zwillingen" vgl. Werner Timm: „Käthe Kollwitz", Berlin, 1974, ohne Seitenangaben, Tafel 26 „Muttergruppe" mit Abbildung der Plastik auf der gegenüberliegenden Seite.

(301) Die Abbildungen folgender Plastiken befinden sich in: „Constantin Meunier (1831 – 1905) Skulpturen, Gemälde Zeichnungen", Ausstellungskatalog, Ernst-Barlach-Haus, Hamburg, 1998: „Puddleur au repos" (S. 56), „Le tailleur de pierre" (S. 80), „Mineur à la veine" (S. 92), „Mineur accroupi" (S. 86).

(302) Die Abbildung des „Grand mineur" findet sich in: „Constantin Meunier", Ausstellungskatalog Deutsches Bergbau-Museum, Bochum, 1970, Bildtafel 15.

(303) Die Abbildung des „Mineur à la hache" findet sich in: Walter Gensel, 1905, S. 12.

(304) So plante Lehmbruck, wie Meunier, ein Monument der Arbeit, was aber im Gegensatz zu diesem nie realisiert wurde. Vgl. August Hoff: „Wilhelm Lehmbruck – Seine Sendung und sein Werk", Berlin, 1936, S. 18f. Vgl. Abbildung der drei Figuren-Entwürfe als Gipsrelief zum „Monument Arbeit": „Arbeiter mit Zange", „Arbeiter mit Hammer" und „Abundantia (Überfluß)", die sich im Wilhelm-Lehmbruck-Museum in Duisburg befinden, in: „Wilhelm Lehmbruck (1881 – 1919) - Plastik · Malerei · Graphik", Ausstellungskatalog, Museum der bildenden Künste Leipzig, 1988, S. 77. Auch die Übernahme einer Figurengruppe „Schlagende Wetter" von 1906 im Pietà-Typus, wie bei Meuniers „Le Grisou" (1888/1889) nach einer Grubengasexplosion im Ruhrgebiet, erfolgte. Allerdings erweiterte Lehmbruck diese Gruppe um zwei trauernde Personen. Sie gilt heute als verschollen. Vgl. ebenda, S. 38f.

(305) Vgl. Uta Laxner-Gerlach: „Katalog der Bildwerke", Museum Folkwang Essen, Essen, 1973, S. 56f.

(306) Paul Berger, *8.4.1889 in Zwickau, † März 1949 in Dresden, deutscher Bildhauer. Der Sohn eines Maurers in Zwickau, der es dort zu einem angesehenen Bauunternehmen brachte, absolvierte zuerst eine praktische Lehrzeit. 1905 kam er nach Dresden zur Kunstgewerbeschule, anschließend an die Akademie als Schüler von Georg Wrba (1872 bis 1939). 1912 erhielt Berger den Rompreis und ging für zwei Jahre nach Italien. Den Ersten Weltkrieg verbrachte er als Soldat und kehrte gehbehindert zurück nach Dresden, wo er als freier Bildhauer arbeitete, der die meisten Aufträge durch Wettbewerbe errang. In seinem Œuvre nimmt der Arbeiter eine bevorzugte Stellung ein, besonders der Berufsstand des Bergmanns, von dem Berger ungefähr zehn Einzelfiguren schuf. Seine

letzte, nicht mehr vollendete Plastik war der Bergmann „Adolf Hennecke". Vgl. Marianne Berger (Hrsg.): „Der Bildhauer Paul Berger", Dresden, 1953.
(307) Ebenda, S. 8.
(308) Rainer Slotta, Gerhard Lehmann, Ulrich Pietsch: „Ein fein bergmannig Porcelan – Abbilder vom Bergbau in ‚weißem Gold'", Essen, 1999, S. 281.
(309) Böttgersteinzeug, benannt nach seinem Erfinder Johann Friedrich Böttger, *4.2.1682 in Schleiz, †13.3.1719 in Dresden. Böttger geriet in das Machtgeflecht zwischen August dem Starken und Friedrich I. von Brandenburg-Preußen, weil er als Apothekergeselle in den Ruf geraten war, Gold produzieren zu können. Er arbeitete in Augusts Diensten, konnte zwar kein Gold herstellen, aber es gelang ihm 1706 gemeinsam mit dem Mathematiker und Physiker Ehrenfried Walther von Tschirnhaus und Bergrat Pabst von Ohain die Herstellung des nach ihm benannten roten Böttgersteinzeugs (auch rotes Porzellan und Jaspisporzellan genannt). 1707 gelang ihnen die Erfindung des weißen europäischen Hartporzellans. Am 6.10.1710 wurde die Meißener Porzellanmanufaktur gegründet, deren Leitung Böttger übernahm. Vgl. Klaus Hoffmann: „Johann Friedrich Böttger" (Biografie), Berlin, 1985.
(310) Gustav Stolze (Berlin): „Interessante Ausstellung im Augsburger Kunstverein – Eine Kollektion Koelle demnächst in Augsburg", in: München-Augsburger Abendzeitung vom 11.2.1930.
(311) „Der betende Saarbergmann" unter dem Kürzel Trb für Traub, in: München-Augsburger Abendzeitung Nr. 349 vom 22.12.1934.
(312) „Alt wird modern. Akademie-Herbstausstellung", in: Acht Uhr Abendblatt, Berlin, vom 10.10.1931, unter den Initialen A. M.
(313) Ebenda.
(314) Carl Langhammer, *26.7.1868 in Berlin, war Landschafts-, Portrait- und Genremaler sowie Illustrator in Berlin, studierte an der dortigen Akademie, war von 1886 bis 1892 Meisterschüler bei E. Bracht. Seine Vorliebe galt der stimmungsvollen Landschaftsmalerei. Vgl. Thieme-Becker, 1992, Bd. 21/22, S. 342.
(315) „Kunst-Austausch. München – Berlin", in: Münchener Zeitung vom 11.1.1932 unter den Initialen GJW. für Georg Jacob Wolf.
(316) „Münchener Kunst in Berlin", in: Neue Preußische Kreuzzeitung, Berlin SW 11 vom 4.2.1932, von v. Brockhusen.
(317) Max Osborn: „Münchener Kunst in Berlin", in: Vossische Zeitung (Berlin) vom 7.1.1932.
(318) Franz Servaes: „Münchener Kunst in Berlin", in: Der Tag (Berlin) vom 1.2.1932.
(319) Friedrich Märker: „Kunst-Austausch. München – Berlin", in: Münchener Zeitung vom 11.1.1932.
(320) Ebenda.
(321) Vgl. Anmerkung 318.
(322) „Kunstaustausch München – Berlin", in: Berliner Volkszeitung Nr. 10 vom 7.1.1932 unter den Initialen E.C.
(323) „Münchener Kunst in Berlin", in: Der Berliner Westen, Berlin-Wilmersdorf, vom 7.1.1932 unter dem Kürzel Sch-.
(324) Vgl. Anmerkung 319.
(325) Adolph Donath: „Münchner Kunst. Im Alten Berliner Künstlerhaus", in: Berliner Tageblatt vom 7.1.1932.
(326) „Noch einmal Münchner Künstler", in: Berliner Zeitung, ohne Datum (Februar 1932) unter den Initialen W. G. für Willy Gansk.
(327) Vgl. Anmerkung 316.
(328) Vgl. Anmerkung 317.

(329) Willy Gansk: „Münchner Künstler in der Bellevuestraße", in: Berliner Zeitung vom 7.1.1932.
(330) Vgl. Anmerkung 318.
(331) Zu Hermann Hahns „Fortuna" vgl. Andrea Volwahsen, 1984, S. 387.
(332) W. Steger: „Fritz Koelle/Ein plastischer Schilderer der Berg- und Hüttenarbeiter", in: Saarbrücker Landeszeitung vom 13.1.1932.
(333) Ebenda.
(334) Alexander Heilmeyer: „Ein Münchner Künstler-Ehepaar", in: Münchener Neueste Nachrichten, Nr. 17, vom 19.1.1932.
(335) Ebenda.
(336) Amtlicher Katalog der Kunstausstellung München 1932, S. 55, unter der laufenden Nr. 1860 „Der Hüttenarbeiter".
(337) Alexander Heilmeyer: „Münchner Kunstausstellung 1932. Die Plastik", in: Münchener Neueste Nachrichten, Nr. 168, vom 23.6.1932.
(338) Georg Jacob Wolf: „Münchener Kunstausstellung 1932. Die Plastik", in: Die Münchener Zeitung, ohne Datum (circa Juni 1932).
(339) „Austellungen in München. Kunstausstellung 1932 im Deutschen Museum", in: nicht benannt, ohne Datum (circa Juni 1932), unter dem Kürzel Dr. --r.
(340) Dr. Georg Lill: „Die Frühjahrsausstellung der neuen Münchener Sezession im Kunstverein", in: Bayerischer Kurier Nr. 70 vom 11.3.1915 (I. Teil) und Nr. 78 vom 19.3.1915 (Schluß).
(341) Zur Beschreibung des „Hüttenarbeiters" von 1931 vgl. Ausführungen zum Jahr 1930.
(342) Auszug aus der Niederschrift über die Sitzung des Beirats für die städtischen Sammlungen am Freitag, den 15.4.1932, in: Stadtarchiv München unter KA 98.
(343) Diese Art von Kurzbiographien über Münchener Künstler griff Peter Breuer in der Zeit zwischen 1933 und 1936 im Völkischen Beobachter noch einmal auf, woraus sich dann 1937 sein Buch „Münchner Künstlerköpfe" entwickelte, in dem Fritz Koelle und seine Frau ihre Würdigung erhielten. Vgl. Peter Breuer: Münchner Künstlerköpfe, München, 1937, S. 228-231.
(344) Peter Breuer: „Von Münchener Künstlern und ihrem Schaffen – Künstlerpaare Fritz Koelle und Elisabeth Koelle", in: Bayerische Staatszeitung und Bayerischer Staatsanzeiger Nr. 187 vom 14./15. August 1932, 84. Folge.
(345) Ebenda.
(346) Ebenda.
(347) Ebenda.
(348) Katalog der Ausstellung „Aus der Werkstatt des Künstlers" Neue Sammlung · Münchener Neue Secession · Unter Mitwirkung der Staatl. Graphischen Sammlung, München, ohne Jahr. Fritz Koelle ist auf S. 5 genannt und auf S. 11 in seiner Werkstatt abgebildet.
(349) „Kunst und Wissenschaft. Neue Sammlung", in: Münchner Merkur, ohne Datum, unter den Initialen C.F.
(350) Dr. Hubert Wilm: „Neues im Kunstverein", in: Münchner Telegrammzeitung Nr. 240 vom 15./16. Oktober 1932.
(351) Ebenda.
(352) Alexander Heilmeyer: „Plastik und Malerei im Kunstverein", in: Münchener Post, ohne Datum (circa 15.10.1932).
(353) Vgl. „Kunstverein München", in: Münchener Neueste Nachrichten, ohne Datum, (circa 15. Oktober 1932), mit der Initiale N. für Nasse.
(354) „Bildhauer Fritz Koelle im Kunstverein", in: Münchener Zeitung vom 19.10.1932, unter den Initialen E.D.
(355) Vgl. Anmerkung 208.

(356) Vgl. dazu: „Rodin und die Skulptur im Paris der Jahrhundertwende". Ausstellungskatalog des Paula Modersohn-Becker Museums, Bremen, 2000.
(357) Vgl. Anmerkung 350.
(358) „Sonderausstellung Fritz Kölle im Kunstverein", in: Münchener Post, ohne Datum (circa 15. November 1932), unter den Initialen H.E. für Hermann Eßwein.
(359) Ebenda.
(360) Vgl. Anmerkung 354.
(361) Ebenda.

III. Koelles Schaffen im Nationalsozialismus – 1933 bis 1945

(1) Brief von Fritz Koelle aus Mösern/Seefeld-Tirol an seine Frau vom 12.1.1933.
(2) Brief von Fritz Koelle aus Mösern/Seefeld-Tirol an seine Frau vom 15.1.1933.
(3) Ebenda.
(4) Ebenda.
(5) Ebenda.
(6) Christian Weber, *25.8.1883 in Polsingen/Mittelfranken, †10./11.5.1945 bei einem Autounfall in der Schwäbischen Alb. Besuch der Volksschule, danach als Knecht auf einem Gut tätig. Militärdienst absolvierte er von 1901 bis 1904 und 1906. Danach wieder Stallknecht. Kriegsteilnehmer, wurde 1919 als Sergeant entlassen und übernahm einen Pferdeverleih in München. 1920 lernte er Hitler kennen. 1921 trat er der NSDAP bei, wurde einer der Sicherheitsleute Hitlers und leitete bis zum Parteiverbot 1923 den Fuhrpark der NSDAP. Nach Parteineugründung im Februar 1925 ging Christian Weber in die Lokalpolitik und rückte 1926 für den gestorbenen Gewerbegerichtsrat Erwin Meyr in den Münchener Stadtrat nach, in dem die NSDAP bereits mit Karl Fiehler, Max Amann und Hitlers Leibwächter, Ulrich Graf, vertreten war. Ab 1933 war Weber Präsident des Kreistags von Oberbayern. Weber galt als primitiver, mit brutaler Gewalt vorgehender Machtmensch, der seine Position stets zu seinem eigenen wirtschaftlichen Nutzen mißbrauchte. Am 1.5.1945 wurde er von US-Truppen verhaftet und abtransportiert. Bei einem Unfall des Transportfahrzeugs wurde Weber getötet. Zur Person Webers vgl.: Davis Clay Large 1998, Hermann Weiß (Hrsg.) 1998 und Münchner Stadtmuseum 1993.
(7) Max Amann, *24.11.1891 in München und dort †30.3.1957. Als Kaufmann ausgebildet. Im Ersten Weltkrieg als Vizefeldwebel in derselben Kompanie mit Hitler. Vom Sommer 1921 bis zum Hitlerputsch am 9.11.1923 war Amann Erster Geschäftsführer der NSDAP und ab 1922 auch Geschäftsführer des Zentralverlags der NSDAP, Franz Eher Nachfolger GmbH, und des Völkischen Beobachters. Auch Amann nahm am Hitlerputsch teil und wurde zu sechs Monaten Festungshaft verurteilt. Von November 1924 bis 1933 war er Stadtrat in München. Im Dezember 1933 wurde er zum Präsidenten der Reichspressekammer ernannt und beherrschte als „Zeitungskönig des Dritten Reiches" bis Kriegsende den größten Teil der deutschen Presseverlage. Am 8.12.1948 wurde er von der Münchener Spruchkammer wegen schweren Landfriedensbruchs, gefährlicher Körperverletzung an einem Redakteur der Zeitschrift „Der gerade Weg" und Nötigung des Gerichts zu zehn Jahren Arbeitslager und Vermögenseinzug verurteilt. Zur Person Amanns vgl.: Ebenda.
(8) Franz Xaver Ritter von Epp, *16.10.1868 in München und dort †31.12.1946. Der Sohn eines Malers ließ sich an der Kriegsschule und -akademie in München ausbilden. Teilnahme am Ersten Weltkrieg mit Verleihung des Ordens „Pour le mérite" 1918. 1919 ermöglichte ihm das Reichswehrministerium durch seine finanzielle Hilfe die Errichtung des Freikorps Epp in Thüringen unter seiner Führung. Mit diesem Freikorps war Epp an der Niederschlagung der Münchener Räterepublik 1919 und des Ruhraufstandes 1920 beteiligt. Seit 1920 unterstützte er finanziell den Völkischen Beobachter. 1928 wechselte er von der Bayerischen Volkspartei zur NSDAP. Am 9.3.1933 wurde er zum Reichskommissar in Bayern ernannt und am 10.4.1933 zum Reichsstatthalter, am 3.8.1933 bereits zum Reichsleiter der NSDAP befördert. Epp wurde in der Schlußphase des Dritten Reichs zum parteiinternen Kritiker Hitlers, konnte sich aber zu keiner aktiven Widerstandshandlung entscheiden. Zum Kriegsende wurde er von der amerikanischen Besatzungsmacht interniert. Zur Person Epps vgl.: Ebenda.
(9) Völkischer Beobachter: Nationalsozialistische Tageszeitung mit einer Gesamtauflage von 1,7 Millionen Exemplaren im Jahre 1944. Hervorgegangen ist der Völkische Beobachter aus der 1887 gegründeten Vorstadtzeitung „Münchener Beobachter", die ab 1900 im

Verlag Franz Xaver Eher erschien und nach dem Tod des Verlegers an die Thule-Gesellschaft (einer 1918 gegründeten logenartig aufgebauten Gruppierung mit völkisch-revisionistischem, antisemitischem Gedankengut, die sich zu einem militanten Kampfbund entwickelte und mit Freikorps die bayerische Räterepublik bekämpfte. Sie unterstützte unter anderem die NSDAP. Zu ihren circa 1500 Mitgliedern zählten unter anderem Dietrich Eckart, Rudolf Heß und Alfred Rosenberg) verkauft wurde und ab 1919 in der Reichsausgabe als „Völkischer Beobachter" fortgeführt wurde. Die Münchener Ausgabe wurde erst im Januar 1920 so benannt. Im Dezember 1920 wurde der „Völkische Beobachter" von der NSDAP für 120.000 RM gekauft, wovon 60.000 RM Ritter von Epp als großzügiges Darlehn gewährte. Zuerst erschien der Völkische Beobachter nur zweimal wöchentlich, aber ab 1923 täglich. Nach dem Hitlerputsch war der Völkische Beobachter 1924/1925 verboten. Ab 1925 wurde er nach Hitlers Vorgaben systematisch zum nationalsozialistisch-propagandistischen Massenmedium ausgebaut: „Die nationalsozialistische Deutsche Arbeiterpartei hat den ‚Völkischen Beobachter' unter schwersten Opfern übernommen, um ihn zur rücksichtslosesten Waffe für das Deutschtum auszubauen gegen jede feindliche undeutsche Bestrebung." (Hitler zitiert in: Peter Weidisch: „Der ‚Völkische Beobachter' Zentralorgan der NSDAP", in: Münchner Stadtmuseum, 1993, S. 139). Hitler firmierte von 1925 bis 1933 als Herausgeber. Die Schriftleitung hatten Dietrich Eckart (1921 bis 1923), Alfred Rosenberg (1923 bis 1938) und Wilhelm Weiß (1938 bis 1945) inne. Es gab drei selbständige Redaktionen, die fünf Ausgaben ermöglichten: In München die „Münchener Ausgabe" und die „Süddeutsche Ausgabe", in Berlin die „Berliner Ausgabe" und die „Norddeutsche Ausgabe" und in Wien nach dem Anschluß Österreichs 1938 die „Wiener Ausgabe". Ab 1941 kam die „Feldpostausgabe" hinzu. Hitler nutzte den Völkischen Beobachter nicht nur zum Abdruck seiner propagandistischen Reden, sondern auch zur Wiedergabe von Verordnungen, Bekanntmachungen etc. So wurde auch am 4. September 1933 in der Münchener Ausgabe der Antrag des Stadtrats vom 31.8.1933, Koelles Blockwalzer vom Melusinenplatz zu entfernen, veröffentlicht. Mit dem Zusammenbruch des Dritten Reichs wurde der Völkische Beobachter eingestellt: Die „Norddeutsche Ausgabe" erschien am 27. April 1945 zum letzten Mal. Die letzte „Süddeutsche Ausgabe" trug das Datum des 30. April 1945, an dem Hitler Selbstmord beging, konnte jedoch aufgrund des Einmarsches der amerikanischen Besatzungsmacht nicht mehr ausgeliefert werden. Vgl. Peter Weidisch 1993, S. 139f.

(10) Adolf Wagner, *1.10.1890 in Algringen/Lothringen, †12.4.1944 in Bad Reichenhall. Studierte bis 1911 in Straßburg Naturwissenschaften und Mathematik, anschließend bis zum Ausbruch des Ersten Weltkriegs Bergbau an der TH Aachen. Verwundung im Krieg (Beinverlust) und mehrere Kriegsauszeichnungen. Von 1919 bis 1929 war Wagner Direktor mehrerer Bergwerksgesellschaften in der Oberpfalz und in Österreich. 1923 trat Wagner in die NSDAP ein und nahm am Hitlerputsch teil, wurde Gauleiter von München-Oberbayern. Am 14.4.1933 zum bayerischen Innenminister und stellvertretenden Ministerpräsidenten ernannt. Seit 1936 bekleidete er zusätzlich das Amt des bayerischen Kultusministers, in dessen Funktion er die Entfernung der Kruzifixe aus den Schulen verfügte. Wagner war bekannt als fanatischer Antisemit und gefürchtet wegen seiner herrschsüchtigen Umgangsformen. Er erlitt 1942 einen Schlaganfall, an dessen Folgen er 1944 starb. Hitlers letzter Auftritt in München war das Staatsbegräbnis Wagners am 17.4.1944. Zur Person Wagners vgl. David Clay Large 1998; Hermann Weiß (Hrsg.) 1998; und Münchner Stadtmuseum 1993.

(11) Karl Scharnagl, in: Völkischer Beobachter vom 21.3.1933.

(12) Karl Fiehler, *31.8.1895 in Braunschweig, †8.12.1969 in Dießen/Ammersee. Lehre als Kaufmann, Kriegsteilnehmer von 1915 bis 1918. Von 1919 bis 1933 war er im mittleren Verwaltungsdienst der Stadt München beschäftigt. 1923 trat er in die NSDAP ein und nahm am Hitlerputsch teil. Wie Hitler wurde er zu 15 Monaten Festungshaft verurteilt.

Dort enger Kontakt zu Hitler. Danach hohe Parteipositionen. Von 1925 bis 1935 war er Schriftführer der Partei. Ab 1925 für die NSDAP im Münchener Stadtrat, bis 1929 als Fraktionsvorsitzender. Am 20.3.1933 vom kommissarischen Innenminister Adolf Wagner zum kommissarischen Ersten Bürgermeister von München eingesetzt. Von Mai 1933 bis zum Ende des Dritten Reiches Oberbürgermeister von München. In dieser Funktion gratulierte Fiehler Koelle am 9.2.1945 – fälschlicherweise einen Monat zu früh – zum 50. Geburtstag. Als überzeugter antisemitischer Kommunalpolitiker sorgte Fiehler dafür, daß die „Judengesetze" gegen die jüdischen Mitbürger Münchens umgehend umgesetzt wurden, und verschaffte München somit eine zweifelhafte Führungsrolle in diesem Punkt. Im Januar 1949 wurde Fiehler von einer Münchener Spruchkammer zu zwei Jahren Arbeitslager und zwölf Jahren Berufsverbot verurteilt, aber bereits im Frühjahr 1949 entlassen, da die vorherige Internierungshaft angerechnet wurde. Zur Person Fiehlers vgl. David Clay Large 1998; Hermann Weiß (Hrsg.) 1998; und Münchner Stadtmuseum 1993.

(13) Brief vom 15.4.1933 von Fritz Koelle aus München an seine Frau im Rote-Kreuz-Krankenhaus in München.

(14) Die Liste der „Künstlerhilfsaktion 1933. Werke der Plastik" enthält 25 zur Unterstützung vorgesehene Bildhauer, ihre Adressen, das anzukaufende Werk mit Preisangabe und handschriftliche Vermerke über die Annahme der Förderung. Liste im Stadtarchiv München unter KA 99/1.

(15) Ausstellungskatalog der „Staatlichen Kunstausstellung München 1933", S. 9, unter der laufenden Nummer 200 das „Selbstbildnis" 1932 in Bronze.

(16) Zum bisherigen Stand des Werkverzeichnisses ist der Verfasserin keine einzige Plastik von Fritz Koelle für das Jahr 1933 nachweisbar.

(17) Brief vom 13. Juli 1933 von Fritz Koelle aus München an den Reichsminister Josef Goebbels, der hier als Ganzes wiedergegeben wird. Die Unterstreichungen wurden von Fritz Koelle vorgenommen.

„München 13, am 13. Juli 1933
Josefplatz 2/I

Hochverehrter Herr Reichsminister Dr. Goebbels!

Ich bin mein Leben lang plastischer Schilderer der Arbeit gewesen. Alle meine Arbeiten sind in unmittelbarer Berührung mit dem Arbeiter und der Arbeitsstätte entstanden. Man hätte meinen sollen, dass für derartige Schöpfungen in der vergangenen Zeit bei sozialdemokratischen Regierungen besonderes Interesse vorhanden gewesen wäre; statt dessen war ich gerade von dieser Seite ständigen Zurücksetzungen ausgesetzt. Seit meiner Kollektivausstellung im Jahre 1927 in der Preussischen Akademie der Künste in Berlin am Pariser Platz, dem Jahre meines einzigen ersten und zugleich letzten Erfolges, durch beabsichtigte Berufung des Preussischen Kultusministeriums an die Berliner Akademie und des Ankaufes einer überlebensgrossen Figur ‚Bergarbeiter' für die Preussische Nationalgalerie Berlin, stellten sich die Kollegen nicht nur in Berlin, sondern ganz besonders in München gegen mich. In den Ausstellungen des Deutschen Künstlerbundes wurden meine sämtlichen Arbeiten seit dieser Zeit abgelehnt, wo ich zuvor immer eingeladen war und ganz besonders bevorzugt wurde. Die Mitglieder der Preussischen Akademie waren über meinen Erfolg auch mehr wie überrascht und es gelang ihnen, allerdings erst im Laufe einiger Jahre, mich auch auf diesen Ausstellungen ganz zu verdrängen. Der Kampf gegen mich hat heute hier in München solche Formen angenommen, dass ich machtlos gegenüber stehe, da ich vor dem Nichts stehe und nicht mehr weiter arbeiten kann. Der jüdische Kunsthandel hat mich von allem Anfang an boykottiert. Ich glaube von der neuen Zeit hoffen zu dürfen, dass sie für die erdverbundene Art meines Schaffens, das wie ich selbst, mit dem arbeitenden Volke verwachsen ist, grösseres Verständnis aufbringt und ich wäre

Ihnen, hochverehrter Herr Reichsminister, zu ausserordentlichem Dank verpflichtet, wenn Sie sich die Mühe nehmen wollten, meine in der Nationalgalerie (im Vorgarten) stehende Figur ‚Bergarbeiter' anzusehen, welche anlässlich des Tages der Arbeit von Ihrem Ministerium aus in verschiedenen deutschen Zeitungen abgebildet wurde. Abbildungen weiterer Arbeiten erlaube ich mir beizulegen.

Würden Sie mir behilflich sein, <u>meine sämtlichen Arbeiten an geeigneter Stelle in Berlin der Oeffentlichkeit zu zeigen,</u> vielleicht zur Feier des Tages der Arbeit am 1. Mai 1934? Ich bin selbst nicht dazu in der Lage, da ich seit dem Jahre 1930 ohne Verdienst bin (einen Auftrag hatte ich noch nie und die Industrie besitzt noch nicht eine einzige Arbeit) und mit meiner Familie in grösster Not lebe. Meine Frau ist durch die letzte diesjährige Entbindung leidend, war 9 Wochen im Krankenhaus und zur gleichen Zeit war ich 4 Wochen im Krankenhaus und wir beide benötigen jetzt Erholung, die wir uns aber nicht gönnen können infolge der Ungunst der Zeit.

Darf ich Sie, hochverehrter Herr Reichsminister, um Ihre grosse Hilfe bitten?

Mit dem Ausdruck meiner grössten Hochschätzung

ergebenst

Fritz Koelle

Bildhauer

NB. Meine sämtlichen Arbeiten (ungefähr 50 solche Plastiken) sind in meinem Atelier in München, Kaulbachstr. 9/o aufgestellt. Vielleicht gestattet es Ihre Zeit, wenn Sie mal in München sind, sich von meinem Schaffen überzeugen zu wollen, es wäre mir eine grosse Ehre.

<u>Lebenslauf.</u>

Ich wurde am 10. März 1895 als Sohn des Schlossermeisters Adolf Koelle in Augsburg geboren. Besuchte die Volksschule, kam zu einem Spenglermeister (Klempnermeister) dortselbst 3 Jahre in die Lehre, arbeitete bis Kriegsausbruch in München und Berlin als Gehilfe und meldete mich im August 1914 als einer <u>der ersten Kriegsfreiwilligen.</u> Machte den ganzen Krieg beim Eisernen Bataillon des I. bayer. Fuassart. Rgt. mit. Kämpfte in fast allen Offensiven der Westfront (Verdun, Somme, Champagne u.s.w.) als <u>Frontsoldat.</u> Wurde ausgezeichnet mit dem Eisernen Kreuz II. Kl. Militärverdienstkreuz und Verwundetenabzeichen. Nach dem Kriege war ich Erwerbsloser. Mit Hilfe dieser Unterstützung besuchte ich die Kunstakademie in München und wurde Bildhauer. 1924 und 1926 Reise nach Italien; durch diese Reisen fand ich meinen Weg, machte deutsche Volkskunst und so bekam ich Feinde."

Brief in: Staatliche Museen zu Berlin – Preußischer Kulturbesitz/Zentralarchiv der Nationalgalerie unter: I/NG Spec 29/30 1577/33.

(18) Ebenda.

(19) Ludwig Thormaelen, *24.5.1889 in Hanau, †3.5.1956 in Bad Ems. Deutscher Bildhauer, Kunstgewerbler und Professor Dr. phil., studierte Architektur an der Kunstgewerbeschule in Magdeburg und Kunstgeschichte an den Universitäten Berlin, München etc. Seine erste Beschäftigung mit der Bildhauerei begann 1913. Seit 1914 arbeitete er unter dem Leiter der Nationalgalerie Berlin, Ludwig Justi. 1925 wurde er zum Kustos ernannt. 1933 wurde Thormaelen an die Staatlichen Kunstsammlungen in Kassel als Leiter des Kupferstichkabinetts strafversetzt. Thormaelen muß Koelles Schreiben unmittelbar vor seiner Versetzung erhalten haben, weswegen er ihm nicht mehr entsprechen konnte und es deshalb an seinen Nachfolger, Professor Alois Schardt, weiterreichte. Vgl. Thieme-Bekker, 1992, Bd. 33/34, S. 86; und Vollmer, 1992, Bd. 4, S. 442 f.

(20) Kopie des Schreibens an Joseph Goebbels vom 13.7.1933 und Begleitschreiben an Professor Dr. Thormaelen vom 20.7.1933 von Fritz Koelle, in: Staatliche Museen zu Berlin – Preußischer Kulturbesitz/Zentralarchiv unter I/NG Spec. 29. Bd. XXXVII – 1577/33.

(21) und (22) Handschriftliche Informationen auf in Anmerkung 20 genanntem Brief in der oberen linken Ecke.

(23) Die „Gleichschaltung" des Stadtrats führte zur alleinigen Herrschaft der NSDAP in diesem Verwaltungsorgan. Zum Zeitpunkt ihrer Machtergreifung verfügte die NSDAP nur über 8 von 50 Stadtratsmandaten. Mit dem Verbot der KPD wurden deren Mitglieder bereits ausgeschlossen. Am 22.5.1933 wurden alle SPD-Stadträte in „Schutzhaft" genommen, und durch das Verbot dieser Partei am 22.6.1933 gingen auch diese Mandate verloren. Die Bayerische Volkspartei (BVP) wurde gezwungen, sich am 4.7.1933 aufzulösen und den Stadtrat zu verlassen. Fiehler hatte inzwischen mit Hilfe der Gemeindeordnung die notwendige Anzahl der Stadträte auf 40 reduziert und besetzte die fehlenden Sitze mit Nationalsozialisten. Den Vorsitz der Einheitspartei übernahm Christian Weber. Vgl. Münchner Stadtmuseum, 1993.

(24) Der Antrag der Stadtratsfraktion der NSDAP vom 31.8.1933 enthält die Eingangsstempel vom 31.8.1933 der Stadtkanzlei und der Direktion der Städtischen Kunstsammlungen. Das Hochbauamt erreichte er am 9.9.1933. Der Antrag war jeweils vorgesehen für die öffentliche und die geheime Stadtratssitzung. Der Antrag befindet sich im Stadtarchiv München unter KA 623.

(25) Völkischer Beobachter, Ausgabe 247 vom 4. September 1933. Artikel im Germanischen Nationalmuseum Nürnberg unter ABK NL Koelle I B.

(26) Brief des Direktors der Städtischen Kunstsammlungen, Eberhard Hanfstaengl, vom 2. September 1933 an das Stadtdirektorium B; im Stadtarchiv München unter KA 623.

(27) Brief von Ministerialrat a.D. Konrad Sterner (Vorstandsmitglied der Innwerk, Bayer. Aluminium-AG) an Oberbürgermeister Fiehler vom 4.9.1933; im Stadtarchiv München unter KA 623.

(28) Ebenda.

(29) Brief von Fritz Koelle aus St. Ingbert an Oberbürgermeister Fiehler vom 10.9.1933; in: ebenda.

(30) Rote Fahne Nr. 263, 10. Jg., vom 8.11.1927.

(31) Vgl. Anmerkung 29.

(32) Ferdinand Liebermann, *15.1.1883 in Judenbach (Thüringen), †28.11.1941 in München. Studium an der Kunstgewerbeschule und an der Akademie in München, unter anderem bei Heinrich Waderé. 1926 wurde ihm der Professoren-Titel verliehen. Liebermann schuf Grabmäler, Brunnen, Monumental- und Portraitplastiken. Er war auch als Porzellanplastiker für KPM in Berlin und Rosenthal in Selb tätig. Da Liebermann als Lieblingsbildhauer Hitlers galt und dessen besonderes Vertrauen genoß, gehörte er auch zum Beirat der Stadt München in Angelegenheiten der bildenden Kunst. Er wurde zum Ratsherrn berufen. 1934 schuf er genau wie Fritz Koelle einen Portraitkopf Adolf Hiltlers, der heute dem Münchner Stadtmuseum gehört; ein Exemplar Koelles befand sich in der Sammlung Rudolf Schwarz'. Vgl. Münchner Stadtmuseum, 1993, S. 366.

(33) und (34) vgl. Anmerkung 29.

(35) Richard Knecht, *25.1.1887 in Tübingen, †14.8.1966 in München. Deutscher Bildhauer, der von 1906 bis 1914 an der Münchener Akademie bei Adolf von Hildebrand und Erwin Kurz studierte. 1928 wurde ihm der Professoren-Titel verliehen. Anfänglich schuf er naturalistische Aktfiguren, denen einige Heiligenfiguren folgten. Erst später verlegte er sich auf Portraitplastiken, bei denen er sich auf das Wesentliche der Gesichtszüge beschränkte. Knecht war 1937 mit Hermann Kaspar für die Gestaltung des Festzuges zur Einweihung des Hauses der Deutschen Kunst in München verantwortlich. Beide erhielten eine Professur an der Akademie der Bildenden Künste (Kaspar 1938 bis 1945 und Knecht 1939 bis 1945) und wurden darüber hinaus auch mit weiteren Kunstaufträgen versorgt. Vgl. Münchner Stadtmuseum, 1993, S. 314 und 345.

(36) Vgl. Anmerkung 29.

(37) Brief von Fritz Koelle an Josef Goebbels vom 13.7.1933.
(38) und (39) Vgl. Anmerkung 29.
(40) Vgl. Anmerkung II-344.
(41) Bayerische Staatszeitung und Bayerischer Staatsanzeiger Nr. 205, München, 6. September 1933, Seite 5.
(42) Sonntag Morgenpost. Nürnberg ohne Datum und Verfasser.
(43) Eine durchaus vergleichbare, aber ausgeprägtere Komposition in zeitgemäßer Ausführung schuf Jo Jastram (*4.9.1928 in Rostock, lebt und arbeitet in Kneese, Mecklenburg-Vorpommern), ein Bildhauer aus Koelles Nachfolgegeneration, mit seinem „Afrikanischen Hiob" von 1983. Jastram lernte Fritz Koelle kurz während seiner Bildhauerausbildung bei Heinrich Drake in Berlin-Weißensee kennen. Ihm imponierten seine großen Arbeiterplastiken, und für ihn ist Koelle zweifelsohne einer der bekanntesten Bildhauer der ersten Hälfte des zwanzigsten Jahrhunderts, die sich in Deutschland dem Arbeiter als Motiv widmeten. Auch wenn dieser Themenkreis nicht zu den von Jastram favorisierten zählt, so hat er sich doch der figurativen Plastik verschrieben. Und wie Koelle propagierte auch Jo Jastram als Hochschullehrer in Berlin-Weißensee (1980 bis 1986) bei seinen Schülern die Devise: „Die Natur ist der beste Lehrer", in: Jo Jastram – Skulpturen, Zeichnungen, Ausstellungskatalog des Kunstvereins Ribnitz-Damgarten, 1998, S. 17; und anläßlich eines persönlichen Gesprächs der Verfasserin mit Jo Jastram am 25.5.2000 in Kneese.
(44) Niederschrift über die 12. (öffentliche und geheime) Sitzung des Stadtrates der Landeshauptstadt München vom 12. September 1933; und Münchener Gemeinde-Zeitung, 62. Jg., Beilage Nr. 71/73, ausgegeben am 16. September 1933 mit dem Sitzungsbericht des Stadtrates vom 12. September 1933; beide in: Münchener Stadtarchiv als Microfich ohne Signatur (Kopie von 8/1995).
(45) Münchener Gemeinde-Zeitung, 62. Jg., Nr. 75, ausgegeben am 23. September 1933, in: Germanisches Nationalmuseum Nürnberg unter NL Koelle, ZR ABK 602.
(46) Bayerische Staatszeitung und Bayerischer Staatsanzeiger vom 15.9.1933, ebenda.
(47) Bürgermeister Dr. Küfner, in: s. Anmerkung 44.
(48) Ebenda.
(49) Beschluß des Hauptsenates (geheim) vom 28. September 1933, in: Münchener Stadtarchiv unter KA 623.
(50) Der mehrere Seiten umfassende Vorgang „Denkmal Melusinenplatz" befindet sich im Münchener Stadtarchiv unter oben genannter Signatur.
(51) Daß die Aktion Blockwalzer keinen Einzelfall in München in der Kulturpolitik des Dritten Reiches darstellte, beweist ein weiteres Ansinnen an die offensichtlich recht kunstaufgeschlossene Gemeinnützige Wohnungsfürsorge AG vom 22.6.1936. Darin verweist der Direktor des 1934 eingerichteten Münchener Kulturamtes und Ratsherr, Max Reinhard, auf einen durch mehrere Beschwerden notwendig gewordenen Ortstermin in der Siedlung Walchenseeplatz mit dem Ergebnis, „daß die Fresken durchwegs unerfreuliche Leistungen sind und keineswegs dem Kunstwillen unserer Zeit gerecht werden. Wir glauben auch Ihrer Zustimmung sicher zu sein, wenn wir vorschlagen, daß diese Ärgernis erregenden Zeugen von Kunstentartung allmählich durch wirkliche Kunstwerke ersetzt werden." (Schreiben Max Reinhards an den Direktor der Gemeinnützigen Wohnungsfürsorge AG, Merkl, vom 22.6.1936, in: Stadtarchiv München unter KA 621). Wie bei Koelles Blockwalzer beugte sich die Gesellschaft auch in dieser Angelegenheit der kulturpolitischen Säuberungsaktion der NSDAP und stellte eine Beseitigung der Fresken (deren Künstler nicht mehr ermittelt werden konnte) bei der nächsten Fassadenerneuerung in Aussicht.
(52) Hermann Leipold, *3.10.1884 in Lauscha (Thüringen), deutscher Bildhauer, der an der Akademie der Bildenden Künste in München bei Heinrich Waderé und W. v. Rümann

studierte. War in München ansässig, schuf dort unter anderem am Oberanger einen Brunnen mit Kinderfiguren. Vgl. Vollmer, 1992, Bd. 3, S. 206.
(53) Schreiben des Bildhauers Hermann Leipold an den Bürgermeister der Stadt München, Dr. Hans Küfner, vom 22.9.1933, in: Stadtarchiv München unter KA 623.
(54) Am 22. September 1933 wurde die Reichskulturkammer, die dem Reichsministerium für Volksaufklärung und Propaganda, und damit Joseph Goebbels, unterstellt war, gegründet. Goebbels war Präsident der Reichskulturkammer, und seine Intention war es, die gesamte Künstlerschaft in Griff zu bekommen und – wie bereits bei den Medien erfolgt – auch die Gleichschaltung der Kunst umzusetzen.
„Regelungen, Vorschriften, Gleichsetzungen, ja Drill, Zwang und Verbote erschienen bei der Aufgabe unvermeidlich, und je weiter man sie vorantrieb, um so mehr: daher die zunehmende Verengung des Lebensraumes der Schaffenden, die allerdings zunächst, in ihrer überwiegenden Mehrzahl zumindest, ihren Beifall nicht versagt haben", in: Paul Ortwin Rave: Kunstdiktatur im Dritten Reich, herausg. von Uwe M. Schneede, Berlin, o.J., S. 69. Die erste Auflage von Raves Buch erschien 1949. Das hier zitierte Exemplar muß 1987 aufgelegt worden sein, es ist außerdem mit einem Nachwort von Uwe M. Schneede versehen.
Die Reichkulturkammer umfaßte laut §2 des Reichskulturkammergesetzes vom 22.9.1933 sechs Fachkammern: Reichsschrifttumskammer, Reichspresse- und -filmkammer, Reichsrundfunkkammer, Reichstheaterkammer und die Reichskammer für bildende Künste. Goebbels benannte die jeweiligen Präsidenten und zugehörigen Mitglieder des Präsidialrates. Für die Reichskammer der bildenden Künste wurde als Präsident der Architekt Professor Eugen Hönig (der bis dahin Präsident der Münchener Künstler-Genossenschaft war) ernannt. Zu seinen Präsidialräten zählten der Architekt Paul Ludwig Troost, der Bildhauer August Kraus (der Fritz Koelle aus Berliner Zeiten positiv gesonnen war), der Maler Franz Lenk, der ehemalige Gewerbeschullehrer Walter Hoffmann als Geschäftsführer der Kammer und der Maler und Ministerialrat Otto von Kursell sowie der junge rheinische Maler Hans Weidemann. Troost und Kraus starben bereits Anfang 1934. Der Maler Adolf Ziegler gehörte bis 1936 dem Präsidialrat an und löste 1936 den bisherigen „inkonsequenten" Eugen Hönig als Präsident ab, unterstützt von folgenden Präsidialratsmitgliedern: Direktor Walter Hofmann, Grafiker Hans Herbert Schweitzer (Künstler-Pseudonym: Mjölnir), Dr. Hanns Sauermann, Will Kelter, Reichsamtsleiter Schulte-Strathaus, Oberbürgermeister Zörner, Ministerialrat Konrad Dammeier, den Architekten Albert Speer, Leonard Gall, Oswald Eduard Bieber und Eugen Hönig sowie den Bildhauern Kurt Schmid-Ehmen, Richard Klein und Joseph Wackerle. Vgl. Rave, o.J., S. 70; und Josepf Wulf: Die Bildenden Künste im Dritten Reich, Gütersloh, 1963, Taschenbuchausgabe 1966, S. 109f.
Was die Durchführungsbestimmungen zum Reichskulturkammergesetz betraf, konnte nur derjenige am produktiven Prozeß teilhaben, der einer der Fachkammern angehörte. Aufgenommen wurde aber nur, wer die Aufnahmebedingungen erfüllte, die unter anderem mit einem Fragebogen ermittelt wurden. Peter Reichel bezeichnete die Reichskulturkammer als eine „Art Staatsgewerkschaft, die gleichgeschaltete berufsständische Zwangsvereinigung aller Kulturschaffenden", in: Peter Reichel: Der schöne Schein des Dritten Reiches, Frankfurt am Main, 1993, S. 89. In §10 des Durchführungsgesetzes heißt es: „Die Aufnahme in eine Einzelkammer kann abgelehnt oder ein Mitglied ausgeschlossen werden, wenn Tatsachen vorliegen, aus denen sich ergibt, daß die in Frage kommende Person die für die Ausübung ihrer Tätigkeit erforderliche Zuverlässigkeit und Eignung nicht besitzt", in: Joseph Wulf, 1966, S. 103. Damit waren der Denunzierung von mißliebigen Künstlern Tür und Tor geöffnet. Jüdische Künstler und Künstler der Avantgarde waren von vornherein ausgeschlossen.

Da die Mitgliedschaft in der Reichskammer der bildenden Künste für jeden Künstler eine Existenzfrage bedeutete, gehörte auch Fritz Koelle zu den 5000 Mitgliedern, die München 1937 zählte. Laut Aussagen von Rudolf Schwarz vom 22.10.1933 gehörte er zu diesem Zeitpunkt bereits dem von Alfred Rosenberg 1929 gegründeten Kampfbund für deutsche Kultur an, der primär das Ziel verfolgte, Deutschland von der sogenannten entarteten Kunst zu säubern. Da Fritz Koelle das oben genannte Schreiben kannte und Kopien in seinem Besitz waren, er aber keine Korrektur dieser Aussage vornahm, ist davon auszugehen, daß diese Zuordnung den Tatsachen entsprach.

(55)   Schreiben von Dr.-Ing. Rudolf Schwarz vom 22.10.1933 an das Reichsministerium für Volksaufklärung und Propaganda in Berlin. Alle weiteren, als Zitat gekennzeichneten Stellen entstammen diesem neunseitigen Brief, in: Stadtarchiv München unter KA 623.

(56)   Düsseldorf-Münchener Kunstausstellung 1932 vom 14.5. bis 31.8.1932 in Düsseldorf. Laut Katalog waren von Koelles sieben eingeschickten Bronzen nur vier ausgestellt: „Der Bergarbeiter", „Das Bergarbeiterkind", „Bildnis eines Hüttenarbeiters" und „Bildnis eines Bergarbeiters" (alle ohne Jahresangabe). Bernhard Bleeker stellte als einziger Münchener Bildhauer sieben Plastiken aus, während die Begrenzung bei den übrigen Plastikern bei drei Werken lag. Da es Fritz Koelle in allen Ausstellungen darum ging, möglichst zahlreich präsent zu sein, ist ein solcher Kollegenkonflikt mit Bernhard Bleeker durchaus vorstellbar.

(57)   Kampfbund für deutsche Kultur: 1927 begann mit der Gründung der „Nationalsozialistischen Gesellschaft für deutsche Kultur" durch Alfred Rosenberg, deren Leitung Hitler Rosenberg übertrug, der Aufbau einer organisierten nationalsozialistischen Kulturarbeit. 1928/1929 wurde die Gesellschaft in „Kampfbund für deutsche Kultur (KfdK)" umbenannt, um auch solche konservativen Kräfte nicht abzuschrecken, die der nationalsozialistischen Ideologie noch Skepsis entgegenbrachten und der Partei nicht angehörten, so wie Fritz Koelle, der der NSDAP niemals beitrat. Die Verantwortlichen scheuten sich nicht, diese Intention unumwunden in einer Abmachung zwischen Kampfbund und der Abteilung für Volksbildung bei der Reichsleitung der NSDAP zu formulieren: „Der KfdK ist nicht Glied der Parteiorganisation. Er kämpft für die Durchführung deutscher Kultur im Sinne Adolf Hitlers, beschränkt sich aber ausdrücklich nicht auf Mitglieder der NSDAP in seiner Arbeit. Dadurch ist dem KfdK die Möglichkeit gegeben, Persönlichkeiten des deutschen Kulturlebens zu gewinnen, die eine parteimäßige Bindung mindestens zunächst ablehnen ... Zur Gewährleistung einheitlicher Auffassungen über kulturelle Angelegenheiten ist eine enge organisatorische Verbindung zwischen der Abteilung Volksbildung und dem Kampfbund unerläßlich." (Hildegard Brenner, 1963, zitiert in: Klaus Backes: Hitler und die bildenden Künste, 1988, S. 42)

Der Kampfbund etablierte sich nie zu einer Massenorganisation, sondern war ein Sammelbecken für mittelständische, klein- und bildungsbürgerliche Gruppierungen ohne eine einheitlich ausgebildete Kunstorientierung. Joachim Petsch machte drei Komponenten unter ihnen aus, die bereits zu Zeiten der Weimarer Republik die Denkensweise der oben genannten Bevölkerungsschichten beeinflußten und somit nahtlos in den Kampfbund einflossen:

Die Gruppe der bodenständig-völkisch Orientierten, antisemitisch und antikapitalistisch Geprägten forderte eine deutsche Volkskunst. Die nationalistisch Eingestellten lehnten jegliche avantgardistisch und fremd anmutende Kunst ab, da sie den Verfall der deutschen Kultur bewirke. Und der „altdeutsch-pangermanische Zirkel" (J. Petsch), der von der Hegemonie der nordischen Rasse überzeugt war, zeichnete sich durch seine fanatisch ausgeprägten rassistischen und antisemitischen Tendenzen aus. (Vgl. Joachim Petsch: Kunst im Dritten Reich, Köln, 1994, S. 11ff.)

Überprüft man Fritz Koelles Einstellung anhand persönlicher Aussagen, läßt sich feststellen, daß er zu den bodenständigen, volksverbundenen deutschen, künstlerisch konservativ-rückwärts gewandten Personen zählte, die der avantgardistischen Kunst sehr kritisch bis vehement ablehnend gegenüberstanden, und das, obwohl er zu den Mitgliedern der Münchener Neuen Secession gehörte, die die bevorzugten Opfer des „Kunstverrisses", zum Beispiel durch Franz Hofmann, dem Kunstberichterstatter des Völkischen Beobachters und Nachfolger Eberhard Hanfstaengls als Kunstkonservator der Städtischen Galerie München, waren.

Aber es gab auch Ausnahmen bei Fritz Koelle, in denen er Werke der „modernen Kunst" und ihre Künstler durchaus gelten ließ oder sie sogar bewunderte. Ausgesprochen rassistische oder antisemitische Tendenzen, sieht man einmal von seiner Behauptung ab, daß ihn der jüdische Kunsthandel boykottierte, was aufgrund seiner Gestaltungsweise nachvollziehbar wäre, sind bei Fritz Koelle nicht auszumachen. Sie stünden auch in einem eklatanten Widerspruch zu seiner sonstigen moralischen Haltung bestimmten Menschengruppen (Arbeitern, Benachteiligten) gegenüber.

Die Vernetzung aller drei von Petsch angesprochenen Gruppierungen ist in der allgemeinen Rückwärtsgewandtheit, ihrer negativistischen Grundeinstellung der „modernen Kultur" gegenüber, ihrer „Deutschtümelei" und ihrem antisemitisch ausgebildeten Weltbild gegeben. Mit Alfred Rosenberg als Leiter des Kampfbundes, der mit seiner Kunstideologie die Gesamtsumme verkörperte (die der Hitlerschen weitgehend entsprach), war das adäquate Pendant gefunden worden, das nach der Devise handelte: „Wir denken nicht daran, irgendein Dogma der Kunst zu verkünden, wohl aber ergibt sich aus der Kritik des Gegnerischen die Richtung für das Schöpfertum einer Zukunft." (Hildegard Brenner, 1963, ebenda)

Der Kampfbund fand unter anderem Unterstützung durch den Bayreuther Wagner-Kreis um Winifried Wagner und in München durch das Verlegerpaar Hugo und Elsa Bruckmann, durch den bis 1933 amtierenden Direktor der Bayerischen Staatsgemäldesammlungen, Friedrich Dörnhöffer, den Bildhauer Fritz Behn, den Kunsthistoriker Carl Cornelius und den Maler Hermann Groeber. Um die anvisierten bürgerlichen Kreise mit seiner Kulturideologie zu erreichen, hielt der Kampfbund entsprechende Vortragsveranstaltungen ab, organisierte Ausstellungen mit erwünschter Kunst oder „Schandschauen" und veröffentlichte seine nationalsozialistische Kunstideologie in seinem Sprachrohr „Volk und Kultur – Zeitschrift für deutsche Wiedergeburt". Nach der Machtübernahme durch die NSDAP forcierte der Kampfbund, begleitet von gesinnungsgenössischen Kreisen seinen „Kulturkampf" gegen den „Kulturverfall": Denunzierung moderner Künstler als Kulturbolschewisten, Entlassungen fortschrittlich orientierter Hochschullehrer und die Moderne fördernde Museumsleiter, was durch das Gesetz zur Wiederherstellung des Berufsbeamtentums am 7. April 1933 begünstigt wurde.

Koelle, der selbst als „bolschewistischer Künstler" diffamiert wurde, war tatsächlich Mitglied dieses Vereins, wie er handschriftlich unter seinem Brief an Oberbürgermeister Fiehler vom 10.9.1933 vermerkte (vgl. Anmerkung 29). Darum mußte ihn die Attackierung seiner Person und seiner Kunst besonders getroffen haben.

Alfred Rosenberg befand sich in einer permanenten Konkurrenz- und Konfliktsituation mit Joseph Goebbels, der Rosenbergs fanatische Kulturpolitik entschieden ablehnte und eine gemäßigtere Haltung der modernen Kunst gegenüber vertrat, besonders was den Expressionismus betraf, und er unterstützte darin unter anderem die kulturpolitische Opposition um den „Nationalsozialistischen Deutschen Studentenbund". Durch die Gründung der „Reichkulturkammer" am 22.9.1933, der Joseph Goebbels als Präsident vorstand, verlor Rosenbergs Kampfbund seine ursprüngliche Bedeutung. 1934 schloß sich der „Kampfbund für deutsche Kultur" mit der ebenfalls von Rosenberg geleiteten „Deutschen Bühne" zur „Nationalsozialistischen Kulturgemeinde" zusammen.

(58)   Hans Schemm, *6.10.1891 in Bayreuth, ebenda am 5.3.1935 tödlich verunglückt. Als Lehrer ausgebildet. Im April/Mai 1919 mit dem Freikorps Bayreuth zur Beseitigung der

Räteherrschaft nach München marschiert. Im Dezember 1924 zum NSDAP-Ortsgruppenführer Bayreuth gewählt. Weiterer Aufstieg in der bayerischen NSDAP. Schemm gründete und leitete ab 1929 den „Nationalsozialistischen Deutschen Lehrerbund". Der Sitz der „Reichszeitung der Deutschen Erziehung" und das „Haus der Deutschen Erziehung", beides unter Schemms Leitung, befanden sich in Bayreuth. Das „Hauptamt für Erzieher", ebenfalls der Leitung Schemms unterstellt, befand sich in München. Schemm versuchte, eine „naturalistisch-christliche Gefühlsreligion" zu kultivieren, und ging nach dem Motto vor: „Unsere Religion heißt Christus, unsere Politik heißt Deutschland". Er führte den Religionsunterricht an Berufsschulen und das Schulgebet wieder ein. Am 12.4.1933 wurde Schemm zum Bayerischen Staatsminister für Unterricht und Kultus ernannt, konnte dieses Amt aber nur kurze Zeit ausüben. Sein Tod im Jahre 1935 bedeutete für Koelle einen weiteren herben Verlust unter seinen künstlerischen Fürsprechern. Nach dem Tod Schemms 1935 war Dr. Ernst Boepple kurzzeitig kommissarischer Leiter des bayerischen Kultusministeriums, bis am 1.12.1936 der bayerische Innenminister Adolf Wagner in Doppelfunktion auch das Amt des Kultusministers übernahm. Vgl. Hermann Weiß, 1998, S. 401f.; und Münchner Stadtmuseum, 1993, S. 214.

(59) Hitler persönlich legte am 15. Oktober 1933 den Grundstein zum „Haus der Deutschen Kunst". Die Notwendigkeit eines neuen Ausstellungsgebäudes für die Kunst bestand seit dem Glaspalastbrand vom 6.6.1931. Der Entwurf des Architekten Adolf Abel, dem Nachfolger Theodor Fischers an der Technischen Hochschule in München, der vom bayerischen Kultusminister in Auftrag gegeben worden war, wurde zweimal zu Fall gebracht. Im Juni 1933 teilte der Bayerische Innenminister Adolf Wagner dem Reichsstatthalter Ritter von Epp mit, daß Abels Entwurf im Einvernehmen mit dem Führer zugunsten eines Planungsentwurfs des Architekten Troost, der zu dem Zeitpunkt das „Braune Haus" umgestaltete, abgelehnt worden sei. Zur Finanzierung des Bauprojektes wurde am 15.7.1933 die Anstalt des öffentlichen Rechts „Haus der Deutschen Kunst – Neuer Glaspalast" gegründet, an die Spenden von 5 Millionen RM – meist aus der Industrie – gingen und von Wagner verwaltet wurden. Am 22. Juli wurde das Planungsmodell Troosts im Hofgartentempel der Öffentlichkeit vorgestellt. Am 15. Oktober wurde mit dem legendären Hammerschlag Hitlers der Grundstein für das „Haus der Deutschen Kunst" gelegt, begleitet von pompösen Feierlichkeiten und einem Festzug. Hitler verlieh München in diesem Zusammenhang – an alte Münchener Traditionen anknüpfend – den Titel „Hauptstadt der Deutschen Kunst", worauf München von vielen Städten des Reichs mit Grußschreiben und „Huldigungsgaben" bedacht wurde und sich in diesem Ruhm sonnte. Koelle empfand es als tiefe Beleidigung, daß er zu diesem Festakt nicht geladen war, und ließ indirekt durch Rudolf Schwarz eine Beschwerde an die Parteispitze nach Berlin gelangen. Zur Grundsteinlegung vgl. Münchner Stadtmuseum, 1993, S. 310ff.

(60) Schreiben des Bayerischen Staatsministers für Unterricht und Kultus, Hans Schemm, München, vom 29.11.1933 an die Regierung von Oberbayern – Kammer des Innern, in: Stadtarchiv München unter KA 623.

(61) Ebenda, mit linksseitigem Vermerk der Kammer des Innern vom 7.12.1933 an den Stadtrat der Landeshauptstadt München.

(62) Schreiben des Bayerischen Staatsministers für Unterricht und Kultus, Hans Schemm, München, vom 19.12.1933 an die Regierung von Oberbayern – Kammer des Innern, ebenda.

(63) Ders. mit Schreiben vom 19.12.1933 an Dr.-Ing. Rudolf Schwarz, ebenda unter BuR 1878.

(64) Wilhelm Pinder, *25.6.1878 in Kassel, †13.5.1947 in Berlin. Studierte Jura und Archäologie in Berlin und München sowie Kunstgeschichte in Leipzig. Promotion und Habilitation. 1910 Professor für Kunstgeschichte in Darmstadt. Folgte 1927 einem Ruf nach München, wo er Ordinarius für Kunstgeschichte an der Ludwig-Maximilians-Universität

wurde. 1935 wurde W. Pinder nach Berlin berufen und blieb dort bis 1945. Pinder befaßte sich in seiner Lehre und seinen Schriften hauptsächlich mit der deutschen Kunst und ihrer Position innerhalb Europas und versuchte, ein neues Bild der deutschen Kunst zu entwickeln. Dabei gab er sich national gesinnt mit Tendenzen zum Nationalsozialismus, dem er aber immer wieder aufgrund seiner differenzierten Sichtweise kritisch gegenübertrat. Vgl. Hermann Weiß, 1998, S. 349f.; und dtv Lexikon der Kunst, 1996, Bd. 5, S. 610.

(65) Erklärung des Ordinarius der Kunstgeschichte an der Universität München, Professor Dr. Wilhelm Pinder, vom 25.11.1933 (Abschrift), in: Stadtarchiv München unter BuR 1878.

(66) Erklärung des Generaldirektors der Bayerischen Staatsgemäldesammlungen München, Dr. Ernst Buchner, vom 30.11.1933, in: Germanisches Nationalmuseum Nürnberg unter ABK, NL Koelle I, D 14. Zu Buchners mutigen Rettungsversuchen vgl. Dagmar Lott: Münchens Neue Staatsgalerie im Dritten Reich, in: Peter-Klaus Schuster, 1987, S. 289-300.

(67) Bestätigung des Hauptkonservators am Museum für Abgüsse klassischer Bildwerke in München, Professor Dr. Carl Weickert, vom 30.11.1933, in: Koelle-Nachlaß im Besitz des Sohnes, Fritz Koelle jun.

(68) Bestätigung des Direktors der Staatsschule für angewandte Kunst in München, Professor Fritz Schmidt, vom 1.12.1933 (Abschrift), in: Ebenda.

(69) Schreiben des Präsidenten der Reichskammer der bildenden Künste, Berlin, Eugen Hönig, vom 30.1.1934 an den Oberbürgermeister der Stadt München und als Anlage Gutachten des Vorsitzenden des Bundes deutscher Bildhauer und Vizepräsidenten der Reichskulturkammer für bildende Künste, Professor August Kraus, aus Berlin vom 29.1.1934 an den Oberbürgermeister der Stadt München, beides in: Stadtarchiv München unter KA 623.

(70) Brief Professor August Kraus' aus Berlin vom 7.2.1934 an Fritz Koelle (Abschrift), in: Germanisches Nationalmuseum Nürnberg unter ABK, NL Koelle I, D 20.

(71) Erklärung des Generaldirektors der Staatlichen Archive Bayerns in München, Riedner, vom 26.1.1934, in: Ebenda unter ABK, NL Koelle I, D 18.

(72) German Bestelmeyer (1874 bis 1942), Architekt. Seit 1922 Professor an der TH München. Präsident der Akademie der bildenden Künste München. Seit 1930 Mitglied des „Kampfbundes für Deutsche Kultur", dem auch Fritz Koelle angehörte. 1935 zusammen mit Adolf Ziegler Reichskultursenator. Als einer der „Vertrauensarchitekten" des Generalbaurats Hermann Giesler mit Bauaufträgen bedacht. Nach Bestelmeyers Plänen wurde 1937 bis 1939 das „Luftgaukommando" auf der Prinzregentenstraße gegenüber dem Bayerischen Nationalmuseum errichtet.

(73) Schreiben des Syndikus der Akademie der bildenden Künste München im Auftrage German Bestelmeyers vom 14.9.1933 an Fritz Koelle, in: Germanisches Nationalmuseum Nürnberg unter ABK, NL Koelle I, D 12.

(74) Erklärung des Bildhauers Ferdinand Liebermann vom 11.1.1934, in: Stadtarchiv München unter KA 623.

(75) Olaf Gulbransson, *26.5.1873 in Christiania (heute Oslo), †18.9.1956 am Tegernsee. Deutsch-norwegischer Zeichner, Maler und Karikaturist. 1902 konnte ihn Albert Langen, der Gründer der satirischen Münchener Zeitschrift „Simplicissimus" (1896 bis 1944), als Mitarbeiter gewinnen, der die Zeitschrift mit seinen zeitkritischen Karikaturen prägte. 1928 wurde Gulbransson zusammen mit Edvard Munch zum Ehrenmitglied der Akademie der bildenden Künste in München ernannt, wo er in der Zeit von 1929 bis 1938 als Professor lehrte. Aufgrund der Gleichschaltung des Simplicissimus im Jahre 1933 (die Redaktionsleiter F. Schoenberner und Th. Th. Heine emigrierten unter dem Druck der Nationalsozialisten) änderte sich auch Gulbranssons zeichnerische sozialkritische Aussagekraft zur humoristischen Interpretation von Lebensweisheiten. Er nahm Buchillustra-

tionen vor, unter anderem Ludwig Thomas „Lausbubengeschichten" mit 73 Zeichnungen (Vgl. Deutscher Bücherbund, o.J.). Vgl. Vollmer, 1992, Bd.2, S. 337.

(76) Wiedergabe der Zeichnung Olaf Gulbranssons an Fritz Koelle (ohne Datum), in: Fritz Koelle – Arbeiter in Hütten und Gruben, Ausstellungskatalog des Museums der Stadt Homburg, Februar 1957, S. 31. Original im Besitz der Familie Schwarz.

(77) Vgl. Karikatur von Olaf Gulbransson „Aufstieg der Begabten" im Simplicissimus, Jg. 35, 1930, S. 333. Wiedergegeben in: Peter-Klaus Schuster, 1987, S. 29f.

(78) Der „Protest der Richard-Wagner-Stadt München" gegen Thomas Mann richtete sich gegen dessen internationale analytische Vortragsreihe unter dem Titel „Leiden und Größe Richard Wagners", in der er versuchte, Begründungen für die fortlebende Faszination, die von Wagner und seinem Werk ausging, aufzuzeigen. Der Vortrag wurde allgemein mit Begeisterung aufgenommen. Die Nationalsozialisten aber sahen eine Verunglimpfung des besonders von Hitler geschätzten Komponisten und verurteilten Thomas Mann im Völkischen Beobachter. Am 16. April 1933 erschien in den Münchener Neuesten Nachrichten der vom Dirigenten der Münchner Philharmoniker, Hans Knappertsbusch, initiierte Protest, der von 45 namhaften Persönlichkeiten aus Politik (unter anderem Max Amann, Karl Fiehler, Adolf Wagner) und Kultur (unter anderem Bernhard Bleeker, Olaf Gulbransson, Hermann Hahn, Adolf Schinnerer und Musikern wie Hans Pfitzner und Richard Strauss) unterzeichnet worden war. Vgl. David Clay Large, 1998, S. 309f.; und Peter-Klaus Schuster, 1987, S. 266).

(79) Bericht Johann Fischers, München, vom 23.11.1933 an die Sektion München-Nord – Ortsgruppe 7 – PG Karl Baumann, in: Stadtarchiv München unter K A 623.

(80) Hans Flüggen, *16.12.1875 in München und dort †20.7.1942, deutscher Landschafts- und Portraitmaler und Bühnenbildner. Flüggen stammte aus einer alten Malerfamilie, studierte an den Akademien in München und Karlsruhe. Als im Juni 1934 nach Stadtratsbeschluß das Kulturamt der Stadt München eingerichtet wurde, übernahm Hans Flüggen, der auch NSDAP-Stadtrat war, die Abteilung bildende Kunst, Kunstgewerbe und Mode. Kurz nach Ernennung Franz Hofmanns zum Konservator der Städtischen Galerie (als Nachfolger von E. Hanfstaengl) beauftragte ihn der zuständige Abteilungsleiter des Kulturamtes und direkte Vorgesetzte, Flüggen, (der als mittelmäßiger Künstler auch über den Kunstetat der Stadt und ihre Ankäufe entschied!) die Bestände der Städtischen Galerie zu überprüfen und die Amtsräume von „Verfallskunst" zu säubern. Beide mußten aber schnell erkennen, daß das Ergebnis einer solchen Aktion nicht ausreichte, bestimmte Künstler und ihre Werke als bolschewistisch zu diffamieren. Flüggen rief ebenfalls in seiner Funktion als Leiter der Abteilung bildende Kunst zu einer rücksichtslosen Verurteilung aller jener Künstler auf, die versuchten, sich dem neuen politischen System mit ihrer Kunst anzubiedern. Seine Position nutzte Flüggen hemmungslos zu Intrigen, denen er letztlich selbst im August 1935 zum Opfer fiel. Gemeinsam mit seinem Mitstreiter, dem Leiter des Kulturamtes, Hans Zöberlein, wurden sie aus ihren Funktionen im Stadtrat und im Kulturamt entlassen. Vgl. Münchner Stadtmuseum, 1993, S. 205; und Peter-Klaus Schuster, 1987, S. 271ff.

(81) Hans Zöberlein, *1.9.1895 in Nürnberg, †13.2.1964 in München. Schriftsteller, der als Beruf Maurer und Steinhauer erlernte. Nach dem Ende des Ersten Weltkriegs, in dem er hochdekoriert worden war, schloß er sich dem Freikorps von Epp an. 1921 bereits trat er in die NSDAP ein und beteiligte sich 1923 am Hitler-Putsch. 1933 wurde Zöberlein für seinen im Februar 1931 erschienenen kriegsverherrlichenden Roman „Der Glaube an Deutschland" mit einem Vorwort Hitlers mit dem Literaturpreis der Stadt München ausgezeichnet. Auch für seine anderen rassistischen Propagandaromane erhielt er zahlreiche Auszeichnungen. 1934 übernahm der als fanatisch geltende NSDAP-Stadtrat die Leitung des neu errichteten Kulturamts, die er aber bereits Mitte 1935 nach Forderungen des NSDAP-Fraktionsvorsitzenden Christian Weber und Hitlers, dessen Mißbilligung er sich

zugezogen hatte, ebenso wie seine Position als Stadtrat verlor. Vgl. ebenda, S. 205; und ebenda, S. 270f; und Hermann Weiß, 1998, S. 501f.
(82) Stellungsnahme des Stadtrats Hans Flüggen vom 12.1.1934 und als Anlage Bericht des Johann Fischer, s. Anmerkung 78, der laut Signatur bereits am 16.12.1933 die Reichskammer der bildenden Künste erreicht hatte, beides in: Stadtarchiv München unter KA 623.
(83) Drei Briefe von Fritz Koelle vom 13., 15. und 18.1.1934 an Hans Flüggen, Kunstmaler und Mitglied des Stadtrats München, ebenda.
(84) Erklärungen Albert Brandstetters vom 15.12.1933 und 15.1.1934, die Fritz Koelle Flüggen zukommen ließ (Abschrift), ebenda.
(85) Erklärung der Belegschaft der Erzgießerei Brandstetter vom 18.1.1934 als Anlage zum nachfolgenden Brief an Hans Flüggen, ebenda.
(86) Bestätigung des Kunstformers Oskar Meßen vom 19.1.1934, ebenda.
(87) Schreiben Adalbert Brandstetters vom 18.1.1934 an Hans Flüggen, ebenda.
(88) Ders. vom 27.1.1934 an Hans Flüggen, ebenda.
(89) Gutachten des Direktors der I. Medizinischen Abteilung des „Krankenhauses links der Isar", Professor Lange, vom 17.1.1934, ebenda.
(90) Schreiben der Anwaltskanzlei Dr. Warmuth, R. Simon und Dr. Haus vom 19.1.1934 an Oberbürgermeister Fiehler mit Johann Fischers Widerruf der Beschuldigungen als Anlage, ebenda. Von seinem Freund, dem Münchener Rechtsanwalt Dr. Franz Haus, gestaltete Fritz Koelle 1935 eine Portraitplastik.
(91) Brief Rudolf Schwarz' vom 20.1.1934 an Fritz Koelle, in: Germanisches Nationalmuseum Nürnberg unter ABK, NL Koelle I, D 22.
(92) Schreiben Dr. Rudolf Schwarz' vom 14.1.1934 an den Bayerischen Staatsminister für Unterricht und Kultus in München, in: ebenda unter ABK, NL Koelle I, D 21.
(93) Rundlauf zum „Gegenstand Fritz Koelle München" des Oberbürgermeisters Fiehler an die Stadträte Weber und Flüggen und zurück an ihn vom 19.1. bis 23.1.1934, in: Stadtarchiv München unter KA 623.
(94) Schreiben Fritz Koelles vom 22.1.1934 an Hans Flüggen, in: Germanisches Nationalmuseum Nürnberg unter ABK, NL Koelle I, D 23.
(95) Jakob Grimminger, *1892 in Augsburg, beteiligte sich, da meist arbeitslos, an den Aufmärschen und Straßenkämpfen auf Seiten der NSDAP, der er 1922 beitrat. Mitglied der SS. Als „Radauantisemit" bezeichnet. Ab 1926 bis Ende des Dritten Reichs war er Träger der „Blutfahne" des 9.11.1923. Von der NSDAP wurde er 1929 in den Stadtrat München gewählt, dessen Mitglied er bis 1945 blieb. Vgl. Münchner Stadtmuseum, 1993, S. 233.
(96) Josef Wackerle, *15.5.1880 und †2.3.1959 jeweils in Patenkirchen, besuchte die Fachschule für Holzschnitzerei in Patenkirchen. Studierte an der Kunstgewerbeschule und an der Akademie München unter anderem bei Wilhelm von Rümann. 1906 bis 1909 war Wackerle künstlerischer Leiter der Porzellan-Manufaktur Nymphenburg, 1917 bis 1922 Lehrer an der Kunstgewerbeschule München, danach Professor an der Akademie der bildenden Künste in München. Mitglied der Akademien Berlin und München. Wackerle war Vorsitzender der Münchener Secession und ein im Dritten Reich besonders geschätzter Bildhauer, der für die klassische Ausführung stand, die „keinen Anstoß erregte". Er wurde mit dem Entwurf und der künstlerischen Leitung des Festzuges zum „Tag der Deutschen Kunst" betraut und gehörte 1937 der Auswahljury für die Große Deutsche Kunstausstellung an. Vgl. Münchner Stadtmuseum: Bestandskatalog Kleinplastik und figürliches Handwerk 1880 bis 1930, München, 1974; und dass. 1993, S. 345 und S. 364.
(97) Schreiben des Stadtrats Hans Flüggen vom 31.1.1934 an die Adjutantur – Staatsministerium des Innern, in: Stadtarchiv München unter KA 623.

(98) Schreiben des Stadtrats Hans Flüggen vom 8.2.1934 an Fritz Koelle (Abschrift), Koelle-Nachlaß im Besitz des Sohnes, Fritz Koelle jun.
(99) Der Berliner Akademiedirektor Professor August Kraus, der Vorsitzender des Bundes deutscher Bildhauer und Vizepräsident der Reichskammer der bildenden Künstler war, starb am 8.2.1934, was für Fritz Koelle einen großen Verlust bedeutete, da er als einer der sachkompetentesten Fürsprecher Koelles galt.
(100) Schreiben von Fritz Koelle vom 12.2.1934 an den Bayerischen Staatsminister für Unterricht und Kultus in München, Hans Schemm (Abschrift), Koelle-Nachlaß im Besitz des Sohnes, Fritz Koelle jun.
(101) Hans Zöberlein, zitiert in: Schreiben von Fritz Koelle vom 20.3.1934 an den Bayerischen Staatsminister für Unterricht und Kultus in München, Hans Schemm (eigenhändig unterzeichnete Abschrift), ebenda.
(102) Hans Flüggen, zitiert in: ebenda.
(103) Fritz Koelle, ebenda.
(104) Schreiben von Fritz Koelle vom 12.2.1934 an den Bayerischen Staatsminister für Unterricht und Kultus in München, Hans Schemm (Abschrift), ebenda.
(105) „Der Wettbewerb für das Befreiungs-Denkmal – der Entscheid des Preisgerichts", in: Völkischer Beobachter vom 28.4.1934 unter dem Kürzel Dr. H.
(106) Ebenda.
(107) Bei der Verteilung der Geldpreise gab es differierende Angaben zwischen dem oben genannten Völkischen Beobachter und einer vom „Kulturamt der Hauptstadt der Bewegung München" im Juni 1936 gemachten Aufstellung. Während Koelle laut VB nur eine Belobigung zugedacht wurde, erhielt er gemäß der Zusammenstellung des Kulturamtes zusätzlich 100 RM. Die Aufstellung „Befreiungsdenkmal Ramersdorf" findet sich im Stadtarchiv München unter KA 621.
(108) Vgl. Anmerkung 105.
(109) Vgl. Joachim Petsch, 1994, S. 34ff. und S. 54ff.
(110) Seit Errichtung der Reichskulturkammer am 22.9.1933 und der staatlich verordneten Kunstideologie verlegte man sich mehr auf „Kunstberichte" anstelle von „Kunstkritiken", was am 27.11.1936 im Verbot der „Kunstkritik" gipfelte.
(111) Vgl. Anmerkung 105.
(112) Fritz Koelle, zitiert in: Ebenda.
(113) Ebenda.
(114) Vgl. Gerd Presler: Glanz und Elend der 20er Jahre, Köln, 1992, S. 9ff.
(115) Winfried Nerdinger, in: Münchner Stadtmuseum, 1979, S. 742. Auf dieser Seite befinden sich auch zwei Abbildungen von Koelles „Befreiungskämpfern" von 1934.
(116) Die Aufstellung eines Befreiungs-Denkmals ist in München nicht erfolgt, da es nicht gelang, Hitler die Modelle zu zeigen, die inzwischen aus Platzgründen mehrfach transportiert und umgelagert worden waren. Ihre nachweislich letzte Aufbewahrung erhielten sie in einem Raum, der zum Atelier Paul Ludwig Troosts in der Theresienstraße 148 gehörte. Das Kulturamt wandte sich im Juni 1936 an Oberbürgermeister Fiehler mit der Bitte, die „Verschleppung der Angelegenheit" zu beenden und eine Entscheidung Hitlers herbeizuführen. Vgl. Anmerkung 107.
(117) Rudolf Heß, *26.4.1894 in Alexandria (Ägypten), †17.8.1987 im Gefängnis Berlin-Spandau. Heß war Mitglied der Thule-Gesellschaft und des Freikorps Epp. Seit 1920 Mitglied der NSDAP, spielte führende Rolle beim Hitlerputsch am 8./9. November 1923 in München. Festungshaft gemeinsam mit Hitler in Landsberg, den er bei Abfassung seines Buches „Mein Kampf" unterstützte. Nach Neugründung der NSDAP avancierte er zu Hitlers Privatsekretär, der nicht nur für dessen Terminplanungen zuständig, sondern auch „Vermittlungsinstanz in personellen Konflikten und für den direkten Kontakt von Parteigenossen zu Hitler unter Umgehung der Reichsorganisationsleitung" war. (Vgl. Hermann

Weiß, 1998, S. 199ff) Am 21.4.1933 wurde Heß zum Stellvertreter des Führers ernannt. Koelle mußte über Heß' Funktion informiert gewesen sein, darum wandte er sich direkt an ihn.

(118) Schreiben des Stellvertreters des Führers – Stab – Der Reichsleiter für Kulturfragen i.V. Schulte-Strathaus vom 10.7.1934 an Fritz Koelle (Abschrift), in: Stadtarchiv München unter BuR 1878.

(119) „Stellungnahme zum Schreiben des Stellvertreters des Führers vom 15. Mai 1934" vom Leiter des Kulturamtes, Stadtrat Hans Zöberlein vom 29. Juni 1934, in: Stadtarchiv München unter KA 623.

(120) Schreiben des Stellvertreters des Führers – i.V. Schulte-Strathaus vom 13.7.1934 an Fritz Koelle (Abschrift), Koelle-Nachlaß im Besitz des Sohnes, Fritz Koelle jun.

(121) Schreiben Fritz Koelles vom 18.7.1934 an Oberbürgermeister Karl Fiehler, in: Stadtarchiv München unter KA 623.

(122) Antwortende Stellungnahme Hans Zöberleins auf Anmerkung 121 vom 24.7.1934, in: ebenda.

(123) Schreiben Fritz Koelles vom 13.8.1934 an den Stadtrat und Präsidenten des Kreistages von Oberbayern, Christian Weber, Koelle-Nachlaß im Besitz des Sohnes, Fritz Koelle jun.

(124) Ebenda.

(125) Antwortschreiben des Stadtrats der Landeshauptstadt München vom Fraktionsführer der NSDAP, Christian Weber, vom 14.8.1934 an Fritz Koelle, in: Stadtarchiv München unter KA 623.

(126) Katalog der Großen Münchener Kunstausstellung in der Neuen Pinakothek – Glaspalast-Ausstellung, S. 22: Fritz Koelle mit den laufenden Nummern 359 bis 362.

(127) „Aus der Welt von Kohle und Eisen – Gestalten der Arbeit", unter dem Kürzel Trb., in: München-Augsburger-Abendzeitung Nr. 263 vom 26.9.1934.

(128) Gert Buchheit: „Fritz Koelle und der Bergmann an der Saar", in: Der Feuerreiter, Verlag Hans Struth, Köln. Es handelt sich dabei um ein wöchentlich erscheinendes Blatt, dem handschriftlich „Germania Berlin", Nr. 124, 4. Mai 1935 zugefügt war.

(129) Dr. Peter Breuer: „Süddeutsche Künstlerköpfe: Der Bildhauer Fritz Koelle", in: Völkischer Beobachter Nr. 357 vom 23.12.1934, in: Stadtarchiv St. Ingbert. Teile dieses Artikels finden sich auch in Breuers Buch „Münchner Künstlerköpfe" von 1937 wieder, in dem er den Text unter anderem auch mit dem „Hammermeister" illustriert. Vgl. auch Anmerkung II-343.

(130) Fritz Koelle zitiert in: Anmerkung 128.

(131) „Saar-Gedenkprägung der Bayerischen Staatsmünze

Aus Anlaß der Abstimmung im Saargebiet hat die Bayer. Staatsmünze im Einvernehmen mit dem Saar-Bevollmächtigten des Reichskanzlers nach Entwürfen des saarländischen Bildhauers Fritz Koelle, St. Ingbert-München, eine künstlerisch ausgeführte Saar-Gedenkprägung aufgelegt, die mit besonderer Genehmigung durch den Reichs- und Preußischen Minister des Innern zugunsten des Saar-Hilfswerkes dem öffentlichen Verkauf übergeben worden ist.

Die Vorderseite dieser historischen Sonderprägung zeigt einen typischen deutschen Saar-Bergarbeiter und trägt die Umschrift ‚Deutsch die Saar immerdar'." Auf der Rückseite der Medaille befindet sich die karthografische Darstellung des Saargebietes mit dem umlaufenden Text: „Volksabstimmung im Saargebiet. 13.1.1935".

„Die Prägung ist in alter Fünfmarkstückgröße, in Feinsilber und in Bronze ausgeführt und zum Originalpreis von 6 bzw. 3 RM bei allen Banken, Bankgeschäften und Sparkassen erhältlich; sie kann auch unmittelbar bei der Geschäftsstelle des Saar-Hilfswerks, Berlin W 9, Voßstraße 13, oder durch die offizielle Auslieferungsstelle, dem Bankhause Joh. Witzig & Co., München 2 M, bezogen werden.

Der Reinertrag dieser Ausgabe wird ungeschmälert für die mannigfachen Aufgaben des Saar-Hilfswerkes vor und nach der Abstimmung verwendet. Möge deshalb jeder Deutsche dieses charakteristische Gedenkstück saarländischer Kunst erwerben; er hilft damit unseren Brüdern an der Saar."
Redaktion der „Kunst der Nation", S. Hermann-Büxenstein G.m.b.H., Berlin SW 19, ohne Datum, in: Stadtarchiv St. Ingbert.

(132) Josef Bürckel, *30.3.1895 in Lingenfeld (Pfalz), Selbstmord am 28.9.1944 in Neustadt a.d. Weinstraße nach Zusammenbruch der deutschen Front in Frankreich. Bürckel, ein ausgebildeter Lehrer, trat 1925 in die NSDAP ein. Am 10.8.1934 wurde er zum Saarbeauftragten der Reichsregierung ernannt, in welcher Funktion er Fritz Koelle mit der Ausführung der Saargedenkmedaille betraute. Nach der mit 90% Zustimmung erfolgreichen Saarabstimmung am 15.1.1935 wurde er zum Reichskommissar für die Rückgliederung des Saargebietes und am 17.6.1936 zum Reichskommissar für das Saarland ernannt. Vgl. Hermann Weiß, 1998, S. 67f.

(133) N.N.: „Zwei neue Werke des saarländischen Bildhauers Fritz Koelle", in: Saarbrücker Landeszeitung vom 20.12.1934, in: Stadtarchiv St. Ingbert. Bezeichnend an diesem Artikel ist, daß nicht nur die Kunst Fritz Koelles für die Sache des Saargebiets eingesetzt, sondern er selbst als „saarländischer Bildhauer" vereinnahmt wird.

(134) Ein Zitat Hitlers aus der Eröffnungsrede zur Großen Deutschen Kunstausstellung 1939 in München. S. Hinz zitiert in: Klaus Backes: Hitler und die Bildenden Künste, Köln, 1988, S. 95.

(135) Trotz des Erfolges, aufgrund der expandierenden Kulturorganisation breite Bevölkerungsschichten erreicht zu haben, erwies sich die Aufgliederung in zahlreiche Zuständigkeitsbereiche mit entsprechenden Kompetenzstreitigkeiten als unüberwindbare Barriere bei der Planung einer einheitlichen Zielsetzung für die nationalsozialistische Kulturpolitik. Das sollte sich 1937 grundlegend ändern.

(136) Eduard Heuchler, *31.12.1801 in Freiberg/Sachsen, †19.1.1879 ebenda. Wie es in der alten Bergstadt Sitte war, sollte Heuchler Bergmann werden. Auf sein Zeichentalent in der Bergschule aufmerksam geworden, verschaffte ihm Oberberghauptmann Freiherr von Herder ein Stipendium für die Bergakademie Freiberg, die er von 1820 bis 1822 besuchte. Nach Studienaufenthalten in Dresden, Karlsruhe, Rom und Paris wurde er Lehrer für Zeichenkunst an der Bergakademie Freiberg, an der er ab 1831 über Zivilbaukunst las. 1865 wurde er zum ordentlichen Professor an die Bergakademie berufen und erhielt die Ehrenmitgliedschaft der Akademie der bildenden Künste in Dresden sowie 1873 den Titel eines Baurates. Denn Freiberg verdankt ihm viele Gebäude, Denkmäler und Brunnen. Daneben veröffentlichte Heuchler einige Alben und Bücher mit Zeichnungen und Lithographien über das Leben der Berg- und Hüttenleute in ähnlich romantisch verklärter Weise wie sein Zeitgenosse Ludwig Richter (1803 bis 1884) in Dresden. Vgl. Eduard Heuchler: Des Bergmanns Lebenslauf, Schriften zur Kulturgeschichte des deutschen Bergbaues, Band 2. Zweite Auflage des 1867 erschienenen Buches, Essen, 1940.

(137) Gerhard Heilfurth: Der Bergbau und seine Kultur, Zürich, 1981, S. 178f.

(138) Ebenda, S. 193.

(139) Diese „Betstuben" boten sich als beliebtes bildnerisches Motiv an: So bei Eduard Heuchler die ca. 1855 entstandene Zeichnung „Das Gebet (Betstube)", in: Eduard Heuchler: Album für Freunde des Bergbaues, enthaltend eine Folge von vierzehn bildlichen Darstellungen aus dem Berufsleben des Berg- und Hüttenmannes. Entworfen und nach der Natur gezeichnet von Eduard Heuchler. Freiberg, 1855, Blatt 1 in der Neuauflage von Gerhard Heilfurth (Hrsg.), Frankfurt, o. J. (ca. 1980).
Oder das Gemälde von Paul Mißbach „Betstube" von 1906, das in einer rekonstruierten Betstube im Stadt- und Bergbaumuseum Freiberg hängt.

(140) Brief von Fritz Koelle vom 22.12.1933 an Rudolf Schwarz, in: Germanisches Nationalmuseum Nürnberg unter ABK, NL Koelle I, B 43.
(141) Auch der Bauer beim L'Angélus hält seine Kopfbedeckung in den Händen, ebenso wie der „Betende Bergmann". Eine Abbildung des „Gebetsläuten" von Jean François Millet befindet sich in: Kunstwart (Hrsg.): Millet-Mappe, München, o. J.
(142) Hitler zeigte in der Eröffnungsrede zur Großen Deutschen Kunstausstellung 1937 seine Begeisterung für die Romantiker als die „schönsten Vertreter jenes deutschen Suchens nach der wirklichen und wahrhaften Art unseres Volkes und nach einem aufrichtigen und anständigen Ausdruck dieses innerlich geahnten Lebensgesetzes". Hitler zitiert in: Kunst im Dritten Reich 7/8, 1937, S. 54, wiedergegeben in: Klaus Backes, 1988, S. 90.
(143) Anfrage des Oberlehrers J. Wurster aus Stuttgart an die Nationalgalerie Berlin vom 16.9.1934 und Antwortschreiben der Nationalgalerie mit Koelles Adreßangabe vom 24.9.1934, in: Staatliche Museen zu Berlin – Preußischer Kulturbesitz/Zentralarchiv der Nationalgalerie, unter: Gen. 5/1773/34.
(144) Schreiben der NSDAP-Gauleitung Groß-Berlin vom 21.12.1934 an den Direktor der Nationalgalerie Berlin, Eberhard Hanfstaengl. Auf der Rückseite dieses Schreibens Hinweis von Hanfstaengl an Hausinspektor Daubenspeck, daß die Plastik am 4.1.1935 von der Firma Lassen & Co, abgeholt wird. Ebenfalls zu diesem Vorgang gehören ein „Abforderungsschein" der Firma Lassen & Co. vom 4.1.1935 und die Notiz von Daubenspeck, daß die Koelle-Plastik am 5.2.1935 zurückgegeben wurde. Der Vorgang befindet sich in: Ebenda unter: Specialia 1 Bd. 35 – 2402/34.
(145) Völkischer Beobachter Nr. 9 vom 9.1.1935 (Berlin). Abbildung mit Untertitel: „Der Bergmann an der Saar": Text: „Bildwerk des saarländischen Bildhauers Fritz Koelle, St. Ingbert = München, eine Kopie des vor der Berliner Nationalgalerie stehenden Originals, ausgestellt in der Saarausstellung der Wandelhalle des Reichstages".
(146) Ausstellungskatalog „Münchener Kunst"-Sonderausstellungen in der Neuen Pinakothek, Januar/Februar 1935, S. 16, vertreten unter den laufenden Nummern 234 bis 238. Unter den Angaben zur Person befinden sich unter anderem die Informationen der Zugehörigkeit zur Neuen Secession und „an der Front Kriegsfreiwilliger 1914/18", ebenda, S. 16. Ähnliche Aussagen finden sich auch bei anderen Künstlern wieder, was darauf hindeutet, daß dieses Novum der Personenbeschreibung in Ausstellungskatalogen auf einen durch die Nationalsozialisten festgelegten Frage- und Erkennungsbogen zurückzuführen ist. Auf S. 19 ist Koelles „Bergarbeiter vor der Einfahrt" abgebildet.
(147) Brief vom 27.3.1935 von Fritz Koelle aus Berlin an seine Frau.
(148) Brief vom 28.3.1935 von Fritz Koelle aus Bremen (Hotel Hillmann) an seine Frau.
(149) Wilhelm Brückner, *11.12.1884 in Baden-Baden, †20.8.1954 in Herbsdorf/Kreis Traunstein. Sohn eines Musikers, der nach dem Abitur als Freiwilliger beim Militär diente. Im Anschluß daran bis Kriegsausbruch Studium der Jura und Volkswirtschaft. Im Ersten Weltkrieg Militärdienst, zum Schluß als Oberstleutnant. 1919 im Freikorps Epp. Wiederaufnahme seines Studiums in München. 1922 trat er in die SA ein, nahm am Hitlerputsch 1923 teil. Seit 1.8.1930 war er, der das SA-Regiment München leitete, SA-Adjutant und danach Chefadjutant Hitlers in Berlin, in welcher Funktion Fritz Koelle ihn in Berlin aufsuchte. 1940 wurde Brückner aus dieser Position wegen interner Meinungsverschiedenheiten in der Adjutantur entlassen und ging zur Wehrmacht. Vgl. Hermann Weiß, 1998, S. 64.
(150) Vgl. Anmerkung 148.
(151) Ernst Kammerer, 1939, im Abbildungsnachweis auf S. 67 finden sich folgende Angaben: „Betender Bergmann. 1934. Bronze 2 m hoch. Im Besitz des Führers u. Sammlung Dr. R. Schwarz"; und N.N.: „„Der Saarbergmann' des saarländischen Bildhauers Fritz

Koelle ... in der Reichskanzlei aufgestellt", in: Saardeutsche Illustrierte Nr. 25 vom 26.6.1935.
(152) Brief von Fritz Koelle von der „Europa" (Norddeutscher Lloyd – Bremen) an seine Frau vom 26.3.1935.
(153) Brief von Fritz Koelle aus London (Strand Palace Hotel) an seine Frau vom 31.3.1935.
(154) Ebenda.
(155) Briefe von Fritz Koelle aus London an seine Frau vom 1. und 2.4.1935.
(156) Parthenon-Fries: Parthenon ist der dorische Marmortempel der Athena Parthenos auf der Akropolis in Athen. Er wurde 447 bis 432 v. Chr. unter Perikles von den Architekten Iktinos und Kallikrates erbaut. Der Bildhauer Pheidias hatte die Oberaufsicht über den Bau und schuf wohl auch den reichen Skulpturenschmuck. Um die Cella lief in der Gebälkzone der 160 m lange Relieffries (sogenannter Parthenon-Fries) aus Marmor, der die panathenäischen Feierlichkeiten und den Festzug zum Geburtstag der Athena vor den Augen der Olympischen Götter darstellt. Ob Fritz Koelle wirklich den gesamten Originalfries in London gesehen hat, erscheint fraglich, da sich Teile des Ostfrieses mit Gestaltungen der Götter Zeus, Hera, Isis und Poseidon, Apollon und Artemis in Athen befinden. Vgl. Propyläen Kunstgeschichte, Bd. I, Die Griechen und ihre Nachbarn, Frankfurt am Main, 1967, S. 107f. und Abbildungen Nr. 74b, 75a und 75b.
(157) Brief von Fritz Koelle aus London an seine Frau vom 1.4.1935.
(158) Brief von Fritz Koelle aus London an seine Frau vom 2.4.1935.
(159) Ebenda.
(160) Brief von Elisabeth Koelle-Karmann aus München an ihren Mann in London vom 31.3.1935.
(161) Heinrich Winkelmann, Direktor des Deutschen Bergbau-Museums in Bochum, das 1930 gegründet wurde, hatte eine Abbildung von Koelles „Bergarbeiter vor der Einfahrt" in der Werkzeitschrift des Braunkohlenbergbaus im Bereich Magdeburg-Braunschweig-Hannover gesehen, interessierte sich für diese Figur zwecks Aufstellung im noch zu gestaltenden Museumshof und erkundigte sich unter anderem nach den Kosten für eine derartige Bronzeplastik. Koelle nannte ihm die Kosten von 7000 Mark und sandte ihm noch einige Presseberichte über sein Schaffen zu, die er allerdings zurück erbat. In dieser Korrespondenz blieb es nur bei Interessensbekundungen, ein Kaufvertrag kam nicht zustande.
Vgl. Briefe von Museumsdirektor Heinrich Winkelmann an Fritz Koelle vom 27.3. und 27.4.1935 und Koelles Antwortschreiben vom 10.4.1935, in: Bergbau-Archiv Bochum unter 112/1749.
Das Deutsche Bergbau-Museum gelangte erst in späterer Zeit in den Besitz der „Portraitbüste eines Bergarbeiters" von 1928, der 61 cm hohen Version des „Hochofenarbeiters" von 1935 und der 63 cm großen Figur des „Bergmanns sich die Ärmel aufstülpend" von 1936.
(162) Brief von Elisabeth Koelle-Karmann aus München an ihren Mann in London vom 30.3.1935.
(163) Brief von Elisabeth Koelle-Karmann aus München an ihren Mann in London vom 31.3.1935.
(164) Schreiben des Präsidenten der Reichskammer der bildenden Künste, Eugen Hönig, vom 23.1.1935 an den Oberbürgermeister der Stadt München, Karl Fiehler, in: Stadtarchiv München unter KA 623.
(165) Anlage zum oben genannten Schreiben mit der Weiterleitung an das Kulturamt vom 24.1.1935 und dem Ablagevermerk vom 25.3.1935. Ebenda.
(166) Fritz Wiedemann, *16.8.1891 in Augsburg, †17.1.1970 in Fuchsgrub. Militärische Ausbildung nach dem Abitur. Er war im Krieg im selben Infanterieregiment wie Hitler und lernte diesen dort kennen. Nach dem Ersten Weltkrieg als Landwirt tätig. Bereits

1921 bot Hitler Wiedemann die Leitung der SA an. Da Wiedemann aber in gesicherter wirtschaftlicher Stellung war, lehnte er ab. Erst 1933 wandte er sich aufgrund ökonomischer Probleme über Max Aman an Hitler mit der Bitte um eine Anstellung. Am 1.2.1934 trat er eine Adjutanturstelle bei Rudolf Heß an, wurde Mitglied der NSDAP und am 1.1.1935 persönlicher Adjutant Hitlers. Diese Gelegenheit nahm Fritz Koelle wahr und wandte sich an ihn, um seine Belange Hitler vorzutragen. Es ist auffällig, daß Koelle stets über Personalveränderungen, die ihm nutzen konnten, informiert war. Zu Fritz Wiedemann vgl. Hermann Weiß, 1998, S. 489.

(167) Ausstellungskatalog der Preußischen Akademie der Künste zu Berlin „Ausstellung Münchener Künstler" veranstaltet von der Preußischen Akademie der Künste in Gemeinschaft mit der Ausstellungsleitung München e.V., Mai bis Juni 1935. Auf S. 19 war Koelle unter den laufenden Nummern 170 und 171 mit dem „Hammermeister" und dem Bildnis „Der Walzmeister" vertreten. Sein „Betender Bergmann" war laut Koelles Aussagen abgelehnt worden.

(168) Schreiben Koelles an den Hauptmann a.D. Wiedemann, Adjutant des Führers, Berlin, vom 6.5.1935, in: Germanisches Nationalmuseum Nürnberg, Nachlaß Koelle mit der Signatur ZR ABK 602.

(169) Ebenda.

(170) Schreiben Fritz Koelles an Adolf Hitler vom 9.7.1935, in: Ebenda.

(171) Ebenda.

(172) Max Reinhard (Theater und Literatur), der unter der Leitung Hans Zöberleins mit Franz Adam (Musik und Film) und Hans Flüggen (Kunst, Kunstgewerbe und Mode) zum Team des erst im Juni 1934 errichteten Kulturamtes gehörte, übernahm nach dessen baldiger Auflösung im Spätsommer 1935, die aufgrund diverser Faktoren, unter anderem der zunehmenden Beschneidung kommunaler Selbstverwaltung und kultureller Eigenständigkeit, finanzieller Mängel und fehlender kulturpolitischer Konzeptionen und interner Querelen erfolgte, die auf rein bürokratische Verwaltung reduzierten Aufgaben der Leitung des Kulturamtes.

(173) Schreiben Fritz Koelles an Max Reinhard vom 31.10.1935, in: Stadtarchiv München unter BuR 1878.

(174) Schreiben Fritz Koelles an Oberbürgermeister Fiehler vom 18.7.1935, in: Germanisches Nationalmuseum Nürnberg unter NL-Koelle, ZR ABK 602.

(175) Brief vom 20.3.1926 von Elisabeth Koelle-Karmann aus St. Ingbert an ihren Mann: „Hast Du die Zeichnungen nachgezählt von Wolfer? Mir ist lieber die Zeichnungen sind wieder da – ich habe etwas anderes vor damit ..."

(176) Brief vom 17.3.1926 von Elisabeth Koelle-Karmann aus München an ihren Mann: „Sitzt Dir Wolfer?"

(177) Oskar Wolfer: „Der Bildhauer Fritz Koelle", in: Schwabenland, 2. Jg. 1935, Heft 9, S. 225-240, Zeitschrift für schwäbische Kultur und Heimatpflege. Herausgegeben vom Verband für Schwäbische Heimatpflege in Verbindung mit der Zeitschrift „Schwäbisches Museum", 11. Jg. Vgl. S. 231.

(178) Ebenda, S. 235.

(179) Ebenda, S. 236.

(180) bis (182) Ebenda, S. 240.

(183) Die Bronzestatue eines Wagenlenkers, sizilischen Ursprungs um 470 v. Chr. im Museum in Delphi, war für Fritz Koelle eine der von ihm meistgeschätzten antiken Bronzeplastiken (auch wegen der Gewandung). Er besaß laut Angaben des Sohnes, Fritz Koelle jun., eine Mappe mit acht Abbildungen dieses Wagenlenkers jeweils mit Paspartout gefaßt. Wahrscheinlich wurde dieser Wagenlenker nicht nur als Vorlage für den „Hochofenarbeiter", sondern dessen Kopfschmuck auch als Inspiration für Koelles Tänzerin um 1925 genutzt. Vgl. Abbildung (Frontansicht) in Propyläen Kunstgeschichte, 1967, Bd. 1,

Abb. 57; und Abbildung (Profilansicht) in: Walther-Herwig Schuchardt: Geschichte der Kunst, Berlin, 1940, Bd. I Altertum, S. 197.
(184) Ernst Kammerer: „Kunst der Bronze", in: „Die Kunst für Alle", Band 73, Heft 4, Januar 1936, S. 114.
(185) Ebenda, S. 96.
(186) Ebenda.
(187) Ebenda, S. 115.
(188) Ebenda.
(189) Ebenda.
(190) Ernst Kammerer: „Kunst der Bronze", in: Schleswig-Holsteinische Tageszeitung, Itzehoe, vom 16.1.1936.
(191) bis (194) Brief von Fritz Koelle, Hotel Kaiserhof, Berlin, an seine Frau vom 11.2.1936.
(195) Eine Abbildung des Adlers über dem Portal findet sich in: Ernst Kammerer, 1939, S. 48. Im Münchener Merkur Nr. 54 vom 23.2.1937 befindet sich eine Detailaufnahme des Gipsmodells, das die Redakteure in Koelles Atelier besichtigen konnten.
(196) Alle übrigen Tierbronzen Koelles sind durchweg Kleintierplastiken, die an der naturalistischen Gestaltungstradition des 19. Jahrhunderts ansetzen.
(197) Deutsche Arbeitsfront (DAF) in Berlin, der NSDAP angeschlossener 1933 gegründeter Verband, der der Reichsleitung durch Robert Ley unterstand. In ihm befanden sich die gleichgeschalteten Gewerkschaften des 1933 aufgelösten Allgemeinen Deutschen Gewerkschaftsbundes sowie die Arbeitgeberorganisationen „aller schaffenden Deutschen" propagandawirksam unter dem Motto: „Überwindung des Klassenkampfes durch Arbeitsfrieden". Die Betriebsräte wurden durch DAF-Funktionäre ersetzt. Die DAF zeichnete auch für die Freizeitgestaltung und Fortbildung der Arbeiterschaft verantwortlich unter anderem durch die NS-Gemeinschaft „Kraft durch Freude". Vgl. Hermann Weiß, 1998, S. 298f.
(198) Vgl. Josef Thorak, Abbildung: „Denkmal der Arbeit an der Reichsautobahn", Modell, in: Kunst im Dritten Reich, Jg. 9, 1939, Folge 1, S. 16., Text dazu: Folge 8/August 1939, S. 260.
(199) Vgl. Hans Breker „Bergmann" von 1941, in: ebenda, Jg. 5, 1941, Folge 8/9, S. 234.
(200) Abbildungen zur „Bereitschaft" vgl. in: Dominique Egret: Arno Breker – Ein Leben für das Schöne, Tübingen, 1996, Bildteil ohne Paginierung, Abb. 157–159.
(201) Vgl. dazu: Volker G. Probst (Hrsg.): Das Bildnis des Menschen im Werk von Arno Breker, Berlin, 1981, und ders.: Der Bildhauer Arno Breker, Bonn, 1978.
(202) Die Abbildung des „Oberschlesischen Bergmanns" findet sich in vgl. Anmerkung 200, Abb. 261.
(203) Zu Leben und Werk Brekers im Dritten Reich vgl. ebenda: Biographie, S. 17-35, und Bildteil Abb. 80 bis Abb. 282.
(204) Die Datierung von 1938, die sich in: Lothar Tank: Deutsche Plastik unserer Zeit, München, 1942, im „Raumbild" Nr. 25 mit den Angaben „Arbeiter" 1938, H. 1,20 m findet, ist eventuell eine Falschdatierung, da diese Figur überlebensgroß bereits 1923 für ein Ehrenmal der IG Farbenwerke in Hoechst gestaltet wurde, und der großen Arbeiterplastik ging ein kleines Modell voraus. Richard Scheibe schuf 1935 mit einer sich aus den Fesseln befreienden Frau „Befreite Saar" ebenfalls eine figurative Plastik zur Saarabstimmung, ebenda: Raumbild Nr. 26. Wegen dieses und anderer Aufträge im Dritten Reich und seiner Ausstellungspräsenz im Haus der Deutschen Kunst mit Exponaten, die die Affinität zum nationalsozialistischen Formenkanon nicht leugnen können, ist der Künstler heute nicht unumstritten.
(205) Wilhelm Rüdiger: „Plastisches Bildwerk – plastische Landschaft. Zu den ‚Künstlerköpfen' in der Ausstellung der Neuen Pinakothek in München". Zeitungsartikel ohne nähere Angaben, in: Koelle-Nachlaß, im Besitz des Sohnes, Fritz Koelle jun. Bei

der Präsentation handelte es sich um die Ausstellung „Münchener Landschaftsmalerei und Bildnisplastik", auf der Fritz Koelle laut Katalog auf S. 17 mit einem Selbstbildnis unter der Nr. 218 vertreten war.

(206) Münchener Neueste Nachrichten vom 20.6.1936: „Das Werk der Bildhauer – Zur Großen Münchener Kunstausstellung". Keine Angaben zum Verfasser, in: Koelle-Nachlaß, im Besitz des Sohnes, Fritz Koelle jun.

(207) Brief Elisabeth Koelle-Karmanns vom 30.3.1935 aus München an ihren Mann in London. Hierin erwähnte sie, daß Stadtrat Zwieseler aus Augsburg dort gern die Kollektivausstellung ausrichten würde, er nur in den Transportkosten ein Problem sehe. Dieses schien offensichtlich gelöst zu sein.

(208) und (209) Dr. Gr.: „Fritz Koelle, der Gestalter der Saar – Zur neuen Plastikausstellung an der Hallstraße", in: Neue Augsburger, ohne Datumsangabe (1936), in: Koelle-Nachlaß, im Besitz des Sohnes, Fritz Koelle jun.

(210) bis (213) k-r.: „Deutsche Meister der Gegenwart. Maler und Bildhauer aus dem Reich im Kunstverein zu Rostock", in: Rostocker Anzeiger Nr. 40, 6. Beiblatt vom 16.2.1936.

(214) Kunst und Leben: „Denkmäler der Arbeit". Zeitungsausschnitt ohne weitere Angaben, in: Koelle-Nachlaß, im Besitz des Sohnes, Fritz Koelle jun.

(215) Schriftverkehr der Amtsleitung der N.S. Kulturgemeinde e.V. Berlin (Ernst Wichert) mit der Direktion der Nationalgalerie (Eberhard Hanfstaengl) vom 4.11.1936 bis 4.1.1938, in: Staatliche Museen zu Berlin – Preußischer Kulturbesitz/Zentralarchiv der Nationalgalerie unter: Specialia 1, Bd. 38 – 3162/36.

(216) Mitteilungen in den Münchener Neuesten Nachrichten ohne nähere Angaben (Januar 1936). Darin wurde auch auf die bevorstehende Kollektivausstellung in Rostock im Februar 1936 hingewiesen. Der Hinweis auf Koelles Teilnahme an der internationalen Wanderausstellung wurde in diversen Zeitungen abgedruckt, dabei differierte die Anzahl der Exponate von 20 bis 30. Zeitungsausschnitte in: Koelle-Nachlaß, im Besitz des Sohnes, Fritz Koelle jun.

(217) Anfrage von Käte Eggert, Berlin, vom 29.11.1938 an die Nationalgalerie und deren Antwortschreiben vom 2.12.1938, in: Staatliche Museen zu Berlin – Preußischer Kulturbesitz/Zentralarchiv der Nationalgalerie unter: Specialia 40, Bd. I – 2093/38.

(218) W. Steger: „Berg- und Hüttenmann in plastischer Gestaltung. Neues von Fritz Koelle", in: Saarbrücker Landeszeitung Nr. 153 vom 7. Juni 1936, in: Stadtarchiv St. Ingbert.

(219) Zur Olympiade 1936 in Berlin vgl.: Ausstellungskatalog „Die Olympischen Spiele und der Nationalsozialismus", 24.5. bis 18.8.1996 in der Ehemaligen Staatlichen Kunsthalle (an der Gedächtniskirche), Berlin, 1996; und Bettina Güldner, Wolfgang Schuster: „Das Reichssportfeld", in: Ausstellungskatalog „Skulptur und Macht", Berlin, 1983, S. 37-60. Als Bildhauer für diese Anlage waren Karl Albiker, Willy Meller, Sepp Mages, Adolf Wamper, Max Laeuger, Arno Lehmann, Adolf Strübe, Arno Breker, Gustav Seitz, Georg Kolbe, Joseph Thorak, Waldemar Raemisch und Paul Wynand vertreten. Joseph Wakkerle gestaltete zwei 6 m hohe Rosseführer aus Muschelkalk.

(220) Horst Wessel, *9.10.1907 in Bielefeld, †23.2.1930 in Berlin. 1923 Mitglied des Wiking-Bundes. 1926 Eintritt in die NSDAP und SA sowie Beginn eines Jurastudiums in Berlin, das er 1929/30 abbrach. Seit 1929 führte er einen Sturmtrupp in Berlin-Friedrichshain, einem rein kommunistisch ausgerichteten Gebiet. Wessel genoß Goebbels Förderung. Rhetorisch gewandt und provokativ bei seinen propagandistischen SA-Aufmärschen vornehmlich in Gebieten der linken Arbeiterschaft. Eine private Auseinandersetzung mit seiner Vermieterin, einer Witwe eines KPD-Funktionärs, führte zu einem Vergeltungsschlag einiger kommunistischer Jugendlicher, an deren Verletzungsfolgen er starb. Goebbels stilisierte ihn daraufhin propagandawirksam zum politischen Helden, als den Koelle ihn modellierte: Jung, energisch mit markanten Gesichtszügen, zusammengepreßten Lippen, hoher Stirn und aufmerksamem, zielgerichtetem Blick. Zur Person Wes-

sels vgl. Hermann Weiß, 1998, S. 486f. Eine ganzseitige Abbildung von Koelles Portrait findet sich in: Kunst im Deutschen Reich, Folge 8/9, August/September 1940, auf S. 233, die im Rahmen der Ausstellungsbeschreibung der „Großen Deutschen Kunstausstellung 1940" in München zu sehen war, auf der Fritz Koelle die Büste erst einreichte.

(221) Rheinisch-Westfälische Zeitung, Essen, vom 27.2.1937, ohne nähere Angaben zum Verfasser: „Bildhauerpreis für Fritz Kölle". In dieser Kurzmeldung wird im Zusammenhang mit dem an Koelle verliehenen Westmarkpreis 1937 der Hinweis auf die Horst-Wessel-Büste gemacht.

(222) Von diesem Hitlerbildnis existiert lediglich ein technisch nicht reproduzierbares Foto im Besitz des Sohnes, Fritz Koelle jun.

(223) Adolf Hitler: „Mein Kampf", München, 1939, S. 401 (Erstauflage 1925/1927)

(224) Ebenda, S. 405.

(225) Ebenda, S. 406.

(226) Ebenda, S. 407.

(227) Jean Jacques Rousseau: Emile ou l'éducation, 1762, deutsch Paderborn, 1971, S. 733; zitiert in: Hildegard Westhoff-Krummacher „Als die Frauen noch sanft und engelsgleich waren", Ausstellungskatalog: Westfälisches Landesmuseum für Kunst und Kulturgeschichte, Münster, 1995, S. 38.

(228) Ders. S. 81, in ebenda: S. 38.

(229) Ders. S. 124 und S. 125, in ebenda: S. 184.

(230) Paul Schultze-Naumburg: „Nordische Schönheit", München/Berlin, 1937, S. 12.

(231) Ebenda, S. 9.

(232) Ebenda, S. 232.

(233) Ebenda, S. 139.

(234) Ebenda, S. 14.

(235) Ebenda, S. 11.

(236) Vgl. Joseph Wulf: Die Bildenden Künste im Dritten Reich, Gütersloh, 1963, S. 185f.

(237) Paul Schultze-Naumburg, 1937, S. 11. Zur Person Schultze-Naumburgs vgl. Hermann Weiß, 1998, S. 420f.

(238) Joachim Fest, Frankfurt, 1973³, S. 87, zitiert in: Klaus Backes: Hitler und die bildenden Künste, Köln, 1988, S. 43.

(239) Thomas Pulle: Der Mythos der Nibelungen, in: Ausstellungskatalog Kunst und Diktatur, im Künstlerhaus Wien, Wien, 1994, Bd. 2, S. 521f.

(240) Vgl. u.a. Das Nibelungenlied im Auszuge, Deutsche Schulausgaben, Bd. 15, von Dr. Gustav Legerlotz (Hrsg.), mit Abbildungen nach Gemälden von Schnorr von Carolsfeld, Bielefeld, 1922.

(241) Anläßlich der Grundsteinlegung zum Haus der Deutschen Kunst am 15.10.1933 und dem damit eingeführten „Tag der Deutschen Kunst" fand ein Festzug unter dem Motto „Glanzzeiten Deutscher Kultur" statt, oder der Monumentalumzug zur Eröffnung des Hauses der Deutschen Kunst am 18.7.1937 stand unter der Devise „2000 Jahre Deutsche Kultur" mit den historischen Komplexen/Wagen der germanischen, der romanischen und gotischen Zeit, der Renaissance, des Barocks und der Klassik und Romantik sowie der Neuzeit, die dem Dritten Reich huldigte. Diese bis 1939 durchgeführten Festzüge orientierten sich immer wieder an der gleichen thematischen Struktur. Vgl. Münchner Stadtmuseum, 1993, S. 342-348.

(242) Hitlers Rede zur Eröffnung der „Großen Deutschen Kunstausstellung" 1937, abgedruckt in: Peter-Klaus Schuster, 1987, S. 251.

(243) und (244) Ebenda, S. 252.

(245) Zum Kulturbolschewismus vgl. Adolf Hitler, 1939, S. 256.

(246) R. Sch.: Eigener Bericht des Völkischen Beobachters: „Der Westmarkpreis 1937 vergeben", in: Saarbrücker Zeitung, 61. Ausgabe vom 2. März 1937.

(247) Dr. Hans Laber: „Fritz Koelle, der Träger des Westmarkpreises. Ein Künstlerleben in Zechen und Gruben an der Saar", in: Koelnische Volkszeitung, Köln, vom 28.2.1937.
(248) Rudolf Bornschein: „Plastische Formung des Arbeiters. Menschen der Saarlandschaft", in: NSZ Rheinfront vom 2.3.1937.
(249) N.N.: „Westmarkpreis 1937 für bildende Kunst: Bildhauer Fritz Koelle erhielt ihn", in: Saardeutsche Illustrierte Nr. 10 vom 11.3.1937, S. 23.
(250) Fritz Koelle aus einem Interview, zitiert in: Dr. Hans Laber: „Der Meister Deutscher Werkmannsplastik. Wir besuchen den Bildhauer Fritz Koelle in seinem Münchener Atelier", in: Neue Augsburger Zeitung Nr. 49 vom 27.2.1937.
(251) Hans Laber, ebenda.
(252) Fritz Koelle zitiert, ebenda.
(253) Fritz Koelle zitiert in: N.N.: „Das Denkmal des Arbeiters an der Saar. Der Bildhauer Fritz Koelle spricht über sein Werk", in: Saarbrücker Landeszeitung – Tag der schöpferischen Westmark. Beilage zum Tag der Westmarkpreisverleihung vom 11.3.1937.
(254) Gratulationsschreiben des Kulturamtsleiters Max Reinhard an Fritz Koelle vom 6.3.1937 mit dem Text: „Ich habe zu meiner Freude von der Verleihung des Westmark-Preises 1937 an Sie gelesen und beglückwünsche Sie zu diesem schönen und ehrlich verdienten Erfolg persönlich und im Namen des städt. Kulturamtes herzlich", in: Stadtarchiv München unter BuR 1878.
(255) Schreiben Koelles an den Leiter des Kulturamtes München, Reinhard, vom 12.3.1937, ebenda.
(256) Schreiben Koelles an das Städtische Kulturamt München, Rathaus, vom 15.3.1937, ebenda.
(257) Weiterleitung des oben genannten Schreibens an den Kunstbeirat und Beschluß vom 24.3.1937 durch die Leitung der Städtischen Galerien vom 6.4.1937, ebenda. In dieser Sitzung des Kunstbeirats vom 24.3.1937 und den nachfolgenden wurde vom Leiter der Städtischen Galerien, Franz Hofmann, eine Reihe von Kunstwerken präsentiert, deren Aussonderung beschlossen wurde: „Ausgesondert werden nach diesem Beschluß 255 Kunstgegenstände mit 247 Bilderrahmen im Buchwerte von zusammen 97.883 RM." Aus Akte Kunstbeirat im Archiv der Städtischen Galerie, zitiert in: Peter-Klaus Schuster, 1987, S. 275. Ein Teil dieser Kunstwerke wurde in der Ausstellung „Entartete Kunst" vom 19.7.1937 bis 30.11.1937 gezeigt, so zum Beispiel auch das Gemälde „Ostern" von Elisabeth Koelle-Karmanns Lehrer Karl Caspar. Etwa die Hälfte der ausgeschlossenen Maler gehörten der „Münchener Neuen Secession" oder den „Juryfreien" an.
(258) Aktennotizen des Kulturamtsleiters Reinhard mit Weitergabe an die Leitung der Städtischen Galerien vom 17.4.1937, in: Stadtarchiv München unter BuR 1878.
(259) „Niederschrift über die Sitzung der Beiräte für Angelegenheiten der bildenden Künste am 26. April 1937 in der Städt. Galerie", in: ebenda unter KA 98. Dieses Horst-Wessel-Bildnis befindet sich heute in der Oberfinanzdirektion München und gehört zur Sammlung „Haus der Deutschen Kunst", die alle Kunstgegenstände umfaßt, die bei den „Großen Kunstausstellungen" im Haus der Deutschen Kunst in München zwischen 1937 und 1944 ausgestellt waren und von der damaligen Reichskanzlei erworben wurden. Sie ist laut schriftlicher Mitteilung an Fritz Koelle jun. vom 9.2.1994 unter Fritz Koelle Mü.-Nr. 11975 „Kopf eines jungen Mannes", Bronze auf Mamorbasis, archiviert.
(260) Vormerkungen des Kulturamtsleiters Reinhard für die nächste Kunstbeiratssitzung, ohne Datum (Juli 1937), in: Stadtarchiv München unter BuR 1878.
(261) Die Jury unter der Leitung des Präsidenten der Reichskammer der bildenden Künste, Malers und Münchener Akademieprofessors Adolf Ziegler, setzte sich unter anderem zusammen aus dem Bildhauer und Akademieprofessor Josef Wackerle, dem Maler und Vorsitzenden des Vereins bildender Münchner Künstler „Secession" Conrad Hammel,

der Witwe des Architekten Paul Ludwig Troost (der den Entwurf zum Haus der Deutschen Kunst geliefert hatte), Professor Gerdy Troost, den Bildhauern Karl Albiker und Arno Breker, dem Zeichner und Reichsbeauftragten für künstlerische Formgebung Hans Schweitzer (Mjölnir) und dem Wiener Maler Rudolf Hermann Eisenmenger.

(262) Zu diesem Auswahlverfahren vgl. David Clay Large, 1998, S. 341f.; Lynn H. Nicholas: Der Raub der Europa – Das Schicksal europäischer Kunstwerke im Dritten Reich, München, 1995, S. 26ff.; und Mario-Andreas von Lüttichau: „Deutsche Kunst" und „Entartete Kunst" in: Peter-Klaus Schuster, 1987, S. 92ff.

(263) Offizieller Ausstellungskatalog der Großen Deutschen Kunstausstellung 1937 im Haus der Deutschen Kunst zu München vom 18. Juli bis 31. Oktober 1937, auf S. 55 war Fritz Koelle unter den laufenden Nummern 400 bis 402 vertreten.

(264) Hitler in seiner Eröffnungsrede: „Als ... der Grundstein für dieses Haus gelegt wurde, sollte damit der Bau eines Tempels beginnen nicht für eine sogenannte moderne – sondern für eine wahre und ewige deutsche Kunst, d.h. noch besser: Ein Haus für die Kunst des deutschen Volkes ... Es muß daher ein Künstler, der damit rechnet, in diesem Haus zur Ausstellung zu kommen oder überhaupt noch in Zukunft in Deutschland aufzutreten, über ein Können verfügen", in: Peter-Klaus Schuster, 1987, S. 246 und S. 250. Fritz Koelle mußte in den Augen der Auswahljury über dieses „Können" verfügen, denn er stellte alljährlich bis 1944 im Haus der Deutschen Kunst aus.
Zu Hitlers Eröffnungsrede vgl. auch Anmerkungen 242 bis 244.

(265) Goebbels hatte bereits vorher versucht, eine Ausstellung der „Verfallskunst seit 1910 in deutschen Museen" für Berlin aufzustellen, scheiterte aber aufgrund von Kompetenzstreitigkeiten zwischen den einzelnen Abteilungen seines Propagandaministeriums und wohl auch am Widerstand einiger Museumsdirektoren.

(266) Amtlicher Katalog der Münchener Jahresausstellung 1937, Neue Pinakothek München, August bis November, Abbildung des „Bergmanns mit Beil" auf S. 59.

(267) Schreiben Koelles an Oberbürgermeister Karl Fiehler vom 14.9.1937, in: Stadtarchiv München unter BuR 1878.

(268) Ebenda.

(269) Ebenda.

(270) Ebenda.

(271) Schreiben Koelles an den Leiter des Kulturamtes, Max Reinhard, vom 8.11.1937, in: Stadtarchiv München unter BuR 1878.

(272) Das Jahr 1937 war für Koelle von großer Ausstellungsaktivität geprägt:
1. „Münchener Jahresausstellung" in der Neuen Pinakothek von August bis Oktober.
2. „Schönheit der Arbeit und Die Arbeit in der Kunst" im Ausstellungspark München Halle III von Oktober bis November.
3. „Junge Deutsche Bildhauer" in der Mannheimer Kunsthalle im Sommer 1937.
4. „Große Deutsche Kunstausstellung" im Haus der Deutschen Kunst in München von Juli bis Oktober.
5. „Sonderausstellung Fritz Koelle" im Saarland-Museum (Marktpassage St. Johann), Oktober 1937.
6. Laut Pressebericht der Saarbrücker Landeszeitung vom 9.10.1937 war Koelle auch auf der Weltausstellung in Paris vertreten.

(273) und (274) Vgl. Anmerkung 271.

(275) A.D.: „Fritz Koelle: Der Bildner des schaffenden Menschen. Eröffnung einer Ausstellung im Saarbrücker Heimatmuseum", in: Saarbrücker Landeszeitung vom 12. Oktober 1937.

(276) F.J.: „Die Koelle-Ausstellung in Saarbrücken", in: Saarbrücker Zeitung vom 12.10.1937.

(277) und (278) Vgl. Anmerkung 275.

(279) Die Abbildung der Hitlerbüste befindet sich in der Saarbrücker Zeitung vom 12.10.1937 in einer Aufnahme von Erich Göhring, Saarbrücken.
(280) Koelle zitiert in: Neue Augsburger Zeitung, Nr. 49 vom 27.2.1937, vgl. Anmerkung 250.
(281) Vgl. Anmerkung 275.
(282) Schreiben des Kulturamtleiters Max Reinhard an Fritz Koelle vom 26.11.1937, in: Stadtarchiv München unter BuR 1878.
(283) Schreiben Fritz Koelles an Max Reinhard vom 29.11.1937, ebenda.
(284) und (285) ebenda.
(286) und (287) Schreiben Fritz Koelles an den Adjutanten des Führers, Hauptmann a.D. Fritz Wiedemann, Reichskanzlei Berlin, vom 28.11.1937, ebenda.
(288) Kurzes Schreiben Wiedemanns an Oberbürgermeister Fiehler vom 7.12.1937 mit Koelles Schreiben als Anlage, ebenda.
(289) Schreiben Max Reinhards an Oberbürgermeister Fiehler vom 3.12.1937, ebenda.
(290) Schreiben des Kulturamtleiters Max Reinhard an Fritz Koelle vom 15.12.1937, ebenda.
(291) Aktenvermerk des Kulturamtes an die Leitung der städtischen Galerien und deren Antwort vom 24.2.1938, ebenda.
(292) Józef Pilsudski, *5.12.1867 in Zulów bei Wilna, †12.5.1935 in Warschau. Polnischer Politiker, der 1892 Mitbegründer der Polnischen Sozialistischen Partei (PPS) war. Kämpfte gegen die russische Herrschaft und um die Unabhängigkeit Polens, was ihm unter anderem beim polnischen Volk den Ruf eines „Staatshelden" und bis 1922 die Position eines „Staatschefs" einbrachte. Er erwirkte 1934 einen Nichtangriffsvertrag mit dem Deutschen Reich, der später von Hitler ignoriert wurde.
(293) Völkischer Beobachter – Norddeutsche Ausgabe, Nr. 116 vom 26. April 1938. Die im Text beschriebene Seite wurde am 16. Mai 1938 im Kulturamt in den Akt „Fritz Koelle" aufgenommen, in: Stadtarchiv München unter BuR 1878.
(294) „Die Kunst im Dritten Reich": Illustrierte Monatsschrift für freie und angewandte Kunst. Die offizielle Kunstzeitschrift des Reichs, die im Januar 1937 gegründet und vom Beauftragten des Führers für die gesamte geistige und weltanschauliche Erziehung der NSDAP, Alfred Rosenberg, herausgegeben wurde. Ab Folge 9/1939 wurde sie umbenannt in „Die Kunst im Deutschen Reich". Nach der Folge 8-9/1944 erschienen kriegsbedingt keine weiteren Ausgaben so wie auch 1944 die letzte „Große Deutsche Kunstausstellung" im Haus der Deutschen Kunst stattfand, die in dieser Zeitschrift ihr Forum hatte, in dem etwa 30% der insgesamt 2700 Kunstabbildungen aus diesen Ausstellungen stammten. Vgl. Klaus Backes, 1988, unter KIDR.
(295) Werner Rittlich: „Situation unserer Plastik. Zur Ausstellung ‚Deutsche Plastik der Gegenwart' in Warschau", in: Die Kunst im Dritten Reich, Folge 4, April 1938, S. 102-109.
(296) Edgar Schindler: „Denkmale der Arbeit", in: Die Kunst im Dritten Reich, Folge 5, Mai 1938, S. 131-139. Dort waren die Bronzeplastiken von Koelle abgebildet: „Der Hammermeister" (S. 133), „Der Bergmann" (S. 134), später als „Saarbergmann" vor der Grube Reden in 3 m Größe aufgestellt, „Der Isarflößer" (S. 135) und der „Betende Bergmann" (S. 137). Koelles Werk wurde von Schindler auf den Seiten 138 und 139 entsprechend als Denkmal der Arbeit gewürdigt.
(297) Schreiben des Hochbauamtes, Dezernat 10 (Baudirektor Meitinger), an das städtische Kulturamt vom 15.8.1938, in: Stadtarchiv München unter BuR 1878.
(298) Vormerkung Max Reinhards an Oberbürgermeister Fiehler vom 26.10.1938, ebenda.
(299) Mitteilung Fiehlers ans Kulturamt vom 13.12.1938, ebenda.

(300) Katalog zur Münchener Kunstausstellung 1938 im Maximilianeum, Mai bis Oktober, S. 13 unter den laufenden Nummern 200 bis 202, jeweils ein „Lama", ein „Lämmchen" und ein „Junger Esel". Alle Bronzen stammen aus dem Jahr 1932.

(301) Grube Reden: Ihren Namen erhielt sie in Anlehnung an den preußischen Bergwerksminister Friedrich-Wilhelm Graf von Reden (1752 bis 1815). Ihr Beginn wird auf das Jahr 1847 datiert, als der erste Tiefschacht (Reden I) geteuft wurde. Weitere wurden niedergebracht, so daß es im Jahre 1914 fünf solcher Tagesschächte gab. 1935, nach der Rückgliederung des Saarlandes an das Deutsche Reich, wurde die Grube nach dem Besuch von Ministerpräsident Hermann Göring am 2.11.1935 zu einer Großschachtanlage mit einer täglichen Fördermenge von 7000 t Kohle bei einer Belegschaft von circa 4000 Bergleuten und zu einem „Musterbetrieb" nach den nationalsozialistischen Devisen „Gesunderhaltung der Gefolgschaft" und „Schönheit der Arbeit" ausgebaut. Und so weist das neu gestaltete und 1938 eingeweihte Zechenhaus eine Architektur auf, die der Ästhetik des Dritten Reichs verpflichtet war. Das großräumige, rechtwinklig angeordnete Zechenhaus, in dem unter anderem die Verwaltungs- und Büroräume, die Waschkaue und Umkleidehalle, Lampenstube, Kaffeeküche, Steigerstube und Lohnbüro untergebracht waren, übt äußerlich durch seine farblich abwechselnden roten und braunen Birkenfelder Klinker eine optische Anziehungskraft aus. Außer den Büroräumen wurden alle anderen Räumlichkeiten und Flure mit Mettlacher Kacheln verkleidet. In den sechziger Jahren bedingte die durch die Kohlenkrise ausgelöste Rationalisierung einen Zusammenschluß von zwölf Schachtanlagen zum Bergwerk Reden. Ende der achtziger Jahre waren dort circa 2500 Bergleute angelegt. Nach Entscheidung der Saarbergwerke AG nahm 1995 das Verbundbergwerk „Göttelborn-Reden" seinen Betrieb auf, so daß die Tagesanlagen der Grube Reden keine Verwendung mehr fanden und heute dem Verfall preisgegeben sind. Vgl. Armin Schmitt: Denkmäler saarländischer Industriekultur – Wegweiser zur Industriestraße Saar-Lor-Lux, herausgegeben vom Staatlichen Konservatoramt Saarbrücken, 1989, S. 127/128. Allerdings gibt es auch begrüßenswerte Bemühungen, die Tagesanlagen von Reden, zu denen auch einige wertvolle maschinentechnische Anlagen gehören, zu erhalten. Besonders die Forderung, „das historische Zechenhaus der Grube Reden in wesentlichen Teilen zu sichern und zu erhalten", ist zu unterstützen. „Zu den wesentlichen Teilen zählt auch das ‚Denkmal' des ‚Saarbergmannes'. Zechenhaus und Denkmal sind als Einheit zu begreifen." Delf Slotta: „Die Tagesanlagen der Schachtanlage Reden. Erfassung und Bewertung." Unveröffentlichtes Manuskript, Saarbrücken, 2000.
Das Ensemble Zechenhaus und Ehrenmal des „Saarbergmannes" von Fritz Koelle, das 1935/36 als Einheit geplant und ausgeführt wurde, ist für das Saarland das einzige relevante architekturgeschichtliche Dokument einer nationalsozialistisch ideologisierten Industriearchitektur und als Zeitzeugnis der Montanindustrie, die dieser Region ihr Gepräge gab, unverzichtbar. Vgl. dazu auch: Delf Slotta: „Bergwerk Reden – Erhalt der Dritten-Reichs-Architektur in der Diskussion", in: kultur forum saar, 8. Jg., Nr. 1/1995, S. 4.

(302) Eröffnungsrede des Vorstandsvorsitzenden der Saargruben-A.G., Generaldirektor Dr. Waechter, vom 10. Juli 1938, in: Der Saarbergmann – Werkzeitschrift der Saargruben-Aktiengesellschaft, Nr. 21, Jahrgang 4, Gruppe Ost, vom 29.7.1938, S. 4.

(303) N.N.: „Grube Reden dankt Hermann Göring. Ein Vorschlag des Ministerpräsidenten wurde zur Tat", in: Saarbrücker Zeitung vom 11. Juli 1938. Der Vorschlag von Ministerpräsident Göring, die Grube Reden zu einem „Musterbetrieb" nach den Devisen „Gesunderhaltung der Gefolgschaft" und „Schönheit der Arbeit" auszubauen, war programmatisch für die Nationalsozialisten: Innerhalb der NS-Gemeinschaft „Kraft durch Freude" wurde eigens das Amt „Schönheit der Arbeit" eingerichtet, mit dessen Hilfe die Ästhetisierung der Arbeitswelt vorgenommen werden sollte, eine Idee, die bereits im 19.

Jahrhundert aufgrund der negativen Auswirkungen der Industrialisierung entstanden war, aber erst von den Nationalsozialisten propagandistisch und praktisch umgesetzt wurde.

„Wer den Klassenkampf beseitigen wolle, müsse von der Arbeit und vom Schaffenden erst einmal den Vorwurf der Schmutzigkeit nehmen." Chup Friemert: Produktionsästhetik im Faschismus. Das Amt „Schönheit der Arbeit" von 1933 bis 1939, München, 1980, S. 191.

„Saubere Menschen im sauberen Betrieb. Dreck gehört oft zur Arbeit, aber nicht zum deutschen Arbeiter. Die Zeiten sind endgültig vorbei, in denen man den Arbeitern zumutete, sich in irgendeiner Ecke in einem Eimer oder einer unzulänglichen Waschvorrichtung zu waschen. Das Amt ‚Schönheit der Arbeit' hat in Zusammenarbeit mit der Industrie schöne und zweckmäßige Waschbrunnen und Waschrinnen geschaffen", in: Führer durch die Ausstellung „Schönheit der Arbeit und die Arbeit in der Kunst", München, 1937, S. 11f.

Darüber hinaus hatte das Reichsamt „Schönheit der Arbeit" in Berlin ein „Handbuch über Wasch- und Umkleideräume in gewerblichen Betrieben" herausgegeben. So war es verständlich, daß Hermann Göring gezielt die Waschkaue der Grube Reden bei seinem Besuch als einen für alle sichtbaren Schandfleck kritisierte, den es zu beseitigen galt. Darum war man bei der Einweihung des neuen Zechengebäudes darauf bedacht, den Stolz über die großzügigen modernen Wasch- und Umkleidemöglichkeiten besonders herauszustellen.

Albert Speer, als namentlicher Leiter des Amtes für „Schönheit und Arbeit", versprach den Produktions- und Arbeitsstätten ein neues Aussehen und eine völlig neue Industriearchitektur. Das Programm des Amtes reichte „von der Dorfverschönerung bis zur funktionalistischen Produktionsästhetik, von „Schönheit der Arbeit" im Bergbau ... bis zur architektonischen Gesamtgestaltung von Produktionsstätten". Peter Reichel: Der schöne Schein des Dritten Reiches, Frankfurt am Main, 1993, S. 236.

Die Grube Reden, mit ihrem neugestalteten Zechengebäude und ihrer Auszeichnung als NS-Musterbetrieb, war ein zutreffendes Beispiel für die Umsetzung dieser Programmatik.

„Der deutsche Arbeiter wird nicht über den Umweg schwächlicher Verbrüderungsszenen in den Rahmen der deutschen Volksgemeinschaft gehoben, sondern durch bewußtes Heben seiner sozialen und kulturellen Lage so lange, bis die schwerwiegenden Unterschiede als überbrückt gelten dürfen." Hitler in: Führer durch die Ausstellung „Schönheit der Arbeit", a.a.O., Vorwort.

Hitler machte deutlich, daß es den Nationalsozialisten in ihrer Strategie nicht um Klassenkampf ging – dieser wurde gewaltsam unterdrückt –, sondern um eine veränderte positive Rezeption der Arbeitswelt durch den Arbeiter und verbunden damit um die Entwicklung eines Wert-Bewußtseins für die Erhabenheit und Bedeutsamkeit seiner Arbeit, für den „Adel der Arbeit", ohne letztendlich die kapitalistische Arbeitssituation und die -verhältnisse zu verändern.

„Wir haben dem Schaffenden das Gefühl für die Würde und Bedeutung seiner Arbeit wiedergegeben." Robert Ley in: Führer durch die Ausstellung „Schönheit der Arbeit", a.a.O., Vorwort.

Unter diesem Gesichtspunkt hatte Koelle sich lange vor Beginn des Dritten Reichs entschlossen, seine Arbeiterplastiken zu gestalten: Realistisch ungeschönt, aber niemals würdelos, und zwar aus seinem ethischen Gefühl heraus. Und so wurde seine aktive Unterstützung der Nationalsozialisten bei ihren Aktionen „Schönheit der Arbeit" ob durch Teilnahme an ihren gleichnamigen Ausstellungen (vgl. Anmerkung 272) oder durch bildhauerische Gestaltungen, wie beim „Saarbergmann" der Grube Reden sicherlich aus diesem Gefühl heraus mitgetragen.

(304) N.N.: „Würdige Einweihungsfeier in Reden. Festtag für 4000 Bergleute", in: NSZ-Rheinfront vom 11. Juli 1938.
(305) Vgl. Jürgen Zänker: „Denkmäler für die ‚Opfer der Arbeit' – Gedenkstätten für Bergleute in Dortmund", in: Der Anschnitt, 44. Jg., 1992, Heft 5/6, S. 198-207.
(306) Vgl. Anmerkung 302.
(307) Zur Plastik des „Saarbergmanns" von Reden vgl. auch: Liselotte Kugler (Hrsg.): Industrie-Kunst-Touren, Historisches Museum Saar, Saarbrücken, 1996, S. 36ff.; und weitere Presseberichte:
H.: „Das neue Zechenhaus der Grube Reden", in: Saar- und Blies-Zeitung vom 9. Juli 1938.
N.N.: „Ein vorbildliches Zechenhaus – Einweihung und Denkmalsenthüllung auf Grube Reden", in: Saarbrücker Zeitung vom 9. Juli 1938.
N.N.: „Einweihung des Redener Zechenhauses ... Enthüllung des Ehrenmals der Toten des Saarbergbaues", in: Neunkirchener Zeitung vom 11. Juli 1938.
Abbildungen des Koelleschen Ehrenmals finden sich im Saarbrücker Bergmannskalender von 1939 auf S. 7 und von 1941 auf S. 70.
wsp.: „Antlitz der Arbeit", in: Schacht und Heim, Zeitschrift der Saarbergwerke AG, Saarbrücken, 2/1957, S. 16. Hier findet sich neben der Abbildung des „Saarbergmannes" eine Notiz einer nachfolgenden Koelle-Retrospektive im Museum der Stadt Homburg.
N.N.: „Dem Bergmann zur Ehr", in: ebenda 3/1961, S. 2. Auch hier finden sich eine Wiedergabe des „Saarbergmannes" und ein Artikel über die Schenkung einer Koelle-Plastik an die Stadt St. Ingbert durch Franz-Josef Kohl-Weigand.
s.: „Berg- und Hüttenleute", in: ebenda 10/1962, o.S. In diesem Artikel werden alle im Saarland befindlichen Bronzeplastiken Fritz Koelles abgebildet und beschrieben.
(308) und (309) Lorenz Honold: „Maler und Bildhauer", in: Kölner Volkszeitung vom 31.8.1938.
(310) Dr. Hans Laber: „Künstlerische Weihegabe für die Vaterstadt: Ein Bildwerk von Fritz Koelle: ‚Augsburger Arbeiter'", in: Neue Augsburger Zeitung vom 3.9.1938.
(311) N.N.: „Tote Helden sehen der Lebenden Werk", in: Augsburger National-Zeitung vom 21.11.1938.
(312) N.N.: „Ein Zeichen unauslöschlicher Dankbarkeit – Feierliche Enthüllung des Gefallenenmales in der MAN", in: Neue Augsburger vom 21.11.1938.
(313) Augsburger National-Zeitung, vgl. Anmerkung 311.
(314) Ebenda.
(315) Diese Ledermappe befindet sich im Koelle-Nachlaß im Besitz des Sohnes, Fritz Koelle jun.
(316) Augsburger National-Zeitung, vgl. Anmerkung 311.
(317) Neue Augsburger, vgl. Anmerkung 312.
(318) Ebenda.
(319) Augsburger National-Zeitung, vgl. Anmerkung 311.
(320) Zur Handdarstellung in der Kunst vgl.: „la mano – Die Hand in der Skulptur des 20. Jahrhunderts", Ausstellungskatalog der Städtischen Museen Heilbronn, 1999.
(321) Abbildung des Isarflößers mit Untertitel, in: Stuttgarter Illustrierte vom 22.1.1939.
(322) Rudolf Bornschein: „Der Isarflößer", in: Rheinfront vom 21.12.1938.
(323) Die Abbildung des „Fischers von Ostende" (1890) findet sich in „Constantin Meunier", Ausstellungskatalog, Hamburg, 1998, S. 82.
(324) Schreiben des Kulturamtleiters Reinhard ans Stadtbauamt vom 19.7.1939, in: Stadtarchiv München unter BuR 1878.
(325) N.N.: „Isarflößer bekommen ein Denkmal", in: Rheinisch-Westfälische Zeitung, Morgen-Ausgabe, Essen, vom 6.5.1939.
(326) Brief von Fritz Koelle aus Karlsbad an seine Frau in St. Ingbert vom 14.3.1939.

(327) Ders., ebenda vom 19.3.1939.
(328) Am selben Tag, an dem Koelle in Karlsbad eintraf, beorderte Hitler in der Nacht vom 14. auf den 15. März 1939 den tschechischen Staatspräsidenten Dr. Hacha nach Berlin, um ihm mitzuteilen, daß deutsche Truppen bereits tschechisches Territorium überschritten hätten, und er zwang ihn, das Abkommen zur Angliederung des tschechischen Staatsgebietes als Protektorat ans Deutsche Reich zu unterzeichnen.
(329) bis (331) Brief von Fritz Koelle aus Karlsbad an seine Frau in St. Ingbert vom 19.3.1939.
(332) Brief von Fritz Koelle aus Karlsbad an seine Frau in München vom 24.3.1939.
(333) Karte von Fritz Koelle aus Karlsbad an seine Frau vom 3.4.1939.
(334) Brief von Fritz Koelle aus Karlsbad an seine Frau vom 20.3.1939.
(335) Brief von Fritz Koelle aus Karlsbad an seine Frau in St. Ingbert vom 14.3.1939.
(336) Brief von Fritz Koelle aus Karlsbad an seine Frau in St. Ingbert vom 19.3.1939.
(337) Brief von Fritz Koelle aus Karlsbad an seine Frau vom 24.3.1939.
(338) Brief von Fritz Koelle aus Karlsbad an seine Frau vom 29.3.1939.
(339) Brief von Fritz Koelle aus Karlsbad an seine Frau vom 20.3.1939.
(340) St. Joachimsthal: deutscher Name des auf böhmischer Seite des Erzgebirges gelegenen Ortes Jáchymov, 15 km von Karlsbad entfernt. Auf dem Gebiet des Dorfes Conradsgrün, wo bereits im 14. Jahrhundert Bergbau umging, gründete Graf Schlick 1516 St. Jochimsthal, das 1520 zur freien Bergstadt erhoben wurde und sich zur drittgrößten Stadt Böhmens nach Prag und Kuttenberg (Kutná Hora) entwickelte. Bekannt wurde die Stadt durch den „Joachimstaler", eine Silbermünze, die Graf Schlick von 1518 bis 1528 dort in so großen Mengen prägen ließ, daß sie für die Einführung und Namensgebung des „Talers" (und somit „Dollars") im internationalen Zahlungsverkehr „prägend" wurde. Im 17. Jahrhundert versiegten die Silbererzadern. St. Joachimsthal war seit dem 19. Jahrhundert auch Fund- und Abbauort von radiumhaltigen Uranerzen (Joachimsthaler Pechblende). Auf diesen Uranerzbergbau bezog sich Fritz Koelle ebenso wie auf die Funktion des Heilbades mit den stärksten auf der Erde bekannten radioaktiven Quellen mit 28 °C, die seit 1905 zu Heilzwecken genutzt wurden. Der Uranerzbergbau ist heute eingestellt. Vgl. Jens Kugler, Wolfgang Schreiber: „Das beste Ertz ... Eine bergbauhistorische Reise durch das sächsische Erzgebirge", Haltern, 1992.
(341) Brief von Fritz Koelle aus Karlsbad an seine Frau vom 24.3.1939.
(342) „Der erste Mann am Hochofen", Bronze, 2,35 m hoch, in: Ernst Kammerer, 1939, S. 67. Zwei Abbildungen finden sich auf S. 54 und 55.
(343) Hinweis auf diese Figur und deren Abbildung in: Schacht und Heim, Heft 10/1962, o.S.
(344) Katalog der Münchener Kunstausstellung im Maximilianeum, 1. Mai bis Oktober 1939, S. 15, Nr. 234 bis 237, 1. Abb. „Arbeiter" sich die Hemdsärmel aufkrempelnd.
(345) Im Katalog der großen Deutschen Kunstausstellung 1939 im Haus der Deutschen Kunst, München, finden sich auf S. 50 unter den laufenden Nummern 601 und 602 die beiden Koelle-Plastiken.
(346) bis (348) Brief von Fritz Koelle aus München an seine Frau in St. Ingbert vom 25.7.1939.
(349) N.N.: „Fritz Koelle", in: Westpfälzische Landeszeitung vom 18.8.1939 und deckungsgleicher Text aus einer nicht näher benannten Zeitung vom 20.8.1939, beides in: Stadtarchiv St. Ingbert.
(350) Fritz Mühlbrecht, *6.6.1880 in Berlin, deutscher Maler und Grafiker, studierte an der Münchener Akademie bei Ludwig Herterich und Franz von Stuck. Er lebte einige Jahre in Italien und war Koelle bei ihrer gemeinsamen Italienreise sicherlich ein fachkundiger Reisebegleiter. Vgl. Vollmer, 1992, Bd. 3, S. 435.

(351) Alle Kunstkarten im Koelle-Nachlaß im Germanischen Nationalmuseum in Nürnberg unter ZR ABK 602.
(352) Schreiben des Reichsministers und Chefs der Reichskanzlei Dr. Lammers an NSKK-Brigadeführer Albert Bormann, Berlin, vom 12. Januar 1940 (Blatt 352).
(353) Brief von Fritz Koelle an Adolf Hitler vom 16.1.1940 (Blatt 350).
(354) Schreiben der NSDAP-Reichsorganisationsleitung von Stabsleiter Simon, München, an den Adjutanten des Führers, Albert Bormann, in Berlin vom 29.2.1940 (Blatt 346).
(355) Schreiben des Stabsleiters Simon an Fritz Koelle vom 29.2.1940 (Blatt 347). Der Schriftverkehr der Anmerkungen 352 bis 355 befindet sich im Bundesarchiv, Abt. III, Berlin-Lichterfelde (ehemals Berlin Document Center, BDC), Akte: RKK K.295 Fritz Koelle unter den genannten Blättern.
(356) Ausstellungskatalog „Deutsche Bildhauer der Gegenwart" des Kunstvereins in Hamburg, Kunsthalle, Februar/März 1940, o. S.
(357) Brief von Fritz Koelle aus Karlsbad an seine Frau vom 26.2.1940, in: Koelle-Nachlaß im Besitz des Sohnes, Fritz Koelle jun.
(358) Brief von Fritz Koelle aus Karlsbad an seine Frau vom 2.3.1940, ebenda.
(359) Brief von Fritz Koelle aus Karlsbad an seine Frau vom 2.3.1940, ebenda.
(360) Brief von Fritz Koelle aus Karlsbad an seine Frau vom 2.3.1940, ebenda.
(361) Brief von Fritz Koelle aus Karlsbad an seine Frau vom 7.3.1940.
(362) Brief von Fritz Koelle aus Karlsbad an seine Frau vom 1.3.1940, in: Koelle-Nachlaß im Besitz des Sohnes, Fritz Koelle jun.
(363) Brief von Fritz Koelle aus Karlsbad an seine Frau vom 7.3.1940.
(364) Brief von Fritz Koelle an den Brigadeführer Albert Bormann in Berlin vom 20.3.1940 (Blatt 344).
(365) Ebenda.
(366) Es handelte sich um Heinrich Hoffmann, den Fotografen und Reichsberichterstatter sowie Verantwortlichen der Großen Deutschen Kunstausstellungen im Haus der Deutschen Kunst in München.
(367) „Raubstaat England": In den Bayerischen Staatsgemäldesammlungen ist eine Ausstellung mit diesem Titel nicht verzeichnet. Möglicherweise war es eine Ausstellung der Nationalsozialistischen Kulturgemeinde (in der der ehemalige „Kampfbund für deutsche Kultur" 1934 aufging, dessen Mitglied Fritz Koelle war), die Präsentationen wie „Ritter, Tod und Teufel", „Blut und Boden" und 1936 „Geformte Kraft", in der Fritz Koelle mit drei Bronzeplastiken vertreten war, bot. Der Tenor des Titels „Raubstaat England" würde sich mit den beiden erstgenannten decken.
(368) Brief von Fritz Koelle an den Adjutanten des Führers, Albert Bormann in Berlin vom 23.3.1940 (Blatt 342). Der Schriftverkehr der Anmerkungen 364, 365 und 368 befindet sich in: Vgl. Anmerkung 355.
(369) „Der Walzmeister", eine Abbildung dieser Bronzebüste befindet sich im nachfolgend genannten Katalog auf S. 68.
(370) Offizieller Ausstellungskatalog „Große Deutsche Kunstausstellung 1940" im Haus der Deutschen Kunst zu München, S. 53 unter den laufenden Nummern 625 bis 632.
(371) Brief von Fritz Koelle aus Karlsbad an seine Frau vom 20.2.1941, in: Koelle-Nachlaß im Besitz des Sohnes, Fritz Koelle jun.
(372) Ebenda.
(373) Brief von Fritz Koelle aus Karlsbad an seine Frau vom 28.2.1941.
(374) Brief von Fritz Koelle aus Karlsbad an seine Frau vom 2.3.1941, in: Koelle-Nachlaß im Besitz des Sohnes, Fritz Koelle jun.
(375) Katalog zur Kunstausstellung „Hilfswerk für deutsche Bildende Kunst in der NS-Wohlfahrt" in der Preußischen Akademie der Bildenden Künste Berlin, Januar/Februar 1941, S. 13 mit der Nr. 138.

(376) Katalog der Ausstellung „Kunstschaffen der Westmark" im Kunstverein Frankfurt am Main vom 6. bis 27. April 1941, S. 21 mit der Nr. 167 und Elisabeth Koelle-Karmann mit den laufenden Nummern 168 bis 173.
(377) Schreiben der NSDAP-Reichsleitung Berlin von Dr. Werner Rittlich an die Nationalgalerie vom 10.12.1941. Dieses Schreiben sowie die weitere Korrespondenz zu dieser Angelegenheit befinden sich in: Staatliche Museen zu Berlin – Preußischer Kulturbesitz/Zentralarchiv der Nationalgalerie unter: Specialia 1, Bd. 42 – 1476/41.
(378) Schreiben des Reichsministers für Wissenschaft, Erziehung und Volksbildung an die Nationalgalerie vom 16.6.1942, in: Ebenda, unter: Specialia 1, Bd. 43 – 833/42.
(379) Antwort von A. Paul Pescatore von der Nationalgalerie an das oben genannte Ministerium vom 18.6.1942, in: Ebenda.
(380) Dr. Werner Rittlich: „Kulturspiegel – Pressburg". Betrachtungen über eine Stadt anläßlich der Ausstellung „Deutsche Plastik der Gegenwart, in: Völkischer Beobachter Nr. 254 vom 11.9.1942.
(381) Ders.: „Deutsche Plastik der Gegenwart", in: Katalog zur gleichnamigen Ausstellung in der Slowakischen Universität Bratislava/Preßburg, September 1942, S. 10.
(382) Ders., ebenda, S. 11.
(383) Ebenda, S. 60. Koelle war mit dem „Bergmann vor der Einfahrt" und einer Bergmannsplastik aus Rudolf Schwarz' Besitz unter den laufenden Nummern 65 und 66 vertreten.
(384) Brief von Fritz Koelle aus Karlsbad an seine Frau vom 15.3.1942.
(385) Ebenda.
(386) Brief von Fritz Koelle aus München an seine Frau in St. Ingbert vom 2.8.1942.
(387) Ebenda.
(388) Ebenda.
(389) J. T. (Jan Tabor): „Junge Kunst im Deutschen Reich, Wien 1943", in: Katalog zur Ausstellung „Kunst und Diktatur", Wien, 1994, Bd. 2, S. 940f. Koelle als einen „harte NS-Kunst produzierenden Künstler" zu bezeichnen, zeugt von Verkennung der Sachlage, deckt sich aber mit der (nach-)lässigen Abfassung dieses Artikels.
(390) Brief von Fritz Koelle aus München an seine Frau in St. Ingbert vom 3.8.1943.
(391) Elias Holl, *28.2.1573 in Augsburg und dort †6.1.1646. Stadtbaumeister von Augsburg, der prachtvolle Profanbauten wie das Zeughaus, den Perlachturm und das Rathaus in einem aus spätgotischer Höhenvorliebe und italienischem Frühbarock kombinierten Baustil schuf und über die Grenzen Augsburgs hinaus die deutsche Architektur beeinflußte. Koelle verwandte in seiner Bildnisbüste beide „Stilelemente".
(392) Brief von Fritz Koelle aus München an seine Frau in St. Ingbert vom 5.8.1943.
(393) Doris Lieb: „Oft kamen sie selbst zu mir ins Atelier ... – Ein Atelierbesuch bei Fritz Koelle und seiner Gattin", in: Neue Augsburger/Augsburger Generalanzeiger Nr. 162 vom 14.7.1943.
(394) Offizieller Ausstellungskatalog „Große Deutsche Kunstausstellung 1944" im Haus der Deutschen Kunst zu München, S. 41 unter den laufenden Nummern 496 bis 500.
(395) Nada Kestercanek: „Ein Bericht aus München: Bericht über einen Besuch bei den Künstlern Fritz und Elisabeth Koelle", in: Neues Kroatien, Zagreb, Nr. 278 vom 30.12.1944, S. 5, in Übersetzung von Dr. Branco Sarvan von 11/1999 für die Verfasserin dieser Arbeit.
(396) Brief des Münchner Oberbürgermeisters Karl Fiehler an Fritz Koelle vom 9.2.1945, Stadtarchiv München unter BuR 1878.
(397) W.P.S.: „Zum 50. Geburtstag von Fritz Koelle", in: Völkischer Beobachter vom 9.2.1945.
(398) Ebenda.

(399) Pino Mlakar war Ballettmeister an der bayerischen Staatsoper in München von 1939 bis 1943 und von 1952 bis 1954. Vgl. Pia und Pino Mlakar: Unsterblicher Theatertanz – 300 Jahre Ballettgeschichte, Wilhelmshaven 1996.
(400) Vgl. Offizieller Ausstellungskatalog „Große Deutsche Kunstausstellung 1942 im Haus der Deutschen Kunst zu München", S. 45 unter der Lauf. Nr. 546 – Die Spitzentänzerin. Ders. 1944, S. 41 unter der Lauf. Nr. 497 Spitzentänzerin I.
(401) Vgl. Oskar Schlemmer: tanz theater bühne – Ausstellungskatalog der Kunstsammlung Düsseldorf 1994, besonders: Das Skizzenbuch „Tanz Figurine", S. 105 – 155 und „Das Triadische Ballett", S. 156 – 190.
(402) Eduard Beaucamp: „Das tanzende Bestiarium", in: Frankfurter Allgemeine Zeitung vom 21.1.1992.
(403) Karl-Joris Huysmans, zitiert nach: Musée d'Orsay – Führer, Paris 1987, S. 130.
(404) Ders., zitiert nach: Bernd Growe: Edgar Degas, Köln 1991, S. 77.
(405) Eduard Beaucamp 1992.
(406) Ders.: „Fleisch der Zivilisation", in: Die befragte Kunst, München 1988, S. 81.
(407) Ders.: 1992.
(408) Ernesto de Fiori, in: Der Querschnitt, 6/1926, S.495, zitiert nach: Beatrice Vierneisel: Ernesto de Fiori – Das plastische Werk 1911 – 1936, Berlin 1992, S. 158.
(409) Vgl. Der Tanz in der Kunst der letzten hundert Jahre – Ausstellungskatalog der Galerie Pels-Leusden, Berlin 1975, in dessen Auflistung sich internationale Künstler in Gemälden, Pastellen, Aquarellen, Handzeichnungen, Graphik und Plastik mit dem Thema Tanz auseinandersetzten.
(410) Vgl. Wolfgang Glüber: Frauendarstellungen in Elfenbein vom Jugendstil bis Art Déco, hier: Die Tänzerin, S. 20 – 23, in: Wolfgang Glüber: Vom Jugendstil bis Art Déco – Schönheit in Elfenbein – Ausstellungskatalog des Deutschen Elfenbeinmuseums Erbach 1998.
Zum „Ausdruckstanz" vgl. auch: Hedwig Müller, Patricia Stöckemann: „...jeder Mensch ist ein Tänzer." Gießen 1993, S.7-54 – Ausstellungskatalog der Akademie der Künste Berlin 1993.
(411) Vgl. Giselher Spitzer: Naturismus und Sportkleidung – Ideen- und Sozialgeschichtliche Aspekte, in: Sportswaer – Zur Geschichte und Entwicklung der Sportkleidung – Ausstellungskatalog des Deutschen Textilmuseums Krefeld 1992, S. 30ff.
(412) Vgl. John Schikowskis Äußerungen zur unterschiedlichen Rezeption des Nackttanzes: „Während der eigentliche Nackttanz ‚künstlerisch wirken' kann, ‚die Nudität, d.h. der raffinierte Reiz des Halbverhüllten, kann es nie ...Wo ... die teilweise Entblößung bewußte Spekulation auf die sexuellen Instinkte der Zuschauer bedeutet, ist schärfste Abwehr geboten'." John Schikowski: Der neue Tanz, Berlin, o.J. (evtl. 1924), S. 31, zitiert nach: Wolfgang Glüber 1998, S. 30.
(413) Vgl. Abbildung und Katalogbeitrag zu Ludwig Walter (*1890 in Erbach und dort †1972) und seiner nach 1927 geschaffenen „Nackten Tänzerin", in: Wolfgang Glüber 1998, S. 54 und 55.
(414) Hans Panzer, *1892 in München, dort †1965, arbeitete als Bildhauer, Zeichner und schuf Kunsthandwerkliches. Er besuchte die Fachschule für Holzbildhauerei in München, machte ab 1908 eine Bildhauerlehre im Atelier des Bildhauers Joseph Floßmann. Nach dem Krieg war er bis 1924 Schüler an der Kunstgewerbeschule bei Josef Wackerle und an der Münchner Kunstakademie bei Hermann Hahn (in der gleichen Zeit wie Fritz Koelle). Von 1934 bis 1957 hatte er eine Professur an der Meisterschule für Kunsthandwerker in München inne. Nach: Gerhard Finckh: Ausgewählte Künstlerbiographien, in: Christoph Stölzl (Hrsg.): Die Zwanziger Jahre in München – Ausstellungskatalog des Münchner Stadtmuseums, München 1979, S. 759.
(415) Helga Schmoll gen. Eisenwerth: Ebenda, S. 370.

(416) Vgl. Fotodokumente zu Sent M'Ahesa in: Maria Anczykowski (Hrsg.): Bernhard Hoetger – Skulptur, Malerei, Design, Architektur – Ausstellungskatalog der Kunstsammlungen Böttcherstraße Bremen 1998, S. 34 – 36.

(417) Vgl. Ausstellungskatalog der Galerie Pels-Leusden, Berlin 1976; und Christine Farese-Sperken: Der Tanz als Motiv der Bildenden Kunst des 20. Jahrhunderts, Hagen 1969.

(418) Ruth St. Denise, *20.1.1887 in Newark (N.J.), †21.7.1968 in Los Angeles-Hollywood. Eigentlich Ruth Denis, ursprünglich Schauspielerin, gab 1906 ihr Debüt als Tänzerin. Gründete 1915 mit ihrem Mann Ted Shawn, von dem sie sich 1932 trennte, die Denishawn School, die zum Mittelpunkt des modernen Tanzes in den USA wurde. Später widmete sie sich dem religiösen Tanz. Nach: Meyers Enzyklopädisches Lexikon, Mannheim 1977, Bd. 20, S. 575. Zu Ruth St. Denise vgl. auch: Hedwig Müller, Patricia Stöckemann 1993, S. 26.

(419) Ted Shawn, *21.10.1891 in Kansas City (Missouri), †9.1.1972 in Orlando (Fla.). Amerikanischer Tänzer, Choreograph und Tanzpädagoge. Er gründete mit seiner Frau Ruth St. Denise die Denishawn School, in der u.a. Martha Graham und Doris Humphrey ausgebildet wurden. Nach der Trennung von seiner Frau widmete er sich dem Unterricht eines besonderen Männertanzes, rief 1933 das Jacob's Pillow Dance Festival in Lee/Mass. ins Leben und führte es zu internationalem Rang. Vgl. Meyers, 1977, Bd. 21, S. 653.

(420) Josephine Baker, *3.6.1906 in St. Louis (USA), †12.4.1975 in Paris. Tochter einer Schwarzen und eines Spaniers. Französische Revuetänzerin und Sängerin. Sie kam 1925 nach Paris, wo sie mit der Tanztruppe „Black-birds", die sich später in „La Revue Nègre" umbenannte, ihren internationalen Erfolg begründete. Sie drehte diverse Filme und zeigte ihr Talent als Chansonsängerin. Im Zweiten Weltkrieg war sie Mitglied der französischen Résistance. Sie setzte sich für die Gleichberechtigung der Rassen ein, indem sie mehrere Kinder unterschiedlicher Rassen adoptierte. Vgl. Meyers, 1971, Bd. 3, S. 381. Vgl. auch: Julika Griem: „Zauber des Bananenrocks – Josephine Baker erobert Paris", in: Frankfurter Allgemeine Zeitung vom 9.12.1998.

(421) Paul Colin, *27.6.1892 in Nancy, lebte in Paris als Maler, Graphiker, Karikaturist. War auch als Plakatgestalter und Bühnenbildner tätig und leitete eine freie Akademie. Vgl. Vollmer, 1992, Bd. 1, S. 461. Vgl. auch: Julika Griem 1998.

(422) David Clay Large, 1998, S. 266. Vgl. auch: Winfried Nerdinger: Die „Kunststadt" München, in: Christoph Stölzl (Hrsg.) 1979, S. 102.

(423) Isadora Duncan, *27.5.1878 in San Francisco, †verunglückt 14.9.1927 in Nizza. Als Tänzerin engagierte sie sich für einen „natürlichen" Ausdruckstanz, der von der griechischen Antike u.a. in Bewegung und Bekleidung (charakteristisch ist ihre Tunika) beeinflußt war. Als erste tanzte sie nach klassischer, nicht fürs Ballett komponierter Musik und wurde so zur Protagonistin des modernen sinfonischen Tanzes. Sie gründete mit ihrer Schwester Elisabeth (*1874 und †1948) in verschiedenen Ländern, in Deutschland ab 1904, Duncan-Schulen zur tänzerisch-gymnastischen Frühpädagogik. Nach: Meyers 1973, Bd.7, S. 309.

(424) Loïe Fuller, *15.1.1862 in Fullersburg (Illionois), †1.1.1928 in Paris, wo sie ab 1892 als Tänzerin die Folies-Bergères mit ihrem neuen, ausgefallenen Tanzstil eroberte. Den Körper mit üppigen, teils transparenten Seidenbahnen und -schleiern umgeben, angestrahlt von farbigem Licht (das elektrische Licht war erst kurz zuvor entwickelt worden), brachte sie bewegtes Licht und Farbe auf die Bühne und machte das Bewegungsmotiv zum „Dreh- und Angelpunkt" ihres Tanzes. 1900 auf der Weltausstellung unterhielt sie ihren eigenen Pavillion. Nach: Meyers 1973, Bd. 9, S. 531.

(425) Loïe Fuller: Fifteen Years of a Dancer's Life, London 1913, S. 33, zitiert nach: Frederic V. Grunfeld: Rodin, Berlin 1993, S. 494.

(426) Franz von Stuck, *1863 in Tettenweis, †1928 in München. Mit seinem Bronzerelief „Serpentinen-Tänzerinnen" von 1895 und seiner Bronze-Tänzerin von 1897 ließ sich Stuck von den Tanzvorführungen Loïe Fullers anregen. Vgl. Franziska Windt: Frühlings Erwachen in der Kunst um 1900 – Ausstellungskatalog des Hessischen Landesmuseums Darmstadt 1997, S. 58 – 61; und Jo-Anne Birnie Danzker (Hrsg.): Franz von Stuck – Die Sammlung des Museums Villa Stuck, München 1997, S. 172 u. 173.

(427) Jules Cherét, *31.5.1836 in Paris, †23.9.1932 in Nizza, Maler und Lithograph, der die Plakatkunst entscheidend beeinflußt hat. Auch von Loïe Fuller gestaltete er bedeutende Plakate in der Zeit zwischen 1893 und 1897. Vgl. Lexikon der Kunst, Freiburg 1987, Bd. 3, S. 174; Thieme/Becker, 1992, Bd. 5/6, S. 463f.; und Jo-Anne Birnie Danzker (Hrsg.): Loïe Fuller – Getanzter Jugendstil – Ausstellungskatalog des Museums Villa Stuck München 1995, S. 68ff und S. 160f.

(428) Raoul François Larche, *22.10.1860 in St. André-de-Cubzac, †2.6.1912 in Paris, nimmt mit seinen Bronzestatuetten (teils als Tischlampen gestaltet) und seiner Bronzefigur „Salome" aus der Zeit vor 1909 direkten Bezug auf Loïe Fuller und auf ihr 1895 geschaffenes Tanzdrama „Salome".
Vgl. Franziska Windt 1997, S. 96 und 97, und Jo-Anne Birnie Danzker (Hrsg.) 1995, S. 96ff und S. 162f.

(429) François-Rupert Carabin, *27.3.1862 in Zabern (Elsaß), †1932 in Straßburg, war als Gemmenschneider, Medailleur und (Holz-) Bildhauer tätig. Von Carabin existieren Kleinplastiken mit eindrucksvollen Bewegungsdarstellungen der gewandten Loïe Fuller aus den Jahren 1896/97. Vgl. Jo-Anne Birnie Danzker (Hrsg.) 1995, S. 106f. und S. 160; Eduard Beaucamp: „Verhexte Möbel", in: Frankfurter Allgemeine Zeitung vom 22.3.1993; und Christian v. Kageneck: „Schönheit stemmt Schrank", in: Rheinische Post vom 18.3.1993.

(430) Zur Person Loïe Fullers vgl. Jo-Anne Birnie Danzker (Hrsg.) 1995. Der Katalog gibt ebenfalls einen umfassenden Überblick über die durch Loïe Fuller inspirierten Künstler und Kunstwerke. Ein zeitgenössischer Bericht über Auftritte Loïe Fullers im Central Theater und im Bunten Theater in Berlin mit zwei Abbildungen zum Lilien- und Griechischen Tanz finden sich in: Moderne Kunst in Meisterholzschnitten – Nach Gemälden und Skulpturen berühmter Meister der Gegenwart, Berlin o.J. (ca. 1902), Bd. XVI unter der Rubrik Zick Zack XVI 13, versehen mit dem Kürzel J.G.A.

(431) Vgl. auch Marianne Lindhout: Tanz als beseelte Plastik, Plastik als beseelter Tanz, in: Maria Anczykowski (Hrsg.) 1998, S. 36 – 41; Wolfgang Glüber 1998, S. 20 – 23; und Frederic V. Grunfeld 1993, S. 492ff.

(432) Paul Gsell: Douze Aquarelles de Auguste Rodin, Paris 1920, S. 18, zitiert nach: Frederic V. Grunfeld 1993, S. 494.

(433) Vgl. dazu: Abbildungen Loïe Fullers im Garten des Hôtel Biron, in: Rainer Crone/Siegfried Salzmann: Rodin – Eros und Kreativität, München 1991, S. 56 und S. 200.

(434) Ruth St. Denise: An Unfinished Life, New York 1939, S.86, zitiert nach: Frederic V. Grunfeld 1993, S. 568.

(435) Isadora Duncan: My Life, New York 1927, S. 91, zitiert nach: Frederic V. Grunfeld 1993, S. 460. Vgl. auch Rainer Crone/Siegfried Salzmann 1991, S. 54f.

(436) Lady Kennet: Self Portrait of an Artist, London 1949, S. 43f., zitiert nach: Frederic V. Grunfeld 1993, S. 511.

(437) Auguste Rodin: Die Kunst – Gespräche des Meisters – Gesammelt von Paul Gsell, Zürich 1979, S. 114.
Vgl. auch: Auguste Rodin – 100 Zeichnungen und Aquarelle, Köln 1988, S. 15ff.
Vgl. auch: Otto Grauthoff: Rodin, Bielefeld 1911 (2.Aufl.), S. 108ff.

Vgl. auch: Günther Anders: Obdachlose Skulptur – Über Rodin, München 1994, S. 40f., und S. 102ff.

Vgl. auch: Rainer Crone/Siegfried Salzmann 1991, S. 200f. und S. 252.

(438) Vgl. Monique Laurent: Führer des Rodin-Museums Hôtel Biron, Paris 1992, S. 78f.

(439) Gesprächsprotokoll mit Koelles Schüler Jürgen von Woyski (*23.3.1929 in Stolp, †30.5.2000 in Dresden) vom 29.6.1998 in Hoyerswerda.

(440) Sergei Diaghilew, *31.3.1872 in der Kaserne Selischtschew/Nowgorod, †19.8.1929 in Venedig. Gründete 1909 mit einem Teil des Petersburger Kaiserlichen Balletts die „Ballets Russes", die in Paris und Monte Carlo stationiert waren. Auf der Grundlage des klassischen Balletts vereinte er in seinem ganzheitlichen Tanzkonzept bedeutende Choreographen wie Balanchine und Fokin, Autoren wie Cocteau, Komponisten wie Debussy, Prokofjew und Strawinski, bekannte Maler wie Leon Bakst, Matisse, Picasso und Utrillo und so berühmte Tänzer wie Serge Lifar, Anna Pawlowa und Waslaw Nijinsky. Nach Diaghilews Tod lösten sich die Ballets Russes auf. Doch alle neu gegründeten großen Ballettensembles wurden von ehemaligen Mitgliedern der Ballets Russes geleitet. Vgl. Meyers, 1971, Bd. 3, S. 419; und Bd. 6, S. 722. Zu den Ballets Russes vgl. Claudia Jeschke/ Ursel Berger/Birgit Zeidler (Hrsg.): Spiegelungen – Die Ballets Russes und die Künste, Berlin, 1997.

(441) Waslaw Nijinsky wurde zwischen 1888/89 und 1890 in Kiew geboren und kam 1907 als Tänzer zum Petersburger Marien-Theater ebenso wie seine Schwester Bronislawa Nijinsky. 1909 folgte er Diaghilew in die Ballets Russes und war bis 1913 durch seine körperliche Ausdrucksstärke und perfekte Technik die tänzerische Attraktion der Gruppe. Nijinsky soll ab 1919 in geistiger Umnachtung gelebt haben und starb im April 1950 in London. Vgl. Meyers, 1977, Bd. 17, S. 217.

Zur Person Waslaw Nijinskys vgl. Claudia Jeschke u.a. 1997.

Vgl. Ursel Berger: Georg Kolbe, Berlin 1990, S. 228ff.

Dies.: Figürliche Bildhauerei im Georg-Kolbe-Museum Berlin, Köln 1994, S. 37f.

Dies.: Georg Kolbe, München 1997, S. 107 und S. 119.

(442) Hedwig Müller/Patricia Stöckemann 1993, S. 28.

(443) Ursel Berger/Jörg Zutter (Hrsg.): Aristide Maillol, München1996 – Ausstellungskatalog des Georg-Kolbe-Museums Berlin, S. 155 und S. 218.

(444) Vgl. Karl-Heinz Brosthaus: Rodins expressive Tendenzen und die figürliche Plastik des 20. Jahrhunderts, in: Auguste Rodin: Die Bürger von Calais – Werk und Wirkung – Ausstellungskatalog des Skulpturenmuseums Glaskasten Marl 1998, S. 153f.

Vgl. auch: Alain Kirli: Rodin und seine Modelle: Der Skandal in: Rainer Crone/Siegfried Salzmann 1991, S. 215 und S. 252.

Vgl. auch: Frederic V. Grunfeld 1993, S. 666ff.

(445) Vgl. Beatrice Vierneisel 1992, S. 196.

(446) Sent M'Ahesa wurde 1893 in Riga als Elsa von Carlberg geboren, †1970. Sie lebte ab 1905 in Deutschland, wo sie in München Philosophie und Geschichte studierte und 1909 unter ihrem Künstlernamen Sent M'Ahesa im Künstlerhaus ihr Debüt als Tänzerin gab. Mit an ägyptische Tänze anklingende Aufführungen der „Lotusblume" und „Tanz der Isis" u.a. in entsprechender ägyptisch anmutender Kostümierung bewegte sie sich „ekkig, geometrisch abgezirkelt...genau wie wir sie auf altägyptischen Malereien und Reliefs finden." (Karl Ettlinger: „Sent M'Ahesa", in: Das Theater I, 1910, S. 372f., zitiert nach: Marianne Lindhout, in: Maria Anczykowski, 1998, S. 34).

„Je weniger Bewegung desto besser", meinte ein holländischer Kritiker. (Werumeus Bunning, J.W.F.: Dansen en Danseressen, Amsterdam 1926, S. 26 – 29, zitiert nach: Marianne Lindhout 1998, S. 35).

Ihren wohl letzten öffentlichen Tanz vollführte Sent M'Ahesa 1927 anläßlich der Eröffnung des „Kaffee Worpswede" einer Art Kunstgalerie von Bernhard Hoetger. Danach zog sie sich nach Berlin zu einem landwirtschaftlichen Studium zurück.

(447) Vgl. dazu Birgit Schulte (Hrsg.): Die Bildhauerin Milly Steger – Die Grenzen des Frauseins aufheben, Hagen 1998, S. 109 und S. 119.

(448) Dies., S. 165 – Hier finden sich Angaben zu Milly Stegers Ausstellungsbeteiligungen. Vgl. auch Ausstellungskatalog zur Herbstausstellung der Preußischen Akademie der Künste zu Berlin im November/Dezember 1927, S. 3, 51 und 52.

(449) Vgl. Anmerkung 447, S. 166.
Vgl. auch Einladung zur Eröffnung der Herbstausstellung am Sonntag, den 5. Oktober 1930 ins Schloß Bellevue in Berlin. Eingeladen hatte die Deutsche Kunstgemeinschaft. Hierin werden beide Künstler Koelle, München, und Steger, Berlin, genannt.

(450) Vgl. Anmerkung 447, S. 166.
Vgl. auch Ausstellungskatalog zur „I. Großen Deutschen Kunstausstellung 1937" im Haus der Deutschen Kunst zu München, S. 55.

(451) Vgl. dazu Ursel Berger 1994, S. 44f.
Ein Exemplar dieser 45 cm großen Tänzerin in goldfarbener Holzfassung befindet sich im Kunstmuseum Düsseldorf.

(452) Saharet war eine in Australien geborene Tänzerin. Sie begann ihre Karriere mit dreizehn Jahren in Sidney in einem Varieté-Theater. Sie kam über San Franzisko nach Europa. Lenbach nannte sie ihren „geistigen Vater", der durch seinen Einfluß „aus einem elementaren Naturtalent eine scharf charakterisierende, in jeder Bewegung der elastischen Glieder malerisch gestaltende Jüngerin der choreographischen Kunst machte", in: Moderne Kunst, o.J., ca. 1902, Bd. XVI, unter der Rubrik Zick Zack XVI 4, versehen mit dem Kürzel E.N. Im Bildteil XVI 24 befindet sich ein ganzseitiges Gemälde der „Saharet" von Ewald Thiel (*1855).

(453) Mary Wigman, *13.11.1886 in Hannover, †19.9.1973 in Berlin, mit richtigem Namen Marie Wiegmann. Arbeitete als Tänzerin, Choreographin und Pädagogin des reinen Ausdrckstanzes ohne historische oder etnologische Rückgriffe. 1920 gründete sie ihre erste Schule, der weitere folgten, in denen sie ihren „absoluten Tanz" vertrat. Auf ihren Tourneen durch Europa und Amerika präsentierte sie ihre eigenen, meist musiklosen oder nur schlagzeugbegleiteten Kreationen, oft auch ohne Zeitstruktur, so daß lediglich die rhythmischen Bewegungsabläufe der Tänzer sich zu einem Tanzbild formierten. Nach: Meyers 1979, Bd. 25, S. 355.

(454) Gret Palucca, *8.1.1902 in München, arbeitete als Tänzerin und Tanzpädagogin. Lernte von 1920 bis 1925 bei Mary Wigman. Sie wandte sich vom abstrakten Tanz dem modernen Ausdruckstanz zu. 1925 gründete sie ihre eigene Schule in Dresden. Sie gehört neben Mary Wigman zu den wichtigsten Vertretern des modernen Ausdruckstanzes. Nach: Meyers 1976, Bd. 18, S. 116.

(455) Werner Haftmann: Emil Nolde, Köln 1958, S. 68 „Kerzentänzerinnen" und S. 52 „Tanz um das goldene Kalb".

(456) Emil Nolde zitiert nach: Ingrid Brugger/Manfred Reuther (Hrsg.): Emil Nolde, Wien 1995 – Ausstellungskatalog des Kunstforums Bank Austria Wien 1995, ohne Seitenangabe, Katalogteil nach Abb. 192. Vgl. Abbildungen der Java-Tänzerin und der Birma-Tänzerin im Katalogteil unter 197 und 198.

(457) Abbildung „Tanzende Alte" 1920, in: Ernst Barlach – Stationen der Begegnung in Thüringen – Ausstellungskatalog der Akademie der Künste zu Berlin 1991, S. 67; und in: Hans-Werner Schmidt/Peter Thurmann (Hrsg.): Mehr als ich – Ernst Barlach – Ausstellungskatalog des Schleswig-Holsteinischen Kunstvereins in der Kunsthalle zu Kiel 1998, S. 79, vgl. auch S. 17.

Zu Barlachs expressionistischer Skulptur vgl. Anita Beloubeck-Hammer in: Jürgen Doppelstein: Ernst Barlach, Bildhauer, Zeichner, Graphiker, Schriftsteller, 1870 – 1938 – Ausstellungskatalog des Königlichen Museums für Schöne Künste in Antwerpen, Leipzig, Antwerpen 1995, S. 328 – 349.

(458) Abbildung zum Holzrelief „Der Tänzer" von 1923 in: Hans-Werner Schmidt 1998, S. 103, vgl. auch S. 17.

(459) Gesprächsprotokoll mit Koelles Schüler Jürgen von Woyski, 1998, vgl. Anmerkung 439.

(460) Vgl. Hedwig Müller/Patricia Stöckemann 1993, S. 115.

(461) Gustav Fischer-Klamt: „Rassengebundene Tanzerziehung", in: Deutsche Tanz-Zeitschrift, Berlin 1936, Jg. 1, H. 7, S. 141, zitiert nach: Hedwig Müller/Patricia Stöckemann 1993, S. 117.

(462) Werner Rittlich: „Die Werke der ‚Großen Deutschen Kunstausstellung 1942' im Hause der Deutschen Kunst in München", in: Die Kunst im Deutschen Reich, 1942, Jg. 6, Folge 8/9, S. 228.

(463) Nada Kestercanek, vgl. Anmerkung 395.

(464) Abbildung zur „Demut" (1944) von Arno Breker in: Dominique Egret, 1996, Katalogteil ohne Seitenangabe, Nr. 279.

IV. Die Nachkriegszeit 1945 bis 1949

(1) Handschriftliche „Aufstellung meiner Schadenerklärung" von Fritz Koelle vom 7.1.1945, in: Koelle-Nachlaß im Besitz des Sohnes, Fritz Koelle jun.
(2) Zwei Schreiben des Münchener Oberbürgermeisters Dr. Karl Scharnagl an das Staatsministerium für Unterricht und Kultus/Staatsminister Hipp vom 22.8.1945, in: Stadtarchiv München unter BuR 1878.
(3) Schreiben von Fritz Koelle an das städtische Kulturamt in München vom 30.8.1945, in: Ebenda.
(4) Vgl. Karl-Heinz Meißner, in: Peter-Klaus Schuster (Hrsg.): Die Kunststadt München 1937 – Nationalsozialismus und „Entartete Kunst", München, 1987, S. 47.
(5) Hermann Giesler (1898 bis 1987): „Durch Erlaß vom 21. Dezember 1939 setzte der ‚Führer und Reichskanzler' eine zentrale Planungsstelle für die städtebaulichen Maßnahmen in München ein und ernannte ‚Architekt Professor Hermann Giesler zum Generalbaurat für die Hauptstadt der Bewegung München'. Ausdrücklich wurde ‚Generalbaurat' Hermann Giesler Hitler direkt unterstellt ... Demnach hatte Giesler für München eine vergleichbare Position wie Speer für Berlin." Vgl. Hans-Peter Rasp: „Generalbaurat", in: Münchner Stadtmuseum, 1993, S. 307.
(6) Vgl. Anmerkung 3.
(7) Ebenda.
(8) Ebenda.
(9) Ebenda.
(10) Bestätigung des Kulturamtes (Dr. Schattenhofer) zur Vorlage bei der Gemeinde Grünwald vom 4.9.1945, in: Stadtarchiv München unter BuR 1878.
(11) Bestätigung der Bayerischen Staatsbibliothek München durch einen Herrn Wenninger vom 1.4.1946, daß Koelle das Atelier in der Kaulbachstraße überlassen wurde. Beglaubigte Abschrift vom 4.5.1945, in: Ebenda.
(12) Bestätigung der Polizei der Stadt München vom 11.3.1946, daß gegen Fritz Koelle „bei der ehemaligen Geheimen Staatspolizei München ein Sonderakt bestand. Über seine politische Einstellung ist hier nichts bekannt. Die Akten der Gestapo wurden vernichtet und sind deshalb nicht mehr greifbar." Gez. (MARR) Beglaubigte Abschrift vom 26.3.1946, in: Ebenda.
In beiden Fällen der Staatsbibliothek und des Polizeipräsidiums konnte auf keine schriftlichen Unterlagen zurückgegriffen werden, so daß zum Beispiel auch nicht ermittelt werden kann, was bei der Gestapo gegen Koelle vorlag.
(13) Request for preferring treatment vom Office of Military Gouvernment, Stadtkreis-Landkreis Munich, Detachment F-213, APO 403, US Army (Irving Sittler) vom 25.3.1946. Beglaubigte Abschrift vom 26.3.1946, in: Ebenda.
(14) Schreiben Koelles an den Oberbürgermeister der Stadt München, Karl Scharnagl, vom 29.3.1946, in: Ebenda.
(15) Antwortschreiben Scharnagls an Fritz Koelle vom 2.4.1946, in: Ebenda.
(16) Schreiben des Staatsministers für Sonderaufgaben, Schmitt, an den Staatsminister für Unterricht und Kultus, Dr. Fendt, in München vom 4.4.1946. Beglaubigte Abschrift vom 7.5.1946, in: Ebenda.
(17) Eidesstattliche Erklärung des Staatsarchivdirektors Dr. Solleder, Nürnberg, vom 6.4.1946, Abschrift in: Ebenda.
(18) Eidesstattliche Erklärung des Prokuristen der Lloydreisebüro GmbH, Generalvertretung für Bayern des Norddeutschen Lloyd Bremen in München, Hans Bisle, vom 27.5.1946. Beglaubigte Abschrift vom 6.9.1955, in: Koelle-Nachlaß im Besitz des Sohnes, Fritz Koelle jun.

(19) Ebenda.
(20) Eidesstattliche Erklärung von Fritz Koelle vom 28. Mai 1946, in: Ebenda.
(21) Hans Eckstein, der sich in diesem Artikel als der Verfechter der modernen Kunst darstellt, hatte sich im Dritten Reich mit Veröffentlichungen, die der Moderne eine Absage erteilten, einen Namen gemacht. Man vgl. nur das von ihm herausgegebene Werk. Hans Eckstein (Hrsg.): Künstler über Kunst, Ebenhausen bei München, 1938, besonders seine Einleitung, S. 7 bis S. 16.
(22) Ders.: „Kunst und Publikum", in: Hessische Nachrichten Nr. 62 vom 22.6.1946 mit folgenden Worten zu Fritz Koelle: „Auch das mörderische Kriegshandwerk war im ‚Haus der Deutschen Kunst' wie ein vergnüglicher, wenn auch nicht ganz ungefährlicher Sport dargestellt und ein Münchener Bildhauer (Koelle), Spezialist für Edelproletarier in monumentalen Bronzestatuen, machte aus einem Eisenhüttenmann einen pathetischen Theaterhelden; er machte wie einst Defregger die Tiroler Bauern, den Arbeiter salonfähig."
(23) Ders.: „Lehrer der Bildenden Künste? Bemerkungen zu einer internen Ausstellung im Bayer. Kultusministerium", in: Süddeutsche Zeitung Nr. 53 vom 2.7.1946.
(24) Ebenda.
(25) Ebenda.
(26) Ebenda.
(27) Toni Stadler: Vgl. Anmerkung II-47.
(28) Anton Hiller, *7.1.1893 in München, †20.4.1985. Hiller studierte wie Koelle bei Hermann Hahn an der Akademie der bildenden Künste in München von 1913 bis 1923. Danach war er freischaffend. Anton Hiller erhielt 1946 eine der an der Akademie zu besetzenden Bildhauerstellen als Professor. Seine Plastik, die von der figurativen Form ausging, entwickelte sich in den fünfziger Jahren zunehmend abstrakt bis hin zu kubisch vereinfachten Formen, zum Beispiel bei seiner „Großen Liegenden" von 1973. Zu Hiller vgl.: Helmut Friedel: Figürliche Plastik im Lenbachhaus 1830 – 1980, München, 1997, S. 49ff.
(29) Hans Eckstein, vgl. Anmerkung 23.
(30) Fritz Koelle: „Eidesstattliche Erklärung" zum Artikel in der Süddeutschen Zeitung Nr. 53 „Lehrer der bildenden Kunst", S. 1, vom 8.7.1946, in: Koelle-Nachlaß im Besitz des Sohnes, Fritz Koelle jun.
(31) Ebenda.
(32) Zu Toni Stadler und seiner „Großen Stehenden" vgl. Helmut Friedel, 1997, S. 82ff.
(33) Vgl. Anmerkung 30, S. 2.
(34) Ebenda.
(35) Ebenda S. 2 und 3.
(36) Ebenda S. 3.
(37) Ebenda.
(38) Ebenda.
(39) August Ulrich: „Unser Erster Mai" mit der Abbildung der Bronzeplastik „Der erste Mann vom Blockwalzwerk" (1939) von Fritz Koelle, in: Schwäbische Landeszeitung vom 30.4.1946, S. 3.
Curt Frenzel: „1. Mai: Furcht, Frieden, Freiheit" mit der Abbildung der Bronzeplastik „Der Bergmann" (1930) von Fritz Koelle, in: Schwäbische Landeszeitung/Augsburger Zeitung Nr. 34/35 vom 30.4.1947, Titelseite.
N.N.: „Gedanken zum 1. Mai", in: dies. Nr. 34, vom 30.4.1948 mit der Abbildung der Bronzeplastik „Schreitender Arbeiter mit Mütze" (1947) von Fritz Koelle.
(40) Gewerkschaftszeitung – Organ der Bayerischen Gewerkschaften, 3. Jg., München, Nr. 17, Erste September-Hälfte 1948, auf der Titelseite befand sich die Abbildung des „Bergmanns" (1930).
(41) got.: „Wiedersehen mit F. Koelle", in: Schwäbische Landeszeitung vom 9.11.1945.
(42) Fritz Koelle erhielt die Mitgliedsnummer 259706.

(43) Schreiben Koelles an den Zentralvorstand der SED in Berlin vom 1. September 1946, in: Stiftung Archiv der Parteien und Massenorganisationen der DDR im Bundesarchiv Koblenz (Berlin) unter NY 4090-545 (Nachlaß Otto Grotewohl), Bl. 1. Auf sowjetischen Druck fand am 21. und 22. April 1946 auf dem Vereinigungsparteitag der Zusammenschluß von KPD und SPD der sowjetischen Besatzungszone zur SED statt. Generalsekretär des Zentralkomitees (ZK) der SED war 1950 bis 1971 Walter Ulbricht.

(44) Begleitschreiben der Kommunistischen Partei – Landesbezirk Bayern, gez. i.A. Stadler an den Zentralvorstand der SED, Berlin, vom 4.9.1946, in: Ebenda, Bl. 2.

(45) Antwort der Abteilung Kultur und Erziehung der SED an die KPD – Landesbezirk Bayern vom 2.10.1946, in: Ebenda, Bl. 4.

(46) Alle zitierten Stellen stammen aus Koelles eidesstattlicher Erklärung an die KPD München vom 8.1.1947, die an die Abteilung Kultur und Erziehung der SED, Berlin, weitergeleitet wurde, in: Ebenda, Bl. 9 bis 13.

(47) Schreiben der KPD – Landesbezirk Bayern (i.A. Stadler) an die Abteilung Kultur und Erziehung der SED, Berlin, vom 10.1.1946, in: Ebenda, Bl. 5.

(48) Ebenda.

(49) Ebenda.

(50) Schreiben des ZK der SED, Abteilung Kultur und Erzeihung (Weimann) an die Landesleitung der KPD, München, vom 31.1.1947, in: Ebenda, Bl. 31.

(51) Antwortschreiben der KPD Bayern (Stadler) an die SED, Zentralsekretariat Abteilung Kultur und Erziehung in Berlin vom 14.2.1947, in: Ebenda, Bl. 32.

(52) Schreiben Koelles an Wilhelm Pieck und Otto Grotewohl vom 6.4.1947, in: Ebenda, Bl. 33.
Wilhelm Pieck, *3.1.1876 in Guben, †7.9.1960 in Berlin, war 1919 Mitbegründer der KPD. Von 1928 bis 1933 war er Mitglied des Reichstags. Ging 1933 bis 1945 in die Emigration erst nach Frankreich, dann in die Sowjetunion. 1943 war er Mitbegründer des „Nationalkomitees Freies Deutschland". 1946 bis 1954 war Wilhelm Pieck gemeinsam mit Otto Grotewohl Vorsitzender der SED. In dieser Funktion korrespondierte Koelle mit ihnen. Seit 1949 Mitglied des Politbüros der SED. Von 1949 bis 1960 war Pieck Präsident der am 7.10.1949 gegründeten DDR.
Otto Grotewohl, *11.3.1894 in Braunschweig, †21.9.1964 in Berlin. Gehörte ab 1912 der SPD an, ab 1918 der USPD und 1922 wieder der SPD. 1925 bis 1933 war auch er Mitglied des Reichstags (SPD), 1933 zweimal in Haft. 1945 Vorsitzender der SPD in der SBZ. 1946 bis 1950 Parteivorsitzender der SED (siehe oben). 1949 bis 1964 Mitglied des Politbüros der SED und Ministerpräsident der DDR, 1960 bis 1964 zugleich stellvertretender Vorsitzender des Staatsrats. Vgl. Günter Feist u.a. (Hrsg.): Kunstdokumentation SBZ/DDR 1945 – 1990, Museumspädagogischer Dienst Berlin, 1996.

(53) Auszug aus dem Protokoll Nr. 88 der Sitzung des Zentralsekretariats der SED vom 11.4.1947, in: Vgl. Anmerkung 43, Bl. 34.

(54) Schreiben Grotewohls an Fritz Koelle vom 21.4.1947, in: Ebenda, Bl. 36.
Paul Wandel, *16.2.1905 in Mannheim, †3.6.1995 in Berlin. Trat 1926 in die KPD ein und wurde Sekretär in der Bezirksleitung Baden. War Vorsitzender der KPD-Fraktion in Mannheim. Emigrierte wie Pieck 1933 bis 1945 in die Sowjetunion und war eine Zeit lang dessen persönlicher Referent. 1945 kehrte Wandel nach Berlin zurück, wo er von 1946 bis 1950 im Parteivorstand der SED war. 1945 bis 1949 war er Präsident der Zentralverwaltung für Volksbildung in der SBZ, und somit war er für Koelles Einstellung zuständig. Danach war Wandel bis 1952 Minister für Volksbildung und 1952/53 Leiter der Koordinierungs- und Kontrollstelle für Wissenschaft, Literatur und Kunst im Rang eines Ministers und blieb so auch bis 1953 für Koelle zuständig. Vgl. Günter Feist u.a. (Hrsg.), 1996.

(55) Schreiben Koelles an den Staatssekretär beim Kultusministerium in München, Dr. Sattler, vom 5.5.1947, in: Koelle-Nachlaß im Besitz des Sohnes, Fritz Koelle jun.

(56) Rechtsanwalt Dr. Franz Haus an den Staatssekretär des Bayerischen Staatsministeriums für Unterricht und Kultus, Dr. Dieter Sattler, München, vom 27.5.1947, in: Koelle-Nachlaß im Besitz des Sohnes, Fritz Koelle jun.
(57) Staatssekretär Sattler zitiert im Brief Koelles an diesen vom 4.6.1947, ebenda.
(58) Staatssekretär Sattler an Fritz Koelle vom 7.6.1947, in: Germanisches Nationalmuseum Nürnberg unter ABK, NL Koelle I, C 10.
(59) Schreiben Koelles an den Genossen Otto Grotewohl vom 7.5.1947, in: Vgl. Anmerkung 43, Bl. 42 und 43.
(60) Ebenda.
(61) Schreiben Koelles an Otto Grotewohl vom 8.5.1947, in: Ebenda Bl. 44.
(62) Schreiben Otto Grotewohls an Paul Wandel vom 7.5.1947, in: Ebenda Bl. 37.
(63) Schreiben Otto Grotewohls an Ludwig Ficker von der Landesleitung der KPD in München vom 7.5.1947, in: Ebenda Bl. 38 und 39.
(64) Schreiben des 2. Landesvorsitzenden der Landesleitung der KPD Bayerns, Ludwig Ficker, an Otto Grotewohl vom 30.5.1947, in: Ebenda Bl. 46.
(65) Schreiben Grotewohls an Ludwig Ficker vom 3.7.1947, in: Ebenda Bl. 47.
(66) Schreiben Ludwig Fickers an Otto Grotewohl vom 15.7.1947, in: Ebenda Bl. 48.
(67) Schreiben Koelles an Otto Grotewohl vom 24.7.1947, in: Ebenda Bl. 49.
(68) Mitteilung Grotewohls mit Kopie an Paul Wandel und Fritz Sperling vom 21.8.1947, in: Ebenda Bl. 50.
(69) Schreiben Koelles an Otto Grotewohl vom 26.8.1947, in: Ebenda Bl. 51 und 52.
(70) Ders. an Otto Grotewohl vom 31.8.1947, in: Ebenda Bl. 54 bis 59.
(71) Ebenda.
(72) Ebenda.
(73) Ebenda.
(74) Ebenda.
(75) Ebenda.
(76) Ebenda.
(77) Ebenda.
(78) Ebenda.
(79) N.N.: „Daten und Taten – Die Antwort eines Künstlers", in: Die Nation – Zeitschrift für Politik, Wirtschaft und Kultur, 1. Jg. März 1947, Nr. 1, S. 24 und 25. Im Vorwort des Herausgebers Hugo Ehrlich zum Erscheinen dieser Zeitschrift wird die sozialistische Ausrichtung, das „Endziel Sozialismus", ausdrücklich formuliert.
(80) Schreiben des Zentralsekretariats der SED an Fritz Koelle vom 8.9.1947, in: Vgl. Anmerkung 43, Bl. 60.
(81) Schreiben Koelles aus Berlin an Pieck und Grotewohl vom 18.3.1948, in: Ebenda Bl. 61.
(82) Schreiben Grotewohls an Koelle vom 2.4.1948, in: Ebenda Bl. 62.
(83) Schreiben Koelles an Grotewohl vom 7.10.1948, in: Ebenda Bl. 64 und 65.
(84) Ebenda.
(85) Schreiben Grotewohls an Koelle vom 16.10.1948, in: Ebenda Bl. 63.
(86) Dr. Philipp Auerbach, der Generalanwalt für Wiedergutmachung, begründete mit anderen 1949 als Gegengewicht zur „Vereinigung der Verfolgten des Naziregimes (VVN)", der man nachsagte, sie rekrutiere sich aus Kommunisten, den „Landesrat für Freiheit und Recht", dessen Mitglied er wurde ebenso wie Fritz Koelle.
(87) Dr. Philipp Auerbach: „Tag der Opfer des Faschismus 1949 – Aufruf zum Tag des Gedenkens an die Toten des KZ-Lagers Dachau", in: Süddeutsche Zeitung Nr. 107 vom 10.9.1949.
(88) Ebenda.

Ein textgleicher Aufruf Auerbachs befindet sich auch in: Münchner Merkur Nr. 107 vom 9.9.1949, dort war Koelles Plastik aber noch nicht abgebildet.

(89) Fritz Koelle hatte inzwischen eine Professur an der Staatlichen Kunsthochschule Dresden zum 1.5.1949 angenommen. Um die Entstehung des Denkmals als zusammenhängenden Komplex darzustellen, wird auf Koelles Berufung nach Dresden erst im Anschluß daran eingegangen.

(90) Vgl. Anmerkung 87 sowie Dr. Philipp Auerbach: „Stirb und werde", in: Die Abendzeitung Nr. 218 vom 9.9.1949.

(91) Auch bei diesem Hemd mit geöffnetem Brustbereich sind die Ränder aufgerollt, eine neue bildhauerische Attitüde Koelles, die er bei all seinen nachfolgenden Arbeiterfiguren verwendet.

(92) „Sterbende Mutter mit Kind", 1921, Gips oder Holz, von Bernhard Hoetger findet sich als Abbildung 11 in: Bernhard Hoetger, Ausstellungskatalog, Bremen, 1998, S. 62.

(93) „Revolutionsdenkmal", 1922, Porphyr, von Bernhard Hoetger findet sich als Abbildung in: Dieter Golücke: Bernhard Hoetger, Worpswede, 1988², S. 99.

(94) Detlef Hoffmann (Hrsg.): „Dachau", in: Das Gedächtnis der Dinge – KZ-Relikte und KZ-Denkmäler 1945 – 1995, Frankfurt am Main, 1998, S. 36 – 91.

(95) Der Gnadenstuhl beinhaltet eine im 12. Jahrhundert aufkommende Darstellung des stehenden oder sitzenden (thronenden) Gottvaters, der in seinem Schoß das Kreuz mit seinem gekreuzigten Sohn hält. Irgendwo zwischen ihnen befindet sich der Heilige Geist in Form einer Taube. Ab dem 13. Jahrhundert wird das Kreuz zunehmend zugunsten des Leichnams Christi aufgegeben. Der Begriff Gnadenstuhl geht auf ein Wort Luthers in seiner deutschen Bibelübersetzung zurück und wurde von Franz Xaver Kraus (1840 bis 1901) in seiner „Geschichte der christlichen Kunst" (zwei Bände 1895 – 1900) als Kennzeichnung des beschriebenen Bildtypus in die Kunstgeschichte aufgenommen. Vgl. Lexikon der Kunst, München, 1996 (dtv), Bd. 2, S. 775f.

(96) Hans Eckstein: „Wir greifen heraus", in: Süddeutsche Zeitung Nr. 116 vom 23.9.1949.

(97) r.: „Untersuchungen gegen Fritz Kölle", in: Süddeutsche Zeitung Nr. 134 vom 14.10.1949.

(98) Bayerisches Staatsministerium der Finanzen, München, an Koelle vom 29.8.1951. Vergleich über die von Dr. Auerbach in Auftrag gegebene, aber nicht übernommene Bronzegruppe „Inferno". Erhalt 10 000 Mark. In: Germanisches Nationalmuseum Nürnberg unter ABK, NL Koelle I, B 89.

(99) Die Abbildung des Denkmals mit zitiertem Untertitel in: Süddeutsche Zeitung im Bild Nr. 17 vom 29.4.1950.

(100) Mahnmal in Dachau: Abbildung mit Bildunterschrift in: Münchner Merkur vom 1.5.1950.

(101) Die Abbildung der Gedenkmedaille zum Preis von 20 DM ist zu finden in: E.-E. F.: „Die unsichtbaren Lager", in: Süddeutsche Zeitung Nr. 150 vom 2./3.7.1994, S. 7.

V. Die Zeit in der SBZ/DDR – 1949 bis 1953

(1) Briefwechsel zwischen Koelle und dem Stadtschulrat von Augsburg, Dr. Nübling, vom 21.3.1949 bis 30.5.1949, hier: Brief vom 21.4.1949 von Fritz Koelle an Dr. Nübling, in: Germanisches Nationalmuseum Nürnberg unter ABK, NL Koelle I, C 12.

(2) Mart Stam, *5.8.1899 als Martinus Adrianus Stam in Purmerend (Niederlande), †23.2.1986 in Soldach (Schweiz). Niederländischer Architekt, tätig in Rotterdam, Berlin, Zürich. Gastdozent 1928/29 am Bauhaus in Dessau. Bemerkenswert sind Stams Mitwirkung an der Weißenhofsiedlung in Stuttgart (1926 /27) und der Projektierung der Hellerhofsiedlung in Frankfurt am Main (1928/30). 1930 bis 1934 Aufenthalt und Planung mehrerer Städte in Rußland, das er enttäuscht verließ. 1934 bis 1948 versuchte Mart Stam, wieder in den Niederlanden Fuß zu fassen. Am 1.9.1939 wurde Mart Stam auf Anraten Willem Sandbergs zum Direktor der Amsterdamer Kunstgewerbeschule „Instituut voor Kunstnijverheidsonderwijs (IvKNO)" ernannt und behielt diesen Posten bis zum 14.3.1948, an dem er kündigte, um nach Dresden überzusiedeln, wo ihm auf Protektion des sächsischen Wirtschaftsministers Otto Falkenberg und dessen Frau Ida Falkenberg-Liefrinck, die Mart Stam aus seiner Jugendzeit kannte, 1948 die Neuorganisation der Hochschule für Werkkunst und der Akademie für bildende Künste als Leiter übertragen wurde. In dieser Funktion lernte Koelle Stam 1949 kennen und arbeitete gemeinsam mit ihm bis zum 1.5.1950, als Stam nach Berlin-Weißensee als Direktor der Hochschule für angewandte Kunst berufen wurde. Koelle folgte ihm auch dorthin. Mart Stam wurde am 22. September 1952 aus dem Dienst entlassen und kehrte am 1.1.1953 der DDR und dem Sozialismus zum zweiten Mal enttäuscht den Rücken und versuchte abermals, in Amsterdam Fuß zu fassen. 1966 siedelte Mart Stam nach schwerer Krankheit in die Schweiz über, wo er 1986 starb. Das Zusammentreffen Koelles mit Mart Stam war für den Bildhauer eine positive Ausgangslage an der Hochschule und eine günstige Arbeitsbedingung, da Stam ihm gut gesonnen war und aufgrund seiner liberalen Einstellung Koelle gewähren ließ, ihm bei vielen Ansprüchen entgegenkam und ihn von Parteiverpflichtungen fernhielt, da er sie selbst für die Hochschule nicht akzeptieren wollte.

Zu Mart Stam vgl.: Werner Möller: Mart Stam 1899 – 1986, Architekt – Visionär – Gestalter, Schriftenreihe zur Plan- und Modellsammlung des Deutschen Architekturmuseums in Frankfurt am Main, Bd. 2, Tübingen, 1997; und Simone Hain: „... spezifisch reformatorisch bauhausartig ..." mart stam in der ddr 1948 – 1952 (1), Institut für Regionalentwicklung und Strukturplanung IRS (Hrsg.), Berlin, 1991.

(3) Mart Stam hatte am 12.11.1948 in Personalunion die Leitung der „Hochschule für Werkkunst" und das Rektorat der „Akademie der bildenden Künste Dresden" kommissarisch und ab dem 1.2.1949 offiziell übernommen. Seine Konzeption einer „Gesamtkunsthochschule, ,einer Bauschule ... für freie und industrielle Gestaltung', die unter dem Primat der Architektur alle gestaltenden Bereiche vereinen sollte, stieß jedoch in Dresden auf erheblichen Widerstand." Vgl. Hiltrud Ebert: „Von der ,Kunstschule des Nordens' zur sozialistischen Hochschule. Das erste Jahrzehnt der Kunsthochschule Berlin-Weißensee", in: Günter Feist u.a., 1996, S. 172.

(4) Einladung des Rektors der Staatlichen Hochschule für Werkkunst in Dresden, Professor Mart Stam, an Fritz Koelle vom 21.2.1949, in: Germanisches Nationalmuseum Nürnberg unter ABK, NL Koelle I, C 11.

(5) Dankschreiben Koelles an Mart Stam vom 10.3.1949, in: Archiv der Hochschule für bildende Künste Dresden, Personalakte Koelle, Bl. 1.

(6) Helmut Holtzhauer, *2.12.1912 in Leipzig, †16.12.1973 in Bad Berkau. Seit 1928 in sozialistischen und kommunistischen Jugendverbänden, ab 1933 KPD-Mitglied. 1934 bis 1939 zu fünf Jahren Haft wegen Hochverrats verurteilt. 1941 abermals für zwei Jahre in

Zwickau in Haft. 1945 wird er Stadtrat für Volksbildung in Leipzig, 1946 bis 1948 für die SED Bürgermeister dieser Stadt.1948 bis 1953 war Holtzhauer Minister für Volksbildung in Sachsen und somit für Koelle in dessen Hochschulzeit in Dresden zuständig. Im August 1951 wurde er Leiter der Staatlichen Kommission für Kunstangelegenheiten (StaKuKo) bis Dezember 1953.

(7) Berufung Koelles zum Professor an die Staatliche Kunsthochschule Dresden durch die Landesregierung Sachsen, Helmut Holtzhauer, Minister für Volksbildung vom 10.5.1949, in: Germanisches Nationalmuseum Nürnberg unter ABK, NL Koelle I, C13.

(8) Koelles Besoldung richtete sich nach der bestehenden Besoldungsordnung H1b und betrug 13 216 DM jährlich. Das Wohngeld war eingeschlossen. Vgl. Anmerkung 7. Im Vergleich zu seinem monatlichen Gehalt von circa 1000 Mark bezahlte Fritz Koelle für ein kleines Frühstück, bestehend aus einer Kanne Kaffee mit Milch und Zucker, 30 g Butter, 50 g Marmelade und vier Brötchen, 1,69 Mark als persönlichen Sonderpreis im Gästehaus der Regierung. Ein Mittagessen kam ihn auf circa 3 Mark.

(9) Mart Stam an die Landesregierung, Ministerium für Volksbildung, vom 9.6.1949 (Durchschlag), unterschrieben hatten folgende Kollegen: Dozent Erich Fraaß (Abteilung Grundsemester), Professor Hanusch (Abteilung Industrielle Gestaltung), Professor Josef Hegenbarth (Abteilung Grafik), Professor Wilhelm Lachnit (Abteilung Malerei), Professor Rade (Abteilung Malerei), Dozent Tilg-Senff (Abteilung Textil) und Dozent Winkler (Abteilung Plastik), in: Archiv der Hochschule für bildende Künste Dresden, Personalakte Koelle, Bl. 5.

(10) Telegramm Mart Stams an Fritz Koelle vom 13.6.1949, in: Ebenda, Bl. 4.

(11) Brief von Fritz Koelle aus Dreden an seine Frau vom 22.6.1949.

(12) Ebenda.

(13) Ebenda.

(14) Um sich ein Bild über Koelles Lebensmittelversorgung in der SBZ zu machen, wird hier seine Auflistung seiner Karte I für 24 Tage wiedergegeben: Roggenbrot 11 550 g, Weißbrot 450 g, Fleisch 1200 g, Fett 720 g, Nährmittel 950 g, Zucker 1140 g und Marmelade 600 g. Dazu kamen noch die Marken des Stalinpakets, die er aber nicht mehr differenziert auflistete. Dafür befand er, daß die Weißbrotsemmel für alle Leute (!) aus viel schönerem Mehl als in München gefertigt seien. In: Ebenda.

(15) Ebenda.

(16) Ebenda.

(17) Brief von Fritz Koelle aus Dresden an seine Frau vom 24.6.1949.

(18) Brief von Fritz Koelle aus Dresden an seine Frau vom 22.6.1949.

(19) Schreiben Koelles an die Direktion der Staatlichen Kunsthochschule Dresden vom 20.6.1949, in: Archiv der Hochschule für bildende Künste Dresden, Personalakte Koelle, Bl. 10. und 11.

(20) Vgl. Anmerkung 17.

(21) Ebenda.

(22) Ebenda.

(23) Adolf Hennecke, *25.3.1905 in Meggen (Kreis Olpe), †22.2.1975. Bergarbeiter und Politiker, seit 1946 Mitglied der SED, der am 13. Oktober 1948 nach langwierigen Vorbereitungen als Hauer unter Tage 387% seiner Tagesnorm an Kohle löste und dadurch nach sowjetischem Vorbild des Stachanow-Systems zum Begründer der Aktivistenbewegung (auch Hennecke-Bewegung genannt) in der DDR wurde. Hennecke erhielt den Titel „Verdienter Bergmann". Seit 1950 übernahm er leitende staatliche Funktionen, er war Abgeordneter der Volkskammer (1950 bis 1967), seit 1954 Mitglied des ZK der SED und ab 1967 wissenschaftlicher Mitarbeiter im DDR-Ministerium für Grundstoffindustrie.

Um das Bild nach seinem Tod an Hennecke wachzuhalten, wurde sein Leben in einem Kinder- und Jugendbuch aufgearbeitet: „Ein Pfundskerl!' – ‚Ein Arbeiter mit Köpfchen!'

– ‚Hilfsbereit' – ‚Ruhig und sachlich!' – ‚Schlagfertig!' – ‚Ein Wühler!' – ‚Ein Kumpel im Frack!' – ‚Redet feiner als wir!' – ‚Ein westfälischer Dickschädel!' – ‚Beim Skaten ein schlechter Verlierer!' Diese Auskünfte bekommt Werkleiter Mehlhorn, als er sich nach einem Mann erkundigt, der ihm, und nicht nur ihm allein, aus einer schwierigen Situation helfen könnte. Dieser Mann schafft es, über Nacht ist sein Name in aller Munde, er wird gefeiert und beschimpft, und doch folgen viele seinem Beispiel. Das geschah zu einer Zeit, als jede Scheibe Brot lebenswichtig war, nicht weniger wichtig aber auch die Kohle, die dieser Mann und seine Kumpel aus dem Schacht holten. Übrigens, er hieß Adolf Hennecke", lautete der Umschlagtext von: Horst Neubert: Rekord unter Tage, Berlin, DDR, 1983.

Und Fritz Koelle wartete täglich mit Ungeduld auf die Ankunft dieses Mannes, um ihn zu portraitieren.

(24)   Vgl. Anmerkung 17.
(25)   Brief von Fritz Koelle aus Dresden an seine Frau vom 25.6.1949
(26)   Ebenda.
(27)   Ebenda.
(28)   Ebenda. Über seine Ateliers schrieb er: „Mein Atelier ist ja recht kahl, aber gut so zu arbeiten. Es ist 8 m x 5 m und 4,5 m hoch, ein Kleiderschrank, eine Tonkiste, 2 Stühle, ein Glasschrank, zwei Tische, einer dient mir als Schreibtisch. Die beiden großen Ateliers in der Akademie werden hergerichtet und ein dritter großer Saal mit Nebenraum ... dort sollen meine Bronzen mal ausgestellt werden, beide Räume haben Oberlicht ... Ich habe mir gedacht, daß dort Deine Zeichnungen und Bilder gezeigt werden." Brief von Fritz Koelle aus Dresden an seine Frau vom 26.6.1949.
(29)   Josef Henselmann, *16.8.1898 in Laiz/Sigmaringen, †19.1.1987 in München. Deutscher Bildhauer, der von 1921 an der Münchener Akademie in der Klasse von Hermann Hahn studierte, wo ihn Fritz Koelle kennenlernte. Bereits 1925 wurde er Professor an der Hochschule für angewandte Kunst in München. 1933 wurde er an die Akademie der bildenden Künste in München berufen, 1948 bis 1960 war er ihr Präsident. Aus dieser Funktion heraus erhoffte sich Koelle von Henselmann eine Unterstützung in seiner eigenen Anstellungssituation. Vgl. Joachim Heusinger von Waldegg: „Die Bildhauerklasse Hermann Hahns an der Münchener Akademie der Bildenden Künste" , in: Der Bildhauer und Zeichner Fritz Wrampe (1893 bis 1934), Wuppertal, 1971, S. 34ff.
(30)   Vgl. Anmerkung 25.
(31)   Briefe von Fritz Koelle aus Dresden an seine Frau vom 27. und 28.6.1949.
(32)   Ebenda.
(33)   Ebenda.
(34)   Ebenda.
(35)   Ebenda.
(36)   Ebenda.
(37)   Ebenda.
(38)   Ebenda.
(39)   Ebenda.
(40)   Ebenda.
(41)   Brief von Fritz Koelle aus Dresden an seine Frau vom 2.7.1949.
(42)   Die 2000 Mark wurden in Westmark verrechnet, so daß Koelle nur 300 Mark monatlich auf sein Münchner Konto überwiesen bekam.
(43)   Vgl. Anmerkung 41.
(44)   Ebenda.
(45)   Brief von Fritz Koelle aus Dresden an seine Frau vom 5.7.1949.
(46)   Brief von Fritz Koelle aus Dresden an seine Frau vom 3.7.1949.
(47)   Ebenda.

(48) „Bitterfelder Weg": Das Programm zur Entwicklung einer „sozialistischen Nationalkultur" in der DDR, das auf den beiden Bitterfelder Konferenzen vom 24.4.1959 und 24./25.4.1964 nach den Beschlüssen der SED im Elektrochemischen Kombinat Bitterfel l verabschiedet wurde. Die erste Konferenz stand unter dem Motto: „Greif zur Feder Kumpel, die sozialistische Nationalkultur braucht dich". Möglichst viele Künstler sollten zum unmittelbaren Erlebnis der Arbeitswelt in volkseigenen Betrieben und Agrarproduktionsgenossenschaften gebracht werden, um dort die Gegenwartsprozesse künstlerisch aufzuarbeiten. Gleichzeitig sollten sie der Arbeiterklasse einen Weg zur Kunst vermitteln und sie zu höherem kulturellen Niveau führen. Damit sollte die Kluft zwischen Kunst, Kultur und dem Leben der Arbeiterklasse überwunden werden. Zur Gewährleistung dieser Intention wurde ein Katalog von Maßnahmen erstellt und eingeleitet, um durch Veränderung der Arbeitsbedingungen der Künstler und deren Stellung in der Gesellschaft diese in einen neuen Kontext zur sozialen Realität einzubinden. Als Haupterfolg dieses Programms galt die Stärkung der Grundlagen des sozialistischen Realismus. Dennoch mußte die Parteiführung bei der zweiten Bitterfelder Konferenz 1964 einräumen, daß die Ergebnisse bei weitem nicht die Erwartungen erfüllt hätten. Diese zweite Zusammenkunft stand unter dem Leitgedanken des 1963 angenommenen Parteiprogramms der SED „die geistige Formung des Menschen der sozialistischen Gesellschaft und die Entwicklung der sozialistischen Nationalkultur". Vgl. Lexikon der Kunst, München, Oktober 1996, Band 1, S. 575; und Weggefährten – Zeitgenossen, Bildende Kunst aus drei Jahrzehnten, Ausstellungskatalog des Alten Museums, Berlin-Ost, 1979.
(49) W. D. (Werner Dopp): „Professor Fritz Koelle in Dresden", nicht näher bezeichneter Zeitungsartikel, circa Juli 1949.
(50) Werner Dopp: „Der Bildhauer Fritz Koelle", in: bildende kunst, 3. Jg. 1949, Heft 9, S. 299.
(51) N.N. (wahrscheinlich Werner Dopp): „Ein Bildhauer kam aus München", in: Tägliche Rundschau vom 28.7.1949.
(52) Vgl. Anmerkung 50.
(53) Ebenda.
(54) Vgl. Anmerkung 51.
(55) Dr. Wilhem Hoegner, *23.9.1887 in München und dort †5.3.1980. Jurist und SPD-Abgeordneter im bayerischen Landtag seit 1924 und im Reichstag 1930. Emigrierte 1933 bis 1945 in die Schweiz. Wurde 1945/46 von der amerikanischen Militärregierung zum bayerischen Ministerpräsidenten ernannt. 1946/47 Justizminister, 1950 bis 1954 bayerischer Innenminister und stellvertretender Ministerpräsident, 1954 bis 1957 nochmals Ministerpräsident des Freistaats Bayern. 1957 bis 1962 war er Fraktionsvorsitzender der SPD und 1962 bis 1970 Erster Vize-Präsident des bayerischen Landtags. 1949 fertigte Fritz Koelle von Wilhelm Hoegner und dessen Frau jeweils ein Bronzeportrait an, und über diesen Auftrag erhoffte er sich Möglichkeiten einer Anstellung in München.
(56) Vgl. Anmerkung 45.
(57) Vgl. Anmerkung 50.
(58) Brief von Fritz Koelle aus Dresden an seine Frau vom 4.7.1949.
(59) Brief von Fritz Koelle aus Dresden an seine Frau vom 7.7.1949.
(60) Ebenda.
(61) Ebenda.
(62) Brief von Fritz Koelle aus Dresden an seine Frau vom 9.7.1949.
(63) Vgl. Anmerkung 59.
(64) Ebenda.
(65) Schreiben Adolf Henneckes an die Kunsthochschule in Dresden vom 11.7.1949, in: Archiv der Hochschule für bildende Künste Dresden, Personalakte Koelle, Bl. 16.
(66) Brief von Fritz Koelle aus Dresden an seine Frau vom 10.7.1949.

(67) Ebenda.
(68) Vgl. Anmerkung 62.
(69) Brief von Fritz Koelle aus Dresden an seine Frau vom 8.7.1949.
(70) Ebenda.
(71) Horst Neubert: Rekord unter Tage, Berlin, DDR, 1983, S. 33.
(72) Brief von Fritz Koelle aus Dresden an seine Frau vom 13.7.1949.
(73) Vgl. Anmerkung 66.
(74) Brief von Fritz Koelle aus Dresden an seine Frau vom 12.7.1949.
(75) Vgl. Anmerkung 69.
(76) Brief der Dresdner Studenten von Duisburg, Rosenthal und Thieme an Fritz Koelle vom 21.9.1949, in: Germanisches Nationalmuseum Nürnberg unter ABK, NL Koelle I, C 21.
(77) Vgl. Anmerkung 62.
(78) Am 7. Oktober 1949 erfolgte die Gründung der DDR. Am 10. Oktober übertrug die Sowjetische Militäradministration in Deutschland (SMAD) alle Verwaltungsfunktionen auf die provisorische Regierung der DDR.
(79) Brief von Fritz Koelle aus Dresden an seine Frau vom 18.10.1949.
(80) Ebenda.
(81) Ebenda.
(82) Gustav Seitz, *11.9.1906 in Neckarau/Mannheim, †26.10.1969 in Hamburg. Deutscher Bildhauer, der nach einer Steinmetzlehre von 1925 bis 1932 an der Akademie in Karlsruhe und an der Hochschule für bildende Künste in Berlin-Charlottenburg studierte. 1927 Reise nach Paris. Von 1933 bis 1938 Meisterschüler Hugo Lederers an der Preußischen Akademie der Künste in Berlin. 1946 Berufung an die Technische Hochschule in Berlin-Charlottenburg und ab 1947 gleichzeitig dort an die Hochschule für bildende Künste. Beide Stellen verlor er 1950, weil er 1950 bis 1958 Mitglied der Akademie der Künste in Ost-Berlin war und dort ein Meisteratelier leitete. Ab 1958 übernahm er die Stelle von Edwin Scharff an der Freien Akademie der Künste in Hamburg.
In Seitz' Œuvre haben weibliche Akte und Portraits den Vorrang sowohl in der Plastik als auch in seinen Zeichnungen. Erst in seinem Spätwerk erhält die männliche Person ihren Platz. Sein plastischer Stil war sowohl von der klassisch-griechischen als auch von der ägyptischen Kunst geprägt. Durch seinen Parisaufenthalt finden sich Einflüsse von Maillol und Renoir in seinen runden, fast prallen weiblichen Formen. Seitz widmete sich sein ganzes Leben der figurativen Plastik, wobei nach dem Zweiten Weltkrieg eine zunehmende Vereinfachung in der Form vorherrschte. Vgl. Helmut Friedel (Hrsg.), 1997, S. 80f.
(83) Max Lingner, *17.11.1888 in Leipzig, †14.3.1959 in Berlin. Maler und Grafiker. Studierte von 1904 bis 1907 an der Graphischen Akademie Leipzig und von 1907 bis 1913 an der Dresdner Kunstakademie. Nahm 1918 am Kieler Matrosenaufstand teil. 1928 nach Paris übergesiedelt, 1934 Mitglied der Kommunistischen Partei Frankreichs. Während des Zweiten Weltkriegs in der Resistance tätig. 1949 kehrte Lingner nach Deutschland zurück und übernahm 1950 als Professor die Leitung der Meisterklasse Malerei an der Hochschule für angewandte Kunst in Berlin-Weißensee, wo Koelle ihm als Kollege begegnete. Lingner war 1950 auch Gründungsmitglied der Deutschen Akademie der Künste (1950 bis 1972) in Berlin-Ost.
(84) Vgl. Anmerkung 79.
(85) Otto Geigenberger, *6.6.1881 Wasserburg am Inn, †6.7.1947 in Ulm. Deutscher Landschaftsmaler, der sowohl seine bayerische Heimat als auch italienische Landschaften in einem großflächigen, expressiven Malstil darstellte.
(86) Vgl. Anmerkung 84.
(87) Ebenda.

(88) Erst am 2.2.1950 wurde Koelle offiziell zum Dekan der Abteilung Plastik an der Staatlichen Kunsthochschule Dresden berufen. Vgl. Schreiben Mart Stams an Koelle vom 2.2.1950 in: Germanischen Nationalmuseum Nürnberg unter ABK, NL Koelle I, C 23.
(89) Brief von Fritz Koelle aus Dresden an seine Frau vom 20.10.1949.
(90) Ebenda.
(91) Ebenda.
(92) r.: „Untersuchung gegen Fritz Koelle", in: Süddeutsche Zeitung Nr. 134 vom 14.10.1949, aus: Archiv der KZ-Gedenkstätte Dachau.
(93) Brief von Fritz Koelle aus Dresden an seine Frau vom 23.10.1949.
(94) Brief von Fritz Koelle aus Dresden an seine Frau vom 24.10.1949.
(95) Brief von Fritz Koelle aus Dresden an seine Frau vom 26.10.1949.
(96) Brief von Fritz Koelle aus Dresden an seine Frau vom 30.10.1949.
(97) Ebenda.
(98) Ebenda. Zur 2. Deutschen Kunstausstellung waren circa 680 Exponate aus allen vier Zonen Deutschlands unter schwierigsten Bedingungen nach Dresden transportiert worden. Die Ausstellungsleitung in Dresden oblag dem Künstler Gert Caden (1891 bis 1990). Die Ausstellung endete mit einem Eklat und dem vertraulichen Bericht Stefan Heymanns am 13.9.1949 an die Parteispitze der SED: „Die Ausstellung ist ... eine Schau des Formalismus ... Die Hauptursache dafür, daß die Ausstellung einen solchen Charakter angenommen hat, liegt zweifellos bei dem Gen[ossen] Gert Kaden. [Er] ist nicht nur ... ein völliger Formalist, sondern auch ein schlechter Maler." Vertraulicher Bericht Heymanns an Pieck, Grotewohl, Ackermann und Wandel vom 13.9.1949, zitiert in: Monika Flacke (Hrsg.): Auftrag Kunst 1949 – 1990 – Bildende Künstler in der DDR zwischen Ästhetik und Politik, Ausstellungskatalog des Deutschen Historischen Museums, Berlin, 1995, S. 33f.
(99) Schreiben Mart Stams an den Hochschulreferenten beim Ministerium für Volksbildung, Anderka, vom 5.11.1949, in: Archiv der Hochschule für bildende Künste Dresden, Personalakte Koelle, Bl. 22.
(100) Brief von Fritz Koelle aus Dresden an seine Frau vom 7.12.1949.
(101) Ebenda.
(102) Brief von Fritz Koelle aus Dresden an seine Frau vom 16.1.1950.
(103) Ebenda.
(104) Ebenda.
(105) Postkarte von Fritz Koelle aus Dresden an seine Frau vom 20.1.1950.
(106) Julius Graf jun., Aufsichtsrat der Augsburger Textilfabrik Dierig, dessen Bronzeportrait Koelle 1949 anfertigte.
(107) Brief von Fritz Koelle aus Dresden an seine Frau vom 20.1.1950.
(108) Brief von Fritz Koelle aus Dresden an seine Frau vom 29.1.1950.
(109) Vgl. Anmerkung 107.
(110) Brief von Fritz Koelle aus Dresden an seine Frau vom 7.2.1950.
(111) Brief von Fritz Koelle aus Dresden an seine Frau vom 24.1.1950.
(112) Ebenda.
(113) Vgl. Anmerkung 100.
(114) Dieses Briefpapier benutzte Fritz Koelle ab dem 5.2.1950.
(115) Schreiben der Stadt Gera, zitiert von Fritz Koelle in seinem Brief an seine Frau vom 2.2.1950.
(116) Protokoll des Preisgerichts Gera vom 14.1.1950, in: Germanisches Nationalmuseum Nürnberg unter ABK, NL Koelle I.
(117) Brief von Fritz Koelle aus Dresden an seine Frau vom 2.2.1950.
(118) Brief von Fritz Koelle aus Dresden an seine Frau vom 5.2.1950.
(119) Brief von Fritz Koelle aus Dresden an seine Frau vom 24.1.1950.
(120) Ebenda.

(121) Brief von Fritz Koelle aus Dresden an seine Frau vom 26.1.1950.
(122) Ebenda.
(123) Ebenda.
(124) Ebenda.
(125) Vgl. Anmerkung 118.
(126) Vgl. Anmerkung 121.
(127) Dr. Dr. Alois Hundhammer, *25.2.1900 in Forstinning bei München, †1.8.1974. 1923 erlangte er die Doktorwürde in Philosophie, und einige Jahre später wurde er in Volkswirtschaft promoviert. 1932 jüngster Abgeordneter im Bayerischen Landtag für die Bayerische Volkspartei und überzeugter, engagierter Katholik. Aus diesem Grunde 1933 Inhaftierung im Konzentrationslager Dachau. 1939 Verpflichtung zur Kriegsteilnahme. Im Herbst 1945 Entlassung aus amerikanischer Kriegsgefangenschaft. Mitbegründer der CSU, 1946 ihr Fraktionsvorsitzender. Dezember 1946 bis 1950 bayerischer Kultusminister. 1950 bis 1954 Präsident des Bayerischen Landtags. Und in dieser Zeit bemühte sich Koelle, über seine Frau den Kontakt zu Hundhammer herzustellen, um ihn zu portraitieren. Denn der Bildhauer erhoffte sich durch Alois Hundhammer sehnlich die Protektion für eine Akademieanstellung. Vgl. Max Ernst: Grünwalder Portraits I, Grünwald, 1989, S. 25ff.
(128) Vgl. Anmerkung 118.
(129) Brief von Fritz Koelle aus Dresden an seine Frau vom 30.1.1950.
(130) Hans Theo Richter, *7.8.1902 in Rochlitz, †14.9.1969 in Dresden. Zeichner und Lithograf. Er studierte an der Dresdner Kunstgewerbeakademie und war von 1926 bis 1931 an der dortigen Kunstakademie Meisterschüler von Otto Dix. 1947 bis 1967 als Professor an der Hochschule für bildende Künste in Dresden, wo Koelle ihm als Kollege begegnete. Wenn man Koelles Abneigung gegen die Kunst Otto Dix' kannte, war es nur eine logische Folge seines Kunstverständnisses, daß der Bildhauer die vom Expressionismus Kokoschkas und von Dix beeinflußten Zeichnungen Richters kritisierte und ablehnte.
(131) Brief von Fritz Koelle aus Dresden an seine Frau vom 31.1.1950.
(132) Brief von Fritz Koelle aus Dresden an seine Frau vom 13.4.1950.
(133) Brief von Fritz Koelle aus Dresden an seine Frau vom 17.4.1950.
(134) Brief von Fritz Koelle aus Dresden an seine Frau vom 12.5.1950.
(135) Brief von Fritz Koelle aus Dresden an seine Frau vom 7.5.1950.
(136) Ebenda.
(137) Fritz Dähn, *26.1.1908 in Heilbronn, †15.9.1980 in Berlin-Ost. 1925 bis 1927 Studium an der Gewerbeschule Stuttgart, 1930 bis 1934 an der dortigen Akademie. Als Bühnenmaler tätig. 1946 Eintritt in die KPD. 1946 bis 1948 Lehrer an der Kunstschule in Stuttgart. 1948 bis 1950 als Professor und Kommissarischer Leiter der Hochschule für Baukunst und bildende Kunst in Weimar. 1949 Eintritt in die SED mit einem Kurslehrgang für SED-Spitzenfunktionäre. Von 1950 bis 1952 übernahm Dähn die Stelle Mart Stams als Rektor der Hochschule für bildende Künste in Dresden, wo ihn Koelle eine kurze Zeit erlebte. 1952 bis 1954 war Dähn Präsident des Verbandes der Bildenden Künstler. Vgl. Hauke Reich, Beatrice Vierneisel: „Kurzbiographien", in Günter Feist u.a., 1996, S. 861.
(138) Mart Stam löste in Berlin-Weißensee den Rektor Bontjes van Beek ab, der im Zusammenhang mit einem Hochschulfaschingsball 1950 als „Formalist" in Ungnade fiel und im November 1950 sein Ausscheiden aus der Hochschule selbst bekanntgab, da das Ministerium eine sofortige Kündigung van Beeks für politisch unklug hielt. Vgl. Hiltrud Ebert: „Von der ‚Kunstschule des Nordens' zur sozialistischen Hochschule. Das erste Jahrzehnt der Kunsthochschule Berlin-Weißensee." Ebenda, S. 160-190.
(139) Brief von Fritz Koelle aus Dresden an seine Frau vom 6.5.1950.
(140) Vgl. Anmerkung 135.

(141) Vgl. Anmerkung 95.
(142) Brief von Fritz Koelle aus Dresden an seine Frau vom 15.4.1950.
(143) Brief von Fritz Koelle aus Dresden an seine Frau vom 10.5.1950.
(144) Pilar Prinzessin von Bayern (Maria de la Paz), liiert mit Ludwig Ferdinand Prinz von Bayern aus dem Hause Wittelsbach, von dem Elisabeth Koelle-Karmann ausgezeichnet wurde.
(145) Vgl. Anmerkung 143.
(146) Ebenda.
(147) Schreiben Koelles aus Dresden an den Ministerpräsidenten der DDR, Otto Grotewohl, vom 14.6.1950, in: Stiftung Archiv der Parteien und Massenorganisationen der DDR im Bundesarchiv unter NY 4090-545, Bl. 54.
(148) Brief von Fritz Koelle aus Dresden an seine Frau vom 2.6.1950.
(149) Brief von Fritz Koelle aus Dresden an seine Frau vom 5.6.1950 (erster Brief).
(150) Brief von Fritz Koelle aus Dresden an seine Frau vom 3.6.1950.
(151) Vgl. Anmerkung 148.
(152) Vgl. Anmerkung 149.
(153) Brief von Fritz Koelle aus Dresden an seine Frau vom 9.6.1950 (zweiter Brief).
(154) Brief von Fritz Koelle aus Dresden an seine Frau vom 8.6.1950.
(155) Vgl. Anmerkung 153.
(156) Brief von Fritz Koelle aus Dresden an seine Frau vom 19.6.1950.
(157) Brief von Fritz Koelle aus Dresden an seine Frau vom 12.6.1950.
(158) Ebenda.
(159) Vgl. Anmerkung 150.
(160) Brief von Fritz Koelle aus Dresden an seine Frau vom 7.6.1950.
(161) Brief von Fritz Koelle aus Dresden an seine Frau vom 10.6.1950.
(162) Zwei Figuren aus Schwarz' Besitz befinden sich heute im Lindenau-Museum in Altenburg/Thüringen: „Der Blockwalzer" von 1931 und der „Betende Bergmann" von 1934. Beide Plastiken erhielt das Museum 1952 von der Landesverwaltung für Kunstangelegenheiten. Sie stehen in den Außenanlagen des Museums. Vgl. Karteikarten mit den Inventar-Nummern 5018 und 5019, Kategorie II des Lindenau-Museums.
(163) Vgl. Anmerkung 149.
(164) Brief von Fritz Koelle aus Dresden an seine Frau vom 31.5.1950.
(165) Unter anderem im unter Anmerkung 164 angegebenen Brief.
(166) Vgl. Anmerkung 154.
(167) Brief von Fritz Koelle aus Dresden an seine Frau vom 11.6.1950.
(168) Vgl. Anmerkung 161. Der namentlich nicht genannte Maler war ein Kollege Mart Stams von der Hochschule für angewandte Kunst in Berlin-Weißensee, Professor Horst Strempel (1904 bis 1975), der unter anderem 1946 bis 1948 Illustrationen zu Emile Zolas „Germinal" schuf. Da Strempel in die Formalismuskampagne geriet und einer der besonders hart Betroffenen war, floh er 1957 nach West-Berlin.
(169) Bericht Volkmanns vom Ministerium für Volksbildung, Hauptabteilung Kunst und Literatur, an Herrn Schorn, Persönlicher Referent des Ministerpräsidenten Grotewohl, vom 15.5.1950 über die Vorauswahl des Wettbewerbs für das Thälmann-Denkmal, in: vgl. Anmerkung 147, Bl. 52 und 53.
(170) Vgl. Anmerkung 150.
(171) Vgl. Anmerkung 149.
(172) Vgl. Anmerkung 156.
(173) Sitzungsbericht des Preisgerichts im Thälmann-Wettbewerb vom 30.6.1950, in: Vgl. Anmerkung 147, Bl. 64 bis 70, hier Bl. 70.
(174) Jo Jastram in einem Gespräch mit der Verfasserin über Fritz Koelle vom 25.5.2000 in seinem Atelier in Kneese/Mecklenburg-Vorpommern. Jo Jastram hatte ebenfalls 1981 ei-

nen Entwurf für ein Thälmann-Denkmal, inzwischen für den Thälmann-Park in Prenzlauer Berg, geschaffen, sich kritisch mit dem umstrittenen Denkmalsentwurf des russischen Bildhauers Lew Kerbel auseinandergesetzt und seine Bedenken dem Künstler gegenüber am 24.3.1983 im Beisein Ingeborg Hunzingers (einer Schülerin Koelles aus Berlin) zum Ausdruck gebracht, wie diese der Verfasserin am 21.5.2000 telefonisch bestätigte.
(175) Wettbewerbsbedingungen zum Ernst-Thälmann-Denkmal, in: Vgl. Anmerkung 147, Bl. 51.
(176) Die 72 cm hohe und 37 cm breite auf einer fast rechteckigen Plinthe stehende Plastik Thälmanns wurde 1973 dem Lindenau-Museum in Altenburg/Thüringen vom Ministerium für Kultur der DDR übergeben. Vgl. Karteikarte mit der Inventar-Nummer 5105, Kategorie III des Lindenau-Museums.
(177) Telegramm Paul Wandels an Koelle, zitiert im Brief von Fritz Koelle aus Dresden an seine Frau vom 6.7.1950.
(178) A.: „Prämierung der Entwürfe für ein Thälmann-Denkmal", ein nur mit Nr. 158 (1576) bezeichneter Zeitungsartikel vom 9.7.1950, als Beilage in Koelles Brief aus Dresden an seine Frau vom 10.7.1950.
(179) Brief von Fritz Koelle aus Dresden an seine Frau vom 8.7.1950.
(180) Ebenda.
(181) Brief von Fritz Koelle aus Dresden an seine Frau vom 11.7.1950.
(182) Brief von Fritz Koelle aus Dresden an seine Frau vom 12.7.1950.
(183) Ebenda.
(184) Brief von Fritz Koelle aus Dresden an seine Frau vom 10.7.1950.
(185) Vgl. Anmerkung 182.
(186) Ebenda.
(187) Brief von Fritz Koelle aus Dresden an seine Frau vom 13.7.1950.
(188) Ebenda.
(189) Brief von Fritz Koelle aus Dresden an Ministerpräsident Otto Grotewohl vom 12.7.1950, in: Vgl. Anmerkung 147, Bl. 71.
(190) Brief von Fritz Koelle aus Berlin an seine Frau vom 9.10.1950.
(191) Ebenda.
(192) „Daß es neue und schönere Mercedes Wagen ... gibt, hat mich gar nicht gefreut ... hätten wir nur gewartet. Aber wir sparen und ich arbeite recht fleißig, dann bringe ich einen neuen BMW mit im nächsten Jahr." Brief von Fritz Koelle aus Dresden an seine Frau vom 14.7.1950. Daß Koelle nicht bis zum nächsten Jahr für sein wichtigstes Statussymbol zu sparen brauchte, zeigt die Tatsache, daß er einige Monate später mit einem neuen Modell in Berlin vorfuhr und die Beachtung, die ihm damit zuteil wurde, genoß.
(193) Vgl. Anmerkung 190.
(194) Berlin-Weißensee: Am 24.4.1947 wurde der Präsident der Zentralverwaltung für Volksbildung in der SBZ, Paul Wandel, vom Leiter der Abteilung der Sowjetischen Militäradministration in Deutschland (SMAD), P. V. Solotuchin, über die Genehmigung zur Aufnahme der Arbeit in der Hochschule für angewandte Kunst in Berlin-Weißensee unterrichtet, worauf diese am 14. Juni 1947 eröffnet wurde und mit Otto Sticht – dem Initiator – auch den ersten Rektor erhielt. Die ersten Professoren konnten berufen werden: Der Bildhauer Bernhard Heiliger, Otto Sticht als Metallplastiker, Jan Bontjes van Beek als Keramiker, die Grafikerin Eva Schwimmer, die Maler und Grafiker Arno Mohr, Willem Hölter, Willi Robert Huth, Kurt Tillessen sowie der Architekt Hermann Gehrig. Die erste Zeit des Hochschuldaseins war geprägt von Entbehrungen und Unzulänglichkeiten bei den Finanzen, Räumlichkeiten, Arbeitsmaterialien sowie pädagogisch-didaktischen und verwaltungstechnischen Konzeptionen. Schulinterne Konflikte führten zur Absetzung Stichts durch sein Kollegium in einer Konferenz vom 21.10.1947. Der Keramiker Bontjes van Beek wurde am 4.11.1947 zum kommissarischen Leiter der Schule ernannt, dem mit Her-

bert Gute im Dezember 1948 als Stellvertreter ein ehemaliger Ministerialrat des Volksbildungsministeriums zur Seite gestellt wurde. Van Beek plädierte bei seiner Antrittsrede für ein Ineinanderwirken von „kollektiver Gestaltungsarbeit und dem Produktionsprozeß". Zum Sommersemester 1949 wurden die bestehenden Fachklassen mit rigidem Unterrichtsplan zugunsten von fünf Fakultäten abgeschafft, die wiederum in Abteilungen untergliedert wurden.
Die Fakultät für Bau- und Raumgestaltung erhielt die Abteilungen Architektur, Bildhauerei und Malerei. Die Fakultät für industrielle Gestaltung untergliederte sich in die Abteilungen für Textil, Keramik und Metallgerät. Die Fakultät für Grafik verfügte über die Abteilungen Gebrauchsgrafik, Illustration, Fotografie, Schriftgestaltung und Werbung. Die Fakultät Bühne und Film beherbergte die Abteilungen Bühnenbild, Maskenbild, Dramaturgie, Regie, Kamera-, Kopier- und Schnittechnik. Die fünfte Fakultät war den Kulturwissenschaften vorbehalten. Das Studium wurde in Grund- und aufbauendes Fachstudium strukturiert.
Spannungen zwischen Künstlern und Kulturpolitikern waren unausweichlich in der gesellschaftspolitischen Realität der SBZ, und die Hochschule geriet zusehends zwischen die Fronten, besonders nach Ulbrichts Forderungen anläßlich einer Arbeitstagung der Abteilung Parteischulung, Kultur und Erziehung im September 1948 nach dem energisch und zielbewußten „Kampf an der Kulturfront", demzufolge das Tempo zur kulturellen und ideologischen Niveauanhebung der Bevölkerung vorangetrieben werden sollte. Da Bontjes van Beek sich diesem Kampf nicht verschrieben hatte, sondern mit der Bewältigung der alltäglichen Hochschulprobleme kämpfte, geriet er in die Kritik der politischen Front. Als willkommener Auslöser zu seiner Amtsenthebung bot sich das Faschingsfest im Februar 1950 an. Von seinem Stellvertreter Gute forciert wurde die Veranstaltung als „inhaltslos" und letztlich formalistisch bewertet. Am 4.2.1950 wurde van Beeks Entlassung beschlossen, aus politisch-taktischen Gründen aber nicht umgesetzt. Der Druck auf Bontjes van Beek, der sich als Töpfer in ein Dorf in Niedersachsen zurückgezogen hatte, wurde so groß, daß er im November 1950 seinen Rückzug aus der Hochschule mitteilte. Vorher, am 4.5.1950, hatte Bontjes van Beek seinem Kollegium noch seinen Nachfolger Mart Stam von der Kunsthochschule Dresden vorgestellt.
Die Voraussetzungen, die Stam vorfand, waren gezeichnet von den fachlichen und pädagogischen Unfähigkeiten seiner Vorgänger, die sich in fehlender Motivation für geistige Probleme auf Seiten der Studenten, aber auch Dozenten manifestiert hatten und die es zu beseitigen galt, denn Stam hatte Zielvorstellungen für die Ausbildung. Er wollte keine Künstlerpersönlichkeiten, sondern kollektive Gestalter ausbilden. Stam forderte eine analytische Vorgehensweise von Erkennen und Begreifen formaler Strukturen und praktisches Problembewußtsein anstatt unkritischer und unschöpferischer Adaption. Mart Stam verfolgte an der Hochschule eine Interdependenz von Lehre, Forschung und Praxis, die seine Schüler nicht zu ausführenden Organen machten, sondern sie zu Mitverantwortlichen bei der praktischen Entwurfs- und Gestaltungsarbeit und der Produktion befähigten.
Vgl. Hiltrud Ebert, in: Günter Feist u.a., 1996, S. 160-190,
Dies.: Drei Kapitel Weißensee – Dokumente zur Geschichte der Kunsthochschule Berlin-Weißensee 1946 bis 1957, Kunsthochschule Berlin-Weißensee, 1996; und
S. D. Sauerbier (Hrsg.): Zwei Aufbrüche – Symposium der Kunsthochschule Berlin-Weißensee – Die ersten zehn Jahre, Kunsthochschule Berlin-Weißensee, 1997.
Die weitere Entwicklung der Hochschule bis 1953 wird in Verbindung mit Koelles dortiger Präsenz chronologisch wiedergegeben.
(195) Vgl. Anmerkung 190.
(196) Ebenda.
(197) Brief von Fritz Koelle aus Berlin an seine Frau vom 14.10.1950.

(198) Zwei Telegramme Koelles aus Berlin an die Kunsthochschule in Dresden vom 13.10.1950, in: Archiv der Hochschule für bildende Künste Dresden, Personalakte Koelle, Bl. 34 und 35.
(199) Telegrammvorlage Dähns an Fritz Koelle vom 13.10.1950, in: Ebenda, Bl. 36. Dähn besetzte die Stelle mit Walter Arnold (*1909 in Leipzig, †1979 in Dresden), der die Position bis 1970 bekleidete. Arnold kam aus Leipzig, wo er 1946 bis 1950 eine Professur für Grafik und Buchkunst an der dortigen Hochschule innehatte.
(200) Gemeint sind die über 100 Schlußsteine der Tore und Fensterbögen des Erdgeschosses des Zeughauses als Wappen, Fabelhelme und Medusenhäupter, die um 1696 entstanden, sowie die 22 abgeschlagenen Kriegerköpfe der „Unchristen, die die Kultur des Abendlandes bedrohten, als sie vor Wien standen", im Inneren des Hofes, geschaffen aus Sandstein von Andreas Schlüter (*um 1660 in Danzig, †1714 in St. Petersburg), dem deutschen Architekten und Bildhauer des Hochbarock, der auch das Berliner Stadtschloß erbaute. Die Kriegerköpfe befinden sich heute im Deutschen Historischen Museum (ehemals Zeughaus und ab 1950 von der DDR zum Museum Deutscher Geschichte wieder aufgebaut). Zu ihrer Zeit bedeuteten die Masken „freies räumliches Leben", das sich entfalten konnte „in selbständigen Bildungen, die mit der Architektur in Einklang bleiben ... Der überquellende Reichtum bildnerischer Phantasie verleiht jedem Stück einen eigenen Wert ... In zweiundzwanzig Skulpturen wird das Thema des Sterbenmüssens in wechselnder Vielfalt gegeben. Trotz und Wildheit, Abschied und Verzicht, Todesweihe und Verklärung, in immer neuer Weise wird mit dem gleichen Ernst dem Übergang vom Leben zum Tode nachgegangen ... Die Größe des Künstlertums, die seelische Spannweite und der schöpferische Gedankenreichtum meistert den kriegerisch grausamen Stoff ... auch in der Nahsicht, vom dekorativen Beiwerk geschieden ..., von erschütternder Wahrheit und von unheimlicher Kraft des Ausdrucks, die erschauern macht." Heinz Ladendorf: Andreas Schlüter, Leipzig, 1997, S. 8ff. mit guten, detaillierten fotografischen Wiedergaben. Koelles emotionale Ergriffenheit beim Anblick der Kriegerköpfe spiegelt sich in den fast fünfzig Jahre später gewählten Worten Ladendorfs deutlich wider.
(201) Brief von Fritz Koelle aus Berlin an seine Frau vom 11.10.1950.
(202) Brief von Fritz Koelle aus Berlin an seine Frau vom 12.10.1950.
(203) Brief von Fritz Koelle aus Berlin an seine Frau vom 14.10.1950.
(204) Vgl. Anmerkung 201.
(205) Brief von Fritz Koelle aus Berlin an seine Frau vom 15.10.1950. Koelle fügte einem späteren Brief vom 28.11.1950 einen Zeitungsartikel bei, der den Zustand des Zeughauses genau belegte. G. L.: „Museum deutscher Geschichte – Gerettete Schlüter-Skulpturen beim Zeughaus-Wiederaufbau", in einer nicht näher bezeichneten Dresdner Zeitung vom 27.11.1950.
(206) Vgl. Anmerkung 205, Brief vom 15.10.1950.
(207) Vgl. Anmerkung 202.
(208) Brief von Fritz Koelle aus Berlin an seine Frau vom 27.10.1950 (erster Brief).
(209) Brief von Fritz Koelle aus Berlin an seine Frau vom 29.10.1950.
(210) Ebenda.
(211) Ebenda.
(212) Ebenda.
(213) Brief von Fritz Koelle aus Berlin an seine Frau vom 17.10.1950.
(214) Brief von Fritz Koelle aus Berlin an seine Frau vom 18.10.1950.
(215) Ludwig Kasper, *2.5.1893 in Gurten/Oberösterreich, †28.8.1945 in Mauerkirchen/Braunau am Inn. Nach der Holzbildhauerlehre in Hallstatt wurde der Wiener Kunstsammler und Kaspers späterer Mäzen, Freiherr von Miller zu Aichholz, auf ihn aufmerksam und brachte ihn in München bei seinem Schwager, dem Landschaftsmaler Anton von Stadler (Adoptivvater von Toni Stadler) und damaligen Direktor der Münchener Kunst-

akademie, unter. Eine enge Freundschaft verband ihn mit Toni Stadler. Gemeinsam besuchten sie 1912 bis 1914 und 1918 bis 1924 die Bildhauerklasse bei Hermann Hahn, und Fritz Koelle war ihr Kommilitone. 1933 zog Kasper gemeinsam mit seiner Frau, der Malerin Ottilie Wolf, nach Berlin in ein Wohnatelier in der „Ateliergemeinschaft Klosterstraße", wo er Hermann Blumenthal, Hermann Teubner, Werner Gilles, Werner Held und Gerhard Marx, der sich zeitweise dort aufhielt, traf. Käthe Kollwitz lebte in einem Nachbaratelier. 1943 nahm Kasper die Stelle des Kunstdozenten der Stadt Braunschweig an und wurde Lehrer an der dortigen Kunstschule. 1944 vernichtete der Krieg diese Schule, und Kasper floh nach Oberösterreich. Die „Manier", die Koelle seiner Schülerin zuschrieb, konnte sie sich nur in diesem einen Jahr angeeignet haben, falls Koelle Kaspers Orientierung an der archaischen Periode der griechischen Antike meinte. Kaspers männliche und weibliche Akte – neben Portrait sein Hauptthema – strahlen Harmonie und Besinnlichkeit aus, die der Bildhauer in einer strengen, reduzierten Formsprache erreichte. Vgl. Helmut Friedel (Hrsg.), 1997, S. 57; und Heike Hümme: „Das Janusgesicht der NS-Plastik – Bildhauerei in Braunschweig zur Zeit des Nationalsozialismus", in: Städtisches Museum Braunschweig: Ausstellungskatalog Deutsche Kunst 1933 – 1945 in Braunschweig – Deutsche Kunst im Nationalsozialismus, Hildesheim, 2000, S. 136ff. und S. 226ff.
(216) Vgl. Anmerkung 213.
(217) Brief von Fritz Koelle aus Berlin an seine Frau vom 16.10.1950.
(218) Brief von Fritz Koelle aus Berlin an seine Frau vom 1.11.1950.
(219) Brief von Fritz Koelle aus Berlin an seine Frau vom 22.10.1950.
(220) Vgl. Anmerkung 214.
(221) Brief von Fritz Koelle aus Berlin an seine Frau vom 26.10.1950.
(222) Vgl. Anmerkung 214.
(223) Brief von Fritz Koelle aus Berlin an seine Frau vom 24.10.1950.
(224) Vgl. Anmerkung 208.
(225) Brief von Fritz Koelle aus Berlin an seine Frau vom 19.10.1950.
(226) Brief von Fritz Koelle aus Berlin an seine Frau vom 23.10.1950.
(227) Ebenda.
(228) Ebenda.
(229) Gerhard Thieme erklärte der Verfasserin am 24.6.1988 in Berlin, daß Werner Rosenthal und er vom Rektor der Kunsthochschule, Fritz Dähn, für 99 Jahre relegiert, also auf Lebzeiten von der Hochschule verwiesen wurden. Allerdings wurde nach einem halben Jahr auf einer Postkarte dem Hochschulwechsel von Dresden nach Berlin stattgegeben. Da befanden sich die beiden Studenten bereits in Weißensee.
(230) Vgl. Anmerkung 208, zweiter Brief.
(231) Vgl. Anmerkung 208, erster Brief.
(232) Vgl. Anmerkung 209.
(233) Vgl. Anmerkung 230, erster Brief.
(234) Hermann Hahn schuf unter anderem 1895 einen „Siegesreiter", 1908 einen „Reiter", der vor der Hamburger Kunsthalle steht, sowie das „Moltke-Denkmal" in Bremen, bei dem der Generalfeldmarschall auf seinem Pferd sitzt.
(235) Das Reiterstandbild wurde zu Ehren des venezianischen Truppenbefehlshabers Erasmo da Narni, genannt „Il Gattamelata", in der Zeit von 1447 bis 1453 von Donatello geschaffen und steht auf der Piazza del Santo in Padua. Das Reiterstandbild lehnt sich an antike Vorbilder, wie das Reitermonument von Marc Aurel in Rom, an.
(236) Bereits im Sitzungsbericht der Preisjury vom 30.6.1950 deutete sich der weitere Werdegang dieses Thälmann-Denkmals an: „Die Jury erzielte Übereinstimmung in der Auffassung, daß die städtebaulichen Voraussetzungen für die Gestaltung eines Thälmann-

Denkmals nicht zur Genüge geklärt waren. Vor allem ist die Funktion des Platzes bisher noch nicht ausreichend bestimmt." Vgl. Anmerkung 173, Bl. 64.
Die Künstler hatten also Entwürfe gestaltet für ein Umfeld, das weder städteplanerisch, noch funktionell abgeklärt war und in den nächsten Jahren auch nicht wurde, so daß sich das Projekt Thälmann-Denkmal noch über Jahre hin erstreckte.
(237) Brief von Fritz Koelle aus Berlin an seine Frau vom 24.11.1950.
(238) Hans Baltschun, *11.1.1904, Bildhauer und Kulturpolitiker. Nach 1945 in der Zentralverwaltung für Volksbildung tätig. Abteilungsleiter für Kunst im Magistrat von Berlin. In dieser Funktion ordnete er den Kauf von Koelle-Plastiken an. Vgl. dazu die Rechnung Koelles an den Magistrat von Groß-Berlin, Amt Museen und Sammlungen, Berlin, vom 24.11.1950, über 3 000 Mark für die Bronze „KZ'ler", in: Germanisches Nationalmuseum Nürnberg unter ABK, NL Koelle I B 86. Auch seine Gruppe „Inferno" als Kleinplastik für 5000 Mark erwarb Hans Baltschun für die Stadt Berlin. Vgl. Ankaufsbestätigung des Magistrats von Groß-Berlin, Amt Bildende Kunst, Museen und Denkmalspflege, von Baltschun an Fritz Koelle vom 13.6.1951 über die Gruppe „Inferno" für das Märkische Museum in Berlin, in: Ebenda unter ABK, NL Kolle I; B 87.
(239) Ruthild Hahne, *19.12.1910 in Berlin, lebt dort. 1933 bis 1935 Ausbildung zur orthopädischen Turnlehrerin, 1936 bis 1942 Studium an der Kunsthochschule Berlin-Charlottenburg unter anderem bei Wilhelm Gerstel (1879 bis 1963), 1940/41 Meisterschülerin, Romaufenthalt in der Villa Massimo, 1946 bis 1950 Dozentin für Bildhauerei an der Hochschule für angewandte Kunst in Berlin-Weißensee. Seitdem freischaffend tätig. 1950 Vorstand des Verbandes Bildender Künstler (VBK) und weitere VBK-Funktionen. Vgl. Günter Feist u.a., 1996, S. 866.
(240) Brief von Fritz Koelle aus Berlin an seine Frau vom 26.11.1950.
(241) Brief von Fritz Koelle aus Berlin an seine Frau vom 30.11.1950.
(242) Brief von Fritz Koelle aus Berlin an seine Frau vom 3.12.1950. Von diesem Entwurf existiert in Koelles Nachlaß weder eine Skizze noch eine fotografische Abbildung.
(243) Brief von Fritz Koelle aus Berlin an seine Frau vom 28.11.1950.
(244) René Graetz, *2.8.1908 in Berlin, †17.9.1974 in Graal-Müritz. Bildhauer, Zeichner, Grafiker und Keramiker. Ab 1923 Lehre als Tiefdrucker in Genf. 1929 Übersiedelung nach Kapstadt. 1932 Aufnahme in die Bildhauerklasse der Kunstakademie in Kapstadt. Dort Dozent für Aktzeichnen. 1938 Übersiedelung nach Paris und 1939 nach London wegen politischer Verfolgung. 1944 Heirat mit Elizabeth Shaw. 1946 Rückkehr in seine Heimatstadt Berlin und Eintritt in die KPD. Bis 1948 beim „Verlag Volk und Wissen" tätig, anschließend freischaffend, besonders in der Wandbild-Bewegung mit Arno Mohr und Horst Strempel. 1959 erhielt er den Nationalpreis im Buchenwald-Kollektiv, an dem auch Fritz Cremer mitwirkte. Vgl. Ministerium für Kultur der DDR, 1979, S. 517f.
(245) Vgl. Anmerkung 241.
(246) Laut Aussagen Jürgen von Woyskis gegenüber der Verfasserin am 29.6.1998 in Hoyerswerda „wurde Ruthild Hahne von allen Künstlern verachtet, keiner wollte mit ihr arbeiten, weil sie zu egozentrisch und systemangepaßt war beziehungsweise ZK-Sympathien genoß und gegen andere ausspielte."
(247) „Das Pathos der siegreichen Beendigung des Krieges wurde 1949 zum erstenmal in der großen Gedenkstätte im Treptower Park in Berlin baulich realisiert ... Der Wettbewerb um diese Gedenkstätte wurde 1945 gleich nach Kriegsende ausgeschrieben. Die Bedingungen lauteten, es müsse ‚eine monumentale historische Gedenkstätte errichtet werden, die das Andenken an die gefallenen sowjetischen Soldaten verewigt und die Bedeutung der internationalen Befreiungsmission der sowjetischen Armee widerspiegelt'. Aus fünfzig eingereichten Entwürfen wurde das gemeinsame Modell der beiden Russen, des Bildhauers Jewgeni Wutschetitsch (1908 bis 1974) und des Architekten Jakow B. Belopolski (1916 bis 1993) ausgewählt." Vgl. Irina Antonowa und Jörn Merkert: Berlin-Moskau

1900 – 1950, Ausstellungskatalog der Berlinischen Galerie, Landesmuseum für Moderne Kunst im Martin-Gropius-Bau, Berlin, 1995, S. 476f. und S. 491.
(248) Vgl. Anmerkung 243.
(249) Brief von Fritz Koelle aus Berlin an seine Frau vom 14.12.1950.
(250) Heinrich Ehmsen, *9.8.1886 in Kiel, †6.5.1964 in Berlin. Maler, Zeichner und Grafiker, studierte 1906 bis 1909 an der Kunstgewerbeschule in Düsseldorf unter anderem bei Peter Behrens und Jan Thorn-Prikker. Galt 1937 als „entartet"; seine Werke wurden aus den Museen entfernt. 1945 gründete er mit Karl Hofer die Kunsthochschule in Berlin-Charlottenburg neu, an der er bis 1949 als Professor und stellvertretender Direktor arbeitete und dann entlassen wurde, weil er das Pariser Friedensmanifest unterschrieben hatte. Seit 1950 Mitglied der Deutschen Akademie der Künste zu Berlin. Vgl. Ministerium für Kultur der DDR, Berlin, 1979, S. 511.
(251) Arno Mohr, *29.7.1910 in Posen, wohnt in Berlin. Grafiker, Maler und Zeichner. Ab 1924 Lehre und Praxis als Schildermaler. Ab 1930 Abendkurse an der Meisterschule für Grafik in Berlin. 1933/34 Studium an der Kunsthochschule Berlin-Charlottenburg. 1946 als Professor an die Hochschule für angewandte Kunst in Berlin-Weißensee berufen. Eintritt in die SED. Von 1949 bis 1975 war Mohr Leiter der Abteilung Druckgrafik an dieser Hochschule, wo Koelle ihn als Kollegen kennenlernte. Vgl. Ebenda, S. 535.
(252) Brief von Fritz Koelle aus Berlin an seine Frau vom 15.12.1950.
(253) Brief von Fritz Koelle aus Berlin an seine Frau vom 11.1.1951
(254) Am 24.3.1950 wurde die Deutsche Akademie der Künste zu Berlin (Ost) gegründet. Ihr erster Präsident war Arnold Zweig.
(255) Brief von Fritz Koelle aus Berlin an seine Frau vom 16.1.1951
(256) Schreiben Koelles an Ministerpräsident Otto Grotewohl vom 5.2.1951, in: Vgl. Anmerkung 147, Bl. 94, 95, 96.
(257) Antwort Grotewohls vom 7.2.1951 auf Koelles oben genanntes Schreiben, in: Ebenda, Bl. 97.
(258) Nachdem Koelle seine Mitarbeit am Thälmann-Denkmal abgelehnt hatte, vorher war bereits Richard Horn ausgeschieden, und das Kollektiv der „sechs bis acht besten Bildhauer der Republik" nicht zustande gekommen war, ist noch eine kurzzeitige Mitwirkung Will Lammerts und danach von Hans Kies mit dem Duo Hahne/Graetz dokumentiert. 1953 urteilte Nikolai Tomski, der das Lenin-Denkmal in Friedrichshain gestaltete, daß die künstlerischen Kompetenzen der Bildhauerin für diesen Aufgabenkomplex nicht ausreichten. René Graetz war inzwischen aus dem Projekt ausgeschieden. Für den Zeitraum 1954 bis 1956 ist die Mitarbeit von Paul Gruson nachgewiesen. Für Ruthild Hahne muß der Großauftrag wirtschaftlich erfolgreich gewesen sein, denn sie gab direkt 1950 ihre Dozentur an der Hochschule in Weißensee auf. Da das Denkmalprojekt bis 1965 nicht realisiert wurde, beschloß das Politbüro am 13.7.1965 dessen endgültige Einstellung. Das Modell im Maßstab 1 : 3 verblieb bis 1990 bei der Künstlerin, wurde dann aber infolge Platzmangels weitgehend zerstört. Zu Ruthild Hahne vgl.: Jörg Fidorra und Katrin Bettina Müller: Ruthild Hahne, Geschichte einer Bildhauerin, Hrsg. von der Schadow-Gesellschaft e.V., Berlin, 1995.
Da die Idee eines Thälmann-Denkmals aber bei den Politikern noch nicht aufgegeben war, beschloß das Politbüro am 10.7.1979 die Errichtung eines gesellschaftlichen Zentrums im Bezirk Prenzlauer Berg. Dort sollte auf dem Gelände eines rückzubauenden Gaswerks der „Ernst-Thälmann-Park" mit entsprechendem Denkmal entstehen. Trotz massiven Bürger- und Künstlerprotests wurden die Industrieanlagen entfernt und statt dessen eine Hochhauskulisse geschaffen, vor die auf Drängen Honeckers der sowjetische Künstler Lew Kerbel das bei den Künstlern umstrittene „megalomane" Denkmal setzte (vgl. Anmerkung 174), das am 15. April 1986 eingeweiht wurde. Es diente zur Selbsthistorisierung des Staates der DDR und zur drohenden Machtdemonstration einer autokratischen Partei- und

Staatsführung gegen das eigene Volk. Vgl. Thomas Flierl: „'Thälmann und Thälmann von allen' – Ein Nationaldenkmal für die Hauptstadt der DDR, Berlin", in: Günter Feist u.a., 1996, S. 358-385; und

Eberhard Elfert: „Monumentalplastik im Widerstreit der politischen Systeme", in: Paul Kaiser und Karl-Siegbert Retzberg (Hrsg.): Enge und Vielfalt – Auftragskunst und Kunstförderung in der DDR, Hamburg, 1999, S. 364f.

(259) Brief von Fritz Koelle aus Berlin an seine Frau vom 18.1.1951.
(260) Wilhelm Tank, *15.6.1888 in Kuschlin/Posen. Deutscher Maler, Radierer und Bildhauer. Studierte 1910 bis 1914 an der Berliner Akademie. Meisterschüler von A. Kampf. Seit 1925 als Lehrer an der Deutschen Hochschule für Leibesübungen und der Hochschule für bildende Künste in Berlin/West. Tank verfaßte mehrere Lehrbücher für Anatomie. Und in diesem Fachbereich lehrte er auch in Koelles Klasse in Berlin-Weißensee. Vgl. Vollmer, 1992, Bd. 4, S. 417.
(261) Brief von Fritz Koelle aus Berlin an seine Frau vom 21.1.1951.
(262) Ebenda.
(263) Ebenda.
(264) Ebenda.
(265) Brief von Fritz Koelle aus Berlin an seine Frau vom 31.1.1951.
(266) Ebenda.
(267) N. Orlow: „Wege und Irrwege der modernen Kunst", in: Tägliche Rundschau vom 20./21.1.1951.
(268) Die erste Runde der Formalismus-Debatte leitete der sowjetische Major Alexander Dymschitz (Chef der Kulturabteilung der SMAD) mit seinem Artikel „Über die formalistische Richtung in der Malerei" in der Täglichen Rundschau vom 19.11.1948 (I. Teil) und 26.11.1948 (II. Teil) ein. Darin ging es um den Kampf gegen alle Tendenzen moderner, abstrakter, nonfigurativer Kunst, ebenso um Anknüpfungspunkte an den Expressionismus aus den zwanziger Jahren und um den Kampf für eine parteigeprägte, dem arbeitenden Menschen verbundene Kunst und um eine durch die SED normierte Ästhetik. Wandten sich die Angriffe auch gemäß der immer größer werdenden Spaltung zwischen Ost und West gegen westliche Kunst und Künstler wie Chagall, Maserel und Schmidt-Rottluff, so ging es in der Hauptsache aber darum, den Künstlern im eigenen Staatsbereich die Grenzen zu setzen und sie von der Westkunst abzuriegeln, was auch die Verunglimpfung von DDR-Künstlern in der Formalismus-Kampagne bewies, die als allgegenwärtige Waffe genutzt wurde, um diese Künstler auf die parteiideologisch ästhetische Linie des sowjetisch ausgerichteten sozialistischen Realismus zu bringen.
Da man in der Parteispitze aber erfahren mußte, daß von Seiten der Künstler die vorgeschriebene Richtung nicht in der gebotenen Schnelle beschritten wurde, beschloß man, unter anderem mit Orlows Attacke 1951 eine schärfere Gangart einzulegen. Vgl. Bernd Lindner: Verstellter, offener Blick – Eine Rezeptionsgeschichte bildender Kunst im Osten Deutschlands 1945 – 1995, Köln, 1998, S. 65ff.; und Günter Feist: Allmacht und Ohnmacht – Historische Aspekte der SED, in: Günter Feist u.a., 1996, S. 42ff.
(269) N. Orlow, 1951, Zitiert nach: Schubbe, 1972, S. 164f., in: Bernd Lindner, 1998, S. 99.
(270) Zu der Sitzung waren vom Volksbildungsministerium Rudolf Böhm, Heisig und Scholz und vom Landesverband der SED Lehmann, Gustav Urbschat, Tenk und Raskop erschienen.
(271) Brief von Fritz Koelle aus Berlin an seine Frau vom 27.1.1951.
(272) Brief von Fritz Koelle aus Berlin an seine Frau vom 29.1.1951.
(273) Vgl. Anmerkung 265.
(274) Ebenda.
(275) Brief von Fritz Koelle aus Berlin an seine Frau vom 1.2.1951.
(276) Brief von Fritz Koelle aus Berlin an seine Frau vom 5.2.1951.

(277) Brief von Fritz Koelle aus Berlin an seine Frau vom 7.2.1951.
(278) Prof. Fritz Dähn: Beurteilung über Professor Stam vom 17.5.1951, in: Archiv der Hochschule für bildende Künste Dresden unter Akte Kader (Ka 10) 1951 – 1959, zitiert in: Simone Hain: ABC und DDR. Drei Versuche, Avantgarde mit Sozialismus in Deutschland zu verbinden, in: Günter Feist u.a., 1996, S. 438ff.
(279) Rudolf Böhm im Sitzungsprotokoll vom 26.1.1951, in: Archiv Kunsthochschule Berlin-Weißensee (KHB) unter K1/51.
(280) „Formalismus bedeutet nicht nur Verleugnung der grundlegenden Bedeutung des Inhalts, des Grundgedankens im Kunstwerk; Formalismus bedeutet auch Zerstörung der künstlerischen Form und damit Zerstörung der Kunst selbst. Nach Karl Marx war die Kunst in allen Entwicklungsetappen der Menschheit die künstlerisch praktische Methode, sich die Welt anzueignen, mit anderen Worten: die Kunst ist für den Menschen eine Form der Erkenntnis der Wirklichkeit. Das bedeutet, daß in den Kunstwerken die Wirklichkeit, das Leben in seiner Entwicklung richtig dargestellt werden soll. Die Formalisten leugnen aber die bedeutende Rolle des Inhaltes eines Kunstwerkes. Damit wird der Grundsatz verlassen, daß die Kunst eine Form der Erkenntnis der Wirklichkeit ist. Die Leugnung der grundlegenden Bedeutung des Inhalts, des Gedankengutes eines Kunstwerkes führt weiterhin unweigerlich – und die Tatsachen beweisen es – zur Abstraktion in der Form. Abstrakte Formen aber, ganz gleich, ob es sich um Malerei, Plastik, Architektur, Musik, darstellende Kunst oder Literatur handelt, sind künstlerische Gestaltungsformen, die der Wirklichkeit widersprechen. Leugnung der grundlegenden Bedeutung des Inhalts und ‚künstlerische Formgebung', die der Wirklichkeit, dem Leben, dem Aussehen der Menschen widerspricht, in der die Wirklichkeit verunstaltet oder gar abstoßend dargestellt wird – das eben bedeutet Zerstörung der Kunst.
Das wichtigste Merkmal des Formalismus besteht darin, unter dem Vorwand, etwas ‚vollkommen Neues' zu entwickeln, den völligen Bruch mit dem klassischen Kulturerbe zu vollziehen. Das führt zur Entwurzelung der nationalen Kultur, zur Zerstörung des Nationalbewußtseins, fördert den Kosmopolitismus und bedeutet damit eine Unterstützung der Kriegspolitik des amerikanischen Imperialismus.
Für den Formalismus ist weiter kennzeichnend die Abkehr von der Volkstümlichkeit der Kunst, das Verleugnen des Prinzips, daß die Kunst Dienst am Volk sein muß." In: Hans Lauter: „Kampf gegen Formalismus in Kunst und Literatur – Für eine fortschrittliche deutsche Kultur", Referat auf der 5. Tagung des Zentralkomitees der SED, in: „Sonntag" vom 1.4.1951, S. 7.
(281) Ebenda, S. 8.
(282) In der Gründungsurkunde der Staatlichen Kommission für Kunstangelegenheiten vom 12.7.1951 heißt es in §3: „Die Staatliche Kommission für Kunstangelegenheiten hat dafür zu sorgen, daß auf allen Gebieten der Kunst der Formalismus überwunden, der Kampf gegen die Dekadenz entschieden weitergeführt und eine realistische Kunst durch Anknüpfen an die großen Meister der Klassik entwickelt wird", zitiert in: Jörn Schütrumpf: Die politischen Determinanten und die Herausbildung der organisatorischen Strukturen von Auftragskunst und Kunstförderung in der DDR 1949 – 1963, in: Paul Kaiser und Karl-Siegbert Rehberg, 1999, S. 66.
(283) Der Kulturfonds, dessen Zulassung durch die SMAD am 2.9.1949 erfolgte mit Herbert Heerklotz als Direktor und der die Funktion der Finanzierung der Kultur der SBZ/DDR im weitesten Sinne hatte, bezog seine Gelder aus einer Steuer von 10 Pfennig, dem Kulturgroschen, die ab Oktober 1949 auf jede verkaufte Eintrittskarte aufgeschlagen wurde. Kinobesucher zahlten nur 5 Pfennige. Vgl. Ebenda, S. 64.
(284) Ebenda, S. 66.
(285) Brief Gerhard Thiemes aus Hermsdorf-Oberlungwitz an Fritz Koelle in München vom 7.3.1951, in: Germanisches Nationalmuseum Nürnberg unter ABK, NL Koelle I, C 35.

(286) Brief Gerhard Thiemes und Werner Rosenthals aus Berlin an Fritz Koelle in München vom 9.5.1951, in: Ebenda unter ABK, NL Koelle I, C 36.
(287) Bestätigung für eine Einreiseerlaubnis vom Staatsminister und stellvertretenden Ministerpräsidenten Wilhelm Hoegner, München, vom 1.8.1951, in: Ebenda unter ABK, NL Koelle I, C 38.
(288) Schreiben Max Wönners, Abgeordneter des Deutschen Bundestages, Bonn, an den Resident Officer Chester S. Wright, München, vom 3.8.1951, in: Koelle-Nachlaß im Besitz des Sohnes, Fritz Koelle jun.
(289) –e.: „Kleines Mädchen wartet auf den Vater", in: Schwäbische Landeszeitung, Augsburg, vom 26.4.1951, S. 5.
(290) Schreiben Fritz Koelles an den Verlag/Redaktion der Schwäbischen Landeszeitung in Augsburg vom 30.4.1951, in: Koelle-Nachlaß im Besitz des Sohnes, Fritz Koelle jun.
(291) Einzelvertrag zwischen Professor Fritz Koelle und der Staatlichen Kommission für Kunstangelegenheiten der DDR vom 1. September 1951, hier § 1 (1), in: Koelle-Nachlaß im Besitz des Sohnes, Fritz Koelle jun.
(292) Ebenda, § 6 (1).
(293) Ebenda, § 6 (3).
(294) Sonderspeisekarte für „Herrn Prof. Kölle" des Hotels Johannishof in Berlin, auf die als individuelles Angebot auch „Kaiserschmarren" für 1,60 DM aufgenommen wurde, in: Koelle-Nachlaß im Besitz des Sohnes, Fritz Koelle jun.
(295) Brief von Fritz Koelle aus Berlin an seine Frau vom 2.9.1951.
(296) Koelle bezog sich dabei auf die am 18.6.1949 zur Wiedereröffnung der Nationalgalerie ausgerichtete Dauerausstellung „Deutsche Kunst von der Goethezeit bis zur Schwelle der Gegenwart", die offensichtlich bei Max Liebermann endete.
(297) Vgl. Anmerkung 295.
(298) Brief von Fritz Koelle aus Berlin an seine Frau vom 5.9.1951.
(299) Brief von Fritz Koelle aus Berlin an seine Frau vom 6.9.1951.
(300) Ebenda.
(301) Vgl. Anmerkung 295.
(302) Ebenda.
(303) Hans Stangl, *8.3.1888, †1963 in München. War 1908 bis 1913 Schüler in der Keramikwerkstatt von Ignatius Taschner in Dachau und Berlin. 1913 bis 1917 studierte er an der Münchener Akademie der bildenden Künste bei Hermann Hahn. 1928 bis 1938 führte er seine eigene private Bildhauerschule. Einige Jahre Leiter der Deutschen Akademie in der Villa Massimo in Rom. 1945 bis 1954 in Übersee am Chiemsee ansässig. Dort formte er vor allem Kleinplastiken, unter anderem Modelle für die Porzellanmanufaktur Rosenthal in Selb. Beeinflußt von der klassischen Kunst, besonders bei seinen Aktfiguren. Vgl. Helmut Friedel (Hrsg.), 1997, S. 86f.
(304) Brief von Fritz Koelle aus Berlin an seine Frau vom 9.9.1951.
(305) Vgl. Anmerkung IV-28.
(306) Brief von Fritz Koelle aus Berlin an seine Frau vom 12.9.1951, erster Brief.
(307) Brief von Fritz Koelle aus Berlin an seine Frau vom 16.9.1951.
(308) Werner Dopp, den Koelle aus Dresden kannte und der in Heft 9, 1949, der „bildenden kunst" seinen Artikel über Fritz Koelle verfaßt hatte, verlor sein Arbeitsgebiet bei dieser Kunstzeitschrift, da sie im dritten Jahrgang mit Heft 10/1949 ihr Erscheinen einstellen mußte. Im Januar 1953 erschien eine namensgleiche Zeitschrift „Bildende Kunst", die von der Staatlichen Kommission für Kunstangelegenheiten und dem Verband Bildender Künstler Deutschlands (1950 bis 1972) herausgegeben wurde. Ihr Chefredakteur war bis 1954 der Bildhauer und Kunstkritiker Cay von Brockdorff, der ab 1950 Vorlesungen über Kunst/Kunstgeschichte an der Hochschule in Weißensee hielt und den Koelle von dort her kannte.

(309) Max Schwimmer, *9.12.1895 und †12.5.1960 in Leipzig. Ausbildung zum Lehrer von 1910 bis 1916. Danach als Lehrer und Vikar tätig. 1920 Eintritt in die KPD, später Wechsel zur SPD und Studium der Philosophie und Kunstgeschichte. Wieder als Lehrer beschäftigt, 1926 bis 1933 arbeitete er als Lehrer an der Kunstgewerbeschule und betätigte sich gleichzeitig journalistisch bei der Leipziger Volkszeitung. 1933 wurde er aus dem Lehramt entlassen und 1941 zum Kriegsdienst eingezogen. 1945 erneuter Eintritt in die KPD. 1946 bis 1951 als Professor an die Hochschule für Grafik und Buchkunst in Leipzig berufen, danach an die Hochschule für bildende Künste in Dresden bis zu seinem Tod. Vgl. Günter Feist u.a., 1996, S. 882.
(310) Brief von Fritz Koelle aus Berlin an seine Frau vom 12.9.1951, erster Brief.
(311) Brief von Fritz Koelle aus Berlin an seine Frau vom 14.9.1951.
(312) Brief von Fritz Koelle aus Berlin an seine Frau vom 12.9.1951.
(313) Brief von Fritz Koelle aus Berlin an seine Frau vom 19.9.1951.
(314) Ebenda, zweiter Brief.
(315) Brief von Fritz Koelle aus Berlin an seine Frau vom 21.9.1951.
(316) Brief von Fritz Koelle aus Berlin an seine Frau vom 20.10.1951.
(317) Ebenda.
(318) Rudolf Böhm, *28.8.1917 in Schlesien, lebt in Berlin. Kulturpolitiker. Studierte Theologie, Philosophie und Geschichte in Breslau und München. 1945 Eintritt in die KPD/SED. Ab 1949 war Böhm persönlicher Referent des Ministers für Volksbildung, Paul Wandel. In dieser Funktion hatte Koelle Kontakt zu Böhm, der 1958 aus allen Ämtern fristlos entlassen wurde im Zusammenhang mit der Revisionismus-Debatte und politischer Deklassierung des Ministers für Volksbildung. Betätigte sich seitdem als freiberuflicher Autor. Vgl. Günter Feist u.a., 1996, S. 858.
(319) Brief von Fritz Koelle aus Berlin an seine Frau vom 16.10.1951.
(320) Ebenda.
(321) Interview der Verfasserin mit Koelles Schüler Werner Rosenthal in Berlin am 25.6.1998.
(322) Heinrich Drake, *15.2.1903 in Ratsiek/Detmold, †26.7.1994. 1923 bis 1927 Lehre als Holzbildhauer in Detmold, 1927 bis 1929 Ausbildung an der Kunstgewerbeakademie. Danach autodidaktische Weiterbildung in Bildhauerei. Nach dem Zweiten Weltkrieg als Zeichenlehrer an Oberschulen beschäftigt. Gehörte 1946 zu den Gründungsmitgliedern der Hochschule Berlin-Weißensee. Ab 1949 bis zur Emeritierung 1969 hatte er dort eine Professur für Plastik inne und war bis 1953 Koelles Bildhauerkollege. Vgl. Günter Feist u.a., 1996, S. 861.
(323) Brief von Fritz Koelle aus Berlin an seine Frau vom 10.10.1951.
(324) Brief von Fritz Koelle aus Berlin an seine Frau vom 13.10.1951, erster Brief.
(325) Vgl. Anmerkung 319. Nach Koelles Tod ging Jürgen von Woyski nach dem Vordiplom als einziger Student zu Drake, der ihm als erstes zu verstehen gab, daß er sich von Grund auf in seiner Gestaltung ändern mußte. Während Koelle bei seinem Plastikaufbau von der Linie ausging ebenso wie Walter Arnold, baute Drake seine Plastik vom Volumen aus auf. Drake habe nie gelobt, im Gegensatz zu Koelle, der immer das Positive gesehen habe. Interview der Verfasserin mit Koelles Schüler Jürgen von Woyski in Hoyerswerda am 29.6.1998.
(326) Vgl. Anmerkung 321.
(327) Interview der Verfasserin mit Koelles Schüler Gerhard Thieme in Berlin am 24.6.1998.
(328) Vgl. Anmerkung 321.
(329) Ebenda.
(330) Brief von Fritz Koelle aus Berlin an seine Frau vom 15.10.1951.
(331) Brief von Fritz Koelle aus Berlin an seine Frau vom 18.10.1951.

(332) Interview der Verfasserin mit Koelles Schüler Jürgen von Woyski in Hoyerswerda am 29.6.1998.
(333) Vgl. Anmerkung 324, zweiter Brief.
(334) Brief von Fritz Koelle aus Berlin an seine Frau vom 4.11.1951.
(335) Vgl. Anmerkung 332.
(336) Vgl. Anmerkung 321.
(337) Vgl. Anmerkung 327.
(338) Vgl. Anmerkung 321.
(339) Frau Frank war die spätere Bildhauerin Ingeborg Franck-Hunziger, *1915 in Berlin, dort freischaffend.
(340) Brief von Fritz Koelle aus Berlin an seine Frau vom 1.12.1951.
(341) Brief von Fritz Koelle aus Berlin an seine Frau vom 2.11.1951.
(342) Brief von Fritz Koelle aus Berlin an seine Frau vom 23.10.1951.
(343) Brief von Fritz Koelle aus Berlin an seine Frau vom 26.10.1951.
(344) Brief von Fritz Koelle aus Berlin an seine Frau vom 4.11.1951.
(345) Brief von Fritz Koelle aus Berlin an seine Frau vom 7.11.1951.
(346) Handschriftliches Manuskript Koelles an Rudolf Böhm vom 31.10.1951, als Anlage in Koelles Brief aus Berlin an seine Frau vom 12.11.1951.
(347) Handschriftliches Manuskript Koelles an Helmut Holtzhauer vom 2.11.1951, als Anlage in Koelles Brief aus Berlin an seine Frau vom 12.11.1951.
(348) Schreiben Koelles an Otto Grotewohl, Berlin, am 4.11.1951, in: Stiftung Archiv der Parteien und Massenorganisationen der DDR im Bundesarchiv Koblenz (Berlin) unter NY 4090-545 (Nachlaß Otto Grotewohl), Bl. 66.
(349) Vgl. Anmerkung 344.
(350) Vgl. Anmerkung 345.
(351) Brief von Fritz Koelle aus Berlin an seine Frau vom 14.11.1951.
(352) Brief von Fritz Koelle aus Berlin an seine Frau vom 21.10.1951.
(353) Brief von Fritz Koelle aus Berlin an seine Frau vom 22.11.1951.
(354) Brief von Fritz Koelle aus Berlin an seine Frau vom 11.11.1951.
(355) Brief von Fritz Koelle aus Berlin an seine Frau vom 8.11.1951.
(356) Brief von Fritz Koelle aus Berlin an seine Frau vom 9.11.1951.
(357) Koelles Plastiken „Säemann" und „Friedenskämpfer" wurden unter den Nummern 138 und 139 im Katalog zur Ausstellung „Künstler schaffen für den Frieden", veranstaltet vom „Verband Bildender Künstler" im Kulturbund zur demokratischen Erneuerung Deutschlands vom 1. Dezember 1951 bis 31. Januar 1952, auf der Seite 21 genannt, die Abbildung des „Säemanns" findet sich auf S. 40.
Elisabeth Koelle-Karmanns Bilder sollten präsentiert werden in der Ausstellung „Bilder der Zeit", einer „ständigen Verkaufs- und Ausstellungseinrichtung des Verbandes Bildender Künstler, die den gesellschaftlichen Auftraggebern, allen Institutionen der Deutschen Demokratischen Republik, Organisationen und Betrieben die Möglichkeit bietet, sich regelmäßig über die Entwicklung der Bildenden Kunst in der Deutschen Demokratischen Republik zu informieren und die der Beschaffung künstlerischer Werke dient." Sie fand Unter den Linden 40 statt. Vgl. in: ebenda.
(358) Brief von Fritz Koelle aus Berlin an seine Frau vom 23.11.1951.
(359) Vgl. Anmerkung 356. Am 1.12.1951 erhielt Koelle einen Werkvertrag von der Zentralleitung des Verbandes Bildender Künstler über sechs Figuren für das Mittelteil der Humboldt-Universität. Vertrag in: Germanisches Nationalmuseum Nürnberg unter ABK, NL Koelle I, B 90.
(360) Vgl. Anmerkung 355.
(361) Ignaz Günther, *22.11.1725 in Altmannstein/Oberpfalz, †27.6.1775 in München. Deutscher Bildhauer, der die Lehrzeit bei seinem Vater, dem Schreiner und Holzbildhauer

Johann Georg Günther erhielt und dann ab 1743 zum Hofbildhauer Johann Baptist Straub nach München und weiter zu Paul Egell, dem kurpfälzischen Hofbildhauer, nach Mannheim ging. Günthers Werk bildete den Höhepunkt der Schnitzkunst des deutschen Rokoko und des gesamten 18. Jahrhunderts. Hier seien nur einige Gestaltungselemente genannt, die für Fritz Koelle von Bedeutung waren: charakteristischer Figurenschwung, die Tendenz, der Skulptur durch Betonung des Spielbeins und schraubenartige Drehung ein raumgreifendes Volumen zu verleihen, und Gewänder mit ihren mächtigen Stoffbahnen, die wie vom Wind bewegt dargestellt sind. Vgl. dazu Ignaz Günther in: Lexikon der Kunst, Freiburg, 1988, Bd. 5, S. 291f.

(362) Koelle gab seiner Frau eine bildhafte Anweisung zu den beiden Büchern über die Ägyptische Plastik, die auch Rückschlüsse auf seine Wahrnehmungsdominanz zulassen: „das eine ist dunkelgrau, mit einer Frauenfigur, mit dem schönen Kleid, wo die Falten so schön parallel im Rhythmus laufen, auf dem Einband. Das andere hat auf dem Einband den Sperberkopf in Gold." Es handelte sich dabei um Hedwig Fechheimer: Die Plastik der Ägypter, Berlin 1918³. Koelles Angaben finden sich in seinem Brief aus Berlin an seine Frau vom 10.11.1951.

(363) Bei den barocken „Brückenheiligen" der Würzburger Mainbrücke handelt es sich auf der Südseite um Skulpturen, die aus der Werkstatt der Haßfurter Gebrüder Becker stammen. Die etwas jüngeren flußabwärts wurden vom französischen Hofbildhauer Claude Curé geschaffen. Die Skulpturen entstanden im ersten Viertel des 18. Jahrhunderts.

(364) Vgl. Anmerkung 356.

(365) Vgl. Anmerkung 321.

(366) Vgl. Anmerkung 332.

(367) Vgl. Anmerkung 321.

(368) Brief von Fritz Koelle aus Berlin an seine Frau vom 27.11.1951.

(369) Vgl. Anmerkung 340.

(370) Brief von Fritz Koelle aus Berlin an seine Frau vom 17.11.1951.

(371) Alexander Abusch: „Im Kampf um den Realismus in der Kunst", in: Sonntag, 6. Jg., Nr. 48 vom 2.12.1951, S. 2; und ders. in: Katalog zur Ausstellung „Künstler schaffen für den Frieden" in den Staatlichen Museen zu Berlin, Museumsbau am Kupfergraben, vom 1.12.1951 bis 31.1.1952, S. 6 bis 8.

(372) Ebenda.

(373) E. Kl.: „Friedensgesinnung der deutschen Kunst", in: Neue Zeit, Nr. 280 vom 2.2.1951, S. 5.

(374) STG/Z.: „Vor einer Deutschen Kunstausstellung", in: Sonntag, 6. Jg., Nr. 42 vom 21.10.1951.

(375) Stephan: „Glaube an das Leben – Erster Eindruck von der großen deutschen Kunstausstellung ‚Künstler schaffen für den Frieden'", in: Sonntag, 6. Jg., Nr. 49 vom 9.12.1951, S. 3.

(376) Vgl. Anmerkung 371, S. 2 und S. 7.

(377) D. (für Werner Dopp): „Deutschlands Kunst bekennt sich zum Frieden", in: Nachtexpress – Die Illustrierte Berliner Abendzeitung vom 1.12.1951. In einer nicht näher bezeichneten Zeitung mit dem Titel „Bekenntnis der deutschen Künstler zum Frieden" befindet sich auf S. 10 eine halbseitige Abbildung mit der Bildunterschrift: „Die führenden Persönlichkeiten des öffentlichen Lebens statteten der Ausstellung am Eröffnungstage ihren Besuch ab. Auf dem Bild: Staatspräsident Wilhelm Pieck und der stellvertretende Ministerpräsident Walter Ulbricht im Gespräch mit Nationalpreisträger Professor Otto Nagel vor der Plastik des westdeutschen Bildhauers Prof. Koelle ‚Friedenskämpfer'."

(378) Brief von Fritz Koelle aus Berlin an seine Frau vom 6.12.1951.

(379) Brief von Fritz Koelle aus Berlin an seine Frau vom 16.1.1952.

(380) Helmut Holtzhauer zitiert in: Ilona Schulz: „Die Barlach-Ausstellung 1951/52 in der Deutschen Akademie der Künste, Berlin (DDR)", in: Günter Feist u.a., 1996, S. 147.
(381) Kurt Magritz, *13.11.1909 in Johanngeorgenstadt, †15.6.1992 in Berlin. 1928 bis 1934 Architekturstudium in Dresden und Berlin. Im Nationalsozialismus wegen antifaschistischer Tätigkeit unter Aufsicht gestellt. 1946 bis 1952 Professor an der Hochschule für Grafik und Buchkunst in Leipzig. 1950 bis 1953 hatte er die Kulturredaktion der „Täglichen Rundschau/Illustrierten Rundschau". In seiner kulturpolitischen Funktion wurde Magritz Koelles größter Kritiker. Vgl. Günter Feist u.a., 1996, S. 875.
(382) Kurt Magritz: „Ein merkwürdiges Vorwort", in: Tägliche Rundschau vom 29.12.1951, zitiert in: vgl. Anmerkung 380, S. 148.
(383) Wilhelm Girnus: „Ernst-Barlach-Ausstellung in der Deutschen Akademie der Künste", in: Neues Deutschland vom 4.1.1952, zitiert in: vgl. Anmerkung 380, S. 150.
(384) Gustav Seitz, zitiert in: vgl. Anmerkung 380, S. 153.
(385) Vgl. dazu: Kurt Magritz: „Auf dem Wege zum Realismus. Bemerkungen zur deutschen Kunstausstellung ‚Künstler schaffen für den Frieden'", in: Tägliche Rundschau vom 16.12.1951.
(386) Eine Abbildung der „Frierenden Alten" von 1937 findet sich in: Naomi Jackson Graves: Ernst Barlach, Königstein, 1972, S. 117.
(387) Vgl. Anmerkung 321.
(388) Vgl. Anmerkung 327.
(389) Vgl. Anmerkung 321.
(390) Brief von Fritz Koelle aus Berlin an seine Frau vom 23.1.1952.
(391) Brief von Fritz Koelle aus Berlin an seine Frau vom 26.1.1952.
(392) Ebenda.
(393) Ebenda.
(394) Brief von Fritz Koelle aus Berlin an seine Frau vom 19.2.1952.
(395) Brief von Fritz Koelle aus Berlin an seine Frau vom 28.1.1952.
(396) Ebenda.
(397) Vgl. Anmerkung 391.
(398) Brief von Fritz Koelle aus Berlin an seine Frau vom 27.1.1952.
(399) Brief von Fritz Koelle aus Berlin an seine Frau vom 16.2.1952.
(400) Brief von Fritz Koelle aus Berlin an seine Frau vom 18.2.1952.
(401) Brief von Fritz Koelle aus Berlin an seine Frau vom 17.2.1952.
(402) Ebenda.
(403) Vgl. Anmerkung 400.
(404) Ebenda.
(405) Brief von Fritz Koelle aus Berlin an seine Frau vom 31.1.1952.
(406) N.N.: „Arbeiter krönen die Universität", in: Nachtexpress vom 5.2.1952.
(407) Ebenda.
(408) Leopold Pridkau: „Bildner eines neuen Lebens – Der Bildhauer Fritz Koelle schafft Plastiken für die Universität", in: Neue Zeit vom 9.2.1952.
(409) Vgl. Anmerkung 405.
(410) Das Gebäude der Universität wurde eventuell 1748 bis 1753 von Johann Boumann d.Ä. als Palais für den Bruder Friedrichs II., Prinz Heinrich, erbaut, es könnten aber auch Pläne Knobelsdorffs zugrunde gelegen haben. Auf Initiative von Wilhelm von Humboldt wurde darin 1810 die Friedrich-Wilhelms-Universität gegründet, die 1942 den Namen ihres Gründers erhielt.
(411) Brief von Fritz Koelle aus Berlin an seine Frau vom 20.2.1952.
(412) Brief von Fritz Koelle aus Berlin an seine Frau vom 6.2.1952.
(413) Brief von Fritz Koelle aus Berlin an seine Frau vom 8.2.1952.
(414) Brief von Fritz Koelle aus Berlin an seine Frau vom 12.2.1952.

(415) Brief von Fritz Koelle aus Berlin an seine Frau vom 13.2.1952.
(416) Brief von Fritz Koelle aus Berlin an seine Frau vom 14.2.1952.
(417) Vgl. Anmerkung 414.
(418) Brief von Fritz Koelle aus Berlin an seine Frau vom 22.2.1952.
(419) Schreiben Koelles an Staatsminister Holtzhauer, Berlin, vom 3. März 1952, Kopie als Anlage zu seinem Brief aus Berlin an seine Frau vom 23.3.1952.

„Sehr geehrter Herr Staatsminister,

Sie besuchten mich am 29.2. in meinem Atelier, um meinen Entwurf, den plastischen Schmuck des Portals der Humbodt-Universität zu kritisieren. Sie haben Bedenken, dass mein Entwurf ‚Arbeiter und Bauern' darstellend, nicht in Einklang zu bringen ist, mit der Knobelsdorffschen Architektur. Darauf erwidere ich Ihnen höflichst mit Gegenbeweisen. Sind nicht unsere grossartigsten deutschen Dome aus verschiedenen Zeitabschnitten errichtet, ebenso deren plastischer Schmuck, auch farbiger Schmuck, Freskos, Bilder und Glasfenster. Da erwähne ich an erster Stelle einen Dom meiner süddeutschen Heimat in Augsburg. Dieser Dom ist ein Bauwerk aus den verschiedensten Bauperioden, vom romanischen Stil, gotischen Stil bis in unsere heutige Zeit und in seiner Grossartigkeit, an seiner Gesamterscheinung ging nichts verloren, selbst das neu errichtete Pfarrhaus ist mit viel Geschmack diesem herrlichen Bau angefügt. Im Innern der Kirche befindet sich ein Glasfenster – aus dem Jahre 1930 – von Prof. Bleecker und Prof. Knappe, es sind nicht meine Freunde, aber sie haben mit viel Geschmack ein Glasfenster geschaffen, das sich den ältesten und schönsten deutschen Glasfenstern aus dem 8. Jahrhundert vornehm unterordnet. Ferner erinnere ich an das moderne grosse Fresko des berühmten Professors Karl Caspar im Bamberger Dom über der Krypta, das sich selten schön in seinen Farben, dem Innern des romanischen Doms einfügt.

Aus all diesen Gründen verstehe ich nicht, warum die Rokoko-Figuren besser den Zeitgeist zum Ausdruck bringen, als meine Arbeiter und Bauern für eine ‚Arbeiter und Bauern' Universität'. Noch dazu, wo selbst der Verwaltungsdirektor und andere Persönlichkeiten der Universität überrascht sind über die Lösung dieser Aufgabe.

Ich wollte nicht die säulenartige Fortsetzung in den Figuren, wie die Rokoko-Plastiken es waren. Ich versuchte durch eine Gegenbewegung Leben zu erreichen, durch horizontale Linien, nicht nur eine Bekrönung der sechs einzelnen Säulen, sondern eine Bekrönung des Portals in seiner Gesamterscheinung erreichen. So kam ich auf den Gedanken, eine siebente Figur eines Gelehrten als Hauptfigur anzubringen.

Zu einer weiteren von Ihnen angeschnittenen Frage. Mein Entwurf spricht nicht in erster Linie zum Beschauer durch seinen Inhalt, weil es Arbeiter sind, sondern in erster Linie durch seine Art, wie diese Bekrönung des Portals in seiner Gesamtheit gestaltet ist, weil jede einzelne Figur zur nebenstehenden Figur kompositionelle Beziehungen, Übergänge und Verbindungen hat und die Mittelfigur – der Gelehrte – sämtliche Figuren zusammenhält und so für das Auge einen schönen Klang oder R[h]ythmus von Linien und Formen ausstrahlt, in seiner Gesamterscheinung. Das ist in erster Linie das, was den Beschauer, den Vorübergehenden anzieht zu einer eingehenden Betrachtung. In zweiter Linie wird jede einzelne Figur zum Beschauer sprechen, wenn sie dieselben Voraussetzungen hat, durch ihre künstlerische Gestaltung und erst d a n n wird den Beschauer der Inhalt interessieren. Sind die ersten beiden Voraussetzungen nicht vorhanden, so bleibt jedem Kunstwerk seine Wirkung versagt. Mein Entwurf interessiert noch lange nicht nur deswegen, weil es Arbeiter sind, sondern auch aus Gründen, die ich bereits erwähnte. Warum interessiert uns als fortschrittliche Menschen, wo wir gegen den Krieg eingestellt sind, ein Bild von Altdorfer ‚Die Alexanderschlacht'; bestimmt nicht wegen des Inhalts, wegen des Krieges, der dargestellt ist, sondern wegen seiner bis ins Detail durchgeführten künstlerischen Gestaltung. Warum interessieren uns so viele Kunstwerke alter Meister, die uns im Inhalt ganz und gar fremd sind, nur wegen ihrer künstlerischen Gestaltung, nicht wegen ihres Inhalts.

Eine solche Komposition von mehreren Plastiken, wie für die Humboldt-Universität in Berlin, eine solche Gruppe muss schon durch ihre Klarheit bezüglich ihrer Komposition, ihrer Linien und Formen aus weitester Ferne, wo vom Inhalt noch gar nichts vernehmbar sein kann, ihre Wirkung ausstrahlen. Noch weiter, dass keine der sechs Figuren ohne ihre nebenstehende Figur sein kann, ja unmöglich ist, das auch nur wegen der Komposition und nicht wegen seines Inhalts. Kämen sechs gleiche Vasen als Schmuck auf das Portal – wie auch schon vorgesehen war – so könnte man diese Vasen ohne weiteres gegenseitig auswechseln, niemals aber diese verschieden gestalteten Plastiken, die zu einem Ganzen, zu einem Stück komponiert sind.

Wenn unter meinem Entwurf, unter den sieben Plastiken, sich eine Plastik befindet, die Ihnen nicht entspricht, so ist es doch noch kein Grund, dass man meinen Entwurf ablehnt. Ich erkläre mich bereit, für diese Figur eine neue Lösung zu finden.

Herr Staatsminister, auf Ihre Empfehlung besuchte mich Herr. Prof. Magritz, der mich eingehend auch über verschiedene plastische Probleme belehrte und aufklärte. Ich muss offen gestehen, ich benötige weder Belehrung noch Aufklärung, was ich benötige, ist ein Auftrag zur weiteren Entfaltung. Sein Vorschlag, für die Universität statt Arbeiter Professoren sämtlicher Fakultäten zu gestalten, finde ich für eine Arbeiter- und Bauern-Universität in einer Zeit der Arbeiterregierung unpassend. Dieser Gedanke erinnert mich an die Hochblüte wilhelminischer Zeiten."

(420) Holtzhauer als Vorsitzender der StaKuKo an Ministerpräsident Grotewohl, Berlin, vom 3.3.1952, in: Vgl. Anmerkung 348, Bl. 70.
(421) Brief von Fritz Koelle aus Berlin an seine Frau vom 21.3.1952.
(422) Fritz Cremer, *22.10.1906 in Arnsberg, †1.9.1993 in Berlin. 1922 bis 1925 in Essen zum Steinbildhauer ausgebildet, anschließend als Steinmetzgeselle tätig und nebenbei Abendkurse an der Folkwangschule in Essen. Ab 1929 Mitglied der KPD. 1929 bis 1934 studierte Cremer bei Wilhelm Gerstel (1879 bis 1963) an der Kunsthochschule Berlin-Charlottenburg, 1933 Protest gegen den Ausschluß von Heinrich Mann und Käthe Kollwitz aus der Preußischen Akademie der Künste. 1934 bis 1938 Meisterschüler bei Gerstel. 1937/38 Romstipendium, 1942 Rompreis und sechs Monate Romaufenthalt. 1946 bis 1950 Leiter der Bildhauer-Abteilung der Akademie für angewandte Kunst in Wien. Danach Übersiedelung nach Berlin und Mitglied der Deutschen Akademie der Künste und Leiter eines Meisterateliers. 1953 Eintritt in die SED. Cremer erhielt 1953, 1958 und 1972 den Nationalpreis. Fritz Cremer war einer der bedeutendsten Bildhauer der DDR. Einflüsse von Rodin, Maillol, Barlach und Kollwitz wurden in seinem Œuvre verarbeitet. Besonders nachhaltig aber wirkte sein Lehrer Wilhelm Gerstel, der ihm die Fähigkeit zur genauesten Naturbeobachtung als wichtigste Basis individueller künstlerischer Kreativität vermittelte. Cremer verließ nie den figurativen Pfad. Vor diesem künstlerischen Hintergrund läßt sich Cremers Affinität zu Koelles Plastik verstehen, die er in einem Nachruf auf Koelles Tod bestätigt. Vgl. Lexikon der Kunst, München, 1996, Bd. 2, S. 44ff.
(423) Waldemar Grzimek, *5.12.1918 in Rastenburg/Ostpreußen, †26.5.1984 in West-Berlin. Deutscher Bildhauer, der 1937 eine Steinmetzlehre absolvierte. Studierte bei Wilhelm

Gerstel in Berlin-Charlottenburg und war ebenso wie Fritz Cremer 1941 Meisterschüler bei Gerstel. 1942 bekam er den Rompreis und hielt sich bis 1943 in Rom auf. 1946 bis 1948 Lehrtätigkeit in Halle an der Kunsthochschule Burg Giebichenstein, 1948 bis 1951 an der Kunsthochschule Berlin-Charlottenburg. 1951 bis 1957 in der Zeit des Wettbewerbs für die Figuren der Humboldt-Universität war Grzimek freischaffend. 1957 bis 1961 erhielt er eine Professur an der Hochschule in Berlin-Weißensee. 1961 siedelte er nach Friedrichshafen an den Bodensee über. 1967 übernahm er eine Professur für Plastisches Gestalten an der Technischen Hochschule Darmstadt. Die menschliche Figur war Grzimeks Hauptgestaltungsobjekt. Nach den in sich ruhenden, archaischen Gestalten der Nachkriegszeit erhielten seine Figuren in den sechziger Jahren formal-dynamische Ausprägung in stürzenden, fliehenden und bedrohten Gestalten, in denen Grzimek seinen gesellschaftspolitischen Wandel aufarbeitete (Vgl. „Stürzender" von 1962). Koelle lehnte den Einbezug geometrischer Formen und den Versuch der Schematisierung der menschlichen Figur bei Grzimek ab. Vgl. Ebenda, Bd. 3, S. 45f.
(424) Brief von Fritz Koelle aus Berlin an seine Frau vom 18.3.1952, erster Brief.
(425) Brief von Fritz Koelle aus Berlin an seine Frau vom 19.3.1952.
(426) Brief von Fritz Koelle aus Berlin an seine Frau vom 20.3.1952.
(427) Gerhard Strauss, * 27.10.1908 in Mohrungen/Ostpreußen, †16.11.1984 in Berlin. Kunsthistoriker, studierte Kunstgeschichte, Archäologie und Erdkunde in Königsberg, Köln und Wien. 1933 bis 1935 Promotion. 1929/30 in der SPD, 1932/33 in der KPD, danach in der Zeit von 1934 bis 1945 in der SA, DAF und der NSDAP, laut Aktenlage um illegale Tätigkeiten auszuführen. 1945 Wiedereintritt in die KPD, dann SED. 1945 bis 1949 als Hauptreferent für Bildende Kunst, Museen und Denkmalpflege in der deutschen Zentralverwaltung für Volksbildung, danach dieselbe Funktion beim Ministerium für Volksbildung. 1950 als freier Mitarbeiter beim Aufbauministerium als beauftragter Denkmalpfleger beim Abriß des Berliner Stadtschlosses. Ab 1951 Leiter der Abteilung Geschichte und Theorie der Architektur im Institut für Theorie und Geschichte der Baukunst. Von 1958 bis 1968 war Strauss Dozent für Kunstgeschichte an der Humboldt-Universität, für die er 1952 die Bekrönung mit den barocken Kirchenfiguren aus Dresden durchgesetzt hatte. Vgl. Günter Feist u.a., 1996, S. 883f.
(428) Vgl. Anmerkung 421.
(429) Vgl. Anmerkung 424.
(430) Vgl. Anmerkung 425.
(431) Brief von Fritz Koelle aus Berlin an seine Frau vom 17.5.1952.
(432) Brief von Fritz Koelle aus Berlin an seine Frau vom 9.5.1952.
(433) Adolf Hartmann, *18.1.1900 in München, deutscher Maler, studierte an der Akademie der bildenden Künste in München und in Berlin. War Präsident der „Neuen Gruppe" in München, in der auf Koelles Bitte hin Elisabeth Koelle-Karmann ihre Bilder ausstellen sollte. Ab 1948 Professor an der dortigen Akademie. Eventuell lehrte Hartmann 1952 auch in Berlin, jedenfalls verfügte er dort über ein Atelier. Vgl. Vollmer, 1992, Bd. 2, S. 381.
(434) Ernst Fritsch, *23.8.1892 in Berlin, deutscher Grafiker und Maler. Lehrzeit als Malschüler der Unterrichtsanstalt des Kunstgewerbemuseums in Berlin. Wurde 1919 Mitglied der Berliner Sezession. 1927 Staatspreis der Akademie in Berlin. Galt im Dritten Reich als „entartet", da er nach kubistischer Periode sich der Malerei der Neuen Sachlichkeit zuwandte, danach dem Expressionismus. Zum Zeitpunkt als ihn Koelle kennenlernte, stand seine Kunst dem „expressiven Realismus" nahe. Fritsch hatte ab 1946 eine Professur für Figur, Akt, Portrait und Komposition an der Berliner Hochschule für bildende Künste. Vgl. Ebenda, S. 166.
(435) Brief von Fritz Koelle aus Berlin an seine Frau vom 10.5.1952, erster Brief.
(436) Ebenda.

(437) Vgl. Anmerkung 332.
(438) Brief von Fritz Koelle aus Berlin an seine Frau vom 10.2.1952.
(439) Brief von Fritz Koelle aus Berlin an seine Frau vom 18.5.1952, zweiter Brief.
(440) Brief von Fritz Koelle aus Berlin an seine Frau vom 12.5.1952, zweiter Brief.
(441) Vgl. Anmerkung 332.
(442) Vgl. Anmerkung 327.
(443) Andreas Schlüter schuf dieses größte Reiterstandbild des deutschen Barock, das den Großen Kurfürsten Friedrich Wilhelm darstellt, 1696 im Auftrag König Friedrich I. 1703 wurde es vor dem Berliner Stadtschloß aufgestellt. 1952 erst kam es vor das Schloß Charlottenburg, wo Koelle seinen Studenten die lebendige Führung gab. Vgl. Heinz Ladendorf, 1997, S. 22ff.
(444) Vgl. Anmerkung 321.
(445) Brief von Fritz Koelle aus Berlin an seine Frau vom 1.5.1952, zweiter Brief.
(446) Zum Phänomen „Masse" siehe Elias Canetti „Masse und Macht", Frankfurt am Main, 6. Aufl. 2000.
(447) Vgl. Anmerkung 435.
(448) Brief von Fritz Koelle aus Berlin an seine Frau vom 2.5.1952.
(449) Ebenda.
(450) Ebenda.
(451) Alexander Abusch: „Die ‚Kunst' des wiedererstehenden deutschen Imperialismus – Zur westdeutschen Kunstausstellung ‚Eisen und Stahl' in Düsseldorf", in: Neues Deutschland vom 7.6.1952.
(452) Eine Abbildung der Plastik „Stahlarbeiter" von Walter Englert findet sich im Ausstellungskatalog der Kunst- und Industrieausstellung „Eisen und Stahl", Düsseldorf, 1952, ohne Seitenzahl.
(453) Alexander Abusch, *14.2.1902 in Krakau, †27.1.1982 in Berlin (Ost). Kulturpolitiker. 1948 bis 1951 Erster Bundessekretär des Kulturbundes. 1948 bis 1950 im Parteivorstand der SED. 1954 bis 1958 stellvertretender Minister für Kultur und 1958 bis 1961 Minister für Kultur.
(454) Vgl. Anmerkung 451.
(455) Brief von Fritz Koelle aus Berlin an seine Frau vom 9.6.1952.
(456) Brief von Fritz Koelle aus Berlin an seine Frau vom 14.6.1952.
(457) Ebenda.
(458) Brief von Fritz Koelle aus Berlin an seine Frau vom 5.6.1952.
(459) Brief von Fritz Koelle aus Berlin an seine Frau vom 15.6.1952.
(460) Brief von Fritz Koelle aus Berlin an seine Frau vom 10.6.1952.
(461) Walter Howard, *4.11.1910 in Jena. Studierte 1946 bis 1951 bei Bernhard Heiliger, Fritz Koelle und Heinrich Drake, ging aber bereits 1951/52 an die DAK zu Gustav Seitz und Fritz Cremer als Meisterschüler. 1955 bis 1961 war Howard Assistent und Lehrbeauftragter an der Kunsthochschule Berlin-Weißensee. Vgl. Ministerium für Kultur, Berlin, 1979, S. 525.
(462) Vasilij Ivanovič Surikov (Surikow), *12. (24.) 1.1848 in Krasnojarsk, †6. (19.) 3.1916 in Moskau. Russischer Historiemaler, Wandgemälde in der Erlöserkirche in Moskau. Eindrücke seiner Kindheit in Sibirien prägten seine Malerei. „In seinen monumentalen Historienkompositionen, die neben den Werken I. Repins zu den bedeutendsten der russ[ischen] Kunst zählen, behandelte der Künstler Momente des Umbruchs in der russ[ischen] Geschichte mit ihren dramat[ischen] Gegensätzen, sozialen Widersprüchen und Problemen, bei denen er unter dem Einfluß der Ideen der russ[ischen] revolutionären Demokraten der M[itte des] 19. Jh. die Beziehung zur Gegenwart suchte", in: Lexikon der Kunst, 1996, Bd. 7, S. 140; und Wladimir Kemenow: Wassili Surikow, Bournemouth (England), 1997. Den Kunstkritiker Kemenow lernte Fritz Koelle auf seiner Rußlandreise 1952 kennen.

(463) Ilja Efimovič Repin, *5.8.1844 in Čuguev/Ukraine, †29.9.1930 in Kuokkala/Finnland. 1864 bis 1871 studierte er an der Akademie der Künste in St. Petersburg. 1894 bis 1907 hatte er dort eine Professur inne, 1898/99 war er ihr Rektor. Repin war einer der wichtigsten russischen Maler der zweiten Hälfte des 19. Jahrhunderts. Als Mitglied der „Genossenschaft der Wanderausstellungen" („Peredvižniki" = „Wanderbewegung", die als Vorläufer des „SozialistischenRealismus" gesehen wird) beeinflußte sein Werk wesentlich den Charakter der russischen realistischen Malerei. Repin gilt als Vertreter des „kritischen Realismus". Sein Werk spiegelt allerdings auch den Widerstreit im Entwicklungsprozeß des russischen Realismus mit der Akademietradition wider. Sein legendäres Gemälde der „Wolgatreidler" (1870 bis 1873) (Russisches Museum in St. Petersburg) klagte die sozialen Mißstände in Rußland an. Repin steigerte diese Anklage in der „Kreuzprozession im Gouvernement Kursk" (1880 bis 1883) (Tretjakow-Galerie in Moskau) in unerbittlicher Schärfe der sozialen Situation. Vgl. Ebenda, Bd. 6, S. 121f.
Beide Gemälde konnte Koelle auf seiner Studienreise besichtigen, und sie hinterließen laut Aussagen des Sohnes „einen tiefen Eindruck" bei Fritz Koelle. Vgl. auch Gregori Sternin: Ilja Repin, Bournemouth (England), 1996; und Elena Nesterova: Die Wanderer – Die Meister des russischen Realismus, ebenda, 1996.

(464) Fritz Koelle: „gesprochen in der Akademie! Moskau, am 28. Juni 1952", maschinengeschriebener Text seines Vortrags über Realismus, in: Germanisches Nationalmuseum Nürnberg unter ABK, NL Koelle I, C 50, und als Kopie im Koelle-Nachlaß im Besitz des Sohnes, Fritz Koelle jun.

(465) Brief von Fritz Koelle aus Moskau an seine Frau vom 29.6.1952.

(466) Wera (Vera) Ignatiewna Muchina, *1.7.1889 in Riga, †6.10.1953 in Moskau. Russische Bildhauerin, studierte in Moskau und Paris, unter anderem bei Emile-Antoine Bourdelle, anfänglich vom Kubismus beeinflußt, wiesen ihre Arbeiten im Rahmen des von Lenin 1918 herausgegebenen „Plans der monumentalen Propaganda" zunehmend expressive Bewegungen auf („Flamme der Revolution" 1922/23). Muchina war auch als Bühnen- und Kostümbildnerin tätig. Anfang der dreißiger Jahre entwickelte sie eine gigantische Monumentalität der Einzelfigur, die elementare Kraft des Volkes symbolisierend. Muchina hatte die Parteiideologie des Sowjetischen Realismus verinnerlicht und setzte ihn in der offiziellen Staatskunst um, zum Beispiel in der 24 m hohen Monumentalplastik „Arbeiter und Kolchosebäuerin" von 1935 bis 1937 aus nichtrostendem Stahl für den von B. Jofan entworfenen sowjetischen Pavillon auf der Pariser Weltausstellung 1937, heute auf dem Moskauer Messegelände (VVC) zu besichtigen. Vgl. Ausstellungskatalog „Kunst und Macht im Europa der Diktatoren 1930 bis 1945", Deutsches Historisches Museum, Berlin, 1996, Kapitel Moskau, S. 186-256.

(467) Matvej Genrichovič Manizer, *5. (17.) 3.1891 in St. Petersburg, †20.12.1966 in Moskau. Russischer Bildhauer, studierte 1911 bis 1916 an der St. Petersburger Akademie der Künste. Manizer gestaltete erst Aktstudien und Portraits, ehe er sich wie Vera Muchina an der Umsetzung des „Plans der monumentalen Propaganda" von Lenin beteiligte. Manizer gestaltete diverse Denkmäler für Revolutionäre, zum Beispiel Volodarskij in Rednerpose in St. Petersburg, das als Prototyp des sozialistischen Denkmals galt. 1948 bis 1952 war er Leiter einer Meisterwerkstatt an der Akademie der Künste in Moskau, dessen Vizepräsident er von 1947 bis 1966 war, dort besuchte ihn die Bildhauerdelegation aus Berlin. Manizer hatte ebenfalls ab 1952 einen Lehrstuhl am Surikow-Institut in Moskau, dem die Berliner einen Besuch abstatteten. Vgl. Lexikon der Kunst, 1996, Bd. 4, S. 521f.

(468) Mü: „Deutsche Bildhauer in Moskau und Leningrad", in: Neues Deutschland vom 17.8.1952.

(469) Ebenda.

(470) Vgl. Anmerkung 321.

(471) „Vertraulicher Sonderbericht" vom 11.7.1952, in: Stiftung Archiv der Parteien und Massenorganisationen der DDR im Bundesarchiv Koblenz (Berlin) unter NY 4090/530, Bl. 201-210.

(472) Der Sozialistische Realismus ist eine Form (Methode) der realistischen Kunst, deren Ausgangspunkt bereits in der sozialkritischen Malerei der Mitte des 19. Jahrhunderts (vgl. Anmerkung 463) anzusetzen ist. Von der sozialen Anklage (eines kritischen Realismus einer Käthe Kollwitz in Deutschland zum Beispiel) entwickelte sich der Sozialistische Realismus im Zusammenspiel mit der Entstehung des Klassenbewußtseins zur revolutionären Klassenkampf-Aussage, avancierte aber schnell zur verordneten Staatskunst, deren Intention die Glorifizierung der Sowjetunion und ihrer Machthaber wurde. Damit verbunden war die definitive Begrifflichkeit des Sozialistischen Realismus, die in den dreißiger Jahren in der Sowjetunion geprägt wurde. Drei zentrale Prinzipien bestimmten den Sozialistischen Realismus: Die „Parteilichkeit" mit der Arbeiterklasse, die „Wahrheit" als Kongruenz der objektiven Wirklichkeit mit der subjektiv-künstlerischen Gestaltungsaussage und die vom Künstler verlangte „Qualität", die die Arbeiterklasse betreffenden Lebensumstände zum Inhalt erhebt und für diese allgemeinverständlich und -gültig darstellt. Das theoretische Konzept basiert auf der marxistisch-leninistischen Klassenideologie.
Zum Sozialistischen Realismus vgl. Lexikon der Kunst, 1996, Bd. 6, S. 770ff.; und
Hubertus Gaßner und Eckhart Gillen: Zwischen Revolutionskunst und Sozialistischem Realismus, Köln, 1979; und
Martin Damus: Sozialistischer Realismus und Kunst im Nationalsozialismus, Frankfurt am Main, 1981.

(473) Vgl. Anmerkung 321.
(474) Vgl. Anmerkung 332.
(475) Zum Vorfall Auerbach vgl. Benedikt Weyerer: „Das ist das zweite Dreyfus-Urteil!" Aus der Reihe „Geschichte und Geschichten": „Der Auerbach-Prozeß und sein bitteres Ende", in: Süddeutsche Zeitung Nr. 184, München, vom 11.8.2000, S. L 4.
(476) Brief von Fritz Koelle aus Berlin an seine Frau vom 10.9.1952.
(477) Ebenda.
(478) Brief von Fritz Koelle aus Berlin an seine Frau vom 13.9.1952.
(479) Ebenda.
(480) Laut Aussagen des Sohnes, Fritz Koelle jun., erwähnte sein Vater seine Studentinnen nur in negativer Sichtweise, oder er verschwieg sie ganz, so wie alle weiteren Kontakte zum weiblichen Geschlecht, da seine Mutter stets eifersüchtig darauf reagiert habe. Denn Fritz Koelle hatte ein positives Verhältnis zu Frauen: „Er mochte Frauen, Fräulein Sommer besonders", erinnerte sich sein Schüler Werner Rosenthal (vgl. Anmerkung 321).
(481) Brief von Fritz Koelle aus Berlin an seinen Sohn vom 11.6.1952, in: Koelle-Nachlaß im Besitz des Sohnes, Fritz Koelle jun.
(482) Vgl. Anmerkung 476.
(483) Brief von Fritz Koelle aus Berlin an seine Frau vom 14.9.1952, erster Brief.
(484) Martha Engel: Mitarbeiterin in der Abteilung „Angewandte Kunst", einer der sechs Abteilungen der Staatlichen Kunstkommission.
(485) Vgl. Anmerkung 483, zweiter Brief.
(486) Brief von Fritz Koelle aus Berlin an seine Frau vom 21.9.1952.
(487) Ebenda.
(488) Ebenda.
(489) Brief von Fritz Koelle aus Berlin an seine Frau vom 6.10.1952.
(490) Die Demontage des als formalistisch (Vetreter des Bauhauses und Konstruktivismus), kosmopolitisch geltenden und westlich orientierten Mart Stam vollzog sich sukzessiv. Als erstes wurde der zugesagte Neubau des Schulgebäudes in der Neuen Wilhelmstraße nicht realisiert, danach wurde das „Institut für industrielle Gestaltung", dessen Einrichtung an

der Hochschule Weißensee in der Kulturverordnung von 1950 festgelegt war, aus dem Hochschulverband ausgegliedert und als neues „Institut für angewandte Kunst" unter dem neuen Leiter Walter Heisig geführt. Auf Stams Protestschreiben an das Politbüro wegen der Enteignung des Instituts erhielt er am 22.9.1952 völlig unvorbereitet das Hausverbot für die Hochschule. Eine Abordnung der Staatlichen Kunstkommission informierte noch am selben Tag das Kollegium in Weißensee über die Entlassung Stams und präsentierte den Hochschullehrer Werner Laux als kommissarischen Rektor der Schule. Vgl. S. D. Sauerbier (Hrsg.), 1997, und Hildtrud Ebert (Hrsg.), 1996.

(491) Brief von Fritz Koelle aus Berlin an seine Frau vom 22.9.1952.
(492) Werner Laux, *15.4.1902 in Berlin, †14.5.1975. Wurde 1923/24 zum Zeichenlehrer und Kunstpädagogen ausgebildet. Er besuchte 1924 bis 1926 die Vereinigten Staatsschulen für freie und angewandte Kunst in Berlin. 1929 Eintritt in die KPD. 1946 bis 1948 an der Käthe-Kollwitz-Kunstschule in Berlin-Reinickendorf tätig. Eintritt in die SED. Laux war von 1950 bis 1952 Leiter der Fachschule für angewandte Kunst in Wismar und Vorsitzender des Verbands der Bildenden Künstler in Mecklenburg, wo er sich bereits im Rahmen der Formalismusdebatte hervortat. Vom 22.9.1952 bis 1956 war er Professor für Malerei und Rektor der Hochschule Berlin-Weißensee. Vgl. Günter Feist u.a., 1996, S. 874.
(493) Brief von Fritz Koelle aus Berlin an seine Frau vom 2.11.1952.
(494) Vgl. Anmerkung 489.
(495) Brief von Fritz Koelle aus Berlin an seine Frau vom 19.11.1952.
(496) Brief von Fritz Koelle aus Berlin an seine Frau vom 31.10.1952.
(497) Vgl. Anmerkung 495.
(498) Brief von Fritz Koelle aus Berlin an seine Frau vom 30.10.1952, zweiter Brief.
(499) Brief von Fritz Koelle aus Berlin an seine Frau vom 3.10.1952, erster Brief.
(500) Vgl. Anmerkung 489. Das Bildnis war der Figur des „Bergmanns sich die Hemdsärmel aufstülpend" von 1936 entnommen, das ebenfalls für den „Saarbergmann" von 1937 vor der Grube Reden eingesetzt wurde. 1992 befand sich diese Bildnis ebenso wie der „Bergarbeiter vor der Einfahrt" im Otto-Nagel-Haus in Ostberlin.
(501) N.N.: „Thomas Mann schrieb an VVN Bayern", in: Neues Deutschland vom 18.11.1952. In der Meldung hieß es unter anderem: „Thomas Mann bedankte sich von Zürich aus für das Geschenk. ‚Es bedarf kaum einer neuen Versicherung ..., daß ich den Verfolgten des Naziregimes und den Widerstandskämpfern gegen die Verderber Deutschlands meine bleibende Sympathie und Hochachtung bewahre'."
(502) Beide Großplastiken befinden sich auch heute noch im Park des Staatlichen Lindenau-Museums in Altenburg und sind mit den Inventarnummern der Kategorie II 5018 (Blockwalzer) und 5019 (Betender Bergmann) versehen.
(503) Schreiben des Direktors des Staatlichen Lindenau-Museums, Hanns Conon von der Gabelentz, an Fritz Koelle, Altenburg, den 13.8.1952, in: Germanisches Nationalmuseum Nürnberg, unter: ABK, NL Koelle I, B 92.
(504) Ders. an Fritz Koelle vom 24.9.1952, in: Ebenda, B 93.
(505) Brief von Fritz Koelle aus Berlin an seine Frau vom 23.11.1952.
(506) Brief von Fritz Koelle aus Berlin an seine Frau vom 29.11.1952.
(507) Brief von Fritz Koelle aus Berlin an seine Frau vom 6.12.1952.
(508) Brief von Fritz Koelle aus Berlin an seine Frau vom 7.12.1952.
(509) Eine von Fritz Koelle handschriftlich verfaßte und von beiden Eheleuten unterzeichnete Verfügung sowie eine von der Stadt Augsburg am 12.9.1953 beglaubigte Abschrift. Beides im Archiv der Städtischen Kunstsammlungen Augsburg, Nachlaß Fritz Koelle, mit folgendem Inhalt:

„PROF. FRITZ KOELLE
MÜNCHEN-GEISELGASTEIG   am 11. Januar 1953
Graf-Seyssel-Str.2
Telefon 476-479

An die Stadt Augsburg

Es ist der Wunsch der Unterzeichneten Elisabeth Koelle geborene Karmann und Fritz Koelle, daß unser gesamtes Lebenswerk nach unserem Ableben in den Besitz der Stadt Augsburg übergeht.

Der Nachlaß besteht aus Ölbildern, Zeichnungen und Dichtungen meiner Frau und allen Originalbronzen und Zeichnungen meiner Hand.

Alle übrigen Bronzen, die in zweiter Ausführung noch da sind, sowie die Gipsmodelle für weitere Abgüsse gehören dem Erben, meinem Sohne Fritz, <u>nach Ableben seiner Mutter</u>.

gez.: Fritz Koelle
gez.: Elisabeth Koelle-Karmann."

(510) Brief von Fritz Koelle aus Berlin an seine Frau vom 18.1.1953, erster Brief.
(511) Brief von Fritz Koelle aus Berlin an seine Frau vom 15.1.1953.
(512) S. D. Sauerbier (Hrsg.), 1997, S. 45.
(513) Brief von Fritz Koelle aus Berlin an seine Frau vom 23.1.1953.
(514) Brief von Fritz Koelle aus Berlin an seine Frau vom 24.1.1953.
(515) Brief von Fritz Koelle aus Berlin an seine Frau vom 3.5.1953, zweiter Brief.
(516) Brief von Fritz Koelle aus Berlin an seine Frau vom 16.1.1953.
(517) Vgl. Anmerkung 513.
(518) Ebenda.
(519) Hinweise auf den Vertrag finden sich im Brief von Fritz Koelle aus Berlin an seine Frau vom 15.1.1953.
(520) Vgl. Anmerkung 510.
(521) Gustav Urbschat, *20.5.1901 in Berlin, †16.4.1982. Absolvierte 1947 bis 1949 die Parteihochschule Karl Marx, danach war er bis 1951 Abteilungsleiter Kultur der Landesleitung der SED in Berlin. Ab September 1951 auf Anraten des Zentralkomitees der SED, Abteilung Kultur, wurde Urbschat zum Professor für Grundlagen des Marxismus-Leninismus und stellvertretenden Rektor für Gesellschaftswissenschaften ernannt. In dieser Funktion war er zur gleichen Zeit an der Hochschule Berlin Weißensee wie Fritz Koelle. 1957 bis 1961 war er Rektor und bis 1969 Prorektor dieser Hochschule. Vgl. Günter Feist u.a., 1996, S.885.
(522) Vgl. Anmerkung 327.
(523) Brief von Fritz Koelle aus Berlin an seine Frau vom 2.2.1953.
(524) Vgl. Anmerkung 510, zweiter Brief.
(525) Brief von Fritz Koelle aus Berlin an seine Frau vom 27.1.1953.
(526) Brief von Fritz Koelle aus Berlin an seine Frau vom 4.2.1953.
Mit „Manifest" war das „Manifest der Kommunistischen Partei" (Kommunistisches Manifest) gemeint, das Karl Marx und Friedrich Engels, die 1847 dem „Bund der Kommunisten" beigetreten waren, 1848 als Programmschrift für diesen verfaßten, in der die Lehre vom Klassenkampf bis zur Überwindung der herrschenden Klassen und der Errichtung einer klassenlosen Gesellschaft verbreitet, gleichzeitig deren praktische Umsetzung propagiert und die proletarische Revolution als Resultat eines gesetzmäßig ablaufenden Ge-

schichtsprozesses konstatiert wurde. Das Manifest endet mit dem Appell: „Proletarier aller Länder, vereinigt Euch!"
Unter diesem theoretischen Blickwinkel sah Koelle die Gerhart-Hauptmann-Gedächtnisausstellung an und setzte sich mit dessen Werk die „Weber" (1892) auseinander.

(527) Anlage im Brief von Fritz Koelle aus Berlin an seine Frau vom 25.1.1953.
(528) Brief von Fritz Koelle aus Berlin an seine Frau vom 30.1.1953.
(529) Brief von Fritz Koelle aus Berlin an seine Frau vom 27.2.1953.
(530) Brief von Fritz Koelle aus Berlin an seine Frau vom 9.3.1953.
(531) Pressemitteilung Koelles zur 3. Deutschen Kunstausstellung in Dresden vom 18.1.1953 als Anlage im Brief von Fritz Koelle aus Berlin an seine Frau vom 18.1.1953.
(532) Brief von Fritz Koelle aus Berlin an seine Frau vom 1.3.1953.
(533) Vgl. Paul Kaiser/Karl-Siegbert Rehberg (Hrsg.), 1999, S. 665.
(534) Die geistige Verbindungslinie zum Kunstwerk von Hans Haacke „DER BEVÖLKERUNG" im Innenhof des Berliner Reichstags wird deutlich.
(535) Otto Grotewohl: „Die Kunst sei ein Spiegel der Nation", in: Sonntag, 8. Jg., vom 8.3.1953, S. 3.
(536) Helmut Holtzhauer: „Der Künstler wird zu den Führern seines Landes gehören", in: Sonntag, 8. Jg., Nr. 9 vom 1.3.1953, S. 2.
(537) Prof. Herbert Gute: „Die Künstler haben zum Volk gefunden – Kritische Bemerkungen zur Dritten Deutschen Kunstausstellung", in: Sonntag, 8. Jg., vom 22.3.1953, S. 5.
(538) Heinrich Goeres: „Die Frage der Meisterschaft – Neuer kritischer Bericht von der Dresdner Ausstellung", in: Sonntag, 8. Jg., vom 19.4.1953, S. 3 (1. Teil) und in: Sonntag, 8. Jg., vom 26.4.1953, S. 6 (2. Teil).
(539) N.N.: „Weg mit den Trümmern in der Kunst!" In: Berliner Zeitung, 9. Jg., vom 1.3.1953.
(540) Der „Sämann" von 1951 weist eine Höhe von 55 cm auf, und das Modell für die Humboldt-Universität ist 32 cm hoch.
(541) Vier Bronzen von Koelle sind im Katalog ausgewiesen, zwei allerdings unter falscher Bezeichnung. Bei der Nr. 274 handelt es sich um ein Bronzeportrait von Dr. Josef Heiss (dem Chefarzt der Zahnklinik in München) von 1949 und bei der Nr. 275 um ein Bronzebildnis der Rennfahrerin Heymann von 1952, der unter 276 genannte 27 cm hohe Bergarbeiter war das Modell, das für die Humboldt-Universität vorgesehen war. Das Selbstbildnis mit der Nr. 277 wurde leider zeitlich nicht zugeordnet, eventuell handelt es sich dabei um Koelles letztes „Selbstportrait mit Arbeitskittel" aus dem Jahr 1945. Vgl. Katalog zur Dritten Deutschen Kunstausstellung Dresden vom 1. März bis 30. April 1953 im Albertinum an der Brühlschen Terrasse, S. 14, unter den laufenden Nummern 274 bis 277.
(542) Bei dem genannten Mädchenportrait handelt es sich um ein Bild von Oskar Hagemann, das eine Abbildung in einer weiter nicht benannten Bildreportage zur Eröffnung der Dritten Deutschen Kunstausstellung in Dresden fand, mit dem Bilduntertitel: „Dieses ernstblickende Mädchenbildnis, mit den großen dunklen Augen, die ganz das Gesicht beherrschen, schuf Oskar Hagemann, ein westdeutscher Künstler aus Karlsruhe. Man spürt in diesem ausdrucksvollen Portrait deutlich die Besinnung auf das Erbe, die Kunst des 19. Jahrhunderts." Und diesem künstlerischen Erbe verpflichtet, fand das Bild auch Koelles volle Zustimmung.
(543) Brief von Fritz Koelle aus Berlin an seine Frau vom 14.3.1953.
(544) Brief von Fritz Koelle aus Berlin an seine Frau vom 15.3.1953.
(545) Brief von Fritz Koelle aus Berlin an seine Frau vom 4.3.1953.
(546) Vgl. Anmerkung 544.
(547) Brief von Fritz Koelle aus Berlin an seine Frau vom 16.3.1953.
(548) Brief von Fritz Koelle aus Berlin an seine Frau vom 18.3.1953.

(549) Prof. Fritz Cremer: „Ein Beitrag zur Diskussion um das realistische Portrait", in: Sonntag, 8. Jg., vom 14.6.1953, S. 3.
(550) Gutachten über Koelles Marx-Büste in: Stiftung Archiv der Parteien und Massenorganisationen der DDR im Bundesarchiv unter DY 30/IV 2/906/175, Bl. 166-168.
(551) Erklärung zum Karl-Marx-Bildnis vom 22.3.1953 als Anlage im Brief von Fritz Koelle aus Berlin an seine Frau vom 22.3.1953.
(552) Vgl. Anmerkung 332.
(553) Abbildung der Karl-Marx-Büste von Will Lammert aus einer nicht näher bezeichneten Zeitung als Anlage im Brief von Fritz Koelle aus Berlin an seine Frau vom 20.3.1953.
(554) „ein echter Münchner Dreiquartel-Privatier" ist einer, der eine ¾ Maß trinkt, weil es zu einer ganzen Maß (Bier) nicht reicht.
(555) Willi Cronauer vom Bayerischen Staatsministerium für Unterricht und Kultus, München, an Fritz Koelle vom 20.3.1953, in: Germanisches Nationalmuseum Nürnberg unter ABK, NL Koelle I, D 37.
(556) Brief von Fritz Koelle aus Berlin an seine Frau vom 20.3.1953.
(557) Brief von Fritz Koelle aus Berlin an seine Frau vom 3.2.1953.
(558) Brief von Fritz Koelle aus Berlin an seine Frau vom 2.2.1953, zweiter Brief.
(559) Brief von Fritz Koelle aus Berlin an seine Frau vom 21.4.1953, erster Brief.
(560) Brief von Fritz Koelle aus Berlin an seine Frau vom 1.3.1953.
(561) Brief von Fritz Koelle aus Berlin an seine Frau vom 22.3.1953.
(562) Ebenda.
(563) Vgl. Anmerkung 559.
(564) Brief von Fritz Koelle aus Berlin an seine Frau vom 22.4.1953.
(565) Ebenda.
(566) Brief von Fritz Koelle aus Berlin an seine Frau vom 23.4.1953.
(567) Vgl. Anmerkung 559, zweiter Brief.
(568) Brief von Fritz Koelle aus Berlin an seine Frau vom 17.1.1953, zweiter Brief. Koelle war nie Mitglied der DAK. Das Foto, das ihn in der Runde der Akademiemitglieder zeigt – zweiter von links – hier fälschlicherweise als einer seiner Kollegen genannt, kann auch nicht 1954 entstanden sein, da Fritz Koelle am 4.8.1953 starb. Vgl. Petra Uhlmann, Sabine Wolf: „Meister und Schüler", in: Günter Feist u.a., 1996. Die unkorrekte Personen- und Zeitzuschreibung befindet sich im Bildtext zum Foto auf der S. 276.
(569) Brief von Fritz Koelle aus Berlin an seine Frau vom 2.5.1953.
(570) Vgl. Anmerkung 515.
(571) Brief von Fritz Koelle aus Berlin an seine Frau vom 27.4.1953.
(572) Vgl. Anmerkung 515.
(573) Brief von Fritz Koelle aus Berlin an seine Frau vom 1.5.1953. Jürgen von Woyski erinnerte sich noch an seinen Antrittstag 1952 in Berlin-Weißensee, als Mart Stam zu ihm sagte: „Weißt Du, geh' mal direkt zu Koelle, der nimmt jeden, der macht aus einem Mehlsack einen Künstler." Vgl. Anmerkung 332.
(574) Brief von Fritz Koelle aus Berlin an seine Frau vom 6.5.1953. Dieter Borchardt war FDJ-Führer der Bildhauerklassen.
(575) Ebenda.
(576) Karl-Henning Seemann, *1934 in Wismar, 1953 bis 1955 Hochschule für Angewandte Kunst in Berlin-Weißensee, Studium bei Heinrich Drake, Heinz Worner, Theo Balden und Arno Mohr. 1955 Wechsel an die Hochschule für Bildende Künste in Berlin-Charlottenburg. Dort bis 1959 Studium bei Alexander Gonda, Bernhard Heiliger, Hans Jaenisch und Rudolf Bednarczik. Kunsterzieherausbildung und auch als solcher kurze Zeit tätig. 1972 Berufung an die Fachhochschule Aachen. Dort entstand die Brunnenplastik „Kreislauf des Geldes". 1974 Berufung an die Staatliche Akademie der Bildenden Künste in Stuttgart. Karl-Henning Seemanns Plastik entwickelt sich „im Spannungsfeld verschiedenster äuße-

rer und innerer Polaritäten ... Als innere Polarität ... seien hier drei Gegensatzpaare: Naturvorbild und Abstraktion, Statik und Bewegung, Werden und Vergehen" genannt. Seemann „überwindet die dreidimensionale Gebundenheit plastischer Gestaltung und stößt vor in die vierte Dimension: die Zeit", die sehr eindrucksvoll in dem 1991 in Kempen/Niederrhein aufgestellten „Kappesbauernpaar" dargestellt wird. Vgl. Dr. Helmut Gruber-Ballehr: Karl-Henning Seemann – Spannungen, Stuttgart, 1991, S. 8 und S. 12.

(577) Schreiben Fritz Koelles an Karl-Henning Seemann, Berlin, vom 29.11.1952. Freundliche Überlassung einer Kopie von K.-H. Seemann an die Verfasserin.
(578) Interview der Verfasserin mit Karl-Hennig Seemann am 14.4.1991 anläßlich der Enthüllung seiner Plastik „Kappesbauernpaar" in Kempen und seiner Sonderausstellung im dortigen Kramer-Museum.
(579) Brief von Fritz Koelle aus Berlin an seine Frau vom 5.6.1953.
(580) Ebenda.
(581) Brief von Fritz Koelle aus Berlin an seine Frau vom 6.6.1953.
(582) Brief von Fritz Koelle aus Berlin an seine Frau vom 7.6.1953.
(583) Brief von Fritz Koelle aus Berlin an seine Frau vom 11.6.1953.
(584) Brief von Fritz Koelle aus Berlin an seine Frau vom 13.6.1953, erster Brief.
(585) Ebenda.
(586) Ebenda.
(587) Ebenda.
(588) Brief von Fritz Koelle aus Berlin an seine Frau vom 14.6.1953, erster Brief.
(589) Brief von Fritz Koelle aus Berlin an seine Frau vom 12.6.1953.
(590) Vgl. Anmerkung 584, zweiter Brief.
(591) Vgl. Anmerkung 589.
(592) Vgl. Anmerkung 584, zweiter Brief.
(593) Vgl. Anmerkung 589.
(594) Vgl. Anmerkung 588.
(595) Brief von Fritz Koelle aus Berlin an seine Frau vom 15.6.1953.
(596) Brief von Fritz Koelle aus Berlin an seine Frau vom 16.6.1953, erster Brief.
(597) Brief von Fritz Koelle aus Berlin an seine Frau vom 21.6.1953, erster Brief.
(598) Vgl. Anmerkung 596, zweiter Brief.
(599) Brief von Fritz Koelle aus Berlin an seine Frau vom 22.6.1953.
(600) Ebenda.
(601) Brief von Fritz Koelle aus Berlin an seine Frau vom 23.6.1953.
(602) Ebenda.
(603) Vgl. Anmerkung 596, zweiter Brief.
(604) Vgl. Anmerkung 601.
(605) Vgl. Anmerkung 596, zweiter Brief.
(606) Der SED-Beschluß zum „Aufbau des Sozialismus auf dem Lande" und zur Verschärfung des sozialistischen Wettbewerbs von 1952 hatte zu sozialen Unruhen und einer vermehrten Fluchtbewegung in den Westen geführt. Koelle nannte in seinen Briefen die Flucht eines Kunstprofessors der Akademie mit sieben seiner Studenten und die des 17jährigen Sohns des Architekturprofessors Hermann Henselmann in den Westen. Der Tod Stalins am 5. März 1953 und die damit verbundene Erwartung eines „neuen Kurses" nährte bei der Bevölkerung die Hoffnung diverser Erleichterungen im täglichen Leben, wie Koelle sie erwähnte. Statt dessen ordnete die SED die „Erhöhung der Norm" um circa 10% an (Vgl. Anmerkung 23 – Adolf Hennecke). Ausgehend von der Arbeitsniederlegung der Bauarbeiter der Berliner Stalinallee am 16. Juni 1953 kam es in vielen Ostberliner Betrieben zur Arbeitsverweigerung und Protesten. Selbst die Lautsprecherwagen, die die Rücknahme der Normerhöhung verkündeten, konnten die Arbeiter in ihrer Bewegung nicht mehr aufhalten. In 270 Städten der DDR streikten die Arbeiter am 17. Juni 1953.

Unter Protest wurden SED-Parteibüros verwüstet und in Brand gesetzt. Daraufhin wurde der Ausnahmezustand ausgerufen, den Koelle mit seinen Nachteilen aufzählte. Die Volkspolizei ging unter Verstärkung der sowjetischen Armee mit Panzergewalt gegen die Demonstranten vor. Die Bilanz diese Aufstandes waren 270 Todesopfer. Bei nachfolgenden Strafaktionen wurden 84 Menschen hingerichtet. Um weitere Eskalationen zu vermeiden, nahm die Regierung die Normerhöhung zurück, senkte einige Preise und erhöhte die Renten. Von diesen Auswirkungen wurde Fritz Koelle nicht mehr betroffen. Vgl. H. Heumann: Geschichte für morgen, Frankfurt am Main, 1986.

(607) „Man muß bei den Ereignissen der letzten Tage klar unterscheiden zwischen einem berechtigten demonstrativen Ausdruck der Kritik und des Unwillens über gemachte Fehler der leitenden Stellen und der verbrecherischen Ausnutzung der Situation, um nicht nur den friedlichen Aufbau in der DDR zu verhindern, sondern vor allem den Frieden der Welt zu torpedieren. Jeder Mensch mit Vernunft und Verstand muß mit aller Schärfe den verurteilen, der es unternimmt, den Krieg heraufzubeschwören. Drake, Prof. für Plastik", in: Nicht näher benanntem Zeitungsartikel mit dem Titel: „Dozenten der Hochschule für angewandte Kunst in Berlin fordern Bestrafung der Provokateure".

(608) Ebenda. Der Artikel war als Anlage im Brief von Fritz Koelle aus Berlin an seine Frau vom 22.6.1953 beigelegt.

(609) Brief von Fritz Koelle aus Berlin an seine Frau vom 28.6.1953.

(610) Brief von Fritz Koelle aus Berlin an seine Frau vom 25.6.1953.

(611) „Es geschah auch, daß Fritz Koelle anrief und eine telefonische Korrektur am Wochendende machte, weil ihm da etwas auf- bzw. eingefallen war. So geschehen mit meinem Relief in Hennigsdorf: ‚das linke Knie, da stimmt was nicht, ist nicht genug durchgebogen (Linie) bei den Stahlarbeitern, die da so stehen'", erinnerte sich Jürgen von Woyski. Vgl. Anmerkung 332.

(612) Ebenda. Von Woyski machte sich heute noch Vorwürfe: „Ich habe bis heute noch ein schlechtes Gewissen, ich kann es nicht loswerden! Hätte ich ihn nicht angerufen, dann lebte er noch ..." Jürgen von Woyski war allein bei Koelles Beerdigung. Thieme und Rosenthal waren nicht anwesend.

VI. Nachruf auf den Menschen, Künstler und Lehrer Fritz Koelle
Anmerkungen

(1) Ein und denselben Arm mit der halbgeöffneten Hand verwandte der Bildhauer sowohl bei seinem verfehmten „Hammermeister" von 1932, der heute in Augsburg vor der IHK steht, als auch bei seinem „Walzwerkmeister" von 1939, der 1956 als Stiftung der Firma Moeller & Neumann in St. Ingbert aufgestellt wurde.
Zur Deutung der Hand in der Skulptur des 20. Jahrhunderts (unter anderem bei Rodin, Giacometti, Picasso, González) vgl. die 1999 in Deutschland erst- und einmalige Ausstellung „la mano" im Städtischen Museum Heilbronn und den dazugehörigen umfassenden Katalog.
(2) Thomas Wechs an Elisabeth Koelle-Karmann, Augsburg, ohne Datum (1953), in: Germanisches Nationalmuseum Nürnberg unter NL Koelle I, A 31.
(3) Norbert Lieb, Städtische Kunstsammlungen Augsburg, vom 4.8.1953 an Elisabeth Koelle-Karmann, in: Ebenda, A 32.
(4) Otto Meyer, Direktor bei der MAN Augsburg, vom 6.8.1953 an Elisabeth Koelle-Karmann, in: Koelle-Nachlaß im Besitz des Sohnes, Fritz Koelle jun.
(5) Dr.-Ing. Rudolf Schwarz, Oberlahnstein, vom 4.9.1953 an Elisabeth Koelle-Karmann, in: vgl. Anmerkung 2, A 37.
(6) Prof. Dr. Eduard Brenner vom Bayerischen Staatsministerium für Unterricht und Kultus, München, vom 8.8.1953 an Elisabeth Koelle-Karmann, in: Ebenda, A 34.
(7) Dr. Arthur Rümann, Direktor der Städtischen Kunstsammlungen, München, vom 21.10.1953 an Direktorium B – Abteilung Kultur, Herrn Amtmann Rogger, in: Stadtarchiv München unter BuR 1878. Die gesamte Korrespondenz zu diesem Vorgang 1954/55 befindet sich unter dieser Signatur.
(8) Willi Cronauer vom Bayerischen Staatsministerium für Unterricht und Kultus, München, vom 7.8.1953 an Elisabeth Koelle-Karmann, in: Vgl. Anmerkung 2, A 33.
(9) Bildhauer Hannes König vom Schutzverband Bildender Künstler, München, vom 14.8.1953 an Elisabeth Koelle-Karmann, in: Vgl. Anmerkung 2, A 35.
(10) Text auf der Einladung zur Gedächtnis-Ausstellung Fritz Koelle vom 1. bis 25. 11. 1953 im Pavillon Alter Botanischer Garten (Stachus), in: Koelle-Nachlaß im Besitz des Sohnes, Fritz Koelle jun.
(11) Begleittext zur oben genannten Gedächtnis-Ausstellung Fritz Koelle, in: Ebenda.
(12) Interview von Susanne Carwin mit dem Landtagspräsidenten Dr. Dr. Alois Hundhammer, gesendet im Zeitfunk des Bayerischen Rundfunks am 2.11.1953, 18:00 Uhr, Text-Kopie in: Ebenda.
(13) Alois Hundhammer zitiert in ebenda, in: Ebenda.
(14) Derselbe, in: Ebenda.
(15) Beitrag über Fritz Koelle in der Reihe „Wochenchronik" des UKW, gesendet am 8.11.1953, 11:00 Uhr, Text-Kopie in: Ebenda.
(16) Ebenda.
(17) Mitteilung der IG Metall in ihrer Werkszeitschrift über eine Ausstellung der IG Metall „Arbeit · Soziales · Beruf – in der Kunst" vom September 1954, S. 22, und Ausstellungskatalog zur oben genannten Ausstellung der IG Metall anläßlich ihres 3. Gewerkschaftstages im Kunstverein in Hannover 1954, S. 23, mit Angabe der Koelle-Exponate und der Abbildung des „Bildnis eines Hochofenarbeiters" von 1930 (hier als „Bildnis Hüttenarbeiter" bezeichnet).
(18) Schreiben des DGB-Vorstands des Landesbezirks Bayern – Kreisausschuß München, Ludwig Koch, vom 30.12.1955 an den Oberbürgermeister von München, Thomas Wimmer, in: Stadtarchiv München unter BuR 1878. Ursprünglich schmückte der „Bergmann sich die Hemdsärmel aufstülpend" das Gewerkschaftshaus. Im Rahmen einer kritischeren

Rezeption der Kunst des Nationalsozialismus wurde diese Figur später gegen die 95 cm hohe Version des „Hockenden Bergmanns" ausgetauscht.
(19) Schreiben, vgl. Anmerkung 18.
(20) Bildhauer Karl Röhrig, München, vom 8.10.1953 an Elisabeth Koelle-Karmann, in: Vgl. Anmerkung 2, A 38.
(21) Werner Rosenthal, Schüler Fritz Koelles, Berlin, vom 23.8.1953 an Elisabeth Koelle-Karmann, in: Ebenda, A 36.
(22) Vgl. Anmerkung V-332.
(23) Vgl. Anmerkung V-321.
(24) Vgl. Anmerkung V-332.
(25) Ebenda und Akademie der Künste der DDR (Hrsg.): Jürgen von Woyski – Plastik Keramik · Graphik, Ausstellungskatalog, Berlin, 1989; und
Jürgen von Woyski – Landschaft und Plastik, Ausstellungskatalog ohne Jahres- und Ortsangabe (Mit Unterstützung der Lausitzer Bergbau-Verwaltungsgesellschaft mbH).
(26) H. K.: „Fritz Koelle zum Gedenken", in: Berliner Zeitung vom 18.9.1953.
(27) Schreiben des Rektors der Hochschule für bildende und angewandte Kunst Berlin, Werner Laux, vom 16.9.1953 an Elisabeth Koelle-Karmann, in: Koelle-Nachlaß im Besitz des Sohnes, Fritz Koelle jun.
(28) Fritz Cremer: „Zum Tode des Bildhauers Professor Fritz Koelle", in: Bildende Kunst, Heft 5, September/Oktober 1953, S. 52/53.
(29) Hinter dem Pseudonym Paul Pehri verbarg sich Richard Hiepe, Inhaber einer Galerie in München, KPD-Mitglied. Hiepe veröffentlichte seine Rezensionen über Kunstausstellungen im süddeutschen Bereich schon in den fünfziger Jahren in der DDR.
(30) Paul Pehri. „Fritz Koelle, ein Bildhauer des Proletariats", in: Bildende Kunst, Heft 7, 1959, S. 496.
(31) Bernd Lindner, 1998, S. 123.
(32) Ulrich Kuhirt (Hrsg.): Kunst der DDR 1945 – 1949, Leipzig, 1982, S. 75.
(33) Ebenda, S. 75/76.
(34) Ebenda, S. 76.
(35) Ebenda, S. 187.
(36) Christoph Tannert: „Der Bildhauer Fritz Koelle (1895 – 1953)", unveröffentlichte Diplomarbeit an der Humboldt-Universität zu Berlin, 1981, S. 66/67.
(37) Ebenda, S. 71/72.
(38) Die beiden von Ullrich herausgegebenen Bände „Kunst der DDR" erschienen: 1982 (Zeitraum 1945 bis 1959) und 1983 (Zeitraum 1960 bis 1980).
(39) Harald Olbrich: Geschichte der deutschen Kunst 1918 – 1945, Leipzig, 1990, S. 180/181 und S. 323/324.
(40) Kurt Conrad, Minister für Arbeit und Wohlfahrt des Saarlandes: Vorwort zum Ausstellungskatalog „Arbeiter in Hütten und Gruben" – Fritz Koelle, Fritz Zolnhofer im Museum der Stadt Homburg, 1957, S. 5.
(41) Wilhelm Weber, Leiter des Museums der Stadt Homburg und späterer Direktor der „Pfalzgalerie" in Kaiserslautern, zitiert in: (WS): „Fritz-Koelle-Ausstellung: ‚Arbeiter in Hütten und Gruben'", in: Saar-Pfalz-Anzeiger Nr. 29 vom 4.2.1957.
(42) Rolf Engler: „Abschied: Im Atelier des Bildhauers Fritz Koelle", ein Dokumentarfilm über das Leben des Künstlers, aufgenommen in seinem Atelier in Geiselgasteig mit Kommentaren seiner Witwe Elisabeth Koelle-Karmann. Eine Kopie des Films ist im Germanischen Nationalmuseum Nürnberg im Nachlaß Koelle. Eine Textkopie befindet sich im Koelle-Nachlaß im Besitz des Sohnes, Fritz Koelle jun.
(43) Hans Brandenburg, zitiert in: N.N.: „Echo auf die Koelle-Ausstellung", in: Saarbrükker Allgemeine Zeitung Nr. 60 vom 12.3.1957.

(44) N.N.: „Fritz Koelle zum Gedächtnis", in: Saarländische Volkszeitung Nr. 43 vom 20.2.1957.
(45) Vgl. zu diesem Ereignis: N.N.: „Ein bedeutungsvoller Tag für die Firma Moeller und Neumann ... Stiftung einer Bronzeplastik", in: Saarbrücker Zeitung – Stadt und Kreis St. Ingbert vom 13.10.1956; und –sm–: „Ein sichtbares Zeichen der Verbundenheit – Die Firma Moeller übergab der Stadt eine Bronzeplastik", in: Ebenda, vom 15.10.1956.
(46) Zu dieser Figur stand der St. Ingberter Bergmann Heinrich Weber im Verlesesaal der Grube St. Ingbert Modell. Freundlicher Hinweis von Herrn Wirth vom Stadtarchiv St. Ingbert vom 7.9.2000.
(47) Wilhelm Weber: „Skizziert in tausend Meter Tiefe", in: Saarbrücker Zeitung Nr. 161 vom 15.7.1961.
(48) ber: „Zehnjahresfeier und Absolventen Abschied – Festakt bei der Ingenieurschule – Koelle-Plastik eingeweiht", in: Westpfälzische Rundschau Nr. 166 vom 20.7.1962; und N.N.: „Wege und Grenzen der Technik' ... Koelle-Plastik enthüllt", in: Pfälzische Landeszeitung Nr. 165 vom 20.7.1962.
(49) Die Sammlung Fritz Koelle befindet sich heute im Neubau der Städtischen Kunstsammlungen, wird aber nicht mehr in ihrer Gesamtheit präsentiert.
(50) Oberbürgermeister Dr. Müller zitiert in: „Saarland – Herzraum von Fritz Koelles Kunst – Sammlung Fritz Koelle in Augsburg eröffnet ...", in: Westpfälzische Rundschau Nr. 105 vom 7.5.1957.
(51) N.N.: „Das Lebenswerk des Augsburger Bildhauers Fritz Koelle", in: Amtsblatt der Stadt Augsburg Nr. 18 vom 3.5.1957.
(52) Norbert Lieb: „Zur Eröffnung der Sammlung Fritz Koelle im Schaezlerhaus", in: Amtsblatt der Stadt Augsburg Nr. 19 vom 10.5.1957, S. 87.
(53) Jürgen Harten u.a. (Hrsg.): „Die Axt hat geblüht ... – Europäische Konflikte der 30er Jahre in Erinnerung an die frühe Avantgarde", Ausstellungskatalog der Städtischen Kunsthalle Düsseldorf, 1987, S. 385; und Jan Tabor (Hrsg.): „Kunst und Diktatur", Bd. 2, Ausstellungskatalog des Künstlerhauses Wien, 1994, S. 596 und S. 940, wo Fritz Koelle zu den „harte NS-Kunst produzierenden Künstlern" zählt.
Mortimer G. Davidson: „Kunst in Deutschland" 1933 – 45: Eine wissenschaftliche Enzyklopädie der Kunst im Dritten Reich, Tübingen, 1988, S. 460ff.; und
Peter Adam: Kunst im Dritten Reich, Hamburg, 1992, S. 186 und S. 187: „vor allem Fritz Koelle hatte ... sich auf Bronzestatuen heroischer Arbeiter spezialisiert". (Dieses Buch ist nachlässig recherchiert und in seiner bildlichen Aufmachung der nationalsozialistischen Propaganda ebenbürtig).

Literaturverzeichnis

Im Literaturverzeichnis sind alle verwendeten Bücher und Zeitschriften genannt. Die umfangreichen Presseberichte wurden nicht nochmals gesondert aufgeführt, da sie in den Anmerkungen genaue Erfassung erfuhren.

Ausstellungs- und Bestandskataloge, nach Ausstellungs- bzw. Museumsort aufgelistet, erhalten ihren eigenen Abschnitt. Einige Kataloge können durch die Autorenerfassung doppelt genannt werden. Den Ausstellungskatalogen sind alle im Abschnitt „Ausstellungsverzeichnis" genannten Ausstellungskataloge von 1914 bis 1978 zuzuordnen.

Das Archiv- und Quellenmaterial erhält auch einen gesonderten Abschnitt.

Bücher und Zeitschriften

A

Abusch, Alexander: „Im Kampf um den Realismus in der Kunst", in: Sonntag, 6. Jg., Nr. 48 vom 2.12.1951

Adam, Peter: Kunst im Dritten Reich, Hamburg, 1992

Anczykowski, Maria (Hrsg.): Bernhard Hoetger – Skulptur, Malerei, Design, Architektur, Bremen, 1998

Anders, Günther: Obdachlose Skulptur – Über Rodin, München, 1994

Antonowa, Irina: Berlin – Moskau – 1900 – 1950, München, 1995

B

Backes, Klaus: Hitler und die bildenden Künste, Köln, 1988

Baedeker, Alfred (Hrsg.): Jahrbuch für den Oberbergamtsbezirk Dortmund, u.a. 26. Jg., Essen, 1928

Bärnreuther, Andrea, u.a. (Hrsg.): Das XX. Jahrhundert – Kunst, Kultur, Politik und Gesellschaft in Deutschland, Köln, 1999

Bax, Karl: Schätze aus der Erde – Die Geschichte des Bergbaus, Düsseldorf, 1981

Bayerische Vereinsbank (Hrsg.): Eine Liebe zu Berlin – Künstlersalon und Gartenatelier von Max Liebermann, München, 1995

Beaucamp, Eduard: Die befragte Kunst, München, 1988

ders.: „Das tanzende Bestiarium", in: Frankfurter Allgemeine Zeitung vom 21.1.1992

ders.: „Verhexte Möbel", in: Frankfurter Allgemeine Zeitung vom 22.3.1993

Becker, Franz: „Antlitz der Arbeit", in: Der Völklinger Hüttenmann, Nr. 3/1957, S. 41-42

Berger, Marianne (Hrsg.): Der Bildhauer Paul Berger, Dresden, 1953

Berger, Ursel: Von Begas bis Barlach – Bildhauerei im wilhelminischen Berlin, Berlin, 1984

dies.: Georg Kolbe, Berlin, 1990

dies.: Figürliche Bildhauerei im Georg Kolbe-Museum Berlin, Köln, 1994

dies. u.a.: (Hrsg.): Aristide Maillol, München, 1996

dies.: Georg Kolbe, München, 1997

Biller, Max, u. Stippel, Ludwig: Bergbau und Bergbau-Museum am Hohen Peißenberg, Peißenberg, 1987

Bohnke-Kollwitz, Jutta: Käthe Kollwitz – Die Tagebücher, Berlin, 1989

Bornschein, Rudolf: „Die Macht im Westen – Fritz Koelle", in: Die Westmark, Heft 12, September 1935/36, S. 706

ders.: „Fritz Koelle der Gestalter des Arbeitertums an der Saar", in: ebenda, Heft 1, Oktober 1936/37, S. 289-291

Breuer, Peter: Münchner Künstlerköpfe, München, 1937

Brock, Bazon, u.a. (Hrsg.): Kunst auf Befehl? Dreiunddreißig bis Fünfundvierzig, München, 1990

Brühl, Georg: Die Cassirers, Leipzig, 1991

Brugger, Ingrid, u.a. (Hrsg.): Emil Nolde, Wien, 1995

Burleigh, Michael: Die Zeit des Nationalsozialismus – Eine Gesamtdarstellung, Frankfurt a.M., 2000

Busch, Günter (Hrsg.): Max Liebermann – Die Phantasie in der Malerei, Frankfurt a.M., 1978

Buschmann, Walter: Zechen und Kokereien im rheinischen Steinkohlenbergbau, Berlin, 1998

Bushart, Magdalena, u.a. (Hrsg.): Entmachtung der Kunst, Berlin, 1985

C

Canetti, Elias: Masse und Macht, Frankfurt a.M., 2000 (6. Aufl.)

Cartwright, Julia: Jean François Millet – Sein Leben und seine Briefe, Leipzig, 1903

Corinth, Lovis: Selbstbiographie, Leipzig, 1993

Cremer, Fritz: „Zum Tode des Bildhauers Professor Fritz Koelle", in: Bildende Kunst, Heft 5, September/Oktober 1953, S. 52-53

Crone, Rainer, u.a.: Rodin – Eros und Kreativität, München, 1991

D

Damus, Martin: Sozialistischer Realismus und Kunst im Nationalsozialismus, Frankfurt a.M., 1981

Danzker, Jo-Anne Birnie (Hrsg.): Loïe Fuller – Getanzter Jugendstil, München, 1995

dies. (Hrsg.): Franz von Stuck – Die Sammlung des Museums Villa Stuck, München, 1997

Davidson, Mortimer: „Kunst in Deutschland" 1933 – 45: Eine wissenschaftliche Enzyklopädie der Kunst im Dritten Reich, Tübingen, 1988

Dopp, Werner: „Der Bildhauer Fritz Koelle", in: bildende kunst, 3. Jg., 1949, Heft 9, S. 299

Doppelstein, Jürgen: Ernst Barlach, Bildhauer, Zeichner, Graphiker, Schriftsteller, 1870 – 1938, Antwerpen, 1995

Droste, Magdalena: Bauhaus 1919 – 1933, hrsg. vom Bauhaus-Archiv Museum für Gestaltung Berlin, Köln, 1990

E

Ebert, Hildtrud (Hrsg.): Drei Kapitel Weißensee – Dokumente zur Geschichte der Kunsthochschule Berlin-Weißensee 1946 bis 1957, Berlin, 1996

Eckstein, Hans (Hrsg.): Künstler über Kunst, Ebenhausen bei München, 1938

ders.: „Kunst und Publikum", in: Hessische Nachrichten, Nr. 62 vom 22.6.1946

ders.: „Lehrer der Bildenden Künste? Bemerkungen zu einer internen Ausstellung im Bayer. Kultusministerium", in: Süddeutsche Zeitung, Nr. 53 vom 2.7.1946

ders.: „Wir greifen heraus", in: Süddeutsche Zeitung, Nr. 116 vom 23.9.1949

Egret, Dominique: Arno Breker – Ein Leben für das Schöne, Tübingen, 1996

Eichler, Richard W.: Der gesteuerte Kunstfall, München, 1965

ders.: Künstler und Werke, München, 1965 (2. Aufl.)

Enzweiler, Jo (Hrsg.): Kunst im öffentlichen Raum, Saarland, Bd. 1, Saarbrücken, Bezirk Mitte, 1945 bis 1996, Saarlouis, 1997

Ernst, Max (Hrsg.): „Ein bayerischer Staatsmann – Dr. Dr. Alois Hundhammer", in: Grünwalder Portraits I, Grünwald, 1989, S. 25-27

ders.: „Vom Spenglerlehrling zum Professor – Professor Fritz Koelle", in: ebenda II, Grünwald, 1989, S. 31-34

ders.: „Die Welt der Kinder – Elisabeth Koelle-Karmann", in: ebenda III, 1990, S. 33-34

Ertel, K. F.: „Der Maler Fritz Zolnhofer", in: Der Anschnitt, Heft 2, April 1962, S. 17-19

F

Farese-Sperken, Christine: Der Tanz als Motiv in der Bildenden Kunst, Hagen, 1969

Feist, Günter, u.a. (Hrsg.): Kunstkombinat DDR – Daten und Zitate zur Kunst und Kunstpolitik der DDR 1945 – 1990, Berlin 1990 (2. Aufl.)

ders. u.a. (Hrsg.): Kunstdokumentation SBZ/DDR – 1945 bis 1990, Köln, 1996

Feist, Peter H.: Figur und Objekt – Plastik im 20. Jahrhundert, Leipzig, 1996

Fidorra, Jörg, u.a.: Ruthild Hahne, Geschichte einer Bildhauerin, hrsg. von der Schadow-Gesellschaft e.V., Berlin, 1995

Finckh, Gerhard: Ausgewählte Künstlerbiographien, in: Christoph Stölzl (Hrsg.), 1979, S. 745-768

ders. (Hrsg.): Die Maler und ihre Skulpturen, Köln, 1997

Flacke, Monika (Hrsg.): Auftrag Kunst 1949 – 1990 – Bildende Künstler in der DDR zwischen Ästhetik und Politik, Berlin, 1995

Föhl, Thomas, u.a.: Bauhaus-Museum, Kunstsammlungen zu Weimar, München, 1996

Frenzel, Ursula: Dokumente zu Leben und Werk des Bildhauers Fritz Koelle, Germanisches Nationalmuseum Nürnberg, 1978

Friedel, Helmut: Süddeutsche Freiheit – Kunst der Revolution in München 1919, München, 1993

ders. (Hrsg.): Städtische Galerie im Lenbachhaus München, München, 1995 ders.: Figürliche Plastik im Lenbachhaus 1830 – 1980, München, 1997

Friemert, Chup: Produktionsästhetik im Faschismus. Das Amt „Schönheit der Arbeit" von 1933 bis 1939, München, 1980

G

Gaßner, Hubertus, u.a.: Zwischen Revolutionskunst und Sozialistischem Realismus, Köln, 1979

Gensel, Walther: Constantin Meunier, Bielefeld, 1905

Gleisberg, Dieter: Conrad Felixmüller, Dresden, 1982

Glüber, Wolfgang: Von Jugendstil bis Art Déco, Deutsches Elfenbeinmuseum, Erbach, 1998

Gogh-Bonger, Johanna Gesina van (Hrsg.): Vincent van Gogh – Briefe an seinen Bruder, 3 Bde., Frankfurt a.M., 1988

Goldschneider, Ludwig: Rodin-Sulpturen, Oxford, 1988

Golücke, Dieter: Bernhard Hoetger, Worpswede, 1988 (2. Aufl.)

Grauthoff, Otto: Rodin, Bielefeld, 1911 (2. Aufl.)

Graves, Jackson Naomi: Ernst Barlach, Königstein, 1972

Griem, Julika: „Zauber des Bananenrocks – Josephine Baker erobert Paris", in: Frankfurter Allgemeine Zeitung vom 9.12.1998

Growe, Bernd: Edgar Degas, Köln, 1991

Gruber-Ballehr, Helmut: Karl-Henning Seemann – Spannungen, Stuttgart, 1991

Grunfeld, Frederic V.: Rodin, Berlin, 1993

Guratzsch, Herwig (Hrsg.): Museum der bildenden Künste Leipzig – Katalog der Bildwerke, Köln, 1999

H

Händler, Gerhard: Zeichnungen deutscher Bildhauer der Gegenwart, Berlin, 1943

Haftmann, Werner: Emil Nolde, Köln, 1958

Hain, Simone: „... spezifisch reformatorisch bauhausartig ..." mart stam in der ddr 1948 – 1952, Berlin, 1991

Hanko, Helmut M.: „Münchner Kulturpolitik seit 1919", in: Münchner Stadtanzeiger, Nr. 19 vom 8.3.1985 (1. Teil); Nr. 20 vom 12.3.1985 (2. Teil)

Heilfurth, Gerhard: Der Bergbau und seine Kultur, Zürich, 1981

ders. (Hrsg.): Album für Freunde des Bergbaus, enthaltend eine Folge von vierzehn bildlichen Darstellungen aus dem Berufsleben des Berg- und Hüttenmannes. Entworfen und nach der Natur gezeichnet von Eduard Heuchler, Freiberg, 1855; Neuaufl. Essen, 1993

Heilmeyer, Alexander: Adolf von Hildebrand, Bielefeld, 1902

ders.: Die Plastik des 19. Jahrhunderts in München, München, 1931

Heinlein, Sepp: Vom Tiefstollen zum Cölestinschacht, Hohenpeißenberg, 1980

Hentzen, Alfred: Deutsche Bildhauer der Gegenwart, Berlin, o.J. (1934)

Hermann, Gertrude u. Wilhelm: Die alten Zechen an der Ruhr, Königstein im Taunus, 1981

Heuchler, Eduard: Des Bergmanns Lebenslauf, Schriften zur Kulturgeschichte des deutschen Bergbaues, Bd. 2, 2. Aufl. des 1867 erschienenen Buches, Essen, 1940

Heumann, H.: Geschichte für morgen, Frankfurt a.M., 1986

Heusinger von Waldegg, Joachim: Der Bildhauer und Zeichner Fritz Wrampe (1893 – 1934), Wuppertal, 1971

Hildebrand, Adolf von: Das Problem der Form in der bildenden Kunst, Straßburg, 1893

Hitler, Adolf: Mein Kampf, München 1939 (Erstaufl. 1925/27)

Hoberg, Annegret, u.a. (Hrsg.): „NS-Kunst: 50 Jahre danach", in: kritische berichte, 2/1989

dies. u.a.: (Hrsg.): Der Blaue Reiter und das neue Bild, München, 1999

Hoffmann, Detelf (Hrsg.): Das Gedächtnis der Dinge – KZ-Relikte und KZ-Denkmäler, Frankfurt a.M., 1998

Hoffmann, Klaus: Johann Friedrich Böttger (Biografie), Berlin, 1985

Hunold, Fr.: „Geschichte des Münchener Glaspalastes – Das Leben eines Hauses", in: Das Bayernland, Nr. 17, August 1931, S. 513-524

Huske, Joachim: Die Steinkohlenzechen im Ruhrrevier, Bochum, 1998

J

Jeschke, Claudia, u.a.: Spiegelungen – Die Ballets Russes und die Künste, Berlin, 1997

K

Kahn, Gustave: Auguste Rodin, Berlin, o.J.

Kaiser, Paul, u.a. (Hrsg.): Enge und Vielfalt – Auftragskunst und Kunstförderung in der DDR, Hamburg, 1999

Kammerer, Ernst: „Kunst der Bronze", in: Die Kunst für Alle, Bd. 73, Heft 4, Januar 1936, S. 114ff.

ders.: Fritz Koelle, Berlin, 1939

Kautzsch, E.: Die Heilige Schrift des Alten Testaments, 2 Bde., Tübingen, 1910

Kemenow, Wladimir: Wassili Surikow, Bournemouth (England), 1997

Költzsch, Georg-W. (Hrsg.): Skulptur und Plastik – Skulptur, Plastik und Zeichnungen von Bildhauern des 19. und 20. Jahrhunderts aus der Sammlung der Modernen Galerie des Saarland Museums Saarbrücken, Saarbrücken, 1989

Königsbauer, Andreas: „Auf den Trümmern des Glaspalastes", in: Das Bayernland, 42. Jg., Nr. 17, August 1931, S. 542

Kolberg, Gerhard: „Käthe Kollwitz – Die Bildhauerin", in: Kölner Museums-Bulletin, Sonderheft 1-2/1991

Kugler, Jens, u.a.: Das beste Ertz ... eine bergbauhistorische Reise durch das sächsische Erzgebirge, Haltern, 1992

Kugler, Liselotte (Hrsg.): Industrie-Kunst-Touren, Historisches Museum Saar, Saarbrücken, 1996

dies.: Industrie · Menschen · Bilder – Ansichten aus der saarländischen Industrieregion, Historisches Museum Saar, Saarbrücken, 1996a

Kuhirt, Ullrich (Hrsg.): Kunst der DDR 1945 – 1959, Leipzig, 1982

ders.: Kunst der DDR 1960 – 1980, Leipzig, 1983

Kulturamt Köln (Hrsg.): Borinage 1934/1984, Köln, o.J. (evtl. 1984)

Kunstwart (Hrsg.): Millet-Mappe (12 Werke), München, o.J.

L

Ladendorf, Heinz: Andreas Schlüter, Leipzig, 1997

Large, David Clay: Hitlers München, München, 1998

Laurent, Monique: Führer des Rodin-Museums Hôtel Biron, Paris, 1992

Lauter, Hans: „Kampf gegen Formalismus in Kunst und Literatur – Für eine fortschrittliche deutsche Kultur", Referat auf der 5. Tagung des Zentralkomitees der SED, in: Sonntag vom 1.4.1951, S. 7

Laxner-Gerlach, Uta: Museum Folkwang Essen, Katalog der Bildwerke, Essen, 1973

Legerlotz, Gustav (Hrsg.): Das Nibelungenlied im Auszuge, Deutsche Schulausgaben, Bd. 15, Bielefeld, 1922

Lindner, Bernd: Verstellter, offener Blick – Eine Rezeptionsgeschichte bildender Kunst im Osten Deutschlands 1945 – 1995, Köln, 1998

Looz-Corswarem, Clemens von, u.a.: Kunststadt Düsseldorf – Objekte und Denkmäler im Stadtbild, Düsseldorf, 1996

M

Mann, Thomas: „Max Liebermann im Urteil Europas – Zum 80. Geburtstag des Künstlers", in: Kunst und Künstler, XXV/3, Berlin, 1927, S. 372-374

Mlakar, Pia und Pino: Unsterblicher Theatertanz – 300 Jahre Ballettgeschichte, Wilhelmshaven, 1996

Möller, Werner: Mart Stam 1899 – 1986, Architekt – Visionär – Gestalter, Tübingen, 1997, Bd. 2

Müller, Hedwig, u.a.: „„... jeder Mensch ist ein Tänzer", Gießen, 1993

Müller-Mehlis, Reinhard: Die Kunst im Dritten Reich, München, 1976

Muther, Richard: Geschichte der Malerei, 3 Bde., Leipzig, 1909

N

Nesterova, Elena: Die Wanderer – Die Meister des russischen Realismus, Bournemouth (England), 1996

Neubert, Horst: Rekord unter Tage, Berlin, DDR, 1983

Nicholas, Lynn H.: Der Raub der Europa – Das Schicksal europäischer Kunstwerke im Dritten Reich, München, 1995

O

Olbrich, Harald: Geschichte der deutschen Kunst 1918 – 1945, Leipzig, 1990

Orlow, N.: „Wege und Irrwege der modernen Kunst", in: Tägliche Rundschau vom 20./21.1.1951

Oswald, Hans: Das Liebermann-Buch, Berlin, 1930

P

Paret, Peter: Die Berliner Secession, Frankfurt a.M., 1983

Pasche, Eva-M.: „Unglücklicher Arbeiterdarsteller", in: Augsburger Allgemeine, Nr. 57, vom 9.3.1995

dies.: „Arbeiterplastik als Lebenswerk – Zum 100. Geburtstag von Fritz Koelle", in: Der Anschnitt – Zeitschrift für Kunst und Kultur im Bergbau, 47. Jg., 1995, Heft 1-2, S. 72-74

dies.: „Die (Wieder-)Entdeckung Constantin Meuniers. Eine Ausstellung in Hamburg", in: Der Anschnitt, 50. Jg., 1998, Heft 2-3, S. 135-136

Pehri, Paul: „Fritz Koelle, ein Bildhauer des Proletariats", in: Bildende Kunst, Heft 7, 1959, S. 496

Petsch, Joachim: Kunst im Dritten Reich, Köln, 1994

Portraits. „Fritz Koelle – Ein deutscher Bildhauer", in: Portraits, Nr. 2, Oktober/November 1975, Informationen der Kunstgalerie von Hanns-Joachim Starczewski, Höhr-Grenzhausen, o. Verf. S. 9-15 und S. 28 (1. Teil)

dies.: „Fritz Koelle ...", in: Portraits, Nr. 3, April/Mai 1976, S. 24-25 und S. 28 (2. Teil)

Presler, Gerd: Glanz und Elend der 20er Jahre, Köln, 1992

Probst, Volker G.: Der Bildhauer Arnor Breker, Bonn, 1978

ders.: Das Bildnis des Menschen im Werk von Arno Breker, Berlin, 1981

R

Rathke, Chrstian: Conrad Felixmüller, Schloß Gottorf, 1990

Rave, Paul Ortwin: Kunstdiktatur im Dritten Reich, Berlin, o. J., Erstausgabe 1949, die vorliegende Ausgabe hrsg. von Uwe Schmeede, ca. 1987

Reichel, Peter: Der schöne Schein des Dritten Reiches, Frankfurt a.M., 1993

Reltsche, Albert: Plastik Sammlung Fritz Koelle Schaezler-Haus Augsburg, Augsburg, o.J. (1966)

Rittlich, Werner: „Situation unserer Plastik. Zur Ausstellung ‚Deutsche Plastik der Gegenwart' in Warschau", in: Die Kunst im Dritten Reich, 2. Jg., Folge 4, April 1938, S. 102-109

ders.: „Die Werke der ‚Großen Deutschen Kunstausstellung 1942' im Haus der Deutschen Kunst in München", in: Die Kunst im Deutschen Reich, 6. Jg., 1942, Folge 8/9, S. 205-237

Rodin, Auguste: Die Kunst – Gespräche des Meisters – gesammelt von Paul Gsell, Zürich, 1979

Rodin, Auguste – 100 Zeichnungen und Aquarelle, mit einem Essay von Claude Judrin (Musée Rodin Paris), Köln, 1988

Roh, Franz: Deutsche Plastik der Gegenwart von 1900 bis heute, München, 1963

S

Sansoni, Artur: „In memoriam Professor Fritz Koelle, Bildhauer", in: der naturstein, 8/1963, S. 259-165

Sauerbier, S. D., u.a. (Hrsg.): Zwei Aufbrüche – Die ersten zehn Jahre, Sinn – Sinne – Lehre, Ansichten zu Aussichten, Symposion der Kunsthochschule Berlin-Weißensee, Berlin, 1997

Slotta, Delf: „Bergwerk Reden – Erhalt der Dritten-Reichs-Architektur in der Diskussion", in: kultur forum saar, 8. Jg., Nr. 1/1995, S. 4

ders.: Die Tagesanlagen der Schachtanlagen Reden. Erfassung und Bewertung, unveröffentlichtes Manuskript, Saarbrücken, 2000

Slotta, Rainer: Förderturm und Bergmannshaus – Vom Bergbau an der Saar, Saarbrücken, 1979

ders., u.a.: Ein fein bergmannig Porcelan – Abbilder vom Bergbau in „weißem Gold", Essen, 1999

Sch

Scheffler, Karl: Constantin Meunier, Berlin, 1903

Schindler, Edgar: „Denkmale der Arbeit", in: Die Kunst im Dritten Reich, 2. Jg., Folge 5, Mai 1938, S. 131-139

Schirmbeck, Peter: Adel der Arbeit, Marburg, 1984

Schmidt, Hans-Werner, u.a. (Hrsg.): Mehr als ich – Ernst Barlach, Kiel, 1998

Schmitt, Armin: Denkmäler Saarländischer Industriekultur, Saarbrücken, 1989

Schuchardt, Walter-Herwig: Geschichte der Kunst, Berlin, 1940, I. Bd. Altertum

Schulte, Birgit (Hrsg.): Die Bildhauerin Milly Steger – Die Grenzen des Frauseins aufheben, Hagen, 1998

Schultze-Naumburg, Paul: Nordische Schönheit, München/Berlin, 1937

Schulz, Paul O., u.a.: Bronzegießerei Noack, Ravensburg, 1993

Schuster, Peter-Klaus (Hrsg.): Die „Kunststadt" München 1937, München, 1987

St

Staeck, Klaus (Hrsg.): Nazi-Kunst ins Museum?, Göttingen, 1988

Stather, Martin (Hrsg.): „Einer frohen Zukunft entgegen!" Kunst in der DDR der 50er Jahre, Mannheim, 1998

Steingräber, Erich (Hrsg.): Deutsche Kunst der 20er und 30er Jahre, München, 1979

Sternin, Gregor: Ilja Repin, Bournemouth (England), 1996

Stölzl, Christoph (Hrsg.): Die Zwanziger Jahre in München, Münchner Stadtmuseum, 1979

Stolze, Gustav: „Fritz Koelle", in: Die Kunst für Alle, 1927/28, Heft 9, S. 272-278

T

Tank, Lothar: Deutsche Plastik unserer Zeit, München, 1942

Tannert, Christoph: Der Bildhauer Fritz Koelle (1895 – 1953), unveröffentlichte Diplomarbeit an der Humboldt-Universität zu Berlin, 1981

Thoma, Ludwig: Lausbubengeschichten, mit 73 Zeichnungen von Olaf Gulbransson, München, o. J.

Timm, Werner: Käthe Kollwitz, Berlin, 1974

Treu, Georg: Constantin Meunier, Dresden, 1898

Tümpel, Christian (Hrsg.): Deutsche Bildhauer 1900 – 1945 Entartet, Zwolle, 1992

V

Vierneisel, Beatrice: Ernesto de Fiori – Das plastische Werk 1911 – 1936, Berlin, 1992

dies.: „Fritz Koelle – ‚Der Gestalter des deutschen Berg- und Hüttenarbeiters'", in: Günter Feist u.a. (Hrsg.), Köln, 1996, S. 191-201

dies.: „Die ‚erdverbundene Art' des Fritz Koelle. Zur Lehrtätigkeit des Bildhauers in Dresden und Berlin", in: S. D. Sauerbier u.a. (Hrsg.), Berlin, 1997

Volwahsen, Andrea: Der Bildhauer Hermann Hahn, Bonn, 1984

Vorsteher, Dieter: Parteiauftrag: Ein Neues Deutschland – Bilder, Rituale und Symbole der frühen DDR, Berlin, 1996

W

Weiß, Hermann (Hrsg.): Biographisches Lexikon zum Dritten Reich, Frankfurt a.M., 1998

Werner, Bruno: Die deutsche Plastik der Gegenwart, Berlin, 1940

Wilsdorf, Helmut: Kulturgeschichte des Bergbaus, Essen, 1987

Winkelmann, Heinrich: Der Bergbau in der Kunst, Essen, 1971

Wolbert, Klaus: Die Nackten und die Toten des „Dritten Reiches", Gießen, 1982

Wolfer, Oskar: „Der Bildhauer Fritz Koelle", in: Schwabenland, 2. Jg., 1935, Heft 9, S. 225-240

Wulf, Joseph: Die Bildenden Künste im Dritten Reich, Gütersloh, 1963

Z

Zänker, Jürgen: „Denkmäler für die ‚Opfer der Arbeit' – Gedenkstätten für Bergleute in Dortmund", in: Der Anschnitt, 44. Jg., 1992, Heft 5/6, S. 198-207

Zimmermann, Rainer: Expressiver Realismus – Malerei der verschollenen Generation, München, 1994

Zola, Emile: Germinal, Berlin, DDR, 1969, Erstausgabe 1885

Ausstellungs- und Bestandskataloge

Augsburg o.J. (ca. 1966): Schaetzler-Haus: Plastik Sammlung Fritz Koelle (Bestandskatalog)

Berlin o.J.: Neue Gesellschaft für bildende Kunst: Constantin Meunier
1975: Galerie Pels-Leusden: Der Tanz in der Kunst der letzten hundert Jahre
1979: Nationalgalerie: Revolution und Realismus – Revolutionäre Kunst in Deutschland 1917–1933
1979: Neue Gesellschaft für bildende Kunst: Arbeit und Alltag – Soziale Wirklichkeit in der belgischen Kunst 1830–1914
1979: Altes Museum: Weggefährten Zeitgenossen – Bildende Kunst aus drei Jahrzehnten
1984: Georg Kolbe-Museum: Von Begas bis Barlach – Bildhauerei im wilhelminischen Berlin
1988: Nationalgalerie: Mensch – Figur – Raum, Werke deutscher Bildhauer des 20. Jahrhunderts
1989: Akademie der Künste der DDR: Jürgen von Woyski – Plastik · Keramik · Graphik
1991: Akademie der Künste: Ernst Barlach – Stationen der Begegnung in Thüringen
1995: Berlinische Galerie: Berlin – Moskau – 1900–1950
1996: Georg Kolbe-Museum: Aristide Maillol
1996: Ehemalige Staatliche Kunsthalle (an der Gedächtniskirche): Die Olympischen Spiele und der Nationalsozialismus
1996: Stadtmuseum und Sportmuseum: Die Olympiade unter der Diktatur – Kunst im Widerstand – Rekonstruktion der Amsterdamer Kunstolympiade 1936
1996: Deutsches Historisches Museum: Kunst und Macht im Europa der Diktatoren 1930–1945
1997: Haus der Geschichte der Bundesrepublik Deutschland: Markt oder Plan – Wirtschaftsordnungen in Deutschland 1945–1961

Bochum 1970: Deutsches Bergbau-Museum Bochum: Constantin Meunier

Braunschweig 2000: Städtisches Museum: Deutsche Kunst 1933–1945 in Braunschweig – Kunst im Nationalsozialismus

Bremen 1995: Kunsthalle Bremen: Max Liebermann der deutsche Impressionist
2000: Paula Modersohn-Becker Museum: Rodin und die Skulptur im Paris der Jahrhundertwende

Darmstadt 1997: Hessisches Landesmuseum Darmstadt: Frühlings Erwachen in der Kunst um 1900

Düsseldorf 1984: Städtische Kunsthalle: Skulptur und Macht – Figurative Plastik im Deutschland der 30er und 40er Jahre
1987: Städt. Kunsthalle: „Die Axt hat geblüht ..." Europäische Konflikte der 30er Jahre in Erinnerung an die frühe Avantgarde
1994: Kunstsammlung NRW: Oskar Schlemmer: tanz theater bühne

Duisburg 1986: Wilhelm-Lehmbruck-Museum: Das Bild der Frau in der Plastik des 20. Jahrhunderts

Erbach 1998: Deutsches Elfenbeinmuseum: Von Jugendstil bis Art Déco

Essen 1973: Museum Folkwang: Katalog der Bildwerke
  1997: Die Maler und ihre Skulpturen – Von Degas bis Richter

Hamburg 1998: Ernst Barlachhaus: Constantin Meunier

Heilbronn 1999: Städtische Museen: la mano – Die Hand in der Skulptur des 20. Jahrhunderts

Homburg 1957: Museum der Stadt Homburg: Fritz Koelle „Arbeiter aus Hütten und Gruben"

Karlsruhe 1980: Badischer Kunstverein: Widerstand statt Anpassung

Köln 1994: Käthe Kollwitz Museum: Ateliergemeinschaft Klosterstraße Berlin (1933 – 1945) Künstler in der Zeit des Nationalsozialismus

Krefeld 1992: Deutsches Textilmuseum: Sportswear – Zur Geschichte und Entwicklung der Sportkleidung

Leipzig 1999: Museum der bildenden Künste: Katalog der Bildwerke

Mannheim 1998: Kunstverein: „Einer frohen Botschaft entgegen!" Kunst in der DDR der 50er Jahre

Marl 1997: Skulpturenmuseum Glaskasten: Auguste Rodin – Die Bürger von Calais – Werk und Wirkung

München 1974: Münchner Stadtmuseum: Kleinplastik und figürliches Kunsthandwerk aus den Beständen des Münchner Stadtmuseums 1880 – 1930
  1979: Münchner Stadtmuseum: Die Zwanziger Jahre in München
  1979: Städtische Galerie im Lenbachhaus: Toni Stadler
  1993: Münchner Stadtmuseum: München – „Hauptstadt der Bewegung"
  1996: Haus der Kunst: Lovis Corinth
  1999: Städtische Galerie im Lenbachhaus: Der Blaue Reiter und das neue Bild

Münster 1995: Westfälisches Landesmuseum für Kunst und Kulturgeschichte: Als die Frauen noch sanft und engelsgleich waren

Nürnberg 1978: Germanisches Nationalmuseum: Dokumente zu Leben und Werk des Bildhauers Fritz Koelle

Otterlo 1983: Rijksmuseum Kröller-Müller: Vincent van Gogh, Sammlungskatalog von 278 Werken

Paris 1987: Musée d'Orsay – Führer

Recklinghausen 1980: Städtische Kunsthalle: „Aus Schacht und Hütte" – Ein Jahrhundert Industriearbeit im Bild 1830 – 1930

Saarbrücken 1976: Saarland Museum Saarbrücken: Bestandskatalog Moderne Galerie Saarbrücken
 1989: Saarland Museum Saarbrücken: Skulptur und Plastik, Bestandskatalog der Sammlung der Modernen Galerie Saarbrücken
 1998: Saarland Museum Saarbrücken: Die Sammlung Kohl-Weigand

Wien 1994: Künstlerhaus: Kunst und Diktatur, 2 Bde.

Lexika und Nachschlagewerke

Augsburger Stadtlexikon, Augsburg, 1985

Bergbaulexikon, Das kleine, Essen, 1998 (8. Aufl.)

Biographisches Lexikon zum Dritten Reich (Hermann Weiß, Hrsg.), Frankfurt a.M., 1998

Brockhaus Enzyklopädie in 24 Bdn., Mannheim, 1986 – 1994

Bosls Bayerische Biographie, Regensburg, 1983

dtv-Lexikon der Kunst, München, 1996

Geschichte der Deutschen Kunst 1200 – 1945, 6 Bde., und Kunst der DDR 1945 – 1980, 2 Bde., Leipzig 1982 – 1990

Grimmsches Wörterbuch, Stuttgart, 1987

Herder, der Große, Freiburg, 1935

Jahrbuch für den Oberbergamtsbezirk Dortmund, Essen, 1. Jg. 1893 (heute: Jahrbuch der europäischen Energie- und Rohstoffwirtschaft, 108. Jg., 2000)

Künstler Lexikon der Schweiz XX. Jahrhundert, Frauenfeld, 1958 – 1961

Lexikon der Kunst, Freiburg, 1987

Meyers Enzyklopädisches Lexikon in 25 Bdn., Mannheim, 1971 – 1979

Propyläen Kunstgeschichte in 23 Bdn., Frankfurt a.M., 1967 – 1978

Stein, Werner: Der große Kulturfahrplan, Gütersloh, 1993

Thieme/Becker – Allgemeines Lexikon der bildenden Künstler von der Antike bis zur Gegenwart, Leipzig, 1950, unveränderter Nachdruck, München, 1992

Vollmer – Allgemeines Lexikon der bildenden Künstler des 20. Jahrhunderts, Leipzig, 1953, unveränderter Nachdruck, München, 1992

Archiv- und Quellenmaterial

Augsburg: Stadtarchiv Augsburg: Persönliche Meldedaten

Augsburg: Archiv der Städtischen Kunstsammlungen (Schaezlerhaus): Akte Fritz Koelle

Berlin: Zentrales Akademie Archiv (ZAA) Staatliche Museen zu Berlin – Preußischer Kulturbesitz/Zentralarchiv der Nationalgalerie: Künstlermappe Fritz Koelle
Gen. 5 – 1733/34
Gen. 10, Bd. 13 – 1926/1927
Gen. 10, Bd. 14 – 1928/1929 – 1944/27 1 + 2
Gen. 10, Bd. 15 – 1930/1932 150/21
                        150/30
I NG Spec. 1   E 1   1272/30
       Spec. 1,   Bd. 35 – 2402/34
       Spec. 1,   Bd. 38 – 3162/36
       Spec. 1,   Bd. 40 – 2093/38
       Spec. 1,   Bd. 42 – 1476/41
       Spec. 1,   Bd. 43 – 833/42
       Spec. 29/30 1577/33

Berlin: Bundesarchiv, Abt. III, Berlin-Lichterfelde (ehemals Berlin Document Center, BDC): Akte R KK K.295 Fritz Koelle

Berlin: Archiv der Humboldt-Universität Berlin: Bauleitung, Nr. 49: Invest 1954, Schriftwechsel 1952 – 55 zum Vorgang „Attika-Figuren" für die Universität

Berlin: Archiv Kunsthochschule Berlin-Weißensee (KHB): K 1/51

Bochum: Deutsches Bergbau-Museum Bochum: Korrespondenz Winkelmann – Koelle

Dachau: Archiv der KZ-Gedenkstätte Dachau: Pressematerial

Dresden: Archiv der Hochschule für bildende Künste: Personalakte Koelle Bl. 1 – 36

Koblenz: Stiftung Archiv der Parteien und Massenorganisationen der DDR im Bundesarchiv Koblenz (ehemals Berlin)
NY 4090/530 Bl. 201 – 210
NY 4090/545 Bl. 1 – 127
NY 4090/556 Bl. 1 – 97
IV 2/906/175

München: Stadtarchiv: Akte (Bürgermeister und Rat) BuR 1878
                        Akte (Kulturamt)   KA 623
                                                KA 649/2
Zeitungsartikel Personen: ZA Fritz Koelle
ZA Kulturamt 636 – 644
ZA Neue Secession
ZA Entartete Kunst
ZA Kunst im III. Reich auch ZA Collecting Point

Nürnberg: Archiv Bildende Kunst des Germanischen Nationalmuseums Nürnberg: ABK Nachlaß Koelle

St. Ingbert: Stadtarchiv St. Ingbert: Pressematerial und persönliche Informationen und Fotos von Fritz Koelle und Elisabeth Koelle-Karmann

Ausstellungsverzeichnis

Die mit (EA) zum Schluß gekennzeichneten Ausstellungen sind Einzelausstellungen Fritz Koelles, eventuell in Kombination mit Werken seiner Frau, Elisabeth Koelle-Karmann. Bei den übrigen handelt es sich stets um Ausstellungsbeteiligungen.

1914

– Münchener Jahresausstellung im Königlichen Glaspalast,
  Katalog S. 72, Nr. 1235a.

1915

– Kunstausstellung der Münchener Secession im Königlichen Glaspalast am Königsplatz,
  Katalog, S. 61, Nr. 526 und 527.

1916

– Ausstellung der Münchener Neuen Secession im Königlichen Glaspalast,
  Katalog, S. 49, Nr. 548.

1917

– Münchener Jahresausstellung im Königlichen Glaspalast,
  Katalog S. 106, Nr. 2101.

1918

– Münchener Jahresausstellung im Königlichen Glaspalast (Münchener Secession),
  Katalog S. 99, Nr. 2363 und 2364.

1919

– Münchener Kunstausstellung im Königlichen Glaspalast (Abteilung Münchener Secession),
  Katalog S. 72, Nr. 1581 bis 1583.

1920

– Münchener Kunstausstellung im Königlichen Glaspalast (Abteilung Münchener Secession),
  Katalog S. 82, Nr. 1853 bis 1855.

1921

– Kunstausstellung der Münchener Neuen Secession im Königlichen Glaspalast (Westflügel),
  Katalog S. 19, Nr. 131 und 132.

1922

- Kunstausstellung der Münchener Neuen Secession,
  Katalog S. 16, Nr. 72 bis 75.
- Ausstellung im Münchener Kunstverein.

1923

- Kunstausstellung der Münchener Neuen Secession,
  Katalog S. 13, Nr. 62 bis 64.
- Ausstellung in der Galerie Caspari, München.

1924

- Kunstausstellung der Münchener Neuen Secession,
  Katalog S. 15, Nr. 104 bis 113.
- Ausstellung in der Galerie Thannhauser, München.

1925

- Kunstausstellung der Münchener Neuen Secession,
  Katalog S. 16, Nr. 102 bis 109, 1 Abb.
- Letzte Jubiläums-Ausstellung der Münchener Neuen Secession im Kunstverein, 1914 bis 1924,
  Katalog S. 8, Nr. 72 bis 75b.

1926

- Frühjahrs-Ausstellung der Preußischen Akademie der Künste zu Berlin,
  Katalog S. 27, Nr. 338 bis 334.
- Herbst-Ausstellung der Preußischen Akademie der Künste zu Berlin,
  Katalog S. 51, Nr. 591 bis 594.
- Allgemeine Kunstausstellung München, Glaspalast (Abteilung Münchener Neue Secession),
  Katalog S. 79, Nr. 2163 bis 2168, 1 Abb.
- Ausstellung Baden-Baden.

1927

- Frühjahrs-Ausstellung der Preußischen Akademie der Künste zu Berlin,
  Katalog S. 27, Nr. 338 bis 334.
- Herbst-Ausstellung der Preußischen Akademie der Künste zu Berlin – Kollektivausstellung mit Käthe Kollwitz und Alfred Kubin,
  Katalog S. 51 und 52, Nr. 668 bis 680.
- Ausstellung Neue Kunst Berlin · Darmstadt · München, Mathildenhöhe Darmstadt, Abteilung Münchener Neue Secession,
  Katalog S. 59, Nr. 640 bis 645, 2 Abb.
- Jubiläumskunstausstellung 150 Jahre Kasseler Kunstakademie,
  Katalog S. 73, Nr. 415 und 416.
- XIII. Ausstellung der Münchener Neuen Secession im Glaspalast (Westflügel),
  Katalog S. 20, Nr. 147 bis 153, 1 Abb.

- Kollektivausstellung mit Elisabeth Koelle-Karmann in der Galerie Thannhauser in München.

1928

- Frühjahrs-Ausstellung der Preußischen Akademie der Künste zu Berlin,
  Katalog S. 23, Nr. 294 bis 296.
- Herbst-Ausstellung der Preußischen Akademie der Künste zu Berlin.
- XIV. Ausstellung der Münchener Neuen Secession im Glaspalast (Westflügel),
  Katalog S. 20, Nr. 126 bis 131, 1 Abb.
- Graphikausstellung der Münchener Neuen Secession im Kunstverein, Mai 1928.
- Ausstellungsbeteiligung bei der Internationalen Kunstausstellung in Venedig 1928 (lt. Korrespondenz)

1929

- Frühjahrs-Ausstellung der Preußischen Akademie der Künste zu Berlin,
  Katalog S. 24, Nr. 301 bis 303.
- Herbst-Ausstellung der Preußischen Akademie der Künste zu Berlin,
  Katalog S. 31, Nr. 489 und 490.
- XV. Sommer-Ausstellung der Münchener Neuen Secession im Glaspalast (Westflügel),
  Katalog S. 18, Nr. 146 bis 154, 1 Abb.
- Ausstellungsbeteiligung in Stuttgart (lt. Gustav Stolze in München-Augsburger Abendzeitung vom 11.2.1930).
- Ausstellungsbeteiligung in Stockholm.
- Einzelausstellung in der Galerie Caspari in München, April 1929, lt. Bayerische Staatszeitung Nr. 91 vom 21./22.4.1929 (EA).

1930

- Kollektivausstellung mit Elisabeth Koelle-Karmann im Kunstverein Augsburg (lt. Gustav Stolze in München-Augsburger Abendzeitung vom 11.2.1930).
- Frühjahrs-Ausstellung der Preußischen Akademie der Künste zu Berlin,
  Katalog S. 23, Nr. 305 und 306.
- Herbst-Ausstellung der Deutschen Kunstgemeinschaft Berlin „Neue Deutsche Kunst 1930" im Schloß (lt. Offizieller Einladung).
- Deutsche Kunstausstellung München im Glaspalast (Abteilung Münchener Neue Secession),
  Katalog S. 40, Nr. 1277 bis 1283, 1 Abb.

1931

- Münchener Kunstausstellung 1931 im Deutschen Museum (Anschlußausstellung an den Glaspalastbrand vom 6.6.1931) (Abteilung Münchener Neue Secession),
  Katalog S. 62, Nr. 1985 bis 1993, 1 Abb.
- Kollektivausstellung mit Elisabeth Koelle-Karmann in der Galerie Caspari in München.
- Herbst-Ausstellung der Preußischen Akademie der Künste zu Berlin (lt. 8-Uhr-Abendblatt Berlin vom 10.10.1931).

1932

- Münchener Kunstausstellung 1932 im Deutschen Museum (Abteilung Münchener Neue Secession),
  Katalog S. 55, Nr. 1860.
- Ausstellung der Neuen Sammlung · Münchener Neue Secession) „Aus der Werkstatt des Künstlers" im Bayerischen Nationalmuseum,
  Katalog S. 5.
- Ausstellung des Vereins Berliner Künstler 1932 im Künstlerhaus Bellevuestraße 3 (lt. Berliner Volkszeitung vom 7.1.1932).
- Düsseldorf-Münchner Kunstausstellung, Düsseldorf.
  Fritz Koelle in der Abteilung der Münchener Neuen Secession mit vier Arbeiten vertreten.
- Gemeinsame Ausstellung mit Elisabeth Koelle-Karmann im Münchner Kunstverein (lt. Münchner Zeitung vom 19.10.1932) (EA).

1933

- Staatliche Kunstausstellung, München, Neue Pinakothek und Deutsches Museum,
  Katalog S. 9, Nr. 200 (Neue Pinakothek);
  Katalog S. 30, Nr. 454 und 455 (Deutsches Museum).

1934

- Große Münchener Kunstausstellung in der Neuen Pinakothek, Glaspalast-Ausstellung (Abteilung Münchener Neue Secession),
  Katalog S. 22, Nr. 359 bis 362.

1935

- Ausstellung Münchener Künstler in der Preußischen Akademie der Künste zu Berlin,
  Katalog S. 19, Nr. 170 und 171.
- Münchener Kunst, Sonderausstellung in der Neuen Pinakothek (Abteilung Münchener Neue Secession),
  Katalog S. 16, Nr. 234 bis 238, 1 Abb.
- Große Münchener Kunstausstellung 1935 in der Neuen Pinakothek,
  (Abteilung Bildnisse) Katalog Nr. 1158;
  (Allgemeiner Teil) Katalog Nr. 1350 bis 1352.

1936

- Ausstellung Münchener Landschaftsmalerei und Bildnisplastik, Neue Pinakothek,
  Katalog S. 17, Nr. 218.
- Große Münchener Kunstausstellung in der Neuen Pinakothek (lt. Münchener Neueste Nachrichten vom 20.6.1936).
- Ausstellung „Geformte Kraft" im Kunstverein München,
  Katalog S. 8, drei Plastiken.
- Ausstellung im Kunstverein Augsburg an der Hallstraße (lt. Neue Augsburger, ohne Datum) (EA).
- Ausstellung „Meister der Gegenwart" im Kunstverein Rostock (lt. Rostocker Anzeiger Nr. 40 vom 16.2.1936).

- Wanderausstellung des Deutschen Reichs nach Konstantinopel, Athen und Jugoslawien 1936 (lt. Münchener Neueste Nachrichten, Januar 1936).
- Ausstellung „Lob der Arbeit" im Haus der Kunst in Berlin.

1937

- Münchener Jahresausstellung in der Neuen Pinakothek,
  Katalog S. 14, Nr. 233 und 234, 1 Abb.
- Große Deutsche Kunstausstellung im Haus der Deutschen Kunst zu München,
  Katalog S. 55, Nr. 400 bis 402.
- Ausstellung „Schönheit der Arbeit und die Arbeit in der Kunst", München,
  Katalog S. 25, drei Plastiken.
- Ausstellung „Junge Deutsche Bildhauer" in der Mannheimer Kunsthalle, Sommer 1937,
  Katalog S. 7, Nr. 85 bis 90.
- Koelle-Ausstellung im Saarlandmuseum in Saarbrücken (lt. Saarbrücker Zeitung vom 12.10.1937) (EA).
- Weltausstellung Paris (lt. Saarbrücker Landeszeitung vom 9.10.1937).

1938

- Große Deutsche Kunstausstellung im Haus der Deutschen Kunst zu München,
  Katalog S. 60, Nr. 512.
- Münchener Kunstausstellung im Maximilianeum,
  Katalog S. 13, Nr. 200 bis 202.
- Januar-Ausstellung des Vereins Berliner Künstler,
  Nr. 74 bis 77.
- Kunstausstellung der NS-G. „Kraft durch Freude" in der Hamburger Kunsthalle.
- Ausstellung „Deutsche Plastik der Gegenwart" in Warschau (lt. Völkischer Beobachter vom 26.4.1938).
- Ausstellung in der Galerie Abels in Köln (lt. Kölner Volkszeitung vom 30.8.1938).

1939

- Große Deutsche Kunstausstellung im Haus der Deutschen Kunst zu München,
  Katalog S. 50, Nr. 601 und 602, 1 Abb.
- Münchener Kunstausstellung im Maximilianeum,
  Katalog S. 15, Nr. 234 bis 237, 1 Abb.

1940

- Große Deutsche Kunstausstellung im Haus der Deutschen Kunst zu München,
  Katalog S. 53, Nr. 625 und 632, 1 Abb.
- Große Berliner Kunstausstellung im Haus der Kunst in Berlin, Dezember 1940 bis Januar 1941,
  Katalog S. 22, Nr. 128.
- Ausstellung „Deutsche Bildhauer der Gegenwart" des Kunstvereins in Hamburg, Kunsthalle,
  Nr. 86 bis 96, 1 Abb.

1941

– Große Deutsche Kunstausstellung im Haus der Deutschen Kunst zu München,
Katalog S. 49, Nr. 573 bis 580; Anhang S. 15, Nr. 235 bis 237.
– Kunstausstellung der Preußischen Akademie der Künste, Berlin, Januar/Februar 1941,
Katalog S. 13, Nr. 138.
– Ausstellung „Kunstschaffen der Westmark" vom Saarpfälzischen Verein für Kunst und Kunsthandwerk e.V., Neustadt an der Weinstraße, im Frankfurter Kunstverein,
Katalog S. 21, Nr. 167.

1942

– Große Deutsche Kunstausstellung im Haus der Deutschen Kunst zu München,
Katalog S. 45, Nr. 542 bis 546.
– Ausstellung „Deutsche Plastik" in Zagreb, Februar 1942.
– Ausstellung „Deutsche Plastik der Gegenwart", Universität Bratislava (Preßburg), September 1942,
Katalog S. 60, Nr. 65 und 66.

1943

– Große Deutsche Kunstausstellung im Haus der Deutschen Kunst zu München,
Katalog S. 41, Nr. 468 bis 471; Anhang S. 15, Nr. 269 bis 272.
– Ausstellung „Junge Kunst im Dritten Reich", Wien (lt. Jan Tabor [Hrsg.]: Kunst und Diktatur, Bd. 2, Wien, 1994, S. 940).

1944

– Große Deutsche Kunstausstellung im Haus der Deutschen Kunst zu München,
Katalog S. 41, Nr. 96 bis 500.

1945

– Interne Ausstellung im Bayerischen Kultusministerium (lt. Hans Eckstein in: Süddeutsche Zeitung vom 2.7.1946).

1951

– Deutsche Kunstausstellung „Künstler schaffen für den Frieden", veranstaltet vom Verband bildender Künstler im Kulturbund zur demokratischen Erneuerung Deutschlands, Staatliche Museen zu Berlin, Museumsbau am Kupfergraben,
Katalog S. 21, Nr. 138 und 139, 1. Abb. S. 40.

1952

– Ausstellung „Eisen und Stahl", Düsseldorf (im Katalog nicht aufgenommen, da ausjuriert und im juryfreien Teil der Ausstellung vertreten, lt. Alexander Abusch in: Neues Deutschland, Berlin, vom 7.6.1952).

1953

- Dritte Deutsche Kunstausstellung im Albertinum in Dresden,
  Katalog S. 14, Nr. 274 bis 277.
- Fritz Koelle – Gedächtnisausstellung im Pavillon des Alten Botanischen Gartens in München, Veranstalter: DGB, Kreisausschuß München (EA).

1954

- Ausstellung der Industriegewerkschaft Metall anläßlich ihres dritten Gewerkschaftstages im Kunstverein Hannover,
  Katalog S. 23, Nr. 98 bis 100.

1957

- Ausstellung Fritz Koelle „Arbeiter in Hütten und Gruben", Kollektivausstellung mit Fritz Zolnhofer im Museum der Stadt Homburg, 2. bis 22. Februar 1957.
- Eröffnungsausstellung der Sammlung Fritz Koelle im Schaezlerhaus in Augsburg am 4. Mai 1957 (lt. Amtsblatt der Stadt Augsburg Nr. 18 vom 3.5.1957).

1961

- Koelle-Ausstellung mit Werken aus der Sammlung Kohl-Weigand im Kulturhaus St. Ingbert (EA).

1967

- Ausstellung Kleinplastik und Bildhauergraphik aus der Sammlung Franz-Joseph Kohl-Weigand im Kunsthistorischen Institut in Mainz,
  Katalog S. 14ff., Nr. 36 bis 49 (Kleinplastik); Nr. 50 bis 110 (Zeichnungen).

1974

- Ausstellung „Kunst im Dritten Reich, Dokumente der Unterwerfung" im Kunstverein Frankfurt am Main (Wanderausstellung)

1976

- Ausstellung Fabrikzeitalter im Museum Rüsselsheim,
  Abb. S. 80.

1978

- Ausstellung Fritz Koelle – Dokumente zu Leben und Werk aus der Sammlung Kohl-Weigand im Kulturhaus St. Ingbert (EA).
- Sonderausstellung des Archivs für Bildende Kunst aus der Reihe „Materialien – Dokumente zu Leben und Werk Fritz Koelle (1895 – 1953)" im Germanischen Nationalmuseum Nürnberg (EA).

1987
- Ausstellung „Die Axt hat geblüht ..." Europäische Konflikte der 30er Jahre in Erinnerung an die frühe Avantgarde, Kunsthalle Düsseldorf, Katalog S. 385, Nr. 4.37 und 4.38.

1996
- Ausstellung „Kunst und Macht im Europa der Diktatoren 1930 – 1945", Deutsches Historisches Museum Berlin. Außer Katalog waren Koelles „Saarbergmann" (1937) (WVZ 138) und „Inferno" (1946) (WVZ 177) ausgestellt.

Textabbildungen

1 Koelles Grabstein auf dem Protestantischen Friedhof in Augsburg
2 Firmenbriefpapier des Vaters
3 Fritz Koelle mit seiner Mutter
4 Fritz Koelle als Kriegsfreiwilliger im Ersten Weltkrieg
5 Arbeiten aus der Kunstgewerbeschule 1913
6 Koelle als Student
7 Maillol: „Méditerranée" (1900 bis 1905)
8 Das frisch verheiratete Paar in den Bergen
9 Villa des Chemiefabrikanten Schwarz in Greiz/Dölau
10 Zu Besuch bei Schwarz', von links: Elisabeth Koelle-Karmann, Suse Schwarz und Fritz Koelle, Bilder an der Wand von Elisabeth Koelle-Karmann
11 Bei Schwarz', Rudolf Schwarz zwischen dem Ehepaar Koelle
12 Der „Bergmann vor der Einfahrt" an seinem ersten Aufstellungsort vor der Nationalgalerie Berlin 1928
13 Das Atelier in der Münchener Kaulbachstraße 9
14 Der Künstler vor seinem Atelier, im Hintergrund die Staatsbibliothek
15 Atelier Kaulbachstraße, im Vordergrund der „Hüttenarbeiter" von 1931, WVZ 112
16 Atelier Kaulbachstraße, Fritz Koelle fertigt das Gestell für den „Hammermeister" von 1932 an, im Hintergrund das Modell, WVZ 118
17 Atelier Kaulbachstraße, im Vordergrund der fertige „Hammermeister", WVZ 117
18 Atelier Kaulbachstraße, Fritz Koelle bei der Arbeit an seinem „Stier" 1935, WVZ 123
19 Zerstörtes Atelier Kaulbachstraße 1945
20 Zerstörtes Atelier Kaulbachstraße 1945
21 Constantin Meunier: „Le débardeur" (1893) – Der Lastträger
22 Fritz Koelle und sein „Blockwalzer" in der Siedlung Neu-Ramersdorf 1931
23-28 Ausstellung Fritz Koelle und Elisabeth Koelle-Karmann im Münchener Kunstverein 1932, Raum 1
29-24 Dito, Raum 2
35-36 Die Geburt des Sohnes Fritz jun. 1933
37 Mutter und Sohn Fritz 1933
38 Vater und Sohn Fritz 1933
39-41 „Der Blockwalzer", Frontal-, Profil- und Rückansicht
42 „Der Blockwalzer", Detail
43 Der Künstler (links) und sein Mäzen Rudolf Schwarz
44 Zeichnung Olaf Gulbranssons von 1933 an Koelle
45 Constantin Meunier: „Tête du puddleur" (1894/95)
46 Reichspostministerium Berlin mit Adler von Fritz Koelle 1937
47 „Bergarbeiter, sich die Hemdsärmel aufstülpend" auf dem Firmengelände Zschimmer & Schwarz in Greiz/Dölau
48 Der Bergmann Fritz Koelle
49 Floßfahrt auf der Isar 1937
50 Das neue Atelierhaus in München-Geiselgasteig 1937 mit dem „Bergmann" von 1930
51 Der Eingang des Hauses des Künstlers und „Bildnis eines Hochofenarbeiters" von 1930
52 Vater und Sohn Koelle im Garten, im Hintergrund links der „Blockwalzer" von 1929
53 Blick in den Saal 2 im HDK München bei der Großen Deutschen Kunstausstellung 1938. Vorne rechts Koelles „Saarbergmann" von 1937 und links neben der Tür Fritz Behns Arbeiter für ein Ehrenmal von 1935/36

54	„Der Saarbergmann" von 1937 vor der Grube Reden
55	Vater und Sohn Koelle vor dem „Saarbergmann" vor der Grube Reden 1938
56	Hans Laber in Koelles Atelier in Geiselgasteig, im Vordergrund rechts das Portrait Thomas Wechs' und dahinter „Der erste Mann am Hochofen"
57-58	Einweihung des Gefallenenmahnmals der MAN in Augsburg von Fritz Koelle am 19.11.1938
59-60	Weiherede zur Einweihung des Gefallenenmahnmals der MAN am 19.11.1938
61	Originalurkunde des Projekts Gefallenenmahnmal der MAN
62	Gemeinsames Gefallenenmahnmal des Bildhauers Koelle und des Architekten Wechs
63	Das Gefallenenmahnmal wird der Öffentlichkeit am 20.11.1938 zugänglich gemacht
64	Der „Isarflößer" an der Floßlände in Thalkirchen (1998)
65	Fritz Koelle und das Essen
66	Fritz Koelle und Rudolf Schwarz vor dem 3,80 m hohen Gipsmodell des „Zellwollspinners"
67	Das Ehepaar Koelle und Rudolf Schwarz (links) vor dem Haus der Deutschen Kunst in München
68	Rechts im Bild Else Högener – das Modell der „Spitzentänzerin"
69-70	Spitzentänzerin vor den Bavaria-Filmstudios in Grünwald
71	Aristide Maillol: „Flora" (1911/12)
72	Die 81jährige ehemalige Balettänzerin Nika vor ihrem Standbild Juli 2000
73	Hubertus von Pilgrim: „Mahnmal" in Grünwald
74	„KZ-Häftling" in der Gedenkstätte Dachau
75	Fritz Koelle im Rieser-Arbeitskittel vor seinem „Isarflößer"
76	Andreas Schlüter: „Der große Kurfürst" vor dem Charlottenburger Schloß in Berlin
77	Nachlaßverfügung Fritz Koelles und Elisabeth Koelle-Karmanns vom 11.1.1953
78	Grabmal Fritz Koelles auf dem Protestantischen Friedhof in Augsburg
79	Arbeiter von Gerhard Thieme in Berlin
80	Straßenszene „Nante und die Blumenfrau" von Gerhard Thieme im Nikolaiviertel in Berlin
81	Entwurf eines Arbeiters von Jürgen von Woyski aus der Studienzeit bei Fritz Koelle
82	Jürgen von Woyski 1955 mit seiner Diplomarbeit für den Eingangsbereich der Kunsthochschule Berlin-Weißensee
83	Jürgen von Woyski und Tochter Sabine (*1972) in seinem Garten in Hoyerswerda 1998
84	Tänzerin von Jürgen von Woyski im Tiergarten in Hoyerswerda
85	Blick in Jürgen von Woyskis Atelier in Hoyerswerda, Juni 1998
86	Walzwerkmeister (1939) in St. Ingbert
87	Fritz-Koelle-Straße in Augsburg
88	„Der Bergmann" (1930) in der Fritz-Koelle-Straße
89	„Der Betende Bergmann" (1934) in der Fritz-Koelle-Straße
90	Bronzetafel des auf dem am Karl-Preis-Platz in München wieder aufgestellten „Blockwalzers"

Abb. 1

Abb. 2

Abb. 3

Abb. 4

Abb. 5

Abb. 6

Abb. 7

Abb. 8

Abb. 9

Abb. 10

Abb. 11

Abb. 12

Abb. 13

Abb. 14

Abb. 15

Abb. 16

Abb. 17

Abb. 18

Abb. 19
Abb. 20

Abb. 21

Abb. 22

Abb. 23

Abb. 24

Abb. 25

Abb. 26

Abb. 27

Abb. 28

Abb. 29

Abb. 30

Abb. 31

Abb. 32

Abb. 33

Abb. 34

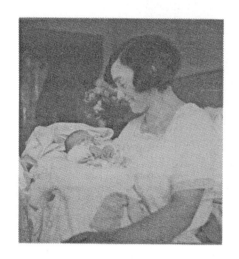
Abb. 35

Abb. 36

Abb. 37

Abb. 38

Abb. 39

Abb. 40   Abb. 41

Abb. 42

Abb. 43

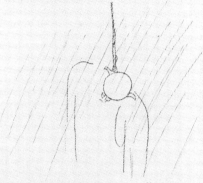

Abb. 44

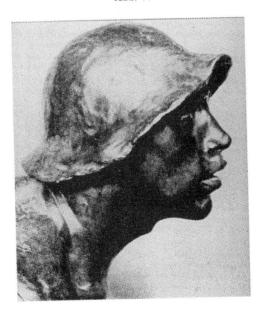

Abb. 45

Abb. 46

Abb. 47

Abb. 48

Abb. 49

Abb. 50

Abb. 51

Abb. 52

Abb. 53

Abb. 54

Abb. 55

Abb. 56

Abb. 57

Abb. 58

Abb. 59

Abb. 60

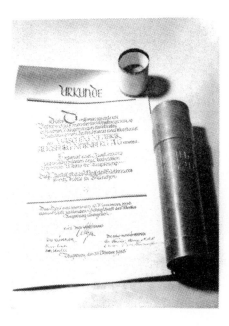

Abb. 61

Abb. 62

Abb. 63

Abb. 64

Abb. 65

Abb. 66

Abb. 67

Abb. 68

Abb. 69

Abb. 70

Abb. 71

Abb. 72

Abb. 73

Abb. 74

Abb. 75

Abb. 76

Abb. 77

Abb. 78

Abb. 79

Abb. 80

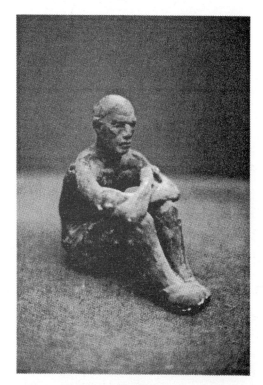

Abb. 81

Abb. 82

Abb. 83 Abb. 84

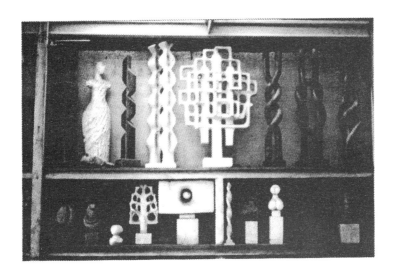

Abb. 85

Abb. 86

Abb. 87

Abb. 88

Abb. 89

Abb. 90

Abbildungsnachweis

Soweit nicht anders vermerkt, sind die Textabbildungen Reproduktionen von Fotos aus dem Koelle-Nachlaß im Besitz des Sohnes, Fritz Koelle jun.

Abb. 1, 2, 39-42, 54, 59-61, 64, 69, 70, 73, 74, 76-81, 83-90: Eva-M. Pasche

Abb. 72: Fritz Koelle jun.

Abb. 82: Jürgen von Woyski

Abb. 7 und 71: Ausstellungskatalog Aristide Maillol, München, 1996, S. 99 und 41

Abb. 21 und 45: Walter Gensel, Bielefeld, 1905, S. 7 und S. 11

Abb. 44: Ausstellungskatalog, Homburg, 1957, S. 31 mit Genehmigung der Eigentümer dieser Zeichnung

Werkverzeichnis

Die ermittelten plastischen Werke sind gemäß ihrer Entstehungszeit chronologisch geordnet, mit Material- und – soweit vorhanden – mit Größenangaben versehen.

Sign./Kennz.: Ermittelte Signaturen, Initialien und Jahresangaben auf den Plastiken werden genannt.
Besitz: Soweit Besitzverhältnisse ausfindig gemacht werden konnten, werden sie in der Reihenfolge Museen, Sammlungen und Privatbesitz aufgeführt.
Ausst.: Die Präsenz der Werke bei Ausstellungen wird ebenfalls chronologisch wiedergegeben.
Lit.: Die Erfassung des einzelnen Werks in Wort und Bild in Büchern und Zeitschriften erfolgt auch chronologisch.
Beschr.: Soweit das einzelne Werk im Rahmen dieser Arbeit beschrieben wurde, wird auf das jeweilige Kapitel verwiesen.
Abb.: Soweit das Werk fotografisch erfaßt ist, erfolgt im Anschluß an das Werkverzeichnis die bildliche Wiedergabe des einzelnen Werks, versehen mit der jeweiligen Nummer im Werkverzeichnis, z.B. WVZ 1.
Abb. mit Zeichnung: Einzelne Werkfotos werden von Fotos der Zeichnungen flankiert und diese z.B. als WVZ 1/Z gekennzeichnet.

Verzeichnis der plastischen Werke

1. Pokal, ohne Datum
Messing, gehämmert, 17,5 cm
Besitz: Fritz Koelle jun.
Ausst.: Germanisches Nationalmuseum Nürnberg 1978, Sonderausstellung des Archivs für Bildende Kunst, Nr. E 2 (Kat.teil in: s.u.)
Lit.: Archiv für Bildende Kunst, Germanisches Nationalmuseum Nürnberg: Materialien – Dokumente zu Leben und Werk des Bildhauers Fritz Koelle (1895 bis 1953), Nürnberg, 1978
Abb.

2. Schmuckdose mit festem Deckel, ohne Datum
Umlaufendes stilisiertes Blumenmotiv, ebenso auf Deckel
Messing versilbert, rechteckig, 4 cm x 6 cm
Besitz: Fritz Koelle jun.
Ausst.: Vgl. WVZ 1, Nürnberg 1978, Nr. E 3
Lit.: Nürnberg, 1978, vgl. WVZ 1
Abb.

3. Ausgießer, ohne Datum
Messing versilbert, oval
Besitz: Fritz Koelle jun.
Abb.

4. Anstecknadel, ohne Datum
Silber 1,9 cm Dmr.
Besitz: Fritz Koelle jun.

Ausst.: Vgl. WVZ 1, Nürnberg 1978, Nr. E 7
Lit.:   Nürnberg, 1978, vgl. WVZ 1
Abb.

5. Dose mit Deckel, 1911
Messing gehämmert, oval ca. 65 cm x 13,7 cm
stilisiertes Rankenmotiv
Sign./Kennz.: Boden außen „Erinnerung – München, H. Weber u. A. Rucker, gef: F. Koelle"
Koelle arbeitete im Sommer 1911 in der Königlichen Hof- und Kupferschmiede Weber & Rucker in München
Besitz: Fritz Koelle jun.
Ausst.: Vgl. WVZ 1, Nürnberg 1978, Nr. E 1
Lit.:   Nürnberg, 1978, vgl. WVZ 1
Abb.

6. Plakette mit Selbstbildnis, 1912
Selbstbildnis im Profil, umlaufende Worte „FR KOELLE SCW: GMÜND"
Silber (?), 7,5 cm Dmr.
Sign./Kennz.: F. Koelle 1912 auf der rechten Schulter
Besitz: Fritz Koelle jun.
Ausst.: Vgl. WVZ 1, Nürnberg 1978, Nr. E 5
Lit.:   Nürnberg, 1978, vgl. WVZ 1
Abb.

7. Liebesbotschaft (Putto mit Rosen), 1912
Bronze, grün patiniert, H. 14 cm, Marmorsockel 4 cm
Sign./Kennz.: F. Koelle auf Standplatte vorne links
Besitz: Fritz Koelle jun.
Ausst.: - Kunstausstellung der Münchener Secession im Kgl. Kunstausstellungsgebäude am Königsplatz 1915, Kat. S. 61, Nr. 526;
        - Vgl. WVZ 1, Nürnberg 1978, Nr. E 4
Lit.:   Nürnberg, 1978, vgl. WVZ 1
Abb.

8. Frühlingserwachen, 1913
Bronze, H. 42 cm mit rechteckigem Marmorsockel
Sign./Kennz.: F. Koelle auf Standplatte vorne
Besitz: - Münchner Stadtmuseum, Inv.-Nr. K 83/29;
        - Fritz Koelle jun.
Ausst.: Münchener Jahresausstellung im Königlichen Glaspalast 1914, für Münchener Künstlergenossenschaft, Kat. S. 72, Nr. 1235a
Beschr.: Vgl. Kap. I
Abb.

9. Venus, ca. 1913/1914
Bronze, grün patiniert, Haar und Brustspitzen golden
Gesamthöhe 48,3 cm, Marmorsockel 12,2 cm, Rundplatte 8,5 cm Dmr.
Sign./Kennz.: F. Koelle auf Standplatte hinten
Besitz: - Westfälisches Landesmuseum für Kunst und Kulturgeschichte Münster, von Fritz Koelle am 27.4.1922 erworben, Inv.-Nr. H 127 LM 22-23

Anders als beim „Frühlingserwachen" erscheint die „Venus" nicht in Koelles Dokumenten, ist aber wie dieses in die Zeit von Koelles Ausbildung an der Kunstgewerbeschule einzuordnen. Auf einem Foto aus Fritz Koelles Nachlaß, auf dem „Arbeiten aus der Kunstgewerbeschule 1913" (handschriftlich von Fritz Koelle) sind, befindet sich unter der Abb. „Frühlingserwachen" ein Bild einer Reliefdarstellung in fast identischer Körperhaltung wie bei der „Venus", was für ein Experimentieren mit diesem Formenkanon zur gleichen Zeit spricht.
    - Fritz Koelle jun.
Beschr.: Vgl. Kap. I
Abb.

10. Löwe, 1914
Bronze, auf drei vergoldeten Kugeln, 11 cm H., 16,5 cm L.
Sign./Kennz.: F. Koelle auf mittlerer Kugel, hinten
Besitz: - König Ludwig III. von Bayern, 1916 auf Münchener Jahresausstellung im Glaspalast angekauft
    - Stadtmuseum München, Inv.-Nr. K 76/1
    - Fritz Koelle jun.
    - Sammlung Kohl-Weigand (Nachguß)
Ausst.: - Münchener Neue Secession im Königlichen Glaspalast 1916, Kat. S. 49, Nr. 548;
    - Vgl. WVZ 1, Nürnberg 1978, Nr. E 6
Lit.:   - Nürnberg, 1978, vgl. WVZ 1;
    - Portraits, Nr. 2, Oktober/November 1975, Abbildung auf der Titelseite
Beschr.: Vgl. Kap. I
Abb.

11. Tänzerin, ca. 1915
Gips
Ausst.: Vgl. WVZ 7, München 1915, Kat. S. 61, Nr. 527
    Verbleib unbekannt

12. Weibliche Figur, ca. 1916
Gips
Ausst.: Münchener Jahresausstellung im Glaspalast 1918, Kat. S. 99, Nr. 2363
    Verbleib unbekannt

13. Mädchenkopf, ca. 1917
Gips
Ausst.: Münchener Jahresausstellung im Glaspalast 1917, Kat. S. 106, Nr. 2101
    Verbleib unbekannt

14. Portraitbüste von L. S., ca. 1918
Gips
Ausst.: Vgl. WVZ 12, München 1918, Kat. S. 99, Nr. 2364
    Verbleib unbekannt

15. Artilleriebeobachter, ca. 1918
Protestantischer Friedhof Augsburg
    Verbleib unbekannt

16. Männliches Portrait, ca. 1919
Gips
Ausst.: Münchener Kunststellung im Glaspalast 1919, Kat. S. 72, Nr. 1581
Verbleib unbekannt

17. Bildnis von Frl. S. D., ca. 1919
Ton
Ausst.: Vgl. WVZ 16, München 1919, Kat. S. 72, Nr. 1582
Verbleib unbekannt

18. Bildnis von Frl. E. M., ca. 1919
Gips
Ausst.: Vgl. WVZ 16, München 1919, Kat. S. 72, Nr. 1583
Verbleib unbekannt

19. Frauenakt, ca. 1920
Keramikrelief, farbig glasiert, H. 28 cm x B. 15 cm
Besitz: Fritz Koelle jun.
    Das Relief entstand während Koelles Studienaufenthalt in Dänemark. Es gibt eine ähnliche Haltung wieder wie die „Venus"
Abb.

20. Liebespaar, ca. 1920
Keramikrelief, farbig glasiert, 18 cm x 18 cm
Besitz: Fritz Koelle jun.
    Bei diesem Relief mit den beiden Rückenakten, die bis zu den Knien im Wasser stehen, legt der Mann seinen linken Arm um die Taille der Frau. Es entstand ebenfalls in Dänemark.
Abb.

21. Portrait von Frl. Tilde Uhrmann, ca. 1920
Ton
Ausst.: Münchener Kunstausstellung im Glaspalast 1920, Kat. S. 82, Nr. 1853
Verbleib unbekannt

22. Portraitstudie, ca. 1920
Ton
Ausst.: Vgl. WVZ 21, München 1920, Kat. S. 82, Nr. 1854
Verbleib unbekannt

23. Portraitstudie, ca. 1920
Ton
Ausst.: Vgl. WVZ 21, München 1920, Kat. S. 82, Nr. 1855
Verbleib unbekannt

24. Fräulein F.S., ca. 1921
Ton, wahrscheinlich Portrait
Ausst.: VII. Ausstellung der Münchener Neuen Secession im Glaspalast (Westflügel) 1921, Kat. S. 19, Nr. 131
Verbleib unbekannt

25. Herr A. H., ca. 1921
Gips, evtl. für Bronzeportrait des Jazzmusikers Axel Hyde, (WVZ 60) das 1925 ausgestellt wurde
Ausst.: Vgl. WVZ 24, München 1921, Kat. S. 19, Nr. 132
    Verbleib unbekannt

26. Portrait meines Vaters, 1921
Terrakotta
Ausst.: Kunstausstellung der Münchener Neuen Secession 1922, Kat. S. 16, Nr. 73
    Terrakottaversion für nachfolgende Bronze

27. Portraitbüste des Vaters Adolf Koelle, 1921
Bronze, H. 31 cm
Besitz: - Städtische Kunstsammlungen Augsburg, Inv.-Nr. 12 153; hier nur als „Portraitbüste eines Herrn" benannt
    - Fritz Koelle jun.
Ausst.: Vgl. WVZ 1, Nürnberg 1978, Nr. E 8
Lit.:   Nürnberg, 1978, vgl. WVZ 1
Abb.

28. Spiel der Wellen, 1921
Muschelkalk
Besitz: Stadt München, plaziert wieder auf der Reichenbachbrücke in München
Sign/Kennz.: Fritz Koelle auf der Rückseite
Lit.:   Artur Sansoni: „In memoriam Professor Fritz Koelle, Bildhauer", in: der naturstein, 8/1963, S. 259ff., Abb. der Skulptur auf S. 260
Beschr.: Vgl. Kap. II
Abb.

29. Kinderkopf, 1921
Maske, Gesichtshälfte
Ton, rötlich auf Holzwürfel, Gesamthöhe 29,3 cm, Sockel 8,3 cm
Sign/Kennz.: F. Koelle 1921 auf der Rückseite
Besitz: Westfälisches Landesmuseum für Kunst und Kulturgeschichte Münster, Geschenk aus Privatbesitz (Carl Filbry), Inv.-Nr. F 210 LM 23-01
Abb.:

30. Weibliche Figur, 1922
Gips für Bronze
Ausst.: Kunstausstellung der Münchener Neuen Secession 1922, Kat. S. 16, Nr. 72
    Wahrscheinlich handelt es sich hierbei um die Gipsversion für den nachfolgenden Mädchenakt

31. Mädchenakt, 1922
Bronze H. 145 cm
Sign./Kennz.: Koelle 1922 auf runder Standplatte
Besitz: Stadt Augsburg, aufgestellt in den Anlagen am Roten-Tor-Wall
    Im Krieg beschädigt: Ein Arm in halber Oberarmhöhe abgetrennt, daraufhin entfernte man den zweiten aufgrund der optischen Symmetrie und archivierte ihn. Auf den Zeitungsartikel „Kleines Mädchen wartet auf den Vater", in: Schwäbische Zeitung – Augsburger Zeitung vom 26.4.1951, S. 5, bot Fritz Koelle mit einem Brief an die Re-

daktion vom 30.4.1951 seine Hilfe bei der Restaurierung an. Ob es dazu kam, erscheint fraglich, denn der „Mädchenakt" in Augsburg präsentiert sich als Torso, und ein Arm befindet sich in den Städtischen Kunstsammlungen Augsburg. Vgl. nachfolgende Position.
Abb.

32. Arm vom Mädchenakt am Roten-Tor-Wall, 1922
Bronze
Besitz: Städtische Kunstsammlungen Augsburg, Inv.-Nr. 11 594
Lit.:   Plastik Sammlung Fritz Koelle Schaezler-Haus, o. J. (ca. 1966), Augsburg, Verzeichnis der ausgestellten Werke mit der Nr. 5

33. Bildhauer Toni Stadler, ca. 1922
Terrakotta, offensichtlich Portrait
Ausst.: Kunstausstellung der Neuen Münchener Secession 1922, Kat. S. 16, Nr. 75
   Toni Stadler (1888 bis 1982) und Fritz Koelle waren zur gleichen Zeit Studienkollegen bei Hermann Hahn und auch einmal befreundet.
   Verbleib unbekannt

34. Portrait eines Säuglings, 1922
Terrakotta
Ausst.: Vgl. WVZ 33, München 1922, Kat. S. 16, Nr. 74
   Dieses Terrakottaportrait ist offensichtlich die Vorstudie für das nachfolgende Bronzeportrait.
   Verbleib unbekannt

35. Portrait eines Säuglings, 1923
Bronze auf Marmorsockel
Sign./Kennz.: F. Koelle, 1923, rückseitig
   Beim Modell zu diesem Portrait handelt es sich um Sigrid, die jüngere Tochter von Konsul Zarges, den und dessen Frau Fritz Koelle ebenfalls portraitierte, sowie das nachfolgende Bildnis der älteren Tochter schuf.
Besitz: Privatbesitz (Sigrid Rüegg)
Abb.

36. Portrait eines kleinen Mädchens, 1923
Bronze auf Marmorsockel
Sign./Kennz.: F. Koelle, 1923, rückseitig
   Beim Modell zu diesem Portrait handelt es sich um die ältere Tochter von Konsul Zarges
Besitz: Privatbesitz (Fr. Henze, geb. Zarges)
Abb.

37. Tänzerin Eva Boy, ca. 1923
Gips
Ausst.: Kunstausstellung der Münchener Neuen Secession 1923, Kat. S. 13, Nr. 63
   Dabei handelt es sich wahrscheinlich um den Gips für die nachfolgende Bronze der Nackttänzerin
   Verbleib unbekannt

38. Nackttänzerin, ca. 1923
Bronze, Gesamthöhe mit ovalem Bronzesockel 60 cm
Sign./Kennz.: Fritz Koelle auf Sockel, vorne
Besitz: - Privatbesitz
      - Fritz Koelle jun.
Beschr.: Vgl. Kap. III: Auch Tanz ist Arbeit – Koelles Tänzerinnen im Vergleich zu ihrer zeitgenössischen Tanz- und Kunstszene, hier im Abschnitt „Die Tanzschritte der zwanziger Jahre"
Abb.

39. Maler E. Goppelsroeder, ca. 1923
Terrakotta
    Dabei handelt es sich, wie bei Toni Stadler (WVZ 33), um das Portrait des Studienkollegen Ernst Goppelsroeder (*26.4.1894 in Zürich) an der Münchener Kunstakademie
Ausst.: Kunstausstellung der Münchener Neuen Secession 1923, Kat. S. 13, Nr. 64
Verbleib unbekannt

40. Malerin L.Karmann, 1923
Terrakotta
    Dabei handelt es sich um das erste Portrait von Koelles späterer Frau, das die Studie zum nachfolgenden Bronzebildnis darstellt.
Ausst.: Vgl. WVZ 39, München 1923, Kat. S. 13, Nr. 62
Verbleib unbekannt

41. Malerin L.Karmann, 1923
Bronze, H. 39 cm
Portraitbüste von Koelles späterer Frau (mit Hutfragment)
Ausst.: Kunstausstellung der Münchener Neuen Secession 1924, Kat. S. 15, Nr. 105
      Vgl. WVZ 1, Nürnberg 1978, Nr. E 9
Lit.:   Nürnberg, 1978, vgl. WVZ 1
      Verbleib unbekannt
Abb.

42. Trauernde, ca. 1923
Muschelkalk
Sitzender, in sich versunkener Mädchenakt auf hohem, gestuften Steinquader mit eingemeißelter Inschrift als Grabmal für die beiden 1921 gestorbenen Elternteile Koelles
Aufstellungsort: Protestantischer Friedhof in Augsburg
Beschr.: Vgl. Kap. II
Lit: Vgl. WVZ 28, S. 260 Abb. der Skulptur
Abb.

43. Flamingo, 1923
Bronze, H. 21 cm
Besitz: Kunsthandel München
Lit.:   Auktionskat. Hugo Ruef, München, 1989, S. 146, Nr. 681

44. Junges Böckerl, 1923
Bronze, H. 10 cm

Sign./Kennz.: „Koel" (linker Vorderhuf), „le" (linker Hinterhuf) und „1923" (unter rechtem Hinterhuf)
Besitz: - Evtl. ist es das „Böcklein" in den Städtischen Kunstsammlungen Augsburg mit der Inv.-Nr. 11 617, das dort unter der Jahreszahl 1932 im Kat. unter Nr. 43 genannt wird.
- Fritz Koelle jun.
Ausst.: Vgl. WVZ 41, München 1924, Kat. S. 15, Nr. 111
Abb.

45. Fuchs, 1923
Bronze mit rechteckiger Standplatte auf Marmorsockel
Sign./Kennz.: Fritz Koelle 1923 auf Standplatte vorne rechts
Besitz: Fritz Koelle jun.
Abb.

46. Elefant, 1923
Bronze
Ausst.: Vgl. WVZ 41, München 1924, Kat. S. 15, Nr. 113
Besitz: Städtische Kunstsammlungen Augsburg mit Inv.-Nr. 11 608, im Kat. unter Nr. 50

47. Junges Pferd, 1923
Bronze, H. 14,9 cm
Sign./Kennz.: F K unter dem rechten und 1923 unter dem linken Vorderhuf
Besitz: - Münchner Stadtmuseum, Inv.-Nr. K 97/69, hier als „Fohlen" bezeichnet
- Fritz Koelle jun.
Ausst.: Vgl. WVZ 41, München 1924, Kat. S. 15, Nr. 110
Abb.:

48. Brüllender Esel, 1924
Bronze auf Marmorsockel, H. 10,7 cm
Sign./Kennz.: F K unter dem Bauch
Besitz: - Münchner Stadtmuseum, Inv.-Nr. K 75/1296, hier als „Maultier" bezeichnet
- Fritz Koelle jun.
Ausst.: - Vgl. WVZ 41, München 1924, Kat. S. 15, Nr. 112;
- Vgl. WVZ 1, Nürnberg 1978, Nr. E 12
Lit.: - Nürnberg, 1978, vgl. WVZ 1;
- Portraits, Nr. 2, Oktober/November 1975, Abb. auf S. 10
Abb.

49. Trächtige Eselin, 1924
Bronze, mit Standplatte auf Marmorsockel, H. 10,5 cm
Sign./Kennz.: Fritz Koelle auf der Rückseite der Standplatte
Besitz: Fritz Koelle jun.
Abb.

50. Grasendes Schaf, 1924
Bronze, auf sechseckig-abgerundeter Plinthe, H. 9 cm
Sign./Kennz.: Fritz Koelle 1924 auf linkem hinterem Plinthenrand
Besitz: Fritz Koelle jun.
Abb.

51. Stehendes Reh, 1924
Bronze, H. 12 cm
Sign./Kennz.: F. Koelle auf der rechteckigen Standplatte vorne rechts
Besitz: Fritz Koelle jun.
Lit.: Portraits Nr. 2, Oktober/November 1975, Abbildung auf S. 12
Abb.

52. Klagende, 1924
Gips
Ausst.: Vgl. WVZ 41, München 1924, Kat. S. 15, Nr. 104
Lit.: - Hermann Eßwein: „Ausstellung der Münchener Neuen Secession", in: Münchener Post Nr. 158 vom 10.7.1924;
- Dr. K.: „Neue Secession II", in: Bayerischer Kurier Nr. 236 vom 27.8.1924
Beschr.: Vgl. Kap. II und Anm. II-82
Hierbei handelt es sich um die 1926 geschaffene Bronzestatue der „Klagenden" für das Familiengrab Ackermann in Augsburg
Verbleib unbekannt
Abb. der Bronzeversion

53. Selbstbildnis, ca. 1924
Bronze
Ausst.: Vgl. WVZ 41, München 1924, Kat. S. 15, Nr. 106
Lit.: - Die Kunst, Nr. 49, 1924, Abb. auf S. 371;
- Deutsche Kunst und Dekoration, 28. Jg., Oktober/November 1924, Heft 1/2, Abb. o.S.
Verbleib unbekannt
Abb.

54. Frau H. Sch., 1924
Bronze
Portrait einer nicht identifizierbaren Frau
Ausst.: Vgl. WVZ 41, München 1924, Kat. S. 15, Nr. 107
Verbleib unbekannt

55. Frau Prof. H. Kehrer, 1924
Terrakotta
Portrait der Frau von Professor Hugo Kehrer (vgl. Anmerkung II-6)
Ausst.: Vgl. WVZ 41, München 1924, Kat. S. 15, Nr. 108
Verbleib unbekannt

56. Frau Konsul E. Z., 1924
Gips
Portrait der Frau von Konsul Emil Zarges (Stuttgart), deren beide Töchter Koelle bereits 1923 in Bronze fertigte, vgl. WVZ 34, 35 und 36
Besitz: Nicht nachweisbar, allerdings tauchte 1989 im Kunsthandel (München) die Bronzebüste auf Marmorsockel, Gesamthöhe 53 cm, der Gattin eines deutschen Konsuls auf. (Korrespondenz dazu im Archiv der Städtischen Kunstsammlungen Augsburg, Nachlaß Fritz Koelle, evtl. auch eine Abb.)
Ausst.: Vgl. WVZ 41, München 1924, Kat. S. 15, Nr. 109

57. Fritz Hahner, 1924
Bronze auf Marmorsockel, 32 cm x 21 cm x 25 cm
Portraitbüste des Bruders von Suse Schwarz, geb. Hahner
Sign./Kennz.: Fritz Koelle 1924 am Hals hinten rechts
Besitz: Bayerische Staatsgemäldesammlungen München, erworben anläßlich der Kunstausstellung der Münchener Neuen Secession 1925. Inv.-Nr. B. 101
Ausst.: - Kunstausstellung der Münchener Neuen Secession 1925, Kat. S. 16, Nr. 106;
- Letzte Jubiläumsausstellung der Münchener Neuen Secession im Kunstverein München 1925, Kat. S. 8, Nr. 73;
- Frühjahrsausstellung der Preußischen Akademimie der Künste zu Berlin 1926, Kat. S. 27, Nr. 340
Abb.

58. Susi Schwarz, 1924
Bronze, H. 40,5 cm auf Steinsockel H. 8 cm
Portrait Suse Schwarz, der Frau von Koelles Mäzen Rudolf Schwarz
Sign./Kennz.: Fritz Koelle 1924
Besitz: Privatbesitz Schwarz, seit 1997 als Leihgabe im Germanischen Nationalmuseum Nürnberg unter ZR 1997/196
Ausst.: Vgl. WVZ 57, Kunstverein München 1925, Kat. S. 8, Nr. 75a

59. Rudolf Schwarz, 1924
Bronze, H. 42 cm auf Steinsockel H. 8 cm
Portrait von Koelles Mäzen
Sign./Kennz.: Fritz Koelle 1924
Besitz: Privatbesitz Schwarz, seit 1997 als Leihgabe im Germanischen Nationalmuseum Nürnberg unter ZR 1997/196
Ausst.: - Vgl. WVZ 57, Kunstverein München 1925, Kat. S. 8, Nr. 74;
- Vgl. WVZ 1, Nürnberg 1978, Nr. E 10

60. Axel Hyde, ca. 1925
Bronze
Portraitbüste des Jazzmusikers Axel Hyde; vgl. WVZ 25
Ausst.: Vgl. WVZ 57, München 1925, Kat. S. 16, Nr. 105
Verbleib unbekannt

61. Selbstbildnis, 1925
Bronze
Besitz: - Städtische Kunstsammlungen Augsburg mit Inv.-Nr. 11 589 im Kat. unter Nr. 63
- Privatbesitz der Familie Karmann (lt. Brief von Elisabeth Koelle-Karmann vom 17.3.1926)
Ausst.: Vgl. WVZ 57, München 1925, Kat. S. 16, Nr. 104 (mit Abb.)
Lit.: Deutsche Kunst und Dekoration, Nr. 55, 1924/25, S. 28

62. Meine Frau, 1925/1926
Bronze
Bildnis von Elisabeth Koelle-Karmann
Besitz: Städtische Kunstsammlungen Augsburg mit Inv.-Nr. 11 651 im Sammlungskat. unter Nr. 60
Ausst.: - Vgl. WVZ 57, München 1925, Kat. S. 16, Nr. 103;

	- Frühjahrsausstellung der Preußischen Akademie der Künste zu Berlin 1926, Kat. S. 27, Nr. 338 (mit Abb.);
	- I. Allgemeine Kunstausstellung München im Glaspalast 1926, Kat. S. 79, Nr. 54
Lit.:	- Oskar Wolfer: „Der Bildhauer Fritz Koelle", in: Schwabenland, 2. Jg., 1935, Heft 9, S. 239 Abb.;
	- Deutsche Kunst und Dekoration, Nr. 60, 1927, S. 33 Abb.;
	- Ernst Kammerer: Fritz Koelle, Berlin, 1939, S. 6 Abb.
Abb.	

63. Junges Kamel, 1925

Bronze, H. 19,5 cm
Sign./Kennz.: Koelle, evtl. 1925, unleserlich, an der Rückseite der Plinthe
Besitz: Münchner Stadtmuseum, Inv.-Nr. K 75/1297, hier als „Dromedar" bezeichnet
Ausst.: Kunstausstellung der Münchener Neuen Secession 1925, Kat. S. 16, Nr. 107
       Verbleib unbekannt
Lit.:   Portraits Nr. 2, Oktober/November 1975, Abb. auf S. 11

64. Junger Bär, 1925

Bronze, H. 9 cm auf Marmorsockel, Gesamthöhe 13 cm
Sign./Kennz.: Koelle 1925 unter rechter und linker Vordertatze bei Ausgabe von Fritz Koelle jun.
Besitz: - Städtische Galerie im Lenbachhaus München, erworben 1929, Inv.-Nr. K 2058;
      - Münchner Stadtmuseum, Inv.-Nr. K 76/2
      - Saarland Museum Saarbrücken, erworben 1980 aus der Samml. Kohl-Weigand. Da die Figur ebenso auf einem Marmorsockel steht, wohl als undatiert angenommen und auf 1931 geschätzt. Versehen mit der Nr. 37 P;
      - Fritz Koelle jun.
Ausst.: - Vgl. WVZ 63, München 1925, Kat. S. 16, Nr. 108;
      - Herbstausstellung der Preußischen Akademie der Künste zu Berlin 1926, Kat. S. 51, Nr. 594
Lit.:   Georg-W. Költzsch: Skulptur und Plastik, Kat. der Sammlung der Modernen Galerie des Saarland Museums Saarbrücken, 1989, S. 172 mit Abb.
Abb.

65. Junger Löwe, 1925

Bronze, H. 8 cm auf Marmorsockel, Gesamthöhe 13 cm
Sign./Kennz.: Koelle 1925 unter der linken Vordertatze bei Ausgabe von Fritz Koelle jun.
Besitz: - Städtische Galerie im Lenbachhaus München, erworben 1929, Inv.-Nr. K 2059;
      - Städtische Kunstsammlungen Augsburg, ohne Inv.-Nr., allerdings im Sammlungskat. unter Nr. 47;
      - Saarland Museum Saarbrücken, erworben 1980 aus der Sammlung Kohl-Weigand. Da auch diese Tierplastik auf einem Marmorsockel steht, wohl als undatiert angenommen und auf ca. 1930 geschätzt. Versehen mit der Nr. 38 P;
      - Privatbesitz der Familie Karmann (lt. Brief von Elisabeth Koelle-Karmann vom 17.3.1926);
      - Fritz Koelle jun.
Ausst.: Vgl. WVZ 63, München 1925, Kat. S. 16, Nr. 109
Abb.

66. Bergarbeiterkind (Hanna), 1925
Bronze, H. 143 cm
Sign./Kennz.: Fritz Koelle 1925 hinten rechts auf der Plinthe
Besitz: Städtische Kunstsammlungen Augsburg, Inv.-Nr. 11 627, im Sammlungskat. unter Nr. 95
Ausst.:- Vgl. WVZ 63, München 1925, Kat. S. 16, Nr. 102;
- Herbstausstellung der Preußischen Akademie der Künste zu Berlin 1927, Kat. S. 51, Nr. 672;
- Ausstellung Neue Kunst, Darmstadt 1927 (für die Münchener Neue Secession), Kat. S. 59, Nr. 640 mit Abb.;
- Vgl. WVZ 1, Nürnberg 1978, Nr. E 11 mit Abb.;
- Die Zwanziger Jahre in München, Ausstellung des Stadtmuseums in München 1979, Kat. S. 578, Nr. 762 mit Abb.
Lit.: - Vgl. die zeitgenössische Rezeption in der Presse, Anm. II-22, -23 und -24;
- Deutsche Kunst und Dekoration, Nr. 57, 1925/26, Abb. S. 34;
- Nürnberg, 1978, vgl. WVZ 1;
- Die Kunst, Nr. 57, 1928, Abb. S. 279;
- Christoph Stölzl (Hrsg.): Die Zwanziger Jahre in München, Ausstellungskat. des Stadtmuseums München, 1979, S. 578
Beschr.: Vgl. Kap. II, 1925
Abb.

67. Bildnis eines Arbeiters, 1926
Bronze, H. 40 cm auf Travertinsockel
(von Fritz Koelle „Weltmeier" nach dem Modell benannt)
Sign./Kennz.: 1926, Fritz Koelle links an der Kante des Halses
Besitz: Städtische Galerie im Lenbachhaus München, erworben 1926 auf der I. Allgemeinen Kunstausstellung München im Glaspalast, Inv.-Nr. G 197
Ausst.:- I. Allgemeine Kunstausstellung München im Glaspalast 1926, Kat. S. 79, Nr. 2165;
- Frühjahrsausstellung der Preußischen Akademie der Künste zu Berlin 1926, Kat. S. 27, Nr. 339
Lit.: Helmut Friedel (Hrsg.): Figürliche Plastik im Lenbachhaus 1830 – 1980, Kat. des Lenbachhauses München, 1997, S. 61 mit Abb.
Abb.

68. Bergarbeiter, 1926
Gips
Ausst.:- Vgl. WVZ 67, München 1926, Kat. S. 79, Nr. 2166;
- Herbstausstellung der Preußischen Akademie der Künste zu Berlin 1926, Kat. S. 51, Nr. 591
Lit.: - Deutsche Kunst und Dekoration, Nr. 59, 1926/27, S. 24, Abb.;
- Christoph Tannert: Der Bildhauer Fritz Koelle (1895 – 1953), unveröffentlichte Diplomarbeit an der Humboldt-Universität zu Berlin, 1981, Abb. 22
Verbleib unbekannt
Abb.

69. Moschusochse, 1926
Bronze, H. 9 cm
Sign./Kennz.: 1926 auf dem rechten Vorderhuf, Fritz Koelle auf dem linken Hinterhuf
Besitz: Fritz Koelle jun.
Ausst.:- I. Allgemeine Kunstausstellung im Glaspalast München 1926, Kat. S. 79, Nr. 2168;

- Herbstausstellung der Preußischen Akademie der Künste zu Berlin 1926, Kat. S. 51, Nr. 593;
- Ausstellung Neue Kunst, Darmstadt 1927, Kat. S. 59, Nr. 645 mit Abb.

Abb.

70. Fohlen, 1926
Bronze, H. 16,5 cm
Sign./Kennz.: Koelle auf dem rechten Hinterhuf
Besitz: - Städtische Galerie im Lenbachhaus München, erworben 1927, Inv.-Nr. G 372;
- Städtische Kunstsammlungen Augsburg, Inv.-Nr. 11 609, im Sammlungskat. unter Nr. 36;
- Nationalgalerie Berlin, erworben 1929, Inv.-Nr. 509, Vgl. Kap. II und Anm. II-235 bis -237;
- Fritz Koelle jun.

Ausst.: - Kunstausstellung der Münchener Neuen Secession 1927, Kat. S. 20, Nr. 152;
- Herbstausstellung der Preußischen Akademie der Künste zu Berlin 1927, Kat. S. 52, Nr. 677;
- Vgl. WVZ 1, Nürnberg 1978, Nr. E 13

Lit.: - Ernst Kammerer, 1939, S. 8 Abb.;
- Plastik Sammlung Fritz Koelle Schaetzler-Haus, Augsburg (ca. 1966), o. S., Abb. des Fohlens.

Abb.

71. Stierkalb, 1926
Bronze, H. 10 cm
Sign./Kennz.: Koelle auf linkem Vorderhuf, M 1926 unter rechtem Hinterhuf
Besitz: - Nationalgalerie Berlin, erworben 1929, Inv.-Nr. 508. Vgl. Kap. II und Anm. II-235 bis -237;
- Städtische Kunstsammlungen Augsburg, Inv.-Nr. 11 614, im Sammlungskat. unter Nr. 37;
- Saarland Museum Saarbrücken, erworben 1980 aus der Sammlung Kohl-Weigand. Da diese Tierplastik auf einem Marmorsockel steht, wohl als undatiert angenommen und auf ca. 1930 geschätzt. Hier bezeichnet als „Junger Stier" und versehen mit der Nr. 34 P;
- Fritz Koelle jun.

Ausst.: - I. Allgemeine Kunstausstellung München im Glaspalast 1926, Kat. S. 79, Nr. 2167;
- Vgl. WVZ 70, München 1927, Kat. S. 20, Nr. 153;
- Vgl. WVZ 70, Berlin 1927, Kat. S. 52, Nr. 679;
- Ausstellung Neue Kunst Darmstadt 1927, Kat. S. 59, Nr. 644;
- Vgl. WVZ 1, Nürnberg 1978, Nr. E 14

Lit.: - Die Kunst, Nr. 57, 1928, S. 278 Abb.;
- Ernst Kammerer, 1939, S. 9 Abb., hier als „Kalb" bezeichnet;
- Georg-W. Költzsch, 1989, S. 171 mit Abb.

Abb.

72. Selbstbildnis, 1926
Bronze, H. 34 cm
Sign./Kennz.: Fritz Koelle 1926
Besitz: - Bayerische Staatsgemäldesammlungen München, erworben 1926 auf der I. Allgemeinen Kunstausstellung München im Glaspalast, Inv.-Nr. B. 111;

- Städtische Kunstsammlungen Augsburg, Inv.-Nr. 11 591, im Sammlungskat. unter Nr. 62
Ausst.: Vgl. WVZ 68, München 1926, Kat. S. 79, Nr. 2164 mit Abb.
Abb.

73. Der Bergarbeiter vor der Einfahrt, 1927
Bronze, H. 195 cm
Sign./Kennz.: Fritz Koelle 1927 auf der Plinthe am hinteren Ende
Besitz: - Nationalgalerie Berlin, erworben 1927. Zuletzt aufgestellt im Otto-Nagel-Haus, Berlin (vgl. Abb.);
- Bayerische Berg-, Hütten- und Salzwerke AG, heute Süddeutsche Kali-Werke (SKW). Zuletzt aufgestellt in Peißenberg (vgl. Anm. II-135);
- Städtische Kunstsammlungen Augsburg, Inv.-Nr. 11 571, im Sammlungskat. unter Nr. 25;
- Sammlung Kohl-Weigand (Nachguß)
Ausst.: - XIII. Ausstellung der Münchener Neuen Secession im Glaspalast 1927, Kat. S. 20, Nr. 147 (als Gips);
- Vgl. WVZ 70, Berlin 1927, Kat. S. 51, Nr. 668 (als Gips);
- Sonderausstellung Münchener Kunst in der Neuen Pinakothek, München 1935, Kat. S. 16, Nr. 234, mit Abb.;
- Vgl. auch die mannigfaltigen Ausstellungsbeteiligungen des „Bergarbeiters vor der Einfahrt" im Nationalsozialismus, Kap. III.
Lit.: - Vgl. das aktuelle Presseecho von 1927 in Anm. II-183;
- Ernst Kammerer, 1939, S. 11 Abb.;
- Augsburg o. J. (1966) und o. S. Abb.;
- Nürnberg, 1978, S. 91 Abb.
Beschr.: Vgl. Kap. II „Der große Erfolg – Berlin und der ‚Bergarbeiter vor der Einfahrt'"
Abb.

74. Hüttenarbeiter, I. Vorwalzer, 1927
Bronze
Ausst.: - Vgl. WVZ 73, München 1927, Kat. S. 20, Nr. 148 (als Gips) mit Abb.;
- Vgl. WVZ 70, Berlin 1927, Kat. S. 51, Nr. 669. Hierzu findet sich auf derselben Seite eine Studienzeichnung
Abb. mit Zeichnung

75. Bildnis eines Hüttenarbeiters (Walzmeister), 1927
Bronze, H. 34 cm
Sign./Kennz.: Fritz Koelle 1927
Besitz: - Bayerische Staatsgemäldesammlungen München, erworben 1927 auf der XIII. Ausstellung der Münchener Neuen Secession im Glaspalast, Inv.-Nr. B 124;
- Städtische Kunstsammlungen Augsburg, Inv.-Nr. 11 550, im Sammlungskat. unter Nr. 7
Ausst.: - Vgl. WVZ 73, München 1927, Kat. S. 20, Nr. 149;
- Vgl. WVZ 73, München 1935, Kat. S. 16, Nr. 235
Lit.: Der Anschnitt, 47. Jg., 1995, Heft 1-2, S. 73, hier fälschlich auf 1930 datiert
Abb.

76. Bildnis einer Bergmannsfrau, 1927
Bronze
Modell: Maria Karmann – Schwägerin von Elisabeth Koelle-Karmann

Besitz: Städtische Kunstsammlungen Augsburg, Inv.-Nr. 11 572, im Sammlungskat. unter Nr. 67
Ausst.: - Vgl. WVZ 73, München 1927, Kat. S. 20, Nr. 150;
- Vgl. WVZ 70, Berlin 1927, Kat. S. 51, Nr. 671
Lit.: Ernst Kammerer, 1939, S. 12 Abb.
Abb.

77. Selbstbildnis, 1927
Bronze, H. 32 cm
Sign./Kennz.: Fritz Koelle 1927, am Hals vorne rechts
Besitz: - Städtische Kunstsammlungen Augsburg, Inv.-Nr. 11 590, im Sammlungskat. unter Nr. 61;
- Fritz Koelle jun.
Ausst.: - Vgl. WVZ 73, München 1927, Kat. S. 20, Nr. 151;
- Vgl. WVZ 70, Berlin 1927, Kat. S. 51, Nr. 670
Abb.

78. Bildnis eines Wettersteigers, 1927
Bronze, H. 33 cm, mit Marmorsockel H. 43 cm
Sign./Kennz.: Koelle 1927, am Hals links unten
Besitz: Städtische Kunstsammlungen Augsburg, Inv.-Nr. 11 565, im Sammlungskat. unter Nr. 23
Ausst.: - Vgl. WVZ 70, Berlin 1927, Kat. S. 51, Nr. 673;
- Kunstausstellung der Münchener Neuen Secession 1928, Kat. S. 20, Nr. 129
Lit.: Ernst Kammerer, 1939, S. 13 Abb.
Abb.

79. Bildnis eines verunglückten Hüttenarbeiters, 1927
Bronze, H. 50 cm
Sign./Kennz.: F. Koelle 1927, an der Halsstütze rechts
Besitz: Städtische Kunstsammlungen Augsburg, Inv.-Nr. 11 551, im Sammlungskat. unter Nr. 8 (als „Hüttenmeister" bezeichnet)
Ausst.: - Vgl. WVZ 70, Berlin 1927, Kat. S. 52, Nr. 674;
- XIV. Ausstellung der Münchener Neuen Secession 1928, Kat. S. 20, Nr. 130
Abb.

80. Hockender Bergarbeiter, ca. 1928
Gips
Keine weiteren Angaben
In der Korrespondenz erwähnte Fritz Koelle, daß er gern noch so einen hockenden Bergmann machen wolle.
Im Archiv der Nationalgalerie Berlin existiert (unter „Kunstmappe Koelle") nachfolgende Kopie mit der Bildunterschrift „Bergarbeiter, Bildwerk von Fritz Koelle = Berlin". In den Städtischen Kunstsammlungen Augsburg gibt es eine gleiche Studienzeichnung „Hockender Arbeiter" 1928. Verbleib der Gipsausgabe unbekannt. Eine Bronzeausführung ist nicht bekannt.
Abb. mit Zeichnung

81. Selbstbildnis, 1928
Bronze, H. 40 cm, mit Sockel 52,5 cm
Sign./Kennz.: F. Koelle 1928 unten rechts

Besitz: - Städtische Kunstsammlungen Augsburg, Inv.-Nr. 6505, im Sammlungskat. unter Nr. 100;
- Saarland Museum Saarbrücken, erworben 1958 als Geschenk von Elisabeth Koelle-Karmann, Inv.-Nr. NI 2188.
Ausst.: - Vgl. WVZ 80, München 1928, Kat. S. 20, Nr. 131;
- Frühjahrsausstellung der Preußischen Akademie der Künste zu Berlin 1928, Kat. S. 23, Nr. 296;
- Vgl. WVZ 1, Nürnberg 1978, Nr. E 16
Lit.: - Die Kunst für Alle, 3. Jg. 1927/28, Heft 9, Juni, S. 272 Abb.;
- Die Kunst, Nr. 57, 1928, S. 182 Abb.;
- Georg-W. Költzsch, Saarbrücken, 1989, S. 167 mit Abb.
Abb.

82. Hüttenarbeiter (erster Wärmer), 1928
Bronze, H. 200 cm
Besitz: Freistaat Bayern. Lt. Kat. „Schönheit der Arbeit" 1937, S. 25 „Arbeiter" (Bronze) als Leihgabe des Sozialen Landesmuseums, München. Aufstellungsort seit Juli 2000 vor Landesuntersuchungsamt für Gesundheitswesen in Oberschleißheim.
Ausst.: - Vgl. WVZ 79, München 1928, Kat. S. 20, Nr. 127 mit Abb.;
- Vgl. WVZ 81, Berlin 1928, Kat. S. 23, Nr. 294
Lit.: - Die Kunst für Alle, 3. Jg., 1927/28, S. 274 Abb.;
- Schwabenland, 2. Jg., 1935, Heft 9, S. 237 Abb.
Abb. mit Zeichnung

83. Bildnis eines Hüttenarbeiters, 1928
Bronze
Besitz: Städtische Kunstsammlungen Augsburg, Inv.-Nr. 11 552, im Sammlungskat. unter Nr. 17 („Bildnis der Walzmeister"). Seit 1976 als Leihgabe an Museum Rüsselsheim
Ausst.: - Vgl. WVZ 79, München 1928, Kat. S. 20, Nr. 128;
- Vgl. WVZ 81, Berlin 1928, Kat. S. 23, Nr. 295
Lit.: - Die Kunst für Alle, 3. Jg., 1927/28, Heft 9, S. 277 Abb.;
- Ernst Kammerer, 1939, S. 26 (hier fälschlich als „Walzmeister" von 1930 bezeichnet)
Abb.

84. Bildnis der „Hammermeister", 1928
Bronze, H. 50 cm
Besitz: Städtische Kunstsammlungen Augsburg, Inv.-Nr. 11 559, im Sammlungskat. unter Nr. 6
Lit.: - Die Zwanziger Jahre in München, Ausstellung des Stadtmuseums in München, 1979, Kat. S. 577, Nr. 761 mit Abb.
- Christoph Stölzl (Hrsg.), 1979, S. 577 mit Abb.
Abb.

85. Relief „Bergmann vor Ort", 1928
Bronze, H. 52,5 cm x B. 137 cm
Sign./Kennz.: F. Koelle 1928, rechts unten in der Ecke
Besitz: - Städtische Kunstsammlungen Augsburg, Inv.-Nr. 11 596, im Sammlungskat. unter Nr. 102. Seit 1975 als Dauerleihgabe in Markt Peiting angebracht;
- Heimatmuseum St. Ingbert;

- Saarland Museum Saarbrücken, erworben 1980 aus der Sammlung Kohl-Weigand, versehen mit der Nr. 63 P
Ausst.: XV. Sommerausstellung der Münchener Neuen Secession 1929, Kat. S. 18, Nr. 148
Lit.: - Georg-W. Költzsch, 1989, S. 168;
  - Peter Schirmbeck, 1984, S. 22f. mit Abb.
Beschr.: Vgl. Kap. II, 1929
Abb.

86. Bildnis eines Bergarbeiters (Schlepper), 1928
Bronze, dunkel patiniert, H. 65 cm, B. 40 cm auf einem Granitsockel
Sign./Kennz.: F. Koelle 1928
Besitz: Deutsches Bergbau-Museum Bochum, Inv.-Nr. 2972
Ausst.: - Frühjahrsausstellung der Preußischen Akademie der Künste zu Berlin 1929, Kat. S. 24, Nr. 302;
  - Vgl. WVZ 85, München 1929, Kat. S. 18, Nr. 151
Abb.

87. Bildnis der Walzmeister, 1928
Bronze, H. 5
Sign./Kennz.: F. Koelle 1928, hinten rechts an Halsstütze
Besitz: Städtische Kunstsammlungen Augsburg, Inv.-Nr. 11 568, im Sammlungskat. unter Nr. 29.
Lit.: Ernst Kammerer, 1939, S. 14 und 15 mit Abb., fälschlich auf 1927 datiert
Abb.

88. Hüttenarbeiter (Blockwalzer), 1928
Bronze, H. 200 cm
(Von Koelle „Wagner mit der Zange" genannt)
Besitz: Städtische Kunstsammlungen Nürnberg, erworben am 23.12.1929
Ausst.: Vgl. WVZ 85, München 1929, Kat. S. 18, Nr. 146 mit Abb.
Abb. mit Zeichnung

89. Bildnis der Walzmeister, 1929
Bronze
Besitz: Städtische Kunstsammlungen Augsburg, Inv.-Nr. 11 573, im Sammlungskat. unter Nr. 28.
Abb.

90. Bildnis eines Bergmanns, 1929
Bronze, H. 42 cm
Besitz: Städtische Kunstsammlungen Augsburg, Inv.-Nr. 11 553, im Sammlungskat. unter Nr. 18.
Ausst.: - Deutsche Kunstausstellung München im Glaspalast 1930, Kat. S. 40, Nr. 1281 mit Abb. (hier „Bergarbeiterbildnis I [Hauer]" genannt);
  - Vgl. WVZ 1, Nürnberg 1978, Nr. E 18 mit Abb.
Lit.: - Die Kunst für Alle, 1935/36, S. 94 Abb.;
  - Schwabenland, 2. Jg. 1935, Heft 9, Titelseite und S. 231 Abb.;
  - Ernst Kammerer, 1939, S. 10 Abb.;
  - „Fritz Koelle – Arbeiter in Hütten und Gruben", Museum der Stadt Homburg, 1957, S. 39 Abb.
Abb. mit Zeichnung

91. Relief „Das Bergamt", 1929
Bronze, H. 58 cm x B. 124,5 cm
Auch „Bergleute verhandeln über das Geding" genannt
Sign./Kennz.: F. Koelle 1929, links unten in der Ecke
Besitz: - Städtische Kunstsammlungen Augsburg, Inv.-Nr. 11 595, im Sammlungskat. unter Nr. 64;
- Heimatmuseum St. Ingbert
Ausst.: - Vgl. WVZ 85, München 1929, Kat. S. 18, Nr. 149;
- Vgl. WVZ 86, Berlin 1929, Kat. S. 24, Nr. 303;
- Vgl. WVZ 1, Nürnberg 1978, Nr. E 17
Lit.: - Ernst Kammerer, 1939, S. 16 Abb.;
- Museum der Stadt Homburg, 1957, S. 40 Abb.
Beschr.: Vgl. Kap. II
Abb.

92. Relief „Stollenfahrt", 1929
Bronze, H. 48,5 cm x B. 133 cm
Sign./Kennz.: F. Koelle 1929, links unten in der Ecke
Besitz: - Städtische Kunstsammlungen Augsburg, Inv.-Nr. 11 592, im Sammlungskat. unter Nr. 65;
- Heimatmuseum St. Ingbert
Ausst.: - Vgl. WVZ 90, München 1930, Kat. S. 40, Nr. 1279
- Herbstausstellung der NS-Kulturgemeinde „Geformte Kraft", München 1936, Kat. S. 8
Lit.: Ernst Kammerer, 1939, S. 20 Abb.;
Abb.

93. Bildnis Ministerialrat Konrad Sterner, 1929
Bronze, H. 37 cm
Besitz: Städtische Kunstsammlungen Augsburg, Inv.-Nr. 11 664, im Sammlungskat. unter Nr. 82 mit Abb., Geschenk von Konrad Sterner anläßlich der Eröffnung der Sammlung Fritz Koelle 1957
Ausst.: Vgl. WVZ 90, München 1930, Kat. S. 40, Nr. 1280
Lit.: - Schwabenland, 2. Jg. 1935, Heft 9, S. 299 Abb.;
- Ernst Kammerer, 1939, S. 35 Abb.
Abb.

94. Selbstbildnis, 1929
Bronze, H. 30 cm, B. 30 cm
Sign./Kennz.: F. Koelle 1929, rechts an der Halsstütze
Besitz: - Bayerische Staatsgemäldesammlungen München, erworben 1929 von Fritz Koelle, Inv.-Nr. B 140;
- Städtische Kunstsammlungen Augsburg, Inv.-Nr. 11 588, im Sammlungskat. unter Nr. 15
Ausst.: Vgl. WVZ 85, München 1929, Kat. S. 18, Nr. 154
Abb.

95. Der Blockwalzer, 1929
Bronze, H. 190 cm
Sign./Kennz.: F. Koelle 1929, rechts hinten auf der Standplatte

Besitz: Städtische Kunstsammlungen Augsburg, Inv.-Nr. 11 562, im Sammlungskat. unter Nr. 2 mit Abb.
Erstaufstellung 1930 bis 1933 am Melusinenplatz in München. Lt. NSDAP-Stadtratsbeschluß vom 12.9.1933 als „entartet" entfernt.
Wiederaufstellung 1976 am selben Stadtort, heute Karl-Preiß-Platz, in München, als Leihgabe der Städtischen Kunstsammlungen Augsburg
Ausst.: - Vgl. WVZ 85, München 1929, Kat. S. 18, Nr. 153;
- Vgl. WVZ 90, München 1930, Kat. S. 40, Nr. 1277
Lit.: - Vgl. Kap. II 1930 Aufstellung des Blockwalzers; und
- Kap. III Entfernung der Plastik und die entsprechenden Presseberichte;
- bildende kunst, 3. Jg. 1949, Heft 9, S. 298 Abb.;
- Nürnberg, 1978, S. 89 Abb. (fälschlich auf 1930 datiert)
Beschr.: Vgl. Kap. III, 1933
Abb. mit Zeichnung

96. Hockender Bergmann, 1929
Bronze, H. 93 cm
Sign./Kennz.: F. Koelle 1929, auf der Rückseite
Besitz: - Deutscher Gewerkschaftsbund München, Schwanthalerstraße;
- Städtische Kunstsammlungen Augsburg, Inv.-Nr. 11 561, im Sammlungskat. unter Nr. 21 mit Abb., als Dauerleihgabe ab 1976 an die Gemeinde Ottmarshausen, wo er unterhalb des Pfarrhauses in einer Parkanlage steht
Ausst.: - Kunstsammlung München im Deutschen Museum 1931, Kat. S. 62, Nr. 1988;
- „Aus der Werkstatt des Künstlers", Ausstellung Neue Sammlung, Münchener Neue Secession 1932, Kat. S. 5;
- Staatliche Kunstausstellung München 1933, Kat. S. 30, Nr. 455;
- „Münchener Kunst", Sonderausstellung in der Neuen Pinakothek 1935, Kat. S. 16, Nr. 236;
- Herbstausstellung der NS-Kulturgemeinde „Geformte Kraft", München 1936, Kat. S. 8;
- Ausstellung „Schönheit der Arbeit", München 1937, Kat. S. 25;
- „Deutsche Bildhauer der Gegenwart", Warschau 1938 (lt. Völkischer Beobachter v. 26.4.1938 mit Abb.);
- Münchener Kunstausstellung im Maximilianeum 1939, Kat. S. 15, Nr. 237;
- „Deutsche Bildhauer der Gegenwart", Kunstverein Hamburg 1940, Kat.-Nr. 87;
- Große Deutsche Kunstausstellung im HDK München 1941, Kat. S. 49, Nr. 580;
- Große Deutsche Kunstausstellung im HDK München 1943, Ergänzungsteil zum offiziellen Ausstellungskat., Kat. S. 15, Nr. 272 mit Abb.
Lit.: - Schwabenland, 2. Jg. 1935, Heft 9, S. 235 Abb.;
- Westmark – Monatszeitschrift für deutsche Kultur, Jg. 1936/37, 1. Heft, Oktober, S. 289-291 mit Abb.;
- Ernst Kammerer, 1939, S. 18, 19 Abb.
Beschr.: Vgl. Kap. II, 1931
Abb. mit Zeichnung

97. Hockender Bergmann, 1930
Bronze, H. 29,5 cm, auf Marmorsockel
Hierbei handelt es sich um die kleinere Ausführung der unter WVZ 96 genannten Plastik
Sign./Kennz.: F. Koelle 1930, links unten
Besitz: - Städtische Galerie im Lenbachhaus München, Schenkung der Fa. Knorr & Hirth 1931, Inv.-Nr. 2531;

- Städtische Kunstsammlungen Augsburg, Inv.-Nr. 11 623, im Sammlungskat. unter Nr. 33;
- Saarland Museum Saarbrücken, erworben 1958, Inv.-Nr. NI 2278;
- Sammlung Kohl-Weigand;
- Fritz Koelle jun.

Ausst.: - Vgl. WVZ 96, München 1932, Kat. S. 5;
- „Fritz Koelle Arbeiter in Hütten und Gruben", Ausstellung des Museums der Stadt Homburg 1957, Nr. 7 (aus der Sammlung Kohl-Weigand);
- Vgl. WVZ 1, Nürnberg 1978, Nr. E 20.

Lit.: Portraits, Nr. 3, 2. Jg. 1976, April/Mai, S. 24 Abb.

Abb.

98. Bildnis eines Hochofenarbeiters, 1930

Bronze, H. 47 cm
Sign./Kennz.: F. Koelle 1930, an der Halsstütze rechts
Besitz: Städtische Kunstsammlungen Augsburg, Inv.-Nr. 11 557, im Sammlungskat. unter Nr. 12 mit Abb.

Ausst.: - Vgl. WVZ 96, München 1931, Kat. S. 62, Nr. 1989 mit Abb.;
- Vgl. WVZ 1, Nürnberg 1978, Nr. E 19 mit Abb.

Lit.: - Schwabenland, 2. Jg. 1935, Heft 9, S. 230 Abb.
- Ernst Kammerer, 1939, S. 27 Abb.

Abb.

99. Bildnis Elisabeth Koelle-Karmann, 1930

Bronze
Besitz: Städtische Kunstsammlungen Augsburg, Inv.-Nr. 6506, im Sammlungskat. unter Nr.27
Verbleib unbekannt

100. Selbstbildnis, 1930

Bronze, H. 32 cm
Sign./Kennz.: F. Koelle 1930, unten rechts an der Halsstütze
Besitz: - Museum der bildenden Künste Leipzig, erworben 1941 vom Deutschen Kunstverein Berlin, Inv.-Nr. P 220;
- Städtische Kunstsammlungen Augsburg, Inv.-Nr. 11 662, im Sammlungskat. unter Nr. 26
- Heimatmuseum St. Ingbert, Gipsversion

Ausst.: - Vgl. WVZ 90, Kat. S. 40, Nr. 1283;
- Frühjahrsausstellung der Preußischen Akademie der Künste zu Berlin 1930, Kat. S. 23, Nr. 306

Lit.: - Ernst Kammerer, 1939, S. 30 Abb.;
- Herwig Guratzsch (Hrsg.): Museum der bildenden Künste Leipzig, Katalog der Bildwerke, Köln, 1999, S. 206 mit Abb.

Abb.

101. Der Urahn, 1930

Bronze, H. 130 cm
Sign./Kennz.: F. Koelle 1930, auf linker Seite mit umlaufendem Bibelspruch: „Unser Leben währet siebzig Jahre, und wenn's hoch kommt, so sind's achtzig Jahre, und wenn's köstlich gewesen ist, so ist es Mühe und Arbeit gewesen" (Text in Anlehnung an „Buch der Psalmen, Viertes Buch, Psalm 90, Zeile 10 bis 13)

Besitz: Städtische Kunstsammlungen Augsburg, Inv.-Nr. 11 563, im Sammlungskat. unter Nr. 1 mit Abb.
Ausst.: - Vgl. WVZ 96, München 1931, Kat. S. 62, Nr. 1986;
- Vgl. WVZ 96, München 1935, Kat. S. 16, Nr. 237
Lit.: Ernst Kammerer, 1939, S. 23 Abb.
Beschr.: Vgl. Kap. II, 1931
Abb.

102. Der Bergmann, 1930
Bronze, H. 200 cm
Sign./Kennz.: F. Koelle 1930, hinten links auf Standplatte
Besitz: - Städtische Kunstsammlungen Augsburg, Inv.-Nr. 11 554, aufgestellt in der Fritz-Koelle-Straße in Augsburg;
- Stadt St. Ingbert als Geschenk von Franz-Josef Kohl-Weigand 1961. Dort als „Saarbergmann" bezeichnet, da der St. Ingberter Bergmann Heinrich Weber dafür Modell im Verlesesaal der Grube St. Ingbert stand. Heutiger Aufstellungsort vor dem Stadtbad in St. Ingbert.
Ausst.: Vgl. WVZ 96, München 1931, Kat. S. 62, Nr. 1985
Lit.: - Peter Breuer: Münchner Künstlerköpfe, München, 1937, S. 229 Abb.;
- Ernst Kammerer, 1939, S. 25 zwei Abb.;
- der naturstein, Nr. 8, 1963, S. 261 Abb. (hier fälschlich als „Der Bergmann vor der Einfahrt" 1927 bezeichnet);
- Liselotte Kugler (Hrsg.), 1996, S. 34f. mit Detailabb.;
- Rainer Slotta: Förderturm und Bergmannshaus – Vom Bergbau an der Saar, Saarbrücken, 1979, S. 28 Abb.;
- Gerhard Händler: Zeichnungen deutscher Bildhauer der Gegenwart, Berlin, 1943, S. 69 Abb. der Zeichnung des „Bergmanns" (1930)
Abb. mit Zeichnung

103. Bildnis eines Walzarbeiters (von der Saar), 1930
Bronze
Sign./Kennz.: F. Koelle 1930, rechts an der Standplatte
Besitz: Städtische Kunstsammlungen Augsburg, Inv.-Nr. 11 663, im Sammlungskat. unter Nr. 13
Ausst.: Vgl. WVZ 96, München 1931, Kat. S. 62, Nr. 1990
Lit.: Ernst Kammerer, 1939, S. 21 Abb.
Abb.

104. Elefant, 1931
Bronze, H. 11,5 cm
Sign./Kennz.: F. Koelle (unter linkem Vorderfuß), 1931 (unter rechtem Hinterfuß)
Besitz: - Sammlung Kohl-Weigand
- Fritz Koelle jun.
Ausst.: - Vgl. WVZ 96, München 1931, Kat. S. 62, Nr. 1992;
- Große Deutsche Kunstausstellung im HDK in München 1942, Kat. S. 45, Nr. 542;
- Kleintierplastik und Bildhauergraphik aus der Sammlung Franz-Josef Kohl-Weigand, Ausstellung im Kunstgeschichtlichen Institut der Johannes-Gutenberg-Universität Mainz 1967, Kat. S. 15, Nr. 40
Lit.: Portraits, Nr. 2; Oktober/November 1975, S. 12 Abb.
Abb.

105. Tiger, 1931
Bronze, H. 7,4 cm, L. 20 cm (langgestreckt)
Sign./Kennz.: F. Koelle (unter linker Vorderpfote), 1931 (linke Hinterpfote)
Besitz: - Städtische Kunstsammlungen Augsburg, Inv.-Nr. 11 611, im Sammlungskat. unter Nr. 46;
- Münchner Stadtmuseum, Inv.-Nr. K 76/4;
- Saarland Museum Saarbrücken, erworben 1980 aus der Sammlung Kohl-Weigand. Da auch diese Tierplastik auf einem Marmorsockel steht, wohl als undatiert angenommen und auf ca. 1930 geschätzt. Außerdem als „Löwin" bezeichnet. Versehen mit der Nr. 35 P;
- Fritz Koelle jun. (dieses Exemplar ist mit M unter Schwanz gekennzeichnet)
Ausst.: - Vgl. WVZ 104, Mainz 1967, Kat. S. 15, Nr. 42 (hier allerdings als „Schreitende Löwin" bezeichnet)
Lit.: - Katalog Museum Homburg, 1957, S. 43 Abb.;
- Portraits, Nr. 2, Oktober/November 1975, S. 9 Abb.
Abb.

106. Junges Reh, 1931
Bronze, H. 15 cm
Sign./Kennz.: F K unter rechtem Vorderhuf
Besitz: - Städtische Kunstsammlungen Augsburg, Inv.-Nr. 11 615, im Sammlungskat. unter Nr. 49;
- Fritz Koelle jun.
Abb.

107. Bär, 1931
Bronze, H. 10,8 cm
Sign./Kennz.: F. Koelle (unter linker Vorderpfote), 1931 (unter rechter Hinterpfote)
Besitz: - Städtische Kunstsammlungen Augsburg, Inv.-Nr. 11 610, im Sammlungskat. unter Nr. 45 (hier als „Junger Bär" bezeichnet);
- im Katalog des Saarland Museums Saarbrücken ist fälschlich der „Junge Bär" (WVZ 64) von 1925 auf 1931 datiert;
- Fritz Koelle jun. (dieses Exemplar ist mit M unter der linken Vorderpfote gekennzeichnet)
Ausst.: Vgl. WVZ 97, München 1931, Kat. S. 62, Nr. 1993
Lit.: Portraits, Nr. 2, Oktober/November 1975, S. 13 Abb.
Abb.

108. Bildnis eines Bergarbeiters (von der Saar), 1931
Bronze
Sign./Kennz.: F. Koelle 1931, rechts an der Standplatte
Besitz: Städtische Kunstsammlungen Augsburg, Inv.-Nr. 11 566, im Sammlungskat. unter Nr. 14
Ausst.: Vgl. WVZ 96, München 1935, Kat. S. 16, Nr. 238
Lit.: Ernst Kammerer, 1939, S. 31 Abb.
Abb.

109. Bergmannskind (von der Saar mit Kohlen in der Schürze), 1931
Bronze, H. 134 cm
Von Fritz Koelle nach dem Modell auch „Irmchen" benannt
Sign./Kennz.: F. Koelle 1931, auf der Plinthe hinten links

Besitz: Städtische Kunstsammlungen Augsburg, Inv.-Nr. 11 547, im Sammlungskat. unter Nr. 3 mit Abb., als Dauerleihgabe ab 1976 an die Gemeinde Ottmarshausen, wo es gemeinsam mit dem „Hockenden Bergmann" (WVZ 96) unterhalb des Pfarrhauses in einer Parkanlage steht
Ausst.: Vgl. WVZ 96, München 1931, Kat. S. 62, Nr. 1987
Lit.: - Deutsche Kunst und Dekoration, Nr. 68, 1931, S. 347 Abb.;
- Westermann Monatshefte, Nr. 153, 1932/33, S. 299 Abb.;
- Peter Breuer, 1937, S. 228 Abb.;
- Ernst Kammerer, 1939, S. 29 Abb.;
- Portraits, Nr. 3, 2. Jg. 1976, April/Mai, S. 28 Abb.
Beschr.: Vgl. Kap. II, 1931
Abb.

110. Bergmannskind (von der Saar mit Kohlen in der Schürze), 1931
Bronze, H. 46 cm
Hierbei handelt es sich um die kleinere Ausführung der unter WVZ 109 genannten Plastik
Sign./Kennz.: F. Koelle, auf der Plinthe hinten rechts
Besitz: - Münchner Stadtmuseum, Inv.-Nr. K 76/3;
- Städtische Kunstsammlungen Augsburg, Inv.-Nr. 11 622, im Sammlungskat. unter Nr. 56 (Modell)

111. Bergarbeiterin (Kohlenwäscherin aus Peißenberg), 1931
Bronze, H. 132,5 cm
Sign./Kennz.: F. Koelle 1931, auf der Plinthe hinten rechts
Besitz: Städtische Kunstsammlungen Augsburg, Inv.-Nr. 11 629, im Sammlungskat. unter Nr. 87
Ausst.: Vgl. WVZ 1, Nürnberg 1978, Nr. E 24 mit Abb.
Lit.:   Christoph Stölzl (Hrsg.), 1978, S. 578 und S. 579 Abb.
Abb.

112. Hüttenarbeiter (auch Blockwalzer), 1931
Bronze, H. 200 cm
Sign./Kennz.: F. Koelle 1931, auf der Plinthe rechts
Besitz: - Städtische Kunstsammlungen Augsburg, Inv.-Nr. 11 556, im Sammlungskat. unter Nr. 10 mit Abb.;
- Staatliches Lindenau-Museum Altenburg, Inv.-Nr. 5018, Kategorie II, 1952 von der Landesverwaltung für Kunstangelegenheiten erhalten, ehemals Sammlung Rudolf Schwarz;
- ZK der SED, Ankauf lt. Protokoll vom 11.4.1947 eines ca. 60 cm hohen „Hüttenarbeiters für den Sitzungssaal, also eine kleinere Version der o.g. Plastik
Ausst.: - Münchener Kunstausstellung im Deutschen Museum 1932, Kat. S. 55, Nr. 1860;
- Vgl. WVZ 1, Nürnberg 1978, Nr. E 23 mit Abb.
Lit.: - Deutsche Kunst und Dekoration, Nr. 70, 1932, S. 286 Abb.;
- Ernst Kammerer, 1939, S. 32 und S. 33, zwei Abb.;
- der naturstein, Nr. 8, 1963, S. 264 Abb. (hier fälschlich als „Bergmann" bezeichnet);
- Christoph Stölzl (Hrsg.), 1978, S. 578-580 mit Abb.
- Peter Schirmbeck, 1984, S. 66 mit Abb.
Beschr.: Vgl. Kap. II, 1931 die vergleichende Betrachtung mit Meuniers „Lastträger"
Abb.

113. Selbstbildnis (mit Hut), 1931
Bronze, H. 32 cm
Besitz: Städtische Kunstsammlungen Augsburg, Inv.-Nr. 11 585, im Sammlungskat. unter Nr. 111
Ausst.: - Vgl. WVZ 96, München 1931, Kat. S. 62, Nr. 1991;
- Vgl. WVZ 1, Nürnberg 1978, Nr. E 22 mit Abb.
Lit.: - Ernst Kammerer, 1939, S. 34 Abb. (fälschlich auf 1932 datiert);
- Portraits, Nr. 3, 2. Jg. 1976, April/Mai, S. 24 Abb.
Abb.

114. Böcklein, 1932
Bronze, H. 9,8 cm
Besitz: Städtische Kunstsammlungen Augsburg, Inv.-Nr. 11 617, im Sammlungskat. unter Nr. 43
Ausst.: Vgl. WVZ 1, Nürnberg 1978, Nr. E 15

115. Lama, 1932
Bronze, H. 12,5 cm
Sign./Kennz.: F. K., Hinterfuß links
Besitz: - Städtische Kunstsammlungen Augsburg, Inv.-Nr. 11 613, im Sammlungskat. unter Nr. 38
- Fritz Koelle jun.
Ausst.: - Münchener Kunstausstellung im Maximilianeum 1938, Kat. S. 13, Nr. 200;
- Große Deutsche Kunstausstellung im HDK München 1941, Kat. S. 49, Nr. 576
Lit.: Portraits, Nr. 2, Oktober/November 1975, S. 10 Abb.
Abb.

116. Eselchen, 1932
Besitz: Städt. Kunstsammlungen Augsburg, Inv.-Nr. 11 616, im Sammlungskat. unter Nr. 48

117. Der Hammermeister, 1932
Bronze, H. 200 cm
Sign./Kennz.: F. Koelle 1932 auf der Plinthe links oben
Besitz: - Städtische Kunstsammlungen Augsburg, Inv.-Nr. 11 575, im Sammlungskat. unter Nr. 115 mit Abb.;
- Ein Exemplar steht vor der IHK in Augsburg (vgl. Abb.)
Ausst.: - Große Münchener Kunstausstellung in der neuen Pinakothek 1934, Kat. S. 22, Nr. 359, und unter Nr. 361/362 zwei korrespondierende Studienzeichnungen;
- Ausstellung Münchener Künstler in der Preußischen Akademie der Künste zu Berlin 1935, Kat. S. 19, Nr. 170;
- Große Deutsche Kunstausstellung im HDK München 1941, Kat. S. 49, Nr. 573;
Lit.: - Die Kunst, Heft 11, August 1934, S. 335/336;
- Schwabenland, 2. Jg., 1935, Heft 9, S. 225 Abb.;
- Peter Breuer, 1937, S. 230 Abb. (dort fälschlich als „Walzmeister" bezeichnet);
- Ernst Kammerer, 1939, S. 36 und 37, zwei Abb.;
- Katalog Museum Homburg, 1957, S. 22 Abb.;
- der naturstein, Nr. 8/1963, S. 264 Abb. (dort fälschlich als Fassung „Der erste Mann am Hochofen" bezeichnet);
- Peter Schirmbeck, 1984, S. 61f. mit Abb.
Beschr.: Vgl. Kap. III, 1934
Abb. mit Zeichnung

118. Der Hammermeister, 1932
Bronze, H. 58 cm
Hierbei handelt es sich um die kleinere Ausführung der unter WVZ 117 genannten Plastik
Sign./Kennz.: F. Koelle 1932, auf der Plinthe links hinten
Besitz: - Städtische Kunstsammlungen Augsburg, Inv.-Nr. 11 579, im Sammlungskat. unter Nr. 99;
    - Fritz Koelle jun.
Ausst.: Vgl. WVZ 1, Nürnberg 1978, Nr. E 25 mit Abb.
Abb.

119. Selbstbildnis (mit Schirmmütze), 1932
Bronze, H. 30 cm, auf Marmorsockel
Sign./Kennz.: F. Koelle 1932, am Hals hinten
Besitz: - Städtische Kunstsammlungen Augsburg, Inv.-Nr. 11 578, im Sammlungskat. unter Nr. 9;
    - Saarland Museum Saarbrücken, erworben 1980 aus der Sammlung Kohl-Weigand, versehen mit der Nr. 64 P;
    - Gipsversion im Germanischen Nationalmuseum Nürnberg unter Z.R. Nr. 1974/124, Schenkung des Sohnes, Fritz Koelle jun., von 1974
Ausst.: - Staatliche Kunstausstellung in der Neuen Pinakothek und im Deutschen Museum, München, 1933, Kat. S. 9, Nr. 200;
    - Vgl. WVZ 117, München 1934, Kat. S. 22, Nr. 360;
    - Ausstellung „Junge Deutsche Bildhauer", Kunsthalle Mannheim 1937, Kat. S. 7, Nr. 85 (undatiert);
    - Große Deutsche Kunstausstellung im HDK München 1940, Kat. S. 53, Nr. 631 (undatiert);
    - Vgl. WVZ 117, München 1941, Kat. S. 49, Nr. 578 (undatiert);
    - Vgl. WVZ 1, Nürnberg 1978, Gipsmodell unter Nr. E 26 ausgestellt
Lit.: - Peter Breuer, 1937, S. 228 Abb.;
    - Ernst Kammerer, 1939, S. 2 Abb. (fälschlich auf 1934 datiert);
    - Eduard Schindler: „Selbstbildnisse Deutscher Bildhauer", in: Die Kunst im Deutschen Reich, 4. Jg., 1940, Folge 11 November, S. 326ff., S. 335 mit Abb. des Selbstbildnisses;
    - Kat. Museum Homburg, 1957, S. 2 Abb.;
    - Georg-W. Költzsch, 1989, S. 172 mit Abb.
Abb.

120. Befreiungskämpfer, 1934
Gipsmodell für „Denkmal der Befreiung von der Räteherrschaft 1919" lt. NSDAP-Stadtratsbeschluß vom 12.9.1933, mit dem Fritz Koelle eine schriftliche Belobigung und ein Preisgeld erhielt.
Das Denkmal wurde nie ausgeführt.
Lit.: - Dr. H.: „Der Wettbewerb für das Befreiungsdenkmal – Der Entscheid des Preisgerichts", in: Völkischer Beobachter vom 28.4.1934 mit Abb.;
    - Saarbrücker Landeszeitung vom 7.6.1936 mit Abb.;
    - Christoph Stölzl (Hrsg.), 1978, S. 742 mit Abb. des Modells unter Nr. 1233 b;
    - Liselotte Kugler (Hrsg.): Industrie – Menschen – Bilder, Saarbrücken, 1996a, S. 75ff. mit Abb.
Beschr.: Vgl. Kap. III, 1934
Abb.

121. Betender Bergmann, 1934
Bronze, H. 200 cm
Sign./Kennz.: F. Koelle 1934, links oben auf der Plinthe
Besitz: - Reichskanzlei Berlin, Geschenk Rudolf Schwarz' an Adolf Hitler am 1.5.1935 (vgl. Anm. III-151), Verbleib unbekannt;
- Städtische Kunstsammlungen Augsburg, Inv.-Nr. 11 570 mit Abb., in der Fritz-Koelle-Straße in Augsburg aufgestellt;
- Staatliches Lindenau-Museum Altenburg, Inv.-Nr. 5019, Kategorie II, 1952 von der Landesverwaltung für Kunstangelegenheiten erhalten, ehemals Sammlung Rudolf Schwarz, dort mit H. 186 cm angegeben
Ausst.: - Große Münchener Kunstausstellung in der Neuen Pinakothek 1935, Kat.-Nr. 1352;
- Vgl. WVZ 96, Warschau 1938 mit Abb.
Lit.: - Germania, Nr. 124, Berlin, vom 4.5.1935 mit Abb.;
- „Der betende Bergmann", in: Saardeutsche Illustrierte, Nr. 25, vom 26.6.1935;
- Schwabenland, 2. Jg., 1935, Heft 9, S. 227 Abb.;
- Kunst im Dritten Reich, 2. Jg., Folge 5, Mai 1938, S. 137 Abb.;
- Ernst Kammerer, 1939, S. 38 Abb.;
- Portraits, Nr. 3, 2. Jg., 1976, April/Mai, S. 28 Abb.;
- Peter Schirmbeck, 1984, S. 59f. mit Abb.;
- Der Anschnitt, 47. Jg., 1995, Heft 1-2, S. 73 Abb.
Beschr.: Vgl. Kap. III – Der völkische Gestalter der Saararbeiter (1935)
Abb.

122. Betender Bergmann, 1934
Bronze, H. 58 cm
Hierbei handelt es sich um die kleinere Ausführung der unter WVZ 121 genannten Plastik.
Sign./Kennz.: F. Koelle 1934, auf der Plinthe
Besitz: Saarland Museum Saarbrücken, erworben 1960, Inv.-Nr. NI 2382
Lit.: Georg-W. Költzsch, 1989, S. 172 mit Abb. und weiteren Literaturangaben

123. Stier, 1935
Bronze, H. 10,8 cm auf Marmorsockel
Sign./Kennz.: F. K.
Besitz: - Rudolf Schwarz (lt. E. Kammerer, 1939, S. 67);
- Saarland Museum Saarbrücken, erworben 1980 aus der Sammlung Kohl-Weigand, versehen mit der Nr. 33 P
Ausst.: - Vgl. WVZ 117, Berlin 1938, Kat.-Nr. 76;
- Vgl. WVZ 117, München 1941, Kat. S. 49, Nr. 574;
- Vgl. WVZ 104, Mainz 1967, Kat. S. 15, Nr. 38
Lit.: - Ernst Kammerer, 1939, S. 42 Abb.;
- Der Bildhauer Fritz Koelle, Leporello ohne weitere Angaben (nach dem Tod des Künstlers entstanden), dort Abb. des Künstlers bei der Arbeit an dem Stier, datiert auf 1935;
- Georg-W. Költzsch, 1989, S. 166 mit Abb. (hier fälschlich auf 1926 datiert)
Abb.

124. Schäferl (Lämmchen), 1935
Bronze, H. 9,2 cm
Sign./Kennz.: 1935, unter linkem Hinterhuf

Besitz: - Städtische Kunstsammlungen Augsburg, Inv.-Nr. 11 618, im Sammlungskat. unter Nr. 42;
- Rudolf Schwarz (lt. E. Kammerer, 1939, S. 67);
- Fritz Koelle jun.
Ausst.: - Vgl. WVZ 114, München 1938, Kat. S. 13, Nr. 201;
- Vgl. WVZ 117, Berlin 1938, Kat.-Nr. 77;
- Vgl. WVZ 96, Hamburg 1940, Kat.-Nr. 90;
- Vgl. WVZ 104, Mainz 1967, Kat. S. 15, Nr. 46
Lit.: Ernst Kammerer, 1939, S. 43 Abb.
Abb.

125. Junger Esel, 1935
Bronze, H. 10,5 cm
Sign./Kennz.: F. K. linker Vorderhuf, 35 rechter Vorderhuf
Besitz: - Saarland Museum Saarbrücken, erworben 1980 aus der Sammlung Kohl-Weigand, versehen mit der Nr. 36 P (dort fälschlich als „Fohlen" bezeichnet und auf 1926 datiert);
- Fritz Koelle jun.
Ausst.: Vgl. WVZ 104, Mainz 1967, Kat. S. 15, Nr. 41 (als „Junger Maulesel" bezeichnet)
Abb.

126. Der Hochofenarbeiter, 1935
Bronze, H. 200 cm
Sign./Kennz.: F. Koelle 1935, Plinthe links oben
Besitz: Städtische Kunstsammlungen Augsburg, Inv.-Nr. 11 549, im Sammlungskat. unter Nr. 16. Als Dauerleihgabe seit 1977 an GHH Sterkrade, Oberhausen
Ausst.: - Große Deutsche Kunstausstellung im HDK München 1937, Kat. S. 55, Nr. 401;
- Vgl. WVZ 96, München 1939, Kat. S. 15, Nr. 236
Lit.: - Ernst Kammerer, 1939, S. 44 Abb., S. 45 Detailabb.;
- Peter Schirmbeck, 1984, S. 62ff. mit Abb.
Beschr.: Vgl. Kap. III, 1935
Abb.

127. Der Hochofenarbeiter, 1935
Bronze, H. 61 cm
Hierbei handelt es sich um die kleinere Ausführung der unter WVZ 126 genannten Plastik.
Sign./Kennz.: F. Koelle 1935, auf Plinthe oben rechts
Besitz: - Städtische Kunstsammlungen Augsburg, Inv.-Nr. 11 597, im Sammlungskat. unter Nr. 31 (hier fälschlich als „Erster Mann am Hochofen" bezeichnet);
- Deutsches Bergbau-Museum Bochum, Inv.-Nr. 4371
Abb.

128. Saarmedaille, 1935
Feinsilber- und Bronzeausgabe, Auflage nicht bekannt, 3,6 cm Dmr.
Saargedenkprägung 1935 von der Bayerischen Staatsmünze herausgegeben
Sign./Kennz.: F. K. auf der Vorderseite unter den Füßen des Bergmanns
Besitz: - Westfälisches Landesmuseum für Kunst und Kulturgeschichte Münster:
Medaille in Silber, Inv.-Nr. 14 845 Mz, P 35-13,
Medaille in Bronze, Inv.-Nr. 14 846 Mz, P35-12;
- Saarland Museum Saarbrücken, Geschenk von Elisabeth Koelle-Karmann, Medaille in Bronze, Inv.-Nr. NI 2189;

- Sammlung Kohl-Weigand, Medaille in Silber und Bronze;
- Fritz Koelle jun., Bronzemedaille
Ausst.: - Vgl. WVZ 104, Mainz 1967, Kat. S. 15, Nr. 48 und 49;
- Vgl. WVZ 1, Nürnberg 1978 unter Nr. E 28
Lit.: - Berliner Münzblätter, N. F. 11, 1934/35, S. 271 mit Abb.;
- Ernst Kammerer, 1939, S. 39, Vorderseite mit stehendem Bergmann (fälschlich auf 1934 datiert);
- Georg-W. Költzsch, 1989, S. 173 mit Abb. von Vorder- und Rückseite
Beschr.: Vgl. Anm. III-131
Abb.

129. Bildnis Dr. Franz Haus, 1935
Bronze, H. 31 cm
Rechtsanwalt von Fritz Koelle in München
Besitz: Städtische Kunstsammlungen Augsburg, Inv.-Nr. 11 648, im Sammlungskat. unter Nr. 76
Lit.: Ernst Kammerer, 1939, S. 41 Abb.
Abb.

130. Adler, 1936
Bronze, B. 800 cm
1937 befestigt über dem Portal der Großbriefabfertigung am Anhalter Bahnhof in Berlin. Im Zweiten Weltkrieg zerstört.
Lit.: - Münchener Merkur, Nr. 54 vom 23.2.1937, Abb. des Gipsmodells, vgl. Anm. III-195;
- Ernst Kammerer, 1939, S. 48 Abb.
Abb.
Koelle schuf ein Kleinformat dieses Adlers in vielfacher Ausfertigung für seinen Mäzen, Rudolf Schwarz, der dieses an seine verdienten Panzergrenadiere verlieh. Fritz Koelle jun. ist in Besitz eines solchen Exemplars.

131. Bergarbeiter, sich die Hemdsärmel aufstülpend, 1936
Bronze, H. 230 cm
Sign./Kennz.: F. Koelle 1936, hinten links auf der Plinthe
Besitz: - Ab 1937 Besitz der „Deutschen Arbeitsfront", nach dem Zweiten Weltkrieg bis ca. 1955 vor dem DGB-Haus in der Landwehrstraße in München. (Der DGB tauschte die Plastik danach wegen ihrer mehrdeutigen ikonographischen Aussage gegen den „Hokkenden Bergmann" aus.) Seit ca. 1960 steht die Plastik des Bergmanns in der Siedlung der Neuen Heimat in der Forgenseestraße in München, versehen mit der Sockelinschrift: „Zur Erinnerung an Max Wönner 1896 – 1960". Der SPD-Abgeordnete im Deutschen Bundestag Max Wönner war Fritz Koelle und seinem Œuvre stets zugetan;
- Sammlung Rudolf Schwarz, vgl. Abb. 47 auf dem Firmengelände der Chemischen Fabrik in Greiz/Dölau in Thüringen, Verbleib unbekannt
Ausst.: - Herbstausstellung der NS-Kulturgemeinde „Geformte Kraft", München 1936, Kat. S. 8, unter „Saararbeiter";
- Vgl. WVZ 126, München 1937, Kat. S. 55, Nr. 400;
- Vgl. WVZ 117, Berlin 1938, Kat.-Nr. 74;
- Vgl. WVZ 96, Warschau 1938
- Vgl. WVZ 96, München 1939, Kat. S. 15, Nr. 234 mit Abb.
Lit.: - Die Kunst für Alle, Nr. 52, 1936/37, S. 287 Abb.;
- Die Kunst im Dritten Reich, 2. Jg., 1938, Folge 4, April, S., 104 Abb.;

Abb. - Ernst Kammerer, 1939, S. 46 und 47, 2 Abb.;
- Katalog Museum Homburg, 1957, S. 32 Abb. (fälschlich als „Blockwalzer" bezeichnet)

132. Bergarbeiter, sich die Hemdsärmel aufstülpend, 1936
Bronze, H. 63 cm
Hierbei handelt es sich um die kleinere Ausführung der unter WVZ 131 genannten Plastik
Sign./Kennz.: F. Koelle 1936, hinten rechts auf der Plinthe
Besitz: - Städtische Kunstsammlungen Augsburg, Inv.-Nr. 11 631, im Sammlungskat. unter Nr. 35 mit Abb.;
- Münchner Stadtmuseum, Inv.-Nr. K 76/5;
- Deutsches Bergbau-Museum Bochum, erworben 1977, Inv.-Nr. 611;
- Heimatmuseum St. Ingbert. Die Figur ist auf Sockel aus Kohlenschiefer aus der Grube St. Ingbert montiert, erworben 1988 aus der Sammlung Kohl-Weigand
Lit.: - Der Anschnitt, 47. Jg., 1995, Heft 1–2, S. 74 Abb.
- Rainer Slotta, 1979, S. 28 Abb.
Abb.

133. Der erste Mann am Hochofen, 1936
Bronze, H. 45 cm auf Marmorsockel
Sign./Kennz.: F. Koelle 1936, hinten links auf der Plinthe
Besitz: - Städtische Kunstsammlungen Augsburg, Inv.-Nr. 11 624, im Sammlungskat. unter Nr. 52;
- Saarland Museum Saarbrücken, St. Inv.-Nr. 782
Lit.: - Ernst Kammerer, 1939, S. 51 Abb.
- Georg-W. Költzsch, 1989, S. 173 mit Abb. (hier nur als „Hochofenarbeiter" bezeichnet und auf 1937 datiert)
Abb.

134. Bildnis Horst Wessel, 1936
Bronze, H. 45 cm auf Marmorsockel
Sign./Kennz.: F. Koelle, auf der Rückseite am unteren Saum
Besitz: - z.Zt. noch (11/2000) Oberfinanzdirektion München, Sammlung „Haus der Deutschen Kunst" (ehemals Collecting Point), demnächst im Deutschen Historischen Museum Berlin. In München invertarisiert unter: Mü-Nr. 11 975.
Fritz Koelle schuf mindestens zwei Bildnisse von Horst Wessel. Ein Exemplar wurde am 26.4.1937 vom Kunstbeirat der Stadt München für ein Hiterjugendheim angekauft. Wahrscheinlich handelt es sich um das Exemplar, das im Depot der Oberfinanzdirektion lagert. Vgl. Anm. III-259. Eine Portraitbüste stellte Fritz Koelle 1940 im HDK aus, ob sie dort von der damaligen Reichskanzlei angekauft wurde, läßt sich aus den Akten nicht ermitteln. Adolf Wagner soll Hitler eine Ausfertigung zum siebten Todestag Wessels 1937 geschenkt haben. Jedenfalls ist der Verbleib der zweiten Plastik unbekannt.
- Fritz Koelle jun. (Nachguß)
Ausst.: Große Deutsche Kunstausstellung im HDK München 1940, Kat. S. 53, Nr. 629
Lit.: - Die Kunst im Deutschen Reich, 4. Jg., 1940, Folge 8/9, August/September, S. 233, Abb.

- F. J.: „Die Koelle-Ausstellung in Saarbrücken", in: Saarbrücker Zeitung vom 12.10.1937. Hier ist nicht nur die Horst-Wessel-Büste abgebildet, sondern auch ein **Bronzeportrait von Adolf Hitler**. Weitere Informationen über das Werk und seinen Verbleib gibt es nicht.

Abb.

135. Bildnis Professor Ernst Boehe, 1937
Bronze, H. 27 cm
Ernst Boehe war Leiter des Landessinfonieorchesters Saarpfalz, wie Fritz Koelle erhielt er 1937 den Westmarkpreis verliehen, und bei dieser Gelegenheit präsentierte der Bildhauer Boehes Portrait.
Besitz: Städtische Kunstsammlungen Augsburg, Inv.-Nr. 11 654, im Sammlungskat. unter Nr. 77
Ausst.: - Vgl. WVZ 126, München 1937, Kat. S. 55, Nr. 402;
- Große Deutsche Kunstausstellung im HDK München 1943, Kat. S. 41, Nr. 468
Lit.: - Neue Augsburger Zeitung, Nr. 49 vom 27.2.1937;
- Saardeutsche Illustrierte, Nr. 10 vom 11.3.1937, S. 23;
- Ernst Kammerer, 1939, S. 59 Abb. (fälschlich auf 1936 datiert)

Abb.

136. Der erste Mann am (vom) Hochofen, 1937
Bronze, H. 225 cm
Besitz: - Städtische Kunstsammlungen Augsburg, Inv.-Nr. 11 558, im Sammlungskat. unter Nr. 5, als Dauerleihgabe seit 1977 an GHH Sterkrade, Oberhausen.
- Eine zweite Version dieser Plastik steht seit 1982 im Park der Hochschule für Technik und Wirtschaft in Saarbrücken (von 1962 bis 1982 befand sie sich vor dem Gebäude, in dem die ehemalige staatliche Ingenieurschule untergebracht war).
Ausst.: - Große Deutsche Kunstausstellung im HDK München 1939, Kat. S. 50, Nr. 601 mit Abb.;
- Große Berliner Kunstausstellung im Haus der Kunst Berlin 1941, Kat. S. 22, Nr. 128 mit Abb. und einer Preisangabe von 25 000 RM;
- Vgl. WVZ 96, München 1941, Kat. S. 49, Nr. 579;
Bei allen drei Ausstellungen wurde die Plastik als „Der erste Mann vom Hochofen" bezeichnet.
Lit.: - Die Kunst im Dritten Reich, 3. Jg., 1939, Folge 8, August, S. 271 Bezug auf Fritz Koelles Plastik „Der erste Mann am Hochofen";
- Die Kunst im Deutschen Reich, 5. Jg., 1941, Folge 8/9, August/September, S. 235 Abb. und S. 271 Bezug zu Fritz Koelles Plastik „Der erste Mann vom Hochofen";
- Ernst Kammerer, 1939, S. 54 und S. 55 zwei Abb.;
- Schacht und Heim, 1962, Heft 10 mit Abb.;
- Jo Enzweiler (Hrsg.): Kunst im öffentlichen Raum Saarbrücken Bezirk Mitte, Saarbrücken, 1997, S. 208 mit Abb.

Abb.

137. Saarbergmann, 1937
Bronze, H. 300 cm
Sign./Kennz.: F. Koelle 1937, links hinten auf der Plinthe
Besitz: - DSK, ehemals Saarbergwerke AG, Grube Reden
- Städtische Kunstsammlungen Augsburg, Inv.-Nr. 11 555, im Sammlungskat. unter Nr. 11 als „Saar-Bergmann mit Grubenlampe" bezeichnet. Als Dauerleihgabe an der Knaben-Realschule Augsburg Eschenhofstraße.

Ausst.: - Münchener Jahresaustellung in der Neuen Pinakothek München 1937, Kat. S. 14, Nr. 233, hier noch als Gipsversion;
- Ausstellung „Schönheit der Arbeit" München 1937, S. 25 unter „Saararbeiter";
- Ausstellung Junge Deutsche Bildhauer in der Kunsthalle Mannheim 1937, Kat. S. 7, Nr. 87 (es könnte sich hierbei auch um die kleinere Ausführung, vgl. WVZ 138, gehandelt haben);
- Große Deutsche Kunstausstellung im HDK München 1938, Kat. S. 60, Nr. 512. Vgl. Abb. 53: Blick in den Saal 2. Im Vordergrund rechts Koelles „Saarbergmann", links neben der Tür Fritz Behns Arbeiter für ein Ehrenmal von 1935/1936;
- „Kunstschaffen der Westmark" im Kunstverein Frankfurt am Main 1941, Kat. S. 21, Nr. 167 als Gipsversion

Lit.: - Vgl. Anm. III-301 bis -306;
- Ernst Kammerer, 1939, S. 49-52 und S. 55 vier Abb.;
- Kat. Museum Homburg, 1957, S. 7 Abb.;
- der naturstein 8/1963, S. 263 Abb.;
- Peter Schirmbeck, 1984, S. 65ff. mit Abb.;
- Liselotte Kugler (Hrsg.), 1996, S. 36ff. mit Abb.

Beschr.: Vgl. Kap. III, 1938
Abb.

138. Der Saarbergmann, 1937

Bronze, H. 95 cm
Hierbei handelt es sich um die kleinere Ausführung der unter WVZ 137 genannten Plastik
Sign./Kennz.: F. Koelle 1937, links hinten auf der Plinthe
Besitz: Städtische Kunstsammlungen Augsburg, Inv.-Nr. 11 632, im Sammlungskat. unter Nr. 80
Ausst.: - „Kunst und Macht im Europa der Diktatoren 1930 – 1945" im Deutschen Historischen Museum Berlin 1996, außer Katalog;
- „Die Axt hat geblüht ..." Europäische Konflikte der 30er Jahre in Erinnerung an die frühe Avantgarde, Kunsthalle Düsseldorf 1987, Kat. S. 385, Nr. 4.37 mit Abb.

Lit.: Jürgen Harten u.a. (Hrsg.): Katalog zur oben genannten Ausstellung, Düsseldorf, 1987, S. 385
Abb.

139. Der Isarflößer, 1937

Bronze, H. 95 cm
Hierbei handelt es sich um die kleinste Ausführung der unter WVZ 145 genannten Plastik
Sign./Kennz.: F. Koelle 1937, links hinten auf der Plinthe
Besitz: Städtische Kunstsammlungen Augsburg, Inv.-Nr. 11 630, im Sammlungskat. unter Nr. 93
Ausst.: Vgl. WVZ 137, Neue Pinakothek München 1937, Kat. S. 14, Nr. 234 mit Abb., hier fälschlich als „Bergmann mit Beil" bezeichnet
Abb.

140. Der erste Mann am (vom) Hochofen, 1937/1940

Bronze, H. 136 cm
Hierbei handelt es sich um eine fast deckungsgleiche, kleinere Ausführung der unter WVZ 136 genannten Plastik, allerdings befindet sich hinten an der Kopfbedeckung ein herunterhängendes Lederband.
Sign./Kennz.: F. K. 37/40, links hinten auf der Plinthe

Besitz: Städtische Kunstsammlungen Augsburg, Inv.-Nr. 11 593, im Sammlungskat. unter Nr. 98. Als Dauerleihgabe seit 1976 in der Städtischen Galerie im Lenbachhaus München, dort im Raum der „Neuen Sachlichkeit" integriert.
Lit.: Helmut Friedel (Hrsg.): Städtische Galerie im Lenbachhaus München, München, 1995, S. 84 und 85 mit Abb.
Abb.

141. Bildnis Fritz Koelle jun., 1938
Bronze, H. 32 cm
Besitz: - Städtische Kunstsammlungen Augsburg, Inv.-Nr. 11 636, im Sammlungskat. unter Nr. 112;
- Fritz Koelle jun.
Ausst.: Große Deutsche Kunstausstellung im HDK München 1940, Kat. S. 53, Nr. 625 als „Knabenportrait" bezeichnet
Lit.: Ernst Kammerer, 1939, S. 56 und 57, zwei Abb.
Abb.

142. Bildnis Thomas Wechs, 1938
Bronze, H. 37 cm
Besitz: Städtische Kunstsammlungen Augsburg, Inv.-Nr. 11 637, im Sammlungskat. unter Nr. 86
Architekt und Freund von Fritz Koelle, der diesem sein Haus in Geiselgasteig baute, mit ihm zusammen 1938 das Ehrenmal für die MAN Augsburg gestaltete und 1953 Fritz Koelles Grabmal plante und ausführte.
Ausst.: Vgl. WVZ 136, München 1939, Kat. S. 50, Nr. 602
Lit.: Ernst Kammerer, 1939, S. 58 Abb.
Abb.

143. Hochofenarbeiter (der MAN), 1938
Bronze, H. 420 cm
Besitz: MAN Augsburg, Gefallenendenkmal, enthüllt am 19.11.1938. Kooperation mit Architekt Thomas Wechs
Lit.: - Vgl. Lit. zu Anm. III-310 bis -315;
- Ernst Kammerer, 1939, S. 60 und 61, zwei Abb.
Beschr.: Vgl. Kap. III, 1938
Abb.

144. Der Isarflößer, 1938
Bronze, H. 200 cm
Hierbei handelt es sich um die mittlere Größenversion der unter WVZ 145 genannten Plastik
Sign./Kennz.: F. Koelle 1938, links hinten auf der Plinthe
Besitz: Städtische Kunstsammlungen Augsburg, Inv.-Nr. 11 574, im Sammlungskat. unter Nr. 22 mit Abb., als Dauerleihgabe seit 1996 an den Stadtteil Augsburg-Lechhausen
Ausst.: Vgl. WVZ 141, Kat. S. 53, Nr. 627
Lit.: - Die Kunst im Dritten Reich, 2. Jg., 1938, Folge 5, Mai, S. 135 Abb.;
- Portraits, Nr. 3, 2. Jg., 1976, April/Mai, S. 25 Abb.

145. Der Isarflößer, 1939
Bronze, H. 360 cm
Sign./Kennz.: F. Koelle, links hinten auf der Plinthe

Besitz: Stadt München, wurde im Juli 1939 in Thalkirchen an der Isarlände aufgestellt und ist Koelles einzige Plastik, die sich bis heute ununterbrochen am Originalaufstellungsort befindet
Lit.: - Vgl. Pressemitteilungen Ende 1938 in Anm. III-321 bis -325;
- Ernst Kammerer, 1939, S. 62 und 63, zwei Abb. der Gipsversion;
- Münchener Mosaik, 2, 1939, S. 260/261, zwei Abb. der Gipsversion;
- der naturstein, 8/1963, S. 262 Abb.;
- Peter Schirmbeck, 1984, S. 67f. mit Detailabb.
Beschr.: Vgl. Kap. III, 1938
Abb.

146. Der erste Mann am Hochofen, 1939
Bronze, H. 135 cm
Sign./Kennz.: FK 39
Besitz: Städtische Kunstsammlungen Augsburg, Inv.-Nr. 11 581, im Sammlungskat. unter Nr. 96

147. Der Hauer mit Hut und Lampe, 1939
Bronze, H. 138 cm
Sign./Kennz.: F. Koelle 1939, oben rechts auf der Plinthe
Besitz: Städtische Kunstsammlungen Augsburg, Inv.-Nr. 11 633, im Sammlungskat. unter Nr. 20
Ausst.: - Vgl. WVZ 96, Hamburg 1940, Kat.-Nr. 88;
- Große Deutsche Kunstausstellung im HDK München 1942, Kat. S. 45, Nr. 545
Abb.

148. Der Schachthauer, 1939
Bronze, H. 136 cm
Sign./Kennz.: FK, oben rechts auf der Plinthe
Besitz: Städtische Kunstsammlungen Augsburg, Inv.-Nr. 11 582, im Sammlungskat. unter Nr. 88
Ausst.: - Vgl. WVZ 96, München 1939, Kat. S. 15, Nr. 235;
- Vgl. WVZ 134, München 1940, Kat. S. 53, Nr. 628
Lit.: - Portraits, Nr. 3, 2. Jg., 1976, April/Mai, S. 28 Abb.;
- Peter Schirmbeck, 1984, S. 70 Abb.
Abb.

149. Der Walz(werk)meister, 1939
Bronze, H. 230 cm
Sign./Kennz.: FK, oben rechts auf der Plinthe
Besitz: Stadt St. Ingbert, am 13.10.1956 als Geschenk der Fa. Moeller & Neumann vor der Berufsschule im Schmelzerwald enthüllt
Ausst.: Vgl. WVZ 134, München 1940, Kat. S. 53, Nr. 632 als Gipsversion unter dem Titel „Der erste Mann vom Blockwalzwerk"
Lit.: - Vgl. Anm. VI-45;
- Katalog Museum Homburg, 1957, Titelseite Abb.;
- Liselotte Kugler (Hrsg.), 1996, S. 34f. mit Detailabb.
Abb. mit Zeichnung

150. Der Walz(werk)meister, 1939
Bronze, H. 25 cm
Sign./Kennz.: FK, oben rechts auf der Plinthe
Besitz: Städtische Kunstsammlungen Augsburg, Inv.-Nr. 11 548, im Sammlungskat. unter Nr. 19, fälschlich als „Der Steinheber" bezeichnet und auf 1942 datiert. Auch die schriftliche Zuordnung im Depot enthält diesen Fehler;
Heimatmuseum St. Ingbert, erworben aus der Sammlung Kohl-Weigand
Ausst.: Vgl. WVZ 104, Mainz 1967, Kat. S. 14, Nr. 36 mit Abb.
Lit.: Liselotte Kugler (Hrsg.), 1996a, S.75ff. mit Abb.
Abb.

151. Hockender Boxer, 1940
Bronze, H. 18,5 cm
Besitz: - Städtische Kunstsammlungen Augsburg, Inv.-Nr. 11 605, im Sammlungskat. unter Nr. 39;
- Fritz Koelle jun.
Ausst.: Große Deutsche Kunstausstellung im HDK München 1944, Kat. S. 41, Nr. 498 als „Deutscher Boxer I" in einer Zinkversion
Abb.

152. Liegender Boxer, 1940
Bronze, H. 11,5 cm, L. 6,5 cm auf Marmorsockel
Besitz: - Städtische Kunstsammlungen Augsburg, Inv.-Nr. 11 606, im Sammlungskat. unter Nr. 40;
- Fritz Koelle jun.
Ausst.: Vgl. WVZ 151, München 1944, S. 41, Nr. 499 als „Deutscher Boxer II" in einer Zinkversion
Abb.

153. Spitzentänzerin, 1941
Bronze, H. 180 cm
Sign./Kennz.: FK oben rechts auf der quadratischen Plinthe
Besitz: - Städtische Kunstsammlungen Augsburg, Inv.-Nr. 11 718, im Sammlungskat. unter Nr. 89 mit Abb., als Dauerleihgabe an Gemeinde Grünwald, Bavaria-Filmstudios, vgl. Abb. 69 und 70;
- Sammlung Rudolf Schwarz, Verbleib unbekannt;
- Privatbesitz Otto Meyer, Utting am Ammersee
Ausst.: - Vgl. WVZ 147, München 1942, Kat. S. 45, Nr. 546;
- Vgl. WVZ 151, München 1944, Kat. S. 41, Nr. 497
Beschr.: Vgl. Kap III: Auch Tanz ist Arbeit – Koelles Tänzerinnen im Vergleich zu ihrer zeitgenössischen Tanz- und Kunstszene, hier den Abschnitt „Versuch eines Rückschritts – Die Spitzentänzerin (1941)"
Abb.

154. Der Zellwollspinner, 1941
Bronze, H. 380 cm
Besitz: Zellwoll AG, Schwarza/Thüringen als Ehrenmal.
Lt. Informationen des Thüringischen Staatsarchivs Rudolstadt vom 7.8.2000 ist diese Plastik nicht mehr nachweisbar.

Ausst.: Kunstausstellung der Preußischen Akademie der Künste zu Berlin 1941, Kat. S. 13, Nr. 138 in einer Gipsversion. Für eine Bronzeversion ist der Kaufpreis von 25 000 RM genannt.
Abb. mit Zeichnung

155. Der Zellwollspinner, 1941
Bronze, H. 135 cm
Hierbei handelt es sich um die kleinere Ausführung der unter WVZ 154 genannten Plastik
Besitz: Städtische Kunstsammlungen Augsburg, Inv.-Nr. 11 580, im Sammlungskat. unter Nr. 97, als Dauerleihgabe an die Grundschule Holzheystraße in Schwabmünchen

156. Selbstbildnis, 1941/1942
Bronze, H. 32 cm
Sign./Kennz.: FK, links hinten am Hals
Besitz: Städtische Kunstsammlungen Augsburg, Inv.-Nr. 11 586, im Sammlungskat. unter Nr. 59, hier auf 1941 datiert. Abb. auf der Titelseite.
Fritz Koelles handschriftlicher Bildtext zu einem Foto der Bronzeversion weist als Entstehungsjahr 1942 aus (Koelle-Nachlaß im Besitz des Sohns, Fritz Koelle jun.)
Ausst.: Vgl. WVZ 147, München 1942, Kat. S. 45, Nr. 543, hier als „Selbstbildnis 1941" in Zinkausführung
Lit.: der naturstein, 8/1963, S. 259 Abb. mit Datierung auf 1942
Abb.

157. Relief Heinrich Ritter von Buz (1833 bis 1918), 1942
Bronze, H. 86 cm x B. 50 cm
Sign./Kennz.: FK, links oben in der Ecke
Besitz: Deutsches Museum München, Inv.-Nr. 70 437
Abb.

158. Relief Karl-August Reichenbach (1801 bis 1883), 1942
Bronze, H. 78 cm x B. 48 cm
Sign./Kennz.: FK, links oben in der Ecke
Besitz: Deutsches Museum München, Inv.-Nr. 70 438, Stiftung der MAN Augsburg durch den Oberbürgermeister der Stadt Augsburg
Abb.

159. Bildnis Major Baumbach, 1942
Bronze, H. 51 cm
Besitz: Städt. Kunstsammlungen Augsburg, Inv.-Nr. 11 651, im Sammlungskat. unter Nr. 73
Major Baumbach war Kampfflieger und Träger des Ritterkreuzes mit Eichenlaub und Schwertern.
Ausst.: Vgl. WVZ 151, München 1944, Kat. S. 41, Nr. 496, hier in Zinkausführung

160. Der stehende Boxer, 1942
Bronze, H. 16 cm
Sign./Kennz.: FK unter linker Vorderpfote
Besitz: - Städtische Kunstsammlungen Augsburg, Inv.-Nr. 11 607, im Sammlungskat. unter Nr. 41;
- Fritz Koelle jun.
Lit.: Portraits, Nr. 2, Oktober/November 1975, S. 12 Abb.
Abb.

161. Der Büchsenmacher, 1942
Bronze
Bestimmt für eine Waffenfabrik in Suhl/Thüringen, dort aber nicht mehr nachweisbar
Ausst.: Große Deutsche Kunstausstellung im HDK München 1943, Kat. S. 41., Nr. 471, als „Büchsenmachermeister" bezeichnet
Abb.

162. Der Steinheber, 1942
Bronze, H. 156 cm
Geplant für das Haus der DAF in München
Besitz: Städtische Kunstsammlungen Augsburg. Die dort angegebenen Inv.-Nr. und Sammlungsnr. stimmen nicht mit dieser Bronze überein, sondern bezeichnen den „Walzwerkmeister" von 1939, vgl. WVZ 150. Dauerleihgabe für Gemeinde Grünwald.
Ausst.: - Vgl. WVZ 161, München 1943, Kat. S. 41, Nr. 470 als „Bauarbeiter" bezeichnet;
- „Kunst im Dritten Reich, Dokumente der Unterwerfung" im Kunstverein Frankfurt am Main 1974 (als Wanderausstellung konzipiert)
Lit.: - Die Kunst im Deutschen Reich, 7. Jg., 1943, Folge 7/8, Juli/August, S. 175 Großaufnahme des „Bauarbeiters";
- S. H. Schirmbeck: „Bilder mit Texten, die wirklich der Erkenntnis dienen", in: Metall, Nr. 23, 1974, S. 13 mit Abb.;
- Peter Schirmbeck, 1984, S. 67ff. mit Detailabb.
Abb.

163. Bildnis Elias Holl, 1943
Bronze
Elias Holl (1573 bis 1646) war Stadtbaumeister von Augsburg
Besitz: Stadt Augsburg, Rathaus
Ausst.: Vgl. WVZ 151, München 1944, Kat. S. 41, Nr. 500, hier in Zinkausführung
Abb.

164. Ballett-Tänzerin, 1943
Bronze, H. 160 cm
Sign./Kennz.: FK, oben links auf der quadratischen Plinthe
Besitz: - Gemeinde Grünwald, Stiftung 1975 von Fritz Koelle jun. Standort wie „Spitzentänzerin" (WVZ 153) vor den Bavaria-Filmstudios
- Im Sammlungskatalog der Städtischen Kunstsammlungen Augsburg wird die „Ballett-Tänzerin" unter der laufenden Nr. 66 geführt, hat aber keine Inv.-Nr. Möglicherweise verfügen die Kunstsammlungen nur über den Gips, denn alle Tänzerinnen wurden erst postum in Bronze gegossen.
Beschr.: Vgl. Kap. III wie WVZ 153
Abb.

165. Tänzerin Nika, 1943
Bronze, H. 160 cm
Sign./Kennz.: FK, oben links auf der quadratischen Plinthe
Besitz: Fritz Koelle jun., der die Bronze in Straßlach vor der Turnhalle aufstellen ließ
Beschr.: Vgl. Kap. III wie WVZ 153, hier unter dem Abschnitt „Endlich freigetanzt – Die Tänzerin Nika (1943)"
Abb.

166. Turmspringerin, 1943
Gips
Sign./Kennz.: FK, oben rechts auf dem Gipssockel
Besitz: Fritz Koelle jun., befindet sich im Depot der Städtischen Galerie im Lenbachhaus in München
Beschr.: Vgl. Kap. III wie WVZ 153, hier unter dem Abschnitt „Die Enthüllung der Turmspringerin (1943)"
Abb.

167. Ballett-Tänzerin, 1943
Bronze, H. 27,5 cm
Sign./Kennz.: FK
Besitz: - Städtische Kunstsammlungen Augsburg, Inv.-Nr. 11 621, im Sammlungskat. unter Nr. 25;
    - Fritz Koelle jun.
Abb.

168. Der erste Mann am Hochofen, 1944
Bronze, H. 143 cm
Sign./Kennz.: FK 44, oben links auf der Plinthe
Besitz: Städtische Kunstsammlungen Augsburg, Inv.-Nr. 11 560, im Sammlungskat. unter Nr. 4 mit Abb.
Ausst.: Große Deutsche Kunstausstellung im HDK München 1943, Ergänzungsteil zum offiziellen Ausstellungskat. S. 15, Nr. 269, dort evtl. als „Schmied" und in Gipsausführung präsentiert.
Lit.: der naturstein, 8/1963, S. 265 Abb., hier als „Hammermeister" bezeichnet.
Abb.

169. Selbstbildnis (im Arbeitskittel), 1945
Bronze, H. 48 cm
Koelles letztes Selbstportrait, als Grundlage diente ihm sein 1941/1942 entstandenes Bronzeportrait, dem er einen rüstungsähnlichen, runden, ausladenden Kragen eines „Arbeitskittels" zufügte.
Besitz: Städtische Kunstsammlungen Augsburg, Inv.-Nr. 11 548, im Sammlungskat. unter Nr. 58
Ausst.: - Dritte Deutsche Kunstausstellung Dresden 1953, Kat. S. 14, Nr. 277;
    - Fritz-Koelle-Gedächtnis-Ausstellung, Pavillon im Botanischen Garten, München 1953, Kat.-Nr. 47, als „Selbstbildnis VI 1946" dargestellt
Lit.: Bildende Kunst, Heft 5, Sept./Okt. 1953, S. 52 Abb.
Abb.

170. Bildnis Frau Elisabeth Koelle-Karmann, 1945
Bronze, H. 42,5 cm
Sign./Kennz.: FK auf der Rückseite
Besitz: - Städtische Kunstsammlungen Augsburg, Inv.-Nr. 11 583, im Sammlungskat. unter Nr. 113;
    - Heimatmuseum St. Ingbert
Ausst.: Vgl. WVZ 169, München 1953, Kat.-Nr. 54˙
Abb.

171. Bildnis Justizrat Dr. Ströhmer, 1945
Bronze, H. 31 cm
Zweiter Bürgermeister von Grünwald
Besitz: Städtische Kunstsammlungen Augsburg, Inv.-Nr. 11 653, im Sammlungskat. unter Nr. 68

172. Bildnis einer jungen Frau, 1945
Bronze
Inge Söhnker
Besitz: Städtische Kunstsammlungen Augsburg, Inv.-Nr. 11 652, im Sammlungskat. unter Nr. 69

173. Bildnis General Frederick, 1945
Bronze, H. 69 cm
General der 7. Amerikanischen Armee, die 1945 München und Grünwald von der NS-Herrschaft befreite
Sign./Kennz.: FK 45 auf der Rückseite an der rechten Schulter
Besitz: - Städtische Kunstsammlungen Augsburg, ohne Inv.-Nr., nur im Sammlungskat. mit Nr. 70 versehen;
- Fritz Koelle jun.
Abb.

174. Bildnis „Der Torbräuwirt", 1945
Bronze
Wirt der gleichnamigen Gaststätte hinter dem Isartor
Besitz: Städtische Kunstsammlungen Augsburg, Inv.-Nr. 11 642, im Sammlungskat. unter Nr. 71

175. KZ-Häftling, 1946
Bronze, H. 145 cm
Sign./Kennz.: FK 1946, oben links auf der Plinthe
Besitz: - Städtische Kunstsammlungen Augsburg, Inv.-Nr. 11 564, im Sammlungskat. unter Nr. 114;
- KZ-Gedenkstätte Dachau auf einem ca. 150 cm hohen, gestuften Steinsockel mit der Inschrift: DEN TOTEN ZUR EHR DEN LEBENDEN ZUR MAHNUNG
Ausst.: Vgl. WVZ 1, Nürnberg 1978, Nr. E 29 mit Abb.
Lit.: - Comité International de Dachau (Hrsg.): Konzentrationslager Dachau, Dachau, 1972, Detailabb. auf der Titelseite;
- Museumspädagogisches Zentrum München: Das Unbegreifliche begreifen, München, 1995, S. 84 Abb.;
- Detlef Hoffmann (Hrsg.): Das Gedächtnis der Dinge, Frankfurt am Main, 1998, S. 38-91, Abb. auf S. 60, 61, 62
Beschr.: Vgl. Kap. IV, 1949
Abb.

176. KZ-Häftling, 1946
Bronze, H. 21 cm
Hierbei handelt es sich um die kleinere Ausführung der unter WVZ 175 genannten Plastik
Sign./Kennz.: F. Koelle auf der Rückseite der Plinthe
Besitz: - Städtische Kunstsammlungen Augsburg, Inv.-Nr. 11 625, im Sammlungskat. unter Nr. 57;

- ZK der SED, Ankauf lt. Protokoll vom 11.4.1947 für Sitzungssaal;
- Magistrat der Stadt Berlin, am 14.11.1950 vom Künstler angekauft;
- Thomas Mann, 1952 als nicht lizensierten Nachguß von der VVN erhalten;
- Fritz Koelle jun.

Ausst.: Vgl. WVZ 169, München 1953, im Kat. unter Nr. 15
Abb.

177. Inferno, 1946
Bronze, H. 180 cm
Ursprünglich als Entwurf für die KZ-Gedenkstätte Dachau ausgeführt
Sign./Kennz.: F. K rechts oben auf der Plinthe
Besitz: Städtische Kunstsammlungen Augsburg, Inv.-Nr. 11 569, im Sammlungskat. unter Nr. 110
Ausst.: - Vgl. WVZ 169, München 1953, im Kat. unter Nr. 10;
- „Kunst und Macht in Europa der Diktatoren 1930 bis 1945", Berlin 1996, wie WVZ 138 „Inferno", aber im Kabinett der Widerstandskunst, außer Katalog
Lit.: Vgl. WVZ 175, Detlef Hoffmann (Hrsg.), 1998, S. 58 Abb. der Gipsausführung
Beschr.: Vgl. Kap. IV, 1949
Abb.

178. Inferno, 1946
Bronze, H. 29,5 cm
Hierbei handelt es sich um die kleinere Ausführung der unter WVZ 177 genannten Plastik
Sign./Kennz.: F. K, Außenkante rechts an der Plinthe
Besitz: - Städtische Kunstsammlungen Augsburg, Inv.-Nr. 11 626, im Sammlungskat. unter Nr. 55;
- Magistrat der Stadt Berlin, am 13.6.1951 vom Künstler angekauft;
- Saarland Museum Saarbrücken, 1958 als Geschenk von Elisabeth Koelle-Karmann, Inv.-Nr. NI 2318
Ausst.: „Fritz Koelle – Arbeiter in Hütten und Gruben", Museum der Stadt Homburg 1957, im Kat. unter Nr. 10
Lit.: Georg-W. Költzsch (Hrsg.), 1989, S. 174 mit Abb.

179. Schreitender Arbeiter mit Mütze, 1947
Bronze, H. 150 cm
Sign./Kennz.: FK, rechts oben auf der Plinthe
Besitz: Städtische Kunstsammlungen Augsburg, Inv.-Nr. 11 567, im Sammlungskat. unter Nr. 30, als Dauerleihgabe seit 1976 in Bobingen;
Ausst.: Deutsche Kunstausstellung „Künstler schaffen für den Frieden", Museumsbau am Kupfergraben Berlin 1951/52, Kat. S. 21, Nr. 139, hier als „Friedenskämpfer" bezeichnet;
Vgl. WVZ 169, München 1953, im Kat. unter Nr. 20
Lit.: Schwabmünchner Allgemeine vom 9.7.1976
Abb.

180. Schreitender Arbeiter mit Mütze, 1947
Bronze, H. 73 cm
Hierbei handelt es sich um die kleinere Ausführung der unter WVZ 179 genannten Plastik
Sign./Kennz.: FK, rechts oben auf der Plinthe
Besitz: - Städtische Kunstsammlungen Augsburg, Inv.-Nr. 11 576, im Sammlungskat. unter Nr. 101;

Abb. - Heimatmuseum St. Ingbert, erworben 1988 aus der Sammlung Kohl-Weigand

181. Bildnis Friedrich List, 1947
Gips
Das Portrait des Volkswirtschaftlers List war Modell einer für die Walhalla in München in Auftrag gegebenen Marmorbüste, die nie ausgeführt wurde
Besitz: Städtische Kunstsammlungen Augsburg, Inv.-Nr. 11 656, im Sammlungskat. unter Nr. 90

182. Mutter und Kind (Flüchtlingsfrau mit Kind), 1947
Bronze, H. 39,5 cm
Sign./Kennz.: FK 47, rechts hinten am Sockel
Besitz: - Städtische Kunstsammlungen Augsburg, Inv.-Nr. 11 628, im Sammlungskat. unter Nr. 24;
- Sammlung Kohl-Weigand;
- Fritz Koelle jun.
Ausst.: - „Fritz Koelle – Dokumente zu Leben und Werk", Kulturhaus St. Ingbert 1978, Kat.-Nr. 5;
- Vgl. WVZ 1, Nürnberg 1978, Nr. E 30
Abb.

183. Concordia, 1947
Bronze, H. 38 cm
Sign./Kennz.: FK hinten links auf der Blende
Inschrift am vorderen Rand der Standplatte nach dem römischen Plastiker und Schriftsteller Sallust: „Concordia parvae res crescunt, discordia maximae dilabuntur" (Durch Eintracht [Einheit] wächst das Kleine, durch Zwietracht zerfällt das Größte)
Besitz: - Sammlung Kohl-Weigand;
- Fritz Koelle jun.
Ausst.: - Vgl. WVZ 178, Homburg 1957, im Kat. unter Nr. 11 als „Fahnenträger" bezeichnet;
- Vgl. WVZ 182, St. Ingbert 1978, Kat.-Nr. 20, auch als „Fahnenträger" bezeichnet;
- Vgl. WVZ 1, Nürnberg 1978, Nr. E 31
Lit.: bildende kunst, 3. Jg., 1949, Heft 9, S. 299 mit Abb.
Beschr.: Vgl. Kap. IV, 1947
Abb.

184. Knabenkopf „Christian", 1948
Bronze
Christian Haus war der Sohn von Koelles Rechtsanwalt, Dr. Franz Haus, vgl. WVZ 129
Besitz: Städtische Kunstsammlungen Augsburg, Inv.-Nr. 11 635, im Sammlungskat. unter Nr. 92
Ausst.: Vgl. WVZ 169, München 1953, im Kat. unter Nr. 53

185. Bildnis Kommerzienrat Arnold Maser, 1949
Bronze, H. 37 cm
Portrait des Vorstandsdirektors der Deutschen Bank
Besitz: Städtische Kunstsammlungen Augsburg, Inv.-Nr. 11 639, im Sammlungskat. unter Nr. 74

186. Bildnis Julius Graf jun., 1949
Bronze, H. 31 cm
Portrait des Aufsichtsrats im Textilunternehmen Dierig, Augsburg
Besitz: - Städtische Kunstsammlungen Augsburg, Inv.-Nr. 11 640, im Sammlungskat. unter Nr. 75;
- Germanisches Nationalmuseum Nürnberg unter Z. R. Nr. 1974/124, Schenkung des Sohnes, Fritz Koelle jun., von 1974

187. Bildnis Gottfried Dierig, 1949
Bronze, H. 37,5 cm
Portrait des Textilfabrikanten Dierig aus Augsburg
Besitz: Städtische Kunstsammlungen Augsburg, Inv.-Nr. 11 638, im Sammlungskat. unter Nr. 79

188. Bildnis Dr. Josef Heiss, 1949
Bronze, H. 31 cm
Portrait des Chefarztes der Münchner Zahnklinik
Besitz: Städtische Kunstsammlungen Augsburg, Inv.-Nr. 11 644, im Sammlungskat. unter Nr. 81
Ausst.: - Vgl. WVZ 169, Dresden 1953, Kat. S. 14, Nr. 274, hier fälschlich als „Professor Joseph Kleiss" bezeichnet;
- Vgl. WVZ 169, München 1953, Kat.-Nr. 40
Abb.

189. Bildnis Wilhelm Hoegner, 1949
Bronze, H. 32 cm
Portrait des bayerischen Ministerpräsidenten, vgl. Anm. V-55
Besitz: Städtische Kunstsammlungen Augsburg, Inv.-Nr. 11 645, im Sammlungskat. unter Nr. 83
Ausst.: Vgl. WVZ 169, München 1953, Kat.-Nr. 38
Abb.

190. Bildnis Frau Hoegner, 1949
Bronze
Portrait der Frau des unter WVZ 189 Genannten
Besitz: Städtische Kunstsammlungen Augsburg, Inv.-Nr. 11 646, im Sammlungskat. unter Nr. 84
Ausst.: Vgl. WVZ 169, München 1953, Kat.-Nr. 39

191. Bildnis Alois Hundhammer, 1949
Bronze, H. 44 cm
Portrait des bayerischen Kultusministers, vgl. Anm. V-127
Besitz: Städtische Kunstsammlungen Augsburg, Inv.-Nr. 11 647, im Sammlungskat. unter Nr. 85
Ausst.: Vgl. WVZ 169, München 1953, Kat.-Nr. 37

192. Ernst Thälmann, 1950
Bronze, H. 72 cm, B. 37 cm
Entwurf für ein Thälmann-Denkmal in Berlin, nicht ausgeführt
Sign./Kennz.: FK, oben rechts auf der Standplatte

Besitz: Staatliches Lindenau-Museum Altenburg, erhalten 1973 vom Ministerium für Kultur der DDR, Inv.-Nr. 5105, Kategorie III
Ausst.: Weggefährten-Zeitgenossen – Bildende Kunst aus drei Jahrzehnten, Ausst. zum 30. Jahrestag der Gründung der DDR, Berlin, Altes Museum 1979, Kat. S. 223, Nr. 282
Beschr.: Vgl. Kap. V, 1950
Abb.

193. Christophorus, 1951
Bronze, H. 62 cm
Entwurf für die Lechbrücke in Augsburg, nie ausgeführt
Sign./Kennz.: FK 51, auf der Plinthe
Besitz: - Städtische Kunstsammlungen Augsburg, Inv.-Nr. 11 578, im Sammlungskat. unter Nr. 34
 - Sammlung Kohl-Weigand
 - Fritz Koelle jun.
Ausst.: - Vgl. WVZ 169, München 1953, Kat.-Nr. 24;
 - Vgl. WVZ 182, St. Ingbert 1978, Kat.-Nr. 7;
 - Vgl. WVZ 1, Nürnberg 1978, Nr. E 32
Lit.: Bruno Bushart: Kostbarkeiten aus den Kunstsammlungen der Stadt Augsburg, Augsburg, 1967, S. 142f. mit Abb.
Abb.

194. Knabenkopf, 1951
Bronze, H. 23 cm
Portrait des Sohnes des DDR-Kulturpolitikers Rudolf Böhm, vgl. Anm. V-318
Sign./Kennz.: FK 51, auf der Plinthe
Besitz: - Städtische Kunstsammlungen Augsburg, Inv.-Nr. 11 634, im Sammlungskat. unter Nr. 94
 - Privatbesitz R. Böhm
Ausst.: Vgl. WVZ 169, München 1953, Kat.-Nr. 51
Abb.

195. Bildnis Josef Selmayr, 1951
Bronze, H. 23 cm
Portrait des Besitzers des Adreßbuchverlags in München
Besitz: Städtische Kunstsammlungen Augsburg, Inv.-Nr. 11 650, im Sammlungskat. unter Nr. 78

196. Der Sämann, 1951
Bronze, H. 55 cm
Sign./Kennz.: FK 51, auf der Plinthe
Besitz: - Städtische Kunstsammlungen Augsburg, Inv.-Nr. 11 577, im Sammlungskat. unter Nr. 32 mit Abb.
 - Sammlung Kohl-Weigand
Ausst.: - Vgl. WVZ 179, Berlin 1951/1952, Kat. S. 21, Nr. 138 mit Abb. auf S. 40;
 - Vgl. WVZ 169, München 1953, Kat.-Nr. 23;
 - Vgl. 182, St. Ingbert 1978, Kat. Nr. 39;
Lit.: Nürnberg, 1978, S. 104 Abb., vgl. WVZ 1
Abb.

197. Bildnis Karl Marx, 1952
Bronze, H. 58 cm mit MARX auf Bronzesockel
Sign./Kennz.: FK 52, hinten links am Jackettansatz
Besitz: - Städtische Kunstsammlungen Augsburg, Inv.-Nr. 11 655, im Sammlungskat. unter Nr. 91;
- Saarland Museum Saarbrücken, 1980 erworben aus der Sammlung Kohl-Weigand, versehen mit der Nr. 2 P
Ausst.: - Vgl. WVZ 169, München 1953, Kat.-Nr. 46;
- Vgl. WVZ 178, Homburg 1957, Kat.-Nr. 6
Lit.: - Museum Homburg, 1957, S. 4 Abb.;
- Georg-W. Költzsch (Hrsg.), 1989, S. 74 mit Abb.
Abb.

198. Bildnis der Rennfahrerin Heymann, 1952
Bronze
Besitz: Städtische Kunstsammlungen Augsburg, Inv.-Nr. 11 643, im Sammlungskat. unter Nr. 72
Ausst.: Vgl. WVZ 169, Dresden 1953, Kat. S. 14, Nr. 275, hier fälschlich als „L. Weimann" bezeichnet
Abb.

199. Die ruhende Taube, 1952
Bronze, H. 12,5 cm, L. 20 cm
Als „Friedenstaube" für den 1. Mai 1952 entworfen
Sign./Kennz.: FK auf dem Schwanz der Taube
Besitz: - Städtische Kunstsammlungen Augsburg, Inv.-Nr. 11 620, im Sammlungskat. unter Nr. 53;
- Saarland Museum Saarbrücken, erworben 1980 aus der Sammlung Kohl-Weigand, versehen mit der Nr. 32 P;
- Rudolf Böhm, 1951 für sein Büro in Berlin
Ausst.: - Vgl. WVZ 178, Homburg 1957, im Kat. unter Nr. 16 als „Täuberich" bezeichnet;
- Vgl. WVZ 104, Mainz 1967, Kat. S. 14, Nr. 37
Lit.: - Portraits, Nr. 2, Oktober/November 1975, S. 13 Abb.;
- Georg-W. Költzsch (Hrsg.), 1989, S. 174 mit Abb.
Abb.

200. Sieben Entwürfe für die Humboldt-Universität Berlin, 1952

200 a. Der Hochofenarbeiter, 1952
Gipsmodell, H. 32 cm
Besitz: Städtische Kunstsammlungen Augsburg, Inv.-Nr. 11 598, im Sammlungskat. unter Nr. 103
Abb.

200 b. Die Schnitterin, 1952
Gipsmodell, H. 32 cm
Besitz: Städtische Kunstsammlungen Augsburg, Inv.-Nr. 11 599, im Sammlungskat. unter Nr. 104
Ausst.: Vgl. WVZ 1, Nürnberg 1978, Nr. E 33 a

200 c. Der Sämann, 1952
Gipsmodell, H. 33 cm
Besitz: - Städtische Kunstsammlungen Augsburg, Inv.-Nr. 11 602, im Sammlungskat. unter Nr. 105;
- Nationalgalerie Berlin, 1953 in Bronze erworben
Ausst.: Vgl. WVZ 1, Nürnberg 1978, Nr. E 33 b

200 d. Der Gelehrte, 1952
Gipsmodell, H. 32,5 cm
Besitz: Städtische Kunstsammlungen Augsburg, Inv.-Nr. 11 601, im Sammlungskat. unter Nr. 106

200 e. Der Bergmann, 1952
Gipsmodell, H. 32,5 cm
Besitz: Städtische Kunstsammlungen Augsburg, Inv.-Nr. 11 600, im Sammlungskat. unter Nr. 107
Ausst.: Vgl. WVZ 1, Nürnberg 1978, Nr. E 33 c
Abb.

200 f. Der Holzfäller, 1952
Gipsmodell, H. 33 cm
Besitz: Städtische Kunstsammlungen Augsburg, Inv.-Nr. 11 604, im Sammlungskat. unter Nr. 108

200 g. Der Hüttenarbeiter, 1952
Gipsmodell, H. 32 cm
Besitz: Städtische Kunstsammlungen Augsburg, Inv.-Nr. 11 603, im Sammlungskat. unter Nr. 109
Abb.

201. Friedrich Engels, 1953
Gips
Entwurf für ein Friedrich-Engels-Denkmal, nicht ausgeführt
Verbleib unbekannt
Abb.

WVZ 1

WVZ 2

WVZ 3

WVZ 4

WVZ 5

WVZ 6

WVZ 7

WVZ 8

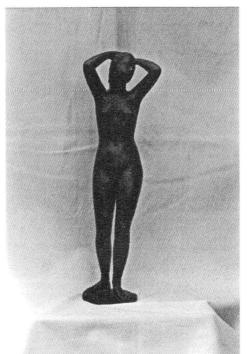

WVZ 9

WVZ 10

WVZ 19

WVZ 20

WVZ 27

WVZ 28

WVZ 29

WVZ 31

WVZ 35

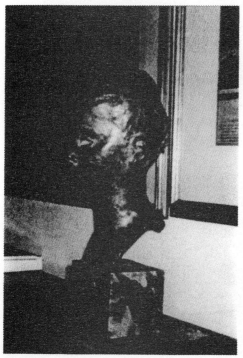

WVZ 36

WVZ 38

WVZ 41

WVZ 42

WVZ 44

WVZ 45

WVZ 47

WVZ 48

WVZ 49

WVZ 50

WVZ 51

WVZ 52

WVZ 53

WVZ 57

WVZ 62

WVZ 64

WVZ 65

WVZ 66

WVZ 67

WVZ 68

WVZ 69

WVZ 70

WVZ 71

WVZ 72

WVZ 73

WVZ 74

WVZ 74/Z

WVZ 75

WVZ 76

WVZ 77

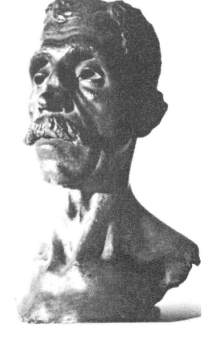

WVZ 78

WVZ 79

WVZ 80

WVZ 80/Z

WVZ 81

WVZ 82

WVZ 82/Z

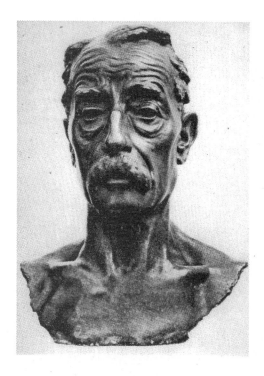

WVZ 83

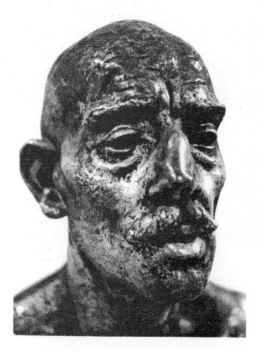

WVZ 84

WVZ 85

WVZ 86

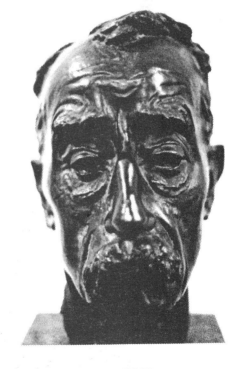

WVZ 87

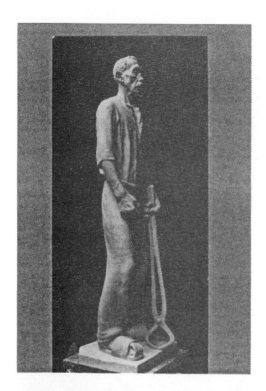

WVZ 88

WVZ 88/Z

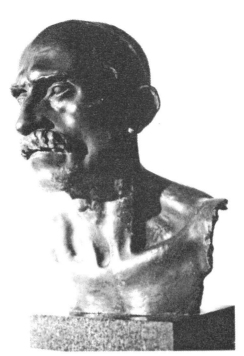

WVZ 89

WVZ 90   WVZ 90/Z

WVZ 91

WVZ 92

WVZ 93

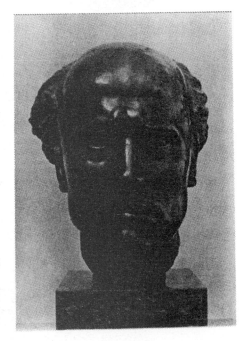

WVZ 94

WVZ 95

WVZ 95/Z

WVZ 96

WVZ 96/Z

WVZ 97

WVZ 98

WVZ 100

WVZ 101

WVZ 102

WVZ 102

WVZ 102/Z

WVZ 103

WVZ 104

WVZ 105

WVZ 106

WVZ 107

WVZ 108

WVZ 109

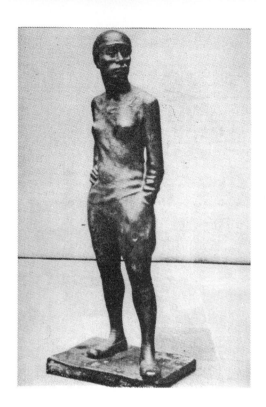

WVZ 111

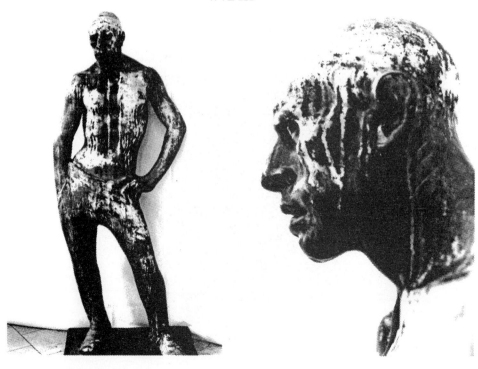

WVZ 112

WVZ 113

WVZ 115

WVZ 117

WVZ 117/Z

WVZ 118

WVZ 119

WVZ 120

WVZ 121

WVZ 123

WVZ 124

WVZ 125

WVZ 126

WVZ 127

WVZ 128

WVZ 129

WVZ 130

WVZ 131

WVZ 132

WVZ 133

WVZ 134

WVZ 135

WVZ 136

WVZ 137

WVZ 138

WVZ 139

WVZ 140

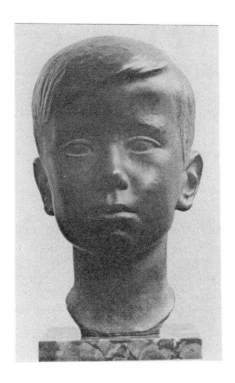

WVZ 141

WVZ 142

WVZ 143

WVZ 145

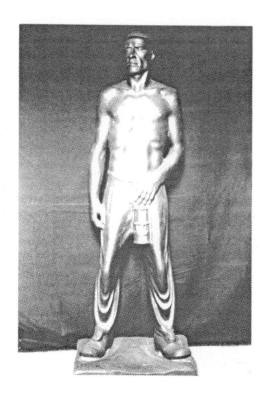

WVZ 147

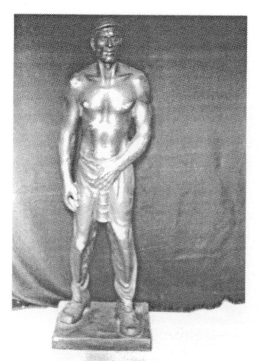

WVZ 148

WVZ 149

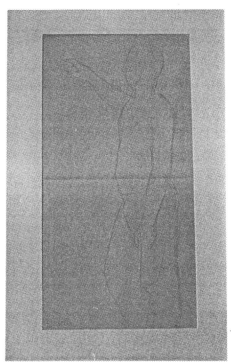

WVZ 149/Z

WVZ 150

WVZ 151

WVZ 152

WVZ 153

WVZ 154

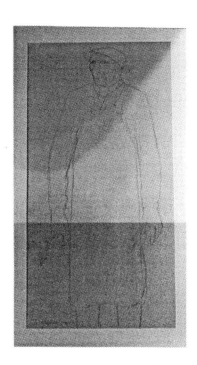

WVZ 154/Z

WVZ 156

 WVZ 157

 WVZ 158

WVZ 160

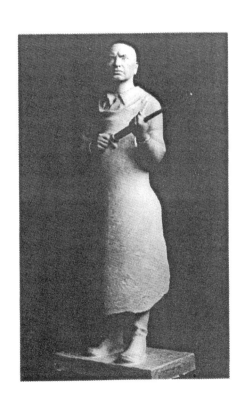

WVZ 161

WVZ 162

WVZ 163

WVZ 164

WVZ 165

WVZ 166

WVZ 167

WVZ 168

WVZ 169

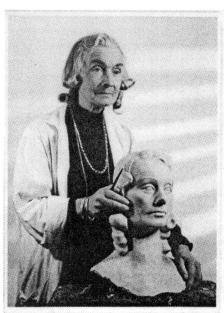

WVZ 170

WVZ 173

WVZ 175 **WVZ 176**

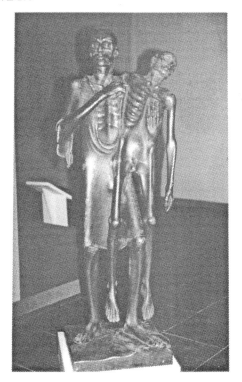

WVZ 177

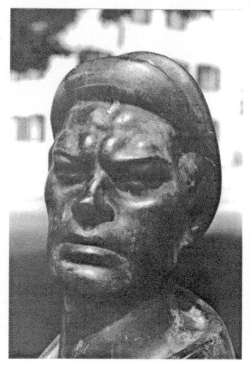

WVZ 179

WVZ 180

WVZ 182

WVZ 183

WVZ 188

WVZ 189

WVZ 192

WVZ 193

WVZ 194

WVZ 196

WVZ 197

WVZ 198

WVZ 199

WVZ 200a

WVZ 200e

WVZ 200g

WVZ 201

Abbildungsnachweis zum WVZ

Soweit nicht anders vermerkt, sind die Werkabbildungen und Zeichnungsabbildungen von Eva-M. Pasche.

WVZ 62, 83, 113, 123, 130, 136	Reproduktionen aus Ernst Kammerer, Berlin, 1939
WVZ 28, 29	S. Rüegg, Reproduktionen
WVZ 82	Fritz Koelle jun.
WVZ 67	Lenbachhaus, München, Reproduktion
WVZ 68	Deutsche Kunst und Dekoration, Nr. 59 (1926/27), S. 24, Reproduktion
WVZ 74	Ausstellungskatalog Münchener Neue Secession, XIII. Ausstellung 1927, Abb. o.S., Reproduktion
WVZ 80	Reproduktion einer Fotokopie ohne weitere Angaben
WVZ 86	Deutsches Bergbau-Museum Bochum
WVZ 192	Lindenau Museum Altenburg
WVZ 193	Reproduktion aus Bruno Bushart, Augsburg, 1967, S. 143
WVZ 196	Reproduktion aus Albert Reltsche, Augsburg, o.J. (1966), o.S.
WVZ 201	BA, ADN-Zentralbild (1953)

WVZ 28, 29, 41, 52, 53, 57, 72, 81, 88, 91 – 95, 111, 119, 120, 126, 129, 135, 141 – 143, 153, 154, 156 – 158, 161 – 163, 166, 169, 170, 183, 188, 189, 194, 198, 199 Reproduktionen von Fotos aus dem Koelle-Nachlaß im Besitz des Sohnes, Fritz Koelle jun.